D0285837

DISPONIBLES EN LIBRAIRIE

COLLECTION « LES USUELS »
dirigée par Henri Mitterand et Alain Rey

DICTIONNAIRE DE SYNONYMES ET CONTRAIRES
par Henri BERTAUD DU CHAZAUD,
ouvrage couronné par l'Académie française.

DICTIONNAIRE D'ORTHOGRAPHE ET D'EXPRESSION ÉCRITE
par André JOUETTE.

DICTIONNAIRE ÉTYMOLOGIQUE DU FRANÇAIS
par Jacqueline PICOCHE.

DICTIONNAIRE DES DIFFICULTÉS DU FRANÇAIS
par Jean-Paul COLIN,
prix Vaugelas.

DICTIONNAIRE DES EXPRESSIONS ET LOCUTIONS
par Alain REY et Sophie CHANTREAU.

DICTIONNAIRE DE PROVERBES ET DICTONS
par Florence MONTREYNAUD, Agnès PIERRON et François SUZZONI.

DICTIONNAIRE DE CITATIONS FRANÇAISES
par Pierre OSTER.

DICTIONNAIRE DE CITATIONS DU MONDE ENTIER
par Florence MONTREYNAUD et Jeanne MATIGNON.

DICTIONNAIRE DE CITATIONS SUR LES PERSONNAGES CÉLÈBRES
par Agnès PIERRON.

DICTIONNAIRE DES MOTS ET FORMULES CÉLÈBRES
par François DOURNON.

DICTIONNAIRE DE NOMS DE LIEUX
par Louis DEROY et Marianne MULON.

DICTIONNAIRE DES GRANDES ŒUVRES DE LA LITTÉRATURE FRANÇAISE
sous la direction de Henri MITTERAND.

DICTIONNAIRE DES ŒUVRES DU XXe SIÈCLE
LITTÉRATURE FRANÇAISE ET FRANCOPHONE
sous la direction de Henri MITTERAND.

LES USUELS
DU ROBERT

POCHE

DICTIONNAIRE DES SYNONYMES

HENRI BERTAUD DU CHAZAUD

DICTIONNAIRE COURONNÉ PAR L'ACADÉMIE FRANÇAISE

LES USUELS

POCHE

DICTIONNAIRES LE ROBERT
12, AVENUE D'ITALIE 75013 PARIS

correction
CATHERINE FAVEAU
maquette
GONZAGUE RAYNAUD

Achevé d'imprimer sur Bookomatic,
par Maury-Eurolivres,
45300 Manchecourt
en novembre 1996
N° d'imprimeur : 96/10/55577
Dépôt légal : novembre 1996
Imprimé en France

Tous droits et reproduction, de traduction
et d'adaptation réservés pour tous pays.
© 1989, DICTIONNAIRES LE ROBERT
12, av. d'Italie – 75013 PARIS

Tous droits réservés pour le Canada.
© 1989, DICOROBERT INC.
Montréal, Canada.

ISBN 2 85036 219-0

AVANT-PROPOS

Je me suis attaché, dans cet ouvrage, à concilier deux exigences fondamentales :
— la richesse de l'information que doit apporter un dictionnaire spécialisé;
— la commodité de consultation d'un manuel s'insérant dans une collection d'usuels qu'il doit compléter et non pas répéter.

Ce parti a permis de rassembler, en un recueil maniable, environ 20 000 entrées dans l'ordre alphabétique et plus de 200 000 mots ou locutions, la plus forte densité de synonymes français publiée à ce jour.

Les dictionnaires de synonymes, peu nombreux et d'apparition relativement récente au regard des autres dictionnaires, comportent habituellement des définitions, des exemples, des références étymologiques qui réduisent la place laissée à l'énumération des synonymes, si l'on veut conserver à l'ouvrage sa maniabilité.

Tous ces renseignements sont utiles pour l'emploi correct d'un mot. Cependant, ce n'est pas le sens ou l'origine étymologique d'un mot qui fait le plus souvent défaut, mais bien le mot lui-même.

L'écolier ou le rédacteur de textes officiels, l'écrivain, le publiciste, le traducteur, tous ceux qui écrivent par plaisir ou par nécessité rencontrent deux exigences particulières à la langue française :
— employer le mot exact;
— éviter les répétitions.

Ils se trouvent alors dans la situation inverse de celui qui consulte un dictionnaire de définitions. Dans ce dernier cas, on possède le mot, mais le sens de ce mot demeure imprécis ou inconnu; une définition est nécessaire, appuyée au besoin sur un exemple et une explication étymologique.

Au contraire, il arrive qu'on ait à rendre un sens bien précis, et que le mot correspondant soit rebelle à la mémoire. Il faut alors du temps et un gros effort pour voir, dans le défilé des possibles, se profiler le terme désiré.

Supposons qu'on ait à désigner une étendue d'herbe, mais que PRAIRIE ne convienne pas. À l'article PRAIRIE on trouvera une suite de mots qui fournira la variante désirée, et parfois même une idée nouvelle.

Un dictionnaire de synonymes doit apporter précision et gain de temps, sans compter l'enrichissement que procure toujours une promenade au pays des mots. Le synonyme prend dans la phrase la place d'un autre terme et remplit la même fonction grammaticale et lexicale, mais avec un sens voisin et mieux approprié, c'est ainsi qu'on peut le définir et le distinguer du terme analogique, et c'est dans la mesure où le terme employé est bien celui qui convient très précisément, à l'exclusion de tout autre, que les autres qualités du discours, élégance, persuasion — voire poésie — se réaliseront comme d'elles-mêmes, tout naturellement (semble-t-il).

Enfin ce livre doit aussi rendre service aux cruciverbistes mais il ne peut évidemment pas se substituer totalement à un dictionnaire spécialisé de mots croisés.

Dans chaque article de ce *Dictionnaire*, les synonymes sont ordonnés selon un triple classement :

— grammatical,
— sémantique,
— alphabétique.

Les critères grammaticaux.

Je n'ai retenu du principe de classement selon des *critères grammaticaux* que les oppositions paraissant pertinentes pour l'objet précis de l'ouvrage :

— Verbe transitif/Verbe intransitif (ex. : INTRIGUER quelqu'un et INTRIGUER, « se livrer à l'intrigue »).
— Singulier/Pluriel (ex. : GAGE/GAGES).
— Masculin/Féminin (ex. : une PÉRIODE, un PÉRIODE).
— Nom/Adjectif (ex. : BÊTE).
— Conjonction/Préposition/Adverbe ou autre (ex. : PENDANT).

Les critères sémantiques.

Le classement selon des *critères sémantiques* a été limité à quelques catégories très générales. J'indique dans la *table des abréviations* (plus loin, pages XV et XVI) la liste des concepts discriminateurs qui ont été retenus.

Les plus employés sont les suivants :

Au propre **(Au pr.).** Cette caractérisation ne fait pas systématiquement référence à l'étymologie, mais plutôt à la fréquence ou à l'usage.

Par extension **(Par ext.).** Sous cette rubrique, sont groupés les mots pris dans un emploi généralement imagé, parfois même littéralement impropre (COLLIER pour HARNAIS), mais gardant un rapport avec le sens propre.

Figuré **(Fig.).** Les mots présentés ici n'ont plus de rapport direct avec le sens propre.

Voici un exemple, pour illustrer ce que notre propos aurait de trop abstrait :

GERME ▪ ***I. Au pr. :*** **1.** Embryon, fœtus, grain, graine, kyste, œuf, semence, sperme, spore. **2.** ⇒ **microbe.** ***II. Par ext. :*** cause, commencement, départ, fondement, origine, principe, racine, rudiment, source. ***III. Fig.*** **Germe de discorde :** brandon, élément, ferment, levain, motif, prétexte.

L'opposition *Favorable/Neutre/Non favorable* a été utilisée chaque fois qu'elle a paru pertinente, sans prétendre pour autant imposer au lecteur une classification qui pourrait apparaître arbitraire dans certains cas.

Par exemple, à GALANTERIE, le synonyme COMPLAISANCE est proposé comme étant d'un emploi généralement favorable, tandis que COQUETTERIE ou DOUCEURS sont classés comme non favorables.

Lorsque le premier mot d'une suite de synonymes est suffisamment explicite, les classes sémantiques sont signalées seulement par un chiffre, sans indication de notion. J'utilise les chiffres romains au niveau le plus général, et les chiffres arabes pour les sous-classes.

TOHU-BOHU ▪ ***I.*** Activité, affairement, affolement, agitation, alarme, animation, ... ***II.*** Bacchanal, barouf, baroufle, bastringue, boucan,... vacarme.

TOUCHER ▪ ***I. Au pr.*** **1.** Affleurer, attoucher, ... tâtonner. **2.** Atteindre,... porter. **3.** Aborder, ... relâcher. **4.** Avoisiner, ... voisiner. ***II. Par ext.*** **1.** Émarger, ... retirer. **2.** S'adresser, ... regarder. **3.** Affecter, ... porter.

J'ai systématiquement ouvert une classe pour les locutions :

COMBLER ▪ ***I.*** Emplir, ... ***II.*** Abreuver, ... ***III.*** Aplanir, ... ***IV. Loc.*** **Combler la mesure :** ⇒ **exagérer.**

Mon souci a été d'aider le lecteur et d'éviter les complications inutiles, quitte à encourir les reproches des théoriciens.

Les niveaux de langue.

D'autres caractéristiques apparaissent à l'intérieur des suites de synonymes, pour signaler des emplois particuliers. C'est ainsi que j'ai retenu certains mots *archaïques* lorsqu'ils sont encore susceptibles d'un emploi recherché ou ironisant. Ils sont suivis ou précédés de la mention (vx) : voir par exemple le synonyme HEUR de CHANCE.

J'ai fait entrer des mots ou des locutions argotiques soit lorsque leur emploi m'a paru assez connu, soit en raison de leur saveur, sans pour autant le faire systématiquement, comme ce serait le cas dans un dictionnaire de langue verte, sauf toutefois lorsque le terme d'entrée l'imposait (PRISON ou SEXE par exemple).

Il n'est pas aisé de décider si un mot est grossier, familier ou simplement pittoresque, au sens que les élèves donnent à cet adjectif en l'affectant à un « prof » dont la classe « vaut le déplacement » (ne serait-ce que du censeur). Il en est ainsi de certains mots qui peuvent déranger dans telle situation mais qui apportent la vigueur ensoleillée de la vie dans l'alignement du vocabulaire conventionnel. Un reproche que l'on pourrait alors faire est qu'on ne peut mettre un tel livre entre toutes les mains. Jadis on éditait des dictionnaires expurgés « à l'usage de la jeunesse et des personnes du sexe », alors que ceux à l'usage des « messieurs » étaient pourtant d'une singulière pudibonderie. Il y avait là une hypocrisie qu'on est en voie d'évacuer de nos mœurs, et il faut bien constater que les jeunes sont en ce domaine d'excellents informateurs pour le lexicographe.

Aussi bien est-ce avec équanimité que j'ai laissé la feuille de vigne au vestiaire. Le grand-père que je suis, après plus de quarante années d'activités pédagogiques, l'a fait avec sérénité.

Il n'est pas évident mais il est pourtant certain qu'un mot n'a pas de sens en soi, et tel mot peut être anodin ou incongru selon la circonstance. C'est à chacun de prendre parti en considération du contexte ou de la situation. Je me suis finalement résolu à conserver ce type de classification si contestable pour faciliter la consultation plutôt que pour établir un code incertain et dont l'utilité pour le lecteur est très improbable.

Le choix des mots. Les renvois.

Il est des difficultés plus sérieuses, portant sur les lacunes ou sur le vieillissement de certains termes, surtout dans la langue des jeunes. Ce sont des écueils inhérents à la nature des objets en cause : le langage est la vie, donc le mouvement, un dictionnaire est figé, c'est un peu comme un musée.

Je me suis donc efforcé de retenir d'abord les mots les plus fréquents du français contemporain, quitte à risquer une certaine redondance, laissant de côté :

— les termes techniques, spécifiques ou autres, qui ne comportent pas de synonymes, mais engendrent plutôt des analogies;

— les formes pronominales ou passives des verbes, ainsi que les participes et les adverbes, lorsque les suites de synonymes n'auraient été que la transformation des suites d'un verbe à la forme active ou d'un adjectif déjà retenu comme tête d'article. Par exemple, HABILLER n'est pas accompagné de HABILLER (S'), POURVOIR de POURVU, GAI de GAIEMENT.

Beaucoup d'articles renvoient à un ou plusieurs autres, pour éviter la répétition de suites identiques d'un article à l'autre. Exemple :

***DAMOISEAU* ■ *I.* ⇒ jeune homme. *II.* ⇒ galant.**

D'autre part, à la fin de certaines suites je renvoie à un autre article. Par exemple :

***COMPENDIUM* ■** Abrégé, condensé, digest, somme. ⇒ **résumé.**

Le lecteur peut aussi se reporter de lui-même à l'endroit où tel synonyme d'une suite est traité comme entrée. Par exemple, dans la suite de GAI, nous trouvons CONTENT. Ce terme ne fait pas l'objet d'un renvoi explicite, mais le lecteur pourra, en se reportant à l'entrée CONTENT, trouver des mots qui ne figurent pas à GAI, parce qu'ils n'en sont pas les synonymes. Il faudra faire un choix : AISÉ et BÉAT, synonymes de CONTENT, ne le sont pas de GAI, tandis que RAVI peut l'être dans certains contextes.

La consultation d'un dictionnaire de synonymes, par ces sortes de rebondissements successifs, est ainsi indéfiniment enrichissante. Le problème de la synonymie fait apparaître à quel point le mot univoque, en dehors des mots scientifiques, est rare et comme un même mot peut avoir d'acceptions. Mais il faut prendre garde, par ce passage du synonyme au synonyme du synonyme, à ne pas s'éloigner dangereusement du sens qu'on cherchait tout d'abord à exprimer.

Enfin, par souci d'éviter les redondances, je n'ai pas répété systématiquement un même mot dans deux suites successives, sous deux rubriques différentes, au propre et au figuré, par exemple. En principe, à moins que la fréquence d'emploi du mot ne soit égale dans les deux acceptions, on ne le trouvera que sous une seule rubrique. Ainsi, dans l'article CHARMER, figure, *au propre*, ENSORCELER, qui n'apparaît pas sous la rubrique *au figuré*. Là aussi, c'est au lecteur de juger s'il peut se servir de tel mot dans tel ou tel emploi. On touche ici à cet aspect vivant du langage qui semble échapper indéfiniment à toute grille de classement : la créativité.

J'exprime ma gratitude à tous ceux qui m'ont encouragé et aidé dans cette gageure — véritable tapisserie de Pénélope — qu'est un dictionnaire des synonymes : amis, parents, étudiants, et à tous les inconnus auprès de qui j'ai parfois glané ce qu'on ne trouve pas habituellement dans les livres.

Je tiens à rendre un hommage particulier à ma mère qui a bien voulu se charger de la partie la plus ingrate de ce travail : la lecture et la mise au net du manuscrit ainsi qu'à ma femme et à ma petite-fille Marjolaine de Rauglaudre, qui m'ont aidé à vérifier la concordance des renvois.

Que MM. A. Noël, J.-Y. Dournon, Y. Gentilhomme veuillent bien aussi accepter mes remerciements pour leurs encouragements et pour les suggestions dont j'ai tenu le plus grand compte.

HENRI BERTAUD DU CHAZAUD.

BIBLIOGRAPHIE SOMMAIRE

1. C'est dans les préfaces des dictionnaires de synonymes (voir ci-après) que l'on trouve des études théoriques sur la synonymie. Voici quelques ouvrages de référence sur la problématique du sens et sur la lexicologie. La ville de Paris n'est pas mentionnée lorsque c'est le lieu d'édition.

– DAMOURETTE J. ET PICHON E., *Des mots à la pensée,* d'Artrey, 1911-1952.
– GREIMAS A.J., *Du sens, essai sémiotique,* Le Seuil, 1970.
– GUILBERT L., *La créativité lexicale,* Larousse, 1976.
– GUILLAUME G., *Temps et Verbe,* Champion, 1929.
– HJELMSLEV L., « Pour une sémantique structurale », in *Essais de linguistique,* Copenhague, 1959.
– JAKOBSON R., *Essais de linguistique générale,* trad. Nicolas Ruwet, Minuit, 1963.
– MARTINET A., *Éléments de linguistique générale,* Armand Colin, 1967.
– MATORÉ G., *La Méthode en lexicologie,* Didier, 1953.
– MILNER J.C., *De la syntaxe à l'interprétation,* Le Seuil, 1978.
– MITTERAND H., *Les Mots français,* « Que sais-je ? » n° 270, P.U.F., 1963.
– MULLER C., *Initiation aux méthodes de la statistique linguistique,* Larousse, 1968.
– QUEMADA B., *Les Dictionnaires français modernes 1539-1863,* Didier, 1968.
– REY A., *Théories du signe et du sens,* Klincksieck, 1973-1976.
– REY-DEBOVE (Josette), *Sémiotique,* P.U.F., 1979.
– SAUSSURE (Ferdinand de), *Cours de linguistique générale,* Payot, 1962.
– TESNIÈRE L., *Éléments de syntaxe structurale,* Klincksieck, 1959.

2. Les dictionnaires de synonymes, peu nombreux et d'apparition relativement récente au regard des autres dictionnaires, comportent presque tous des préfaces qui sont autant de traités de la synonymie. Il faut faire une mention spéciale pour la préface du Lafaye où l'on trouve une utilisation de graphes qui ne sont autres que des diagrammes de Venn avant la lettre.

Voici, dans l'ordre chronologique, la liste des principaux dictionnaires de synonymes de langue française du XVIe au XIXe siècle :

– VIVRE (Gérard de), *Synonimes, c'est-à-dire plusieurs propos propres tant en escrivant qu'en parlant, tirez quasi tous à un mesme sens, pour monstrer la richesse de la langue françoise,* Cologne 1569. Cet ouvrage bilingue, français-allemand, est le premier dictionnaire de synonymes connu de langue française.
– MONTMERAN (Alain de), *Synonymes et épithètes françoises,* 1645.
– GIRARD (abbé Gabriel), *Synonymes français, leurs différentes significations et le choix qu'il faut pour en parler avec justesse,* éd. Veuve d'Houry, 1706 (deuxième édition en 1736). Du même, *La Justesse de la langue française ou les Différentes Significations des mots qui passent pour être synonymes,* 1718 ; et *Dictionnaire universel des synonymes de la langue française,* Paris, 1810 (édition posthume).
– HUREAU DE LIVOY Th., *Dictionnaire des synonymes françois,* 1767.
– BEAUZÉE N. Réédite le Girard, 1769-1780.
– ROUBAUD H., *Nouveaux synonymes français,* 1785.
– BOURBON-BUSSET, G. de, *Nouveaux synonymes français,* Dijon, 1789.
– MORIN B., *Dictionnaire universel des synonymes,* 1801.
– GUIZOT F., *Nouveau Dictionnaire universel des synonymes,* 1809.

— PIESTRE J., *Synonymie française,* Lyon, 1810.
— LE ROY DE FLAGIS, *Nouveau Choix des synonymes français,* Paris 1812.
— BOINVILLIERS J.E., *Dictionnaire universel des synonymes,* Paris, 1826.
— LAVEAUX J.-Ch., *Dictionnaire synonymique de la langue française,* Paris, 1826.
— LEPAN M. Remaniement du Hureau de Livoy, Paris, 1828.
— PONTON D'AMÉCOURT, *Panorama des mots, dictionnaire des synonymes,* 1853.
— LAFAYE P.-B., *Dictionnaire des synonymes de la langue française,* Paris, 1841, 1858, 1861, 1903.

Il convient de signaler le Dictionnaire des synonymes de Condillac (Étienne Bonnot, abbé de Condillac, 1714-1780), bien qu'il n'ait été publié qu'en 1951 par G. Le Roy, avec une préface de M. Roques (P.U.F., « Corpus général des Philosophes français », XXXIII, 3).

3. Dictionnaires et autres ouvrages de référence.
— *Dictionnaire de l'Académie française,* 8e éd. Hachette, 1935, 9e éd. en cours, Imprimerie nationale, premier fascicule, 1986, 5e fascicule, 1990.
— *Mises en garde, propositions, équivalences,* publiées par l'Académie française, les Presses du Palais-Royal, 1964, 1985, 1986.
— BERGERON L., *Dictionnaire de la langue québécoise,* Montréal, V.L.B., 1980.
— BOUDARD A. et ÉTIENNE L., *La Méthode à Mimile,* La Jeune Parque, 1974.
— DUBOIS J., LAGANE R., LEROND A., *Dictionnaire du français classique,* Larousse, 1990.
— CELLARD J. et REY A., *Dictionnaire du français non conventionnel,* Hachette, 1980.
— COLIN J.-P., *Trésor des mots exotiques,* Le français retrouvé, Belin 1986. Du même, *Le dico du cul,* Belfond, 1989.
— COLIN J.-P., MÉVEL J.-P., LECLÈRE C., *Dictionnaire de l'argot,* préface d'Alphonse Boudard, Larousse, 1990.
— ESNAULT G., *Dictionnaire des argots français,* Larousse, 1965.
— FOULQUIÉ P. et SAINT-JEAN R., *Dictionnaire de la langue philosophique,* P.U.F., 1962.
— *Grand Larousse de la langue française,* 1971-1979.
— GREIMAS A.J., *Dictionnaire de l'ancien français,* Larousse, 1969.
— GREIMAS A. J. et KEANE Tereza Mary, *Dictionnaire du moyen français,* Larousse, 1992.
— GRUSS R., *Petit Dictionnaire de marine,* Société d'éditions géographiques, maritimes et coloniales, 1952.
— GUIRAUD P., *Dictionnaire érotique,* Payot, 1978.
— JAL A., *Glossaire nautique,* Didot, 1848.
— Journal officiel de la République française (pour les recommandations officielles) :
  — *Dictionnaire des termes officiels,* 1991 ; Suppléments 1 et 2, 1991 ; Suppléments 3, 4, 5, 1992.
  — *Glossaire des termes officiels,* par la Délégation générale à la langue française : informatique, 1991 ; transports, 1991 ; sports, 1991.
— LALANDE A., *Vocabulaire technique et critique de la philosophie,* P.U.F., 1951.
— LANDAIS N., *Dictionnaire général et grammatical des dictionnaires français,* 7e éd., Didier, 1843.
— MARCILLAC J., *Dictionnaire français-argot,* La Pensée moderne, 1968.
— MULLER P., *Dictionnaire de l'astronautique,* Larousse, 1964.
— PETIOT G., *Le Robert des sports,* 1982.
— Publications du Conseil international de la langue française (C.I.L.F.) :
  — *Vocabulaire de la publicité,* Hachette, 1976.
  — *Vocabulaire de l'environnement,* Hachette, 1976.
  — *Vocabulaire de l'océanologie,* Hachette, 1976.
  — *Dictionnaire de l'agriculture,* La Maison rustique, 1977.
  — *Vocabulaire des sciences et techniques spatiales,* Hachette, 1978.
  — *Dictionnaire commercial,* Hachette, 1979.
  — *Vocabulaire d'écologie,* Hachette, 1979.
  — *Dictionnaire des termes nouveaux des sciences techniques,* sous la direction de Germaine Quemada, C.I.L.F./A.C.C.T., 1983.

– RHEIMS M., *Dictionnaire des mots sauvages,* Larousse, 1969 ; rééd. sous le titre *L'Obsolète,* 1989.
– *Le Robert* sous la direction de Paul Robert et Alain Rey, 9 t. 1983.
– ROMAGNESI H., *Champignons d'Europe,* Bordas, 1977.
– SIMONIN A., *Le Petit Simonin illustré par l'exemple,* Gallimard, 1968.
– *Trésor de la langue française (T.L.F.)* sous la direction de Paul Imbs et Bernard Quemada, C.N.R.S., 1971-1990.
– VIOLLET-LE-DUC E., *Dictionnaire raisonné de l'architecture française du XIe au XVIe siècle,* éd. B. Bance, 1854-1868.
– ZWANG G. (Docteur), *Le sexe de la femme,* La Jeune Parque, 1974.

TABLE DES ABRÉVIATIONS

Nous avons le plus possible évité d'utiliser des abréviations. Cependant un certain nombre d'indications revenant très fréquemment, nous avons pensé qu'il n'y aurait pas d'inconvénient à les faire figurer en abrégé.

adj.	: adjectif
adm.	: administration
adv.	: adverbe
agr.	: agriculture
all.	: allemand
amer.	: américain
anat.	: anatomie
angl.	: anglais
anim.	: animaux
arch.	: architecture
arg. scol.	: argot scolaire
au phys.	: au physique
au pl.	: au pluriel
au pr.	: au propre
au sing.	: au singulier
autom.	: automobile
aviat.	: aviation
blas.	: blason
botan.	: botanique
chir.	: chirurgie
compl. circ.	: complément circonstanciel
compl. d'obj.	: complément d'objet
conj.	: conjonction
dial.	: dialectal
enf.	: enfantin
équit.	: équitation
esp.	: espagnol
ex.	: exemple
fam.	: familier
fav.	: favorable
fém.	: féminin
fig.	: figuré
génér.	: généralement
géogr.	: géographie
géol.	: géologie
gram.	: grammaire
impers.	: impersonnel
ind.	: indirect, indirectement
inf.	: infinitif
interj.	: interjection
ital.	: italien
jurid.	: juridique
lég. péj.	: légèrement péjoratif
litt.	: littérature
liturg.	: liturgie
loc.	: locution
loc. adv.	: locution adverbiale
loc. conj.	: locution conjonctive
loc. prép.	: locution prépositionnelle
log.	: logique
mar.	: marine
masc.	: masculin
math.	: mathématique
méc.	: mécanique
méd.	: médecine
mérid.	: méridional
milit.	: militaire
mus.	: musique
n. f.	: nom féminin
n. m.	: nom masculin
par anal.	: par analogie
par ext.	: par extension
p. ex.	: par exemple
part.	: participe
partic.	: particulier
pass.	: forme passive
path.	: pathologie
peint.	: peinture
péj.	: péjoratif
philos.	: philosophie
phys.	: physique
poét.	: poétique
pol.	: politique
pop.	: populaire
prép.	: préposition

pron.	: pronominal	typo.	: typographie
prot.	: protocole	vén.	: vénerie
psych.	: psychologie	vétér.	: vétérinaire
rég.	: régional	v. intr.	: verbe intransitif
relig.	: religieux	v. pron.	: verbe pronominal
rhétor.	: rhétorique	v. récipr.	: verbe réciproque
scient.	: scientifique	v. tr.	: verbe transitif
subst.	: substantif	vx	: vieux
syn.	: synonyme	vulg.	: vulgaire
techn.	: technique	zool.	: zoologie
théol.	: théologie		

■ Ce signe sépare le mot entrée de ses synonymes.

DICTIONNAIRE DES SYNONYMES

a

ABAISSEMENT ■ ***I. D'une chose.*** **1. Au pr.** : descente, fermeture. **2. Par ext.** : affaiblissement, affaissement, amenuisement, amoindrissement, baisse, chute, dégénération, dégradation, dépréciation, détérioration, dévaluation, fléchissement. ⇒ **diminution.** ***II. De quelqu'un :*** abjection, amollissement, aplatissement, avilissement, bassesse, décadence, déchéance, déclin, dégénérescence, humiliation, humilité, pourriture. ***III. Par ext.*** ⇒ **dégénération.**

ABAISSER ■ ***I. Une chose :*** amenuiser, amoindrir, baisser, déprécier, descendre, dévaluer, diminuer, faire tomber, fermer, rabaisser, rabattre, rapetisser, ravaler, réduire, ternir. ***II. Quelqu'un :*** affaiblir, avilir, amoindrir, dégrader, infériorisier, vilipender. ⇒ **humilier.** ***III. V. pron. :*** **1. Une chose** : s'affaisser, descendre, diminuer. **2. Quelqu'un** : s'aplatir (fam.), s'avilir, se commettre, condescendre, déchoir, se déclasser, se dégrader, déroger, descendre, s'humilier, se prêter/ravaler à. ⇒ **soumettre (se).**

ABALOURDIR ■ ⇒ **abêtir.**

ABANDON ■ ***I. D'une chose.*** **1. Au pr.** : cessation, cession, don, donation, passation, renoncement, renonciation. **2.** Démission, désistement, forfait, lâchage, retrait, résignation (partic.). **3.** Abjuration, apostasie, reniement. **4.** Abdication, capitulation, désertion, incurie, insouciance, laisser-aller, négligence. **5. Loc. À l'abandon** : à vau-l'eau/en rade. ***II. De quelqu'un.*** **1.** Confiance, détachement, familiarité, liberté, insouciance, naturel. **2.** Lâchage, largage, plaquage.

ABANDONNER ■ ***I. Une chose.*** **1. Au pr.** : céder, cesser, se démettre/départir / déposséder / dépouiller / désister / dessaisir de, démissionner, dételer (fam.), donner, faire donation, lâcher, laisser, passer la main, quitter, renoncer à. **2.** S'en aller, déménager, évacuer, laisser, quitter. **3.** Abjurer. **4.** Battre en retraite, décamper, décrocher, se replier. **5.** Déclarer forfait, se retirer. ***II. Non favorable.*** **1.** Abdiquer, se déballonner (fam.)/dégonfler (fam.), délaisser, démissionner, se désintéresser/détacher de, laisser aller, laisser aller à vau-l'eau, laisser courir/péricliter/tomber/traîner, se laisser déposséder, planter là, plaquer, renoncer à. **2.** Déguerpir, déloger, évacuer, plier bagages, vider la place/les lieux. **3.** Apostasier, renier sa foi. **4.** Capituler, céder, déserter, évacuer, fuir. **5.** Baisser pavillon, caler, caner (fam.), céder, couper là, s'incliner, lâcher pied, mettre les pouces, passer la main, rabattre, se rendre/résigner/soumettre. **6. Quelqu'un** : balancer (fam.), délaisser, se désintéresser/détacher de, faussser compagnie, lâcher, laisser (en rade), négliger, oublier, planter là, plaquer, quitter, renoncer à, rompre, semer, se séparer de. ***III. V. pron.*** Se dérégler/dévoyer, être en proie à, s'en ficher/foutre (fam.), se jeter/plonger/vautrer dans, se laisser aller, se livrer à, se négliger, s'oublier, succomber à.

ABASOURDI, E ▪ ⇒ **ébahi, consterné.**

ABASOURDIR ▪ ***I. Neutre :*** accabler, étourdir, surprendre. **Au passif** : en rester baba (fam.)/comme deux ronds de flan (fam.). ***II. Favorable :*** ébahir, ébaubir, éberluer, estomaquer (fam.), étonner, interloquer, méduser, sidérer. ***III. Non favorable :*** abrutir, accabler, choquer, consterner, étourdir, hébéter, interloquer, pétrifier, stupéfier, traumatiser. ⇒ **abêtir.**

ABÂTARDIR ▪ ***I. Quelqu'un ou un animal :*** abaisser, affaiblir, altérer, avilir, baisser, corrompre, dégénérer, dégrader. ***II. Une chose*** ⇒ **altérer.**

ABÂTARDISSEMENT ▪ ***I.*** ⇒ **dégénération.** ***II.*** ⇒ **abaissement.**

ABATTAGE ▪ ***I.*** Bagou, brillant, brio, chic, dynamisme, personnalité. ***II.*** Sacrifice, tuage, tuerie. **De roches** : havage. **D'arbres** : coupe. **Maison d'abattage** ⇒ **lupanar.**

ABATTEMENT ▪ ***I. D'une chose.*** **1. Sur une somme** : déduction, escompte, réfaction, ristourne. **2. Techn.** : finition, parement. ***II. De quelqu'un :*** accablement, anéantissement, consternation, découragement, démoralisation, effondrement, épuisement, harassement, lassitude, prostration.

ABATTIS ▪ Bras, jambes, membres.

ABATTOIR ▪ ***I. Au pr. :*** assommoir, échaudoir, tuerie. ***II. Par ext. :*** carnage, champ de bataille, danger public.

ABATTRE ▪ ***I. Une chose.*** **1. Au pr.** : démanteler, démolir, détruire, faire tomber, jeter/mettre bas à/par terre, raser, renverser. **2. Par ext.** : couper, désoucher, donner un coup de tronçonneuse, faire tomber, haver, scier. **3.** Étaler/montrer son jeu. **4. Loc. fam.** : *Abattre du travail :* bosser, boulonner, en foutre/en mettre un coup, trimer, turbiner. **5. Non favorable** : anéantir, annihiler, briser, décourager, démolir, démonter, démoraliser, détruire, faucher, ruiner, vaincre, vider (fam.). ***II. Quelqu'un.*** **1. Au pr.** ⇒ **tuer. 2. Fig.** : accabler, décourager, démolir, descendre, disqualifier, écraser, éliminer, liquider, régler son compte à, vaincre. ***III. Un animal.*** **1.** Tirer, tuer, servir (vén.). **2.** Assommer, égorger, saigner, tuer. ***IV. Loc.*** **Être abattu** : être prostré, *et les formes passives des syn. de* ABATTRE. ***V. V. pron. :*** **1.** S'affaisser, dégringoler (fam.), s'écraser, s'écrouler, s'effondrer, s'étaler (fam.), se renverser, tomber. **2.** Fondre/se précipiter/pleuvoir/tomber à bras raccourcis sur.

ABBAYE ▪ Béguinage, cloître, couvent, monastère, moutier, prieuré.

ABBÉ ▪ ***I.*** Dignitaire, prélat, pontife. ***II.*** Aumônier, curé, ecclésiastique, pasteur, prêtre, vicaire. ***III. Non favorable :*** Capelou, corbeau, curaillon, prédicant, prestolet, ratichon.

ABCÈS ▪ Adénite, anthrax, apostème, apostume, bubon, chancre, clou, dépôt, écrouelles, fluxion, furoncle, grosseur, humeurs froides, hypocrâne, kyste, panaris, phlegmon, pustule, scrofule, tourniole, tumeur. ⇒ **boursouflure.**

ABDICATION ▪ ⇒ **abandon.**

ABDIQUER ▪ Se démettre, démissionner, se désister, quitter. ⇒ **abandonner.**

ABDOMEN ▪ ***I.*** Bas-ventre, hypogastre, ventre. ***II. Fam. :*** Avant-scène, ballon, barrique, bedaine, bedon, bide, bonbonne, brioche, buffet, burlingue, coffiot, coffre, devant, fanal, gaster, gidouille, œuf d'autruche/de Pâques, paillasse, panse, tiroir à saucisses, tripes. ***II. D'un animal :*** hypogastre, panse.

ABDOMINAL, E ▪ Ventral.

ABÉCÉDAIRE ■ A.b.c., alphabet.

ABEILLE ■ Apidé, apis, avette (vx), fille d'Aristée/de l'Hymette, hyménoptère, mouche à miel.

ABERRANT, ANTE ■ ***I.*** Anormal, déraisonnable, insensé. ***II.*** Absurde, con (fam.), extravagant, faux, fou, grotesque, idiot, imbécile, loufoque, ridicule, saugrenu. ⇒ **bête.**

ABERRATION ■ ***I.*** Aberrance, égarement, errement, erreur, fourvoiement, méprise. ***II.*** Absurdité, aliénation, bévue, extravagance, folie, idiotie, imbécillité, non-sens, stupidité. ⇒ **bêtise.**

ABERRER ■ ⇒ **tromper (se).**

ABÊTIR ■ Abalourdir, abasourdir, abrutir, affaiblir, assoter, bêtifier, crétiniser, dégrader, diminuer, encroûter, engourdir, faire tourner en bourrique (fam.), fossiliser, hébéter, idiotifier, momifier, rabêtir, ramollir, rendre bête, *et les syn. de* BÊTE.

ABÊTISSEMENT ■ Abrutissement, ahurissement, bêtification, connerie (fam.), crétinisme, encroûtement, gâtisme, hébétude, idiotie, imbécillité, stupidité.

ABHORRER ■ Abominer, avoir en aversion/en horreur, détester, éprouver de l'antipathie/de l'aversion/du dégoût/de l'horreur/de la répugnance, exécrer, haïr, honnir, maudire, vomir.

ABÎME ■ ***I.*** Abysse, aven, bétoire, cloup, fosse, gouffre, igue, perte, précipice. ***II. Fig.*** **1.** Catastrophe, chaos, néant, ruine. **2.** Différence, distance, divorce, fossé, immensité, incompréhension, intervalle.

ABÎMER ■ ***I. Une chose.*** **1. Au pr. :** casser, dégrader, démolir, détériorer, détraquer, ébrécher, endommager, esquinter, gâter, mettre hors de service/d'usage, rayer, saboter, saccager, salir, user. **Fam. :** amocher, bousiller, cochonner, déglinguer, escagasser (mérid.), fusiller, massacrer, saloper, savater. **2. Sa santé :** compromettre, détraquer, esquinter, ruiner. ***II. Quelqu'un.*** **1. Physique :** amocher, bousiller, démolir, esquinter, massacrer. **2. Moral :** calomnier, démolir, salir, ternir. ***III. V. pron. :*** **1. Un navire :** aller par le fond, chavirer, couler, disparaître, s'enfoncer, s'engloutir, se perdre, sombrer. **2. Quelqu'un :** s'abandonner à, s'absorber dans, s'adonner à, s'enfoncer dans, être enseveli, s'ensevelir/se plonger/sombrer/ tomber/se vautrer dans (péj.). ***III.*** *Les formes pron. possibles des syn.* de ABÎMER.

ABJECT, E ■ Avili, bas, dégoûtant, dégueulasse (vulg.), écœurant, grossier, honteux, ignoble, ignominieux, indigne, infâme, infect, laid, méprisable, misérable, obscène, odieux, plat, rampant, repoussant, répugnant, sale, salaud (vulg.), sordide, vil, vilain, visqueux.

ABJECTION ■ Avilissement, bassesse, boue, crasse, dégoûtation, dégueulasserie (vulg.), fange, grossièreté, honte, ignominie, ilotisme, indignité, infamie, laideur, obscénité, platitude, saleté, saloperie (vulg.), vilenie. ⇒ **abaissement.**

ABJURATION ■ ⇒ **abandon.**

ABJURER ■ Apostasier (péj.), faire son autocritique/sa confession publique, renier, se rétracter. ⇒ **abandonner.**

ABLATION ■ ***Chir. :*** abscision, abscission, amputation, autotomie, castration, coupe, excision, exérèse, mutilation, opération, rescision, résection, sectionnement, tomie.

ABLUTION ■ ***I. Au pr.*** **1. Au sing. :** lavage, nettoyage, rinçage. **2. Au pl. :** bain, douche, lavage, nettoyage, toilette. ***II.*** Purification (relig.).

ABNÉGATION ■ Abandon, désintéressement, détachement, dévouement, holocauste, oubli de soi, renoncement, sacrifice.

ABOI ■ ***I. D'un chien.*** **1. Sing. et pl. :** aboiement, glapissement, hurlement, jappement. **2. Vén. :** chant, cri, voix. ***II. Loc.*** **Être aux abois :** à quia, en déconfiture, en difficulté, en faillite, réduit à la dernière extrémité.

ABOLIR ■ ***I.*** Abandonner, abroger, anéantir, annuler, casser, démanteler, détruire, effacer, éteindre, faire cesser/disparaître/table rase, infirmer, invalider, lever, prescrire, rapporter, rescinder, résoudre, révoquer, ruiner, supprimer. ***II. Par ext. :*** absoudre, amnistier, gracier, pardonner, remettre.

ABOLISSEMENT, ABOLITION ■ ***I.*** ⇒ **abrogation.** ***II.*** ⇒ **absolution.** ***III.*** ⇒ **amnistie.**

ABOMINABLE ■ ⇒ **affreux.**

ABOMINATION ■ ***I.*** ⇒ **honte.** ***II.*** ⇒ **horreur.**

ABOMINER ■ ⇒ **haïr.**

ABONDAMMENT ■ ⇒ **beaucoup.**

ABONDANCE ■ ***I.*** ⇒ **affluence.** ***II. Loc.*** **1. Parler d'abondance :** avec volubilité, avoir du bagou, être intarissable. **2. En abondance :** à foison, en pagaille, en veux-tu en voilà.

ABONDANT, E ■ ***I. Au pr.*** **1.** Commun, considérable, copieux, courant, exubérant, fécond, fertile, fructueux, généreux, inépuisable, intarissable, luxuriant, opulent, plantureux, pléthorique, profus, prolifique, riche, somptueux. **2.** À foison, considérable, foisonnant, fourmillant, grouillant, innombrable, incommensurable, nombreux, pullulant, surabondant. ***II. Fig. :*** **1.** Ample, charnu, énorme, épais, étoffé, fort, fourni, garni, généreux, gras, gros, long, pantagruélique, rempli, replet. **2.** Diffus, intarissable, long, prolixe, torrentiel, touffu, verbeux.

ABONDER ■ ***I. Au pr. :*** foisonner, fourmiller, grouiller, infester, proliférer, pulluler, il y a des tas de. ***II. Par ext. :*** **1.** Être fertile en/plein de/prodigue en/riche en, regorger de, se répandre en. **2. Loc. :** *Il abonde dans mon sens :* approuver, se rallier à, se ranger à un avis.

ABONNEMENT ■ Carte, forfait, souscription.

ABONNIR ■ ⇒ **améliorer.**

ABORD ■ ***I. Nom.*** **1. Au sing. :** accueil, approche, caractère, comportement, réception. **2. Au pl. :** accès, alentours, approches, arrivées, entrées, environs. ***II. Loc. adv.*** **1. D'abord :** a priori, au commencement, auparavant, au préalable, avant tout, en premier lieu, premièrement, primo. **2. Dès l'abord :** dès le commencement, sur le coup, dès le début, immédiatement, incontinent, à première vue, tout de suite. **3. Tout d'abord :** aussitôt, sur-le-champ, dès le premier instant. **4. Au premier/de prime abord :** dès le commencement, à la première rencontre, à première vue.

ABORDABLE ■ ***I. Quelqu'un :*** accessible, accueillant, bienveillant, facile, pas fier (pop.). ***II. Une chose.*** **1.** Bon marché, pas cher, possible, réalisable. **2.** Accostable, approchable, facile.

ABORDAGE ■ Accostage, arraisonnement, assaut, collision, débarquement.

ABORDER ■ ***I. Une chose.*** **1. Au pr. :** accéder à, accoster, approcher de, arriver à, atteindre, avoir accès à, mettre pied à terre. ⇒ **toucher. 2. Une difficulté** ⇒ **affronter. 3. Un virage :** négocier. ***II. Quelqu'un*** ⇒ **accoster.**

ABORIGÈNE ■ Autochtone, indigène, natif, naturel.

ABOUCHEMENT ■ ***I.*** Aboutement, accouplement, ajoutement, anastomose (méd.), jonction, jumelage, raccordement, rapport, reboutement, union. ***II.*** Conférence, entrevue, rencontre.

ABOUCHER ■ ***I.*** Abouter, accoupler, ajointer, anastomoser (méd.), joindre, jumeler, mettre bout à bout/en rapport, raccorder, réunir. *II.* Ménager/procurer une entrevue/un rendez-vous, mettre en rapport/en relation, rapprocher, réunir. *III. V. pron. :* communiquer, entrer/se mettre en conférence/pourparlers/rapport/relation, s'entretenir, négocier, prendre date/langue/rendez-vous.

ABOULER ▪ ***Fam. :*** apporter, donner. ***V. pron. :*** s'amener, arriver, se pointer, se propulser, rappliquer, se rappliquer, venir.

ABOULIQUE ▪ Amorphe, apathique, crevé (fam.), faible, impuissant, lavette (fam.), mou, sans volonté, velléitaire, vidé (fam.). ⇒ **paresseux.**

ABOUTER ▪ ⇒ **aboucher.**

ABOUTIR ▪ ***I.*** Accéder à, achever, arriver à, atteindre, se diriger vers, finir à/dans/ en/par, se jeter/tomber dans. ⇒ **terminer (se).** ***II.*** Avoir du succès, être couronné de succès, mener à sa fin/son issue/son terme, parvenir à ⇒ **réussir.**

ABOUTISSANT ▪ ***Loc.*** **Les tenants et les aboutissants** : les causes et les conséquences, les données.

ABOUTISSEMENT ▪ But, couronnement, fin, issue, point final, réalisation, résultat, terme.

ABOYER ▪ ***I. Au pr. :*** chanter (vén.), crier, japper, hurler. ***II. Par ext. :*** braire, clabauder, crier, glapir, gueuler (vulg.), japper, hurler.

ABOYEUR ▪ Crieur, commissaire-priseur ⇒ **huissier.**

ABRACADABRANT, E ▪ Ahurissant, baroque, biscornu, bizarre, délirant, démentiel, déraisonnable, époustouflant, étrange, extraordinaire, extravagant, fantasmagorique, fantasque, fantastique, farfelu, fou, incohérent, incompréhensible, incroyable, insolite, rocambolesque, sans queue ni tête, saugrenu, singulier, stupéfiant, surprenant, ubuesque, unique.

ABRÉGÉ ▪ ***I. Adj.*** **1.** Amoindri, bref, concis, court, cursif, diminué, écourté, lapidaire, limité, raccourci, rapetissé, réduit, resserré, restreint, résumé, simplifié, sommaire, succinct. **2. Non favorable** : compendieux, laconique, tronqué. ***II. Nom :*** abréviation, aide-mémoire, analyse, aperçu, argument, bréviaire (relig.), compendium, digest, diminutif, éléments, épitomé, esquisse, extrait, manuel, notice, plan, précis, promptuaire, raccourci, récapitulation, réduction, résumé, rudiment, schéma, sommaire, somme, topo (fam.).

ABRÉGEMENT ▪ Diminution, raccourcissement, réduction.

ABRÉGER ▪ Accourcir, alléger, amoindrir, diminuer, écourter, limiter, raccourcir, rapetisser, réduire, resserrer, restreindre, résumer, simplifier, tronquer.

ABREUVER ▪ ***I. Au pr. :*** apporter de l'eau, désaltérer, étancher la soif, faire boire, verser à boire. ***II. Par ext.*** **1.** Accabler/arroser/combler/couvrir/imprégner/inonder de. **2. Non favorable** : accabler de, agonir, couvrir/inonder de. **3.** ⇒ **humecter. 4.** ⇒ **remplir.** ***III. V. pron. :*** **1. Une chose** : absorber, s'arroser, s'humecter, s'imbiber, s'imprégner, s'inonder, se mouiller, se pénétrer. **2. Quelqu'un** : (fam.) : absorber, arroser, s'aviner, biberonner, buvoter, chopiner, se cocarder, écluser, entonner, éponger/étancher sa soif, s'humecter le gosier, s'imbiber, s'imprégner, lamper, se lester, lever le coude, licher, picoler, pinter, pomper, se rafraîchir, se remplir, riboter, se rincer la dalle/le gosier, siroter, sucer, se taper/vider un verre, téter. ⇒ **enivrer (s').** **3. Un animal** : boire, se désaltérer, étancher sa soif, laper.

ABREUVOIR ▪ Auge, baquet, bassin.

ABRÉVIATION ▪ Initiales, raccourci, sigle. ⇒ **abrégé.**

ABRI ▪ ***I. Au pr.*** **1.** Asile, cache,

cachette, lieu sûr, oasis, refuge, retraite. **2. Non favorable** : antre, repaire. **3. D'un animal** : bauge, gîte, refuge, repaire, reposée, soue, tanière, trou. **4.** ⇒ **port.** ***II. Milit.*** *:* bunker, cagna, casemate, fortin, guitoune. ***III. Par ext.*** *:* assurance, défense, garantie, protection, refuge, sécurité, sûreté. ***IV. Loc.*** **Être à l'abri :** à couvert, à l'écart, à l'ombre (fam.), hors d'atteinte/de portée, en lieu sûr, en sécurité, en sûreté, planqué (fam.).

ABRICOT ▪ Alberge.

ABRITER ▪ ⇒ **couvrir.**

ABROGATION ▪ ***I. Au pr.*** *:* abolition, annulation, cassation, cessation, infirmation, invalidation, prescription, rédhibition, résiliation, résolution, retrait, révocation, suppression. ***II. Par ext.*** **1.** Anéantissement, destruction, disparition, effacement. **2.** ⇒ **absolution.**

ABROGER ▪ ⇒ **abolir.** ***V. pron.*** *:* s'abolir, s'annuler, cesser son effet, s'effacer, s'éteindre, se prescrire.

ABRUPT, E ▪ ***I.*** À pic, escarpé, montant, raide, roide, rude. ***II.*** Acariâtre, acerbe, acrimonieux, aigre, bourru, brusque, brutal, direct, dur, haché, hargneux, heurté, inculte, rébarbatif, revêche, rogue, sauvage, tout de go (fam.).

ABRUTI, E ▪ ⇒ **bête.**

ABRUTIR ▪ ⇒ **abêtir.**

ABRUTISSEMENT ▪ Abêtissement, ahurissement, animalité, avilissement, bestialité, connerie (fam.), crétinisme, engourdissement, gâtisme, hébétude, idiotie, imbécillité, stupeur, stupidité. ⇒ **bêtise.**

ABSCONS, E ▪ ⇒ **difficile.**

ABSENCE ▪ ***I. Au pr.*** **1.** Carence, défaut, défection, éclipse, manque. **2.** Départ, disparition, échappée, école buissonnière, éloignement, escapade, fugue. ***II. Par ext.*** *:* omission, privation. ***III. Loc.*** **Avoir des absences :** amnésie, distractions, oublis, trous.

ABSENT, E ▪ ***I.*** Contumace, défaillant. ***II.*** Dans la lune (fam.), inattentif, lointain, rêveur. ⇒ **distrait.**

ABSENTER (S') ▪ ***I. Neutre*** *:* s'éloigner, partir, quitter, se retirer, sortir. ***II. Non favorable*** *:* disparaître, s'éclipser, faire défaut, faire l'école buissonnière, jouer la fille de l'air (fam.), manquer, pratiquer l'absentéisme, tirer au flanc/au cul (fam.).

ABSOLU, E ▪ ***I. Adj.*** **1. Au pr.** : catégorique, complet, discrétionnaire, dogmatique, entier, exclusif, foncier, formel, impératif, impérieux, inconditionnel, indispensable, infini, parfait, plein, radical, total. **2. Quelqu'un** : autocratique, autoritaire, arbitraire, cassant, césarien, despotique, dictatorial, dogmatique, exclusif, impérieux, intransigeant, jupitérien, omnipotent, souverain, totalitaire, tout-puissant, tyrannique. ***II. Nom*** *:* idéal, infini, intégrité, intransigeance, perfection, plénitude.

ABSOLUMENT ▪ À fond, toute force, diamétralement, nécessairement, tout à fait, *et les adv. en -ment formés avec les syn. de* ABSOLU.

ABSOLUTION ▪ Abolition, abrogation, acquittement, amnistie, annulation, cassation, extinction, grâce, pardon, pénitence, prescription, rémission, remise/suppression de peine.

ABSOLUTISME ▪ Autocratie, autoritarisme, caporalisme, césarisme, despotisme, dictature, oppression, pouvoir personnel, totalitarisme, tyrannie.

ABSORBÉ, E ▪ ***I. Neutre*** *:* absent, méditatif, occupé, préoccupé. ***II. Non favorable*** *:* abruti, ahuri. ⇒ **distrait.**

ABSORBER ▪ ***I.*** Avaler, boire, s'imbiber/imprégner/pénétrer de, pomper, résorber. ⇒ **boire.** ***II.*** Avaler, assimiler, consommer, déglutir, dévorer, engloutir, engouffrer, épuiser, faire disparaître, fondre, ingérer, ingurgiter, liquider, manger, nettoyer. ***III.*** Accaparer, dévorer, retenir. ***IV. V. pron. :*** **1.** S'abîmer, s'abstraire, s'attacher à, se recueillir. **2.** S'enfoncer dans, s'engloutir, s'ensevelir, se plonger, sombrer *et les formes passives des syn. de* ABSORBER.

ABSORPTION ■ ***I.*** Consommation, imbibition, imprégnation, ingestion, ingurgitation, manducation. ***II.*** Disparition, effacement, liquidation, suppression. ***III.*** Fusionnement, intégration, unification.

ABSOUDRE ■ ***I. Quelqu'un*** ⇒ **acquitter.** ***II. Une faute :*** effacer, excuser, pardonner, remettre.

ABSTENIR (S') ■ Se dispenser, éviter, s'exempter de, se garder de, s'interdire de, négliger de, ne pas participer à, ne pas prendre part à, se passer de, se priver de, se refuser à/de, se récuser, renoncer à, rester neutre, se retenir de.

ABSTENTION ■ ***I.*** Neutralité, non-belligérance, non-intervention. ***II.*** Privation, récusation, refus, renonciation, renoncement, restriction.

ABSTINENCE ■ ⇒ **jeûne, continence.**

ABSTINENT, E ■ ***I. Au pr. :*** frugal, modéré, sobre, tempérant. ***II. Par ext.*** **1.** Chaste, continent. **2. D'alcool :** abstème.

ABSTRACTION ■ ***I. Au pr. :*** axiome, catégorie, concept, notion. ***II. Non favorable :*** chimère, irréalité, fiction, utopie. ***III. Loc.*** **1. Faire abstraction de :** écarter, éliminer, exclure, laisser de côté, mettre à part, omettre, ôter, retirer, retrancher, sortir, supprimer. **2. Abstraction faite de :** en dehors de, excepté, à l'exception de, hormis, à part. **3. Avoir une faculté d'abstraction :** absence, indifférence, méditation, réflexion, repli sur soi.

ABSTRAIRE ■ ⇒ **éliminer.** ***V. pron. :*** s'absenter, se défiler (fam.), s'écarter de, se détacher de, s'éliminer, s'exclure, se mettre à part, prendre ses distances, se replier sur soi.

ABSTRAIT, E ■ ***I. Une chose.*** **1. Neutre :** axiomatique, irréel, profond, subtil, théorique. **2. Non favorable :** abscons, abstrus, chimérique, difficile, fumeux (fam.), obscur, utopique, vague. ***II. Quelqu'un.*** **1. Favorable :** profond, subtil. **2. Non favorable :** *ses idées :* abscons, chimérique, difficile, irréel, obscur, utopique, vague. *Son comportement :* absent, absorbé, distrait, indifférent, méditatif, paumé (fam.), rêveur.

ABSTRUS, E ■ ⇒ **difficile.**

ABSURDE ■ Aberrant, abracadabrant, biscornu, brindezingue (fam.), contradictoire, courtelinesque, déraisonnable, dingue (fam.), énorme, extravagant, farfelu (fam.), fou, illogique, imaginaire, incohérent, incongru, inconséquent, inepte, insane, irrationnel, saugrenu, stupide, ubuesque. ⇒ **bête, insensé.**

ABSURDITÉ ■ Aberration, connerie (fam.), contradiction, déraison, dinguerie (fam.), énormité, extravagance, folie, illogisme, incohérence, incongruité, inconséquence, ineptie, insanité, irrationnalité, loufoquerie, non-sens, rêve, stupidité. ⇒ **bêtise.**

ABUS ■ ***I.*** Exagération, excès. ***II.*** Débordements, dérèglement, désordre, errements, inconduite, intempérance. ***III.*** ⇒ **injustice.**

ABUSER ■ ***I. V. intr.*** **1. Au pr. :** attiger (fam.), charrier (fam.), dépasser/passer les bornes/la mesure, exagérer, exploiter, mésuser, outrepasser. **2. D'une femme :** déshonorer, faire violence, posséder, violer, violenter. ***II. V. tr.*** ⇒ **tromper.** ***III. V. pron. :*** Aberrer, cafouiller, déconner (vulg.), s'égarer, errer, faillir, faire erreur, se faire illusion, se ficher/foutre dedans (vulg.), se gourer (fam.), s'illusionner, se leurrer, méjuger, se méprendre, se mettre le doigt dans l'œil (fam.), prendre le change, sous-estimer, se tromper.

ABUSIF, IVE ■ ***I. Neutre :*** envahissant, excessif, immodéré. ***II. Non favorable.*** 1. Injuste, léonin, trop dur/sévère. 2. Impropre, incorrect.

ABUSIVEMENT ■ ***I.*** Excessivement, immodérément. ***II.*** Improprement, indûment, injustement. ***III.*** Incorrectement.

ACABIT ■ Catégorie, espèce, genre, manière, nature, qualité, sorte, type. ***Fam. :*** farine, tabac.

ACACIA ■ ***Partic. :*** cachou, canéfier, casse, cassier, mimosa, robinier.

ACADÉMIE ■ ***I. Au pr.*** 1. **Académie française** : Institut, palais Mazarin, quai Conti. 2. **Universitaire** : institut, rectorat, université. ***II. Par ext. :*** collège, conservatoire, école, faculté, gymnase, institut, lycée. ***III. Beaux-arts :*** modèle, nu.

ACADÉMIQUE ■ ***I. Neutre :*** conformiste, conventionnel. ***II. Non favorable :*** ampoulé, compassé, constipé (fam.), démodé, emmerdant (grossier), empesé, emphatique, ennuyeux, fossilisé, froid, guindé, prétentieux, sans originalité/relief, ridicule, vieux jeu.

ACADÉMISME ■ Conformisme, convention.

ACAJOU ■ Anacardier, teck.

ACARIÂTRE ■ ***I.*** Acerbe, acide, acrimonieux, aigre, atrabilaire, bâton merdeux (vulg.), bilieux, bougon, criard, grande gueule (fam.), grincheux, grognon, gueulard, hargneux, hypocondriaque, incommode, insociable, intraitable, maussade, merdeux (grossier), morose, querelleur, quinteux, rébarbatif, revêche, rogue, teigneux. ***II. Loc.*** **Une femme acariâtre ⇒ mégère.**

ACCABLANT, E ■ ***I.*** Brûlant, écrasant, étouffant, fatigant, impitoyable, inexorable, intolérable, lourd, oppressant, orageux, suffocant, tropical. ***II.*** **⇒ tuant.** ***III.*** Décourageant, déroutant, désarmant, désespérant, irréfutable.

ACCABLEMENT ■ **⇒ abattement.**

ACCABLER ■ ***I.*** **⇒ charger.** ***II.*** **⇒ abattre.** ***III.*** Surcharger.

ACCALMIE ■ **⇒ bonace.**

ACCAPAREMENT ■ Monopolisation, spéculation, stockage, thésaurisation.

ACCAPARER ■ ***I.*** **⇒ accumuler.** ***II.*** **⇒ absorber.** ***III.*** **⇒ envahir.**

ACCAPAREUR ■ **⇒ spéculateur.**

ACCÉDER ■ ***I. V. intr.*** 1. **⇒ aboutir.** 2. **⇒ accoster.** ***II. V. tr. ind.*** 1. **⇒ accepter.** 2. **⇒ consentir.**

ACCÉLÉRATION ■ Accroissement, activation, augmentation de cadence/rythme/vitesse, célérité, hâte, précipitation.

ACCÉLÉRER ■ ***I. Au pr. :*** accroître, activer, augmenter, dépêcher, expédier, hâter, pousser, précipiter, presser, stimuler. ***II. Autom. :*** appuyer sur/écraser le champignon, mettre la gomme, pousser, presser. ***III. V. pron. :*** se dégrouiller (fam.), faire diligence/ficelle/fissa (fam.), se grouiller (fam.), se manier (fam.), se remuer, *et les formes pron. possibles des syn. de* ACCÉLÉRER.

ACCENT ■ ***I.*** Accentuation, marque, signe. ***II.*** Emphase, intensité, modulation, prononciation, ton, tonalité.

ACCENTUER ■ ***I.*** Accroître, accuser, appuyer sur, augmenter, donner de l'intensité/du relief à, faire ressortir, insister sur, intensifier, montrer, peser sur, ponctuer, renforcer, souligner. ***II.*** **⇒ prononcer.** ***III. V. pron. :*** devenir plus apparent/évident/fort/net, se mettre en évidence/relief, ressortir, et *les formes pron. possibles des syn. de* ACCENTUER.

ACCEPTABLE ■ Admissible, approuvable, bon, convenable, correct, passable, possible, potable, présentable, recevable, satisfaisant, suffisant, valable.

ACCEPTATION ■ ⇒ **accord.**

ACCEPTER ■ ***I. Neutre*** **1. Une chose ⇒ agréer. 2. Quelqu'un ⇒ accueillir. 3. ⇒ endosser. 4.** Accéder/acquiescer/adhérer à, admettre, agréer, se conformer à, condescendre à, consentir à, dire oui, donner son accord/consentement, se joindre à, opiner, permettre, se prêter à, se rallier à, ratifier, recevoir, se rendre à, se soumettre à, souscrire à, toper (fam.), trouver bon. **5.** Agréer, recevoir. ***II. Non favorable :*** admettre, endurer, pâtir, se résigner à, souffrir, subir, supporter, tolérer.

ACCEPTION ■ ***I.*** Sens, signification. ***II.*** ⇒ **préférence.**

ACCÈS ■ ***I.*** Abord, entrée, input (partic.), introduction. ***II. Fig.*** **1. ⇒ accueil. 2. Méd. :** attaque, atteinte, crise, poussée. **3.** Bouffée, corrida (fam.), scène. ***III. Loc.*** **Par accès :** par intermittence, récurrent.

ACCESSIBLE ■ ***I. Au pr. :*** abordable, accort, accueillant, affable, aimable, amène, facile, ouvert à, sensible, simple. ***II. Par ext. :*** approchable, compréhensible, intelligible, à portée, possible, simple.

ACCESSION ■ Admission, arrivée, avancement, avènement, promotion, venue.

ACCESSIT ■ Distinction, nomination, prix, récompense.

ACCESSOIRE ■ ***I. Adj.*** **1.** Auxiliaire, concomitant, inutile, marginal, secondaire, subsidiaire, superfétatoire, superflu. **2.** Additionnel, annexe, auxiliaire, complémentaire, dépendant, incident, supplémentaire. ***II. Nom :*** instrument, outil, pièce, ustensile.

ACCESSOIREMENT ■ Éventuellement, incidemment, secondairement, subsidiairement.

ACCIDENT ■ ***I. Au pr.*** **1.** Affaire, aventure, épisode, événement, incident, péripétie. **2.** Accroc, accrochage, aléa, anicroche, avatar (par ext.), aventure, calamité, catastrophe, contre-temps, coup dur, coup du sort, les hauts et les bas, malheur, mésaventure, revers, vicissitudes. **3. Arg. ou fam. :** avaro, bin's, bite, bûche, caille, chtourbe, contrecarre, couille, manque de bol/pot, merde, os, pépin, salade, tuile. ***II. Par ext.*** **1. De terrain :** aspérité, creux et bosses, dénivellation, mouvement de terrain, pli, plissement, relief. **2. Loc. Par accident :** par extraordinaire, fortuitement, par hasard/inadvertance/occasion, rarement.

ACCIDENTÉ, E ■ ***I. Au pr.*** **1. Quelqu'un :** abîmé, amoché, atteint, blessé, esquinté, touché, traumatisé. **2. Une chose :** accroché, bousillé, cabossé, carambolé, cassé, démoli, détérioré, détraqué, détruit, endommagé, esquinté. ***II. Par ext. :*** agité, dangereux, imprévu, inégal, irrégulier, montagneux, montueux, mouvementé, pittoresque, vallonné, varié.

ACCIDENTEL, ELLE ■ Accessoire, adventice, brutal, contingent, épisodique, extraordinaire, fortuit, imprévu, inattendu, incident, inhabituel, occasionnel, violent.

ACCIDENTEL, ACCIDENTELLEMENT ■ D'aventure, fortuitement, inopinément, malencontreusement, par accident, par hasard, sans cause, *et les adv. en -ment formés sur les syn. de* ACCIDENTEL.

ACCIDENTER ■ Abîmer, accrocher, amocher, bousiller, cabosser, caramboler, casser, démolir, détériorer, détraquer, détruire, endommager, esquinter.

ACCLAMATION ■ Applaudissement, approbation, bis, bravo, éloge, hourra, louange, ovation, rappel, triomphe, vivat.

ACCLAMER ▪ Applaudir, bisser, faire une ovation, ovationner, rappeler.

ACCLIMATATION ▪ ***I.*** Apprivoisement, naturalisation. ***II. Jardin d'acclimatation :*** jardin zoologique, zoo.

ACCLIMATEMENT ▪ Accommodation, accoutumance, adaptation, apprivoisement, habitude.

ACCLIMATER ▪ Accoutumer, adapter, apprivoiser, entraîner, familiariser, habituer, importer, initier, introduire, naturaliser, transplanter. ***V. pron.*** **1. Quelqu'un** : s'accoutumer, s'adapter, s'y faire, s'habituer. ***II. Une chose :*** s'établir, s'implanter, s'introduire, prendre place, *et les formes pron. possibles des syn. de* ACCLIMATER.

ACCOINTANCE ▪ Amitié, attache, camaraderie, connaissance, fréquentation, intelligence, intimité, liaison, lien, parenté, piston (fam.), rapport, relation, tenants et aboutissants.

ACCOISEMENT ▪ (vx) ⇒ **adoucissement.**

ACCOLADE ▪ ***Fam. :*** bise, embrassade.

ACCOLER ▪ ***I. Au pr.*** ⇒ **baiser.** ***II. Par ext.*** **1.** ⇒ **adjoindre. 2.** ⇒ **serrer. 3.** ⇒ **accoupler.**

ACCOMMODANT, E ▪ Arrangeant, aisé à vivre, bienveillant, bon prince, complaisant, conciliant, condescendant, coulant, débonnaire, de bonne composition, du bois dont on fait les flûtes (fam.), facile à contenter/à satisfaire/à vivre, sociable, souple.

ACCOMMODEMENT ▪ Accord, ajustement, amodiation, arrangement, capitulation (fam.), composition, compromis, conciliation, entente, expédient, raccommodement, rapprochement.

ACCOMMODER ▪ ***I. Une chose*** ⇒ **adapter.** ***II. Cuisine*** ⇒ **apprêter.** ***III. Quelqu'un.*** **1. Au pr.** ⇒ **accorder. 2. Habillement** ⇒ **accoutrer.** ***IV. V. pron. :*** accepter, admettre, s'arranger de (fam.), se contenter de, se faire à, faire son affaire de, s'habituer à, prendre son parti de, se satisfaire de, se soumettre à, tirer parti de, *et les formes pron. possibles des syn. de* ACCOMMODER.

ACCOMPAGNATEUR, TRICE ▪ ⇒ **guide.**

ACCOMPAGNEMENT ▪ ***I.*** Convoi, cortège, escorte, équipage, suite. ***II.*** Accessoire, appareil, attirail, complément, pompe. ***III.*** Accord, arrangement, harmonisation.

ACCOMPAGNER ▪ ***I. Au pr. :*** aller avec/de conserve, assister, chaperonner, conduire, convoyer, escorter, flanquer, guider, protéger, reconduire, suivre, surveiller. ***II. Par ext. :*** assortir, joindre, marier. ***III. V. pron. :*** s'adjoindre, s'assortir de, avoir pour conséquence/suite, se marier avec, être suivi de, *et les formes pron. possibles des syn. de* ACCOMPAGNER.

ACCOMPLI, E ▪ ***I. Une chose.*** **1.** Achevé, complet, effectué, fait, fini, réalisé, terminé. **2.** Consommé, idéal, incomparable, irréprochable, magistral. ⇒ **parfait.** ***II. Quelqu'un :*** bien élevé, complet, consommé, distingué, idéal, modèle, mûr. ⇒ **parfait.** ***III. Loc.*** **Le fait accompli. 1.** Définitif, irréparable, irréversible, irrévocable. **2.** La carte forcée, l'évidence.

ACCOMPLIR ▪ ***I. Au pr. :*** aboutir, achever, effectuer, faire, finir, parachever, réaliser, terminer. ***II. Non favorable :*** commettre, perpétrer. ***III. Par ext. :*** s'acquitter de, mener à bien/bon terme, se plier à, réaliser, remplir. ⇒ **observer.** ***IV. V. pron. :*** arriver, avoir lieu, se passer, se produire, *et les formes pron. possibles des syn. de* ACCOMPLIR.

ACCOMPLISSEMENT ▪ Achèvement, exécution, performance, réalisation.

ACCORD ▪ ***I. Au pr.*** **1.** Amitié, bonne

intelligence, compatibilité, complicité, concorde, connivence, paix, sympathie, union. 2. Adhésion, alliance, compromis, contrat, convention, entente, marché, pacte, traité, transaction. *II. Par ext.* 1. Concert, concordance, convenance, harmonie, proportion, rapport. 2. Acceptation, admission, agrément, approbation, caution, consentement, engagement, le feu vert (fam.). 3. Obligation, volontariat. *III. Loc.* 1. **D'accord** : assurément, certainement, c'est convenu, c'est entendu, oui bien sûr. 2. **D'un commun accord** : à l'unanimité, à l'unisson, du même avis, par accord mutuel, tous ensemble, unanimement. 3. **Mettre d'accord ⇒ accorder. 4. Être/tomber d'accord ⇒ consentir.**

ACCORDAILLES ▪ **⇒ fiançailles.**

ACCORDANT, E ▪ **⇒ conciliant.**

ACCORDÉON ▪ piano à bretelles/du pauvre.

ACCORDER ▪ *I. Au pr.* 1. Accommoder, adapter, agencer, ajuster, allier, aménager, apparier, appliquer, apprêter, approprier, arranger, assembler, associer, assortir, combiner, conformer, disposer, équilibrer, faire aller/coïncider, goupiller (fam.), harmoniser, installer, joindre, mettre en accord/état/harmonie/proportion/rapport, proportionner, rattacher, régler sur, réunir. 2. Allouer, attribuer, avancer, céder, concéder, décerner, donner, doter, faire don, gratifier, lâcher, octroyer, offrir. *II. Par ext.* 1. **⇒ convenir.** 2. **⇒ réconcilier.** 3. **⇒ consentir.** *III. V. pron.* **⇒ correspondre, entendre (s').**

ACCORDEUR ▪ Entremetteur, intermédiaire, truchement.

ACCORER ▪ **⇒ soutenir.**

ACCORTE ▪ Agréable, aimable, avenante, bien roulée (fam.), complaisante, douce, engageante, enjouée, gracieuse, jolie, mignonne, vive.

ACCOSTABLE ▪ Abordable, accessible.

ACCOSTER ▪ *I. Au pr.* : aborder, aboutir, arriver, entrer, jeter l'ancre, se ranger contre, toucher terre. *II. Par ext.* : aller à la rencontre de, approcher, atteindre, joindre, parvenir à, se porter à la rencontre de, racoler (péj.), se rapprocher de, rencontrer.

ACCOTEMENT ▪ **⇒ bord.**

ACCOTER ▪ **⇒ appuyer.**

ACCOTOIR ▪ Accoudoir, bras.

ACCOUCHEMENT ▪ *I. Au pr.* : **⇒ enfantement.** *II. Fig.* **⇒ réalisation.**

ACCOUCHER ▪ *I.* Avoir/faire ses couches, donner naissance/la vie, enfanter, être en gésine (vx)/mal d'enfant/parturition/travail, mettre au monde, pondre (fam.). *Pour les animaux* : mettre bas. *II. Fig.* : composer, écrire, faire, peindre, produire, publier, réaliser. **⇒ engendrer.**

ACCOUCHEUR, EUSE ▪ **⇒ gynécologue, sage-femme.**

ACCOUDER ▪ **⇒ appuyer.**

ACCOUDOIR ▪ Accotoir, balcon, balustrade, bras (de fauteuil).

ACCOUPLEMENT ▪ *I. De choses* : assemblage, conjonction, liaison, mise en couple, transmission. *II. D'animaux* : appareillement, appariade, appariage, appariement, baudouinage, bélinage, bouquinage, monte, pariade, remonte, saillie. *III. D'humains* : baise (vulg.), coït, congrès, copulation, déduit, rapports.

ACCOUPLER ▪ Accoler, appareiller, apparier, assembler, assortir, joindre, lier, mettre en couple/ensemble, réunir, unir. *V. pron.* 1. **Animaux** : s'apparier, s'assortir, baudouiner, béliner, bouquiner, chevaucher, cocher, couvrir, demander/faire la monte/la saillie, frayer, hurtebiller, jargauder, monter, réclamer le veau, se reproduire, retourner à son espèce, saillir, sauter, servir. **2. Humains** : accomplir l'acte de chair/ses devoirs conjugaux, s'accorder, aller au déduit (vx), besogner, coïter, connaître (au sens biblique), consommer, copuler, faire l'amour/la bête à deux dos/la chose, fauter, forniquer, honorer, se prendre, s'unir. ⇒ **culbuter.**

ACCOURCIR ▪ ⇒ **diminuer.**

ACCOURIR ▪ Arriver en hâte, courir, se hâter, se précipiter, se rapprocher, venir en courant.

ACCOUTRÉ, E ▪ ⇒ **vêtu.**

ACCOUTREMENT ▪ ***I.*** Affiquet, affublement, affutiaux, ajustement, atours, attirail, défroque, déguisement, équipage, mise, tenue, travesti. ***II. Non fav. :*** harnachement, harnois, nippes (fam.). ***III.*** ⇒ **vêtement.**

ACCOUTRER ▪ Affubler, ajuster, arranger, déguiser, équiper, fagoter (fam.), fringuer (fam.), habiller, harnacher (fam.), nipper (fam.). ⇒ **vêtir.**

ACCOUTUMANCE ▪ Acclimatement, accommodation, adaptation, aguerrissement, assuétude, endurcissement, habitude, immunité, insensibilité, mithridatisation.

ACCOUTUMÉ, E ▪ Courant, coutumier, habituel, ordinaire.

ACCOUTUMER ▪ ***I. Au pr. :*** aguerrir, façonner, préparer à, rompre à. ⇒ **acclimater.** ***II. Au poison :*** habituer, mithridatiser. ***III. Méd. :*** immuniser, prémunir, vacciner.

ACCRÉDITER ▪ ***I. Une chose :*** affirmer, autoriser, confirmer, propager, répandre, rendre crédible. ***II. Quelqu'un :*** installer, introduire, mettre en place, présenter.

ACCRÉDITEUR, TRICE ▪ Caution.

ACCROC ▪ ***I. Au pr. :*** déchirure. ***II. Fig.*** **1.** Contretemps, incident malheureux, obstacle. **2.** Entorse, infraction. **3.** Faute, souillure, tache.

ACCROCHAGE ▪ ***I.*** Accident, incident, dispute, engueulade (fam.), heurt, querelle. ***II. Milit. :*** affaire, combat, embuscade, engagement.

ACCROCHE-CŒUR ▪ Frisette, guiche.

ACCROCHER ▪ ***I. Au pr. :*** appendre, attacher, pendre, suspendre. ***II. Fig.*** **1.** Attraper, enlever, obtenir, saisir. **2. Non favorable** : bousculer, déchirer, déplacer, heurter. **3. Milit.** : fixer, immobiliser, retarder, trouver le contact. **4. Quelqu'un** : arrêter, casser les pieds (péj.), importuner, retenir l'attention. ***III. V. pron.*** **1.** S'agripper, s'attacher, se cramponner, se retenir à, se suspendre à, se tenir à. **2. S'accrocher avec quelqu'un** : se disputer, se quereller. **3. S'accrocher à quelqu'un** : coller (fam.), se cramponner à (fam.), importuner. **4. Se l'accrocher** (pop.) : s'en passer, s'en priver, repasser.

ACCROCHEUR, EUSE ▪ ***I. Adj.*** (fam.) : collant, combatif, emmerdant (vulg.), tenace. ***II. Nom :*** casse-pied (fam.), emmerdeur (vulg.), pot de colle (fam.). ⇒ **fâcheux.**

ACCROIRE (FAIRE) ▪ Faire avaler, la bailler belle, mentir, monter le coup.

ACCROISSEMENT ▪ ***I. Favorable.*** **1.** Accroît, accrue. ⇒ **accélération. 2.** ⇒ **agrandissement.** ***II. Non favorable.*** ⇒ **aggravation.**

ACCROÎTRE ▪ ***I.*** ⇒ **accélérer, agrandir.** ***II.*** ⇒ **aggraver.** ***III. V. pron. :*** croître, grandir, grossir, monter, *et les formes pron. possibles des syn. de* ACCROÎTRE.

ACCROUPIR (S') ▪ Se baisser, se blottir, se pelotonner, se ramasser, se tasser.

ACCUEIL ▪ ***I.*** Abord, accès, bienvenue, mine, réception, tête, traitement. ***II.*** Réaction, réflexe. ***III.*** Hospitalité.

ACCUEILLANT, E ▪ Abordable, accessible, attirant, avenant, bienveillant, cordial, gracieux, hospitalier, liant, ouvert, serviable, sociable, sympathique. ⇒ **aimable.**

ACCUEILLIR ■ ***I. Quelqu'un :*** accepter, admettre, agréer, faire fête, recevoir. ***II. Une chose :*** abonder dans le sens, admettre, apprendre, écouter, recevoir. ***III. Loc.*** **Accueillir par des huées** : chahuter, conspuer, faire la fête à (fam.).

ACCULER ■ Buter, pousser dans ses derniers retranchements, réduire.

ACCUMULATEUR ■ Batterie, pile.

ACCUMULATION ■ ***I. De choses.*** **1.** Abondance, agglomération, amas, amoncellement, assemblage, échafaudage, empilement, entassement, faisceau, monceau, montagne, quantité, superposition, tas. **2.** Accaparement, amoncellement, cumul, déballage, fatras, fouillis, thésaurisation. ***II. De personnes :*** attroupement, foule, rassemblement.

ACCUMULER ■ ***I.*** Amasser, amonceler, assembler, collectionner, emmagasiner, empiler, engranger, entasser, grouper, prélever, rassembler, réunir, stratifier, superposer. ***II. Non favorable :*** accaparer, s'approprier, bloquer, cumuler, s'emparer de, empiler, enlever, entasser, mettre l'embargo/le grappin/la main sur, monopoliser, rafler, spéculer, superposer, thésauriser, truster.

ACCUSATEUR, TRICE ■ ***I.*** Calomniateur, délateur, dénonciateur, détracteur, indicateur, sycophante. ***II. Accusateur public :*** procureur, substitut. ***III. Une chose :*** révélateur.

ACCUSATION ■ ***I.*** Imputation, incrimination, inculpation, poursuite, prise à partie, réquisitoire. ***II. Par ext.*** **1.** Attaque, calomnie, délation, dénigrement, dénonciation, diffamation, médisance, mouchardage, ragots, rumeur. **2.** ⇒ **reproche.**

ACCUSÉ, E ■ Inculpé, prévenu.

ACCUSER ■ ***I. Au pr. :*** incriminer, inculper, impliquer, imputer à, poursuivre, prendre à partie, requérir contre. ***II. Loc.*** **1. Accuser le coup** (fam.) : encaisser, marquer, souligner. **2. Accuser réception de** : délivrer/donner quittance.

ACERBE ■ ⇒ **aigre.**

ACÉRÉ, E ■ ***I.*** ⇒ **aigu.** ***II.*** ⇒ **aigre.**

ACHALANDÉ, E ■ Actif, animé, bien approvisionné/assorti/pourvu/tenu, commerçant, vivant.

ACHARNÉ, E ■ ***I.*** Bourreau de travail, courageux, obstiné, vaillant. ***II.*** Cruel, dur, endiablé, enragé, entêté, furieux, obstiné, opiniâtre, tenace, têtu.

ACHARNEMENT ■ ***I.*** Ardeur, effort, énergie, lutte, persévérance, ténacité. ***II. Non fav. :*** cruauté, entêtement, furie, obstination, opiniâtreté, rage, sadisme.

ACHARNER ■ Animer, exciter, irriter à l'encontre de/contre. ***V. pron. I. Sur quelqu'un :*** persécuter, poursuivre. ***II. À une chose :*** s'attacher à, continuer, s'entêter, lutter, persévérer, poursuivre, s'obstiner, s'occuper de, s'opiniâtrer. ⇒ **vouloir.**

ACHAT ■ ***I. Au pr.*** **1.** Acquisition, appropriation, emplette. **2. Par une communauté d'époux** : acquêt, conquêt. **3. Par une administration** : adjudication. ***II. Fig. :*** corruption, soudoiement.

ACHEMINEMENT ■ Amenée, convoi, envoi, marche, progression, transport.

ACHEMINER ■ Adresser, conduire, convoyer, diriger, envoyer, faire parvenir, transporter. ***V. pron.*** **1.** Aller, avancer, se diriger/marcher vers. **2. Une chose** : aboutir, aller vers, tendre à/vers. **3.** *Les formes pron. possibles des syn. de* ACHEMINER.

ACHETER ■ ***I. Au pr. :*** acquérir, faire l'acquisition/l'emplette de. ***II. Non favorable :*** corrompre, soudoyer.

ACHETEUR ■ Acquéreur, adjudicataire, cessionnaire, chaland, client, preneur, usager.

ACHEVÉ, E ■ ***I. Une chose :*** accompli, complet, cousu main (fam.), entier, fin, fignolé, fini, parfait. ***II. Quelqu'un :*** accompli, complet, consommé, extrême. ***III. Loc.*** **Être achevé.** 1. Accablé, anéanti, épuisé, fatigué. 2. **Fam.** : cané, claqué, crevé, cuit, mort, ratatiné, rétamé, vidé.

ACHÈVEMENT ■ ***I. Au pr. :*** aboutissement, accomplissement, apothéose, chute, conclusion, couronnement, dénouement, entéléchie (philos.), fin, finition, réception, terme. ***II. Péj. :*** coup de grâce.

ACHEVER ■ ***I. Au pr.*** 1. ⇒ **aboutir.** 2. ⇒ **accomplir.** ***II. Par ext.*** 1. ⇒ **conclure.** 2. **Non favorable.** ⇒ **abattre.** ***III. V. pron. :*** 1. arriver/être conduit/mené à bien/à sa fin/à son terme, être mis au net/au point, se terminer, *et les formes pron. possibles des syn. de* ACHEVER. 2. Se consommer, s'éteindre.

ACHOPPEMENT ■ ***I.*** Difficulté, écueil, hic, os, pépin. ⇒ **obstacle.**

ACHOPPER ■ S'arrêter, broncher, buter contre, échouer, faire un faux pas, heurter, trébucher.

ACIDE, ACIDULÉ, E ■ ⇒ **aigre.**

ACIDITÉ ■ ⇒ **aigreur.**

ACNÉ ■ ⇒ **bouton.**

ACOLYTE ■ Adjoint, aide, ami, associé, camarade, collègue, compagnon, comparse, compère, complice (péj.), confrère, connaissance, copain (fam.), labadens (fam.), partenaire.

ACOMPTE ■ Arrhes, avance, provision.

ACOQUINER (S'), ÊTRE ACOQUINÉ AVEC ■ S'accointer, s'associer, se commettre, fréquenter, se mêler.

À-CÔTÉ ■ Accessoire, détail, digression, parenthèse, superflu. ⇒ **supplément.**

À-COUP ■ ***I.*** Cahot, raté, saccade, secousse, soubresaut. ***II. Loc.*** 1. **Par à-coups** : par intermittence/saccades. 2. **Sans à-coups** : sans imprévu/incident/heurt.

ACQUÉREUR ■ ***I.*** Acheteur, adjudicataire, cessionnaire, client, preneur. ***II.*** Bénéficiaire, donataire, héritier, légataire.

ACQUÉRIR ■ ***I. Au pr. :*** acheter, devenir propriétaire. ***II. Par ext.*** 1. Hériter, recevoir, recueillir. 2. Arriver à, découvrir, parvenir à, prendre. 3. Capter (péj.), conquérir, gagner, obtenir. 4. S'améliorer, se bonifier, se perfectionner. ***III. Loc.*** 1. **Acquérir les faveurs de quelqu'un** : s'attirer les bonnes grâces/les sympathies de, se concilier. 2. **Être acquis à quelqu'un** : être attaché/dévoué à. 3. **Être acquis à une opinion** : être convaincu/du même avis.

ACQUÊT ■ Achat en communauté, acquisition, gain, profit.

ACQUIESCEMENT ■ ***I.*** Acceptation, accord, adhésion, agrément, approbation, assentiment, autorisation, consentement, permission. ⇒ **tolérance.**

ACQUIESCER ■ ***I.*** Dire oui, être d'accord, opiner. ***II.*** ⇒ **accepter.**

ACQUISITION ■ ⇒ **acquêt.**

ACQUIT ■ Décharge, passe-debout, quittance, quitus, récépissé, reçu.

ACQUITTEMENT ■ ***I. D'une dette :*** libération, paiement, règlement, remboursement. ***II. Quelqu'un.*** ⇒ **amnistie.**

ACQUITTER ■ ***I. Quelqu'un :*** absoudre, amnistier, déclarer non coupable, disculper, gracier, libérer, pardonner, relaxer. ***II. Une chose.*** 1. **Un compte** : apurer, éteindre, liquider, payer, régler. 2. **Une promesse** : accomplir, remplir. ***III. V. pron. :*** 1. **D'un devoir** : accomplir, remplir. 2. **De ses dettes** : se libérer de, rembourser. 3.

D'une commission : exécuter, faire. **4. De ses engagements** : faire honneur à, satisfaire à.

ÂCRE, ACRIMONIEUX ■ ⇒ **aigre.**

ÂCRETÉ, ACRIMONIE ■ ⇒ **aigreur.**

ACROBATE ■ Antipodiste, équilibriste, funambule, gymnaste, matassin, trapéziste, voltigeur.

ACROBATIE ■ ***I. Au pr.*** : agrès, équilibrisme, saut périlleux, trapèze volant, voltige. ***II. Fig.*** : expédient, tour de passe-passe, truc.

ACTE ■ ***I. Au pr.*** : action, choix, comportement, décision, démarche, geste, intervention, manifestation, réalisation. ***II. Favorable*** : exploit, geste, trait. ***III. Jurid.*** **1. Privé** : certificat, cession, contrat, convention, document, expédition, grosse, minute, testament, titre. **2. Public** : arrêté, charte, constitution, décret, décret-loi, habeas corpus, loi, réquisitoire. ***IV. Loc.*** **Prendre acte d'une chose** : constater, enregistrer.

ACTEUR, TRICE ■ ⇒ **comédien.**

ACTIF, IVE ■ ***I. Quelqu'un*** : agissant, allant, diligent, en activité, efficace, énergique, increvable (fam.), infatigable, laborieux, remuant, vif, vivant, zélé. ***II. Une chose*** : agissant, efficace, énergique, fort, manifeste, opérant, prompt, rapide, violent. ***III.*** ⇒ **bénéfice.**

ACTION ■ ***I. D'une chose.*** **1. D'une remède** : effet, efficacité. **2. D'une force** : énergie, force, intervention, rapport, réaction. **3. D'un mouvement** : jeu. ***II. De quelqu'un.*** **1. Favorable ou neutre** : acte, conduite, décision, démarche, entreprise, initiative, œuvre. **2. Non favorable** : agissement, comportement, manœuvre. ***III. Par ext.*** **1.** Bataille, choc, combat, engagement. **2.** Exploit, prouesse, trait de courage. **3.** Animation, ardeur, chaleur, enthousiasme, mouvement, véhémence, vie. **4. Jurid.** : assignation, demande, plainte, poursuite, procès, recours, référé, requête. **5. Théâtre** : intrigue, péripétie, scénario, vie.

ACTIONNER ■ ***I. Une chose*** : entraîner, faire fonctionner, mettre en marche/en route, produire/transmettre le mouvement. ***II. Quelqu'un.*** **Jurid.** : déposer une plainte, engager une procédure, introduire une instance/requête.

ACTIVER ■ Accélérer, aviver, exciter, hâter, presser, stimuler. ***V. pron.*** : s'affairer, se hâter, s'occuper, se presser, *et les formes pron. possibles des syn. de* ACTIVER.

ACTIVITÉ ■ ***I. Au pr.*** : ardeur, célérité, diligence, efficacité, efforts, énergie, entrain, promptitude, rapidité, vivacité, vigueur, zèle. ***II. Par ext.*** : animation, circulation, mouvement. ***III. Loc.*** **En activité. 1. Quelqu'un** : en fonctions. **2. Une chose** : essor, fonctionnement, marche, mouvement, prospérité.

ACTUALITÉ ■ ***I.*** Mode, nouveauté, pertinence. ***II. Au sing. et au pl.*** : événements, journal parlé, nouvelles.

ACTUEL, ELLE ■ Contemporain, courant, d'aujourd'hui, existant, moderne, nouveau, présent.

ACTUELLEMENT ■ Aujourd'hui, de nos jours, maintenant, pour l'instant/le moment, présentement.

ACUITÉ ■ ***I.*** Finesse, lucidité, intelligence, intensité, pénétration, perspicacité, vivacité. ***II.*** Crise, instabilité, précarité, urgence.

ADAGE ■ ⇒ **maxime.**

ADAPTATION ■ ***I.*** Acclimatement, accommodation, accoutumance, appropriation, intégration, mise à jour/au courant. ***II.*** Acclimatation, apprivoisement, domestication, dressage. ***III. D'un objet*** : ajustement, application. ***IV. Par ext.*** : **1.** aggiornamento. **2.** traduction.

ADAPTER ■ Accommoder, accorder,

agencer, ajuster, allier, aménager, apparier, appliquer, apprêter, approprier, arranger, assembler, associer, assortir, combiner, conformer, disposer, équilibrer, faire aller/coïncider, harmoniser, installer, joindre, mettre en accord/état/harmonie/proportion/rapport, moduler, proportionner, rattacher, régler sur, réunir. *V. pron. : I. Quelqu'un.* 1. S'acclimater à, s'accommoder de, s'accorder à, s'accoutumer à, s'habituer à, se mettre en accord avec. 2. **Non favorable** : se contenter de, se faire une raison de, se plier à, se soumettre à. *II. Une chose :* convenir, s'harmoniser.

ADDITION ▪ *I. Au pr. :* accroissement, addenda, additif, adjonction, ajout, ajoutage, ajouture (fam.), annexe, appendice, augmentation, complément, rallonge, supplément. *II. Fig. :* compte, décompte, douloureuse (fam.),dû, facture, frais, note, quart d'heure de Rabelais (fam.), relevé.

ADDITIONNEL, ELLE ▪ Adjoint, ajouté, complémentaire, en supplément, joint, supplémentaire.

ADDITIONNER ▪ *I. Au pr. :* ajouter, augmenter, compléter, rallonger, totaliser. *II. Additionner d'eau :* allonger, baptiser (fam.), couper de, diluer, étendre de.

ADEPTE ▪ Adhérent, allié, ami, défenseur, disciple, militant, partisan, recrue, soutien, sympathisant, tenant.

ADÉQUAT, E ▪ *I. À une chose :* approprié, coïncident, concordant, congruent, convenable, étudié pour (fam.), juste. *II. Loc. :* ça va comme un gant (fam.), au poil (arg.).

ADHÉRENCE ▪ Accolement, agglutination, assemblage, collage, contiguïté, encollage, jonction, liaison, réunion, soudure, union.

ADHÉRENT, ENTE ▪ *I. Adj. :* accolé à, adhésif, agglutiné/assemblé/collé/contigu/joint/lié/réuni/soudé à, tenace, uni à. *II. Nom :* adepte, cotisant, membre, participant, partisan, recrue, souscripteur, soutien, sympathisant. ⇒ **camarade.**

ADHÉRER ▪ *I. Quelqu'un :* accéder à, accorder/apporter sa sympathie/son consentement/son soutien à, acquiescer, approuver, cotiser à, s'enrôler dans, entrer dans, faire partie de, joindre, opiner en faveur de, participer, payer sa cotisation, se rallier à, rejoindre, souscrire à, tomber d'accord. *II. Une chose adhère à :* s'appliquer, coller, se coller, entrer/être en contact, faire corps, se joindre, se réunir, se souder, s'unir.

ADHÉSION ▪ ⇒ **accord.**

ADIEU (DIRE) ▪ *I. À quelqu'un :* dire au revoir, prendre congé, présenter ses devoirs, quitter, saluer. *II.* ⇒ **renoncer.**

ADIPEUX, EUSE ▪ Arrondi, bedonnant, bouffi, gidouillard, gras, grassouillet, gros, obèse, pansu, rondouillard, ventru.

ADJACENT, E ▪ Attenant, contigu, côte à côte, joignant, jouxtant, juxtaposé, mis/placé à côté de, proche, voisin.

ADJECTIF ▪ Déterminant, déterminatif, épithète.

ADJOINDRE ▪ *I. Quelqu'un :* affecter, ajouter, associer, attacher, détacher, mettre à la disposition de, prêter. *II. Une chose :* accoler, ajouter, annexer, apposer, joindre, juxtaposer, lier, rapprocher, rattacher, réunir, unir. *III. V. pron. :* 1. S'associer, s'attacher. 2. S'ajouter à, s'annexer à, se mettre à côté de, se placer à côté de, se réunir à, s'unir à.

ADJOINT, E ▪ Adjuvant, aide, alter ego, assesseur, assistant, associé, attaché, autre moi-même, auxiliaire, bras droit, coadjuteur, codirecteur, cogérant, collaborateur, collègue, confrère, fondé de pouvoir, partenaire. ⇒ **remplaçant.**

ADJONCTION ▪ *I. L'action d'ajou-*

ter : aboutement, addition, ajoutage, annexion, association, jonction, rajoutage, rattachement, réunion. *II. Ce qu'on ajoute :* about, ajout, ajoutement, allonge, annexe, raccord, rajout, rajoutement, rallonge.

ADJUDICATAIRE ■ Acheteur, acquéreur, le plus offrant et dernier enchérisseur, concessionnaire, soumissionnaire.

ADJUDICATEUR, TRICE ■ Aboyeur (fam. ou péj.), commissaire-priseur, greffier-adjudicateur, huissier, notaire, vendeur.

ADJUDICATION ■ *I. Au pr. :* attribution. *II. Vente :* vente à l'encan/aux chandelles/enchères/au plus offrant et dernier enchérisseur.

ADJUGER ■ *I. Au pr. :* accorder, attribuer, concéder, décréter/dire par jugement, juger. *II. Un prix :* accorder, attribuer, décerner, donner, gratifier de, remettre. *III. V. pron. :* s'annexer, s'approprier, s'emparer de, faire main basse sur, raffler.

ADJURATION ■ *I.* Exorcisme, invocation, obsécration. *II.* Imploration, prière instante, supplication.

ADJURER ■ Conjurer, implorer, invoquer, prier, supplier.

ADJUVANT, E ■ *I.* ⇒ **adjoint.** *II.* ⇒ **additif.**

ADMETTRE ■ *I. Quelqu'un :* accepter, accueillir, affilier, agréer, faire participer/venir, introduire, introniser, recevoir, voir. *II. Quelque chose.* **1. Des raisons** : reconnaître, tenir compte de, tenir pour acceptable/recevable/valable. **2. Une hypothèse** : adopter, approuver, croire, imaginer, penser, souscrire à, supposer, tenir pour possible. **3. Un raisonnement** : avouer, concéder, consentir à croire. **4. Des excuses** : excuser, pardonner, passer l'éponge (fam.). **5. Une contrariété** : permettre, souffrir, supporter, tolérer. *III. Par ext.* ⇒ **comporter.**

ADMINISTRATEUR ■ *I. D'un service :* agent, dirigeant, fonctionnaire, gestionnaire, grand commis (vx), manager. *II. De biens :* directeur, fondé de pouvoir, gérant, intendant, régisseur, séquestre.

ADMINISTRATIF, VE ■ *I. Au pr. :* officiel, public, réglementaire. *II. Péj. :* bureaucratique, étatique, formaliste, paperassier, tatillon.

ADMINISTRATION ■ *I.* Conduite, direction, gérance, gestion, management. *II.* Affaires/grands corps de l'État, bureaux, ministères, organismes, services.

ADMINISTRER ■ *I.* Commander, conduire, contrôler, coordonner, diriger, faire marcher, gérer, gouverner, manager, mener, organiser, planifier, prévoir, régir, réglementer. *II.* Appliquer, conférer, donner, faire prendre, munir de, prescrire. *III. Une correction* ⇒ **battre.** *IV. Une preuve :* apporter, fournir, produire.

ADMIRABLE ■ ⇒ **étonnant.**

ADMIRABLEMENT ■ À croquer, à merveille, à ravir, *et les adv. en -ment dérivés des syn. de* ADMIRABLE.

ADMIRATEUR, TRICE ■ ⇒ **adorateur.**

ADMIRATION ■ *I.* ⇒ **attachement.** *II.* ⇒ **enthousiasme.** *III.* ⇒ **adoration.**

ADMIRER ■ *I. Au pr. :* apprécier, être ébloui/émerveillé, s'émerveiller de, être enthousiasmé par, s'enthousiasmer de, s'extasier de, faire compliment/grand cas de, louanger, louer, porter aux nues, trouver admirable *et les syn. de* ADMIRABLE. *II. Péj. :* constater que, s'étonner que, trouver bizarre/étrange/singulier que, voir avec étonnement que.

ADMISSIBLE ■ ⇒ **acceptable.**

ADMISSION ■ ⇒ **réception.**

ADMONESTATION ■ Admonition, avertissement, blâme, correction, engueulade (fam.), exhortation, gronderie, remontrance, réprimande, reproche, semonce, sermon (fam.).

ADMONESTER ▪ Avertir, chapitrer, donner un avertissement, engueuler (fam.), faire la morale/des réprimandes/des reproches à, gronder, moraliser, morigéner, passer une engueulade à (fam.), prévenir, réprimander, sabouler (vx), secouer (fam.), semoncer, sonner les cloches à, tancer.

ADOLESCENCE ▪ Jeunes, jeunes gens, jeunesse, J. 3, nouvelle vague, puberté, teenagers.

ADOLESCENT, E ▪ ***I.*** Jeune, jeune fille/homme, jouvenceau, jouvencelle, teenager. ***II. Fam. :*** adonis, éphèbe, minet, minette, puceau, pucelle.

ADONNER (S') ▪ S'abandonner à, s'appliquer à, s'attacher à, se consacrer à, se livrer à, s'occuper à/de, tourner toutes ses pensées vers.

ADOPTER ▪ ***I. Quelqu'un :*** admettre, s'attacher, choisir, coopter, prendre. ***II. Une chose.*** **1. Une opinion** : acquiescer à, admettre, s'aligner sur, approuver, consentir à, donner son approbation/son consentement à, épouser, être d'accord avec, faire sienne l'opinion de, se rallier à, se ranger à, souscrire à. **2. Une attitude** : employer, emprunter, imiter, prendre, singer (péj.). **3. Une religion** : se convertir à, embrasser, suivre. **4. Une loi** : approuver, faire passer, voter.

ADOPTION ▪ ***I.*** Admission, choix, cooptation. ***II.*** Accord, acquiescement, alignement, approbation, choix, consentement, conversion, emploi, emprunt, imitation, ralliement, singerie (péj.), vote.

ADORABLE ▪ Admirable, gentil, joli, mignon, parfait, pimpant, ravissant. ⇒ **aimable.**

ADORATEUR, TRICE ▪ Admirateur, adulateur, amoureux, courtisan, dévot, fan (fam.), fanatique, fervent, idolâtre, sectateur, soupirant, suivant. ⇒ **amant.**

ADORATION ▪ Admiration, adulation, attachement, amour, culte, dévotion, emballement, engouement, fanatisme, ferveur, flagornerie (péj.), iconolâtrie, idolâtrie, latrie, passion, respect, vénération.

ADORER ▪ ***I. Dieu :*** aimer, glorifier, rendre un culte à, servir. ***II. Les idoles :*** idolâtrer. ***III. Quelqu'un.*** **1. Favorable ou neutre** : admirer, aimer, honorer, respecter, révérer, vénérer. **2. Avec excès** : idolâtrer. **3. Non favorable** : aduler, courtiser, être/se mettre à plat ventre devant, flagorner, flatter, se prosterner devant.

ADOSSER ▪ Arc-bouter, aligner/appuyer/mettre/placer/plaquer contre. ***V. pron. :*** s'appuyer, s'arc-bouter, se mettre dos à, se placer contre.

ADOUCIR ▪ ***I. Quelqu'un :*** amollir, apprivoiser, attendrir, fléchir, humaniser, toucher. ***II. La peine :*** alléger, atténuer, rendre plus supportable, tempérer. ***III. Une chose.*** **1. L'amertume** : atténuer, diminuer, dulcifier, édulcorer, modérer, réduire, sucrer. **2. La lumière** : abaisser, baisser, filtrer, réduire, tamiser. **3. Le ton** : amortir, baisser, mettre une sourdine. **4. La température** : attiédir, climatiser, tempérer. **5. Une douleur, un mal** : alléger, amortir, anesthésier, calmer, cicatriser, consoler, émousser, endormir, estomper, lénifier, panser, soulager. **6. Un courroux** : amadouer, apaiser, apprivoiser, défâcher (fam.), désarmer, humaniser, lénifier, modérer, pacifier, policer, radoucir, rasséréner, tempérer. **7. Ses expressions** : châtier, corriger, estomper, tempérer. **8. Les coloris** ⇒ **affadir. 9. Les mœurs** : améliorer, civiliser, humaniser, policer. ***IV. Techn.*** **1. Une glace** : polir. **2. L'eau** : filtrer, purifier, traiter. ***V. V. pron. :*** se laisser amollir/attendrir/fléchir/toucher, *et les formes pron. possibles des syn. de* ADOUCIR.

ADOUCISSEMENT ▪ ***I. Au pr. :*** accoisement (vx), allégement, amélioration, assouplissement, atténuation, civilisation, consolation, humanisation, mitigation, progrès, secours, soulagement. ***II. De la température :*** amélioration, attiédissement, radoucissement, réchauffement.

ADOUCISSEUR ■ Amortisseur, filtre.

ADRESSE ■ ***I.*** Coordonnées (fam.), domicile, habitation, résidence, villégiature. ***II.*** Agilité, dextérité, habileté, précision, prestesse, souplesse. ***III.*** Aptitude, don, finesse, habileté, ingéniosité, intelligence, science, souplesse, subtilité, talent, vivacité. ***IV. Loc.*** **Tour d'adresse** : jonglerie, prestidigitation. ⇒ **acrobatie.**

ADRESSER ■ ***I. Une lettre :*** envoyer, expédier, faire parvenir, mettre à la poste, poster. ***II. Une œuvre :*** dédier, faire hommage. ***III. Un conseil :*** donner, prodiguer. ***IV. Un coup :*** coller (fam.), envoyer, ficher (fam.), flanquer (fam.), foutre (grossier). ***V. Un regard :*** jeter. ***VI. La parole :*** interpeller, parler. ***VII. Des questions :*** poser, questionner, soumettre. ***VIII. Des menaces :*** faire, prodiguer, proférer. ***IX. Des compliments :*** faire agréer, présenter, transmettre. ***X. V. pron. :*** 1. Avoir recours à/demander à, faire appel à, parler à, solliciter, se tourner vers. 2. Concerner, être destiné à, être de la compétence/du ressort de, être les oignons de (fam.), regarder, *et les formes pron. possibles des syn. de* ADRESSER.

ADROIT, E ■ ***I. Au pr.*** 1. Apte, bon à, expérimenté, habile, précis, rompu à. 2. Agile, en forme, exercé, preste, rompu, souple. ***II. Par ext. :*** dégourdi, délié, diplomate, entendu, expérimenté, fin, habile, industrieux, ingénieux, insinuant (péj.), intelligent, intrigant (péj.), machiavélique (péj.), persuasif, politique, retors (péj.), rusé, subtil.

ADULATEUR, TRICE ■ ***Péj. :*** caudataire, courtisan, dévot, encenseur, flagorneur, flatteur, louangeur, obséquieux. ⇒ **adorateur. Fam. :** fan, godillot, lèche-bottes/cul.

ADULATION ■ Coups d'encensoir (fam.), cour, courtisanerie, culte, dévotion, encensement, flagornerie, flatterie, lèche (fam.), servilité. ⇒ **adoration.**

ADULER ■ Caresser, courtiser, encenser, faire de la lèche (fam.), flagorner, flatter, lécher (fam.), lécher les bottes (fam.)/le cul (grossier), louanger. ⇒ **adorer.**

ADULTE ■ ***I. Nom :*** homme fait. ***II. Adj. :*** accompli, développé, formé, grand, grandi, majeur, mûr, raisonnable, responsable, sérieux.

ADULTÉRATION ■ ⇒ **altération.**

ADULTÈRE ■ ***I. Adj. :*** infidèle. ***II. Nom :*** cocuage, fornication, infidélité, trahison, tromperie.

ADULTÉRIN, E ■ Bâtard, naturel.

ADVENIR ■ Arriver, arriver par surprise, se passer, se produire, survenir.

ADVENTICE ■ Accessoire, marginal, parasite, secondaire, superfétatoire, supplémentaire. ⇒ **accidentel.**

ADVERSAIRE ■ ***I.*** Antagoniste, challenger, compétiteur, concurrent, rival. ***II.*** Contestataire, contradicteur, débateur, opposant. ⇒ **ennemi.**

ADVERSE ■ Contraire, défavorable, hostile, opposé.

ADVERSITÉ ■ Avatars, circonstances, destin, détresse, difficulté, disgrâce, événement/fortune contraire, fatalité, hostilité, infortune, inimitié, malchance, malheur, misère, obstacle. ***Fam. :*** cerise, débine, mouise, poisse.

AÉRER ■ ***I.*** Assainir, changer d'air, purifier, ventiler. ***II. Fig. :*** 1. Alléger, cultiver, éclaircir, façonner. 2. Dégourdir, distraire, sortir. ***III. V. pron. :*** 1. S'oxygéner, prendre l'air, sortir. 2. Se changer les idées, se dégourdir, se distraire, sortir, s'ouvrir.

AÉRIEN, ENNE ■ ***I.*** Au-dessus du sol, au ciel, élevé, en l'air, supérieur. ***II. Fig. :*** céleste, élancé, élevé, éthéré, immatériel, léger, poétique, pur, svelte, vaporeux.

AÉRODYNE, AÉRONEF, AÉROSTAT ■ ***I.*** ⇒ **ballon.** ***II.*** Aéroglisseur, aile volante, cerf-volant, deltaplane, hovercraft, naviplane, parachute, planeur. ***III.*** Autogire, giravion, girodyne, hélicoptère. ***IV.*** Canadair, dromadair, hydravion, hydroplane. ***V. Par ext. :*** 1. Capsule, fusée, navette, satellite, station orbitale. 2. Ovni, soucoupe volante. ***VI.*** ⇒ **avion.**

AÉROGLISSEUR ■ Hovercraft, naviplane.

AÉRONAUTE ■ ⇒ **aviateur.**

AFFABILITÉ ■ ⇒ **amabilité.**

AFFABLE ■ ⇒ **aimable.**

AFFABULATION ■ ⇒ **fable.**

AFFABULER ⇒ **hâbler.**

AFFADIR ■ ***I.*** Adoucir, affaiblir, amatir, amoindrir, atténuer, dénaturer, édulcorer, émousser, réduire, rendre fade/insignifiant/insipide, ôter la saveur. ***II.*** Décolorer, délaver, détremper, éclaircir, effacer, estomper, faire pâlir/passer, modérer, pâlir, tempérer. ***III. V. pron. :*** 1. Devenir fade, passer, *et les formes pron. possibles des syn. de* AFFADIR. 2. Devenir affecté/amolli/banal/conformiste / décoloré / doucereux / ennuyeux / faible / froid / incolore / inodore et sans saveur (loc. fam.) / lâche / monotone / mou / neutre / ordinaire / pâle / quelconque / sans originalité / sans saveur / tiède / trivial.

AFFADISSEMENT ■ ⇒ **affaiblissement.**

AFFAIBLIR ■ ***I.*** Abattre, abrutir, altérer, amoindrir, amollir, anémier, briser, casser, débiliter, déprimer, ébranler, épuiser, éreinter, exténuer, faire dépérir, fatiguer, miner, rabaisser, ruiner. ***II. Par ext.*** 1. **La sensibilité :** altérer, amoindrir, amortir, attendrir, blaser, émousser, éteindre, user. 2. **Les qualités :** abâtardir, abattre, abrutir, amoindrir, amollir, appauvrir, avachir, aveulir, briser, décourager, laisser dégénérer, efféminer, émasculer, étioler, faire déchoir, rabaisser, ruiner. 3. **L'autorité :** abaisser, abattre, amoindrir, atteindre, atténuer, briser, ébranler, émousser, fléchir, rabattre, relâcher, ruiner, saper. 4. **Une saveur, une couleur** ⇒ **affadir.** 5. **Un son :** assourdir, étouffer, réduire. ***III. V. pron. :*** être abattu, s'alanguir, s'amoindrir, s'amollir, s'anémier, baisser, se débiliter, décliner, décroître, défaillir, dépérir, se déprimer, diminuer, faiblir, être fatigué, se miner, perdre des forces/des moyens, vaciller, vieillir, *et les formes pron. possibles des syn.* de AFFAIBLIR.

AFFAIBLISSEMENT ■ ***I.*** ⇒ **abaissement.** ***II.*** Abâtardissement, affadissement, altération, amollissement, attiédissement, avachissement, aveulissement, décadence, déchéance, découragement, défaillance, dégénérescence, dépérissement, épuisement, laxisme, rabaissement, relâchement, sape, usure.

AFFAIRE ■ ***I.*** *Au sing. et au pl. sert de substitut à un grand nombre de substantifs au même titre que :* bazar, bidule, chose, machin. ⇒ **truc.** ***II. Au pr.*** 1. Besogne (vx), besoin, devoir, obligation, occupation, tâche, travail. 2. Agence, atelier, boutique, bureau, cabinet, chantier, commerce, entreprise, firme, holding, industrie, magasin, société, trust, usine. ***III. Loc.*** 1. **C'est une affaire de goût :** problème, question. 2. **D'amour :** anecdote (fam.), chronique (fam.), histoire, intrigue. 3. **D'intérêt :** arbitrage, contestation, débat, démêlé, discussion, différend, dispute, expertise, négociation, querelle, règlement, spéculation, tractation. 4. **D'honneur :** duel, jury d'honneur, rencontre, réparation. 5. **De conscience :** cas, problème, question. 6.

En toute affaire : aventure, chose, circonstance, conjoncture, événement, fait, occasion, occurrence. **7. C'est l'affaire de** : but, objet, rôle. **8. Jurid.** : accusation, différend, enquête, litige, procès, querelle, scandale. **9. S'attirer une sale affaire** : complication, difficulté, embarras, ennui, souci. **10. Se tirer d'affaire** : danger, difficulté, embarras, péril. **11. Son affaire est claire** : son compte est bon. **12. Il a son affaire** : il a son compte (fam.). **13. C'est mon affaire** : cela *ou* ça me regarde. **14. Ce n'est pas une petite affaire** : ce n'est pas facile. **15. C'est une autre affaire** : c'est une autre paire de manches (fam.). **16. Faire l'affaire** : aller, convenir à, être adéquat. **17. Faire son affaire à quelqu'un** : attaquer, corriger, donner/flanquer une correction/dérouillée (fam.)/leçon/volée à (fam.), régler son compte à. **18. Être à son affaire** : bicher (fam.), être heureux de/très occupé par, se plaire à. **19. Faire affaire avec quelqu'un** : conclure un marché, enlever un marché, se mettre d'accord, mener à bien une négociation, signer un contrat, soumissionner, taper là (fam.), toper (fam.). **20. En faire toute une affaire** : histoire, monde, plat (fam.). ***IV. Pl.*** **1. Au pr.** : activités commerciales, bourse, business, commerce, industrie, négoce. **2. Par ext.** : conjoncture, événements, échanges, politique, situation, transactions, ventes. **3. Affaires de l'État** : politique, problèmes. **4. Ce qui vous appartient** (fam.) : arsenal, barda, bataclan, bazar, bidule, bordel (grossier), choses, falbala, frusques, livres, machin, meubles, trucs, vêtements, etc. **5. Loc.** *Avoir ses affaires* (fam. pour une femme) : avoir ses règles, *et les syn. de* MENSTRUATION. Être indisposée. **6. Faire ses affaires** : faire son beurre/fortune, réussir, spéculer heureusement.

AFFAIRÉ, E ■ Actif, occupé, surchargé, surmené.

AFFAIREMENT ■ Activité, agitation, bougeotte (fam.), branle-bas de combat (fam.), remue-ménage, surmenage.

AFFAIRER (S') ■ S'activer, s'agiter, se manier (fam.), s'occuper de, se préoccuper de.

AFFAIRISME ■ Agiotage, combine, intrigue, spéculation.

AFFAIRISTE ■ Agent/agioteur, bricoleur, chevalier d'industrie, combinard, intermédiaire, intermédiaire marron, intrigant, spéculateur.

AFFAISSEMENT ■ ⇒ **abaissement.**

AFFAISSER ■ Faire plier, *et les syn. de plier.* ***V. pron.*** **1. Au pr.** : s'affaler, s'avachir (fam.), se courber, crouler, descendre, s'ébouler, s'écrouler, s'effondrer, fléchir, glisser, plier, ployer, tomber. **2. Fig.** : s'affaiblir, baisser, crouler, décliner, se laisser abattre/aller, glisser, succomber.

AFFALER (S'), ÊTRE AFFALÉ ■ S'abattre, s'avachir, s'écrouler, s'effondrer, s'étaler, s'étendre, se laisser aller/glisser/tomber, se répandre.

AFFAMÉ, E ■ ***I. Au pr.*** : boyau vide (arg.), claque-dent, claque-faim, crevard (arg.), crève-la-faim (fam.), famélique, misérable, meurt-de-faim, vorace. ***II. Fig.*** : altéré, ardent, assoiffé, avide, exigeant, inassouvi, insatiable, insatisfait, passionné, soucieux de.

AFFAMER ■ ***I.*** Faire crever/mourir de faim. ***II. Fig.*** : accaparer, agioter, gruger, monopoliser, prêter à gages, raréfier, spéculer, trafiquer, tripoter.

AFFAMEUR ■ Accapareur, agioteur, grugeur, monopoleur, prêteur sur gages, spéculateur, trafiquant, tripoteur, usurier.

AFFECTATION ■ ***I. On affecte une chose*** : assignation, attribution, consécration, destination, imputation. ***II. On affecte quelqu'un.*** **1.** Déplacement, désignation, destination, installation, mise en place, mouvement, mutation, nomination. **2.** Emploi, poste. ***III. On affecte une chose d'un signe :*** adjonction, désignation, marque, qualification, quantification, spécification. ***IV. On affecte une attitude.*** **1. Neutre ou légèrement péj. :** afféterie, air, apparence, apprêt, attitude, bluff, cérémonie, chiqué (fam.), comédie, dandysme, embarras, emphase, façon, faste, feinte, genre, imitation, jeu, manières, manque de naturel, marivaudage, mignardise, minauderie, mine, originalité, purisme, raffinement, recherche, sensiblerie, sentimentalisme, singularité. ⇒ **préciosité. 2. Non favorable :** bégueulerie, cabotinage, charlatanerie, chattemite, chichi (fam.), contorsion, cuistrerie, façon, fanfaronnade, faste, fausseté, faux-semblant, forfanterie, grimace, girie (pop.), grandiloquence, hypocrisie, maniérisme, mièvrerie, momerie, montre, morgue, ostentation, parade, pédanterie, pédantisme, pharisaïsme, pose, prétention, provocation, pruderie, pudibonderie, puritanisme, raideur, simagrée, simulation, singerie, snobisme, tartuferie.

AFFECTÉ, E ▪ ***I. Quelqu'un est affecté à un poste :*** déplacé (péj.), désigné, installé, limogé (péj.), mis en place, muté, nommé. ***II. Une chose est affectée.*** **1.** Assignée, attribuée, consacrée, destinée, imputée, réservée. **2.** Désignée, marquée, qualifiée, quantifiée, spécifiée. ***III. Un comportement.*** **1. Au pr., neutre ou légèrement péj. :** affété (vx), apprêté, artificiel, cérémonieux, comédien, de commande, conventionnel, emphatique, emprunté, étudié, à façons, factice, fastueux, feint, forcé, à manières, mignard, minaudier, peu naturel, poseur, précieux, puriste, raffiné, recherché, singulier. **2. Non favorable :** bégueule, cabotin, charlatan, chattemite, à chichis, compassé, contorsionné, contrefait, cuistre, fabriqué, façonnier, à façons, fanfaron, fastueux, faux, grimacier, gourmé, glorieux (pop.), grandiloquent, guindé, hypocrite, important, insincère, maniéré, mièvre, pédant, pharisien, plein de morgue/d'ostentation, poseur, pour la montre/la parade, prétentieux, provocant, prude, puribond, puritain, raide, simulé, snob, tarabiscoté (fam.), tartufe.

AFFECTER ▪ ***I. On affecte.*** **1. Une chose :** assigner, attribuer, consacrer, destiner, imputer. **2. Quelqu'un :** déplacer (péj.), désigner, destiner, installer, mettre en place, muter, nommer. **3. D'un signe :** adjoindre, désigner, marquer, qualifier, quantifier, spécifier. **4. Un comportement :** afficher, avoir l'air de, bluffer, contrefaire, crâner, emprunter, être poseur/snob, faire des manières/semblant de, faire le, feindre, frimer (fam.), jouer les, poser, prétendre, rechercher, se piquer de, simuler. ***II.*** ⇒ **affliger.**

AFFECTIF, IVE ▪ Émotionnel, passionnel, sentimental.

AFFECTION ▪ ***I. Pour quelqu'un :*** affinité, amitié, amour, atomes crochus, attachement, béguin (fam.), bonté, complaisance, coup de cœur (fam.)/de foudre (fam.), dévotion, dévouement, dilection, douceur, inclination, intérêt, lien, penchant, piété, respect, sollicitude, sympathie, tendresse, union, vénération. ***II. Pour une chose :*** amour, attachement, dévouement, goût, inclination, intérêt, penchant, prédilection, tendresse, vocation. ***III. Méd. :*** altération, indisposition, mal, maladie, malaise.

AFFECTIONNÉ, E ▪ Aimant, attaché, dévoué, fidèle, tendre.

AFFECTIONNER ▪ ⇒ **aimer.**

AFFECTIVITÉ ▪ Émotivité ⇒ **sensibilité.**

AFFECTUEUX, EUSE ▪ ⇒ **amoureux.**

AFFÉRENT, E ▪ ***Adm. :*** annexe, connexe, rattaché à, relatif à.

AFFERMER ▪ ⇒ **louer.**

AFFERMIR ▪ Affirmer, améliorer, ancrer, asseoir, assurer, cimenter, confirmer, conforter, consolider, durcir, endurcir, encourager, étayer, fixer, fonder, fortifier, garantir, garnir, protéger, raffermir, raidir, réconforter, renforcer, revigorer, sceller, stabiliser, tremper. ***V. pron.*** : devenir plus ferme/fort/stable, *et les formes pron. possibles des syn. de* AFFERMIR.

AFFERMISSEMENT ▪ Affirmation, amélioration, ancrage, assurance, consolidation, durcissement, fixation, garantie, protection, raffermissement, raidissement, réconfort, renforcement, scellement, stabilisation.

AFFÉTERIE ▪ ⇒ **affectation.**

AFFICHAGE ▪ Annonce, panneau, publication, publicité.

AFFICHE ▪ Affichette, annonce, avis, écriteau, pancarte, panneau, placard, poster, proclamation, programme, publicité, réclame.

AFFICHER ▪ ***I. Au pr.*** : coller/poser des affiches, placarder, publier, rendre public. ***II. Fig.*** : accentuer, accuser, affecter, affirmer, annoncer, arborer, attester, déballer (fam.), déclarer, découvrir, décrire, démontrer, dénuder, déployer, développer, dévoiler, étaler, évoquer, exhiber, exposer, extérioriser, faire étalage de/montre de/parade de, manifester, marquer, mettre, montrer, offrir, porter, présenter, prodiguer, produire, prouver, représenter, respirer, révéler, signifier, témoigner. ***V. pron.*** **1.** Apparaître, attirer l'attention/l'œil/le regard/la vue, faire étalage, faire le glorieux (fam.)/le malin (fam.), faire montre/parade de, se faire admirer/valoir/voir, se mettre à l'étalage/en vitrine (fam.), montrer son nez (fam.), parader, paraître, pavaner, se pavaner, se peindre, se répandre (fam.), *et les formes pron. possibles des syn. de* AFFICHER. **2. Loc. S'afficher avec quelqu'un** : se compromettre (péj.), fréquenter, hanter.

AFFICHEUR ▪ Colleur/poseur d'affiches.

AFFIDÉ ▪ ***I. Neutre*** : confident. ***II. Non favorable*** : agent secret, complice, espion, indicateur.

AFFILAGE ▪ Affûtage, aiguisage, aiguisement, émorfilage, émoulage, repassage.

AFFILÉ, E ▪ ***I.*** Acéré, affûté, aiguisé, coupant, émorfilé, émoulu, repassé, taillant, tranchant. ***II. Fig.*** **Loc.** *La langue bien affilée* : bien pendue.

AFFILÉE (D') ▪ À la file, de suite, sans discontinuer, sans interruption.

AFFILER ▪ Affûter, aiguiser, appointer, appointir, donner du fil/du tranchant, émorfiler, émoudre, meuler, morfiler, repasser, tailler.

AFFILIATION ▪ Adhésion, adjonction, admission, adoption, agrégation, association, enrôlement, incorporation, initiation, inscription, intégration, mobilisation (péj.), réception.

AFFILIÉ, E ▪ Adhérent, adjoint, admis, adopté, agrégé, associé, coopté, cotisant, enrôlé, incorporé, initié, inscrit, intégré, mobilisé (péj.), reçu. ⇒ **camarade.**

AFFILIER ▪ Admettre, adopter, agréger, associer, coopter, enrôler, incorporer, initier, inscrire, intégrer, mobiliser, recevoir. ***V. pron.*** : adhérer, cotiser, entrer à, entrer dans, rejoindre, se faire admettre, *et les formes pron. possibles des syn. de* AFFILIER.

AFFINAGE ▪ ***I.*** Décarburation, dépuration, épuration, puddlage, raffinage. ***II.*** Achèvement, assainissement, élimination, façon, façonnage, façonnement, finissage, finition, maturation, nettoiement, nettoyage.

AFFINEMENT ▪ Dressage (péj.), éducation, perfectionnement.

AFFINER ▪ ***I. Au pr.*** : assainir, décarburer, épurer, nettoyer, puddler, purifier, raffiner. ***II. Fig.*** ⇒ **façonner.** ***III.***

V. pron. : s'apprivoiser, se civiliser, se dégourdir, se dégrossir, s'éduquer, se faire, se perfectionner, se polir.

AFFINITÉ ■ *I.* ⇒ **alliance.** *II.* ⇒ **analogie.** *III.* ⇒ **affection.**

AFFIQUET ■ ⇒ **bagatelle.**

AFFIRMATIF, IVE ■ *I. Une chose :* assertif, catégorique, positif. *II. Quelqu'un :* catégorique, décisif, ferme, positif, tranchant.

AFFIRMATION ■ *I.* Assertion, assurance, attestation, prise de position, proposition, théorème, thèse. ⇒ **allégation.** *II.* Confirmation, démonstration, expression, extériorisation, jugement, manifestation, preuve, témoignage.

AFFIRMER ■ *I.* Argumenter, articuler, assurer, attester, certifier, déclarer, dire, donner sa parole, faire serment, gager, garantir, jurer, maintenir, parier, proclamer, proférer, promettre, prononcer, protester, en répondre, soutenir. ⇒ **alléguer.** *II.* Avancer, confirmer, crier, démontrer, exprimer, extérioriser, faire état de, manifester, montrer, produire, prouver, témoigner. *III. Loc. :* donner sa tête à couper, ficher/foutre son billet (pop.), mettre sa main au feu (fam.). *IV. V. pron. :* s'affermir, se déclarer, se confirmer, s'exprimer, s'extérioriser, se manifester, se montrer, se produire, se renforcer.

AFFLEUREMENT ■ Émergence, saillie, surgissement.

AFFLEURER ■ ⇒ **apparaître.**

AFFLICTION ■ *I.* Abattement, amertume, angoisse, chagrin, consternation, déchirement, désespoir, désolation, détresse, douleur, peine, souffrance, tristesse. *II.* Brisement de cœur, calvaire, chemin de croix, crève-cœur, deuil, difficulté, enfer, épreuve, martyre, supplice, torture, tourment, traverse, tribulation. ⇒ **malheur.**

AFFLIGÉ, E ■ Déshérité, gueux (péj.), infortuné, malchanceux, malheureux, miséreux, miteux (péj.), paria, paumé (arg.), pauvre, réprouvé.

AFFLIGEANT, E ■ Accablant, attristant, cruel, décourageant, démoralisant, déplorable, déprimant, désastreux, désespérant, désolant, douloureux, dur, embarrassant, embêtant, emmerdant (grossier), ennuyeux, fâcheux, funeste, injuste, lamentable, malheureux, mauvais, navrant, pénible, regrettable, sot, triste.

AFFLIGER ■ *I. Au pr. :* abattre, accabler, affecter, arracher des larmes, assombrir, atterrer, attrister, chagriner, contrarier, contrister, déchirer, désespérer, désoler, émouvoir, endeuiller, endolorir, enténébrer, éprouver, fâcher, faire souffrir, fendre le cœur, frapper, mettre à l'épreuve/au supplice/à la torture, navrer, peiner, percer le cœur, torturer, toucher, tourmenter, troubler. *II. Iron. :* doter, nantir. *III. Relig. :* appliquer la discipline, macérer. *IV. V. pron. :* éprouver de l'affliction/de la douleur/du chagrin, *et les formes pron. possibles des syn. de* AFFLIGER.

AFFLUENCE ■ *I. Au pr. :* afflux, arrivées, circulation, écoulement, flot, flux, issue. *II. Fig.* **1. De choses :** abondance, avalanche, débordement, déferlement, déluge, exubérance, foison, foisonnement, inondation, luxuriance, opulence, pagaille (fam.), pléthore, pluie, profusion, quantité, richesse, surabondance, tas. **2. De gens :** amas, armée, concours, encombrement, essaim, flot, forêt, foule, fourmilière, fourmillement, grouillement, mascaret, masse, monde, multitude, peuple, presse, pullulement, rassemblement, régiment, réunion, ruche, rush, tas. **Fam. :** flopée, foultitude, potée, tapée, tripotée.

AFFLUER ■ *I. Un liquide.* **1. Le sang :** arriver, circuler, monter. **2. Un cours d'eau :** aboutir à, aller/couler vers, se déverser dans. *II.* Abonder, accourir, arriver, courir/se porter/se presser vers, survenir, venir en foule.

AFFLUX ▪ ***I. Au pr.*** ⇒ **affluence.** ***II. Fig. :*** boom (fam.), bouchon, débordement, déferlement, embouteillage, encombrement, flopée (fam.), flot, foule, foultitude (fam.), masse, rassemblement, rush.

AFFOLANT, E ▪ ***I.*** ⇒ **alarmant.** ***II.*** ⇒ **affriolant.**

AFFOLEMENT ▪ ⇒ **inquiétude.**

AFFOLER ▪ ***I. V. tr.*** **1. Au pr.** ⇒ **agiter, alarmer. 2. Fig.** ⇒ **affrioler.** ***II. V. intr. :*** se dégrouiller (fam.), se démerder (grossier), se dépêcher, se hâter. ***III. V. pron. :*** s'agiter, s'alarmer, s'angoisser, être bouleversé, s'effrayer, s'émouvoir, s'épouvanter, se faire du souci, se frapper, s'inquiéter, perdre le nord/la tête, prendre peur, être pris de panique/paniqué (fam.)/terrifié/tracassé/troublé.

AFFOUILLER ▪ ⇒ **creuser.**

AFFRANCHI, E ▪ ***Pop. :*** affidé, complice, confident, dur (arg.), initié, souteneur, voyou.

AFFRANCHIR ▪ ***I.*** Briser les chaînes/le joug, débarrasser, délier, délivrer, émanciper, libérer, rendre la liberté. **Fam.** : initier, mettre dans le coup (fam.)/au courant/au parfum (arg.), renseigner. ***II.*** Composter, payer le port, surtaxer, taxer, timbrer. ***III.*** Détaxer, libérer, exonérer.

AFFRANCHISSEMENT ▪ ***I.*** Délivrance, émancipation, libération, manumission. ***II.*** Compostage, frais de port, surtaxe, taxe, timbre.

AFFRES ▪ Agonie, alarme, angoisse, anxiété, crainte, douleur, doute, émoi, émotion, épouvante, inquiétude, peur, tourment, transe.

AFFRÈTEMENT ▪ Agence de fret, chargement, charter, contrat, nolisage, nolisement.

AFFRÉTER ▪ Charger, louer, noliser, pourvoir.

AFFRÉTEUR ▪ Agent, charter, organisateur, pourvoyeur, répartiteur.

AFFREUX, EUSE ▪ ***I. Adj. :*** abominable, atroce, barbare, cruel, dégoûtant, déplaisant, désagréable, détestable, difforme, disgracieux, effrayant, effroyable, épouvantable, exécrable, hideux, horrible, ignoble, inesthétique, informe, laid, mal fait/fichu (fam.)/foutu (fam.)/tourné, mauvais, moche (fam.), monstrueux, repoussant, répugnant, terrible, vilain. ***II.*** **1. N. m. :** mercenaire, spadassin. **2. Péj. :** dégueulasse, fumier, salaud, saligaud, salopard, satyre, vicieux.

AFFRIANDER ▪ ⇒ **affrioler, amorcer.**

AFFRIOLANT, E ▪ Affolant, agaçant, aguichant, alléchant, aimable, attirant, charmant, charmeur, croquignolet, désirable, engageant, ensorcelant, envoûtant, excitant, plaisant, séduisant, sexy (fam.), stimulant, troublant.

AFFRIOLER ▪ Affoler, affriander, agacer, aguicher, allécher, attirer, charmer, engager, envoûter, exciter, faire du charme/perdre la tête, minauder, séduire, tenter, troubler.

AFFRONT ▪ Attaque, atteinte, avanie, blasphème, camouflet, grossièreté, humiliation, incongruité, injure, insolence, insulte, mortification, offense, outrage, vanne (arg.), vexation.

AFFRONTEMENT ▪ Attaque, choc, combat, compétition, concurrence, confirmation, défi, échange, face à face, heurt, lutte, mise en présence, rencontre.

AFFRONTER ▪ ***I. Quelqu'un :*** aller au-devant de, attaquer, combattre, défier, faire face à, se heurter à, lutter contre, se mesurer à, rencontrer. ***II. Une difficulté :*** aller au-devant de, combattre, courir, défier, faire face à, lutter contre, se mesurer à. ***III. V. pron. :*** être en compétition/concurrence/

conflit, se faire concurrence/face, se heurter, se livrer un combat, se mesurer à, se rencontrer sur le terrain, *et les formes pron. possibles des syn. de* AFFRONTER.

AFFUBLEMENT ■ ⇒ **accoutrement.**

AFFUBLER ■ Coller, donner, gratifier de, octroyer, qualifier de. ⇒ **accoutrer.**

AFFÛT ■ ***I. Le lieu :*** cabane, cache, embuscade, poste, réduit. ***II. Loc.*** **Être à l'affût** : attendre, être à l'arrêt/aux aguets/à l'écoute, guetter, observer, patienter, surveiller.

AFFÛTAGE ■ ⇒ **affilage.**

AFFÛTER ■ ⇒ **affiler.**

AFFUTIAU(X) ■ ⇒ **vêtement, instrument.**

AFIN DE, AFIN QUE ■ Dans le but de (fam.)/le dessein de/l'intention de, en vue de, pour, pour que.

A FORTIORI ■ À plus forte raison, raison de plus.

AGAÇANT, E ■ ***I.*** Contrariant, crispant, déplaisant, désagréable, échauffant, énervant, enrageant, exacerbant, exaspérant, excédant, excitant, horripilant, irritant, lancinant, lassant, provocant, rageant, surexcitant, vexant. ***II. Fam. :*** asticotant, casse- ⇒ **bourses/⇒ pieds,** embêtant, emmerdant, enquiquinant.

AGACEMENT ■ Contrariété, déplaisir, désagrément, embêtement, emmerdement (grossier), énervement, exacerbation, exaspération, impatience, irritation.

AGACER ■ ***I.*** Asticoter, bourdonner, casser les pieds, chercher des crosses à /noise/querelle, contrarier, courroucer, crisper, donner sur les nerfs, échauffer, échauffer la bile/les oreilles, embêter, emmerder (grossier), énerver, ennuyer, enquiquiner, exacerber, exaspérer, excéder, exciter, fâcher, faire endêver/enrager/sortir de ses gonds, hérisser, horripiler, impatienter, indisposer, irriter, lanciner, lasser, mécontenter, mettre en colère/rogne (fam.), porter sur les nerfs, provoquer, piquer, taquiner, titiller. ***II.*** ⇒ **affrioler.**

AGACERIE ■ Asticotage (fam.), coquetterie, manège, marivaudage, minauderie, pique, provocation, taquinerie.

AGAPES ■ Banquet, bombance (fam.), bombe, festin, fête, grand repas, gueuleton (fam.), ripaille (péj.), réjouissances. ⇒ **repas.**

AGATE ■ ***I.*** Calcédoine. ***II.*** Bille, camée.

ÂGE ■ ***I.*** Ancienneté, époque, génération, période, temps, vieillesse. ***II.*** Assurance, autorité, expérience. **Arg. :** bouteille, carat, coffiot, flacon, galon, galuche, grade.

ÂGÉ, E ■ ***I.*** Avancé, usé, vieux. ***II. Une chose :*** ancien, déclassé, démodé, hors service, hors d'usage, au rebut, sur le tard, tard d'époque (fam.). ⇒ **vieux.**

AGENCE ■ Affaire, bureau, cabinet, chantier, commerce, comptoir, dépôt, entrepôt, office, succursale.

AGENCEMENT ■ Accommodation, accommodement, ajustement, aménagement, arrangement, combinaison, composition, contexture, coordination, décor, décoration, dispositif, disposition, distribution, enchaînement, liaison, mécanisme, mise en ordre/place, ordonnance, ordre, organisation, structure, texture, tissure.

AGENCER ■ Aménager, composer, coordonner, décorer, distribuer, enchaîner, goupiller (fam.), lier, mettre en ordre/place, meubler, monter, ordonner, organiser, présenter, structurer, tisser. ⇒ **adapter.**

AGENDA ■ ***I.*** Almanach, bloc-notes, calendrier, calepin, carnet, éphémérides, mémento, registre, répertoire. ***II. Relig. :*** ordo.

AGENOUILLEMENT ▪ ***I. Au pr. :*** génuflexion, inclinaison, prosternation, prosternement. ***II. Fig. :*** abaissement, bigoterie, complaisance, humiliation, lâcheté, tartuferie.

AGENOUILLER (S') ▪ ***I. Au pr. :*** s'incliner, se prosterner. ***II. Par ext.*** **1.** Admirer, adorer, faire oraison, prier, vénérer. **2. Non favorable :** s'abaisser, capituler, céder, s'humilier, mettre les pouces (fam.), venir à quia/à résipiscence. ⇒ **soumettre (se).**

AGENT ▪ ***I. Au pr.*** **Ce qui agit :** action, âme, bras, cause, instrument, ferment, moteur, moyen, objet, organe, origine, principe, source. ***II. Quelqu'un :*** âme damnée (péj.), auxiliaire, bras droit, commis, commissaire, commissionnaire, consignataire, correspondant, courtier, délégué, émissaire, employé, envoyé, exécutant, facteur, factotum, fonctionnaire, fondé de pouvoir, gérant, homme de confiance, inspecteur, intendant, intermédiaire, mandataire, messager, négociateur, préposé, représentant, serviteur, substitut, suppléant. ***III. De police.*** **1.** Gardien de la paix, policier, sergent de ville. **2. Arg. et péj. :** argousin, bourre, bourrique, cogne, condé, flic, guignol, hirondelle, policier, poulaga, poulaille, poulet, sbire, sergot, vache. ***IV. Loc.*** **1. Agent secret :** affidé, correspondant, espion (péj.), indicateur. **2. Agent de l'ennemi :** espion, traître. **3. Agent d'exécution :** bourreau, exécuteur, homme de loi/de main (péj.)/de paille (péj.), huissier. **4. Agent de liaison :** courrier, estafette. **5. Agent provocateur :** agitateur, brebis galeuse, indicateur. **6. Agent diplomatique :** ambassadeur, chargé d'affaires, consul, légat, ministre, ministre plénipotentiaire, nonce.

AGGIORNAMENTO ▪ ⇒ **changement.**

AGGLOMÉRAT ▪ ***I. Au pr. :*** agglomérés, amas, amoncellement, bloc, conglomérat, éboulis, entassement, masse, réunion, sédiment, tas. ***II. Fig. :*** accumulation, agglutination, agrégat, agrégation, amalgame, amas, assemblage, attroupement, bloc, conglomérat, entassement, réunion, tas.

AGGLOMÉRATION ▪ ***I.*** Banlieue, bloc, bourg, bourgade, camp, campement, capitale, centre, chef-lieu, cité, colonie, conurbation, douar, ensemble, faubourg, feux, foyers, grand ensemble, habitat, hameau, localité, mégalopolis, métropole, paroisse, station, village, ville, zone urbaine. ***II.*** ⇒ **agglomérat.**

AGGLOMÉRÉ ▪ Brique, briquette, hourdis, parpaing, préfabriqué, synderme (techn.).

AGGLOMÉRER, AGGLUTINER ▪ Accumuler, agréger, amasser, amonceler, assembler, attrouper, coller, conglomérer, empiler, entasser, entremêler, mélanger, mêler, mettre en bloc/ensemble/en tas, rassembler, réunir, unir.

AGGRAVANT, E ▪ Accablant, à charge.

AGGRAVATION ▪ Accroissement, augmentation, complication, croissance, développement, escalade, exacerbation, exaspération, intensification, progrès, progression, propagation, rechute, recrudescence, redoublement.

AGGRAVER ▪ ***I. Une charge :*** accroître, alourdir, amplifier, augmenter, charger, compliquer, développer, empirer, envenimer, étendre, exacerber, exagérer, exaspérer, exciter, grever, redoubler, surcharger. ***II. Une condamnation :*** ajouter, allonger, augmenter, grandir, grossir, rallonger. ***III. Un sentiment :*** exacerber, exaspérer, exciter, intensifier, irriter, renforcer. ***IV. V. pron. :*** se détériorer, empirer, progresser, *et les formes pron. possibles des syn. de* AGGRAVER.

AGILE ▪ Adroit, aisé, à l'aise, alerte, allègre, découplé, délié, élastique, frétillant, fringant, élégant, félin, gracieux, habile, ingambe, léger, leste, mobile, preste, prompt, rapide, sémillant, souple, véloce, vif, vite.

AGILITÉ ▪ Adresse, aisance, allégresse, élasticité, élégance, grâce, habileté, légèreté, mobilité, prestesse, promptitude, rapidité, souplesse, vélocité, virtuosité, vitesse, vivacité.

AGIO ▪ Charges, crédit, frais, intérêts.

AGIOTAGE ▪ Accaparement, coup de bourse, spéculation, trafic, tripotage.

AGIOTER ▪ Accaparer, boursicoter (fam.), hasarder une mise, jouer à la bourse, miser, spéculer, traficoter (fam.), trafiquer, tripoter.

AGIOTEUR ▪ ⇒ **spéculateur.**

AGIR ▪ ***I. On fait une chose.*** **1. Fav. :** s'adresser à, aller de l'avant, animer, collaborer à, se comporter, conduire, se conduire, concourir à, contribuer à, se dépenser, employer, s'employer à, entraîner, s'entremettre, entreprendre, exécuter, exercer une action/une influence sur, faire, faire appel à, intercéder, intervenir, jouer, manifester, manœuvrer, mener, mettre en action/en œuvre, mouvoir, négocier, s'occuper de, œuvrer, opérer, persuader, pousser, procéder à, provoquer, travailler, vivre. **2. Non favorable :** abuser, contrarier, contrecarrer, contredire, contrevenir, en faire à sa tête, impressionner, inciter à, influencer, influer sur, lutter, se mettre en travers, s'opposer à, sévir, traiter, en user avec. ***II. Une chose agit sur quelqu'un ou quelque chose :*** avoir pour conséquence/effet, concourir à, contribuer à, entraîner, exercer une action/une influence sur, faire effet sur, influer sur, opérer, provoquer, travailler. ***III. Loc.*** **Agir en justice :** actionner, entamer une procédure, introduire une requête, poursuivre. ***IV. V. pron.*** **Impers. :** il convient, il est nécessaire/question, il faut.

AGISSANT, E ▪ ***I.*** ⇒ **actif.** ***II.*** Influent, qui a le bras long.

AGISSEMENT ▪ ***Péj. :*** allées et venues, aventures, cinéma (fam.), combines (fam.), comportement, conduite, démarche, façons, intrigues, machinations, magouilles (arg.), manières, manigances, manœuvres, menées, micmac, pratiques, procédés, salades (fam.).

AGITATEUR ▪ ⇒ **factieux.**

AGITATION ▪ ***I. Au pr.*** **1.** Activité, animation, bouillonnement, effervescence, flux et reflux, grouillement, houle, mouvement, ondulation, orage, remous, secousse, tempête, tohu-bohu, tourbillon, tourmente, trouble, tumulte, turbulence, va-et-vient. **2. Du corps.** *Neutre ou favorable :* activité, affairement, animation, hâte, mouvement. *Non favavorable :* affolement, alarme, bruit, désordre, effervescence, énervement, excitation, incohérence, précipitation, remue-ménage, surexcitation, tourbillon, tourmente, trouble, tumulte, turbulence, vent. **3. Méd. :** angoisse, délire, excitation, fébrilité, fièvre, hystérie, nervosité. ***II. Fig.*** **1. Des sentiments :** affres, angoisse, anxiété, bouillonnement, bouleversement, colère, convulsion, déchaînement, délire, désarroi, ébranlement, effervescence, effroi, embrasement, émoi, émotion, fièvre, flottement, frayeur, frénésie, hésitation, inquiétude, lutte, mouvement, orage, passion, préoccupation, remous, secousse, souci, terreur, tourment, tracas, trouble, tumulte, violence. **2. D'une foule :** activité, animation, bouillonnement, convulsion, déchaînement, délire, démonstration, effervescence, embrasement, émeute, excitation, faction, fermentation, fièvre, flux et reflux, fourmillement, grouillement, houle, lutte, manifestation, mêlée, micmac (fam.), mouvement, orage, pagaille, panique, pastis (fam.), remous, remue-ménage, révolte, révolution, secousse, sédition, tourmente, trouble, violence.

AGITÉ, E ▪ ⇒ **fiévreux, troublé.**

AGITER ■ ***I. On agite.*** **1. Une chose :** ballotter, battre, brandiller, brandir, brouiller, secouer. ⇒ **remuer. 2. Le corps :** balancer, battre, bercer, branler, dodeliner, frétiller, gambiller, gesticuler, gigoter, hocher, secouer, soulever. **3. Une question :** analyser, avancer, débattre de, discuter de, examiner, mettre à l'ordre du jour, proposer, soulever, soumettre, traiter. ***II. Une chose agite quelqu'un ou un groupe :*** affoler, alarmer, angoisser, animer, bouleverser, ébranler, effrayer, embraser, émouvoir, enfiévrer, enflammer, enthousiasmer, envahir, épouvanter, exciter, inquiéter, mettre en effervescence/en émoi, occuper, paniquer (fam.), faire peur, préoccuper, remuer, rendre soucieux, révolter, révolutionner, soulever, terrifier, torturer, tourmenter, tracasser, transporter, travailler, troubler. ***III. V. pron. :*** s'affairer, aller et venir, s'animer, bouger, circuler, courir, se dandiner, se démener, s'empresser, frétiller, gesticuler, gigoter, se précipiter, remuer, se secouer, se tortiller, se trémousser, *et les formes pron. possibles des syn. de* AGITER.

AGNEAU, ELLE ■ ***I. Au pr. :*** antenais, antenaise, bête à laine, nourrisson, pré-salé, vassiveau. ⇒ **mouton.** ***II. Fig. C'est un agneau :*** ⇒ **inoffensif, pur.**

AGNELAGE ■ Agnèlement, mise bas, naissance, parturition.

AGNOSTIQUE ■ ⇒ **incroyant.**

AGONIE ■ ***I. Au pr. :*** à la mort, à l'article de la mort, dernière extrémité/heure, derniers instants/moments/soupirs, extrémité, fin. ***II. Fig.*** **1.** Affres, crainte, détresse. **2.** Chute, crépuscule, décadence, déclin, fin.

AGONIR ■ Accabler, couvrir d'injures, engueuler (fam.), injurier, maudire, passer une engueulade (fam.), verser/déverser un tombereau d'injures, vilipender.

AGONISANT, E ■ À l'article de la mort, moribond, mourant.

AGONISER ■ S'éteindre, expirer, passer, râler, tirer à sa fin. ⇒ **mourir.**

AGRAFE ■ ***I. Sur un vêtement :*** attache, boucle, broche, clip, épingle, fermail, fibule. ***II. Autres usages :*** cavalier, épingle, fermoir, trombone.

AGRAFER ■ Accrocher, adapter, ajuster, assembler, attacher, épingler, fixer, joindre, maintenir, mettre, retenir.

AGRAIRE ■ Agrarien, agricole, foncier, rural.

AGRANDIR ■ ***I. Au pr. :*** accroître, ajouter à, allonger, amplifier, annexer, arrondir, augmenter, développer, dilater, donner du champ/de l'expansion/du large, élargir, élever, étendre, évaser, exhausser, gonfler, grossir, grouper, hausser, ovaliser, reculer les bornes/les limites, regrouper, surélever. ***II. Fig.*** **1.** Détailler, élargir, élever, ennoblir, enrichir, étendre, fortifier, grandir, honorer, porter plus haut, renforcer. **2.** Amplifier, enfler, exagérer, gonfler, grossir, paraphraser. ***III. V. pron. :*** accroître son activité, devenir plus grand/fort/important/puissant, étendre ses biens/son domaine, *et les formes pron. possibles des syn. de* AGRANDIR.

AGRANDISSEMENT ■ Accroissement, amplification, annexion, augmentation, conquête, croissance, développement, dilatation, élargissement, élévation, enflure, ennoblissement, enrichissement, exagération, extension, évasement, gain, gonflement, grossissement, groupement, regroupement, renforcement, surélévation.

AGRARIEN, ENNE ■ ***I. Adj.*** ⇒ **agraire.** ***II. Nom :*** propriétaire foncier/ rural/ terrien.

AGRÉABLE ■ ***I. Quelqu'un :*** abordable, accommodant, accompli, accueillant, affable, aimable, amène, attachant, attirant, bath (fam.), beau, bien, bien élevé, bon, bon vivant, charmant, chic, chouette (fam.), doux, exquis, facile, fascinant, gai, galant, gentil, gracieux, joli, joyeux, parfait, piquant, plaisant, prévenant, séduisant, serviable, sociable, sympathique. *II. Une chose.* **1. Un endroit** : attirant, attrayant, beau, bien conçu/situé, captivant, charmant, commode, confortable, enchanteur, fascinant, joli, plaisant, ravissant, splendide. **2. Un rêve, un moment** : captivant, charmant, doré, doux, enchanteur, enivrant, heureux, riant. **3. Une friandise, un repas** : affriolant, appétissant, délectable, délicieux, engageant, exquis, fameux, ragoûtant, savoureux. **4. Un vin** : qui a du bouquet/du caractère/du corps/de la cuisse/de la race/de la sève, charpenté, coulant, fruité, gai, gouleyant, léger, moelleux, robuste, vineux. **5. Un son** : aérien, doux, harmonieux, léger, mélodieux, suave. **6. Un parfum** : aromatique, capiteux, embaumant, enivrant, léger, suave, subtil. **7. Un propos** : aimable, doux, flatteur. **8. Un spectacle** : ⇒ **amusant, attirant, beau, émouvant.**

AGRÉÉ ▪ *Jurid.* : avocat, avoué, chargé d'affaires, comptable, conseiller juridique, fondé de pouvoir.

AGRÉER ▪ *I. V. intr.* : aller à, convenir, faire l'affaire, être au gré de, plaire. *II. V. tr.* : accepter, acquiescer, accueillir, admettre, approuver, donner son accord à, goûter, recevoir, recevoir favorablement, trouver bon/convenable/à sa convenance.

AGRÉGAT ▪ Accumulation, agglomérat, amas, assemblage, bloc, conglomérat, masse, sédiment.

AGRÉGATION ▪ Agglomération, association, sédimentation.

AGRÉGER ▪ Adjoindre, admettre, affilier, agglomérer, assembler, associer, attacher, choisir, coopter, élire, faire entrer, incorporer, recruter, réunir, unir.

AGRÉMENT ▪ *I. Au pr.* : acceptation, accord, acquiescement, adhésion, admission, affiliation, approbation, autorisation, association, choix, consentement, cooptation, élection. *II. Par ext.* : aisance, aménité, attrait, charme, élégance, grâce, mérite, piquant, qualité, séduction. *III. Au plur.* **1. De la vie** : amusement, bien-être, bonheur, charmes, commodité, confort, distraction, divertissement, joie, plaisir. **2. Pour orner** : accessoires, enjolivement, fioriture, garniture, ornement, superflu.

AGRÉMENTER ▪ Embellir, enjoliver, enrichir, garnir, orner, parer, relever.

AGRÈS ▪ *I.* Apparaux, armement, gréement, superstructures. *II.* Anneaux, appareils, balançoire, barre, corde lisse/à nœuds, portique, trapèze.

AGRESSER ▪ ⇒ **attaquer.**

AGRESSEUR ▪ Assaillant, attaquant, offenseur, provocateur.

AGRESSIF, IVE ▪ Ardent, bagarreur, batailleur, belliqueux, chercheur (fam.), combatif, fonceur (fam.), malveillant, méchant, menaçant, mordant, provocateur, pugnace, querelleur.

AGRESSION ▪ *I.* Action, attaque, déferlement, envahissement, intervention, invasion, viol, violence. *II.* Attaque, cambriolage, effraction, fric-frac, hold-up, intrusion, viol, violence, vol.

AGRESSIVITÉ ▪ Ardeur, brutalité, combativité, esprit querelleur, malveillance, méchanceté, provocation, pugnacité, quérulence (méd.).

AGRESTE ▪ *I.* Agraire, agricole, bucolique, campagnard, champêtre, forestier, pastoral, paysan, rural, rustique, terrien. *II. Péj.* : abrupt, grossier, inculte, rude, rustique, sauvage.

AGRICOLE ▪ Agraire. ⇒ **agreste.**

AGRICULTEUR ▪ Agrarien, agronome, colon, cultivateur, cul-terreux (péj.), éleveur, exploitant, fermier, laboureur, métayer, paysan, planteur, producteur, propriétaire foncier/rural/terrien.

AGRICULTURE ■ Agronomie, culture, économie rurale, élevage, paysannerie, production agricole, produits du sol, secteur primaire.

AGRIFFER, AGRIPPER ■ Accrocher, attraper, cramponner, harponner, retenir, saisir, tenir.

AGRUME ■ Aurantiacée, bergamote, bigarade, cédrat, citron, citrus, clémentine, grape-fruit, kumquat, lime, limon, mandarine, orange, pamplemousse, pomélo, poncire.

AGUERRIR ■ Accoutumer, affermir, cuirasser, endurcir, entraîner, éprouver, fortifier, préparer, rompre, tremper.

AGUETS (ÊTRE AUX) ■ À l'affût, à l'arrêt, à l'écoute, à son poste, au guet, aux écoutes, en embuscade, en éveil, en observation, sur ses gardes, épier, faire attention/gaffe (fam.), le guet/le pet (arg.), guetter, observer, surveiller.

AGUICHANT, E ■ ⇒ **affriolant.**

AGUICHER ■ ⇒ **affrioler.**

AGUICHEUSE ■ Allumeuse, charmeuse, coquette, flambeuse, flirteuse, séductrice, tentatrice, vamp.

AHANER ■ S'essouffler, faire effort, fatiguer, peiner, souffrir, suer.

AHURI, E ■ ⇒ **bête.**

AHURIR ■ Abrutir (péj.), ébahir, ébaubir, ébesiller (fam.), ébouriffer (fam.), effarer, époustoufler (fam.), étonner, faire perdre la tête, jeter dans le trouble, laisser interdit/pantois/stupéfait/stupide, prendre au dépourvu, stupéfier, surprendre, troubler.

AHURISSANT, E ■ ⇒ **étonnant.**

AHURISSEMENT ■ ⇒ **surprise.**

AICHE, ÈCHE, ESCHE ■ Amorce, appât, asticot, boëte, capelan, devon, leurre, manne, mouche, rogue, ver, vif.

AIDE ■ ***I. Fém.*** **1. Au pr.** : aumône, avance, bienfait, bourse, cadeau, charité, dépannage, don, facilité, faveur, grâce, prêt, prêt d'honneur, secours, soulagement, subside, subvention. **2. Par ext.** : appui, assistance, bienveillance, bons offices, collaboration, complaisance, concours, connivence (péj.), conseil, contribution, coopération, coup de main/d'épaule/de pouce, encouragement, entraide, intervention, main-forte, office, participation, patronage, piston (fam.), protection, réconfort, renfort, repêchage, rescousse, secours, service, soutien. ***II. Masc.*** : ⇒ **adjoint.**

AIDE-MÉMOIRE ■ Croquis, dessin, mémento, pense-bête. ⇒ **abrégé.**

AIDER ■ ***I. V. tr.*** : agir, appuyer, assister, collaborer, concourir, conforter, contribuer, dépanner, donner un coup de pouce/de main/de piston (fam.), donner la main à, s'entraider, épauler, étayer, faciliter, faire beaucoup pour/la courte échelle (fam.)/le jeu de/quelque chose pour, favoriser, jouer le jeu de, lancer, mettre dans la voie/le pied à l'étrier, obliger, offrir, partager, participer, patronner, pousser, prendre part à, prêter la main/main-forte, protéger, réconforter, rendre service, renflouer, renforcer, repêcher, seconder, secourir, servir, soulager, soutenir, subventionner, tendre la main, venir à l'aide/à la rescousse/au secours. ***II. V. tr. ind.*** : contribuer à, faciliter, favoriser, permettre. ***III. V. pron.*** : s'appuyer sur, faire feu de tout bois (fam.), prendre appui sur, se servir de, tirer parti de.

AÏEUL, AÏEULE, AÏEUX ■ Aîné, ancêtre, ascendant, auteur, devancier, grand-mère, grand-père, grands-parents, parent, prédécesseur.

AIGLE ■ ***I. Nom.*** **1. Au pr.** : circaète, grégate, gypaète, harpie, rapace, pygargue, spizaète, uraète. **2. Fig.** : as, champion, fort en thème, grosse tête (fam.), phénomène, phénix, prodige, tête d'œuf (arg.). *II. Nom s. et pl. :* armoirie, bannière, drapeau, emblème, empire, enseigne, étendard.

AIGRE. ▪ *I. Au pr.* 1. Acerbe, acescent, acide, acidulé, âcre, aigrelet, aigri, ginglet, guinguet, piquant, piqué, raide, rance, reginglard, sur, tourné, vert. **2. Un son** : aigu, assourdissant, criard, déplaisant, désagréable, grinçant, perçant, sifflant, strident. *II. Fig.* **1. Le froid** : acéré, coupant, cuisant, désagréable, glacé, glacial, mordant, mortel, pénible, piquant, saisissant, vif. **2. Quelqu'un** : acariâtre, acerbe, acide, âcre, acrimonieux, agressif, amer, âpre, atrabilaire, bâton merdeux (vulg.), blessant, cassant, caustique, déplaisant, désagréable, dur, fielleux, hargneux, incisif, malveillant, mordant, pète-sec, piquant, pisse-vinaigre, pointu, râleur, revêche, rude, sarcastique, sec, sévère, tranchant, venimeux, violent, virulent.

AIGREFIN ▪ Chevalier d'industrie, coquin, escroc, filou, fourbe, malandrin, malhonnête, voyou. ⇒ **voleur.**

AIGRELET, ETTE ▪ Acidulé, ginglet, ginguet, piquant, piqué, raide, reginglard, sur, tourné, vert.

AIGRETTE ▪ *I.* Garzette, héron blanc. *II.* Panache, plume, plumet.

AIGREUR ▪ *I. Au pr. :* acidité, amertume, hyperchlorhydrie, verdeur. *II. Fig. :* acariâtreté, acerbité, acidité, âcreté, acrimonie, agressivité, amertume, animosité, âpreté, brouille, causticité, colère, dépit, désagrément, dureté, fiel, haine, hargne, humeur, irritation, malveillance, maussaderie, méchanceté, mordacité, mordant, pique, rancœur, rancune, récrimination, ressentiment, rouspétance (fam.), vindicte.

AIGRI, E ▪ *I.* Dégoûté, désabusé, désenchanté. *II.* Suri. ⇒ **aigre.**

AIGRIR ▪ *I. V. tr.* 1. Altérer, corrompre, faire tourner, gâter, piquer, rendre aigre. **2. Fig.** : aggraver, attiser, aviver, brouiller, envenimer, exaspérer, exciter la colère/le dépit/le ressentiment, fâcher, indisposer, irriter, mettre de l'huile sur le feu (fam.)/en colère/la zizanie, rendre amer, piquer, souffler la discorde/la haine/la zizanie, vexer. *II. V. intr. :* surir, tourner.

AIGU, UË ▪ *I.* Acéré, aciculaire, aculéiforme, acuminé, affûté, affilé, aiguisé, anguleux, coupant, émorfilé, émoulé, fin, lancéolé, perçant, piquant, pointu, saillant, subulé, tranchant. *II. Fig.* **1. Les sons** : aigre, clair, criard, déchirant, élevé, haut, flûté, glapissant, grinçant, perçant, pointu, strident, suraigu, voix de clairon/de clarine/de crécelle/de fausset. **2. Le regard** : mobile, perçant, scrutateur, vif. **3. Une souffrance** : cuisant, déchirant, intolérable, lancinant, piquant, taraudant, térébrant, torturant, vif, violent. **4. L'esprit** : analytique, délié, doué, incisif, intelligent, lucide, mordant, ouvert, perçant, pénétrant, piquant, profond, subtil, vif.

AIGUIÈRE ▪ ⇒ **lavabo.**

AIGUILLAGE ▪ Bifurcation, branchement, changement, orientation.

AIGUILLE ▪ *I.* Alêne, broche, brochette, épingle, épinglette, lardoire, piquoir, poinçon, pointe. *II.* Mont, pic, piton. *III.* Flèche, obélisque.

AIGUILLER ▪ ⇒ **diriger.**

AIGUILLETTE ▪ ⇒ **ruban.**

AIGUILLON ▪ *I.* Arête, bec, crochet, dard, dent, épine, piquant, rostre. *II.* Incitation, motivation, stimulant, stimulation.

AIGUILLONNER ▪ *I. Au pr. :* percer, piquer, toucher. *II. Fig. :* aiguiser, animer, échauffer, électriser, encourager, enflammer, enhardir, éperonner, éveiller, exalter, exciter, fouetter, inciter, influencer, influer sur, inspirer, piquer, pousser, presser, provoquer, remplir d'ardeur, stimuler, tenir la carotte (fam.), tourmenter.

AIGUISAGE ■ ⇒ **affilage.**

AIGUISER ■ ***I.*** ⇒ **affiler.** ***II. Fig. :*** accroître, achever, aiguillonner, augmenter, aviver, délier, exciter, fignoler, parfaire, polir, stimuler, travailler.

AIGUISEUR ■ Affileur, affûteur, émouleur, rémouleur, repasseur.

AILE ■ ***I.*** Aileron, élytre, empennage, penne, voilure. ***II. Par ext. :*** abri, égide, parrainage, protection, sauvegarde, soutien, surveillance. ***III.*** Pales. ***IV.*** Corps de logis, pavillon. ***V.*** Détachement, flanc. ***VI.*** Garde-boue.

AILÉ, E ■ ***I.*** Empenné. ***II.*** Aérien, céleste, élancé, éthéré, immatériel, léger, poétique, pur, rapide, rêveur, souple, sublime, svelte, vaporeux.

AILERON ■ ***I.*** Aile, nageoire. ***II.*** Empennage, volet d'extra/intrados. ***III. Arg. :*** bras.

AILLEURS ■ ***I.*** Autre part, dans un autre endroit/lieu, où l'on n'est pas. ***II. D'ailleurs :*** d'autre part, d'un autre côté, de plus, au reste, du reste, en outre, par contre, pour le reste. ***III. Par ailleurs :*** autrement, d'un autre côté, d'une autre façon, pour le reste.

AIMABLE ■ ***I.*** Abordable, accommodant, accort, accueillant, adorable, affable, agréable, amène, attentionné, attirant, avenant, beau, bénin, bien, bien élevé, bienveillant, bon, charmant, charmeur, chic (fam.), complaisant, courtois, délicat, délicieux, dévoué, doux, engageant, exquis, fondant (fam.), gentil, gracieux, hospitalier, liant, obligeant, ouvert, pas fier (pop.), plaisant (fam.), poli, prévenant, séduisant, serviable, sociable, sympathique. ***II. Une chose :*** accueillant, agréable, attirant, attrayant, beau, bien conçu/situé, charmant, chic, commode, confortable, coquet, délicat, enchanteur, fascinant, hospitalier, joli, plaisant, ravissant, riant, séduisant, sympathique.

AIMANT, E ■ ⇒ **amoureux.**

AIMANT ■ ***I. Au pr. :*** boussole, électro-aimant. ***II. Fig. :*** ascendance, attirance, attraction, attrait, envoûtement, fascination, influence, séduction.

AIMANTATION ■ Électromagnétisme, induction, magnétisme.

AIMER ■ ***I. Quelqu'un :*** adorer, affectionner, s'amouracher, s'attacher à, avoir de l'affection/de l'attachement/le béguin/dans la peau/un coup de cœur/le coup de foudre/du sentiment/de la sympathie/de la tendresse, blairer (fam.), chérir, désirer, s'embéguiner de, s'embraser pour, s'énamourer de, s'enflammer pour, s'enticher de, s'éprendre de, estimer, être amoureux de/coiffé de (fam.)/épris de/fou de/pris/uni à, brûler pour, idolâtrer, en pincer pour (fam.), raffoler de, tomber amoureux, se toquer de, vénérer. ***II. Une chose :*** adorer, affectionner, avoir envie de, avoir du goût pour, désirer, estimer, être aise/amateur/content/friand de, être porté sur/ravi de, faire cas de, goûter, s'intéresser à, se passionner pour, se plaire à, prendre plaisir à, trouver agréable. ***III. Par ext. :*** avoir besoin de, demander, désirer, falloir à, réclamer. ***IV. Loc.*** **1. J'aimerais que** : demander, désirer, souhaiter. **2. Aimer mieux.** ⇒ **préférer. 3. Être aimé des dieux** : béni, chéri, favorisé.

AINE ■ Hanche, haut de la cuisse, pli du bas-ventre/inguinal.

AÎNÉ, E ■ Grand, héritier du nom et des armes, premier-né.

AÎNESSE ■ Primogéniture.

AINSI ■ ***I.*** Comme cela, de cette façon/manière, de la sorte. ***II.*** De la même façon/manière, pareillement. ***III. Ainsi que :*** à l'exemple de, à l'instar de, comme, de même façon/manière que.

AIR ■ ***I. Au pr.*** **1.** Atmosphère, bouffée, brin d'air, brise, ciel, couche atmosphérique/respirable, courant d'air, espace, éther, souffle, température, temps, vent. **2. Loc.** *Prendre l'air :* se promener, respirer, sortir. *Changer d'air :* s'en aller, déménager, partir. *Donner de l'air :* aérer, éventer, oxygéner, ventiler. *Jouer la fille de l'air :* s'échapper, s'enfuir, s'évader, prendre la fuite/la poudre d'escampette (fam.), mettre les bouts (fam.). ***II. Avoir un air :*** affectation (péj.), allure, apparence, aspect, attitude, caractère, comportement, composition, contenance, dehors, démarche, embarras, expression, extérieur, façon, figure, forme, grâce, gueule (fam.), impression, maintien, manière, mine, physionomie, port, ressemblance, ton, visage. ***III. :*** aria, ariette, arioso, chanson, chant, couplet, mélodie, refrain, thème.

AIRAIN ■ ***I. Au pr. :*** bronze. ***II. Fig. :*** durée, dureté, caractère, fermeté, force, sécurité, solidité.

AIRE ■ ***I.*** Assise, champ, concession, domaine, emplacement, espace, massif, place, plancher, région, sphère, superficie, surface, terrain, territoire, zone. ***II.*** Nid, repaire. ***III. Mar. :*** rhumb.

AIS ■ Aisseau, charpente. ⇒ **poutre.**

AISANCE ■ ***I.*** Agilité, assurance, décontraction, désinvolture, distinction, facilité, grâce, habileté, légèreté, naturel, souplesse. ***II.*** Abondance, aise, bien-être, confort, opulence, richesse. ***III. Lieux d'aisances*** ⇒ **water-closet.**

AISE ■ Contentement, décontraction, euphorie, félicité, joie, liberté, relaxation, satisfaction, *et les syn. de* AISANCE.

AISÉ, E ■ ***I. Au pr.*** **1.** Content, décontracté, dégagé, désinvolte, naturel, relax (fam.), relaxé, simple. **2.** ⇒ **nanti.** ***II. Par ext. :*** accommodant, coulant, facile, large, naturel, ouvert, souple, spontané.

AISÉMENT ■ Facilement, largement, naturellement, simplement, volontiers.

AISSELLE ■ Dessous de bras, gousset, région axillaire.

AJOURÉ, E ■ Aéré, festonné, orné, ouvert, percé.

AJOURNEMENT ■ Atermoiement, réforme, refus, remise, renvoi, report, retard, temporisation.

AJOURNER ■ ***I. Une chose :*** atermoyer, remettre, renvoyer, reporter, retarder, temporiser. ***II. Quelqu'un :*** coller (arg. scol.), recaler, réformer, refuser.

AJOUT, AJOUTAGE ■ About, addition, adjonction, ajutage, allonge, annexe, augment, augmentation, joint, raccord, rallonge, supplément.

AJOUTER ■ Abouter, accoler, accroître, additionner, adjoindre, agrandir, allonger, améliorer, amplifier, annexer, apporter, augmenter, compléter, corriger, dire, embellir, enchérir, enrichir, enter, étendre, exagérer, greffer, grossir, insérer, intercaler, joindre, orner, parfaire, rajouter, en remettre (fam.), suppléer, surcharger, surenchérir, unir. ***V. pron. :*** accompagner, compléter, grossir, renforcer, *et les formes pron. possibles des syn. de* AJOUTER.

AJUSTAGE ■ Alésage, brunissage, débourrage, grattage, limage, marbrage, montage, polissage, rodage, taraudage.

AJUSTEMENT ■ ***I. Au pr. :*** accommodation, accord, adaptation, agencement, arrangement, disposition, mise en place, rapport. ***II. Par ext.*** **1.** Accoutrement, déguisement, habillement, mise, parure, tenue, toilette, vêtements, vêture. **2.** Accommodement, arbitrage, compromis, conciliation, entente, protocole.

AJUSTER ■ ***I.*** Accommoder, accorder, accoutrer, adapter, affecter, agencer, appliquer, arranger, assembler, calculer, coller, combiner, composer, concilier, conformer, disposer, égaliser, embellir, emboîter, embroncher, faire aller/cadrer/coller/marcher, habiller, joindre, jumeler, mettre d'accord/en place, monter, mouler, ordonner, organiser, orner, parer, revêtir, vêtir. ⇒ **viser.** ***V. pron.*** *:* aller bien, cadrer avec, coïncider, être d'accord, s'entendre avec, *et les formes pron. possibles des syn. de* AJUSTER.

ALACRITÉ ■ ⇒ **vivacité.**

ALAMBIQUÉ, E ■ Amphigourique, compliqué, confus, contourné, embarrassé, précieux, quintessencié, raffiné, recherché, subtil, tarabiscoté, torturé.

ALANGUIR ■ Abattre, affaiblir, amollir, assoupir, détendre, fatiguer, ramollir, rendre indolent/languissant/langoureux / nonchalant / paresseux/ramollo (fam.)/sentimental/somnolent.

ALANGUISSEMENT ■ Abandon, abattement, affaiblissement, amollissement, anémie, assoupissement, détente, fatigue, indolence, langueur, lenteur, mollesse, nonchalance, paresse, ramollissement, relâchement, relaxation, somnolence.

ALARMANT, E ■ Affolant, angoissant, bouleversant, dangereux, dramatique, effrayant, épouvantable, grand, inquiétant, préoccupant, terrible, terrifiant, tragique.

ALARME ■ ***I.*** Alerte, appel, avertissement, branle-bas, cri, dispositif d'alarme/d'urgence, plan d'urgence, signal, sirène, S.O.S., tocsin. ***II.*** Affolement, appréhension, crainte, effroi, émoi, émotion, épouvante, éveil, les foies (arg.), frayeur, frousse, inquiétude, panique, peur, souci, sur le qui-vive, terreur, transe.

ALARMER ■ ***I.*** Affoler, alerter, donner les foies (arg.), effaroucher, effrayer, émouvoir, éveiller, faire peur, inquiéter, mettre en alerte/en transes, paniquer (fam.), remplir de crainte/de frayeur, remuer, terrifier, troubler.

ALARMISTE ■ Cafardeux, capon, craintif, défaitiste, pessimiste, timoré.

ALBUM ■ Cahier, classeur, keepsake, livre blanc, recueil, registre.

ALCHIMIE ■ ⇒ **occultisme.**

ALCOOL ■ ***I.*** Brandevin, eau-de-vie, esprit-de-vin, marc. ***II.*** Aquavit, armagnac, brandy, calvados, cognac, rhum, vodka, whisky. ***III. Fam.*** *:* bibine, bistouille, blanche, casse gueule/pattes/poitrine, cric, dur, gnôle, goutte, petit verre, pétrole, pousse-café, rikiki, rincette, rinçonnette, rogomme, schnaps, schnick, tord-boyaux.

ALCOOLIQUE ■ ⇒ **ivrogne.**

ALCOOLISÉ, E ■ Fort, raide, tassé.

ALCOOLISER (S') ■ Boire. ***Fam.*** *:* s'imbiber, s'imprégner/intoxiquer, picoler, pinter, prendre une biture/une cuite/une muflée/une ronflée, se soûler. ⇒ **enivrer (s').**

ALCOOLISME ■ Dipsomanie, éthylisme, ivrognerie, soulographie (fam.).

ALCÔVE ■ ***I.*** Lit, niche, réduit, renfoncement, ruelle. ***II.*** ⇒ **chambre.** ***III.*** ⇒ **galanterie.**

ALÉA ■ Chance incertaine, danger, hasard, incertitude, péril, risque.

ALÉATOIRE ■ Chanceux (pop.), conjectural, dangereux, douteux, hasardeux, improbable, incertain, périlleux, problématique, risqué, stochastique.

ALENTOUR, À L'ENTOUR ■ ***I. Adv.*** *:* à la ronde, à proximité, autour de, aux environs, dans les parages. ***II. Nom masc. pl.*** *:* abords, bordures, entourage, environs, environnement, parages, proximité, voisinage.

ALERTE ■ ***I.*** Danger, péril. ⇒ **alarme.** ***II. Adj. :*** agile, éveillé, fringant, ingambe, leste, pimpant, prompt, rapide, souple, vif.

ALERTER ■ ***I.*** Avertir, aviser, donner l'alerte/avis, faire savoir, prévenir, renseigner, signaler. ***II.*** Appeler/attirer l'attention, inquiéter, mettre en éveil/la puce à l'oreille (fam.).

ALÉSAGE ■ ***I.*** Ajustage, calibrage, fraisage, rectification, usinage. ***II.*** Calibre, cylindrée, volume.

ALÉSER ■ Ajuster, calibrer, cylindrer, évaser, fraiser, rectifier, usiner.

ALÉSEUSE ■ Machine-outil, meule, rectifieuse, tour.

ALEVIN ■ Nourrain. ⇒ **poisson.**

ALEXANDRIN ■ Dodécasyllabe, double héxamètre, vers de douze pieds.

ALFA ■ Crin végétal, doum, stipa.

ALGARADE ■ Altercation, attaque, dispute, échange de coups/de propos vifs, incident, insulte, querelle, scène.

ALGIE ■ ⇒ **douleur.**

ALGUE ■ Agar-agar, chlorelle, goémon, laminaire, ulve, varech.

ALIAS ■ Autrement, autrement dit/nommé, d'une autre manière.

ALIBI ■ ⇒ **diversion.**

ALIBORON ■ ***I.*** ⇒ **baudet.** ***II.*** ⇒ **bête.**

ALIÉNABLE ■ ⇒ **cessible.**

ALIÉNATION ■ ***I.*** Abandon, cession, dispositions, distribution, donation, échange, fondation, legs, partage, perte, transfert, vente. ***II.*** Démence, folie, maladie mentale, névrose, troubles psychiques.

ALIÉNÉ, E ■ ***I. Nom.*** **1. Au pr. :** dément, déséquilibré, détraqué, fou furieux, interné, malade, maniaque, névrosé, paranoïaque, schizophrène. **2. Fam. et par ext. :** braque, cinglé, dingo, dingue, fêlé, follet, frappé, jobard (arg.), loufoque, maboul, marteau, piqué, sonné, tapé, timbré, toc-toc, toqué. ***II. Adj. :*** frustré, privé.

ALIÉNER ■ ***I. Au pr. :*** abandonner, céder, disposer, distribuer, donner, échanger, laisser, léguer, partager, perdre, transférer, vendre. ***II. Par ext. :*** déranger, égarer, frustrer, rendre fou, *et les syn. de* FOU, troubler. ***III. V. pron. :*** écarter, perdre, se priver de, se séparer de.

ALIGNEMENT ■ Accordement, ajustement, arrangement, disposition, mise en ligne/ordre, nivellement, piquetage, rangement, standardisation, tracé, uniformisation.

ALIGNER ■ ***I.*** Accorder, ajuster, arranger, disposer, dresser, mettre en ligne/ordre, niveler, piqueter, ranger, standardiser, tracer, uniformiser. ***II. Aligner une chose, la monnaie*** (fam.) : avancer, donner, dresser, fournir, payer, présenter.

ALIMENT ■ ***I.*** Comestible, denrée, pitance, produit, provision, subsistance. ⇒ **nourriture.** ***II.*** ⇒ **prétexte.**

ALIMENTAIRE ■ Comestible, digestible, digestif, nourrissant, nutritif.

ALIMENTATION ■ ***I.*** Allaitement, approvisionnement, cuisine, diététique, fourniture, gastronomie, ingestion, menu, nourrissement, nourriture, nutrition, ravitaillement, régime, repas, sustentation.

ALIMENTER ■ ***I. Au pr. :*** approvisionner, composer un menu/un régime/un repas, donner à manger, entretenir, faire prendre/subsister, nourrir, pourvoir, soutenir, sustenter. ***II. Des bestiaux :*** affourager, calculer des calories/rations. ***III. Des oiseaux :*** agrainer.

ALINÉA ■ ***I.*** À la ligne, en retrait. ***II.*** Article, paragraphe, passage.

ALITER ■ Allonger/étendre sur un lit, faire prendre le lit, mettre au lit/au repos. *V. pron. :* s'allonger, se coucher, s'étendre, garder la chambre, se mettre au lit.

ALLAITEMENT ■ Alimentation, lactation, nourriture.

ALLAITER ■ Alimenter, donner le sein, nourrir.

ALLANT, E ■ Alerte, allègre, bien conservé, dynamique, ingambe, vigoureux. ⇒ **actif.**

ALLANT ■ Alacrité, dynamisme, entrain, initiative. ⇒ **activité.**

ALLÉCHANT, E ■ Affriolant, appétissant, attirant, attrayant, engageant, séduisant, tentant.

ALLÈCHEMENT ■ Amorce, appât, attrait, friandise, séduction, tentation.

ALLÉCHER ■ ***I. Au pr. et fig. :*** affriander, affrioler, aguicher, amadouer, amorcer, appâter, attirer, engager, séduire, tenter. ***II. Fig. :*** faire du baratin/du boniment, faire miroiter.

ALLÉE ■ ***I. Au pr. dans la loc.*** **Allées et venues :** courses, démarches, déplacements, navettes, navigations, pas, trajets, va-et-vient, visites, voyages. ***II. Par ext. :*** accès, avenue, charmille, chemin, cours, drève, laie, layon, mail, ouillère, passage, ruelle, sentier, tortille, voie.

ALLÉGATION ■ ***I.*** Affirmation, argumentation, assertion, déclaration, dire, position, propos, proposition, raison. ***II. Non favorable :*** calomnie, fable, imputation, insinuation, méchanceté, médisance, potins, prétexte, propos malveillants, ragots, vilenie.

ALLÉGEANCE ■ ***I.*** Fidélité, soumission, subordination, vassalité. ***II.*** Appartenance, autorité, juridiction, nationalité, statut.

ALLÉGEMENT ■ Adoucissement, aide, amélioration, apaisement, atténuation, consolation, délestage, dégrèvement, diminution, remise, retrait, soulagement, sursis.

ALLÉGER ■ Accorder un sursis, adoucir, aider, améliorer, apaiser, atténuer, consoler, dégrever, délester, diminuer, ôter, remettre, retirer, soulager.

ALLÉGORIE ■ Apologue, conte, convention, emblème, fable, fiction, figure, histoire, image, label, marque, métaphore, mystère, mythe, œuvre, parabole, personnification, récit, représentation, signe, statue, symbole, tableau.

ALLÉGORIQUE ■ Conventionnel, emblématique, fabuleux, fictif, hiératique, imaginaire, métaphorique, mythique, symbolique, typique.

ALLÈGRE ■ Actif, agile, alerte, allant, bien-allant, bouillant, brillant, dispos, exultant, gai, gaillard, ingambe, joyeux, léger, leste, plein d'entrain/de vie, vert, vif, vigoureux.

ALLÉGRESSE ■ ***I. Au pr. :*** bonheur, enthousiasme, exultation, gaieté, joie, liesse, ravissement, réjouissance, transe, transport. ***II. Par ext. :*** activité, agilité, alacrité, allant, entrain, forme, gaillardise, légèreté, satisfaction, verdeur, vigueur, vie, vivacité.

ALLÉGUER ■ Apporter, s'appuyer sur, arguer de, avancer, déposer des conclusions, exciper de, fournir, invoquer, objecter, opposer, poser, prétendre, prétexter, se prévaloir de, produire, rapporter. ⇒ **affirmer.**

ALLER ■ ***I. Au pr. :*** s'acheminer, s'approcher de, avancer, cheminer, cingler vers, circuler, converger, courir, déambuler, se dégrouiller (fam.), se déplacer/se diriger/faire route sur *ou* vers, filer, galoper, gagner, gazer (fam.), marcher, mettre le cap sur, se mettre en route, se mouvoir, parcourir, passer par, pérégriner, piquer sur, se porter/poursuivre/pousser/progresser vers, se promener, se propulser (fam.), remonter, se rendre à, suivre, tendre/tirer/tourner ses pas/se transporter sur/vers, traverser, voyager vers. ***II.*** **1. Un fluide :** affluer, s'écouler dans *ou* vers, se jeter dans. **2. Aller jusqu'à une limite** : aboutir à, atteindre, arriver à, confiner à, finir à, s'étendre jusqu'à. **3. Aller avec quelqu'un** : accompagner, aller devant, devancer, distancer, précéder. **4. Aller en arrière** : marcher à reculons, rebrousser chemin, reculer, refluer, retourner, revenir sur ses pas. **5. Aller en travers** : biaiser, dériver, se détourner, obliquer, prendre un raccourci. **6. Aller en hésitant ou au hasard** : baguenauder (fam.), errer, évoluer, serpenter, vaguer, zigzaguer. ***III. Fig.*** **1. On va à quelqu'un** : s'adresser/commander à, former un recours auprès de, solliciter. **2. On va aux nouvelles** : s'informer, se renseigner. **3. Une chose va à quelqu'un** : s'adresser à, agréer, concerner, convenir à, être destiné à, intéresser, plaire, toucher. **4. Une chose va** : s'adapter, fonctionner, marcher. **5. Une chose va bien avec** : accompagner, s'accorder, s'adapter, cadrer, concorder, s'harmoniser. **6. Aller bien ⇒ correspondre.**

ALLER (S'EN) ■ ***I. Quelqu'un.*** **1. Au pr. ⇒ partir. 2. ⇒ baisser, mourir.** ***II. Une chose.*** **1. ⇒ disparaître. 2. ⇒ fuir.**

ALLERGIE ■ ***I.*** Anaphylaxie, hypersensibilité, sensibilisation. ***II. Fig.*** : antipathie, dégoût, idée préconçue, méfiance, prévention, répugnance, répulsion.

ALLERGIQUE ■ ***I. Au pr.*** : anaphylactique, sensibilisé, sensible. ***II. Fig.*** **Loc.** *Être allergique à quelqu'un ou à quelque chose* : avoir de l'antipathie/un préjugé défavorable/de la répugnance/de la répulsion, se défier de, être dégoûté de/écœuré par, se méfier de, répugner à.

ALLIAGE ■ **⇒ mélange.**

ALLIANCE ■ ***I. Avec quelqu'un*** : affinité, amitié, apparentage, assemblage, association, combinaison, contrat, convention, hyménée, mariage, mélange, pacte, parenté, rapprochement, sympathie, union. **⇒ accord.** ***II. Polit.*** : accord, agrément, apparentement, assistance, association, coalition, confédération, convention, duplice, entente, fédération, ligue, pacte, protocole, triplice, union. ***III.*** Anneau.

ALLIÉ, E ■ ***I. Polit.*** : ami, coalisé, confédéré, fédéré, partenaire, satellite, second. ***II. Quelqu'un*** : adjoint, aide, ami, associé, auxiliaire, complice (fam. ou péj.), copain (fam.), partenaire, second. **⇒ parent.**

ALLIER ■ Accommoder, accorder, apparenter, assembler, associer, assortir, coaliser, concilier, confédérer, faire aller avec, faire entrer dans, fédérer, harmoniser, joindre, lier, liguer, marier, mélanger, mêler, rapprocher, unir. ***V. pron.*** : aller avec/ensemble, entrer dans, faire cause commune/équipe avec, signer avec, *et les formes pron. possibles des syn. de* ALLIER.

ALLIGATOR ■ Caïman, crocodile, crocodilien, gavial.

ALLITÉRATION ■ Assonance, harmonie imitative, récurrence phonique, répétition.

ALLOCATAIRE ■ Assujetti, attributaire, ayant droit, bénéficiaire, prestataire.

ALLOCATION ■ Arrérages, attribution, indemnité, mensualité, pension, prestation, rente, secours, subside, subvention.

ALLOCHTONE ■ Allogène, étranger.

ALLOCUTION ■ Adresse, discours, harangue, homélie (relig.), laïus, mot, sermon (relig.), speech, toast, topo (fam.).

ALLOGÈNE ■ **⇒ allochtone.**

ALLONGE ■ ***I.*** Ajoutage, ajouture. **⇒ allongement.** ***II. Par ext.*** : attaque, frappe, garde, poing, punch, riposte.

ALLONGÉ, E ■ ***I.*** Barlong, comme un fil, effilé, en pointe, fin, long, mince, nématoïde. ***II.*** À plat dos/ventre, au repos, couché, décontracté, en décubitus (méd. et vétér.), étendu, relaxé, sur le côté.

ALLONGEMENT ▪ Accroissement, affinement, allonge, ajout, ajoutage, ajouture, appendice, augmentation, délai, développement, élongation, étirage, étirement, excroissance, extension, prolongation, prolongement, prorogation, rallonge, sursis, tension.

ALLONGER ▪ ***I. Au pr.*** **1.** Ajouter, augmenter, développer. **2.** Accroître, affiner, déployer, détirer, étendre, étirer, rallonger, tendre, tirer. ***II. Par ext.*** **1. Allonger un coup** : assener, coller, donner, envoyer, ficher (fam.), flanquer (fam.), fourrer (fam.), foutre (vulg.), lancer, porter. **2. Allonger un délai** : accorder un délai/un sursis, éterniser, faire durer/tirer/traîner en longueur, pérenniser, pousser, prolonger, proroger, repousser, retarder, temporiser. **3. Allonger le pas** : se presser, presser le pas. **4. Les allonger** (fam.) : donner. ⇒ **payer. 5. Allonger quelqu'un,** coucher. ⇒ **tuer.** ***III. V. pron. :*** **1.** *Les formes pron. possibles des syn. de* ALLONGER. **2.** Se coucher, se décontracter, se détendre, s'étaler (fam.), s'étendre, faire la sieste, se mettre au lit, se relaxer, se reposer.

ALLOUER ▪ Accorder, attribuer, avancer, bailler (vx), céder, concéder, décerner, donner, doter, faire don, gratifier, octroyer, offrir.

ALLUMAGE ▪ ***I. Autom. :*** combustion, contact, démarrage, départ, explosion. ***II.*** Mise à feu.

ALLUMER ▪ ***I. Au pr.*** **1.** Embraser, enflammer, incendier, mettre le feu. **2.** Donner de la lumière, éclairer, illuminer, mettre de la lumière, tourner le bouton/le commutateur/l'interrupteur. ***II. Fig. :*** animer, attiser, bouter le feu, commencer, déclencher, embraser, enflammer, exciter, mettre le feu, occasionner, provoquer, susciter.

ALLUMEUSE ▪ ⇒ **aguicheuse.**

ALLURE ▪ ***I. De quelqu'un :*** air, apparence, aspect, attitude, caractère, comportement, conduite, dégaine (fam.), démarche, extérieur, façon, ligne, maintien, manière, panache, port, prestance, silhouette, tenue, touche (fam.), tournure. ***II. D'un mouvement :*** course, erre, marche, mouvement, pas, rythme, train, vitesse. ***III. Du cheval :*** amble, aubin, canter, entrepas, galop, mésair, pas, trac, train, traquenard, trot.

ALLUSIF, IVE ▪ ⇒ **indirect.**

ALLUSION ▪ Allégorie, comparaison, évocation, sous-entendu, rappel.

ALLUVION ▪ ***I.*** Allaise, apport, boue, dépôt, limon, loess, sédiment. ***II. Le résultat :*** accroissement, accrue, atterrissement, illuvion, lais, laisse, relais.

ALMANACH ▪ ***I.*** Agenda, annuaire, calendrier, calepin, carnet, éphéméride, mémento, répertoire. ***II.*** Bottin, Gotha, Messager boiteux, Vermot, Who's who.

ALOI ▪ ***I.*** Alliage. ***II.*** Goût, qualité, réputation, valeur.

ALOPÉCIE ▪ ⇒ **calvitie.**

ALORS ▪ ***I.*** À ce moment-là, ainsi, en ce moment-là, à cette heure-là, en ce temps-là, dans ces conditions, donc, eh bien, sur ces entrefaites. ***II. Loc. conj.*** **Jusqu'alors** : jusqu'à ce moment-là/ce temps-là. ***III. Alors que.*** **1.** Au moment de, dans le moment où. **2.** Au lieu que, tandis que. ***IV. Alors même que :*** lors même que, même dans le cas où, quand bien même.

ALOUETTE ▪ Alauda, calandre, calandrette, cochevis, lulu, mauviette, otocoris, sirli.

ALOURDIR ▪ ***I. Au pr. :*** appesantir, charger, lester, surcharger. ***II. Par ext. :*** accabler, aggraver, augmenter, embarrasser, faire peser, frapper, grever, opprimer, peser, presser. ***III. Fig.*** **1.** Appesantir, endormir, engourdir. **2.** Engraisser, enrichir, épaissir, garnir, renforcer, surcharger. ***IV. V. pron.*** *:* devenir gras/gros/lourd/massif/pesant, s'empâter, enfler, s'enfler, enforcir, engraisser, épaissir, s'épaissir, faire du lard (fam.), forcir, gonfler, grossir, prendre de la bedaine (fam.)/de la brioche (fam.)/de l'embonpoint/de la gidouille (fam.)/du poids/de la rondeur/du ventre, *et les formes pron. possibles des syn. de* ALOURDIR.

ALOURDISSANT, E ■ Accablant, aggravant, appesantissant, assoupissant, embarrassant, fatigant, indigeste, lourd, opprimant, pesant.

ALOURDISSEMENT ■ ***I.*** Accroissement de poids, augmentation, surcharge. ***II. Fig.*** *:* accablement, accroissement, aggravation, appesantissement, assoupissement, augmentation, embarras, engourdissement, épaississement, fatigue, indigestion, lourdeur, oppression, somnolence, surcharge.

ALPAGE ■ ⇒ **pâturage.**

ALPAGUER ■ ⇒ **prendre.**

ALPESTRE ■ Alpin, blanc, montagneux, neigeux.

ALPHABET ■ A.b.c., abécédaire, syllabaire.

ALPHABÉTISATION ■ Initiation, instruction élémentaire.

ALPHABÉTISER ■ Apprendre à lire et à écrire, initier, instruire.

ALPIN, E ■ ⇒ **alpestre.**

ALPINISME ■ Ascension, escalade, montagne, randonnée, varappe.

ALPINISTE ■ Rochassier, varappeur.

ALTÉRABLE ■ Corruptible, fragile, instable, mobile, variable.

ALTÉRATION ■ ***I.*** Abâtardissement, adultération, affaiblissement, appauvrissement, atteinte, avarie, avilissement, barbouillage, bricolage, contrefaçon, corruption, décomposition, déformation, dégât, dégénération, dégénérescence, dégradation, déguisement, dénaturation, dépravation, désordre, détérioration, diminution, ébranlement, entorse, falsification, fardage, faux, fraude, frelatage, frelatement, frelaterie, maquillage, modification, mutilation, pourriture, putréfaction, sophistication, tache, tare, tromperie, trouble, truquage. ***II. Techn.*** *:* artefact, attaque, changement, décomposition, déformation, dénaturation, désintégration, diminution, échauffement, métamorphisme, métamorphose, métaplasme, métathèse, mutation, modification, oxydation, passage, perte, rouille, saut, séparation, transformation.

ALTERCATION ■ Attaque, chicane, contestation, controverse, débat, démêlé, différend, discussion, dispute, engueulade (fam.), empoignade, joute oratoire, passe d'armes, prise de bec (fam.), querelle.

ALTER EGO ■ ***I.*** Adjoint, associé, autre moi-même, bras droit, coadjuteur, codirecteur, cogérant, collaborateur, compagnon, compère, complice (péj.), confrère, coopérateur, fondé de pouvoir, homologue, jumeau, partenaire. ***II. Par ext.*** *:* compagne, double, épouse, femme, gouvernement (fam.), moitié.

ALTÉRER ■ ***I.*** Assécher, assoiffer, déshydrater, dessécher, donner la pépie (fam.)/soif, faire crever de soif (fam.), pousser à boire, rendre avide de. ***II. Par ext.*** **1. Non favorable** : abâtardir, adultérer, affaiblir, affecter, aigrir, aliéner, appauvrir, atteindre, atténuer, avarier, avilir, barbouiller, bouleverser, bricoler, changer, compromettre, contrefaire, corrompre, décomposer, défigurer, déformer, dégénérer, dégrader, déguiser, dénaturer, dépraver, détériorer, détraquer, diminuer, ébranler, empoisonner, endommager, enfieller, estropier, falsifier, farder, fausser, frauder, frelater, gâter, maquiller, modifier, mutiler, pourrir, putréfier, salir, sophistiquer, souiller, tacher, tarer, ternir, tromper, tronquer, troubler, truquer, vicier. **2. Les traits, la voix :** bouleverser, changer, décomposer, défigurer, déformer, dénaturer, émouvoir, troubler. **3. Techn. ou neutre :** aigrir, attaquer, changer, décomposer, déformer, dénaturer, déplacer, désintégrer, diminuer, éventer, influer sur, métamorphoser, modifier, oxyder, ronger, rouiller, séparer, transformer, transmuer, transmuter.

ALTÉRITÉ ■ ⇒ **différence.**

ALTERNANCE ■ ***I. Agr. :*** Alternat, assolement. ***II.*** Allée et venue, alternative, balancement, battement, bercement, branle, branlement, brimbalement, cadence, changement alternatif, flux et reflux, ondulation, ordre alterné, oscillation, palpitation, pulsation, période, périodicité, récurrence, récursivité, retour, rythme, sinusoïde, succession, suite, tour, va-et-vient, variation.

ALTERNANT, E ■ Alterne, changeant, périodique, récurrent, récursif, rythmé, sinusoïdal, successif.

ALTERNATEUR ■ Dynamo, génératrice, machine de Gramme.

ALTERNATIF, IVE ■ Balancé, cadencé, ondulatoire, oscillant, périodique, récurrent, récursif, rythmique, sinusoïdal, successif.

ALTERNATIVE ■ Changement, choix, dilemme, haut et bas, intercurrence, jeu de bascule, option, système d'opposition, vicissitude. ⇒ **alternance.**

ALTERNATIVEMENT ■ À tour de rôle, coup sur coup, l'un après l'autre, périodiquement, récursivement, rythmiquement, successivement, tour à tour.

ALTERNER ■ Aller/faire par roulement, se relayer, se remplacer, se succéder, tourner.

ALTESSE ■ ⇒ **prince.**

ALTIER, ÈRE ■ ⇒ **arrogant.**

ALTITUDE ■ Hauteur, élévation, niveau au-dessus de la mer, plafond.

ALTRUISME ■ Abnégation, amour d'autrui, bienveillance, bonté, charité, désintéressement, dévouement, don de soi, générosité, humanité.

ALTRUISTE ■ ⇒ **généreux.**

ALVÉOLE ■ ⇒ **cavité.**

AMABILITÉ ■ Accueil, affabilité, agrément, altruisme, aménité, attention, bienveillance, bonté, charme, civilité, courtoisie, délicatesse, douceur, gentillesse, grâce, hospitalité, obligeance, ouverture, politesse, prévenance, savoir-vivre, sens des autres, serviabilité, urbanité.

AMADOUER ■ ***I.*** Adoucir, amollir, apaiser, apprivoiser, attendrir, cajoler, calmer, caresser, fléchir, persuader, rassurer, toucher. ***II. Non favorable :*** chatouiller, embabouiner, enjôler, flagorner, mettre dans son jeu, pateliner, peloter, tonneler (vx).

AMAIGRI, E ■ ⇒ **maigre.**

AMAIGRISSEMENT ■ ***I.*** Amincissement, cure. ***II. Non favorable :*** atrophie, cachexie, consomption, dépérissement, dessèchement, émaciation, étisie, maigreur, marasme, tabescence.

AMALGAME ■ ⇒ **mélange.**

AMALGAMER ■ ⇒ **mélanger.** ***V. pron. :*** fusionner, *et les formes pron. possibles des syn. de* MÉLANGER.

AMANT ■ ***I.*** Adorateur, ami, amoureux, béguin (fam.), berger (vx et/ou fam.), bien-aimé, bon ami, céladon (vx), chéri, favori, galant, soupirant, tourtereau. **2. Pop. :** bonhomme, branque, branquignol, entreteneur, guignol, homme, jules, mec, type. ***II. Péj :*** gig, gigolo, giton, godelureau, greluchon, maquereau, miché, micheton, minet, play-boy, vieux, vieux beau. ***III. Fig.*** ⇒ **amateur.**

AMANTE ■ Âme sœur, amie, amoureuse, béguin (fam.), belle, bergère (fam. ou vx), bien-aimée, bonne amie, chérie, dame (vx), dulcinée, favorite (vx), maîtresse, mignonne, muse. *II.* Connaissance, fréquentation. ⇒ **fille.**

AMARANTE ■ ⇒ **rouge.**

AMARRAGE. ■ *I.* Ancrage, embossage, mouillage. *II.* Attache, fixation.

AMARRE ■ ⇒ **cordage.**

AMARRER ■ Ancrer, attacher, enchaîner, fixer, immobiliser, lier, retenir.

AMAS ■ *I. De choses :* accumulation, agglomération, agrégat, alluvion, amoncellement, assemblage, attirail, bataclan (fam.), bazar (péj.), bloc, collection, concentration, décombres, dépôt, éboulis, empilement, encombrement, entassement, fatras, liasse, masse, meule, monceau, montagne, pile, rassemblement, tas, vrac. *II. De personnes :* affluence, attroupement, concours, foule, multitude, presse, ramassis (péj.), rassemblement, réunion, tapée (fam.).

AMASSER ■ ⇒ **accumuler.**

AMATEUR ■ *I.* Amant, friand, gastronome, gourmand, gourmet. *II. Non favorable :* demi-sel, dilettante, fantaisiste, fumiste (fam.), sauteur, touche-à-tout. *III.* ⇒ **collectionneur.**

AMATEURISME ■ Dilettantisme, fumisterie (fam. et péj.)

AMATIR ■ ⇒ **ternir.**

AMAZONE ■ Cavalière, écuyère, femme de cheval.

AMBAGES (SANS) ■ Bille en tête (arg.), catégoriquement, directement, franchement, sans ambiguïté/circonlocutions / détour / équivoque / obscurité, tout à trac/de go.

AMBASSADEUR ■ Agent, attaché, chargé d'affaires, chargé de mission, diplomate, émissaire, envoyé, excellence, légat, ministre, ministre plénipotentiaire, négociateur, nonce, représentant.

AMBIANCE ■ *I.* ⇒ **milieu.** *II.* ⇒ **gaieté.**

AMBIANT, E ■ ⇒ **environnant.**

AMBIGU, UË ■ Ambivalent, amphibologique, bivalent, double, douteux, énigmatique, équivoque, flottant, incertain, indécis, louche, obscur.

AMBIGUÏTÉ ■ Ambivalence, amphibologie, bivalence, double sens, énigme, équivoque, incertitude, obscurité.

AMBITIEUX, EUSE ■ *I. Quelqu'un :* arriviste, présomptueux, téméraire. *II. Une chose :* affecté, compliqué, pompeux, prétentieux, recherché.

AMBITION ■ *I. Le comportement :* appétit, ardeur, arrivisme (péj.), aspiration, brigue, convoitise, désir, faim, fringale, mégalomanie (péj.), passion, prétention, quête, recherche, soif. *II. L'objet :* but, fin, mobile, objet, projet, rêve, visée, vue.

AMBITIONNER ■ Aspirer à, avoir des vues sur, briguer, caresser, convoiter, désirer, poursuivre, prétendre, projeter, quêter, rechercher, rêver, viser.

AMBIVALENT, E ■ ⇒ **ambigu.**

AMBON ■ Jubé.

AMBRE ■ Agatite, bakélite, carbolite, formite, herpès.

AMBRÉ, E ■ Blond, doré, fauve, jaune.

AMBULANCE ■ Antenne, hôpital, infirmerie, poste de secours.

AMBULANCIER, ÈRE ■ Infirmier, secouriste.

AMBULANT, E ■ Auxiliaire, baladeur (fam.), changeant, errant, instable, intérimaire, mobile, navigant, nomade, roulant, variable.

ÂME ■ *I.* Cœur, conscience, dedans, esprit, fond, intérieur, mystère, pensée, principe, secret, spiritualité, transcendance, vie. *II. Force d'âme :* ardeur, audace, bonté, charité, conscience, constance, courage, énergie, fermeté, force, générosité, héroïsme, intrépidité, magnanimité, noblesse, trempe, valeur, vigueur, volonté. ***III. Par ext. :*** **1.** Air, ectoplasme, émanation, essence, éther, étincelle, feu, flamme, mystère, souffle, vapeur. **2. ⇒ habitant.** ***IV. Loc.*** **Âme d'un complot :** animateur, centre, cerveau, chef, instigateur, maître, nœud, organisateur, patron, responsable.

AMÉLIORATION ■ ***I.*** Amendement, bonification, changement, mieux, perfectionnement, progrès, transformation. ***II. Par ext.*** **1. De la santé :** affermissement, convalescence, guérison, mieux, rémission, répit, rétablissement. **2. D'un produit, d'un sol ⇒ amendement. 3. Du temps :** éclaircie, embellie, radoucissement, redoux. **4. D'un détail, d'un travail :** achèvement, correction, fignolage (fam.), finition, mise au point, retouche, révision. **5. Des mœurs :** adoucissement, amendement, civilisation, évolution, progrès, promotion, réforme, régénération, rénovation. **6. La situation :** avancement, élévation, promotion. **7. Un bâtiment :** apport, arrangement, commodités, confort, décoration, embellissement, modification, plus-value, ravalement, renforcement, rénovation, réparation, restauration. **8. Les rapports :** armistice, compromis, détente, entente, issue, modus vivendi, normalisation, réconciliation.

AMÉLIORABLE ■ **⇒ perfectible.**

AMÉLIORER ■ ***I. Au pr. :*** bonifier, changer en mieux, faire progresser, perfectionner, transformer. ***II. Par ext.*** **1. La santé :** affermir, guérir, rétablir. **2. Un produit :** abonnir, amender, bonifier. **3. Un détail, un travail :** achever, corriger, fignoler (fam.), finir, lécher, mettre au point, parfaire, raffiner, retoucher, réviser. **4. Les mœurs :** adoucir, amender, civiliser, faire évoluer, faire progresser, promouvoir, réformer, régénérer, rénover. **5. La situation :** avancer, être élevé, être promu. **6. Un bâtiment :** apporter des améliorations, *et les syn. de* AMÉLIORATION, arranger, décorer, donner une plus-value, embellir, modifier, ravaler, renforcer, rénover, réparer, restaurer. **7. Les rapports :** apporter une amélioration, *et les syn. de* AMÉLIORATION, détendre, normaliser, réconcilier. **8. Un sol :** abonnir, amender, ameublir, bonifier, chauler, cultiver, engraisser, enrichir, ensemencer, façonner, fertiliser, fumer, marner, mettre en valeur, planter, plâtrer, terreauter, travailler. ***III. V. pron. :*** aller mieux, devenir meilleur, se faire meilleur, prendre de la qualité, *et les formes pron. possibles des syn. de* AMÉLIORER.

AMEN ■ ***I.*** D'accord, ainsi soit-il, comme vous voudrez. ***II. Loc.*** **Dire amen ⇒ approuver.**

AMÉNAGEMENT ■ **⇒ agencement.**

AMÉNAGER ■ **⇒ agencer.**

AMENDABLE ■ **⇒ perfectible.**

AMENDE ■ ***I.*** **⇒ contravention.** ***II.*** Astreinte, contrainte. ***III. Loc.*** **Amende honorable :** excuses publiques, pardon public, réparation, résipiscence.

AMENDEMENT ■ ***I.*** **⇒ amélioration.** ***II. Du sol :*** abonnissement, amélioration, ameublissement, bonification, chaulage, culture, engraissement, enrichissement, ensemencement, façons culturales, fertilisation, fumure, marnage, mise en valeur, plâtrage, terreautage, travaux. ***III. Polit. :*** changement, correction, modification, réforme.

AMENDER ■ ***I.*** **⇒ améliorer.** ***II. V. pron. :*** **⇒ améliorer (s'), corriger (se).**

AMÈNE ■ **⇒ aimable.**

AMENER ■ ***I.*** **⇒ conduire.** ***II. Fig.*** **1. Quelqu'un à une opinion :** attirer, conquérir, convaincre, convertir, déterminer, engager, enrôler, entraîner, faire adopter, retourner, séduire. **2. Une chose :** attirer, causer, déterminer, entraîner, ménager, occasionner, préparer, présenter, produire, provoquer, susciter, traîner après/avec soi. *III. V. pron. :* **1.** *Les formes pron. possibles des syn. de* AMENER. **2. Pop. : ⇒ venir.**

AMÉNITÉ ■ ⇒ **amabilité.**

AMENUISÉ, E ■ Affaibli, allégé, amaigri, aminci, amputé, apetissé, coupé, décharné, découpé, diminué, évaporé, maigre, menu, mince, rapetissé, raréfié, réduit, retranché, tari.

AMENUISEMENT ■ Affaiblissement, allégement, amincissement, amputation, découpage, diminution, disparition, évaporation, rapetissement, raréfaction, réduction, rognement (fam.), tarissement, ténuité.

AMENUISER ■ Affaiblir, alléger, amaigrir, amener la disparition de, amincir, amputer, apetisser, couper, découper, diminuer, effiler, faire disparaître, provoquer la disparition de, *et les syn. de* DISPARITION, rapetisser, raréfier, réduire, retrancher, rogner, tarir, trancher. *V. pron. :* s'amoindrir, s'anéantir, cesser d'être visible, diminuer, disparaître, se dissiper, se dissoudre, s'éclipser, s'effacer, s'éloigner, s'estomper, s'évanouir, s'évaporer, finir, mourir, se noyer dans, se perdre, se retirer, se soustraire à la vue, se volatiliser, *et les formes pron. possibles des syn. de* AMENUISER.

AMER, ÈRE ■ *I. Une chose.* **1. Au pr. :** âcre, aigre, âpre, désagréable, écœurant, fort, irritant, saumâtre. **2. Fig. :** affligeant, âpre, attristant, cruel, cuisant, décevant, décourageant, déplaisant, désagréable, désolant, douloureux, dur, humiliant, mélancolique, morose, pénible, sévère, sombre, triste. *II. Quelqu'un dans son comportement, ses propos :* acariâtre, acerbe, acide, âcre, acrimonieux, agressif, aigre, âpre, blessant, caustique, déplaisant, désagréable, fielleux, hargneux, ironique, maussade, mauvais, méchant, mordant, offensant, piquant, rude, sarcastique, sévère, solitaire, taciturne. *III. Nom masc.* **1.** Apéritif, bitter. **2.** Bile, fiel. **3. Au pl.** absinthe, aloès, armoise, camomille, concarille, centaurée, chénopode, chicorée, chicotin, colombo, coloquinte, genièvre, gentiane, germandrée, houblon, menthe, noix vomique, pavot, quassia-amara, quinquina, rhubarbe, romarin, sauge, semen-contra, simaruba, tanaisie. **4. Mar. : ⇒ repère.**

AMÉRICAIN, E ■ ⇒ **yankee.**

AMERTUME ■ *I. Au pr. :* âcreté, aigeur, âpreté, goût amer, *et les syn. de* AMER, rudesse. *II. Fig.* **1.** Affliction, aigreur, âpreté, chagrin, chose/pensée/souvenir amer *et les syn. de* AMER, cruauté, cuisance, déception, découragement, dégoût, dépit, déplaisir, désagrément, désappointement, désolation, douleur, dureté, écœurement, humiliation, mélancolie, peine, regret, tourment, tristesse. **2.** Acariâtreté, acerbité, acidité, âcreté, acrimonie, agressivité, aigreur, animosité, âpreté, causticité, comportement/propos amer et *les syn. de* AMER, fiel, hargne, ironie, maussaderie, mauvaise humeur, méchanceté, rudesse.

AMEUBLEMENT ■ ⇒ **agencement.**

AMEUBLIR ■ Amender, bêcher, biner, cultiver, décavaillonner, façonner, gratter, herser, labourer, passer le crosskill/rotavator, sarcler, scarifier.

AMEUBLISSEMENT ■ Amendement, bêchage, binage, culture, décavaillonnage, façons, grattage, hersage, labour, sarclage, scarification.

AMEUTER ■ Appeler, attrouper, battre le rappel, déchaîner, exciter, grouper, liguer, masser, rameuter, rassembler, regrouper, sonner le ralliement /le tocsin, soulever.

AMI, E ■ *I. Nom* **1. Au pr. :** camarade, compagnon, connaissance, familier, inséparable, intime, relation. **Fam. :** aminche, copain, copine, pote, poteau, vieille branche/noix. 2. Allié, alter ego, coalisé. 3. *Les compositions avec le préfixe ou suffixe phile et un nom* (*ex. :* cinéphile, philanthrope). 4. ⇒ **amant.** *II. Adj.* 1. ⇒ **amateur.** 2. Assorti. ⇒ **allié.** 3. ⇒ **amoureux.** 4. Bienveillant, dévoué, favorable, propice.

AMIABLE (À L') ■ Amiablement, amicalement, de gré à gré, volontaire, volontairement.

AMICAL, E ■ ⇒ **bienveillant.**

AMIDON ■ Apprêt, colle, empois.

AMIDONNER ■ Apprêter, empeser.

AMINCIR ■ ⇒ **diminuer.**

AMINCISSEMENT ■ ⇒ **diminution.**

AMITIÉ ■ *I. Pour quelqu'un.* 1. ⇒ **affection.** 2. ⇒ **bienveillance.** 3. ⇒ **bonté.** *II.* Accord, bonne intelligence, cordialité, entente, sympathie. *III. Loc.* **Faire des amitiés.** 1. *Fav. :* amabilité, bon/meilleur souvenir, compliment, hommages, sympathie. 2. *Non fav. :* caresse, flagornerie, flatterie, grimace.

AMNÉSIE ■ Oubli, perte de mémoire, trou.

AMNISTIE ■ Absolution, acquittement, grâce, oubli, pardon, relaxe, remise de peine.

AMNISTIER ■ Absoudre, excuser, faire oublier/pardonner, gracier, oublier, pardonner, passer l'éponge (fam.), relaxer, remettre.

AMOCHER ■ ⇒ **abîmer.**

AMOINDRIR ■ ⇒ **diminuer.**

AMOINDRISSEMENT ■ ⇒ **diminution.**

AMOLLIR ■ ⇒ **affaiblir.** *V. pron. :* s'acagnarder. ⇒ **affaiblir (s').**

AMOLLISSEMENT ■ ⇒ **affaiblissement.**

AMONCELER ■ ⇒ **accumuler.**

AMONCELLEMENT ■ ⇒ **accumulation.**

AMORAL, E ■ Indifférent, laxiste, libertaire, libre, nature (fam.), sans foi ni loi (péj.).

AMORCE ■ *I.* Détonateur, fulminate. *II.* ⇒ **aîche, allèchement.** *III.* ⇒ **ébauche.**

AMORCER ■ *I. Au pr. :* affriander, agrainer, allécher, appâter, attirer. *II.* ⇒ **ébaucher.** *III.* ⇒ **allécher.**

AMORPHE ■ *I. Au pr. :* sans forme. *II. Par ext. :* informe. *III. Fig.* ⇒ **apathique.**

AMORTI, E ■ *I. Au pr. :* couvert. *II. Par ext.* 1. Éteint, remboursé. 2. Hors d'usage, usagé, usé. 3. Démodé, vieilli. ⇒ **vieux.**

AMORTIR ■ *I. Finances :* couvrir, éponger, éteindre, rembourser. *II. Un objet :* employer, faire rendre/servir/travailler, utiliser. *III.* ⇒ **affaiblir.**

AMORTISSEMENT ■ *I. Finances :* couverture, extinction, remboursement. *II. D'un objet :* plein emploi, rendement, travail, utilisation. *III. Fig. :* adoucissement, affaiblissement, apaisement, attiédissement.

AMOUR ■ *I. Au pr.* 1. **De Dieu :** adoration, charité, contemplation, culte, dévotion, dilection, ferveur, mysticisme, piété. 2. ⇒ **affection.** *II. D'un sexe pour l'autre.* 1. ⇒ **passion.** 2. **Amour conjugal :** hymen, hyménée, mariage. 3. **Par ext. :** association (pop.), concubinage, en ménage. 4. **Légèrement péj. :** amourette, amusement, aventure, badinage, bagatelle, batifolage, béguin, bluette, bricole, caprice, coquetterie, coup de foudre, engouement, fantaisie, fleurette, flirt, galanterie, intrigue, liaison, marivaudage, passade, passion, passionnette, touche (fam.). *III. Déesse de l'amour :* Aphrodite, Vénus. *IV. Dieu de l'amour :* archer, Cupidon, Éros, petit archer. *V. Amour d'une chose.* 1. *Suffixe* -philie (*ex. :* cinéphilie). 2. Admiration, adoration, attachement, dévotion, engouement, enthousiasme, estime, faible, folie, goût, intérêt, passion, penchant, plaisir.

AMOURACHER (S') ■ Avoir le béguin (fam.), s'éprendre. ⇒ **aimer.**

AMOURETTE ■ ⇒ **amour.**

AMOUREUX, EUSE ■ ***I. Adj.*** 1. Adorateur, affectionné, affectueux, aimable, aimant, amical, ardent, attaché, brûlant, câlin, caressant, chaud, coiffé, dévoué, doux, épris, fou, galant, langoureux, lascif, passionné, sensible, sensuel, tendre, toqué, voluptueux. 2. **D'une chose :** admirateur, amateur, ami, avide, fana (fam.), fanatique, féru, fervent, fou, infatué (péj.), passionné. ***II. Nom*** ⇒ **amant, amante.**

AMOUR-PROPRE ■ ***I. Au pr. :*** dignité, émulation, fierté, respect. ***II. Péj. :*** orgueil, susceptibilité, vanité.

AMOVIBLE ■ ***I. Une chose :*** déplaçable, interchangeable, mobile, modifiable, momentané, provisoire, transformable, transportable. ***II. Quelqu'un :*** auxiliaire, contractuel, intérimaire, occasionnel.

AMPHIBIE ■ ***Par ext. :*** bivalent, double, hybride.

AMPHIBOLOGIE ■ Ambiguïté, anomalie, bivalence, double sens, équivoque, sens douteux.

AMPHIGOURIQUE ■ Ambigu, confus, douteux, embrouillé, entortillé, équivoque, galimatias, incompréhensible, inintelligible, nébuleux, obscur, peu clair.

AMPHITHÉÂTRE ■ ***I.*** Arène, carrière, cirque, gradins, hémicycle, théâtre. ***II.*** Salle de conférences/cours/dissection.

AMPHITRYON ■ Hôte, maître de maison, mécène.

AMPLE ■ ***I.*** Développé, élevé, épanoui, fort, grand, gras, gros, immense, large, majestueux, plein, rebondi, spacieux, vaste, volumineux. ***II.*** Abondant, considérable, copieux, étendu, sonore. ***III.*** Ballonnant, blousant, bouffant, gonflant.

AMPLEUR ■ ⇒ **largeur, profusion.**

AMPLIATION ■ Copie, duplicata, duplicatum, expédition, grosse.

AMPLIFICATEUR ■ Agrandisseur, haut-parleur, pick-up.

AMPLIFICATION ■ ***I.*** Développement, paraphrase. ***II.*** Ajouture, allongement, alourdissement, boursouflure, broderie, emphase, enflure, enjolivure, exagération, grossissement, outrance, redondance, renchérissement.

AMPLIFIER ■ ⇒ **agrandir.**

AMPLITUDE ■ ***I. Au pr.*** 1. ⇒ **immensité.** 2. **Scient. :** écart, inclinaison, oscillation, portée, variation. ***II. Fig.*** ⇒ **intensité.**

AMPOULE ■ ***I.*** Burette, fiole, flacon. ***II. Méd.*** ⇒ **boursouflure.**

AMPOULÉ, E ■ Amphigourique, bouffi, boursouflé, creux, déclamateur, déclamatoire, emphatique, enflé, grandiloquent, guindé, pindarique, pompeux, redondant, ronflant, sonore, vide.

AMPUTATION ■ ***I. Chir. :*** ablation, opération, sectionnement, *et suffixe* -tomie *ou* -ectomie *joint au nom de l'organe* (*ex. :* appendicectomie). ***II. Fig. :*** allégement, censure, diminution, retrait, suppression.

AMPUTÉ, E ■ Estropié, handicapé, invalide.

AMPUTER ■ ***I. Au pr. :*** enlever, opérer, ôter, procéder à l'ablation de, retrancher, sectionner, supprimer. ⇒ **couper.** ***II. Fig. :*** alléger, censurer, diminuer, retirer, retrancher, supprimer, tailler, tronquer. ⇒ **couper.**

AMULETTE ■ ⇒ **fétiche.**

AMUSANT, E ■ ***I.*** Agréable, badin, bouffon (péj.), boute-en-train, burlesque, clownesque (péj.), cocasse, comique, désopilant, distrayant, divertissant, drôle, folâtre, gai, hilarant, humoriste, joyeux, plaisant, réjouissant, risible, spirituel. ***II. Une chose :*** délassant, drolatique, égayant, humoristique, récréatif. ***III. Fam. :*** bidonnant, boyautant, cornecul, crevant, du tonnerre, folichon, gondolant, impayable, marrant, pilant, pissant, poilant, rigolard, rigolo, roulant, tordant, transpoil. ***IV. Loc.*** **Fam. :** à se taper le cul/le derrière par terre/à la suspension, du tonnerre, le pied. ***V. Par ext.*** ⇒ **bizarre.**

AMUSE-GUEULE ■ ⇒ **collation.**

AMUSEMENT ■ ***I. Favorable.*** **1.** Agrément, délassement, dérivatif, distraction, divertissement, ébaudissement, fête, frairie, jeu, kermesse, passe-temps, plaisir, récréation, réjouissance. **2. Futilité ou galanterie** ⇒ **bagatelle.** ***II. Non favorable.*** **1. Quelqu'un** : dérision, fable, raillerie, ridicule, rigolade, souffre-douleur, tête de Turc, tourment. **2. Une chose** : change, distraction, diversion, duperie, illusion, leurre, tromperie. **3.** ⇒ **délai.**

AMUSER ■ ***I.*** Délasser, distraire, divertir, égayer, faire jouer/rire, intéresser, mettre en gaieté/train, récréer, réjouir. ***II. Non favorable :*** abuser, duper, endormir, enjôler, flatter, flouer, jouer, leurrer, mener en bateau, tromper. ***III. V. pron. :*** **1.** Jouer, *et les formes pron. possibles des syn. de* AMUSER. **2.** Abuser de, brocarder, se jouer, de se moquer de, plaisanter, railler, taquiner, tourmenter, tourner en dérision/ridicule. **3.** Baguenauder, batifoler, bricoler, folâtrer, lambiner, muser, passer le temps à, perdre son temps, tourner en rond, vétiller. **4.** Bambocher, faire la fête/la foire/la java/la noce/les quatre cents coups/ripaille, ripailler, se donner/prendre du bon temps.

AMUSETTE ■ ⇒ **bagatelle.**

AMUSEUR, EUSE ■ ⇒ **farceur.**

AN ■ ***I.*** Année, cycle, période, temps. ***II.*** Âge, hiver, printemps, *arg. :* balai, bâton, berge, carat, pige.

ANACHORÈTE ■ Ermite, religieux, solitaire.

ANACHRONIQUE ■ Erroné, inexact, métachronique, parachronique, prochronique.

ANAGNOSTE ■ Lecteur.

ANAGOGIE ■ ***I.*** Contemplation, élévation, extase, mysticisme, ravissement. ***II.*** Commentaire, interprétation, leçon, exégèse, explication, herméneutique, symbolisme.

ANAGOGIQUE ■ ***I.*** Contemplatif, mystique. ***II.*** ⇒ **symbolique.**

ANALECTES ■ ⇒ **anthologie.**

ANALEPTIQUE ■ ⇒ **fortifiant.**

ANALGÉSIE ■ ⇒ **anesthésie.**

ANALOGIE ■ Accord, affinité, analogon, association, communauté, comparaison, conformité, connexion, contiguïté, convenance, correspondance, homologie, lien, métaphore, parenté, relation, ressemblance, similitude, voisinage.

ANALOGIQUE ■ Associatif, commun, comparable, connexe, contigu, correspondant, en analogie *et les syn. de* ANALOGIE, lié, métaphorique, parent, relié, similaire, voisin.

ANALOGUE ■ Approchant, assimilable, comparable, conforme, connexe, contigu, correspondant, homologue, pareil, parent, ressemblant, semblable, similaire, voisin.

ANALPHABÈTE ■ Ignare, ignorant, illettré, inculte.

ANALYSE ■ ***I. L'acte :*** décomposition, dissection, dissociation, division, étude, examen, prélèvement. ***II. Par ext. :*** abrégé, codex, compendium, compte rendu, critique, digest, énumération, exposé, extrait, index, notice, précis, raccourci, rapport, résumé, sommaire.

ANALYSER ■ ***I. Au pr.*** : anatomiser, décomposer, dépecer, disséquer, dissocier, distinguer, diviser, énumérer, examiner, extraire, faire apparaître, prélever/réduire/séparer les éléments/unités. ***II. Par ext.*** : faire une analyse *et les syn. de* ANALYSE, chercher, critiquer, énumérer, étudier, examiner, rendre compte, résumer.

ANAPHORE ■ ***I. Au pr.*** : répétition, retour. ***II. Par ext.*** (gram.) : pronom, remplaçant, substitut.

ANAPHYLAXIE ■ Allergie, hypersensibilité, sensibilisation.

ANARCHIE ■ ⇒ **confusion.**

ANARCHISTE ■ Libertaire.

ANATHÉMATISER ■ ***I.*** ⇒ **blâmer.** ***II.*** ⇒ **maudire.**

ANATHÈME ■ ⇒ **blâme, malédiction.**

ANATOMIE ■ ***I. Au pr.*** : autopsie, dissection, vivisection. ***II. Par ext.*** : académie, corps, format, forme, morphologie, musculature, nu, nudité, plastique, proportions, silhouette.

ANCESTRAL, E ■ ⇒ **ancien.**

ANCÊTRE ■ ***I.*** ⇒ **aïeul.** ***II. Au pl.*** : aïeux, pères, prédécesseurs, race.

ANCIEN, ENNE ■ ***I. Une chose.*** **1.** Ancestral, antérieur, antique, authentique, d'époque, éloigné, haute époque, obsolète, reculé, séculaire, vieux. **2.** Antédiluvien, archaïque, croulant, démodé, désuet, en ruine, fanné, flétri, moyenâgeux, passé, périmé, suranné, usagé, usé, vétuste, vieillot, vieux. ***II. Quelqu'un*** : âgé, briscard, chevronné, doyen, vétéran, vieux.

ANCIENNEMENT ■ ⇒ **autrefois.**

ANCIENNETÉ ■ ***I.*** Antiquité, authenticité, origine. ***II.*** Antériorité, vétusté. ***III.*** Années, annuités, brisques, chevrons, points, temps.

ANCRAGE ■ ***I.*** Amarrage, embossage, mouillage. ***II.*** Attache, fixation.

ANCRER ■ ***I.*** ⇒ **amarrer.** ***II.*** ⇒ **fixer.**

ANDOUILLE ■ ⇒ **bête.**

ANDOUILLER ■ ⇒ **bois.**

ANDROGYNE ■ Hermaphrodite, monoïque.

ÂNE ■ Aliboron (fam.), ânesse, ânon, baudet, bourricot, bourrique, bourriquet, grison, hémione, ministre (fam.), monture, onagre, roussin d'Arcadie (fam.), zèbre. ⇒ **bête.**

ANÉANTI, E ■ Abattu, affligé, anéhilé, aplati (fam.), découragé, dégonflé (fam.), dégoûté, énervé, fatigué, harassé, inerte, languissant, las, malade, morne, morose, mou, prostré, triste. ⇒ **rompu.**

ANÉANTIR ■ ⇒ **détruire, vaincre.** ***V. pron.*** : ⇒ **abattre (s'), abîmer (s').**

ANÉANTISSEMENT ■ ***I. Au pr.*** : consommation, disparition, engloutissement, extermination, extinction, fin, mort, néant. ***II. Par ext.*** **1.** ⇒ **abolition. 2.** ⇒ **abaissement. 3.** ⇒ **abattement.**

ANECDOTE ■ ⇒ **bruit, fable.**

ANÉMIANT, E ■ Affaiblissant, débilitant, épuisant, fatigant.

ANÉMIE ■ ***I. Au pr.*** **1. Hommes et animaux** : abattement, affaiblissement, aglobulie, avitaminose, débilité, dépérissement, épuisement, faiblesse, langueur, pâleur. **2. Des végétaux** : chlorose, défoliation. ***II. Fig.*** ⇒ **carence.**

ANÉMIÉ, E ■ Affaibli, anémique, chétif, débile, déficient, délicat, déprimé, étiolé, faible, fatigué, fluet, fragile, frêle, languissant, las, malingre, pâle, pâlot.

ANÉMIER ■ ⇒ **affaiblir.**

ANÉMIQUE ■ ⇒ **anémié.**

ÂNERIE ■ ⇒ **bêtise.**

ANESTHÉSIE ■ ***I. Au pr.*** : analgésie,

apaisement, chloroformisation, cocaïnisation, éthérisation, hémianesthésie, hypoesthésie, insensibilisation, narcose. *II. Fig. :* apaisement, détachement, inconscience, indifférence, insensibilité, nirvâna, sommeil, voyage (arg.).

ANESTHÉSIER ■ *I.* Chloroformer, endormir, éthériser, insensibiliser, narcotiser. *II. Fig.* 1. Apaiser, assoupir, calmer, endormir, rassurer. 2. **Non favorable :** abrutir, assommer, enivrer.

ANESTHÉSIQUE ■ Analgésique, antalgique, antidouleur, narcotique, somnifère, stupéfiant.

ANFRACTUEUX, EUSE ■ ⇒ **creux.**

ANFRACTUOSITÉ ■ ⇒ **trou.**

ANGE ■ *I. Au pr.* 1. **Favorable :** esprit, messager, ministre, pur esprit. 2. Archanges, chérubins, dominations, puissances, principautés, séraphins, trônes, vertus. 3. **Non favorable.** ⇒ **démon.** *II. Fig.* 1. Conseil, exemple, génie, guide, inspirateur, instigateur (péj.), mentor, protecteur, providence, soutien. 2. Amour, angelet, angelot, chérubin.

ANGÉLIQUE ■ Beau, bénin, bon, céleste, doux, innocent, parfait, pur, ravissant, saint, séraphique, vertueux.

ANGLE ■ *I. Par ext. :* anglet, arête, coin, corne, coude, encoignure, renfoncement, retour, saillant, tournant. *II. Fig. :* aspérité, rudesse, rugosité. *III.* ⇒ **aspect.**

ANGOISSANT, E ■ ⇒ **inquiétant.**

ANGOISSE ■ ⇒ **inquiétude.**

ANGOISSÉ, E ■ ⇒ **inquiet.**

ANGOISSER ■ ⇒ **inquiéter.**

ANGUILLE ■ Civelle, leptocéphale, pibale.

ANGULEUX, EUSE ■ ⇒ **difficile.**

ANICROCHE ■ ⇒ **incident.**

ANIMADVERSION ■ ⇒ **blâme.**

ANIMAL ■ *I. Nom masc.* ⇒ **bête.** *II. Adj.* ⇒ **bestial.**

ANIMALITÉ ■ ⇒ **bestialité.**

ANIMATEUR, TRICE ■ *I. Adj. :* créateur, vivifiant. *II. Nom :* 1. Âme, boute-en-train, chef, cheville ouvrière, directeur, dirigeant, entraîneur, manager, moteur, organisateur, promoteur, protagoniste, responsable. 2. Disque-jockey, présentateur.

ANIMATION ■ *I. Au pr.* ⇒ **activité.** *II. Fig.* ⇒ **feu.**

ANIMÉ, E ■ *I. Les part. passés possibles des syn. de* ANIMER. *II. Par ext. :* acharné, agité, ardent, bouillant, bouillonnant, brûlant, chaud, coloré, expressif, mouvementé, vif.

ANIMER ■ *I. Au pr.* 1. Créer, donner le souffle, donner/insuffler l'âme/la vie, éveiller. 2. Activer, agir sur, communiquer le mouvement, diriger, faire aller/marcher, mouvoir, promouvoir, provoquer, vivifier. *II. Fig.* 1. ⇒ **aiguillonner.** 2. ⇒ **imprégner.** 3. ⇒ **égayer.** 4. ⇒ **exciter.** 5. ⇒ **inspirer.**

ANIMOSITÉ ■ *I. Ce qu'on éprouve :* amertume, antipathie, fiel, haine, inimitié, malveillance, rancune, ressentiment, venin. *II. Ce qu'on manifeste :* acharnement, âpreté, ardeur, chaleur, colère, emportement, véhémence, vigueur, violence, vivacité.

ANIS ■ *I. La plante :* badiane, cumin, fenouil. *II. La boisson :* anisette, ouzo, pastis, ratafia.

ANKYLOSE ■ *I. Au pr. :* courbature, engourdissement, paralysie, raideur. *II. Fig. :* arrêt, blocage, marasme, morte-saison, paralysie, récession, stagnation.

ANKYLOSÉ, E ■ Courbatu, engourdi, mort, paralysé, raide, rouillé.

ANKYLOSER ■ *I. Au pr. :* engourdir, paralyser. *II. Fig. :* arrêter, bloquer, paralyser, stopper.

ANNALES ■ *I. Au pr. :* récit ⇒ **his-**

toire. *II. Par ext. :* documents, éphémérides, fastes, recueil, revue.

ANNALISTE ■ Biographe, chroniqueur, écrivain, historien, historiographe, mémorialiste.

ANNEAU ■ *I.* Alliance. *II.* ⇒ **bague.** *III.* ⇒ **bracelet.** *IV.* ⇒ **boucle.**

ANNÉE ■ ⇒ **an.**

ANNEXE ■ *I.* ⇒ **accessoire.** *II.* ⇒ **ajout.** *III.* Dépendance. *IV.* Complément, pièce jointe, supplément.

ANNEXER ■ *I.* ⇒ **joindre.** *II. V. pron.* ⇒ **approprier (s').**

ANNEXION ■ *I.* ⇒ **confiscation.** *II.* Anschluss, incorporation, jonction, rattachement, réunion.

ANNIHILER ■ Abattre, abolir, anéantir, annuler, détruire, effacer, frapper d'impuissance, neutraliser, paralyser, supprimer.

ANNIVERSAIRE ■ *I. N. m. :* commémoration, fête, mémento, mémoire, souvenir. *II. Adj. :* commémoratif.

ANNONCE ■ *I.* Prédiction, prémonition, promesse, prophétie. ⇒ **présage.** *II.* Dépliant, écrit, faire-part, flash, insert, insertion, prospectus, publicité, tract. ⇒ **affiche, note.** *III. Non fav.* ⇒ **boniment.**

ANNONCER ■ *I. On annonce une chose.* **1. Neutre ou favorable :** apprendre, avertir de, aviser, communiquer, déclarer, dire, divulguer, faire connaître/savoir, indiquer, notifier, porter à la connaissance, proclamer, publier, signaler. **2. Relig. :** prêcher. **3.** ⇒ **augurer.** *II. Une chose annonce :* dénoter, être l'indice/la marque/ le présage/le signe/le signe avant-coureur de, faire/laisser deviner/pressentir, manifester, marquer, montrer, précéder, préluder à, préparer à, présager, prévenir de, promettre, prouver, révéler, signaler.

ANNONCEUR ■ *I.* Agent de publicité, publiciste, publicitaire. *II.* ⇒ **speaker.**

ANNONCIATEUR, TRICE ■ *I.* ⇒ **devin.** *II.* ⇒ **précurseur.**

ANNOTATEUR ■ ⇒ **commentateur.**

ANNOTATION ■ ⇒ **note.**

ANNOTER ■ ⇒ **noter.**

ANNUAIRE ■ Almanach, agenda, Bottin, Bottin mondain, Gotha, Who's who.

ANNUITÉ ■ ⇒ **échéance.**

ANNULATION ■ *I.* ⇒ **abrogation.** *II.* ⇒ **renvoi.** *III.* ⇒ **extinction.**

ANNULER ■ ⇒ **abolir, détruire.**

ANODIN, E ■ ⇒ **inoffensif.**

ANOMAL, E ■ ⇒ **irrégulier.**

ANOMALIE ■ ⇒ **irrégularité.**

ÂNONNEMENT ■ ⇒ **balbutiement.**

ÂNONNER ■ ⇒ **balbutier.**

ANONYME ■ Caché, incognito, inconnu, masqué, mystérieux, secret, voilé.

ANORMAL, E ■ ⇒ **irrégulier.**

ANSE ■ ⇒ **baie.**

ANTAGONISME ■ ⇒ **rivalité.**

ANTAGONISTE ■ ⇒ **adversaire.**

ANTALGIQUE ■ ⇒ **anesthésique.**

ANTAN ■ ⇒ **autrefois.**

ANTARCTIQUE ■ ⇒ **austral.**

ANTÉCÉDENT, E ■ ⇒ **antérieur.**

ANTÉDILUVIEN, ENNE ■ ⇒ **ancien.**

ANTENNE ■ ⇒ **mât.**

ANTÉRIEUR, E ■ Antécédent, antéposé, antidaté, frontal, plus ancien, précédent, préexistant, premier.

ANTÉRIORITÉ ■ ⇒ **ancienneté.**

ANTHOLOGIE ■ Ana, analectes, choix, chrestomathie, épitomé, florilège, mélanges, miscellanea, miscellanées, morceaux choisis, recueil, spicilège.

ANTHRAX ■ ⇒ **abcès.**

ANTHROPOLOGIE ■ ***Par ext.*** *:* ethnographie, ethnologie, paléontologie humaine, sociologie.

ANTHROPOPHAGE ■ Cannibale, ogre.

ANTICHAMBRE ■ Hall, passage, réception, salle d'attente. ⇒ **vestibule.**

ANTICIPATION ■ ***I. Au pr.*** (philos.) : prolepse, prénotion. ***II. Par ext.*** **1.** Prescience, science-fiction. **2.** Empiétement, usurpation. ***III.*** Prévision. ⇒ **présage.**

ANTICIPÉ, E ■ ***I.*** Avancé, précoce. ⇒ **prématuré.** ***II.*** Préalable, préconçu.

ANTICIPER ■ ***I.*** ⇒ **escompter.** ***II.*** ⇒ **devancer.**

ANTICOMBUSTIBLE ■ Ignifuge.

ANTICORPS ■ Antigène, antitoxine.

ANTIDOTE ■ ***I. Au pr.*** *:* alexipharmaque, contrepoison, mithridatisation. ***II. Fig.*** *:* adoucissement, allégement, contrepartie, dérivatif, distraction, préservatif, soulagement.

ANTIENNE ■ Cantique, invitatoire, refrain, répons.

ANTIGÈNE ■ Anticorps, antitoxine.

ANTINOMIE ■ ⇒ **antiphrase.**

ANTIPATHIE ■ ⇒ **éloignement.**

ANTIPATHIQUE ■ ***I.*** ⇒ **désagréable.** ***II. Pop.*** *:* sale gueule/tête, tête à claques/gifles, *et les syn. de* TÊTE.

ANTIPHRASE ■ Antinomie, contraire, contre-vérité, euphémisme, ironie, paradoxe.

ANTIPODES (AUX) ■ Au diable/loin, contraire, extrême, inverse, opposé.

ANTIQUE ■ ⇒ **ancien.**

ANTIQUITÉ ■ ⇒ **brocante.**

ANTISEPSIE ■ ⇒ **prophylaxie.**

ANTISEPTIQUE ■ Antiputride, antisepsie, désinfectant.

ANTISPASMODIQUE ■ ⇒ **calmant.**

ANTITHÈSE ■ Antilogie, antinomie, comparaison, contraste, opposition.

ANTITOXINE ■ Anticorps, antigène.

ANTONYME ■ Contraire, opposé.

ANTRE ■ ⇒ **abri.**

ANUS ■ Fondement. ***Arg.*** *:* anneau, as de pique/trèfle, bagouse, bague, borgne, chou, chouette, couloir à lentilles, coupe-cigare, cyclope, échalote, figne, fignedé, fion, luc, œil de bronze/de Gabès, œillet, oignard, oigne, oigneul, oignon, os, pastille, petit, pétoulard, pétoulet, rondelle, rose des vents, rosette, trou de balle/du cul, troufignon, trouillomètre, ventilateur. ⇒ **fessier.**

ANXIÉTÉ ■ ⇒ **inquiétude.**

ANXIEUX, EUSE ■ ⇒ **inquiet.**

APACHE ■ ⇒ **bandit.**

APAISANT, E ■ ⇒ **calmant.**

APAISEMENT ■ ***I.*** ⇒ **tranquillité.** ***II.*** Accoisement (vx), baume, calme, consolation, dégel, guérison, pacification, sédation, soulagement.

APAISER ■ ***I.*** ⇒ **calmer.** ***II.*** ⇒ **adoucir.** ***III.*** Cicatriser, consoler, délivrer, dissiper, endormir, éteindre, fermer une plaie, guérir, lénifier, rasséréner, soulager, verser un baume. ***IV.*** ⇒ **assouvir.**

APANAGE ■ ⇒ **bien, privilège, tenure.**

APARTÉ ■ Conversation privée/à l'écart, entretien particulier. ***Loc.*** À la cantonade, cavalier seul, en Suisse (fam.).

APATHIE ■ ***I.*** Ataraxie, impassibilité, imperturbabilité, stoïcisme. ***II. Par ext.*** *:* aboulie, absence, amollissement, anéantissement, assoupissement, engourdissement, faiblesse, fatalisme, indifférence, indolence, inertie, insensibilité, langueur, lenteur, léthargie, lymphatisme, malléabilité, marasme, mollesse, nonchalance, nonchaloir, paresse, plasticité, résignation, veulerie (péj.), vide.

APATHIQUE ■ Aboulique, absent, amorphe, anéanti, ataraxique, faible, fataliste, inconsistant, indifférent, indolent, inerte, informe, insensible, languide, lent, léthargique, lymphatique, malléable, mollasson (fam.), mou, nonchalant, paresseux, plastique, résigné, veule, vide.

APATRIDE ■ Heimatlos, métèque (péj.), personne déplacée, sans patrie.

APERCEVOIR ■ ***I.*** ⇒ **voir.** ***II.*** Avoir connaissance, comprendre, connaître, constater, découvrir, deviner, entraver (fam.), noter, pénétrer le sens, percevoir, piger (fam.), saisir, sentir, voir. ***III. V. pron. :*** **1.** Se voir, *et les syn. de* VOIR (SE). **2.** Avoir conscience de, connaître que, découvrir, faire la connaissance/découverte de, remarquer, se rendre compte de.

APERÇU ■ ***I.*** ⇒ **estimation.** ***II.*** ⇒ **échantillon.** ***III.*** ⇒ **note.**

APETISSER ■ ⇒ **diminuer.**

À PEU PRÈS ■ ***I. Loc. adv.*** ⇒ **environ.** ***II. Nom masc. :*** calembour, jeu de mots.

APEURÉ, E ■ ⇒ **inquiet.**

APHÉLIE ■ ⇒ **apogée.**

APHÉRÈSE ■ ⇒ **ellipse, suppression.**

APHORISME ■ ⇒ **maxime.**

À PIC ■ Aplomb, dénivellement, paroi.

APICULTEUR ■ Berger/éleveur d'abeilles.

APITOIEMENT ■ ⇒ **compassion.**

APITOYER ■ ⇒ **émouvoir.** ***V. pron.*** ⇒ **plaindre,** *et les syn. de* ÉMOUVOIR (S').

APLANIR ■ ⇒ **niveler, faciliter.**

APLANISSEMENT ■ ⇒ **nivellement.**

APLATI, E ■ Camard, camus, cassé, comprimé, écrasé, étroit, mince, plat.

APLATIR ■ ⇒ **écraser.** ***V. pron. : 1.*** S'écraser, *et les syn. de* ÉCRASER (S'). ⇒ **abaisser (s'). 2. Les cheveux :** appliquer, coller, gominer, plaquer, pommader. **3. Fam. :** s'allonger, se casser la figure/la gueule (fam.), s'étaler, s'étendre. ⇒ **tomber.**

APLATISSEMENT ■ ***I.*** Écrasement. **II.** ⇒ **abaissement, humiliation.**

APLOMB ■ ***I.*** ⇒ **équilibre.** ***II. Fig.*** **1.** ⇒ **confiance. 2.** ⇒ **impudence.**

APOCALYPTIQUE ■ ⇒ **effrayant.**

APOCRYPHE ■ ***Par ext. :*** controuvé, douteux, faux, hérétique, inauthentique, supposé.

APOGÉE ■ ***I.*** Acmé, apothéose, comble, faîte, gloire, point culminant/le plus haut, sommet, summum, triomphe, zénith. ***II.*** Aphélie, apoastre, apside.

APOLOGÉTIQUE ■ ⇒ **défense.**

APOLOGIE ■ ⇒ **éloge.**

APOLOGIQUE ■ ⇒ **élogieux.**

APOLOGUE ■ ⇒ **fable.**

APOPHTEGME ■ ⇒ **maxime.**

APOPHYSE ■ Bosse, crête, éminence, épine, protubérance, saillie, tubérosité.

APOPLEXIE ■ Attaque, coup de sang, hémorragie cérébrale, ictus, paralysie générale.

APOSTASIE ■ ⇒ **abandon.**

APOSTASIER ■ ⇒ **abjurer.**

APOSTAT ■ Infidèle, renégat.

APOSTER ■ Mettre à l'affût/aux aguets/en poste, placer, planter, poster.

A POSTERIORI ■ ***I.*** Après, en second lieu, ensuite. ***II.*** À l'expérience.

APOSTILLE ■ ⇒ **note.**

APOSTILLER ■ ⇒ **noter.**

APOSTOLAT ■ Ministère, mission, prédication, propagation de la foi, prosélytisme.

APOSTROPHE ■ ***Par ext. :*** appel, interpellation, invective.

APOSTROPHER ■ Appeler, interpeller, invectiver.

APOSTÈME, APOSTUME ■ ⇒ **abcès.**

APOTHÉOSE ■ ***I.*** ⇒ **bouquet.** ***II.*** Consécration, déification, exaltation, glorification, triomphe. ⇒ **apogée.**

APOTHICAIRE ■ Pharmacien, potard (péj.).

APÔTRE ■ Défenseur, disciple, ministre, missionnaire, prédicateur, propagateur de la foi, prosélyte.

APPARAÎTRE ■ ***I. V. intr. :*** affleurer, arriver, atteindre, se découvrir, se dégager, se détacher, se dévoiler, éclore, se faire jour, se faire voir, jaillir, se lever, luire, se manifester, se montrer, naître, paraître, se présenter, poindre, se révéler, sortir, sourdre, surgir, survenir, transparaître, venir. ***II. Impers.*** **1.** Sembler. **2.** Ressortir, résulter de.

APPARAT ■ ***I.*** Appareil, cérémonie, décor, éclat, luxe, magnificence, munificense, pompe, solennité, splendeur. ⇒ **équipage.** ***II.*** En grand arroi, étalage, faste, montre, ostentation, tralala (fam.).

APPARAUX ■ ⇒ **agrès.**

APPAREIL ■ ***I.*** ⇒ **équipage.** ***II.*** ⇒ **apparat.** ***III. Techn.*** **1. Arch. :** assemblage, montage, taille. **2. Par ext. :** arsenal, attirail, collection. **3. L'appareil législatif :** dispositions, ensemble, législation, système. **4.** Dispositif, engin, gadget, instrument, machine, mécanique, métier (vx), outil, robot. **5. Fam. :** bécane, bidule, machin, truc, zinzin.

APPAREILLAGE, APPAREILLEMENT ■ ⇒ **accouplement.**

APPAREILLAGE ■ ***I. Mar. :*** départ, préparatifs de départ. ***II.*** ⇒ **appareil.**

APPAREILLER ■ ***I. V. intr.*** (mar.) : lever l'ancre, partir, quitter le mouillage. ***II. V. tr.*** **1. Au pr. :** accorder, accoupler, apparier, assortir, joindre, marier, réunir, unir. **2. Techn. :** *Mar. :* équiper, gréer. *Arch. :* agencer/assembler/disposer/monter/tailler les pierres.

APPAREMMENT ■ Au premier abord, en apparence, extérieurement, sans doute, selon toute apparence/vraisemblance, vraisemblablement.

APPARENCE ■ ***I. De quelqu'un*** ⇒ **air.** ***II. D'une chose.*** **1.** ⇒ **aspect. 2.** ⇒ **extérieur.** ***III.*** ⇒ **bienséance.** ***IV. Loc.*** **Contre toute apparence :** crédibilité, probabilité, vérité, vraisemblance.

APPARENT, E ■ ***I. Neutre ou favorable :*** apercevable, clair, discernable, évident, incontestable, manifeste, ostensible, perceptible, visible. ***II. Non favorable.*** ⇒ **incertain.**

APPARENTAGE, APPARENTEMENT ■ ⇒ **alliance.**

APPARENTER ■ ⇒ **allier.** ***V. pron.*** ⇒ **convenir.**

APPARIADE, APPARIEMENT ■ ⇒ **accouplement.**

APPARIER ■ ⇒ **accoupler.**

APPARITEUR ■ ***I. Anc. :*** accense. ***II.*** Chaouch (arabe), huissier, massier, surveillant, tangente (arg.).

APPARITION ■ ***I. Au pr.*** **1. Sens général :** arrivée, avènement, introduction, manifestation, surgissement, survenance, venue. **2. D'un phénomène :** commencement, création, éclosion, émergence, éruption, explosion, genèse, germination, naissance, production. **3. D'une œuvre** : création, publication. **4. Loc.** *Faire son apparition :* entrée. ***II. Par anal.*** **1.** Épiphanie, vision. **2.** Esprit, fantôme, revenant, spectre.

APPARTEMENT ▪ Chambre, duplex, garçonnière, habitation, logement, maison, meublé, pied-à-terre, studio, suite.

APPARTENANCE ▪ ***I.*** ⇒ **possession.** ***II.*** ⇒ **dépendance.**

APPARTENIR ▪ concerner, convenir à, dépendre de, être le bien/la propriété/le propre de, se rapporter à, relever de, tenir à. ***V. pron. :*** être à soi/libre/maître de soi, ne dépendre de personne.

APPAS ▪ Agrément, grâce. ⇒ **charme.**

APPÂT ▪ ⇒ **aiche.**

APPÂTER ▪ ⇒ **amorcer, allécher.**

APPAUVRIR ▪ ⇒ **affaiblir, altérer.**

APPAUVRISSEMENT ▪ Abâtardissement, affaiblissement, amaigrissement, amputation, anémie, dégénérescence, diminution, épuisement, étiolement, perte, réduction, ruine.

APPEAU ▪ ***I.*** ⇒ **aiche.** ***II.*** ⇒ **appelant.**

APPEL ▪ ***I. On appelle.*** **1.** ⇒ **cri. 2.** ⇒ **signe. 3.** ⇒ **convocation. 4.** ⇒ **demande. 5.** Coup de cloche/corne/sifflet/sonnette/trompe. ***II. Fig. :*** aspiration, attirance, excitation, fascination, impulsion, incitation, invitation, invite, provocation, sollicitation, vocation, voix. ***III. Jurid. :*** appellation, intimation, pourvoi, recours. ***IV. Loc.*** **Sans appel** : définitivement, irrémédiablement.

APPELANT ▪ Appeau, chanterelle, courcaillet, leurre, moquette, pipeau.

APPELER ▪ ***I. On appelle quelqu'un.*** **1.** ⇒ **crier. 2.** ⇒ **convier. 3. Non favorable** : apostropher, assigner, citer, défier, provoquer. **4. À une fonction** : choisir, coopter, désigner, élire, nommer, prier. **5.** Baptiser, dénommer, donner un nom/titre, nommer, prénommer, qualifier. **6.** ⇒ **téléphoner.** ***II. Par ext.*** **1.** ⇒ **aspirer. 2. L'attention** ⇒ **alerter. 3. Non favorable** ⇒ **réclamer.** ***III. Loc.*** **En appeler** : invoquer, se référer à, s'en remettre à, soumettre le cas à.

APPELLATION ▪ Dénomination, désignation, label, marque, mot, nom, qualification, vocable.

APPENDICE ▪ ***I.*** ⇒ **extrémité.** ***II.*** ⇒ **addition.**

APPENDRE ▪ ⇒ **accrocher.**

APPENTIS ▪ ⇒ **hangar.**

APPESANTIR ▪ ⇒ **alourdir.**

APPESANTISSEMENT ▪ ⇒ **alourdissement.**

APPÉTENCE, APPÉTIT ▪ ***I. Au pr.*** **1. Favorable ou neutre** : besoin, boyau vide (fam.), désir, envie, faim, fringale (fam.). **2. Non favorable** : boulimie, gloutonnerie, goinfrerie, gourmandise, voracité. ***II. Par ext.*** **1. Favorable ou neutre** : aspiration, attrait, curiosité, désir, faim, goût, inclination, instinct, passion, soif, tendance. **2. Non favorable** : concupiscence, convoitise, désir.

APPÉTISSANT, E ▪ Affriolant, agréable, alléchant, désirable, engageant, friand, ragoûtant, savoureux, séduisant, succulent, tentant.

APPLAUDIR ▪ ***I.*** Battre/claquer des mains. ⇒ **acclamer.** ***II.*** ⇒ **approuver.**

APPLAUDISSEMENT ▪ ***I. Au pr.*** ⇒ **acclamation.** ***II. Fig.*** ⇒ **approbation.**

APPLICABLE ▪ Adéquat, congru, congruent, convenable, imputable, superposable.

APPLICATION ▪ ⇒ **attention.**

APPLIQUE ▪ ⇒ **chandelier.**

APPLIQUER ▪ Administrer, apposer, assener, attribuer, coller, employer, faire servir, frapper, imputer, infliger, mettre, plaquer. *V. pron. :* 1. ⇒ **pratiquer.** 2. ⇒ **user.** 3. ⇒ **approprier (s').** 4. ⇒ **adonner (s') à.** 5. ⇒ **occuper (s') de.** 6. ⇒ **correspondre.**

APPOINT ▪ ⇒ **supplément, appui.**

APPOINTEMENTS ▪ ⇒ **rétribution.**

APPOINTER ▪ I. ⇒ **affiler.** *II.* ⇒ **joindre.** *III.* ⇒ **payer.**

APPONTEMENT ▪ ⇒ **wharf.**

APPORT ▪ Allocation, attribution, cens, contingent, contribution, cotisation, dot, dotation, écot, financement, fraction, imposition, impôt, lot, montant, part, participation, portion, pourcentage, quantité, quota, quote-part, quotité.

APPORTER ▪ *I.* ⇒ **porter.** *II.* ⇒ **citer.** *III.* ⇒ **occasionner.** *IV.* ⇒ **donner.**

APPOSER ▪ ⇒ **appliquer.**

APPRÉCIABLE ▪ ⇒ **grand.**

APPRÉCIATION ▪ ⇒ **estimation, évaluation.**

APPRÉCIER ▪ ⇒ **estimer, juger.**

APPRÉHENDER ▪ *I.* ⇒ **arrêter.** *II.* ⇒ **craindre.**

APPRÉHENSION ▪ ⇒ **crainte.**

APPRENDRE ▪ *I. Une chose à quelqu'un :* annoncer, aviser, communiquer, déclarer, découvrir, dire, éclairer, enseigner, faire connaître/savoir, inculquer, indiquer, informer, instruire, mettre au courant/à la coule (fam.)/dans le bain (fam.)/au parfum (arg.)/au pas, montrer, renseigner, révéler. *II.* ⇒ **étudier.**

APPRENTI ▪ ⇒ **élève, travailleur.**

APPRENTISSAGE ▪ ⇒ **instruction.**

APPRÊT ▪ ⇒ **affectation.**

APPRÊTÉ, E ▪ *I.* ⇒ **affecté.** *II.* Accommodé, arrangé, assaisonné, cuisiné, disposé, préparé, relevé.

APPRÊTER ▪ Accommoder, arranger, assaisonner, cuisiner, disposer, faire cuire, préparer.

APPRÊTS ▪ Appareil (vx), arrangement, branle-bas, dispositif, dispositions, précaution, préparatif, préparation, toilette.

APPRIVOISÉ, E ▪ *I.* Affaité (vx), domestique, domestiqué, dompté, dressé, privé (vx). *II. Fig. :* adouci, amadoué, charmé, civilisé, conquis, gagné, humanisé, poli, séduit, soumis.

APPRIVOISEMENT ▪ *I. Au pr. :* affaitage (vx), domestication, dressage. *II. Fig. :* adoucissement, conquête, familiarisation, soumission.

APPRIVOISER ▪ *I.* Affaiter (vx), charmer, domestiquer, dompter, dresser. *II.* Adoucir, amadouer, charmer, civiliser, conquérir, familiariser, gagner, humaniser, polir, séduire, soumettre.

APPROBATEUR, TRICE ▪ *I. Adj. :* affirmatif, approbatif, consentant, favorable. *II. Nom masc. :* adulateur, applaudisseur, appréciateur, bénisseur, flagorneur (péj.), flatteur, laudateur, louangeur, thuriféraire (péj.).

APPROBATION ▪ Acceptation, accord, acquiescement, adhésion, admission, adoption, agrément, applaudissement, assentiment, autorisation, avis/déclaration favorable, chorus, confirmation, consentement, entérinement, déclaration, homologation, permission, ratification, sanction, suffrage, voix.

APPROCHABLE ▪ ⇒ **abordable.**

APPROCHANT, E ▪ Analogue, approximatif, comparable, égal à, équivalent, proche, ressemblant, semblable, synonyme, tangent, voisin.

APPROCHE ▪ ⇒ **abord, arrivée, estimation, proximité.**

APPROCHER ▪ ⇒ **aborder.**

APPROFONDIR ▪ ⇒ **creuser.**

APPROFONDISSEMENT ▪ *I.* Affouillement, creusage. *II.* Affermissement, analyse, développement, enrichissement, étude, examen, exploration, introspection, méditation, pesée, progrès, recherche, réflexion, sondage.

APPROPRIATION ▪ ⇒ **adaptation, conquête.**

APPROPRIÉ, E ▪ ⇒ **propre.**

APPROPRIER ▪ Accommoder, accorder, adapter, apprêter, arranger, conformer, nettoyer, proportionner. *V. pron. :* 1. S'adjuger/arroger/attribuer/emparer, se saisir, dérober, empocher, enlever, escroquer, grignoter, occuper, prendre, ravir, souffler, soustraire, usurper, voler. 2. S'accommoder/accorder/adapter/appliquer/conformer, être proportionné à.

APPROUVABLE ▪ ⇒ **acceptable.**

APPROUVER ▪ Abonder dans, accepter, acquiescer, adhérer à, admettre, adopter, agréer, applaudir à, autoriser, bonneter (vx), complimenter, comprendre, confirmer, congratuler, dire amen, encourager, entériner, faire chorus, féliciter, glorifier, goûter, homologuer, juger/trouver bon, louanger, opiner du bonnet/du chef, permettre, se rallier à, ratifier.

APPROVISIONNEMENT ▪ ⇒ **provision.**

APPROVISIONNER ▪ ⇒ **pourvoir.**

APPROVISIONNEUR ▪ Fournisseur, pourvoyeur, ravitailleur.

APPROXIMATIF, IVE ▪ ⇒ **approchant.**

APPROXIMATION ▪ ⇒ **évaluation.**

APPROXIMATIVEMENT ▪ ⇒ **environ.**

APPUI ▪ *I.* Adossement, arc-boutant, base, colonne, contrefort, culée, épaulement, éperon, étai, étançon, étrésillon, étrier, foulée (d'un cheval), levier, modillon, palée, perré, pilier, pivot, soutènement, soutien, support, tuteur. *II.* Aide, apostille, appoint, assistance, collaboration, coopération, concours, coup d'épaule, égide, encouragement, influence, intervention, main-forte, patronage, piston (fam.), planche de salut, protection, recommandation, réconfort, rescousse, sauvegarde, secours, service, soutien, support. *III. Loc.* **Être l'appui de :** auxiliaire, bouclier, bras, champion, défenseur, garant, patron, protecteur, second, souteneur (péj.), soutien, supporter, tenant.

APPUYER ▪ *I. Au pr. :* accoter, adosser, appliquer, arc-bouter, buter, épauler, étançonner, étayer, faire reposer, maintenir, mettre, poser, soutenir, supporter, tenir. *II. Par ext.* 1. Aider, assister, encourager, épauler, fortifier de son autorité/crédit, parrainer, patronner, pistonner (fam.), porter, pousser, prendre fait et cause, prêter main-forte, protéger, recommander, secourir, soutenir, venir à la rescousse. 2. Alléguer, arguer, confirmer, corroborer, exciper, fortifier, insister, renforcer. 3. ⇒ **fixer.** *III. V. intr.* 1. Se diriger, prendre. 2. Peser, presser. 3. Porter, reposer, retomber. *IV. V. pron.* 1. ⇒ **fonder.** 2. ⇒ **souffrir.**

ÂPRE ▪ ⇒ **rude.**

APRÈS ▪ *I.* ⇒ **puis.** *II. Loc.* 1. **D'après** ⇒ **suivant.** 2. **L'un après l'autre :** à la queue leu leu, alternativement, un à un.

APRÈS-DÎNÉE ou ***DÎNER*** ▪ Après-soupée *ou* souper, soir, soirée.

APRÈS-MIDI ▪ Relevée (vx), tantôt.

ÂPRETÉ ▪ ⇒ **rudesse.**

A PRIORI ▪ ⇒ **abord.**

À PROPOS ▪ *I.* Au sujet de, relativement à, sur. *II.* À bon escient, à pic, à point nommé. *III.* ⇒ **convenable.** *IV. Nom masc. :* bien-fondé, convenance, esprit, opportunité, pertinence, repartie.

APSIDE ▪ ⇒ **apogée.**

APTE ▪ Adéquat, ad hoc (fam.),

approprié, bon, capable, congru, convenable, de nature à, étudié pour (fam.), fait pour, habile à, idoine, juste, propre à, prévu pour.

APTITUDE ■ ⇒ **capacité, disposition.**

APUREMENT ■ ⇒ **vérification.**

APURER ■ ⇒ **vérifier.**

AQUARELLE ■ Gouache, lavis, peinture.

AQUATIQUE ■ Aquatile, aquicole.

AQUEDUC ■ ⇒ **canal.**

AQUEUX, EUSE ■ Fluide, humide, marécageux, spongieux, tépide.

AQUILON ■ ⇒ **vent.**

ARABESQUE ■ Broderie, dessin, fioriture, ligne, moresque, ornement, volute.

ARABLE ■ Cultivable, fertile, labourable.

ARAIGNÉE ■ ⇒ **mygale.**

ARAIRE ■ ⇒ **charrue.**

ARBITRAGE ■ ⇒ **médiation, compromis.**

ARBITRAIRE ■ ⇒ **absolu, injustifié.**

ARBITRE ■ ***I. Au pr. :*** amiable compositeur, conciliateur, expert, juge. ***II. Par ext. :*** maître absolu. ***III. Loc.*** **Libre arbitre ⇒ liberté.**

ARBITRER ■ ⇒ **juger.**

ARBORER ■ ***I. Au pr.*** ⇒ **élever.** ***II. Par ext.*** **1.** ⇒ **montrer. 2.** ⇒ **porter.**

ARBORICULTEUR ■ Agrumiculteur, horticulteur, jardinier, pépiniériste, planteur, pomiculteur, sylviculteur.

ARBRE ■ ***I.*** Épineux, feuillu, résineux, végétal. ***II.*** Fût, marmenteau. ***III.*** Arbrisseau, arbuste, baliveau, lais, scion. ***IV.*** Axe, essieu, pivot, tige, vilebrequin.

ARC ■ Courbe. ⇒ **voûte.**

ARCADE, ARCATURE ■ ⇒ **voûte.**

ARCANE ■ ⇒ **secret.**

ARC-BOUTANT ■ ⇒ **appui.**

ARC-BOUTER ■ ⇒ **appuyer.**

ARCEAU ■ ⇒ **arcade.**

ARCHAÏQUE ■ ⇒ **vieux.**

ARCHE ■ ***I. Vx.*** **1.** ⇒ **coffre. 2.** ⇒ **bateau.** ***II. Arch.*** ⇒ **voûte.**

ARCHER ■ Sagittaire.

ARCHÉTYPE ■ ⇒ **prototype.**

ARCHITECTE ■ Bâtisseur, chef, constructeur, créateur, édificateur, ingénieur, inventeur, maître de l'œuvre, ordonnateur. ⇒ **jardiniste.**

ARCHITECTURAL, E ■ ***Par ext. :*** architectonique, auguste, colossal, considérable, écrasant, élevé, énorme, étonnant, fantastique, formidable, grand, grandiose, imposant, impressionnant, magistral, magnifique, majestueux, monumental, noble, olympien, pyramidal, pompeux, solennel, somptueux, superbe.

ARCHITECTURE ■ Domisme, urbanisme. ***Par ext. :*** charpente, construction, forme, ligne, ordonnance, plan, proportion, structure, style.

ARCHITECTURER ■ ⇒ **bâtir.**

ARCHIVES ■ Minutier. ⇒ **histoire.**

ARCTIQUE ■ ⇒ **boréal.**

ARDEMMENT ■ ⇒ **vivement.**

ARDENT, ENTE ■ ***I. Au pr.*** ⇒ **chaud.** ***II. Par ext.*** **1.** Actif, agile, alerte, allègre, animé, brillant, chaleureux, dégagé, déluré, dispos, éveillé, fougueux, frémissant, frétillant, fringant, gaillard, guilleret, ingambe, intelligent, léger, leste, mobile, pétillant, pétulant, primesautier, prompt, rapide, sémillant, vibrant, vif, vivant. **2. Non favorable :** aigre, brusque, colléreux, emporté, excessif, mordant, soupe au lait, violent.

ARDEUR ■ ***I.*** ⇒ **chaleur.** ***II. Par ext.*** **1.** ⇒ **vivacité. 2.** ⇒ **bouillonnement.**

ARDILLON ■ ⇒ **pointe.**

ARDU, E ■ ⇒ **escarpé, difficile.**

ARÈNE ■ ***I.*** Calcul, castine, gravier, pierre, sable, sablon. ***II. Par ext. :*** amphithéâtre, carrière, champ de bataille, cirque, lice, théâtre.

ARÉOPAGE ■ ⇒ **réunion.**

ARÊTE ■ ***I.*** Aiguille, bord, piquant, pointe. ***II.*** Angle.

ARGENT ■ ***I. Par ext. :*** argentan, électrum, métal anglais/blanc. ***II. Par ext.*** **1.** Capital, deniers, disponibilités, écus (vx), espèces, finances, fonds, fortune, liquidités, monnaie, numéraire, pécule, pécune (vx), recette, ressources, somme, trésor, trésorerie, viatique. **Arg. :** artiche, avoine, blé, braise, flouze, fraîche, fric, galette, oseille, osier, pèze, picaille, picaillons, pognon, quibus, radis, ronds, soudure, sous. **2.** ⇒ **richesse.**

ARGILE ■ Calamite, kaolin, terre à foulon/potier.

ARGOT ■ Langue verte. ⇒ **jargon.**

ARGOUSIN ■ ⇒ **policier.**

ARGUER ■ ***I. Au pr.*** ⇒ **inférer.** ***II. Jurid.*** ⇒ **inculper.**

ARGUMENT, ARGUMENTATION ■ ⇒ **abrégé, raisonnement, preuve.**

ARGUMENTER ■ ⇒ **ergoter, raisonner.**

ARGUTIE ■ ***I.*** Abstraction, finesse, subtilité. ***II.*** Artifice, byzantinisme, casuistique, cavillation (vx et jurid.), chicane, chinoiserie (fam.), entortillage, équivoque, escamotage, fumisterie (fam.), pinaillage, ratiocination, procédé dilatoire.

ARIA ■ ***I. N. f.*** ⇒ **air.** ***II. N. m.*** **1.** ⇒ **souci. 2.** ⇒ **obstacle.**

ARIDE ■ ***I.*** Aréique, désert, desséché, improductif, inculte, incultivable, maigre, pauvre, sec, stérile. ***II. Fig. :*** ingrat, insensible, froid, rébarbatif, sévère.

ARIDITÉ ■ ⇒ **sécheresse.**

ARIETTE ■ ⇒ **air.**

ARISTARQUE ■ ⇒ **censeur.**

ARISTOCRATE ■ ⇒ **noble.**

ARISTOCRATIE ■ ***I.*** ⇒ **oligarchie.** ***II.*** ⇒ **noblesse.** ***III.*** ⇒ **choix.**

ARISTOTÉLISME ■ Péripatétisme.

ARITHMÉTIQUE ■ Calcul, opération.

ARLEQUIN ■ ***I. Au pr.*** ⇒ **pantin.** ***II. Pop. :*** reliefs, restes.

ARMADA ■ Escadre, flotte, flottille.

ARMATEUR ■ ⇒ **affréteur.**

ARMATURE ■ Base, carcasse, charpente, échafaudage, ossature, soutien, squelette, support.

ARME ■ ***I.*** Armement, armure, équipement, instrument de combat, matériel de guerre. ***II. Fig. :*** argument, moyen, ressource. ***III. Au pl. :*** armoiries, blason, écu, signes héraldiques.

ARMÉ, E ■ ⇒ **fourni.**

ARMÉE ■ ⇒ **troupe, multitude.**

ARMEMENT ■ ***I.*** ⇒ **arme.** ***II. Mar. :*** équipage, gréement, matériel.

ARMER ■ ***I. Au pr.*** ⇒ **fortifier.** ***II. Par ext.*** **1.** ⇒ **fournir. 2.** ⇒ **exciter.**

ARMISTICE ■ Arrêt/cessation/interruption/suspension d'armes/des hostilités, cessez-le-feu, trêve.

ARMOIRE ■ Bahut, bibliothèque, bonnetière, semainier, vaisselier.

ARMOIRIES ■ Armes, blason, chiffre, écu, marque.

ARMORIER ■ Orner. ⇒ **peindre.**

ARMURE ■ ***I.*** Cotte de mailles, cuirasse, haubert. ***II.*** ⇒ **protection.**

ARNAQUER ■ ⇒ **tromper.**

AROMATE ■ ***I.*** Baume, essence,

onguent, parfum. *II.* ⇒ **assaisonnement.**

ARÔME ▪ *I. Neutre ou favorable :* bouquet, effluves, émanations, empyreume, exhalaison, fragrance, fumet, odeur, parfum, senteur, trace, vent parfumé. *II. Non favorable :* relent, remugle. ⇒ **puanteur.**

ARPENTAGE ▪ Bornage, cadastrage, levé, mesure, relevé, topographie, triangulation.

ARPENTER ▪ ⇒ **mesurer, marcher.**

ARPENTEUR ▪ ⇒ **géomètre.**

ARPÈTE ▪ ⇒ **midinette.**

ARPION ▪ ⇒ **pied.**

ARQUER (S') ▪ ⇒ **courber (se).**

ARRACHEMENT ▪ ⇒ **déracinement.**

ARRACHER ▪ ⇒ **déraciner, extraire.**

ARRANGEANT, E ▪ ⇒ **conciliant.**

ARRANGEMENT ▪ *I.* ⇒ **accommodement.** *II.* ⇒ **ordre.**

ARRANGER ▪ *I.* ⇒ **ranger.** *II.* Accommoder, adapter, agencer, ajuster, aménager, apprêter, approprier, assembler, assortir, classer, combiner, composer, concilier, construire, coordonner, disposer, grouper, installer, mettre ensemble, ordonner, organiser, placer, préparer, ranger, régler, transformer, trier. *III.* Agréer, aller bien, convenir. *IV.* ⇒ **parer.** *V.* ⇒ **réparer.** *VI. S'arranger de* ⇒ **contenter (se).**

ARRENTER ▪ ⇒ **louer.**

ARRÉRAGES ▪ ⇒ **intérêt.**

ARRESTATION ▪ Capture, coup de filet, prise. ⇒ **emprisonnement.**

ARRÊT ▪ *I.* Cessation, escale, étape, halte, interruption, latence, panne, pause, relâche, rémission, répit, repos, séjour, stase (méd.), station, stationnement. *II.* Abri, gare, halte, station. *III. Jurid.* ⇒ **jugement.** *IV.* Arrêtoir, butée, cliquet, cran, dent, digue, mentonnet, taquet, tenon.

ARRÊTÉ ▪ Arrêt, décision, décret, délibération, disposition, jugement, règlement.

ARRÊTER ▪ *I. Au pr. :* ancrer, attacher, bloquer, contenir, empêcher, endiguer, enrayer, étancher, fixer, immobiliser, intercepter, interrompre, juguler, maintenir, mettre un frein/terme, paralyser, retenir, stopper, suspendre, tenir en échec. ⇒ **soumettre.** *II. Par ext.* 1. Appréhender, capturer, s'emparer de, empoigner, emprisonner, prendre, s'assurer de. **Fam. :** alpaguer, coffrer, cravater, cueillir, embarquer, lourder, mettre au bloc/gnouf/trou/à l'ombre/la main au collet, ramasser. 2. ⇒ **interrompre.** 3. ⇒ **décider.** 4. Engager, louer, réserver, retenir. 5. Cesser, finir. *III. V. Pron. :* s'attarder, camper, cesser, demeurer, faire halte/relâche, se fixer, relâcher, se relaisser (vén.), rester, séjourner, stationner, stopper, terminer, se terminer.

ARRHES ▪ Acompte, avance, cautionnement, dédit, gage, provision.

ARRIÉRATION ▪ ⇒ **idiotie.**

ARRIÉRÉ, E ▪ *I.* À la traîne, attardé, demeuré, diminué, en retard, inintelligent, retardataire, retardé, rétrograde, taré. ⇒ **idiot.** *II.* ⇒ **rude.** *III.* ⇒ **retard.**

ARRIÈRE-GARDE ▪ Serre-file.

ARRIÉRER ▪ ⇒ **retarder.**

ARRIÈRE-PENSÉE ▪ Calcul. ⇒ **hésitation.**

ARRIÈRE-SAISON ▪ Automne, été de la Saint-Martin.

ARRIÈRE-TRAIN ▪ ⇒ **derrière.**

ARRIMAGE ▪ Chargement, mise en place.

ARRIMER ▪ Accorer (mar.), accrocher, affermir, amarrer, ancrer, arranger, arrêter, assembler, assujettir, assurer, attacher, boulonner, brêler, caler, centrer, charger, clouer, coincer, coller, consolider, cramponner, enclaver, enfoncer, enraciner, faire pénétrer/tenir, ficher, fixer, immobiliser, implanter, introduire, maintenir, mettre, nouer, pendre, planter, répartir, retenir, river, riveter, sceller, suspendre, soutenir, visser.

ARRIVAGE, ARRIVÉE ■ ***I.*** Apparition, bienvenue, débarquement, survenance, venue. ***II.*** Approche, avènement, commencement, début. ***III.*** Approvisionnement, livraison, port.

ARRIVER ■ ***I.*** Aborder, accéder, approcher, atteindre, devancer, être rendu, gagner, parvenir, surgir, surprendre, survenir, tomber sur, toucher, venir. ***Arg. ou fam. :*** s'abouler, débarquer, débouler, se pointer, rabouler, radiner, ralléger, ramener sa fraise, rappliquer. ***II.*** ⇒ **réussir, produire (se).**

ARRIVISTE ■ ⇒ **intrigant, parvenu.**

ARROGANCE ■ Air de supériorité, audace, cynisme, dédain, désinvolture, effronterie, fatuité, fierté, hardiesse, hauteur, impertinence, importance, impudence, insolence, mépris, morgue, orgueil, outrecuidance, présomption, suffisance, superbe.

ARROGANT, E ■ Altier, audacieux, blessant, cavalier, dédaigneux, désinvolte, fat, fier, hardi, hautain, impertinent, important, impudent, insolent, insultant, méprisant, outrecuidant, péteux, présomptueux, rogue, suffisant, supérieur. ⇒ **orgueilleux.**

ARROGER (S') ■ ⇒ **approprier (s').**

ARRONDI, E ■ ⇒ **courbe, gros.**

ARRONDIR ■ ⇒ **augmenter.**

ARRONDISSEMENT ■ ⇒ **quartier.**

ARROSAGE ■ ***I.*** Affusion, arrosement, aspersion, bain, douche, irrigation, irroration. ***II.*** ⇒ **gratification.**

ARROSER ■ Asperger, baigner, bassiner, humecter, imbiber, irriguer, mouiller, traverser, tremper. ⇒ **soudoyer (fig.).**

ARSENAL ■ ***I.*** Atelier, chantier, magasin, manutention, réserve/stock/usine d'armement. ***II. Fam. :*** affaire, équipage.

ARSOUILLE ■ ⇒ **ivrogne, vaurien.**

ART ■ Maîtrise, manière, procédé, science, tour, technique. ⇒ **artifice, habileté.**

ARTÈRE ■ ⇒ **voie.**

ARTICLE ■ ***I.*** Chronique, écho, écrit, éditorial, entrefilet, essai, étude, feuilleton, interview, leader, papier, reportage, rez-de-chaussée, rubrique. ***II. Zool. :*** articulation, jointure, segment. ***III.*** Matière, objet, sujet. ***IV.*** ⇒ **partie.** ***V.*** ⇒ **marchandise.**

ARTICULATION ■ ***I.*** Article (anatom.), assemblage, attache, cardan, charnière, emboîtement, engrènement, cheville, jeu, joint, jointure, ligament, nœud. ***II.*** ⇒ **élocution.**

ARTICULER ■ ***I.*** ⇒ **dire.** ***II.*** ⇒ **énoncer, prononcer.** ***III.*** ⇒ **joindre.**

ARTIFICE ■ Adresse, art, astuce, attrape-nigaud, carotte (fam.), cautèle, chafouinerie, chausse-trape, détour, diplomatie, échappatoire, embûche, faux-fuyant, feinte, ficelle, finasserie, finesse, fourberie, fraude, habileté, intrigue, invention, machiavélisme, machination, machine, malice, manœuvre, matoiserie, méandre, perfidie, piège, politique, retour (vén.), rets, roublardise, rouerie, rubriques (vx), ruse, stratagème, subterfuge, subtilité, trame, tromperie, truc (fam.).

ARTIFICIEL, LE ■ ***I.*** Factice, faux, imité, postiche, reproduit. ***II.*** Fabriqué, industriel, synthétique. ***III.*** Affecté, arrangé, contraint, conventionnel, de commande, emprunté, étudié, feint, forcé, littéraire.

ARTIFICIEUX, EUSE ■ ⇒ **rusé.**

ARTISAN ■ **I.** Artiste, compagnon, façonnier, maître ouvrier, patron, sous-traitant. ***II.*** Auteur, cause, cheville ouvrière, responsable.

ARTISANAT ■ Compagnonnage.

ARTISTE ■ Acteur, artisan, chanteur, comédien, danseur, décorateur, dessinateur, écrivain, étoile, exécutant, fantaisiste, graveur, interprète, maître, musicien, peintre, sculpteur, star, starlette, vamp, vedette, virtuose. ⇒ **bohême.**

ARTISTIQUE ■ ⇒ **beau.**

AS ■ Aigle, caïd (pop.), champion, crack, étoile, maître, phénix, virtuose.

ASARCIE ■ ⇒ **maigreur.**

ASCENDANCE ■ ⇒ **naissance, race.**

ASCENDANT ■ ***I. Adj.*** ⇒ **montant.** ***II. N. m.*** **1.** ⇒ **père. 2.** ⇒ **influence.**

ASCENSION ■ ⇒ **montée.**

ASCÈSE ■ ⇒ **ascétisme.**

ASCÈTE ■ Anachorète, athlète, bonze, cénobite, ermite, exercitant, fakir, flagellant, gymnosophiste, moine, oblat, pénitent, santon, soufi, stylite, thérapeute, yogi.

ASCÉTIQUE ■ Austère, janséniste, puritain, rigide, rigoriste, rigoureux, rude, sévère, sobre, spartiate, stoïque. ⇒ **simple.**

ASCÉTISME ■ ***I.*** Ascèse, expiation, flagellation, jeûne, macération, mortification, pénitence, privation. ⇒ **austérité.** ***II.*** Cénobitisme, érémitisme, monachisme.

ASEPSIE ■ ⇒ **assainissement.**

ASILE ■ ⇒ **abri.**

ASPECT ■ ***I.*** Abord, angle, apparence, cachet, caractère, configuration, côté, couleur, endroit, extérieur, forme, jour, perspective, point de vue, rapport, tour, vue. ***II.*** Air, allure, dehors, face, faciès, figure, masque, physionomie, profil, tournure, train, visage.

ASPERGER ■ ⇒ **arroser.**

ASPÉRITÉ ■ ⇒ **rugosité, rudesse.**

ASPERSOIR ■ Aspergès, goupillon.

ASPHALTE ■ ***I.*** Bitume, goudron, macadam, revêtement. ***II.*** ⇒ **rue.**

ASPHYXIER ■ ⇒ **étouffer.**

ASPIRANT ■ ⇒ **postulant.**

ASPIRATION ■ ***I.*** Inhalation, inspiration, prise, respiration, succion. ⇒ **désir.**

ASPIRER ■ ***I.*** Absorber, avaler, humer, inhaler, inspirer, priser, renifler, respirer, sucer, super. ***II.*** Ambitionner, appeler, courir après, désirer, lever/porter ses yeux sur, prétendre, souhaiter, soupirer après/pour, tendre à. ⇒ **vouloir.**

ASSAGIR ■ Atténuer, calmer, diminuer, modérer, tempérer. ***V. pron. :*** se ranger. ⇒ **calmer (se).**

ASSAILLANT, E ■ ⇒ **agresseur.**

ASSAILLIR ■ ⇒ **attaquer.**

ASSAINIR ■ ⇒ **purifier.**

ASSAINISSEMENT ■ Antisepsie, asepsie, assèchement, désinfection, drainage, épuration, nettoyage, purification, prophylaxie, stérilisation.

ASSAISONNEMENT ■ Apprêt, aromate, condiment, épice, garniture, ingrédient, préparation. ⇒ **piquant.**

ASSAISONNER ■ Accommoder, ailler, ajouter, apprêter, aromatiser, épicer, pimenter, poivrer, relever, safraner, saler, vinaigrer. ⇒ **embellir.**

ASSASSIN ■ ⇒ **homicide.**

ASSASSINAT ■ ⇒ **crime.**

ASSASSINER ■ ⇒ **tuer.**

ASSAUT ■ ⇒ **attaque.**

ASSÉCHER ■ ⇒ **sécher.**

ASSEMBLAGE ■ *I.* Ajustage, cadrature, crabotage, montage, monture. *II.* Jumelage, mixité, réunion, union. *III.* ⇒ **assortiment, collection.**

ASSEMBLÉE ■ *I.* Chambre, congrès, conseil, parlement. *II.* Académie, compagnie, institut. *III.* ⇒ **réunion, fête.**

ASSEMBLER ■ *I.* Ajuster, monter. *II.* Agglomérer, amasser, attrouper, battre le rappel, collecter, concentrer, conglober, conglomérer, grouper, lever, masser, mobiliser, rallier, ramasser, rassembler, recueillir, regrouper, remembrer, réunir, unir.

ASSENER ■ ⇒ **frapper.**

ASSENTIMENT ■ Acceptation, accord, acquiescement, adhésion, agrément, approbation, autorisation, bon vouloir, commun accord, complaisance, consensus, consentement, permission, unanimité.

ASSEOIR ■ ⇒ **fonder.**

ASSERTION ■ ⇒ **affirmation.**

ASSERVIR ■ ⇒ **soumettre.**

ASSERVISSEMENT ■ ⇒ **servitude.**

ASSESSEUR ■ ⇒ **adjoint.**

ASSEZ ■ *I.* À satiété, suffisamment. *II.* Ça suffit, ça va, stop, top.

ASSIDU, E ■ ⇒ **continu, exact.**

ASSIDUITÉ ■ ⇒ **exactitude.**

ASSIDÛMENT ■ ⇒ **toujours.**

ASSIÉGER ■ *I.* ⇒ **investir.** *II.* Accabler, s'attacher à, bombarder (fam.), coller (fam.), obséder, poursuivre. ⇒ **tourmenter.**

ASSIETTE ■ *I.* Calotte, écuelle, plat, vaisselle. *II.* Équilibre, pose, position, posture, situation. *III.* ⇒ **répartition.**

ASSIGNAT ■ ⇒ **billet.**

ASSIGNATION ■ ⇒ **convocation, attribution.**

ASSIGNER ■ *I. Jurid. :* appeler, citer, convoquer, mander. *II.* ⇒ **attribuer.** *III.* ⇒ **indiquer.**

ASSIMILABLE ■ ⇒ **comparable, digeste.**

ASSIMILATION ■ ⇒ **comparaison, digestion.**

ASSIMILÉ, E ■ *I. Au pr. :* analogue, comparable, équivalent, kif-kif (fam.), identique, pareil, semblable, similaire, tel, tout comme. *II. Par ext. :* acclimaté à, accoutumé à, apprivoisé, au courant, au fait, coutumier de, dressé, éduqué, endurci, entraîné, façonné, fait à, familiarisé avec, familier de, formé, mis au pas (péj.)/au pli, plié à, rompu à, stylé.

ASSIMILER ■ *I.* Digérer, élaborer, transformer, utiliser. *II.* ⇒ **rapprocher.**

ASSISE ■ ⇒ **fondement.**

ASSISTANCE ■ *I.* ⇒ **appui.** *II.* ⇒ **public.**

ASSISTANT ■ ⇒ **adjoint.**

ASSISTER ■ *I.* ⇒ **aider, appuyer.** *II.* Entendre, être présent, suivre, voir.

ASSOCIATION ■ Adjonction, affiliation, agrégation, alliance, congrégation, corps, fusion, incorporation, intégration, liaison, réunion. ⇒ **société.**

ASSOCIÉ, E ■ Acolyte, bras droit, coïntéressé, collaborateur, consort (partic.), coopérateur, nègre (fam. et péj.).

ASSOCIER ■ Adjoindre, affilier, agréger, enrôler, incorporer, intégrer, intéresser, joindre, réunir, solidariser, syndiquer, unir.

ASSOIFFER ■ Altérer, assécher, déshydrater, dessécher, donner la pépie (fam.)/soif, faire crever de soif (fam.), pousser à boire *et les syn. de* BOIRE, rendre avide de.

ASSOMBRIR ■ ⇒ **obscurcir, affliger.**

ASSOMMANT, E ■ ⇒ **ennuyeux.**

ASSOMMER ■ ⇒ **battre, tuer, ennuyer.**

ASSONANCE ■ ⇒ **consonance.**

ASSORTIMENT ■ Assemblage, choix, garniture, jeu.

ASSORTIR ■ ⇒ **accoupler, fournir.**

ASSORTIR (S') ■ ⇒ **plaire (se).**

ASSOUPIR ■ ⇒ **endormir.** ***V. pron.*** ⇒ **dormir.**

ASSOUPISSEMENT ■ Coma (path.), engourdissement, hypnose, léthargie, narcose, sommeil, somnolence, sopor (méd.). ⇒ **apathie.**

ASSOUPLIR ■ ⇒ **modérer.**

ASSOUPLISSEMENT ■ ⇒ **modération.**

ASSOURDI, E ■ ⇒ **sourd.**

ASSOUVIR ■ Apaiser, étancher, calmer, contenter, rassasier, remplir, satisfaire.

ASSOUVISSEMENT ■ Apaisement, contentement, satisfaction.

ASSUJETTIR ■ ⇒ **fixer, obliger, soumettre.**

ASSUJETTISSEMENT ■ ***I.*** ⇒ **obligation.** ***II.*** ⇒ **subordination.**

ASSUMER ■ Se charger, endosser, prendre sur soi.

ASSURANCE ■ ⇒ **garantie, promesse, confiance, sûreté.**

ASSURÉ, E ■ ⇒ **décidé, évident, sûr.**

ASSURÉMENT ■ ⇒ **évidemment.**

ASSURER ■ ***I.*** Affermir, consolider, fixer. ***II.*** ⇒ **garantir.** ***III.*** ⇒ **procurer.** ***IV.*** ⇒ **affirmer.** ***V.*** ⇒ **promettre.** ***VI. V. pron.*** ⇒ **vérifier, emparer (s').**

ASSURGENT, E ■ ⇒ **montant.**

ASTHÉNIQUE ■ ⇒ **faible.**

ASTHMATIQUE ■ ⇒ **essoufflé, faible.**

ASTICOTER ■ ⇒ **taquiner, tourmenter.**

ASTIQUER ■ Briquer, cirer, faire briller/reluire, fourbir, frictionner, frisser, frotter, nettoyer, peaufiner (fam.), polir, poncer, récurer.

ASTRAL, E ■ Céleste, sidéral, stellaire.

ASTRE ■ ***I.*** Étoile, planète, soleil. ***II.*** Destin, destinée, étoile, signe.

ASTREIGNANT, E ■ ⇒ **pénible.**

ASTREINDRE ■ ⇒ **obliger.**

ASTROLOGUE ■ ⇒ **devin.**

ASTRONAUTE ■ Cosmonaute, spationaute.

ASTRONOMIQUE ■ ⇒ **démesuré.**

ASTUCE ■ ***I.*** Adresse, art, artifice, attrape-nigaud, carotte (fam.), cautèle, chafouinerie, chausse-trape, détour, diplomatie, échappatoire, embûche, faux-fuyant, feinte, ficelle, finasserie, finesse, fourberie, fraude, habileté, intrigue, invention, machiavélisme, machination, machine, malice, manœuvre, matoiserie, méandre, perfidie, piège, politique, retour (vén.), rets, roublardise, rouerie, rubriques (vx), ruse, stratagème, subterfuge, subtilité, trame, tromperie, truc (fam.). ***II.*** Clairvoyance, discernement, ingéniosité, ouverture d'esprit, pénétration, sagacité. ⇒ **intelligence.** ***III.*** ⇒ **plaisanterie.**

ASTUCIEUX, EUSE ■ ⇒ **intelligent, malin.**

ASYMÉTRIE ■ Dissymétrie, irrégularité.

ASYMÉTRIQUE ■ ⇒ **irrégulier.**

ATARAXIE ■ ⇒ **apathie.**

ATAVISME ■ ⇒ **hérédité.**

ATELIER ■ Boutique, chantier, fabrique, manufacture, ouvroir, usine.

ATERMOIEMENT ■ Délai, manœuvre dilatoire, retard, retardement, temporisation.

ATERMOYER ■ ⇒ **retarder.**

ATHÉE ■ ⇒ **incroyant.**

ATHÉISME ▪ Agnosticisme.

ATHLÈTE ▪ Boxeur, champion, coureur, discobole, gymnaste, lanceur, lutteur, nageur, recordman, sauteur, sportif.

ATMOSPHÈRE ▪ Air, ambiance, espace, éther, fluide, gaz, milieu.

ATOME ▪ ⇒ **particule.**

ATOMISER ▪ ***I.*** Disperser, fractionner, pulvériser, vaporiser. ***II.*** Vitrifier. ⇒ **détruire.**

ATONE ▪ ⇒ **inerte.**

ATONIE ▪ ⇒ **langueur.**

ATOURS ▪ ⇒ **ornement.**

ATRABILAIRE ▪ ⇒ **bilieux.**

ÂTRE ▪ ⇒ **foyer.**

ATROCE ▪ Affreux, barbare, cruel, féroce, horrible, ignoble.

ATROCITÉ ▪ ⇒ **barbarie, horreur.**

ATROPHIE ▪ ⇒ **maigreur.**

ATTABLÉ, E ▪ Assis, installé.

ATTACHANT, E ▪ ⇒ **attirant, intéressant.**

ATTACHE ▪ ***I. Au pr. :*** chaîne, corde, hart (vx), laisse, lien, ligament, ligature, longe, nœud. ***II. Fig.*** **1.** ⇒ **attachement. 2.** ⇒ **relation.**

ATTACHÉ, E ▪ ⇒ **fidèle, adjoint.**

ATTACHEMENT ▪ Admiration, adoration, affection, amitié, amour, attache, complaisance (vx), dévotion, dévouement, dilection (relig.), feu, flamme, goût, idolâtrie, inclination, loyalisme, passion, sentiment, tendresse, zèle.

ATTACHER ▪ Accouer, accrocher, agrafer, amarrer, ancrer, atteler, botteler, brêler, cheviller, cramponner, enchaîner, ficeler, garrotter, harder (vén.), lier, ligoter, nouer, river, ⇒ **arrêter, intéresser.** ***V. pron. :*** s'accrocher, s'agriffer, s'agripper, se coller, se cramponner, se raccrocher.

ATTAQUABLE ▪ ⇒ **faible.**

ATTAQUANT ▪ ⇒ **agresseur.**

ATTAQUE ▪ ***I.*** Agression, assaut, charge ⇒ **raid.** ***II.*** Congestion, crise, ictus, paralysie. ***III.*** ⇒ **commencement.**

ATTAQUER ▪ ***I.*** Aborder, agresser, assaillir, chercher des crosses (fam.)/querelle, combattre, défier, entreprendre, se frotter à (fam.), se lancer/se précipiter contre, livrer bataille/combat, pourfendre, prendre à partie, presser, quereller, rompre en visière, surprendre. ***II.*** ⇒ **ronger.** ***III.*** ⇒ **commencer.**

ATTARDER (S') ▪ ⇒ **flâner.**

ATTEINDRE ▪ ***I.*** ⇒ **arriver.** ***II.*** ⇒ **toucher.** ***III.*** ⇒ **rejoindre.**

ATTEINTE ▪ ⇒ **dommage, crise.**

ATTELAGE ▪ ⇒ **harnachement.**

ATTELER ▪ ⇒ **attacher.**

ATTENANCE ▪ ⇒ **dépendance.**

ATTENANT ▪ ⇒ **prochain.**

ATTENDRE ▪ ***I.*** Demeurer/rester sur place, guetter, languir, se morfondre, patienter. ***II. Fam. :*** croquer le marmot, droguer, faire antichambre/le pied de grue/le poireau, gober des mouches, mariner, moisir, poireauter. ***III.*** ⇒ **espérer, présumer.**

ATTENDRIR ▪ ***I. Au pr.*** ⇒ **affaiblir.** ***II. Fig.*** **1.** ⇒ **émouvoir. 2.** ⇒ **fléchir.**

ATTENDRISSANT, E ▪ ⇒ **émouvant.**

ATTENDRISSEMENT ▪ ⇒ **compassion.**

ATTENDU QUE ▪ ⇒ **parce que.**

ATTENTAT ▪ ⇒ **crime.**

ATTENTATOIRE ▪ ⇒ **contraire.**

ATTENTE ▪ Espérance, expectance, expectation (vx), expectative, présomption.

ATTENTER ■ ⇒ **entreprendre.**

ATTENTIF, IVE ■ Appliqué, diligent, exact, observateur, soigneux, vigilant. ⇒ **respectueux.**

ATTENTION ■ *I.* Application, concentration, contemplation, contention, diligence, étude, exactitude, méditation, réflexion, soin, tension d'esprit, vigilance. ⇒ **curiosité.** *II.* ⇒ **égards.** *III. Loc.* **Faire attention :** faire gaffe (arg.), garder de (vx), se garder de, prendre garde.

ATTENTIONNÉ, E ■ ⇒ **attentif.**

ATTENTISTE ■ ⇒ **malin.**

ATTÉNUATION ■ ⇒ **diminution.**

ATTÉNUER ■ ⇒ **affaiblir, modérer.**

ATTERRÉ, E ■ Abasourdi, abattu, accablé, catastrophé, chagriné, confondu, consterné, effondré, épouvanté, étourdi, stupéfait, surpris, triste.

ATTERRER ■ *I.* ⇒ **épouvanter.** *II.* Atterrir, toucher à terre. *III. Vx :* abattre, mettre à bas/à terre, rabattre.

ATTERRISSEMENT ■ ⇒ **alluvion.**

ATTESTATION ■ Certificat, référence, visa. ⇒ **déclaration.**

ATTESTER ■ *I.* ⇒ **affirmer.** *II.* ⇒ **prouver.**

ATTICISME ■ Bonnes manières, civilité, délicatesse, distinction, urbanité.

ATTIÉDIR ■ ⇒ **refroidir, modérer.**

ATTIÉDISSEMENT ■ ⇒ **tiédeur.**

ATTIFER ■ Accoutrer, adoniser, adorner, afistoler, apprêter, arranger, bichonner, embellir, endimancher, garnir, orner, pomponner, poupiner.

ATTIRAIL ■ Affaires, appareil, bagage, bataclan, bazar, chargement, équipage, équipement, fourbi, fourniment, paquet, paquetage, train.

ATTIRANCE ■ ⇒ **attraction, charme.**

ATTIRANT, E ■ *I.* Attractif. *II. Fig. :* attachant, attrayant, captivant, charmant, enchanteur, engageant, ensorcelant, envoûtant, fascinant, insinuant, prenant, ravissant, séduisant, sexy.

ATTIRER ■ *I. Une chose.* 1. ⇒ **tirer.** 2. ⇒ **occasionner.** *II. Un être :* affriander, affrioler, aguicher, allécher, amorcer, appachonner (arg.), appâter, charmer, gagner, séduire, tenter. *III. V. pron.* ⇒ **encourir.**

ATTISER ■ Accroître, activer, aggraver, aiguillonner, allumer, animer, aviver, déchaîner, donner le branle/le mouvement/le signal, emballer, embraser, enflammer, enthousiasmer, exacerber, exalter, exaspérer, exciter, faire sortir de ses gonds, fomenter, fouetter, insuffler, mettre en branle/en mouvement/hors de ses gonds, mettre de l'huile sur le feu (fam.), piquer, pousser, relever, réveiller, souffler, souffler sur les braises (fam.), stimuler, surexciter, susciter, tisonner, travailler.

ATTITRÉ, E ■ Habituel, patenté.

ATTITUDE ■ ⇒ **position, procédé.**

ATTOUCHEMENT ■ ⇒ **tact, caresse.**

ATTRACTIF, IVE ■ *I. Au pr. :* attracteur. *II. Par ext.* ⇒ **attirant.**

ATTRACTION ■ *I. Au pr. :* gravitation. *II. Fig. :* allèchement, attirance, attrait, séduction. ⇒ **charme.** *III.* ⇒ **spectacle.**

ATTRAIT ■ *I.* ⇒ **attraction.** *II.* ⇒ **grâce.** *III.* ⇒ **charme.**

ATTRAPADE, ATTRAPE ■ *I.* ⇒ **piège.** *II.* ⇒ **plaisanterie.** *III.* ⇒ **tromperie.**

ATTRAPER ■ *I. Neutre.* 1. ⇒ **prendre.** 2. ⇒ **obtenir.** 3. ⇒ **rejoindre.** 4. ⇒ **toucher.** 5. ⇒ **entendre.** *II. Péj.* 1. **Une maladie** ⇒ **contracter.** 2. ⇒ **tromper.** 3. ⇒ **réprimander.**

ATTRAYANT, E ■ ⇒ **attirant.**

ATTRIBUER ■ Adjuger, affecter,

allouer, assigner, décerner, donner, imputer, prêter, référer. *V. pron.* ⇒ **approprier (s').**

ATTRIBUT ■ *I.* ⇒ **qualité.** *II.* ⇒ **symbole.** *III. Gram. et log. :* prédicat.

ATTRIBUTAIRE ■ ⇒ **bénéficiaire.**

ATTRIBUTION ■ *I.* Allocation, affectation, assignation, imputation, lot, part. ⇒ **distribution.** *II.* ⇒ **emploi.**

ATTRISTER ■ ⇒ **affliger.**

ATTRITION ■ ⇒ **regret.**

ATTROUPEMENT ■ ⇒ **rassemblement.**

ATTROUPER ■ ⇒ **ameuter, assembler.**

AUBADE ■ *I.* ⇒ **concert.** *II.* ⇒ **avanie.**

AUBAINE ■ *I. Au pr.* ⇒ **succession.** *II. Par ext.* 1. ⇒ **profit.** 2. ⇒ **chance.**

AUBE ■ *I. Au pr.* 1. Aurore, avant-jour, crépuscule du matin, lever du jour/du soleil, point/pointe du jour. 2. Loc. *Dès l'aube :* dès potron-jaquet/minet. *II.* ⇒ **commencement.**

AUBERGE ■ ⇒ **hôtel, restaurant.**

AUBERGISTE ■ Hôtelier. ⇒ **cabaretier.**

AUCUN ■ ⇒ **nul.**

AUCUNS (D') ■ ⇒ **plusieurs.**

AUDACE ■ ⇒ **hardiesse.**

AUDACIEUX, EUSE ■ ⇒ **courageux, arrogant.**

AUDIENCE ■ *I.* ⇒ **public, réception.** *II.* ⇒ **influence, popularité.**

AUDITEUR, TRICE ■ ⇒ **public.**

AUDITION ■ *I.* ⇒ **concert.** *II.* Épreuve, essai, test.

AUDITOIRE ■ ⇒ **public.**

AUGE ■ Auget, bac, bassin, binée, bouloir, crèche, mangeoire.

AUGMENTATION ■ Accroissement, addition, aggravation, agrandissement, amplification, arrondissement, croissance, développement, élargissement, enrichissement, gradation, grossissement, intensification, multiplication, recrudescence, redoublement, renchérissement. ⇒ **gonflement.**

AUGMENTER ■ *I. V. intr.* 1. S'accentuer, s'accroître, s'aggraver, s'agrandir, s'amplifier, s'arrondir, croître, s'élargir, s'étendre, grandir, grossir, s'intensifier, se multiplier, redoubler. ⇒ **gonfler.** 2. ⇒ **empirer.** *II. V. tr. :* accentuer, accroître, aggraver, agrandir, ajouter à, arrondir, densifier, doubler, élargir, enfler, enrichir, étendre, graduer, grossir, hausser, intensifier, monter, multiplier, redoubler.

AUGURE ■ *I.* ⇒ **devin.** *II.* ⇒ **présage.**

AUGURER ■ ⇒ **présumer, prédire.**

AUGUSTE ■ *I. Adj.* ⇒ **imposant.** *II. Nom masc.* ⇒ **clown.**

AUJOURD'HUI ■ ⇒ **présentement.**

AUMÔNE ■ ⇒ **secours.**

AUMÔNIER ■ Chapelain. ⇒ **prêtre.**

AUMÔNIÈRE ■ Bourse, cassette, escarcelle, poche, porte-monnaie, réticule, sac.

AUPARAVANT ■ Anciennement, antérieurement, au préalable, autrefois, ci-devant (vx), dans le passé, dans le temps, déjà, jadis, naguère, préalablement, précédemment, premièrement.

AUPRÈS ■ ⇒ **près, comparaison (en).**

AURA, AURÉOLE ■ ⇒ **nimbe.**

AURÉOLER ■ *I.* Nimber. ⇒ **couronner, louer.**

AURORE ■ ⇒ **aube.**

AUSCULTATION ■ ⇒ **recherche.**

AUSCULTER ■ ⇒ **examiner.**

AUSPICE ■ *I.* ⇒ **devin.** *II.* ⇒ **présage.** *III. Au pl. :* égide, patronage, protection, sauvegarde, tutelle.

AUSSI ■ *I.* Autant, encore, également,

de même, pareillement, de plus. *II.* ⇒ **ainsi.**

AUSSITÔT ■ D'abord, à l'instant, d'emblée, illico (fam.), immédiatement, incessamment, incontinent, instantanément, séance tenante, soudain, soudainement, sur-le-champ, tout de suite.

AUSTÈRE ■ *I.* ⇒ **rude.** *II.* Abrupt, ascétique, janséniste, puritain, rigide, rigoriste, rigoureux, sévère, spartiate, stoïque. *III.* ⇒ **simple.**

AUSTÉRITÉ ■ Abnégation, ascétisme, jansénisme, nudité (fig.), puritanisme, renoncement, rigidité, rigueur, rudesse, sévérité, simplicité, sobriété, stoïcisme.

AUSTRAL, E ■ Antarctique, méridional, midi, sud.

AUTANT ■ *I.* ⇒ **aussi.** *II. Loc.* **1. Autant que ⇒ comme. 2. D'autant que ⇒ parce que.**

AUTARCIE ■ ⇒ **isolement.**

AUTEL ■ Foyer, laraire, pierre, pyrée, table du sacrifice.

AUTEUR ■ ⇒ **écrivain.**

AUTHENTICITÉ ■ ⇒ **bien-fondé.**

AUTHENTIQUE ■ *I.* ⇒ **évident, vrai.** *II.* ⇒ **officiel.**

AUTOBIOGRAPHIE ■ ⇒ **mémoires.**

AUTOBUS ■ Autocar, car, patache (vx).

AUTOCHTONE ■ Aborigène, habitant, indigène, local, natif, naturel, originaire.

AUTOCRATE ■ ⇒ **monarque.**

AUTOCRATIE ■ ⇒ **absolutisme.**

AUTOCRATIQUE ■ ⇒ **absolu.**

AUTOCRITIQUE ■ ⇒ **confession.**

AUTOCUISEUR ■ Cocotte.

AUTOLÂTRIE ■ ⇒ **égoïsme.**

AUTOMATE ■ Androïde, robot.

AUTOMATIQUE ■ Convulsif, forcé, inconscient, instinctif, involontaire, irréfléchi, machinal, mécanique, passif, réflexe, spontané.

AUTOMÉDON ■ ⇒ **cocher.**

AUTOMNE ■ Arrière-saison, été de la Saint-Martin.

AUTOMOBILE ■ ⇒ **voiture.**

AUTOMOTRICE ■ Aérotrain, autorail, micheline, motrice.

AUTONOME ■ ⇒ **libre.**

AUTONOMIE ■ ⇒ **liberté.**

AUTOPSIE ■ Analyse, anatomie, dissection, docimasie, examen, nécropsie, vivisection.

AUTORAIL ■ ⇒ **automotrice.**

AUTORISATION ■ ⇒ **permission.**

AUTORISER ■ Accepter, accorder, acquiescer, admettre, agréer, approuver, concéder, consentir, dispenser, donner la permission *et les syn. de* PERMISSION, endurer, habiliter, laisser, passer, souffrir, supporter, tolérer.

AUTORITAIRE ■ Absolu, absolutiste, altier, cassant, catégorique, dictatorial, directif, dominateur, dur, ferme, fort, impérieux, intransigeant, irrésistible, net, péremptoire, pète-sec, pressant, tranchant, tyrannique, volontaire.

AUTORITÉ ■ *I.* Absolutisme, autoritarisme, bras de Dieu, domination, empire, férule, force, gouvernement, griffe, impérialisme, loi, main, omnipotence, pouvoir, prépotence, puissance, règne, toute-puissance. *II.* ⇒ **charme, habileté, influence, qualité, tête.**

AUTOUR ■ Alentour, à la ronde.

AUTREFOIS ■ À l'origine, anciennement, au temps ancien/passé, dans l'antiquité/le temps, d'antan, en ce temps-là, il y a longtemps, jadis, naguère.

AUTREMENT ■ ***I.*** Alias, différemment. ***II.*** Beaucoup plus. ***III.*** Sans quoi, sinon.

AUTRE(S), AUTRUI ■ Prochain, semblable.

AUTRUCHE ■ Ratite. **Par ext. :** aptéryx, casoar, émeu, kiwi, nandou.

AUVENT ■ Abri, avant-toit, banne, galerie, marquise.

AUXILIAIRE ■ ⇒ **adjoint.**

AVACHI, E ■ ⇒ **fatigué.**

AVACHISSEMENT ■ Veulerie. ⇒ **faiblesse, mollesse.**

AVAL ■ ⇒ **caution.**

AVALANCHE ■ **Par ext.** ⇒ **pluie.**

AVALER ■ ***I. Au pr.*** **1.** Absorber, déglutir, engloutir, entonner, friper (vx), gober, humer (vx), ingérer, ingurgiter, prendre. **2.** ⇒ **boire. 3.** ⇒ **manger.** ***II. Fig.*** **1.** ⇒ **croire. 2.** ⇒ **recevoir.**

AVALISER ■ ⇒ **garantir.**

AVANCE ■ ***I.*** ⇒ **acompte.** ***II.*** ⇒ **offre.** ***III.*** ⇒ **avancement.** ***IV. Loc.*** **Faire des avances :** ⇒ **courtiser.**

AVANCÉ, E ■ ***I. Une opinion :*** extrémiste, libre, progressiste, révolutionnaire. ***II. Une denrée*** ⇒ **gâté.**

AVANCEMENT ■ ***I. Au pr. :*** avance, essor, évolution, marche, progrès, progression. ***II. Par ext. :*** amélioration, élévation, marche en avant, nomination, perfectionnement, progression, promotion.

AVANCER ■ ***I. Au pr. :*** gagner, gagner du terrain, marcher, pousser, progresser. ***II. Par ext.*** ⇒ **affirmer.**

AVANIE ■ Algarade, aubade (fam.), brimade, camouflet, couleuvres (fam.), incartade, mortification, scène, sortie. ⇒ **offense.**

AVANT ■ ***I. Prép. :*** devant. ***II. Adv. :*** anciennement, antérieurement, auparavant, au préalable, autrefois, ci-devant (vx), dans le passé, déjà, jadis, naguère, préalablement, précédemment, premièrement.

AVANTAGE ■ ***I.*** Atout, attribut, dessus, droit, prééminence, privilège, profit, succès, supériorité, utilité.

AVANTAGER ■ ⇒ **favoriser.**

AVANTAGEUX, EUSE ■ ***I.*** ⇒ **profitable.** ***II.*** ⇒ **orgueilleux.**

AVANT-COUREUR ■ ⇒ **précurseur.**

AVANT-DERNIER ■ Pénultième.

AVANT-GARDE ■ Avant-coureur, éclaireur, pointe, tête.

AVANT-GOÛT ■ Aperçu, avant-première, échantillon, essai, exemple, idée, image, pensée, perspective, tableau, topo (fam.).

AVANT-PREMIÈRE ■ Couturières, générale, répétition générale. ⇒ **avant-goût.**

AVANT-PROJET ■ Devis, esquisse, maquette, plan, proposition, tracé.

AVANT-PROPOS ■ ⇒ **préface.**

AVANT-SCÈNE ■ Proscenium.

AVANT-TOIT ■ Abri, auvent, galerie, marquise, véranda.

AVARE ■ **I.** Amasseur, avaricieux (vx), boîte-à-sous, chiche, chien, coquin, crasseux, créancier, cupide, dur, égoïste, fesse-mathieu, gobseck, grigou, grippe-sou, harpagon, intéressé, jean-foutre, ladre, lésineur, lésineux, liardeur, mégotier, mesquin, pain dur, parcimonieux, pignouf, pince-maille (vx), pingre, pisse-vinaigre, pouacre, près-de-ses-sous, prêteur sur gage, radin, rapace, rapiat, rat, regardant, regrattier, serré, shylock, sordide, taquin (vx), thésauriseur, tirelire, tire-sous, tronc, usurier, vautour, vilain.

AVARICE ■ Avidité, chiennerie, cupidité, égoïsme, ladrerie, lésine, lésinerie, mesquinerie, parcimonie, pingrerie, radinerie, rapacité, sordidité, thésaurisation, vilénie.

AVARIE ▪ ⇒ **dommage.**

AVARIER ▪ ***I.*** Altérer, corrompre, dénaturer, détériorer, endommager, éventer, gâter, meurtrir, perdre, pourrir, putréfier, tarer, vicier. ***II. Par ext.*** ⇒ **gâcher.**

AVATAR ▪ ⇒ **transformation.**

AVEC ▪ À, ainsi que, en compagnie de, en même temps, du même coup, par.

AVEN ▪ ⇒ **abîme.**

AVENANT, E ▪ ⇒ **aimable.**

AVENANT ▪ Adjonction, codicille, modification, supplément.

AVÈNEMENT ▪ Accession, apparition, arrivée, élévation, naissance, venue.

AVENIR ▪ ***I.*** Futur, horizon, lendemain. ***II.*** Au-delà, autre vie, destinée, éternité, temps/vie futur(e) ⇒ **postérité.** ***III. Loc.*** **À/dans l'avenir** : demain, désormais, dorénavant, dans/par la suite, plus tard.

AVENTURE ▪ ***I. Au pr.*** 1. ⇒ **événement.** 2. ⇒ **entreprise.** ***II. Par ext.*** 1. ⇒ **hasard.** 2. ⇒ **destinée.**

AVENTURER ▪ Commettre, compromettre (péj.), émettre, essayer, exposer, hasarder, jouer, jouer son vatout, se lancer, risquer, risquer le paquet (fam.), tenter. ⇒ **expérimenter.**

AVENTUREUX, EUSE ▪ Aventurier, entreprenant, hasardeux, imprévoyant, osé, risqué, téméraire.

AVENTURIER, ÈRE ▪ ***I. Nom*** ⇒ **intrigant.** ***II. Adj.*** ⇒ **aventureux.**

AVENUE ▪ ⇒ **allée, rue, voie.**

AVÉRÉ, E ▪ ⇒ **vrai.**

AVÉRER ▪ ⇒ **vérifier.** ***V. Pron.*** ⇒ **paraître, ressortir.**

AVERS ▪ Face.

AVERSE ▪ ⇒ **pluie.**

AVERSION ▪ ⇒ **éloignement.**

AVERTI, E ▪ ⇒ **capable.**

AVERTIR ▪ ***I.*** Alerter, annoncer, apprendre, aviser, crier de (vx), crier casse-cou/gare, dénoncer, dire, donner avis, éclairer, faire connaître/savoir, indiquer, informer de, instruire, mettre en demeure/en garde, montrer, notifier, porter à la connaissance, prévenir, renseigner, signaler. ***II.*** Klaxonner, sonner.

AVERTISSEMENT ▪ ***I.*** Avis, communication, conseil, indication, information, instruction, monition (relig.), recommandation, renseignement, signalement, suggestion. ***II. Non favorable :*** admonestation, leçon, observation, remontrance, représentation, réprimande. ⇒ **reproche.** ***III. Par ext.*** 1. ⇒ **préface.** 2. ⇒ **lettre.** 3. ⇒ **présage.** 4. ⇒ **notification.**

AVERTISSEUR ▪ Klaxon, signal, sirène, sonnerie, sonnette, trompe.

AVETTE ▪ ⇒ **abeille.**

AVEU ▪ Approbation, confidence, consentement, déclaration, mea culpa, reconnaissance. ⇒ **confession.**

AVEUGLANT, E ▪ ⇒ **évident.**

AVEUGLÉ, E ▪ **Fig.** ⇒ **troublé.**

AVEUGLEMENT ▪ ***I. Au pr. :*** cécité. ***II. Fig. :*** confusion, entêtement, fascination, ignorance, obscurcissement, opiniâtreté. ***III.*** ⇒ **trouble.**

AVEUGLÉMENT ▪ À l'aveugle/l'aveuglette/tâtons, sans regarder, sans voir.

AVEUGLER ▪ ***I. Au pr.*** ⇒ **boucher.** ***II. Fig.*** 1. ⇒ **éblouir.** 2. ⇒ **troubler.**

AVEUGLETTE (À L') ▪ ⇒ **aveuglément.**

AVEULIR ▪ ⇒ **affaiblir.**

AVEULISSEMENT ▪ ⇒ **dégradation.**

AVIATEUR, TRICE ■ ***I.*** Aéronaute, commandant de bord, navigant, navigateur, personnel navigant, P.N., pilote. ***II. Par ext. :*** aérostier.

AVIATION ■ ***I.*** Aéronautique, navigation aérienne, sports/transports aériens. ***II.*** Aéronavale, aéropostale, aérospatiale, aérostation, aérotechnique, armée de l'air.

AVIDE ■ ***I. Au pr.*** ⇒ **glouton.** ***II. Fig.*** ⇒ **intéressé.**

AVIDITÉ ■ Ambition, avarice, concupiscence, convoitise, cupidité, désir insatiable, gloutonnerie, goinfrerie, rapacité, vampirisme.

AVILI, E ■ ⇒ **vil.**

AVILIR ■ ⇒ **abaisser.**

AVILISSANT, E ■ ⇒ **honteux.**

AVILISSEMENT ■ ⇒ **dégradation.**

AVINÉ, E ■ ⇒ **ivre.**

AVION ■ **I.** Aéroplane, aérobus, airbus, appareil, avionnette, jet, machine, plus lourd que l'air, supersonique. ***II.*** Bi/mono/quadri/trimoteur/réacteur, d'appui/assaut/ bombardement/chasse/observation / ravitaillement/renseignement/ transport. ***III. Fam. et/ou péj. :*** cage à poules, carcasse, cercueil volant, coucou, fer à repasser, lampe à souder, libellule, pou du ciel, tacot, taxi, zinc. ***IV.*** ⇒ **aérodyne.**

AVIRON ■ ***I.*** Godille, pagaie, rame. ***II. Par ext. :*** régates.

AVIS ■ ***I.*** ⇒ **avertissement.** ***II.*** ⇒ **opinion.** ***III.*** ⇒ **préface.** ***IV.*** ⇒ **proclamation.** ***V. Loc.*** **Donner avis** ⇒ **avertir.**

AVISÉ, E ■ ⇒ **habile, prudent.**

AVISER ■ ***I. V. tr.*** **1.** ⇒ **avertir. 2.** ⇒ **voir.** ***II. V. intr.*** ⇒ **pourvoir.** ***III. V. pron.*** **1.** ⇒ **oser. 2.** ⇒ **trouver. 3.** ⇒ **penser.**

AVITAILLER ■ ⇒ **pourvoir.**

AVITAMINOSE ■ Béribéri, rachitisme, scorbut.

AVIVER ■ ⇒ **augmenter.**

AVOCAT ■ ⇒ **défenseur.**

AVOINE ■ ***I.*** Fromental. ***II. Fam. :*** ⇒ **volée.**

AVOIR ■ ***I. N. m.*** **1.** ⇒ **bénéfice. 2.** ⇒ **biens.** ***II. V. tr.*** **1.** Détenir, jouir de, posséder, tenir. **2.** ⇒ **obtenir.** ***III. Par ext.*** **1.** ⇒ **tromper. 2.** ⇒ **vaincre.**

AVOISINANT, E ■ ⇒ **prochain.**

AVOISINER ■ ⇒ **toucher.**

AVORTEMENT ■ ***I. Au pr. :*** arrêt/interruption volontaire de grossesse, fausse couche, I. V. G. ***II. Fig. :*** déconfiture, défaite, échec, faillite, insuccès, perte, revers.

AVORTER ■ Chuter, échouer, faire long feu/fiasco, foirer (fam.), louper (fam.), manquer, rater.

AVORTON ■ ***I. Au pr. :*** fausse couche. ***II. Par ext.*** **1.** Embryon, fœtus, germe, graine, œuf. **2.** Aztèque, freluquet, gnome, lilliputien, magot, microbe, myrmidon, nabot, nain, pot à tabac, pygmée, ragot, ragotin, rase-mottes, tom-pouce.

AVOUABLE ■ ⇒ **honnête.**

AVOUER ■ ***I. Au pr. :*** admettre, concéder, constater, confesser, confier, convenir, décharger/dégager sa conscience, déclarer, dire, reconnaître, tomber d'accord. ***II. Arg. :*** cracher le morceau, se déboutonner, se dégonfler, manger le morceau, se mettre à table, vider son sac.

AVULSION ■ Arrachement, déracinement, divulsion, éradication, évulsion, extirpation, extraction.

AXE ■ Arbre, essieu, ligne, pivot, vecteur.

AXER ■ ⇒ **diriger.**

AXIOME ▪ ***I.*** Évidence, exactitude, postulat, proposition, prémisse, vérité. ***II.*** Adage, aphorisme, apophtegme, maxime, morale, pensée, sentence.

AZULERO ▪ ⇒ **céramique.**

AZUR ▪ Air, atmosphère, bleu, ciel, éther, firmament, voûte céleste.

AZURÉ, E ▪ Azurin, bleu, bleuâtre, bleuté, céleste, céruléen, lapis-lazuli, myosotis, pervenche, saphir.

b

BABA ▪ ***I. Adj. :*** abasourdi, comme deux ronds de flan, ébahi, étonné, stupéfait, surpris. ***II. N. m.*** **1.** Marquise, savarin. **2.** ⇒ **fessier.**

BABIL, BABILLAGE ▪ ***I.*** Babillement, bavardage, gazouillement, gazouillis, lallation, ramage. ***II.*** Bruit, murmure. ***III.*** Caquet, caquetage, jacassement, jaserie.

BABILLARDE ▪ Bafouille (fam.), bifton (argot milit.), lettre, message, missive, poulet (fam.).

BABILLER ▪ ***I.*** Bavarder, gazouiller. ***II. Non favorable :*** cancaner, caqueter, jacasser, jaser, médire. ⇒ **jaboter.**

BABINES ▪ ***Au pr.*** **1. D'un animal :** lèvres, lippes. **2. De quelqu'un :** badigoinces (fam.), lèvres, lippes.

BABIOLE ▪ ***I. Chose sans importance :*** affiquet, amusement, amusette, amusoire, bagatelle, baliverne, bêtise, bibelot, bimbelot, breloque, bricole, brimborion, caprice, colifichet, connerie (vulg.), fanfreluche, fantaisie, frivolité, futilité, rien. ***II. Affaire sans importance.*** **1.** Amusement, badinerie, bricole (fam.), broutille, futilité, jeu, plaisanterie, rien. **2. Non favorable :** baliverne, bêtise, chanson, fadaise, futilité, sornette, sottise, vétille. ***III. Par ext. :*** amourette, badinage, chose, flirt, galanterie. ⇒ **amour.**

BÂBORD ▪ Côté gauche.

BABOUCHE ▪ Chaussure, mule, pantoufle, savate.

BAC ▪ ***I.*** Bachot, bateau plat, embarcation, ferry-boat, toue, traille, va-et-vient. ⇒ **bateau.** ***II.*** Auge, baquet, bassin, cuve, timbre. ***III.*** ⇒ **baccalauréat.**

BACCALAURÉAT ▪ Premier grade universitaire. ***Fam. :*** bac, bachot, peau d'âne.

BACCHANALE ▪ ⇒ **tohu-bohu.**

BACCHANTE ▪ moustache. ⇒ **mégère.**

BÂCHE ▪ Banne, capote, couverture, toile. ***Mar. :*** prélart, taud.

BÂCHER ▪ ⇒ **couvrir.**

BACILLAIRE ▪ Bactérien, microbien, parasite.

BACILLE ▪ ***Par ext. :*** bactérie, germe, microbe, virus.

BÂCLAGE ▪ Expédition, gâchis, liquidation, sabotage, sabrage, torchage (fam.).

BÂCLE ▪ ⇒ **barre.**

BÂCLER ▪ Brocher, expédier, finir, gâcher, liquider, saboter, sabrer, torcher (fam.).

BACTÉRIE ▪ Bacille, germe, microbe, virus.

BACTÉRIEN, ENNE ▪ Bacillaire, microbien, parasite.

BADAUD ■ ***I. Non favorable :*** crédule, gobe-mouches (fam.), niais, nigaud, oisif, sot. ***Arg. :*** cave, pingouin. ⇒ **bête.** ***II. Neutre :*** curieux, flâneur, lèche-vitrine (fam.), promeneur.

BADAUDERIE ■ Crédulité, niaiserie, nigauderie, oisiveté, sottise. ⇒ **bêtise.**

BADERNE ■ ***I. Mar. :*** protection. ***II. Loc. Vieille baderne 1.*** Culotte de peau, peau de vache. **2.** Réac, son et lumière, vieux chose/con/machin/truc, vieille vache.

BADGE ■ ⇒ **insigne.**

BADIGEON ■ Enduit. ⇒ **peinture.**

BADIGEONNAGE ■ Barbouillage (péj.), enduit. ⇒ **peinture.**

BADIGEONNER ■ ***I.*** Enduire, peindre. ***II. Par ext. :*** barbouiller, enduire, farder, oindre, peindre, recouvrir.

BADIGOINCES ■ ⇒ **babines.**

BADIN, E ■ ***I.*** Drôle, enjoué, espiègle, folâtre, fou, foufou (fam.), gai, gamin, rigolo (fam). ***II. Non favorable :*** désinvolte, frivole, léger, libre.

BADINAGE ■ ***I. Au pr. :*** amusement, amusette, badinerie, batifolage, enjouement, gaieté, jeu, plaisanterie. ***II.*** Bluette, fleurette, flirt, galanterie, marivaudage.

BADINE ■ ***I. Nom fém. :*** canne, cravache, baguette, jonc, stick. ***II. Nom fém. pl. :*** pincettes.

BADINER ■ ***I.*** S'amuser, jouer, plaisanter, rigoler (fam.), taquiner. ***II.*** Baratiner (fam.), conter fleurette, flirter, marivauder. ⇒ **courtiser.**

BAFFE ■ ⇒ **gifle.**

BAFOUER ■ Abaisser, brocarder, fouler aux pieds, se gausser de, humilier, maltraiter, mépriser, mettre en boîte (fam.), se moquer de, outrager, se payer la tête de (fam.), persifler, railler, ridiculiser, vilipender.

BAFOUILLAGE ■ Baragouin, baragouinage, bredouillement, cafouillage, charabia, jargon. **Vulg. :** déconnage, merdoyage, merdoiement.

BAFOUILLE ■ Babillarde, bifton (argot milit.), lettre, message, missive, poulet (fam.).

BAFOUILLER ■ ***I.*** Balbutier, baragouiner, bégayer, bredouiller, cafouiller, déconner (grossier), s'embrouiller, jargonner, jargouiner, manger ses mots, marmonner, merdoyer (grossier), murmurer. ***II. Loc. :*** ça se bouscule au portillon (fam.).

BAFOUILLEUR, EUSE ■ Baragouineur, bégayeur, bredouilleur, cafouilleur. ***Vulg. :*** déconneur, merdoyeur.

BÂFRER ■ ***Péj. :*** avaler, bouffer, boustifailler, brifer, déglutir, empiffrer, s'empiffrer, engloutir, se faire péter la sous-ventrière, faire ripaille, gobichonner, goinfrer, se goinfrer, gueuletonner, s'en mettre plein la lampe, phagocyter, se taper la cloche, tortorer.

BÂFREUR ■ Bouffeur, boustifailleur, empiffreur, glouton, goinfre, goulu, gourmand, ogre, phagocyte, ripailleur, tube digestif.

BAGAGE ■ ***I. Au pr.*** **1.** Affaires. **2.** Attirail, barda (arg. milit.), caisse, cantine (milit.), chargement, colis, équipement, fourbi (fam.), fourniment, impedimenta, malle, paquet, paquetage (milit.), sac, valise. ⇒ **ballot. 3.** Arroi (vx), équipage, train. ***II. Par ext. :*** acquis, compétence, connaissance, savoir. ***III. Loc.*** **1. Avec armes et bagages :** totalement et rapidement, sans demander son reste. **2. Plier bagage :** déguerpir, s'enfuir, partir rapidement.

BAGARRE ■ Altercation, baroud (milit.), bataille, combat, crosses (fam.), discussion, dispute, échauffourée, empoignade, explication, lutte, noise, querelle, rixe.

BAGARRER, SE BAGARRER ■ ***I. Au***

pr. : barouder (milit.), batailler, se battre, se disputer, se quereller, chercher des crosses/noise/des noises/querelle. *II. Par ext. :* agir/discuter avec ardeur/conviction, lutter.

BAGARREUR ■ Agressif, baroudeur (milit.), batailleur, combatif, mauvais coucheur, querelleur.

BAGASSE ■ ⇒ **prostituée.**

BAGATELLE ■ *I. Chose :* affiquet, amusement, amusette, amusoire, babiole, baliverne, bêtise, bibelot, bimbelot, breloque, bricole, brimborion, caprice, chiffon, colifichet, fanfreluche, fantaisie, fifrelin, frivolité, futilité, rien. *II. Affaire sans importance.* 1. Amusement, badinerie, bricole (fam.), broutille, futilité, jeu, plaisanterie, rien. 2. Baliverne, bêtise, chanson, connerie (fam.), détail, enfantillage, fadaise, foutaise (fam.), hochet, jouet, rocambole, sornette, sottise, vétille. *III. Part ext. :* amourette, badinage, chose, flirt, galanterie. ⇒ **amour.**

BAGNARD ■ Détenu, forçat, galérien, interné, relégué, transporté.

BAGNE ■ Chiourme, détention, réclusion criminelle, grotte (arg.), pénitencier, relégation, transportation. ⇒ **travaux forcés.**

BAGNOLE ■ *I. Au pr. :* auto, automobile, tas de ferraille, taxi, tire (arg.), véhicule. ⇒ **voiture.** *II. Péj. :* clou, ferraille, poubelle, tacot.

BAGOU ■ *I. Au pr. :* babil, babillage, baratin, bavardage, bavarderie, bavasserie, boniment, caquetage, jacasserie, jaserie, jaspin, langue bien affilée/pendue, logorrhée, loquacité, papotage, parlage, parlerie, parlote, patati et patata, verbiage. ⇒ **éloquence.** *II. Par ext. :* ⇒ **médisance.**

BAGUE ■ *I.* Alliance, anneau, brillant, chevalière, diamant, jonc, marguerite, marquise, solitaire.

BAGUENAUDE ■ ⇒ **promenade.**

BAGUENAUDER, SE BAGUENAUDER ■ Se balader, faire un tour, flâner, lanterner, musarder, muser, prendre l'air, se promener, sortir, se traîner, se trimbaler (fam.), vadrouiller.

BAGUETTE ■ *I.* Petit bâton, tige. *II.* Frette, listel, membron, moulure. *III.* Badine, canne, cravache, houssine, jonc, stick, verge. *III. Loc.* **D'un coup de baguette** : par enchantement/magie/miracle.

BAHUT ■ *I. Meuble :* armoire, buffet, coffre, dressoir, huche, maie, semainier, vaisselier. *II. Arg. scol. :* école, collège, lycée. *III.* ⇒ **camion.** *IV. Arch. :* appui, chaperon.

BAIE ■ *I.* Anse, calanque, conche, crique, golfe, havre. *II.* Châssis, croisée, double fenêtre, fenêtre, lucarne. ⇒ **ouverture.** *III.* Akène, drupe, fruit, graine.

BAIGNADE ■ ⇒ **bain.**

BAIGNER ■ *I. V. tr.* **1. On baigne quelqu'un ou quelque chose** : laver, mettre dans l'eau, mouiller, nettoyer, plonger dans l'eau, tremper. **2. Un fleuve** : arroser, couler dans, irriguer, traverser. **3. La mer** : entourer. **4. Par ext.** : inonder, mouiller, remplir. *II. V. intr. :* immerger, nager, noyer (péj.), être plongé, tremper. *III. V. pron. :* faire trempette (fam.), se laver, nager, se nettoyer, se plonger dans l'eau, prendre un bain, se tremper.

BAIGNEUR, EUSE ■ *I. Au pr. :* nageur. *II. Par ext. :* aoûtien (fam.), curiste, touriste, vacancier.

BAIGNOIRE ■ *I.* Piscine, tub. *II. Théâtre :* avant-scène, loge, mezzanine.

BAIL ■ Amodiation, commandite, contrat, convention, fermage, location, loyer.

BÂILLEMENT ■ **Fig.** : échancrure, ouverture.

BAILLER ■ ⇒ **donner.**

BÂILLER ■ ***I. Fam.*** : se décrocher la mâchoire (fam.), ouvrir un four. ***II. Par ext.*** : être béant/entrouvert/mal ajusté/mal fermé/mal joint/mal tendu.

BAILLEUR, ERESSE ■ ***I.*** Propriétaire, proprio (arg.). ***II.*** Capitaliste, commanditaire, créancier, prêteur.

BÂILLON ■ Bandeau, muselière, tampon.

BÂILLONNER ■ ***I.*** Museler. ***II. Fig.*** : étouffer, museler, réduire au silence.

BAIN ■ ***I.*** Ablution, baignade, douche, toilette, trempette. ***II. Le lieu.*** **1.** Conche, plage, rivière. **2.** Bain turc, hammam, piscine, sauna, thermes. ***III. Loc.*** **Être dans le bain** : être compromis, être impliqué dans, être mouillé (fam.).

BAISE ■ ⇒ **accouplement.**

BAISER ■ ***I. V. tr.*** Accoler (vx), bécoter (fam.), biser, donner un baiser, *et les syn. de* BAISER *(nom),* embrasser, faire la bise (fam.), poser un baiser sur, sucer la pomme (fam.). ***II. Par ext.*** **1. Vulg.** ⇒ **accoupler (s').** **2. Loc. Se faire baiser** (grossier) : être abusé /dupé/ feinté/pris/roulé/trompé, se faire avoir/posséder/prendre/rouler.

BAISER ■ n. m. ***I.*** Accolade, embrassade. ***Fam.*** : bécot, patin, poutou, suçon. ***Rég.*** : bec. ⇒ **bise.** ***II. Loc.*** **1. De Judas** : fourberie, mensonge, trahison, traîtrise. ⇒ **hypocrisie.** **2. Lamourette** : duperie, leurre, réconciliation passagère, succès sans lendemain, tromperie.

BAISSE ■ Abaissement, affaiblissement, affaissement, amoindrissement, chute, déclin, décrue, descente, diminution, effondrement, faiblissement, fléchissement, reflux.

BAISSER ■ ***I.*** **1.** Abaisser, descendre, rabaisser, rabattre, surbaisser. **2. La tête** : courber, incliner, pencher. **3. Par ext.** : abattre, démarquer, diminuer, faire un abattement, réduire. ***II.*** **1. Quelqu'un** : s'affaiblir, décliner, décroître, diminuer. *Fam.* : devenir gâteux, sucrer les fraises. **2.** Chuter, descendre, s'effondrer, faiblir, refluer, rétrograder.

BAKCHICH ■ ⇒ **gratification.**

BAL ■ ***I. Au pr.*** **1.** Dancing, night-club, salle de bal, salon. **2. Non favorable** : bastringue, boîte, guinche, guinguette, pince-fesses (fam.). **3. Bal champêtre** : frairie, musette. ***II. Par ext.*** **1.** Fête, réception, soirée, surprise-partie. **2. L'après-midi** : cinq à sept, cocktail dansant, sauterie, thé dansant. **3. Fam.** : boum, quelque chose, surboum, surpatte.

BALADE ■ Excursion, randonnée, sortie, tour, voyage. ⇒ **promenade.**

BALADER ■ Faire faire un tour, faire prendre l'air à, promener, sortir, trimbaler (fam. et péj.). **V. pron. 1.** Se baguenauder, errer, faire un tour, flâner, lanterner, lécher les vitrines, musarder, muser, prendre l'air, se promener, sortir, se traîner, se trimbaler, vadrouiller. **2. Par ext.** : faire une excursion/du tourisme, un voyage, voir du pays, voyager.

BALADIN, INE ■ Acteur ambulant, acrobate, ballerine, bateleur, bouffon, clown, comédien, danseur, enfant de la balle, histrion, paillasse, saltimbanque.

BALAFRE ■ Cicatrice, coupure, entaille, estafilade, taillade. ⇒ **blessure.**

BALAFRER ■ Couper, entailler, taillader, tailler. ⇒ **blesser.**

BALAI ■ ***I.*** Aspirateur (par ext.), balayette, brosse, écouvillon, goret, guipon, faubert, houssoir, lave-pont, tête de loup, vadrouille. ***II. Coup de balai*** ⇒ **nettoiement, épuration.**

BALANCE ■ ***I. Au pr.*** **1.** Pèse-bébé, pèse-grains, pèse-lettre, pesette, peson, romaine, trébuchet. **2.** Bascule, poids public. **3. De pêche** : caudrette, filet, truble. ***II. Fig. :*** équilibre, rapport. ***III. Loc.*** **1. Mettre en balance** : comparer, favoriser. **2. Rester/être en balance** : hésiter. **3. Tenir en balance** : laisser dans l'incertitude, rendre hésitant. ***IV. Comptabilité :*** bilan, compte, différence, solde.

BALANCÉ, E (BIEN) ▪ ***I. Un garçon :*** balèze (fam.), beau gars, bien baraqué (arg.)/bâti/proportionné, costaud. ***II. Une fille :*** beau brin de fille, beau châssis (arg.), belle fille, bien bâtie/faite/proportionnée/roulée (fam.)/tournée, faite au moule.

BALANCEMENT ▪ ***I. Au pr. :*** alternance, bascule, battement, bercement, branle, branlement (vx), brimbalement, dandinement, dodelinement, flottement, fluctuation, flux et reflux, nutation, ondulation, oscillation, roulis, secouement, tangage, vacillation, va-et-vient. ***II. Par ext.*** **1.** Flottement, hésitation. **2. Littérature** : cadence, harmonie, rythme. ***III. Fig. :*** compensation, équilibre, pondération.

BALANCER ▪ ***I. V. tr.*** **1.** Agiter, bercer, branler (vx), dandiner, dodeliner, dodiner, faire aller et venir/de droite et de gauche/osciller, hocher, remuer. **2. Par ext.** : balayer, bazarder (fam.), chasser, congédier, se débarrasser de, donner son compte à, envoyer à la balançoire/promener/valser, expulser, faire danser (fam.)/ valser (fam.), ficher/foutre (grossier)/jeter à la porte, remercier, renvoyer. **3. Comptabilité** : couvrir, solder. **4. Une force** : compenser, contrebalancer, équilibrer, neutraliser. ***II. V. intr.*** **1. Au pr.** : aller de droite et de gauche, ballotter, brimbaler, bringuebaler, être secoué, onduler, osciller, remuer, rouler, tanguer, vaciller. **2. Fig.** : comparer, examiner, flotter, hésiter, opposer, peser le pour et le contre. ***III. Loc.*** **1. Je m'en balance** : ça m'est égal, je m'en fiche, je m'en fous (vulg.), je m'en moque. **2. Envoyer balancer** : bazarder, se décourager (au fig.), envoyer promener (fam.), liquider, renoncer à, vendre. **3. Ça se balance** : s'équilibrer, se neutraliser, se valoir.

BALANÇOIRE ▪ ***I.*** Balancelle (par ext.), bascule, escarpolette. ***II. Fig. :*** baliverne, sornette.

BALAYAGE ▪ ⇒ **nettoiement, épuration.**

BALAYER ▪ ***I.*** Brosser, donner un coup de balai, enlever la poussière, frotter, passer le balai. ⇒ **nettoyer.** ***II. Fig.*** **1. Une chose** : déblayer, dégager, écarter, refouler, rejeter, repousser. ⇒ **chasser. 2.** ⇒ **retrancher.**

BALAYEUR ▪ Boueur, boueux, employé au petit génie.

BALAYURE ▪ ⇒ **débris.**

BALBUTIEMENT ▪ ***I.*** Babil, murmure. ***II.*** Ânonnement, bafouillage, baragouin, bégaiement, bredouillement, mussitation. ***III. Fig. :*** aube, aurore, commencement, début, enfance.

BALBUTIER ▪ ***I.*** Articuler, babiller, murmurer. ***II.*** Ânonner, bafouiller, baragouiner, bégayer, bredouiller, hésiter, marmonner, marmotter, merdoyer (fam.), se troubler.

BALCON ▪ Avancée, galerie, loggia, mezzanine.

BALDAQUIN ▪ ***I.*** Dais. ***II. Relig. :*** ciborium. ***III.*** Ciel de lit.

BALEINE ▪ ***I.*** Baleineau, baleinoptère, cétacé, épaulard, jubarte, mégaptère, orque, rorqual, rorque. ***II. De corset :*** busc.

BALEINIÈRE ▪ Canot, chaloupe, embarcation. ⇒ **bateau.**

BALÈZE ▪ ***I.*** Baraqué (arg.), costaud, fort, grand. ***II. Loc. :*** armoire à glace (fam.), fort comme un Turc.

BALISAGE ▪ Guidage, radioguidage, signalement.

BALISE ▪ Amer, bouée, clignotant, émetteur, feu, feu clignotant, jalon, marque, poteau, réflecteur, signal, tourelle.

BALISER ■ Flécher, indiquer, marquer, munir de balises, signaler, tracer.

BALISTE ■ ⇒ **catapulte.**

BALISTIQUE ■ Aérodynamique, astronautique, cinématique, cinétique, dynamique, mécanique.

BALIVEAU ■ ⇒ **arbre.**

BALIVERNE ■ ***I.*** Balançoire, billevesée, bourde, calembredaine, chanson, connerie (fam.), conte, coquecigrue, enfantillage, fable, facétie, fadaise, faribole, futilité, histoire, niaiserie, puérilité, rien, sornette, sottise. ***II.*** ⇒ **bagatelle.** ***III.*** ⇒ **bêtise.**

BALLADE ■ Chanson, lied, refrain. ⇒ **poème.**

BALLANT, E ■ ***I. Adj. :*** oscillant, pendant. ***II. Loc.*** **Donner du ballant :** détendre, donner du mou, relâcher.

BALLAST ■ ***I. D'une voie :*** remblai. ***II. Mar.*** **1.** Lest. **2.** Réservoir. **3.** Compartiment.

BALLE ■ ***I.*** Ballon, éteuf, pelote. ***II. Loc.*** **Balle au panier :** basket-ball. ***III.*** Cartouche, chevrotine, plomb, projectile, pruneau (arg.). ***IV.*** Affaires, attirail, ballot, balluchon, barda (arg. milit.), caisse, cantine, colis, fourbi (fam.), paquet, paquetage (milit.), sac. ***V. Fam. :*** ⇒ **tête.** ***VI. Botan. :*** cosse, enveloppe, glume, glumelle.

BALLERINE ■ Danseuse, étoile, petit rat, premier sujet.

BALLET ■ Chorégraphie, danse, divertissement, spectacle de danse.

BALLON ■ ***I.*** Balle. ***II. Loc.*** **1. Ballon rond :** foot, football, football-association. **2. Ballon ovale :** rugby, jeu à treize/à quinze. ***III.*** Aéronef, aérostat, dirigeable, montgolfière, saucisse, zeppelin. ***IV. Loc.*** **Faire ballon** (fam.) : faire tintin, être déçu/privé de.

BALLONNÉ, E ■ Distendu, enflé, flatueux, flatulent, gonflé, météorisé, tendu, venteux.

BALLONNEMENT ■ Enflure, flatulence, flatuosité, gonflement, météorisation, météorisme, tension, ventosité.

BALLOT ■ ***I. Au pr.*** **1.** Affaires, attirail, bagot (arg.), balle, balluchon, barda, caisse, cantine, chargement, colis, équipement, fourbi, pacson (arg.), paquet, paquetage, sac. ⇒ **bagage.** ***II. Par ext. :*** acquis, compétence, connaissance, savoir. ***III. Fig.*** ⇒ **bête.**

BALLOTTEMENT ■ Agitation, balancement, remuement, secousse, va-et-vient.

BALLOTTER ■ ***I.*** Agiter, balancer, baller (vx), cahoter, remuer, secouer. ***II.*** Rendre hésitant/indécis, tirailler.

BALLOTTINE ■ Galantine.

BALLUCHE, BALLUCHON ■ ⇒ **ballot.**

BALNÉAIRE ■ ***I. Station balnéaire :*** station thermale. ***II.*** Bord de mer.

BALOURD, E ■ Emprunté, fruste, gaffeur, gauche, grossier, lourd, lourdaud, maladroit, rustaud, rustre. ⇒ **bête.**

BALOURDISE ■ Gaffe, gaucherie, grossièreté, lourdeur, maladresse, rusticité, sottise, stupidité. ⇒ **bêtise.**

BALUSTRADE ■ Bahut, garde-corps, garde-fou, parapet, rambarde.

BAMBIN ■ Bébé, chérubin, gamin, petiot (fam.), petit. ⇒ **enfant.**

BAMBOCHE ■ Bamboula. ⇒ **fête.**

BAMBOCHEUR ■ ⇒ **fêtard.**

BAN ■ ***I.*** Proclamation, publication. ***II.*** Applaudissement, hurrah, ovation. ***III. Loc.*** **Le ban et l'arrière-ban :** tout le monde. ***IV. Loc.*** **Mettre au ban de :** bannir, chasser, exiler, expulser, mettre en marge de, refouler, repousser.

BANAL, E ▪ ***I.*** Communal, paroissial, public. ***II.*** Commun, courant, ordinaire. ***III.*** Battu, impersonnel, insignifiant, insipide, pauvre, plat, rebattu, sans originalité, trivial, usé, vieux, vulgaire.

BANALITÉ ▪ Cliché, évidence, fadaise, lapalissade, lieu commun, médiocrité, pauvreté, platitude, poncif, redite, trivialité, truisme.

BANC ▪ ***I.*** Banquette, gradins, siège. ***II.*** Bâti, établi, table. ***III. Mar. :*** banquise, bas-fond, brisant, écueil, récif. ***IV. Géol. :*** amas, assise, couche, lit, strate.

BANCAL, E ▪ ***I.*** Bancroche, boiteux, éclopé. ***II. Un objet :*** boiteux, branlant, déglingué (fam.), de guingois (fam.), en mauvais état. ***III. Un raisonnement :*** boiteux, contestable, faux, fumeux (fam.), illogique, spécieux.

BANDAGE ▪ ***I.*** Appareil, attelle, bande, écharpe, ligature, minerve, orthopédie, pansement. ***II.*** Tension.

BANDE ▪ ***I.*** Bandage, bandeau, bandelette, ceinture, pansement, sangle. ⇒ **ruban.** ***II. Par ext.*** **1.** Bras, coin, détroit, isthme, langue, morceau. **2.** Film, pellicule. ***III.*** **1.** Armée, association, cohorte, compagnie, équipe, groupe, parti, troupe. **2.** Clan, clique, coterie, gang, horde, ligue, meute. ***IV. D'animaux :*** harde, meute, troupe, troupeau.

BANDEAU ▪ ***I.*** Diadème, serre-tête, tour de tête, turban. ***II. Arch. :*** frise, moulure, plate-bande.

BANDER ▪ ***I. Au pr. :*** faire un pansement, panser, soigner. ***II. Par ext.*** **1.** Fermer, obturer. **2.** Raidir, roidir, tendre. **3.** Appliquer son attention à, concentrer, tendre son esprit à. **4.** Être en érection. ⇒ **jouir.**

BANDEROLE ▪ Calicot, flamme, oriflamme. ⇒ **bannière.**

BANDIT ▪ Apache, assassin, bon à rien, chenapan, criminel, desperado, forban, fripouille, gangster, hors-la-loi, malandrin, malfaiteur, pirate (fam.), sacripant, terreur, voleur, voyou. ⇒ **brigand, vaurien.**

BANDITISME ▪ ⇒ **brigandage.**

BANLIEUE ▪ Agglomération, alentours, ceinture, cité-dortoir (péj.), environs, extension, faubourg, favela, périphérie, quartiers excentriques, zone suburbaine.

BANNE ▪ ⇒ **bâche.**

BANNI, E ▪ Bagnard, déporté, expatrié, exilé, expulsé, interdit de séjour, proscrit, refoulé, relégué, transporté (vx).

BANNIÈRE ▪ ***I.*** Banderole, bandière, baucent, couleurs, drapeau, enseigne, étendard, fanion, flamme, guidon, gonfanon, oriflamme, pavillon, pennon. ***II. Loc.*** **1. C'est la croix et la bannière** : c'est très difficile, il faut y mettre beaucoup de formes, il se fait beaucoup prier. **2. Se ranger sous la bannière** : adhérer, adopter, participer, se ranger à l'avis. **3. Arborer, déployer la bannière de** : afficher, donner le signal de, soulever au nom de. **4. Se promener en bannière** (fam.) : en pan de chemise.

BANNIR ▪ ***I.*** Chasser, contraindre à quitter le territoire, déporter, exclure, exiler, expatrier, expulser, frapper d'ostracisme, interdire de séjour, limoger, mettre au ban, ostraciser, proscrire, refouler, reléguer, transporter (vx). ***II. Fig. :*** s'abstenir de, arracher, chasser, condamner, écarter, éloigner, éviter, exclure, fuir, ôter, se priver de, proscrire, rayer, refouler, rejeter, repousser, supprimer.

BANNISSEMENT ▪ ***I. De quelqu'un :*** bagne, déportation, exclusion, exil, expulsion, interdiction de séjour, limogeage, ostracisme (fig.), proscription, relégation, transportation (vx). ***II. D'une chose :*** abandon, abstention, abstinence, condamnation, éloignement, exclusion, proscription, rejet, suppression.

BANQUE ■ ***I.*** Caisse de crédit/de dépôts, établissement de crédit, comptoir. ***II. Loc.*** **Billet de banque :** argent, assignat (vx), bank-note (angl.), coupure, espèces, fonds, image (fam.), monnaie, papier, papier-monnaie. **Fam. :** fafiot, pèze, ticket.

BANQUEROUTE ■ Déconfiture, faillite, krach, liquidation, ruine.

BANQUET ■ Agapes, bombance (fam.), bombe, brifeton (fam.), festin, festivité, fête, grand repas, gueuleton (fam.), réjouissances, repas d'apparat, ripaille (péj.).

BANQUETER ■ ***I. Au pr.*** **1.** Faire des agapes/un bon repas/un festin/la fête. **2. Fam. :** faire bombance/la bombe/ripaille, gueuletonner, s'en mettre plein la lampe, se remplir la panse, ripailler, se taper la cloche. ***II. Non fav. :*** bambocher, faire la bamboula/la noce/ripaille, ripailler.

BANQUETTE ■ Banc, pouf, siège.

BANQUIER ■ Cambiste, financier. ⇒ **prêteur.**

BANQUISE ■ Banc de glace, iceberg.

BAOBAB ■ Adansonia, arbre à pain.

BAPTÊME ■ ***I.*** Bain purificateur, engagement, immersion, onction, ondoiement, purification, régénération. ***II.*** Début, consécration, initiation, révélation.

BAPTISER ■ ***I.*** Administrer le baptême, immerger, oindre, ondoyer, purifier, régénérer. ***II. Fig. :*** bénir, consacrer, initier, révéler. ***III.*** ⇒ **appeler.**

BAQUET ■ Auge, bac, baille, barbotière, comporte, cuve, cuvier, jale, récipient, seille, seillon.

BAR ■ Bistrot (péj.), brasserie, buvette, cabaret, café, café-tabac, club, comptoir, débit de boissons, discothèque, night-club, pub (angl.), saloon (amér.), snack-bar, taverne, troquet (pop.), whisky-club, zinc. ***Poisson :*** loubine, loup, lubin.

BARAGOUIN ■ Baragouinage, bredouillement, cafouillage, charabia, déconnage (grossier), jargon, merdoyage (grossier), merdoiement (grossier).

BARAGOUINER ■ ***I.*** Bafouiller, balbutier, bégayer, bredouiller, cafouiller, déconner (grossier), s'embrouiller, jargouiner, manger ses mots, marmonner, marmotter, merdoyer (grossier), murmurer. ***II. Loc. :*** ça se bouscule au portillon.

BARAGOUINEUR, EUSE ■ Bafouilleur, bégayeur, bredouilleur, cafouilleur. **Grossier :** déconneur, merdoyeur.

BARAKA ■ ⇒ **protection.**

BARAQUE ■ ***I.*** Abri, appentis, baraquement, cabane, cabanon, cassine, échoppe, hangar, hutte, loge. ***II.*** Bicoque, boîte, boutique, cabane, crèche, crêmerie, masure.

BARAQUÉ, E ■ Armoire à glace (fam.), balancé, balèze (fam.), beau gars, belle fille, bien balancé/bâti/fait/proportionné/roulé/tourné, costaud, fait au moule, fort, fort comme un Turc, grand, membré, puissant, râblé.

BARAQUEMENT ■ ***I.*** ⇒ **baraque.** ***II. Milit. :*** camp, cantonnement, casernement.

BARATIN ■ Abattage, bagou, boniment, brio, charme, faconde, hâblerie, parlote.

BARATINER ■ ***I.*** Avoir du bagou, bavarder, chercher à convaincre/à persuader, hâbler, faire du boniment. ***II.*** Complimenter, entreprendre, faire du boniment/du charme/des compliments/la cour, jeter du grain (arg.), raconter des salades (arg.), séduire. ⇒ **courtiser.**

BARATINEUR, EUSE ■ Bavard, beau parleur, bonimenteur, charmeur, séducteur. ⇒ **hâbleur.**

BARBACANE ■ ⇒ **ouverture.**

BARBANT, E ■ Assommant, barbifiant, barbifique, embêtant, emmerdant (vulg.), la barbe, rasant, rasoir. ⇒ **ennuyeux.**

BARBARE ■ ***I.*** Arriéré, béotien, grossier, ignorant, inculte, non civilisé/policé, primitif. ***II.*** Bestial, brutal, brute, cruel, dur, farouche, féroce, impitoyable, inhumain, sanguinaire, truculent (vx). ⇒ **sauvage.**

BARBARIE ■ Atrocité, bestialité, brutalité, cruauté, état de nature, férocité, grossièreté, inhumanité, inconvenance, incorrection, sauvagerie, vandalisme.

BARBE ■ Barbiche, barbichette, bouc, collier, impériale, mouche, piège à poux, poils, royale.

BARBEAU ■ ⇒ **bleuet, proxénète.**

BARBECUE ■ Fourneau, rôtissoir, tournebroche.

BARBELÉ ■ ***I.*** Piquant. ***II. Fil barbelé :*** ronce. ***III. Pl. :*** chevaux de frise.

BARBER ■ Assommer, barbifier, embêter, emmerder (vulg.), ennuyer, raser.

BARBIER ■ Coiffeur, figaro, merlan (vx), perruquier.

BARBITURIQUE ■ Hypnotique, sédatif, somnifère, tranquillisant.

BARBON ■ Baderne, chef-d'œuvre en péril, grison, vieillard, vieille bête, vieux, vieux beau/con/schnoque.

BARBOTER ■ ***I. V. intr. :*** s'agiter dans, s'embourber, s'empêtrer, s'enliser, fouiller dans, patauger, patouiller, tremper/se vautrer dans. ***II. V. tr. :*** chaparder, chiper, piquer, prendre, soustraire, voler.

BARBOTINE ■ ⇒ **pâte.**

BARBOUILLAGE ■ Bariolage, croûte (péj.), dessin d'enfant, gribouillage, gribouillis, griffonnage, grimoire, hiéroglyphe, mauvaise peinture, pattes de mouche.

BARBOUILLER ■ Badigeonner, barioler, couvrir, embarbouiller, encrasser, enduire, gâter, gribouiller, griffonner, maculer, noircir, peindre, peinturer, peinturlurer, salir, souiller, tacher.

BARBOUILLEUR ■ ***Péj.*** **1. Un écrivain :** écrivailleur, écrivassier, chieur d'encre (grossier), folliculaire, gendelettre, gribouilleur, pisse-copie, plumitif. **2. Un peintre :** badigeonneur, gribouilleur, mauvais peintre, pompier, rapin.

BARBOUZE ■ ⇒ **policier.**

BARBU, E ■ Poilu, velu.

BARD ■ ⇒ **brancard, civière.**

BARDA ■ ⇒ **bagage, ballot.**

BARDAGE ■ ⇒ **protection.**

BARDE ■ ***I. N. f.*** Lamelle, tranche de lard. ***II. N. m.*** ⇒ **chanteur, poète.**

BARDER ■ ***I. V. tr.*** 1. Armer, caparaçonner, couvrir, cuirasser, garnir, protéger, recouvrir. 2. Consteller, garnir. ***II. V. intr. :*** aller mal, chambarder, chauffer, chier (grossier), fumer, se gâter, prendre mauvaise tournure.

BARÈME ■ Échelle, recueil, répertoire, table, tarif.

BARGE ■ ⇒ **barque.**

BARGUIGNER ■ Argumenter, discuter, hésiter, marchander.

BARIL ■ ***I. Pour le vin :*** barrique, demi-muid, feuillette, foudre, fût, futaille, muid, quartaut, tonne, tonneau, tonnelet. ***II. Pour le poisson :*** barrot, caque. ***III. Par ext. :*** tine, tinette.

BARIOLAGE ■ Barbouillage, bariolure, bigarrure, chamarrure, couleur, diaprure, mélange.

BARIOLÉ, E ■ Barbouillé, bigarré, chamarré, chiné, coloré, composite, diapré, divers, mélangé, multicolore, panaché, peinturluré, varié. ⇒ **taché.**

BARIOLER ■ Barbouiller, bigarrer, chamarrer, colorer, diaprer, mélanger, panacher, peinturlurer. ⇒ **peindre.**

BARMAN ■ Garçon, serveur, steward.

BAROQUE ■ *I.* Rococo. *II.* Abracadabrant, biscornu, bizarre, choquant, étrange, excentrique, extravagant, exubérant, fantaisiste, fantasque, farfelu, insolite, irrégulier, kitsch, original, singulier, surchargé.

BAROUD ■ Affaire, bagarre, barouf, bataille, combat, engagement, lutte.

BAROUDER ■ Bagarrer, batailler, se battre, combattre, en découdre, foncer, guerroyer, lutter.

BAROUDEUR ■ Ardent, aventurier, bagarreur, batailleur, combatif, courageux, fonceur, guerrier, pugnace.

BAROUF ■ Bagarre, baroud, bruit, chahut, cris, dispute, scandale, tapage, trouble, vacarme.

BARQUE ■ Bac, bachot, barcasse, barge, barquette, bélandre, bisquine, cange, canoë, canot, coble, couralin, embarcation, esquif, filadière, gig, gondole, gribane, kayak, nacelle, norvégienne, patache, périssoire, picoteux, pinasse, pirogue, plate, rigue, satteau, saugue, sinagot, taureau, tillole, toue, voirolle, youyou. ⇒ **bateau.**

BARRAGE ■ *I. Au pr. :* batardeau, digue, duit, écluse, estacade, jetée, levée, ouvrage d'art, retenue. *II. Par ext.* **1.** Arrêt, barrière, borne, clôture, écran, fermeture, obstacle. **2. De police** : cordon. **3. De manifestants** : barricade, blocage de la circulation, bouchon, manifestation, obstruction.

BARRE ■ *I. Au pr. :* bâcle, baguette, barlotière, barreau, bâton, tige, traverse, tringle. *II. Par ext.* **1.** Arbre, axe, barre à mine, chien, cottière, davier, fourgon, levier, pince, râble, ringard, tisonnier. **2. D'or** : lingot. **3. Mar.** : flot, mascaret, raz. **4. Écriture** : bâton, biffure, rature, trait. **5. D'un bateau** : gouvernail, timonerie. **6. D'un cheval** : ganache, mâchoires. *III. Loc.* **Avoir barre sur** : dominer, l'emporter sur.

BARREAU ■ *I. Au pr. :* arc-boutant, barre, montant, traverse. *II. Jurid. :* basoche, profession d'avocat.

BARRER ■ *I.* Arrêter, barricader, bloquer, boucher, construire/édifier un barrage, clore, clôturer, colmater, couper, endiguer, faire écran/obstacle/obstruction, fermer, former un cordon (police), obstruer, retenir. *II. Une chose, un mot :* annuler, biffer, effacer, enlever, ôter, raturer, rayer, rectifier, retirer, retrancher, soustraire, supprimer. *III. Mar. :* diriger, gouverner, mettre le cap. *IV. V. pron. Pop. :* s'en aller, se cavaler, ficher le camp, foutre le camp, mettre les bouts, se tirer.

BARREUR ■ Pilote.

BARRICADE ■ Arrêt, barrage, barrière, clôture, digue, écran, empêchement, fermeture, obstacle, obstruction, retenue, séparation. ⇒ **émeute.**

BARRICADER ■ *I.* Arrêter, bloquer, boucher, construire/édifier une barricade *et les syn. de* BARRICADE, clore, clôturer, colmater, endiguer, faire écran/obstacle/obstruction, fermer, obstruer, retenir. *II.* ⇒ **enfermer.** *III. V. pron. :* se claustrer, se cloîtrer, condamner sa porte, s'enfermer, s'isoler, refuser de recevoir/de voir, se retirer, se retrancher.

BARRIÈRE ■ *I. Au pr. :* arrêt, barrage, barricade, clôture, fermeture, garde-corps, garde-fou, haie, obstacle, palissade, séparation, stop. *II. Fig. :* arrêt, borne, empêchement, limite, obstacle.

BARRIQUE ■ ⇒ **baril.**

BARRISSEMENT, BARIT ■ ⇒ **cri.**

BARROT ▪ Caque. ⇒ **baril.**

BARTAVELLE ▪ Perdrix rouge.

BAS, BASSE ▪ ***I. Au pr. :*** inférieur. ⇒ **petit.** ***II. Fig.*** **Péj. :** abject, avili, avilissant, crapuleux, dégradant, grivois, grossier, honteux, ignoble, immoral, impur, indigne, infâme, lâche, laid, lèche-cul (grossier), libre, licencieux, mauvais, méchant, médiocre, méprisable, mesquin, obscène, plat, porno (fam.), pornographique, rampant, ravili, servile, sordide, terre à terre, vénal, vicieux, vil, vulgaire. ***III. Loc.*** **1. À bas prix :** bon marché, en solde, infime, modéré, modique, petit, vil. **2. La rivière est basse :** à l'étiage. **3. L'oreille basse :** confus, honteux, humilié, mortifié, penaud. **4. À voix basse :** doucement. **5. Une voix basse :** assourdi. **6. Le bas pays :** plat. **7. Le bas clergé/peuple :** menu, petit. **8. Basse littérature :** mauvais, méchant, médiocre, minable (fam.), pauvre, piètre. **9. Basse époque :** décadente, tardive. **10. Au bas mot :** au plus faible, au plus juste, au minimum.

BAS ▪ n. m. ***I.*** Assise, base, dessous, embase, fond, fondation, fondement, pied, socle, soubassement, support. ***II. Par ext.*** ⇒ **chute.** ***III.*** Chaussette, mi-bas, socquette.

BASANE ▪ Alude, cuir, peau de chamois/de mouton.

BASANÉ, E ▪ Bistré, bronzé, brun, café au lait, foncé, hâlé, moricaud, noir, noirâtre, noiraud.

BAS-BLEU ▪ ***Péj. :*** femme écrivain, pédante, prétentieuse.

BAS-CÔTÉ ▪ ***I. Au pr. :*** accotement, banquette, berme, bord, bordure, caniveau, fossé, trottoir. ***II. Arch. :*** collatéral, déambulatoire, nef latérale.

BASCULE ▪ ***I. Au pr. :*** balance, poids public, romaine. ***II. Jeu :*** balançoire. ***III. Par ext. :*** capotage, chute, culbute, cul par-dessus tête, renversement, retournement, tonneau.

BASCULER ▪ Capoter, chavirer, chuter, culbuter, faire passer cul par-dessus tête (fam.), pousser, renverser, tomber.

BASE ▪ ***I. Au pr. :*** appui, assiette, assise, bas, dessous, embase, embasement, empattement, fond, fondation, fondement, pied, piètement, socle, soubassement, support. ***II. Milit. :*** centre, point d'appui/de départ, tête de pont. ***III. Par ext.*** **1.** Appui, assiette, assise, centre, condition, origine, pivot, plan, point de départ, prémisse, principe, siège, source, soutien, support. **2. Finances :** taux.

BASER ▪ Appuyer, échafauder, établir, faire reposer sur, fonder, tabler.

BASER (SE) ▪ S'appuyer, s'établir, se fonder, partir de, tabler sur.

BAS-FOND ▪ ***I. Au pr. :*** cloaque, creux, dépression, endroit humide, fond, marais, marécage, ravin, sentine. ***II. Fig.*** **1.** Bas étage, boue, fange, pègre. **2.** Bas quartiers, quartiers pauvres, sous-prolétariat.

BASILIQUE ▪ Cathédrale, église privilégiée, haut lieu du culte, monument religieux, sanctuaire.

BASQUE ▪ ***I.*** Pan, queue, queue-de-pie. ***II. Loc.*** **Être pendu aux basques de quelqu'un :** abuser de, coller, être dans les jambes/au crochet de.

BASSE-COUR ▪ Cabane à poules, poulailler, volière.

BASSEMENT ▪ Abjectement, crapuleusement, grossièrement, honteusement, ignoblement, indignement, lâchement, méchamment, médiocrement, odieusement, platement, servilement, sordidement, vicieusement, vulgairement.

BASSESSE ▪ ***I.*** Faiblesse, humble extraction/extrance/origine, humilité, misère, obscurité, pauvreté. ***II.*** Compromission, corruption, courbette, crasse, dégradation, flatterie, grossièreté, ignominie, impureté, indignité, infamie, lâcheté, platitude, ravalement, servilité, trahison, traîtrise, turpitude, vice, vilénie. ***III.*** Abaissement, abjection, aplatissement, aveulissement, avilissement, bestialité, crapulerie, laideur, malignité, méchanceté, mesquinerie, petitesse, sordidité, trivialité, vénalité, vulgarité. ***IV. Loc. : Faire des bassesses*** ⇒ **flatter.**

BASSIN ▪ ***I.*** Bassine, chaudron, cuvette, récipient, tub, vase. ***II.*** Claire, étang, pièce d'eau, piscine, vasque. ***III. Mar. :*** avant-port, darse, dock. ***IV. Géogr. :*** cuvette, dépression, plaine. ***V. Anat. :*** abdomen, bas-ventre, ceinture, lombes.

BASSINANT, E ▪ ⇒ **ennuyeux.**

BASSINER ▪ ***I. Au pr. :*** chauffer un lit, réchauffer. ***II. Pop. :*** barber, barbifier, casser les pieds (fam.), emmerder (vulg.), ennuyer, faire chier (grossier)-/suer (fam.), raser.

BASTAING, BASTING ▪ ⇒ **madrier.**

BASTIDE, BASTILLE ▪ ***I.*** Château fort, prison. ***II. Fig. :*** abus, pouvoir arbitraire, privilèges.

BASTINGAGE ▪ Garde-corps, garde-fou, rambarde.

BASTION ▪ Casemate, défense, fortification, protection, rempart, retranchement.

BASTONNADE ▪ Correction, coups de bâton, fustigation. ***Par ext. :*** ⇒ **torgnole.**

BASTRINGUE ▪ ***I. Pop. :*** bal, dancing, guinche, guinguette, musette, pince-fesses. ***II. Par ext.*** **1.** Bruit, chahut, désordre, tapage, tohu-bohu, vacarme. **2.** Attirail, bataclan, bazar, bordel (grossier), désordre, fourbi, foutoir (vulg.).

BAS-VENTRE ▪ Abdomen, bassin, cavité pelvienne, ceinture, hypogastre, lombes, nature (pop.), parties, parties honteuses, parties sexuelles, pubis, pudendum, sexe.

BÂT ▪ ***I. Au pr. :*** brêle, brelle, cacolet, harnais, selle. ***II. Fig. :*** défaut, difficulté, embarras, gêne, souffrance.

BATACLAN ▪ Attirail, bastringue, bazar, bordel (grossier), fourbi, foutoir (vulg.), frusques.

BATAILLE ▪ ***I. Au pr.*** **Milit.** : accrochage, action, affaire, affrontement, choc, combat, escarmouche, guerre, lutte, mêlée, opération, rencontre. ***II. Par ext. :*** bagarre, échauffourée, querelle, rixe. ***III. Fig.*** **1.** Concurrence, émulation, rivalité. **2.** Discussion.

BATAILLER ▪ ***I. Au pr. :*** affronter, agir, se bagarrer, se battre, combattre, lutter. ***II. Fig.*** **1. Pour réussir** : s'accrocher, agir, bagarrer, se battre, se crever (fam.), s'échiner, foncer, lutter, rivaliser. **2. Pour convaincre** : argumenter, discuter, disputer, militer.

BATAILLEUR, EUSE ▪ ***I.*** Accrocheur, actif, ardent, bagarreur, combatif, courageux, fonceur, lutteur, militant. ***II.*** Bagarreur, belliqueux, irascible, querelleur.

BATAILLON ▪ **Fig.** : accompagnement, cohorte, compagnie, escouade, régiment. ⇒ **troupe. Bataillon d'Afrique** : bat d'Af, biribi, disciplinaire, les durs.

BÂTARD, E ▪ ***I. Au pr.*** **1.** Adultérin, champi (dial.), illégitime, naturel, né de la cuisse gauche (péj.). **2. Animaux** : corniaud, croisé, hybride, mélangé, métis, métissé. ***II. Par ext. :*** complexe, composite, mélangé, mixte.

BÂTÉ, E ▪ Ignare, ignorant, prétentieux. ⇒ **bête.**

BATEAU ▪ ***I. Au pr.*** **1.** Barque, canot, chaloupe, embarcation, esquif, radeau. **2.** Chaland, péniche. **3.** Coquille de noix, rafiot. **4.** Bâtiment, unité, voile (vx). **5.** Caboteur, cargo, chalutier, courrier, dragueur, long-courrier, navire, paquebot, pétrolier, remorqueur, steamer, transatlantique, vaisseau, vapeur, voilier, yacht. **6. Partic.** :

acon, allège, arche, bac, bachot, balancelle, balandre, baleinière, bananier, barcasse, barge, barquerolle, bathyscaphe, bélandre, berthon, bisquine, bombard, brick, brise-glace, cabotière, caïque, cange, canoë, cap-hornier, caraque, caravelle, catamaran, charbonnier, cinq-mâts, coble, coquille de noix, coraillière, coraline, cotre, couralin, criss-craft, crevettier, cutter, dandy, dinghy, doris, drakkar, ferry-boat, filadière, flette, flûte, fruitier, follier, gabare, galéasse, galère, galiote, gigue, goélette, gondole, gribane, harenguier, hors-bord, houari, hydrofoil, hydroglisseur, kayak, ketch, langoustier, lougre, liberty-ship, liner, marie-salope, minéralier, morutier, nacelle, nave, nef, norvégienne, outrigger, patache, périssoire, picoteux, pinasse, pink, pirogue, plate, podoscaphe, pousse-pied, quaïche, quatre-mâts, racer, rigue, runabout, sacolève, sampan, sardinier, satteau, saugue, schooner, senau, sinagot, skiff, sloop, supertanker, tanker, tartane, taureau, thonier, tillole, toue, traille, tramp, trimaran, trois-mâts, vaurien, vedette, voirolle, wager-boat, yole, youyou. **2. Mar. milit.** : aviso, bâtiment de guerre, canonnière, contre-torpilleur, corvette, croiseur, cuirassé, destroyer, dragueur de mines, dreadnought, frégate, garde-côte, mouilleur de mines, péniche de débarquement, porte-avions, sous-marin, torpilleur, unité, vaisseau, vaisseau-amiral, vedette. ***II. Fig.*** **1.** Attrape, blague, craque, farce, fourberie, histoire, intrigue, invention, mensonge, mystification, ruse, tromperie. **2.** Dada, enfant chéri, idée fixe, lubie, manie, marotte, radotage, **3.** Cliché, lieu commun.

BATELEUR ▪ Acrobate, amuseur, baladin, banquiste, bouffon, charlatan, équilibriste, farceur, forain, funambule, hercule, histrion, jongleur, lutteur, opérateur, paradiste, prestidigitateur, saltimbanque, sauteur.

BATELIER ▪ Gondolier, marinier, nautonier, passeur, pilote.

BATELLERIE ▪ Marine/navigation/transport fluvial(e).

BAT-FLANC ▪ Cloison, planche, plancher, séparation.

BATH ▪ (Pop.) Agréable, beau, chic, chouette (fam.), gentil, serviable.

BATIFOLAGE ▪ Amusement, amusette, amourette, badinage, badinerie, bagatelle, caprice, chose (fam.), flirt, jeu folâtre/galant/léger, lutinerie, marivaudage. ⇒ **amour.**

BATIFOLER ▪ S'amuser, couniller (rég.), s'ébattre, faire le fou, folâtrer, folichonner, lutiner, perdre son temps, marivauder, papillonner.

BÂTI ▪ ***I. Nom masc.*** : assemblage, cadre, support. ***II. Adj. et loc.*** **Bien bâti** : balancé, balèze, baraqué, bien fait/roulé, costaud, fort.

BÂTIMENT ▪ ***I. Au pr.*** : abri, architecture, bâtisse, construction, corps de logis, édifice, gros-œuvre, habitat, habitation, immeuble, local, maison, monument. ⇒ **grange.** ***II. Mar.*** : bateau, embarcation, navire, unité, vaisseau.

BÂTIR ▪ ***I. Au pr.*** : construire, édifier, élever, ériger, monter. ***II. Fig.*** : agencer, architecturer, échafauder, édifier, établir, fonder, monter.

BÂTISSE ▪ Abri, appentis, bâtiment, masure. ⇒ **bâtiment, grange.**

BÂTISSEUR ▪ ***I.*** Architecte, constructeur, entrepreneur, fondateur, maçon, promoteur. ***II.*** Conquérant, créateur, initiateur, instaurateur, instigateur, organisateur, père.

BÂTON ▪ ***I.*** Baguette, barre, thyrse, tige, verge. ***II.*** Aiguillon, alpenstock, batte, bourdon, canne, carassonne, digon, échalas, épieu, férule, gourdin, hampe, houlette, jalon, latte, marquant, matraque, paisseau (rég.), palanche, piolet, piquet, stick, tribart, tringle, trique, tuteur. ***III. Loc.*** **1. À bâtons rompus** : décontracté (fam.), discontinu, libre, sans suite. **2. Bâton de maréchal** : être à son apogée/au faîte de sa carrière/au plafond/au summum. **3. Bâton dans les roues** : difficulté, empêchement, entrave, obstacle, obstruction. **4. Bâton de vieillesse** : aide, consolation, réconfort, soutien, support. **5. Une vie de bâton de chaise** : agitée, débauchée, déréglée, impossible, inimitable (vx).

BATTAGE ▪ ***I.*** Bluff, bruit, charlatanisme, publicité, réclame, vent. ***II. Des céréales :*** dépiquage, vannage.

BATTANT ▪ ***I.*** Menuiserie, vantail. ***II. De cloche :*** marteau. ***III. Arg. :*** cœur. ***IV.*** Fonceur. ⇒ **courageux.**

BATTEMENT ▪ ***I.*** Choc, coup, frappement, heurt, martèlement. ***II.*** Entracte (théâtre), interclasse (scol.), interlude, intervalle, mi-temps (sport). ***III. Choc répété.*** **1. De mains** : applaudissements, bravos. **2. D'yeux** : cillement, clignement/clins d'yeux. **3. De cœur** : accélération, palpitation, pulsation, rythme.

BATTERIE ▪ ***I.*** Accumulateur, accus, pile. ***II.*** Instruments de musique à percussion. ***III. Milit.*** **1. Au pr.** : artillerie, canons, pièces à feu. **2. Fig.** *Dresser ses batteries* (loc.) : artifices, moyens, ruses. ***IV. De cuisine :*** accessoires, casseroles, fait-tout, marmites, plats, poêles, ustensiles. ***V. De tambour :*** breloque, chamade, champ, charge, colin-tampon, diane, générale, rappel, réveil.

BATTEUR ▪ ⇒ **percussionniste.**

BATTEUSE ▪ Battoir, dépiqueur, égreneur, tarare, trieur, van.

BATTRE ▪ ***I. Au pr.*** **1.** Administrer/appliquer / distribuer / donner / infliger des ⇒ **coups**/une leçon/une ⇒ **volée,** châtier, corriger, frapper, gourmer (vx), houssiner (vx), lever/porter la main sur, malmener, maltraiter, punir, taper. **2.** Assommer, bâtonner, bourrer, boxer, bûcher, calotter, claquer, cravacher, en découdre, éreinter, étriller, faire sa fête, fesser, flageller, fouailler, fouetter, fouler aux pieds, fustiger (vx), gifler, lyncher, matraquer, piétiner, rosser, rouer, sangler, souffleter, talocher. **3. Fam.** : arranger/rectifier/refaire/retoucher le portrait, assaisonner, bigorner, botter le ⇒ **fessier,** casser la figure/gueule, dérouiller, donner/filer/flanquer/foutre une danse/ ⇒ **volée,** écharper, enfoncer les côtes, épousseter, estourbir, mettre la tête au carré, passer à tabac, piler, rentrer dedans/dans le mou, sataner, satonner, secouer les grelots/les puces, soigner, sonner, tabasser, tanner, tatanner, tomber dessus/sur le paletot, torcher, triquer. ***II.*** Avoir le dessus. ⇒ **vaincre.** ***III. Loc.*** **1. Chien battu** : brimé, humilié. **2. Yeux battus** : cernés, fatigués, avoir des poches/des valises sous les yeux (arg.). ***IV.*** **1. Le fer** : façonner, forger, taper. **2. Un tapis** : agiter, dépoussiérer, houssiner, secouer, taper. **3. Les céréales** : dépiquer, vanner. **4. Les œufs** : brouiller, mélanger, mêler, secouer. **5. La monnaie** : frapper. **6. Les mains** : applaudir, faire bravo, frapper, taper. **7. Les cartes** : brouiller, mélanger, mêler. **8. La campagne, le pays** : arpenter, chercher, explorer, fouiller, parcourir, rechercher, reconnaître. **9. La campagne** (fig.) ⇒ **déraisonner.** ***V.*** **1. La mer** : assaillir, attaquer, fouetter, frapper. **2. La pluie** : cingler, claquer, fouetter, frapper, marteler, tambouriner, taper. ***VI. Loc.*** **1. Le pavé** : ⇒ **errer. 2.** En retraite : ⇒ **abandonner, enfuir (s').** **3. Arg.** : **sa femme** : remonter sa pendule. ***VII. V. intr.*** **1. Une porte** : cogner, frapper, taper. **2. Le cœur.** *Au pr. :* avoir des pulsations, fonctionner, palpiter. *Fig. :* ⇒ **aimer.**

BATTUE ▪ Chasse, rabattage.

BAUDET ▪ ***I. Au pr. :*** âne, aliboron, bardot, bourricot, bourrique, bourriquet, grison, ministre (fam.), roussin d'Arcadie. ***II. Fig.*** ⇒ **bête.**

BAUDRIER ■ Bandoulière, ceinture, écharpe.

BAUDRUCHE ■ ***I. Au pr. :*** ballon, boyau, pellicule. ***II. Fig. :*** erreur, fragilité, illusion, inconsistance, prétention, vanité.

BAUGE ■ ***I.*** Bousillage, mortier de terre, pisé, torchis. ***II. Du sanglier ou par anal. :*** abri, gîte, loge, repaire, soue, souille, tanière. ***III. Par ext. :*** bordel (grossier), fange, fumière, souillarde, tas de fumier, taudis.

BAUME ■ ***I. Au pr. :*** **1. Vx :** menthe. **2.** Balsamique, liniment. **3.** Aliboufier, benjouin, liquidambar, styrax, tolu. **4.** Essence, extrait, gemme, huile, laque, onguent, résine. ***II. Fig. :*** adoucissement, apaisement, consolation, dictame, remède, rémission.

BAVARD, E ■ ***I.*** Avocat, babillard, baratineur (fam.), bonimenteur, bon grelot, bonne tapette, bruyant, discoureur, jacasseur, jaseur, loquace, moulin à paroles, parleur, phraseur, pie, pipelet, prolixe, verbeux, volubile. ***II.*** Cancanier, commère, concierge, indiscret, qui a la langue trop longue. ***III.*** ⇒ **diffus.**

BAVARDAGE ■ ***I.*** Babil, babillage, bagou, baratin, bavarderie, bavasserie, bavette, bla-bla-bla, boniment, caquetage, jacassement, jacasserie, jactance, jaserie, jaspin (arg.), logorrhée, loquacité, papotage, parlage, parlerie, parlote, patati et patata, verbalisme, verbiage. ***II.*** Anecdote, cancans, chronique, commérage, histoires, indiscrétion, médisance, papotage, potins, racontars, ragots.

BAVARDER ■ ***I.*** **1.** Babiller, baratiner, bonimenter, caqueter, débiter, discourir, giberner, jaboter, jabouiner, jacasser, jaspiller (arg.), jaspiner (arg.), palabrer, papoter, parler, potiner, répandre, tailler la bavette. **2. Péj. :** bavasser, baver, broder, cancaner, caqueter, clabauder, colporter, commérer, confabuler (vx), débiner, débiter, déblatérer, dégoiser, faire battre des montagnes, faire des commérages/des histoires/des racontars/des salades, jaser, lantiponer, potiner, publier, raconter, répandre. ***II.*** S'abandonner, cailleter, causer, converser, deviser, échanger, s'entretenir.

BAVE ■ Écume, mucus, salive, spumosité, venin.

BAVER ■ ***I. Quelqu'un :*** écumer, postillonner, saliver. ***II. Une chose :*** couler, dégouliner, mouiller. ***III. Fig.*** (péj.) : bavocher, calomnier, médire, nuire, salir, souiller. ***IV. Loc.*** **En baver :** être éprouvé, en voir de toutes les couleurs, en roter (pop.), souffrir.

BAVEUX, EUSE ■ ***I. Au pr. :*** coulant, écumeux, liquide, spumescent, spument. ***II. Fig.*** **Quelqu'un :** fielleux, malveillant, médisant, menteur, sournois. ⇒ **tartufe.**

BAVURE ■ ***I. Au pr. :*** bavochure, macule, mouillure, tache. ***II. Fig. :*** erreur, imperfection, faute.

BAYER ■ Bader, être dans la lune, rêvasser, rêver.

BAZAR ■ ***I. Au pr. :*** galerie, magasin, marché, passage, souk. ***II. Fam.*** **1.** Attirail, bagage, barda, bordel (grossier), fourbi, saint-frusquin. **2. Péj. :** bahut, boîte, boutique, pétaudière. ***III. Loc.*** **Tout le bazar :** toute la boutique/le tremblement/le toutim. ⇒ **truc.**

BAZARDAGE ■ Braderie, liquidation, solde.

BAZARDER ■ Brader, se débarrasser de, fourguer, liquider, solder, vendre.

BÉANCE ■ ⇒ **ouverture.**

BÉANT, E ■ Grand, large, ouvert.

BÉAT, E ■ ***I.*** Bienheureux, calme, heureux, niais, paisible, rassasié, ravi, repu, satisfait, tranquille. ***II.*** ⇒ **bête.**

BÉATIFICATION ■ Canonisation, introduction au calendrier.

BÉATIFIER ▪ Canoniser, inscrire/introduire/mettre au calendrier.

BÉATITUDE ▪ Bien-être, bonheur, calme, contentement, euphorie, extase, félicité, quiétude, réplétion (péj.), satisfaction. ***Au pl.*** : vertus.

BEAU ▪ ou **BEL, BELLE** adj. ***I. Au pr.*** **1. Qualité physique ou morale** : achevé, admirable, adorable, agréable, aimable, angélique, artistique, bellissime, bien, bien tourné, bon, brillant, céleste, charmant, chic, coquet, décoratif, délicat, délicieux, distingué, divin, éblouissant, éclatant, élégant, enchanteur, esthétique, étonnant, exquis, fameux, fastueux, féerique, fin, formidable, fort, gent, gentil, glorieux, gracieux, grand, grandiose, harmonieux, idéal, imposant, incomparable, joli, magique, magnifique, majestueux, merveilleux, mignon, mirifique, noble, non-pareil, ornemental, parfait, piquant, plaisant, proportionné, pur, radieux, ravissant, remarquable, resplendissant, riche, robuste, sculptural, séduisant, somptueux, splendide, stupéfiant, sublime, superbe, supérieur. *Fam.* : balancé, bath, bellot, bien roulé, chouette, girond, terrible. **2. Qualité de l'esprit** : accompli, achevé, bien, brillant, charmeur, cultivé, délicat, distingué, divin, éblouissant, éclatant, élégant, enchanteur, esthétique, étonnant, exquis, fin, formidable, fort, génial, gracieux, grand, grandiose, incomparable, magistral, magnifique, merveilleux, noble, non-pareil, parfait, piquant, plaisant, poétique, pur, ravissant, remarquable, riche, robuste, séduisant, somptueux, splendide, stupéfiant, sublime, superbe, supérieur, surprenant, unique. **3. Qualité morale** : admirable, digne, élevé, estimable, généreux, glorieux, grand, honorable, juste, magnanime, magnifique, pur, saint, sublime, vertueux. **4. Du temps** : calme, clair, ensoleillé, limpide, printanier, pur, radieux, serein, souriant. **Beau temps** : éclaircie, embellie. **5. Notion de quantité** : considérable, fort, grand, gros, important. ***II. Loc.*** (en emploi péj.). **1. Un beau monsieur** : triste personnage/sire, vilain monsieur. **2. Un beau rhume** : gros, méchant, tenace. **3. Du beau travail** : de beaux draps, gâchis, mauvaise position/posture/situation, sale affaire. **4. Un beau discours** : fallacieux, trompeur. **5. Une belle question** : enfantin, naïf, ridicule, stupide. **6. Bel esprit** : léger, mondain, prétentieux, snob, superficiel, vain. **7. De belle manière** : convenablement, correctement. **8. Le plus beau** : amusant, comique, drôle, étonnant, extraordinaire, fantastique, formidable, fumant (fam.), intéressant, marrant (fam.), merveilleux, plaisant, rigolo (fam.). **9. Pour les beaux yeux** : gracieusement, gratuitement, par amour, pour rien. **10. Un vieux beau** : barbon, grison, vieux coureur/galant/marcheur. ***III. Loc.*** (favorable ou neutre). **1. Le bel âge** : en pleine force, force de l'âge, jeunesse, maturité. **2. Beau joueur** : conciliant, large, régulier. **3. Belle humeur** : aimable, enjoué, gai, rieur.

BEAU ▪ n. m. Art, beauté, esthétique, perfection.

BEAUCOUP ▪ ***I.*** Abondamment, en abondance, amplement, bien, considérablement, copieusement, diablement, énormément, à foison, force, formidablement, fort, grandement, gros, infiniment, joliment, largement, libéralement, longuement, magnifiquement, maint, moult, passionnément, plantureusement, plein, prodigieusement, à profusion, richement, en quantité, tant et plus, vivement, à volonté. **Fam.** : bésef, bigrement, bougrement, comme quatre, à gogo/tire-larigot, en veux-tu en voilà, lerche, salement, terriblement, vachement. **II. Beaucoup de** : abondance, foisonnement, foultitude (fam.), fourmillement, grouillement, multitude, pullulement. ⇒ **quantité.**

BEAU-FILS ▪ Gendre.

BEAUTÉ ▪ ***I. Au pr.*** **1. Une chose :** agrément, art, charme, délicatesse, distinction, éclat, élégance, esthétique, faste, féerie, finesse, force, forme, fraîcheur, grâce, grandeur, harmonie, joliesse, lustre, magie, magnificence, majesté, noblesse, parfum, perfection, piquant, poésie, pureté, richesse, séduction, somptuosité, splendeur, sublimité, symétrie. **2.** Adonis, tanagra. **3. Une femme :** almée, aphrodite, belle, odalisque, pin-up, star, sultane, vénus. ***II. Loc. Grain de beauté :*** mouche. ***III. Pl. :*** appas, charmes, sex-appeal, trésors.

BEAUX-ARTS ▪ Académie, architecture, arts d'agrément/graphiques/plastiques, conservatoire.

BÉBÉ ▪ ***I. Au pr. :*** baby, bambin, enfançon, nourrisson, nouveau-né, petit, poupon. ⇒ **enfant.** ***II. Jouet :*** baigneur, poupée, poupon.

BEC ▪ ***I.*** Bouche, rostre. ***II. Par ext.*** **1. Géo :** cap, confluent, embouchure, promontoire. **2.** Bouche, clapet, goule, goulot, gueule. **3. Bec de gaz :** brûleur, lampadaire, réverbère. ***III. Loc.*** **1. Bon bec :** bavard. **2. Coup de bec :** méchanceté, médisance. **3. Bec fin :** bon vivant, connaisseur, fine gueule, gourmand, gourmet.

BÉCANE ▪ ***I.*** Bicyclette, biclo, biclou, clou, cycle, petite reine, vélo. ***II. Par ext. :*** guillotine, machine.

BÉCASSE ▪ ***I.*** Barge, courlis, échassier, huîtrier, outarde. ***II. Fig. :*** bécassine, bécassote, bêtasse, cruche, empotée, gnangnan, gourde, idiote, naïve, nunuche, oie blanche, outarde, sotte, stupide. ⇒ **bête.**

BÊCHE ▪ Bêchard, bêchelon, bêcheton, bêchette, bêchoir, bêchot, houlette, louchet, palot, pelle.

BÊCHER ▪ ***I. Au pr. :*** cultiver, labourer, mésoyer, retourner. ***II. Fig. Fam. :*** débiner, gloser, médire, ragoter, snober, tenir à distance.

BÊCHEUR, EUSE ▪ Aigri, arrogant, distant, faiseur, fier, jaloux, médisant, méprisant, orgueilleux, péteux, prétentieux, snob, vaniteux. ⇒ **bête.**

BÉCOT ▪ ***Fam. :*** baiser, bec (rég.), bise, bisette, petit baiser, poutou.

BÉCOTER ▪ ***Fam. :*** baiser, baisoter, biser, embrasser, faire la bise, poser un baiser sur, sucer la pomme.

BECQUÉE ▪ Nourriture, pâture, pitance.

BECQUETER ou ***BÉQUETER*** ▪ Manger, mordiller, picorer, picoter.

BEDAINE, BEDON ▪ Avant-scène, ballon, barrique, bide, bonbonne, brioche, buffet, burlingue, coffiot, devant, gaster, gidouille, œuf d'autruche/de Pâques, paillasse, panse, tiroir à saucisses, tripes. ⇒ **ventre.**

BEDEAU ▪ Marguillier, porte-verge, sacristain, suisse.

BEDONNANT, E ▪ (Fam.) adipeux, gidouillant, grassouillet, gros, obèse, pansu, rondouillard, ventru.

BEDONNER ▪ S'arrondir, devenir bedonnant, enfler, être obèse, gidouiller, gonfler, grossir, prendre de la ⇒ **bedaine.**

BÉER ▪ ***I.*** Admirer, bayer, ouvrir le bec, regarder avec admiration / étonnement / stupéfaction / stupeur. ***II.*** Rêver, rêvasser. ***III. Loc.*** **Bouche bée :** ⇒ **ébahi.**

BEFFROI ▪ Campanile, clocher, jaquemart, tour.

BÉGAIEMENT ▪ ***I.*** Bafouillage, balbutiement, bredouillement, palilalie. ***II.*** Commencement, début, tâtonnement.

BÉGAYER ▪ Bafouiller, balbutier, bredouiller.

BÉGUE ▪ Bafouilleur (péj.), bégayeur, bredouilleur (péj.).

BÉGUETER ▪ ⇒ **bêler.**

BÉGUEULE ▪ ***I. Neutre :*** austère,

bienséant, convenable, correct, décent, prude, raide, rigide, rigoriste, rigoureux. ***II. Péj.*** *:* affecté, effarouché, étroit, farouche, pisse-froid (fam.), prude, tartufe.

BÉGUIN ■ ***I. Au pr.*** *:* bonnet, coiffe. ***II. Fig. et fam.*** **1. La personne** : amoureux, flirt. **2. La chose** : amourette, aventure, caprice, flirt, pépin, touche. ***III. Loc.*** **1. Avoir le béguin** : être amoureux *et les syn. de* AMOUREUX, être coiffé de. **2. Faire un béguin** : avoir une amourette/un flirt, faire une touche (fam.), tomber une fille *et les syn. de* FILLE (vulg.).

BÉGUINE ■ ⇒ **religieuse.**

BEIGE ■ Bis, gris, jaunâtre, marron clair.

BEIGNE ■ (Pop.). ***I. Avoir une beigne*** ⇒ **blessure.** ***II. Recevoir une beigne*** ⇒ **coup, gifle.**

BEIGNET ■ Bosse, buigne, pet de nonne, soufflet.

BÊLANT, E ■ (Fig.) Bête, mélodramatique, moutonnier, stupide.

BÊLEMENT ■ ***I. Au pr.*** *:* bégueètement, chevrotement, cri. ***II. Fig.*** *:* braiement, braillement, cri, criaillerie, jérémiade, niaiserie, piaillerie, plainte, rouspétance (fam.), stupidité. ⇒ **bêtise.**

BÊLER ■ ***I. Au pr.*** *:* appeler, bégueter, chevroter, crier. ***II. Fig.*** *:* braire, brailler, bramer, criailler, crier, jérémier, piailler, se plaindre, rouspéter.

BÉLIER ■ ***I.*** ⇒ **mouton.** ***II.*** ⇒ **demoiselle.**

BELLÂTRE ■ Avantageux, fat, plastron, plastronneur. ⇒ **hâbleur.**

BELLE-FILLE ■ Bru.

BELLE-MÈRE ■ ***I.*** **Seconde femme d'un veuf** : marâtre (péj. ou vx). ***II.*** Belle-maman, belle-doche (arg.).

BELLICISME ■ Amour de la guerre, culte de la guerre/de la violence, jusqu'au-boutisme (fam.).

BELLICISTE ■ Belliqueux, boute-feu, guerrier, guerroyeur, jusqu'au-boutiste, va-t'en-guerre.

BELLIGÉRANCE ■ Affrontement, conflit, état de guerre, guerre.

BELLIGÉRANT, E ■ Adversaire, affronté, aux prises, combattant, ennemi, en état de guerre, mêlé au conflit.

BELLIQUEUX, EUSE ■ ***I.*** Agressif, guerrier, martial. **II.** Bagarreur, chicaneur, chicanier, mordant, procédurier, querelleur.

BELLUAIRE ■ ***I.*** Bestiaire, gladiateur. ***II.*** Dompteur.

BELVÉDÈRE ■ ***I. Naturel*** *:* falaise, hauteur, point de vue, terrasse. ***II. Construit*** *:* gloriette, kiosque, mirador, pavillon, terrasse.

BÉNÉDICTIN ■ ***I. Ascète*** *:* cénobite, moine. ⇒ **religieux.** ***II. Loc.*** **1. Ordre des bénédictins** : ordre régulier, règle de saint Benoît. **2. Travail de bénédictin** : érudit, long, minutieux, soigné, parfait, persévérant.

BÉNÉDICTION ■ ***I.*** Baraka, faveur, grâce, protection. ***II.*** Abondance, bienfait, bonheur, chance, événement favorable/heureux, prospérité, succès, veine (fam.). ***III. Relig.*** **1.** Prière du soir, salut. **2.** Absolution, baptême, confession, confirmation, consécration, extrême-onction, mariage, onction, ordre, pénitence, sacrement. ***IV. Fig.*** *:* affection, approbation, estime, reconnaissance, vénération.

BÉNÉFICE ■ ***I.*** Actif, avantage, avoir, bénéf (fam.), boni, crédit, excédent, fruit, gain, gratte (fam.), guelte, produit, profit, rapport, reliquat, reste, revenant-bon, revenu, solde positif. ***II.*** Avantage, bienfait, droit, faveur, grâce, privilège, récompense, résultat, service, utilité. ***III. Loc.*** **1. Au bénéfice de** : pour le motif de, par privilège de, en raison de. **2. Sous bénéfice de** : sous condition de, sous réserve de, avec restriction de. *IV. Relig. :* abbaye, annate, canonicat, chapellenie, cure, doyenné, évêché, portion, congrue, prébende, prieuré, récréance.

BÉNÉFICIAIRE ■ *I. Adj. :* juteux (fam.), profitable, rentable. *II. Nom :* adjudicataire, attributaire, bénéficier (vx), cessionnaire, crédirentier, propriétaire, rentier.

BÉNÉFICIER ■ Jouir de, profiter de, retirer de, tirer avantage.

BÉNÉFIQUE ■ Avantageux, bienfaisant, favorable, heureux.

BENÊT ■ *Fam. :* andouille, âne, bêta, bêtassot, con, connard, corniaud, couillon (mérid.), dadais, empoté, godiche, gordiflot, demeuré, jocrisse, niais, nigaud, niguedouille, sot. ⇒ **bête.**

BÉNÉVOLE ■ À titre gracieux, complaisant, de bon gré, désintéressé, extra, gracieux, gratuit, spontané, volontaire.

BÉNÉVOLEMENT ■ De bonne grâce, de bon gré, complaisamment, de façon désintéressée, gracieusement, gratuitement, de son plein gré, spontanément, volontairement.

BÉNIGNITÉ ■ Affabilité, bienveillance, bon accueil, bonté, charité, douceur, indulgence, longanimité, mansuétude, onction. ⇒ **amabilité.**

BÉNIN, IGNE ■ *I. Quelqu'un :* accueillant, affable, aimable, bienveillant, bon, charitable, doux, indulgent, longanime (vx), plein de mansuétude/d'onction ⇒ **doux.** *II. Une chose :* 1. Bénéfique, favorable, inoffensif, propice. 2. **Méd.** *Affection bénigne :* léger, peu grave, sans gravité, superficiel.

BÉNIR ■ *I. Dieu* 1. **Bénir Dieu :** adorer, exalter, louer, glorifier, remercier, rendre grâce. 2. **Dieu bénit :** accorder, consoler, protéger, récompenser, répandre des bienfaits/des grâces. *II. Bénir quelqu'un.* 1. Attirer/implorer les faveurs/les grâces de Dieu sur, consacrer, oindre, recommander à Dieu. 2. Applaudir, dire du bien de, estimer, être reconnaissant à, exalter, glorifier, louanger, louer, remercier, vénérer. *III. Bénir une chose :* 1. **Un bateau :** baptiser. 2. **Une circonstance :** s'en féliciter.

BENJAMIN ■ Dernier, dernier né, petit dernier, le plus jeune.

BENNE ■ *I.* Comporte, hotte, panier, récipient. *II.* Banne, berline, caisse, chariot, decauville, téléphérique, wagonnet.

BENOÎT, E ■ *I.* Bénin, bon, doux, indulgent. *II. Non favorable :* chafouin, doucereux, hypocrite, patelin, rusé, sournois, tartufe.

BENOÎTEMENT ■ *Péj. :* chafouinement, doucereusement, en dessous, hypocritement, mine de rien, sournoisement.

BENZÈNE, BENZINE ■ Dérivé du goudron, détachant, hydrocarbure, ligroïne.

BÉOTIEN, IENNE ■ Balourd, bouché (fam.), bovin, cul de plomb (fam.), culterreux (fam.), épais, grossier, inculte, lent, lourd, lourdingue (fam.), obtus, pédezouille (fam.), plouc (fam.), rustre.

BÉOTISME ■ ⇒ **rusticité.**

BÉQUILLE ■ *I.* Bâton, canne, support, soutien. *II.* Cale, étai, étançon.

BER ■ ⇒ **berceau.**

BERCAIL ■ *I. Au pr. :* abri, appentis, bergerie, hangar, parc, toit. *II. Fig. :* domicile, foyer, maison, pénates.

BERCEAU ■ *I. Au pr.* 1. **Lit d'enfant :** barcelonnette, bercelonnette, couffin, crèche, moïse, nacelle, panier. 2. **Archit. :** arc, cintre, voûte. 3. **De jardin :** brandebourg, charmille, gloriette, tonnelle. 4. **Mar. :** ber, bers. *II. Fig. :*

commencement, début, endroit, lieu, naissance, origine, place.

BERCEMENT ■ ***I.*** ⇒ **balancement.** ***II. Fig.*** *:* adoucissant, adoucissement, apaisement, atténuation, calme, charme, consolation, douceur, enchantement, soulagement.

BERCER ■ ***I.*** Agiter, balancer, branler (vx), dodeliner, faire aller et venir, faire aller d'avant en arrière/en cadence, ondoyer, onduler, remuer, rythmer. ***II. Fig.*** **1. Une peine** : adoucir, apaiser, atténuer, calmer, charmer, consoler, endormir, partager, soulager. **2. Se laisser bercer par** : amuser, berner, emporter, endormir, flatter, illusionner, leurrer, mystifier, tromper. ***II. Loc.*** **Son enfance a été bercée par** : enchanter, imprégner, nourrir, remplir. ***IV. V. pron.*** *:* s'endormir, se faire des illusions, s'illusionner, se leurrer, se tromper, *et les formes pron. possibles des syn. de* BERCER.

BERCEUR, EUSE ■ Adoucissant, apaisant, cadencé, calmant, charmeur, consolant, consolateur, doux, enchanteur, endormeur, lénifiant, ondoyant, ondulant, rythmé.

BERCEUSE ■ ***I.*** Barcarolle, mélodie douce, rythme doux/lent. ⇒ **chant.** ***II.*** Rocking-chair.

BÉRET ■ ***I.*** Calot, coiffure basque, galette (fam.), toque. ***II. D'étudiant*** *:* faluche.

BERGE ■ ***I. Au pr.*** *:* berme, bord, levée, rivage, rive, talus. ***II. Arg.*** *:* ⇒ **an.**

BERGER, ÈRE ■ ***I. Au pr.*** *:* conducteur de troupeaux, gardeur, gardien, pasteur, pastoureau, pâtour, pâtre. ***II. Fig.*** *:* chef, conducteur, guide, pasteur, souverain.

BERGÈRE ■ Fauteuil, siège.

BERGERIE ■ ***I.*** Bercail, jas (rég.), parc à moutons. ***II.*** Bucolique, églogue, pastorale.

BERLINE ■ Auto, automobile, coach. ⇒ **voiture.**

BERGERONNETTE ■ Bergerette, hochequeue, lavandière, passereau.

BÉRIBÉRI ■ Avitaminose.

BERLINE ■ ⇒ **benne.**

BERLINGOT ■ Bêtise de Cambrai, bonbon, friandise, sucrerie.

BERLUE (AVOIR LA) ■ ⇒ **tromper (se).**

BERME ■ ⇒ **berge.**

BERNARD L'HERMITE ■ Pagure.

BERNE ■ ***I. Loc.*** **En berne** : en deuil, voilé. ***II. Vx*** *:* couverture.

BERNER ■ Abuser, amuser, attraper, décevoir, duper, enjôler, escroquer, faire croire/marcher, flouer, frauder, jouer, leurrer, monter le coup/un bateau à, mystifier, piper, railler, rouler, surprendre, trahir, tromper. ***Fam.*** *:* avoir, baiser (vulg.), blouser, bourrer la caisse/le mou, carotter, couillonner (mérid.), embabouiner, embobiner, emmener/mener en bateau, empapaouter (arg.), empaumer, enfoirer (vulg.), entuber, pigeonner.

BERNICLE ■ Patelle.

BESACE ■ ⇒ **sac.**

BESAIGUË ■ ⇒ **ciseau, marteau.**

BESICLES ■ ⇒ **lunettes.**

BESOGNE ■ Affaire, boulot (fam.), business, corvée, job (fam.), labeur, mission, occupation, œuvre, ouvrage, tâche, travail, turbin (fam.).

BESOGNER ■ ***I.*** ⇒ **travailler.** ***II.*** ⇒ **accoupler (s').**

BESOGNEUX, EUSE ■ Chétif, crève-la-faim (péj.), dans la dèche, décavé, déshérité, économiquement faible, fauché, gagne-petit, gueux (péj.), impécunieux, malheureux, meurt-la-faim, minable (péj.), misérable, miséreux, miteux, nécessiteux, paumé, pauvre diable/drille/type, pouilleux (péj.), purotin, ruiné.

BESOIN ■ ***I. Au pr. :*** appétence, appétit, désir, envie, exigence, faim, goût, insatisfaction, manque, nécessité, soif, utilité. ***II. Loc.*** **1. Faire besoin ⇒ nécessaire. 2. Au besoin** : à la rigueur, en cas de nécessité, le cas échéant, sait-on jamais, si nécessaire. **3.** Être dans le besoin : dénuement, disette, gêne, impécuniosité, indigence, manque, misère, nécessité, pauvreté, en panne, en peine. **Fam.** : débine, dèche, mistoufle, mouise, mouscaille, panade, pétrin, purée. **4. Avoir besoin de** (et l'inf.)/**que** (et le subj.) : devoir, falloir. **5. Faire ses besoins** : aller au ⇒ **water-closet**/à la selle/sur le pot, crotter, déféquer, évacuer, s'exonérer, faire, faire caca/la grosse/petite commission/pipi/popot (enf.), se soulager. ***Vulg. :*** bouser, caguer (mérid.), chier, couler/mouler un bronze, débourrer, fienter, poser un ⇒ **excrément**/culotte, rouler un cigare, tartir. ⇒ **uriner.**

BESTIAIRE ■ ⇒ **belluaire.**

BESTIAL, E ■ Animal, bête, brutal, brute, féroce, glouton, goujat, grossier, lubrique, sauvage.

BESTIALITÉ ■ Animalité, bas instincts, concupiscence, gloutonnerie, goujaterie, instinct animal, lubricité. ⇒ **brutalité.**

BESTIAUX ■ Animaux de ferme, bétail, cheptel vif.

BESTIOLE ■ Insecte, petite bête.

BEST-SELLER ■ ⇒ **succès.**

BÊTA, BÊTASSE ■ (Fam.) ⇒ **bête.**

BÉTAIL ■ ***I. Au pr. :*** animaux de boucherie/d'élevage/d'embouche/de ferme, bergerie, bestiaux, bêtes de somme, bovins, caprins, cheptel vif, équidés, écurie, étable, ovins, porcherie, porcins, troupeau. ***II. Fig.*** **En parlant d'hommes. 1. Péj.** : chair à canon, matériau, matière première, ménagerie, populace, populo. **2. Non péj.** : foule, masse.

BÊTE ■ n. f. ***I. Au pr. :*** animal, batracien, bestiole, cétacé, insecte, invertébré, mammifère, oiseau, poisson, reptile, saurien, vertébré. ***II. Loc.*** **1. Bête à bon Dieu** : coccinelle. **2. Bête de boucherie** : âne, agneau, baby-bœuf, bœuf, cheval, chevreau, cochon, mouton, mulet, porc, veau. **3. Bête de somme** : âne, bœuf, bourricot, chameau, cheval, dromadaire, hongre, jument, lama, mule, mulet, yack, zébu. **4. Chercher la petite bête** : chercher le petit défaut, chercher le détail infime/minime, chercher des crosses/des poux (fam. et péj.), chercher des vétilles. ***III. Fig.*** *En parlant de quelqu'un, non favorable, avec l'adj. mauvais, méchant, sale, vilain :* animal, bonhomme, brute, butor, coco, con, fauve, fumier (grossier), gnasse, jojo, mec, moineau, monsieur, mufle, oiseau, piaf, piège, pierrot, rapace, sauvage, vache, zigoto. ⇒ **type.** ***IV. Loc.*** **C'est une bête** : aliboron, andouille, âne, animal, badaud, ballot, balluchon, balourd, baluche, baudet, bécasse, bécassot, béjaune, benêt, bêta, bourricot, bourrin, bourrique, brute, bûche, buse, butor, cloche, cochon, con, connard, corniaud, cornichon, couillon (mérid.), crétin, cruche, cruchon, cucudet, dadais, demeuré, dindon, empoté, enfoiré (vulg.), fada, fat, flandrin, force de la nature, fourneau, ganache, ganachon, gobeur, gogo, gourde, gourdiflot, guignol, idiot, imbécile, mâchoire, minus habens, moule, niais, nicodème, nigaud, niguedouille, noix, nouille, nullité, oie, oison, paltoquet, panier, panouille, paon, patafiot, patate, pauvre/simple d'esprit, pochetée, porc, prétentieux, ridicule, rustre, sagouin, salaud, saligaud, serin, simplet, tarte, tourte, trou du cul (vulg.), truffe. ⇒ **stupide.** ***V.*** *Favorable, avec l'adj. bon, brave, pas mauvais, pas méchant :* bougre, garçon, gars, gnasse (arg.), guignol (arg.), mec (arg.), pâte, zig.

⇒ **type.** *VI. Loc.* **Bête noire. 1. Qu'on subit :** cauchemar, croix, épouvantail, poison, pot de colle, supplice, torture, tourment. **2. À qui on fait subir :** martyr, os à ronger, souffre-douleur, victime. *VII. Faire la bête à deux dos* ⇒ **accoupler (s').** *VIII. Reprendre du poil de la bête.* **1. Au phys. :** bonne mine, le dessus, force, santé, vie, vigueur. **2. Au moral :** agressivité, ardeur, confiance, courage, du mordant, du punch, le dessus.

BÊTE ▪ adj. *I. Quelqu'un :* abruti, absurde, ahuri, ballot, balourd, baluche, bâté, béat, bébête, bécasse, bécassot, benêt, bêta, bêtasse, bêtassot, borné, bouché, bovin, con, crétin, cucu, demeuré, déraisonnable, empoté, emprunté, enflé, enfoiré (vulg.), fada, fat, pas fin/finaud, finassaud, fruste, gauche, godiche, gourde, idiot, imbécile, indigent, inepte, inintelligent, innocent, insane, insensé, jobard, lourd, lourdaud, lourdingue, maladroit, malavisé, minus, miraud, miro, naïf, niais, nigaud, niguedouille, nouille, nul, nunuche, obtus, patate, pauvre/simple d'esprit, poire, prétentieux, ridicule, rustre, tartignole, tordu, zozo. ⇒ **stupide.** *II.* Facile. *III. Loc.* **1. Se trouver tout bête :** comme deux ronds de flan, confus, décontenancé, désarçonné, désemparé, entre deux chaises, gêné, idiot, interdit, interloqué, maladroit, mal à l'aise, penaud, quinaud. **2. Quelque chose, c'est bête :** aberrant, absurde, con (fam.), cucu (fam.), dément, dingue, dommage, ennuyeux, fâcheux, fat, grotesque, idiot, impardonnable, inepte, inutile, regrettable, ridicule, sot, stupide, ubuesque, vain.

BÊTEMENT ▪ *I.* Gauchement, idiotement, innocemment, lourdement, maladroitement, naïvement, niaisement, prétentieusement, ridiculement, sans réfléchir, simplement, sottement, stupidement. *II. Fig. :* bonnement, comme ça, naïvement, simplement.

BÊTIFIER ▪ *I. V. intr. :* bêtiser, dire des âneries/bêtises, être gnangnan, faire l'âne/la bête/l'idiot/l'imbécile, gâtifier. *II. V. tr. :* abêtir, abrutir, rendre bête.

BÊTISE ▪ *I. Comportement :* abrutissement, absurdité, ahurissement, badauderie, balourdise, bécasserie, béotisme, connerie (fam.), couillonnerie (mérid.), crétinerie, étourderie, fatuité, gaucherie, idiotie, imbécillité, indigence, ineptie, inintelligence, innocence, jobarderie, lourdauderie, lourdeur, maladresse, naïveté, niaiserie, nigauderie, paquet, pauvreté d'esprit, pochetée, prétention, ridicule, rusticité, simplicité d'esprit, sottise, stupidité. *II. Acte ou parole.* **1. Au pr. :** absurdité, ânerie, balourdise, bêlement, bévue, boulette (fam.), bourde, cliché, connerie (fam.), cuir, drôlerie, écart, fadaise, faute, faux pas, folie, gaffe, gauloiserie, grossièreté, histoires, idiotie, imbécillité, impair, ineptie, insanité, lapalissade, lieu commun, maladresse, maldonne, méprise, naïveté, niaiserie, non-sens, pas de clerc, pauvreté, perle, platitude, sottise, stupidité, vanne (arg.). **2. Neutre ou favorable, général. au pl. :** astuces, attrapes, balivernes, baratin, blague, boniments, conneries (fam.), couillonnade (mérid.), drôleries, facéties, farces, fredaine, gaillardises, gaudrioles (péj.), gauloiseries, grivoiseries (péj.), histoires drôles, histoires gauloises, histoires marseillaises, histoires paillardes, paillardises, plaisanteries, propos légers, propos lestes. **3. Une chose sans importance** ⇒ **bagatelle.**

BÊTISIER ▪ Dictionnaire de lieux communs/des idées reçues, recueil des cuirs/de perles/de sottises, sottisier.

BÉTOIRE ▪ ⇒ **abîme, puisard.**

BÉTON ▪ Aggloméré, ciment, gunite, matériau, mortier.

BÉTONNER ▪ Cimenter, renforcer.

BETTE ▪ Blette, carde, cardon.

BEUGLANT ▪ Assommoir, bal

musette, bastringue, boîte, bouge (péj.), bousin, caboulot, café-concert, gargote, guinche, guinguette, night-club, popine (péj.), tapis-franc (vx), taverne.

BEUGLANTE ■ ⇒ **cri, chant.**

BEUGLEMENT ■ Appel, braiement, braillement, bramante (fam.), hurlement, gueulante (fam.), meuglement, mugissement, vocifération. ⇒ **cri.**

BEUGLER ■ ***I. Au pr. :*** appeler, brâmer, crier, meugler, mugir. ***II. Fig. :*** appeler, brailler, braire, crier, hurler, gueuler, vociférer. ⇒ **crier.**

BEURRE ■ ***Loc.*** **1. Comme dans du beurre** : avec aisance, facilement, tout seul, comme sur des roulettes. **2. Compter pour du beurre** : pour des nèfles/des prunes/rien/faire semblant. **3. Assiette au beurre** : affaire juteuse, pouvoir politique. **4. Mettre du beurre dans les épinards** : améliorer l'ordinaire/la situation. **5. C'est du beurre** : c'est avantageux/bon/facile/une sinécure. **6. Faire son beurre** : faire des bénéfices, prospérer, s'enrichir. **7. Couleur beurre frais** : blanc cassé, jaune clair. **8. Petit beurre** : biscuit. **9. Œil au beurre noir** : coquard ou coquart, ecchymose, œil poché, tuméfaction.

BEURRIER ■ ***I.*** Pot à beurre, récipient. ***II. Celui qui fait du beurre :*** crémier, fermier, laitier.

BEUVERIE ■ Bacchanale, bombance, bombe, bringue, débauche, dégagement (milit.), fête bachique, foire, libation, noce, nouba, orgie, ribote, ribouldingue, ripaille, soûlerie, soulographie, tournée des grands ducs.

BÉVUE ■ Ânerie, balourdise, boulette, bourde, connerie (fam.), cuir, erreur, étourderie, faute, faux-pas, gaffe, impair, maladresse, maldonne, méprise, pas de clerc, perle (fam.), vanne (arg.). ⇒ **bêtise.**

BÉZOARD ■ ⇒ **calcul.**

BIAIS ■ ***I.*** Aspect, côté, diagonale, ligne oblique, travers. ***II.*** Artifice, détour, moyen. ***III. Loc.*** **1. De biais** : en diagonale, de travers, en travers, obliquement. **2. Par le biais de** : par le détour/l'intermédiaire/le moyen/le truchement de.

BIAISER ■ ***I.*** Gauchir, obliquer. ***II. Fig. :*** atermoyer, composer, feinter, louvoyer, temporiser, tergiverser, user de procédés dilatoires.

BIBELOT ■ ***I. Au pr. :*** biscuit, chinoiserie, japonaiserie, objet d'art/fragile, petit objet, saxe, sèvres, souvenir. ***II. Fig. :*** affiquet, amusement, amusette, amusoire, babiole, bagatelle, baliverne, bêtise, bimbelot, breloque, bricole, brimborion, caprice, colifichet, fanfreluche, fantaisie, frivolité, futilité, rien.

BIBERON ■ ***I. Au pr. :*** flacon gradué. ***II. Fig. :*** ⇒ **ivrogne.**

BIBI ■ ***I. Au pr.*** **Fam.** : bugne, chapeau, galure, galurin. ⇒ **coiffure.** ***II. Pron. pers.*** **Pop.** : mézigue, moi.

BIBINE ■ ⇒ **alcool.**

BIBLE ■ ***I. Au pr. :*** écritures, Évangile, le Livre, les Saintes Écritures, le Testament (Ancien et Nouveau). ***II. Par ext.*** **1.** Autorité, base, dogme, fondement. **2.** Bréviaire, livre de chevet/de prières, manuel, ouvrage de base/fondamental/usuel.

BIBLIOGRAPHIE ■ Catalogue, liste, nomenclature, référence.

BIBLIOPHILE ■ Amateur de livres, bibliomane, collectionneur de livres, paléographe (par ext.).

BIBLIOPHILIE ■ Bibliomanie, paléographie (par ext.).

BIBLIOTHÉCAIRE ■ Archiviste, chartiste, conservateur, libraire, paléographe, rat de bibliothèque (péj.).

BIBLIOTHÈQUE ■ ***I. Le lieu :*** bureau, cabinet, collection, librairie. ***II. Loc.*** *Bibliothèque de gare :* kiosque. ***III. Le meuble :*** armoire à livres, casier, étagère, rayon, rayonnage, tablette.

BIBLIQUE ■ Hébraïque, inspiré, judaïque, révélé, sacré.

BICEPS ■ ***I. Au pr.*** : bicipital (adj.), biscoto (fam.), bras, muscle. ***II. Par ext.*** : force, puissance, vigueur.

BICHE, BICHON ■ ⇒ **biquet.**

BICHER ■ (Pop.) Aller, aller au poil (fam.)/bien, coller (fam.), gazer (fam.), marcher, rouler (fam.).

BICHONNAGE ■ ⇒ **nettoiement.**

BICHONNER ■ ***I. Au pr.*** : attifer, boucler, friser, parer, pomponner. ***II. Fig.*** : choyer, coucouner (fam.), s'empresser auprès de, entourer de soins, gâter.

BICOLORE ■ ⇒ **bigarré.**

BICOQUE ■ Abri, appentis, baraque, cabane, cabanon (mérid.), cassine, maison, masure, taudis (péj.).

BICORNE ■ Bicuspide. ⇒ **coiffure.**

BICYCLETTE ■ Bécane, biclo, biclou, clou (péj.), petite reine, vélo. ⇒ **cycle.**

BIDASSE ■ ⇒ **soldat.**

BIDE ■ ***I.*** ⇒ **bedaine.** ***II.*** ⇒ **insuccès.**

BIDET ■ ***I.*** Cuvette, guitare (arg.), rince-cul (vulg.). ***II.*** Bourrin, cannasson, cheval, cob, mule, mulet, postier.

BIDOCHE ■ ***Pop. et péj.*** : barbaque, cuir, mauvaise viande, semelle.

BIDON ■ ***I.*** Gourde. ***II.*** Fût, jerrycan, nourrice. ***III.*** Container, cuve, réservoir, touque. ***IV. Fig.*** ⇒ **insuccès.**

BIDONNANT ■ ***Fam.*** : boyautant, crevant, marrant, poilant, rigolo, roulant, sucré, torboyautant, tordant, transpoil.

BIDONNER (SE) ■ Se boyauter, se marrer, se poiler, rigoler, se torboyauter (arg.), se tordre de rire.

BIDONVILLE ■ Baraquement, camp, campement, favella, zone.

BIDULE ■ ⇒ **truc.**

BIEF ■ ⇒ **canal.**

BIELLE ■ Arbre, axe, balancier, bras, embiellage, manivelle, tige, transmission.

BIEN ■ Adv. de manière. ***I.*** *Tous les dérivés en -ment d'adj. d'achèvement, d'avantage, de grandeur, d'intensité, d'intérêt, de qualité, de quantité, etc., par ex.* : admirablement, adroitement, agréablement, aimablement, aisément, assurément, avantageusement, bellement, bigrement (fam.), bonnement, bougrement (fam.), commodément, complètement, confortablement, convenablement, correctement, dignement, drôlement (fam.), dûment, éloquemment, éminemment, entièrement, expressément, extrêmement, favorablement, fermement, formellement, formidablement, gracieusement, grandement, habilement, heureusement, honnêtement, honorablement, intégralement, intensément, joliment, judicieusement, largement, longuement, merveilleusement, nettement, noblement, parfaitement, passablement, pleinement, profondément, prudemment, raisonnablement, réellement, sagement, salement (fam.), totalement, utilement, vachement (fam.), vraiment. ***II.*** *Tous les compl. circ. de manière réalisés par un subst. amplifiant ou valorisant ce qu'exprime le verbe, par ex.* : de façon admirable, avec adresse/aisance/ amabilité/appétit / assurance/avantage, sans bavure (fam.), en beauté, avec bonheur / bonté/charme/confort/correction, de façon correcte, avec dignité/élégance/éloquence, de façon complète/éminente, avec faveur/fermeté, en force, avec grâce/habileté, en long et en large, avec netteté/noblesse, de manière parfaite, avec plénitude, en profondeur, avec prudence, de façon raisonnable, en réalité, avec sagesse, en totalité, de manière utile, en vérité. ***III. Devant un adj.*** : absolument, complètement, dûment, entièrement, extrêmement, fameusement, formidablement, fort, intégralement, nettement, pleinement, profondément, réellement, sérieusement, totalement, tout, tout à fait, très. *IV. Loc.* **1. Il est bien grand** : ce que/comme/qu'est-ce qu'il est grand. **2. Bien des + un nom** : beaucoup de, une foule de, nombre de, quantité de, des tas de. **3. Aussi bien** : d'ailleurs, du reste, en outre. **4. Bien entendu** : évidemment. **5. Bien** : certes.

BIEN ▪ adj. inv. Au poil, bath (fam.), bon, chouette (fam.), compétent, consciencieux, distingué, droit, honnête, lucide, sérieux, sûr, sympa (fam.), sympathique ⇒ **beau.**

BIEN ▪ n. m. *I. Abstrait :* beau, beauté, bon, bonheur, bonté, devoir, droit, honneur, idéal, justice, perfection, progrès, sainteté, vérité, vertu. *II. Concret, souvent au pl. :* apanage, avoir, capital, cheptel, chose, domaine, don, dot, dotation, douaire, exploitation, fonds, fortune, fruit, gain, héritage, immeuble, maison, patrimoine, portefeuille, possession, produit, propriété, récolte, rente, richesse, valeur. *III. Loc.* **1. Le bien public** : intérêt, service. **2. Faire du bien** : jouissance, plaisir, profit, satisfaction, soulagement, volupté. **3. Attendre un bien** : avantage, bénéfice, bienfait, résultat, satisfaction, secours, service, soulagement, utilité. **4. Dire du bien** : compliment, éloge, louange.

BIEN-AIMÉ, E ▪ Amant, amoureux, chéri, chouchou (fam.), élu, fiancé, flirt, maîtresse, préféré. ⇒ **biquet.**

BIEN-DIRE ▪ ⇒ **éloquence.**

BIEN-ÊTRE ▪ *I. La sensation :* agrément, aise, béatitude, bonheur, contentement, détente, euphorie, félicité, jouissance, plaisir, quiétude, relaxation, satisfaction, sérénité, soulagement. *II. La situation :* aisance, confort, luxe, vie large.

BIENFAISANCE ▪ *I.* Aide, assistance, secours. *II. Qualité :* bénignité, bienveillance, charité, générosité, humanité, philanthropie, serviabilité. ⇒ **bonté.**

BIENFAISANT, E ▪ *I.* Bénéfique, efficace, favorable, tutélaire. *II.* Charitable, généreux, humain, philanthropique, serviable. ⇒ **bon.**

BIENFAIT ▪ *I. Qu'on donne :* aumône, bon office, cadeau, charité, don, faveur, fleur (fam.), générosité, grâce, largesse, libéralité, obole, office, plaisir, présent, service. *II. Qu'on reçoit :* avantage, bénéfice, profit, utilité. ⇒ **bienfaisance.**

BIENFAITEUR, TRICE ▪ Ami, donateur, inventeur, mécène, philanthrope, protecteur, sauveur. ⇒ **bienfaisant.**

BIEN-FONDÉ ▪ Authenticité, bon droit, conformité, correction, exactitude, excellence, justesse, justice, légitimité, pertinence, solidité, validité, vérité.

BIEN-FONDS ▪ ⇒ **immeuble.**

BIENHEUREUX, EUSE ▪ *I.* Assouvi, béat (péj.), bien aise, comblé, content, repu, satisfait. ⇒ **heureux.** *II. Nom :* béatifié, élu, saint. *III. Loc.* **Dormir comme un bienheureux** : comme un loir/une souche/un sourd.

BIENNAL, E ▪ Bisannuel.

BIEN-PENSANT ▪ *I.* Conformiste, intégriste, pratiquant, traditionnel. *II. Par ext. :* conservateur. **Péj. :** béni-oui-oui, bigot, cafard, cagot, calotin, dévot, tala (arg. scol.). ⇒ **tartufe.**

BIENSÉANCE ▪ *I.* Apparences, convenance, correction, décence, honnêteté, manières, politesse, pudeur, savoir-vivre. *II.* Étiquette, protocole, usage.

BIENSÉANT, E ▪ Agréable, comme il faut, congru, convenable, correct, décent, délicat, honnête, poli.

BIENTÔT ▪ Dans peu de temps/quelque temps, d'ici peu, incessamment, rapidement, sans retard/tarder.

BIENVEILLANCE ▪ Affabilité,

altruisme, amabilité, bon accueil, bonne volonté, bonté, complaisance, compréhension, cordialité, gentillesse, indulgence, mansuétude, obligeance, ouverture d'esprit, prévenance, sympathie. ⇒ **faveur.**

BIENVEILLANT, E ▪ Accueillant, affable, affectueux, aimable, amical, bon, brave (pop.), complaisant, compréhensif, coopératif (fam.), cordial, débonnaire, favorable, fraternel, gentil, indulgent, intentionné, miséricordieux, obligeant, ouvert, prévenant, sympathique.

BIENVENU, E ▪ Bien/favorablement accueilli/reçu, celui qu'on attend, ne pouvant mieux tomber, opportun, tombant à point/juste.

BIENVENUE ▪ Bon accueil, bonjour, bonne étrenne, salut, salutations.

BIÈRE ▪ ***I.*** Ale, cervoise, pale-ale. ***II.*** ⇒ **cercueil.**

BIÈVRE ▪ ***Vx :*** castor.

BIFFAGE ▪ Annulation, barre, mot rayé, rature, repentir, suppression, trait de plume.

BIFFE ▪ ⇒ **infanterie.**

BIFFER ▪ Annuler, barrer, corriger, effacer, raturer, rayer, supprimer.

BIFFIN ▪ Chiffonnier, fantassin.

BIFFURE ▪ Rature, rayure, repentir, retouche, trait.

BIFTECK ▪ Châteaubriand, filet, grillade, rumsteck, steck, tranche, viande grillée. ***Péj. :*** barbaque, semelle.

BIFURCATION ▪ ***I.*** Carrefour, division, embranchement, fourche, patte-d'oie. ***II.*** Changement d'orientation. ***III.*** ⇒ **séparation.**

BIFURQUER ▪ ***I.*** Diverger, se diviser. ***II.*** Être aiguillé, se diriger, s'orienter.

BIGARRÉ, E ▪ Bariolé, bi/multicolore, chamarré, disparate, diversifié, hétérogène, mâtiné, mélangé, mêlé, varié. ⇒ **taché.**

BIGARRURE ▪ Bariolage, disparité, hétérogénéité, mélange, variété.

BIGLER ▪ (Pop.) ***I.*** Ciller, cligner des yeux, loucher, être myope, mal voir. ***II.*** Bader, contempler, loucher sur, mater, mirer, regarder avec attention/envie/étonnement, zieuter.

BIGLEUX ▪ Louchard (fam.), myope.

BIGOPHONE ▪ ⇒ **téléphone.**

BIGORNEAU ▪ Coquillage, littorine, vignot. ***Fam. :*** écouteur. ⇒ **téléphone.**

BIGORNER ▪ (Pop.) ***I. Quelqu'un :*** abîmer le portrait, amocher, casser la figure/la gueule, castagner, cogner, coller une châtaigne, corriger, donner des coups, endommager, endommager le portrait, esquinter, flanquer/foutre (grossier) une correction/une dérouillée/une trempe/une volée. ⇒ **battre.** ***II. Une chose :*** abîmer, accrocher, amocher, aplatir, briser, casser, écraser, endommager, entrer en collision, esquinter, friser la tôle, froisser, heurter, télescoper. ***III. V. pron. :*** se casser la figure/la gueule, se cogner dessus, se donner des coups, se ficher/flanquer/foutre une trempe/une volée, se quereller, se taper dessus, *et les formes pron. possibles des syn. de* BATTRE.

BIGOT, BIGOTE ▪ Bondieusard, cafard, cagot, calotin, cul-bénit, dévot, grenouille de bénitier, petit saint, punaise de sacristie, sacristain, tala (arg. scol.). ⇒ **tartufe.**

BIGOTERIE, BIGOTISME ▪ ⇒ **tartuferie.**

BIGREMENT ▪ ⇒ **beaucoup.**

BIGUE ▪ Chèvre, grue, palan.

BIJOU ▪ ***I.*** Joyau. ***II.*** Beauté, chef-d'œuvre, merveille, perfection. ***III. Loc. :*** mon bijou/amour. ⇒ **biquet.**

BIJOUTERIE ▪ ***I.*** Horlogerie, joaillerie, orfèvrerie. ***II.*** Chef-d'œuvre, merveille, perfection, technique parfaite, travail achevé/parfait/précis.

BIJOUTIER, ÈRE ■ Horloger, joaillier, orfèvre.

BILAN ■ ***I. Au pr.*** : balance, conclusion, état, inventaire, point, situation, tableau. ***II. Loc.*** **1. Déposer son bilan** : capituler, être en déconfiture/difficulté/faillite/liquidation, faire la culbute/de mauvaises affaires. **2. Faire le bilan** : conclure, tirer la conclusion/les conséquences. ***III. Fig.*** : conséquences, résultats, séquelles, suites. ***IV.*** Check-up.

BILE ■ ***I.*** Atrabile (vx), fiel, glaire, humeur (vx). ***II. Fig.*** : amertume, colère, fiel, maussaderie, mauvais caractère, méchanceté, récriminations, venin. ⇒ **aigreur.** ***III. Loc.*** **1. Échauffer la bile** : casser les pieds (fam.), chauffer les oreilles (fam.), exéder, faire sortir de ses gonds (fam.), mettre à bout/en colère/hors de soi. **2. Se faire de la bile** : avoir des idées noires, se biler (fam.), s'en faire, être pessimiste/soucieux/tourmenté, se faire du mauvais sang/du mouron (fam.)/du souci/du tourment, s'inquiéter, se préoccuper, se soucier de, se tourmenter.

BILIEUX, EUSE ■ ***I. Au pr.*** 1. Atrabilaire, hépatique, hypocondre, hypocondriaque. 2. Jaunâtre, jaune, vert. ***II. Fig.*** 1. Anxieux, chagrin, inquiet, mélancolique, pessimiste, soucieux, tourmenté, troublé. 2. **Péj.** : atrabilaire, bâton merdeux (fam.), coléreux, maussade, mauvais coucheur, misanthrope, ombrageux, soupçonneux, susceptible.

BILINGUE ■ ***I. Quelqu'un*** : interprète, polyglotte, traducteur, truchement. ***II. Une chose*** : sous-titré, synoptique.

BILLARD ■ ***I. Par ext.*** : fumoir, salle de jeux. ***II. Fig.*** : salle/table d'opération. ***III. Loc. fam.*** **C'est du billard** : ça va comme sur des roulettes (fam.), c'est facile, c'est de la tarte (arg.).

BILLE ■ ***I. Au pr.*** 1. Agate, boule, calot. **2. Bille de bois** : billette, morceau, tronc, tronçon. ***II. Fig.*** : ⇒ **tête, visage.** ***III. Loc.*** **Une bonne bille** : l'air avenant/bien intentionné/honnête/jovial/sympathique, une bonne ⇒ **tête.**

BILLET ■ ***I. Au pr.*** 1. ⇒ **lettre.** 2. Attestation, bon, carte, certificat, coupon, récépissé, reçu, ticket. **3. Billet de banque** : assignat (vx), coupure, devise, espèces, monnaie, monnaie fiduciaire, numéraire. *Arg.* : faffe, fafiot, ticket. **4. Billet à ordre** : effet, lettre de change, traite, valeur. ***II. Loc.*** **Je vous en fiche mon billet** (fam.). ⇒ **affirmer.**

BILLEVESÉES ■ Balivernes, chimères, conneries (fam.), coquecigrues, fadaises, fantaisies, fantasmagories, imaginations, sornettes, sottises, utopies.

BILLOT ■ ***I.*** Bille/bloc de bois, bitte, planche à découper/à trancher. ***II.*** Tin. ***III.*** Tronchet. ***IV.*** ⇒ **supplice.**

BINAIRE ■ Alternatif, alterné, à deux aspects/faces/temps/termes/unités, dichotomique, en opposition, en relation. ⇒ **binon.**

BINAGE ■ Ameublissement, bêchage, façonnage, grattage, sarclage, serfouissage.

BINARD ■ ⇒ **chariot.**

BINER ■ Aérer/ameublir/briser le sol, bêcher, cultiver, désherber, façonner, gratter, sarcler, serfouir.

BINETTE ■ ***I.*** Grattoir, houe, sarclette, sarcloir, serfouette, tranche. ***II.*** ⇒ **tête, visage.**

BINIOU ■ Bag-pipe (angl.), bombarde, cabrette, chabrette, chevrie, cornemuse, musette, pibrock (écossais), turlurette.

BINOCLE ■ Besicles, face-à-main, lorgnon, lunettes, pince-nez.

BINON ■ Bit, élément binaire.

BIOGRAPHIE ■ Biobibliographie, histoire personnelle, journal, mémoires, notice, prière d'insérer.

BIPENNE ■ ⇒ **hache.**

BIQUE ■ ***I. Au pr. :*** cabrette, cabri, caprin, chèvre. ***II. Fig.*** **Péj.** ⇒ **mégère.**

BIQUET, ETTE ■ ***I. Au pr. :*** chevreau, chevrette. ***II. Fig.*** **Fam. :** agneau, aimé, âme, ami, amour, ange, beau, belle, bellot, biche, bichette, bichon, bien-aimé, bijou, bon, bon ami, caille, chat, chatte, cher, chéri, chevrette, chou, coco, cocotte, cœur, crotte, enfant, fille, fils, gros, joli, joujou, lapin, ma charmante, m'amie, mamour, mie, mignon, mimi, minet, minette, moineau, oiseau, petit, petite, poule, poulet, poulette, poulot, poupée, poupoule, prince, princesse, rat, raton, reine, roi, tourterelle, trésor, etc.

BIRÈME ■ ⇒ **galère.**

BIROUTE ■ Manche à air. ⇒ **verge.**

BIS ■ ***I. Interj. :*** bravo, encore, hourra. ***II. Nom*** ⇒ **acclamation.**

BIS, E ■ ***I.*** Basané, bistre, bistré, brun, brunâtre, gris, jaunâtre, marron clair. ***II. Loc.*** **Pain bis :** pain de campagne/complet/de seigle/noir.

BISAÏEUL, E ■ Arrière-grand-père/mère.

BISBILLE ■ (Fam.) Bouderie, brouillerie, dépit, désaccord, différend, discorde, dispute, fâcherie, humeur, malentendu, mésentente, querelle, trouble.

BISCORNU, E ■ ***I.*** Bicuspide, à deux cornes, irrégulier. ***II.*** Absurde, bizarre, confus, échevelé, farfelu (fam.), grotesque. ⇒ **absurde.**

BISCUIT ■ ***I.*** Biscotte, boudoir, bretzel, craquelin, croquet, croquignolle, friandise, galette, gâteau, gaufrette, gimblette, macaron, pâtisserie, petit-beurre, sablé, toast, tuilé. ***II.*** Pain azyme. ***III.*** Bibelot, porcelaine, saxe, sèvres, statuette.

BISE ■ ***I.*** Blizzard, vent froid/du Nord. ***II.*** Bécot, bisette, bisou, petit baiser, poutou.

BISEAU (EN) ■ Entaillé, oblique.

BISEAUTÉ, E ■ ***I. Au pr. :*** taillé en oblique. ***II. Loc.*** **Cartes biseautées :** marquées, truquées.

BISQUE ■ Consommé. ⇒ **potage.**

BISQUER (FAIRE) ■ (Pop.) Asticoter, ennuyer, faire endêver/enrager/maronner/râler, taquiner, vexer.

BISSAC ■ ⇒ **sac.**

BISSER ■ Applaudir, en redemander, faire une ovation/un triomphe, ovationner, rappeler, réclamer.

BISTOUILLE ■ ⇒ **alcool.**

BISTOURI ■ Couteau, lame, scalpel.

BISTOURNER ■ ⇒ **châtrer.**

BISTRE, BISTRÉ, E ■ ⇒ **bis, e.**

BISTROT ■ ***I.*** ⇒ **cabaret.** ***II.*** ⇒ **cabaretier.**

BITE, BITTE ■ ***I.*** Billot, bollard, borne. ***II.*** ⇒ **verge.**

BITUMAGE ■ Goudronnage, revêtement.

BITUME ■ ***I. Au pr. :*** asphalte, coaltar, goudron, macadam, revêtement. ***II.*** ⇒ **prostitution.**

BITUMER ■ Entretenir, goudronner, macadamiser, revêtir.

BITURE, BITTURE ■ (Pop.). ***I. Loc.*** **À toute biture** ⇒ **vite.** ***II.*** ⇒ **ivresse.**

BIVEAU ■ Équerre.

BIVOUAC ■ Abrivent, campement, cantonnement, castramétation, faisceaux, halte, installation de nuit.

BIVOUAQUER ■ Camper, cantonner, dresser les tentes, faire halte, former les faisceaux, installer le bivouac, planter les tentes.

BIZARRE ■ ***I. Quelque chose ou***

quelqu'un (général. non favorable) : abracadabrant, abrupt, amusant, anormal, baroque, biscornu, bizarroïde (fam.), capricieux, changeant, chinois, cocasse, comique, curieux, drôle, étonnant, étrange, excentrique, extraordinaire, extravagant, fantaisiste, fantasmagorique, fantasque, fantastique, farfelu, funambulesque, grotesque, hétéroclite, impossible, incompréhensible, inattendu, inégal, inhabituel, inquiétant, insolite, maniaque, marrant (fam.), mobile, monstrueux, original, plaisant, remarquable, ridicule, rocambolesque, saugrenu, singulier, surprenant. ***II. Quelqu'un*** (péj.) : aliéné, autre, braque, brindezingue, cinglé, dérangé, fou, halluciné, iroquois, loufoque, lunatique, maniaque, numéro, olibrius, original, phénomène, pistolet, tout chose, type, zèbre, zigoto.

BIZARRERIE ■ ***I.*** Anomalie, caprice, chinoiserie, cocasserie, comportement bizarre, *et les syn. de* BIZARRE, curiosité, drôlerie, étrangeté, excentricité, extravagance, fantaisie, fantasmagorie, folie, monstruosité, originalité, ridicule, singularité. ***II. De quelqu'un*** (péj.) : aliénation, dérangement, folie, hallucination, loufoquerie, manie.

BIZUT, BIZUTH ■ ⇒ **novice.**

BIZUTER ■ ⇒ **chahuter.**

BLACKBOULER ■ ⇒ **refuser.**

BLACK-OUT ■ Obscurité. ⇒ **silence.**

BLAFARD, E ■ ⇒ **blême, pâle.**

BLAGUE ■ ***I.*** Poche/sac à tabac. ***II.*** Astuce, bobard, canular, craque, exagération, farce, galéjade, hâblerie, histoire drôle, mensonge, niche, plaisanterie, sornette. ***III.*** Erreur, faute, gaffe, maladresse, sottise. ⇒ **bêtise.**

BLAGUER ■ ***I. V. tr. :*** asticoter (fam.), chahuter, faire marcher, se moquer de, railler, taquiner, tourner en dérision. ***II. V. intr.*** **1. Au pr. :** exagérer, faire des astuces (fam.), galéjer (fam.), mentir, plaisanter, raconter des blagues, *et les syn. de* BLAGUE. **2. Par ext. :** bavarder, causer, passer le temps.

BLAGUEUR, EUSE ■ ⇒ **hâbleur, taquin.**

BLAIR ■ ⇒ **nez.**

BLAIRER ■ Estimer. ⇒ **aimer.**

BLÂMABLE ■ Condamnable, critiquable, déplorable, incriminable, répréhensible.

BLÂME ■ Accusation, anathème, animadversion, attaque, avertissement, censure, condamnation, critique, désapprobation, grief, improbation, mise à l'index, objurgation, punition, remontrance, répréhension, réprimande, réprobation, reproche, semonce, tollé, vitupération.

BLÂMER ■ Accuser, anathématiser, attaquer, censurer, condamner, critiquer, désapprouver, désavouer, donner un avertissement, donner un blâme, *et les syn. de* BLÂME, faire grief de, faire reproche de, flageller, flétrir, fustiger, improuver, incriminer, jeter la pierre, juger, pourfendre, punir, reprendre, réprimander, reprocher, réprouver, semoncer, sermonner, stigmatiser, trouver à redire, vitupérer.

BLANC, BLANCHE ■ ***I. Adj.*** **1. Au pr. :** argenté, beurre frais, blafard, blanchâtre, blême, clair, crème, immaculé, incolore, ivoire, ivoirin, lacté, lactescent, laiteux, limpide, net, opalin, pâle, platine, propre, pur. **2. Fig. :** candide, clair, immaculé, innocent, lilial, net, pur, virginal. ***II. Nom.*** **Typo. :** espace, interligne, intervalle, vide. ***III. Loc.*** **1. Saigner à blanc :** à fond, épuiser, vider. **2. Le blanc de l'œil :** cornée, sclérotique. **3. De but en blanc :** de façon abrupte, directement, sans crier gare, sans préparation.

BLANC-BEC ■ Arrogant, béjaune, insolent, niais, petit merdeux (fam.), morveux, prétentieux, sot.

BLANCHAILLE ■ ⇒ **fretin.**

BLANCHÂTRE ■ Albugineux, blafard, blême, lacté, lactescent, laiteux, opalescent, opalin.

BLANCHET ■ ⇒ **feutre.**

BLANCHEUR ■ ***I. Au pr. :*** clarté, lactescence, netteté, pâleur, propreté, pureté. ***II. Fig. :*** candeur, innocence, pureté, virginité.

BLANCHIMENT, BLANCHISSAGE ■ Blanchissage, déalbation, décoloration, échaudage, finissage, herberie (vx.), lessivage, lessive, nettoiement, savonnage.

BLANCHIR ■ ***I. Au pr.*** **1.** Frotter, herber, lessiver, nettoyer, savonner. **2. Typo. :** éclaircir. **3. Un mur :** chauler, échauder, sabler. **4. Quelqu'un** ⇒ **blêmir. 5.** Prendre de l'âge, vieillir. ***II. Fig.*** ⇒ **excuser.**

BLANCHISSERIE ■ Buanderie, laverie, lavoir.

BLANCHISSEUR, EUSE ■ Buandier, lavandier, lavandière, laveur, laveuse, lessivier.

BLANC-MANGER ■ Caillé, caillebotte, gelée, yaourt, yogourt.

BLANC-SEING ■ Carte blanche, chèque en blanc, liberté de manœuvre, mandat, procuration en blanc.

BLANDICE ■ Caresse, charme, flatterie, jouissance, séduction, tentation.

BLANQUETTE ■ ***I.*** Ragoût. ***II.*** Chasselas, clairette, vin clairet.

BLASE ■ ***Fam. :*** nom. ⇒ **nez.**

BLASÉ, E ■ ***I.*** Assouvi, dégoûté, difficile, fatigué, indifférent, insensible, rassasié, repu, revenu de tout, sceptique, usé. ***II. Loc. :*** avoir fait le tour de tout.

BLASEMENT ■ ⇒ **dégoût.**

BLASER ■ Dégoûter, désabuser, fatiguer, laisser froid, lasser, rassasier, soûler.

BLASON ■ Armes, armoiries, chiffre, écu, écusson, cartouche, marque, panonceau, pennon, sceau.

BLASONNER ■ Orner. ⇒ **peindre.**

BLASPHÉMATEUR, TRICE ■ Apostat, impie, parjure, renieur, sacrilège.

BLASPHÉMATOIRE ■ Impie, sacrilège.

BLASPHÈME ■ Gros mot, grossièreté, impiété, imprécation, injure, insulte, jurement, juron, outrage, sacrilège.

BLASPHÉMER ■ ***I. V. tr. :*** injurier, insulter, maudire, se moquer de, outrager. ***II. V. intr. :*** jurer, proférer des blasphèmes, sacrer.

BLATÉRER ■ ⇒ **crier.**

BLATTE ■ Cafard, cancrelat.

BLAUDE ■ ⇒ **blouse.**

BLAZER ■ Flanelle, veste, veston.

BLÉ ■ Céréale, épeautre, froment, sarrasin, touselle.

BLÈCHE ■ (Arg.). ⇒ **laid.**

BLED ■ Brousse, pays perdu/sauvage, petite ville, petit village, trou.

BLÊME ■ Blafard, blanchâtre, bleu, cadavérique, décoloré, exsangue, hâve, incolore, livide, pâle, pâlot, plombé, terne, terreux, vert.

BLÊMIR ■ Blanchir, se décomposer, devenir livide, pâlir, verdir.

BLENNORRAGIE ■ Blennorrhée, gonococcie, gonorrhée. ***Arg. :*** castapiane, chaude-lance/pisse, chtouille, coco, coulante, coup de pied de Vénus, échauffement, goutte matutinale/militaire, naze, nazi, nœud coulant, pécole, souvenir, etc.

BLÉSEMENT ■ Zézaiement, zozotement.

BLÉSER ■ Zézayer, zozoter.

BLESSANT, E ■ Agressif, arrogant, choquant, contrariant, déplaisant, désagréable, désobligeant, grossier, impoli, inconvenant, injurieux, irrespectueux, mal embouché, mortifiant, offensant, piquant, vexant.

BLESSÉ, E ■ Éclopé, estropié, invalide, mutilé.

BLESSER ■ Abîmer, amocher (fam.), arranger (fam.), arranger le portrait (pop.), assommer, balafrer, battre, broyer, brûler, contusionner, corriger, couper, couronner, déchirer, écharper, écloper, écorcher, écraser, encorner, entailler, entamer, érafler, éreinter, estropier, faire une entorse, fouler, frapper, froisser, léser, luxer, maltraiter, meurtrir, mordre, mutiler, navrer (vx), percer, piquer, poignarder. ***II. Loc.*** **La vue, les oreilles :** affecter, casser, causer une sensation désagréable, déchirer, écorcher, effaroucher, irriter, rompre. ***III. Fig.*** **1.** Atteindre, choquer, contrarier, déplaire, égratigner, faire de la peine, froisser, heurter, irriter, offenser, piquer, toucher, ulcérer, vexer. **2.** Attenter à, enfreindre, être contraire à, heurter, porter atteinte, violer. **3.** Causer du préjudice, faire tort, léser, nuire, porter préjudice, préjudicier. ***V. pron.*** **Fig. :** être susceptible, se formaliser, s'offenser, s'offusquer, se piquer, se vexer.

BLESSURE ■ ***I.*** Balafre, bleu, bobo (fam.), bosse, brûlure, choc, cicatrice, contusion, coquard, coupure, distension, ecchymose, égratignure, élongation, entaille, entorse, éraflure, éraillement, estafilade, estocade, fêlure, fracture, froissement, foulure, lésion, luxation, meurtrissure, morsure, mutilation, piqûre, plaie, taillade, trauma, traumatisme, tuméfaction. ⇒ **coup.** ***II. Moral :*** atteinte, brûlure, coup, coup dur, douleur, froissement, offense, pique, plaie, souffrance, trait.

BLEU, E ■ ***I. Adj. :*** ardoise, azur, azurin, barbeau, bleuâtre, bleuet, céleste, céruléen, lapis-lazuli, myosotis, outremer, pers, pervenche, saphir. ***II. Nom masc.*** **1.** Azur, ciel. **2.** ⇒ **novice. 3.** Coquard, ecchymose, meurtrissure, œil au beurre noir, tuméfaction. ⇒ **coup.** ***III. Loc.*** **1. Sang bleu :** noble. **2. Fleur bleue :** sentimental, tendre. **3. Bas-bleu :** pédante. **4. Cordon bleu :** bonne cuisinière.

BLEUET ■ Barbeau, centaurée.

BLEUSAILLE ■ (Fam.). ⇒ **novice.**

BLIAUD, BLIAUT ■ ⇒ **blouse.**

BLINDAGE ■ Abri, bardage, boisage, bouclier, carter, cuirasse, écran, protection.

BLINDE ■ ⇒ **poutre.**

BLINDÉ ■ ***N. m. :*** automitrailleuse, char, char d'assaut, tank. ***Adj. :*** blasé, endurci, immunisé. ⇒ **ivre.**

BLINDER ■ ***I.*** Abriter, boiser, cuirasser, protéger, renforcer. ***II. Fig. :*** endurcir, immuniser, protéger, renforcer. ***III. V. pron.*** (Pop.) ⇒ **enivrer (s').**

BLINIS ■ Crêpe, hors d'œuvre.

BLIZZARD ■ ⇒ **vent.**

BLOC ■ ***I.*** Bille, masse, pavé, pièce, roche, rocher. ***II.*** **1.** Amas, assemblage, ensemble, ouvrage, quantité, totalité, tout, unité. **2.** ⇒ **coalition. 3. Géol. :** graben, horst. **4.** ⇒ **prison. 5. À/en bloc** ⇒ **maximum,** totalement.

BLOCAGE ■ ***I.*** Arrêt, barrage, coup d'arrêt, stabilisation. ***II.*** Empilage, serrage. ***III.*** Frein, impuissance, inhibition, paralysie.

BLOCKHAUS ■ Abri, bunker, casemate, fortification, fortin, ouvrage.

BLOC-NOTES ■ ⇒ **carnet.**

BLOCUS ■ Investissement, isolement, siège.

BLOND, E ■ Blondin, blondinet, doré, lin, platiné.

BLONDE ■ ⇒ **dentelle, fille.**

BLONDIN ■ ⇒ **galant.**

BLOQUER ■ ***I. Au pr. :*** amasser, empiler, entasser, grouper, masser, rassembler, réunir. ***II. Par ext.*** **1.** Assiéger, cerner, encercler, entourer, envelopper, fermer, investir. **2.** ⇒ **arrêter. 3. Les crédits** : geler, immobiliser, suspendre. **4. Un passage** : coincer, condamner, encombrer, obstruer. **5. Arg. scol.** ⇒ **étudier.**

BLOTTIR (SE) ▪ S'accroupir, se cacher/clapir/coucher, s'enfouir, se mettre en boule/musser/pelotonner/presser/ramasser/ recroqueviller/réfugier/replier/serrer contre/ tapir.

BLOUSANT, E ▪ Bouffant. ⇒ **ample.**

BLOUSE ▪ ***I.*** Biaude, blaude, bliaud, bourgeron, camisole, caraco, roulière, sarrau, tablier, vareuse. ***II.*** Chemisette, chemisier, corsage, marinière.

BLOUSER ▪ ***I. V. tr.*** ⇒ **tromper.** ***II. V. intr. :*** bouffer, gonfler.

BLUETTE ▪ Amourette, badinage, badinerie, fleurette, flirt, galanterie. ⇒ **amour.**

BLUFF ▪ ***I.*** Audace, bagou, battage, chantage, intimidation, tromperie, vantardise. ***II. Fam. :*** baratin, culot, épate, esbroufe, frime. ⇒ **hâblerie.**

BLUFFER ▪ ***I.*** Abuser, épater, faire du chantage, intimider, leurrer, tromper, se vanter. ***II. Fam. :*** Aller au culot, baratiner, esbroufer, faire de l'esbroufe/de l'épate/de la frime/du vent, frimer, galéger, masser. ⇒ **hâbler.**

BLUFFEUR ▪ ⇒ **hâbleur.**

BLUTER ▪ Passer, tamiser.

BLUTOIR ▪ Bluteau, sas, tamis.

BOA ▪ Serpent. ***Par ext. :*** anaconda, eunecte, python.

BOBARD ▪ Bateau, blague, boniment, fantaisie, fausse nouvelle, mensonge, plaisanterie, ragot, tromperie, tuyau (fam.), vantardise.

BOBÈCHE ▪ Coupelle. ⇒ **tête.**

BOBINE ▪ ***I. Au pr. :*** bloquet, bobineau, broche, dévidoir, fuseau, fusette, navette, nille, rochet, roquetin, rouleau. ***II. Fig.*** ⇒ **tête.**

BOBINER ▪ Enrouler, envider, renvider.

BOCAGE ▪ Boqueteau, bosquet, breuil, chemin creux, garenne, petit bois.

BOCAGER, ÈRE ▪ Agreste, boisé, bucolique, champêtre, mythologique, pastoral.

BOCAL ▪ Pot, récipient, vase.

BOCK ▪ Chope, demi, verre.

BOËSSE ▪ Ébarboir, grattoir.

BOËTE ▪ ⇒ **aiche.**

BŒUF ▪ ***I. Nom :*** bovidé. ***II. Adj.*** **Fig. :** colossal, énorme, extraordinaire, formidable, monstre, surprenant.

BOGHEI, BUGGY ▪ ⇒ **voiture.**

BOGUE ▪ Capsule, enveloppe. ⇒ **boucle.**

BOHÊME ▪ ***I.*** Artiste, fantaisiste, indépendant, insouciant. ***II. Péj. :*** Asocial, débraillé, désordonné, instable, original, peu soigné, vagabond.

BOHÉMIEN, ENNE ▪ Baraquin (péj.), boumian (mérid.), fils du vent, gipsy, gitan, manouche, nomade, roma ou romé, romanichel, romano (fam.), sinte ou zing, tzigane, zingaro.

BOIRE ▪ ***I. V. tr.*** **1.** Absorber, avaler, buvoter, ingurgiter, prendre. **2.** Absorber, s'imbiber de, s'imprégner de. ***II. V. intr.*** **1. Un animal** : s'abreuver, se désaltérer, laper. **2. L'homme.** *Neutre :* se désaltérer, étancher sa soif, prendre un verre, se rafraîchir, sabler. *Fam. :* s'abreuver, absorber, arroser, s'aviner, biberonner, boutancher, buvoter, chopiner, se cocarder, écluser, entonner, éponger, godailler, s'humecter/se rincer le ⇒ **gosier,** s'imbiber, s'imprégner, lamper, se lester, lever le coude, licher, lichetroner, litroner, se mouiller, picoler, pinter, pomper, popiner, se rafraîchir, se remplir, riboter, siffler, siroter, sucer, téter, se taper/vider un verre. ⇒ **enivrer (s').**

BOIS ▪ ***I.*** Bocage, boqueteau, bosquet, bouquet d'arbres, breuil, chablis, châtaigneraie, chênaie, forêt, fourré, frondaison, futaie, hallier, hêtraie, marmenteau, massif d'arbres, pinède, sapinière, ségrais, sous-bois, sylve, taillis. ***II.*** Bille, billette, billot, bourrée, branche, brasse, brassée, brindille, bûche, bûchette, charbonnette, cotret, fagot, fagotin, falourde, fascine, margotin, rondin. ***III.*** Copeau, déchet, sciure. ***IV. Des cervidés :*** andouiller, corne, cors, dague, empaumure, époi, merrain, ramure, revenue.

BOISAGE ▪ ***I.*** Consolidation, cuvelage, cuvellement, garnissage, muraillement, renforcement, soutènement. ***II.*** Cadre, chapeau, corniche, étai, montant, palplanche, semelle, sole.

BOISEMENT ▪ Pépinière, plantation, repeuplement, semis.

BOISER ▪ ***I.*** Ensemencer, garnir, planter, repeupler. ***II.*** Consolider, cuveler, étayer, garnir, renforcer, soutenir.

BOISERIE ▪ Charpente, châssis, huisserie, lambris, menuiserie, moulure, panneau, parquet.

BOISSON ▪ Apéritif, bibine (péj.), bière, bouillon, breuvage, café, chaudeau, chocolat, cidre, citronnade, cocktail, coco, cordial, décoction, digestif, drink, eau, eau de mélisse, eau-de-vie, élixir, émulsion, grog, hydromel, hypocras, infusion, julep, jus de fruit, kéfir, kwas, lait, limonade, liqueur, maté, mélange, mixture, nectar, orangeade, piquette, poiré, potion, punch, rafraîchissement, remontant, rinçure (péj.), sirop, soda, thé, tisane, vin, vulnéraire, etc. ⇒ **alcool.**

BOÎTE ▪ ***I. Au pr. :*** bonbonnière, boîtier, cagnotte, caisse, caque, carton, case, casier, cassette, cercueil, chancelière, châsse, chocolatière, coffre, coffret, contenant, custode (relig.), drageoir, écrin, emballage, étui, malle, marmotte, nécessaire, plumier, poubelle, poudrier, récipient, reliquaire, tabatière, tirelire, tronc, trousse, valise, vanity-case. ***II. Par ext.*** **1. Arg. scol. :** bahut, baz, collège, école, lycée, pension. **2.** Administration, affaire, atelier, boutique, bureau, chantier, commerce, entreprise, firme, maison, société, usine. **3.** ⇒ **cabaret.** ***III. Loc.*** **1. Mise en boîte** ⇒ **raillerie. 2. Boîte à sous** ⇒ **avare.**

BOITER ▪ ***I.*** Aller clopin-clopant/de travers, béquiller (fam.), boitiller, claudiquer, clocher, clopiner, se déhancher, loucher de la jambe (fam.). ***II.*** Brimbaler, bringuebaler, osciller. ***III. Fig. :*** aller cahin-caha/de travers/mal, clocher, laisser à désirer.

BOITERIE ▪ Boitement, boitillement, claudication.

BOITEUX, EUSE ▪ ***I.*** Bancal, bancroche (fam.), béquillard (fam.), claudicant, éclopé, estropié, infirme, invalide. ***II.*** Branlant, de travers, de traviole (fam.), esquinté, inégal, instable, sur trois pattes/pieds. ***III.*** Faux, incomplet, spécieux.

BOITIER ▪ Écrin, étui. ⇒ **boîte.**

BOITILLANT, E ▪ Dissymétrique, irrégulier, saccadé, sautillant, syncopé.

BOL ▪ Coupe, jatte, récipient, tasse.

BOLCHEVIK, BOLCHEVISTE ▪ Communiste, marxiste, révolutionnaire, rouge, socialiste, soviétique.

BOLCHEVISME ▪ Collectivisme, communisme, marxisme, socialisme.

BOLDUC ▪ Faveur, ruban. ⇒ **corde.**

BOLÉRO ▪ ⇒ **danse, coiffure, veste.**

BOLET ▪ Bordelais, champignon, cèpe, tête-de-nègre.

BOLIDE ▪ ***I. Au pr. :*** aérolithe, astéroïde, corps céleste, étoile filante, météore, météorite, projectile céleste. ***II.*** Voiture de course.

BOLIER, BOULIER ▪ ⇒ **filet.**

BOMBANCE ■ (Fam.). Bamboche, bamboula, bombe, bringue, chère lie, dégagement, foire, godaille, gogaille, java, liesse, muffée, muflée, partie, réjouissances, ronflée ⇒ **fête, repas.**

BOMBARDE ■ ***I.*** Bouche à feu, canon, mortier, pièce d'artillerie. ***II.*** Flageolet, hautbois, turlurette.

BOMBARDEMENT ■ Arrosage (arg.), barrage, canonnade, marmitage (fam.), mitraillade, mitraillage, tir.

BOMBARDER ■ ***I.*** Canonner, écraser, lancer des bombes, mitrailler, tirer. **Arg. :** arroser, canarder, marmiter. ***II.*** Accabler, cribler, jeter, lancer, obséder.

BOMBE ■ ***I. Au pr. :*** charge de plastic, engin, explosif, grenade, machine infernale, obus, projectile, torpille. ***II. Fig.*** ⇒ **bombance.** ***III.*** Crème glacée, glace, sorbet.

BOMBÉ, E ■ Arrondi, bossu, convexe, cintré, courbe, gonflé, renflé, ventru.

BOMBEMENT ■ Apostème, apostume, arrondi, bosse, bouge (techn.), convexité, cintre, courbe, dos d'âne, enflure, gonflement, renflement, tonture, ventre.

BOMBER ■ Arrondir, cambrer, cintrer, courber, enfler, gondoler, gonfler, redresser, renfler.

BON, BONNE ■ adj. ***I. Au pr. :*** accueillant, agréable, amical, avantageux, beau, bien, bienfaisant, bienveillant, congru, convenable, favorable, heureux, intéressant, juste, profitable, propice, propre, utile. ***II. Par ext. :*** acceptable, correct, excellent, exemplaire, incomparable, meilleur, moyen, parfait, passable, satisfaisant, suffisant, utilisable. ***III. Une chose.*** **1. Un repas :** délectable, délicat, excellent, exquis, parfait, savoureux, succulent. **2. Une activité** ⇒ **rémunérateur. 3. Un sol** ⇒ **fertile. 4. Une situation :** certain, enviable, solide, stable, sûr. **5. Un compte :** exact, rigoureux, sérieux, strict. **6. Un conseil :** avisé, éclairé, judicieux, pondéré, prudent, raisonnable, sage, utile. **7. Un motif :** admissible, convaincant, plausible, recevable, valable. **8. Un remède, un moyen :** approprié, efficace, opérant, réconfortant, salutaire. **9. Activités de l'esprit :** adroit, agréable, amusant, beau, bien, drôle, émouvant, habile, instructif, plaisant, spirituel, sublime, touchant. **10. Une odeur :** agréable, aromatique, délicieux, exquis, suave. ***IV. La quantité :*** abondant, complet, considérable, grand, plein. ***V. Par ironie.*** **Une bonne maladie :** bien tassé, carabiné, mauvais, sale. ***VI. Quelqu'un.*** **1. Le corps :** bien bâti/planté, costaud, fort, robuste, sain, solide. **2. Le caractère :** accessible, accueillant, agréable, aimable, altruiste, bénin, benoît, bienfaisant, bienveillant, brave, charitable, clément, compatissant, complaisant, dévoué, doux, estimable, franc, généreux, gentil, gracieux, honnête, humain, humanitaire, indulgent, magnanime, miséricordieux, obligeant, ouvert, philanthrope, pitoyable (vx), secourable, sensible, serviable, sociable. *Non favorable :* bénin, bonasse, boniface, brave, candide, crédule, débonnaire, gogo (fam.), ingénu, innocent, naïf, paterne, simple. **3. Le comportement :** beau, charitable, convenable, courageux, digne, distingué, droit, efficace, énergique, équitable, exemplaire, généreux, héroïque, honnête, honorable, judicieux, juste, louable, méritoire, modèle, moral, noble, raisonnable, utile, vertueux. ***VII. Loc.*** **1. Bon à, bon pour :** apte, capable, convenable, correct, digne, efficace, favorable, prêt, propice, propre, utile, valable. **2. Faire bon :** agréable, beau, doux, reposant. **3. Tenir bon :** dur, ferme, fermement, fort, solidement. **4. Tout de bon :** effectivement, réellement, sérieusement. **5. Bon à rien.** ⇒ **fainéant.**

BON ■ n. m. Attestation, billet, certificat, coupon, coupure, ticket, titre.

BONACE ■ ***I. Au pr. :*** accalmie, calme plat, répit, tranquillité. ***II. Fig. :*** apaisement, calme, paix, quiétude, rémission, tranquillité, trêve.

BONASSE ■ Faible, mou, simple, timoré. ⇒ **bon** (par ext.).

BONBON ■ Berlingot, bêtises, calisson, caramel, chatterie, chocolat, confiserie, crotte de chocolat, dragée, fourrés, gourmandise, papillote, pastille, pâte de fruit, praline, sucette, sucre d'orge, sucrerie, etc.

BONBONNE ■ Bouteille, dame-jeanne, fiasque, jaquelin, jaqueline, tourie.

BONBONNIÈRE ■ ***I. Au pr. :*** boîte, chocolatière, coffret, drageoir. ***II. Fig. :*** boudoir, garçonnière, petit appartement, studio.

BOND ■ ***I. Au pr. :*** bondissement, cabriole, cahot, cascade, entrechat, rebond, ricochet, saut, secousse, sursaut, vol plané. ***II. Par ext.*** **Les prix** : boom, hausse.

BONDE ■ ***I. D'un étang :*** daraise, déversoir, empellement, tampon, vanne. ***II. D'un tonneau :*** bondon, bouchon, tampon.

BONDÉ, E ■ Archiplein, bourré, comble, complet, plein.

BONDER ■ Bourrer, faire le plein, remplir.

BONDIEUSERIE ■ ***I.*** ⇒ **tartuferie.** ***II.*** ⇒ **fétiche.**

BONDIR ■ Cabrioler, cahoter, cascader, s'élancer, s'élever, faire des cabrioles/des entrechats/un vol plané, gambader, rebondir, ricocher, sauter, sursauter, voltiger.

BONHEUR ■ ***I. Neutre ou favorable.*** **1. Un événement** : aubaine, bénédiction, faveur, fortune, heur (vx), pot (arg.), réussite, succès, veine (fam.). ⇒ **chance. 2. Un état** : ataraxie, béatitude, bien, bien-être, calme, contentement, délices, enchantement, euphorie, extase, félicité, joie, le pied (fam.), nirvāna, paix, plaisir, prospérité, ravissement, relaxation, satisfaction, septième ciel, sérénité, volupté, voyage (arg.). ***II.*** Agrément, avantage, honneur, plaisir. ***III.*** Épicurisme, eudémonisme, hédonisme.

BONHEUR-DU-JOUR ■ ⇒ **bureau, commode.**

BONHOMIE ■ ***I.*** Amabilité, bonté, douceur, facilité, familiarité, gentillesse, indulgence, simplicité. ***II. Péj. :*** bonasserie, finasserie, rouerie.

BONHOMME ■ ***I.*** Aimable, altruiste, bon, bonasse (péj.), bon enfant, brave, débonnaire, facile, gentil, obligeant, serviable, simple. ***II.*** ⇒ **naïf.** ***III. péj. :*** faux jeton (fam.), patelin, simulateur, trompeur. ⇒ **hypocrite.** ***IV. Nom. Fam. :*** cézigue, guignol, mec, zigue. ⇒ **type.**

BONI ■ Avantage, bénéfice, bonus-malus, excédent, gain, guelte, profit, rapport, reliquat, reste, revenant-bon, revenu, solde positif. ***Fam. :*** bénéf, gratte.

BONIFICATION ■ ***I.*** ⇒ **amélioration.** ***II.*** ⇒ **amendement, gratification.**

BONIFIER ■ ***I. Au pr.*** ⇒ **améliorer.** ***II. Par ext.*** ⇒ **gratifier.**

BONIMENT ■ ***I.*** Battage, bluff, bruit, charlatanisme, parade, publicité, réclame. ***II.*** Abattage, bagou, baratin, bavardage, blague, bobard, compliment, craque, discours, fadaise, hâblerie, histoire, mensonge, parlote, salade (fam.), verbiage.

BONIMENTEUR, BONISSEUR ■ ***I. Au pr. :*** batteur, bonneteur, camelot, charlatan, forain, rabatteur. ***II. Par anal. :*** baratineur, beau parleur, blagueur, bluffeur, charlatan, complimenteur, discoureur, flatteur, hâbleur, menteur, raconteur de boniments, *et les syn. de* BONIMENT.

BONITE ■ Pélamyde, thon.

BONNE ■ ***I.*** Bonniche (péj.), domestique, employée de maison, factoton, femme de chambre/de ménage, maritorne (péj.), servante. ***II. Bonne d'enfants :*** gouvernante, nurse.

BONNE-MAMAN ▪ Grand-maman, grand-mère, grannie, mame, mamie, mamita, mémé.

BONNEMENT ▪ De bonne foi, franchement, naïvement, réellement, simplement, sincèrement.

BONNET ▪ ***I.*** Attifet, baigneuse, bavolet, béguin, bonnichon, charlotte, coiffe, colinette, toque, toquet. ***II. D'homme.*** **1.** Béret, calot, chamka, coiffe, coiffure, colback, couvre-chef, passe-montagne, serre-tête, toque. **2. Particul. :** barrette, calot, calotte, faluche, mortier. ***III.*** **Bonnet de nuit. 1.** Casque à mèche (fam.). **2. Par anal., quelqu'un, péj. et fam. :** baderne, barbon, emmerdeur (grossier), éteignoir, vieille bête, vieux con (grossier)/machin/schnoque/truc.

BONNETERIE ▪ Jersey, sous-vêtement, tricot.

BONNETEUR ▪ ⇒ **bonimenteur, fripon.**

BONNETIÈRE ▪ Armoire, bahut, penderie.

BON-PAPA ▪ Grand-papa, grand-père, papie ou papy, pépé.

BON SENS ▪ Équilibre, juste milieu, lucidité, pondération, raison.

BONSOIR ▪ Adieu, au revoir, bonne nuit, salut.

BONTÉ ▪ ***I. Qualité morale.*** **1.** Abnégation, accueil, agrément, altruisme, amabilité, amitié, bénignité, bienfaisance, bienveillance, bonhomie, charité, clémence, compassion, complaisance, cordialité, dévouement, douceur, facilité d'humeur, générosité, gentillesse, gracieuseté, honnêteté, humanité, indulgence, magnanimité, mansuétude, miséricorde, obligeance, ouverture, philanthropie, pitié, serviabilité, sociabilité, tendresse. **2. Péj. :** candeur, crédulité, débonnaireté, ingénuité, innocence, naïveté, simplicité. ***II. Une chose :*** agrément, avantage, beauté, bienfaisance, congruité, convenance, exactitude, excellence, force, intérêt, justice, perfection, propriété, utilité, vérité.

BON VIVANT ▪ ⇒ **épicurien.**

BONZE ▪ ***I.*** Moine bouddhiste, prêtre. ***II. Fig.*** (péj.) : fossile, gâteux, mandarin, pédant, pontife, vieux con, vieil imbécile, *et les syn. de* IMBÉCILE.

BOOM ▪ Accroissement, augmentation, bond, hausse, prospérité, relance.

BOQUETEAU ▪ ⇒ **bois.**

BORBORYGME ▪ Bruit, flatulence, flatuosité, gargouillement, gargouillis, murmure confus, ronflement, ronflette (fam.), rot.

BORD ▪ ***I. D'une surface :*** arête, bordure, contour, côté, limite, périmètre, périphérie, pourtour. ***II. De la mer :*** batture, côte, estran, grève, littoral, plage, rivage. ***III. D'une rivière :*** berge, grève, levée, rivage, rive. ***IV. D'un bois :*** bordure, lisière, orée. ***V. D'un puits :*** margelle, rebord. ***VI. D'une route :*** banquette, bas-côté, berme, bordure, fossé. ***VII. D'un bateau*** ⇒ **bordage.** ***VIII. D'un objet :*** arête, cadre, contour, entourage, extrémité, frange, grènetis, marge, marli, ourlet, tranche.

BORDAGE ▪ ***I.*** Bord, bordé. ***II. Par ext. :*** bâbord, bastingage, bau, coupée, couple, hiloire, pavois, plat-bord, préceinte, rance, tribord, virure.

BORDÉE ▪ ***I. Au pr. :*** ligne de canons, salve. ***II. Fig. et fam.*** **Loc. 1. Tirer une bordée :** escapade, sortie, tournée, virée. **2. Une bordée d'injures :** avalanche, averse, brouettée, charretée, collection, déluge, orage, pelletée, pluie, tas, tombereau.

BORDEL ▪ ***I.*** ⇒ **lupanar.** ***II.*** ⇒ **bruit, désordre, truc.**

BORDELAISE ■ ***I.*** ⇒ **barrique.** ***II.*** ⇒ **bouteille.**

BORDER ■ ***I. Mar. :*** caboter, côtoyer, longer, louvoyer. ***II.*** S'étendre le long de, limiter, longer. ***III. Par ext.*** **On borde une chose** : cadrer, encadrer, entourer, franger, garnir, ourler.

BORDEREAU ■ État, facture, justificatif, liste, note, récapitulatif, récapitulation, relevé.

BORDERIE ■ ***I. Au pr. :*** métairie. ***II. Par ext. :*** ferme, fermette.

BORDIER, ÈRE ■ ***I.*** Métayer. ***II.*** Frontalier, mitoyen.

BORDIGUE ■ ⇒ **claie, enceinte.**

BORDURE ■ ***I.*** Ajout, ajouture, agrément, cordon, feston, haie, garniture, ligne, ornement. ***II.*** ⇒ **bord.**

BORÉAL, E ■ Arctique, du nord, hyperboréen, nordique, polaire, septentrional.

BORNAGE ■ Délimitation, jalonnement, limite, tracé.

BORNE ■ ***I.*** Fin, limite, frontière, marque, terme. ***II.*** Billot, bitte, bollard, bouteroue.

BORNÉ, E ■ ***I.*** Cadastré, circonscrit, défini, délimité, entouré, limité, marqué, tracé. ***II. Fig. :*** à courte vue, bouché, étroit, limité, obtus, rétréci. ⇒ **bête.**

BORNER ■ ***I. Au pr. :*** cadastrer, circonscrire, délimiter, entourer, limiter, marquer. ***II. Par ext. :*** **1.** Confiner à, être en limite de, terminer, toucher à. **2.** Arrêter, barrer, boucher, fermer, intercepter, restreindre. ***III. Fig. :*** faire obstacle à, mettre un terme à, modérer, réduire. ***IV. V. pron. :*** se cantonner dans, se circonscrire à, se confiner dans, se contenter de, ne faire que, se limiter/se réduire/se restreindre/s'en tenir à.

BORNOYER ■ ⇒ **tracer, viser.**

BORT ■ ⇒ **diamant.**

BOSQUET ■ ⇒ **bois.**

BOSS ■ ⇒ **patron.**

BOSSAGE ■ Anglet, refend, relief, ronde-bosse, saillie.

BOSSE ■ ***I. Au pr. :*** apostume, beigne, bigne, cabosse, cyphose, enflure, excroissance, gibbosité, grosseur, protubérance, tumeur. ***II. Fig.*** **1.** Arrondi, bosselure, convexité, éminence, enflure, excroissance, grosseur, protubérance, renflement. **2.** ⇒ **don.**

BOSSELÉ ■ ***I. Au pr. :*** accidenté, âpre, bombé, bossu, inégal, montueux, mouvementé, pittoresque, varié. ***II. Par ext. :*** abîmé, cabossé, déformé, faussé, inégal, irrégulier, martelé.

BOSSELER ■ Abîmer, bossuer, cabosser, déformer, fausser, marteler.

BOSSER ■ ***Fam. :*** en fiche/en foutre un coup, turbiner. ⇒ **travailler.**

BOSSEUR ■ ⇒ **travailleur.**

BOSSU, E ■ ***I. Au pr. :*** boscot, contrefait, difforme, estropié, gibbeux, tordu. ***II. Par ext.*** ⇒ **bosselé.**

BOSSUER ■ ⇒ **bosseler.**

BOTANIQUE ■ Étude des végétaux, herborisation (vx).

BOTANISTE ■ Herborisateur (vx).

BOTTE ■ ***I.*** Balle, bouquet, bourrée, brassée, fagot, faisceau, gerbe, javelle, manoque, touffe. ***II.*** Bottillon, bottine, brodequin, cuissard, houseaux, snowboot. ***III. Loc.*** **1. Lécher les bottes** : courtiser, flagorner, flatter. **2. À sa botte** : à sa dévotion, à ses ordres. **3. Coup de botte** : coup de pied, shoot. **4. Ça fait ma botte** : ça me convient, ça fait mon affaire, ça me va. **5. Y laisser ses bottes** : y perdre tout, être tué. ***IV. Escrime :*** attaque, coup secret.

BOTTELER ■ Assembler, attacher, gerber, grouper, lier, manoquer.

BOTTER ■ ***I.*** Chausser. ***II.*** Aller, convenir, faire l'affaire, plaire, trouver chaussure à son pied. ***III.*** Shooter, taper.

BOTTIER ■ Chausseur. ⇒ **cordonnier.**

BOTTINE ■ ⇒ **botte, chaussure.**

BOUBOULER ■ Ululer. ⇒ **crier.**

BOUCAN ■ (Fam.) Raffut, tapage, vacarme. ⇒ **bruit.**

BOUCANÉ, E ■ ***I. Au pr. :*** desséché, conservé, fumé, saur, sauré, séché. ***II. Par ext. :*** bronzé, cuit par le soleil, desséché, noirâtre, ridé. ⇒ **basané.**

BOUCANER ■ Dessécher, durcir, conserver, cuire au soleil, fumer, sécher.

BOUCANIER ■ Aventurier, coureur/écumeur des mers, pirate.

BOUCHAGE ■ Fermeture, obturation, occultation.

BOUCHARDE ■ ⇒ **marteau.**

BOUCHE ■ ***I.*** Cavité buccale. ***Fam. :*** avaloire, bec, boîte, goule, gueule, margoulette, moule à gaufres, museau, piège à mouches. ⇒ **gosier.** ***II.*** Bec, cystotome, gueule, mandibule, suçoir, trompe. ***III. Fig. :*** embouchure, entrée, orifice, ouverture. ***IV. Loc.*** **Fine bouche :** délicat, difficile, fin bec, gourmand, gourmet.

BOUCHÉ, E ■ ***I. Au pr. :*** fermé, obstrué, obturé, occulté. ***II. Le temps :*** bas, brumeux, couvert, menaçant. ***III. Fig.*** ⇒ **bête.**

BOUCHÉE ■ Becquée, goulée, lippée, morceau. ***Loc.*** **Bouchée à la reine :** timbale, vol-au-vent.

BOUCHER ■ ***I. Au pr.*** **1. Sens général :** clore, fermer, obstruer, obturer. **2. Un tonneau :** bondonner. **3. Un trou :** aveugler, calfeutrer, colmater, obstruer, occulter, revercher. **4. Une voie d'eau :** aveugler, étancher, étouper, tamponner. **5. Un passage :** barrer, condamner, encombrer, murer. **6. La vue :** intercepter, offusquer. ***II. Fig.*** **Loc. fam.** *En boucher un coin :* clouer le bec, épater, étonner, laisser pantois/sans voix, réduire au silence. ***III. V. pron. :*** s'engorger, *et les formes pron. possibles des syn. de* BOUCHER.

BOUCHER, ÈRE ■ ***I. Au pr. :*** chevillard, détaillant, étalier, tueur. ***II. Fig.*** (péj.) : bourreau, chasseur, chirurgien, militaire.

BOUCHERIE ■ ***I. Au pr. :*** abattoir, commerce de la viande, échaudoir, étal. ***II. Fig. :*** carnage, guerre, massacre, tuerie.

BOUCHE-TROU ■ ***Fig.*** (fam.) : doublure, extra, figurant, remplaçant, utilité.

BOUCHOLEUR ■ ⇒ **mytiliculteur.**

BOUCHON ■ ***I.*** Poignée de paille, tampon, tapon. ***II.*** Petit restaurant. ⇒ **cabaret.** ***III.*** Bonde, bondon, fermeture.

BOUCHONNAGE, BOUCHONNEMENT ■ Friction, frictionnement, massage, pansage, soins.

BOUCHONNER ■ ***I.*** Chiffonner, froisser, mettre en bouchon, tordre. ***II.*** Frictionner, frotter, masser, panser, soigner.

BOUCHOT ■ Moulière, parc à moules.

BOUCHOTEUR ■ ⇒ **mytiliculteur.**

BOUCLAGE ■ ***Techn. :*** feed-back, rétroaction. ⇒ **fermeture.**

BOUCLE ■ ***I. Au pr.*** **1.** Agrafe, anneau, ardillon, assemblage, attache, bélière, bogue, erse, fermeture, fermoir, fibule, vervelle. **2.** Bijou, clip, dormeuse, pendant d'oreille. ***II. Par ext. :*** accroche-cœur, anglaises, bouclette, boudin, frisette.

BOUCLER ■ ***I.*** Friser, onduler. ***II. V. tr.*** **1.** Attacher, fermer, serrer. **2.** ***Fam. :*** Emprisonner, enfermer, mettre au clou/au gnouf/à l'ombre/au trou.

BOUCLIER ■ ***I. Au pr. :*** arme, broquel, écu, pavois, pelte, rondache, rondelle, targe, tortue. ***II. Fig. :*** abri, carapace, cuirasse, défense, palladium, protection, rempart, sauvegarde.

BOUDER ■ Battre froid, être fâché/en froid/maussade/de mauvaise humeur, faire la grimace/la tête/la moue, grogner, refuser, rechigner.

BOUDERIE ■ Brouille, brouillerie, dépit, désaccord, différend, discorde, dispute, fâcherie, humeur, malentendu, mésentente, moue, querelle, trouble.

BOUDEUR, EUSE ■ Buté, grognon, maussade, renfrogné.

BOUDIN ■ Bourrelet. ⇒ **boucle, fille.**

BOUDINÉ, E ■ Comprimé, entortillé, étouffé, étriqué, saucissonné, serré, tordu, tortillé.

BOUDOIR ■ Cabinet particulier, petit bureau/salon.

BOUE ■ ***I. Au pr. :*** alluvion, bourbe, braye, crotte, curure, dépôt, éclaboussure, fagne, fange, gâchis, gadoue, gadouille, immondices, jet, limon, margouillis, merde (grossier), sédiment, tourbe, vase. ***II. Fig. :*** abjection, abomination, bassesse, corruption, débauche, impureté, infamie, ordure, stupre, vice, vilenie.

BOUÉE ■ Balise, flotteur, gilet de sauvetage.

BOUEUR ■ Balayeur, boueux, éboueur.

BOUEUX, EUSE ■ ***I. Au pr. :*** bourbeux, crotteux, fagneux, fangeux, gadouilleux, limoneux, marécageux, merdeux (grossier), tourbeux, uligineux, vaseux. ***II. Fig. :*** abject, bas, corrompu, impur, infâme, ordurier, malodorant, trouble, vicieux. ***III. Nom masc.*** ⇒ **boueur.**

BOUFFANT, E ■ Ballonnant, blousant, gonflant. ⇒ **ample.**

BOUFFARDE ■ Brûle-gueule, pipe.

BOUFFE ■ ***I. Adj. :*** bouffon, burlesque, comique. ***II. N. f.*** ⇒ **cuisine.**

BOUFFÉE ■ ***I. Au pr. :*** accès de chaleur, courant d'air, émanation, exhalaison, haleine, halenée, souffle, vapeur. ***II. Fig. :*** accès, explosion, manifestation, mouvement, passage, traînée. ***III. Loc.*** **Par bouffées :** par accès/à-coups/intervalles.

BOUFFER ■ ***I. Au pr. :*** ballonner, enfler, gonfler. ***II.*** ⇒ **bâfrer.**

BOUFFETTE ■ Chou, coque, nœud.

BOUFFEUR ■ ⇒ **bâfreur.**

BOUFFI, E ■ ***I.*** Ballonné, boursouflé, empâté, enflé, gonflé, gras, gros, joufflu, mafflu, obèse, soufflé, turgescent, turgide, vultueux. ***II.*** ⇒ **orgueilleux.** ***III.*** Plein, rempli. ⇒ **ampoulé.**

BOUFFIR ■ Ballonner, boursoufler, devenir bouffi *et les syn. de* BOUFFI, enfler, engraisser, gonfler, grossir.

BOUFFISSURE ■ ***I. Quelqu'un.*** **1. Au pr. :** ballonnement, bosse, boursouflure, cloque, embonpoint, empâtement, enflure, gonflement, grosseur, intumescence, obésité. **2. Fig.** ⇒ **vanité.** ***II. Une chose :*** boursouflage, emphase, gongorisme, grandiloquence.

BOUFFON ■ ***I.*** Arlequin, baladin, bateleur, bouffe, clown, comique, fagotin, farceur, gugusse, histrion, matassin, nain, paillasse, pantalon, pantin, pasquin, pitre, plaisantin, polichinelle, queue-rouge, saltimbanque, trivelin, turlupin, zanni. ⇒ **fou.** ***II. Adj. :*** burlesque, cocasse, comique, drôle, fantaisiste, folâtre, grotesque, ridicule, rigolo, truculent.

BOUFFONNER ■ ⇒ **plaisanter.**

BOUFFONNERIE ■ Arlequinade, batelage, chose bouffonne *et les syn. de* BOUFFON, clownerie, comédie, drôlerie, farce, joyeuseté, pantalonnade, pasquinade, pitrerie, plaisanterie, trivelinade, turlupinade.

BOUGE ■ ***I.*** ⇒ **taudis.** ***II.*** ⇒ **cabaret,**

lupanar. ***III. Techn.*** **:** bombement, convexité, incurvation, renflement.

BOUGEOIR ■ ***Par ext.*** **:** binet, bobèche, brûle-tout, chandelier, chandelle, lumière, lumignon.

BOUGEOTTE ■ Dromomanie, feu au derrière (fam.).

BOUGER ■ ***I. V. intr.*** **:** s'agiter, aller et venir, avoir la bougeotte, broncher, changer de place, ciller, se déplacer, se déranger, se mouvoir, partir, remuer, ne pas rester en place, voyager. ***II. V. tr.*** **:** agiter, changer, déplacer, déranger, mouvoir, remuer.

BOUGIE ■ Chandelle, cierge, lumignon. ***Arg.*** **:** calbombe, camoufle.

BOUGON, ONNE ■ ⇒ **grognon.**

BOUGONNER ■ ⇒ **grogner.**

BOUGRAN ■ ⇒ **tissu.**

BOUGRE, ESSE ■ ***I. Nom.*** **1.** Bonhomme, brave homme, drôle, gaillard, luron. **2. Non favorable** : individu, oiseau, pistolet, quidam. ⇒ **type.** ***II. Interj.*** **:** bigre, fichtre, foutre (grossier). ***III. Loc.*** **Bougre de** : espèce de.

BOUI-BOUI ■ ⇒ **bouge.**

BOUIF ■ ⇒ **cordonnier.**

BOUILLABAISSE ■ ***I. Par ext.*** **:** chaudrée, cotriade, matelote, pauchouse, soupe de poisson. ***II. Fig.*** **:** bazar, embrouillamini, fourbi, gâchis, mélange, pastis, salade.

BOUILLANT, E ■ ***Fig.*** ⇒ **bouillonnant.**

BOUILLE ■ ***I. Au pr.*** **1. Pour le lait** : berthe, pot, récipient, vase. **2. Pour la vendange** : hotte. ***II. Fig.*** ⇒ **tête.**

BOUILLEUR ■ Distillateur.

BOUILLI, E ■ ***I. Adj.*** **:** cuit, ramolli, stérilisé. ***II. Nom*** ⇒ **pot-au-feu.**

BOUILLIE ■ ***I. Au pr.*** **1.** Blanc-manger, compote, consommé, coulis, crème, décoction, gaude, marmelade, polenta, purée, sagamité. **2. Techn.** : barbotine, chyme (méd.), exsudat (méd.), laitance, laitier, pulpe, pultacé (méd.). ***II. Fig.*** ⇒ **confusion.**

BOUILLIR ■ ***I.*** Bouillonner, cuire, frémir, mijoter, mitonner. ***II. Fig.*** **:** s'agiter, bouillonner, s'échauffer, s'emporter, être en effervescence, s'exaspérer, exploser, fermenter, frémir, s'impatienter, se mettre en colère/en fureur, ronger son frein, sortir de ses gonds.

BOUILLOIRE ■ Bouillotte, coquemar, samovar.

BOUILLON ■ ***I.*** Bortsch, brouet, chaudeau, chaudrée, concentré, consommé, court-bouillon, potage, pot-au-feu, soupe. ***II. Par ext.*** **:** gargote (péj.), restaurant, self-service. ***III. Fig.*** **Loc. Boire un bouillon** : la tasse. ⇒ **échouer.**

BOUILLONNANT, E ■ Actif, ardent, bouillant, chaleureux, chaud, effervescent, emballé, embrasé, emporté, endiablé, enflammé, enthousiaste, exalté, excité, fanatique, fébrile, fervent, fiévreux, fougueux, frémissant, frénétique, furieux, généreux, impatient, impétueux, incandescent, le sang chaud/prompt/vif, passionné, prompt, spumescent, spumeux, tout feu tout flamme, tumultueux, véhément, vif, violent, volcanique.

BOUILLONNEMENT ■ ***I. Au pr.*** **:** ébullition, fermentation. ***II. Fig.*** **:** activité, acharnement, agitation, alacrité, amour, animation, ardeur, avidité, brasier, chaleur, convoitise, désir, échauffement, effervescence, emballement, embrasement, émotion, emportement, empressement, enthousiasme, éruption, exaltation, excitation, fanatisme, fébrilité, ferveur, feu, flamme, force, fougue, frémissement, frénésie, fureur, impatience, impétuosité, incandescence, lyrisme, mouvement, passion, promptitude, surexcitation, tumulte, véhémence, vie, vigueur, violence, vitalité, vivacité, volcanisme.

BOUILLONNER ■ ⇒ **bouillir.**

BOUILLOTTE ■ ***I.*** Brelan, jeu de cartes. ***II.*** ⇒ **bouilloire.** ***III.*** Boule, bouteille, cruche, cruchon. ***IV. Par ext. :*** brique, chaufferette, moine. V. ⇒ **bouille.**

BOULE ■ ***I. Au pr. :*** balle, ballon, bille, boulet, boulette, bulle, bulteau, cochonnet, globe, pelote, peloton, pomme, pommeau, sphère. ***II. Jeu de boules :*** bilboquet, billard, billard japonais, billard nicolas, boule lyonnaise, boulier, bowling, passe-boules, pétanque, quilles. ***III. Loc.*** **1. Se mettre en boule ⇒ colère. 2. Perdre la boule :** le nord, la tête.

BOULER ■ ***I.*** Débouler, dégringoler, dévaler, s'écrouler, s'effondrer, rouler, tomber. ***II.*** Agiter, bouillir, fatiguer, remuer, touiller, troubler. ***III. Fig.*** **Loc.** *Envoyer bouler :* éconduire, envoyer promener, repousser.

BOULET ■ ***I. Au pr. :*** obus, projectile. ***II. Fig. :*** affliction, angoisse, chagrin, châtiment (péj.), désespoir, douleur, épreuve, peine (neutre ou péj.), souci, souffrance, tourment.

BOULETTE ■ ***I. Au pr. :*** croquette. ***II. Fig.*** ⇒ **erreur.**

BOULEVARD ■ Allée, avenue, cours, levée, mail, promenade, rempart, rocade.

BOULEVARDIER, ÈRE ■ ***Par ext. :*** à la mode, mondain, primesautier, railleur, satirique, vif, viveur (péj.).

BOULEVERSANT, E ■ ⇒ **émouvant.**

BOULEVERSÉ, E ■ ***I. Quelqu'un :*** abattu, agité, déconcerté, décontenancé, ébranlé, ému, paniqué (fam.), retourné, secoué, sens dessus dessous, touché, tourneboulé, troublé. ***II. Le visage, les traits :*** altéré, décomposé, ravagé, tiré.

BOULEVERSEMENT ■ ***I.*** ⇒ **agitation.** ***II.*** ⇒ **changement.**

BOULEVERSER ■ ***I. On bouleverse quelque chose :*** 1. Abattre, agiter, brouiller, casser, changer, contester, déranger, détruire, ébranler, faire sauter, fouiller, modifier, perturber, propager la subversion, ravager, réformer, renverser, révolutionner, ruiner, saccager, troubler. **2. Fam. :** chambarder, chambouler, farfouiller, ficher/foutre/mettre en l'air le bazar/bordel/en désordre/sens dessus dessous/en pagaille, trifouiller, tripatouiller. ***II. On bouleverse quelqu'un :*** déconcerter, décontenancer, ébranler, émouvoir, mettre sens dessus dessous, paniquer (fam.), retourner, secouer, toucher, tourneboulier, troubler.

BOULIER ■ Abaque, calculateur, compteur.

BOULIMIE ■ ***I. Au pr. :*** appétit, faim, gloutonnerie, goinfrerie, grand-faim, insatiabilité. ***II. Fig. :*** appétit, ardeur, curiosité, désir.

BOULIN ■ ⇒ **poutre, trou.**

BOULINE ■ ⇒ **cordage.**

BOULINGRIN ■ Gazon, jeu de boules, parterre, tapis vert.

BOULOIR ■ ⇒ **auge.**

BOULONNER ■ ***I. Au pr. :*** assujettir, assurer, attacher, fixer, lier, maintenir, river, visser. ***II. Fig.*** ⇒ **travailler.**

BOULOT, OTTE ■ Court, courtaud, gras, grassouillet, obèse, rond, rondouillard, rondelet, trapu.

BOULOT ■ ⇒ **travail.**

BOULOTTER ■ ⇒ **manger.**

BOUM ■ ⇒ **bal, travail.**

BOUQUET ■ ***I.*** Brassée, gerbe. ***II. Fig.*** **1. C'est le bouquet :** le comble, le plus beau, il ne manquait plus que ça (fam.). **2.** Assemblage, assemblée, assistance, groupe, parterre, réunion. **3.** Apothéose, clou, sommet, summum. ***III. D'arbres*** ⇒ **bois.**

BOUQUETIER, ÈRE ■ Fleuriste.

BOUQUIN ■ ***I. Au pr.*** : bouc, lièvre, mâle. ***II. Par anal.*** 1. Satyre. 2. ⇒ **livre.**

BOUQUINER ■ ⇒ **accoupler (s'), lire.**

BOURBEUX, EUSE ■ ***I.*** ⇒ **boueux.** ***II.*** ⇒ **impur.**

BOURBIER ■ ⇒ **marais, impureté.**

BOURBONIEN ■ ⇒ **busqué.**

BOURDALOU ■ ***I.*** Ruban, tresse. ***II.*** Urinal. ***Fam.*** : jules, pissoir, pot de chambre, thomas, vase de nuit.

BOURDE ■ ⇒ **bêtise, erreur.**

BOURDON ■ ***I.*** Cafard, découragement, ennui, mélancolie, spleen, tristesse, vague à l'âme. ***II.*** Bâton, canne, houlette. ***III.*** Cloche.

BOURDONNEMENT ■ Bruissement, bruit de ruche/sourd et continu, chuchotement, chuintement, fredonnement, froufroutement, murmure, musique, ronflement, ronron, ronronnement, vrombissement.

BOURDONNER ■ ***I.*** Bruire, fredonner, froufrouter, murmurer, ronfler, ronronner, vrombir. ***II. Loc.*** ⇒ **agacer.**

BOURG, BOURGADE ■ ⇒ **village.**

BOURGEOIS, OISE ■ ***I. Au pr.*** 1. Citadin, habitant des villes. 2. **Classe sociale** : biffard (arg.), cadre, dirigeant, élite, homme à l'aise, rentier, riche. 3. **Arg.** : cave, riflot. ***II. Par ext.*** 1. Civil. 2. Employeur, patron, singe (arg.). 3. **Au fém.** : épouse, femme. **Fam.** : gouvernement, moitié, patronne. 4. ⇒ **réactionnaire.** 5. ⇒ **policier.** ***III. Péj.*** : béotien, borné, commun, conformiste, conservateur, égoïste, étriqué, grossier, lourd, médiocre, nanti, pantouflard, philistin, repu, vulgaire.

BOURGEOISEMENT ■ ***I.*** De manière bourgeoise, *et les syn. de* BOURGEOIS. ***II.*** *Les adverbes en -ment formés avec les syn. de* BOURGEOIS.

BOURGEOISIE ■ Gens à l'aise, *et le pl. des syn. de* BOURGEOIS.

BOURGEON ■ ***I. Au pr.*** : bourre, bouton, bulbille, caïeu, chaton, drageon, gemme, greffe, maille, mailleton, pousse, rejet, rejeton, stolon, turion. ***II. Fig.*** : acné, bouton, gourme.

BOURGEONNEMENT ■ ***I. Au pr.*** : débourrement, démarrage, départ, pousse. ***II. Fig.*** : boutonnement, fleurissement.

BOURGEONNER ■ ***I. Au pr.*** : débourrer, jeter/mettre/pousser des bourgeons. ***II. Fig.*** : avoir des boutons, boutonner, fleurir.

BOURGERON ■ ⇒ **blouse.**

BOURLINGUER ■ ⇒ **naviguer.**

BOURRADE ■ ⇒ **poussée.**

BOURRAGE ■ ***I. Au pr.*** 1. **Action de bourrer** : approvisionnement, chargement, garnissage, empilage, remplissage, tassement. 2. **Matière** : bourre, capiton, crin, duvet, garniture, kapok, laine, rembourrage. ***II. Fig.*** **Bourrage de crâne** : baratin, battage, bluff, boniment, exagération, mensonge, mise en condition, persuasion, propagande, publicité.

BOURRAS ■ ⇒ **tissu.**

BOURRASQUE ■ Coup de chien/de tabac/de vent, cyclone, orage, ouragan, rafale, tempête, tornade, tourbillon, tourmente, trombe, typhon, vent.

BOURRE ■ ***I. Au pr.*** 1. Duvet, jarre, feutre, poil. 2. ⇒ **bourrage.** ***II. Fig.*** **Nom masc.** (arg.) ⇒ **policier.**

BOURREAU ■ ***I.*** Bras séculier (vx), exécuteur des hautes œuvres, guillotineur, monsieur de Paris, tueur. ***II. Fig.*** : Meurtrier, sadique, sanguinaire, tortionnaire.

BOURRELÉ, E ■ ⇒ **tourmenté.**

BOURRÈLEMENT ■ ⇒ **tourment.**

BOURRELER ■ ⇒ **tourmenter.**

BOURRELET ■ ***I. Au pr.*** : calfeutrage, garniture. ***II. Par ext.*** : boudin, enflure, excroissance, grosseur, renflement, retroussis, saillie.

BOURRELIER ■ Bâtier, sellier.

BOURRELLERIE ■ Sellerie.

BOURRÉ, E ■ ***I. Au pr.*** : complet, empli, plein, rassasié, rempli. ***II. Fig.*** ⇒ **ivre.**

BOURRÉE ■ ⇒ **danse.**

BOURRER ■ ***I. Au pr.*** **1. Sens général** : approvisionner, charger, combler, empiler, emplir, garnir, remplir, tasser. **2. Techn.** : capitonner, cotonner, empailler, fourrer, garnir, matelasser, rembourrer. ***II. Fig.*** **1. Quelqu'un. De victuailles** : faire bouffer, *et les syn. de* BOUFFER, gaver, gouger (régional.), remplir. **De travail** ⇒ **accabler. De coups** ⇒ **battre. Le crâne** : baratiner (fam.), faire du battage, *et les syn. de* BATTAGE, faire de la propagande/de la publicité, bluffer, bonimenter (fam.), endormir, exagérer, mentir, mettre en condition, persuader. **2. Une chose** : farcir, garnir, orner, truffer.

BOURRER (SE) ■ ⇒ **enivrer (s').**

BOURRICHE ■ ⇒ **panier.**

BOURRICHON ■ (Fam.) Bonnet, cabèche, caboche, cafetière, caillou, cervelle, crâne. ⇒ **tête.**

BOURRICOT ■ Ânon, bourriquet, petit âne. ⇒ **âne.**

BOURRIN ■ Canasson. ⇒ **cheval.**

BOURRIQUE ■ ***I. Au pr.*** ⇒ **âne.** ***II. Fig.*** **1.** ⇒ **bête. 2.** ⇒ **policier.**

BOURRIQUET ■ ***I.*** ⇒ **bourricot.** ***II. Techn.*** : tourniquet, treuil.

BOURROIR ■ ⇒ **pilon.**

BOURRU, E ■ ***I. Au pr.*** : brut, grossier, mal dégrossi, rude. ***II. Fig.*** : abrupt, acariâtre, brusque, brutal, cassant, chagrin, cru, disgracieux, hargneux, hirsute, maussade, mauvais, de mauvaise humeur, de méchante humeur, peu avenant, raide, rébarbatif, renfrogné, rude, sec.

BOURSE ■ ***I. Objet.*** : aumônière, cassette, escarcelle, gibecière, poche, porte-monnaie, sac, sacoche. ***II. Le lieu*** : corbeille, coulisse, marché, parquet. ***III. Par ext.*** : aide, argent, avance, dépannage, don, facilité, prêt, prêt d'honneur, secours, subside, subvention. ***IV.*** Capsule, enveloppe, poche, sac. ***V. Au pl.*** **1.** Parties nobles, sac, scrotum, testicules. **2. Arg.** : balles, balustrines, baloches, berlingots, bijoux de famille, billes, bonbons, burettes, burnes, cacahuètes, choses, claouis, clochettes, couilles, couillons, figues, grelots, joyeuses, mes/tes/ses deux, mirontaines, montgolfières, œufs, olives, paire, pendantes, précieuses, rognons, roubignoles, rouleaux, roupettes, roustons, sonnettes, valseuses, etc.

BOURSICOTER ■ Agioter, bricoler à la bourse, hasarder, jouer, miser, spéculer, traficoter, trafiquer, tripoter (péj.).

BOURSOUFLÉ, E ■ ***I. Phys.*** ⇒ **bouffi.** ***II. Fig.*** ⇒ **ampoulé.**

BOURSOUFLER (SE) ■ Se ballonner, se bouffir, se cloquer, enfler, gonfler, grossir, se météoriser, se soulever, se tendre, se tuméfier.

BOURSOUFLURE ■ Ampoule, apostème, apostume, ballonnement, bouffissure, boursouflement, bubon, bulle, cloche, cloque, enflure, gonflement, grosseur, météorisation, œdème, phlyctène, soufflure, soulèvement, tension, tuméfaction, tumeur, turgescence, vésicule. ***Mérid.*** : boufigue, boufiole.

BOUSCULADE ■ Accrochage, chahut (fam.), désordre, échauffourée, heurt, mouvement, remous, secousse.

BOUSCULÉ, E ■ Agité, ballotté, débordé, dérangé, occupé, pressé, submergé, surmené.

BOUSCULER ■ ***I. Au pr.*** **1. Sens général** : bouleverser, chahuter (fam.), chambouler (fam.), déranger, mettre en désordre/sens dessus dessous, secouer. **2. Un adversaire** : battre, chasser, culbuter, éliminer, évincer, pousser, repousser, vaincre. **3. Quelqu'un** : accrocher, heurter, pousser. ***II. Fig.*** : agiter, aiguillonner, asticoter (fam.), avertir, donner un avertissement, exciter, exhorter, gourmander, presser, rappeler à l'ordre, secouer, stimuler tarabiscoter (fam.)

BOUSE ■ Bousin, excrément, fient, fiente, merde. ⇒ **excrément.**

BOUSER ■ Caguer (mérid.), chier (grossier), fienter, évacuer.

BOUSILLAGE ■ ***I.*** Bauge, mortier de terre, pisé, torchis. ***II. Fig.*** : gâchis, massacre, matraquage.

BOUSILLER ■ ***I. Techn.*** : bâtir, construire en bousillage, *et les syn. de* BOUSILLAGE. ***II.*** ⇒ **abîmer.**

BOUSIN ■ ⇒ **bruit, cabaret.**

BOUSSOLE ■ Compas, déclinatoire, rose des vents.

BOUSTIFAILLE ■ (Pop.) ***I.*** ⇒ **nourriture.** ***II.*** ⇒ **bombance.**

BOUSTIFAILLER ■ ⇒ **bâfrer.**

BOUSTIFAILLEUR ■ ⇒ **bâfreur.**

BOUT ■ ***I.*** ⇒ **extrémité.** ***II.*** ⇒ **morceau.** ***III. Loc.*** **1. Bout à bout** : à la queue leu leu, à la suite, l'un après l'autre. **2. Le bout du sein** : aréole, bouton, mamelon, tétin, téton. **3. À bout portant** : à brûle-pourpoint, au débotté, directement, ex abrupto, immédiatement, sans crier gare. **4. Mettre les bouts** (fam.) : décamper, décanniler, filer, se tirer. **5. Être à bout.** *Phys.* : anéanti, claqué (fam.), crevé (fam.), épuisé, fatigué, rendu, rompu, sur les genoux, sur les rotules (fam.). *Moral* : anéanti, à quia, capituler, dégonflé, démoralisé, n'en pouvoir plus, être déprimé/excédé/vaincu. **6. Venir à bout** ⇒ **réussir. 7. Mettre bout à bout** ⇒ **joindre. 8. Mener à bout** : à bonne fin, à terme. **9. De cigarette** : mégot. **10. De pain, de viande** : miette, morceau, tranche.

BOUTADE ■ ***I.*** Mot, pique, plaisanterie, pointe, propos, repartie, saillie, trait. ***II. Péj.*** : accès, à-coup, bizarrerie, bouderie, brusquerie, caprice, extravagance, fantaisie, foucade, humeur, incartade, lubie, mauvaise humeur, méchanceté, mouvement, pique, saute, toquade.

BOUTE-EN-TRAIN ■ ⇒ **farceur.**

BOUTEFEU ■ Contestataire, extrémiste, fanatique, querelleur, terroriste.

BOUTEILLE ■ ***I.*** Balthazar, bordelaise, canette, carafe, carafon, chopine, clavelin, dame-jeanne, demie, enfant de chœur, fiasque, fillette, fiole, flacon, frontignan, gourde, impériale, jéroboam, litre, magnum, siphon, tourie. ***II. Vide*** : cadavre (fam.). ***III. Pl.*** (mar.) : W.-C.

BOUTIQUE ■ ***I. Au pr.*** ⇒ **magasin.** ***II. Fig.*** **1. Un lieu** ⇒ **boîte. 2. Des objets** ⇒ **bazar.**

BOUTIQUIER, ÈRE ■ ⇒ **marchand.**

BOUTON ■ ***I.*** ⇒ **bourgeon.** ***II. De porte*** : bec-de-cane, loquet, poignée. ***III. Électrique*** : commutateur, interrupteur. ***IV. Méd.*** : acné, bube, chancre, excoriation, pustule, scrofule, tumeur, urtication, vérole, vésicule. ⇒ **boursouflure.**

BOUTON-D'ARGENT ■ Achillée, corbeille-d'argent, millefeuille, renoncule.

BOUTON-D'OR ■ Bassinet, populage, renoncule.

BOUTONNER ■ ***I.*** ⇒ **bourgeonner.** ***II.*** Assurer, attacher, fermer, fixer.

BOUTONNIÈRE ■ ***I. Au pr.*** : bride, fente, œillet, ouverture. ***II. Par ext.*** (méd.) : incision, ouverture.

BOUTURAGE, BOUTURE ■ ***Par ext. :*** Drageon, greffe, mailleton, marcotte, provin, sautelle.

BOUVEAU, BOUVELET, BOUVET, BOUVILLON ■ Jeune bœuf, taurillon, veau.

BOUVET ■ Gorget, rabot.

BOUVIER, ÈRE ■ Cow-boy (vx et partic.), gardian, gaucho, manadier, toucheur de bœufs, vacher.

BOUVIÈRE ■ Bouvril. ⇒ **étable.**

BOUVREUIL ■ Petit-bœuf, pivoine, pyrrhula.

BOVIN, INE ■ Abruti. ⇒ **bête.**

BOW-WINDOW ■ Bay-window, oriel.

BOX ■ ***I.*** **1.** Alcôve, case, cellule, chambrette, coin, compartiment, logement, logette, réduit. **2. Des accusés :** banc, coin. ***II. Pour animaux et/ou choses :*** case, coin, écurie, garage, loge, réduit, remise, stalle.

BOXE ■ ***I. Boxe anglaise :*** art pugilistique, noble art, pugilat. ***II. Boxe française :*** savate.

BOXER ■ Assener un coup, cogner, marteler, tambouriner, taper. ⇒ **battre.**

BOXEUR, EUSE ■ Pugiliste, poids coq/léger/lourd/moyen/plume.

BOY ■ (anglais) Cuisinier, domestique, factoton, garçon, groom, jardinier, serviteur.

BOYAU ■ ***I. Au pr. :*** entrailles, tripes (animaux ou péj.), viscères. ***II. Loc.*** **Boyau de chat :** catgut. ***III. Par ext.*** **1.** Conduit, tube, tuyau. **2.** Chemin, communication, galerie, passage, tranchée.

BOYCOTTER ■ Frapper d'interdit/d'ostracisme, interdire, jeter l'interdit, mettre à l'index/en quarantaine, refouler, refuser, rejeter, suspendre les achats/les affaires/le commerce/les échanges/les relations commerciales.

BOY-SCOUT ■ Éclaireur, louveteau, pionnier, ranger, routier, scout.

BRABANT ■ Araire, charrue.

BRACELET ■ Anneau, bijou, chaîne, gourmette, jonc, psellion.

BRACHYLOGIE ■ Brièveté, concision, densité, ellipse, laconisme, sobriété de style, style lapidaire.

BRACONNAGE ■ Chasse, délit de chasse/de pêche, piégeage.

BRACONNER ■ Chasser, écumer, pêcher, poser des collets, tendre des pièges, *et les syn. de* PIÈGE.

BRACONNIER ■ Colleteur, écumeur (fig.), piégeur, poseur/tendeur de collets/pièges, *et les syn. de* PIÈGE, raboliot, tueur, viandeur.

BRADER ■ Bazarder (fam.), liquider, mettre en solde, sacrifier, solder.

BRADERIE ■ Foire, kermesse, liquidation, marché, soldes, vente publique.

BRAHMANISME ■ Hindouisme (par ext.), métempsycose.

BRAIE ■ ⇒ **culotte.**

BRAILLARD, E ■ Criard, fort en gueule, gueulard, piaillard, pleurard, pleurnichard, pleurnicheur.

BRAILLEMENT ■ ⇒ **bramement.**

BRAILLER ■ ⇒ **crier.**

BRAIMENT ■ ⇒ **bramement.**

BRAIRE ■ ⇒ **crier.**

BRAISE ■ ***I. Au pr. :*** brandon, charbon de bois, tison. ***II. Arg.*** ⇒ **argent.**

BRAISIÈRE ■ Cocotte, daubière, faitout, huguenote, marmite.

BRAMEMENT ■ ***I. Au pr. :*** appel, braiment, chant, cri, plainte, voix. ***II. Fig. :*** braillement, criaillerie (fam.), hurlement, jérémiade, gueulante (fam.), plainte.

BRAMER ■ ⇒ **crier.**

BRAN ■ ***I.*** Son. ***II.*** Sciure. ***III.*** ⇒ **excrément.**

BRANCARD ■ ***I. Au pr.*** **D'une voiture :** limon, limonière, longeron, prolonge. ***II. Par ext. :*** bard, bayart, chaise, civière, comète, filanzane, palanquin, timon.

BRANCARDIER, ÈRE ■ Ambulancier, infirmier, secouriste.

BRANCHAGE ■ Frondaison, ramée, ramure. ⇒ **branche.**

BRANCHE ■ ***I. Au pr. :*** branchette, brin, brindille, brouture, courçon, crossette, ergot, flèche, gourmand, margotin, marre, palme, pampre, rameau, ramée, ramille, ramure, rouette, scion, tige. ***II. D'un cerf*** ⇒ **bois.** ***III. Fig.*** **1. D'une voûte :** nervure. **2. Généalogie :** ascendance, famille, filiation, lignée. **3. D'une science :** département, discipline, division, spécialité.

BRANCHEMENT ■ ***I.*** Bifurcation, carrefour, fourche. ***II.*** Aboutage, articulation, assemblage, conjonction, conjugaison, contact, jointure, jonction, raccord, suture, union. ***III. Par ext. :*** changement, orientation.

BRANCHER ■ ***I.*** Pendre. ***II.*** ⇒ **joindre.**

BRANCHIES ■ Opercules, ouïes.

BRANDE ■ ***I.*** Bruyère, lande. ***II.*** Brassée, brindilles, fagot, ramée.

BRANDEBOURG ■ ***I.*** Broderie, cordon, galon, passementerie. ***II.*** Abri, berceau, fabrique, gloriette, kiosque, pavillon, tonnelle.

BRANDEVIN, BRANDY ■ ⇒ **alcool.**

BRANDILLER ■ ⇒ **agiter.**

BRANDIR ■ Agiter, *et les syn. de* AGITER, balancer, brandiller, élever, exposer, mettre en avant, montrer.

BRANDON ■ ***I.*** Braise, charbon, escarbille, étincelle, flambeau, tison, torche. ***II. Fig. :*** cause, élément, ferment, prétexte, provocation.

BRANLANT, E ■ Brimbalant, bringuebalant, cahotant, chancelant, flexible, incertain, instable, peu sûr.

BRANLE ■ ***I.*** ⇒ **balancement.** ***II.*** ⇒ **mouvement.** ***III.*** Hamac.

BRANLE-BAS ■ ***I. Au pr. :*** alarme, alerte, appel, avertissement, dispositif d'alarme/d'urgence, signal d'alarme. ***II. Par ext. :*** affolement, agitation, effroi, émoi, émotion, épouvante, frayeur, frousse, panique, qui-vive, transe.

BRANLEMENT ■ ⇒ **balancement.**

BRANLER ■ ***I.*** ⇒ **agiter.** ***II.*** ⇒ **chanceler.** ***III.*** ⇒ **caresser.**

BRAQUE ■ ***I. Au pr.*** **Un chien :** bleu de l'Ariège/d'Auvergne, chien d'arrêt/du Bengale/du Bourbonnais. ***II. Quelqu'un :*** brindezingue (fam.), lunatique, mauvais caractère/coucheur (fam.). ⇒ **bizarre.**

BRAQUÉ, E ■ Dressé/monté contre, obsédé, prévenu contre.

BRAQUER ■ ***I. Une chose*** ⇒ **diriger.** ***II. Quelqu'un.*** **1.** ⇒ **contrarier. 2. Quelqu'un contre** ⇒ **exciter.** ***III. Autom. :*** obliquer, tourner, virer.

BRAQUET ■ Dérailleur, pignon.

BRAS ■ ***I. Arg. :*** abattis, ailes de moulin, allonge. ***II. Fig.*** **1.** Agent, aide, bourreau, défenseur, homme, instrument, main-d'œuvre, manœuvre, soldat, travailleur. **2. Bras droit** ⇒ **adjoint. 3. Vivre de ses bras :** activité, labeur. ⇒ **travail. 4. Le bras de Dieu :** autorité, châtiment, force, pouvoir, puissance, vengeance. **5. Bras d'un fauteuil :** accoudoir, appui. **6. Méc.** ⇒ **bielle. 7. Bras de mer :** chenal, détroit, lagune. **8. Le bras long :** autorité, crédit, influence. **9. Bras de chemise :** manche. **10. Un bras de fer :** autorité, brutalité, courage, décision, force, inflexibilité, tyrannie, volonté. ***III. Par ext. :*** giron, sein.

BRASERO ■ Barbecue, chaufferette, kanoun.

BRASIER ■ ***I. Au pr. :*** feu, fournaise, foyer, incendie. ***II. Fig. :*** ardeur, passion.

BRASILLEMENT ■ ***De la mer :*** luminescence, phosphorescence, scintillement.

BRASILLER ■ ***I.*** Briller, étinceler, flamboyer, scintiller. ***II.*** ⇒ **griller.**

BRASSAGE ■ ⇒ **mélange.**

BRASSARD ■ Bande, bandeau, crêpe, signe.

BRASSER ■ ***I.*** ⇒ **mélanger.** ***II.*** Pétrir. ***III.*** Machiner, ourdir, remuer, traiter, tramer.

BRASSERIE ■ Bar, bouillon, buffet, drugstore, estaminet, grill, grill-room, pub, rôtisserie, self-service, taverne, wimpy. ⇒ **restaurant.**

BRASSIÈRE ■ ***I. Vêtement :*** cache-cœur, camisole, chemisette, gilet, liseuse. ***II. Appareil :*** bretelle, bricole, courroie, lanière.

BRASURE ■ Soudure.

BRAVACHE ■ Brave, bravo, capitan, falstaff, fanfaron, fendant, fier-à-bras, mâchefer, rodomont, taillefer, tranche-montagne, vantard. ⇒ **hâbleur.**

BRAVADE ■ ⇒ **défi.**

BRAVE ■ n. ⇒ **héros.**

BRAVE ■ adj. ***I.*** Audacieux, courageux, crâne, dévoué, généreux, hardi, héroïque, intrépide, invincible, résolu, téméraire, vaillant, valeureux. ***II.*** Aimable, altruiste, bon, bonasse (péj.), bonhomme, débonnaire, facile, franc, généreux, gentil, honnête, obligeant, serviable, simple. ***III. Pop. ou vx :*** beau, distingué, élégant.

BRAVER ■ ***I. Quelqu'un.*** 1. Affronter, aller au devant de, attaquer, combattre, défier, faire face à, jeter le gant, se heurter à, lutter contre, se mesurer à, s'opposer à, provoquer, relever le défi, rencontrer. **2. Non favorable :** crâner, faire la nique à, insulter, menacer, se moquer de, morguer, narguer, provoquer. ***II. Une chose.*** **1. Neutre :** dédaigner, défier, faire fi de, mépriser, se moquer de, narguer. **2. Non favorable.** *Les convenances :* s'asseoir sur, jeter son bonnet par-dessus les moulins, mépriser, se moquer de, offenser, pisser au bénitier (fam.), violer.

BRAVERIE ■ ***I.*** ⇒ **hâblerie.** ***II.*** ⇒ **luxe (vx).**

BRAVO ■ ***I. Adv. :*** bis, encore, hourra, très bien, vivat, vive. ***II. N. m.*** **1.** Applaudissement, hourra, vivat. **2.** Assassin, tueur à gages. ⇒ **bravache.**

BRAVOURE ■ ***I.*** ⇒ **courage.** ***II.*** ⇒ **exploit.**

BREBIS ■ Agnelle, antenaise, ouaille, vacive. ⇒ **mouton.**

BRÈCHE ■ ***I. Au pr. :*** cassure, écornure, entame, entamure, éraflure, hoche, ouverture, passage, trou, trouée. ***II. Géo. :*** cluse, col, passage, port, trouée. ***III. Fig. :*** déficit, dommage, manque, perte, prélèvement, tort, trou.

BRÉCHET ■ Fourchette, poitrine, sternum.

BREDOUILLAGE ■ Baragouin, baragouinage, bredouillement, cafouillage, charabia (fam.), déconnage (grossier), jargon, marmonnement, marmottement, merdoyage (fam.), merdoiement (grossier).

BREDOUILLE ■ ***Loc.*** **Revenir bredouille :** capot, quinaud. ⇒ **échouer.**

BREDOUILLEMENT ■ ⇒ **bredouillage.**

BREDOUILLER ■ Balbutier, baragouiner, bégayer, cafouiller, ça se bouscule au portillon (fam.), déconner (grossier), s'embrouiller, jargouiner (fam.), manger ses mots (fam.), marmonner, marmotter, merdoyer (grossier), murmurer.

BREF, BRÈVE ■ ***I. Adj.*** **1.** ⇒ **court. 2.** Brusque, brutal, coupant, impératif, incisif, sans appel, sec, tranchant.

II. Adv. : en conclusion, enfin, en résumé, en un mot, pour conclure, pour finir, pour en finir. ***III. Nom*** : bulle, rescrit.

BRÉHAIGNE ■ Inféconde, mule, stérile.

BREITSCHWANZ ■ Astrakan, karakul.

BRELAN ■ ***I.*** Bouillote, jeu de cartes. ***II. Par ext. (vx)*** : maison de jeu, tripot.

BRÊLE, BRELLE ■ ***I. Au pr.*** : bât, cacolet, harnais, selle. ***II.*** Mule, mulet. ***III.*** Radeau, train flottant.

BRÊLER ■ Breller. ⇒ **attacher.**

BRELOQUE ■ ***I. Au pr.*** : affiquet, bijou, chaîne, chaînette, colifichet, fantaisie, porte-bonheur. ***II. Par ext.*** : amusement, amusette, amusoire, bagatelle, bibelot, bimbelot, bricole, brimborion, caprice, fanfreluche, frivolité, futilité, rien. ***III. Loc.*** **Battre la breloque. 1. Quelque chose** : cafouiller, se détraquer, marcher mal. **2. Quelqu'un** : battre la campagne, délirer, déménager, dérailler, déraisonner, divaguer, extravaguer, gâtifier, perdre l'esprit/la raison, radoter, rêver.

BRENEUX, EUSE ■ ***I. Au pr.*** : cochon, dégoûtant, malpropre, merdeux (vulg.), sale, souillé. ***II. Fig.*** ⇒ **coupable.**

BRETAILLER ■ ⇒ **ferrailler.**

BRETELLE ■ ***I.*** Balancines (fam.), bandeau de cuir, bandoulière, brassière, brayer, bricole, courroie, lanière. ***II.*** Bifurcation, embranchement, patte d'oie, raccord, trèfle.

BRETTE ■ ⇒ **épée.**

BRETTELER ■ Bretter, denteler, rayer, strier, tailler.

BRETTEUR ■ ⇒ **ferrailleur.**

BREUIL ■ Bois, broussaille, buisson, clos de haies, fourré, garenne, haie, hallier, taillis.

BREUVAGE ■ ***I.*** ⇒ **boisson. *II. Par ext.*** : médicament, nectar, philtre.

BREVET ■ Acte, certificat, commission, diplôme, garantie, licence.

BREVETÉ, E ■ Certifié, diplômé, garanti.

BRÉVIAIRE ■ ***I. Au pr.*** : bref, livre d'heures, office, psautier, rubrique. ***II. Par ext.*** : bible, livre de chevet.

BRIBE ■ ***I. Au pr.*** ⇒ **morceau. *II. Fig.*** : citation, extrait, passage, référence.

BRIC-À-BRAC ■ Attirail, bagage, barda, bazar, bordel (grossier), boutique, fourbi, foutoir (fam.), tremblement (fam.), toutim (fam.).

BRICHETON ■ (Fam.) ⇒ **pain.**

BRICOLAGE ■ ⇒ **réparation.**

BRICOLE ■ ***I. Au pr.*** : harnais. ⇒ **bretelle. *II. Par ext.*** **1. Chose sans importance** : affiquet, amusement, amusette, amusoire, babiole, baliverne, bibelot, bimbelot, breloque, brimborion, caprice, colifichet, connerie (vulg.), fanfreluche, fantaisie, fifrelin, frivolité, futilité, rien. **2. Affaire sans importance** : badinerie, baliverne, broutille, chanson, fadaise, futilité, jeu, plaisanterie, sornette, sottise, vétille. ⇒ **bêtise. 3.** Amourette, badinage, chose, flirt, galanterie. ⇒ **amour.**

BRICOLER ■ ***I. Au pr.*** : décorer, entretenir, gratter, jardiner, menuiser, nettoyer, orner, peindre, ravaler, refaire, restaurer. ***II. Péj.*** ⇒ **trafiquer.**

BRICOLEUR, EUSE ■ ***I.*** Amateur, habile. ***II.*** ⇒ **trafiquant.**

BRIDE ■ ***I. De cheval*** : bridon, guide, rêne. ***II. Par ext.*** : jugulaire, sous-menton-nière. ***III.*** Assemblage, serre-joint. ***IV. Loc.*** **1. Lâcher la bride** : lever la contrainte, lever l'interdiction, lever l'interdit. **2. À bride abattue, à toute bride** : à toute vitesse, à fond de train (fam.), à tout berzingue (arg. scol.), rapidement. **3. La bride sur le cou** : décontracté, détendu, lâché. ⇒ **libre.**

BRIDER ■ ***I. Un cheval*** (par ext.) : atteler, seller. ***II. Fig. :*** attacher, comprimer, contenir, empêcher, ficeler, freiner, gêner, refréner, réprimer, serrer.

BRIDGE ■ ***I.*** Whist. ***II.*** Prothèse.

BRIDON ■ ⇒ **bride.**

BRIÈVEMENT ■ Compendieusement, en peu de mots, laconiquement, succinctement.

BRIÈVETÉ ■ Concision, densité, dépouillement, laconisme, précision. ⇒ **brachylogie.**

BRIFER ■ ⇒ **bâfrer.**

BRIGADE ■ Équipe, escouade, formation, groupe, peloton, quart, tour de garde/de service, troupe.

BRIGADIER ■ ***I.*** Caporal, chef d'escouade. ***II.*** Général de brigade.

BRIGAND ■ Assassin, bandit, chauffeur, chenapan, coquin, coupe-jarret, criminel, détrousseur, forban, fripouille, gangster, hors-la-loi, malandrin, malfaiteur, pillard, pirate, routier (vx), sacripant, terreur, vandale, vaurien, voleur.

BRIGANDAGE ■ Banditisme, concussion, crime, déprédation, exaction, fripouillerie, gangstérisme, pillage, pillerie, piraterie, terrorisme, vandalisme, vol.

BRIGUE ■ Cabale, complot, conjuration, conspiration, démarche, faction, ligue, manœuvre, parti.

BRIGUER ■ ***I. V. intr.*** ⇒ **intriguer.** ***II. V. tr. :*** ambitionner, convoiter, poursuivre, rechercher, solliciter.

BRILLANCE ■ Corruscation, éclat, intensité, luminescence, luminosité.

BRILLANT, E ■ ***I. Favorable ou neutre.*** **1. Au phys. :** adamantin, argenté, brasillant, chatoyant, clair, coruscant, diamantin, doré, éblouissant, éclatant, étincelant, flamboyant, fulgurant, luisant, luminescent, lumineux, lustré, miroitant, phosphorescent, poli, radieux, rayonnant, resplendissant, rutilant, satiné, scintillant, soyeux. **2. Par ext. :** allègre, ardent, attirant, attrayant, beau, bien, captivant, célèbre, distingué, doué, éblouissant, éclatant, élégant, étincelant, fameux, fastueux, fin, flambant, florissant, glorieux, habile, heureux, illustre, intelligent, intéressant, jeune, lucide, luxueux, magnifique, majestueux, mondain, opulent, pétillant, prospère, reluisant, remarquable, riche, séduisant, somptueux, spirituel, splendide, verveux, vif. ***II. Non favorable :*** clinquant, criard, superficiel, tape à l'œil, trompeur.

BRILLANT ■ ***I. Favorable ou neutre :*** beauté, brillance, chatoiement, clarté, éclat, faste, fulgurance, fulguration, gloire, intensité, jeunesse, lumière, luminescence, luminosité, lustre, magnificence, nitescence, phosphorescence, relief, resplendissement, ruissellement, rutilance, somptuosité, splendeur, vigueur. ***II. Non favorable :*** apparence, clinquant, fard, faux-semblant, oripeau, tape-à-l'œil, toc, vernis. ***III.*** Diamant, marguerite, marquise, rose, solitaire.

BRILLER ■ ***I. Quelque chose.*** **1.** Aveugler, brasiller, brillanter, chatoyer, éblouir, éclater, étinceler, flamboyer, illuminer, iriser, irradier, luire, miroiter, pétiller, poudroyer, radier, rayonner, réfléchir, refléter, reluire, resplendir, rutiler, scintiller. **2. Faire briller :** astiquer, briquer (fam.), cirer, polir, reluire. ***II. Quelqu'un.*** **1. Par sa beauté, par son éclat :** charmer, éblouir, ensorceler, être mis en relief, frapper, impressionner, paraître, ravir, rayonner, resplendir, ressortir. **2. Par son comportement :** se distinguer, éclabousser (péj.), l'emporter sur, faire florès/des étincelles, se faire remarquer, paraître, réussir. ***III. Loc.*** **Faire briller un avantage :** allécher, appâter, étaler, faire miroiter/valoir, manifester, montrer, promettre, séduire.

BRIMADE ■ Berne (vx), épreuve, jeu, mauvais traitement, persécution, plaisanterie, raillerie, taquinerie, tourment, vexation.

BRIMBALER, BRINGUEBALER ■ ⇒ **balancer.**

BRIMBORION ■ ⇒ **bagatelle.**

BRIMER ■ ***I.*** Berner, flouer, mettre à l'épreuve, railler, taquiner, tourmenter, vexer. ***II.*** Défavoriser, maltraiter, opprimer, priver.

BRIN ■ ***I.*** ⇒ **branche.** ***II. Par ext. :*** bout, fétu, fil, filament, morceau. ***III. Loc.*** **Un brin** : un doigt, une goutte, un grain, une larme, un peu, un souffle.

BRINDEZINGUE ■ ⇒ **fou, ivre.**

BRINDILLE ■ ⇒ **branche.**

BRINGUE ■ (Fam.) ***I.*** Agape, banquet, bamboche, bamboula, bombe, débauche (péj.), dégagement, festin, festivité, fiesta, foire, gueuleton (fam.), java (fam.), noce, partie, ripaille, réjouissance. ⇒ **bombance.** ***II. Loc.*** **Grande bringue** (péj.) : cheval, jument, femme, fille.

BRIO ■ Adresse, aisance, bonheur, brillant, chaleur, désinvolture, éclat, élégance, entrain, esprit, facilité, forme, fougue, furia, génie, maestria, maîtrise, parade, pétulance, talent, virtuosité, vivacité.

BRIOCHE ■ ***I.*** Fouace, fougasse, kugelhopf, massepain, pain de Gênes/de Savoie. ***II.*** ⇒ **bedaine, tête.**

BRIQUE ■ Aggloméré, briquette, chantignole.

BRIQUER ■ ⇒ **frotter.**

BRIS ■ ***I. L'acte :*** brisement, casse, démantèlement, démolition, effraction, rupture, viol. ***II.*** Débris, morceaux.

BRISANT ■ Écueil, rocher.

BRISCARD ■ Ancien, chevronné, vétéran.

BRISE ■ ⇒ **vent.**

BRISE-BISE ■ ⇒ **rideau.**

BRISÉES ■ ***I.*** Exemple, traces. ***II. Loc.*** **Marcher sur les brisées de quelqu'un** : copier, faire concurrence, imiter, plagier, rivaliser avec.

BRISE-LAMES ■ Digue, jetée, portes de flot.

BRISEMENT ■ ***I. Mar. :*** déferlement. ***II.*** ⇒ **bris.** ***III.*** Affliction, anéantissement, bouleversement, crève-cœur, déception, douleur.

BRISE-MOTTES ■ Crosskill, culti/néopacker, rotavator. ⇒ **herse.**

BRISER ■ ***I. Au pr. :*** abattre, aplatir, broyer, casser, défoncer, démolir, desceller, détruire, disloquer, ébouiller (mérid.), écraser, effondrer, faire éclater, forcer, fracasser, fracturer, hacher, mettre à bas/en morceaux/en pièces, pulvériser, réduire en miettes, renverser, rompre. ***II. Fig.*** **1. Au moral** : abattre, accabler, affaiblir, affliger, anéantir, bouleverser, casser (fam.), décourager, déprimer, émouvoir, faire de la peine à, fendre le cœur à. **Au phys.** : abattre, accabler, casser, disloquer, éreinter, fatiguer, harasser, harceler, moudre. **2.** Dépasser, enfreindre, interrompre, renverser, rompre. ***III. Loc.*** **Briser les chaînes** : délivrer, libérer.

BRISEUR, EUSE ■ Bousilleur, brise-fer, brise-tout, casseur, destructeur, iconoclaste, sans-soin.

BRISE-VENT ■ Abri, alignement d'arbres, claie, cloison, clôture, haie, mur.

BRISQUE ■ Chevron.

BRISURE ■ ***I.*** Brèche, cassure, clase (géol.), éclat, entaille, faille, fêlure, fente, fracture, rupture. ***II.*** Brin, chute, fragment, miette, morceau.

BROC ■ Bidon, pichet, pot à eau.

BROCANTE ■ Antiquités, brocantage (vx), chine, ferraille, friperie, fripes, marché aux puces, occasions, regrat (vx), vieilleries.

BROCANTER ■ Acheter, bazarder, brader, chiner, échanger, faire des affaires/des occasions, marchander, revendre, troquer, vendre.

BROCANTEUR, EUSE ■ Antiquaire, biffin (arg.), camelot, casseur, chiffonnier, chineur, ferrailleur, fripier, regrattier (vx).

BROCARD ■ ***I.*** Apostrophe, caricature, épigramme, flèche, insulte, interpellation, invective, lazzi, moquerie, pamphlet, persiflage, pointe, quolibet, raillerie, saillie, sarcasme, trait, vanne (arg.). ⇒ **plaisanterie.** ***II.*** Cerf, daim, chevreuil.

BROCARDER ■ ***I. Neutre :*** caricaturer, faire des plaisanteries, se moquer de, plaisanter. ***II. Péj. :*** apostropher, insulter, interpeller, invectiver, lâcher une vanne (arg.), lancer des lazzi, persifler, tourner en dérision/en ridicule.

BROCART ■ Brocatelle, samit, soierie, tenture, tissu.

BROCHAGE ■ Assemblage, couture, mise en presse, pliage, pliure, reliure.

BROCHE ■ ***I.*** Barbecue, brochette, hâtelet, lardoire, lèchefrite. ***II.*** Agrafe, attache, bijou, épingle, fibule.

BROCHER ■ ***I.*** Assembler, relier. ***II. Fig. et fam.*** ⇒ **bâcler.**

BROCHET ■ Bécard, brocheton, ésocidé, lanceron (vx), muskellunge, pickerel, requin d'eau douce.

BROCHURE ■ ⇒ **livre.**

BRODEQUIN ■ Bottillon, bottine, chaussure, godillot, napolitain, soulier.

BRODER ■ ***I. Au pr.*** ⇒ **festonner.** ***II. Fig.*** 1. Amplifier, agrémenter, chamarrer, développer, embellir, orner, parer. 2. ⇒ **exagérer.**

BRODERIE ■ ***I.*** Damas, dentelle, entre-deux, feston, filet, guipure, orfroi, smocks. ***II. Fig.*** ⇒ **exagération.**

BRONCHER ■ ***I. Au pr. :*** achopper, buter, chopper, faire un faux-pas, trébucher. ***II. Fig.*** 1. Commettre une erreur, faillir, hésiter, se tromper. 2. S'agiter, bouger, chahuter, ciller, contester, se déplacer, manifester, murmurer, remuer, rouspéter.

BRONCHITE ■ Broncho-pneumonie, bronchorrée, dyspnée, inflammation, toux.

BRONDIR ■ ⇒ **vrombir.**

BRONDISSEMENT ■ Bourdonnement, bruissement, ronflement, rugissement, vibration, vrombissement.

BRONZE ■ ***I.*** ⇒ **airain.** ***II.*** Buste, objet d'art, statue, statuette.

BRONZER ■ ***I.*** Brunir, cuivrer, dorer, hâler, noircir. ***II. Par ext. :*** boucaner, dessécher. ⇒ **cuire.**

BROSSE ■ ***I. Sens général :*** balai, décrotteuse, décrottoir, époussette, fermière, frottoir. ***II. Pour chevaux :*** étrille, limande. ***III. Pour la barbe :*** blaireau. ***IV.*** Ramasse-miettes. ***V.*** Pinceau, saie, spalter, veinette. ***VI. Loc.*** **Cheveux en brosse :** à la bressant.

BROSSÉE ■ ***I.*** ⇒ **volée.** ***II.*** ⇒ **défaite.**

BROSSER ■ ***I. Au pr.*** 1. Balayer, battre, décrotter, détacher, donner un coup de brosse, dépoussiérer, épousseter, faire reluire, frotter, polir. 2. **Un cheval :** bouchonner, étriller, panser, soigner. ***II. Par ext. :*** dépeindre, peindre, faire une description/un portrait, raconter. ***III. Fig.*** (fam.) : battre, donner, *et les syn. de* DONNER, une correction/leçon/peignée/raclée. ⇒ **volée.**

BROSSER (SE) ■ (Fam.) Faire tintin, se passer de, se priver de, renoncer à.

BROU ■ Bogue, coque, écale, enveloppe.

BROUET ▪ Bouillon, chaudeau, jus, ragoût, potage, soupe.

BROUETTE ▪ Cabrouet, diable, vinaigrette.

BROUHAHA ▪ Bruit confus, bruits divers, confusion, rumeur, tapage, tumulte.

BROUILLAGE ▪ Perturbation, trouble. ⇒ **confusion.**

BROUILLAMINI ▪ Brouillement, complication, confusion, désordre, embrouillement, méli-mélo, pagaille.

BROUILLARD ▪ ***I. Au pr. :*** brouillasse, bruine, brumaille, brumasse, brume, crachin, embrun, nuage, smog, vapeur. ***II. Fig. :*** obscurité, ténèbres. ***III.*** Brouillon, main courante.

BROUILLE ▪ Bisbille, bouderie, brouillerie, dépit, désaccord, différend, discorde, dispute, fâcherie, humeur, malentendu, mésentente, querelle, rupture, trouble. ⇒ **mésintelligence.**

BROUILLÉ, E ▪ ***I.*** En froid, fâché. ***II.*** Confus, disparate, incertain.

BROUILLEMENT ▪ ⇒ **brouillamini.**

BROUILLER ▪ ***I. Au pr. :*** battre, bouleverser, confondre, emmêler, empêtrer, enchevêtrer, mélanger, mêler, mettre en désordre/en pagaille/pêle-mêle, touiller. ***II. Par ext. :*** agiter, altérer, confondre, déranger, désunir, embrouiller, gâter, mêler, troubler. ***III. V. intr. :*** bafouiller, bredouiller, s'embarrasser, s'embrouiller. ***IV. V. pron.*** ⇒ **fâcher (se), gâter (se).**

BROUILLERIE ▪ ⇒ **brouille.**

BROUILLON, ONNE ▪ Agité, compliqué, confus, désordonné, dissipé, embrouillé, étourdi, filandreux, gribouille, instable, taquin, tracassier, trublion.

BROUILLON ▪ Brouillard, ébauche, esquisse, plan, schéma, topo (fam.).

BROUSSAILLE ▪ Arbustes, brousse, essarts, garrigue, haie, hallier, maquis, ronce, touffe.

BROUSSE ▪ Bush, savane, scrub. ⇒ **bled.**

BROUTARD ▪ Agneau, chevreau, poulain, veau.

BROUTER ▪ Gagner, manger, paître.

BROUTILLE ▪ ⇒ **bagatelle.**

BROWNING ▪ Pétard (arg.), pistolet, revolver, soufflant (arg.).

BROYER ▪ ***I.*** Aplatir, briser, concasser, écacher, écrabouiller, écraser, égruger, mettre en morceaux, moudre, pulvériser, réduire en miettes, triturer. ***II.*** Croquer, déchiqueter, déchirer, mâcher, mastiquer, triturer. ***III.*** Abattre, anéantir, détruire, maltraiter, réduire à néant, renverser.

BROYEUR, EUSE ▪ Bocard, broie, concasseur, macque, pilon.

BRU ▪ Belle-fille.

BRUCELLES ▪ Pinces.

BRUGNON ▪ Nectarine.

BRUINE ▪ ⇒ **brouillard.**

BRUIRE ▪ Bourdonner, chuchoter, chuinter, crier, fredonner, froufrouter, gazouiller, gémir, grincer, murmurer, siffler.

BRUISSEMENT ▪ Battement d'ailes, bourdonnement, chuchotement, chuintement, cri, fredon, fredonnement, frémissement, froufrou, gazouillement, gémissement, grincement, murmure, sifflement.

BRUIT ▪ ***I. Au pr.*** 1. Babil, battement, borborygme, bourdonnement, brasillement, brondissement, bruissement, chanson, chant, chuintement, clameur, clapotage, clapotement, clapotis, clappement, claque, claquement, cliquetis, coup, craquement, craquètement, crépitation, crépitement, cri, criaillerie, crissement, croule, croulement, décrépitation, déflagration, détonation, écho, éclat, éclatement, explosion, fracas, froissement, frôlement, frottement, froufrou, gargouillement, gargouillis, gazouillement, gémissement, grésillement, grincement, grognement, grondement, hiement, hurlement, murmure, musique, onomatopée, pépiage, pépiement, pétarade, pétillement, râlement, ramage, ronflement, ronron, ronronnement, roulement, rumeur, sifflement, son, souffle, soupir, stridulation, susurrement, tapement, tintement, ululation, ululement, vagissement, vocifération, voix, vrombissement. **2. Fam.** : bacchanale, bagarre, barouf, bastringue, bazar, bordel, boucan, bousin, brouhaha, cacophonie, carillon, cassement de tête, chabanais, chahut, chamaille, chamaillerie, charivari, corrida, esclandre, foin, grabuge, hourvari, huée, pétard, potin, raffut, ramdam, sabbat, schproum, tapage, tintamarre, tintouin, tohu-tohu, train, tumulte, vacarme. ***II. Par ext.*** **1. Méd.** : cornage, éructation, flatuosité, gaz, hoquet, hydatisme, pet, râle, rot, souffle, soupir, toux, vent. **2. Du pas d'un cheval** : battue. **3. Onomatopées** : aïe, aouh, bang, bêe, bim, boum, brr, clac, clic, cocorico, cot cot-codec, coincoin, couic, crac, crincrin, crrr, ding, dong, drelin-drelin, dzim-boum-boum, flac, flic, floc, froufrou, gioumpf, glouglou, hi-han, meuh, miaou, oua-ouah, paf, pan, patapouf, patatras, pif, ping, plouc, pouf, poum, splash, tac, tamtam, tic, tic-tac, tilt, vlan, zim. ***III. Fig.*** **1. ⇒ agitation. 2.** Anecdote, bavardage, chronique, commérage, confidence, conte, dire, éclat, fable, histoire, jacasserie, nouvelle, potin, ragot, renommée, réputation, rumeur.

BRÛLAGE ▪ ***I.*** Écobuage. ***II.*** Brûlement, brûlis. ***III.*** Crémation, incinération.

BRÛLANT, E ▪ ***I. Au pr.*** : bouillant, cuisant, desséchant, embrasé, torride. ***II. Fig.*** 1. Actuel, dangereux, délicat, épineux, périlleux, plein d'intérêt, tabou. **2.** Ardent, bouillonnant, dévorant, dévoré, enflammé, enthousiaste, fervent, passionné, vif.

BRÛLE-GUEULE ▪ Bouffarde, pipe.

BRÛLE-PARFUM ▪ Cassolette, encensoir.

BRÛLE-POURPOINT (À) ▪ À bout portant, brusquement, de but en blanc, directement, immédiatement, sans avertissement, sans crier gare, sans ménagement/préparation.

BRÛLER ▪ ***I. V. tr.*** **1. Au pr.** : attiser, brouir, calciner, carboniser, consumer, détruire par le feu, embraser, enflammer, faire cramer/flamber/roussir, flamber, griller, incendier, incinérer, réduire en cendres, rôtir. **2. Fig.** : attiser, consumer, dévorer, embraser, enfiévrer, enflammer, exciter, jeter de l'huile sur le feu, miner, passionner, ravager. **3. Par ext.** *Un condamné :* faire un autodafé, jeter au bûcher, supplicier par le feu. *Méd. :* cautériser. *Un cadavre, des ordures :* incinérer. **4. Loc.** *Brûler la politesse :* s'enfuir, filer, partir, planter là. **5. Brûler de l'encens** : aduler, flagorner, flatter. ***II. V. intr.*** *:* charbonner, se consumer, couver, cramer, flamber, roussir. ***III. V. pron.*** *:* s'ébouillanter, s'échauder, *et les formes pron. possibles des syn. de* BRÛLER.

BRÛLERIE ▪ Distillerie, rhumerie.

BRÛLEUR, EUSE ▪ ***I. Quelqu'un.*** **1.** Boutefeu, brûlot, flambeur, incendiaire, pétroleur, pyromane. **2.** Bouilleur de cru, distillateur. ***II. Une chose :*** appareil, bec, réchaud, tuyère.

BRÛLIS ▪ Brûlage, brûlement.

BRÛLOIR ▪ Crématoire, fourneau, foyer, incinérateur, réchaud, torréfacteur.

BRÛLOT ▪ ***I. Au pr.*** *:* torpille. ***II. Fig.*** **1. Quelqu'un ⇒ brûleur. 2. Quelque chose ⇒ brûlant.**

BRÛLURE ▪ ***I. Sur quelqu'un.*** **1.**

Phys., souvent par analogie : aigreur, ampoule, blessure, cloque, douleur, échaudure, échauffement, escarre, fièvre, fer chaud, feu, inflammation, irradiation, irritation, insolation, lésion, mortification, phlogose, rougeur, ulcération, urtication. **2. Moral** ⇒ **blessure.** ***II. Une chose.*** **1. Un vêtement** : tache, trou. **2. Des végétaux** : brouissure, dessèchement.

BRUMAILLE, BRUMASSE, BRUME ▪ ***I. Au pr.*** ⇒ **brouillard.** ***II. Fig.*** : grisaille, incertitude, obscurité, ombre, spleen, tristesse. ⇒ **mélancolie.**

BRUMEUX, EUSE ▪ ***I. Au pr.*** : couvert, nébuleux, obscur, ouaté. ***II. Fig.*** **1. Neutre** : mélancolique, sombre, triste. **2. Non favorable** ⇒ **sombre.**

BRUN, E ▪ ***I.*** Auburn, bis, bistre, boucané, bronzé, brou de noix, brûlé, brunâtre, café au lait, châtain, chocolat, hâlé, kaki, marron, mordoré, tabac, terreux. ***II. Une chose*** : brou de noix, chêne, kaki, noyer, puce, tabac, terre, terre de sienne, tête-de-maure, tête-de-nègre. ***III. Un cheval*** : bai. ***IV. Loc.*** **À la brune** : crépuscule, entre chien et loup, soir.

BRUSQUE ▪ ***I. Quelqu'un*** : abrupt, autoritaire, bourru, bref, brutal, cassant, cavalier, cru, grossier (péj.), impatient, impétueux, nerveux, prompt, raide, rébarbatif, rude, sec, vif, violent. ***II. Une chose.*** **1. Une pente** : escarpée. **2. Un événement** : brutal, imprévu, inattendu, inopiné, précipité, rapide, soudain, subit, surprenant.

BRUSQUÉ, E ▪ Inattendu, inopiné, soudain, surprenant.

BRUSQUER ▪ ***I. Quelqu'un.*** **1.** ⇒ **obliger. 2.** Envoyer promener, rabrouer, rembarrer (fam.), rudoyer, secouer. ***II. Une chose*** : accélérer, avancer, expédier, forcer, hâter, pousser, précipiter, presser.

BRUSQUERIE ▪ ⇒ **rudesse.**

BRUT, E ▪ ***I. Une chose ou quelqu'un.*** **1. Neutre** : à l'état de nature, élémentaire, grossier, imparfait, informe, inorganique, rudimentaire, simple. **2. Non favorable** : abrupt, balourd, barbare, bestial, brutal, épais, fruste, grossier, illettré, impoli, inculte, inintelligent, lourd, rude, sauvage, simple, stupide, vulgaire. ***II. Une chose*** : écru, grège, en friche, inachevé, inculte, natif, naturel, originel, primitif, pur, rustique, sauvage, vierge.

BRUTAL, E ▪ Animal, âpre, barbare, bas, bestial, bourru, brusque, cru, cruel, direct, dur, emporté, entier, féroce, fort, franc, grossier, irascible, matériel, mauvais, méchant, rude, sec, vif, violent.

BRUTALISER ▪ Battre, brusquer, cogner, corriger, exercer des sévices sur, faire violence à, frapper, houspiller, malmener, maltraiter, molester, passer à tabac (fam.), rosser, rouer de coups, rudoyer, tabasser, taper, torcher (fam.), tourmenter.

BRUTALITÉ ▪ Animalité, âpreté, barbarie, bassesse, bestialité, brusquerie, cruauté, dureté, férocité, grossièreté, impolitesse, inhumanité, lourdeur, rudesse, rusticité, sauvagerie, stupidité, violence, vulgarité.

BRUTE ▪ ⇒ **bête.**

BRUYANT, E ▪ Assourdissant, braillard, criard, éclatant, gueulard (fam.), hurleur, indiscret, piaillard, ronflant, rugissant, sonore, stertoreux (méd.), tapageur, tonitruant, tumultueux. ⇒ **turbulent.**

BRUYÈRE ▪ Brande, lande.

BUANDERIE ▪ Blanchisserie, laverie, lavoir.

BUBON ▪ ⇒ **abcès.**

BÛCHE ▪ ***I.*** Bille, billot, branche, charbonnette, rondin, souche, tronce, tronche. ***II. Fig.*** **1.** ⇒ **bête. 2.** ⇒ **chute.**

BÛCHER ▪ n. Appentis, cave, resserre.

BÛCHER ■ v. tr. ***I. Par ext.*** ⇒ **battre.** ***II. Fig. et fam. :*** bosser, buriner, chiader, en foutre/en mettre un coup, étudier, gratter, piler, piocher, potasser, repasser, turbiner. ⇒ **travailler.**

BÛCHEUR, EUSE ■ Bœuf, bosseur, bourreau de travail, burineur, chiadeur, gratteur, travailleur, turbineur.

BUCOLIQUE ■ Agreste, campagnard, champêtre, forestier, idyllique, pastoral, paysan, rustique.

BUDGET ■ Balance, compte, comptabilité, crédit, dépense, gain, moyens, plan, prévision, recette, rentrée, répartition, revenu, salaire.

BUÉE ■ Condensation, vapeur.

BUFFET ■ ***I.*** Argentier, bahut, cabinet, crédence, desserte, encoignure, placard, vaisselier. ***II.*** Bar, buvette, café, cantine, estaminet, restaurant.

BUFFLE ■ Bœuf, karbau, syncerus, yack.

BUFFLETERIE ■ Bandoulière, baudrier, bourdalou, brayer, bride, cartouchière, ceinture, courroie, cravache, crispin, guide, harnachement, jugulaire, lanière, sellerie.

BUILDING ■ Bâtiment, bâtisse, construction, édifice, ensemble, habitat, immeuble, maison, monument, tour.

BUIS ■ Buxus, rameau.

BUISSON ■ Breuil, broussaille, épines, fourré, haie, hallier, ronce.

BULBE ■ ***I.*** Oignon. ***II.*** Coupole.

BULBEUX, EUSE ■ ⇒ **renflé.**

BULLDOZER ■ Angledozer, bouldozeur, bouteur, pelle mécanique, pelleteuse.

BULLE ■ ***I.*** Boule. ***II.*** Bref, décrétale, mandement, rescrit, sceau.

BULLETIN ■ ***I.*** Billet, papier. ***II. Par ext.*** 1. Annonce, avis, carnet, chronique, communiqué, rapport. 2. Acte, attestation, certificat, récépissé, reçu. 3. Bordereau, ordre, relevé. 4. Annales, cote, feuille, hebdomadaire, information, journal, lettre, lien, magazine, missive, périodique, revue.

BUNGALOW ■ Chartreuse, maison coloniale, véranda, villa.

BUNKER ■ ⇒ **abri, casemate.**

BURALISTE ■ Débitant, préposé, receveur.

BUREAU ■ ***I. Le meuble :*** bonheur-du-jour, cabinet, classeur, écritoire, pupitre, secrétaire, table de travail. ***II. Le lieu :*** administration, agence, boîte (arg.), burlingue (arg.), cabinet, caisse, comptoir, direction, étude, office, officine, secrétariat, service. ***III.*** Administration, assemblée, collège, comité, commission, conseil, direction, directoire.

BUREAUCRATE ■ (généralement péj.). Fonctionnaire, gratte-papier, gratteur, paperassier, pisse-copie, plumitif, rond-de-cuir, scribe, scribouillard.

BURETTE ■ ***I. Au sing.*** 1. **Au pr. :** aiguière, fiole, flacon. 2. **Fig.** ⇒ **tête.** ***II. Au pl.*** ⇒ **bourses.**

BURIN ■ Charnière, ciseau, drille, échoppe, guilloche, onglette, pointe.

BURINER ■ ***I.*** Champlever, graver. ***II. Par ext. :*** marquer, souligner. ***III. Fig.*** ⇒ **bûcher.**

BURLESQUE ■ ***I. Adj.*** ⇒ **comique.** ***II. Nom masc. :*** baroque, grandguignolesque, grotesque, tragi-comique.

BURON ■ ⇒ **cabane.**

BUSC ■ Baleine, corset, soutien.

BUSE ■ ***I.*** Busaigle, busard, harpaye, harpie, rapace. ***II.*** Bief, canal, canalisation, conduit, poterie, tuyau, tuyère. ***III. Fig.*** ⇒ **bête.**

BUSINESS ■ (angl.) ⇒ **affaires.**

BUSQUÉ, E ■ ***I.*** Arqué, bombé,

convexe, courbé. *II. Le nez :* aquilin, bourbon, bourbonien.

BUSQUER ■ Arquer, bomber, courber, rendre convexe.

BUSTE ■ *I. Au pr. :* corsage, gorge, poitrine, sein, torse. *II. Par ext.* **1.** Effigie, figure, portrait, sculpture, traits. **2. Selon la matière employée** : argile, bronze, cire, marbre, plâtre, terre cuite.

BUT ■ *I. Au pr. :* carton, cible, mille, mire, mouche, objectif, point de mire, silhouette. *II. Par ext.* **1. Ce qui est atteint** : aboutissement, achèvement, arrivée, destination, objectif, point final, port, terme, terminus. **2. Ce qu'on veut atteindre** : ambition, dessein, détermination, direction, fin, intention, plan, projet, propos, résolution, visée, vue. **3. D'une action, de la vie** : cause, destination, destinée, direction, fin, finalité, fins dernières, ligne de conduite, motif, motivation, objet, raison. **4. Sport** : arrivée, bois, coup, essai, filet, goal, marque, panier, poteau.

BUTÉ, E ■ Arrêté, braqué, bloqué, entêté, étroit, fermé, méfiant, obstiné, opiniâtre, têtu.

BUTÉE ■ Contrefort, culée, massif.

BUTER ■ *I. On bute contre une chose :* achopper, broncher, chopper, cogner, heurter, trébucher. *II. Une chose ou quelqu'un prend appui sur :* s'appuyer, s'arc-bouter, s'arrêter, se bloquer, se caler, se coincer, être épaulé/étayé/maintenu/soutenu par, prendre appui. *III. Pop.* ⇒ **tuer.**

BUTER (SE) ■ S'arrêter à, se bloquer, se braquer, s'entêter, se fermer, se méfier, s'obstiner, s'opiniâtrer.

BUTIN ■ *I. Au pr.* **1. Neutre** : capture, confiscation, conquête, dépouille, matériel, prise, proie, trésor de guerre, trophée. **2. Péj.** : pillerie, rançon, rapine, vol. *II. Fig.* **Favorable** : aubaine, découverte, profit, provision, récolte, richesse, trouvaille.

BUTINER ■ ⇒ **recueillir.**

BUTOIR ■ Butée, heurtoir.

BUTOR ■ *I.* ⇒ **bête.** *II.* ⇒ **impoli.** *III.* ⇒ **maladroit.**

BUTTE ■ *I.* Colline, dune, éminence, erg, hauteur, inselberg, mont, monticule, motte, tertre. *II. Loc.* **Être en butte à** : donner prise à, être la cible/le point de mire/le souffre-douleur, prêter le flanc à.

BUTTER ■ *I.* Chausser, garnir. *II. arg.* **Butter ou buter** ⇒ **tuer.**

BUVABLE ■ *I. Au pr. :* potable, sain, *II. Fig. :* acceptable, admissible, endurable, possible, potable, recevable, supportable ⇒ **tolérable.**

BUVARD ■ *I. Adj. :* absorbant. *II. Nom :* sous-main.

BUVETTE ■ Bar, bistrot (fam.), bouchon, buffet, café, café-tabac, cafétéria, cantine, débit de boissons, taverne. ⇒ **brasserie, cabaret.**

BUVEUR, EUSE ■ ⇒ **ivrogne.**

BUVOTER ■ ⇒ **boire.**

BY-PASS ■ Bipasse, circuit de dérivation, contournement, déviation, évitement.

BYSSUS ■ Attache, cordon, faisceau, fibre, filament, ligament, membrane, pied.

BYZANTIN, INE ■ *Fam. et par ext. :* chinois, compliqué, emberlificoté, entortillé, farfelu, futile, oiseux, pédant, tarabiscoté.

C

CAB ■ ⇒ **cabriolet.**

CABALE ■ ***I.*** Ésotérisme, herméneutique, interprétation, kabbale, occultisme. ***II. Par ext.*** **1.** Arcane (vx), magie, mystère, sabbat, théosophie. **2.** Association secrète, brigue, charivari, clique, coalition, complot, conjuration, conspiration, coterie, faction, intrigue, ligue, machination, menée, parti.

CABALER ■ Briguer, coasser, comploter, conspirer, criailler, intriguer, machiner, monter une cabale *et les syn. de* CABALE.

CABALISTIQUE ■ Abscons, ésotérique, magique, mystérieux, obscur, occulte. ⇒ **secret.**

CABANE ■ Abri, appentis, baraque, bicoque, buron, cabanon, cagibi, cahute, carbet, case, cassine, chalet, chaume, chaumière, chaumine, gloriette, gourbi, guitoune, hutte, loge, logette, maisonnette, masure, paillote, refuge, wigwan, yourte.

CABANER ■ Dessaler (fam.), mettre quille en l'air, renverser ⇒ **chavirer.**

CABARET ■ ***I.*** Abreuvoir, assommoir, auberge, bar, bistroquet, bistrot, bouchon, bouge, bousin, brasserie, buffet, buvette, caboulot, café, cafétéria, cambuse, comptoir, crémerie (fam.), débit, estaminet, gargote, guinguette, hôtellerie, mastroquet, popine, tabagie, tapis-franc, taverne, tournebride, troquet, zinc. ***II.*** **1. Neutre** : boîte, boîte de nuit, café-concert, caveau, club, dancing, discothèque, établissement/restaurant de nuit, music-hall, night-club. **2. Péj.** : bastringue, beuglant, bouiboui, tripot. ***III.*** Cave/plateau/service à liqueurs.

CABARETIER, ÈRE ■ Aubergiste, bistrot, buvetier, cafetier, limonadier, mannezingue, marchand de vin, mastroquet, patron, restaurateur, taulier, tavernier, tenancier, troquet.

CABAS ■ Couffe, couffin, couffle, panier, sac, sachet, sacoche.

CABASSET ■ ⇒ **casque.**

CABESTAN ■ ⇒ **palan.**

CABINE ■ ***I.*** Cabinet, cagibi, isoloir, réduit. ***II.*** Abri, cockpit, guérite, loge, poste. ***III.*** Compartiment, couchette.

CABINET ■ ***I.*** ⇒ **cabine.** ***II.*** ⇒ **water-closet.** ***III.*** Agence, bureau, étude, studio. ***IV.*** Bibliothèque, collection, musée, pinacothèque. ***V.*** Équipe ministérielle, gouvernement, ministère. ***VI.*** Laboratoire. ***VII.*** **De verdure** : abri, berceau, brandebourg, fabrique, gloriette, kiosque, pavillon, reposoir, tonnelle. ***VIII.*** Bahut, bonheur-du-jour, bonnetière, buffet, bureau, meuble, secrétaire, semainier.

CÂBLE ■ ***I.*** Chable, chableau, chaîne, corde, filin, orin, remorque, touée. ⇒ **cordage.** ***II.*** Bleu, câblogramme, dépêche, exprès, message, pneu, télégramme, télex.

CÂBLER ■ Envoyer/expédier une dépêche, télégraphier.

CABOCHARD, E ■ n. et adj. Entêté, opiniâtre, têtu.

CABOCHE ■ ⇒ **tête.**

CABOSSER ■ ***I. Au pr. :*** bosseler, bossuer, déformer. ***II. Par ext. :*** battre, blesser, contusionner, meurtrir.

CABOT ■ ***I.*** ⇒ **chien.** ***II.*** ⇒ **caporal.** ***III.*** ⇒ **cabotin.** ***IV.*** Chabot, cotte, meunier, têtard.

CABOTAGE ■ ⇒ **navigation.**

CABOTEUR ■ Balancelle, chassemarée, galiote, lougre. ⇒ **bateau.**

CABOTIN, INE ■ adj. et n. ***Péj. :*** acteur, bouffon, cabot, charlatan, clown, comédien, histrion, m'as-tu-vu, ringard. ⇒ **hypocrite.**

CABOTINAGE ■ Affectation, charlatanisme, comédie. ⇒ **hypocrisie.**

CABOULOT ■ ***I.*** ⇒ **cabaret, bistrot.**

CABRÉ, E ■ ***Fig.*** Agressif, combatif, déterminé, farouche, ombrageux, révolté.

CABRER ■ ***Par ext. :*** choquer, dresser, irriter, révolter. ***V. pron. :*** **1. Au pr. :** se dresser, pointer. **2. Fig. :** se dresser, s'insurger, se lever, s'opposer, protester, résister, se révolter. **3. Par ext. :** s'emporter, s'entêter, se fâcher, s'irriter, s'obstiner, s'opiniâtrer, se raidir.

CABRETTE ■ Bag-pipe (angl.), biniou, bombarde, chabrette, chevrie, cornemuse, musette, pibrock (écossais), turlurette.

CABRI ■ Biquet, chevreau, chevrette.

CABRIOLE ■ ***I. Au pr. :*** bond, culbute, entrechat, galipette, gambade, pirouette, saut, voltige. ***II. Par ext.*** **1.** Chute, dégringolade, échec, faillite, krach. **2.** Bouffonnerie, drôlerie, grimace. **3.** Flagornerie, flatterie, servilité. **4.** Apostasie, échappatoire, pirouette, reniement, retournement, revirement.

CABRIOLET ■ ***I.*** Boghei, cab, tandem, tilbury, tonneau, wiski. ***II.*** Cadenas, menotte.

CACA ■ ⇒ **excrément.**

CACADE ■ Couardise, échec, foire, lâcheté, reculade.

CACHALOT ■ ⇒ **cétacé.**

CACHÉ, E ■ Mystérieux. ⇒ **secret.**

CACHE ■ ***I. Nom fém. :*** abri, antre, asile, cachette, coin, gîte, nid, planque, refuge, retraite, terrier, trou. ***II. Nom masc. :*** écran.

CACHE-CACHE ■ Cache-tampon, cligne-musette.

CACHE-COL, CACHE-NEZ ■ Cravate, écharpe, foulard.

CACHE-POUSSIÈRE ■ Bleu, blouse, surtout, tablier. ⇒ **manteau.**

CACHER ■ ***I. Au pr. :*** abriter, camoufler, celer, couvrir, déguiser, dissimuler, enfermer, enfouir, enserrer, ensevelir, enterrer, envelopper, escamoter, faire disparaître, gazer, masquer, mettre en sûreté/sous clef, mucher, murer, musser (vx), planquer (fam.), receler, recouvrir, rentrer, serrer, voiler. ***II. Par ext.*** **1.** Arrêter la vue, aveugler, boucher, éclipser, intercepter, obscurcir, obstruer, occulter, offusquer, ombrager, pallier. **2.** Agir en cachette/catimini/douce/secret/tapinois, cachotter, celer, déguiser, dissimuler, étouffer, faire des cachotteries, farder, mettre sous le boisseau, ne pas s'en vanter, sceller, taire, tenir secret, tirer un rideau/un voile, voiler. ***III. V. pron. :*** s'abriter/blottir/clapir/défiler (fam.)/dérober, disparaître, se dissimuler/éclipser/embusquer, éviter, fuir, se mettre à l'abri/motter (vén.)/murer/nicher/planquer (fam.)/retirer/soustraire/tapir/tenir à l'écart/terrer.

CACHE-SEXE ▪ Cache-fri-fri (arg.), culotte, slip, sous-vêtement.

CACHET ▪ ***I.*** Armes, armoiries, bulle, chiffre, empreinte, estampille, marque, monogramme, oblitération, poinçon, sceau, scellé, seing, tampon, timbre. ***II.*** Caractéristique, griffe, main, originalité, patte, signe. ***III.*** Casuel, honoraires, prix, rétribution, salaire. ***IV.*** Capsule, comprimé, gélule, pastille.

CACHE-TAMPON ▪ ⇒ **cache-cache.**

CACHETER ▪ ***I.*** Clore, coller, fermer. ***II.*** Estampiller, marquer, oblitérer, plomber, poinçonner, sceller, tamponner, timbrer.

CACHETTE ▪ ***I.*** Abri, antre, asile, cache, lieu sûr, mystère, planque, refuge, retraite, secret, sûreté, terrier. ***II. Loc.*** **En cachette** : à la dérobée, à musse-pot, clandestinement, dans sa barbe, discrètement, en catimini/contrebande/secret/tapinois, furtivement, secrètement, sous cape.

CACHEXIE ▪ Amaigrissement, ankylostomiase, carence, consomption, distomatose (vét.), étisie, fatigue, hectisie, maigreur, marasme. **Partic.** : fluorose, silicose.

CACHOT ▪ Basse-fosse, cabanon, cabinet noir, casemate, cellule, coin, cul-de-basse-fosse, ergastule, geôle, in-pace, mitard (arg.), oubliette, salle de police, salle forte, violon. ⇒ **prison.**

CACHOTTERIE ▪ Feinte, minon-minette (fam.), mystère, secret, secret de polichinelle.

CACHOTTIER, ÈRE ▪ n. et adj. ***I.*** ⇒ **secret.** ***II.*** ⇒ **sournois.**

CACOCHYME ▪ Débile, déficient, faible, impuissant, infirme, invalide, maladif, malingre, pituitaire, valétudinaire. ⇒ **quinteux.**

CACOLET ▪ ⇒ **bât.**

CACOPHONIE ▪ Bruit, chahut, charivari, confusion, désaccord, désordre, discordance, dissonance, sérénade, tapage, tintamarre, tumulte.

CADAVÉRIQUE ▪ ⇒ **pâle.**

CADAVRE ▪ Corps, dépouille mortelle, macchabée (fam.), momie, mort, reliques, restes, sujet d'anatomie.

CADEAU ▪ Avantage, bakchich, bienfait, bouquet, corbeille, don, donation, dot, envoi, étrenne, fleur (fam.), générosité, gratification, largesse, libéralité, offrande, pièce, pot-de-vin, pourboire, présent, prix, souvenir, surprise.

CADENAS ▪ ***I.*** Fermeture, loquet, serrure, sûreté, verrou. ***II.*** Coffret, ménagère. ***III.*** Arrêt.

CADENASSER ▪ Barrer, clore, écrouer, emprisonner, enfermer, fermer, verrouiller.

CADENCE ▪ Accord, harmonie, mesure, mouvement, nombre, rythme.

CADENCER ▪ Accorder, conformer, mesurer, rythmer.

CADENETTE ▪ ⇒ **tresse.**

CADET, ETTE ▪ Benjamin, jeune, junior, puîné.

CADRAN ▪ Gnomon, horloge.

CADRE ▪ ***I. Au pr.*** **1.** Bordure, encadrement, marie-louise, passe-partout. **2.** Boisage, chambranle, châssis, coffrage, huisserie. **3.** ⇒ **caisse.** ***II.*** Décor, disposition, ensemble, entourage. ***III. Fig.*** **1.** Borne, limite. **2.** Carcan, contrainte, corset, enveloppe.

CADRER ▪ ***I.*** S'accorder, s'adapter, s'ajuster, s'assortir, concorder, convenir, plaire, se rapporter. ***II. Loc.*** **Faire cadrer** ⇒ **concilier.**

CADUC, UQUE ▪ ***I.*** Annulé, cassé, démodé, dépassé, nul, obsolète, passager, périmé, périssable, précaire, suranné. ***II.*** Abattu, affaibli, âgé, chancelant, débile, décrépit, épuisé, fragile, impotent, usé. ⇒ **vieux.**

CADUCITÉ ▪ ***I. Au pr.*** : débilité,

décrépitude, faiblesse, usure ⇒ **vieillesse.** ***II. Jurid.*** *:* annulation, nullité, péremption, prescription. ***III.*** 1. Fragilité, vanité. 2. Désuétude, obsolescence.

CAFARD, E ▪ ***I. Au pr.*** *:* blatte, cancrelat. ***II. Par ext.*** 1. Bigot, cagot, faux dévot, imposteur, perfide. ⇒ **hypocrite.** 2. Cuistre, délateur, dénonciateur, espion, mouchard, mouche, mouton, rapporteur. ***III.*** Bourdon, découragement, dépression, mélancolie, nostalgie, noir, spleen, tristesse, vague à l'âme. ***IV.*** ⇒ **cafardeux.**

CAFARDAGE ▪ Caftage, cuistrerie, délation, dénonciation, espionnage, mouchardage.

CAFARDER ▪ Cafter, dénoncer, moucharder, rapporter, vendre la mèche.

CAFARDERIE ▪ ⇒ **hypocrisie.**

CAFARDEUX, EUSE ▪ Abattu, découragé, démoralisé, déprimé, fermé, mélancolique, nostalgique, triste.

CAFARDISE ▪ ⇒ **hypocrisie.**

CAFÉ ▪ ***I.*** Caoua, jus. ***II.*** ⇒ **cabaret.**

CAFETIÈRE ▪ ***I.*** filtre, percolateur. ***II.*** ⇒ **tête.**

CAGE ▪ ***I.*** Case, chanterelle, clapier, épinette, lapinière, loge, logette, oiselerie, ménagerie, mésangette, mue, niche, tournette, volière. ***II.*** Enceinte. ⇒ **prison.** ***III.*** Chaîne, fil, lien, servitude. ***IV.*** Boîte, boîtier.

CAGEOT ▪ Billot, bourriche, caisse, caissette, emballage.

CAGIBI ▪ Appentis, cabane, cabinet, cage, cagna, case, chambre, guichet, local, mansarde, penderie, placard, réduit, souillarde, soupente.

CAGNA ▪ Abri, baraquement, guérite, hutte, maisonnette, tranchée. ⇒ **cabane.**

CAGNARD, E ▪ Apathique, cossard, engourdi, fainéant, flemmard, indolent, inerte, lent, loche, mou, nonchalant, oisif. ⇒ **paresseux.**

CAGNEUX, EUSE ▪ Bancal, bancroche, inégal, noueux, tordu, tors, tortu.

CAGNOTTE ▪ ***I.*** Bas de laine, boîte, bourse, caisse, coffret, corbeille, crapaud, tirelire, tontine. ***II.*** Économie, fonds, somme.

CAGOT, OTE ▪ ⇒ **cafard.**

CAGOTERIE, CAGOTISME ▪ ⇒ **hypocrisie.**

CAGOULE ▪ Capuchon, coule, froc. ⇒ **manteau** *(par ext.).*

CAHIER ▪ Album, bloc-notes, calepin, carnet, livre, livret, registre.

CAHIN-CAHA ▪ Clopin-clopant, péniblement, tant bien que mal, va comme je te pousse.

CAHOT ▪ ***I.*** Bond, cahotage, cahotement, heurt, mouvement, saut, secousse. ***II. Par ext.*** *:* contrariété, difficulté, obstacle, traverse, vicissitude.

CAHOTANT, E ▪ Brimbalant, bringuebalant, cahoteux, mal suspendu.

CAHOTER ▪ v. intr. et tr. Agiter, ballotter, brimbaler (fam.), bringuebaler (fam.), malmener, secouer, tourmenter.

CAHOTEUX, EUSE ▪ Mauvais. ⇒ **cahotant.**

CAHUTE ▪ ⇒ **cabane.**

CAILLASSE ▪ Caillou, cailloutis, déblai, décharge, empierrement, pierre.

CAILLEBOTIS ▪ ***I.*** Lattis, treillis. ***II.*** Plancher.

CAILLEBOTTER, CAILLER ▪ ***I.*** Coaguler, condenser, durcir, épaissir, figer, geler, grumeler, prendre, solidifier. ***II. Loc.*** **Se les cailler** ou ***cailler*** (id.) : avoir froid.

CAILLETAGE ■ Babillage, bavardage, pépiement.

CAILLETER ■ Babiller, bavarder, jacasser, pépier.

CAILLOT ■ Flocon, floculation, grumeau.

CAILLOU ■ ***I.*** Caillasse, cailloutis, galet, gravier, jalet, palet, pierre, silex. ***II. Fig. 1.*** Cahot, contrariété, difficulté, embarras, empêchement, inconvénient, obstacle, souci, traverse, vicissitude. **2.** ⇒ **tête.**

CAÏMAN ■ ⇒ **alligator.**

CAISSE ■ ***I. Au pr. :*** banne, benne, billot, boîte, boîtier, cadre, cageot, caissette, caisson, coffre, colis, emballage, harasse. ***II. Par ext.*** **1.** Coffre-fort. ⇒ **cagnotte. 2.** Bureau, comptabilité, guichet. **3.** Actif, encaisse, montant, trésorerie. **4.** Tambour, timbale. **5.** ***Fam. :*** coffre, estomac, poitrine.

CAISSIER, ÈRE ■ Comptable, gestionnaire, intendant, receveur, trésorier.

CAJOLER ■ ⇒ **caresser.**

CAJOLERIE ■ ⇒ **caresse.**

CAJOLEUR, EUSE ■ n. et adj. Caressant, courtisan, enjôleur, flagorneur, flatteur, peloteur. ⇒ **séducteur.**

CAL ■ Callosité, calus, cor, durillon, œil-de-perdrix, oignon.

CALAMISTRER ■ Friser, onduler.

CALAMITÉ ■ Accident, adversité, cataclysme, catastrophe, chagrin, contrariété, déboire, déception, désastre, désolation, détresse, deuil, déveine, disgrâce, drame, échec, épreuve, fatalité, fléau, guignon, infortune, insuccès, malheur, misère, orage, tourmente, tribulation, tristesse, vaches maigres.

CALAMITEUX, EUSE ■ Catastrophique, désastreux, désolant, dramatique, funeste, malheureux, triste.

CALANQUE ■ Anse, crique, golfe.

CALCINER ■ Brûler, carboniser, cuire, dessécher, griller, torréfier.

CALCUL ■ ***I.*** Algèbre, arithmétique, axiomatique, mathématique. ***II.*** Addition, algorithme, analyse, appréciation, compte, comput, computation, décompte, division, estimation, évaluation, multiplication, opération, prévision, soustraction, spéculation, supputation. ***III.*** Combinaison, dessein, mesure, moyen, plan, planning, projet. ***IV.*** Bézoard, concrétion, pierre. ***V.*** Arrière-pensée, préméditation.

CALCULER ■ ***I. Au pr.*** ⇒ **compter.** ***II. Par ext. :*** adapter, agencer, ajuster, apprécier, apprêter, arranger, combiner, coordonner, déterminer, estimer, établir, évaluer, méditer, peser, préméditer, prévoir, proportionner, raisonner, réfléchir, régler, supputer.

CALE ■ ***I.*** Coin, étai, étançon, soutien, support. ***II.*** Soute.

CALÉ, E ■ ***I.*** ⇒ **instruit.** ***II.*** Ardu, complexe, compliqué, difficile.

CALEÇON ■ ***I. Fam. :*** calecif. ***Vx :*** chausse, culotte, pantalon. ***II. Par ext. :*** slip.

CALEMBOUR ■ À peu près, astuce, contrepèterie, équivoque, homonymie, homophonie, janotisme, jeu de mots. ⇒ **calembredaine.**

CALEMBREDAINE ■ Baliverne, bateau, bourde, chanson, conte à dormir debout, coquecigrue, faribole, lanterne (vx), plaisanterie, sornette, sottise.

CALENDRIER ■ Agenda, almanach, annuaire, bref, chronologie, comput, éphéméride, martyrologe, ménologe, ordo, table, tableau. ⇒ **programme.**

CALEPIN ■ Aide-mémoire, cahier, carnet, mémento, recueil, répertoire.

CALER ■ ***I. V. intr. :*** baisser pavillon, caner, céder, filer doux, rabattre, reculer. ***II. V. tr. :*** ajuster, arrêter, assujettir, bloquer, étayer, fixer, serrer, soutenir, stabiliser.

CALFATER ■ Aveugler, boucher, brayer, caréner, goudronner, obturer, radouber.

CALFEUTRER ■ ***I.*** ⇒ **boucher.** ***II.*** ⇒ **enfermer.**

CALIBRE ■ Acabit, classe, genre, espèce. ⇒ **dimension, qualité.**

CALIBRER ■ Classer, mesurer, proportionner.

CALICE ■ ***I.*** ⇒ **coupe.** ***II.*** ⇒ **mal.** ***III.*** Enveloppe.

CALICOT ■ ⇒ **vendeur.**

CALIFOURCHON (À) ■ À cheval.

CÂLIN, E ■ ⇒ **caressant.**

CÂLINER ■ ⇒ **caresser, soigner.**

CÂLINERIE ■ ⇒ **caresse.**

CALLEUX, EUSE ■ Apre, dur, endurci, insensible.

CALLIGRAPHIE ■ ⇒ **écriture.**

CALLOSITÉ ■ ⇒ **cal.**

CALMANT, E ■ adj. et n. Adoucissant, analgésique, anesthésique, anodin, antalgique, antipyrétique, antispasmodique, apaisant, balsamique, consolant, hypnotique, lénifiant, lénitif, parégorique, rafraîchissant, relaxant, reposant, sédatif, vulnéraire. ⇒ **narcotique.**

CALMAR ■ Encornet, seiche, supion.

CALME ■ ***I. Adj.*** **1.** ⇒ **impassible. 2.** ⇒ **tranquille.** ***II. Nom pr.*** **1.** ⇒ **tranquillité. 2.** Assurance, équanimité, équilibre, flegme, maîtrise/possession de soi, patience, sagesse, sang-froid, silence. **3.** Accalmie, beau fixe, beau temps, bonace, embellie. **4.** Stabilité.

CALMER ■ Adoucir, alléger, apaiser, arrêter, assagir, assoupir, assourdir, assouvir, consoler, dédramatiser, dépassionner, désaltérer, désarmer, détendre, dompter, endormir, étancher, éteindre, étouffer, faire taire, immobiliser, imposer silence, lénifier, maîtriser, mater, modérer, pacifier, panser, pondérer, rasséréner, rassurer, refroidir, satisfaire, soulager, tranquilliser. ***V. pron.*** **:** calmir, tomber, *et les formes pron. possibles des syn. de* CALMER.

CALOMNIATEUR, TRICE ■ ***I.*** Détracteur, diffamateur. ***II. Par ext.*** **:** accusateur, délateur, dénonciateur, imposteur, mauvaise/méchante langue, médisant, menteur. ***Fam.*** **:** cafteur, cancannier, corbeau (partic.), cuistre, langue de serpent/fourchue/venimeuse/de vipère, potinier, sycophante.

CALOMNIE ■ ***I. Au pr.*** **:** allégation, détraction, diffamation, horreur (fam.), imputation fausse, insinuation, mensonge, menterie (pop). ***II. Par ext.*** **:** accusation, attaque, cancan (fam.), délation, dénonciation, injure, méchanceté, perfidie, traîtrise.

CALOMNIER ■ ***I.*** Baver/cracher sur quelqu'un, casser du sucre sur le dos, déchirer, dénaturer les faits, diffamer, dire du mal, distiller du venin, entacher l'honneur, habiller, insinuer, mentir, noircir, parler mal/contre, répandre des calomnies *et les syn. de* CALOMNIE, traîner dans la boue, vomir son venin. ***II. Par ext.*** **:** accuser, attaquer, décrier, médire, tirer à boulets rouges (fam.), tomber sur.

CALOMNIEUX, EUSE ■ Allusif, diffamant, diffamatoire, faux, infamant, inique, injurieux, injuste, mensonger, venimeux.

CALOT ■ ⇒ **coiffure, œil.**

CALOTIN, E ■ ⇒ **bigot.**

CALOTTE ■ ***I.*** ⇒ **bonnet.** ***II.*** Baffe, claque, coup, gifle, giroflée, mornifle, soufflet, taloche, tape. ⇒ **camouflet.** ***III.*** Coupole, dôme, voûte. ***IV.*** Hémisphère, pôle. ***V.*** Calotte de glace, couche, épaisseur.

CALOTTER ■ ⇒ **gifler.**

CALQUER ■ ⇒ **imiter.**

CALUMET ■ ⇒ **pipe.**

CALUS ■ ⇒ **cal.**

CALVAIRE ■ ***I.*** Golgotha. ***II. Par ext. :*** affliction, chemin de croix, croix, épreuve, martyre, peine, supplice.

CALVITIE ■ ***I.*** Alopécie. ***II.*** Favus, pelade, teigne.

CAMARADE ■ ***I.*** Adhérent, ami, apparatchik, associé, collègue, compagnon, condisciple, confrère, connaissance, égal, labadens, partenaire. ***II. Fam. :*** aminche, copain, frère, pote, poteau, vieille branche/noix, zigue.

CAMARADERIE ■ Amitié, bonne intelligence, camarilla, coterie, entente, entraide, familiarité, franc-maçonnerie, liaison, union, solidarité.

CAMARD, E ■ ⇒ **camus.**

CAMARILLA ■ ⇒ **coterie.**

CAMBRER ■ Arc-bouter, arquer, arrondir, busquer, cintrer, couder, courber, infléchir, plier, ployer, recourber, voûter. ***V. pron. :*** bomber le torse, se redresser.

CAMBRIOLER ■ ⇒ **voler.**

CAMBRIOLEUR ■ ⇒ **voleur.**

CAMBROUSE ou ***CAMBROUSSE*** ■ ⇒ **campagne.**

CAMBRURE ■ ***I.*** Cintrage, courbure, ensellure. ***II. Méd. :*** lordose. ***III. Fig. :*** apprêt, pose, recherche.

CAMBUSE ■ ***I.*** Cantine, cuisine, magasin, réfectoire. ***II.*** ⇒ **cabaret.** ***III.*** ⇒ **cabane.** ***IV.*** Antre, bouge, réduit, souillarde, taudis.

CAME, CAMER (SE) ■ ⇒ **drogue.**

CAMÉLÉON ■ ⇒ **saurien.**

CAMELOT ■ Bonimenteur, charlatan, marchand forain.

CAMELOTE ■ ⇒ **marchandise, saleté.**

CAMÉRIER, CAMERLINGUE ■ ⇒ **chambellan.**

CAMÉRIÈRE, CAMÉRISTE ■ Dame d'atours/d'honneur/de compagnie, femme de chambre, servante, soubrette, suivante.

CAMION ■ ***I.*** Chariot, fardier, voiture. ***II.*** Benne, bétaillère, citerne, fourgon, poids lourd, véhicule. ***Fam. :*** bahut, gros-cul. ***III.*** Pot à peinture.

CAMIONNEUR ■ Routier, transporteur.

CAMISOLE ■ Brassière, caraco, casaquin, chemise, corsage, gilet, guimpe.

CAMOUFLAGE ■ Déguisement, maquillage, occultation, masque.

CAMOUFLER ■ Cacher, celer, couvrir, déguiser, dissimuler, maquiller, masquer, pallier, renfermer, voiler.

CAMOUFLET ■ Affront, avanie, mortification, nasarde, offense, vexation. ⇒ **calotte.**

CAMP ■ ***I.*** Bivouac, campement, cantonnement, castramétation, quartier. ***II.*** Camping, plein air. ***III.*** **Camp d'aviation** : aérodrome, aéroport, champ, terrain. ***IV.*** **Camp volant** ⇒ **bohémien.** ***V.*** Côté, équipe, faction, groupe, parti.

CAMPAGNARD, E ■ ***I. Nom :*** contadin, hobereau. ⇒ **paysan.** ***II. Adj.*** **1.** ⇒ **agreste. 2. Non favorable** : grossier, lourdaud, rustre.

CAMPAGNE ■ ***I.*** Champ, champagne, nature, pays, plaine, sillon (poét.), terre. **Fam.** : bled, brousse, cambrouse, cambrousse. ***II. Par ext.*** **1.** Cabale, croisade, propagande, prospection, publicité, saison. **2.** Combat, équipée, expédition, guerre, intervention, manœuvre, offensive, opération, voyage. **3.** Chartreuse, château, cottage, domaine, ferme, maison, moulin, propriété, villégiature. **4. Loc.** ***Partie de campagne :*** excursion, pique-nique, promenade, sortie.

CAMPANE ■ ⇒ **cloche.**

CAMPANILE ■ Clocher, lanterne, tour.

CAMPÉ, E ■ Assis, établi, fixé, placé, posé, posté.

CAMPEMENT, CAMPING ■ ⇒ **camp.**

CAMPER ■ ***I.*** Bivouaquer, cantonner, s'établir, s'installer, planter sa tente, séjourner. ***II.*** Affermir, asseoir, dresser, établir, fixer, installer, loger, mettre, placer, planter, poser, poster.

CAMPOS ■ ⇒ **vacances.**

CAMUS, E ■ ***I. Au pr. :*** aplati, camard, court, écaché, écrasé, épaté, plat, sime (vx). ***II. Fig. :*** confus, déconcerté, désappointé, ébahi, embarrassé, honteux, interdit, penaud, quinaud.

CANAILLE ■ ⇒ **vaurien, populace.**

CANAILLERIE ■ Crapulerie, friponnerie, improbité, indélicatesse, malhonnêteté, polissonnerie, saleté, trivialité, vulgarité.

CANAL ■ ***I.*** Adducteur, aqueduc, arroyo, arrugie, buse, caniveau, chenal, chéneau, conduit, conduite, coursier, cunette, dalle, dalot, drain, égout, émissaire, étier, fossé, gargouille, goulette goulot, goulotte, gouttière, noue, noulet, oléoduc, pipe-line, rigole, robine, roubine, saignée, sangsue, séguia, tranchée, tube, tuyau. ***II. Par ext.*** **1.** Bief, boucau (mérid.), bras, cours d'eau, détroit, duit, embouchure, grau, lit, marigot, passage, passe, rivière. **2.** Bassin, miroir/pièce d'eau. **3. Archit. :** cannelure, glyphe, gorge, rainure, sillon. ***III. Fig. :*** agent, boîte aux lettres, entremise, filière, intermédiaire, moyen, source, voie.

CANALISATION ■ Branchement, colonne, conduite, égout, émissaire, griffon, réseau, tout-à-l'égout, tuyauterie.

CANALISER ■ ***I.*** ⇒ **conduire.** ***II.*** Centraliser, concentrer, diriger, grouper, rassembler, réunir.

CANAPÉ ■ Borne, causeuse, chaise longue, confident, cosy-corner, divan, fauteuil, lit, méridienne, ottomane, récamier, siège, sofa, sopha.

CANARD ■ ***I.*** Barbarie, cane, caneton, colvert, eider, halbran, macreuse, malard, milouin, morillon, mulard, nyroque, palmipède, pétrin, pilet, rouen, sarcelle, souchet, tadorne. ***II. Par ext.*** **1.** Cacophonie, couac. **2.** Bobard, bruit, canular, nouvelle, tuyau. **3.** ⇒ **journal.**

CANARDER ■ ⇒ **tirer.**

CANASSON ■ ⇒ **cheval.**

CANCAN ■ Bavardage, calomnie, caquet, caquetage, clabaudage, commérage, jasement, jaserie, médisance, potin, racontar, ragot, scandale.

CANCANER ■ ⇒ **médire.**

CANCANIER, ÈRE ■ n. et adj. ⇒ **calomniateur.**

CANCER ■ Carcinome, épithéliome, fongus malin, leucémie, néoplasme, sarcome, squirrhe, tumeur.

CANCRE ■ ⇒ **élève, paresseux.**

CANDÉLABRE ■ ⇒ **chandelier.**

CANDEUR ■ Blancheur, crédulité, franchise, ingénuité, innocence, naïveté, niaiserie (péj.), pureté, simplesse, simplicité, sincérité.

CANDIDAT, E ■ ⇒ **postulant.**

CANDIDE ■ Blanc, crédule, franc, ingénu, innocent, naïf, naturel, puéril, pur, simple, sincère, virginal.

CANEPETIÈRE ■ Outarde.

CANER ■ Céder, flancher, reculer.

CANETTE ■ ⇒ **bouteille.**

CANEVAS ■ Essai, modèle, ossature, plan, pochade, scénario, squelette, synopsis, tableau ⇒ **ébauche.**

CANICULE ■ Chaleur, été.

CANIF ■ Couteau, grattoir, onglet.

CANINE ■ Croc, défense, dent, laniaire.

CANIVEAU ■ Conduit, rigole. ⇒ **canal.**

CANNE ■ ***I.*** ⇒ **bâton.** ***II.*** Balisier, bambou, roseau.

CANNELÉ, E ■ Creusé, mouluré, rainuré, sillonné, strié.

CANNELURE ■ Gorge, goujure, moulure, rainure, strie.

CANNIBALE ■ n. et adj. ***I.*** Anthropophage. ***II.*** Cruel, féroce, ogre, sauvage.

CANOË ■ Barque, canadien, canot, périssoire, pirogue. ⇒ **bateau.**

CANON ■ ***I.*** Arme, artillerie, batterie, bertha, bombarde, bouche à feu, caronade, couleuvrine, crapouillot, faucon, fauconneau, mortier, obusier, pièce d'artillerie, pierrier, veuglaire. ***II.*** Airain, bronze, brutal (arg.), foudre, ultima ratio regum. ***III.*** Catalogue, décision, idéal, modèle, module, norme, règle, type.

CAÑON ■ Col, défilé, gorge, ravin.

CANONIQUE ■ Conforme, convenable, exact, obligatoire, réglé, réglementaire, régulier.

CANONISATION ■ Béatification.

CANONISER ■ ***I. Au pr. :*** béatifier, déclarer canonique, mettre/inscrire au calendrier, sanctifier. ***II. Par ext. :*** encenser, glorifier, louer, prôner.

CANONNER ■ Arroser, battre, bombarder, canarder, pilonner, soumettre au tir.

CANOT ■ Baleinière, barque, batelet, berthon, bombard, canadien, canoë, chaloupe, embarcation, esquif, flambard, hors-bord, nacelle, périssoire, skiff, vedette, yole, youyou. ⇒ **bateau.**

CANTATE, CANTILÈNE ■ ⇒ **chant.**

CANTATRICE ■ ⇒ **chanteuse.**

CANTINE ■ ***I.*** ⇒ **cabaret.** ***II.*** Bagage, caisse, coffre, malle, portemanteau.

CANTIQUE ■ Antienne, chant, hymne, motet, noël, poème, prose, psaume, répons.

CANTON ■ Circonscription, coin, lieu, région, pays, territoire, zone.

CANTONNEMENT ■ ⇒ **camp.**

CANTONNÉ, E ■ Enfermé, isolé, renfermé.

CANTONNER ■ ⇒ **camper.** ***V. pron. : I.*** S'établir, se fortifier, s'isoler, se renfermer, se retirer. ***II.*** ⇒ **limiter (se).**

CANULAR ■ ⇒ **mystification.**

CANULE ■ Cannelle, cathéter, clysoir, drain, sonde.

CANULER ■ ***I.*** Casser les pieds, ennuyer, fatiguer, importuner. ***II.*** Abuser, mystifier.

CAP ■ ***I.*** Avancée, bec, pointe, promontoire, ras. ***II.*** ⇒ **extrémité.**

CAPABLE ■ Adroit, apte, averti, bon, chevronné, compétent, compétitif, dégourdi, doué, entendu, exercé, expérimenté, expert, fort, fortiche (fam.), habile, habilité, idoine, industrieux, ingénieux, intelligent, malin, puissant, qualifié, savant, talentueux, versé dans.

CAPACITÉ ■ ***I.*** Contenance, cubage, cylindrée, épaisseur, étendue, grosseur, mesure, portée, profondeur, quantité, tonnage, volume. ***II.*** Adresse, aptitude, compétence, disposition, esprit, expérience, faculté, force, génie, habileté, habilité, inclination, industrie, ingéniosité, intelligence, mérite, pouvoir, qualité, rayon (fam.), savoir, science, talent, valeur.

CAPARAÇON ■ Armure, couverture, harnais, housse.

CAPARAÇONNÉ, E ■ ⇒ **vêtu.**

CAPE ■ ⇒ **manteau.**

CAPELAN ■ ⇒ **prêtre.**

CAPHARNAÜM ■ Amas, attirail, bagage, bazar, bordel (grossier), bric-à-brac, confusion, désordre, entassement, fourbi, méli-mélo, pêle-mêle.

CAPILOTADE ■ Déconfiture, gâchis, marmelade.

CAPISTON, CAPITAINE ■ Commandant, gouverneur, lieutenant de vaisseau. ⇒ **chef.**

CAPITAL, E ■ ⇒ **principal.**

CAPITAL ■ ***I.*** ⇒ **argent.** ***II.*** ⇒ **bien.** ***III.*** ⇒ **terre.** ***IV.*** ⇒ **établissement.**

CAPITALE ■ ***I.*** Babel, Babylone, chef-lieu, métropole, pandémonium. ***II.*** ⇒ **majuscule.**

CAPITALISATION ■ Anatocisme.

CAPITALISTE ■ ***I.*** Bourgeois, libéral (par ext.), riche. ***II.*** ⇒ **prêteur.**

CAPITAN ■ ⇒ **hâbleur.**

CAPITEUX, EUSE ■ Alcoolisé, échauffant, enivrant, entêtant, étourdissant, exaltant, excitant, généreux, grisant, qui monte/porte à la tête, troublant.

CAPITONNER ■ Étouper, garnir, rembourrer, remplir.

CAPITULATION ■ Abandon, abdication, accommodement, armistice, cession, convention, défaite, démission, reddition, renoncement, renonciation.

CAPITULER ■ Abandonner, abdiquer, battre la chamade, céder, demander grâce/merci, se démettre, déposer/jeter bas/mettre bas/poser/rendre les armes, hisser le drapeau blanc, lâcher prise, livrer les clefs, mettre les pouces, ouvrir les portes, parlementer, se rendre, renoncer, se retirer, se soumettre.

CAPON, ONNE ■ adj. et n. Alarmiste, couard, craintif, dégonflé, flagorneur (vx), froussard, lâche, mazette, peureux, pleutre, poltron, poule mouillée, pusillanime, rapporteur, timide, timoré, trembleur. ***Arg. ou fam. :*** chevreuil, chiasseux, clichard, foireux, péteux, pétochard, tafeur, tracqueur, trouillard.

CAPONNER ■ ⇒ **dénoncer.**

CAPORAL ■ Brigadier, cabot, crabe (arg.), gradé.

CAPORALISME ■ Absolutisme, autocratie, autoritarisme, césarisme, dictature, militarisme, pouvoir absolu/discrétionnaire, prépotence.

CAPOT ■ adj. inv. Confus, embarrassé, honteux, interdit.

CAPOTE ■ ⇒ **manteau, préservatif.**

CAPOTER ■ Chavirer, culbuter, se renverser, se retourner.

CAPRICE ■ ***I. Au pr. :*** accès, arbitraire, bizarrerie, bon plaisir, boutade, changement, chimère, coup de tête, envie, extravagance, fantaisie, folie, foucade, fougasse, gré, humeur, impatience, incartade, inconséquence, inconstance, instabilité, légèreté, lubie, lune, marotte, mobilité, mouvement, originalité, primesaut, quinte, saillie, saute d'humeur, singularité, toquade, variation, versatilité, vertigo, volonté. ***II. Par ext. :*** amour, amourette, béguin, dada (fam.), enfantillage, escapade, étrangeté, excentricité, frasque, fredaine, flirt, idylle, passade, pépin, toquade.

CAPRICIEUX, EUSE ■ ***I. Au pr. :*** arbitraire, bizarre, braque, capricant, changeant, excentrique, extravagant, fantaisiste, fantasque, fou, gâté, inconséquent, inconstant, instable, irréfléchi, irrégulier, labile, léger, lunatique, maniaque, mobile, ondoyant, original, quinteux, sautillant, variable, versatile. ***II. Par ext. :*** anormal, saugrenu, surprenant.

CAPSULE ■ ⇒ **enveloppe.**

CAPSULER ■ Boucher, cacheter, clore, fermer, obturer, sceller.

CAPTATION ■ ***I. Jurid. :*** détournement, dol, subornation, suggestion. ***II.*** Captage, prélèvement, prise.

CAPTER ■ ***I.*** Canaliser, conduire, prélever, pomper. ***II.*** Intercepter, surprendre. ***III.*** Rassembler, recueillir, réunir. ***IV. Quelqu'un.*** 1. attirer, captiver, charmer, conquérir, gagner, obtenir, vaincre. 2. **péj.** : abuser, accaparer, attraper, circonvenir, duper, embabouiner, embobeliner, embobiner, enjôler, fourvoyer, leurrer, surprendre, tromper.

CAPTIEUX, EUSE ■ Abusif, artificieux, déloyal, dupeur, égarant, endormant, enjôleur, fallacieux, faux, fourbe, fourvoyant, insidieux, mensonger, mystifiant, retors, roué, séduisant, sophistiqué, spécieux, trompeur.

CAPTIF, IVE ■ adj. et n. ***I.*** Asservi, attaché, cadenassé, contraint, détenu, écroué, emprisonné, enchaîné, enfermé, esclave, gêné, incarcéré, interné, otage, prisonnier, reclus, relégué, séquestré. ***II.*** Forçat, relégué, transporté.

CAPTIVANT, E ■ Attachant, attirant, charmant, charmeur, ensorcelant, ensorceleur, enthousiasmant, enveloppant, fascinant, intéressant, magique, prenant, ravissant, séduisant, vainqueur.

CAPTIVER ■ Absorber, asservir, assujettir, attacher, capter, charmer, conquérir, convaincre, dompter, enchaîner, enchanter, enjôler, ensorceler, enthousiasmer, entraîner, fasciner, gagner, intéresser, maîtriser, occuper, passionner, persuader, plaire, ravir, réduire à sa merci, saisir, séduire, soumettre, vaincre.

CAPTIVITÉ ■ ⇒ **emprisonnement.**

CAPTURE ■ ⇒ **arrestation, butin.**

CAPTURER ■ ⇒ **prendre.**

CAPUCHON ■ ***I.*** 1. Béguin, cagoule, camail, capeline, capuche, capuce, capulet, chaperon, coiffure, coqueluchon, coule, couvre-chef, cuculle. 2. Couvercle, opercule, protection. ***II. Par ext.*** : caban, capote, coule, crispin, domino, duffle-coat, pèlerine.

CAPUCHONNER ■ ⇒ **couvrir.**

CAPUCIN, E ■ ***I.*** Franciscain, moine. ***II. Vén.*** : lièvre. ***III.*** Saï, sajou, singe d'Amérique.

CAPUCINADE ■ ***I.*** ⇒ **homélie.** ***II.*** Bigoterie, cafarderie, fausse dévotion.

CAQUE ■ Barrot. ⇒ **baril.**

CAQUET, CAQUETAGE ■ ⇒ **bavardage.**

CAQUETER ■ ⇒ **bavarder.**

CAR ■ Attendu que, du fait que, en effet, étant donné que, parce que, puisque, vu que.

CAR ■ Autobus, autocar, courrier, patache, pullman.

CARABIN ■ ⇒ **médecin.**

CARABINE ■ ⇒ **fusil.**

CARABINÉ, E ■ ⇒ **excessif.**

CARACTÈRE ■ ***I.*** Chiffre, écrit, écriture, empreinte, graphie, gravure, inscription, lettre, sceau, sigle, signe, symbole, texte, trait. ***II. D'une chose*** : attribut, cachet, caractéristique, critérium, essence, facture, indice, marque, nature, particularité, propriété, qualité, relief, sens, signe, signification, titre, ton, trait. ***III. De quelqu'un*** : air, allure, apparence, aspect, constitution, expression, extérieur, façons, figure, fond, génie, goût, humeur, idiosyncrasie, manière, marque, naturel, originalité, personnalité, psychologie, qualité, relief, style, tempérament, visage. ***IV. Par ext.*** : assurance, audace, constance, courage, détermination, dignité, empire sur soi, énergie, entêtement, fermeté, fierté, force, grandeur d'âme, héroïsme, inflexibilité, loyauté, maîtrise de soi, opiniâtreté, orgueil, résolution, stoïcisme, ténacité, trempe, valeur, volonté. ***V. D'une nation*** : âme, génie, mœurs, originalité, particularisme, particularité, spécificité.

CARACTÉRIEL, IELLE ■ Inadapté. ⇒ **mythomane.**

CARACTÉRISER ■ Analyser, circonstancier, constituer, définir, dépeindre, désigner, déterminer, distinguer, expliciter, indiquer, individualiser, marquer, montrer, particulariser, personnaliser, peindre, préciser, spécifier.

CARACTÉRISTIQUE ■ ***I. Adj. :*** déterminant, distinctif, dominant, essentiel, notable, original, particulier, patent, personnel, propre, remarquable, saillant, significatif, spécifique, symptomatique, typique, visible. ***II. Nom fém. :*** aspect, attribut, caractère, disposition particulière, distinction, indice, marque, originalité, particularité, propriété, qualité, signe, singularité, spécificité, trait.

CARACUL ■ Astrakan, breitschwanz.

CARAMBOLAGE ■ ⇒ **heurt.**

CARAMBOLER ■ ⇒ **heurter.**

CARAPACE ■ ⇒ **protection.**

CARAVANE ■ ***I.*** Caravansérail, kan, smala. ***II.*** ⇒ **troupe.** ***III.*** ⇒ **convoi.** ***IV.*** Remorque, roulotte.

CARAVANSÉRAIL ■ Auberge, bordj, fondouk, hôtellerie.

CARBONADE ■ Bifteck, grillade, steak.

CARBONISER ■ Brûler, calciner, charbonner, consumer, cuire, réduire en charbon, rôtir.

CARBURANT ■ ⇒ **combustible.**

CARCAN ■ ***I.*** Cangue, pilori. ***II.*** ⇒ **collier.** ***III.*** ⇒ **servitude.** ***IV.*** ⇒ **cheval.**

CARCASSE ■ ***I.*** Charpente, ossature, squelette. ***II.*** Armature, charpente, châssis, coque. ***III.*** Canevas, esquisse, plan, projet, topo.

CARDE, CARDON ■ Bette, blette.

CARDER ■ Battre, démêler, dénouer, peigner.

CARDINAL, E ■ ⇒ **principal.**

CARÊME ■ ⇒ **jeûne.**

CARENCE ■ ***I.*** Absence, défaut, défection, défectuosité, imperfection, incomplétude, indigence, insolvabilité, insuffisance, manque, manquement, oubli, pénurie, privation. ***II.*** Abstention, impuissance, inaction. ***III. Méd. :*** anémie, avitaminose. ***IV.*** ⇒ **pauvreté.**

CARESSANT, E ■ Affectueux, aimable, aimant, amoureux, attentionné, cajoleur, câlin, démonstratif, doux, enjôleur, expansif, flatteur, tendre, voluptueux.

CARESSE ■ ***I.*** Accolade, amabilités, aménités, amitiés, attentions, attouchement, baiser, becquetage, bontés, cajolerie, câlinerie, chatouille, chatouillement, chatouillis, chatterie, contact, douceurs, ébats, effleurement, égards, embrassement, enlacement, étreinte, familiarité, flatterie, frôlement, frottement, gâteries, gentillesse, geste, gouzi-gouzi, guili-guili, guizi-guizi, lèchement, mamours, mignardise, mignotise, paluchage (arg.), papouille, passes (vulg.), patinage, patte de velours, pelotage, pression, prévenances, privauté, tendresse, titillation. ***II. Fig. :*** bain, délice, faveur, illusion, volupté.

CARESSER ■ ***I. Au pr. :*** accoler, attoucher, avoir des bontés, baiser, bécoter, becqueter, bichonner, bouchonner, branler (vulg.), cajoler, câliner, chatouiller, chiffonner, couvrir de caresses *et les syn. de* CARESSE, dorloter, s'ébattre, effleurer, embrasser, enlacer, étreindre, flatter, frôler, frotter, gratter (vx), lécher, manier, manger de baisers, masturber (partic.), mignarder, mignoter, palucher (arg.), passer/promener la main, patiner (vx), patouiller, peloter, presser, rebaudir (vén.), serrer, tapoter, titiller, toucher, tripoter, tripotailler, trousser. ***II. Par***

ext. 1. Bercer, se complaire, entretenir, nourrir, projeter, ressasser. 2. Aduler, amadouer, cajoler, choyer, courtiser, faire du plat, flagorner, lécher les bottes. ⇒ **flatter.**

CARGAISON ▪ ***I.*** Charge, chargement, fret, marchandises. ***II.*** Bagage, collection, provision, réserve. ***III.*** ⇒ **quantité.**

CARGO ▪ Tramp. ⇒ **bateau.**

CARGUER ▪ Plier. ⇒ **serrer.**

CARICATURAL, E ▪ Bouffon, burlesque, carnavalesque, clownesque, comique, contrefait, difforme, grotesque, parodique, ridicule.

CARICATURE ▪ ***I.*** Charge, dessin, effigie, peinture, pochade, silhouette, traits. ***II.*** Contrefaçon, déformation, farce, grimace, parodie, raillerie, satire.

CARICATURER ▪ Charger, contrefaire, croquer, parodier, railler, ridiculiser, tourner en ridicule.

CARIER ▪ Abîmer, altérer, avarier, corrompre, détériorer, endommager, gâter, gangrener, infecter, nécroser, pourrir.

CARILLON ▪ ***I.*** ⇒ **cloche.** ***II.*** Chahut, charivari, criaillerie, micmac, scène, tapage, tohu-bohu.

CARILLONNER ▪ ⇒ **sonner, publier.**

CARMIN ▪ n. m. et adj. ⇒ **rouge.**

CARNAGE ▪ ***I. Au pr. (vx) :*** chair, nourriture, viande. ***II. Par ext. :*** boucherie, décimation, étripage (fam.), hécatombe, massacre, tuerie. ***III. Fig. :*** destruction, dévastation, extermination, gâchis, génocide, pogrom, ravage, ruine, Saint-Barthélemy.

CARNASSIER, ÈRE ▪ ⇒ **carnivore.**

CARNASSIÈRE ▪ Carnier, gibecière, havresac, musette.

CARNATION ▪ ***I. Au pr. :*** apparence, coloration, couleur, mine, teint. ***II. Par ext. :*** chair, peau.

CARNAVAL ▪ ***I.*** Amusement, cavalcade, célébration du mardi gras/de la mi-carême, défilé, déguisement, divertissement, mascarade, travestissement. ***II.*** Domino, masque. ***Vx. :*** carême-prenant, chicard, chienlit.

CARNE ▪ ***I.*** ⇒ **chair.** ***II.*** ⇒ **cheval.** ***III.*** ⇒ **virago.**

CARNET ▪ Agenda, bloc-notes, cahier, calepin, journal, livret, mémento, mémoires, mémorandum, notes, registre, répertoire.

CARNIER ▪ ⇒ **carnassière.**

CARNIVORE ▪ ***I.*** Carnassier, omophage, sanguinaire. ***II.*** Belette, brochet, chat, chien, civette, coati, épaulard, fouine, furet, glouton, hyène, lion, loup, loutre, lycaon, mangouste, martre, mouffette, musaraigne, otocyon, ours, panda, paradoxure, protèle, puma, putois, oiseau de proie, rapaces, ratel, renard, requin, suricate, tigre, varan, zorille.

CAROGNE ▪ ***I.*** ⇒ **chair.** ***II.*** ⇒ **virago.**

CAROTTE ▪ ***I. Par ext.*** 1. Échantillon, prélèvement. 2. Chique. ***II. Fig. :*** artifice, carottage, duperie, escroquerie, exploitation, ficelle, filouterie, illusion, leurre, mensonge, piperie, resquille, ruse. ⇒ **tromperie.**

CAROTTER ▪ ⇒ **tromper.**

CARPETTE ▪ ⇒ **tapis.**

CARRÉ ▪ ***I. Au pr. :*** quadrilatère. ***II. Par ext.*** 1. Carreau, case, quadrillage. 2. **Jardinage** : corbeille, massif, parterre, planche, plate-bande. 3. Bout, coin, morceau, pièce.

CARRÉ, E ▪ ***Fig. :*** droit, ferme, franc, loyal, net, ouvert, sincère, vrai.

CARREAU ▪ ***I.*** ⇒ **carrelage.** ***II.*** Croisée, fenêtre, glace, panneau, verre, vitre. ***III.*** ⇒ **coussin.** ***IV.*** ⇒ **trait.**

CARREFOUR ▪ Bifurcation, bivoie,

croisée des chemins, croisement, embranchement, étoile, fourche, patte d'oie, rond-point.

CARRELAGE ■ Carreaux, dallage, dalles, mosaïque, sol. ⇒ **céramique.**

CARRELET ■ ***I.*** Ableret, araignée, filet. ***II.*** Aiguille, lime, règle.

CARRER (SE) ■ ⇒ **prélasser (se).**

CARRIÈRE ■ ***I.*** Ardoisière, ballastière, glaisière, grésière, marbrière, marnière, meulière, mine, plâtrière, sablière. ***II.*** Arène, champ de courses, lice, stade. ***III.*** Curriculum, état, fonction, métier, occupation, profession. ***IV. Loc.*** **Donner carrière** : champ, cours, course, liberté.

CARRIOLE ■ ⇒ **charrette.**

CARROSSABLE ■ Praticable.

CARROSSE ■ ⇒ **coche.**

CARROSSIER ■ ***I.*** Charron. ***II.*** Couturier de la voiture, modéliste.

CARROUSEL ■ Fantasia, parade, reprise, tournoi, *et par ext.* ronde.

CARROYAGE ■ Quadrillage.

CARTABLE ■ Carton, musette d'écolier, porte-documents, portefeuille, sac, sacoche, serviette, sous-main.

CARTE ■ ***I. À jouer.*** **1.** As, atout, carreau, cœur, dame, manillon, pique, reine, roi, tarot, trèfle, valet. **2.** Baccara, bassette, bataille, belote, besigue, blanque, bog, bonneteau, boston, bouillote, brelan, bridge, brisque, brusquemaille, crapette, drogue, écarté, grabuge, hoc, hombre, impériale, lansquenet, manille, mariage, mistigri, mouche, nain-jaune, pamphile, pharaon, piquet, poker, polignac, quadrille, réussite, reversi, revertier, romestecq, tarot, trente-et-un, trente-et-quarante, tri, triomphe, vingt-et-un, whist. ***II. Géogr.*** : atlas, carton, croquis, géorama, mappemonde, plan, planisphère, portulan, projection, représentation. ***III. De correspondance*** : bristol, carte-lettre, lettre, paysage, pneu, pneumatique, photo, vue. ***IV.*** Autorisation, billet, coupe-file, laissez-passer, ticket, titre, visa. ***V.*** Catalogue, choix, menu, prix.

CARTEL ■ ***I.*** Billet, bristol, carte, papier. ***II. Par ext.*** **1. Vx** : convention, traité. **2.** Défi, provocation. ***III.*** Cartouche, encadrement, horloge, pendule, régulateur. ***IV.*** Association, bloc, comptoir de vente, concentration, consortium, entente, société, trust.

CARTOMANCIE ■ ***Par ext.*** ⇒ **divination.**

CARTOMANCIEN, ENNE ■ Diseur de bonne aventure, tireur de cartes, *et par ext.* ⇒ **devin.**

CARTON ■ ***I.*** ⇒ **carte.** ***II.*** Boîte. ⇒ **cartable.** ***III.*** Croquis, dessin, étude, modèle, patron, plan, projet. ***IV.*** ⇒ **feuille.**

CARTOUCHE ■ ***I. N. m.*** : blason, cadre, cartel, encadrement, mandorle. ***II. N. f.*** : balle, explosif, mine, munition, pétard.

CARTOUCHIÈRE ■ Giberne, musette, sac, sacoche.

CARTULAIRE ■ Chartrier, terrier.

CAS ■ ***I.*** Accident, aventure, circonstance, conjoncture, contingence, événement, éventualité, fait, hasard, histoire, hypothèse, matière, occasion, occurrence, possibilité, rencontre, situation. ***II. Jurid.*** : action, affaire, cause, crime, délit, fait, procès. ***III. Loc.*** **1. C'est le cas** : lieu, moment, occasion, opportunité. **2. En ce cas** : alors. **3. En aucun cas** : façon, manière. **4. Cas de conscience** : difficulté, scrupule. **5. En tout cas** : de toute façon, en toute hypothèse, quoi qu'il arrive. **6. En-cas** : casse-croûte (fam.), collation, goûter, repas léger. **7. Au cas où, En cas que** : à supposer que, en admettant que, quand, si, s'il arrivait/survenait/venait que. **8. Faire cas de** ⇒ **estimer.**

CASANIER, ÈRE ▪ ***I. Au pr. :*** pantouflard, pot-au-feu, sédentaire, solitaire. ***II. Par ext. :*** bourru, ours, sauvage.

CASAQUE ▪ ***I.*** ⇒ **corsage.** ***II.*** ⇒ **manteau.** ***III. Des condamnés de l'Inquisition :*** san-benito. ***IV. Vx :*** cotte, hoqueton, jaquette, sayon, soubreveste.

CASAQUIN ▪ ⇒ **corsage.**

CASCADE, CASCATELLE ▪ ***I. Au pr. :*** buffet d'eau, cataracte, chute, rapides. ***II. Fig. :*** avalanche, culbute, dégringolade, rebondissement, ricochet, saccade, succession, suite.

CASE ▪ ***I.*** ⇒ **cabane.** ***II.*** Alvéole, carré, casier, cellule, compartiment, division, subdivision, vide.

CASEMATE ▪ Abri, blockhaus, bunker, fortification, fortin, ouvrage fortifié, tourelle.

CASER ▪ ***I. Au pr. :*** aligner, classer, disposer, installer, loger, mettre, ordonner, placer, ranger, serrer. ***II. Par ext. :*** établir, faire nommer, fixer, procurer un emploi.

CASERNE, CASERNEMENT ▪ Baraquement, base, cantonnement, dépôt, garnison, place, quartier.

CASIER ▪ ***I.*** Cartonnier, cases, classeur, compartiments, fichier, rayons, tiroir. ***II.*** Nasse.

CASQUE ▪ ***I. Au pr. :*** armet, bassinet, bicoquet, bourguignotte, cabasset, capeline, chapeau, gamelle (arg. milit.), heaume, morion, pot de fer, salade. ***II. Par ext. :*** bombe, calotte, chevelure, coiffure. ***III. Loc.*** **Casque à mèche** : bonnet de nuit.

CASQUER ▪ ⇒ **payer.**

CASQUETTE ▪ ⇒ **coiffure.** ***Arg. :*** bâche, dèfe, desfoux (vx), gapette, grivelle, tampon.

CASSANT, E ▪ ***I. Au pr. :*** cassable, délicat, destructible, faible, friable, fragile. ***II. Par ext. :*** absolu, aigre, âpre, autoritaire, bourru, brusque, dur, impérieux, inflexible, insolent, rude, sec, sévère, tranchant.

CASSATION ▪ ***I. Jurid. :*** abrogation, annulation, dégradation (milit.), remise, renvoi. ***II.*** ⇒ **concert.**

CASSÉ, E ▪ ***I. Au pr.*** ⇒ **casser.** ***II. Par ext.*** **Quelqu'un** : âgé, anémique, brisé, caduc, courbé, débile, décrépit, estropié, faible, infirme, tremblant, usé, vieux, voûté.

CASSE ▪ ***I.*** Bagarre, bris, dégâts, démolition, désagrément, destruction, dommage, ennui, grabuge, perte. ***II.*** Bassine, lèchefrite, poêle, poêlon, récipient. ⇒ **casserole.** ***III. Imprim. :*** bardeau, casier, casseau. ***IV. Loc.*** **Faire un casse** (arg.) : cambrioler. ⇒ **voler.**

CASSE-COU ▪ ***I. N. m.*** ⇒ **danger.** ***II. Adj.*** Audacieux, brise-tout, brûlot, cascadeur, casse-gueule, étourdi, hardi, imprudent, inconscient, irréfléchi, présomptueux, risque-tout, téméraire. ***III. Loc.*** **Crier casse-cou** : ⇒ **avertir.**

CASSE-CROÛTE ▪ Acompte, amuse-gueule, casse dalle/graine, collation, croustille, en-cas, goûter, mâchon, repas froid/léger/sur le pouce, sandwich.

CASSE-GUEULE ▪ ***I.*** ⇒ **danger.** ***II. Péj. :*** ⇒ **alcool.**

CASSEMENT ▪ Bruit, casse-tête, ennui, fatigue, préoccupation, souci, tracas.

CASSE-PIEDS ▪ ⇒ **importun.**

CASSE-PIPES ▪ ⇒ **guerre.**

CASSER ▪ ***I. V. tr.*** **1. Au pr.** : abîmer, briser, broyer, concasser, craqueler, déchirer, délabrer, désagréger, détériorer, détruire, disloquer, ébrécher, éclater, écorner, écraser, effondrer, émietter, entailler, entamer, éventrer, fêler, fendiller, fendre, fracasser, fractionner, fracturer, fragmenter, morceler, piler, rompre. **2. Chir.** : comminuer. ***II. Loc.*** (fig.). **1. À tout casser** (fam.) ⇒ **extraordinaire. Casser**

les vitres : chambarder, s'emporter, faire un éclat, manifester, se mettre en colère. **Casser le morceau** : avouer, dénoncer. **Casser du sucre** ⇒ **calomnier. Casser les pieds/la tête** : assommer, assourdir, ennuyer, étourdir, fatiguer, importuner. **Casser la figure** ⇒ **battre. Casser les bras** : affaiblir, choquer, couper les bras, décourager, démolir, démoraliser, éreinter, frapper, mettre à plat. **2. Jurid.** : abolir, abroger, annuler, infirmer, rejeter, rescinder, rompre. **3. Milit.** : dégrader. **4. Par ext.** : démettre, déposer, destituer, renvoyer, révoquer, supprimer, suspendre. ***III. V. intr.*** : céder, craquer, flancher, péter (fam.), tomber. ***IV. V. pron.*** ⇒ **partir,** *et les formes pron. possibles des syn. de* CASSER.

CASSEROLE ■ Casse, sauteuse, sautoir *et par ext.* bouteillon, braisière, cocotte, faitout, friteuse, lèchefrite, marmite, œufrier, pocheuse, poêle, poêlon, poissonnière, turbotière.

CASSE-TÊTE ■ ***I. Au pr.*** : coup-de-poing, gourdin, masse, massue, matraque, merlin, nerf de bœuf. ***II.*** ⇒ **cassement.**

CASSETTE ■ ⇒ **boîte.**

CASSEUR ■ ***I.*** Récupérateur. ***II.*** ⇒ **hâbleur.** ***III.*** ⇒ **voleur.**

CASSINE ■ Villa. ⇒ **cabane.**

CASSIS ■ ***I.*** Groseillier noir. ***II.*** Dos-d'âne, fondrière, nid-de-poule, rigole.

CASSOLETTE ■ Brûle-parfum.

CASSURE ■ ***I. Au pr.*** : arête, brèche, brisure, casse, crevasse, faille, fente, fissure, fracture, joint. ***II. Par ext.*** **1.** ⇒ **débris. 2.** Coupure, disjonction, dislocation, distinction, fêlure, rupture.

CASTE ■ ⇒ **rang.**

CASTEL ■ Chartreuse, château, folie, gentilhommière, logis, manoir, pavillon, rendez-vous de chasse.

CASTOR ■ ***I.*** Bièvre (vx). ***II.*** ⇒ **coiffure.**

CASTRAMÉTATION ■ ⇒ **camp.**

CASTRAT ■ ***I.*** Châtré, eunuque. ***II.*** Chanteur, sopraniste. ***III.*** Chapon, châtron, hongre. ⇒ **châtré.**

CASTRATION ■ Bistournage, émasculation, ovariectomie, stérilisation, vasectomie.

CASTRER ■ ⇒ **châtrer.**

CASUEL, ELLE ■ ***I. Adj.*** : accidentel, contingent, éventuel, fortuit, occasionnel. ***II. N. m.*** : avantage, émolument, gain, honoraires, profit, rapport, rémunération, rétribution, revenu.

CASUISTE ■ ***I.*** Jésuite, juge, ordinaire, théologien. ***II.*** Sophiste. ⇒ **hypocrite.**

CASUISTIQUE ■ ***I.*** Théologie morale. ***II.*** Sophistique, subtilité. ⇒ **hypocrisie.**

CATACLYSME ■ Accident, anéantissement, bouleversement, calamité, catastrophe, crise, cyclone, débordement, déluge, désastre, désordre, destruction, dévastation, éruption volcanique, fléau, guerre, inondation, maëlstrom, ouragan, ravage, raz de marée, révolution, ruine, séisme, sinistre, tempête, tornade, tremblement de terre, troubles.

CATACOMBE ■ Carrière, cavité, cimetière, excavation, grotte, hypogée, ossuaire, souterrain.

CATADIOPTRE ■ Cataphote.

CATAFALQUE ■ Cénotaphe, chapelle ardente, décoration funèbre, estrade, mausolée, pompe funèbre.

CATALEPSIE ■ Cataplexie, extase, fixité, hypnose, immobilité, insensibilité, léthargie, mort apparente, paralysie, tétanisation.

CATALOGUE ■ ***I.*** Dénombrement, énumération, état, inventaire, liste, mémoire, nomenclature, recueil, relevé, répertoire, rôle. ***II.*** Bibliographie, collection, fichier, index, table. ***III.*** Livret, programme. ***IV. Rel.*** :

canon, martyrologe, ménologe. ***V. Méd.*** : codex, formulaire.

CATALOGUER ■ Classer, dénombrer, inscrire, juger (fig.).

CATAPHOTE ■ Catadioptre, réflecteur.

CATAPLASME ■ Bouillie, embrocation, emplâtre, épithème, fomentation, rigollot, rubéfiant, sinapisme, topique, vésicatoire.

CATAPULTE ■ Baliste, bricole, espringale, machine, mangonneau, onagre, scorpion.

CATARACTE ■ ***I. Au pr.*** ⇒ **cascade.** ***II. Par ext.*** : avalanche, déluge, écluse, torrent, trombe, vanne.

CATARRHE ■ Influenza, grippe, refroidissement, rhume de cerveau.

CATASTROPHE ■ ***I.*** ⇒ **calamité.** ***II.*** ⇒ **dénouement.** ***III.*** ⇒ **péripétie.**

CATCH ■ Lutte, pancrace, pugilat.

CATÉCHISER ■ ***I. Au pr.*** : endoctriner, évangéliser, initier, instruire, moraliser, persuader, prêcher. ***II. Par ext.*** 1. Chapitrer, gourmander, gronder, réprimander, sermonner. 2. Dresser, former, styler.

CATÉCHISME ■ ***I.*** Abrégé, catéchèse, instruction, recueil, rudiment. ***II.*** Credo, dogme, foi. ***III.*** Capucinade (péj.), leçon de morale, remontrance, sermon.

CATÉGORIE ■ ***I.*** Catégorème, concept, critère, idée. ***II. Phil.*** 1. **Les dix catégories d'Aristote** : action, essence, lieu, manière d'être, qualité, quantité, relation, situation, substance, temps. 2. **Kant, les quatre classes des douze catégories** : modalité, qualité, quantité, relation. ***III. Par ext.*** : classe, classification, couche, délimitation, division, espèce, famille, genre, groupe, nature, ordre, race, série, sorte.

CATÉGORIQUE ■ Absolu, affirmatif, clair, dogmatique, explicite, formel, franc, impératif, indiscutable, net, péremptoire, positif, précis, strict, volontaire.

CATHARSIS ■ ***I.*** Purgation, purge. ***II.*** Désinhibition, évacuation, libération.

CATHÉDRALE ■ Église, métropole, monument.

CATHOLICISME, CATHOLICITÉ ■ Christianisme, Église, papisme (péj.).

CATHOLIQUE ■ ***I.*** Œcuménique, universel. ***II.*** Baptisé, chrétien, converti, croyant, fidèle, papiste (péj.), pratiquant.

CATIMINI (EN) ■ En cachette, en douce, en secret, secrètement, en tapinois.

CATIN ■ ⇒ **prostituée.**

CAUCHEMAR ■ Crainte, délire, hallucination, idée fixe, obsession, peur, rêve, songe, tourment.

CAUCHEMARDESQUE ■ ⇒ **effrayant.**

CAUDATAIRE ■ Suivant. ⇒ **flatteur.**

CAUSANT, E ■ Communicatif, confiant, expansif, exubérant, loquace, ouvert.

CAUSE ■ ***I. Au pr.*** : agent, artisan, auteur, base, créateur, départ, explication, ferment, fondement, germe, inspiration, instigateur, mère, moteur, motif, moyen, objet, occasion, origine, principe, promoteur, raison, source, sujet. ***II. Par ext.*** : aboutissement, but, considération, intention, mobile, motif, pourquoi, prétexte. ***III. Jurid.*** : affaire, chicane, procès. ***IV. Méd.*** : étiologie. ***V. Loc.*** **À cause de** : en considération/raison de, par, pour.

CAUSER ■ ***I. V. tr.*** : allumer, amener, apporter, attirer, déterminer, donner lieu, entraîner, exciter, faire, faire naître, fomenter, inspirer, motiver, occasionner, produire, provoquer, susciter. ***II. V. intr.*** ⇒ **bavarder.**

CAUSERIE, CAUSETTE ▪ ***I.*** ⇒ **conversation.** ***II.*** ⇒ **conférence.**

CAUSEUR, EUSE ▪ n. et adj. Babillard, bavard, parleur. ⇒ **causant.**

CAUSEUSE ▪ ⇒ **canapé.**

CAUSTICITÉ ▪ ⇒ **aigreur.**

CAUSTIQUE ▪ ⇒ **mordant.**

CAUTÈLE ▪ Chafouinerie, défiance, finesse, habileté, prudence, roublardise, rouerie, ruse. ⇒ **hypocrisie.**

CAUTELEUX, EUSE ▪ Adroit, chafouin, défiant, flatteur, fin, habile, roublard, roué, rusé. ⇒ **hypocrite.**

CAUTÈRE ▪ ***I.*** Brûlure, escarre, exutoire, plaie artificielle, pointe de feu, ulcération. ***II.*** Coagulateur, galvanocautère, moxa, stérilisateur, thermocautère.

CAUTÉRISER ▪ Aseptiser, brûler, nettoyer, purifier, stériliser.

CAUTION ▪ ***I.*** Arrhes, assurance, cautionnement, consigne, dépôt, endos, gage, garantie, hypothèque, preuve, sûreté, warrant. ***II. Loc.*** **Sujet à caution** ⇒ **suspect.** ***III.*** Accréditeur, aval, garant, otage, parrain, répondant, soutien, témoin.

CAUTIONNER ▪ ⇒ **garantir.**

CAVALCADE ▪ ⇒ **défilé.**

CAVALCADER ▪ ⇒ **chevaucher.**

CAVALE ▪ Haquenée, jument, pouliche, poulinière. Arg. ⇒ **fuite.**

CAVALER ▪ ⇒ **courir.**

CAVALERIE ▪ ***I.*** Écurie, remonte. ***II. Par anal. :*** arme blindée, chars.

CAVALEUR ▪ ⇒ **coureur.**

CAVALIER, ÈRE ▪ n. et adj. ***I. Nom :*** amazone, écuyer, jockey, messager, postier, postillon. ***II. Milit. :*** argoulet, carabin, carabinier, cent-garde, chasseur, chevau-léger, cornette, cravate, cosaque, cuirassier, dragon, éclaireur, estradiot, gendarme, goumier, guide, hussard, lancier, mameluk, mousquetaire, reître, polaque, spahi, uhlan, vedette. ***III.*** Chevalier, écuyer, gentilhomme, noble, seigneur. ***IV.*** Chaperon, chevalier servant, galant, sigisbée. ***V.*** Déblai, retranchement, talus. ***VI. Adj.*** **1. Favorable ou neutre :** aisé, dégagé, élégant, hardi, libre, souple. **2. Non favorable :** arrogant, brusque, désinvolte, hautain, impertinent, inconvenant, insolent, leste, sans gêne.

CAVATINE ▪ ⇒ **chant.**

CAVE ▪ ***I. n. f.*** **1.** Caveau, caverne, excavation, grotte, oubliette, silo, sous-sol, souterrain. **2.** Chai, cellier, cuvier, vendange, vinée. **3.** Enjeu, mise. ***II. Adj.*** ⇒ **creux, naïf.**

CAVEAU ▪ ***I.*** ⇒ **cave.** ***II.*** ⇒ **cabaret.** ***III.*** Colombarium, crypte, enfer, hypogée, mausolée, niche, sépulture, tombe, tombeau.

CAVEÇON ▪ Mors/muselière/sous-gorge/têtière de dressage.

CAVÉE ▪ ⇒ **chemin.**

CAVER ▪ ***I.*** Approfondir, creuser, fouiller, miner, sonder. ***II.*** Faire mise, jeter/mettre en jeu, miser.

CAVERNE ▪ ***I. Au pr. :*** balme, baume, grotte, spélonque (vx), station archéologique. ⇒ **cavité.** ***II. Par ext. :*** antre, gîte, refuge, repaire, retraite, tanière, terrier.

CAVERNEUX, EUSE ▪ Bas, grave, profond, sépulcral, sourd, voilé.

CAVIARDER ▪ Barrer, biffer, censurer, effacer, supprimer.

CAVISTE ▪ ⇒ **sommelier.**

CAVITÉ ▪ Abîme, alvéole, anfractuosité, antre, aven, bassin, bétoire, brèche, canal, cave, caveau, caverne, cloup, concavité, cratère, creux, crevasse, crypte, doline, embrasure, encoignure, enfonçure, excavation, fente, fosse, fossé, galerie, gouffre, grotte, igue, loge, mine, niche, ouverture, poche, poljé, précipice, puits, rainure, ravin, strie, tranchée, trou, vide.

CÉANS ▪ Dedans, ici.

CÉCITÉ ▪ Amaurose, cataracte, goutte de l'œil. ⇒ **aveuglement.**

CÉDER ▪ ***I. V. tr.*** : abandonner, accorder, aliéner, baisser les bras/pavillon, concéder, délaisser, se dessaisir, donner, livrer, passer, refiler (fam.), rétrocéder, transférer, transmettre, vendre. ***II. V. intr.*** **1.** S'abandonner, abdiquer, acquiescer, approuver, battre en retraite/la chamade, broncher, caler, caner, capituler, composer, concéder, condescendre, consentir, se déculotter (fam.), déférer, écouter, faiblir, flancher, fléchir, s'incliner, jeter du lest, lâcher les pédales (fam.)/pied/prise, mettre les pouces, mollir, obéir, obtempérer, perdre du terrain, se plier, reculer, se rendre, renoncer, se résigner, rompre, se soumettre, succomber, transiger. **2. Une chose** : s'abaisser, s'affaisser, casser, cesser, se courber, diminuer, s'écrouler, s'effondrer, s'enfoncer, fléchir, plier, ployer, rompre, tomber.

CÉDULE ▪ Billet, fiche, liste, ordonnance, titre.

CEINDRE ▪ ***I.*** Attacher, ceinturer, entourer, sangler, serrer. ***II.*** Auréoler, border, clôturer, couronner, disposer, enceindre, encercler, enclore, entourer, enserrer, envelopper, environner, palissader, placer, renfermer.

CEINTURE ▪ ***I.*** Bande, bandelette, ceinturon, ceste, cordelière, cordon, écharpe, obi. ***II.*** Bandage, corset, gaine, sangle, soutien. ***III.*** Taille, tour de hanches. ***IV.*** Clôture, encadrement, entourage. ***V.*** Banlieue, faubourgs, zone.

CEINTURER ▪ ***I.*** ⇒ **ceindre.** ***II.*** ⇒ **prendre.**

CEINTURON ▪ Baudrier, porte-épée, porte-glaive.

CÉLADON ▪ ***I.*** ⇒ **amant.** ***II.*** ⇒ **vert.**

CÉLÉBRATION ▪ ***I.*** Anniversaire, cérémonie, commémoration, culte, fête, mémento, mémoire, solennité, souvenir, tombeau (litt.), triomphe. ***II.*** Apologie, compliment, éloge, encensement, exaltation, gloria, glorification, hosanna, louange, oraison, panégyrique, prône.

CÉLÈBRE ▪ Connu, distingué, éclatant, éminent, estimé, fameux, glorieux, historique, illustre, immortel, légendaire, renommé, réputé.

CÉLÉBRER ▪ ***I.*** Commémorer, fêter, marquer, procéder à, se réjouir, sanctifier, solenniser. ***II.*** Admirer, chanter, encenser, entonner, exalter, faire l'éloge, fêter, glorifier, louer, préconiser, prôner, publier, rendre hommage/les honneurs/un culte, vanter.

CÉLÉBRITÉ ▪ ***I.*** Considération, crédit, éclat, faveur, gloire, marque, nom, notoriété, popularité, renom, renommée, réputation, succès, vogue. ***II.*** Éminence, personnalité, sommité, vedette.

CELER ▪ ⇒ **cacher.**

CÉLERI ▪ Ache.

CÉLÉRITÉ ▪ Activité, agilité, diligence, hâte, empressement, précipitation, prestesse, promptitude, rapidité, vélocité, vitesse, zèle.

CÉLESTE ▪ ⇒ **divin.**

CÉLIBATAIRE ▪ n. et adj. Catherinette, demoiselle, garçon, homme seul, jeune homme/fille, libre, seul, solitaire, vieille fille, vieux garçon.

CELLERIER ▪ ⇒ **économe.**

CELLIER ▪ Hangar. ⇒ **cave.**

CELLULE ▪ ***I.*** Carré, case, chambre, chambrette, loge, logette. ***II.*** ⇒ **cachot.** ***III.*** Alvéole. ***IV.*** Groupe, noyau, section.

CELLULOSE ▪ Viscose.

CELTE ▪ Breton, celtique, gallois, galate, gaulois.

CELTIQUE ■ Breton, celte, cornique, gaélique, gallois, gaulois, kymrique.

CÉNACLE ■ Cercle, chapelle, club, école, groupe, pléiade, réunion.

CENDRE ■ ***I. Au sing.*** **1. Au pr. :** escarbille, fraisil, lave, lapilli, poussière, résidu, scorie, spodite. **2. Fig.** ⇒ **ruine** et **pénitence.** ***II. Au pl. :*** débris, relique, restes, souvenir.

CENDRILLON ■ ⇒ **servante.**

CÈNE ■ Célébration, communion, repas mystique. ⇒ **eucharistie.**

CÉNOBITE ■ ⇒ **religieux.**

CÉNOTAPHE ■ Catafalque, mausolée, monument, sarcophage, sépulture, tombe, tombeau.

CENS ■ ***I.*** Décompte, dénombrement, recensement. ***II.*** Champart, dîme, imposition, impôt, quotité, redevance, taille.

CENSÉ, E ■ Admis, présumé, regardé comme, réputé, supposé.

CENSEUR ■ ***I.*** Aristarque, critique, juge. ***II. Péj.*** **1.** Bégueule, prude. **2.** Contempteur, métaphraste, pédant, zoïle. ***III.*** Commissaire aux comptes, questeur. ***IV.*** ⇒ **maître.**

CENSIER ■ Censitaire, contribuable.

CENSURE ■ ***I.*** Anastasie (fam.), autorisation, contrôle, filtre, imprimatur, indux, veto. ***II.*** Animadversion, blâme, condamnation, critique, désapprobation, désaveu, examen, improbation, jugement, réprimande, réprobation. ***III.*** Avertissement, excommunication, interdit, monition, observations, recommandations, suspense.

CENSURER ■ ***I.*** Blâmer, critiquer, désapprouver, flétrir, punir, reprendre, reprocher, réprouver, tancer, trouver à redire. ***II.*** Barrer, biffer, caviarder, condamner, contrôler, couper, défendre, effacer, faire des coupures, gratter, improuver, interdire, retirer, retrancher, sabrer, supprimer, taillader.

CENTAURÉE ■ Barbeau, bleuet.

CENTENAIRE ■ Antique, séculaire, vieux. ⇒ **vieillard.**

CENTON ■ Mélange, pastiche, potpourri, rhapsodie.

CENTRALISATION ■ Concentration, rassemblement, réunification, réunion.

CENTRALISER ■ Concentrer, ramener, rassembler, regrouper, réunir.

CENTRE ■ ***I.*** Axe, clef de voûte, cœur, fort, foyer, lieu géométrique, métacentre, milieu, mitan, nœud, nombril, noyau, point, sein. ***II. Par ext.*** **1.** Base, citadelle, fondement, principe, siège. **2.** Agglomération, capitale, chef-lieu, métropole. **3.** Animateur, cerveau, cheville ouvrière, organe essentiel, pivot, promoteur.

CENTRER ■ Ajuster, cadrer, mettre au point, régler.

CENTUPLER ■ Agrandir, augmenter, décupler, mutiplier.

CÈPE ■ Bolet, tête de nègre.

CEPENDANT ■ ***I. Adv. :*** alors, au moment même, en attendant. ***II. Conj. :*** avec tout cela, en regard de, en tout cas, mais, malgré cela/tout, néanmoins, n'empêche que, nonobstant, pourtant, toujours est-il, toutefois. ***III. Loc. conj.*** **Cependant que :** alors/durant/pendant/tandis que, au moment où.

CÉRAMIQUE ■ Azulejo, biscuit, carreau, émail, faïence, gemmail, grès, platerie, porcelaine, poterie, terre cuite, zellige.

CERBÈRE ■ Chien de garde, concierge, garde, garde du corps, gardien, geôlier, molosse, sentinelle, surveillant. ⇒ **portier.**

CERCLE ■ ***I.*** Aréole, auréole, cerne, disque, halo, nimbe, périmètre, rond, rondelle. ***II. Archit.*** *:* abside, amphithéâtre, arcade, arceau, cintre, cirque, lobe, rosace, voûte. ***III. Par ext.*** **1.** Circonférence, colure, contour, courbe, écliptique, épicycle, équateur, méridien, orbe, orbite, parallèle, tour, tropique, zodiaque, zone. **2.** Circonvolution, circuit, cycle, giration, périple, révolution, rotation. **3.** Anneau, armille, bague, bracelet, collier, couronne. **4.** Bandage, cerceau, collerette, entourage, frette, roue. **5.** Assemblée, association, chapelle, cénacle, club, école, groupe, réunion, salon, société. **6.** Domaine, étendue, limite, périphérie. **7.** Étreinte, piège, prison, tourbillon.

CERCLER ■ Borner, clore, consolider, courber, enclore, entourer, fermer, garnir/munir de cercles, renforcer.

CERCEUIL ■ Bière, capule (vx), coffin (rég.), sarcophage, ***arg.*** boîte, boîte à dominos, caisse, manteau/paletot de bois/sans manches/de sapin, sapin.

CÉRÉALE ■ ***I.*** Graminée. ***II.*** Avoine, blé, froment, maïs, millet, orge, riz, seigle, sorgho.

CÉRÉBRAL, E ■ ⇒ **intellectuel.**

CÉRÉMONIAL ■ ⇒ **protocole.**

CÉRÉMONIE ■ ***I.*** Célébration, cérémonial, culte, fête, liturgie, office, messe, procession, rite, sacre, sacrement, service divin/funèbre, solennité. ***II.*** Anniversaire, apparat, appareil, cavalcade, commémoration, cortège, défilé, gala, inauguration, parade, pompe, réception, raout ou rout (angl.). ***III. Par anal., au pl.*** **1.** Civilités, code, convenances, courtoisie, décorum, déférence, formes, honneurs, politesses, protocole, règles, rite, usages. **2. Péj.** : Affectation, chichis, chinoiseries, complications, embarras, formalités, manières.

CÉRÉMONIEUX, EUSE ■ Affecté, apprêté, compliqué, façonnier (fam.), formaliste, guindé, maniéré, mondain, obséquieux, poli, protocolaire, recherché, révérencieux, solennel.

CERF ■ Axis, bête fauve (vén.), biche, brocard, daguet, faon, hère, sica, six/dix cors, wapiti. ⇒ **cervidé.**

CERISE ■ Bigarreau, cerisette, cœur de pigeon, griotte, guigne, guignon, marasque, merise, montmorency.

CERNE ■ ***I.*** ⇒ **cercle.** ***II.*** Bleu, marbrure, poches/valises sous les yeux.

CERNÉ, E ■ ***Par ext.*** *:* battu, bouffi, creux, fatigué, gonflé.

CERNER ■ ⇒ **encercler.**

CERTAIN, AINE ■ ***I. Une chose*** *:* absolu, admis, assuré, attesté, authentique, avéré, certifié, clair, confirmé, connu, constant, constaté, contrôlé, décisif, démontré, déterminé, effectif, évident, exact, fixe, fixé d'avance, flagrant, fondé, formel, franc, historique, immanquable, inattaquable, incontestable, incontesté, indéniable, indiscutable, indiscuté, indubitable, inévitable, infaillible, invariable, irrécusable, irréfutable, manifeste, mathématique, net, notoire, officiel, palpable, patent, péremptoire, positif, précis, reconnu, réel, rigoureux, sans conteste, solide, sûr, tangible, véridique, visible, vrai. ***II. Quelqu'un*** *:* affirmatif, assuré, convaincu, dogmatique, sûr.

CERTAINEMENT, CERTES ■ ***I.*** Absolument, exactement, formellement, incontestablement, indéniablement, indiscutablement, indubitablement. ***II.*** À coup sûr, avec certitude, fatalement, inévitablement, nécessairement, sûrement. ***III.*** Assurément, bien sûr, clairement, en vérité, évidemment, franchement, naturellement, nettement, oui, parfaitement, réellement, sans doute, vraiment.

CERTAINS ■ D'aucuns, plusieurs, quelques-uns, tels.

CERTIFICAT ■ Acte, assurance, attestation, brevet, constat, constatation, diplôme, laissez-passer, papier, parère, passeport, patente, preuve, procès-verbal, référence, témoignage.

CERTIFICATION ▪ Assurance, authentification.

CERTIFIER ▪ Affirmer, assurer, attester, authentifier, confirmer, constater, donner/ficher/flanquer son billet (fam.), garantir, légaliser, maintenir, témoigner, vidimer.

CERTITUDE ▪ ***I.*** Assurance, conviction, croyance, opinion. ***II.*** Dogme, évidence, parole d'Évangile, sûreté. ***III.*** Autorité, clarté, fermeté, infaillibilité, netteté. ***IV. Loc.*** **Avec certitude ⇒ certainement.**

CERVEAU ▪ ***I. Au pr.*** : cervelle, encéphale. ***II. Par ext.*** **1.** Cervelle, crâne, matière/substance grise, méninges, petite tête. ⇒ **tête. 2.** Entendement, esprit, intelligence, jugement, jugeote, raison. **3.** Auteur, centre, grand esprit, génie, intelligence, meneur, prophète, visionnaire.

CERVELLE ▪ ***Par ext.*** ⇒ **cerveau.**

CERVIDÉ ▪ Caribou, cervicorne, chevreuil, daim, élan, muntjac, orignal, renne, sombar. ⇒ **cerf.**

CÉSARISME ▪ Absolutisme, autocratie, dictature.

CESSATION ▪ ***I. Au pr.*** **1.** Abandon, annulation, arrêt, disparition, fermeture, fin, liquidation, suppression. **2.** Apaisement, armistice, discontinuation, discontinuité, grève, halte, interruption, pause, relâche, rémission, répit, repos, suspension, trêve, vacation. **3.** Chômage, faillite. ***II. Par ext.*** **1.** Accalmie, bonace. **2.** Aboutissement, échéance, tarissement, terme, terminaison.

CESSE (SANS) ▪ ⇒ **toujours.**

CESSER ▪ ***I. V. intr.*** **1. Au pr.** : s'apaiser, s'arrêter, se calmer, céder, discontinuer, disparaître, dissiper, s'effacer, s'enfuir, s'évanouir, finir, s'interrompre, perdre de sa vigueur/de son intensité, se tarir, se terminer, tomber, tourner court. **2. Par ext.** : abandonner, abolir, abroger, s'abstenir, achever, briser là, chômer, se déprendre, se détacher, diminuer, s'éteindre, expirer, faire grève, lâcher, mourir, passer, renoncer. **3. Faire cesser** : abattre, anéantir, apaiser, arrêter, bannir, briser, calmer, chasser, couper court, détruire, dissiper, écarter, enlever, étouffer, faire tomber, lever, mettre le holà/un frein/un terme, ôter, rabattre, supprimer, suspendre, tuer. ***II. V. tr.*** : abandonner, arrêter, faire taire, interrompre, suspendre.

CESSIBLE ▪ Aliénable, négociable, transférable, vendable.

CESSION ▪ Abandon, abandonnement, aliénation, concession, délaissement, désaisissement, donation, renonciation, transfert, transmission, transport, vente.

CESSIONNAIRE ▪ Acquéreur, bénéficiaire, crédirentier, donataire.

C'EST-À-DIRE ▪ À savoir, disons, entendez, j'en conclus, j'entends, je veux dire, seulement, simplement, surtout.

CÉSURE ▪ Coupe, coupure, hémistiche, pause, repos.

CÉTACÉ ▪ ***I.*** ⇒ **baleine.** ***II.*** Cachalot, dauphin, marsouin, narval, souffleur.

CHABANAIS ▪ ⇒ **chahut.**

CHABLER ▪ ⇒ **gauler.**

CHAFOUIN, INE ▪ adj. et n. Cauteleux, rusé, sournois. ⇒ **hypocrite.**

CHAGRIN, INE ▪ adj. Abattu, affecté, affligé, aigre, assombri, atrabilaire, attristé, bilieux, bourru, colère, consterné, contrit, désolé, dolent, douloureux, éploré, gémissant, grimaud (vx), hypocondriaque (vx), inconsolable, inquiet, larmoyant, lugubre, maussade, mélancolique, misanthrope, morne, morose, mortifié, peiné, plaintif, sinistre, sombre, soucieux, triste.

CHAGRIN ■ n. m. ***I. Au pr.*** **Ce qu'on éprouve** : accablement, affliction, amertume, consternation, déchirement, déplaisir, désespoir, désolation, douleur, ennui, mal, malheur, misère, peine, souci, souffrance, tourment, tristesse. ***II. Par ext.*** 1. Accident, angoisse, contrariété, déboire, déception, dégoût, dépit, désagrément, désappointement, deuil, inquiétude, mécontentement, regret, remords, tracasserie. 2. Atrabile, bile, cafard, humeur noire, hypocondrie, maussaderie, mauvaise humeur, mélancolie, morosité, spleen.

CHAGRINER ■ Affecter, affliger, agacer, angoisser, assombrir, attrister, consterner, contrarier, contrister, décevoir, déchirer, dépiter, désappointer, désenchanter, désespérer, désoler, endeuiller, endolorir, ennuyer, fâcher, faire de la peine, faire souffrir, fendre le cœur, gêner (vx), inquiéter, mécontenter, mortifier, navrer, oppresser, peiner, percer le cœur, rembrunir, torturer, tourmenter, tracasser, tuer (fig.).

CHAHUT ■ ***Fam.*** : Bacchanale, bagarre, barouf, bastringue, bazar, boucan, bousin, brouhaha, bruit, cacophonie, carillon, cassement de tête, chabanais, chambard, charivari, concert, cirque, désordre, dissonance, esclandre, foin, fracas, grabuge, hourvari, huée, pétard, potin, raffut, ramdam, sabbat, scandale, sérénade, tapage, tintamarre, tintouin, tohubohu, train, tumulte, vacarme.

CHAHUTER ■ ***I.*** S'agiter, crier, faire du chahut, *et les syn. de* CHAHUT, manifester, perturber, protester. ***II.*** Bousculer, culbuter, renverser, secouer. ***III.*** Bizuter (fam.), brimer, lutiner, se moquer, taquiner.

CHAHUTEUR ■ ⇒ **farceur.**

CHAI ■ ⇒ **cave. loc. : maître de chai :** caviste. ⇒ **sommelier.**

CHAÎNE ■ ***I.*** Bijou, chaînette, châtelaine, clavier, collier, ferronnière, gourmette, jaseran, jaseron, sautoir. ***II. De captif :*** alganon, cabriolet, fers, liens, menottes, poucettes. ***III. Par ext. :*** asservissement, assujettissement, captivité, dépendance, discipline, engagement, entrave, esclavage, gêne, geôle, joug, lien, obligation, prison, servitude, sujétion, tyrannie. ***IV. Fig. :*** affection, alliance, attache, attachement, liaison, mariage, parenté, union. ***V. Par anal. :*** association, continuité, cortège, enchaînement, entrelacement, liaison, série, solidité, succession, suite. ***VI. Géogr. :*** cordillère, serra, sierra.

CHAÎNER ■ ***I.*** ⇒ **mesurer.** ***II.*** ⇒ **unir.**

CHAÎNON ■ Anneau, maille, maillon.

CHAIR ■ ***I.*** Carnation, corps, enveloppe, forme, muscle, peau, pulpe, tissu. ***II. Des animaux.*** 1. Venaison, viande. 2. **Péj.** : barbaque, bidoche, carne, carogne, charogne. ***III. Par métaphore :*** concupiscence, faiblesse, instincts sexuels, libido, luxure, nature humaine, sens, sensualité, tentation. ***IV. Loc.*** **Œuvre de chair** : accouplement, coït, congrès, copulation, fornication, procréation, rapport sexuel, reproduction, union, *fam.* baisage, baise, besogne (vx). ***V.*** ⇒ **corps.**

CHAIRE ■ ***I.*** Ambon, estrade, pupitre, siège, tribune. ***II. Par ext. :*** enseignement, prédication, professorat.

CHAISE ■ ***I.*** Caquetoire, chauffeuse, dormeuse. ⇒ **siège.** ***II. À porteurs :*** brouette, filanzane, palanquin, vinaigrette.

CHALAND ■ ***I.*** Balandre, barque, bélandre, bette, coche d'eau, drague, gabarre, marie-salope, ponton. ⇒ **bateau.** ***II.*** Acheteur, amateur, client, clientèle, pratique.

CHÂLE ■ Cachemire, carré, écharpe, fichu, pointe, sautoir, taleth (relig.).

CHALET ■ Buron, cabane, villa. ⇒ **maison.**

CHALEUR ■ ***I. Au pr.*** **1.** Caloricité, calorification. **2.** Bouffée/coup/vague de chaleur, canicule, étuve, fournaise, rayonnement, réverbération, touffeur. ***II. Par ext.*** **1. Des sentiments** : amour, ardeur, concupiscence, désir, feu (vx), flamme, folie, libido, lubricité. **2. Des animaux** : *Être en chaleur :* chaudier (vén.), demander/quêter/réclamer/vouloir le mâle, en vouloir, être en chasse/en folie/en rut, retourner à l'espèce, vouloir le veau (bovins). **3. Des passions** : action, animation, animosité, ardeur, brio, cœur, cordialité, courage, élan, empressement, énergie, enthousiasme, entrain, exaltation, excitation, feu, fièvre, flamme, force, impétuosité, lyrisme, passion, promptitude, trempe, véhémence, verve, vie, vigueur, violence, vivacité, zéle.

CHALEUREUX, EUSE ■ Amical, animé, ardent, bouillant, chaud, empressé, enflammé, enthousiaste, fanatique, fervent, pressant, prompt, véhément, vif, zélé.

CHALLENGE ■ ⇒ **compétition.**

CHALOUPE ■ Baleinière, berge, bombard, coraillère, embarcation, flette, péniche. ⇒ **bateau.**

CHALOUPER ■ Se dandiner, danser, se déhancher.

CHALUMEAU ■ Flûteau, flûtiau, galoubet, pipeau, tige. ⇒ **flûte.**

CHALUTIER ■ ⇒ **bateau.**

CHAMAILLER (SE) ■ ⇒ **chicaner, quereller.**

CHAMAILLERIE ■ ⇒ **querelle.**

CHAMAILLEUR, EUSE ■ adj. et n. ⇒ **querelleur.**

CHAMARRÉ, E ■ ⇒ **bariolé.**

CHAMARRER ■ ⇒ **orner.**

CHAMBARD ■ ⇒ **chahut.**

CHAMBARDEMENT ■ Bouleversement, changement, chaos, dérangement, désorganisation, fatras, fouillis, gâchis, mélange, perturbation, remue-ménage, renversement, révolution, saccage, tohu-bohu, transformation.

CHAMBARDER ■ Bouleverser, chambouler, changer, mettre sens dessus dessous, renverser, révolutionner, saccager, transformer.

CHAMBELLAN ■ Camérier, officier.

CHAMBOULER ■ ⇒ **chambarder.**

CHAMBRE ■ ***I. Au pr.*** **1.** Antichambre, cabinet, pièce, salle. **2.** Nursery. **3.** Chambrée, dortoir. **4.** Alcôve, cagibi, cellule, chambrette, galetas, mansarde. ***II. Fam. :*** cambuse, carrée, crèche, gourbi, piaule, taule, turne. ***III.*** Assemblée, corps, parlement, tribunal. ***IV.*** Alvéole, case, cavité, compartiment, creux, vide.

CHAMBRÉE ■ ***I.*** ⇒ **chambre.** ***II.*** Auditoire, public, réunion.

CHAMBRER ■ ***I.*** ⇒ **enfermer.** ***II. Du vin :*** réchauffer, tempérer. ***III. Fig. :*** circonvenir, endoctriner, envelopper, mettre en condition, prendre en main, sermonner.

CHAMBRIÈRE ■ ***I.*** Camérière, caméristе, femme de chambre, servante.

CHAMEAU ■ Camélidé, chamelle, chamelon, dromadaire, méhari ⇒ **méchant.**

CHAMOIS ■ Bouquetin, mouflon, isard.

CHAMP ■ ***I. Au pr.*** **1. Au pl.** : campagne, culture, espace, glèbe, lopin, nature, terrain, terre, terroir. **2. Au sing.** : aspergerie, brûlis, câprière, chaume, chènevière, emblavure, essarts, fougeraie, fourragère, friche, garanchière, garenne, genêtière, genévrière, guéret, houblonnière, labour, luzernière, melonnière, pâtis, pâturage, plantation, prairie, pré, verger.

II. Arène, carrière, lice, stade. *III. Fig. :* carrière, cercle, domaine, état, matière, objet, occasion, perspective, profession, sphère, sujet. *IV. Loc.* **Champ de courses** : carrière, hippodrome, pelouse, turf. **2. Champ de repos ⇒ cimetière. 3. Champ de foire** : foirail, marché. **4. Sur-le-champ** : à l'instant, aussitôt, bille en tête (fam.), comptant, ex abrupto, illico (fam.), immédiatement, instantanément, maintenant, sans délai/désemparer, sur l'heure, tout de suite, vite.

CHAMPART ▪ Terrage.

CHAMPÊTRE ▪ Agreste, bucolique, campagnard, pastoral, rural, rustique.

CHAMPI ▪ ⇒ **bâtard.**

CHAMPIGNON ▪ *I.* Cryptogame. *II.* Agaric, amanite, armillaire, barbe-de-capucin, bolet, boule-de-neige, cèpe, champignon de couche/de Paris, chanterelle, charbonnier, chevalier, clavaire, clitocybe, coprin, corne d'abondance, cortinaire, coucoumelle, coulemelle, entolome, farinier, fistuline, foie-de-bœuf, girolle, golmotte, helvelle, hérisson, hydne, lactaire, langue-de-bœuf, lépiote, marasme, menotte, morille, mousseron, nez-de-chat, oreille-d'ours, oreillette, oronge, phalle impudique, pied-de-mouton, pleurote, polypore, potiron, pratelle, psalliote, rosé, rousset, russule, satyre puant, souchette, tricholome, trompette-de-la-mort, truffe, vesse-de-loup, volvaire.

CHAMPION ▪ *I.* Recordman, tenant, vainqueur, vedette. *II.* Combattant, concurrent, défenseur, partisan, zélateur. *III.* As, crack, gagnant, leader, maître, virtuose.

CHAMPIONNAT ▪ ⇒ **compétition.**

CHAMPS ÉLYSÉES ▪ *I.* ⇒ **paradis.** *II.* ⇒ **enfer.**

CHANCE ▪ *I.* Atout, aubaine, auspice, baraka, bonheur, étoile, faveur, filon, fortune, frite (fam.), heur (vx), loterie, pêche (fam.), réussite, succès, veine. *II.* Aléa, circonstance, éventualité, hasard, occasion, possibilité, probabilité, risque, sort. *III. Loc.* **Par chance** : d'aventure, éventuellement, incidemment, le cas échéant, par hasard.

CHANCELANT, E ▪ Branlant, faible, flageolant, hésitant, incertain, oscillant, titubant, trébuchant, vacillant.

CHANCELER ▪ Basculer, branler, broncher, buter, chavirer, chopper, faiblir, flageoler, fléchir, flotter, glisser, hésiter, lâcher pied, osciller, tituber, trébucher, trembler, vaciller.

CHANCELIER ▪ Archichancelier, connétable, consul, dataire, garde des Sceaux, ministre de la Justice, secrétaire.

CHANCELLERIE ▪ Administration, ambassade, bureaux, consulat, daterie, ministère de la Justice, secrétariat, services.

CHANCEUX, EUSE ▪ *I.* Aléatoire, aventureux, dangereux, hasardeux, incertain, risqué. *II.* **Fam.** : chançard, cocu, coiffé, veinard, verni. ⇒ **heureux.**

CHANCIR ▪ ⇒ **pourrir.**

CHANCRE ▪ Bobo, bouton, bubon, exulcération, exutoire, lésion, lupus, ulcération. ⇒ **abcès.**

CHANDAIL ▪ Débardeur, gilet, maillot, pull-over, sweater, tricot.

CHANDELIER ▪ ***Par ext. :*** applique, bougeoir, bras, candélabre, flambeau, girandole, lustre, martinet, torchère.

CHANDELLE ▪ *I.* Bougie, cierge, flambeau, lumignon, luminaire, oribus. *II.* Feu d'artifice, fusée.

CHANGE ▪ *I. Au pr. :* changement, échange, permutation, troc. *II.* Agio, agiotage, banque, bourse, commission, courtage, marché des valeurs, spéculation. *III.* Arbitrage, compensation. *IV. Loc.* **1. Agent de change** : coulissier, remisier. **2. Lettre de change** : billet à ordre, effet de commerce, traite. **3. Donner/prendre le change ⇒ abuser.**

CHANGEANT, E ▪ Arlequin, caméléon, capricant, capricieux, chatoyant, divers, élastique, éphémère, fantaisiste, fantasque, flottant, incertain, inconsistant, inconstant, indécis, inégal, infidèle, instable, journalier, labile, léger, lunatique, mobile, mouvant, ondoyant, opportuniste, oscillant, papillonnant, protéiforme, sauteur, touche-à-tout, vacillant, variable, versatile, volage.

CHANGEMENT ▪ ***I.*** Abandon, adaptation, aggiornamento, allotropie, altérité, alternance, alternat, amélioration, amendement, assolement, augmentation, avatar, balancement, bascule, cession, change, commutation, conversion, correction, coup de balai, déménagement, dénivellation, dépaysement, déplacement, dérangement, détour, déviation, différence, écart, échange, éclaircie, embellie, émigration, évolution, expatriation, fluctuation, gradation, immigration, inflexion, innovation, interversion, inversion, métamorphose, métaplasme, métaphore, métastase, métonymie, mobilité, modification, modulation, mouvement, mue, mutation, nouveauté, novation, nuance, ondoiement, oscillation, passage, permutation, phase, rectification, réduction, refonte, réformation, réforme, remaniement, remplacement, remueménage, renouvellement, rénovation, renversement, retournement, révolution, rotation, saute, substitution, transfiguration, transition, transmutation, transplantation, transport, transposition, transsubstantiation, troc, vacillement, variante, variation, vicariance, virage ⇒ **transformation.** ***II. Péj.*** : abandon, accident, adultération, aggravation, altération, avatar, bouleversement, caprice, corruption, déclassement, défiguration, déformation, dégénérescence, déguisement, dénaturation, dérangement, diminution, falsification, inconstance, infidélité, instabilité, irrégularité, légèreté, palinodie, perversion, réduction, remous, rétractation, retournement, revirement, saute, travestissement, valse, versatilité, vicissitude, virevolte, volte-face, voltige, voltigement.

CHANGER ▪ ***I. V. tr.*** **1.** Agrandir, augmenter, bouleverser, chambarder, chambouler, commuer, convertir, corriger, innover, métamorphoser, modifier, muer, rectifier, refondre, réformer, remanier, renouveler, rénover, renverser, révolutionner, toucher à, transfigurer, transformer, transmuer, transposer, troquer. **2. Péj.** : aggraver, altérer, contrefaire, défigurer, déformer, déguiser, dénaturer, diminuer, fausser, réduire, travestir, truquer. **3. De place** : alterner, bouger, copermuter, déloger, déménager, déplacer, déranger, se détourner, se dévier, écarter, émigrer, enlever, s'expatrier, intervertir, inverser, muter, passer, permuter, tourner bride, transférer, transplanter, transposer, virer. ⇒ **transporter. 4. De nom** : débaptiser, rebaptiser. **5. De l'argent** : convertir, échanger. **6. D'attitude, d'opinion** : se convertir, se dédire, évoluer, fluctuer, papillonner, se raviser, se retourner, retourner sa veste, se rétracter, tourner bride/casaque, varier, virer, virevolter, voleter, voltiger. ***II. V. int.*** **1.** Augmenter, diminuer, empirer, évoluer, grandir, passer, rapetisser, tourner, vieillir. **2. Moral** : s'améliorer, s'amender, se corriger, se modifier, se pervertir, se transformer.

CHANOINE ▪ Doyen, grand chantre, primicier, princier, théologal.

CHANSON. ▪ ***I.*** ⇒ **chant.** ***II. Fig.*** : **1.** Babil, bruit, chant, gazoullis, murmure, ramage, refrain, roucoulement. **2.** Bagatelle, baliverne, bateau, billevesée, bourde, calembredaine, conte, coquecigrue, fadaise, faribole, lanterne, sornette, sottise. ⇒ **bêtise.**

CHANSONNIER ▪ Auteur, compositeur, humoriste, librettiste, mélodiste. ⇒ **chanteur.**

CHANT ▪ ***I.*** Air, aria, ariette, arioso, aubade, ballade, barcarolle, bardit, berceuse, blues, cantabile, cantilène, cavatine, chanson, chansonnette, complainte, comptine, couplet, épithalame, hymne, incantation, lied, mélodie, mélopée, negro spiritual, péan, pont-neuf, pot-pourri, psalmodie, ranz, récitatif, refrain, rengaine, rhapsodie, ritournelle, romance, ronde, rondeau, roulade, scie, sérénade, spiritual, tyrolienne, variation, vaudeville, villanelle, vocera. ***II. Liturg.*** **1.** Cantate, choral, messe, oratorio. **2.** Antienne, cantique, grégorien, hymne, litanie, motet, plain-chant, prose, psaume, répons, séquence. **3.** Agnus dei, alleluia, dies irae, gloria, hosanna, ite missa est, kyrie, magnificat, miserere, noël, requiem, sanctus, tantum ergo, te deum. ***III.*** Comédie lyrique/musicale, opéra, opéra-comique, opérette, vaudeville. ***IV.*** Canon, choral, chœur, duo, polyphonie, trio. ***V. Fam. :*** ⇒ **chahut.** ***VI.*** ⇒ **chanson, poème.**

CHANTAGE ▪ Duperie, escroquerie, extorsion, filouterie, friponnerie, prélèvement, pression, racket, tromperie, truanderie (fam.). ⇒ **vol.**

CHANTER ▪ ***I. V. intr.*** **1. Au pr. :** barytonner, bourdonner, chantonner, cultiver/développer/travailler sa voix, déchiffrer, fredonner, jodler, moduler, nuancer, psalmodier, solfier, ténoriser, vocaliser. **2. Fam. et péj. :** beugler, brailler, braire, bramer, chevroter, crier, dégoiser, détonner, s'égosiller, gringotter, hurler, machicoter, miauler, roucouler. **3. Oiseaux :** coqueriquer, crier, gazouiller, jaser, pépier, ramager, roucouler, siffler. ⇒ **crier.** ***II. V. tr.*** **1. Au pr. :** exécuter. **2. Péj. :** conter, dire, rabâcher, raconter, radoter, répéter. **3. Chanter victoire :** se glorifier, louer, se vanter.

CHANTERELLE ▪ ***I.*** Girolle. ***II.*** ⇒ **appelant.**

CHANTEUR ▪ Acteur, aède, artiste, barde, castrat, chansonnier, chantre, choreute, choriste, citharède, coryphée, croque-note (fam.), duettiste, exécutant, interprète, ménestrel, minnesinger, rhapsode, scalde, soliste, troubadour, trouvère, virtuose. ⇒ **voix.**

CHANTEUSE ▪ Actrice, artiste, cantatrice, diva, divette, dugazon (vx), prima donna, vedette. ⇒ **voix.**

CHANTIER ▪ ***I.*** Arsenal, atelier, dépôt, entrepôt, fabrique, magasin. ***II.*** ⇒ **chaos.** ***III. Loc.*** **En chantier :** en cours/route/train. ⇒ **commencer.**

CHANTONNER ▪ ⇒ **chanter.**

CHANTRE ▪ ⇒ **chanteur.**

CHAOS ▪ Anarchie, bazar, bordel (grossier), bouleversement, cataclysme, chantier, cohue, complication, confusion, débâcle, désordre, désorganisation, discorde, foutoir (pop.), incohérence, marasme, mêlée, méli-mélo, mic-mac (fam.), pastis, pêle-mêle, perturbation, tohu-bohu, trouble, zizanie.

CHAOTIQUE ▪ ⇒ **confus.**

CHAOUCH ▪ ⇒ **appariteur.**

CHAPARDER ▪ ⇒ **voler.**

CHAPE ▪ ⇒ **manteau.**

CHAPEAU ▪ ⇒ **coiffure.**

CHAPELAIN ▪ Aumônier. ⇒ **prêtre.**

CHAPELET ▪ ***I.*** Ave maria, rosaire. ***II.*** ⇒ **suite.**

CHAPELLE ▪ ***I.*** ⇒ **église.** ***II.*** ⇒ **coterie.**

CHAPERON ▪ ***I.*** Duègne, gouvernante, suivante. ***II.*** ⇒ **coiffure.**

CHAPERONNER ▪ Accompagner, conseiller, couvrir, défendre, diriger, garantir, garder, parrainer, patronner, piloter, préserver, protéger, sauvegarder, suivre, surveiller, veiller sur.

CHAPITEAU ▪ Cirque, tente.

CHAPITRE ■ *I.* Article, livre, matière, objet, partie, question, section, sujet, titre. *II.* Assemblée, conseil, réunion.

CHAPITRER ■ Blâmer, catéchiser, donner/infliger un avertissement/un blâme, faire la leçon/la morale, gourmander, gronder, laver la tête (fam.), morigéner, reprendre, réprimander, semoncer, sermonner, tancer.

CHAPTALISATION ■ Sucrage.

CHAQUE ■ Chacun, tout.

CHAR ■ *I.* ⇒ **chariot.** *II. Char d'assaut :* blindé, tank.

CHARABIA ■ ⇒ **galimatias.**

CHARADE ■ Devinette, énigme, jeu de mots, rébus.

CHARBON ■ Anthracite, boghead, boulet, briquette, coke, combustible, escarbille, gaillette, gailletin, grésillon, houille, lignite, noisette, poussier, tête de moineau, tourbe.

CHARBONNIER ■ Bougnat.

CHARCUTER ■ ⇒ **découper.**

CHARCUTERIE ■ Andouille, andouillette, boudin, cervelas, cochonnaille, confit, crépinette, cuisine, fromage de cochon/d'Italie/de tête, galantine, jambon, jambonneau, jésus, lard, mortadelle, panne, pâté, plats cuisinés, porc, rillettes, rosette, salé, saucisse, saucisson.

CHARCUTIER, ÈRE ■ Cuisinier, traiteur.

CHARDON ■ *Fig.* ⇒ **difficulté.**

CHARGE ■ *I. Au pr. :* ânée, batelée, brouettée, capacité, cargaison, chargement, charretée, contenu, emport, estive, faix, fardeau, fret, lest, mesure, poids, quantité, somme, voiturée. *II. Phys. :* poussée, pression. *III. Loc.* **En charge** : en fonction, en service, sous tension. *IV. Fig.* **1. Non favorable** : boulet, corvée, embarras, gêne, incommodité, servitude. **2.** Dépense, dette, devoir, frais, hypothèque, imposition, impôt, intérêt, obligation, prélèvement, prestation, redevance, responsabilité, servitude. **3.** Accusation, inculpation, indice, présomption, preuve. **4.** ⇒ **caricature. 5.** Canular, mystification, plaisanterie. **6.** Assaut, attaque, chasse, choc, offensive, poursuite. **7. Favorable ou neutre** : dignité, emploi, fonction, ministère, office, place, poste, sinécure.

CHARGÉ, E ■ *I.* ⇒ **plein.** *II.* ⇒ **excessif.** *III.* ⇒ **épais.** *IV.* Baroque, fleuri, lourd, rococo, tarabiscoté, touffu.

CHARGEMENT ■ Arrimage. ⇒ **charge.**

CHARGER ■ *I. Au pr. :* arrimer, combler, disposer, embarquer, empiler, emplir, fréter, garnir, lester, mettre, placer, poser, remplir. *II. Avec excès :* accabler, couvrir, écraser, fouler, recouvrir. *III. Fig.* **1.** Accuser, aggraver, calomnier, déposer contre, imputer, inculper, noircir. **2. La mémoire** : encombrer, remplir, surcharger. **3. D'obligations** : accabler, écraser, frapper, grever, imposer, obérer, taxer. **4. Des faits** : amplifier, enchérir, exagérer, grossir. **5. Un portrait** : caricaturer, forcer, outrer, tourner en ridicule. **6. D'une fonction** : commettre, commissionner, déléguer, donner à faire, préposer à. **7. Milit. ou vén.** : attaquer, s'élancer, foncer, fondre sur. **8. Forme pron.** ⇒ **assumer.**

CHARIOT ■ Basterne, berline, binard, briska, caisson, camion, char, charrette, diable, éfourceau, fardier, fourgon, fourragère, guimbarde, kibitké, ribaudequin, triqueballe, trinqueballe, truck.

CHARISME ■ Don, égrégore, influence, force.

CHARITABLE ■ ⇒ **bon.**

CHARITÉ ■ ⇒ **bonté.**

CHARIVARI ■ ⇒ **chahut.**

CHARLATAN ■ Baraquin, bonimenteur, camelot, empirique, guérisseur, marchand forain, médicastre, morticole, rebouteux. ⇒ **hâbleur.**

CHARLATANERIE, CHARLATANISME ▪ ⇒ **hâblerie.**

CHARMANT, E ▪ Agréable, aimable, amène, amusant, attachant, attirant, beau, captivant, charmeur, enchanteur, enivrant, ensorcelant, ensorceleur, envoûtant, fascinant, galant, gentil, gracieux, grisant, intéressant, joli, merveilleux, piquant, plaisant, ravissant, riant, séducteur, séduisant, souriant.

CHARME ▪ ***I.*** Breuvage, conjuration, enchantement, ensorcellement, envoûtement, envoûture (vx), illusion, incantation, magie, magnétisme, philtre, pouvoir, sorcellerie, sort, sortilège. ***II.*** Agrément, délice, intérêt, fascination, plaisir, ravissement. ***III.*** Ascendant, autorité, influence, prestige. ***IV.*** Appas, attrait, avantages, beauté, chic, chien, élégance, grâce, séduction, sex-appeal, vénusté.

CHARMÉ, E ▪ Comblé, content, émerveillé, enchanté, heureux, ravi, séduit.

CHARMER ▪ ***I. Au pr. :*** conjurer, enchanter, ensorceler, envoûter, fasciner, hypnotiser. ***II. Fig.*** **1.** Adoucir, apaiser, calmer, tenir sous le charme. **2.** Apprivoiser, attirer, chatouiller, conquérir, émerveiller, entraîner, ravir, séduire, tenter. **3.** Captiver, complaire, délecter, donner dans l'œil/dans la vue, éblouir, enlever, enthousiasmer, flatter, parler aux yeux, transporter, verser l'ambroisie/le miel.

CHARMEUR, EUSE ▪ Enjôleur, ensorceleur, magicien, psylle. ⇒ **séducteur.**

CHARMILLE ▪ ***I.*** Allée, berceau, chemin. ***II.*** Bocage, bosquet. ***III.*** Haie, palissade, palisse.

CHARNEL, ELLE ▪ ***I.*** Corporel, naturel, physique, sexuel. ***II. Par ext.*** **1.** Matériel, sensible, tangible, temporel, terrestre. **2.** Animal, bestial, impur, lascif, libidineux, lubrique, luxurieux, sensuel. **3.** Érotique.

CHARNIER ▪ ***I.*** ⇒ **cimetière.** ***II.*** ⇒ **cloaque.**

CHARNIÈRE ▪ Gond, paumelle, penture.

CHARNU, E ▪ Bien en chair, charneux, corpulent, dodu, épais, gras, grassouillet, potelé, replet, rond, rondouillard, rondouillet, viandé (fam.).

CHAROGNE ▪ ⇒ **chair.**

CHARPENTE ▪ ***I.*** ⇒ **carcasse.** ***II.*** ⇒ **poutre.** ***III.*** ⇒ **composition.**

CHARPENTER ▪ ***I. Au pr. :*** charpir, cintrer, contreventer, couvrir, dégauchir, enchaîner, équarrir, lier, menuiser, soutenir, tailler. ***II. Fig. :*** construire, équilibrer, étayer, étoffer, façonner, projeter.

CHARPIE. ▪ Pansement, plumasseau.

CHARRETIER ▪ Cocher, conducteur, roulier, voiturier.

CHARRETTE ▪ Carriole, char, chariot, chartil, gerbière, haquet, surtout, téléga, tombereau. ⇒ **voiture.**

CHARRIER ▪ ***I.*** ⇒ **transporter.** ***II.*** ⇒ **emporter.** ***III.*** ⇒ **exagérer.**

CHARROI ▪ Équipage, train, transport. ⇒ **charge.**

CHARROYER ▪ ⇒ **charrier.**

CHARRUE ▪ Araire, brabant, buttoir, cultivateur, décavaillonneuse, déchaumeuse, dombasle.

CHARTE ▪ ***I.*** ⇒ **titre.** ***II.*** ⇒ **règlement.**

CHARTREUSE ▪ ***I.*** ⇒ **cloître.** ***II.*** ⇒ **pavillon.**

CHASSE ▪ ***I. Au pr. :*** affût, art cynégétique, battue, drag (vx), fauconnerie, piégeage, safari, tenderie, traque, vénerie, volerie. ***II. Par ext.*** ⇒ **recherche.**

CHÂSSE ▪ ***I.*** Boîte, coffre, fierte (vx), reliquaire. ***II. Arg.*** ⇒ **œil.**

CHASSER ■ ***I.*** Donner la chasse, poursuivre, quêter. ***II.*** Balayer, bouter, congédier, débusquer, dégoter (vx), déjucher, déloger, dénicher, dissiper, écarter, éconduire, éjecter, éliminer, enlever, exclure, expulser, faire disparaître/fuir, forcer, mettre à la porte/dehors/en fuite, ostraciser, ôter, pourchasser, purger, reconduire, refouler, rejeter, remercier, renvoyer, repousser, se séparer de, supprimer, vider, vomir. ***III.*** ***Un gouvernant :*** bannir, démettre, déposer, détrôner, évincer, exiler. ***IV.*** ***Vén. :*** battre les buissons, courir, courre (vx), débucher, débusquer, dépister, forlancer, lancer, piéger, quêter, rabattre, refuir, relancer, rembucher, servir. ***V.*** ⇒ **glisser.**

CHASSEUR ■ ***I.*** 1. Boucanier, fauconnier, nemrod, piqueur, pisteur, quêteur, rabatteur, trappeur, veneur. 2. Amazone, chasseresse, chasseuse, diane. ***II.*** Groom, portier. ***III.*** ***Par ext. :*** braconnier.

CHÂSSIS ■ ⇒ **encadrement.**

CHASTE ■ ***I.*** Abstinent, ascétique, continent, honnête, pur, sage, vertueux, vierge. ***II.*** Angélique, décent, immaculé, innocent, modeste, prude, pudique, virginal.

CHASTETÉ ■ ⇒ **continence.**

CHASUBLE ■ Dalmatique, manteau.

CHAT, CHATTE ■ ***I.*** Chaton, félin, haret, matou. ***II.*** ***Fam. :*** chattemite, greffier, grippeminaud, mimi, minet, minette, minon, minou, mistigri, moumoute, patte-pelu, raminagrobis.

CHÂTAIGNE ■ ***I.*** ***Au pr. :*** macre, marron. ***II.*** ***Fig.*** ⇒ **coup.**

CHÂTEAU ■ ***I.*** Bastide, bastille, citadelle, donjon, fort, forteresse. ***II.*** Castel, chartreuse, demeure, folie, gentilhommière, hôtel, manoir, palais, pavillon, rendez-vous de chasse, résidence. ***III.*** ***Château d'eau :*** réservoir.

CHAT-HUANT ■ ⇒ **hulotte.**

CHÂTIÉ, E ■ Académique, classique, dépouillé, épuré, poli, pur.

CHÂTIER ■ ***I.*** Battre, corriger, patafioler (mérid.), punir, réprimer, sévir. ***II.*** Corriger, épurer, perfectionner, polir, raboter, rectifier, retoucher, revoir. ***III.*** Améliorer, guérir de.

CHÂTIMENT ■ ⇒ **punition.**

CHATOIEMENT ■ ⇒ **reflet.**

CHATOUILLEMENT ■ ***I.*** ⇒ **caresse.** ***II.*** Agacerie, démangeaison, excitation, impatiences, prurit, titillation. ⇒ **picotement.**

CHATOUILLER ■ ***I.*** ⇒ **caresser.** ***II.*** Agacer, démanger, exciter, gratter, horripiler, impatienter, picoter. ***III.*** ***Par ext.*** ⇒ **charmer.**

CHATOUILLEUX, EUSE ■ Délicat, douillet, sensible. ⇒ **susceptible.**

CHATOYANT, E ■ Brillant, changeant, coloré, étincelant, imagé, luisant, miroitant, moiré, riche, séduisant.

CHATOYER ■ Briller, étinceler, jeter des reflets, luire, miroiter, pétiller, rutiler.

CHÂTRÉ, E ■ ***I.*** Castrat, eunuque. ***II.*** Bréhaigne, bœuf, chapon, hongre, mouton, mule, mulet, porc.

CHÂTRER ■ Bistourner, bretauder, castrer, chaponner, couper, démascler (mérid.), déviriliser, émasculer, hongrer, mutiler, stériliser.

CHATTEMITE ■ ⇒ **patelin.**

CHATTERIE ■ ***I.*** ⇒ **caresse.** ***II.*** Douceur, friandise, gâterie, sucrerie.

CHAUD, E ■ ***I.*** Bouillant, brûlant, cuisant, étouffant, fumant, incandescent, tiède, torride. ***II.*** ***Fig.*** 1. Amoureux, ardent, chaleureux, décidé, délirant, déterminé, échauffé, emballé, emporté, empressé, enthousiaste, fanatique, fervent, fougueux, frénétique, passionné, pressant, vif, zélé. 2. Âpre, dur, sanglant, sévère.

CHAUD ■ ⇒ **chaleur.**

CHAUDRON ■ ⇒ **ustensile.**

CHAUDRONNERIE ■ ***I.*** Dinanderie. ***II.*** Batterie/ustensiles de cuisine.

CHAUFFAGE, CHAUFFE ■ ***I.*** Climatisation. ***II.*** Caléfaction, distillation. ***III. Appareils :*** bassinoire, bouillotte, brasero, calorifère, chaufferette, chauffe-pieds, cheminée, couvet, fourneau, moine, poêle, radiateur, réchaud, thermosiphon.

CHAUFFARD ■ ⇒ **chauffeur.**

CHAUFFER ■ v. tr. ***I. Au pr. :*** bassiner, braiser, brûler, calciner, cuire, faire bouillir/cuire/réduire, échauffer, embraser, étuver, griller, réchauffer, rendre chaud, rôtir, surchauffer. ***II. Fig.*** **1.** Attiser, exciter, mener rondement, presser. **2.** Bachoter, réviser. **3.** ⇒ **voler.** ***III. V. intr.*** **1.** S'échauffer, être sous pression. **2.** ⇒ **barder.**

CHAUFFERETTE ■ Bassinoire, moine, réchaud.

CHAUFFEUR ■ Automédon (vx), chauffard (péj.), conducteur, écraseur (péj.), machiniste, pilote.

CHAUME ■ ***I.*** Éteule, glui, paille, tige. ***II.*** ⇒ **cabane.**

CHAUMIÈRE, CHAUMINE ■ ⇒ **cabane.**

CHAUSSE ■ ***I.*** Bas, culotte, gamache, grègue, guêtre, jambière. ***II. Loc.*** **Être aux chausses de :** aux trousses, harceler, poursuivre, serrer de près.

CHAUSSÉE ■ ***I.*** Digue, duit, levée, remblai, talus. ***II.*** Chemin, piste, route, rue, voie.

CHAUSSE-TRAPE ■ ⇒ **piège.**

CHAUSSEUR ■ ⇒ **cordonnier.**

CHAUSSON ■ Babouche, ballerine, charentaise, espadrille, mule, pantoufle, patin, savate.

CHAUSSURE ■ ***I.*** Après-ski, boots, botte, bottillon, bottine, brodequin, cothurne, escarpin, galoche, mocassin, nu-pieds, richelieu, sabot, savate, snowboot, socque, soulier, spartiate. ⇒ **chausson.** ***II. Fam. :*** bateau, bottine, chlapin, clape, clapette, croquenot, écrase-merde, galette, godasse, godillot, grolle, latte, péniche, pompe, ribouis, sorlot, tatane.

CHAUVE ■ Dégarni, déplumé, pelé.

CHAUVE-SOURIS ■ Chiroptère, noctule, oreillard, pipistrelle, rhinolophe, rhinopome, roussette, sérotine, vampire, vespertilion.

CHAUVIN, E ■ Belliqueux, borné, cocardier, étroit, fanatique, intolérant, jingo, nationaliste, patriotard, xénophobe.

CHAUVINISME ■ Fanatisme, intolérance, jingoïsme, nationalisme, xénophobie.

CHAVIRER ■ ***I. V. intr.*** **1.** S'abîmer, basculer, cabaner, couler, dessaler, faire naufrage, se renverser, se retourner, sombrer. **2.** Chanceler, tanguer, tituber, trébucher, vaciller. **3. Loc. Les yeux chavirent :** se révulser. ***II. V. tr.*** **1.** Bousculer, cabaner, renverser. **2. Loc. Chavirer le cœur/l'estomac :** barbouiller.

CHEF ■ ***I.*** ⇒ **tête.** ***II.*** **1. Au pr. :** administrateur, animateur, architecte, autorité, berger, commandant, conducteur, despote (péj.), dignitaire, directeur, dirigeant, dominateur, entraîneur, fondateur, gouverneur, gradé, guide, leader, maître, meneur, pasteur, patron, responsable, stratège, tête. ⇒ **tyran. 2.** Consul, dictateur, président, régent. ⇒ **monarque. 3.** Échevin, magistrat, maire, ministre. **4.** Abbé, archevêque, archimandrite, ayatollah, commandeur des croyants, dalaï-lama, évêque, imam, métropolite, pape, patriarche, supérieur. **5.** Cacique, cheik, sachem. **6.** Cadre, contremaître, ingénieur. **7.** Cinquantenier, condottiere, doge, dynaste, polémarque, tétrarque, triérarque, vergobret. **8.**

Officier : amiral, aspirant, capitaine, chef de bataillon/d'escadron, colonel, commandant, enseigne de vaisseau, général, généralissime, lieutenant, lieutenant-colonel, sous-lieutenant. **9. Sous-officier** : adjudant, adjudant-chef, brigadier, caporal, caporal-chef, maître, major, maréchal des logis, maréchal des logis-chef, quartier-maître, second-maître, sergent-chef. **10.** Chef d'orchestre, coryphée (péj.). **11. Chef-d'œuvre ⇒ ouvrage. *III.* ⇒ cuisinier. *IV.* ⇒ matière.**

CHEMIN ■ ***I.*** Accès, allée, artère, avenue, boulevard, cavée, chaussée, draille, drève, laie, layon, lé, ligne, passage, piste, raidillon, rampe, ravin, rocade, route, rue, sente, sentier, taxiway (aviat.), tortille. ***II.*** **⇒ voie. *III.* ⇒ trajet. *IV.* ⇒ méthode.**

CHEMINEAU ■ **⇒ vagabond.**

CHEMINÉE ■ ***I.*** Âtre, feu, foyer. ***II.*** Puits, trou.

CHEMINEMENT ■ Approche, avance, marche, progrès, progression.

CHEMINER ■ **⇒ marcher.**

CHEMISE ■ ***I.*** **⇒ dossier. *II.*** Brassière, camisole, chemisette, combinaison, linge de corps, lingerie, parure, tee-shirt.

CHEMISETTE ■ **⇒ chemise, corsage.**

CHEMISIER ■ **⇒ corsage.**

CHENAL ■ **⇒ canal.**

CHENAPAN ■ **⇒ vaurien.**

CHÊNE ■ Rouvre, tauzin, vélani. *Chêne-vert :* yeuse.

CHÉNEAU ■ **⇒ gouttière.**

CHENET ■ Hâtier, landier.

CHEPTEL ■ ***I. Cheptel vif :*** animaux, bergerie, bestiaux, bétail, capital, écurie, étable, troupeau. ***II. Cheptel mort :*** capital, équipement, instruments, machines, matériel, outillage.

CHER, ÈRE ■ ***I.*** Adoré, adulé, affectionné, aimé, bien-aimé, chéri. ***II. Une chose :*** agréable, aimable, estimable, précieux, rare. ***III.*** Chérot, coup de barre/fusil (fam.), coûteux, dispendieux, hors de portée/de prix, inabordable, la peau des fesses (fam.), onéreux, ruineux, salé.

CHERCHER ■ ***I. Un objet :*** aller à la découverte/recherche/en reconnaissance, battre la campagne/les buissons, chiner, être en quête, explorer, fouiller, fourrager, fureter, quérir (vx), quêter, rechercher, troller (vén.), triturer. ***II. Une solution :*** s'appliquer à, se battre les flancs (fam.), calculer, consulter, demander, s'enquérir, enquêter, examiner, imaginer, s'informer, interroger, inventer, se pencher sur, penser/réfléchir à, scruter, sonder, supposer. ***III.*** S'efforcer, s'évertuer, tâcher, tendre, tenter, viser. ***IV.*** Intriguer, rechercher, solliciter. ***V. Quelqu'un :*** aller/envoyer/faire/venir prendre, quérir, requérir.

CHERCHEUR, EUSE ■ n. et adj. ***I.*** Explorateur, orpailleur. ***II.*** Curieux, enquêteur, érudit, fouineur, fureteur, inventeur, investigateur, savant, spécialiste. ***III.*** Détecteur.

CHÈRE ■ Bombance, bonne table, chère lie, gastronomie, menu, ordinaire, plaisir de la table, ripaille.

CHÈREMENT ■ ***I.*** **⇒ cher. *II.*** Affectueusement, amoureusement, avec affection/amour/piété/sollicitude/tendresse, pieusement, tendrement.

CHÉRI, E ■ ***I.*** **⇒ cher. *II.* ⇒ amant.**

CHÉRIR ■ **⇒ aimer.**

CHERTÉ ■ **⇒ prix.**

CHÉRUBIN ■ **⇒ enfant.**

CHÉTIF, IVE ■ ***I.*** **⇒ faible. *II.* ⇒ mauvais. *III.* ⇒ misérable.**

CHEVAL ■ ***I.*** Équidé, solipède. ***II.*** Étalon, foal, hongre, jument, poulain, pouliche, poney, yearling. ***III. Fam.***

1. Bidet, bourrin, bourrique, canasson, carcan, carne, carogne, criquet, haridelle, mazette, oignon, rossard, rosse, rossinante, sardine, tréteau, veau, vieille bique. 2. Coco, dada. *IV.* Cheval d'armes, de chasse/de cirque/de concours/de course/d'élevage/de fond /de parade/de remonte, cob, coureur, courtaud, crack, favori, hunter, postier, sauteur, trotteur. *V.* Cheval sauvage, mustang, tarpan. *VI. Vx ou poét. :* cavale, coursier, destrier, haquenée, palefroi. *VII.* Équipage, monture. *VIII. Races :* andalou, anglais, anglo-normand, arabe, ardennais, auvergnat, barbe, belge, berrichon, boulonnais, bourbonien, breton, camarguais, cauchois, charentais, circassien, comtois, corse, danois, flamand, genet, hanovrien, hollandais, hongrois, irlandais, kabyle, kirghise, klepper, landais, limousin, lorrain, mecklembourgeois, mongol, navarrais, normand, percheron, persan, picard, poitevin, russe, tarbais, tartare, tcherkess, turc. **D'après la couleur ⇒ robe.** *IX. Loc.* **Allures du cheval :** Amble, aubin, canter, entrepas, galop, hobin, mésair, pas, trac, train, traquenard, trot. 2. **Cheval de bataille.** *Fig. :* argument, dada, idée fixe. 3. **Aller/monter à cheval ⇒ chevaucher.**

CHEVALERESQUE ▪ ⇒ **généreux.**

CHEVALERIE ▪ Féodalité, institution/ordre militaire, noblesse.

CHEVALET ▪ Banc, baudet, chèvre, échafaudage, support, tréteau.

CHEVALIER ▪ *I.* Bachelier (vx), cavalier, écuyer, noble, paladin, preux, suzerain, vassal. *II. Loc.* **Chevalier d'industrie :** faisan. ⇒ **voleur.**

CHEVALIÈRE ▪ Anneau, armes, armoiries, bague.

CHEVAUCHÉE ▪ *I. Au pr. :* cavalcade, course, promenade, reconnaissance, traite, tournée. *II. Par ext. :* incursion, investigation, raid.

CHEVAUCHER ▪ *I. V. intr.* 1. Aller/monter à cheval, caracoler, cavalcader, galoper, parader, trotter. 2. Se croiser, empiéter, être mal aligné, mordre sur, se recouvrir. *II. V. tr. :* couvrir, enjamber, passer au-dessus/par-dessus, recouvrir. *III. Loc.* **À chevauchons** (vx) : à califourchon, à cheval, à dada (fam.).

CHEVÊCHE ▪ ⇒ **hulotte.**

CHEVELU, E ▪ ⇒ **poilu.**

CHEVELURE, CHEVEUX ▪ *I.* Coiffure, toison. *II. Fam. :* crayons, crinière, crins, douilles, plumes, poils, roseaux, tifs, tignasse. ⇒ **postiche.**

CHEVILLARD ▪ Boucher, commissionnaire, grossiste.

CHEVILLE ▪ Clavette, esse, goujon, goupille, gournable (mar.). *Fig. :* inutilité, pléonasme, redondance, superfluité.

CHEVILLER ▪ ⇒ **fixer/enfoncer.**

CHÈVRE ▪ *I.* Bique, biquet, biquette, cabri, caprin, chevreau, chevrette, menon, menou. *II.* Appareil de levage, bigue, grue, treuil. ⇒ **chevalet.**

CHEVREUIL ▪ Brocard, chevrette, chevrillard, chevrotin.

CHEVRON ▪ ⇒ **poutre.**

CHEVRONNÉ, E ▪ *I.* ⇒ **ancien.** *II* ⇒ **capable.**

CHEVROTER ▪ *I.* ⇒ **trembler.** *II.* ⇒ **chanter.**

CHEZ-SOI ▪ ⇒ **maison.**

CHIASSE ▪ ⇒ **excrément, diarrhée.**

CHIC ▪ *I. Nom* ⇒ **élégance, habileté.** *II. Adj.* ⇒ **aimable, élégant.**

CHICANE, CHICANERIE ▪ *I.* Avocasserie, incident/procédé dilatoire, procédure, procès. *II.* Argutie, artifice, chinoiserie, contestation, controverse, équivoque, ergotage, ergoterie, logomachie, pointille, pointillerie, subtilité. *III.* Altercation, bagarre, bataille, bisbille, chamaillerie, chipotage, conflit, contradiction, contrariété, critique, démêlé, désaccord, différend, discordance, dispute, marchandage, mésentente, noise, passe d'armes, polémique, querelle, réprimande, scène, tracasserie.

CHICANER ■ *I.* Arguer, argumenter, avocasser, batailler, chamailler, chicoter, chipoter, chercher des crosses/noise/la petite bête/des poux/querelle, contester, contrarier, contredire, controverser, critiquer, discuter, disputer, épiloguer, ergoter, gloser, incidenter (vx), objecter, pointiller, polémiquer, provoquer, soulever un incident, tatillonner, trouver à redire, vétiller. *II.* 1. Barguigner, lésiner, marchander. 2. ⇒ **tourmenter.**

CHICANEUR, EUSE, CHICANIER, ÈRE ■ Argumenteur, avocassier, batailleur, chercheur, chicoteur, chinois, chipoteur, coupeur de cheveux en quatre, disputailleur, éplucheur d'écrevisses, ergoteur, mauvais coucheur, plaideur, pointilleux, procédurier, processif, querelleur, vétillard, vétilleur, vétilleux.

CHICHE ■ *I.* Crasseux, lésineux, parcimonieux. ⇒ **avare.** *II.* Chétif, léger, mesquin, mesuré, pauvre, sordide.

CHICHI ■ *I.* Affectation, cérémonie, embarras, façon, girie (fam.), manière, mignardise, minauderie, simagrée. *II.* Boucle/mèche de cheveux. ⇒ **postiche.**

CHICON ■ ⇒ **romaine.**

CHICOT ■ Croc, débris, dent, fragment, morceau.

CHICOTER ■ v. tr. et intr. ⇒ **chicaner.**

CHIEN ■ *I. Au pr.* 1. Canidé. 2. **Chien sauvage** : cabéru, cyon, dingo, lycaon, otocyon. 3. Chienne, chiot, lice. 4. Berger, corniaud, garde, gardien, mâtin, policier, roquet. 5. **Fam.** : cabot, cerbère, clébard, clebs, toutou. 6. **Races** : barbet, bas-rouge, basset, beagle, berger allemand/alsacien/belge/des Pyrénées, bichon, bleu d'Auvergne, bouledogue, braque, briard, briquet, bull-terrier, caniche, carlin, choupille, chow-chow, clabaud, cocker, colley, corneau, danois, dogue, épagneul, fox-terrier, griffon, groenendael, havanais, houret, king-Charles, labrador, levrette, lévrier, limier, loulou, malinois, maltais, mastiff, pékinois, pointer, ratier, saint-bernard, saint-hubert, sloughi, terreneuve, teckel, terrier, vautre. *II. Fig.* : attrait, chic, élégance, sex-appeal.

CHIER ■ ⇒ **besoins (faire ses).**

CHIFFON ■ *I. Au pr.* : chiffre, défroque, drapeau (vx), drille, guenille, haillon, lambeau, loque, morceau, oripeau, peille, pilot, serpillière, souquenille. *II.* ⇒ **bagatelle.**

CHIFFONNER ■ *I.* Bouchonner, friper, froisser, manier, mettre en tampon, plisser, remuer, tripoter. *II.* Attrister, chagriner, choquer, contrarier, faire de la peine, fâcher, froisser, heurter, intriguer, meurtrir, offenser, piquer, préoccuper, taquiner, tracasser.

CHIFFONNIER, ÈRE ■ *I. Au pr.* : biffin, brocanteur, chineur, fripier, grafin, regrattier (vx), trimardeur, triqueur. *II. Par ext.* ⇒ **vagabond.** *III.* Bonheur-du-jour, bonnetière, commode, table à ouvrage, travailleuse.

CHIFFRE ■ *I.* ⇒ **nombre.** *II.* ⇒ **somme.** *III.* ⇒ **marque.**

CHIFFRER ■ *I.* ⇒ **évaluer.** *II.* Coder, mettre/transcrire en chiffre/code.

CHIGNER ■ Grogner, pleurer, pleurnicher, rechigner, rouspéter.

CHIGNOLE ■ ⇒ **perceuse.**

CHIMÈRE ■ ⇒ **illusion.**

CHIMÉRIQUE ■ ⇒ **imaginaire.**

CHINE ■ ⇒ **brocante, vente.**

CHINÉ, E ■ ⇒ **bariolé.**

CHINER ■ ⇒ **chercher, taquiner.**

CHINOIS, E ■ n. et adj. ***I. Au pr. :*** asiate, asiatique, jaune. ***II. Fig.*** ⇒ **original, compliqué.** ***III.*** ⇒ **tamis.**

CHINOISERIE ■ Complication, formalité. ⇒ **chicane.**

CHIOT ■ ⇒ **chien.**

CHIOURME ■ ⇒ **bagne.**

CHIPER ■ ⇒ **voler.**

CHIPIE ■ ⇒ **mégère.**

CHIPOTER ■ ***I.*** ⇒ **manger.** ***II.*** ⇒ **chicaner.** ***III.*** ⇒ **hésiter.**

CHIQUÉ ■ ⇒ **tromperie.**

CHIQUENAUDE ■ Croquignole, nasarde, pichenette.

CHIROMANCIEN, ENNE ■ ⇒ **devin.**

CHIRURGIEN ■ Médecin, opérateur, praticien. ***Péj. :*** boucher, charcutier.

CHIURE ■ ⇒ **excrément.**

CHOC ■ ***I.*** Abordage, accident, accrochage, carambolage, collision, coup, heurt, percussion, tamponnement, télescopage. ***II. Milit. :*** affaire, assaut, attaque, bataille, charge, combat, corps à corps, engagement, lutte, offensive. ***III. Par ext.*** ⇒ **émotion.**

CHOCOLAT ■ ***I.*** Cacao. ***II.*** Bille, bonbon, bouchée, croquette, crotte, pastille, plaque, tablette, truffe.

CHŒUR ■ Choral, chorale, manécanterie, orphéon.

CHOIR ■ ⇒ **tomber.**

CHOISI, E I. ⇒ **précieux.** ***II.*** Oint, prédestiné, *et les part. passés possibles des syn. de* CHOISIR.

CHOISIR ■ Adopter, aimer mieux, coopter, se décider pour, départager, désigner, distinguer, élire, embrasser, s'engager, faire choix, fixer son choix, jeter son dévolu, mandater, nommer, opter, plébisciter, préférer, prendre, sélecter, sélectionner, trancher, trier sur le volet.

CHOIX ■ ***I. Au pr. :*** acceptation, adoption, cooptation, décision, désignation, élection, nomination, prédilection, préférence, résolution, sélection, triage. ***II.*** Alternative, dilemme, option. ***III.*** Assortiment, collection, dessus du panier, échelle, éventail, prix, qualité, réunion, tri. ***IV.*** Morceaux choisis, recueil. ⇒ **anthologie.** ***V.*** Aristocratie, crème, élite, fine fleur, gratin, happy few.

CHOLÉRA ■ ⇒ **peste, méchant.**

CHÔMAGE ■ Crise, manque de travail, marasme, morte-saison.

CHÔMER ■ Arrêter/cesser/suspendre le travail, faire le pont. ⇒ **fêter.**

CHÔMEUR, EUSE ■ ⇒ **demandeur.**

CHOPINER ■ ⇒ **enivrer (s').**

CHOPPER ■ Achopper, broncher, buter, faire un faux pas, trébucher.

CHOQUANT, E ■ ⇒ **désagréable.**

CHOQUER ■ ***I.*** Buter, donner contre, frapper, heurter, taper. ***II.*** Atteindre, blesser, commotionner, contrarier, déplaire, ébranler, écorcher, effaroucher, faire mauvais effet, froisser, heurter, indigner, offenser, offusquer, mécontenter, rebuter, révolter, scandaliser, secouer, sonner mal, soulever l'indignation, traumatiser, vexer.

CHORAL, CHORALE ■ ⇒ **chœur.**

CHORÉGRAPHIE ■ ⇒ **danse.**

CHOREUTE, CHORISTE ■ ⇒ **chanteur.**

CHORUS (FAIRE) ■ ⇒ **approuver.**

CHOSE ■ ⇒ **objet, truc.**

CHOSIFIER ■ Dépersonnaliser, déshumaniser, réifier.

CHOUCHOU, OUTE ■ ⇒ **favori.**

CHOUCHOUTER, CHOYER ■ ⇒ **caresser, soigner.**

CHOUETTE ■ ***I.*** ⇒ **hulotte.** ***II.*** ⇒ **beau.**

CHRESTOMATHIE ■ ⇒ **anthologie.**

CHRÉTIEN, IENNE ■ adj. et n. ***I.*** Baptisé, catholique, copte, orthodoxe, protestant, schismatique. ***II.*** Fidèle, ouaille, paroissien. ***III. Par ext.*** **1.** ⇒ **bon. 2.** ⇒ **homme.**

CHRONIQUE ■ ***I. Adj.*** ⇒ **durable.** ***II. Nom.*** **1.** ⇒ **histoire. 2.** ⇒ **article.**

CHRONIQUEUR ■ ⇒ **historien.**

CHRONOLOGIE ■ ⇒ **histoire.**

CHUCHOTEMENT, CHUCHOTERIE ■ Bruit, bruissement, chuchotis, gazouillement, gazouillis, murmure, susurrement.

CHUCHOTER ■ ⇒ **murmurer.**

CHUINTER ■ Bléser, zézayer, zozoter.

CHUT ■ Paix, silence, taisez-vous.

CHUTE ■ ***I. Au pr.*** **1.** Affaissement, avalanche, croulement, éboulement, écrasement, écroulement, effondrement, glissement. **2.** Bûche, cabriole, carambolage, culbute, dégringolade, gadin, glissade, pelle, plongeon. ***II. Méd. :*** déplacement, descente, prolapsus, ptôse. ***III.*** Abdication, capitulation, déconfiture, défaite, disgrâce, échec, faillite, insuccès, renversement. ***IV.*** **1.** Crise, décadence, déchéance, faute, péché, scandale. **2.** Abattement, découragement, démoralisation, perte de confiance. **3.** Baisse, dépréciation, dévaluation. **4.** Bas, extrémité, fin, terminaison. **5.** ⇒ **abaissement.** ***V.*** Rapide. ⇒ **cascade.** ***VI.*** ⇒ **déchet.**

CHUTER ■ ⇒ **baisser, tomber.**

CIBLE ■ But, mouche, papegai, papegeai, quintaine.

CIBOULE ■ Ciboulette, cive, civette. ⇒ **tête.**

CICATRICE ■ ***I.*** Balafre, couture, marque, signe, souvenir, stigmate, trace. ***II. Par ext. :*** brèche, défiguration, lézarde, mutilation.

CICATRISATION ■ Guérison, réparation, rétablissement. ***Fig. :*** adoucissement, apaisement, consolation, soulagement.

CICATRISER ■ ***I. Au pr. :*** se dessécher, se fermer, guérir. ***II. Fig. :*** adoucir, apaiser, consoler, soulager.

CICÉRONE ■ ⇒ **guide.**

CI-DEVANT ■ ***I. Adv.*** ⇒ **avant.** ***II. Nom*** ⇒ **noble.**

CIEL ■ ***I.*** Atmosphère, calotte/voûte céleste/des cieux, coupole/dôme du ciel, espace, éther, firmament, infini, nuages, nue (vx), univers. ***II. Sing. et pl. :*** au-delà, céleste empire/lambris/séjour, éden, empyrée, Jérusalem céleste, là-haut, paradis, patrie des élus, séjour des bienheureux/des élus, walhalla. ***III. Par ext.*** ⇒ **dieu.** ***IV. Ciel de lit*** ⇒ **dais.**

CIERGE ■ ⇒ **chandelle.**

CIGARE ■ Havane, londrès, manille, panatella, panetela, trabuco.

CIGARETTE ■ ***Arg. :*** cibiche, clop, mégot, pipe, sèche, smak, tige.

CI-JOINT ■ Ci-annexé, ci-inclus.

CILICE ■ ***I. Au pr. :*** haire. ***II. Par ext. :*** mortification, pénitence.

CILLER ■ ***I. V. tr. :*** bornoyer, cligner, clignoter, papilloter. ***II. V. intr. :*** broncher, s'émouvoir, marquer le coup.

CIME ■ ⇒ **sommet.**

CIMENT ■ Béton, liant, lien, mortier.

CIMENTER ■ Affermir, amalgamer, consolider, lier, raffermir, sceller, unir.

CIMETERRE ■ ⇒ **épée.**

CIMETIÈRE ■ Catacombe, champ des morts/du repos, charnier, columbarium, crypte, nécropole, ossuaire. ***Arg. :*** clamart, quatre-arpents.

CINÉASTE ■ Chef de production, dialoguiste, metteur en scène, opérateur, producteur, réalisateur, scénariste.

CINÉMA ■ ***I.*** Ciné, cinérama, cinoche (fam.), grand écran, permanent, salle, salle obscure, spectacle. ***II.*** ⇒ **comédie.**

CINÉMATOGRAPHIER ■ Enregistrer, filmer, photographier, prendre un film, tourner.

CINGLANT, E ■ Blessant, cruel, dur, sévère, vexant.

CINGLÉ, E, CINOQUE ■ ⇒ **fou.**

CINGLER ■ ***I.*** Aller, s'avancer, faire route/voile, marcher, naviguer, progresser, voguer. ***II. V. tr.*** **1. Au pr. :** battre, cravacher, flageller, fouailler, fouetter, frapper, fustiger, sangler. **2. Fig. :** attaquer, attiser, blesser, critiquer, exciter, moucher, vexer.

CINTRE ■ ***I.*** Arc, arcade, arceau, cerceau, courbure, ogive, voussure, voûte. ***II.*** Armature, coffrage. ***III.*** Portemanteau.

CINTRER ■ ⇒ **bomber.**

CIRCONFÉRENCE ■ ⇒ **tour, rond.**

CIRCONFLEXE ■ ⇒ **tordu.**

CIRCONLOCUTION ■ ⇒ **périphrase.**

CIRCONSCRIPTION ■ ⇒ **division.**

CIRCONSCRIRE ■ ⇒ **limiter.**

CIRCONSPECT, E ■ ⇒ **prudent.**

CIRCONSPECTION ■ Attention, calme, considération, défiance, diplomatie, discernement, discrétion, égard, habileté, ménagement, mesure, modération, politique, précaution, prévoyance, prudence, quant-à-soi, réflexion, réserve, retenue, sagesse.

CIRCONSTANCE ■ ***I.*** Accident, climat, condition, détail, détermination, donnée, modalité, particularité. ***II.*** Actualité, conjoncture, état des choses, événement, heure, moment, situation, temps. ***III.*** Cas, chance, coïncidence, entrefaite, épisode, éventualité, hasard, incidence, incident, occasion, occurrence, péripétie. ***IV.*** À-propos, contingence, opportunité.

CIRCONSTANCIÉ, E ■ ⇒ **détaillé.**

CIRCONVENIR ■ ⇒ **séduire.**

CIRCONVOLUTION, CIRCUIT ■ ⇒ **tour.**

CIRCULATION ■ ***I.*** ⇒ **mouvement.** ***II.*** ⇒ **trafic.**

CIRCULER ■ ⇒ **mouvoir (se).**

CIRER ■ Encaustiquer. ⇒ **frotter.**

CIRQUE ■ ***I. Au pr. :*** amphithéâtre, arène, carrière, chapiteau, colisée, hippodrome, naumachie, piste, représentation, scène, spectacle, stade, tauromachie, voltige. ***II. Fig.*** ⇒ **chahut.**

CISAILLE ■ Cueilloir. ⇒ **ciseau.**

CISAILLER ■ Ébarber, élaguer. ⇒ **couper.**

CISEAU ■ ***I. Sing. :*** bec-d'âne, bédane, berceau, besaiguë, biseau, bouchard, burin, ciselet, cisoir, ébauchoir, fermoir, gouge, gougette, grattoir, matoir, ognette, plane, poinçon, pointe, riflard, rondelle. ***II. Plur. :*** cisaille, cueille-fleurs, forces, mouchette, sécateur.

CISELER ■ ***I.*** ⇒ **tailler.** ***II.*** ⇒ **parfaire.**

CITADELLE ■ ⇒ **forteresse.**

CITADIN, E ■ ***I. Adj.*** ⇒ **urbain.** ***II. Nom*** ⇒ **habitant.**

CITATION ■ ⇒ **extrait.**

CITÉ ■ ⇒ **agglomération, village.**

CITER ■ ***I. Au pr. :*** ajourner, appeler en justice, assigner, convoquer, faire sommation/venir, intimer, mander, sommer, traduire en justice. ***II. Par ext. :*** alléguer, apporter, avancer, consigner, donner/fournir en exemple/référence, évoquer, indiquer, invoquer, mentionner, nommer, produire, rappeler, rapporter, signaler, viser.

CITERNE ■ ⇒ **réservoir.**

CITOYEN ■ ⇒ **habitant.**

CITRON ■ Agrume, bergamote,

cédrat, citrus, lime, limette, limon, poncire. ⇒ **agrume.**

CITROUILLE ■ ⇒ **courge.**

CIVIÈRE ■ Bard, bast, bayart, brancard, litière, oiseau.

CIVIL, E ■ ***I. Adj.*** 1. Civique, laïque. 2. Affable, aimable, bien élevé, convenable, correct, courtois, empressé, galant, gentil, gracieux, honnête, poli. ***II. Nom :*** bourgeois, pékin (fam.).

CIVILISATION ■ Avancement, culture, évolution, perfectionnement, progrès.

CIVILISÉ, E ■ ⇒ **policé.**

CIVILISER ■ ⇒ **policer.**

CIVILITÉ ■ Affabilité, amabilité, bonnes manières, convenances, correction, courtoisie, éducation, gentillesse, gracieuseté, honnêteté, politesse, raffinement, savoir-vivre, sociabilité, urbanité, usage. ***Plur.*** 1. Amabilités, amitiés, baisemain, bien des choses, compliments, devoirs, hommages, politesses, salutations. 2. Cérémonies.

CIVISME ■ ⇒ **patriotisme.**

CLABAUDER ■ ⇒ **médire.**

CLABAUDERIE ■ ⇒ **médisance.**

CLAIE ■ ***I.*** Clayon, clisse, crible, éclisse, sas, tamis, volette. ***II.*** Bordigue, nasse. ***III.*** Abri, brisevent, clôture, grille, treillage. ***IV.*** Hayon, panneau.

CLAIR, E ■ ***I.*** 1. Brillant, éclatant, limpide, luisant, lumineux, net, poli, pur, serein, transparent. 2. Clairet, clairsemé, léger, rare. 3. Aigu, argentin, vif. ***II. Fig.*** 1. Aisé, explicite, facile, intelligible, précis, tranché. 2. Apparent, certain, distinct, évident, manifeste, notoire, palpable, sûr. 3. Cartésien, catégorique, délié, formel, lucide, pénétrant, perspicace, sans ambiguïté, sûr, univoque.

CLAIRIÈRE ■ Clair, échappée, éclaircie, trouée.

CLAIRON ■ Clique, fanfare, trompette.

CLAIRONNER ■ ⇒ **publier.**

CLAIRSEMÉ, E ■ ⇒ **épars.**

CLAIRVOYANCE ■ ⇒ **pénétration.**

CLAIRVOYANT, E ■ ***I.*** ⇒ **pénétrant.** ***II.*** ⇒ **intelligent.**

CLAMER ■ ⇒ **crier.**

CLAMEUR ■ ⇒ **cri.**

CLAN ■ ***I.*** ⇒ **tribu.** ***II.*** ⇒ **coterie.** ***III.*** ⇒ **parti.**

CLANDESTIN, E ■ ⇒ **secret.**

CLAPET ■ Obturateur, soupape, valve.

CLAPIR (SE) ■ ⇒ **cacher (se).**

CLAQUE ■ ***I.*** ⇒ **gifle.** ***II.*** ⇒ **lupanar.**

CLAQUEMENT ■ ⇒ **bruit.**

CLAQUEMURER ■ ***I.*** ⇒ **coffrer.** ***II.*** ⇒ **enfermer.**

CLAQUER ■ ***I. V. tr.*** 1. ⇒ **frapper.** 2. ⇒ **dépenser.** 3. ⇒ **fatiguer.** ***II. V. intr.*** 1. ⇒ **rompre.** 2. ⇒ **mourir.**

CLARIFIER ■ ⇒ **éclaircir, purifier.**

CLARTÉ ■ ***I.*** Clair-obscur, demi-jour, éclat, embrasement, lueur, lumière, nitescence. ***II. Fig.*** 1. Limpidité, luminosité, pureté, transparence, visibilité. 2. Intelligibilité, netteté, perspicacité, perspicuité, précision.

CLASSE ■ ***I. Au pr. :*** caste, catégorie, clan, division, état, famille, gent, groupe, ordre, rang, série, standing. ***II.*** ⇒ **école.** ***III.*** Carrure, chic, chien, dimension, distinction, élégance, génie, présence, talent, valeur.

CLASSEMENT ■ Arrangement, bertillonnage, catalogue, classification, collocation, index, nomenclature, ordre, rangement, répertoire, statistique, taxonomie.

CLASSER ■ Arranger, assigner, attribuer, cataloguer, classifier, différencier, diviser, grouper, ordonner, placer, ranger, répartir, répertorier, séparer, sérier, subsumer, trier.

CLASSIFICATION ■ ⇒ **classement.**

CLASSIFIER ■ ⇒ **classer.**

CLASSIQUE ■ ⇒ **traditionnel.**

CLAUDICANT, E ■ ⇒ **boiteux.**

CLAUSE ■ ***I.*** ⇒ **disposition.** ***II. Loc.*** **Clause pénale :** cautionnement, dédit, dédommagement, garantie, sûreté.

CLAUSTRAL, E ■ Ascétique, cénobitique, monacal, monastique, religieux.

CLAUSTRATION ■ ⇒ **isolement.**

CLAUSTRER ■ ⇒ **enfermer.**

CLAUSULE ■ ⇒ **terminaison.**

CLAVECIN ■ Clavicorde, épinette, virginal.

CLEF ■ ***I.*** Sûreté. ⇒ **passe-partout, rossignol.** ***II.*** Explication, fil conducteur, introduction, sens, signification, solution. ***III.*** ⇒ **dénouement.**

CLÉMENCE ■ ⇒ **générosité.**

CLÉMENT, E ■ ⇒ **indulgent.**

CLERC ■ ***I.*** ⇒ **prêtre.** ***II.*** ⇒ **savant.** ***III.*** Actuaire, commis, employé, principal, saute-ruisseau, secrétaire, tabellion.

CLERGÉ ■ Église, ordre. ***Péj. :*** calotte, curaille, frocaille, prêtraille.

CLICHÉ ■ ***I.*** Épreuve, image, négatif, pellicule, phototype. ***II.*** ⇒ **banalité.**

CLIENT, E ■ acheteur, protégé.

CLIGNEMENT ■ ⇒ **clin d'œil.**

CLIGNER, CLIGNOTER ■ ***I.*** ⇒ **ciller.** ***II.*** ⇒ **vaciller.**

CLIMAT ■ ***I.*** Ciel, circonstances/conditions atmosphériques/climatiques/météorologiques, régime, température. ***II.*** Atmosphère, ambiance, environnement, milieu. ⇒ **pays.**

CLIMATÈRE ■ Andro/ménopause.

CLIN D'ŒIL ■ Battement, clignement, coup d'œil, œillade.

CLINICIEN ■ Praticien. ⇒ **médecin.**

CLINIQUE ■ ⇒ **hôpital.**

CLINQUANT ■ Camelote, éclat, faux, imitation, pacotille, quincaillerie, simili, verroterie.

CLIQUE ■ ***I.*** ⇒ **orchestre.** ***II.*** ⇒ **coterie.**

CLIQUETIS ■ ⇒ **bruit.**

CLOAQUE ■ ***I. Au pr. :*** bourbier, charnier, décharge, égout, margouillis, sentine, voirie. ⇒ **water-closet.** ***II. Par ext.*** **1.** ⇒ **abjection. 2.** ⇒ **bas-fond.**

CLOCHARD, E ■ Chemineau, cloche, mendiant, trimard, trimardeur, vagabond.

CLOCHE ■ ***I. Au pr. :*** beffroi, bélière, bourdon, campane, carillon, clarine, clochette, grelot, sonnaille, timbre. ***II. Poét. :*** airain, bronze. ***III. Par ext. :*** appel, signal, sonnerie. ***IV.*** ⇒ **boursouflure.** ***V.*** ⇒ **clochard.** ***VI. Adj.*** ⇒ **bête.**

CLOCHER ■ Beffroi, bulbe, campanile, clocheton, flèche, tour.

CLOCHER ■ ***I.*** Aller à cloche-pied, boiter, broncher, claudiquer, clopiner. ***II.*** ⇒ **décliner.**

CLOCHETTE ■ ⇒ **cloche.**

CLOISON ■ ⇒ **mur, séparation.**

CLOISONNER ■ ⇒ **séparer.**

CLOÎTRE ■ ***I.*** Déambulatoire, patio, préau, promenoir. ***II.*** Abbaye, béguinage, chartreuse, communauté, couvent, ermitage, monastère, moutier, retraite, trappe.

CLOÎTRER ■ ⇒ **enfermer.**

CLOPINER ■ ⇒ **clocher.**

CLOQUE ■ ⇒ **boursouflure.**

CLOQUER ■ ***I.*** Gaufrer. ⇒ **gonfler.** ***II.*** ⇒ **donner, mettre, placer.**

CLORE ■ ⇒ **fermer, entourer, finir.**

CLOS ■ ⇒ **enceinte, champ, vigne.**

CLÔTURE ■ ***I. Au pr. :*** balustre, barbelé, barricade, barrière, chaîne, claie, échalier, enceinte, entourage, fermeture, grillage, grille, haie, herse, lice, mur, muraille, palanque, palis, palissade, treillage, treillis. ***II.*** ⇒ **fin.**

CLÔTURER ■ ⇒ **entourer, finir.**

CLOU ■ ***I.*** ⇒ **pointe.** ***II.*** ⇒ **abcès.** ***III.*** ⇒ **mont-de-piété.** ***IV.*** ⇒ **bouquet.**

CLOUER ■ ⇒ **fixer.**

CLOUTAGE ■ Assemblage, clouage, clouement, fixage, fixation, montage.

CLOWN ■ ***I.*** Auguste, bateleur, bouffon, gugusse, paillasse, pitre. ***II.*** Acrobate, artiste, fantaisiste. ⇒ **farceur.**

CLUB ■ ⇒ **cercle.**

CLUSE ■ ⇒ **vallée.**

CLYSTÈRE ■ ⇒ **lavement.**

COACCUSÉ, E ■ ⇒ **complice.**

COACTION ■ ⇒ **contrainte.**

COADJUTEUR ■ Adjoint, aide, assesseur, auxiliaire, suppléant.

COAGULER ■ v. tr. et intr. Caillebotter, cailler, congeler, figer, floculer, grumeler, prendre, solidifier.

COALISER ■ ⇒ **unir.**

COALITION ■ Alliance, archiconfrérie, association, bloc, cartel, collusion, confédération, entente, front, groupement, intelligence, ligue, trust, union.

COALTAR ■ ⇒ **goudron.**

COASSER ■ Fig. : bavarder, cabaler, clabauder, criailler, jacasser, jaser, médire.

COBAYE ■ Cavia, cochon d'Inde.

COCAGNE ■ Abondance, eldorado, paradis, pays des merveilles/de rêve, réjouissance.

COCARDE ■ ⇒ **emblème.**

COCARDIER, ÈRE ■ ⇒ **patriote.**

COCASSE ■ ⇒ **risible.**

COCHE ■ ***I.*** Berline, carrosse, chaise de poste, courrier, diligence, malle, malle-poste, patache. ⇒ **voiture.** ***II. Coche d'eau :*** bac, bachot, bateau-mouche. ⇒ **bateau.** ***III.*** ⇒ **porc.** ***IV.*** ⇒ **entaille.**

COCHER ■ ***I.*** Aurige, automédon, collignon, conducteur, patachier, patachon, phaéton, postillon, roulier, voiturier, voiturin. ***II. V. tr.*** ⇒ **entailler.**

COCHON ■ ***I. Au pr.*** ⇒ **porc.** ***II. Fig.*** **1.** ⇒ **obscène. 2.** ⇒ **débauché.**

COCHONNAILLE ■ ⇒ **charcuterie.**

COCHONNER ■ ⇒ **gâcher.**

COCHONNERIE ■ ***I.*** ⇒ **obscénité.** ***II.*** ⇒ **saleté.**

COCOTTE ■ ***I.*** Autocuiseur. ***II.*** ⇒ **prostituée.**

COCTION ■ ⇒ **cuisson.**

COCU, E ■ n. et adj. Bafoué, berné, blousé, coiffé, cornard, trompé.

COCUFIER ■ ⇒ **tromper.**

CODE ■ ⇒ **collection, règlement.**

CODIFIER ■ ⇒ **régler.**

COEFFICIENT ■ Facteur, pourcentage.

COÉQUIPIER ■ ⇒ **partenaire.**

COERCITION ■ ⇒ **contrainte.**

CŒUR ■ ***I.*** ⇒ **âme.** ***II.*** ⇒ **nature.** ***III.*** ⇒ **sensibilité.** ***IV.*** ⇒ **générosité.** ***V.*** ⇒ **chaleur.** ***VI.*** ⇒ **courage.** ***VII.*** ⇒ **estomac.** ***VIII.*** ⇒ **conscience.** ***IX.*** ⇒ **mémoire.** ***X.*** ⇒ **intuition.** ***XI.*** ⇒ **centre.** ***XII. Loc.*** **1. À cœur ouvert :** avec abandon/confiance, franchement, librement. **2. De bon cœur :** avec joie/plaisir, de bon gré, volontairement, volontiers. ***XIII.*** **arg. :** chouan, palpitant.

COFFRE ■ Arche (vx), bahut, boîte, caisse, caisson, cassette, coffre-fort, coffret, huche, maie, malle. ***Fig. :***

culot, estomac, souffle, toupet. ⇒ **poitrine.**

COFFRER ■ Arrêter, claquemurer, emprisonner, mettre à l'ombre/en prison, *et les syn. de* PRISON.

COFFRET ■ ⇒ **boîte.**

COGITER ■ ⇒ **penser.**

COGNAT ■ ⇒ **parent.**

COGNÉE ■ ⇒ **hache.**

COGNER ■ ***I.*** ⇒ **battre.** ***II.*** ⇒ **frapper.** ***III.*** ⇒ **heurter.**

COGNITION ■ ⇒ **conscience.**

COHABITATION ■ Concubinage, mixité, promiscuité, voisinage.

COHÉRENCE, COHÉSION ■ ***I.*** ⇒ **adhérence.** ***II.*** ⇒ **liaison.**

COHÉRENT, E ■ ⇒ **logique.**

COHORTE ■ ⇒ **troupe.**

COHUE ■ ***I.*** Affluence, foule, mêlée, multitude, presse. ***II.*** Bousculade, confusion, désordre, tumulte.

COI, COITE ■ ***I.*** ⇒ **tranquille.** ***II.*** Abasourdi, muet, sidéré, stupéfait.

COIFFE ■ Cale (vx), cornette. ⇒ **bonnet.**

COIFFER ■ ⇒ **peigner.** ***V. pron. : fig.*** ⇒ **engouer (s').**

COIFFEUR, EUSE ■ Artiste capillaire, barbier, capilliculteur, figaro, merlan (vx), perruquier, pommadier, pommadin, testonneur (vx).

COIFFURE ■ ***I.*** Atour, attifet, barrette, béret, bibi, bi/tricorne, bitos (fam.), boléro, bolivar, bonnet, cagoule, cale, calot, calotte, capuche, capuchon, carré, casque, casquette, castor, chapeau, chapelet (vx), chaperon, chapska, chéchia, coiffe, cornette, couronne, couvre-chef, cramignole (vx), diadème, escoffion, faluche, fanchon, feutre, fez, filet, fontange, foulard, galette, galure, galurin, garcette, hennin, képi, madras, mantille, marmotte, mitre, mortier, mouchoir, panama, passe-montagne, perruque, polo, pschent, résille, réticule, ruban, serre-tête, shako, suroît, talpack, tapebord, tarbouch, tiare, toque, tortil, tortillon, turban, voile. ***II.*** Accroche-cœur, aile-de-pigeon, à la chien, anglaise, bandeau, boucle, catogan, chignon, frange, macaron, nattes, queue, rouleau, torsade, tresse.

COIN ■ ***I.*** Cachet, empreinte, estampille, marque, poinçon, sceau. ***II.*** Angle, encoignure, recoin, renfoncement, retrait. ***III. Coin de la rue :*** croisement, détour, tournant. ***IV.*** ⇒ **pays.** ***V.*** ⇒ **solitude.** ***VI.*** Bout, extrémité, morceau, partie, secteur. ***VII.*** Cale, patarasse.

COINCER ■ ***I.*** ⇒ **fixer.** ***II.*** ⇒ **prendre.**

COÏNCIDENCE ■ Concomitance, concours de circonstances, isochronisme, rencontre, simultanéité, synchronie.

COÏNCIDER ■ ⇒ **correspondre.**

COÏNTÉRESSÉ, E ■ ⇒ **associé.**

COÏTER ■ ⇒ **accoupler (s').**

COL ■ ⇒ **cou, collet, défilé.**

COLÈRE ■ n. Agitation, agressivité, atrabile, bile, bourrasque, courroux, dépit, ébullition, effervescence, emportement, exaspération, foudres, fulmination, fureur, furie, hargne, impatience, indignation, irascibilité, ire, irritation, rage, surexcitation, violence. ***Fam. :*** à cran/renaud/ressang/ressaut, en boule/groume/manche/pétard/quarante/rogne, fumace.

COLÈRE, COLÉREUX, EUSE, COLÉRIQUE ■ Adj. agité, agressif, atrabilaire, bilieux, chagrin, courroucé, emporté, exaspéré, excitable, fulminant, furieux, hargneux, impatient, irascible, irritable, monté contre, rageur, soupe au lait.

COLIFICHET ■ ⇒ **bagatelle.**

COLIMAÇON ■ ⇒ **limaçon.**

COLIQUE ■ ***I. Au pr.*** **1.** Colite, crampe, débâcle, déchirement d'entrailles, dysenterie, entérite, entérocolite, épreinte, flatuosité, flux de vente (vx), indigestion, intoxication, occlusion intestinale, tenesme, tiraillement d'intestin, tranchées (vx), trouille, venette. ⇒ **diarrhée. 2. Néphrétique** : anurie, dysurie, hématurie. **3. De plomb** : saturnisme. **4. Fam.** : chiasse, cliche, courante, foire. ***II. Fig.*** ⇒ **importun.**

COLIS ■ ⇒ **paquet.**

COLLABORATEUR ■ ⇒ **associé.**

COLLABORATION ■ ⇒ **coopération.**

COLLABORER ■ ⇒ **participer.**

COLLANT, E ■ adhésif, gluant, glutineux, visqueux. ⇒ **importun.**

COLLATÉRAL, E ■ ⇒ **parent.**

COLLATION ■ ***I.*** Casse-croûte, cinq à sept, cocktail, en-cas, five o'clock, goûter, lunch, mâchon, quatre heures, rafraîchissement, réfection, régal, souper, thé. ***II.*** Comparaison, confrontation, correction, lecture, vérification. ***III.*** Attribution, distribution, remise.

COLLATIONNER ■ ⇒ **comparer.**

COLLE ■ Empois, glu, poix. ⇒ **question.**

COLLÉ, E ■ ⇒ **refusé.**

COLLECTE ■ ***I.*** Cueillette, ramassage, récolte. ***II.*** ⇒ **quête.**

COLLECTER ■ ⇒ **assembler.**

COLLECTEUR ■ ***I.*** ⇒ **conduit.** ***II.*** ⇒ **percepteur.**

COLLECTIF, IVE ■ Communautaire. ⇒ **général.**

COLLECTION ■ ***I. Au pr.*** : accumulation, amas, appareil, assemblage, assortiment, attirail, compilation, ensemble, foule, groupe, nombre, quantité, ramas (péj.), ramassis (péj.), réunion, tas, variété. ***II. Par ext.*** : album, anthologie, bibelotage, bibliothèque, catalogue, code, coquillier, discothèque, galerie, herbier, iconographie, médailler, ménagerie, musée, philatélie, pinacothèque, vitrine.

COLLECTIONNER ■ Accumuler, amasser, assembler, bibeloter, colliger, entasser, grouper, ramasser, réunir.

COLLECTIONNEUR, EUSE ■ Amateur, bibeloteur, bibliomane, bibliophile, chercheur, connaisseur, curieux, fouineur, numismate, philatéliste.

COLLECTIVISER ■ ⇒ **nationaliser.**

COLLECTIVISME ■ Autogestion, babouvisme, bolchevisme, collégialité, communisme, fourriérisme, marxisme, mutuellisme, saint-simonisme, socialisme.

COLLECTIVITÉ ■ Collège, communauté, ensemble, phalanstère, société, soviet.

COLLÈGE ■ ⇒ **corporation, lycée.**

COLLÉGIALE ■ ⇒ **église.**

COLLÉGIEN, ENNE ■ ⇒ **élève.**

COLLÈGUE ■ Associé, camarade, compagnon, confrère.

COLLER ■ ***I.*** ⇒ **appliquer.** ***II.*** ⇒ **mettre.** ***III. Fam.*** : ajourner, refuser.

COLLER (SE) ■ ⇒ **attacher (s').**

COLLET ■ ***I.*** Col, colback (fam.), collerette, encolure, fraise, gorgerette, jabot, rabat. ***II.*** Lacet, lacs, piège. ***III. Loc.*** **Collet monté** : affecté, guindé, revêche. ⇒ **prude.**

COLLETER ■ ⇒ **lutter, prendre.**

COLLIER ■ ***I. Au pr.*** : bijou, carcan, chaîne, rang de perles, rivière de diamants, sautoir, torque. ***II. Par ext.*** : harnais, joug. ⇒ **servitude.**

COLLIGER ■ ⇒ **réunir.**

COLLINE ■ ⇒ **hauteur.**

COLLISION ■ ⇒ **heurt, engagement.**

COLLOQUE ■ ⇒ **conversation.**

COLLUSION ■ ⇒ **complicité.**

COLMATER ■ ⇒ **boucher.**

COLO, COLONIALE ■ Infanterie de marine, la martiale.

COLOMBE ■ ⇒ **colombin.**

COLOMBIER ■ ⇒ **pigeonnier.**

COLOMBIN ■ ***I.*** Biset, colombe, goura, palombe, palonne, pigeon, pigeonneau, ramier, tourtereau, tourterelle. ***II.*** ⇒ **excrément.**

COLON ■ Agriculteur, cultivateur, exploitant, fermier, métayer, planteur, preneur.

COLONIALISME ■ Expansionnisme, impérialisme.

COLONIE ■ ***I.*** Ensemble, famille, groupe. ***II.*** Comptoir, empire, établissement, factorerie, fondation, plantation, protectorat.

COLONISATION ■ Colonialisme, expansion, hégémonie, impérialisme.

COLONISER ■ Occuper. ⇒ **prendre.**

COLONNE ■ ***I.*** Contrefort, fût, montant, pilastre, pilier, poteau, pylône, soutènement, soutien, support. ***II.*** Aiguille, cippe, obélisque, stèle. ***III.*** ***Colonne vertébrale :*** échine, épine dorsale, rachis, vertèbres. ***IV.*** Commando, escouade, renfort, section.

COLOPHANE ■ Arcanson.

COLORATION ■ ⇒ **couleur.**

COLORÉ, E ■ ***I.*** Barbouillé (péj.), colorié, enluminé, peinturluré, polychrome, teinté. ***II.*** Animé, expressif, imagé, vif, vivant.

COLORER, COLORIER ■ Barbouiller (péj.), barioler, embellir, enluminer, farder, orner, peindre, peinturlurer, rehausser, relever, teindre, teinter.

COLORIS ■ ⇒ **couleur.**

COLOSSAL, E ■ ⇒ **gigantesque.**

COLOSSE ■ ⇒ **géant.**

COLPORTER ■ ⇒ **répandre.**

COLTINER ■ ⇒ **porter.**

COLTINEUR ■ ⇒ **porteur.**

COMA ■ Assoupissement, évanouissement, insensibilité, léthargie, perte de connaissance, sommeil, sopor.

COMBAT ■ ⇒ **bataille, conflit.**

COMBATIF, IVE ■ Accrocheur, agressif, bagarreur, baroudeur, batailleur, belliqueux, lutteur, pugnace, querelleur, vif.

COMBATIVITÉ ■ ⇒ **agressivité.**

COMBATTANT, E ■ ***I.*** Guerrier, homme, soldat. ***II.*** ***Par ext.*** **1.** Adversaire, antagoniste, challenger, rival. **2.** Apôtre, champion, militant, prosélyte.

COMBATTRE ■ v. tr. et intr. ⇒ **lutter.**

COMBE ■ ⇒ **vallée.**

COMBINAISON ■ ***I.*** ⇒ **cotte.** ***II.*** ⇒ **mélange.** ***III.*** ⇒ **plan.**

COMBINARD ■ ⇒ **malin.**

COMBINE ■ ***I.*** Astuce, embrouille, filon, manigance, moyen, planque, système, tour, truc, tuyau. ***II.*** Favoritisme, passe-droit, passe-passe, piston.

COMBINER ■ ***I.*** Allier, arranger, assembler, associer, assortir, composer, coordonner, disposer, joindre, marier, mélanger, mêler, ordonner, réunir, unir. ***II.*** Agencer, calculer, concerter, construire, élaborer, gamberger (fam.), imaginer, machiner, manigancer, méditer, organiser, ourdir, préparer, spéculer, trafiquer, tramer.

COMBLE ■ ***I. Adj.*** ⇒ **plein.** ***II. Nom.*** **1. Au pr. :** supplément, surcroît, surplus, trop-plein. **2. Par ext. :** apogée, excès, faîte, fort, limite, maximum, période, pinacle, sommet, summum, triomphe, zénith. **3. Archit. :** attique, couronnement, faîte, haut, mansarde, pignon, toit.

COMBLÉ, E ■ Abreuvé, accablé,

chargé, couvert, gâté, heureux, satisfait.

COMBLER ■ ***I.*** Emplir, remplir, saturer, surcharger. ***II.*** Abreuver, accabler, charger, couvrir, donner, gâter, gorger, satisfaire. ***III.*** Aplanir, boucher, bourrer, niveler, obturer, remblayer, remplir. ***IV. Loc.*** **Combler la mesure : ⇒ exagérer.**

COMBUSTIBLE ■ Aliment, carburant, *et par ext.* comburant, matière inflammable.

COMBUSTION ■ Calcination, crémation, incendie, incinération, inflammation, ignition, oxydation.

COMÉDIE ■ ***I.*** Arlequinade, bouffonerie, caleçonnade, farce, momerie, pantalonnade, pièce, proverbe, saynète, sketch, sotie, spectacle, théâtre, vaudeville. ***II. Péj. :*** cabotinage, cinéma, déguisement, feinte, frime, invention, mensonge, plaisanterie, simulation, tromperie, turlupinade. **⇒ subterfuge.**

COMÉDIEN, ENNE ■ ***I.*** Acteur, artiste, comique, doublure, figurant, interprète, mime, pensionnaire/sociétaire de la Comédie-Française, petit/premier rôle, protagoniste, tragédien. ***II.*** Étoile, star, vedette. ***III. Péj. :*** baladin, cabot, histrion, ringard. ***IV.*** **⇒ farceur, hypocrite.**

COMESTIBLE ■ ***I. Nom*** **⇒ subsistance.** ***II.*** **⇒ mangeable.**

COMICE ■ **⇒ réunion.**

COMIQUE ■ ***I. Nom.*** **1. ⇒ bouffon. 2. ⇒ écrivain.** ***II. Adj.*** **1.** Abracadabrant, absurde, amusant, bizarre, bouffe, bouffon, burlesque, caricatural, cocasse, courtelinesque, désopilant, drôle, facétieux, falot, gai, grotesque, hilarant, inénarrable, loufoque, plaisant, ridicule, risible, saugrenu, ubuesque, vaudevillesque. **2. Fam. :** au poil, bidonnant, boyautant, cornecul, crevant, fumant, gondolant, impayable, marrant, pilant, pissant, poilant, rigolo, roulant, tordant, transpoil.

COMITÉ ■ Commission, soviet. **⇒ réunion.**

COMMANDANT ■ **⇒ chef.**

COMMANDE ■ ***I.*** Achat, ordre. ***II. Loc.*** **De commande :** affecté, artificiel, factice, feint, simulé. **⇒ obligatoire.** ***III. Au pl. :*** gouvernes, poste de pilotage.

COMMANDEMENT ■ ***I.*** Avertissement, injonction, intimation, jussion (vx), ordre, sommation. ***II. Relig. :*** décalogue, devoir, loi, obligation, précepte, prescription, règle. ***III.*** Autorité, direction, pouvoir, puissance, responsabilité. ***IV.*** État-major.

COMMANDER ■ ***I. V. tr.*** **1.** Avoir la haute main sur, contraindre, décréter, disposer, donner l'ordre, enjoindre, exiger, imposer, intimer, mettre en demeure, obliger, ordonner, prescrire, recommander, sommer. **2.** Conduire, diriger, dominer, gouverner, mener. **3.** Appeler, attirer, entraîner, imposer, inspirer, nécessiter, réclamer. **4.** Acheter, faire/passer commande. ***II. V. intr. :*** dominer, être le maître, gouverner.

COMMANDITER ■ **⇒ financer.**

COMMANDO ■ **⇒ troupe.**

COMME ■ Ainsi que, à l'égal/à l'instar de, autant/de même/non moins/pareillement que, quand.

COMMÉMORATION ■ Anniversaire, célébration, commémoraison, fête, mémento, mémoire, rappel, remémoration, souvenir.

COMMÉMORER ■ ***I.*** **⇒ fêter.** ***II.*** **⇒ rappeler.**

COMMENCEMENT ■ ***I.*** Abc, adolescence, alpha, amorce, apparition, arrivée, attaque, aube, aurore, avènement, balbutiement, bégaiement, berceau, bord, création, début, déclenchement, décollage, démarrage, départ, ébauche, embryon, enfance, entrée, esquisse, essai, exorde, fleur, fondement, inauguration, liminaire, matin, mise en train, naissance, orée, origine, ouverture, point initial, préambule, préface, préliminaires, premier pas, prémice, primeur, prologue, racine, rudiment, seuil, source, tête. *II.* Axiome, postulat, prémisse, principe.

COMMENCER ■ *I. V. tr. :* aligner, amorcer, attaquer, débuter, déclencher, démarrer, ébaucher, embarquer, embrayer, emmancher, enfourner (fam.), engager, engrener, entamer, entonner, entreprendre, esquisser, étrenner, fonder, former, inaugurer, instituer, lancer, mener, mettre en œuvre/en route/en train, se mettre/prendre à, ouvrir. *II. V. intr.* **1. Au pr. ⇒ partir. 2. Fig. :** ânnoner, balbutier, débuter, éclater, éclore, émerger, se lever, naître, poindre, progresser, se risquer, tâtonner, *et les formes pronom. possibles des syn. de* COMMENCER.

COMMENSAL ■ **⇒ convive.**

COMMENSURABLE ■ Comparable, mesurable.

COMMENTAIRE ■ *I.* Annotation, critique, exégèse, explication, glose, herméneutique, massorah, note, paraphrase, scolie. *II. Au pl.* **1. ⇒ histoire. 2. ⇒ bavardage.**

COMMENTATEUR ■ Annotateur, critique, exégète, interprète, massorète, scoliaste.

COMMENTER ■ **⇒ expliquer.**

COMMÉRAGE ■ **⇒ médisance.**

COMMERÇANT, E ■ *I. Adj.* **⇒ achalandé.** *II. Nom. :* boutiquier, commissionnaire, consignataire, débitant, détaillant, expéditeur, exportateur, fournisseur, grossiste, marchand, mercanti (péj.), négociant, stockiste, tranfiquant (péj.), transitaire.

COMMERCE ■ *I. Au pr. :* échange, négoce, offre et demande, trafic, traite (vx). *II. Par ext.* 1. Affaires, bourse, courtage, exportation, importation, marché. **2. ⇒ magasin. 3. ⇒ établissement.** *III. Péj.* 1. Bricolage, brocantage, brocante, friperie, maquignonnage. **2. ⇒ malversation.** *IV. Fig. :* amitié, fréquentation, rapport, relation.

COMMERCER ■ Négocier, trafiquer.

COMMÈRE ■ *I. Au pr. :* belle-mère, marraine. *II. Fig.* **⇒ bavard.**

COMMÉRER ■ **⇒ médire.**

COMMETTRE ■ *I.* **⇒ remettre.** *II.* **⇒ hasarder.** *III.* **⇒ préposer.** *IV.* **⇒ entreprendre.**

COMMINATION ■ **⇒ menace.**

COMMINATOIRE ■ **⇒ menaçant.**

COMMIS, E ■ *I.* **⇒ employé.** *II.* **⇒ vendeur.** *III.* **⇒ représentant.**

COMMISÉRATION ■ **⇒ pitié.**

COMMISSION ■ *I.* **⇒ mission.** *II.* **⇒ course.** *III.* **⇒ comité.** *IV.* **⇒ courtage.** *V.* **⇒ gratification.**

COMMISSIONNAIRE ■ **⇒ intermédiaire, messager, porteur.**

COMMISSIONNER ■ **⇒ charger.**

COMMISSURE ■ Fente, jonction, joint, ouverture, pli, repli.

COMMODE ■ *I. Adj.* 1. Agréable, aisé, avantageux, bien, bon, confortable, convenable, facile, favorable, fonctionnel, habitable, logeable, maniable, pratique, propre, vivable. 2. Libre, relâché. **3. Quelqu'un :** accommodant, agréable, aimable, arrangeant, bon vivant, complaisant, facile, indulgent. *II. Nom : par ext.* armoire, bonheur-du-jour, bahut, bonnetière, chiffonnier, chiffonnière, coffre, semainier.

COMMODITÉ ■ *I. Au sing. :* agrément, aise, avantage, confort, facilité, utilité. *II. Au pl.* **⇒ water-closet.**

COMMOTION ■ *I.* **⇒ secousse.** *II.* **⇒ ébranlement.** *III.* **⇒ séisme.**

COMMOTIONNER ■ **⇒ choquer.**

COMMUER ■ **⇒ changer.**

COMMUN, E ■ ***I.*** Accoutumé, banal, courant, habituel, naturel, ordinaire, public, quelconque, rebattu, standard, universel, usuel, utilitaire. ***II. Non favorable :*** bas, bourgeois, épicier, grossier, inférieur, marchand, médiocre, pauvre, popu, pupulacier, populaire, prolo, prosaïque, trivial, vulgaire. ***III. Par ext.*** ⇒ **abondant.** ***IV. Loc.*** **En commun** : en communauté/société, de concert, ensemble.

COMMUN ■ ⇒ **peuple.** ***Au pl. :*** ailes, débarras, cuisines, écuries, pavillons, remises, services, servitudes.

COMMUNARD ■ Fédéré.

COMMUNAUTÉ ■ ***I.*** ⇒ **société.** ***II.*** ⇒ **congrégation.**

COMMUNE ■ Agglomération, bourg, bourgade, centre, conseil municipal, municipalité, paroisse, village, ville.

COMMUNICATIF, IVE ■ ***I.*** Causant, confiant, démonstratif, expansif, exubérant, ouvert, volubile. ***II.*** Contagieux, épidémique, transmissible.

COMMUNICATION ■ ***I.*** Adresse, annonce, avis, confidence, correspondance, dépêche, liaison, message, note, nouvelle, rapport, renseignement. ***II.*** ⇒ **relation.** ***III.*** Communion, échange, télépathie, transmission.

COMMUNION ■ ***I.*** ⇒ **union.** ***II. Relig. :*** agape, cène, échange, partage, repas mystique, viatique. ⇒ **eucharistie.**

COMMUNIQUÉ ■ ⇒ **avertissement.**

COMMUNIQUER ■ ***I. V. intr.*** 1. Communier, correspondre, s'entendre, se mettre en communication/relation avec. 2. **Une chose.** *Faire communiquer :* commander, desservir, relier. ***II. V. tr.*** 1. Confier, découvrir, dire, divulguer, donner, échanger, écrire, enseigner, épancher, expliquer, faire connaître/partager/part de/savoir, indiquer, livrer, mander, parler, publier. 2. **Une chose** : envahir, gagner, imprimer. 3. **Une maladie** : inoculer, passer, transmettre.

COMMUNISME ■ ⇒ **socialisme.**

COMMUNISTE ■ n. et adj. Babouviste (vx), bolchevik, bolcheviste, partageux (vx), socialiste, soviet.

COMMUTATEUR ■ bouton, disjoncteur, interrupteur, jack, relais.

COMMUTATION ■ ⇒ **remplacement.**

COMPACT, E ■ ⇒ **épais.**

COMPAGNE ■ ⇒ **épouse.**

COMPAGNIE ■ Assemblée, collège, comité, entourage, réunion, société, troupe.

COMPAGNON ■ ***I.*** Acolyte, ami, associé, camarade, chevalier servant, coéquipier, collègue, commensal, compère, complice (péj.), condisciple, copain (fam.), labadens, partenaire, pote (fam.), poteau (fam.). ***II.*** ⇒ **travailleur.** ***III.*** ⇒ **gaillard.**

COMPARABLE ■ Analogue, approchant, assimilable, égal, semblable.

COMPARAISON ■ ***I. Au pr. :*** balance, collation, collationnement, confrontation, mesure, parallèle, rapprochement, recension. ***II. Par ext. :*** allusion, analogie, assimilation, image, métaphore, métonymie, parabole, similitude. ***III. Loc.*** **En comparaison de** : auprès/au prix/au regard de, par rapport à.

COMPARAÎTRE ■ ⇒ **présenter (se).**

COMPARER ■ Analyser, apprécier, balancer, collationner, conférer, confronter, évaluer, examiner, mesurer, mettre au niveau de/en balance/en parallèle/en regard, opposer, parangonner (vx), rapprocher, vidimer.

COMPARSE ■ Figurant ⇒ **complice.**

COMPARTIMENT ■ Alvéole, case, casier, casse, cellule, classeur, division, subdivision.

COMPARTIMENTER ■ ⇒ **séparer.**

COMPAS ■ Boussole, rose des vents.

COMPASSÉ, E ▪ ⇒ **étudié.**

COMPASSION ▪ Apitoiement, attendrissement, cœur, commisération, humanité, miséricorde, pitié, sensibilité.

COMPATIBILITÉ ▪ ⇒ **accord.**

COMPATIBLE ▪ ⇒ **conciliable.**

COMPATIR ▪ ⇒ **plaindre.**

COMPATISSANT, E ▪ ⇒ **bon.**

COMPATRIOTE ▪ ⇒ **concitoyen.**

COMPENDIEUX, EUSE ▪ ⇒ **court.**

COMPENDIUM ▪ Abrégé, condensé, digest, somme. ⇒ **résumé.**

COMPENSATION ▪ ***I.*** 1. Dédommagement, indemnisation, indemnité, récompense, réparation, retour, soulte. 2. Balance, contrepoids, égalisation, égalité, équilibre, l'un dans l'autre, moyenne, neutralisation. ***II.*** Consolation, correctif, récompense, revanche. ***III. Loc.*** **En compensation** : en échange, en revanche, mais, par contre.

COMPENSER ▪ Balancer, consoler, contrebalancer, corriger, dédommager, égaliser, équilibrer, faire bon poids, indemniser, neutraliser, réparer.

COMPÈRE ▪ ***I.*** ⇒ **compagnon.** ***II.*** ⇒ **complice.** ***III.*** Beau-père, parrain.

COMPÈRE-LORIOT ▪ Chalaze, chalazion, grain d'orge, orgelet.

COMPÉTENCE ▪ Attribution, autorité, pouvoir, qualité, rayon (fam.), ressort. ⇒ **capacité.**

COMPÉTENT, E ▪ ⇒ **capable.**

COMPÉTITEUR, TRICE ▪ ⇒ **concurrent.**

COMPÉTITION ▪ Challenge, championnat, concours, concurrence, conflit, coupe, course, critérium, épreuve, match, omnium, poule. ⇒ **rivalité.**

COMPILATION ▪ ***I. Au pr.*** 1. ⇒ **collection.** 2. ⇒ **mélange.** ***II. Par ext.*** ⇒ **imitation.**

COMPLAINTE ▪ ***I. Au pr.*** (vx) ⇒ **gémissement.** ***II. Par ext.*** ⇒ **chant.**

COMPLAIRE ▪ ⇒ **plaire.**

COMPLAISANCE ▪ ***I.*** Affection, amabilité, amitié, attention, bienveillance, bonté, charité, civilité, condescendance, déférence, empressement, facilité, indulgence, obligeance, politesse, prévenance, serviabilité, soin, zèle. ***II.*** ⇒ **servilité, plaisir.**

COMPLAISANT, E ▪ ***I.*** Aimable, amical, attentionné, bienveillant, bon, charitable, civil, déférent, empressé, indulgent, obligeant, poli, prévenant, serviable, zélé. ***II. Péj.*** : ardélion (vx), arrangeant, commode, coulant, facile, flagorneur, flatteur, godillot, satisfait, servile.

COMPLÉMENT ▪ ⇒ **supplément.**

COMPLÉMENTAIRE ▪ ⇒ **supplémentaire.**

COMPLET, ÈTE, ▪ ***II.*** ⇒ **entier.** ***II.*** ⇒ **plein.** ***III.*** Absolu, exhaustif, intégral, radical, sans restriction, total.

COMPLÈTEMENT ▪ Absolument, à fond, de fond en comble, de pied en cap, des pieds à la tête, du haut en bas, entièrement, in extenso, jusqu'au bout/aux oreilles, par-dessus les oreilles/la tête, ras le bol (fam.), tout à fait, tout au long.

COMPLÉTER ▪ Achever, adjoindre, ajouter, améliorer, arrondir, assortir, augmenter, combler, conclure, couronner, embellir, enrichir, finir, parachever, parfaire, perfectionner, rajouter, rapporter, suppléer.

COMPLEXE ▪ ***I. Adj.*** ⇒ **compliqué.** ***II. Nom*** ⇒ **obsession.** ***III.*** Combinat, ensemble, groupe, groupement, holding, trust.

COMPLEXÉ, E ▪ ⇒ **timide.**

COMPLEXION ▪ ⇒ **mine, nature.**

COMPLICATION ■ ⇒ **difficulté.**

COMPLICE ■ Acolyte, affidé, aide, associé, auxiliaire, baron (arg.), coaccusé, compagnon, comparse, compère, consort, fauteur, suppôt.

COMPLICITÉ ■ Accord, aide, assistance, association, collaboration, collusion, compérage, connivence, coopération, entente, entraide, implication, intelligence.

COMPLIMENT ■ *I.* ⇒ **félicitation.** *II.* ⇒ **éloge.** *III.* ⇒ **discours.** *IV.* ⇒ **civilités.**

COMPLIMENTER ■ Applaudir, approuver, congratuler, faire des civilités/politesses, féliciter, flatter, glorifier, louer, tirer son chapeau, vanter.

COMPLIQUÉ, E ■ Alambiqué, apprêté, chinois (fam.), complexe, composé, confus, contourné, difficile, embarrassé, emberlificoté (fam.), embrouillé, entortillé, implexe, intriqué (vx), obscur, quintessencié, raffiné, recherché, savant, subtil, touffu, tourmenté, trouble.

COMPLIQUER ■ Alambiquer, apprêter, brouiller, chinoiser, couper les cheveux en quatre, embarrasser, emberlificoter (fam.), embrouiller, embroussailler, emmêler, entortiller, intriquer (vx), obscurcir, quintessencier, raffiner, rendre confus.

COMPLOT ■ Association, attentat, brigue, cabale, coalition, concert, conciliabule, conjuration, conspiration, coup d'État, coup monté, faction, fomentation, intrigue, ligue, machination, menée, parti, ruse, sédition, trame.

COMPLOTER ■ v. tr. et intr. S'associer, briguer, cabaler, se coaliser, se concerter, conjurer, conspirer, intriguer, se liguer, machiner, manigancer, ourdir, projeter, tramer.

COMPLOTEUR ■ ⇒ **conspirateur.**

COMPONCTION ■ *I.* ⇒ **regret.** *II.* ⇒ **gravité.**

COMPORTEMENT ■ ⇒ **procédé.**

COMPORTER ■ Admettre, autoriser, comprendre, contenir, emporter, enfermer, impliquer, inclure, justifier, permettre, renfermer, souffrir, supporter. *V. pron. :* ⇒ **conduire (se).**

COMPOSANT, E ■ Composé, corps, élément, terme, unité. ⇒ **partie.**

COMPOSÉ, E ■ *I. Adj.* ⇒ **étudié, compliqué.** *II. Nom.* ⇒ **composant.**

COMPOSER ■ *I. V. tr.* **1.** Agencer, apprêter, arranger, assembler, associer, bâtir, charpenter, ciseler, combiner, concevoir, confectionner, constituer, créer, disposer, dresser, écrire, élucubrer, faire, faufiler, former, imaginer, jeter les bases, organiser, polir, pondre, préparer, produire, rédiger, sculpter, travailler. **2.** Adopter/se donner/emprunter/prendre une attitude/une contenance, affecter, apprêter, déguiser, étudier. *II. V. intr.* **1.** S'accommoder, s'accorder, s'entendre, se faire. **2.** Négocier, pactiser, traiter, transiger. **3.** Capituler, céder, faiblir.

COMPOSITE ■ ⇒ **mêlé.**

COMPOSITEUR ■ *I.* ⇒ **musicien.** *II.* ⇒ **typographe.**

COMPOSITION ■ *I. Au pr.* **1.** Agencement, arrangement, assemblage, association, charpente, combinaison, constitution, construction, contexture, coupe, dessin, disposition, ensemble, formation, organisation, structure, synthèse, texture, tissure. **2.** Alliage, composante, teneur. **3.** Colle (fam.), concours, copie, devoir, dissertation, épreuve, examen, exercice, rédaction. *II. Par ext.* **1.** Accommodement, accord, compromis, concession, transaction. **2.** Caractère, disposition, humeur, pâte, tempérament. *III.* ⇒ **indemnité.**

COMPOST ■ Débris, engrais, feuilles mortes, fumier, humus, mélange, poudrette, terreau, terre de bruyère.

COMPOTE ■ ⇒ **confiture.**

CONPRÉHENSIBLE ■ ⇒ **intelligible.**

COMPRÉHENSIF, IVE ■ ⇒ **intelligent.**

COMPRÉHENSION ■ ⇒ **entendement.**

COMPRENDRE ■ ***I.*** Comporter, compter, contenir, embrasser, enfermer, englober, envelopper, faire entrer, impliquer, inclure, incorporer, intégrer, mêler, renfermer. ***II.*** **1.** ⇒ **entendre. 2.** Apercevoir, concevoir, déchiffrer, interpréter, pénétrer, saisir, sentir, traduire, trouver, voir. **Fam. :** entraver, piger. **3.** Apprendre, atteindre à, connaître, faire rentrer, s'y mettre, mordre, suivre. **4.** S'apercevoir/se rendre compte de. ***III. V. pron. :*** S'accorder, sympathiser, *et les formes pron. possibles des syn. de* COMPRENDRE.

COMPRESSE ■ Gaze, pansement.

COMPRESSER ■ ⇒ **presser.**

COMPRESSIBLE ■ ⇒ **élastique.**

COMPRESSION ■ ***I.*** ⇒ **réduction.** ***II.*** ⇒ **contrainte.**

COMPRIMÉ ■ ⇒ **cachet, pilule.**

COMPRIMER ■ ⇒ **presser.**

COMPRIS, E ■ Admis, assimilé, enregistré, interprété, reçu, saisi, vu.

COMPROMETTRE ■ ***I.*** ⇒ **hasarder.** ***II.*** ⇒ **nuire.**

COMPROMIS ■ Accord, amiable composition, amodiation, arbitrage, arrangement, composition, concession, conciliation, convention, cote mal taillée, entente, moyen terme, transaction.

COMPROMISSION ■ ⇒ **malversation.**

COMPTABLE ■ ***I. Nom :*** caissier, facturier, ordonnateur, receveur, trésorier. ***II. Adj. :*** garant, responsable.

COMPTE ■ ***I.*** Addition, calcul, dénombrement, différence, énumération, nombre, recensement, somme, statistique, total. ***II.*** Appoint, arrêté, avoir, balance, bénéfice, bilan, boni, bordereau, bulletin de paie, comptabilité, débet, décompte, découvert, déficit, dépens, écriture, encaisse, facture, gain, liquidation, mécompte, mémoire, montant, précompte, rectificatif, règlement, reliquat, revenant-bon, ristourne, solde, soulte, total. ***III. Compte rendu :*** analyse, bilan, critique, explication, exposé, memorandum, note, procès-verbal, rapport, récit, relation.

COMPTE-GOUTTES ■ Pipette.

COMPTER ■ ***I. V. tr.*** **1.** Calculer, chiffrer, computer, dénombrer, inventorier, mesurer, nombrer, précompter, supputer. **2.** Considérer, examiner, peser, regarder. **3.** ⇒ **payer. 4.** Énumérer, facturer, faire payer, inclure, introduire. **5.** Apprécier, considérer, estimer, évaluer, prendre, réfuter comme. **6.** Comprendre, englober, mettre au rang de. ***II. V. intr.*** **1.** Calculer. **2.** ⇒ **importer. 3.** Avoir l'intention, croire, espérer, estimer, former le projet, penser, projeter, se proposer de. **4.** S'attendre à, avoir/tenir pour certain/sûr, regarder comme certain/sûr.

COMPTOIR ■ ***I.*** ⇒ **table.** ***II.*** ⇒ **établissement.**

COMPULSER ■ ***I.*** ⇒ **examiner.** ***II.*** ⇒ **feuilleter.**

COMPUT ■ Ordo. ⇒ **calcul.**

COMPUTER ■ ⇒ **compter.**

CON ■ ***I.*** ⇒ **bête.** ***II.*** ⇒ **sexe.**

CONCASSER ■ ⇒ **broyer, casser.**

CONCASSEUR ■ ⇒ **broyeur.**

CONCAVE ■ ***I.*** ⇒ **creux.** ***II.*** ⇒ **courbe.**

CONCAVITÉ ■ ⇒ **excavation.**

CONCÉDER ■ ⇒ **accorder, avouer.**

CONCENTRATION ■ ***I. Au pr. :*** **1.** accumulation, agglomération, amas, assemblage, association, cartel, consortium, entente, groupement, rassemblement, regroupement, réunion, trust.

II. Concentration d'esprit : application, attention, contention, recherche, recueillement, réflexion, tension.

CONCENTRÉ, E ▪ *I.* ⇒ **condensé.** *II.* ⇒ **secret.**

CONCENTRER ▪ *I. Au pr. :* accumuler, assembler, centraliser, diriger vers, faire converger, grouper, rassembler, réunir. *II. Un liquide :* condenser, cohober, diminuer, réduire. *III. Fig. :* appliquer son énergie/son esprit/ses forces/ses moyens, canaliser, focaliser, polariser, ramener, rapporter, se recueillir, réfléchir, tendre. *IV. Ses passions :* contenir, dissimuler, freiner, refouler, renfermer, rentrer. *V. pron. :* 1. ⇒ **penser.** 2. ⇒ **renfermer (se).**

CONCEPT ▪ ⇒ **idée.**

CONCEPTION ▪ *I.* ⇒ **entendement.** *II.* ⇒ **idée.**

CONCERNER ▪ S'appliquer à, dépendre de, être de la juridiction/du rayon/relatif à/du ressort, intéresser, porter sur, se rapporter à, regarder, relever de, toucher.

CONCERT ▪ *I.* Aubade, audition, cassation, divertissement, récital, sérénade. *II. Fig.* ⇒ **chahut.** *III.* Accord, ensemble, entente, harmonie, intelligence, union. *IV. Loc.* **De concert :** concurremment, conjointement, de connivence, de conserve, en accord/harmonie, ensemble.

CONCERTÉ, E ▪ ⇒ **étudié.**

CONCERTER ▪ ⇒ **préparer.** *V. pron.* ⇒ **entendre (s').**

CONCESSION ▪ *I.* ⇒ **cession.** *II.* ⇒ **tombe.** *III.* ⇒ **renoncement.**

CONCETTO, CONCETTI ▪ Bon mot, pensée, mot/trait d'esprit/piquant.

CONCEVABLE ▪ ⇒ **intelligible.**

CONCEVOIR ▪ *I.* ⇒ **créer.** *II.* ⇒ **entendre.** *III.* ⇒ **trouver.**

CONCIERGE ▪ ⇒ **portier.**

CONCILE ▪ ⇒ **consistoire, réunion.**

CONCILIABLE ▪ Accordable, compatible. ⇒ **possible.**

CONCILIABULE ▪ *I.* ⇒ **consistoire.** *II.* ⇒ **réunion.** *III.* ⇒ **conversation.**

CONCILIANT, E ▪ Accommodant, apaisant, arrageant, conciliateur, coulant, diplomate, doux, facile, traitable.

CONCILIATEUR, TRICE ▪ Arbitre, intermédiaire, médiateur.

CONCILIATION ▪ ⇒ **compromis.**

CONCILIER ▪ *I.* Accorder, allier, arbitrer, arranger, mettre d'accord, raccommoder, réconcilier, réunir. *II.* Adoucir, ajuster, faire aller/cadrer/concorder, harmoniser. *III. V. pron.* ⇒ **gagner.**

CONCIS, E ▪ Bref, dense, dépouillé, incisif, laconique, lapidaire, lumineux, nerveux, net, précis, ramassé, sec, serré, sobre, succinct. ⇒ **court.**

CONCISION ▪ Brachylogie, brièveté, densité, laconisme, netteté, précision, sécheresse, sobriété.

CONCITOYEN, ENNE ▪ Compagnon, compatriote, pays (fam.).

CONCLUANT, E ▪ Convaincant, décisif, définitif, irrésistible, probant.

CONCLURE ▪ *I. Une affaire :* s'accorder, achever, arranger, arrêter, clore, contracter une obligation, convenir de, couronner, s'entendre, finir, fixer, mener à bonne fin, passer/signer/traiter un arrangement/une convention/un marché/un traité, régler, résoudre, terminer. *II. Par ext.* 1. Arguer, argumenter, conduire un raisonnement, déduire, démontrer, induire, inférer, juger, opiner, prononcer un jugement, tirer une conclusion/une conséquence/une leçon. 2. *V. intr. :* décider, prendre une décision, se résoudre.

CONCLUSION ▪ *I.* Arrangement, clôture, convention, couronnement, dénouement, entente, épilogue, fin, péroraison, règlement, solution, terminaison. *II.* Conséquence, déduction, enseignement, leçon, morale, moralité, résultat.

CONCOMBRE ■ Coloquinte, cornichon, cucurbitacée, zuchette.

CONCOMITANCE ■ Accompagnement, coexistence, coïncidence, rapport, simultanéité.

CONCOMITANT, E ■ Coexistant, coïncident, secondaire, simultané.

CONCORDANCE ■ *I.* ⇒ **rapport.** *II.* ⇒ **conformité.**

CONCORDAT ■ ⇒ **traité.**

CONCORDE ■ ⇒ **union.**

CONCORDER ■ ⇒ **correspondre.**

CONCOURIR ■ ⇒ **participer.**

CONCOURS ■ *I.* ⇒ **compétition.** *II.* ⇒ **examen.** *III.* ⇒ **multitude.** *IV.* ⇒ **rencontre.** *V.* ⇒ **appui.** *VI.* ⇒ **exposition.**

CONCRET, ÈTE ■ *I.* ⇒ **épais.** *II.* ⇒ **réel.** *III.* ⇒ **manifeste.**

CONCRÉTISER ■ ⇒ **matérialiser.**

CONCUBINAGE ■ ⇒ **cohabitation.**

CONCUBINE ■ ⇒ **maîtresse.**

CONCUPISCENCE ■ Amour, appétit, avidité, bestialité, chair, convoitise, cupidité, désir, faiblesse, instinct, lascivité, libido, penchant, sens, sensualité, soif de plaisir.

CONCUPISCENT, E ■ ⇒ **lascif.**

CONCURRENCE ■ ⇒ **lutte.**

CONCURRENT, E ■ n. et adj. Adversaire, candidat, challenger, champion, compétiteur, contendant (vx), émule, outsider, participant, rival.

CONCUSSION ■ ⇒ **malversation.**

CONDAMNABLE ■ Blâmable, critiquable, déplorable, inexcusable, répréhensible.

CONDAMNATION ■ *I. La peine :* anathématisation, arrêt, bagne, bannissement, bûcher, confiscation, damnation, décision, déportation, détention, exil, expatriation, index, indignité nationale, interdiction de séjour, interdit, peine, prison, prohibition, punition, réclusion, relégation, sanction, sentence. *II. L'action :* accusation, animadversion, attaque, blâme, censure, critique, désaveu, interdiction, procès, réprimande, réprobation.

CONDAMNÉ, E ■ Bagnard, banni, déporté, détenu, repris de justice, transporté. ⇒ **prisonnier.**

CONDAMNER ■ *I.* ⇒ **blâmer.** *II.* ⇒ **obliger.** *III.* ⇒ **fermer.**

CONDENSATION ■ Accumulation, pression, tension.

CONDENSÉ, E ■ *I. Au pr. :* concentré, réduit. *II. Fig.* ⇒ **dense, court.**

CONDENSER ■ ⇒ **resserrer.**

CONDESCENDANCE ■ *I.* ⇒ **complaisance.** *II.* ⇒ **dédain.**

CONDESCENDANT, E ■ ⇒ **complaisant, dédaigneux.**

CONDESCENDRE ■ *I.* ⇒ **abaisser (s').** *II.* ⇒ **céder.** *III.* ⇒ **daigner.**

CONDIMENT ■ ⇒ **assaisonnement.**

CONDISCIPLE ■ ⇒ **camarade.**

CONDITION ■ *I.* ⇒ **état.** *II.* ⇒ **rang.** *III.* ⇒ **disposition.** *IV. Loc.* (vx). **De condition** ⇒ **noble.**

CONDITIONNER ■ Déterminer. ⇒ **fixer.**

CONDOLÉANCE ■ ⇒ **sympathie.**

CONDOM ■ ⇒ **préservatif.**

CONDUCTEUR, TRICE ■ ⇒ **chauffeur, guide.**

CONDUIRE ■ *I. Au pr. :* accompagner, chaperonner, diriger, emmener, entraîner, faire aller/venir, guider, manœuvrer, mener, piloter, promener, raccompagner, reconduire. ***II. Par ext.*** **1.** Aboutir, amener, canaliser, déboucher. **2.** Conclure, déduire, induire, introduire, raisonner. **3.** Administrer, animer, commander, diriger, entraîner, exciter, gérer, gouverner, influencer, pousser, soulever. **4.** Acculer, convaincre, persuader, réduire. **5.** Driver. ***III. V. pron. :*** Agir, se comporter, se diriger, procéder, en user, vivre.

CONDUIT ■ ***I.*** Boyau, canal, canalicule, canalisation, carneau, chemin, conduite, drain, écoulement, méat, tube, tubulure, tuyau. ***II.*** Aqueduc, buse, cheneau, collecteur, égout, goulotte, gouttière, reillère, tuyauterie.

CONDUITE ■ ***I.*** ⇒ **conduit.** ***II.*** ⇒ **procédé.** ***III.*** ⇒ **direction.**

CONFECTION ■ ⇒ **fabrication.**

CONFECTIONNER ■ ⇒ **produire.**

CONFÉDÉRATION ■ ***I.*** ⇒ **alliance.** ***II.*** ⇒ **fédération.**

CONFÉDÉRÉ, E ■ n. et adj. ⇒ **allié.**

CONFÉDÉRER ■ ⇒ **unir.**

CONFÉRENCE ■ ***I.*** ⇒ **conversation.** ***II.*** Assemblée, colloque, congrès, conseil, consultation, entretien, réunion, séminaire, symposium, table ronde. ***III. Péj. :*** palabre, parlote.

CONFÉRENCIER, ÈRE ■ ⇒ **orateur.**

CONFÉRER ■ ***I.*** ⇒ **comparer.** ***II.*** Administrer, attribuer, déférer, donner.

CONFESSER ■ ⇒ **convenir de.**

CONFESSEUR ■ ***I.*** Prosélyte, témoin. ***II.*** Aumônier, directeur de conscience/spirituel.

CONFESSION ■ ***I. Au pr. :*** autocritique, aveu, déballage (fam.), déclaration, reconnaissance. ***II. Par ext. :*** credo, croyance, église, foi, religion. ***III.*** ⇒ **regret.**

CONFIANCE ■ ***I. Au pr. :*** **1.** Aplomb, assurance, courage, culot (fam.), hardiesse, outrecuidance, présomption, toupet (fam.). **2.** Foi, sécurité. ***II.*** ⇒ **abandon.** ***III.*** ⇒ **espérance.**

CONFIANT, E ■ ***I.*** **1.** Assuré, hardi, sûr de soi. **2.** Communicatif, ouvert. ***II. Péj. :*** ⇒ **naïf, présomptueux.**

CONFIDENCE ■ ***I. Vx*** ⇒ **confiance.** ***II.*** Révélation, secret.

CONFIDENT, E ■ Affidé, ami, confesseur, dépositaire.

CONFIDENTIEL, ELLE ■ ⇒ **secret.**

CONFIER ■ Abandonner, communiquer, conférer, déléguer, faire tomber, laisser, livrer, mandater, remettre, souffler/verser dans l'oreille. ***V. pron. :*** s'épancher, se fier, s'ouvrir. **Fam.** : déballer, se déboutonner, *et les formes pron. possibles des syn. de* CONFIER.

CONFIGURATION ■ ⇒ **forme.**

CONFINER ■ ⇒ **reléguer.**

CONFINS ■ ⇒ **limite.**

CONFIRMATION ■ Affirmation, approbation, assurance, attestation, certitude, consécration, continuation, entérinement, garantie, homologation, légalisation, maintenance (vx), maintien, preuve, ratification, reconduction, renouvellement, sanction, validation, vérification.

CONFIRMER ■ ***I.*** Affermir, affirmer, approuver, appuyer, assurer, attester, certifier, consacrer, cimenter, compléter, corroborer, démontrer, entériner, garantir, homologuer, légaliser, légitimer, mettre un sceau, plébisciter, prouver, ratifier, réglementer, renforcer, sanctionner, sceller, valider, vérifier. ***II. Quelqu'un :*** Encourager, fortifier, soutenir. ***III. V. pron. :*** s'avérer, *et les formes pron. possibles des syn. de* CONFIRMER.

CONFISCATION ■ Annexion, appropriation, embargo, expropriation, gel, immobilisation, mainmise, prise, privation, saisie, suppression.

CONFISERIE ■ ⇒ **friandise.**

CONFISQUER ■ ⇒ **prendre.**

CONFITURE ■ Compote, conserve de fruits, cotignac, gelée, marmelade, orangeat, pâte, prunelée, raisiné, roquille, tournures (vx).

CONFLAGRATION ■ *I.* ⇒ **incendie.** *II.* ⇒ **guerre.**

CONFLICTUEL, ELLE ■ ⇒ **sérieux.**

CONFLIT ■ *I.* ⇒ **guerre.** *II.* Antagonisme, compétition, contestation, désaccord, dispute, lutte, opposition, rivalité, tiraillement.

CONFLUENT ■ *I. Nom :* affluent, bec, jonction, rencontre. *II. Adj. :* concourant, convergent.

CONFLUER ■ Affluer, se joindre, se rejoindre, se réunir, s'unir.

CONFONDRE ■ *I. Au pr. :* amalgamer, associer, effacer les différences, entrelacer, fondre, fusionner, identifier, mélanger, mêler, réunir, unir. *II. Par ext. :* **1.** ⇒ **humilier. 2.** ⇒ **convaincre.**

CONFONDU, E ■ *I.* ⇒ **confus.** *II.* ⇒ **surpris.** *III.* ⇒ **consterné.**

CONFORMATION ■ ⇒ **forme.**

CONFORME ■ *I.* ⇒ **semblable.** *II.* ⇒ **convenable.**

CONFORMÉMENT ■ D'après, en conformité/conséquence, selon, suivant.

CONFORMER ■ ⇒ **former.** *V. pron. :* ⇒ **soumettre (se), régler (se).**

CONFORMISTE ■ Béni-oui-oui, conservateur, intégriste, orthodoxe, traditionnaliste.

CONFORMITÉ ■ Accord, affinité, analogie, concordance, convenance, correspondance, harmonie, rapport, ressemblance, similitude, sympathie, unanimité, union, unisson, unité.

CONFORT ■ Aise, bien-être, commodité, luxe, niveau de vie, standing.

CONFORTABLE ■ ⇒ **commode.**

CONFORTER ■ ⇒ **consoler.**

CONFRÈRE ■ ⇒ **collègue.**

CONFRÉRIE ■ Association, communauté, congrégation, corporation, corps, gilde, guilde, réunion.

CONFRONTATION ■ ⇒ **comparaison.**

CONFRONTER ■ ⇒ **comparer.**

CONFUS, E ■ *I.* Chaotique, confondu, désordonné, disparate, indistinct, pêle-mêle. *II. Fig.* **1.** Alambiqué, amphigourique, brouillé, brouillon, cafouilleux, compliqué, embarrassé, embrouillé, entortillé, équivoque, filandreux, incertain, indécis, indéterminé, indigeste, indistinct, inintelligible, lourd, nébuleux, obscur, vague. **2. Quelqu'un** : camus, capot, déconcerté, désolé, embarrassé, ennuyé, honteux, penaud, piteux, quinaud, sot, troublé.

CONFUSION ■ *I. Dans les choses :* anarchie, billebaude, bouillie, bouleversement, bredi-breda, brouhaha, brouillamini, cafouillage, capharnaüm, chaos, complication, cohue, cour des miracles, débâcle, débandade, dédale, désordre, désorganisation, ébranlement, embarras, embrouillamini, embrouillement, enchevêtrement, enfer, fatras, fouillis, gâchis, imbroglio, labyrinthe, mélange, mêlée, méli-mélo, obscurité, pastis, pêle-mêle, pétaudière, ramassis, remue-ménage, réseau, saccade, salade, salmigondis, tintamarre, tohu-bohu, trouble, tumulte, vague. *II. De quelqu'un.* **1.** Désarroi, égarement, erreur, indécision, indétermination, méprise. **2.** Dépit, embarras, gêne, honte, sottise, timidité, trouble.

CONGÉ ■ ⇒ **permission, vacances.**

CONGÉDIER ■ Balancer, casser aux gages, chasser, débarquer, débaucher, dégommer, destituer, donner sa bénédiction/ses huit jours/son compte/son congé/son exeat, écarter, éconduire, éloigner, emballer, envoyer/faire paître/valser, envoyer dinguer/péter, expédier, ficher/flanquer/foutre (grossier)/jeter/mettre à la porte, licencier, limoger, liquider, lourder (arg.), remercier, renvoyer, révoquer, saquer, vider, virer.

CONGÉLATION ■ Coagulation, gelure, réfrigération, refroidissement.

CONGELER ■ ⇒ **geler, frigorifier.**

CONGÉNÈRE ■ ⇒ **semblable.**

CONGÉNITAL, E ■ ⇒ **inné.**

CONGESTION ■ Afflux/coup de sang, apoplexie, attaque, cataplexie, embolie, hémorragie, ictus, pléthore, stase, tension, thrombose, transport au cerveau, turgescence.

CONGESTIONNER ■ ***Fig.*** : alourdir, embouteiller, encombrer.

CONGLOMÉRAT ■ Agglomérat, agglomération, agglutination.

CONGRATULER ■ ⇒ **féliciter.**

CONGRÉGANISTE ■ ⇒ **religieux.**

CONGRÉGATION ■ Communauté, compagnie, corps, ordre, réunion, société.

CONGRÈS ■ ***I. Vx*** : coït. ***II.*** ⇒ **réunion.** ***III.*** ⇒ **assemblée.**

CONGRU, E ■ ⇒ **propre, pauvre.**

CONGRUENT, E ■ ⇒ **convenable.**

CONIFÈRE ■ ***I.*** Résineux. ***II.*** Abiès, araucaria, cèdre, cyprès, épicéa, ginkgo, if, mélèze, pesse (vx), pin, sapin, séquoia, taxodier, thuya.

CONJECTURE ■ ***I.*** ⇒ **présomption.** ***II.*** ⇒ **supposition.**

CONJECTURER ■ ***I.*** ⇒ **présumer.** ***II.*** ⇒ **supposer.**

CONJOINDRE ■ ⇒ **joindre.**

CONJOINT ■ ⇒ **époux.**

CONJONCTION ■ ***I. Au pr.*** : assemblage, jonction, rencontre, réunion, union. ***II.*** ⇒ **accouplement.**

CONJONCTURE ■ ⇒ **cas.**

CONJUGAL, E ■ ⇒ **nuptial.**

CONJUGUER ■ ⇒ **joindre.**

CONJUNGO ■ ⇒ **mariage.**

CONJURATION ■ ***I.*** ⇒ **complot.** ***II.*** ⇒ **magie.** ***III.*** ⇒ **prière.**

CONJURÉ ■ ⇒ **conspirateur.**

CONJURER ■ ***I.*** ⇒ **adjurer.** ***II.*** ⇒ **parer.** ***III.*** ⇒ **prier.** ***IV.*** ⇒ **charmer, chasser.** ***V.*** ⇒ **comploter.**

CONNAISSANCE ■ ***I. Philos.*** ⇒ **conscience.** ***II. Au pr.*** **1.** ⇒ **idée, notion. 2.** ⇒ **expérience.** ***III. Par ext.*** **1.** ⇒ **ami. 2.** ⇒ **amante.**

CONNAISSEUR ■ ⇒ **collectionneur.**

CONNAÎTRE ■ ***I. Une chose*** : apercevoir, apprendre, avoir connaissance/la pratique/l'usage, entrevoir, être au courant/au fait/averti/calé/ compétent/entendu/expert/ferré/ informé/ qualifié/savant, percevoir, posséder, savoir, sentir. ***II. Quelqu'un*** : apprécier, comprendre, juger. ***III. Loc.*** **Faire connaître** : apprendre, communiquer, dévoiler, divulguer, exposer, exprimer, extérioriser, faire entendre/ savoir, informer, instruire, lancer, manifester, marquer, montrer, présenter, propager, publier, témoigner, vulgariser.

CONNECTER ■ ⇒ **joindre.**

CONNERIE ■ ⇒ **bêtise.**

CONNEXE ■ Adhérent, analogue, dépendant, joint, lié, uni, voisin.

CONNEXION, CONNEXITÉ ■ ⇒ **liaison.**

CONNIVENCE ■ ⇒ **complicité.**

CONNU, E ■ Commun, découvert, évident, notoire, officiel, présenté, proverbial, public, rebattu, révélé. ⇒ **célèbre.**

CONQUÉRANT, E ▪ adj. et n. ***I.*** Conquistador, dominateur, fier, guerrier. ⇒ **vainqueur.** ***II.*** ⇒ **dédaigneux.**

CONQUÉRIR ▪ ⇒ **charmer, vaincre.**

CONQUÊT ▪ Acquêt, acquisition.

CONQUÊTE ▪ ***I.*** Appropriation, assujettissement, capture, domination, gain, guerre, prise, soumission, victoire. ***II. Par ext. :*** amour, séduction, soumission, sympathie. ***III.*** Annexion, colonie, territoire.

CONSACRÉ, E ▪ ⇒ **usité.**

CONSACRER ▪ ***I.*** ⇒ **sacrer.** ***II.*** ⇒ **vouer.** ***III.*** ⇒ **confirmer.** ***IV. V. pron.*** ⇒ **adonner (s').**

CONSANGUIN, E ▪ ⇒ **parent.**

CONSANGUINITÉ ▪ Endogamie. ⇒ **parenté.**

CONSCIENCE ▪ ***I.*** Cognition, conation, connaissance, expérience, intuition, lucidité, notion, pressentiment, sentiment. ***II.*** Cœur, for intérieur, honnêteté, sens moral. ***III.*** ⇒ **soin.**

CONSCIENCIEUX, EUSE ▪ Attentif, délicat, exact, honnête, minutieux, scrupuleux, soigné, soigneux, travailleur.

CONSCIENT, E ▪ Éveillé, responsable.

CONSCRIPTION ▪ Appel, enrôlement, recensement, recrutement.

CONSCRIT ▪ ⇒ **soldat, novice.**

CONSÉCRATION ▪ ⇒ **bénédiction, confirmation, succès.**

CONSÉCUTIF, IVE ▪ ***I.*** À la file/suite. ***II.*** Résultant.

CONSEIL ▪ ***I.*** ⇒ **avertissement.** ***II.*** ⇒ **assemblée.** ***III.*** ⇒ **conseiller.** ***IV.*** ⇒ **résolution.** ***V.*** ⇒ **défenseur.**

CONSEILLER ▪ v. ***I.*** ⇒ **diriger.** ***II.*** ⇒ **recommander.** ***III.*** ⇒ **inspirer.**

CONSEILLER, ÈRE ▪ n. ***I.*** Conducteur, conseil, conseilleur, directeur, égérie (fém.), éveilleur, guide, inspirateur, instigateur, mentor. ***II. Loc.*** **Conseiller municipal : vx :** échevin (vx), édile, jurat (vx).

CONSENTEMENT ▪ Acceptation, accord, acquiescement, adhésion, agrément, approbation, assentiment, autorisation, commun accord, complaisance, consensus, permission, unanimité.

CONSENTIR ▪ ***I.*** S'abandonner, accéder, accepter, accorder, acquiescer, adhérer, admettre, adopter, applaudir, approuver, assentir (vx), autoriser, avoir pour agréable, céder, condescendre, donner les mains (vx), dire amen, se laisser faire, opiner, permettre, se prêter, se soumettre, souscrire, tomber d'accord, toper, vouloir bien. ***II.*** Accorder, octroyer.

CONSÉQUENCE ▪ ***I.*** Conclusion, contrecoup, corollaire, effet, fruit, implication, réaction, rejaillissement, résultat, retentissement, ricochet, séquelle, suite. ***II.*** ⇒ **importance.** ***III. Loc.*** **1. De conséquence** ⇒ **important. 2. En conséquence :** conséquemment, donc, par conséquent/suite. **3. En conséquence de :** en vertu de.

CONSÉQUENT, E ▪ ***I.*** ⇒ **logique.** ***II. Loc. adv.*** **Par conséquent :** ainsi, dès lors, donc, ergo, partant.

CONSERVATEUR, TRICE ▪ n. et adj. ⇒ **gardien, réactionnaire.**

CONSERVATION ▪ Conserve, entretien, garde, maintien, préservation, protection, sauvegarde.

CONSERVATISME ▪ Droite, immobilisme, intégrisme, réaction.

CONSERVATOIRE ▪ ***I.*** ⇒ **école.** ***II.*** ⇒ **musée.**

CONSERVE ▪ ***I.*** Boucan, confit, corned-beef, pemmican, singe (fam.). ***II.*** **De conserve** ⇒ **ensemble.**

CONSERVER ■ Détenir, entretenir, garantir, garder, maintenir, ménager, préserver, protéger, réserver, sauvegarder, sauver, soigner, stocker, tenir en état.

CONSIDÉRABLE ■ ⇒ **grand.**

CONSIDÉRABLEMENT ■ ⇒ **beaucoup.**

CONSIDÉRANT ■ ⇒ **motif.**

CONSIDÉRATION ■ ***I.*** Attention, étude, examen, observation, réflexion, remarque. ***II.*** Circonspection, tact. ***III.*** Autorité, crédit, déférence, égard, estime, faveur, grâce, honneur, renommée, révérence, vénération. ***IV.*** ***Loc.*** **Considération de :** à cause de, au nom de, en faveur de, en vue de, eu égard à, par égard pour, pour.

CONSIDÉRER ■ ***I.*** Admirer, contempler, observer, regarder, toiser (péj.), tourner les yeux sur. ***II.*** Apprécier, approfondir, balancer, envisager, estimer, étudier, examiner, juger, observer, peser, voir. ***III.*** S'attacher, avoir égard, prendre garde, se préoccuper, songer, se souvenir, tenir compte. ***IV.*** Prendre pour, regarder comme, réputer, tenir pour, traiter de. ***V.*** Révérer, vénérer.

CONSIGNATAIRE ■ Agent, commissionnaire, correspondant, dépositaire, gardien, transitaire. ⇒ **intermédiaire.**

CONSIGNATION ■ ⇒ **dépôt.**

CONSIGNE ■ ***I.*** ⇒ **instruction.** ***II.*** ⇒ **punition.**

CONSIGNER ■ ***I.*** ⇒ **noter.** ***II.*** ⇒ **citer.** ***III.*** ⇒ **défendre.** ***IV.*** ⇒ **enfermer.**

CONSISTANCE ■ ⇒ **solidité.**

CONSISTANT, E ■ ⇒ **solide.**

CONSISTER ■ Avoir pour nature, comporter, se composer de, comprendre, être constitué/formé de, gésir (vx), reposer sur, résider dans.

CONSISTOIRE ■ Assemblée, conciliabule, concile, réunion, symposium, synode.

CONSOLANT, E ■ Apaisant, calmant, consolateur, consolatif, consolatoire, lénitif, réconfortant.

CONSOLATION ■ ***I.*** Adoucissement, allégement, apaisement, baume, bercement, réconfort, soulagement. ***II.*** **1.** Appui, consolateur, soutien. **2.** Dédommagement, joie, plaisir, satisfaction, sujet de satisfaction.

CONSOLER ■ ***I. Au pr. :*** apaiser, calmer, cicatriser, conforter (vx), dérider, diminuer la peine, distraire, égayer, essuyer les larmes, guérir, rasséréner, rassurer, réconforter, relever/remonter le moral, sécher les larmes, verser du baume sur le cœur/les plaies. ***II. Fig. :*** adoucir, alléger, assoupir, atténuer, bercer, compenser, diminuer, endormir, flatter, soulager, tromper.

CONSOLIDATION ■ ⇒ **affermissement.**

CONSOLIDER ■ ⇒ **affermir.**

CONSOMMABLE ■ ⇒ **mangeable, destructible.**

CONSOMMATION ■ ***I.*** Achèvement, couronnement, fin, terminaison. ***II.*** Boisson, commande, rafraîchissement.

CONSOMMÉ, E ■ ***I. Adj.*** ⇒ **parfait.** ***II. Nom*** ⇒ **bouillon.**

CONSOMMER ■ ***I.*** ⇒ **réaliser.** ***II.*** ⇒ **finir.** ***III.*** Absorber, boire, manger, se nourrir, user de, vivre de. ***IV.*** Brûler, consumer, employer.

CONSOMPTIBLE ■ Biodégradable.

CONSOMPTION ■ ***I.*** ⇒ **langueur.** ***II.*** ⇒ **maigreur.** ***III.*** ⇒ **cachexie.**

CONSONANCE ■ Assonance, concordance, contrassonance, écho, harmonie, rime.

CONSORT ■ ⇒ **associé, complice.**

CONSORTIUM ■ ⇒ **trust.**

CONSPIRATEUR ■ Comploteur,

conjuré, factieux, instigateur, intrigant, meneur, partisan, séditieux. *Vx :* cabaliste, coalisé, conjurateur, ligueur.

CONSPIRATION ■ ⇒ **complot.**

CONSPIRER ■ *I.* ⇒ **comploter.** *II.* ⇒ **participer.**

CONSPUER ■ ⇒ **vilipender.**

CONSTAMMENT ■ Assidûment, continuellement, en permanence, fermement, fréquemment, incessamment, invariablement, régulièrement, sans arrêt/cesse/désemparer/relâche, toujours.

CONSTANCE ■ *I.* 1. Courage, énergie, entêtement, fermeté, force, patience, résignation, résolution, stoïcisme, volonté. 2. Assiduité, fidélité, obstination, opiniâtreté, persévérance, régularité. *II.* Continuité, durabilité, fixité, immutabilité, invariabilité, permanence, persistance, régularité, stabilité.

CONSTANT, E ■ *I. Quelqu'un.* 1. Courageux, énergique, ferme, fort, inaltérable, inébranlable, inflexible, résigné, résolu. 2. Assidu, égal, fidèle, même, obstiné, opiniâtre, patient, persévérant, régulier. *II. Une chose.* 1. Continuel, durable, fixe, immuable, invariable, pareil, permanent, persistant, régulier, soutenu, stable, un, unique. 2. Assuré, authentique, certain, établi, évident, formel, incontestable, indubitable, patent, positif, sûr.

CONSTAT ■ Acte, procès-verbal, rapport.

CONSTATER ■ ⇒ **vérifier.**

CONSTELLATION ■ Pléiade. ⇒ **groupe.**

CONSTELLÉ, E ■ Agrémenté, brillant, étoilé, orné, parsemé, semé.

CONSTERNATION ■ ⇒ **stupéfaction.**

CONSTERNÉ, E ■ Abasourdi, abattu, accablé, atterré, chagriné, catastrophé, confondu, effondré, étourdi, stupéfait, surpris, triste.

CONSTERNER ■ *I.* ⇒ **chagriner.** *II.* ⇒ **épouvanter.**

CONSTIPATION ■ ⇒ **opilation.**

CONSTIPÉ, E ■ *Fig. :* anxieux, compassé, contraint, embarrassé, froid, guindé, solennel, triste.

CONSTITUANT, E ■ ⇒ **constitutif.**

CONSTITUER ■ *I. Au pr. :* assigner, composer, créer, établir, faire, former, instaurer, instituer, mettre à la tête, placer, préposer. *II. Par ext.* 1. Arranger, bâtir, charpenter, construire, disposer, édifier, élaborer, fonder, mettre en œuvre/sur pied, monter, organiser. 2. Asseoir, caractériser, consister dans, représenter.

CONSTITUTIF, IVE ■ Caractéristique, constituant, essentiel, fondamental.

CONSTITUTION ■ *I.* ⇒ **composition.** *II.* ⇒ **nature.** *III.* ⇒ **règlement.** *IV.* ⇒ **rescrit.** *V.* ⇒ **loi.**

CONSTRICTION ■ ⇒ **contraction.**

CONSTRUCTEUR ■ Architecte, bâtisseur, entrepreneur, ingénieur, maître d'œuvre, promoteur.

CONSTRUCTIF, IVE ■ ⇒ **réaliste.**

CONSTRUCTION ■ *I.* ⇒ **bâtiment.** *II.* ⇒ **composition.** *III.* ⇒ **structure.** *IV.* ⇒ **expression.**

CONSTRUIRE ■ ⇒ **bâtir.**

CONSULAT ■ Ambassade, chancellerie. *Par ext. :* représentation diplomatique.

CONSULTATION ■ *I. Méd. :* examen, visite. *II.* Enquête, plébiscite, référendum, vote.

CONSULTER ■ *I.* ⇒ **examiner.** *II.* ⇒ **demander.**

CONSUMER ■ *I.* ⇒ **consommer.** *II.* Absorber, anéantir, brûler, calciner, corroder, détruire, dévorer, dissiper, embraser, engloutir, épuiser, incendier, manger, oxyder, ronger, user. ***III.*** ⇒ **abattre.** ***IV.*** ⇒ **ruiner.**

CONTACT ▪ ***I. Fig.*** ⇒ **tact.** ***II.*** ⇒ **relation.**

CONTACTER ▪ ⇒ **rencontrer.**

CONTAGIEUX, EUSE ▪ ***I.*** ⇒ **pestilentiel.** ***II.*** ⇒ **communicatif.**

CONTAGION ▪ ***I. Au pr. :*** communication, contamination, infection, transmission. ***II. Fig. :*** diffusion, imitation, influence, propagation, virus.

CONTAINER ▪ Cadre, conteneur. ⇒ **contenant.**

CONTAMINATION ▪ ***I.*** ⇒ **contagion.** ***II. Par ext.*** ⇒ **mélange.**

CONTAMINER ▪ ⇒ **salir.**

CONTE ▪ ***I.*** ⇒ **roman.** ***II.*** ⇒ **histoire.**

CONTEMPLATEUR, TRICE ▪ ⇒ **penseur.**

CONTEMPLATION ▪ ***I.*** ⇒ **attention.** ***II.*** ⇒ **pensée.**

CONTEMPLER ▪ ⇒ **regarder, penser.**

CONTEMPORAIN, E ▪ ⇒ **présent.**

CONTEMPTEUR, TRICE ▪ ⇒ **méprisant.**

CONTENANCE ▪ ***I.*** Capacité, contenu, étendue, mesure, quantité, superficie, surface, tonnage, volume. ***II.*** Affectation, air, allure, aplomb, assurance, attitude, dégaine (fam.), figure, maintien, mine, port, posture, prestance.

CONTENANT ▪ Boîte, bouteillon, cadre, cageot, caisse, cantine, caque, container, conteneur, emballage, enveloppe, malle, panier, plat, réceptacle, récipient, sac, touque, vaisseau (vx), vaisselle, valise, vase. ⇒ **ustensile.**

CONTENIR ▪ ***I. Capacité :*** avoir, comporter, comprendre, compter, embrasser, enfermer, s'étendre, être composé de, impliquer, inclure, mesurer, posséder, receler, recevoir, renfermer, tenir. ***II.*** Arrêter, assujettir, borner, contrôler, dominer, dompter, emprisonner, endiguer, enfermer, enserrer, limiter, maintenir, maîtriser, refouler, refréner, réprimer, retenir, tenir. ***III. V. pron. :*** se contraindre, se contrôler, se dominer, être maître de soi, se faire violence, se maîtriser, se modérer, se posséder, se retenir, *et les formes pron. possibles des syn. de* CONTENIR.

CONTENT, E ▪ ***I.*** Aise, béat, enchanté, gai, heureux, joyeux, radieux, ravi, réjoui, satisfait, triomphant. ***II. Content de soi :*** fat, orgueilleux, présomptueux, suffisant, vaniteux.

CONTENTEMENT ▪ ⇒ **plaisir.**

CONTENTER ▪ ⇒ **satisfaire.** ***V. pron. :*** s'accommoder, s'arranger, avoir assez, se borner, faire avec, se payer de.

CONTENTIEUX, EUSE ▪ Contesté, litigieux.

CONTENTION ▪ ***I.*** ⇒ **effort.** ***II.*** ⇒ **attention.** ***III.*** ⇒ **discussion.**

CONTENU ▪ ⇒ **contenance.**

CONTER ▪ Décrire, dire, exposer, faire un récit, narrer, raconter, rapporter, relater, retracer.

CONTESTABLE ▪ ⇒ **incertain.**

CONTESTATAIRE ▪ ⇒ **mécontent.**

CONTESTATION ▪ Altercation, chicane, conflit, contradiction, controverse, débat, démêlé, dénégation, désaveu, différend, difficulté, discussion, dispute, incident, instance, litige, mise en cause, objection, opposition, pointille, procédure, procès, protestation, querelle.

CONTESTE ▪ ***I. Vx*** ⇒ **contestation.** ***II.*** **Sans conteste** ⇒ **évidemment.**

CONTESTER ▪ ***I.*** Arguer, contredire, controverser, débattre, dénier, discuter, disputer, douter, nier, s'opposer, plaider, quereller, réclamer, récuser, refuser, résister, révoquer en doute. ***II.***

Attaquer, batailler, chicaner, mettre en cause/en doute/en question, pointiller, revendiquer.

CONTEUR ■ Diseur, narrateur.

CONTEXTE ■ ⇒ **texte.**

CONTEXTURE ■ ***I. Au pr.*** ⇒ **tissu.** ***II. Fig.*** ⇒ **composition.**

CONTIGU, UË ■ ⇒ **prochain.**

CONTIGUÏTÉ ■ ⇒ **proximité.**

CONTINENCE ■ Abstinence, ascétisme, chasteté, modération, mortification, privation, pudeur, pudicité, pureté, sagesse, sobriété, tempérance, vertu.

CONTINENT, E ■ Abstinent, ascétique, chaste, décent, innocent, modéré, pudique, pur, sage, sobre, tempérant, vertueux, vierge.

CONTINGENCE ■ ⇒ **cas.**

CONTINGENT ■ ***I. Nom*** ⇒ **part.** ***II. Adj. :*** accidentel, casuel, conditionnel, éventuel, fortuit, incertain, occasionnel, possible.

CONTINGENTEMENT ■ ⇒ **répartition.**

CONTINU, E ■ Assidu, constant, continuel, d'affilée, durable, éternel, immuable, incessant, indéfectible, infini, ininterrompu, interminable, invariable, opiniâtre, permanent, perpétuel, persistant, prolongé, sans arrêt/cesse/fin/répit/trêve, sempiternel, soutenu, successif, suivi.

CONTINUATION ■ Continuité, persévérance, poursuite, prolongation, prolongement, reprise, succession, suite.

CONTINUEL, ELLE ■ ***I.*** ⇒ **continu.** ***II.*** ⇒ **éternel.**

CONTINUELLEMENT ■ ⇒ **toujours.**

CONTINUER ■ ***I. V. tr. :*** achever, allonger, augmenter, conserver, donner suite, durer, étendre, éterniser, laisser, maintenir, perpétuer, persévérer, persister, poursuivre, pousser jusqu'au bout, prolonger, reconduire, reprendre. ***II. V. intr.*** **1. Quelqu'un :** s'acharner, s'entêter, s'obstiner, s'opiniâtrer, ne pas cesser/laisser de. **2. Une route :** aller, s'étendre, se prolonger, se poursuivre. **3. Une chose :** durer, se succéder, tenir.

CONTINUITÉ ■ ⇒ **continuation.**

CONTORSION ■ ***I.*** ⇒ **torsion.** ***II.*** ⇒ **grimace.**

CONTOUR ■ ***I.*** ⇒ **tour.** ***II.*** ⇒ **ligne.**

CONTOURNÉ, E ■ ***I.*** ⇒ **dévié.** ***II.*** ⇒ **embarrassé.**

CONTOURNER ■ ⇒ **tourner.**

CONTRACEPTIF ■ ⇒ **préservatif.**

CONTRACTER ■ ***I. Au pr.*** ⇒ **resserrer.** ***II. Par ext.*** **1. Une maladie :** attraper, gagner, prendre. *Fam :* choper, pincer, piquer, ramasser. **2.** ⇒ **acquérir. 3.** ⇒ **endetter (s').**

CONTRACTION ■ Angoisse, constriction, contracture, convulsion, crampe, crispation, impatiences, resserrement, rétraction, spasme.

CONTRADICTEUR ■ Adversaire, antagoniste, contredisant, débateur, interlocuteur, interrupteur, objecteur, opposant.

CONTRADICTION ■ ***I. Philos. :*** absurdité, antilogie, antinomie, barrière, contradictoire, contraste, contre-exemple, empêchement, impossibilité, incompatibilité, inconséquence, obstacle. ***II.*** Chicane, conflit, contestation, démenti, dénégation, désaccord, dispute, négation, objection, opposition, réfutation.

CONTRADICTOIRE ■ ⇒ **opposé.**

CONTRAIGNANT, E ■ ⇒ **pénible.**

CONTRAINDRE ■ ⇒ **obliger.**

CONTRAINT, E ■ ***I.*** ⇒ **obligé.** ***II.*** ⇒ **embarrassé.** ***III.*** ⇒ **artificiel.**

CONTRAINTE ■ ***I. Au pr. :*** autorité, coaction, coercition, compression, empêchement, entrave, force, gêne, obstacle, pression, violence. ***II. Par ext.*** **1.** Discipline, exigence, loi, obligation, règle. **2.** Affectation, pudeur, respect humain, retenue. **3.** Asservissement, assujettissement, captivité, chaîne, esclavage, joug, oppression, servitude, sujétion, tutelle. **4.** Astreinte, commandement, mise en demeure, poursuite.

CONTRAIRE ■ ***I. Nom :*** antithèse, antonyme, contraste, inverse, négation, opposé, opposition. ***II. Adj.*** **1.** Antinomique, antithétique, contradictoire, différent, incompatible, inverse, opposé, paradoxal. **2. Péj. :** adverse, antagoniste, attentatoire, défavorable, ennemi, hostile, nuisible, préjudiciable. ***III. Loc. adv.*** **Au contraire :** a contrario, à l'encontre, à l'opposé, au rebours, contrairement, en revanche, loin de là, par contre, tant s'en faut, tout autrement.

CONTRARIER ■ ***I. Au pr. :*** agir/aller contre, barrer, combattre, contrecarrer, contredire, contrer, déranger, entraver, être contraire/en opposition/en travers, empêcher, faire empêchement/entrave/obstacle, freiner, gêner, mettre des bâtons dans les roues (fam.), nuire, s'oppposer à, repousser. ***II. Fig. :*** forcer, violer, violenter. ***III. Péj. :*** agacer, blesser, braquer, casser les pieds, causer du dépit/du mécontentement, chagriner, chicaner, chiffonner, choquer, dépiter, déranger, désespérer, désoler, embêter, ennuyer, fâcher, faire crever de dépit/endêver, faire faire une crise/une maladie/du mauvais sang, heurter, inquiéter, irriter, mécontenter, offusquer, rembrunir, tarabuster, tracasser, troubler.

CONTRARIÉTÉ ■ ⇒ **ennui.**

CONTRASTE ■ ⇒ **opposition.**

CONTRASTER ■ Détonner, jurer, s'opposer, ressortir, trancher.

CONTRAT ■ ⇒ **convention.**

CONTRAVENTION ■ ***I.*** Entorse, infraction, violation. ***II.*** Amende, peine, pénalisation, pénalité, procès-verbal. **Fam. :** cheville, contredanse.

CONTRE ■ ***I.*** Auprès de, en face de, près de, sur. ***II.*** À l'encontre de, à l'opposé de, malgré, nonobstant (vx). ***III. Par contre :*** au contraire, en compensation, en revanche, mais.

CONTRE-AVIS ■ Annulation, avis/indication / ordre / prescription contraire, contremandement, contrordre, décommandement.

CONTREBALANCER ■ ***I.*** ⇒ **équilibrer.** ***II.*** ⇒ **égaler.**

CONTREBANDIER ■ Fraudeur, passeur.

CONTRECARRER ■ ⇒ **contrarier.**

CONTRECŒUR (À) ■ À regret/son corps défendant, avec ⇒ **répugnance, contre sa** ⇒ **volonté, malgré soi.**

CONTRECOUP ■ ***I. Au pr. :*** choc en retour, rebondissement, répercussion, ricochet. ***II. Fig. :*** conséquence, éclaboussure, effet, réaction, réponse, résultat, retentissement, suite.

CONTREDIRE ■ ***I. Au pr. :*** aller à l'encontre, contester, dédire, démentir, désavouer, s'inscrire en faux, opposer, réfuter, répondre. ***II. Par ext.*** ⇒ **contrarier.** ***III. V. pron. :*** se couper (fam.), *et les formes pron. possibles des syn. de* CONTREDIRE.

CONTREDISANT, E ■ ⇒ **contradicteur.**

CONTREDIT ■ ***I.*** Réfutation. ***II.*** Contradiction, contradictoire, objection. ***III.*** **Sans contredit :** à l'évidence, assurément, certainement, de toute évidence, évidemment, sans aucun doute, sans contestation/conteste.

CONTRÉE ■ ⇒ **pays.**

CONTREFAÇON ■ ***I.*** Contrefaction, faux, fraude. ***II.*** Caricature, contre-épreuve, copie, démarquage, falsification, imitation, parodie, pastiche, plagiat, vol.

CONTREFAIRE ■ ***I.*** ⇒ **faire.** ***II.*** ⇒ **imiter.** ***III.*** Feindre. ⇒ **affecter.**

CONTREFAIT, E ■ ⇒ **difforme, faux.**

CONTREFORT ■ ⇒ **colonne, appui.**

CONTRE-JOUR ■ ⇒ **obscurité.**

CONTREMAÎTRE ■ Chef d'atelier/de brigade/d'équipe, porion, prote.

CONTREMANDER ■ Annuler, décommander, rapporter, revenir, révoquer.

CONTREPARTIE ■ ***I.*** ⇒ **opposé.** ***II.*** ⇒ **objection.**

CONTREPÈTERIE, CONTREPETTERIE ■ ***Par ext.*** ⇒ **lapsus.**

CONTRE-PIED ■ ***I.*** ⇒ **opposé.** ***II. Loc. adv.*** **À contre-pied** : à contre-poil/contresens/l'encontre, l'envers/l'opposé/rebrousse-poil, *et les syn. de* OPPOSÉ, à rebours, de travers.

CONTREPOIDS ■ ***I.*** Balancier, équilibre. ***II.*** ⇒ **compensation.**

CONTRE-POIL (À) ■ ⇒ **contre-pied.**

CONTREPOINT ■ ⇒ **harmonie.**

CONTREPOISON ■ Alexipharmaque, antidote, mithridatisation, remède.

CONTRER ■ ⇒ **contrarier.**

CONTRESCARPE ■ Glacis.

CONTRE-REJET ■ Enjambement, rejet.

CONTRESEING ■ ⇒ **signature.**

CONTRESENS ■ ***I.*** Erreur, faux-sens, non-sens, paradoxe. ***II. Loc. adv.*** **À contresens** ⇒ **contre-pied.**

CONTRETEMPS ■ ***I.*** ⇒ **obstacle.** ***II. À contretemps :*** au mauvais moment, comme un chien dans un jeu de quilles (fam.), hors de saison, inopportunément, mal à propos.

CONTREVENIR ■ ⇒ **désobéir.**

CONTREVENT ■ ⇒ **volet.**

CONTREVÉRITÉ ■ ***I.*** ⇒ **antiphrase.** ***II.*** ⇒ **mensonge.**

CONTRIBUABLE ■ ***I.*** Assujetti, cochon de payant (fam.), prestataire. ***II. Vx :*** censitaire, corvéable, taillable.

CONTRIBUER ■ ⇒ **participer.**

CONTRIBUTION ■ ***I.*** ⇒ **quota.** ***II.*** ⇒ **impôt.**

CONTRISTER ■ ⇒ **chagriner.**

CONTRIT, E ■ ⇒ **honteux.**

CONTRITION ■ ⇒ **regret.**

CONTRÔLE ■ ⇒ **vérification.**

CONTRÔLER ■ ***I.*** ⇒ **vérifier.** ***II.*** ⇒ **censurer.**

CONTRÔLEUR ■ ⇒ **inspecteur.**

CONTROUVER ■ ⇒ **inventer.**

CONTROVERSER ■ ⇒ **discuter.**

CONTUMACE ■ n. f. et adj. ⇒ **défaut.**

CONTUSION ■ Bleu, bosse, coquard (fam.), coup, ecchymose, hématome, lésion, mâchure, meurtrissure. ⇒ **blessure.**

CONVAINCRE ■ ***I.*** Amener, démontrer, dissuader, entraîner, expliquer, persuader, prouver, toucher. ***II. Péj. :*** accabler, confondre.

CONVALESCENCE ■ ⇒ **rétablissement.**

CONVENABLE ■ ***I. Au pr. :*** adapté, ad hoc, approprié, à propos, assorti, compatible, condigne (théol.), conforme, congru, congruent, convenant, de saison, expédient, fait exprès, idoine, opportun, pertinent, présentable, propice, proportionné, propre, raisonnable, satisfaisant, seyant, sortable, topique, utile. ***II. Par ext. :*** beau, bien, bienséant, bon, comme il faut, correct, décent, digne, fair-play, honnête, honorable, juste, poli, séant, sport.

CONVENANCE ■ ***I.*** Accord, adaptation, adéquation, affinité, analogie, appropriation, assortiment, compatibilité, concordance, conformité, congruence, congruité, correspondance, harmonie, idonéité, justesse, pertinence, proportion, propriété, rapport, utilité. ***II. Par ext.*** **1.** Commodité, goût, gré, utilité. **2.** Apparence, bienséance, bon ton, code, correction, décence, décorum, élégance, étiquette, façons, forme, honnêteté, politesse, protocole, règles, savoir-vivre, tact, usage.

CONVENIR ■ ***I.*** S'accorder, admettre, s'apparenter, avouer, concéder, confesser, constater, déclarer, dire, reconnaître, tomber d'accord. ***II.*** ⇒ **décider.** ***III.*** ⇒ **correspondre.** ***IV.*** ⇒ **plaire.** ***V.*** ⇒ **appartenir.** ***VI.*** ⇒ **falloir.** ***VII. V. pron. :*** ⇒ **plaire (se).**

CONVENTION ■ ***I. Au pr. :*** accommodement, accord, alliance, arrangement, capitulation, cartel, collaboration, compromis, concordat, connivence, contrat, covenant, engagement, entente, forfait, marché, pacte, promesse, protocole, traité, transaction, union. ***II. Par ext.*** **1.** Acte, article, clause, condition, disposition, recès, règle, résolution, stipulation. **2.** Axiome, hypothèse, postulat, principe, supposition. **3.** Deus ex machina, fiction, lieu commun, moyen, procédé. **4.** ⇒ **convenance.**

CONVENTIONNEL, ELLE ■ ***I.*** ⇒ **artificiel.** ***II.*** ⇒ **traditionnel.**

CONVERGER ■ ⇒ **aller.**

CONVERSATION ■ ***I. Au pr. :*** aparté, causerie, colloque, conférence, débat, devis (vx), dialogue, échange, entretien, interlocution, interview, pourparlers, propos, tête-à-tête. ***II. Péj. :*** babillage, badinage, bavette, causette, commérage, conciliabule, jacasserie, palabre, parlote. ⇒ **bavardage.**

CONVERSER ■ ⇒ **parler.**

CONVERSIBLE ■ ⇒ **convertible.**

CONVERSION ■ ***I. Au pr. :*** changement, convertissement, métamorphose, modification, mutation, transformation, virement. ***II. Par ext.*** **1. Relig. :** abjuration, adhésion, apostasie, reniement, renoncement, volte-face. **2.** Ralliement, retournement, révolution, tour, virage, volte.

CONVERTIBLE ■ Conversible, convertissable, modifiable, transformable.

CONVERTIR ■ ⇒ **transformer.** ***V. pron. :*** **1.** ⇒ **changer. 2.** ⇒ **renier.**

CONVERTISSABLE ■ ⇒ **convertible.**

CONVERTISSEMENT ■ ⇒ **conversion.**

CONVICTION ■ ⇒ **croyance.**

CONVIER ■ ***I. Au pr. :*** appeler, convoquer, demander, inviter, mander, prier, semondre (vx), traiter. ***II. Fig. :*** engager, exciter, exhorter, inciter, induire, inviter, solliciter.

CONVIVE ■ ***I. Fav. :*** commensal, convié, hôte, invité. ***II. Non fav.*** ⇒ **parasite.**

CONVOCATION ■ ***I.*** Appel, assignation, avertissement, citation, indiction, invitation, semonce (vx), sommation. ***II.*** Incorporation, levée, mobilisation, recrutement.

CONVOI ■ ***I.*** Caravane, charroi, file, train. ***II.*** Enterrement, funérailles, obsèques.

CONVOITER ■ ⇒ **vouloir.**

CONVOITISE ■ ⇒ **désir.** ***II.*** ⇒ **concupiscence.**

CONVOLER ■ ⇒ **marier (se).**

CONVOQUER ■ ⇒ **inviter, mander.**

CONVOYER ■ ⇒ **accompagner.**

CONVULSION ■ ***I.*** Contraction, saccades, secousse, soubresaut, spasme. ***II. Fig.*** **1.** Contorsion, distorsion, grimace. **2.** Agitation, bouleversement, crise, remous, révolution, trouble.

COOPÉRATEUR, TRICE ■ ⇒ **associé.**

COOPÉRATION ■ Accord, aide, appui, collaboration, concours, contribution.

COOPÉRATIVE ■ Artel, association, kolkhose, mutuelle, sovkhose.

COOPTATION ■ ⇒ **choix.**

COOPTER ■ ⇒ **choisir.**

COORDONNER ■ ⇒ **combiner.**

COPAIN, COPINE ■ ⇒ **compagnon.**

COPIE ■ ***I. Au pr. :*** ampliatif, ampliation, calque, compulsoire, double, duplicata, épreuve, exemplaire, expédition, fac-similé, grosse, photocopie, reproduction, transcription. ***II. Par ext.*** **1.** ⇒ **imitation. 2.** ⇒ **composition.**

COPIER ■ ***I. Au pr.*** **1. Jurid.** : expédier, grossoyer, inscrire, transcrire. **2.** Calquer, noter, prendre en note, recopier, relever, reproduire, transcrire. ***II. Par ext.*** ⇒ **imiter.**

COPIEUSEMENT ■ ⇒ **beaucoup.**

COPIEUX, EUSE ■ ⇒ **abondant.**

COPULATION ■ ⇒ **accouplement.**

COQUE ■ ⇒ **coquille.**

COQUECIGRUE ■ ⇒ **chanson.**

COQUELICOT ■ ⇒ **pavot.**

COQUET, ETTE ■ ***I.*** ⇒ **élégant, joli, galant.** ***II.*** ⇒ **important.**

COQUETTERIE ■ ***I.*** ⇒ **amour.** ***II.*** ⇒ **minauderie.** ***III.*** ⇒ **élégance.**

COQUILLE ■ ***I. Au pr. :*** carapace, conche (vx), conque, coque, coquillage, écaille, enveloppe, test. ***II. Fig. :*** erreur, faute, lapsus.

COQUIN, E ■ ***I. Nom.*** **1.** Bandit, canaille, escroc, scélérat. ⇒ **voleur. 2.** Bélître, faquin, fripon, gredin, gueux, lâche, maraud, maroufle, mâtin, pendard, va-nu-pieds, vaurien. ⇒ **avare. 3.** Garnement, polisson. ***II. Adj. :*** canaille, égrillard, espiègle, gaillard, gaulois, libertin, libre, malicieux, polisson.

COR ■ ***I.*** ⇒ **cal.** ***II. Vén. :*** andouiller, bois, branche, épois, perche, rameau, ramure, trochure. ***III.*** Corne, cornet, huchet, olifant, schofar, trompe.

CORBEAU ■ ***I.*** Corbillat, corbin, corneille. ***II.*** ⇒ **calomniateur.**

CORBEILLE ■ ***I.*** Ciste, faisselle, manne, moïse, sultan, vannerie. ⇒ **panier.** ***II.*** ⇒ **parterre.** ***III. Théâtre :*** balcon, mezzanine.

CORDAGE ■ ***I. Au pr. :*** bastin, bitord, câble, câblot, corde, filin, grelin, guinderesse, lusin, manœuvres, merlin, quarantenier, ralingue, sciasse, trélingage. ***II. Mar. :*** amure, balancine, brague, bosse, bouline, cargue, chable, chableau, commande, cravate, draille, drisse, drosse, écoute, élingue, enfléchure, erse, estrope, étai, filière, funin, gambre, garcette, gerseau, guinderesse, hauban, haussière, laguis, lèvenez, marguerite, martingale, orin, pantoire, passeresse, pataras, ralingue, redresse, remorque, retenue, ride, sabaye, saisine, sauvegarde, sous-barbe, suspense, touée, tourteuse, traille, trévire, va-et-vient.

CORDE ■ Bolduc, cordelette, cordelière, cordon, étendoir, ficelle, hart (vx), lacet, laisse, lasso, lien, longe, simbleau, tendeur. ⇒ **cordage.**

CORDELIÈRE ■ ⇒ **corde, ceinture.**

CORDIAL, E ■ ***I. Adj.*** ⇒ **franc.** ***II. Nom*** ⇒ **fortifiant.**

CORDIALITÉ ■ ⇒ **bonté, franchise.**

CORDON ■ ⇒ **corde, insigne.**

CORDONNIER ■ Bottier, bouif (fam.), chausseur, gnaf (arg.), savetier.

CORIACE ■ ***I.*** ⇒ **dur.** ***II.*** ⇒ **résistant.**

CORNAC ■ ⇒ **guide.**

CORNE ■ ***I. Au pr. :*** défense. ⇒ **cor.** ***II.*** Callosité, châtaigne, kératine ⇒ **cal.**

CORNEILLE ■ Choucas, corbillat, corvidé, freux.

CORNEMUSE ■ Bag-pipe, biniou, bombarde, cabrette, chabrette, chevrie, musette, pibrock, turlurette.

CORNER ■ ***I.*** ⇒ **publier.** ***II.*** Bourdonner, claironner, siffler, sonner, tinter.

COROLLAIRE ■ ⇒ **conséquence.**

CORPORATION ■ Assemblée, association, collège, communauté, confrérie, congrégation, corps, gilde, groupement, guilde, hanse, métier, ordre, société.

CORPOREL, ELLE ■ ⇒ **physique.**

CORPS ■ ***I.*** ⇒ **objet, substance.** ***II.*** Anatomie, carcasse (fam.), chair, châssis (fam.), individu, morphologie, personne, tronc. ⇒ **cadavre.** ***III.*** ⇒ **congrégation, corporation.**

CORPULENCE ■ ⇒ **grosseur.**

CORPULENT, E ■ ⇒ **gros.**

CORPUSCULE ■ ⇒ **particule.**

CORRECT, E ■ ***I.*** ⇒ **convenable.** ***II.*** ⇒ **exact.** ***III.*** ⇒ **poli.**

CORRECTEUR, TRICE ■ Censeur, corrigeur, réviseur.

CORRECTION ■ ***I.*** Amélioration, amendement, biffure, correctif, modification, rature, rectification, redressement, refonte, remaniement, repentir, retouche, révision, surcharge. ***II.*** Adoucissement, assouplissement, atténuation, compensation, contrepoids, tempérament. ***III.*** ⇒ **punition.** ***IV.*** ⇒ **pureté.** ***V.*** ⇒ **civilité.**

CORRÉLATION ■ ⇒ **rapport.**

CORRESPONDANCE ■ ***I.*** ⇒ **rapport.** ***II.*** Courrier, épître, lettre. ***III.*** Chronique, reportage, rubrique. ***IV.*** Changement, relais.

CORRESPONDANT, E ■ ⇒ **journaliste.**

CORRESPONDRE ■ ***I.*** 1. S'accorder, aller, aller ⇒ **bien,** s'appliquer à, coïncider, coller, concorder, se conformer, convenir, être conforme à/en conformité/harmonie / rapport/symétrie, faire pendant, s'harmoniser, se prêter/rapporter/référer à, répondre, représenter, ressembler, rimer, satisfaire, synchroniser. 2. ***Arg. :*** bicher, botter, boumer, gazer, rouler, roulotter. ***II.*** Collaborer, écrire, être en relation, tenir au courant. ⇒ **communiquer.**

CORRIDOR ■ ⇒ **passage.**

CORRIGER ■ ***I. Au pr. :*** améliorer, amender, changer, civiliser, moraliser, perfectionner, policer, redresser, réformer, régénérer, relever, reprendre. ***II. Par ext.*** 1. Adoucir, atténuer, balancer, compenser, dégauchir, dulcifier, émender, équilibrer, expurger, modérer, modifier, neutraliser, pallier, racheter, rectifier, refondre, remanier, remettre sur l'enclume/le métier, réparer, reprendre, retoucher, revenir sur, réviser, revoir, tempérer. 2. ⇒ **réprimander.** 3. ⇒ **punir.** 4. ⇒ **abattre.** ***III. V. pron. :*** se convertir, se défaire de, se guérir, se reprendre, *et les formes pron. possibles des syn. de* CORRIGER.

CORRIGEUR ■ ⇒ **correcteur.**

CORROBORER ■ ***I.*** ⇒ **fortifier.** ***II.*** ⇒ **confirmer.**

CORRODER ■ ⇒ **ronger.**

CORROMPRE ■ ***I.*** ⇒ **gâter, abâtardir, altérer.** ***II.*** ⇒ **séduire.** ***III. V. pron. :*** ⇒ **pourrir.**

CORROMPU, E ■ ***I.*** ⇒ **pourri.** ***II. Fig.*** ⇒ **vicieux.**

CORROSIF, IVE ■ ⇒ **mordant.**

CORROSION ■ Brûlure, corrasion, désagrégation, destruction, érosion, ravinement, usure.

CORRUPTEUR, TRICE ■ ⇒ **mauvais.**

CORRUPTIBLE ■ ⇒ **destructible.**

CORRUPTION ■ ***I.*** ⇒ **altération.** ***II.*** ⇒ **dégradation.** ***III.*** ⇒ **subornation.**

CORSAGE ■ *I.* Buste, poitrine. *II.* Blouse, brassière, cache-cœur, camisole, canezou, caraco, casaque, casaquin, chemisette, guimpe, jersey.

CORSAIRE ■ Bandit, boucanier, écumeur des mers, flibustier, forban, frère de la côte, pirate, requin.

CORSER ■ ⇒ **fortifier.**

CORSET ■ *I. Par ext. :* bustier, gaine. *II. Fig.* ⇒ **cadre.**

CORTÈGE ■ ⇒ **suite.**

CORUSCANT, E ■ ⇒ **brillant.**

CORUSCATION ■ Brillance, éclat, intensité, lumière, luminescence, luminosité.

CORVÉE ■ *I.* ⇒ **devoir.** *II.* ⇒ **travail.**

CORYPHÉE ■ ⇒ **chef.**

CORYZA ■ Catarrhe, écoulement, inflammation, rhume de cerveau.

COSMOGONIE ■ Cosmographie, cosmologie, cosmosophie, description/interprétation de l'Univers.

COSMONAUTE ■ Astronaute, spationaute.

COSMOS ■ ⇒ **univers.**

COSSE ■ Écale, écalure, enveloppe, gousse, tégument.

COSSU, E ■ ⇒ **riche.**

COSTUME ■ ⇒ **vêtement.**

COSTUMER ■ ⇒ **vêtir.**

COSY-CORNER ■ ⇒ **canapé.**

COTE ■ *I.* ⇒ **taxe.** *II.* ⇒ **impôt.**

CÔTE ■ *I.* ⇒ **bord.** *II.* ⇒ **hauteur.** *III.* ⇒ **montée.**

CÔTÉ ■ *I.* ⇒ **flanc.** *II.* ⇒ **aspect.** *III.* ⇒ **partie.** *IV.* ⇒ **direction.** *V. Loc.* **À côté** ⇒ **près.**

COTEAU ■ ⇒ **hauteur.**

COTER ■ *I.* Folioter, noter, numéroter, paginer. *II.* ⇒ **estimer.**

COTERIE ■ Association, bande, cabale, camarilla, caste, cercle, chapelle, clan, clique, école, faction, famille, mafia, parti, secte, tribu.

COTHURNE ■ Brodequin, chaussure, socque.

COTILLON ■ *I.* ⇒ **jupe.** *II.* ⇒ **femme.** *III.* ⇒ **danse.**

COTISATION ■ ⇒ **quote-part.**

CÔTOYER ■ ⇒ **longer.**

COTTAGE ■ ⇒ **villa.**

COTTE ■ *I.* ⇒ **jupe.** *II.* Bleu/vêtement de travail, combinaison, salopette.

COU ■ Col, encolure.

COUARD, E ■ ⇒ **capon.**

COUARDISE ■ ⇒ **lâcheté.**

COUCHANT ■ Occident, ouest, ponant.

COUCHE ■ *I.* Crépi, croûte, enduit. *II.* Assise, banc, formation, lit, nappe, région, sphère, strate. *III.* Braie (vx), drapeau (vx), lange, linge, layette, maillot. *IV.* ⇒ **catégorie.** *V.* ⇒ **lit.** *VI.* ⇒ **enfantement.** *VII. Loc.* **Fausse couche :** avortement.

COUCHER ■ *I.* ⇒ **étendre.** *II.* ⇒ **inscrire.** *III.* ⇒ **viser.** *IV. V. pron. :* **1. Au pr. :** s'aliter, s'allonger, se blottir, s'étendre, gésir (vx), se glisser dans le lit/sous les draps, se mettre au lit/prosterner/vautrer (péj.). **2. Fam. :** aller au dodo/au page/au pageot/au pieu, se bâcher, mettre la viande dans les bâches/les bannes/les torchons/les toiles, se pager/pageoter/pagnoter/pieuter/plumarder/plumer/ventrouiller/vituler.

COUCHERIE ■ ⇒ **débauche.**

COUCHETTE ■ ⇒ **lit.**

COUCHEUR (MAUVAIS) ■ ⇒ **querelleur.**

COUCOU ■ *I.* ⇒ **horloge.** *II.* Locomotive, machine. ⇒ **voiture.**

COUDE ■ Angle, courbe, détour, méandre, retour, saillie, sinuosité, tour, tournant, virage.

COUDÉ, E ■ ⇒ **courbe.**

COUDOYER ■ ⇒ **heurter, rencontrer.**

COUDRE ■ ***I. Au pr.*** : bâtir, faufiler, linger, monter, ourler, raccommoder, rapiécier, ravauder, rentraire, repriser, surfiler, surjeter, suturer. ***II. Par ext.*** ⇒ **joindre.**

COUDRE, COUDRIER ■ Noisetier.

COUENNE ■ Lard. ⇒ **peau.**

COUFFE, COUFFIN, COUFFLE ■ ⇒ **cabas.**

COUILLE ■ ***I.*** ⇒ **bourse.** ***II.*** ⇒ **zéro.**

COUINER ■ Piailler ⇒ **crier.**

COULAGE ■ ***I.*** Coulée. ***II.*** ⇒ **perte.**

COULANT, E ■ Adj. ***I.*** ⇒ **fluide.** ***II.*** ⇒ **naturel.**

COULANT ■ n. ***I.*** Anneau. ***II.*** Pousse, rejeton, stolon.

COULER ■ ***I. V. tr.*** 1. ⇒ **filtrer.** 2. ⇒ **verser.** 3. ⇒ **introduire.** 4. **Mar.** : envoyer par le fond, faire sombrer, torpiller. ***II. V. intr.*** 1. Affluer, arroser, baigner, courir, déborder, découler, dégouliner, se déverser, s'échapper, s'écouler, émaner, s'épancher, s'extravaser, filer, fluer, fuir, gicler, jaillir, juter, refluer, se répandre, rouler, ruisseler, sourdre. 2. Dégoutter, s'égoutter, goutter, instiller, suinter, traverser. 3. Baver, exsuder, suer, transpirer. 4. Descendre, glisser, se mouvoir, passer, tomber. 5. **Un bateau** : s'abîmer, chavirer, s'enfoncer, s'engloutir, faire naufrage, s'immerger, se perdre, se saborder, sancir, sombrer. ***III. V. pron.*** : ⇒ **introduire (s').**

COULEUR ■ ***I. Au pr.*** : carnation, coloration, coloris, demi-teinte, nuance, teint, teinte, ton, tonalité. ***II. Fig.*** 1. Allure, apparence, aspect, brillant, caractère, éclat, force, truculence, vivacité. 2. ⇒ **opinion.** 3. ⇒ **prétexte.** 4. **Au pl.** ⇒ **drapeau.**

COULEUVRE ■ Anguille de haie, bisse (blas.), coronelle, élaphis, nasique, ophidien. ⇒ **reptile.**

COULISSIER ■ ⇒ **intermédiaire.**

COULOIR ■ ⇒ **passage.**

COUP ■ ***I. Au pr.*** 1. Choc, ébranlement, frappement, heurt, secousse, tamponnement. 2. Anguillade, bastonnade, botte, bourrade, calotte, charge, châtiment, chiquenaude, claque, correction, décharge, distribusion, escourgée, fessée, gifle, gourmade, horion, pichenette, sanglade, soufflet, tape. 3. **Fam.** : abattage, atout, baffe, bâfre, beigne, beignet, branlée, brossée, brûlée, castagne, châtaigne, contredanse, coquard, danse, dariole, déculottée, dérouillée, frottée, giboulée, giroflée, gnon, marron, mornifle, pain, peignée, pile, pochon, raclée, ramponneau, ratatouille, rincée, rossée, roulée, rouste, salsifis, tabac, talmouse, taloche, tampon, tannée, taquet, tarte, tatouille, torgniole, tournée, trempe, tripotée. 4. Blessure, bleu, bosse, contusion, mauvais traitements, meurtrissure, violences, voie de fait. ***II. Par ext.*** 1. **Coup de feu** : arquebusade, canonnade, charge, décharge, détonation, fusillade, salve, tir. 2. ⇒ **bruit.** 3. ⇒ **émotion.** 4. ⇒ **action.** ***III. Loc.*** 1. **Coup de cœur/foudre** ⇒ **amour.** 2. **Coup de main** ⇒ **engagement.** 3. **Coup de sang** ⇒ **congestion.** 4. **Coup d'État** : coup d'autorité/de force, changement, pronunciamiento, putsch, révolution. 5. **Coup de tête** ⇒ **caprice.** 6. **Coup de théâtre** ⇒ **péripétie.** 7. **Coup d'œil** ⇒ **regard** et **vue.** 8. **À coup sûr** : certainement, évidemment, sûrement. 9. **Tout à coup** : à l'improviste, à brûle-pourpoint, brusquement, en un instant, inopinément, soudain, subitement, subito. 10. **Un coup** : une fois. 11. **Tirer un coup** (vulg.) ⇒ **accoupler (s').**

COUPABLE ■ n. et adj. : Blâmable, breneux (fam.), condamnable, damnable, délictueux, délinquant, fautif, honteux, illégitime, illicite, inavouable, indigne, infâme, mauvais, peccant, pêcheur, pendable, punissable, répréhensible.

COUPANT, E ■ ⇒ **tranchant.**

COUPE ■ *I.* Calice, coupelle, cratère, gobelet, jatte, patère, ramequin, sébile, vase, vaisseau. *II.* ⇒ **compétition.** *III.* ⇒ **pièce.** *IV.* ⇒ **plan.** *V.* Césure, hémistiche, repos. *VI. Loc.* **Coupe sombre :** sanction. ⇒ **retranchement.**

COUPÉ, E ■ ⇒ **court.**

COUPE-FILE ■ ⇒ **laissez-passer.**

COUPE-JARRET ■ *I.* ⇒ **tueur.** *II.* ⇒ **voleur.**

COUPER ■ *I. Au pr. :* amputer, champlever, chanfreiner, cisailler, débillarder, découper, diviser, ébarber, élaguer, entamer, entrecouper, exciser, hacher, inciser, massicoter, reséquer, scarifier, sectionner, taillader, tailler, trancher, tronçonner. *II. Par ext.* **1.** ⇒ **retrancher. 2.** ⇒ **châtrer. 3.** ⇒ **traverser. 4.** ⇒ **mélanger. 5.** ⇒ **interrompre. 6.** ⇒ **abattre.**

COUPERET ■ Coupe-coupe, hachoir, machette. ⇒ **couteau.**

COUPLE ■ *I. Nom fém. :* paire. *II. Nom masc.* 1. Duo, paire, tandem. 2. Époux, ménage.

COUPLET ■ *I.* ⇒ **poème.** *II.* ⇒ **chant.** *III.* ⇒ **tirade.**

COUPOLE ■ ⇒ **dôme.**

COUPON ■ *I.* ⇒ **pièce.** *II.* ⇒ **billet.**

COUPURE ■ ⇒ **blessure, billet.**

COUR ■ *I.* Atrium, cloître, patio, préau. *II.* ⇒ **tribunal.**

COURAGE ■ Ardeur, assurance, audace, bravoure, cœur, confiance, constance, cran, crânerie, décision, énergie, fermeté, force, générosité, hardiesse, héroïsme, impétuosité, intrépidité, patience, persévérance, résolution, stoïcisme, témérité, vaillance, valeur, volonté, zèle.

COURAGEUX, EUSE ■ Ardent, audacieux, brave, confiant, constant, crâne, décidé, dynamique, énergique, ferme, fonceur, fort, hardi, héroïque, impétueux, intrépide, mâle, martial, noble, patient, persévérant, résolu, stoïque, téméraire, travailleur, vaillant, volontaire, zélé.

COURANT, E ■ adj. *I.* ⇒ **présent.** *II.* ⇒ **commun.**

COURANT ■ n. *I.* ⇒ **cours.** *II. Loc.* **1. Être au courant ⇒ connaître. 2. Mettre/tenir au courant ⇒ informer.**

COURBATU, E ■ ⇒ **fatigué.**

COURBE ■ *I. Adj. :* aquilin, arqué, arrondi, busqué, cambré, cassé, concave, convexe, coudé, courbé, crochu, curviligne, incurvé, infléchi, inflexe, mamelonné, rebondi, recourbé, renflé, rond, tordu, tors, tortu, tortueux, voûté. *II. Nom :* arabesque, arc, boucle, cercle, cintrage, circonférence, coude, courbure, ellipse, feston, galbe, méandre, ondulation, ovale, ove, serpentin, sinuosité, spirale, virage, volute.

COURBER ■ *I. Au pr.* **1.** ⇒ **fléchir. 2.** ⇒ **incliner.** *II. Fig.* ⇒ **soumettre.** *III. V. pron. :* **1. Au pr. :** s'arquer, s'arrondir, se busquer, se cambrer, se casser, se couder, falquer (équit.), s'incurver, s'infléchir, se recourber, se renfler, se tordre, se voûter. **2. Fig. :** ⇒ **humilier (s').**

COURBETTE ■ ⇒ **salut.**

COUREUR ■ *I.* ⇒ **messager.** *II.* Cavaleur, juponnier, tombeur. ⇒ **séducteur, débauché.**

COURGE ■ Bonnet-de-prêtre/Turc, citrouille, coloquinte, concombre, courgette, cucurbitacée, giraumon, gourde, pâtisson, potiron, zuchette.

COURIR ■ *I. V. intr.* **1. Au pr. :** bondir, détaler, dévorer l'espace, s'élancer, fendre l'air, galoper, se hâter, se précipiter, se presser, voler. **2. Fam.** : avoir le diable à ses trousses/le feu au derrière, brûler le pavé, caleter, se carapater, cavaler, décaniller, dropper, filer, foncer, gazer, jouer des flûtes/des gambettes/des pinceaux/des pincettes, mettre les bouts, pédaler, piquer un cent mètres, prendre ses jambes à son cou, se tirer, tracer, tricoter des pinceaux/des pincettes, trisser, trôler. ***II. V. tr.*** **1.** ⇒ **chercher. 2.** ⇒ **fréquenter. 3.** ⇒ **poursuivre. 4.** ⇒ **répandre (se). 5.** ⇒ **passer. 6.** ⇒ **parcourir.**

COURONNE ▪ ***I. Au pr. :*** bandeau royal, diadème, pschent, tiare, tortil. ***II. Par ext. :*** guirlande. ***III. Fig.*** **1.** Attribut, emblème, ornement, signe. **2.** Distinction, honneur, lauriers, palme, prix, récompense. **3.** Empereur, empire, État, maison, monarchie, monarque, roi, royaume, royauté, souverain, souveraineté.

COURONNEMENT ▪ Sacre. ⇒ **consécration.**

COURONNER ▪ ***I. Au pr. :*** **1.** Auréoler, nimber. **2.** Ceindre, coiffer, introniser, sacrer. ***II. Par ext. :*** décerner un prix/une récompense. ***III. Fig.*** **1.** Accomplir, achever, conclure, finir, parachever, parfaire, terminer. **2.** ⇒ **blesser.**

COURRIER ▪ ***I.*** ⇒ **messager.** ***II.*** ⇒ **bateau.** ***III.*** ⇒ **correspondance.**

COURROIE ▪ Attache, bandoulière, bretelle, harnais, jugulaire, lanière, mancelle, raban, sangle.

COURROUX ▪ ⇒ **colère.**

COURS ▪ ***I.*** Carrière, chenal, courant, course, fil, mouvement. ***II. Loc.*** **Cours d'eau** : affluent, collecteur, émissaire, fleuve, gave, ravine, rivière, ru, ruisseau, torrent, voie fluviale. ⇒ **canal.** ***III.*** ⇒ **promenade.** ***IV.*** ⇒ **évolution.** ***V.*** ⇒ **traité.** ***VI.*** ⇒ **leçon.** ***VII.*** ⇒ **école.** ***VIII.*** ⇒ **prix.** ***IX. Loc.*** **Avoir cours** : avoir du crédit/de la vogue, déchaîner l'enthousiasme, être à la mode/dans le vent/in, faire fureur.

COURSE ▪ ***I.*** Allées et venues, commissions, démarches. ***II.*** ⇒ **marche.** ***III.*** ⇒ **cours.** ***IV.*** ⇒ **incursion.** ***V.*** ⇒ **trajet.** ***VI.*** ⇒ **promenade.**

COURSIER ▪ ⇒ **cheval, messager.**

COURT, E ▪ ***I. De taille :*** bas, courtaud, étriqué, étroit, mince, minuscule, petit, rabougri, ramassé, ras, rétréci, tassé, trapu. ***II. De durée :*** bref, éphémère, fragile, fugace, fugitif, intérimaire, momentané, passager, périssable, précaire, pressé, prompt, provisoire, rapide, temporaire, transitoire. ***III. Par ext. :*** abrégé, accourci, bref, compendieux (vx), concis, condensé, contracté, coupé, dense, diminué, écourté, elliptique, haché, laconique, lapidaire, raccourci, ramassé, réduit, resserré, restreint, résumé, serré, simple, sommaire, succinct, télégraphique.

COURTAGE ▪ ***I. Au pr. :*** commission, ducroire, pourcentage, prime, remise, rémunération. ⇒ **agio.** ***II. Par ext. :*** dessous-de-table, pot-de-vin, pourboire. ⇒ **gratification.**

COURTAUD, E ▪ ***I. Adj.*** ⇒ **court.** ***II. Nom*** ⇒ **cheval.**

COURTIER ▪ ⇒ **intermédiaire.**

COURTISAN ▪ n. et adj. Homme de cour. ⇒ **flatteur.**

COURTISANE ▪ ⇒ **prostituée.**

COURTISER ▪ ***I.*** Badiner, conter fleurette, coqueter, faire des avances/la cour, galantiser (vx), marivauder, rechercher. ***II. Fam. :*** baratiner, causer, draguer, faire du gringue/les yeux doux, flirter, fréquenter, jeter du grain, sortir avec.

COURTOIS, E ▪ ⇒ **civil.**

COURTOISIE ▪ ⇒ **civilité.**

COUSETTE ▪ Arpette, midinette, petite main, trottin.

COUSSIN ■ Bourrelet, carreau, coussinet, oreiller, polochon, pouf, traversin.

COÛT ■ ⇒ **prix.**

COUTEAU ■ Bistouri, canif, couperet, coupoir, coutelas, coutre, cutter, drayoir, eustache, lame, lancette, navaja, poignard, scalpel, scramasaxe. ***Arg. :*** rapière, saccagne, surin. ⇒ **poignard.**

COÛTER ■ v. tr. et intr. ⇒ **valoir.**

COÛTEUX, EUSE ■ ⇒ **cher.**

COUTUME ■ ⇒ **habitude.**

COUTUMIER, ÈRE ■ ***I.*** ⇒ **accoutumé.** ***II.*** ⇒ **habitué.** ***III.*** ⇒ **ordinaire.**

COUTURIER, ÈRE ■ Modéliste, tailleur. ⇒ **cousette.**

COUVÉE ■ Nichée, portée, produit, race.

COUVENT ■ ⇒ **cloître.**

COUVER ■ ***I. Au pr. :*** incuber. ***II. Par ext.*** **1.** ⇒ **nourrir. 2.** ⇒ **préparer. 3. Loc. :** couver des yeux. ⇒ **regarder.**

COUVERT ■ ***I.*** ⇒ **abri.** ***II.*** ⇒ **ombre.** ***III.*** ⇒ **maison.** ***IV. Loc.*** **1. À couvert :** à l'abri, garanti, protégé. **2. Sous le couvert de :** caution/manteau/protection de.

COUVERT, E ■ Abrité, défendu, garanti, préservé, sauvegardé, vêtu.

COUVERTURE ■ ***I.*** Berne (vx), chabraque, courtepointe (vx), couverte, couvrante (fam.), couvre-lit, couvre-pied, édredon, housse (vx), plaid, poncho, tartan. ***II.*** **1.** Bâche, capote. **2.** ⇒ **garantie. 3.** ⇒ **toit. 4.** ⇒ **prétexte.**

COUVEUSE ■ Couvoir, incubateur.

COUVRE-CHEF ■ ⇒ **coiffure.**

COUVRE-LIT, COUVRE-PIED ■ ⇒ **couverture.**

COUVRIR ■ ***I. Au pr. :*** appliquer/disposer/mettre sur, bâcher, banner, barder, caparaçonner, capuchonner, enduire, envelopper, habiller, recouvrir. ***II. Par ext.*** **1.** ⇒ **protéger. 2.** ⇒ **cacher. 3.** ⇒ **vêtir. 4.** ⇒ **parcourir. 5.** ⇒ **accoupler (s').** ***III. Fig.*** **1.** ⇒ **répondre de. 2.** ⇒ **déguiser. 3.** ⇒ **remplir. 4.** ⇒ **dominer.**

COVENANT ■ ⇒ **traité.**

CRACHAT, CRACHEMENT ■ ***I.*** Expectoration, expuition, salivation, sputation. ***II. Arg. :*** glaviot, graillon, huître, molard.

CRACHER ■ Crachailler, crachoter, crachouiller, expectorer, glaviotter, graillonner, molarder, recracher, vomir.

CRACHIN ■ ⇒ **pluie.**

CRACHOTER ■ ⇒ **cracher.**

CRAINDRE ■ ***I.*** S'alarmer, appréhender, avoir peur, être effrayé/épouvanté, redouter. ⇒ **trembler.** ***II.*** ⇒ **honorer.**

CRAINTE ■ ***I.*** Alarme, angoisse, anxiété, appréhension, défiance, effarouchement, effroi, émoi, épouvante, frayeur, frousse, inquiétude, méfiance, obsession, peur, phobie, pressentiment, terreur, transe, tremblement. ***II.*** Respect, révérence, vénération.

CRAINTIF, IVE ■ Angoissé, anxieux, appréhensif, effarouché, effrayé, ému, épouvanté, honteux, inquiet, jaloux, méfiant, peureux, pusillanime, révérenciel, sauvage, scrupuleux, soupçonneux, terrifié, timide, timoré, tremblant, trembleur.

CRAMER ■ ⇒ **brûler.**

CRAMOISI, E ■ ⇒ **rouge.**

CRAMPE ■ ***I.*** ⇒ **contraction.** ***II.*** ⇒ **colique.**

CRAMPON ■ Agrafe, attache, croc, crochet, grappin, griffe, happe, harpeau, harpin, harpon, piton. ⇒ **importun.**

CRAMPONNER ■ ***I. Au pr.*** ⇒ **attacher.** ***II. Fig.*** ⇒ **ennuyer.** ***III. V. pron.*** ⇒ **attacher (s').**

CRAN ■ *I.* ⇒ **entaille.** *II.* ⇒ **fermeté.**

CRÂNER ■ *I.* ⇒ **braver.** *II.* ⇒ **poser.**

CRÂNERIE ■ *I.* ⇒ **hâblerie.** *II.* ⇒ **courage.**

CRÂNEUR, EUSE ■ ⇒ **hâbleur.**

CRAPULE ■ *I.* ⇒ **vaurien.** *II.* ⇒ **débauche, ivresse.**

CRAPULERIE ■ Bassesse, canaillerie, friponnerie, improbité, indélicatesse, lâcheté, malhonnêteté. ⇒ **débauche.**

CRAQUE ■ ⇒ **hâblerie.**

CRAQUELÉ, E ■ *I.* Crevassé, desséché. *II.* Fendillé, fendu, fissuré, gercé, lézardé.

CRAQUELURE ■ Craquèlement, fendillement, fissure, gerçure, lézarde.

CRAQUEMENT ■ ⇒ **bruit.**

CRAQUER ■ *I.* Claquer, crouler, se détruire, s'effondrer, se rompre. *II.* Crisser, péter, pétiller, produire un ⇒ **bruit.**

CRASSE ■ *I. N. f.* 1. ⇒ **bassesse.** 2. ⇒ **malpropreté.** *II. Adj.* ⇒ **épais.**

CRASSEUX, EUSE ■ *I.* ⇒ **malpropre.** *II.* ⇒ **sordide.** *III.* ⇒ **avare.**

CRASSIER ■ Terril.

CRAVACHE ■ ⇒ **baguette.**

CRAVACHER ■ ⇒ **cingler, hâter (se).**

CRAVATE ■ Lavallière, régate.

CRAYON ■ ⇒ **ébauche.**

CRÉANCE ■ *I.* ⇒ **dette.** *II.* ⇒ **foi.**

CRÉANCIER, ÈRE ■ Crédirentier.

CRÉATEUR ■ *I.* ⇒ **bâtisseur.** *II.* ⇒ **Dieu.**

CRÉATION ■ *I.* ⇒ **ouvrage.** *II.* ⇒ **univers.**

CRÉATURE ■ *I.* ⇒ **homme.** *II.* ⇒ **protégé.**

CRÈCHE ■ *I.* ⇒ **nursery.** *II.* ⇒ **auge.**

CRÉDENCE ■ Desserte.

CRÉDIBILITÉ ■ ⇒ **vraisemblance.**

CRÉDIBLE ■ ⇒ **sûr, vrai.**

CRÉDIT ■ *I.* Avoir, solde. ⇒ **bénéfice.** *II.* ⇒ **influence.** *III.* ⇒ **faveur.** *IV.* ⇒ **cours.** *V. À crédit :* à croume (arg.)/ tempérament/terme, par mensualités.

CREDO ■ ⇒ **foi.**

CRÉDULE ■ ⇒ **naïf, simple.**

CRÉDULITÉ ■ ⇒ **simplicité.**

CRÉER ■ *I.* Accoucher, composer, concevoir, découvrir, donner l'être/l'existence/la vie, élaborer, enfanter, engendrer, faire, faire naître, former, imaginer, inventer, lancer, mettre au monde/en chantier/en œuvre, procréer, produire, réaliser, trouver. *II.* ⇒ **occasionner.** *III.* ⇒ **établir.**

CRÉMATION ■ ⇒ **incinération.**

CRÈME ■ *Fig.* ⇒ **choix.**

CRÉMERIE ■ *I.* Beurrerie, laiterie. *II. Arg.* ⇒ **cabaret.**

CRÉMEUX, EUSE ■ ⇒ **gras.**

CRÉNEAU ■ Embrasure, mâchicoulis, meurtrière, ouverture, parapet.

CRÉNELURE ■ Dentelure, grecque.

CRÉOLE ■ *I. Au pr. :* colonial, insulaire, tropical. *II. Par ext. :* métis.

CRÊPE ■ *I.* Blinis. *II.* ⇒ **ruban.**

CRÊPÉ, E ■ ⇒ **frisé.**

CRÊPER ■ ⇒ **friser.**

CRÉPITER ■ ⇒ **pétiller.**

CRÉPU, E ■ ⇒ **frisé.**

CRÉPUSCULE ■ *I. Au pr.* 1. ⇒ **aube.** 2. Brune, déclin/tombée du jour, entre chien et loup, rabat-jour. *II. Fig.* ⇒ **décadence.**

CRÉSUS ■ ⇒ **riche.**

CRÊTE ■ *I.* ⇒ **sommet.** *II.* ⇒ **touffe.**

CRÉTIN, E ▪ ⇒ **bête.**

CREUSER ▪ ***I. Au pr. :*** affouiller, approfondir, bêcher, caver, champlever, chever, défoncer, échancrer, enfoncer, évider, excaver, foncer, forer, fouiller, fouir, labourer, miner, pénétrer, percer, piocher, raviner, sonder, tarauder, terrasser. ***II. Fig.*** ⇒ **étudier.**

CREUX, CREUSE ▪ ***I. Au pr. :*** cave, concave, courbe, encaissé, entaillé, évidé, rentrant. ***II. Par ext.*** **1.** ⇒ **profond. 2.** ⇒ **vide.** ***III. Fig. :*** chimérique, futile, vain. ⇒ **imaginaire.**

CREUX ▪ ***I.*** ⇒ **abîme.** ***II.*** ⇒ **excavation.**

CREVANT, E ▪ ***I.*** ⇒ **risible.** ***II.*** ⇒ **tuant.**

CREVASSE ▪ ⇒ **fente.**

CREVASSER ▪ Craqueler, fendiller, fendre, fissurer, gercer, lézarder.

CRÈVE-CŒUR ▪ ⇒ **ennui.**

CREVER ▪ ***I. V. intr.*** **1.** ⇒ **mourir. 2.** ⇒ **rompre (se).** ***II. V. tr.*** ⇒ **fatiguer.**

CREVETTE ▪ ***I. De mer :*** bouc, boucot, bouquet, chevrette, palémon, salicoque. ***II. D'eau douce :*** gammare.

CRI ▪ ***I. Vx :*** devise. ***II. Neutre.*** **1.** Appel, avertissement, éclat (de voix), exclamation, son. **2.** ⇒ **bruit.** ***II. Favorable.*** **1.** Acclamation, alleluia, applaudissement, ban, évohé, hosanna, hourra, ovation, you-you. **2.** Imploration, interjection, prière, supplication. ***III. Non favorable.*** **1.** Charivari, clabaudage, clabaudement, clabauderie, clameur, criaillerie, crierie, glapissement, grognement, gueulement, haro, huée, hurlement, juron, piaillerie, plainte, protestation, réclamation, récrimination, rumeur, tapage, tollé, tumulte, vacarme, vocifération. **2.** Gémissement, lamentation, murmure, pleur, sanglot. **3. Vén. :** hallali, hourvari, huée, taïaut. ***IV. D'animaux et par ext. d'humains :*** aboi, aboiement, babil, babillage, barrissement *et* barrit *(éléphant),* bêlement, béguètement *(chèvre),* beuglement *(bovidés),* braillement *(paon),* braiement *(âne),* bramement *(cervidés),* caquet *(poule),* chant, chuchotement *(moineau),* chuintement *(chouette),* clabaudage *et* clatissement *(vén. chien),* coassement *(crapaud et grenouille),* cocorico, coincoin *(canard),* craillement ou graillement *(corneille),* craquètement *(cigale, cigogne, grue),* criaillement *(oie, paon),* croassement *(corbeau),* feulement *(chat, tigre),* gazouillement, gazouillis, gémissement *(tourterelle),* glapissement *(grue, renard),* glouglou *(dindon),* goussement (poule), grésillement *(grillon),* grognement *et* grommellement *(ours, porc, sanglier),* hennissement *(cheval),* hululation *et* hululement *(chouette, hibou),* hurlement *(chien, loup, ours),* jacassement *et* jacasserie *(pie),* jappement *(chien),* jasement *(geai, pie),* meuglement *(bovidés),* miaulement, mugissement, pépiement, piaulement, piaulis, ramage, rauquement *(tigre),* roucoulement, rugissement, sifflement, stridulation *(cigale),* tirelire *(alouette),* ululation et ululement *(chouette, hibou).*

CRIANT, E ▪ ***I.*** ⇒ **évident.** ***II.*** ⇒ **révoltant.**

CRIARD, E ▪ ***I.*** ⇒ **aigu.** ***II.*** ⇒ **voyant.**

CRIBLE ▪ Batée, calibreur, claie, grille, passoire, sas, tamis, tarare, trémie, trieur.

CRIBLER ▪ ***I.*** ⇒ **tamiser.** ***II.*** ⇒ **percer.**

CRIC ▪ Levier, vérin.

CRIÉE ▪ ***I.*** ⇒ **enchères.** ***II.*** ⇒ **vente.**

CRIER ▪ ***I. V. intr.*** **1. Au pr. :** acclamer, appeler, avertir, clamer, dire, s'écrier, s'égosiller, s'époumoner, s'exclamer, gulminer, gueuler, héler, houper, hucher, hurler, jurer, proclamer, sacrer, tempêter, tonitruer, tonner, trompeter, vagir, vociférer. **2. Par ext. :** gémir, implorer, se plaindre, prier, récriminer, supplier. **3. Contre quelqu'un :** accuser, apostropher, attraper, clabauder, conspuer, couiner, criailler, se fâcher, faire de la musique, gronder, interpeller, invectiver, malchanter (vx), se plaindre de, rager, râler, se récrier, réprimander, tempêter. ⇒ **protester. 4. Animaux et par ext. humains** : aboyer, babiller, baréter *(rhinocéros, éléphant)*, barrir *(éléphant)*, bégueter *(chèvre)*, bêler *(ovidés)*, beugler *(bovidés)*, blatérer *(chameau)*, boubouler *(hibou)*, brailler *(paon)*, braire, bramer *(cervidés)*, cacaber *(perdrix)*, cacarder *(oie)*, cajoler *(geai, pie)*, caqueter, caracouler *(ramier)*, carcailler *(caille)*, chanter, chicoter *(souris)*, chuchoter *(moineau)*, chuinter *(chouette)*, clabauder *(vén. chien)*, clapir *(lapin)*, clatir *(vén. chien)*, coasser *(crapaud, grenouille)*, coqueriquer *(coq)*, coucouler *(coucou)*, couiner, courailler *(caille)*, crailler *et* grailler *(corneille)*, craquer *et* craqueter *(cigale, cigogne, grue)*, crételer *(poule)*, criailler *(oie, paon)*, croasser *(corbeau)*, feuler *(tigre)*, flûter *(merle)*, frigotter *(pigeon)*, gazouiller, gémir *(tourterelle)*, glapir *(grue, renard)*, glatir *(aigle)*, glouglouter *(dindon)*, glousser *(perdrix, poule)*, grésiller *et* grésillonner *(grillon)*, gringoter *(rossignol)*, grisoller *(alouette)*, grogner *et* grommeler *(ours, porc, sanglier)*, hennir *(cheval)*, hôler *et* huer *et* hululer *(chouette, hibou)*, hurler *(chien, loup, ours)*, jaboter *(pélican)*, jacasser *(pie)*, japper, jargonner *(jars)*, jaser *(pie)*, lamenter *(crocodile)*, margauter *et* margoter *(caille)*, meugler *(bovidés)*, miauler, mugir, nasiller *(canard)*, pépier, piailler, piauler, pituiter *(caille)*, pupuler *(huppe)*, raire *et* râler *et* raller *et* réer *(cervidés)*, ramager *(oiseaux)*, rauquer *(tigre)*, roucouler *(colombe, pigeon, ramier, tourterelle)*, rugir *(lion)*, siffler, striduler *(cigale)*, tirelirer *(alouette)*, trisser *(hirondelle)*, trompeter *(aigle, cygne, grue)*, ululer *(chouette, hibou)*. **5. Imiter le cri** : frouer *(chouette)*, rossignoler, turluter *(courlis)*. ***II. V. tr.*** **1.** ⇒ **publier. 2.** ⇒ **affirmer.**

CRIME ■ Assassinat, attentat, brigandage, complot, délit, empoisonnement, espionnage, faute, faux, forfait, forfaiture, fraude, inceste, infraction, mal, meurtre, péché, stupre, trahison, viol. ⇒ **vol.**

CRIMINEL, ELLE ■ ***I.*** ⇒ **homicide.** ***II.*** ⇒ **malfaiteur.** ***III.*** ⇒ **scélérat.**

CRINIÈRE, CRINS ■ ⇒ **cheveux.**

CRIQUE ■ ⇒ **golfe.**

CRISE ■ ***I. Au pr.*** : accès, attaque, atteinte, bouffée, poussée, quinte. ***II. Par ext.*** **1.** ⇒ **péripétie. 2.** Alarme, angoisse, danger, débâcle, dépression, détresse, difficulté, krach, malaise, manque, marasme, mévente, misère, pénurie, péril, perturbation, phase critique, récession, rupture d'équilibre, stagnation, tension, trouble.

CRISPATION ■ ⇒ **contraction.**

CRISPER ■ ⇒ **resserrer, énerver.**

CRISSEMENT ■ ⇒ **bruit.**

CRISSER ■ Grincer.

CRITÈRE ■ ⇒ **modèle.**

CRITÉRIUM ■ ⇒ **compétition.**

CRITIQUE ■ ***I. Adj.*** **1.** ⇒ **décisif. 2.** ⇒ **sérieux.** ***II. Nom fém.*** **1.** ⇒ **jugement. 2.** ⇒ **reproche. 3.** ⇒ **censure.** ***III. Nom masc.*** ⇒ **censeur.**

CRITIQUER ■ ***I.*** ⇒ **blâmer.** ***II.*** ⇒ **chicaner.** ***III.*** ⇒ **discuter.**

CROASSER ■ ⇒ **crier.**

CROC ■ ***I.*** ⇒ **dent.** ***II.*** ⇒ **harpon.**

CROCHET ■ ***I.*** ⇒ **dent.** ***II.*** ⇒ **détour.**

CROCHETER ■ ⇒ **ouvrir.**

CROCHU, E ■ ⇒ **courbe.**

CROCODILE ■ ⇒ **alligator.**

CROIRE ■ ***I. V. tr.*** **1.** Accepter, admettre, cuider (vx), être convaincu de, penser, regarder/tenir comme/pour certain/sûr/véridique/vrai. **2. Non favorable** : avaler, donner dans, gober, marcher, mordre à l'hameçon, prendre pour argent comptant, prêter l'oreille. **3. Faire croire :** abuser, faire accroire, mener en bateau, monter le coup/un bateau, tromper. **4. Croire que :** considérer, estimer, être convaincu/persuadé, se figurer, s'imaginer, juger, penser, préjuger, présumer, sembler, supposer. ***II. V. intr. :*** adhérer à, compter sur, se faire disciple de, faire confiance/se fier/se rallier à. ***III. V. pron. :*** ⇒ **vanter (se).**

CROISÉE ■ ⇒ **carrefour, fenêtre.**

CROISEMENT ■ ⇒ **carrefour, métissage.**

CROISER ■ ***I. V. intr.*** ⇒ **montrer (se).** ***II. V. tr.*** 1. Entrecroiser, entrelacer. 2. Couper, hybrider, mâtiner, mélanger, mêler, métisser. 3. Traverser. 4. ⇒ **rencontrer.**

CROISIÈRE ■ ⇒ **voyage.**

CROISSANCE ■ Accroissement, agrandissement, augmentation, avancement, crue, développement, poussée, progrès, progression.

CROÎTRE ■ S'accroître, s'agrandir, augmenter, se développer, s'élever, s'enfler, s'étendre, fructifier, gagner, grandir, grossir, monter, multiplier, pousser, prendre de la taille, profiter, progresser, prospérer, pulluler, venir.

CROIX ■ ***I.*** Crucifix, hosannière. ***II.*** ⇒ **gibet.**

CROQUANT ■ ⇒ **paysan.**

CROQUER ■ ***I.*** ⇒ **broyer.** ***II.*** ⇒ **manger.** ***III.*** ⇒ **dépenser.** ***IV.*** ⇒ **ébaucher.** ***V. Loc.*** **Croquer le marmot** ⇒ **attendre.**

CROQUIS ■ ⇒ **ébauche.**

CROTTE ■ ***I.*** ⇒ **excrément.** ***II.*** ⇒ **boue.** ***III.*** ⇒ **ordure.**

CROTTER ■ ⇒ **besoins (faire ses), salir.**

CROULER ■ S'abattre, s'abîmer, s'affaler, craquer, se défoncer, s'ébouler, s'écrouler, s'effondrer, se renverser, se ruiner, tomber. ⇒ **affaisser (s').**

CROUP ■ Diphtérie.

CROUPE ■ ⇒ **derrière, sommet.**

CROUPIÈRE ■ Bacul.

CROUPIR ■ ⇒ **séjourner, pourrir.**

CROUSTILLANT, E, CROUSTILLEUX, EUSE ■ ⇒ **obscène.**

CROÛTE, CROÛTON ■ ***I.*** ⇒ **morceau.** ***II.*** ⇒ **tableau.**

CROYABLE ■ ⇒ **vraisemblable.**

CROYANCE ■ ***I.*** Adhésion, assentiment, certitude, savoir. ***II. Péj. :*** crédulité, superstition. ***III. Relig. :*** confiance, conviction, doctrine, dogme, espérance, foi, religion, révélation, tradition. ***IV.*** Attente, conscience, créance, idée, opinion, pensée, persuasion, prévision, soupçon.

CROYANT, E ■ ***I. Adj.*** ⇒ **religieux.** ***II. Nom*** ⇒ **fidèle.**

CRU, E ■ ***I.*** ⇒ **indigeste.** ***II.*** ⇒ **naturel.** ***III.*** ⇒ **rude.** ***IV.*** ⇒ **obscène.**

CRU ■ ⇒ **vin.**

CRUAUTÉ ■ ⇒ **barbarie.**

CRUCHE ■ ***I.*** ⇒ **pot.** ***II.*** ⇒ **bête.** ***III.*** ⇒ **lourdaud.**

CRUCIAL, E ■ ⇒ **décisif.**

CRUCIVERBISTE ■ Mots-croisiste, verbicruciste.

CRUDITÉ ■ Brutalité, réalisme.

CRUEL, CRUELLE ■ ***I.*** ⇒ **barbare.** ***II.*** ⇒ **insensible.** ***III.*** ⇒ **douloureux.**

CRÛMENT ■ Brutalement, durement, tout de go/net, rudement, sans ménagement, sèchement.

CRYPTE ■ Caveau, chapelle, grotte, hypogée.

CRYPTONYME ■ ⇒ **pseudonyme.**

CUBER ■ ⇒ **évaluer.**

CUEILLETTE ■ Collecte, cueillage, cueillaison, cueille, cueillement, ramassage, récolte.

CUEILLIR ■ ⇒ **recueillir, arrêter.**

CUIR ■ *I.* ⇒ **peau.** *II.* ⇒ **lapsus.**

CUIRASSER ■ *I.* ⇒ **protéger.** *II.* ⇒ **endurcir (s').**

CUIRE ■ *I.* Bouillir, braiser, cuisiner, étuver, faire revenir/sauter, fricoter, frire, griller, mijoter, mitonner, préparer, rôtir, rissoler. *II. V. intr.* **1.** ⇒ **chauffer. 2.** ⇒ **brûler. 3.** ⇒ **bronzer.**

CUISANT, E ■ ⇒ **douloureux, vif.**

CUISINE ■ *I.* Casseroles, coquerie, feux, fourneaux, marmite, office, queue de la poêle, souillarde (péj.). *II.* Chère, manger (pop.), menu, mets, ordinaire, préparation, repas, table. *III. Fam. :* becquetance, bouffe, bouffetance, cuistance, frichti, fricot, graille, popote, rata, soupe, tambouille, tortore. *IV. Fig.* ⇒ **manigance.**

CUISINIER, ÈRE ■ *I. Au pr. :* bonne, chef, coq, cordon bleu, hâteur (vx), maître coq, maître d'hôtel, maître queux, officier de bouche (vx), queux, rôtisseur, saucier, traiteur. *II. Fam. :* cuistancier, cuistot, empoisonneur, fricasseur, gargotier, gâte-sauce, marmiton, souillon.

CUISSE, CUISSEAU, CUISSOT ■ ***Boucherie :*** baron, culotte, gigot, gigue, gîte, jambon, pilon, quasi, tranche.

CUISSON ■ Caléfaction, coction, cuite, préparation.

CUISTRE ■ ⇒ **pédant.**

CUL ■ *I.* ⇒ **derrière.** *II.* ⇒ **fessier.** *III.* ⇒ **fond.**

CULBUTE ■ ⇒ **cabriole.**

CULBUTER ■ *I. V. tr.* **1.** ⇒ **abattre. 2.** ⇒ **enfoncer. 3.** ⇒ **vaincre. 4.** ⇒ **accoupler (s'). Arg. et grossier :** aller au canard/aux cuisses/au radada/au tapanar, anguiller, artiller, se baguer le nœud, baiser, besogner, biter, botter, bourrer, bourriner, brosser, calecer, caramboler, caser, cheviller, cogner, dérouiller, distribuer de l'extase, écouvillonner, égoïner, embourber, enfiler, faire la bête à deux dos/la saillie tagada/une partie de jambes en l'air/zigzig, farcir, fauberger, filer un coup, fourrer, foutre (vx), grimper, guiser, limer, mener le petit au cirque, mettre une pépée en lecture, s'en mettre une sur le bout, moucher la chandelle/le petit frère, niquer, piner, planter, pointer, posséder, queuter, ramoner, râper, sabrer, sauter, taper/tirer une carte/sa chique/son coup/sa crampe/sa crampette/une pastiquette/une pétée, tremper son biscuit/son pain au lait/son panet, trancher, tringler, triquer, tromboner, troncher, verger, voir la feuille à l'envers, ziber, etc. ⇒ **jouir.**

CULÉE ■ ⇒ **appui.**

CULMINANT (POINT) ■ ⇒ **apogée.**

CULOT ■ *I.* ⇒ **hardiesse.** *II.* ⇒ **confiance.**

CULOTTE ■ *I. Au pr.* **1. Vx :** braies, chausses, rhingrave, trousses. **2.** Caleçon, flottant, short. **3. De femme :** cache-fri-fri (arg.), cache-sexe, collant, dessous, lingerie, panty, parure, slip. **4. Par ext. :** bermuda, bloomer, blue-jean, corsaire, fuseau, jeans, jodhpurs, knickers, knickerbockers, pantalon. **5. Arg. :** bénard, bénouze, culbutant, falzar, fendard, flottard, froc, futal, grimpant, valseur. *II. Fig.* ⇒ **perte.**

CULOTTÉ, E ■ ⇒ **impudent.**

CULOTTER ■ Noircir, roder, salir, user.

CULPABILISER ■ Rendre ⇒ **responsable.**

CULPABILITÉ ■ Faute, imputabilité, responsabilité.

CULTE ■ *I.* Dulie, hyperdulie, iconolâtrie, latrie. ⇒ **religion.** *II.* ⇒ **respect.** *III. Loc. Rendre un culte* ⇒ **honorer.**

CULTISME ■ ⇒ **gongorisme.**

CULTIVATEUR, TRICE ■ ⇒ **agriculteur.**

CULTIVÉ, E ■ ⇒ **instruit.**

CULTIVER ■ *I.* bêcher, défricher, essarter, exploiter, faire pousser/venir, fertiliser, jardiner, labourer, mettre en culture/valeur, sarcler, semer, soigner. *II.* ⇒ **former.** *III.* ⇒ **pratiquer.** *IV.* ⇒ **soigner.** *V.* ⇒ **fréquenter.**

CULTURE ■ *I.* ⇒ **agriculture.** *II.* ⇒ **savoir.** *III.* ⇒ **civilisation.**

CULTUREL, ELLE ■ ⇒ **didactique.**

CUMUL ■ ⇒ **accumulation.**

CUMULER ■ ⇒ **accumuler, réunir.**

CUNNILINCTUS, CUNNILINGUE (FAIRE/PRATIQUER LE). ■ ***Arg. :*** brouter, descendre au barbu/à la cave/au lac/au panier, donner un coup de téléphone/sa langue au chat, faire minette, glottiner (vx), gougnotter, gouiner, gousser, lécher, se mettre une fausse barbe, etc.

CUPIDE ■ ⇒ **avare.**

CUPIDITÉ ■ ⇒ **avarice.**

CURAGE ■ ⇒ **nettoiement.**

CURE ■ *I.* ⇒ **soins.** *II.* ⇒ **guérison.** *III.* Presbytère.

CURÉ ■ ⇒ **prêtre.**

CURÉE ■ *I.* ⇒ **nourriture.** *II.* ⇒ **pillage.**

CURER ■ ⇒ **nettoyer.**

CURETTE ■ Racle, raclette, racloir.

CURIEUSEMENT ■ Bizarrement, drôlement, étrangement.

CURIEUX, EUSE ■ *I. Adj.* 1. ⇒ **soigneux (vx).** 2. ⇒ **indiscret.** 3. ⇒ **rare.** 4. ⇒ **intéressant.** *II. Nom.* 1. ⇒ **collectionneur.** 2. ⇒ **badaud.**

CURIOSITÉ ■ *I. Neutre.* 1. Appétit, attention, avidité, intérêt, recherche, soif de connaître. 2. Nouveauté, rareté, singularité. ⇒ **bibelot.** *II. Non favorable :* espionnage, indiscrétion.

CURSIF, IVE ■ ⇒ **rapide.**

CURVILIGNE ■ ⇒ **courbe.**

CUVAGE ■ Cuvaison, vinification.

CUVE ■ ⇒ **baquet.**

CUVELAGE ■ ⇒ **boisage.**

CUVER ■ ⇒ **digérer.**

CUVETTE ■ *I.* ⇒ **dépression.** *II.* ⇒ **baquet.**

CUVIER ■ *I.* ⇒ **baquet.** *II.* ⇒ **cave.**

CYCLE ■ *I.* ⇒ **vélo.** *II. Vx :* célérifère, draisienne, vélocifère, vélocipède. *III.* Tandem, triplette. *IV.* ⇒ **époque.**

CYCLISTE ■ Coureur, cyclotouriste, randonneur. *Vx :* bicycliste, vélocimane.

CYCLOMOTEUR ■ Bécane, deux roues, meule, moto, motocyclette, pétarou, scooter, vélomoteur, *et les marques de fabrique.*

CYCLONE ■ ⇒ **bourrasque.**

CYCLOPÉEN, ENNE ■ ⇒ **gigantesque.**

CYCLOTRON ■ Accélérateur de particules.

CYLINDRE ■ Meule, rouleau.

CYNIQUE ■ ⇒ **impudent.**

CYNISME ■ Brutalité, immoralité, impudence. ⇒ **lasciveté.**

d

DAB ■ ⇒ **parent, père.**

DADA ■ Hobby, idée fixe, lubie, manie, marotte, mode, passe-temps, tic, violon d'Ingres, vogue.

DADAIS ■ ⇒ **bêta.**

DAGUE ■ ⇒ **poignard.**

DAGUERRÉOTYPE ■ ⇒ **photographie.**

DAGUET ■ ⇒ **cervidé.**

DAIGNER ■ Accepter, acquiescer, admettre, agréer, autoriser, condescendre à, consentir à, permettre, tolérer, vouloir bien.

DAIL ■ n. m. ou ***DAILLE*** n. f. faucard, fauchon, faux.

DAIM ■ Daine, dine. ⇒ **cervidé.**

DAIS ■ Abri, baldaquin, chapiteau, ciel, ciel de lit, lambrequin, poêle, vélum, voûte.

DALLAGE ■ ⇒ **pavé, revêtement.**

DALLE ■ Carreau, pierre ⇒ **céramique, gouttière.**

DALLER ■ Carreler, empierrer, paver, revêtir.

DALMATIQUE ■ Chasuble, tunique, vêtement sacerdotal.

DAM ■ ⇒ **dommage.**

DAMASQUINER ■ ⇒ **incruster.**

DAME ■ ⇒ **femme.**

DAMER ■ Tasser ⇒ **presser.**

DAMIER ■ Échiquier, tablier (vx).

DAMNATION ■ Châtiment. ⇒ **punition.**

DAMNÉ, E ■ Adj. et n. ***I.*** ⇒ **maudit.** ***II.*** ⇒ **détestable.**

DAMNER ■ ⇒ **tourmenter.**

DAMOISEAU, ELLE ■ ***I.*** ⇒ **jeune homme.** ***II.*** ⇒ **fille.** ***III.*** ⇒ **galant.**

DANCING ■ ⇒ **bal.**

DANDINEMENT ■ ⇒ **balancement.**

DANDINER ■ ⇒ **balancer.**

DANDY ■ ⇒ **élégant.**

DANDYSME ■ ⇒ **affectation.**

DANGER ■ Abîme, affaire, alarme, aléa, alerte, casse-cou/gueule, détresse, difficulté, écueil, embarras, embûche, guêpier, hasard, impasse, imprudence, inconvénient, inquiétude, mauvais pas, menace, perdition, péril, risque, S.O.S., traverse, urgence. ***Arg. :*** schproum, pet, pétard.

DANGEREUX ■ ***I.*** ⇒ **mauvais.** ***II.*** ⇒ **imprudent.** ***III.*** ⇒ **sérieux.**

DANSE ■ ***I. Au pr. :*** **1.** Ballet, chorégraphie. ⇒ **bal. 2.** Allemande, boléro, branle, chaconne, contredanse, cotillon, farandole, gambille (pop.), gigue, entrechat, évolution, marche, mascarade, menuet, pavane, polka, quadrille, rigodon, ronde, saltation (vx), sarabande, sauterie, tricotets, valve. *II. Par ext.* **De nombreux termes en fonction de la mode ou des coutumes régionales :** blues, bossanova, boston, bourrée, calypso, carmagnole, czardas, danse du ventre, dérobée, farandole, french-cancan, fox-trot, gavotte, java, jerk, jota, matchiche, mazurka, one-step, pas de quatre, ridée, rock and roll, tango, tarantelle, etc. *III. Fig.* 1. ⇒ **reproche.** 2. ⇒ **volée.** *IV. Loc.* 1. **Entrer en danse ⇒ intervenir.** 2. **Mener la danse ⇒ gouverner.** 3. **Donner une danse ⇒ battre et réprimander.**

DANSANT, E ▪ ⇒ **rythmé.**

DANSER ▪ *I. Au pr. :* 1. S'agiter, baller (vx), dansotter, dindailler, faire des entrechats, gambiller, gigoter, giguer, sauter, sautiller, se trémousser, valser. 2. Dinguer, valdinguer. *II. Loc.* **Ne savoir sur quel pied danser ⇒ hésiter.**

DANSEUSE ▪ *I. Au pr.* almée, ballerine, bayadère, chorégraphe, choriste, étoile, petit rat, sujet. *II. Par ext.* 1. Acrobate, baladin (vx). 2. Cavalière, partenaire. 3. Girl. 4. Taxi-girl.

DANTESQUE ▪ *I.* ⇒ **effayant.** *II.* ⇒ **tourmenté.**

DAPHNÉ ▪ Garou, malherbe, sainbois.

DARD ▪ *I.* Aiguillon, crochet. ⇒ **trait.** *II.* Vandoise.

DARDER ▪ ⇒ **lancer.**

DARE-DARE ▪ ⇒ **vite.**

DARNE ▪ ⇒ **tranche.**

DARSE ▪ ⇒ **bassin.**

DARTRE ▪ Pityriasis. ⇒ **tache.**

DATE ▪ *I.* An, année, époque, jour, millésime, moment, période, quantième, rubrique, temps. *II. Par ext.* ⇒ **délai.** *III.* **Fausse date :** antidaté, postdaté.

DATER ▪ ⇒ **vieillir, venir de.**

DATION ▪ ⇒ **don.**

DAUBER ▪ ⇒ **dénigrer, railler.**

DAUBIÈRE ▪ ⇒ **braisière.**

DAUPHIN ▪ ⇒ **cétacé.**

DAVANTAGE ▪ ⇒ **plus.**

DAVIER ▪ ⇒ **pince.**

DÉ ▪ *I.* Cube. *II.* Poker, zanzi.

DÉAMBULATION ▪ ⇒ **marche.**

DÉAMBULER ▪ ⇒ **marcher.**

DÉBÂCLE ▪ *I. Au pr. :* 1. Bouscueil (Canada), dégel. 2. Incontinence. ⇒ **diarrhée.** *II. Fig. :* catastrophe, chute, culbute, débâclage, débâclement, débandade, débine (fam.), déconfiture, défaite, démolition, déroute, désastre, échec, écroulement, effondrement, faillite, fin, fuite, krach, naufrage, revers, ruine.

DÉBAGOULER ▪ ⇒ **proférer, vomir.**

DÉBALLER ▪ ⇒ **montrer, confier (se).**

DÉBANDADE ▪ ⇒ **fuite, défaite.**

DÉBANDER ▪ ⇒ **lâcher.**

DÉBANDER (SE) ▪ ⇒ **disperser (se).**

DÉBARBOUILLER ▪ ⇒ **nettoyer.**

DÉBARCADÈRE ▪ ⇒ **quai.**

DÉBARDEUR ▪ ⇒ **porteur.**

DÉBARQUEMENT ▪ ⇒ **arrivée.**

DÉBARQUER ▪ ⇒ **arriver, destituer.**

DÉBARRAS ▪ ⇒ **grenier, remise.**

DÉBARRASSER ▪ Alléger, arracher, balayer, déblayer, débrouiller, décharger, décoiffer, défaire, dégager, dégorger, délivrer, dépêtrer, déposséder, dépouiller, désempêtrer, désencombrer, désenlacer, désobstruer, écumer, enlever, évacuer, exonérer, extirper, extraire, filtrer, libérer, nettoyer, ôter, purger, purifier, quitter, retirer, retrancher, sarcler, soulager, soustraire, supprimer, tailler, vider. *V. pron. :* abandonner, s'acquitter/s'affranchir de, balancer, bazarder (pop), se défaire/se dépouiller de, jeter, en finir, liquider, ôter, oublier, quitter, rejeter, vendre.

DÉBAT ■ ***I.*** ⇒ **contestation.** ***II.*** ⇒ **discussion.** ***III.*** ⇒ **procès.**

DÉBÂTIR ■ ⇒ **démolir.**

DÉBATTRE ■ ⇒ **discuter. V. pron. :** ⇒ **démener (se).**

DÉBAUCHE ■ ***I. Au pr.*** **1. L'acte :** bacchanale, bambochade, bamboche, bamboula, beuverie, bombe, bordée, boucan, bousin, bringue, coucherie, crapule, crapulerie, débordement, déportement, dérèglement, désordre, écart de conduite, fornication, fredaine, foire, godaille, goguette, libation, lupanée, noce, nouba, orgie, partie, partouse, ribauderie, ribote, ribouldingue, riole (vx), ripaille, saturnale, scandale, soûlerie, vadrouille, vie de bâton de chaise. ⇒ **fête. 2. Le comportement :** abus, corruption, dépravation, dissipation, dissolution, excès, fange, galanterie, immoralité, impudicité, inconduite, incontinence, indécence, intempérance, ivrognerie, jouissance, libertinage, licence, luxure, ordure, paillardise, polissonnerie, stupre, sybaritisme, turpitude, vice, volupté. ***II. Par ext. :*** étalage, luxe, quantité, surabondance. ⇒ **profusion.**

DÉBAUCHÉ, E ■ Arsouille, bambocheur, casanova, cavaleur, cochon, corrompu, coureur, crapuleux, cynique, dépravé, déréglé, dévergondé, dissipateur, dissolu, don juan, drille, flirteur, frottadou (mérid.), godailleur, grivois, immoral, impudique, indécent, ivrogne, jouisseur, juponnier, libertin, libidineux, licencieux, lovelace, luxurieux, mauvais sujet, noceur, orgiaque, paillard, pervers, polisson, porc, putassier (grossier), ribaud, roué (vx), ruffian, satyre, sybarite, vaurien, verrat (grossier), vicieux, viveur.

DÉBAUCHER ■ ⇒ **séduire, congédier.**

DÉBILE ■ ⇒ **bête, faible.**

DÉBILITÉ ■ Abattement, aboulie, adynamie, anémie, asthénie, atonie, chétivité, consomption, délicatesse, faiblesse, fragilité, idiotie, imbécillité, impotence, impuissance, langueur, psychasthénie.

DÉBILITER ■ ⇒ **affaiblir.**

DÉBINE ■ ⇒ **dèche.**

DÉBINER ■ ⇒ **dénigrer.**

DÉBIT ■ ⇒ **magasin, élocution.**

DÉBITANT ■ ⇒ **commerçant.**

DÉBITER ■ ***I.*** ⇒ **vendre.** ***II.*** ⇒ **découper.** ***III.*** ⇒ **prononcer et dire.**

DÉBITEUR, TRICE ■ Débirentier.

DÉBLAI ■ ***I.*** Aplanissement, débarras, déblaiement, déblayage, dégagement, dépouillement, nettoyage. ***II.*** Débris, décharge, décombre, gravats, gravois, plâtras.

DÉBLATÉRER ■ ⇒ **invectiver.**

DÉBLAYER ■ ⇒ **débarrasser.**

DÉBLOQUER ■ ⇒ **dégager.**

DÉBOIRE ■ ⇒ **déception.**

DÉBOÎTEMENT ■ ⇒ **entorse.**

DÉBOÎTER ■ ⇒ **disloquer.**

DÉBONDER ■ ***I. Au pr. :*** mettre en perce, ouvrir. ***II. Fig. :*** éclater, épancher, se répandre, soulager, vider.

DÉBONNAIRE ■ ⇒ **brave.**

DÉBONNAIRETÉ ■ ***I.*** ⇒ **bonté.** ***II.*** ⇒ **douceur.**

DÉBORD ■ Dépassant, dépassement.

DÉBORDANT, E ■ ***Fig. :*** abondant, actif, animé, enthousiaste, expansif, exultant, fourmillant, gonflé, impétueux, pétulant, plein, prodigue, pullulant, regorgeant, rempli, surabondant, vif, vivant.

DÉBORDEMENT ■ ***I. Au pr. :*** cataclysme, crue, débord, déferlement, déluge, dérèglement, écoulement, diffusion, expansion, explosion, flot, flux, inondation, invasion, irruption, marée, submersion. ***II. Par ext.*** *:* abus, débauche, déchaînement, démesure, dérèglement, dévergondage, dissolution, excès, exubérance, libertinage, licence, profusion, torrent, surabondance. ⇒ **débauche.**

DÉBORDER ▪ ***I.*** S'épancher, se déchaîner, déferler, dépasser, se déverser, échapper, éclater, s'emporter, envahir, s'épandre, exploser, faire irruption, inonder, noyer, se répandre, sortir de, submerger. ***II. Par ext.*** 1. Être plein/rempli de, fourmiller, regorger, surabonder. 2. Contourner, dépasser, tourner. ***III. Fig.*** *:* s'écarter/s'éloigner/sortir de. ***IV.*** ⇒ **emporter (s').**

DÉBOTTÉ (AU) ▪ Impromptu.

DÉBOUCHÉ ▪ ⇒ **sortie.**

DÉBOUCHER ▪ ***I.*** ⇒ **ouvrir.** ***II.*** ⇒ **sortir** et **jeter (se).**

DÉBOURRER ▪ Décharger, décongestionner, dégager, vider. ⇒ **préparer.**

DÉBOURS ▪ ⇒ **dépense.**

DÉBOURSER ▪ ⇒ **payer.**

DEBOUT ▪ Carré, dressé, droit, en pied (beaux-arts), érigé, levé, sur pied, sur ses jambes.

DÉBOUTER ▪ Ajourner, éloigner, récuser, refuser, rejeter, renvoyer, repousser.

DÉBOUTONNER (SE) ▪ ***Fig. I.*** ⇒ **confier (se).** ***II.*** ⇒ **payer.**

DÉBRAILLÉ ▪ ⇒ **négligé.**

DÉBRAILLER (SE) ▪ ⇒ **découvrir (se).**

DÉBRANCHER, DÉBRAYER ▪ ⇒ **interrompre.**

DÉBRIDER ▪ ***I.*** Couper, exciser, inciser, ouvrir. ***II. Par ext.*** *:* déchaîner, donner libre cours.

DÉBRIS ▪ Balayures, bribes, bris, casson, cendre, copeau, déchet, décombre, défet, détritus, effondrilles, épave, ferraille, fondrilles, fragment, limaille, miette, morceau, ossement, plâtras, ramas, rebut, relique, résidu, reste, rogaton, rognure, ruine, sciure, tesson. ⇒ **déblai.**

DÉBROUILLARD, E ▪ ⇒ **malin.**

DÉBROUILLARDISE ▪ ⇒ **habileté.**

DÉBROUILLER ▪ ⇒ **distinguer, éclaircir.** ***V. pron.*** *:* s'arranger, bricoler, combiner, se /démerder/dépatouiller/dépêtrer/tirer d'affaire.

DÉBROUSSAILLER ▪ ***I. Au pr.*** *:* défricher, dégager, éclaircir, essarter. ***II. Fig.*** *:* débrouiller, dégrossir.

DÉBUSQUER ▪ ⇒ **chasser.**

DÉBUT ▪ ⇒ **commencement.**

DÉBUTANT ▪ ⇒ **novice.**

DÉBUTER ▪ ⇒ **commencer.**

DÉCADENCE ▪ ***I.*** Abaissement, affaiblissement, affaissement, chute, crépuscule, déchéance, déclin, décrépitude, dégénérescence, dégradation, dégringolade, déliquescence, dépérissement, descente, destruction, détérioration, disgrâce, écroulement, effondrement, étiolement, épave, fin, marcescence, pente, renversement, ruine. ***II. Méd.*** *:* cachexie, catabolisme, désassimilation.

DÉCAISSER ▪ ⇒ **payer.**

DÉCALAGE ▪ ⇒ **écart, rupture.**

DÉCALER ▪ ⇒ **retarder.**

DÉCAMPER ▪ ⇒ **partir.**

DÉCANTATION ▪ Centrifugation, clarification, décantage, transvasement.

DÉCANTER ▪ ⇒ **transvaser.**

DÉCAPER ▪ ⇒ **nettoyer.**

DÉCAPITER ▪ ***I. Au pr.*** *:* couper le cou/la tête, décoller, faire sauter/tomber/voler la tête, guillotiner, mettre à mort, raccourcir (arg.), supplicier, trancher, tuer. *II. Par ext.* ⇒ **abattre.** *III. Bot. :* écimer, écrêter, émonder, étêter.

DÉCARCASSER (SE) ▪ ⇒ **démener (se).**

DÉCATI, E ▪ ⇒ **fané.**

DÉCAVÉ, E ▪ ⇒ **ruiné.**

DÉCÉDÉ, E ▪ ⇒ **mort.**

DÉCELER ▪ ⇒ **découvrir.**

DÉCÉLÉRER ▪ Freiner, ralentir.

DÉCENCE ▪ Bienséance, bon aloi, bon ton, chasteté, congruité, convenance, correction, délicatesse, dignité, discrétion, éducation, gravité, honnêteté, honneur, modestie, politesse, propreté, pudeur, pudicité, réserve, respect, retenue, sagesse, tact, tenue, vertu.

DÉCENT ▪ Bienséant, bon, chaste, comme il faut, congru, congruent, convenable, correct, digne, discret, grave, honnête, modeste, poli, propre, pudique, raisonnable, réservé, retenu, sage, séant, sortable, vertueux.

DÉCEPTION ▪ Chagrin, déboire, décompte (vx), déconvenue, défrisement (fam.), dégrisement, dépit, désabusement, désappointement, désenchantement, désillusion, douche (fam.), échec, ennui, infortune, insuccès, mécompte, peine, revers.

DÉCERNER ▪ ⇒ **attribuer.**

DÉCÈS ▪ ⇒ **mort.**

DÉCEVANT, E ▪ ⇒ **trompeur.**

DÉCEVOIR ▪ ⇒ **tromper.**

DÉCHAÎNEMENT ▪ ⇒ **violence.**

DÉCHAÎNER ▪ *I.* ⇒ **occasionner.** *II.* ⇒ **exciter.** *III.* ⇒ **emporter (s').**

DÉCHANTER ▪ Se modérer, perdre ses illusions, rabattre de ses prétentions, tomber de haut.

DÉCHARGE ▪ *I.* Bordée, coup, détonation, escopetterie, feu, fusillade, mousquetade, rafale, salve, volée. *II.* ⇒ **débris.** *III.* Accusé de réception, acquit, débarras, déchargement, diminution, quittance, quitus, récépissé, reçu.

DÉCHARGEMENT ▪ Débardage, débarquement, livraison, mise à quai/en chantier/en stock.

DÉCHARGER ▪ *I. Au pr. :* alléger, débarder, débarquer, débarrasser, diminuer, enlever, libérer, ôter. *II. Par ext.* **1.** Acquitter, dégrever, dispenser, exempter, excuser, soulager. **2.** Assener, tirer. **3.** Blanchir, disculper, innocenter, justifier, renvoyer d'accusation.

DÉCHARNÉ, E ▪ *I.* ⇒ **maigre.** *II.* ⇒ **pauvre.**

DÉCHAUSSER ▪ *I. Au pr. :* dégravoyer. *II. Par ext.* **1.** Débotter. **2.** Dénuder, dépouiller, déraciner. **3. Agr. :** débutter, décavaillonner.

DÈCHE ▪ Besoin, débine (fam.), dénuement, gêne, indigence, manque d'argent, médiocrité, misère, nécessité, pauvreté, pénurie, purée.

DÉCHÉANCE ▪ *I.* Forclusion, prescription. *II.* Abaissement, avilissement, bassesse, chute, décadence, déclassement, déclin, décri, dégénération, dégénérescence, déposition, déshonneur, destitution, disgrâce, faute, flétrissure, forfaiture, honte, ignominie, inconduite, indignité, infamie, interdiction, ruine, souillure, turpitude.

DÉCHET ▪ Battitures, bris, chute, débris, dépôt, détritus, épluchure, freinte, lavure, lie, ordure, parcelle, perte, pluches, raclure, ramas, rebut, relief, reliquat, résidu, reste, rinçure. rogaton, rognure, saleté, scorie. ⇒ **excrément.**

DÉCHIFFRER ▪ Analyser, comprendre, décoder, découvrir, décrypter, démêler, deviner, éclaircir, épeler, expliquer, lire, pénétrer, résoudre, saisir, traduire.

DÉCHIQUETER ▪ Broyer, couper, déchirer, découper, dépecer, dilacérer, hacher, labourer, lacérer, mettre en charpie/lambeaux/morceaux/pièces, morceler, mordre, pulvériser, sectionner, séparer, taillader, tailler.

DÉCHIRANT, E ▪ ***I.*** Aigu, perçant, suraigu. ***II.*** Bouleversant, douloureux, émouvant, lancinant, navrant, triste.

DÉCHIREMENT ▪ ***I. Au pr. :*** cassure, déchirure, douleur, égratignure, éraflure, griffure, lacération, rupture, trouble. ***II. Par ext.*** **1.** Affliction, arrachement, chagrin, douleur, épreuve, plaie, souffrance, tourment. **2.** Discorde, discussion, division, trouble, zizanie.

DÉCHIRER ▪ ***I. Au pr. :*** carder, couper, déchiqueter, découdre, défaire, délabrer, dilacérer, diviser, écarteler, écorcher, égratigner, élargir, entamer, érafler, érailler, fendre, griffer, labourer, lacérer, mettre en charpie/lambeaux/morceaux/pièces, morceler, ouvrir, percer, rompre, taillader, tailler, traverser. ⇒ **dépecer.** ***II. Fig.*** **1.** Calomnier, dénigrer, diffamer, médire, offenser, outrager. **2.** Dévoiler, révéler. **3.** Affliger, arracher, attrister, désoler, émouvoir, fendre le cœur, meurtrir, navrer, tourmenter.

DÉCHIRURE ▪ ***I. Au pr. :*** accroc, coupure, déchiqueture, échancrure, écorchure, égratignure, entaille, éraflure, éraillure, excoriation, fente, griffure, rupture, taillade. ***II. Fig.*** **1.** Blessure, déchirement, peine. **2.** Crevasse, faille, fissuration, fissure, ouverture, percée, trouée.

DÉCHOIR ▪ S'abaisser, s'affaiblir, s'amoindrir, s'avilir, baisser, se déclasser, décliner, décroître, se dégrader, dégringoler, déroger, descendre, dévier, diminuer, s'encanailler, s'enfoncer, forligner (vx), rétrograder, rouler dans, tomber, vieillir. ⇒ **dégénérer.**

DÉCHU, E ▪ ***I.*** Forclos, prescrit. ***II.*** Abaissé, affaibli, amoindri, avili, déclassé, dégénéré, déposé, diminué, exclu, irrécupérable, maudit, mis au ban, pauvre, privé de, tombé.

DÉCIDABLE ▪ Résoluble, soluble.

DÉCIDÉ, E ▪ ***I. Quelqu'un :*** assuré, audacieux, brave, carré, convaincu, courageux, crâne, déterminé, ferme, fixé, franc, hardi, net, résolu, tranchant. ***II. Quelque chose :*** arrêté, choisi, conclu, convenu, décisif, décrété, définitif, délibéré, entendu, fixé, jugé, ordonné, prononcé, réglé, résolu, tranché, vu.

DÉCIDÉMENT ▪ Assurément, certainement, eh bien, en définitive, franchement, manifestement.

DÉCIDER ▪ ***I. Décider quelque chose :*** arbitrer, arrêter, choisir, conclure, convenir de, décréter, définir, délibérer de, déterminer, se déterminer à, dire, disposer, finir, fixer, juger, ordonner, se promettre, prononcer, régler, résoudre, solutionner, statuer, tirer au sort, trancher, vider. ***II. Quelqu'un :*** convaincre, entraîner, faire admettre à, persuader, pousser. ***III. V. pron. :*** Adopter un parti/une solution, finir par, se hasarder à, prendre parti, se résoudre à.

DÉCIMER ▪ ⇒ **tuer.**

DÉCISIF ▪ Capital, concluant, convaincant, critique, crucial, décidé, décisoire (jurid.), définitif, dernier, déterminé, important, irréfutable, prépondérant, principal, probant, tranchant.

DÉCISION ▪ ***I. L'acte.*** **1. Individuel :** choix, conclusion, détermination, parti, résolution. **2. Public :** arrêt, arrêté, décret, délibération, édit, jugement, ordonnance, règlement, résolution, résultat, sentence, ukase, verdict. **3. Relig. :** bref, bulle, canon, décrétale, rescrit. ***II. La faculté.*** **1.** Assurance, caractère, courage, énergie, fermeté, hardiesse, initiative, résolution, volonté. **2.** Audace, caprice.

DÉCLAMATEUR ■ ***I. Nom masc.*** ⇒ **orateur.** ***II. Adj.*** ⇒ **emphatique.**

DÉCLAMATION ■ ⇒ **éloquence, emphase.**

DÉCLAMATOIRE ■ ⇒ **emphatique.**

DÉCLAMER ■ ***I.*** ⇒ **prononcer.** ***II.*** ⇒ **invectiver.**

DÉCLARATION ■ Affirmation, annonce, assurance, attestation, aveu, ban, communication, confession, déposition, dire, discours, énonciation, énumération, état, indication, information, manifestation, manifeste, notification, parole, proclamation, profession de foi, promesse, révélation, témoignage, version.

DÉCLARÉ (ENNEMI) ■ Intime, juré.

DÉCLARER ■ Affirmer, annoncer, apprendre, assurer, attester, avouer, certifier, communiquer, confesser, confier, découvrir, dénoncer, déposer, dévoiler, dire, s'engager, énoncer, énumérer, s'expliquer, exposer, exprimer, faire état de, indiquer, informer de, manifester, montrer, notifier, porter à la connaissance, prétendre, proclamer, professer, promettre, protester, publier, reconnaître, révéler, signaler, signifier, stipuler, témoigner. ***V. pron. :*** **1. Au pr. :** s'avouer, se compromettre, s'expliquer, se reconnaître. **2. Fig. :** apparaître, se déclencher, survenir.

DÉCLASSEMENT ■ ⇒ **déchéance.**

DÉCLASSÉ, E ■ ⇒ **déchu.**

DÉCLENCHEMENT ■ ⇒ **commencement.**

DÉCLENCHER ■ ***I.*** ⇒ **mouvoir.** ***II.*** ⇒ **commencer.** ***III.*** ⇒ **occasionner.**

DÉCLIN ■ ***I. Au pr. :*** abaissement, affaissement, baisse, chute, décadence, décours, décroissance, décroissement, décroît, diminution, fin. ***II. Par ext. :*** déchéance, dégénérescence, étiolement, penchant, vieillesse. ***III.*** Fig. : agonie, couchant, crépuscule, soir.

DÉCLINATOIRE ■ Boussole, déclinateur.

DÉCLINER ■ ***I. Au pr. :*** s'achever, s'affaiblir, baisser, décroître, dépérir, diminuer, disparaître, empirer, finir, languir, péricliter, se terminer, tomber. ***II. Par ext. :*** clocher, déchoir, dégénérer, s'écarter, s'étioler, vieillir. ***III.*** Écarter, éloigner, éviter, refuser, rejeter, renvoyer, repousser.

DÉCLINQUER ■ ⇒ **disloquer.**

DÉCLIVITÉ ■ ⇒ **pente.**

DÉCOCHER ■ ⇒ **lancer.**

DÉCOCTÉ, E ■ adj., ***DÉCOCTION*** n. f. ⇒ **tisane.**

DÉCODER ■ ⇒ **traduire.**

DÉCOIFFER ■ Dépeigner, ébouriffer, écheveler, hérisser.

DÉCOINCER ■ ⇒ **dégager.**

DÉCOLLAGE ■ ⇒ **départ.**

DÉCOLLER ■ ⇒ **décapiter.**

DÉCOLLETÉ, E ■ Dénudé, échancré, ouvert. ⇒ **gorge.**

DÉCOLORÉ ■ ⇒ **terne.**

DÉCOLORER ⇒ **ternir.**

DÉCOMBRES ■ Déblai, débris, décharge, démolitions, éboulis, épave, gravats, gravois, miettes, plâtras, reste, ruines, vestiges.

DÉCOMMANDER ■ ⇒ **contremander.**

DÉCOMPOSER ■ ***I. Au pr. :*** analyser, anatomiser, désagréger, désintégrer, dissocier, dissoudre, diviser, résoudre, scinder, séparer. ***II. Par ext.*** **1.** Dépecer, désosser, disséquer. **2.** Altérer, corrompre, désorganiser, faisander, gâter, mortifier, pourrir, putréfier. ***III. Fig.*** **Les traits du visage :** altérer, troubler.

DÉCOMPOSITION ■ ***I. Au pr.*** **1.** Analyse, désintégration, dissociation, dissolution, division, séparation. **2.** Altération, corruption, dégradation, désagrégation, désorganisation, gangrène, moisissure, pourriture, putréfaction. *II. Par ext.* 1. Agonie, décadence, mort. 2. Altération, convulsion, trouble.

DÉCOMPTE ■ *I. D'argent.* 1. Compte, détail. 2. Déduction, réduction, retranchement. *II.* ⇒ **déception.**

DÉCOMPTER ■ ⇒ **retrancher.**

DÉCONCERTANT, E ■ Bizarre, déroutant, embarrassant, imprévu, inattendu, inquiétant, surprenant, troublant. ⇒ **étonnant.**

DÉCONCERTÉ, E ■ Confondu, confus, déconfit, décontenancé, défait, déferré, démonté, dépaysé, dérouté, désarçonné, désemparé, désorienté, étourdi, inquiet, interdit, mis en boîte (fam.), pantois, paumé (fam.), penaud, quinaud, renversé (fam.), sot, stupéfait, surpris, troublé. ⇒ **étonné.**

DÉCONCERTER ■ Confondre, déconfire, décontenancer, déferrer, déjouer, démonter, démoraliser, dépayser, déranger, dérouter, désarçonner, désorienter, embarrasser, embrouiller, inquiéter, interdire, intimider, surprendre, troubler. ⇒ **étonner.**

DÉCONFIRE ■ *I.* ⇒ **vaincre.** *II.* ⇒ **déconcerter.**

DÉCONFIT, E ■ *I.* ⇒ **déconcerté.** *II.* ⇒ **honteux.**

DÉCONFITURE ■ *I.* ⇒ **défaite.** *II.* ⇒ **ruine.** *III.* ⇒ **faillite.**

DÉCONGESTIONNER ■ ⇒ **dégager.**

DÉCONNER ■ ⇒ **déraisonner.**

DÉCONSEILLER ■ ⇒ **dissuader.**

DÉCONSIDÉRER ■ ⇒ **dénigrer.**

DÉCONTENANCÉ ■ ⇒ **déconcerté.**

DÉCONTENANCER ■ ⇒ **déconcerter.**

DÉCONTRACTÉ, E ■ ⇒ **dégagé, souple.**

DÉCONVENUE ■ *I.* ⇒ **déception.** *II.* ⇒ **mésaventure.**

DÉCOR ■ *I.* Ambiance, apparence, atmosphère, cadre, décoration, milieu, paysage. *II.* Mise en scène, praticable, scène, spectacle.

DÉCORATEUR, TRICE ■ Antiquaire, architecte, ensemblier.

DÉCORATIF, IVE ■ ⇒ **beau.**

DÉCORATION ■ ⇒ **ornement, insigne.**

DÉCORER ■ ⇒ **orner, récompenser.**

DÉCORTIQUER ■ ⇒ **éplucher.**

DÉCORUM ■ ⇒ **convenance.**

DÉCOULEMENT ■ ⇒ **écoulement.**

DÉCOULER ■ Couler, se déduire, dériver, émaner, procéder, provenir, résulter, tenir à, tirer sa source/son origine de, venir de.

DÉCOUPAGE ■ *I.* Coupe, débitage, dépeçage, équarrissage. *II.* ⇒ **suite.**

DÉCOUPER ■ *I. Au pr. :* chantourner, charcuter (fam. et péj.), couper, débiter, déchiqueter, démembrer, dépecer, détacher, détailler, diviser, échancrer, équarrir, évider, lever, morceler, partager, trancher. *II. Par ext. :* denteler, détacher, profiler.

DÉCOUPÉ, E ■ Accidenté, crénelé, dentelé, irrégulier, sinué, sinueux, varié.

DÉCOUPLÉ, E ■ ⇒ **taillé, dispos.**

DÉCOURAGEANT, E ■ Affligeant, *et les dérivés possibles des syn. de* DÉCOURAGER.

DÉCOURAGEMENT ■ Abattement, accablement, anéantissement, bourdon (fam.), cafard (fam.), consternation, déception, démoralisation, déréliction, désappointement, désenchantement, désespérance, désespoir, écœurement, lassitude, tristesse.

DÉCOURAGER ■ *I.* Abattre, accabler, briser, consterner, déballonner (fam.), débiliter, décevoir, déconforter, dégonfler (fam.), dégoûter, démonter, démoraliser, désenchanter, désespérer, détourner, dissuader, doucher, écœurer, faire perdre confiance/courage, lasser, rebuter, refroidir. ***II. V. pron. :*** s'effrayer, renoncer, *et les formes pron. possibles des syn. de* DÉCOURAGER.

DÉCOURS ■ ⇒ **déclin.**

DÉCOUSU, E ■ Désordonné, disloqué, haché, heurté, illogique, incohérent, inconséquent, sans queue ni tête, sautillant.

DÉCOUVERT (À) ■ Au grand jour, à nu, clairement, franchement, ouvertement.

DÉCOUVERTE ■ Astuce (fam.), exploration, illumination, invention, trait de génie/lumière, trouvaille. ⇒ **recherche.**

DÉCOUVRIR ■ ***I. Au pr. :*** décalotter, décapuchonner, déchaperonner, décoiffer, décolleter, dégager, démasquer, dénuder, dévoiler, enlever, laisser voir, ôter. ***II. Par ext.*** **1.** Apprendre, avouer, confesser, confier, déceler, déclarer, dénoncer, dévoiler, dire, divulguer, exposer, laisser percer/voir, lever le voile, mettre au jour, montrer, ouvrir, percer à jour, publier, révéler, trahir (péj.), vendre la mèche (fam.). **2.** Apercevoir, comprendre, diagnostiquer, discerner, reconnaître, remarquer, repérer, saisir, voir. ***III. Fig. :*** déceler, déchiffrer, dégoter (fam.), dénicher, dépister, détecter, déterrer, deviner, éventer, lire, pénétrer, percer, repérer, trouver. ***IV. V. pron.*** **1.** Se débrailler (péj.)/décolleter/dénuder /déshabiller/dévêtir/ exposer/mettre (à) nu/ montrer. **2.** Saluer. **3. Le temps :** se dégager, s'éclaircir, s'éclairer.

DÉCRASSAGE ■ ⇒ **nettoiement.**

DÉCRASSER ■ ***I.*** ⇒ **nettoyer.** ***II.*** ⇒ **dégrossir.**

DÉCRÉDITER ■ ⇒ **dénigrer.**

DÉCRÉPIT, E ■ ⇒ **vieux.**

DÉCRÉPITUDE ■ ⇒ **vieillesse.**

DÉCRET ■ ***I.*** ⇒ **décision.** ***II.*** ⇒ **loi.** ***III.*** ⇒ **commandement.**

DÉCRÉTALE ■ ⇒ **rescrit.**

DÉCRÉTER ■ Disposer, légiférer, ordonner. ⇒ **décider** et **commander.**

DÉCRI ■ ⇒ **défaveur, déchéance.**

DÉCRIER ■ ⇒ **dénigrer.**

DÉCRIRE ■ ***I.*** ⇒ **tracer.** ***II.*** ⇒ **représenter.**

DÉCROCHER ■ Dépendre, ôter. ⇒ **reculer.**

DÉCROISSANCE ■ ⇒ **diminution.**

DÉCROISSEMENT ■ ⇒ **diminution** et **déclin.**

DÉCROÎTRE ■ ⇒ **diminuer.**

DÉCRUE ■ ⇒ **diminution.**

DÉCRYPTER ■ ⇒ **déchiffrer.**

DE CUJUS ■ Testateur. ⇒ **mort.**

DÉDAIGNER ■ Faire fi, mépriser, mésestimer, négliger, refuser, rejeter, repousser, rire de, snober, tourner le dos.

DÉDAIGNEUX, EUSE ■ Altier, arrogant, condescendant, distant, farouche, fier, haut, hautain, impérieux, indépendant, indifférent, insolent, méprisant, moqueur, orgueilleux, protecteur, renchéri, rogue, snob, snobinard, snobinette, superbe, supérieur.

DÉDAIN ■ Air/sourire/ton protecteur, arrogance, condescendance, crânerie, déconsidération, dérision, distance, fierté, hauteur, indifférence, insolence, mépris, mésestime, moquerie, morgue, orgueil, snobisme, superbe.

DÉDALE ■ ⇒ **labyrinthe.**

DEDANS ■ ⇒ **intérieur.**

DÉDICACE ■ Consécration, envoi, invocation.

DÉDIER ▪ Consacrer, dédicacer, dévouer, faire hommage, offrir, vouer.

DÉDIRE ▪ Contredire, démentir, dépromettre, désavouer. ***V. pron.*** : annuler, se contredire, déclarer forfait, se délier, se démentir, se désavouer, se désister, manquer à sa parole, se raviser, reprendre sa parole, se rétracter, revenir sur, révoquer.

DÉDIT ▪ ***I.*** Annulation, désistement, rétractation, révocation. ***II. Jurid.*** : clause pénale, sûreté. ⇒ **dédommagement.**

DÉDOMMAGEMENT ▪ Compensation, consolation, dédit, dommages et intérêts, indemnité, réparation.

DÉDOMMAGER ▪ Compenser, donner en dédommagement *et les syn. de* DÉDOMMAGEMENT, indemniser, payer, récompenser, remercier, rémunérer, réparer. ***V. pron.*** : ⇒ **rattraper (se).**

DÉDUCTION ▪ ***I.*** Conclusion, démonstration, développement, énumération, raisonnement, récit. ***II.*** Extrapolation, syllogisme. ***III.*** Décompte, défalcation, remise, retranchement, ristourne, soustraction.

DÉDUIRE ▪ ***I.*** ⇒ **retrancher.** ***II.*** ⇒ **exposer.** ***III.*** ⇒ **inférer.**

DÉESSE ▪ Beauté, déité, divinité, fée, grâce, muse, nymphe, ondine, walkyrie.

DÉFAILLANCE ▪ ***I.*** ⇒ **manquement.** ***II.*** ⇒ **évanouissement.**

DÉFAILLANT, E ▪ ⇒ **faible.**

DÉFAILLIR ▪ ***I.*** ⇒ **affaiblir (s').** ***II.*** ⇒ **évanouir (s').**

DÉFAIRE ▪ ***I. Au pr.*** **1. Neutre** : déballer, débarrasser, débâtir, déboucler, déboutonner, déclouer, découdre, déficeler, dégager, dégrafer, délacer, délier, démonter, dénouer, dépaqueter, déplier, désagrafer, déshabiller, dessangler, détacher, enlever, ôter, ouvrir, quitter. **2. Non favorable** : abattre, affaiblir, bouleverser, casser, changer, démolir, déranger, détruire, faire table rase, mettre sens dessus dessous, miner, modifier, renverser, rompre, saper. ***II. Par ext.*** **1. Quelqu'un** : affranchir, débarrasser, dégager, délivrer, dépêtrer (fam.), libérer. **2. Milit.** : battre, culbuter, enfoncer, tailler en pièces, vaincre. ***III. V. pron.*** **1. On se défait de quelqu'un** : s'affranchir, congédier, se débarrasser, se dégager, se délivrer, se dépêtrer, s'écarter, éliminer, renvoyer. **2. D'une chose** : abandonner, aliéner, balancer (fam.), bazarder (fam.), débarrasser, délaisser, donner, écarter, échanger, jeter, laisser, laisser tomber, liquider, mettre au rancart (fam.), nettoyer, renoncer à, se séparer de, vendre. **3.** Se dépouiller, se déshabiller, ôter/quitter ses vêtements. **4.** S'amender, se corriger, perdre, quitter.

DÉFAIT, E ▪ ⇒ **déconcerté, maigre.**

DÉFAITE ▪ Débâcle, débandade, déconfiture, déroute, désavantage, dessous, échec, écrasement, fuite, insuccès, retraite, revers. ***Fam.*** : branlée, brossée, déculottée, dégelée, écrabouillement, frottée, pile, piquette, rossée, rouste. ⇒ **volée.**

DÉFAITISTE ▪ ⇒ **pessimiste.**

DÉFALQUER ▪ ⇒ **retrancher.**

DÉFAUT ▪ ***I. Jurid.*** : contumace. ***II. Au pr.*** : absence, anomalie, carence, disette, imperfection, insuffisance, manque, pénurie, privation, rareté. ⇒ **faute.** ***III. Loc.*** **Être en défaut ⇒ tromper (se). 2. Faire défaut ⇒ manquer. 3. Mettre en défaut ⇒ insuccès.**

DÉFAVEUR ▪ ***I.*** Décri, discrédit, disgrâce. ***II.*** Défiance, éclipse, hostilité, inimitié. ***III.*** Charge, débit.

DÉFAVORABLE ▪ Adverse, contraire, désavantageux, ennemi, funeste, hostile, inamical, mauvais, néfaste, nuisible, opposé, péjoratif.

DÉFAVORISER ▪ ⇒ **désavantager.**

DÉFÉCATION ■ ⇒ **excrément.**

DÉFECTION ■ Abandon, apostasie, carence, débandade, déroute, désertion, lâchage, trahison.

DÉFECTUEUX, EUSE ■ ⇒ **imparfait.**

DÉFECTUOSITÉ ■ ⇒ **imperfection.**

DÉFENDABLE ■ Excusable, justifiable, plaidable, soutenable.

DÉFENDEUR, DÉFENDERESSE ■ Appelé, cité, convoqué, intimé.

DÉFENDRE ■ ***I. Protection.*** **1. Sens général** : aider, aller à la rescousse, protéger, secourir, soutenir. **2.** Excuser, intercéder, intervenir, justifier, plaider, prendre en main/protection/sauvegarde, sauvegarder. **3. Milit.** : abriter, couvrir, flanquer, fortifier, garantir, garder, interdire, préserver, protéger, tenir. ***II. Prohibition :*** inhiber (vx), interdire, prescrire, prohiber. ***III.*** Condamner, consigner, fermer. ***IV. V. pron. :*** **1.** Se battre, se débattre, lutter, parer, résister, riposter, *et les formes pron. possibles des syn. de* DÉFENDRE. **2.** Se justifier, réfuter, répondre.

DÉFENDU, E ■ ***I.*** Abrité, couvert, en défens, flanqué, fortifié, garanti, gardé, préservé, protégé, secouru, tenu. ***II.*** Illégal, illégitime, illicite, interdit, irrégulier, prohibé.

DÉFENSE ■ ***I. L'acte.*** **1.** Aide, parade, protection, réaction, repli, rescousse, retraite, riposte, sauvegarde, secours. **2.** Apologie, apologétique (relig.), éloge, excuse, glorification, justification, louange, plaidoirie, plaidoyer, polémique, réponse. **3.** Défens (vx), embargo, inhibition, interdiction, prohibition. ***II. L'ouvrage :*** abri, asile, bouclier, boulevard, citadelle, couverture, cuirasse, fortification, fossé, glacis, muraille, réduit, rempart, retranchement. ***III.*** ⇒ **défenseur.**

DÉFENSEUR ■ Apôtre, avocaillon (péj.), avocassier (péj.), avocat, avoué, champion, conseil, défense, partisan, protecteur, redresseur de torts, soutien, tenant. ***Arg. :*** bavard, débarbot, enjuponné.

DÉFÉQUER ■ ⇒ **purifier, faire ses** ⇒ **besoins.**

DÉFÉRENCE ■ ***I.*** ⇒ **complaisance.** ***II.*** ⇒ **égards.**

DÉFÉRENT, E ■ ⇒ **complaisant.**

DÉFÉRER ■ ***I.*** ⇒ **conférer.** ***II.*** ⇒ **céder.** ***III.*** ⇒ **inculper.**

DÉFERLER ■ Se briser, *et les formes pron. possibles des syn. de* BRISER.

DÉFEUILLER ■ ⇒ **effeuiller.**

DÉFI ■ ***I.*** Appel, bravade, cartel, crânerie, fanfaronnade, gageure, menace, provocation, ultimatum. ***II. Loc.*** **Mettre au défi** ⇒ **inviter.**

DÉFIANCE ■ ⇒ **crainte.**

DÉFIANT, E ■ ⇒ **méfiant.**

DÉFICIENCE ■ ⇒ **manque.**

DÉFICIENT, E ■ ⇒ **faible.**

DÉFICIT ■ ⇒ **manque.**

DÉFIER ■ ***I.*** ⇒ **braver.** ***II.*** ⇒ **inviter.** ***V. pron.*** ⇒ **méfier (se).**

DÉFIGURER ■ ⇒ **déformer.**

DÉFILÉ ■ ***I. Géogr.*** **1. Sur terre :** cañon, cluse, col, couloir, faille, gorge, pas, passage, port, porte. **2. De mer :** bras, canal, détroit, fjord, grau, passe, pertuis. ***II.*** Cavalcade, colonne, cortège, file, manifestation, mascarade, monôme, procession, retraite, succession, théorie.

DÉFILER ■ ***I.*** ⇒ **passer.** ***II. V. pron.*** **Fam.** ⇒ **partir.**

DÉFINIR ■ ***I.*** ⇒ **fixer.** ***II.*** ⇒ **décider.**

DÉFINITIF ■ ⇒ **irrévocable, final.**

DÉFINITIVE (EN) ■ Au bout du compte, définitivement, en dernière analyse, en fin de compte, en un mot, finalement, pour conclure/finir/terminer, tout compte fait.

DÉFLAGRATION ■ ⇒ **explosion.**

DÉFLEURIR ■ v. tr. et intr. Déflorer, défraîchir, faner, flétrir.

DÉFONCER ■ ⇒ **enfoncer.** ***V. pron.*** ⇒ **crouler, droguer (se).**

DÉFORMATION ■ Altération, anamorphose, contorsion, difformité, faute, gauchissement, gibbosité, grimace, imperfection, incorrection, infirmité, malformation.

DÉFORMÉ, E ■ ***I. Quelqu'un :*** anormal, bancal, bancroche (fam.), bossu, difforme, estropié, gibbeux, infirme, tordu. ***II. Une chose :*** avachi, défraîchi, égueulé, fané, fatigué, usé.

DÉFORMER ■ ***I.*** Altérer, changer, transformer. ***II.*** Avachir, bistourner (techn. ou fam.), contourner, contrefaire, corrompre, courber, défigurer, dénaturer, dépraver, difformer, distordre, écorcher, estropier, fausser, gâter, gauchir, massacrer, mutiler, tordre, trahir, travestir.

DÉFOULEMENT ■ ⇒ **libération.**

DÉFRAÎCHI, E ■ ⇒ **fatigué.**

DÉFRAYER ■ ⇒ **payer, occuper.**

DÉFRICHER ■ ⇒ **cultiver, éclaircir.**

DÉFRICHEUR ■ Pionnier, précurseur.

DÉFROQUE ■ ***I.*** Déguisement, frusque (fam.), guenille, haillon, harde. ***II. Par ext. :*** carcasse, chair, corps.

DÉFUNT, E ■ adj. et n. ⇒ **mort.**

DÉGAGÉ, E ■ ***I. Quelqu'un.*** **1. Favorable** : aisé, alerte, élégant, souple, vif. **2. Neutre** : affranchi, débarrassé, décontracté, libéré, relax (fam.). **3. Non favorable** : affranchi, cavalier, délibéré, désinvolte, léger, leste, libre, sans-gêne. ***II. Une chose :*** accessible, débarrassé, découvert, dégagé, facile, libre, ouvert.

DÉGAGEMENT ■ ***I.*** ⇒ **indifférence.** ***II.*** ⇒ **passage.**

DÉGAGER ■ v. tr. ***I.*** Débarrasser, déblayer, débloquer, débourrer, débroussailler, décoincer, décongestionner, découvrir, dénuder, dépouiller, désencombrer, élaguer, enlever, épurer, évacuer, extraire, ôter, retirer. ***II. Par ext. :*** affranchir, décharger, déconsigner, dédouaner, dégrever, dispenser, exonérer, libérer, soustraire. ***III. Fam. :*** s'en aller, circuler, débarrasser/vider les lieux/la place/le terrain, décamper, déguerpir, ficher/foutre (grossier) le camp, partir, sortir, se tirer de. ***IV. Un concept :*** avancer, distinguer, extraire, isoler, manifester, mettre en évidence, rendre évident/manifeste, séparer. ***V. Une odeur :*** émettre, exhaler, produire, puer, répandre, sentir. ***VI. V. pron.*** **1.** Échapper, se libérer, quitter, rompre, se séparer. **2.** Apparaître, se découvrir, s'éclaircir, émaner, émerger, s'exhaler, jaillir, se montrer, se répandre, sortir. **3.** Se faire jour, se manifester, ressortir, résulter.

DÉGAINE ■ Allure, attitude, comportement, conduite, convenance, démarche, port, silhouette.

DÉGARNIR ■ ***I.*** Débarrasser, découvrir, déménager, démeubler, dépouiller, dépourvoir, vider. ***II.*** Élaguer, émonder, tailler.

DÉGÂT ■ Avarie, bris, casse, débâcle, dégradation, déprédation, destruction, détérioration, dévastation, dommage, grabuge, méfait, perte, ravage, ruine.

DÉGAUCHIR ■ Aplanir, corriger, dégourdir, dégrossir, raboter, redresser.

DÉGEL ■ Débâcle. ⇒ **apaisement.**

DÉGELER ■ ***Fig. :*** amuser, animer, dérider, faire rire/sourire, mettre de l'animation/de la vie, ranimer, réchauffer.

DÉGÉNÉRATION, DÉGÉNÉRESCENCE ■ ***I. Au pr. :*** Abaissement, abâtardissement, appauvrissement, avilissement, baisse, catabolisme, chute, décadence, déchéance, déclin, dégradation, détérioration, étiolement, gérontisme, perte, perversion, pervertissement. ***II. Non favorable :*** crétinisme, débilité, gâtisme, idiotie, imbécillité, tare.

DÉGÉNÉRÉ, E ■ adj. et n. Abâtardi, arriéré, bâtard, débile, idiot, imbécile, minus, taré.

DÉGÉNÉRER ■ S'abâtardir, s'appauvrir, s'avilir, changer, déchoir, décliner, se dégrader, déroger, se détériorer, s'étioler, forligner (vx), perdre, se pervertir, tomber, se transformer.

DÉGINGANDÉ, E ■ ⇒ **disloqué.**

DÉGLINGUER ■ ⇒ **démolir.**

DÉGLUTIR ■ ⇒ **avaler.**

DÉGOMMER ■ ⇒ **congédier.**

DÉGONFLÉ, E ■ ⇒ **peureux.**

DÉGORGER ■ ***I.*** ⇒ **vomir.** ***II.*** ⇒ **débarrasser.**

DÉGOTER ■ ***I.*** ⇒ **trouver.** ***II.*** ⇒ **surpasser (se).** ***III. Vx*** ⇒ **renvoyer.**

DÉGOULINER ■ ⇒ **dégoutter.**

DÉGOURDI, E ■ ⇒ **éveillé.**

DÉGOURDIR ■ ⇒ **dégrossir.**

DÉGOÛT ■ Abattement, allergie, amertume, anorexie, antipathie, aversion, blasement, chagrin, déboire, déception, dépit, déplaisir, désenchantement, écœurement, éloignement, ennui, exécration, haine, haut-le-cœur, honte, horreur, humiliation, inappétence, indigestion, lassitude, mélancolie, mépris, mortification, nausée, répugnance, répulsion, satiété, spleen, tristesse.

DÉGOÛTANT, E ■ n. et adj. Abject, cochon (fam.), crasseux, décourageant, dégueulasse (grossier), déplaisant, désagréable, écœurant, exécrable, fastidieux, fétide, gras, grivois, horrible, ignoble, immangeable, immonde, incongru, indécent, infect, innommable, inqualifiable, insupportable, laid, licencieux, malpropre, merdique (grossier), nauséabond, nauséeux, odieux, peu ragoûtant, puant, rebutant, repoussant, répugnant, révoltant, sale, sordide. ⇒ **honteux.**

DÉGOÛTÉ, E ■ ⇒ **difficile.**

DÉGOÛTER ■ Affadir le cœur, blaser, débecter, déplaire, détourner, dissuader, écœurer, ennuyer, fatiguer, lasser, ôter l'envie, peser, rebuter, répugner, révolter, soulever le cœur/de dégoût.

DÉGOUTTER ■ Couler, dégouliner, distiller, exhaler, fluer, ruisseler, suinter, tomber.

DÉGRADABLE ■ ⇒ **destructible.**

DÉGRADANT, E ■ ⇒ **honteux.**

DÉGRADATION ■ ***I. Au pr. :*** bris, casse, dégât, délabrement, déprédation, destruction, détérioration, dommage, effritement, égratignure, endommagement, éraflure, érosion, graffiti, mutilation, profanation, ruine. ***II. Par ext. :*** abaissement, abrutissement, aveulissement, avilissement, corruption, décadence, déchéance, décomposition, dégénération, déliquescence, dépravation, flétrissure, honte, humiliation, ignominie, perversion, prostitution, souillure, tache, tare.

DÉGRADER ■ ***I. Au pr. :*** abîmer, barbouiller, briser, casser, déglinguer (fam.), délabrer, démolir, détériorer, détraquer, détruire, ébrécher, endommager, égratigner, érafler, esquinter (fam.), fausser, gâter, mutiler, profaner, ruiner, saboter, salir, souiller. ***II. Par ext. :*** abaisser, abrutir, acoquiner, avilir, déchoir, déformer, déprimer, déshonorer, déshumaniser, dévaluer, diminuer, disqualifier, flétrir, gâter, humilier, profaner, prostituer, rabaisser, ridiculiser. ***III. Géol. :*** affouiller, éroder, ronger, saper. ***IV. V. pron. :*** s'affaiblir, s'avilir, baisser, déchoir, dégénérer, déroger, descendre, se déshonorer, diminuer, faiblir, tomber.

DÉGRAFER ■ ⇒ **défaire.**

DÉGRAISSER ■ ⇒ **nettoyer.**

DEGRÉ ■ ***I.*** Échelon, escalier, grade, gradin, graduation, étage, marche, marchepied, perron, rang, rangée, rayon. ***II.*** Paroxysme, période, phase, point, stade. ***III.*** Amplitude, niveau. ***IV.*** Classe, cran, échelon, étape, grade, niveau, position, rang. ***V.*** Différence, gradation, nuance. ***VI. Loc.*** **Par degrés** : au fur et à mesure, par échelon/étape/palier, pied à pied, de proche en proche.

DÉGRÈVEMENT ■ ⇒ **diminution.**

DÉGREVER ■ ⇒ **soulager.**

DÉGRINGOLADE ■ ⇒ **chute.**

DÉGRINGOLER ■ ***I.*** ⇒ **descendre.** ***II.*** ⇒ **tomber.**

DÉGRISER ■ ⇒ **désillusionner.**

DÉGROSSIR ■ ***I.*** Affiner, commencer, débourrer, débrutir, décrasser (fam.), dégauchir, dérouiller, ébaucher, éclaircir, former. ***II.*** Débrouiller, dégourdir, dégourmer, déniaiser, désencroûter, dessaler, initier, instruire.

DÉGROUILLER (SE) ■ ⇒ **hâter (se).**

DÉGUENILLÉ, E ■ Dépenaillé, haillonneux, loqueteux, négligé, va-nu-pieds.

DÉGUERPIR ■ ⇒ **partir.**

DÉGUISEMENT ■ ***I. Au pr.*** : accoutrement, carnaval, chienlit, costume, mascarade, masque, momerie, travesti, travestissement. ***II. Par ext.*** : artifice, camouflage, couverture, dissimulation, fard, feinte, feintise.

DÉGUISER ■ ***I. Au pr.*** : accoutrer, affubler, costumer, maquiller, masquer, travestir. ***II. Par ext.*** : arranger, cacher, camoufler, celer, changer, contrefaire, couvrir, dénaturer, dissimuler, donner le change, se donner une contenance, dorer la pilule (fam.), emmitoufler, envelopper, farder, habiller, gazer (vx), maquiller, pallier, plâtrer, recouvrir, taire, travestir, tromper.

DÉGUSTER ■ ⇒ **savourer.**

DEHORS ■ adv. et n. ***I.*** ⇒ **extérieur.** ***II.*** ⇒ **apparence.**

DÉIFICATION ■ ⇒ **apothéose.**

DÉIFIER ■ ⇒ **louer.**

DÉISME ■ Théisme.

DÉITÉ ■ Déesse, dieu, divinité, idole.

DÉJECTION ■ ⇒ **excrément.**

DÉJETÉ ■ ⇒ **dévié.**

DÉJEUNER ■ ***I. V. intr.*** ⇒ **manger.** ***II. Nom*** ⇒ **repas.**

DÉJOINDRE ■ Déboîter, démonter, désassembler, désunir, détacher, disjoindre, disloquer, diviser, scinder, séparer.

DÉJOUER ■ ⇒ **empêcher.**

DÉLABREMENT ■ ⇒ **dégradation.**

DÉLABRER ■ ⇒ **détériorer.**

DÉLAI ■ ***I. Au pr.*** : date, temps. ***II. Par ext.*** **1. Non favorable** : atermoiement, manœuvre dilatoire, retard, retardement, temporisation. **2. Neutre** : crédit, facilité, marge, moratoire, préavis, probation, prolongation, prorogation, remise, renvoi, répit, report, surséance, sursis, suspension, trêve. ***III. Loc.*** **Sans délai** : aussitôt, immédiatement, sans déport (vx), séance tenante, sur-le-champ, tout de suite, toutes affaires cessantes.

DÉLAISSEMENT ■ ***I. Au pr.*** : abandon, cession, défection, déguerpissement (fam.), renonciation. ***II. Par ext.*** : désertion, lâcheté.

DÉLAISSER ■ Abandonner, déserter, se désintéresser de, lâcher, laisser tomber, négliger, quitter, renoncer à, tourner le dos à. ⇒ **dédaigner.**

DÉLASSEMENT ▪ *I.* ⇒ **repos.** *II.* ⇒ **divertissement.**

DÉLASSER ▪ ⇒ **reposer.**

DÉLATEUR ▪ ⇒ **accusateur.**

DÉLATION ▪ ⇒ **accusation.**

DÉLAVER ▪ ⇒ **humecter.**

DÉLAYAGE ▪ ⇒ **remplissage.**

DÉLAYER ▪ *I. Au pr. :* couler, détremper, diluer, dissoudre, étendre, fondre, gâcher. *II. Fig. :* allonger, noyer, paraphraser, tourner autour.

DÉLECTABLE ▪ Agréable, bon, délicat, délicieux, doux, exquis, friand, savoureux.

DÉLECTATION ▪ ⇒ **plaisir.**

DÉLECTER (SE) ▪ ⇒ **régaler (se).**

DÉLÉGATION ▪ *I.* Ambassade, députation. *II.* Attribution, mandat, procuration, représentation.

DÉLÉGUÉ ▪ ⇒ **envoyé.**

DÉLÉGUER ▪ *I.* ⇒ **envoyer.** *II.* ⇒ **transmettre.**

DÉLESTER ▪ ⇒ **soulager.**

DÉLÉTÈRE ▪ ⇒ **mauvais.**

DÉLIBÉRATION ▪ Conseil, consultation, conservation, débat, décision, délibéré, discussion, examen, réflexion, résolution.

DÉLIBÉRÉ, E ▪ *I. Adj.* **1.** ⇒ **dégagé. 2.** ⇒ **décidé.** *II. Nom masc.* ⇒ **délibération.**

DÉLIBÉRER ▪ *I.* ⇒ **discuter** et **opiner.** *II.* ⇒ **décider** *III.* ⇒ **penser.**

DÉLICAT, E ▪ *I. Favorable ou neutre.* **1. Quelqu'un** : agréable, aimable, bon, courtois, délicieux, discret, distingué, doux, élégant, exquis, fin, galant, gentil, gracieux, honnête, humain, joli, mignon, obligeant, pénétrant, plein de tact, poli, prévenant, probe, pur, raffiné, scrupuleux, sensible, soigné, subtil, tendre. **2. Une chose** : adroit, aérien, arachnéen, beau, bon, délectable, délié, éthéré, fignolé (fam.), friand, habile, harmonieux, léché, léger, recherché, savoureux, suave, subtil, succulent, ténu, vaporeux. *II. Péj. :* **1. Quelqu'un** : blasé, chatouilleux, chétif, compliqué, débile, difficile, douillet, efféminé, exigeant, faible, fluet, frêle, maigre, malingre, mince, ombrageux, petit, recherché, susceptible. **2. Une chose** : complexe, dangereux, embarrassant, glandilleux (arg.), malaisé, périlleux, scabreux.

DÉLICATESSE ▪ *I. Favorable.* **1. Du caractère, du comportement** : agrément, amabilité, amour, attention, bon goût, bonté, circonspection, courtoisie, discrétion, distinction, douceur, élégance, finesse, galanterie, gentillesse, grâce, gracilité, honnêteté, humanité, joliesse, ménagement, obligeance, pénétration, politesse, prévenance, probité, pudeur, pureté, raffinement, sagacité, scrupule, sensibilité, soin, subtilité, tact, tendresse. **2. Des actes** : adresse, dextérité, habileté, soin. **3. D'une chose** : finesse, harmonie, légèreté, pureté, recherche, suavité, subtilité, succulence, transparence. *II. Non favorable.* **1. De quelqu'un.** *Phys. :* débilité, faiblesse, fragilité, maigreur, mignardise, minceur, ténuité. *Caractère :* difficulté, mollesse, susceptibilité. **2. D'une chose** : complexité, danger, difficulté, péril.

DÉLICE ▪ ⇒ **plaisir.**

DÉLICIEUX, EUSE ▪ ⇒ **délectable.**

DÉLICTUEUX, EUSE ▪ Coupable, criminel, fautif, interdit, peccant (vx), répréhensible, susceptible de poursuites.

DÉLIÉ, E ▪ *I.* ⇒ **menu.** *II.* ⇒ **délicat.** *III.* ⇒ **éveillé.**

DÉLIER ▪ ⇒ **défaire, libérer.**

DÉLIMITATION ▪ ⇒ **bornage.**

DÉLIMITER ■ ***I.*** ⇒ **limiter.** ***II.*** ⇒ **fixer.**

DÉLINQUANCE ■ Criminalité.

DÉLINQUANT, E ■ adj. et n. ⇒ **coupable.**

DÉLIQUESCENCE ■ ***I.*** ⇒ **dégradation.** ***II.*** ⇒ **décadence.**

DÉLIRANT, E ■ ***I.*** ⇒ **extraordinaire.** ***II.*** ⇒ **violent.**

DÉLIRE ■ ***I. Au pr. :*** agitation, aliénation, delirium tremens, divagation, égarement, excitation, folie, frénésie, hallucination, surexcitation. ***II. Par ext.*** 1. Feu sacré, inspiration. 2. Enthousiasme, exultation, frémissement, passion, trouble.

DÉLIRER ■ ⇒ **déraisonner.**

DÉLIT ■ ⇒ **faute.**

DÉLIVRANCE ■ ***I.*** ⇒ **libération.** ***II.*** ⇒ **enfantement.** ***III.*** ⇒ **remise.**

DÉLIVRER ■ ***I.*** ⇒ **remettre.** ***II.*** ⇒ **libérer.**

DÉLOGER ■ ***I.*** ⇒ **chasser.** ***II.*** ⇒ **partir.**

DÉLOYAL, E ■ ***I.*** ⇒ **infidèle.**

DÉLOYAUTÉ ■ ***I.*** ⇒ **infidélité.** ***II.*** ⇒ **hypocrisie.**

DELTA ■ ⇒ **embouchure.**

DÉLUGE ■ ***I.*** ⇒ **débordement.** ***II.*** ⇒ **pluie.**

DÉLURÉ, E ■ ***I.*** ⇒ **éveillé.** ***II.*** ⇒ **hardi.**

DÉMAGOGUE ■ ⇒ **politicien.**

DEMAIN ■ ⇒ **bientôt.**

DÉMANCHER ■ Briser, casser, déboîter, déclinquer, déglinguer, démancher, démantibuler, démettre, démolir, désarticuler, désemboîter, désemparer, désunir, détraquer, disloquer, diviser, écarteler, fausser, luxer. ***V. pron. :*** (fam.) s'agiter, se battre, se colleter, se débattre, se débrouiller, se décarcasser, se démener, se démultiplier, discuter, se donner du mal/de la peine/du tintouin, s'émouvoir, s'empresser de, faire du vent, faire feu des quatre fers, lutter.

DEMANDE ■ ***I.*** Adjuration, appel, conjuration, doléance, imploration, instance, interpellation, interrogation, prière, question, quête (vx), revendication, sollicitation. ***II.*** Écrit, pétition, placet, réclamation, recours, requête, supplique, vœu. ***III.*** Candidature, démarche, désir, envie, exigence, prétention. ***IV.*** Mandement, ordre, sommation.

DEMANDER ■ Adresser / faire / former / formuler / présenter une demande *et les syn. de* DEMANDE, briguer, commander, consulter, cuisiner (fam.), désirer, dire, enjoindre, exiger, exprimer un désir/souhait, implorer, imposer, insister, interpeller, interroger, mander, mendier (péj.), ordonner, pétitionner, postuler, prescrire, présenter un placet/une requête/une supplique, prétendre à, prier, quémander, questionner, quêter, rechercher, réclamer, se recommander de, requérir, revendiquer, solliciter, sommer, souhaiter, supplier, vouloir.

DEMANDEUR, DERESSE ■ ***I.*** Appelant, requérant. ***II.*** Quémandeur, solliciteur, tapeur. ***III. D'emploi :*** chômeur, désoccupé, inactif, sans emploi/travail.

DÉMANGEAISON ■ ***I.*** ⇒ **picotement.** ***II.*** ⇒ **désir.**

DÉMANGER ■ ⇒ **piquer.**

DÉMANTÈLEMENT ■ ⇒ **destruction.**

DÉMANTELER ■ ***I.*** Abattre, culbuter, débâtir, déconstruire, défaire, démolir, démonter, détruire, disloquer, mettre à bas, raser, renverser. ***II. Par ext.*** 1. **Des institutions** : abolir, faire table rase, supprimer. 2. **Une chose** : abîmer, bousiller, briser, casser, déglinguer, démolir, démonter, détraquer, endommager, esquinter.

DÉMANTIBULER ■ ⇒ **disloquer.**

DÉMARCATION ■ ***I.*** ⇒ **limite.** ***II.*** ⇒ **séparation.**

DÉMARCHAGE ■ ⇒ **vente.**

DÉMARCHE ■ ***I. Au pr.*** : air, allure, aspect, dégaine (fam.), dehors, maintien, marche, mine, pas, port, tenue, tournure. ***II. Par ext.*** **1.** Action, attitude, comportement, conduite. **2.** Agissement, approche, cheminement, déplacement, tentative. ⇒ **demande.**

DÉMARQUER ■ ⇒ **limiter.**

DÉMARRAGE ■ ⇒ **départ.**

DÉMARRER ■ ⇒ **partir, commencer.**

DÉMASQUER ■ ⇒ **découvrir.**

DÉMÊLÉ ■ ⇒ **contestation.**

DÉMÊLER ■ ⇒ **distinguer, éclaircir.**

DÉMEMBREMENT ■ ⇒ **division.**

DÉMEMBRER ■ ***I.*** ⇒ **découper.** ***II.*** ⇒ **partager.**

DE MÊME QUE ■ ⇒ **comme.**

DÉMÉNAGER ■ ***I.*** ⇒ **transporter.** ***II.*** ⇒ **partir.** ***III.*** ⇒ **déraisonner.**

DÉMENCE ■ ⇒ **folie.**

DÉMENER (SE) ■ S'agiter, se battre, se colleter, se débattre, se débrouiller, se démultiplier, discuter, se donner du mal/de la peine, s'émouvoir, s'empresser de, lutter, se mouvoir/multiplier, remuer. ***Fam.*** : se décarcasser/démancher/donner du tintouin, faire ficelle/fissa/du vent/ feu des quatre fers/ vinaigre, se magner, pédaler, péter la flamme/le feu, remuer l'air, se secouer/trémousser/trotter.

DÉMENT, E ■ ⇒ **fou.**

DÉMENTI ■ ⇒ **dénégation, offense.**

DÉMENTIR ■ Contredire, couper, décevoir, dédire, désavouer, infirmer, s'inscrire en faux, nier, s'opposer à, opposer un démenti, *et les syn. de* DÉMENTI.

DÉMÉRITE ■ ⇒ **honte.**

DÉMESURE ■ ⇒ **excès.**

DÉMESURÉ ■ Astronomique, colossal, déraisonnable, disproportionné, éléphantesque, énorme, exagéré, excessif, exorbitant, extraordinaire, extrême, fantastique, formidable, géant, gigantesque, grand, illimité, immense, immodéré, incommensurable, infini, monstrueux, monumental, outré, pharamineux, pyramidal, tentaculaire, titanesque, vertigineux. ***Arg.*** : balèze, comac, gravos, maous, mastard.

DÉMETTRE ■ ***I.*** ⇒ **disloquer.** ***II.*** ⇒ **destituer.** ***III.*** ⇒ **abdiquer.**

DEMEURANT (AU) ■ Après tout, au fond, au/pour le reste, d'ailleurs, en somme.

DEMEURE ■ ***I. Au pr.*** : adresse, domicile, foyer, habitacle, logis, pénates (fam.). ⇒ **habitation.** ***II. Loc.*** **1. Sans demeure** (vx) : délai, retard, retardement. **2. À demeure** : en permanence, fixe. **3. Mettre en demeure** ⇒ **commander.**

DEMEURÉ, E ■ ⇒ **bête.**

DEMEURER ■ ***I.*** S'arrêter, s'attarder, attendre, coller, s'éterniser, prendre racine, rester, stationner, tarder. ***II.*** Continuer, durer, s'entêter, lutter, se maintenir, s'obstiner, persévérer, persister, rester, subsister, survivre, tenir bon/ferme. ***III.*** Crécher (fam.), descendre/être/être domicilié à, gîter (fam.), habiter, jucher (fam.), loger, nicher (fam.), occuper, percher (fam.), résider, séjourner, se tenir, vivre.

DEMI-MOT ■ ⇒ **insinuation.**

DEMI-SEL ■ ⇒ **amateur, lâche.**

DÉMISSION ■ ⇒ **abandon.**

DÉMISSIONNER ■ ⇒ **abdiquer.**

DEMI-TEINTE ■ ⇒ **couleur.**

DÉMIURGE ■ Bienfaiteur, demi-dieu, dieu, divinité, héros, génie, grand.

DÉMOCRATE ■ Bousingot (vx et péj.), de gauche, démagogue (péj.), démocratique, démophile, égalitaire, jacobin, républicain.

DÉMOCRATIE ■ République, suffrage universel.

DÉMODÉ, E ■ ⇒ **désuet.**

DEMOISELLE ■ *I.* ⇒ **fille.** *II.* ⇒ **célibataire.** *III.* ⇒ **femme.** *IV.* Libellule. *V.* Bélier, dame, hie.

DÉMOLIR ■ *I. Au pr. :* abattre, culbuter, débâtir, déconstruire, défaire, démanteler, démonter, détruire, mettre à bas, raser, renverser. *II. Par ext.* **1. Des institutions** : abolir, faire table rase, supprimer. **2. Une chose** : abîmer, bousiller (fam.), briser, casser, déglinguer (fam.), démonter, détraquer, endommager, esquinter. **3. Quelqu'un** : battre, critiquer, déboulonner, épuiser, éreinter, esquinter, perdre, ruiner, terrasser, tuer.

DÉMOLISSEUR ■ ⇒ **destructeur.**

DÉMOLITION ■ ⇒ **destruction.** *Au pl. :* Déblai, débris, décharge, décombres, éboulis, épave, gravats, gravois, miettes, plâtras, restes, ruines, vestiges.

DÉMON ■ *I.* ⇒ **diable.** *II.* ⇒ **génie.** *III.* ⇒ **enthousiasme.**

DÉMONIAQUE ■ *I.* ⇒ **diabolique.** *II.* ⇒ **turbulent.** *III.* ⇒ **énergumène.**

DÉMONSTRATIF, IVE ■ ⇒ **communicatif.**

DÉMONSTRATION ■ *I.* Déduction, expérience, induction, preuve, raisonnement. *II.* Civilités, étalage (péj.), expression, manifestation, marque, preuve, protestations, témoignage.

DÉMONTÉ, E ■ ⇒ **déconcerté.**

DÉMONTER ■ ⇒ **défaire.**

DÉMONTRER ■ ⇒ **prouver.**

DÉMORALISATION ■ ⇒ **découragement.**

DÉMORALISER ■ ⇒ **décourager.**

DÉMORDRE ■ ⇒ **renoncer.**

DÉMUNI, E ■ Dénué, dépouillé, dépourvu, destitué, nu, privé ⇒ **pauvre.**

DÉMUNIR ■ *I.* Arracher, défaire, dégager, dégarnir, dénuder, dépecer, dépiauter (fam.), dépouiller, déshabiller, dévêtir, écorcher, enlever, ôter, peler, tondre. *II. Par ext.* ⇒ **voler.**

DÉMYSTIFIER, DÉMYTHIFIER ■ ⇒ **détromper.**

DÉNATURER ■ ⇒ **altérer.**

DÉNÉGATION ■ Contestation, controverse, démenti, déni, désaveu, négation, refus.

DÉNI ■ *I.* ⇒ **dénégation.** *II.* ⇒ **refus.**

DÉNIAISER ■ Dépuceler ⇒ **dégrossir.**

DÉNICHER ■ *I. Au pr. :* braconner, chasser, débusquer, enlever. *II. Par ext. :* découvrir, trouver.

DENIER ■ *I.* ⇒ **argent.** *II.* ⇒ **intérêt.** *III.* ⇒ **arrhes.**

DÉNIER ■ *I.* ⇒ **nier.** *II.* ⇒ **refuser.**

DÉNIGREMENT ■ ⇒ **médisance.**

DÉNIGRER ■ Attaquer, calomnier, couler, critiquer (par ext.), décauser (rég.), déchiqueter, déchirer, déconsidérer, décréditer, décrier, déprécier, dépriser, déshonorer, diffamer, discréditer, médire, noircir, perdre de réputation, rabaisser, salir, tympaniser, vilipender. **Fam.** : baver, clabauder, dauber, débiner, déblatérer, dégrainer.

DÉNIVELLATION ■ Dénivelée, dénivellement, différence, rupture.

DÉNOMBREMENT ■ Catalogue, cens, compte, détail, énumération, état, évaluation, inventaire, liste, litanie, recensement, rôle, statistique.

DÉNOMBRER ■ Cataloguer, classer, compter, détailler, dresser l'état/l'inventaire/la liste/le rôle, égrener, énumérer, évaluer, faire le compte, inventorier, nombrer, recenser.

DÉNOMINATION ■ ⇒ **nom.**

DÉNOMMER ■ ⇒ **appeler.**

DÉNONCER ■ ***I.*** Accuser, déclarer, désigner, dévoiler, donner, indiquer, livrer, nommer, rapporter, révéler, trahir, vendre. **Fam.** S'allonger, balancer, brûler, cafarder, cafter, caponner, capouner, cracher/manger le morceau, cuistrer, donner, en croquer, fourguer, se mettre à table, moucharder, roussiner. ***II.*** Annoncer, déclarer, faire savoir, notifier, proclamer, publier, signifier. ***III.*** Annuler, renoncer, rompre. ***IV.*** Dénoter, faire connaître/sentir, manifester, montrer, sentir.

DÉNONCIATEUR ■ ⇒ **accusateur.**

DÉNONCIATION ■ ⇒ **accusation.**

DÉNOTER ■ ⇒ **indiquer.**

DÉNOUEMENT ■ Achèvement, catastrophe, bout, cauda, clef, conclusion, épilogue, extrémité, fin, queue, résolution, résultat, solution, terme.

DÉNOUER ■ ⇒ **défaire.**

DENRÉE ■ ***I.*** ⇒ **marchandise.** ***II.*** ⇒ **subsistances.**

DENSE ■ ***I. Au pr. :*** abondant, compact, condensé, dru, épais, feuillu, fort, impénétrable, pilé, plein, serré, tassé, touffu. ***II. Par ext. :*** compact, concis, condensé, dru, lourd, nombreux, nourri, plein, ramassé, sobre.

DENSITÉ ■ ⇒ **poids.**

DENT ■ ***I.*** Broche (vén.), canine, carnassière, croc, crochet, défense, incisive, pince, mâchelière, molaire, prémolaire, surdent. **Fam.** : Chicot, chocotte, clavier, domino, piloche, quenotte, ratiche. ***II. Par anal.*** **1. Méc.** : alluchon, came, cran. **2. Arch.** : denticule, feston. **3. Géogr.** : aiguille, crête, pic. ***III. Fig. :*** animosité, haine, jalousie, rancune, ressentiment.

DENT-DE-LION ■ Pissenlit.

DENTELÉ, E ■ ⇒ **découpé.**

DENTELLE ■ Broderie, filet, guipure, macramé, point.

DENTELURE ■ ⇒ **échancrure.**

DENTIER ■ Prothèse, râtelier (fam.).

DENTITION ■ ***I.*** Clavier (fam.), denture (méc.). ***II.*** Dentier, râtelier (fam.).

DENTURE ■ Dentition, râtelier (fam.).

DÉNUDER ■ ***I.*** ⇒ **dépouiller.** ***II.*** ⇒ **dévêtir (se).**

DÉNUÉ, E ■ Démuni, dépouillé, dépourvu, destitué, nu, pauvre, privé.

DÉNUEMENT ■ ⇒ **pauvreté.**

DÉPANNER ■ ⇒ **aider, réparer.**

DÉPAREILLER ■ Amputer, déparier, désaccoupler, désapparier, désassortir, diminuer.

DÉPARER ■ ⇒ **nuire à.**

DÉPARIER ■ ⇒ **dépareiller.**

DÉPART ■ ***I.*** Commencement, début, origine. ***II.*** Appareillage, décollage, démarrage, embarquement, envoi, envol, expédition, partance. ***III.*** Congédiement, démission, exil, licenciement.

DÉPARTAGER ■ ⇒ **choisir, juger.**

DÉPARTEMENT ■ Charge, district, domaine, institut, ministère, préfecture, secteur, spécialité, sphère.

DÉPARTIR ■ ***I.*** ⇒ **séparer.** ***II.*** ⇒ **distribuer.** ***III.*** ⇒ **renoncer.**

DÉPASSÉ, E ■ ⇒ **désuet.**

DÉPASSEMENT ■ ⇒ **excès.**

DÉPASSER ■ ***I. Au pr. :*** **1.** Déborder, devancer, doubler, gagner de vitesse, gratter (fam.), l'emporter/mordre sur, passer, trémater (mar.) **2.** Forjeter, saillir, surpasser, surplomber. ***II. Par ext. :*** enchérir, exagérer, excéder, faire de la surenchère, franchir, s'oublier, outrepasser les bornes/les limites.

DÉPAYSEMENT ■ ⇒ **changement.**

DÉPAYSER ■ ⇒ **dérouter.**

DÉPECER ■ ⇒ **découper, partager.**

DÉPÊCHE ■ Avis, billet, câble, câblogramme, correspondance, courrier, lettre, message, missive, petit bleu, pli, pneu (fam.), pneumatique, télégramme, télex.

DÉPÊCHER ■ ***I.*** ⇒ **accélérer.** ***II.*** ⇒ **envoyer.** ***III.*** ⇒ **tuer.** ***IV. V. pron.*** ⇒ **hâter (se).**

DÉPEIGNER ■ Décoiffer, ébouriffer, écheveler, hérisser.

DÉPEINDRE ■ ⇒ **peindre.**

DÉPENAILLÉ, E ■ ***I.*** ⇒ **déguenillé.** ***II.*** ⇒ **négligé.**

DÉPENDANCE ■ ***I. Log. :*** analogie, causalité, conséquence, corrélation, enchaînement, interdépendance, liaison, rapport, solidarité. ***II. Fig. :*** appendice, complément, conséquence, effet, épisode, suite, tenants et aboutissants. ***III. Par ext.*** **1.** Accessoire, annexe, bâtiment, communs, succursale. **2. On est dans la dépendance de :** appartenance, asservissement, assujettissement, attachement, attenance, captivité, chaîne, contrainte, coupe, domesticité, domination, emprise, esclavage, gêne, griffe, joug, main, mainmise, merci, mouvance, obédience, obéissance, oppression, patte, pouvoir, puissance, ressort, servage, servitude, soumission, subordination, sujétion, tenure (vx), tutelle, vassalité.

DÉPENDANT, E ■ Accessoire, inférieur, interdépendant, soumis, subordonné, sujet.

DÉPENDRE ■ ***I.*** Appartenir à, découler de, être attaché/enchaîné/lié à/à la merci/sous l'autorité/sous la dépendance de *et les syn. de* DÉPENDANCE, procéder/provenir/relever/résulter/de, se rattacher à, reposer sur, ressortir à, rouler sur, tenir à. ***II.*** Décrocher, détacher, retirer.

DÉPENS ■ Charge, compte, crochet, débours, dépense, détriment, frais, prix.

DÉPENSE ■ ***I. L'endroit :*** cambuse, cellier, garde-manger, office, questure, resserre, réserve. ***II. L'action de dépenser.*** **1. Au pr.** *Neutre :* charge, contribution, cotisation, débours, déboursé, décaissement, dépens, écot, extra, faux frais, frais, impense, investissement, paiement, participation, quote-part, sortie. **2. Non favorable :** dilapidation, dissipation, étalage, exhibition, fastuosité, gaspillage, luxe, montre, prodigalité.

DÉPENSER ■ ***I. Au pr. :*** débourser, payer. ***II. Non favorable :*** **1.** Consumer, dilapider, dissiper, engloutir, escompter, faire/jouer le grand seigneur, gaspiller, jeter l'argent par les fenêtres, manger, mener grand train/la vie à grandes guides, prodiguer, se ruiner, se saigner aux quatre veines, semer son argent, vivre bien/largement/en grand seigneur/sur un grand pied. **2. Fam. :** allonger, banquer, bouffer, carmer, casquer, cigler, claquer, croquer, décher, dépocher, dévorer, douiller, écorner son avoir, fader, faire danser les écus/picaillons/sous, flamber, fricasser, fricoter, friper, manger ses quatre sous/son blé en herbe, passer au refile, raquer. ***III. V. pron. :*** se démener, se dévouer, se fatiguer.

DÉPENSIER ■ n. et adj. Dissipateur, dilapidateur, gaspilleur, gouffre, panier à salade/percé (fam.), prodigue.

DÉPERDITION ■ Affaiblissement, dégradation, dépérissement, diminution, épuisement, fuite, perte.

DÉPÉRIR ■ S'affaiblir, s'altérer, s'anémier, s'atrophier, se consumer, décliner, défaillir, se délabrer, se démolir (fam.), se détériorer, diminuer, s'étioler, se faner, languir, mourir, périclitер, sécher.

DÉPÉRISSEMENT ■ *I.* ⇒ **décadence.** *II.* ⇒ **langueur.**

DÉPÊTRER ■ ⇒ **débarrasser.**

DÉPEUPLÉ, E ■ ⇒ **vide.**

DÉPEUPLEMENT ■ *I.* Dépopulation, disparition. *II. Par ext. :* déboisement.

DÉPIAUTER ■ ⇒ **dépouiller.**

DÉPILER ■ Débourrer, épiler.

DÉPISTAGE ■ Chasse, repérage. ⇒ **recherche.**

DÉPISTER ■ ⇒ **découvrir, dérouter.**

DÉPIT ■ *I.* ⇒ **colère.** *II.* ⇒ **fâcherie.** *III. Loc.* **En dépit de** ⇒ **malgré.**

DÉPITER ■ Chagriner, contrarier, décevoir, désappointer, fâcher, froisser, ⇒ **tromper.**

DÉPLACÉ ■ Grossier, hors de propos/saison, impertinent, importun, incongru, inconvenant, incorrect, inopportun, insolent, mal élevé, malséant, malsonnant, malvenu, scabreux.

DÉPLACEMENT ■ ⇒ **voyage.**

DÉPLACER ■ *I. Quelque chose :* bouger, chambouler (fam.), déboîter, décaler, déclasser, déménager, démettre, déranger, dériver, détourner, excentrer, intervertir, manipuler. ⇒ **transporter, changer.** *II. quelqu'un :* faire valser (fam.), limoger (péj.), muter, nommer. *III. V. pron. :* aller, avancer, bouger, circuler, déambuler, se déranger, marcher, se mouvoir, venir, voyager.

DÉPLAIRE ■ Blesser, choquer, contrarier, coûter, dégoûter, ennuyer, fâcher, froisser, gêner, importuner, indisposer, offenser, offusquer, peiner, rebuter, répugner, vexer.

DÉPLAISANT, E ■ Agaçant, antipathique, blessant, contrariant, dégoûtant, désagréable, désobligeant, disgracieux, ennuyeux, fâcheux, gênant, irritant, laid, pénible, répugnant.

DÉPLAISIR ■ ⇒ **ennui.**

DÉPLIER ■ ⇒ **étendre.**

DÉPLISSER ■ Défriper, défroisser.

DÉPLOIEMENT ■ Défilé, démonstration, développement, étalage, étendue, exhibition, manifestation, manœuvre, montre.

DÉPLORABLE ■ *I.* ⇒ **pitoyable.** *II.* ⇒ **affligeant.**

DÉPLORER ■ ⇒ **regretter.**

DÉPLOYER ■ ⇒ **étendre, montrer.**

DÉPOLIR ■ Amatir, ternir.

DÉPOPULATION ■ ⇒ **dépeuplement.**

DÉPORTATION ■ ⇒ **relégation.**

DÉPORTEMENT ■ ⇒ **dérèglement.**

DÉPORTER ■ ⇒ **reléguer, écarter.**

DÉPOSER ■ *I.* ⇒ **mettre.** *II.* ⇒ **destituer.** *III.* ⇒ **quitter.**

DÉPOSITAIRE ■ Concessionnaire, stockiste ⇒ **gardien.**

DÉPOSITION ■ *I.* ⇒ **déchéance.** *II.* ⇒ **témoignage.**

DÉPOSSÉDER ■ Dépouiller, désapproprier, déshériter, dessaisir, enlever, évincer, exproprier, frustrer, ôter, priver, soustraire, spolier, supplanter.

DÉPÔT ■ *I. D'une valeur :* arrhes, avance, caution, cautionnement, consignation, couverture, ducroire, gage, garantie, provision, remise, séquestre, sûreté. *II.* Annexe, comptoir, dock, entrepôt, local, magasin, stock, succursale. *III.* Garage, gare, quai, station. *IV.* ⇒ **prison.** *V.* ⇒ **abcès.** *VI. Géol. :* agglomération, allaise, alluvion, couche, drift, javeau, limon, sédiment, strate. *VII.* Décharge, dépotoir, voirie. *VIII.* Boue, effondrilles, falun, incrustation, lie, précipité, tartre, vase. *IX.* Calamine, calcin, cendre.

DÉPOTOIR ■ Vidoir ⇒ **dépôt.**

DÉPOUILLE ■ ***I.*** ⇒ **proie.** ***II.*** ⇒ **mort.**

DÉPOUILLÉ, E ■ ***I.*** ⇒ **dénué.** ***II.*** ⇒ **simple.**

DÉPOUILLEMENT ■ ***I.*** ⇒ **renoncement.** ***II.*** ⇒ **relevé.**

DÉPOUILLER ■ ***I. Au pr. :*** arracher, défaire, dégager, dégarnir, dénuder, dépecer, dépiauter (fam.), déshabiller, dévêtir, écorcher, enlever, ôter, peler, tondre. ***II. Par ext.*** **1.** ⇒ **voler. 2.** ⇒ **abandonner.** ***III. V. pron. :*** **1. Au pr. :** muer, perdre. **2. Par ext.** ⇒ **abandonner.**

DÉPOURVU, E ■ ⇒ **dénué.**

DÉPRAVATION ■ ⇒ **dégradation.**

DÉPRAVÉ, E ■ ⇒ **vicieux.**

DÉPRAVER ■ ⇒ **gâter.**

DÉPRÉCATION ■ ⇒ **prière.**

DÉPRÉCIATION ■ ⇒ **dévalorisation.**

DÉPRÉCIER ■ Abaisser, attaquer, avilir, baisser, critiquer, débiner (fam.), déconsidérer, décréditer, décrier, dégrader, dénigrer, déprimer (vx), dépriser, détracter (vx), détruire, dévaloriser, dévaluer, diffamer, diminuer, discréditer, entacher, flétrir, méconnaître, méjuger, mépriser, mésestimer, perdre, rabaisser, rabattre, ravaler, salir, ternir, vilipender.

DÉPRÉDATEUR ■ ⇒ **nuisible.**

DÉPRÉDATION ■ ***I.*** ⇒ **malversation.** ***II.*** ⇒ **dommage.**

DÉPRENDRE ■ ⇒ **détacher, séparer.**

DÉPRESSION ■ ***I. Au pr. :*** abaissement, affaissement, bassin, creux, cuvette, enfoncement, flache, fosse, géosynclinal, vallée. ***II. Par ext. :*** baisse, crise, dépréciation, diminution, marasme, pénurie, récession. ***III.*** ⇒ **fatigue.** ***IV.*** Méd. : abattement, adynamie, affaiblissement, alanguissement, aliénation, anémie, asthénie, coma, déprime (fam.), langueur, mélancolie, prostration, sidération, torpeur, tristesse.

DÉPRIMANT, E ■ ⇒ **affligeant.**

DÉPRIMER ■ ***I.*** ⇒ **enfoncer.** ***II.*** ⇒ **déprécier.** ***III.*** ⇒ **fatiguer.**

DÉPRISER ■ ***I.*** ⇒ **déprécier.** ***II.*** ⇒ **mépriser.**

DEPUIS PEU ■ Fraîchement, naguère, nouvellement, récemment.

DÉPURATIF, IVE ■ Carminatif, diaphorétique, diurétique, purgatif, rafraîchissant, sudorifique.

DÉPURATION ■ ⇒ **purification.**

DÉPURER ■ ⇒ **purifier.**

DÉPUTATION ■ ⇒ **mission.**

DÉPUTÉ ■ ***I.*** Ambassadeur, délégué, émissaire, envoyé, légat, mandataire, ministre, représentant. ***II.*** Élu/représentant du peuple, membre du Parlement, parlementaire.

DÉRACINEMENT ■ ***I. Au pr. :*** **1.** Arrachage, arrachement, arrachis, défrichement. **2.** Avulsion, divulsion, énucléation, éradication, évulsion, extirpation, extraction. ***II. Par ext. :*** déportation, émigration, exil, exode, expatriation.

DÉRACINER ■ ***I. Au pr. :*** abattre, arracher, déplanter, détacher, déterrer, enlever, essoucher, exterminer, extirper, extraire, sarcler. ***II. Fig. :*** déplacer, déporter, détruire, éloigner, exiler, expatrier, faire émigrer.

DÉRAISONNABLE ■ Absurde, dément, déséquilibré, détraqué, fou, illogique, inconscient, insensé, irraisonnable, irréfléchi, léger. ⇒ **bête.**

DÉRAISONNER ■ ***I.*** Devenir/être gaga/gâteux, délirer, divaguer, extravaguer, perdre l'esprit/la raison, radoter, rêver. ***II. Fam. :*** battre la breloque/la campagne, débloquer, déconner, déménager, dérailler, pédaler dans la choucroute, perdre les pédales.

DÉRANGEMENT ■ Aliénation, bouleversement, bousculade, chambardement, changement, débâcle, déplacement, dérèglement, déroute, déséquilibre, désordre, désorganisation, ennui, gêne, incommodation, interruption, interversion, perturbation, remue-ménage, trouble. ⇒ **folie.**

DÉRANGER ■ *I.* ⇒ **déplacer.** *II.* ⇒ **troubler.** *III.* ⇒ **gêner.**

DÉRAPAGE ■ ⇒ **glissement.**

DÉRAPER ■ Chasser, glisser, patiner.

DÉRÈGLEMENT ■ Débauche, débordement, déportement, dévergondage, dévergondement, dissolution, égarement, excès, inconduite, inconséquence, iniquité, libertinage, licence. ⇒ **dérangement.**

DÉRÉGLER ■ ⇒ **troubler.**

DÉRIDER ■ ⇒ **égayer.**

DÉRISION ■ ⇒ **raillerie.**

DÉRISOIRE ■ ⇒ **petit, ridicule.**

DÉRIVATIF ■ ⇒ **diversion.**

DÉRIVER ■ ⇒ **découler.**

DERNIER, ÈRE ■ *I. Adj. 1.* À la queue, final, ultime. 2. Décisif, définitif, extrême, infime, irrévocable, nouveau, seul, suprême. *II. Nom :* 1. Bout, culot (fam.), derrière, feu rouge (fam.), traînard. 2. Benjamin, cadet.

DÉROBADE ■ ⇒ **fuite.**

DÉROBÉE (À LA) ■ ⇒ **secrètement.**

DÉROBER ■ *I. Au pr. :* s'approprier, attraper, chaparder, dépouiller, détourner, distraire, s'emparer de, enlever, escamoter, escroquer, extorquer, friponner, marauder, picorer, piper, prendre, refaire, soustraire, subtiliser. **Fam. :** barboter, carotter, chauffer, chiper, choper, chouraver, emprunter, étouffer, faucher, gripper (vx), piquer. ⇒ **voler.** *II. Par ext. :* 1. Copier, imiter, plagier. 2. Cacher, dissimuler, masquer, voiler. *III. V. pron. :* 1. Se cacher, disparaître, échapper, s'éclipser, s'esquiver, éviter, se faufiler, fuir, se perdre, se réfugier, se retirer, se sauver, se soustraire, se tirer (fam.). 2. Éluder, esquiver, éviter, fuir, manquer à, reculer.

DÉROGATION ■ ⇒ **exception.**

DÉROGER ■ *I.* ⇒ **déchoir.** *II.* ⇒ **abaisser (s').**

DÉROULEMENT ■ ⇒ **évolution.**

DÉROULER ■ ⇒ **étendre.**

DÉROUTANT, E ■ Bizarre, déconcertant, embarrassant, étonnant, imprévisible, imprévu, inattendu, inespéré, stupéfiant, surprenant, troublant.

DÉROUTE ■ ⇒ **défaite.**

DÉROUTER ■ *I. Au pr. :* déboussoler, dépister, détourner, dévier, écarter, égarer, éloigner, faire dévier, perdre, semer (fam.). *II. Fig. :* confondre, déconcerter, décontenancer, dépayser, désorienter, embarrasser, étonner, inquiéter, mettre en difficulté/échec, surprendre, troubler.

DERRIÈRE ■ *I. Au pr. :* arrière, dos, revers. *II. Par ext. :* arrière-train, bas du dos, croupe, croupion, cul, dos, fesses, fond, fondement, postère, postérieur, reins, séant, siège. ⇒ **anus, fessier.**

DÉSABUSEMENT ■ ⇒ **déception.**

DÉSABUSER ■ ⇒ **détromper.**

DÉSACCORD ■ ⇒ **mésintelligence.**

DÉSACCORDER ■ Brouiller, désunir, fâcher, mettre le trouble/la zizanie, opposer.

DÉSACCOUPLER ■ Découpler, dépareiller, désapparier, dételer, séparer.

DÉSAFFECTER ■ ⇒ **retrancher.**

DÉSAFFECTION ■ Désintéressement, détachement. ⇒ **indifférence.**

DÉSAGRÉABLE ■ *I. Une chose.* 1. Affreux, agaçant, blessant, choquant, contraignant, contrariant, déplaisant, désobligeant, détestable, discordant, douloureux, emmerdant (vulg.), énervant, ennuyeux, fâcheux, fastidieux, fatigant, gênant, grossier, importun, inconfortable, insupportable, intolérable, irritant, laid, mal à propos, malencontreux, malheureux, malplaisant, mauvais, moche (fam.), obscène, pénible, rebutant, regrettable, répugnant, vexant. 2. Acide, âcre, aigre, âpre, dégoûtant, écœurant, fade, fétide, incommodant, insipide, nauséabond, nauséeux, puant, putride, sale, saumâtre. *II. Quelqu'un :* acariâtre, acerbe, agaçant, antipathique, atrabilaire, bourru, brusque, désobligeant, disgracieux, fatigant, grossier, haïssable, impoli, impopulaire, ingrat, insolent, insupportable, intraitable, maussade, mauvais, méchant, mésavenant, odieux, offensant, réfrigérant, repoussant, rude, vilain.

DÉSAGRÉGATION ■ Décomposition, désintégration, destruction, dislocation, dissociation, dissolution, écroulement, effritement, morcellement, pulvérisation, rupture, séparation.

DÉSAGRÉGER ■ ⇒ **décomposer.**

DÉSAGRÉMENT ■ ⇒ **ennui.**

DÉSALTÉRER (SE) ■ ⇒ **boire.**

DÉSAPPARIER ■ ⇒ **dépareiller.**

DÉSAPPOINTEMENT ■ ⇒ **déception.**

DÉSAPPOINTER ■ ⇒ **dépiter.**

DÉSAPPRENDRE ■ ⇒ **oublier.**

DÉSAPPROBATEUR ■ Improbateur, réprobateur.

DÉSAPPROUVER ■ ⇒ **blâmer.**

DÉSARÇONNÉ, E ■ ⇒ **déconcerté.**

DÉSARGENTÉ, E ■ ⇒ **ruiné.**

DÉSARMER ■ ⇒ **fléchir.**

DÉSARROI ■ ⇒ **trouble, émotion.**

DÉSARTICULER ■ ⇒ **disloquer.**

DÉSASSORTIR ■ ⇒ **dépareiller.**

DÉSASTRE ■ ⇒ **calamité.**

DÉSASTREUX, EUSE ■ ⇒ **funeste.**

DÉSAVANTAGE ■ *I.* ⇒ **infériorité.** *II.* ⇒ **inconvénient.** *III.* ⇒ **dommage.**

DÉSAVANTAGER ■ Défavoriser, dépouiller, déshériter, exhéréder, frustrer, handicaper, nuire, tourner au désavantage, *et les syn. de* DÉSAVANTAGE.

DÉSAVANTAGEUX, EUSE ■ Contraire, défavorable, dommageable, ennuyeux, fâcheux, mauvais, nuisible, pernicieux.

DÉSAVEU ■ ⇒ **rétractation.**

DÉSAVOUER ■ *I.* ⇒ **blâmer.** *II.* ⇒ **nier.** *III.* ⇒ **rétracter (se).**

DÉSAXÉ, E ■ ⇒ **fou.**

DESCENDANCE, DESCENDANT ■ ⇒ **postérité.**

DESCENDRE ■ *I.* Aborder, couler, débarquer, débouler, dégringoler, dévaler, faire irruption, se jeter à bas, plonger, sauter, tomber, venir de. *II. Par ext.* 1. ⇒ **abaisser (s').** 2. ⇒ **demeurer.**

DESCENTE ■ *I.* ⇒ **incursion.** *II.* ⇒ **pente.** *III.* ⇒ **hernie.**

DESCRIPTION ■ ⇒ **image.**

DÉSEMPARÉ, E ■ ⇒ **déconcerté.**

DÉSEMPLIR ■ ⇒ **vider.**

DÉSENCHANTÉ, E ■ Blasé, déçu, désappointé, désillusionné, las.

DÉSENCHANTEMENT ■ ⇒ **déception.**

DÉSÉQUILIBRÉ, E ■ ⇒ **fou.**

DÉSERT ■ *I. Nom masc.* 1. **Au pr. :** bled, erg, hamada, pampa, sahara, solitude, steppe, toundra. 2. **Fig. :** néant, rien, vide. *II. Adj.* ⇒ **vide.**

DÉSERTER ■ *I.* ⇒ **délaisser.** *II.* ⇒ **quitter.**

DÉSERTEUR ■ ***I. Au pr. :*** insoumis, transfuge. ***II. Par ext. :*** apostat, renégat, traître.

DÉSERTION ■ ***I.*** ⇒ **défection.** ***II.*** ⇒ **insoumission.**

DÉSERTIQUE ■ ⇒ **aride, vide.**

DÉSESPÉRANCE ■ Abattement, accablement, bourdon (fam.), cafard (fam.), consternation, déception, découragement, déréliction, désappointement, désenchantement, désespoir, écœurement, lassitude, mal du siècle, tristesse.

DÉSESPÉRANT, E ■ ⇒ **accablant.**

DÉSESPÉRÉ, E ■ ***I.*** ⇒ **extrême.** ***II.*** ⇒ **misérable.**

DÉSESPÉRER ■ ⇒ **décourager.**

DÉSESPOIR ■ ***I.*** ⇒ **découragement.** ***II.*** ⇒ **douleur.** ***III.*** ⇒ **regret.**

DÉSESTIMER ■ ⇒ **mépriser.**

DÉSHABILLÉ, E ■ ⇒ **nu, négligé.**

DÉSHABILLER ■ ⇒ **dévêtir, médire.**

DÉSHABITÉ, E ■ ⇒ **inhabité.**

DÉSHÉRITÉ, E ■ ⇒ **misérable.**

DÉSHÉRITER ■ Défavoriser, dépouiller, désavantager, exhéréder, frustrer, priver.

DÉSHONNÊTE ■ ***I.*** ⇒ **malhonnête.** ***II.*** ⇒ **obscène.**

DÉSHONNEUR ■ ⇒ **honte.**

DÉSHONORANT, E ■ ⇒ **honteux.**

DÉSHONORER ■ ***I.*** ⇒ **dénigrer.** ***II.*** ⇒ **séduire.**

DÉSHYDRATER ■ Lyophiliser. ⇒ **sécher.**

DESIDERATA ■ ⇒ **lacunes, désir.**

DÉSIGNER ■ ***I. V. tr.*** ⇒ **indiquer, choisir.** ***II. N. m.*** ⇒ **styliste.**

DÉSILLUSION ■ ⇒ **déception.**

DÉSILLUSIONNER ■ Décevoir, dégriser, désappointer, désenchanter, faire déchanter, refroidir.

DÉSINENCE ■ ⇒ **terminaison.**

DÉSINFECTANT ■ Déodorant. ⇒ **antiseptique.**

DÉSINFECTER ■ ⇒ **purifier.**

DÉSINFECTION ■ ⇒ **assainissement.**

DÉSINTÉGRATION ■ Fission, radioactivité, transmutation. ⇒ **destruction.**

DÉSINTÉGRER ■ ⇒ **décomposer.**

DÉSINTÉRESSÉ, E ■ ⇒ **généreux.**

DÉSINTÉRESSEMENT ■ ***I.*** ⇒ **indifférence.** ***II.*** ⇒ **générosité.**

DÉSINTÉRESSER ■ Contenter, dédommager, intéresser, payer. ***V. pron. :*** se moquer de, négliger, oublier. ⇒ **abandonner.**

DÉSINVOLTE ■ ⇒ **dégagé.**

DÉSINVOLTURE ■ ***I.*** Abandon, aisance, facilité, familiarité, légèreté. ***II. Non favorable :*** effronterie, grossièreté, impertinence, inconvenance, laisser-aller, liberté, négligence, privauté, sans-gêne.

DÉSIR ■ ***I. Au pr. :*** ambition, appel, appétence, appétit, aspiration, attente, attirance, attrait, besoin, but, caprice, convoitise, cupidité (péj.), curiosité, demande, démangeaison, desiderata, dessein, envie, espérance, espoir, exigence, faim, fantaisie, force, goût, impatience, inclination, intention, intérêt, penchant, prétention, prurit, rêve, soif, souhait, tendance, tentation, vanité, velléité, visée, vœu, volonté, vouloir. ***II.*** ⇒ **passion.**

DÉSIRABLE ■ ***I.*** ⇒ **appétissant.** ***II.*** ⇒ **séduisant.** ***III.*** ⇒ **souhaitable.**

DÉSIRER ■ ⇒ **vouloir.**

DÉSIREUX, EUSE ■ Affamé, altéré, assoiffé, attaché à, avide, curieux, envieux, impatient, jaloux.

DÉSISTEMENT ■ ⇒ **renoncement.**

DÉSISTER (SE) ■ ⇒ **renoncer.**

DÉSOBÉIR ■ Contrevenir, enfreindre, être insoumis, s'opposer, passer outre, se rebeller, refuser, résister, rompre, transgresser, violer.

DÉSOBÉISSANCE ■ Contravention, indiscipline, indocilité, infraction, insoumission, insubordination, mutinerie, opposition, rébellion, refus, résistance, révolte. ⇒ **violation.**

DÉSOBÉISSANT, E ■ Difficile, endêvé (vx et fam.), endiablé, entêté, indiscipliné, indocile, insoumis, insubordonné, intraitable, mutin, opiniâtre, rebelle, récalcitrant, réfractaire, résistant, révolté.

DÉSOBLIGEANT, ANTE ■ Blessant, choquant, déplaisant, malveillant, sec, vexant. ⇒ **désagréable.**

DÉSOBLIGER ■ ⇒ **froisser, nuire.**

DÉSOBSTRUER ■ ⇒ **ouvrir.**

DÉSOCCUPATION ■ ⇒ **inaction.**

DÉSOCCUPÉ, E, DÉSŒUVRÉ, E ■ ⇒ **inactif.**

DÉSŒUVREMENT ■ ⇒ **inaction.**

DÉSOLATION ■ ⇒ **affliction.**

DÉSOLER ■ ⇒ **ravager, chagriner.**

DÉSOPILANT, E ■ ⇒ **risible.**

DÉSORDONNÉ, E ■ ***I.*** ⇒ **décousu.** ***II.*** ⇒ **illogique.** ***III.*** Insouciant, négligent, sans-soin.

DÉSORDRE ■ Altération, anarchie, bordel (vulg.), bouleversement, bric-à-brac, chahut, chambardement, chamboulement, chaos, confusion, débandade, décousu, dégât, dérangement, déroute, désarroi, désorganisation, dissension, dissipation, embrouillement, enchevêtrement, éparpillement, fatras, flottement, fouillis, gâchis, imbroglio, incohérence, inconduite, irrégularité, licence, mélange, pagaille, panique, pêle-mêle, perturbation, pillage, querelle, révolte, révolution, sabotage, scandale, tapage, trouble, tumulte. **Fam.** : bordel, chienlit, fourbi, gabegie, margaille (mérid.), papafard, pastis, ramdam, rififi, salade, schproum.

DÉSORGANISATION ■ ⇒ **dérangement.**

DÉSORGANISER ■ ⇒ **troubler.**

DÉSORIENTER ■ ***I.*** ⇒ **dérouter.** ***II.*** ⇒ **égarer.**

DÉSORMAIS ■ ⇒ **avenir (à l').**

DÉSOSSÉ, E ■ ⇒ **disloqué.**

DESPERADO ■ ⇒ **révolutionnaire.**

DESPOTE ■ ⇒ **tyran.**

DESPOTIQUE ■ ⇒ **absolu.**

DESPOTISME ■ ⇒ **absolutisme.**

DESSAISIR ■ ***I.*** ⇒ **déposséder.** ***II.*** ⇒ **renoncer.**

DESSAISISSEMENT ■ ⇒ **cession.**

DESSALÉ, E ■ ⇒ **éveillé, libre.**

DESSÉCHANT, E ■ ⇒ **brûlant.**

DESSÈCHEMENT ■ ***I. Au pr.*** : brûlure, déshydratation, dessiccation, flétrissement. ***II. Par ext.*** : assainissement, assèchement, drainage, tarissement. ***III. Fig.*** **1. Phys.** : amaigrissement, consomption, maigreur. **2. Moral** : dureté, endurcissement, sécheresse.

DESSÉCHER ■ ⇒ **sécher.**

DESSEIN ■ Arrière-pensée, but, conception, conseil, décision, désir, détermination, disposition, entreprise, envie, gré, idée, intention, machination, objet, parti, pensée, plan, préméditation, prétention, programme, projet, propos, proposition, résolution, visée, volonté, vue. ***Loc.*** **À dessein.** Avec intention, de propos délibéré, délibérément, en toute connaissance de cause, exprès, intentionnellement, volontairement.

DESSERRER ■ Défaire, dévisser, écarter, ouvrir, relâcher.

DESSERT ■ Fruits. ⇒ **pâtisserie.**

DESSERTE ■ *I.* Cure, paroisse. *II.* Buffet, crédence, dressoir, vaisselier.

DESSERVANT ■ ⇒ **prêtre.**

DESSERVIR ■ *I.* ⇒ **nuire.** *II.* Débarrasser, enlever, ôter.

DESSILLER ■ ⇒ **détromper.**

DESSIN ■ Canevas, coupe, design, ébauche, élévation, épure, œuvre, plan, relevé, tracé. ⇒ **image.**

DESSINATEUR ■ Caricaturiste, graveur, illustrateur. ⇒ **styliste.**

DESSINER ■ *I.* ⇒ **tracer.** *II. V. pron. :* **1.** ⇒ **saillir. 2.** ⇒ **profiler (se).**

DESSOUS ■ *I.* ⇒ **infériorité.** *II.* ⇒ **secret.** *III. Loc.* **1. En dessous** ⇒ **sournois. 2. Dessous de table** ⇒ **gratification.**

DESSUS ■ ⇒ **avantage.**

DESTIN ■ Aléa, avenir, destinée, fatalité, fatum, hasard, providence, sort, vie.

DESTINATION ■ ⇒ **but.**

DESTINÉE ■ Aventure, chance, destin, étoile, fortune, lot, partage, vie.

DESTINER ■ Garder, prédestiner, réserver, vouer.

DESTITUÉ, E ■ ⇒ **dénué.**

DESTITUER ■ Casser, débarquer, débouter, déchoir, dégommer (fam.), dégoter (fam.), démettre de, démissionner, dénuer de, déplacer, déposer, dépouiller, détrôner, faire sauter, limoger, mettre en disponibilité, priver, rappeler, relever de ses fonctions, révoquer, suspendre.

DESTITUTION ■ ⇒ **déchéance.**

DESTRIER ■ ⇒ **cheval.**

DESTRUCTEUR ■ n. et adj. Démolisseur, déprédateur, destructif, dévastateur, exterminateur, nuisible, ravageur, stérilisant. ⇒ **saboteur.**

DESTRUCTIBLE ■ Biodégradable, consommable, consomptible, consumable, corruptible, dégradable, fongible, marcescible.

DESTRUCTION ■ Abolition, affaiblissement, anéantissement, annulation, démantèlement, démolition, désagrégation, désintégration, écrasement, extermination, liquidation, prédation, ruine, sabotage.

DÉSUET, E ■ Démodé, obsolescent, obsolète, passé, périmé, suranné, vieillot, vieux.

DÉSUÉTUDE ■ ⇒ **caducité, vieillesse.**

DÉSUNION ■ ⇒ **mésintelligence.**

DÉSUNIR ■ *I.* ⇒ **séparer.** *II.* ⇒ **saillir, se profiler.**

DÉTACHEMENT ■ ⇒ **renoncement.**

DÉTACHER ■ *I.* ⇒ **libérer.** *II.* ⇒ **défaire.** *III.* ⇒ **nettoyer.**

DÉTAIL ■ *I.* ⇒ **bagatelle.** *II.* ⇒ **dénombrement.**

DÉTAILLÉ, E ■ Circonstancié, particularisé.

DÉTAILLER ■ *I.* ⇒ **découper.** *II.* ⇒ **vendre.** *III.* ⇒ **prononcer.**

DÉTALER ■ ⇒ **enfuir (s').**

DÉTECTER ■ ⇒ **découvrir.**

DÉTECTIVE ■ ⇒ **policier.**

DÉTEINDRE SUR ■ ⇒ **influer.**

DÉTENDRE ■ *I.* ⇒ **apaiser.** *II.* ⇒ **calmer.** *III.* ⇒ **lâcher.**

DÉTENIR ■ *I.* ⇒ **conserver.** *II.* ⇒ **avoir.** *III.* ⇒ **emprisonner.**

DÉTENTE ■ ⇒ **repos.**

DÉTENTION ■ ⇒ **emprisonnement.**

DÉTENU, E ■ ⇒ **prisonnier.**

DÉTÉRIORATION ■ ⇒ **dommage.**

DÉTÉRIORER ■ Abîmer, arranger (fam.), bousiller (fam.), briser, casser, déglinguer (fam.), délabrer, démolir, détraquer, endommager, esquinter (fam.), fausser, forcer, gâter, saboter, sabrer. ⇒ **dégrader.**

DÉTERMINATION ■ *I.* ⇒ **résolution.** *II.* ⇒ **décision.**

DÉTERMINÉ, E ■ *I.* ⇒ **décidé.** *II.* ⇒ **parfait.**

DÉTERMINER ■ *I.* ⇒ **fixer.** *II.* ⇒ **décider.** *III.* ⇒ **occasionner.**

DÉTERMINISME ■ ⇒ **fatalisme.**

DÉTERRER ■ Exhumer, ressortir, sortir de terre.

DÉTESTABLE ■ Abominable, damné, exécrable, haïssable, maudit, méprisable, odieux, sacré (par ext. et fam.).

DÉTESTER ■ ⇒ **haïr.**

DÉTONATION ■ ⇒ **explosion.**

DÉTONNER ■ ⇒ **contraster.**

DÉTORQUER ■ ⇒ **détourner.**

DÉTOUR ■ *I.* Angle, boucle, circuit, coude, courbe, crochet, déviation, écart, méandre, sinuosité, tournant. *II.* Biais, circonlocution, digression, diversion, faux-fuyant, hypocrisie, par la bande, périphrase, repli, ruse, secret, subterfuge, subtilité, tour.

DÉTOURNÉ, E ■ *I. Au pr. :* contourné, défléchi, déjeté, dévié, dévoyé, en biais, gauchi. *II. Par ext.* 1. ⇒ **indirect.** 2. ⇒ **écarté.**

DÉTOURNEMENT ■ ⇒ **malversation.**

DÉTOURNER ■ Abandonner, déconseiller, déplacer la question, déranger, détorquer, dissuader, distraire, divertir, écarter, éloigner, éluder, empêcher, faire dévier, obliquer, préserver, rabattre, solliciter, soustraire, tourner. ⇒ **voler.**

DÉTRACTER ■ ⇒ **déprécier.**

DÉTRACTEUR ■ ⇒ **ennemi.**

DÉTRAQUÉ ■ ⇒ **fou.**

DÉTRAQUER ■ *I.* ⇒ **détériorer.** *II.* ⇒ **troubler.**

DÉTRESSE ■ ⇒ **malheur.**

DÉTRIMENT ■ ⇒ **dommage.**

DÉTRITUS ■ ⇒ **déchet, ordure.**

DÉTROIT ■ Bras de mer, canal, chenal, défilé, gorge, manche, pas, passage, passe, pertuis.

DÉTROMPER ■ Avertir, aviser, démystifier, démythifier, désabuser, désillusionner, dessiller les yeux, éclairer, faire voir, informer, instruire, montrer, signaler, tirer d'erreur.

DÉTRÔNER ■ Fig. Casser, débarquer, dégommer, dégoter, démettre de, démissionner, déplacer, déposer, dépouiller, destituer, faire sauter, limoger, mettre en disponibilité, priver, rappeler, relever de ses fonctions, révoquer, suspendre.

DÉTROUSSER ■ ⇒ **voler.**

DÉTRUIRE ■ Abattre, abolir, anéantir, annuler, atomiser, bousiller (fam.), brûler, consumer, défaire, démolir, écraser, effacer, éteindre, exterminer, liquider, mettre en poudre, néantiser, pulvériser, raser, ravager, renverser, ruiner, supprimer, triturer. ⇒ **tuer.**

DETTE ■ Charge, créance, débit, déficit, devoir, emprunt, obligation, passif.

DEUIL ■ ⇒ **tristesse, enterrement.**

DEUXIÈME ■ Postérieur, second, suivant.

DÉVALER ■ ⇒ **descendre.**

DÉVALISER ■ ⇒ **voler.**

DÉVALUER ■ ⇒ **déprécier.**

DÉVALORISATION ■ Dépréciation, dévaluation.

DEVANCER ■ Aller au-devant, anticiper, avoir le pas sur, dépasser, distancer, gagner de vitesse, gratter (fam.), précéder, prendre les devants, prévenir, prévoir, surpasser.

DEVANCIER ■ ⇒ **aïeul.**

DEVANT ■ ***I.*** Avant, en avant de, face à, en présence de. ***II. Loc.*** **Prendre les devants ⇒ devancer.**

DEVANTURE ■ ***I.*** ⇒ **façade.** ***II.*** ⇒ **étalage.**

DÉVASTATEUR, TRICE ■ ⇒ **destructeur.**

DÉVASTATION ■ ⇒ **dégât.**

DÉVASTER ■ ⇒ **ravager.**

DÉVEINE ■ ⇒ **malchance.**

DÉVELOPPEMENT ■ ***I.*** Amplification, croissance, déploiement, éclaircissement, essor, évolution, extension, suites. ***II.*** Dissertation, essai, explication, narration, paraphrase, rapport, récit, tartine (fam.), tirade.

DÉVELOPPER ■ Allonger, amplifier, circonduire (vx), croître, délayer, démontrer, déployer, dérouler, éclaircir, enseigner, étendre, s'étendre, expliquer, exposer, filer, paraphraser, progresser, raconter, rapporter, traduire.

DEVENIR ■ Évoluer, se faire, se rendre, se transformer.

DÉVERGONDAGE ■ ⇒ **dérèglement.**

DÉVERGONDÉ, E ■ ⇒ **débauché.**

DÉVERSER ■ ⇒ **verser.**

DÉVERSOIR ■ ⇒ **bonde.**

DÉVÊTIR (SE) ■ Se découvrir, se dégarnir, se dénuder, se dépouiller, se déshabiller, enlever, se mettre à poil (fam.), ôter.

DÉVIATION ■ ⇒ **écart, dissidence.**

DÉVIDER ■ ⇒ **éclaircir.**

DÉVIÉ, E ■ Contourné, défléchi, déjeté, détourné, dévoyé, en biais, gauchi.

DÉVIER ■ ⇒ **s'écarter.**

DEVIN ■ Annonciateur, aruspice, astrologue, augure, auspice, cartomancien, cassandre, chiromancien, chresmologue, clairvoyant, coscinomancien, devineresse, diseur de bonne aventure, extralucide, magicien, médium, nécromancien, oniromancien, prophète, pythie, pythonisse, rhabdomancien, sibylle, somnambule, sorcier, vaticinateur, visionnaire, voyant.

DEVINER ■ ***I.*** ⇒ **découvrir.** ***II.*** ⇒ **pressentir.**

DEVINETTE ■ ⇒ **énigme.**

DEVIS ■ ⇒ **projet, conversation.**

DÉVISAGER ■ ⇒ **regarder.**

DEVISE ■ ***I.*** ⇒ **symbole.** ***II.*** ⇒ **pensée.** ***III.*** ⇒ **billet.**

DEVISER ■ ⇒ **parler.**

DÉVOILER ■ ⇒ **découvrir.**

DEVOIR ■ v. tr. Avoir à, être obligé, falloir, redevoir, tirer de.

DEVOIR ■ n. m. ***I.*** Bien, droit chemin, vertu. ***II.*** Corvée, exercice, pensum, tâche, travail. ***III.*** Charge, office. ***IV.*** Dette, exigence, nécessité, obligation. ***V. Au pl.*** ⇒ **civilités.**

DÉVOLU, E ■ ***I.*** ⇒ **réservé (être).** ***II. Loc.*** **Jeter son dévolu ⇒ choisir.**

DÉVORANT, E ■ ⇒ **brûlant.**

DÉVORER ■ ***I.*** ⇒ **manger.** ***II.*** ⇒ **consumer.** ***III.*** ⇒ **lire.**

DÉVOT ■ ⇒ **religieux, bigot.**

DÉVOTION ■ ***I.*** Dulie, latrie. ⇒ **religion.** ***II.*** ⇒ **attachement.**

DÉVOUÉ, E ■ ⇒ **généreux.**

DÉVOUEMENT ■ ***I.*** ⇒ **attachement.** ***II.*** ⇒ **sacrifice.**

DÉVOUER ■ ⇒ **vouer.** ***V. pron.*** ⇒ **sacrifier (se).**

DÉVOYÉ, E ■ adj. et n. ***I.*** ⇒ **dévié.** ***II.*** ⇒ **égaré.** ***III.*** ⇒ **vaurien.**

DEXTÉRITÉ ■ ⇒ **habileté.**

DIABLE ■ ***I. Au pr. :*** démon, démone, diablesse, diableteau, diablotin, diantre, dragon, incube, Lucifer, malin, maudit, mauvais ange, Méphistophélès, misérable, Satan, serpent, succube, tentateur. ***II. Loc.*** **À la diable :** à la hâte, de chiqué, en désordre/pagaille (fam.), négligemment, sans conscience/méthode/soin. ***III.*** Brouette, chariot, fardier.

DIABLERIE ■ Espièglerie, machination, maléfice, malice, manigance, menée, mystère, sabbat, sortilège.

DIABLOTIN ■ ⇒ **diable.**

DIABOLIQUE ■ Démoniaque, infernal, méchant, méphistophélique, pernicieux, pervers, sarcastique, satanique.

DIADÈME ■ ***I.*** ⇒ **couronne.** ***II.*** ⇒ **nimbe.**

DIAGNOSTIQUER ■ ⇒ **reconnaître.**

DIAGRAMME ■ Courbe, délinéation, graphique, plan, schéma.

DIALECTE ■ ⇒ **langue.**

DIALECTIQUE ■ ⇒ **logique.**

DIALOGUE ■ ⇒ **conversation.**

DIALOGUER ■ ⇒ **parler.**

DIAMANT ■ ***I.*** Brillant, joyau, marguerite, marquise, pierre, rose, solitaire. ***II.*** Bort, carbonado, égrisée.

DIAMÉTRALEMENT ■ ⇒ **absolument.**

DIANE ■ Avertissement, réveil, signal, sonnerie.

DIANTRE ■ ⇒ **diable.**

DIAPASON ■ Accord, niveau, registre, ton.

DIAPHANE ■ Clair, hyalin, limpide, luisant, lumineux, maigre, net, opalescent, translucide, transparent.

DIAPRÉ, E ■ Bariolé, bigarré, chatoyant, émaillé, jaspé.

DIARRHÉE ■ Colique, colite, débâcle, dysenterie, entérite, flux de ventre, lientérie. ***Fam. :*** cagade, chiasse, cliche, courante, foirade, foire, purée. ***Vx :*** caquesangue, dévoiement, tranchées, trouille, venette.

DIATRIBE ■ ***I.*** ⇒ **reproche.** ***II.*** ⇒ **satire.**

DICTATORIAL, E ■ ⇒ **absolu.**

DICTATURE ■ ⇒ **absolutisme.**

DICTER ■ ⇒ **inspirer, prescrire.**

DICTION ■ ⇒ **élocution.**

DICTIONNAIRE ■ Codex, cornucopiae (vx), encyclopédie, glossaire, gradus, lexique, nomenclature, thesaurus, trésor, usuel, vocabulaire.

DICTON ■ Adage, aphorisme, apophtegme, brocard, formule, locution, maxime, mot, parole, pensée, précepte, proverbe.

DIDACTIQUE ■ Culturel, documentaire, éducatif, formateur, instructif, pédagogique, scolaire.

DIÈTE ■ ***I.*** ⇒ **régime.** ***II.*** ⇒ **jeûne.**

DIÉTÉTICIEN, ENNE ■ Diététiste, nutritionniste.

DIÉTÉTIQUE ■ n. et adj. ⇒ **hygiène.**

DIEU ■ Allah, alpha et oméga, auteur, Bon Dieu, cause universelle, Créateur, déesse, déité, démiurge, démon, divinité, Esprit, Éternel, Être suprême, génie, Grand Architecte de l'Univers, Grand Être, idole, immortel, infini, Iahvé, Jahvé, Jéhovah, juge, logos, Meg (arg. et vx), Notre-Seigneur, Père, principe, providence, pur esprit, roi, Saint des saints, Sauveur, Seigneur, souverain bien, Tout-Puissant, Très-Haut, Trinité, Verbe, Yahvé.

DIFFAMANT, E, DIFFAMATOIRE ■ ⇒ **calomnieux.**

DIFFAMATION ■ ⇒ **médisance.**

DIFFAMÉ, E ■ Attaqué, calomnié, déshonoré, discrédité, malfamé, méprisé, rejeté.

DIFFAMER ■ ⇒ **dénigrer, médire.**

DIFFÉRENCE ■ Altérité, antinomie, caractéristique, changement, déviation, disparité, disproportion, dissemblance, dissimilitude, distance, distinction, divergence, diversité, écart, éloignement, inégalité, modification, nuance, opposition, particularité, séparation, spécificité, variante, variété.

DIFFÉRENCIATION ■ Distinction, division, séparation, transformation.

DIFFÉRENCIER ■ Apercevoir/établir/faire/marquer une différence, *et les syn. de* DIFFÉRENCE, distinguer, différer, séparer.

DIFFÉREND ■ ⇒ **contestation.**

DIFFÉRENT, E ■ Autre, changé, contradictoire, contraire, disjoint, disproportionné, dissemblable, distant, distinct, divergent, divers, éloigné, hétérogène, inégal, méconnaissable, modifié, mystérieux, nouveau, opposé, séparé, spécifique, tranché, transformé, varié.

DIFFÉRER ■ ***I.*** ⇒ **distinguer (se).** ***II.*** ⇒ **retarder.**

DIFFICILE ■ ***I. Au pr. :*** abscons, abstrait, abstrus, ardu, chinois (fam.), complexe, compliqué, confus, coriace, dégoûté, délicat, diabolique, difficultueux, dur, embarrassant, embrouillé, énigmatique, épineux, ésotérique, exigeant, illisible, impénétrable, impossible, indéchiffrable, inextricable, infaisable, ingrat, inintelligible, insupportable, intraitable, introuvable, laborieux, malaisé, pénible, obscur, rude, scabreux, sorcier, subtil, ténébreux, transcendental, trapu (fam.). ***II. Par ext.*** **1. Un accès :** casse-cou, dangereux, escarpé, impraticable, inabordable, inaccessible, incommode, périlleux, raboteux, raide. **2. Un caractère :** acariâtre, anguleux, âpre, contrariant, difficultueux, exigeant, infréquentable, intraitable, invivable, irascible, mauvais coucheur, ombrageux, querelleur, rude. **3. Un goût :** blasé, capricieux, dégoûté, délicat. **4. Équit. :** fingard, guincheur, quinteux, ramingue, rétif, tride.

DIFFICULTÉ ■ ***I. Sens général :*** brouillamini, complexité, complication, confusion, danger, délicatesse, gêne, obscurité, peine, péril, subtilité. ***II. Quelque chose.*** **1.** Contrariété, danger, embarras, empêchement, enclouure (vx), ennui, épine, friction, histoire, incident, labeur, objection, obstacle, opposition, peine, problème, résistance, souci, tiraillement, tracas, travail, traverse. **2. Fam. :** accroc, anicroche, aria, arnaque, avaro, bec, cahot, chardon, cheveu, chiendent, chierie, embrouille, emmerde, hic, mastic, os, pépin, pet, rififi, ronce, sac de nœuds, salade, tirage.

DIFFICULTUEUX, EUSE ■ ⇒ **difficile.**

DIFFORME ■ Affreux, amorphe, anormal, bancroche (fam.), boiteux, bossu, cagneux, contrefait, croche (fam.), cul-de-jatte, défiguré, déformé, dégingandé, déjeté, disgracié, éclopé, estropié, hideux, horrible, informe, laid, mal bâti/fait, monstrueux, nain, rabougri, repoussant, tordu (fam.), tors.

DIFFORMITÉ ■ Déformation, disgrâce, handicap, malformation.

DIFFUS, E ■ Abondant, bavard, cafouilleux (fam.), déclamateur, délayé, désordonné, long, obscur, phraseur, prolixe, redondant, verbeux.

DIFFUSER ■ ⇒ **répandre.**

DIFFUSION ■ ***I.*** ⇒ **propagation.** ***II.*** ⇒ **émission.**

DIGÉRER ■ ***I. Au pr. :*** absorber, assimiler, élaborer, transformer. ***II. Fig.*** **1.** Accepter, avaler, endurer, souffrir, supporter. **2.** Cuire, cuver, méditer, mijoter, mûrir. ***III. V. pron. :*** passer.

DIGEST ■ ⇒ **revue.**

DIGESTE ■ Assimilable, digestible, léger, sain.

DIGESTION ■ Absorption, animalisation, assimilation, coction, déglutition, élaboration, eupepsie, ingestion, nutrition, rumination, transformation.

DIGIT ■ Binon, bit, chiffre, unité.

DIGNE ■ ***I.*** ⇒ **honnête.** ***II.*** ⇒ **convenable.** ***III.*** ⇒ **imposant.** ***IV. Loc.*** **Être digne de** ⇒ **mériter.**

DIGNITAIRE ■ ⇒ **chef.**

DIGNITÉ ■ ***I.*** ⇒ **décence.** ***II.*** ⇒ **majesté.** ***III.*** ⇒ **honneur.**

DIGON ■ ⇒ **harpon.**

DIGRESSION ■ À-côté, divagation, écart, épisode, excursion, excursus, hors-d'œuvre, parabase, parenthèse, placage.

DIGUE ■ ***I. Au pr. :*** barrage, batardeau, brise-lames, chaussée, estacade, jetée, levée, môle, musoir, obstacle, serrement. ***II. Fig. :*** barrière, frein, obstacle.

DILAPIDATEUR, TRICE ■ ⇒ **dépensier.**

DILAPIDATION ■ Coulage, déprédation, dissipation, gaspillage, perte, prodigalité.

DILAPIDER ■ ⇒ **dépenser.**

DILATATION ■ Ampliation, augmentation, distension, divulsion, élargissement, érection, expansion, extension, gonflement, grossissement, tumescence, turgescence.

DILATER ■ ***I.*** ⇒ **élargir.** ***II.*** ⇒ **grossir.** ***III.*** ⇒ **réjouir.**

DILEMME ■ ⇒ **option.**

DILETTANTE ■ ⇒ **amateur.**

DILETTANTISME ■ ⇒ **amateurisme.**

DILIGENCE ■ ***I.*** ⇒ **activité.** ***II.*** ⇒ **attention.** ***III.*** ⇒ **coche.** ***IV. Loc.*** **1. À la diligence de** ⇒ **demande de (à la). 2. Faire diligence** ⇒ **hâter (se).**

DILIGENT, E ■ ⇒ **actif, attentif.**

DILUER ■ ⇒ **étendre.**

DIMENSION ■ Calibre, capacité, contenance, coordonnées, cotes, épaisseur, étendue, extension, force, format, gabarit, grandeur, grosseur, hauteur, jauge, largeur, longueur, mensuration, mesure, module, perspective, pointure, profondeur, proportion, puissance, surface, taille, volume.

DIMINUER ■ ***I. Au pr.*** **On diminue une chose :** abaisser, abréger, accourcir, affaiblir, affaisser, alléger, altérer, amaigrir, amenuiser, amincir, amoindrir, amputer, apetisser, atténuer, baisser, comprimer, concentrer, condenser, contracter, décharger, décroître, déduire, dégonfler, dégrossir, désenfler, diluer, diviser, ébouter, écimer, éclaircir, écourter, écrêter, effiler, élégir, enlever, entamer, équeuter, étrécir, étriquer, évider, freiner, modérer, ôter, raccourcir, ralentir, rapetisser, réduire, resserrer, restreindre, résumer, retrancher, rétrécir, rétreindre, rogner, ronger, soulager, soustraire, tronquer, user. ***II. Par ext.*** **1. On diminue quelqu'un :** abaisser, abattre / affaiblir / atténuer / attiédir / émousser / faire tomber / modérer / rabattre / ralentir / relâcher l'ardeur / le courage, accabler, avilir, dégrader, dénigrer, déprécier, discréditer, flétrir, humilier, rabaisser, ternir. **2. Une chose diminue quelqu'un :** alanguir, amoindrir, amollir, consumer, déprimer, émasculer, épuiser, exténuer, fatiguer. **3. On diminue une peine :** adoucir, alléger, apaiser, calmer, consoler, endormir, étourdir, pallier, soulager. **4. On diminue l'autorité :** compromettre, infirmer, miner, saper. ***III. V. intr. :*** baisser, se calmer, céder, cesser, déchoir, décliner, décroître, dépérir, descendre, disparaître, s'éclaircir, s'évanouir, faiblir, mollir, pâlir, perdre, rabattre, raccourcir, rapetisser, réduire, se relâcher, resserrer, tomber.

DIMINUTIF ■ Hypocoristique.

DIMINUTION ■ ***I.*** Abaissement, abrégement, affaissement, concentration, contraction, décroissance, décroissement, décrue, dégonflement, dégradation, déperdition, déplétion, épuisement, mutilation, ralentissement, rétreinte, soustraction, suppression, tassement. ***II.*** Abattement, allégement, amoindrissement, atténuation, baisse, bonification, compression, décharge, déflation, dégrèvement, dépréciation, dévalorisation, exemption, modération, moins-value, rabais, réduction, réfaction, remise, retranchement. ***III.*** Amaigrissement, amenuisement, amincissement, raccourcissement, soulagement.

DÎNER, DÎNETTE ■ ⇒ **repas.**

DIOCÈSE ■ ⇒ **évêché.**

DIONYSIAQUE ■ Bachique.

DIPHTÉRIE ■ Croup.

DIPLOMATE ■ ***I.*** ⇒ **négociateur.** ***II.*** ⇒ **habile.**

DIPLOMATIE ■ ⇒ **politique.**

DIPLÔME ■ Brevet, certificat, degré, grade, parchemin, peau d'âne (fam.), titre.

DIPSOMANE ■ ⇒ **ivrogne.**

DIRE ■ v. ***I. Au pr. :*** articuler, avertir, colporter, communiquer, débiter, déclarer, déclamer, désigner, disserter (par ext.), donner, ébruiter, énoncer, exposer, exprimer, faire, indiquer, juger, narrer, nommer, opposer, parler, proférer, prononcer, propager, publier, raconter, réciter, relater, répandre, vomir (péj.). **Fam. :** accoucher, bonnir, chanter, cloquer, enfiler, lâcher, sortir. ***II. Par ext.*** **1.** ⇒ **bavarder. 2.** ⇒ **médire.**

DIRECT, E ■ ***I.*** ⇒ **immédiat.** ***II.*** ⇒ **naturel.**

DIRECTEMENT ■ Tout droit/de go.

DIRECTEUR, DIRECTRICE ■ ***I. Au pr. :*** administrateur, dirigeant, gérant, gouvernant, intendant, maître, patron, principal, proviseur, régisseur, responsable, singe (arg.), supérieur, tête. ***II. Loc.*** **Directeur de conscience :** confesseur, confident.

DIRECTIF, IVE ■ Normatif. ⇒ **autoritaire.**

DIRECTION ■ ***I.*** Administration, conduite, gestion, gouvernement, intendance, régie, régime, règlement. ***II.*** But, chemin, côté, destination, ligne, orientation, route. ***III.*** Gouvernail, levier de direction, timon, volant. ***IV.*** État-major, leadership, quartier général, siège, tête.

DIRECTIVE ■ ⇒ **instruction.**

DIRIGEABLE ■ ⇒ **ballon.**

DIRIGEANT ■ ⇒ **gouvernant.**

DIRIGER ■ ***I.*** Acheminer, aiguiller, orienter, piloter, rapporter à, tourner vers. ***II.*** Administrer, conduire, conseiller, gérer, gouverner, guider, maîtriser, régir, régler. ***III.*** Ajuster, axer, braquer, viser.

DIRIGER (SE) ■ Aller vers, cheminer, pousser, se tourner vers.

DISCERNEMENT ■ ⇒ **entendement.**

DISCERNER ■ ***I.*** ⇒ **distinguer.** ***II.*** ⇒ **percevoir.**

DISCIPLE ■ ⇒ **élève.**

DISCIPLINE ■ ***I.*** ⇒ **ordre.** ***II.*** ⇒ **enseignement.** ***III.*** ⇒ **fouet.**

DISCIPLINÉ, E ■ ⇒ **obéissant.**

DISCIPLINER ■ Assujettir, dompter, dresser, élever, former, plier, soumettre.

DISCONTINU, E ■ ⇒ **intermittent.**

DISCONTINUATION ■ Arrêt, cessation, discontinuité, intermittence, interruption, suspension.

DISCONTINUER ■ ⇒ **interrompre.**

DISCONTINUITÉ ■ ⇒ **discontinuation.**

DISCONVENANCE ■ Contradiction, contraste, désaccord, disproportion, opposition.

DISCONVENIR DE ■ ⇒ **nier.**

DISCORD ■ Antagonisme, chicane, contradiction, désaccord, dissension, mésintelligence, opposition, querelle.

DISCORDANCE ■ ***I.*** ⇒ **mésintelligence.** ***II.*** ⇒ **dissonance.**

DISCORDANT, E ■ Adverse, chicanier, confus, contraire, défavorable, désordonné, disproportionné, dissonant, faux, incohérent, mêlé, opposé, rebelle.

DISCORDE ■ ⇒ **mésintelligence.**

DISCOUREUR, EUSE ■ ⇒ **bavard.**

DISCOURIR ■ Bavarder, causer, débiter, déclamer, disserter, haranguer, laïusser (fam.), palabrer, parler, patrociner, pécufier (arg. scol.), pérorer, pontifier, prêcher, tartiner.

DISCOURS ■ ***I. Au pr. :*** adresse, allocution, causerie, compliment, conférence, conversation, déclaration ministérielle, défense, dialogue, éloge, entretien, exhortation, exposé, harangue, interlocution, laïus (fam.), oraison, palabre, paraphrase, préface, proclamation, propos, prosopopée, santé, speech (anglais), tartine (fam.), toast, topo (fam.), traité. ⇒ **bavardage.** ***II. Par ext.*** **1.** Débit, élocution, galimatias (péj.), langage, langue, parole. **2. Jurid.** : plaidoirie, réquisitoire. **3. Relig.** : homélie, instruction, oraison, prêche, prédication, prône, sermon.

DISCOURTOIS, E ■ ⇒ **impoli.**

DISCRÉDIT ■ ⇒ **défaveur.**

DISCRÉDITER ■ ***I. Au pr. :*** attaquer, baver, calomnier, clabauder (fam.), critiquer. ***II. Par ext. :*** dauber (fam.), débiner (fam.), déblatérer (fam.), déchiqueter, déchirer, déconsidérer, décréditer, décrier, dénigrer, déprécier, dépriser, déshonorer, diffamer, médire, noircir, rabaisser, salir, tympaniser, vilipender.

DISCRET, E ■ ***I.*** Circonspect, mesuré, modéré, modeste, poli, pondéré, prudent, réservé, retenu. ***II.*** Mis à part, retiré, secret. ***III. Math. et log. :*** discontinu, identifiable, indécomposable, isolable, spécifique.

DISCRÉTION ■ ***I.*** ⇒ **retenue.** ***II. Loc.*** **À discrétion** ⇒ **volonté (à).**

DISCRÉTIONNAIRE ■ ⇒ **absolu.**

DISCRIMINATION ■ ⇒ **distinction.**

DISCRIMINER ■ ⇒ **distinguer.**

DISCULPER ■ ⇒ **excuser.**

DISCURSIF, IVE ■ ⇒ **logique.**

DISCUSSION ■ ***I.*** Affaire, altercation, attrapage, chicane, conflit, contention (vx), contestation, controverse, déchirement, démêlé, désaccord, disceptation (vx), discorde, dispute, dissension, heurt, litige, logomachie, marchandage, noise, palabre, polémique, querelle, riotte, rixe, scène. **Fam.** : attrapade, bisbille, chamaille, chamaillerie, chamaillis, grabuge, prise de bec, schproum, vie. ***II.*** Critique, débat, dissertation, étude, examen, explication, face à face. ⇒ **conférence.**

DISCUTABLE ■ ⇒ **incertain.**

DISCUTER ■ ***I.*** Agiter, analyser, arguer, argumenter, bavarder, conférer, colloquer, considérer, controverser, débattre, délibérer de, démêler, se disputer, échanger des idées/des points de vue, examiner, mettre en doute/en question, négocier, parlementer, passer en revue, tenir conseil, traiter. ***II.*** Batailler, se chamailler, contester, criticailler, critiquer, discutailler, ergoter, s'escrimer, ferrailler, gloser, jouter, lutter, marchander, mégoter, nier, palabrer, polémiquer, se quereller, ratiociner, rompre des lances, sourciller, trouver à redire.

DISERT, E ■ Bavard, beau diseur, biendisant, diseur, éloquent, fleuri.

DISETTE ■ Absence, besoin, dèche, défaut, dénuement, famine, manque, misère, pénurie, rareté, vaches maigres (fam.). ⇒ **pauvreté.**

DISEUR, EUSE ■ n. et adj. *I.* ⇒ **disert.** *II. Loc.* **Diseur de bonne aventure** ⇒ **voyant.**

DISGRÂCE ■ ⇒ **défaveur, malheur.**

DISGRACIÉ, E ■ ⇒ **laid.**

DISGRACIEUX, EUSE ■ Déplaisant, désagréable, détestable, difforme, discourtois, fâcheux, grossier, ingrat, laid, malgracieux.

DISJOINDRE ■ *I.* ⇒ **déjoindre.** *II.* ⇒ **écarter.** *III.* ⇒ **séparer.**

DISJOINT, E ■ ⇒ **différent.**

DISJONCTION ■ *I.* Bifurcation, désarticulation, désunion, dislocation, division, divorce, écartement, éloignement, scission, séparation. *II. Gram. :* asyndète.

DISLOCATION ■ *I.* ⇒ **entorse.** *II.* ⇒ **dispersion.**

DISLOQUÉ, E ■ Brisé, cassé, déboîté, dégingandé, déglingué (fam.), déhanché, démanché (fam.), désagrégé, désarticulé, désemboîté, désossé, disjoint, divisé, écartelé, éhanché, fracturé, luxé, morcelé, rompu.

DISLOQUER ■ Briser, casser, déboîter, déclinquer, déglinguer, démancher, démantibuler, démettre, démolir, désarticuler, désemboîter, désemparer, désunir, détraquer, diviser, écarteler, fausser, luxer. *V. pron. :* **1. Une chose :** se désagréger, se dissoudre, se séparer. **2. Quelqu'un :** se contorsionner, se déformer, se désosser (fam.), *et les formes pron. possibles des syn. de* DISLOQUER.

DISPARAÎTRE ■ Abandonner, s'absenter, s'anéantir, se cacher, cesser d'être visible/d'exister, se coucher, décamper, se dérober, diminuer, se dissimuler, se dissiper, se dissoudre, échapper aux regards/à la vue, s'éclipser, s'écouler, s'effacer, s'éloigner, s'en aller, s'enfoncer, s'enfuir, s'engouffrer, s'envoler, s'épuiser, s'escamoter, s'esquiver, s'estomper, s'éteindre, être couvert/recouvert, s'évanouir, s'évaporer, finir, fuir, manquer à l'appel, mourir, se noyer dans, partir, passer, se perdre, plonger, prendre la poudre d'escampette (fam.), quitter, se retirer, se soustraire à la vue, tarir, se tirer (fam.), se voiler, se volatiliser.

DISPARATE ■ *I. Nom fém.* ⇒ **opposition.** *II. Adj.* ⇒ **bigarré.**

DISPARITÉ ■ ⇒ **différence.**

DISPARU, E ■ ⇒ **mort.**

DISPARITION ■ ⇒ **éloignement.**

DISPENDIEUX, EUSE ■ ⇒ **cher.**

DISPENSATEUR, TRICE ■ Distributeur, répartiteur.

DISPENSE ■ *I.* ⇒ **immunité.** *II.* ⇒ **permission.**

DISPENSER ■ *I.* ⇒ **distribuer.** *II.* ⇒ **permettre.** *III.* ⇒ **exempter.** *IV. V. pron. :* ⇒ **abstenir (s').**

DISPERSER ■ *I.* Disséminer, dissiper, émietter, éparpiller, jeter, parsemer, répandre, semer. *II.* Désunir, diviser, répartir, séparer. *III.* Balayer, battre, chasser, débander, mettre en déroute/en fuite. *IV. V. pron. :* **1. Quelqu'un :** se débander, s'écarter, s'égailler, s'égrener, s'enfuir, s'éparpiller, essaimer, fuir, rompre les rangs. **2. Une chose :** diffuser, irradier, rayonner.

DISPERSION ■ *I.* Atomisation, dislocation, dissémination, division, écartement, émiettement, éparpillement, séparation. *II. Par ext. :* débandade, déroute, fuite, retraite. *III. Fig.* ⇒ **distraction.**

DISPONIBILITÉ ■ Congé. ⇒ **liberté.** *Au pl.* ⇒ **argent.**

DISPONIBLE ■ ⇒ **vacant.**

DISPOS, E ■ Agile, alerte, allègre, découplé, délié, en forme, éveillé, frais, gaillard, ingambe, léger, leste, ouvert, preste, reposé, sain, souple, vif, vite.

DISPOSÉ, E ▪ ⇒ **favorable, mûr.**

DISPOSER ▪ ***I.*** ⇒ **arranger.** ***II.*** ⇒ **préparer.** ***III.*** ⇒ **décider.** ***IV.*** ⇒ **aliéner.**

DISPOSITIF ▪ ***I.*** Machine, mécanique. ***II.*** Agencement, arrangement, méthode, procédé. ⇒ **disposition.**

DISPOSITION ▪ ***I. De quelqu'un :*** aptitude, bosse (fam.), capacité, dons, esprit, état, étoffe, facilités, fibre (fam.), goût, impulsion, inclination, instinct, mesure, moyens, orientation, penchant, prédestination, prédisposition, propension, qualités, sentiment, talent, tendance, vertu, vocation. ***II. Disposition d'esprit :*** condition, dessein, intention, sentiment. ***III. D'une chose :*** agencement, ajustement, arrangement, combinaison, composition, configuration, construction, coordination, dispositif, économie, modalités, montage, ordonnance, ordre, organisation, orientation, place, plan, position, rangement, répartition, situation. ***IV. Au pl. :*** arrangement, cadre, clause, condition, décision, mesure, précaution, préparatif, résolution, testament.

DISPROPORTION ▪ ⇒ **différence.**

DISPROPORTIONNÉ, E ▪ Démesuré, déséquilibré, inégal, maladroit, mal proportionné.

DISPUTE ▪ ⇒ **discussion.**

DISPUTER ▪ ***I. V. intr.*** ⇒ **discuter.** ***II. V. tr.*** **1. Une chose à quelqu'un :** briguer, défendre, soutenir. **2. Fam. Quelqu'un :** attraper, engueuler (vulg.), gourmander, gronder, réprimander. ⇒ **tancer.** ***III. V. pron. :*** Avoir des mots (fam.), se battre, se chamailler, se chicaner, se chipoter (fam.), échanger des mots/des paroles, se quereller, *et les formes pron. possibles des syn. de* DISPUTER.

DISPUTEUR, EUSE ▪ n. et adj. Argumenteur, chamailleur, chicaneur, chicanier, discuteur, disputailleur, querelleur.

DISQUALIFIER ▪ ⇒ **dégrader.**

DISQUE ▪ Enregistrement, microsillon, galette (fam.), 16/33/45/78 tours.

DISSECTION ▪ ⇒ **anatomie.**

DISSEMBLABLE ▪ Différent, disparate, dissimilaire, divers, hétérogène, opposé.

DISSEMBLANCE ▪ ⇒ **différence.**

DISSÉMINATION ▪ Dispersion, division, éparpillement, propagation.

DISSÉMINER ▪ ⇒ **répandre.**

DISSENSION, DISSENTIMENT ▪ ⇒ **mésintelligence.**

DISSÉQUER ▪ ⇒ **couper, examiner.**

DISSERTATION ▪ ***I.*** ⇒ **traité.** ***II.*** ⇒ **rédaction.** ***III.*** ⇒ **discussion.**

DISSERTER ▪ ⇒ **discourir.**

DISSIDENCE ▪ Déviation, division, hérésie, insoumission, insurrection, rébellion, révolte, schisme, scission, sécession, séparation.

DISSIDENT, E ▪ ⇒ **insoumis.**

DISSIMULATEUR, TRICE ▪ ⇒ **sournois.**

DISSIMULATION ▪ ⇒ **feinte.**

DISSIMULÉ, E ▪ ⇒ **sournois.**

DISSIMULER ▪ Atténuer, cacher, camoufler, celer, couvrir, déguiser, enfouir, envelopper, faire semblant, farder, feindre, frauder, garder secret, gazer (vx), masquer, pallier, taire, travestir, tricher, voiler. ***II. V. Pron. :*** ⇒ **cacher (se).**

DISSIPATEUR, TRICE ▪ ⇒ **prodigue.**

DISSIPATION ▪ ***I.*** ⇒ **dépense.** ***II.*** ⇒ **distraction.**

DISSIPÉ, E ▪ ⇒ **turbulent.**

DISSIPER ▪ ***I.*** ⇒ **disperser.** ***II.*** ⇒ **dépen-**

ser. ***III. V. pron. :*** **1. ⇒ consumer. 2. ⇒ disparaître.**

DISSOCIER **▪ ⇒ séparer.**

DISSOLU, E **▪ ⇒ vicieux.**

DISSOLUTION **▪** ***I.*** **⇒ résolution.** ***II.*** **⇒ dérèglement.**

DISSONANCE ▪ Cacophonie, charivari, contradiction, désaccord, discordance, disparate, opposition, tintamarre.

DISSONANT, E **▪ ⇒ discordant.**

DISSOUDRE ▪ ***I.*** Décomposer, délayer, dissocier, fondre, liquéfier, résorber. ***II.*** Abroger, annihiler, annuler, arrêter, briser, casser, défaire, dénouer, faire cesser, mettre fin/un terme, résoudre, retirer les pouvoirs, rompre. ***III. V. pron. :*** fondre, se putréfier, se résoudre, se séparer.

DISSUADER ▪ Déconseiller, décourager, dégoûter, détourner, écarter, éloigner.

DISSUASION **▪ ⇒ menace.**

DISSYMÉTRIQUE ▪ Asymétrique **⇒ irrégulier.**

DISTANCE ▪ ***I.*** Absence, éloignement, espace, intervalle, lointain, recul. ***II. Fig.*** 1. Aversion, froideur, mépris, réprobation. 2. Différence, disparité, dissemblance.

DISTANCER ▪ Dépasser, devancer, écarter, éloigner, espacer, forlonger, gagner sur, lâcher, passer, précéder, semer, surpasser.

DISTANT, E **▪** ***I.*** **⇒ sauvage.** ***II.*** **⇒ dédaigneux.** ***III.*** **⇒ éloigné.**

DISTILLER ▪ ***I.*** Épancher, laisser couler, sécréter, suppurer. ***II.*** Cohober, condenser, extraire, rectifier, réduire, spiritualiser (vx), sublimer, vaporiser. ***III. Fig.*** 1. Épancher, répandre. 2. Dégoutter.

DISTINCT, E **▪ ⇒ différent, clair.**

DISTINCTIF, IVE **▪ ⇒ particulier.**

DISTINCTION ▪ ***I.*** Démarcation, différence, différenciation, discrimination, diversification, division, séparation. ***II.*** Décoration, dignité, honneurs, égards, faveur, médaille, prérogative, respect. ***III.*** Classe, éclat, éducation, élégance, finesse, grandeur, manières, mérite, noblesse, panache, talent, tenue, valeur.

DISTINGUÉ, E ▪ Affable, agréable, aimable, beau, bon, brillant, célèbre, courtois, de bonne compagnie/éducation, de bon ton, délicat, digne, éclatant, élégant, émérite, éminent, exquis, galant, gracieux, hors de pair, hors ligne, incomparable, poli, raffiné, rare, reconnu, remarquable, sans pareil, supérieur, transcendant.

DISTINGUER ▪ Apercevoir, choisir, débrouiller, découvrir, démêler, différencier, discerner, discriminer, honorer, préférer, reconnaître, remarquer, séparer, trier. ***V. pron. :*** émerger, différer, faire une discrimination, faire figure, se faire remarquer/voir, s'illustrer, se montrer, paraître, se particulariser, percer, se signaler, se singulariser.

DISTORSION **▪ ⇒ torsion.**

DISTRACTION ▪ ***I.*** Absence d'esprit, dispersion, dissipation, divertissement, étourderie, inadvertance, inattention, irréflexion, légèreté, omission, oubli. ***II.*** Ébats, jeu, récréation. **⇒ divertissement.** ***III. D'une chose :*** démembrement, séparation.

DISTRAIRE ▪ ***I.*** Démembrer, détacher, enlever, extraire, soustraire, prélever, retrancher, séparer. ***II.*** Amuser, baguenauder, débaucher, délasser, désennuyer, détourner, divertir, égayer, étourdir, récréer, sortir. ***III. Non favorable*** **⇒ voler.**

DISTRAIT, E ▪ Absent, absorbé, abstrait, dispersé, dissipé, étourdi, inappliqué, inattentif, préoccupé, rassoté (vx), rêveur, vague.

DISTRAYANT, E **▪ ⇒ amusant.**

DISTRIBUER ■ ***I. Au pr. :*** allotir, arroser (fam.), assigner, attribuer, départir, dispenser, disposer, diviser, donner, gratifier, impartir, octroyer, ordonner, partager, prodiguer, ranger, répandre, répartir, semer. ***II. Par ext. :*** agencer, aménager, amener, arranger, classer, classifier, coordonner, disposer, distinguer, diviser, ordonner, ranger.

DISTRIBUTEUR, TRICE ■ Dispensateur, répartiteur.

DISTRIBUTION ■ ***I. Au pr. :*** attribution, bienfaisance, diffusion, dilapidation (péj.), disposition, don, largesse, libéralité, partage, partition, répartition. ***II. Par ext. :*** agencement, aménagement, arrangement, classement, classification, disposition, ordonnance, ordre, rang, rangement. ***III. Fig. :*** correction, coup, raclée (fam.), volée (fam.).

DISTRICT ■ ⇒ **division, charge.**

DITHYRAMBE ■ ⇒ **éloge.**

DITHYRAMBIQUE ■ ⇒ **élogieux.**

DITHYRAMBISTE ■ ⇒ **louangeur.**

DITO ■ Idem, susdit.

DIURNE ■ ⇒ **journalier.**

DIVA ■ ⇒ **chanteuse.**

DIVAGATION ■ ⇒ **digression, délire.**

DIVAGUER ■ ⇒ **déraisonner, errer.**

DIVAN ■ ⇒ **canapé.**

DIVERGENCE ■ ⇒ **mésintelligence.**

DIVERGENT, E ■ ***I.*** ⇒ **différent.** ***II.*** ⇒ **opposé.**

DIVERGER ■ ⇒ **écarter (s').**

DIVERS, E ■ ***I.*** ⇒ **changeant.** ***II.*** ⇒ **plusieurs.** ***III.*** ⇒ **varié.** ***IV.*** ⇒ **différent.**

DIVERSIFICATION ■ ⇒ **distinction.**

DIVERSIFIER ■ Varier. ⇒ **changer.**

DIVERSION ■ Alibi, changement, dérivatif, distraction, divertissement, exutoire.

DIVERSITÉ ■ ⇒ **différence, variété.**

DIVERTIR ■ ⇒ **distraire.**

DIVERTISSANT, E ■ ***I.*** ⇒ **amusant.** ***II.*** ⇒ **risible.**

DIVERTISSEMENT ■ Agrément, amusement, amusette, amusoire, aubade, bagatelle, ballet, concert, déduit, délassement, distraction, diversion, ébat, interlude, intermède, jeu, marrade (fam.), partie, passe-temps, plaisir, récréation, régal, réjouissance, rigolade (fam.), sérénade, spectacle.

DIVIDENDE ■ ⇒ **rétribution.**

DIVIN, DIVINE ■ ***I.*** Céleste, occulte, surnaturel. ***II.*** Admirable, adorable, beau, bien, bon, charmant, délicieux, excellent, parfait, souverain, sublime, suprême.

DIVINATION ■ ***I.*** Augure, conjecture, horoscope, oracle, prédiction, présage, prévision, pronostic, prophétie, révélation, vision. ***II.*** Clairvoyance, inspiration, intuition, prescience, pressentiment, sagacité. ***III.*** Astrologie, bonne aventure, cartomancie, chiromancie, géomancie, mantique, nécromancie, oniromancie, ornithomancie, rhabdomancie, spiritisme, télépathie, vaticination, voyance. ⇒ **magie.**

DIVINISER ■ ⇒ **louer.**

DIVINITÉ ■ ⇒ **dieu.**

DIVISER ■ Cliver, cloisonner, couper, débiter, décomposer, démembrer, découper, déliter, désagréger, détailler, disjoindre, dissocier, distribuer, fendre, fractionner, fragmenter, morceler, parceller, partager, partir, scinder, sectionner, séparer, subdiviser, trancher, tronçonner.

DIVISION ■ ***I.*** Arrondissement, canton, circonscription, département, district, subdivision, zone. ***II.*** Classement, clivage, coupure, déchirement, démembrement, dichotomie, diérèse, fission, fractionnement, fragmentation, lotissement, morcellement, partie, scission, scissiparité, section, sectionnement, segmentation, séparation, subdivision. *III.* Désaccord, dispute, divorce, mésintelligence, querelle, rupture, schisme, scission.

DIVORCE ■ *I.* Répudiation, séparation. *II.* Contradiction, désaccord, désunion, dissension, divergence, opposition, rupture, séparation.

DIVORCER ■ *I.* Répudier, rompre, se démarier (pop.), se séparer. *II. Par ext. :* se brouiller, se désunir, se diviser, renoncer à.

DIVULGATEUR, TRICE ■ ⇒ **propagateur.**

DIVULGUER ■ ⇒ **publier.**

DIVULSION ■ ⇒ **déracinement.**

DJINN ■ ⇒ **génie.**

DOCILE ■ ⇒ **doux.**

DOCILITÉ ■ ⇒ **douceur, obéissance.**

DOCIMASIE ■ ⇒ **autopsie.**

DOCK ■ *I.* ⇒ **bassin.** *II.* ⇒ **magasin.**

DOCKER ■ ⇒ **porteur.**

DOCTE ■ ⇒ **savant.**

DOCTEUR ■ ⇒ **médecin, théologien.**

DOCTORAL, E ■ ⇒ **tranchant.**

DOCTRINAIRE ■ ⇒ **intolérant.**

DOCTRINE ■ *I.* ⇒ **théorie.** *II.* ⇒ **savoir.** *III.* ⇒ **principes.**

DOCUMENT ■ *I.* ⇒ **renseignement.** *II.* ⇒ **titre.**

DOCUMENTAIRE ■ ⇒ **didactique.**

DOCUMENTALISTE ■ Fichiste.

DOCUMENTATION ■ ⇒ **renseignement.**

DOCUMENTER ■ *I.* ⇒ **informer.** *II.* ⇒ **renseigner.**

DODELINEMENT ■ ⇒ **balancement.**

DODELINER, DODINER ■ ⇒ **balancer.**

DODU, E ■ ⇒ **gras.**

DOGMATIQUE, DOGMATISTE ■ Dogmatiseur. ⇒ **intolérant.**

DOGME ■ *I.* ⇒ **principe.** *II.* ⇒ **foi.**

DOIGT (UN) ■ loc. adv. ⇒ **peu (un).**

DOIGTÉ ■ ⇒ **habileté.**

DOIGTIER ■ Délot.

DOL ■ ⇒ **tromperie.**

DOLÉANCES ■ ⇒ **gémissement.**

DOLEAU, DOLOIRE ■ ⇒ **hache.**

DOLENT, E ■ ⇒ **malade.**

DOLORISME ■ Masochisme.

DOMAINE ■ ⇒ **bien, département.**

DÔME ■ Bulbe, ciel, coupole, voûte.

DOMESTICATION ■ ⇒ **apprivoisement.**

DOMESTICITÉ ■ ⇒ **personnel.**

DOMESTIQUE ■ *I. N. m.* 1. ⇒ **serviteur, servante.** 2. ⇒ **maison.** *II. Adj.* 1. ⇒ **familier.** 2. ⇒ **apprivoisé.**

DOMESTIQUER ■ ⇒ **apprivoiser.**

DOMICILE ■ ⇒ **demeure.**

DOMINANCE ■ Génotype, hérédité, phénotype.

DOMINANT, E ■ ⇒ **principal.**

DOMINATION ■ ⇒ **autorité.**

DOMINER ■ *I. Neutre :* asservir, assujettir, commander, couvrir, l'emporter, gouverner, léguer, prédominer, prévaloir, régir, soumettre, surpasser, triompher, vaincre. *II. Par ext.* **non favorable :** écraser, étouffer, imposer, maîtriser, subjuguer. *III. Fig. :* couronner, dépasser, dresser, surpasser, surplomber.

DOMINO ■ ⇒ **masque.**

DOMISME ■ ⇒ **architecture.**

DOMMAGE ■ ***I.*** Atteinte, avarie, casse, coup, dam, dégât, dégradation, déprédation, désavantage, détérioration, détriment, endommagement, grief (vx), injure, injustice, lésion, mal, outrage, perte, préjudice, ribordage (mar.), sinistre, tort. ***II.*** ⇒ **réparation.** ***III. Loc.*** **C'est dommage** : fâcheux, regrettable, triste.

DOMMAGEABLE ■ ⇒ **nuisible.**

DOMPTÉ, E ■ ⇒ **apprivoisé.**

DOMPTER ■ ⇒ **apprivoiser, vaincre.**

DOMPTEUR ■ Belluaire, dresseur.

DON ■ ***I. Au pr.*** : aumône, bienfait, cadeau, dation, dépannage (fam.), disposition, distribution, donation, dotation, épices (vx), étrennes, générosité, gratification, hommage, honnêteté, largesse, legs, libéralités, oblation, offrande, pot-de-vin (péj.), pourboire, présent, secours, souvenir, sportule, subside, subvention, surprise. ***II. Par ext.*** **1.** Apanage, aptitude, art, bosse (fam.), capacité, facilité, esprit, génie, habileté, intelligence, qualité, talent. **2.** Bénédiction, bienfait, faveur, grâce.

DONC ■ Ainsi, en conséquence, or, par conséquent/suite, partant.

DON JUAN ■ ⇒ **séducteur.**

DONNANT, E ■ ⇒ **généreux.**

DONNÉE ■ ⇒ **énonciation, principe.**

DONNER ■ ***I.*** Abandonner, accorder, administrer, apporter, assigner, attribuer, avancer, bailler (vx), céder, communiquer, concéder, conférer, confier, consacrer, consentir, distribuer, doter, douer, employer, épandre, exposer, exprimer, faire passer, fixer, fournir, gratifier de, impartir, imposer, léguer, livrer, occasionner, octroyer, offrir, partager, passer, payer, permettre, présenter, procurer, prodiguer, produire, remettre, rémunérer, répandre, répartir, rétribuer, sacrifier, tendre, transmettre, verser, vouer. **Arg. ou fam.** : abouler, allonger, cloquer, ficher, filer, foutre, mouiller.

DONZELLE ■ ⇒ **fille.**

DOPER ■ Droguer, gonfler, stimuler.

DORADE ■ Pageau, pagel, pagre.

DORÉNAVANT ■ À l'avenir, dans/par la suite, désormais.

DORLOTER ■ ⇒ **soigner.**

DORMANT, E ■ ⇒ **tranquille.**

DORMIR ■ ***I. Au pr.*** : **1.** S'assoupir, dormailler, s'endormir, être dans les bras de Morphée, faire la sieste/un somme, fermer l'œil, reposer, sommeiller, somnoler. **2. Fam.** : coincer la bulle, écraser, pioncer, piquer un roupillon, ronfler, roupiller, rouscailler, schloffer. ***II. Fig.*** **1.** Négliger, oublier. **2.** ⇒ **traîner.**

DORMITIF, IVE ■ ⇒ **narcotique.**

DORTOIR ■ Chambrée, dormitorium.

DOS ■ ***I. N. m.*** : colonne vertébrale, derrière, échine, lombes, râble, rachis, reins, revers. ⇒ **fessier.** ***II. Loc.*** **Tourner le dos à** ⇒ **délaisser.**

DOSE ■ ⇒ **quantité.**

DOSER ■ ⇒ **mélanger.**

DOSSE ■ ⇒ **planche.**

DOSSIER ■ ***I.*** Appui, appui-tête, ***II.*** **1.** ⇒ **affaire, cas. 2.** Bordereau, chemise, classeur.

DOTATION ■ ⇒ **don, indemnité.**

DOTER ■ ⇒ **gratifier.**

DOUAIRIÈRE ■ ⇒ **veuve, vieille.**

DOUANIER ■ Gabelou, rat-de-cave.

DOUBLE ■ ***I. Adj.*** **1.** Ambigu, complexe, géminé. **2. Péj.** : dissimulé, équivoque, faux, sournois, à sous-entendu. ⇒ **hypocrite. 3. Par ext.** : supérieur. ***II. N. m.*** **1.** Ampliation, contrepartie, copie, duplicata, expédition, grosse, photocopie, reproduction. **2. Quelqu'un** : alter ego, jumeau. **3.** Ectoplasme, fantôme, ombre. **4.** Besson, doublon.

DOUBLER ■ *I.* ⇒ **dépasser.** *II.* ⇒ **remplacer.** *III.* ⇒ **augmenter.**

DOUBLE SENS ■ ⇒ **ambiguïté.**

DOUBLET ■ Homonyme, paronyme.

DOUCEÂTRE ■ ⇒ **doux.**

DOUCEMENT ■ Délicatement, doucettement, en douceur, légèrement, lentement, mollement, mollo (fam.), mou (fam.), paisiblement, pianissimo, piano, posément, tout beau/doux.

DOUCEREUX, EUSE ■ Douceâtre, emmiellé, sucré. ⇒ **doux, hypocrite.**

DOUCET, ETTE ■ ⇒ **doux.**

DOUCETTE ■ Mâche.

DOUCEUR ■ *I. Au pr. :* délicatesse, légèreté, modération. *II. Par ext.* **1. De quelqu'un** : affabilité, agrément, amabilité, aménité, bienveillance, bonté, calme, charité, clémence, débonnaireté, docilité, gentillesse, humanité, indulgence, mansuétude, onction, patience, placidité, suavité. **2.** Bien-être, bonheur, joie, jouissance, quiétude, satisfaction, tranquillité. *II.* ⇒ **friandise.** *IV. Loc.* **en douceur** ⇒ **doucement.**

DOUCHE ■ *I. Au pr. :* affusion, aspersion, bain, hydrothérapie. *II. Fig. :* désappointement. ⇒ **déception.**

DOUCINE ■ ⇒ **rabot.**

DOUCIR ■ ⇒ **polir.**

DOUÉ, E ■ ⇒ **capable.**

DOUELLE ■ Douve, douvelle.

DOUER ■ ⇒ **gratifier.**

DOUILLE ■ Cylindre, embouchoir, manchon, raccord, tube.

DOUILLET, ETTE ■ *I.* ⇒ **moelleux.** *II.* ⇒ **sensible.**

DOUILLETTE ■ ⇒ **manteau.**

DOULEUR ■ *I.* Algie, brûlure, courbature, crampe, élancement, inflammation, irritation, mal, migraine, névralgie, point, prurit, rage de dents, rhumatisme, souffrance. *II.* ⇒ **affliction.**

DOULOUREUX, EUSE ■ *I. Au pr. :* endolori, sensible, souffrant, souffreteux. *II. Par ext. :* affligeant, amer, angoissant, attristant, crucifiant, cruel, cuisant, déchirant, difficile, dur, éprouvant, funeste, lamentable, lancinant, navrant, pénible, pitoyable, triste.

DOUTE ■ *I.* ⇒ **incertitude.** *II.* ⇒ **scepticisme.** *III. Loc.* **Sans doute** : à coup sûr, apparemment, assurément, certainement, probablement, selon toutes les apparences/toute vraisemblance, vraisemblablement.

DOUTER ■ ⇒ **hésiter, pressentir.**

DOUTEUR, EUSE ■ ⇒ **incrédule.**

DOUTEUX, EUSE ■ *I.* ⇒ **incertain.** *II.* ⇒ **suspect.**

DOUVE ■ *I.* ⇒ **fossé.** *II.* ⇒ **planche.**

DOUX, DOUCE ■ *I. Quelqu'un.* **1.** Affable, agréable, aimable, amène, angélique, bénin, benoît, bienveillant, bon, bonhomme, calme, clément, complaisant, conciliant, débonnaire, docile, doucet, gentil, humain, liant, malléable, modéré, pacifique, paisible, patient, sage, sociable, soumis, souple, tolérant, traitable, tranquille. **Péj.** : bonasse, coulant, doucereux, laxiste, mielleux, mièvre, paterne. **2.** Affectueux, aimant, câlin, caressant, tendre. *II. Une chose.* **1.** Agréable, bon, délectable, délicat, délicieux, exquis, onctueux, savoureux, suave, succulent, sucré. **Péj.** : douceâtre, fade, melliflue. **2.** Douillet, duveteux, fin, harmonieux, léger, mélodieux, moelleux, mollet, mou, musical, satiné, soyeux, uni, velouté. *III. Loc.* **Tout doux** ⇒ **doucement.**

DOXOLOGIE ■ ⇒ **éloge, prière.**

DOYEN ■ *I.* Aîné, ancien, chef, directeur, maître, patron, président, vétéran. *II.* ⇒ **prêtre.**

DRACONIEN, ENNE ■ ⇒ **sévère.**

DRAG ■ ⇒ **chasse, voiture.**

DRAGEON ■ ⇒ **bourgeon, pousse.**

DRAGON ■ *I.* Chimère, guivre, hydre, monstre, tarasque. *II.* ⇒ **mégère.**

DRAGONNE ■ ⇒ **passement.**

DRAGUE ■ *I.* ⇒ **filet.** *II.* ⇒ **bateau.** *III. Fam.* ⇒ **cour, flirt.**

DRAILLE ■ ⇒ **sentier.**

DRAIN ■ ⇒ **conduit, tube.**

DRAINER ■ ⇒ **sécher, tirer.**

DRAISIENNE ■ ⇒ **cycle.**

DRAKKAR ■ ⇒ **bateau.**

DRAMATIQUE ■ *I.* Scénique, théâtral. *II.* Émouvant, intéressant, passionnant, poignant, terrible, tragique. *III.* Dangereux, difficile, grave, risqué, sérieux, à suspens.

DRAMATISATION ■ ⇒ **exagération.**

DRAMATISER ■ ⇒ **exagérer.**

DRAMATURGE ■ ⇒ **écrivain.**

DRAME ■ *I.* Mélodrame, opéra, opéra-comique, pièce, tragédie, tragi-comédie. *II.* ⇒ **calamité, malheur.**

DRAPEAU ■ Banderole, bannière, couleurs, enseigne, étendard, fanion, guidon, pavillon (mar.). *Vx :* bandière, baucent, cornette, fanon, flamme, gonfalon, gonfanon, oriflamme, pennon.

DRAPER ■ ⇒ **envelopper.**

DRAPERIE ■ Cantonnière, rideau, tapisserie, tenture.

DRASTIQUE ■ *I.* ⇒ **purgatif.** *II.* ⇒ **ferme.**

DRÊCHE ■ ⇒ **résidu.**

DRÈGE ■ *I.* ⇒ **filet.** *II.* ⇒ **peigne.**

DRENNE ■ Draine, grive, jocasse, litorne, tourd, vendangette.

DRESSAGE ■ *I.* Planage, rectification. *II.* ⇒ **installation.** *III.* ⇒ **apprivoisement.** *IV.* ⇒ **instruction.**

DRESSÉ, E ■ *I.* ⇒ **apprivoisé.** *II.* ⇒ **préparé.** *III.* ⇒ **montant.**

DRESSER ■ *I.* ⇒ **élever.** *II.* ⇒ **préparer.** *III.* ⇒ **instruire.** *IV.* ⇒ **composer.** *V.* **Loc. :** ***dresser l'oreille.*** **1.** ⇒ **écouter, chauvir (équit.).**

DRESSEUR ■ Belluaire, dompteur.

DRESSOIR ■ Buffet, étagère, vaisselier.

DRÈVE ■ ⇒ **allée.**

DRIFT ■ ⇒ **dépôt.**

DRILL ■ ⇒ **exercice.**

DRILLE ■ *I.* Burin, foret, mèche, trépan, vilebrequin, vrille. *II.* ⇒ **gaillard.** *III.* ⇒ **misérable.**

DRINGUELLE ■ ⇒ **gratification.**

DRINK ■ Glass, godet, pot, verre.

DROGMAN ■ ⇒ **traducteur.**

DROGUE ■ *I.* ⇒ **remède.** *II.* Cocaïne, haschich, héroïne, L.S.D., marijuana, morphine, narcotique, opium, stupéfiant, toxique. *III. Arg. :* acide, bigornette, blanche, came, coco, défonce, douce, dure, fée blanche/brune/verte, hasch, herbe, joint, kif, marie-jeanne, merde, naphtaline, neige, noire, pipe, piquouse, poudre, pure, respirette, schnouf, shit, stup, etc.

DROGUER ■ *I.* ⇒ **soigner.** *II.* ⇒ **attendre.** *III. V. pron. :* s'intoxiquer. *Arg. :* se camer, se défoncer, s'envaper, fliper, fumer, se piquer, se plastrer, se poudrer, prendre une petite, priser, schnoufer, se shooter, tirer sur le bambou, visionner, etc.

DROIT, E ■ *I. Au pr. :* abrupt, debout, direct, perpendiculaire, rectiligne, vertical. *II. Fig.* **1. Quelqu'un :** bon, désintéressé, équitable, franc, honnête, juste, loyal, probe, pur, sincère. **2. Une chose** : direct, judicieux, positif, sain, sensé, strict, vrai. ***III. Adv.*** *:* directement, tout de go.

DROIT ▪ ***I.*** Barreau, basoche, code, coutume, digeste, justice, légalité, loi, morale, règlement. ***II.*** Contribution, imposition, impôt, redevance, taxe. ***III.*** Rétribution, salaire. ***IV.*** Autorisation, faculté, habilité, liberté, monopole, permission, possibilité, pouvoir, prérogative, privilège, usage, servitude.

DROITE ▪ ***I.*** Dextre. ***II.*** ⇒ **conservatisme.**

DROITURE ▪ ⇒ **rectitude/justice.**

DROLATIQUE, DRÔLE ▪ ***I. Adj.*** ⇒ **amusant, risible.** ***II. Nom masc.*** **1.** ⇒ **gaillard. 2.** ⇒ **enfant. 3.** ⇒ **vaurien.**

DRÔLEMENT ▪ Beaucoup, bien, bizarrement, bougrement, comiquement, diablement, extrêmement, furieusement (vx), joliment, plaisamment, rudement, super (fam.), très, vachement (fam.).

DRÔLERIE ▪ ⇒ **bouffonnerie.**

DRÔLESSE ▪ ⇒ **femme, mégère.**

DROMADAIRE ▪ Camélidé, méhari.

DROPER ▪ ⇒ **lâcher.**

DROPPAGE ▪ Largage, parachutage.

DROSSER ▪ Dériver, entraîner, pousser.

DRU, E ▪ ***I.*** ⇒ **épais.** ***II.*** ⇒ **dense.** ***III.*** ⇒ **fort.**

DRUGSTORE ▪ ⇒ **magasin**

DRUIDE ▪ Barde, eubage. ⇒ **prêtre.**

DRYADE ▪ ⇒ **nymphe.**

DUBITATIF, IVE ▪ ⇒ **incrédule.**

DUCASSE ▪ ⇒ **kermesse.**

DUCROIRE ▪ ⇒ **garantie.**

DUCTILE ▪ ⇒ **flexible.**

DUÈGNE ▪ ⇒ **gouvernante.**

DUEL ▪ Affaire, affaire d'honneur, combat, joute, lutte, opposition, ordalie, rencontre, réparation.

DUELLISTE ▪ ⇒ **ferrailleur.**

DUIT ▪ ⇒ **canal, chaussée.**

DULCIFIER ▪ ⇒ **adoucir.**

DULCINÉE ▪ ⇒ **amante.**

DULIE ▪ ⇒ **culte.**

DUNE ▪ ⇒ **hauteur.**

DUPE ▪ ⇒ **naïf.**

DUPER ▪ ⇒ **tromper.**

DUPERIE ▪ ⇒ **tromperie.**

DUPEUR, EUSE ▪ ⇒ **trompeur.**

DUPLICATA, UM ▪ ⇒ **copie.**

DUPLICITÉ ▪ ⇒ **hypocrisie.**

DUR, E ▪ ***I.*** Adamantin, calleux, consistant, coriace, empesé, épais, pris, résistant, rigide, solide, tendineux. ***II. Quelqu'un.*** **Non favorable** : autoritaire, blessant, brutal, endurci, exigeant, farouche, féroce, froid, impassible, impitoyable, implacable, indifférent, inébranlable, inexorable, inflexible, inhumain, insensible, intraitable, intransigeant, mauvais, méchant, racorni (fam.), rigoriste, sans âme/cœur/entrailles (fam.), sec, sévère, strict, terrible, vache (fam.). ***III. Par ext.*** **1.** Âpre, inclément, inhospitalier, rigoureux, rude. **2.** Difficile, dissipé, turbulent. **3.** ⇒ **bête.** ***IV. Loc.*** **1. Dur d'oreille** ⇒ **sourd. 2. Dur à la détente** ⇒ **avare.**

DURABILITÉ ▪ Constance, continuité, éternité, fermeté, immortalité, immutabilité, indélébilité, invariabilité, longévité, permanence, persistance, résistance, solidité, stabilité, ténacité, viabilité, vivacité.

DURABLE ▪ Chronique, constant, continu, endémique, enraciné, éternel, ferme, immortel, immuable, impérissable, inaltérable, inamissible, incorruptible, indélébile, indestructible, infrangible, invariable, permanent, perpétuel, persistant, profond, résistant, solide, stable, tenace, valable, viable, vivace, vivant.

DURANT ■ Au cours de, au moment de, en même temps, pendant, tandis que.

DURCIR ■ Affermir, concréter, endurcir, fortifier, indurer, raidir, tremper.

DURCISSEMENT ■ ⇒ **prise.**

DURÉE ■ ⇒ **temps.**

DURER ■ Se conserver, continuer, demeurer, n'en plus finir, s'étendre, s'éterniser, se maintenir, se perpétuer, persévérer, se prolonger, résister, se soutenir, subsister, tenir, tirer en longueur, traîner, vivre.

DURETÉ ■ ***I. De quelque chose.*** **1.** Consistance, imperméabilité, résistance, rigidité, rudesse, solidité. **2.** Inclémence, rigueur, rudesse, sécheresse. ***II. De quelqu'un :*** brutalité, endurcissement, implacabilité, inhumanité, insensibilité, méchanceté, rigueur, rudesse, sécheresse de cœur, sévérité.

DURILLON ■ ⇒ **cal.**

DUVET ■ ***I.*** ⇒ **poil, plume.** ***II.*** Édredon, sac à viande (fam.)/de couchage.

DUVETEUX, EUSE ■ ⇒ **doux.**

DYNAMIQUE ■ Énergique ⇒ **courageux.**

DYNAMISME ■ ⇒ **force.**

DYNASTIE ■ ⇒ **race.**

DYSENTERIE ■ ⇒ **diarrhée.**

e

EAU ■ ***I.*** Aqua simplex, flot, onde, *arg. :* baille, flotte, lance, limonade. ***II. Au pl.*** ⇒ **bain.** ***III. Eau-de-vie*** ⇒ **alcool.**

ÉBAHI, E ■ Abasourdi, ahuri, bouche-bée, déconcerté, décontenancé, ébaubi, éberlué, ébouriffé, émerveillé, étonné, fasciné, interdit, médusé, penaud, pétrifié, sidéré, stupéfait, surpris, tombé des nues. ***Fam. :*** baba, comme deux ronds de flan, épastrouillé, épaté, estomaqué.

ÉBAHIR ■ Abasourdir, ahurir, déconcerter, ébaubir, éberluer, éblouir, épater (fam.), estomaquer, étonner, interdire, méduser, stupéfier, surprendre.

ÉBAHISSEMENT ■ ⇒ **stupéfaction.**

ÉBAT, ÉBATTEMENT ■ ***I. Au pr. :*** amusement, délassement, distraction, divertissement, ébats, jeu, mouvement, passe-temps, plaisir, récréation, sport. ***II. Par ext.*** ⇒ **caresse.**

ÉBATTRE (S') ■ ⇒ **batifoler.**

ÉBAUBI, E ■ ⇒ **ébahi.**

ÉBAUCHE ■ Amorce, canevas, carcasse, commencement, crayon, croquis, début, esquisse, essai, germe, griffonnement, idée, linéaments, maquette, pochade, premier jet, préparation, projet, schéma, schème, topo (fam.).

ÉBAUCHER ■ Amorcer, commencer, crayonner, croquer, dégrossir, disposer, donner l'idée, entamer, esquisser, préparer, projeter.

ÉBAUDIR ■ ⇒ **égayer, réjouir.**

ÉBÉNISTE ■ Marqueteur, menuisier, tabletier.

ÉBERLUÉ, E ■ ⇒ **ébahi.**

ÉBLOUIR ■ ***I.*** Aveugler, blesser, luire, offusquer. ***II.*** luire. ***III.*** Halluciner. ⇒ **fasciner, impressionner.**

ÉBLOUISSANT, E ■ ***I. Au pr. :*** aveuglant, brillant, éclatant, étincelant. ***II. Fig. :*** beau, brillant, étonnant, merveilleux.

ÉBLOUISSEMENT ■ ***I. Au pr. :*** aveuglement. ***II. Fig. :*** berlue, émerveillement, étonnement, fascination, hallucination, séduction, surprise. ***III. Par ext. :*** malaise, syncope, trouble, vapeurs, vertige.

ÉBOUILLANTER ■ Blanchir, échauder.

ÉBOULEMENT ■ ⇒ **chute.**

ÉBOULER (S') ■ ⇒ **crouler.**

ÉBOULIS ■ ⇒ **amas.**

ÉBOURIFFANT, E ■ ⇒ **extraordinaire.**

ÉBOURIFFÉ, E ■ ***I.*** ⇒ **hérissé.** ***II.*** ⇒ **ébahi.**

ÉBRANCHER ■ ⇒ **élaguer.**

ÉBRANLEMENT ■ ***I. Au pr. :*** choc, commotion, coup, émotion, secousse, traumatisme. ***II. Par ext. :*** séisme, tremblement de terre. ***III. Fig.*** ⇒ **agitation.**

ÉBRANLER ■ ***I.*** ⇒ **remuer.** ***II.*** ⇒ **émouvoir.** ***III. V. pron. :*** ⇒ **partir.**

ÉBRASEMENT ■ ⇒ **ouverture.**

ÉBRÉCHER ■ ⇒ **entailler.**

ÉBRIÉTÉ ■ ⇒ **ivresse.**

ÉBROUER (S') ■ ***I. Au pr. :*** éternuer, renifler, respirer, se secouer, souffler. ***II. Fig. :*** s'ébattre, folâtrer, jouer.

ÉBRUITER ■ ⇒ **publier.**

ÉBULLITION ■ ⇒ **fermentation.**

ÉCACHER ■ ⇒ **écraser.**

ÉCAILLE ■ ⇒ **coquille.**

ÉCAILLEUX, EUSE ■ Rugueux, squameux.

ÉCALER ■ ⇒ **éplucher.**

ÉCARLATE ■ ⇒ **rouge.**

ÉCARQUILLER ■ Ribouler (vx) ⇒ **ouvrir.**

ÉCART ■ ***I. Au pr. :*** décalage, déflexion, déviation, distance, écartement, éloignement, embardée, marge. ***II. Par ext.*** **1.** ⇒ **digression. 2.** ⇒ **village. 3.** ⇒ **variation.** ***III. Fig. :*** aberration, débordement, dévergondage, disparate (vx), échappée, équipée, erreur, escapade, extravagance, faute, faux pas, folie, frasque, fredaine, impertinence, incartade, incorrection, irrégularité, manquement, relâchement ⇒ **bêtise.**

ÉCARTÉ, E ■ À l'écart, détourné, éloigné, isolé, perdu, retiré.

ÉCARTELER ■ ⇒ **tourmenter.**

ÉCARTEMENT ■ ⇒ **écart.**

ÉCARTER ■ Déjoindre, déporter, désunir, détourner, disjoindre, disperser, diviser, égarer, éliminer, éloigner, espacer, isoler, mettre à l'écart/à part/en quarantaine, partager, partir (vx), repousser, séparer. ***II. V. pron. :*** biaiser, bifurquer, décliner, se déporter/détourner, dévier, diverger, s'éloigner, gauchir, se séparer, sortir de.

ECCHYMOSE ■ ⇒ **contusion.**

ECCLÉSIASTIQUE ■ ⇒ **prêtre.**

ÉCERVELÉ, E ■ ⇒ **étourdi.**

ÉCHAFAUD ■ ***I.*** Bois de justice, gibet. ⇒ **guillotine.** ***II.*** Échafaudage, estrade.

ÉCHAFAUDAGE ■ ***I.*** ⇒ **échafaud.** ***II.*** ⇒ **raisonnement.**

ÉCHAFAUDER ■ ⇒ **préparer.**

ÉCHALAS ■ ⇒ **bâton.**

ÉCHALIER ■ ⇒ **échelle, clôture.**

ÉCHANCRÉ, E ■ Décolleté, ouvert.

ÉCHANCRER ■ ⇒ **tailler.**

ÉCHANCRURE ■ ***I.*** Coupure, crénelure, découpure, dentelure, encoche, entaille, faille, ouverture. ***II.*** Brèche, trouée.

ÉCHANGE ■ ⇒ **change, commerce.**

ÉCHANGER ■ ⇒ **changer.**

ÉCHANSON ■ Serdeau (vx), sommelier.

ÉCHANTILLON ■ ***I. Au pr. :*** aperçu, approximation, exemplaire, exemple, modèle, panel (partic.), spécimen. ***II. Fig.*** **1.** ⇒ **idée. 2.** Démonstration, preuve.

ÉCHAPPATOIRE ■ ⇒ **excuse, fuite.**

ÉCHAPPÉE ■ ⇒ **escapade, écart.**

ÉCHAPPER ■ ***I. V. tr. :*** faire/laisser tomber, perdre. ***II. V. intr. :*** éviter, glisser, réchapper. ***III. V. pron.*** **1. Au pr. :** se dérober, se dissiper, s'enfuir, s'esquiver, s'esbigner (fam.), s'évader, s'évanouir, éviter, fuir, se répandre, se sauver, sortir, s'en tirer. **2. Fig. :** s'emporter, s'oublier.

ÉCHARPE ■ ***I.*** Cache-col/nez, carré,

châle, fichu, guimpe, mantille, pointe, voile. *II.* Bande, baudrier, ceinture. *III. Loc.* **En écharpe.** 1. En bandoulière. 2. En travers, par le flanc, sur le côté.

ÉCHARPER ■ ⇒ **blesser, vaincre.**

ÉCHASSIER ■ Avocette, barge, bécasse, bécasseau, bécassine, cigogne, courlis, flamant, foulque, grue, héron, ibis, marabout, ombrette, outarde, pluvier, poule d'eau, râle, sanderling, tantale, vanneau.

ÉCHAUDER ■ *I.* ⇒ **ébouillanter.** *II.* ⇒ **tromper.**

ÉCHAUFFEMENT ■ ⇒ **altération, irritation.**

ÉCHAUFFER ■ *I.* ⇒ **chauffer.** *II.* ⇒ **enflammer.**

ÉCHAUFFOURÉE ■ ⇒ **engagement.**

ÉCHE, ESCHE ■ ⇒ **aiche.**

ÉCHÉANCE ■ Annuité, date, expiration, fin de mois, terme, trimestre.

ÉCHEC ■ ⇒ **insuccès.**

ÉCHELLE ■ *I. Au pr. :* degré, échalier, échelette, échelier, escabeau, marche, rancher (rég.). *II. Par ext. :* comparaison, dimension, mesure, proportion, rapport. *III. Fig.* ⇒ **hiérarchie.**

ÉCHELON ■ *I. Au pr. :* barreau, degré, ranche (rég.). *II. Fig.* ⇒ **grade.**

ÉCHELONNEMENT ■ Fractionnement. ⇒ **répartition.**

ÉCHELONNER ■ ⇒ **ranger.**

ÉCHEVEAU ■ ⇒ **labyrinthe.**

ÉCHEVELÉ, E ■ ⇒ **hérissé.**

ÉCHEVIN ■ ⇒ **édile.**

ÉCHINE ■ Colonne vertébrale, dos, épine dorsale, rachis.

ÉCHINER ■ *I.* ⇒ **battre.** *II.* ⇒ **fatiguer.**

ÉCHIQUIER ■ Damier, tablier (vx). *Fig.* ⇒ **imbroglio.**

ÉCHO ■ *I.* Anecdote, article, copie, histoire, nouvelle. *II.* Imitation, redoublement, réduplication, répétition, reproduction, résonance.

ÉCHOIR ■ *I.* Venir à terme. *II.* Être dévolu, être donné en partage, être réservé à, incomber, obvenir, revenir à, tomber.

ÉCHOPPE ■ ⇒ **édicule, magasin.**

ÉCHOUER ■ *I.* Accoster, se briser, s'engraver/enliser/ensabler/envaser, être drossé, faire naufrage, heurter, se perdre, sombrer, talonner, toucher le fond. *II. Par ext. :* avorter, buter, chuter, être/revenir bredouille, être recalé, manger, perdre, perdre la partie, rater, tomber, *fam. :* faire balai/baraque/long feu/fiasco/un bide/une toile, foirer, merder, prendre un bide/un bouillon/une couille/une pipe/une tasse/une veste.

ÉCLABOUSSER ■ ⇒ **salir.**

ÉCLABOUSSURE ■ ⇒ **boue.**

ÉCLAIR ■ *I.* ⇒ **lueur.** *II.* ⇒ **foudre.** *III. Loc.* **Comme l'éclair** ⇒ **vite.**

ÉCLAIRAGE ■ ⇒ **lumière.**

ÉCLAIRCIE ■ *I.* Embellie. *II.* ⇒ **clairière.**

ÉCLAIRCIR ■ *I. Au pr. :* faire briller, faire reluire, nettoyer, polir. *II. Fig. :* clarifier, débrouiller, déchiffrer, défricher, dégrossir, démêler, démontrer, développer, dévider, éclairer, édifier, élucider, expliquer, illustrer, informer, instruire, mettre en lumière, rendre intelligible, renseigner.

ÉCLAIRCISSEMENT ■ ⇒ **explication.**

ÉCLAIRÉ, E ■ ⇒ **instruit.**

ÉCLAIRER ■ *I. Au pr. :* embraser, illuminer, luire. *II. Fig.* 1. ⇒ **éclaircir.** 2. ⇒ **instruire.**

ÉCLAT ■ *I.* ⇒ **morceau.** *II.* ⇒ **bruit.** *III.* ⇒ **lueur.** *IV.* ⇒ **lustre.** *V.* Brillant, coloris, couleur.

ÉCLATANT, E ■ ⇒ **brillant.**

ÉCLATER ■ ***I. Au pr. :*** se briser, exploser, se rompre, sauter. ***II. Par ext.*** ⇒ **luire.** ***III. Fig.*** **1.** ⇒ **commencer. 2.** ⇒ **révéler (se). 3.** ⇒ **emporter (s'). 4.** ⇒ **rire.**

ÉCLECTISME ■ Choix, méthode, préférence, sélection.

ÉCLIPSE ■ ***I. Au pr. :*** absence, disparition, interposition, obscurcissement, occultation. ***II. Fig. :*** affaissement, déchéance, défaillance, défaite, défaveur, échec, faillite, fiasco, ratage.

ÉCLIPSER ■ ***I.*** ⇒ **obscurcir.** ***II. V. pron.*** ⇒ **disparaître.**

ÉCLOPÉ, E ■ ⇒ **boiteux.**

ÉCLORE ■ ⇒ **naître.**

ÉCLOSION ■ Apparition, avènement, commencement, début, effloraison, efflorescence, épanouissement, floraison, manifestation, naissance, production, sortie.

ÉCLUSE ■ Barrage, bonde, fermeture, vanne.

ÉCLUSER ■ ***I.*** Arrêter, barrer, clore, enclaver, fermer, murer, obstruer, retenir. ***II. Arg.*** ⇒ **boire.**

ÉCŒURANT, E ■ ***I.*** ⇒ **dégoûtant.** ***II.*** ⇒ **fade.** ***III.*** ⇒ **ennuyeux.**

ÉCŒUREMENT ■ ⇒ **nausée.**

ÉCŒURER ■ ⇒ **dégoûter, décourager.**

ÉCOLE ■ ***I. Au pr. :*** académie, bahut (fam.), classe, collège, conservatoire, cours, établissement, faculté, gymnase, institut, institution, lycée. ***II. Fig.*** **1.** ⇒ **leçon, expérience. 2.** ⇒ **secte. 3.** Cénacle, cercle, chapelle, club, groupe, pléiade, réunion.

ÉCOLIER ■ ***I.*** ⇒ **élève.** ***II.*** ⇒ **novice.**

ÉCONDUIRE ■ ⇒ **congédier, refuser.**

ÉCONOMAT ■ Cambuse, intendance, magasin.

ÉCONOME ■ ***I. Nom :*** administrateur, cellérier, comptable, intendant, questeur. ***II. Adj.*** **1. Favorable :** épargnant, ménager, parcimonieux, soucieux. **2. Non favorable** ⇒ **avare.**

ÉCONOMIE ■ ***I. Au pr.*** **1. Au sing. :** administration, bon emploi, épargne, frugalité, ménage (vx), organisation, parcimonie. **2. Non favorable** ⇒ **avarice. 3. Au pl. :** bas de laine, boursicot, épargne, matelas, pécule, thésaurisation, tirelire, tontine. ***II. Par ext.*** **1.** ⇒ **disposition. 2.** ⇒ **harmonie.**

ÉCONOMIQUE ■ Bon marché. ⇒ **profitable.**

ÉCONOMISER ■ Amasser, boursicoter, épargner, se faire un matelas (fam.), faire sa pelote, gratter (fam.), lésiner, liarder, marchander, mégotter (fam.), ménager, mettre de côté, réduire, regarder, regratter, serrer.

ÉCORCE ■ ⇒ **peau, extérieur.**

ÉCORCHÉ, E ■ ***I.*** Déchiré, dépouillé, égratigné, lacéré, mis à nu. ***II. Fig. :*** calomnié, exploité, rançonné, volé.

ÉCORCHER ■ ***I.*** ⇒ **dépouiller.** ***II. Loc.*** **Écorcher les oreilles** ⇒ **choquer.**

ÉCORCHURE ■ ⇒ **déchirure.**

ÉCORNER ■ ⇒ **entailler.**

ÉCORNIFLEUR ■ ⇒ **parasite.**

ÉCOSSER ■ ⇒ **éplucher.**

ÉCOT ■ ⇒ **quota.**

ÉCOULEMENT ■ ***I.*** Circulation, débit, débord (vx), débordement, débouché, décharge, découlement (vx), éruption, évacuation, exsudation, flux, mouvement, passage, ruissellement, sortie, stillation, stillicide, suage, suintement, vidange. ***II.*** ⇒ **vente.**

ÉCOULER ■ ***I.*** ⇒ **vendre.** ***II. V. pron.*** ⇒ **couler/passer.**

ÉCOURTER ■ ⇒ **diminuer.**

ÉCOUTER ■ ***I.*** Accueillir, boire les paroles (fam.), dresser/prêter l'oreille, être attentif/aux écoutes/indiscret, ouïr. ***II. Fig.*** **1.** ⇒ **satisfaire. 2.** ⇒ **obéir.**

III. V. pron. : s'abandonner, s'amollir, se laisser aller, se soigner, *et les formes pron. possibles de* SOIGNER.

ÉCRABOUILLER ▪ ⇒ **écraser.**

ÉCRAN ▪ Abri, cloison, éventail, filtre, panneau, paravent, pare-étincelles/feu, portière, protection, rideau, séparation, store, tapisserie, tenture, voilage.

ÉCRASEMENT ▪ ⇒ **défaite.**

ÉCRASER ▪ ***I.*** Aplatir, bousiller (fam.), briser, broyer, écacher, écarbouiller (fam.), écrabouiller (fam.), moudre. ***II. Par ext.*** **1.** ⇒ **vaincre. 2.** ⇒ **surcharger. 3.** ⇒ **fatiguer. 4.** ⇒ **subir, taire (se).**

ÉCRÉMAGE ▪ ⇒ **sélection.**

ÉCRÉMER ▪ ⇒ **sélectionner.**

ÉCRIER (S') ▪ ⇒ **crier.**

ÉCRIN ▪ ⇒ **boîte.**

ÉCRIRE ▪ ***I. Au pr. :*** barbouiller (péj.), calligraphier, consigner, copier, correspondre, crayonner, dactylographier, fixer, former, gratter (fam.), gribouiller, griffonner, inscrire, libeller, marquer, minuter, noter, orthographier, ponctuer, recopier, rédiger, rôler, sténographier, sténotyper, taper, tracer, transcrire. ***II. Par ext.*** **1.** ⇒ **composer. 2.** ⇒ **informer.**

ÉCRIT ▪ ***I.*** ⇒ **libelle.** ***II.*** ⇒ **livre.**

ÉCRITEAU ▪ Affiche, annonce, enseigne, épigraphe, étiquette, inscription, pancarte, panneau, panonceau, placard, programme, réclame.

ÉCRITURE ▪ ***I. Au pr. :*** graphie, graphisme, orthographe. ***II. Par ext. :*** calligraphie, griffe, main, manière, patte, plume, style. ***III. Au pl. :*** bible, évangile, épître, prophétie.

ÉCRIVAIN ▪ ***I. Au pr. :*** auteur, auteur comique/gai/tragique, conteur, dramaturge, essayiste, homme de lettres, journaliste, littérateur, narrateur, nouvelliste, plume, polygraphe, prosateur, publiciste, romancier, styliste. ⇒ **poète.** ***Péj. :*** barbouilleur, bas-bleu, écrivailleur, écrivaillon, écrivassier, faiseur de livres, forgeur, gendelettre, grimaud, pisse-copie, plumitif. ***II. Par ext. :*** calligraphe, commis aux écritures, copiste, gratte-papier, logographe, rédacteur, scribe, scribouillard (fam. et péj.), scripteur.

ÉCROUELLES ▪ ⇒ **scrofule.**

ÉCROUER ▪ ⇒ **emprisonner.**

ÉCROULEMENT ▪ ⇒ **chute.**

ÉCROULER (S') ▪ ***I.*** ⇒ **crouler.** ***II.*** ⇒ **tomber.**

ÉCU ▪ ***I.*** ⇒ **bouclier.** ***II.*** ⇒ **emblème.**

ÉCUEIL ▪ ***I. Au pr. :*** brisant, récif, rocher. ***II. Fig.*** ⇒ **obstacle.**

ÉCUELLE ▪ ⇒ **assiette.**

ÉCUMANT, E ▪ ⇒ **écumeux.**

ÉCUME ▪ ***I.*** ⇒ **mousse.** ***II.*** ⇒ **salive.** ***III.*** ⇒ **rebut.**

ÉCUMER ▪ ***I.*** ⇒ **rager.** ***II.*** ⇒ **piller.**

ÉCUMEUR ▪ ⇒ **corsaire.**

ÉCUMEUX, EUSE ▪ Baveux, bouillonnant, écumant, effervescent, gazeux, mousseux, spumescent, spumeux.

ÉCURER ▪ ⇒ **nettoyer.**

ÉCUREUIL ▪ Jacquet (rég.), petit-gris, polatouche, rat palmiste, xérus.

ÉCURIE ▪ ⇒ **étable.**

ÉCUSSON ▪ ⇒ **emblème.**

ÉCUYER ▪ ***I.*** Cavalcadour. ***II.*** ⇒ **noble.**

ÉDEN ▪ ⇒ **paradis.**

ÉDICTER ▪ ⇒ **prescrire.**

ÉDICULE ▪ Abri, cabane, échoppe, gloriette, guérite, kiosque. ⇒ **water-closet.**

ÉDIFIANT, E ▪ ⇒ **exemplaire.**

ÉDIFICATION ▪ ⇒ **instruction.**

ÉDIFICE ▪ ⇒ **bâtiment.**

ÉDIFIER ■ ***I.*** ⇒ **bâtir.** ***II.*** ⇒ **instruire.**

ÉDILE ■ Bailli, bourgmestre, capitoul, conseiller municipal, consul, échevin, magistrat, maire, mayeur, podestat.

ÉDIT ■ ⇒ **loi.**

ÉDITER ■ Lancer, publier, sortir.

ÉDITION ■ ***I. On édite :*** composition, impression, publication, réédition, réimpression, tirage. ***II. Ce qu'on édite :*** collection, publication, republication, reproduction. ***III. Première édition :*** princeps.

ÉDITORIAL ■ ⇒ **article.**

ÉDREDON ■ ⇒ **couverture.**

ÉDUCATEUR, TRICE ■ ***I. Nom :*** cicérone, éveilleur, instructeur, maître, mentor, moniteur, pédagogue. ⇒ **instituteur.** ***II. Adj. :*** éducatif, formateur, pédagogique.

ÉDUCATIF, IVE ■ ***I.*** ⇒ **éducateur.** ***II.*** ⇒ **didactique.**

ÉDUCATION ■ ⇒ **instruction, civilité.**

ÉDULCORER ■ Adoucir, affadir, affaiblir, mitiger, sucrer, tempérer.

ÉDUQUER ■ ⇒ **instruire, élever.**

EFFACÉ, E ■ ⇒ **modeste, terne.**

EFFACEMENT ■ ⇒ **retenue, suppression.**

EFFACER ■ ***I. Au pr. :*** barrer, biffer, caviarder, démarquer, détruire, échopper, faire disparaître, faire une croix, gommer, gratter, laver, oblitérer, radier, raturer, rayer, sabrer, supprimer. ***II. Fig.*** **1.** ⇒ **obscurcir. 2.** Faire oublier, *et les syn. de* OUBLIER. ***III. V. pron.*** ⇒ **disparaître.**

EFFARANT, E ■ ⇒ **étonnant.**

EFFAREMENT ■ ⇒ **surprise.**

EFFARER, EFFAROUCHER ■ ⇒ **effrayer.**

EFFECTIF ■ ***I. N. m.*** ⇒ **quantité.** ***II. Adj.*** ⇒ **efficace, réel.**

EFFECTIVEMENT ■ Certainement, en effet, en fait, en réalité, évidemment, positivement, réellement, sûrement.

EFFECTUER ■ ⇒ **réaliser.**

EFFÉMINÉ, E ■ ***I.*** Femelle, féminin. ***II.*** Émasculé, mièvre. ⇒ **uranien.**

EFFÉMINER ■ Féminiser. ***Péj.*** ⇒ **affaiblir.**

EFFERVESCENCE ■ ***I.*** ⇒ **agitation.** ***II.*** ⇒ **fermentation.**

EFFERVESCENT, E ■ Agité, bouillonnant, remuant. ⇒ **écumeux.**

EFFET ■ ***I. Au pr.*** **1.** Action, application, conclusion, conséquence, corollaire, exécution, fin, influence, portée, réalisation, résultat, suite. **2.** Amélioration, choc, impression, plaisir, sensation, soulagement, surprise. ***II. Au pl.*** ⇒ **vêtement.** ***III. Loc. adv.*** **En effet** ⇒ **effectivement.**

EFFEUILLER ■ Arracher, défeuiller, dégarnir, dépouiller, faire perdre/tomber. ***V. pron. :*** perdre, *et les formes pron. possibles des syn. de* EFFEUILLER.

EFFICACE ■ Actif, agissant, effectif, efficient, héroïque (remède), opérant, puissant, radical.

EFFICACITÉ ■ ⇒ **action, rendement.**

EFFIGIE ■ ⇒ **image.**

EFFILÉ, E ■ ⇒ **mince.**

EFFILER ■ ***I.*** Amincir, atténuer, défaire, délier, effilocher, effranger. ***II.*** ⇒ **diminuer.**

EFFLANQUÉ, E ■ ⇒ **maigre.**

EFFLEUREMENT ■ ⇒ **caresse.**

EFFLEURER ■ ***I. Au pr. :*** friser, frôler, passer près, raser, toucher. ⇒ **caresser.** ***II. Fig. :*** approcher, faire allusion à, suggérer, survoler.

EFFLORESCENCE ■ ⇒ **floraison.**

EFFLUVE ■ ⇒ **émanation, fluide.**

EFFONDRÉ, E ■ ⇒ **consterné.**

EFFONDREMENT ■ ***I. Au pr.*** ⇒ **chute.** ***II. Fig.*** ⇒ **décadence.**

EFFONDRER (S') ■ ***I.*** ⇒ **crouler.** ***II.*** ⇒ **tomber.**

EFFORCER (S') ■ ⇒ **essayer.**

EFFORT ■ ***I. Au pr. :*** ahan (vx), application, concentration, contention. ***II. Par ext.*** **1.** ⇒ **violence. 2.** ⇒ **hernie. 3.** ⇒ **peine, travail.**

EFFRACTION ■ Forcement. ⇒ **vol.**

EFFRAIE ■ ⇒ **hulotte.**

EFFRANGER ■ ⇒ **effiler.**

EFFRAYANT, E ■ Abominable, alarmant, affolant, affreux, angoissant, apocalyptique, atterrant, cauchemardesque, cauchemardeux, dangereux (par ext.), dantesque, effarant, effarouchant, effroyable, épouvantable, excessif, formidable, hallucinant, horrible, inquiétant, mauvais, menaçant, monstrueux, pétrifiant, redoutable, terrible, terrifiant, terrorisant.

EFFRAYER ■ Alarmer, affoler, angoisser, effarer, effaroucher, épouvanter, faire peur, *et les syn. de* PEUR, halluciner, horrifier, inquiéter, menacer, pétrifier, terroriser.

EFFRÉNÉ, E ■ ⇒ **excessif.**

EFFRITEMENT ■ ⇒ **désagrégation.**

EFFRITER ■ ⇒ **pulvériser.**

EFFROI ■ ⇒ **épouvante.**

EFFRONTÉ, E ■ ⇒ **hardi, impoli.**

EFFRONTERIE ■ ⇒ **impudence.**

EFFROYABLE ■ ⇒ **effrayant.**

EFFUSION ■ ⇒ **épanchement.**

ÉGAILLER (S') ■ ⇒ **disperser (se).**

ÉGAL, E ■ ***I. Adj.*** **1. Au pr. :** comparable, équivalent, jumeau, pareil, plain, plan, plat, ras, semblable. **2. Par ext. :** indifférent, tranquille. ***II. Loc. prép. À l'égal de :*** à l'instar, comme, de même que. ***III. Nom :*** alter ego, frère, jumeau, pair, pareil, semblable.

ÉGALER ■ Atteindre, balancer, contrebalancer, disputer, égaliser, équipoller, équivaloir, rivaliser, valoir.

ÉGALISER ■ Aplanir, aplatir, araser, balancer, contrebalancer, égaler, équilibrer, laminer (fig.), mettre de niveau, niveler, parangonner (fig.), raser, régulariser, unifier, unir.

ÉGALITÉ ■ ***I. Au pr. :*** conformité, équation, équilibre, équivalence, identité, parité, persistance, régularité, ressemblance, semblance, similitude, uniformité, unité. ***II. Par ext.*** ⇒ **tranquillité.**

ÉGARDS ■ ***I. Au pr. :*** assiduité, attentions, condescendance (péj.), considération, courtoisie, déférence, estime, gentillesse, hommages, ménagements, petits soins, politesse, préférence, prévenance, respect, soins, vénération. ***II. Loc.*** **1. À l'égard de :** à l'endroit de, au sujet de, avec, en ce qui concerne, envers, pour, pour ce qui est de, s'agissant de, vis-à-vis de. **2. Avoir égard à** ⇒ **considérer.**

ÉGARÉ, E ■ ***I. Au pr.*** **1.** Adiré (vx), dévoyé, fourvoyé, perdu. **2.** Clairsemé, dispersé, disséminé, éparpillé, épars, sporadique. ***II. Fig.*** ⇒ **troublé.**

ÉGAREMENT ■ ***I.*** ⇒ **délire.** ***II.*** ⇒ **dérèglement.** ***III.*** ⇒ **erreur.**

ÉGARER ■ ***I.*** ⇒ **écarter.** ***II.*** ⇒ **tromper.** ***III.*** Adirer (jurid.). ⇒ **perdre.**

ÉGARER (S') ■ S'abuser, se dérouter, (vx), se désorienter, se détourner, se dévoyer, s'écarter, errer, se fourvoyer, se perdre.

ÉGAYER ■ ***I.*** Amuser, animer, déchagriner, délasser, délecter, dérider, désopiler, dilater/épanouir la rate (fam.), distraire, divertir, ébaudir (vx), récréer, réjouir. ***II.*** **1.** ⇒ **orner. 2.** ⇒ **élaguer.** ***III. V. pron.*** **1. Favorable** ⇒ **amuser (s'). 2. Péj.** ⇒ **railler.**

ÉGÉRIE ■ Muse. ⇒ **conseiller.**

ÉGIDE ■ Appui, auspices, bouclier, patronage, protection, sauvegarde, surveillance, tutelle.

ÉGLISE ■ ***I. L'édifice :*** **1.** Abbatiale, basilique, cathédrale, chapelle, collégiale, oratoire, paroisse, prieuré. sanctuaire. **2. Par ext. :** mosquée, synagogue. ⇒ **temple.** ***II. L'institution :*** assemblée des fidèles, catholicité, clergé, communion des saints, sacerdoce. ***III. Par ext.*** ⇒ **secte.**

ÉGLOGUE ■ Bucolique, chant/poème/poésie pastoral(e)/rustique, géorgique, pastorale.

ÉGOÏSME ■ ***I.*** Amour de soi, amour-propre, autolâtrie, culte du moi, égocentrisme, égotisme, indifférence, individualisme, insensibilité, moi, narcissisme. ***II.*** ⇒ **avarice.**

ÉGOÏSTE ■ ***I. Au pr. :*** autolâtre, cœur sec, égocentrique, égotiste, entier, indifférent, individualiste, individuel, insensible, narcissique, personnel, sec. ***II. Par ext.*** ⇒ **avare.**

ÉGORGER ■ ⇒ **tuer, dépouiller.**

ÉGOSILLER (S') ■ ⇒ **crier.**

ÉGOTISME ■ ⇒ **égoïsme.**

ÉGOUT ■ ⇒ **cloaque.**

ÉGOUTTOIR ■ Cagerotte, clayon, clisse, éclisse, faisselle.

ÉGRATIGNER ■ ***I. Au pr.*** ⇒ **déchirer.** ***II. Fig.*** ⇒ **blesser.**

ÉGRATIGNURE ■ ⇒ **déchirure.**

ÉGRENER ■ Écosser, égrapper. ***V. pron.*** ⇒ **disperser (se).**

ÉGRILLARD, E ■ ⇒ **libre.**

ÉGROTANT, E ■ ⇒ **malade.**

ÉGRUGER ■ ⇒ **broyer.**

ÉHANCHÉ, E ■ ⇒ **disloqué.**

ÉHONTÉ, E ■ ⇒ **impudent.**

ÉJACULATION ■ Déjection, éjection, évacuation, miction, pollution, projection.

ÉJACULER ■ ***Arg. et grossier :*** arracher, balancer/envoyer/lâcher sa came/purée/sauce/semoule/ son venin/le yaourt, décharger, faire une carte de France, foutre (vx), juter, se soulager, vider ses ⇒ **bourses.**

ÉJECTER ■ ⇒ **jeter.**

ÉJECTION ■ ⇒ **expulsion.**

ÉLABORATION ■ Accomplissement, conception, exécution, fabrication, mise au point, perfectionnement, préparation, réalisation, travail. ⇒ **digestion.**

ÉLABORER ■ ⇒ **préparer, digérer.**

ÉLAGAGE ■ ⇒ **taille.**

ÉLAGUER ■ Couper, dégager, dégarnir, diminuer, ébrancher, éclaircir, égayer, émonder, étêter, rapetisser, supprimer, tailler, tronquer. ⇒ **retrancher.**

ÉLAN ■ ***I.*** Bond, coup, élancement, envolée, erre, essor, lancée, lancement, impulsion, mouvement, saut. ***II. Fig. :*** ardeur, chaleur, élévation, emportement, émulation, enthousiasme, entraînement, fougue, furia, vivacité, zèle. ***III.*** ⇒ **cervidé.**

ÉLANCÉ, E ■ ⇒ **mince.**

ÉLANCEMENT ■ ⇒ **douleur, élan.**

ÉLANCER (S') ■ Bondir, charger, débouler, s'élever, foncer, fondre, se jeter, se lancer, piquer, se précipiter, se ruer, sauter, tomber.

ÉLARGIR ■ Accroître, arrondir, augmenter, dilater, distendre, évaser, ovaliser.

ÉLARGISSEMENT ■ ⇒ **agrandissement, libération.**

ÉLASTICITÉ ■ ⇒ **souplesse.**

ÉLASTIQUE ■ ***I. Au pr. :*** compressible, extensible, flexible, mou, rénitent (méd.). ***II. Fig.*** **1. ⇒ indulgent. 2. ⇒ relâché.**

ELDORADO ▪ Éden, paradis, pays de Cocagne/de rêve, Pérou.

ÉLECTION ▪ ***I.*** **⇒ choix.** ***II.*** **⇒ préférence.** ***III.*** **⇒ vote.**

ÉLECTRISER ▪ **⇒ enflammer.**

ÉLECTUAIRE ▪ **⇒ remède.**

ÉLÉGANCE ▪ ***I. Au pr. :*** agrément, allure, beauté, belle apparence, bonne mine, bon ton, cachet, chic, dandysme, distinction, goût, grâce, harmonie, perfection, race, sveltesse, tenue. ***II. Par ext.*** **1. ⇒ pureté. 2. ⇒ simplicité. 3. ⇒ habileté.**

ÉLÉGANT, E ▪ ***I. Adj.*** **1. Quelqu'un ou un groupe** : agréable, beau, bien mis, chic, copurchic (fam.), coquet, de bon goût, délicat, distingué, endimanché, faraud (vx), fashionable, fringant, galant, gracieux, harmonieux, joli, parfait, pimpant, sélect, smart, sur son trente et un, svelte, tiré à quatre épingles, urf. **2. Une chose ⇒ pur.** ***II. Nom :*** brummell, dandy, gandin, gommeux (péj.), merveilleux, mirliflore, muguet, muscadin.

ÉLÉGIAQUE ▪ ***I. Au pr. :*** mélancolique, plaintif, tendre, triste. ***II. Par ext. :*** abattu, affecté, attristé, chagrin.

ÉLÉGIR ▪ **⇒ diminuer.**

ÉLÉMENT ▪ ***I.*** **⇒ principe.** ***II.*** **⇒ substance.** ***III.*** **⇒ milieu.**

ÉLÉMENTAIRE ▪ **⇒ simple.**

ÉLÉVATION ▪ ***I. Au pr.*** **1. ⇒ hauteur. 2. ⇒ hausse.** ***II. Fig. :*** dignité, éminence, grandeur, héroïsme, noblesse, sublimité, supériorité, tenue.

ÉLÈVE ▪ Apprenti, cancre (péj.), collégien, disciple, écolier, étudiant, lycéen, potache. ***Arg. scol. :*** ancien, bicarré, bizut, carré, cocon, conscrit, grimaud (vx), tapir.

ÉLEVÉ, E ▪ ***I. Au pr.*** **⇒ haut.** ***II. Par ext. :*** accru, augmenté, bon, éduqué, éminent, emphatique (péj.), formé, grand, héroïque, instruit, magnifique, noble, pompeux (péj.), relevé, soutenu, sublime, supérieur, transcendant. ***III. Loc.*** **1. Bien élevé ⇒ civil. 2. Mal élevé ⇒ impoli.**

ÉLEVER ▪ ***I. Au pr.*** **1.** Accroître, arborer, augmenter, dresser, exhausser, faire monter, hausser, lever, planter, rehausser, relever, soulever, surélever. **2.** Bâtir, construire, édifier, ériger. ***II. Élever un enfant :*** allaiter, cultiver, éduquer, entretenir, former, instruire, nourrir. ***III. Par ext.*** *On élève quelque chose ou quelqu'un.* **1. ⇒ louer. 2. ⇒ promouvoir.** ***IV. On élève une objection*** **⇒ prétexter.** ***V. V. pron.*** **1. ⇒ opposer (s'). 2. ⇒ protester. 3. ⇒ monter. 4. ⇒ naître.**

ÉLEVEUR ▪ Emboucheur, engraisseur, herbager, nourrisseur.

ELFE ▪ Esprit, follet, génie, lutin, sylphe

ÉLIMÉ, E ▪ **⇒ usagé.**

ÉLIMINATION ▪ **⇒ suppression.**

ÉLIMINER ▪ Abstraire, bannir, écarter, exclure, expulser, évincer, faire abstraction de, forclore (jurid.), laisser de côté, mettre à part/en quarantaine, omettre, ostraciser, proscrire, retirer, retrancher, supprimer, sortir.

ÉLIRE ▪ **⇒ choisir.**

ÉLITE ▪ **⇒ choix.**

ÉLITISME ▪ Mandarinat.

ÉLIXIR ▪ Essence, quintessence. **⇒ remède.**

ELLIPSE ▪ ***I.*** **⇒ ovale.** ***II.*** Aphérèse, apocope, brachylogie, laconisme, raccourci, syncope.

ELLIPTIQUE ▪ **⇒ court.**

ÉLOCUTION ▪ Accent, articulation, débit, déclamation, diction, éloquence, énonciation, expression, langage, langue, parole, prononciation, style.

ÉLOGE ■ ***I. Au pr. :*** applaudissement, apologie, apothéose, célébration, compliment, coups d'encensoir (péj.), dithyrambe, encens, encensement, exaltation, faire-valoir, félicitation, flagornerie (péj.), glorification, justification, los (vx), louange, magnification, panégyrique. ***II. Par ext. :*** chant, doxologie, gloria, hosanna, oraison funèbre, prône.

ÉLOGIEUX, EUSE ■ Apologétique, apologique, dithyrambique, louangeur.

ÉLOIGNÉ, E ■ À distance, détourné, écarté, espacé, lointain, reculé.

ÉLOIGNEMENT ■ ***I. Au pr.*** **1. De quelqu'un** : absence, disparition. **2. D'une chose** : distance, intervalle, lointain, renfoncement. ***II. Fig. :*** antipathie, aversion, dégoût, détestation, exécration, haine, horreur, nausée, répugnance, répulsion.

ÉLOIGNER ■ ⇒ **écarter.** ***V. pron. :*** s'absenter, céder la place, disparaître, s'écarter, s'en aller, quitter.

ÉLONGATION ■ ⇒ **entorse.**

ÉLOQUENCE ■ Ardeur, art, bien-dire, brillant, brio, chaleur, charme, conviction, élégance, maîtrise, parole, persuasion (par ext.), rhétorique, véhémence, verve. ***Péj. :*** bagou, débit, déclamation, faconde, ithos, pathos.

ÉLOQUENT, E ■ ⇒ **disert, probant.**

ÉLU, E ■ ⇒ **député, saint.**

ÉLUCIDATION ■ ⇒ **explication.**

ÉLUCIDER ■ ⇒ **éclaircir.**

ÉLUCUBRATION ■ Vaticination. ⇒ **fable.**

ÉLUCUBRER ■ ⇒ **composer.**

ÉLUDER ■ ⇒ **éviter.**

ÉLUSIF, IVE ■ ⇒ **évasif.**

ÉMACIATION ■ ⇒ **maigreur.**

ÉMACIÉ, E ■ ⇒ **maigre.**

ÉMAIL ■ Décoration, émaillure, nielle.

ÉMAILLER ■ ⇒ **orner.**

ÉMANATION ■ ***I. Au pr.*** **1. Agréable ou neutre** : arôme, bouffée, effluence, effluve, exhalaison, parfum, senteur. ⇒ **odeur. 2. Désagréable** : miasmes, odeur, remugle. ⇒ **puanteur.** ***II. Fig. :*** alter ego, créature, dérivation, disciple, épigone, manifestation, produit.

ÉMANCIPATEUR, TRICE ■ ⇒ **libérateur.**

ÉMANCIPATION ■ ⇒ **libération.**

ÉMANCIPER ■ ⇒ **libérer.**

ÉMANER ■ ***I.*** ⇒ **dégager (se).** ***II.*** ⇒ **découler.**

ÉMARGEMENT ■ Acquit, apostille, décharge, griffe, quittance, quitus, récépissé, reçu, signature, visa.

ÉMARGER ■ V. tr. et intr. ***I.*** ⇒ **toucher.** ***II.*** Apostiller, mettre sa griffe/marque, signer, viser.

ÉMASCULATION ■ ⇒ **castration.**

ÉMASCULER ■ ***I. Au pr. :*** castrer, couper, déviriliser. ⇒ **châtrer.** ***II. Fig.*** ⇒ **affaiblir.**

EMBABOUINER ■ Cajoler, enjôler, flagorner. ⇒ **berner.**

EMBALLAGE ■ Conditionnement, empaquetage. ⇒ **récipient.**

EMBALLEMENT ■ ⇒ **enthousiasme.**

EMBALLER ■ ***I.*** ⇒ **envelopper.** ***II.*** ⇒ **transporter.** ***III. V. pron.*** ⇒ **emporter (s').**

EMBARCADÈRE ■ ⇒ **quai, wharf.**

EMBARCATION ■ Bachot, baleinière, barque, canoë, canot, chaloupe, esquif, nacelle, périssoire, pirogue, rafiot, skiff, vedette, yole, youyou. ⇒ **bateau.**

EMBARDÉE ■ ⇒ **écart.**

EMBARGO ■ ⇒ **confiscation.**

EMBARQUEMENT ■ Chargement. ⇒ **départ.**

EMBARQUER ■ ***I.*** ⇒ **charger.** ***II. V. pron. :*** 1. Monter, partir. 2. S'aventurer, s'engager, essayer, se lancer.

EMBARRAS ■ ***I.*** ⇒ **obstacle.** ***II.*** ⇒ **ennui.** ***III.*** ⇒ **indétermination.** ***IV.*** ⇒ **timidité.** ***V.*** ⇒ **façon.**

EMBARRASSANT, E ■ Difficile, encombrant, gênant, incommodant, intimidant, malaisé, obstrué, pénible.

EMBARRASSÉ, E ■ Contourné, contraint, filandreux, pâteux. ⇒ **embarrasser.**

EMBARRASSER ■ ***I. Quelque chose*** ⇒ **obstruer.** ***II. Quelqu'un*** ⇒ **gêner.** ***III. Fig. :*** arrêter, compliquer, déconcerter, dérouter, emberlificoter, embourber, embrouiller, empêcher, empêtrer, enchevêtrer, encombrer, enferrer, entortiller, entraver, gêner, importuner, incommoder, inquiéter, intimider, intriguer (vx), troubler.

EMBASTILLER ■ ⇒ **emprisonner.**

EMBAUCHAGE ■ Embauche, engagement, enrôlement, racolage (péj.).

EMBAUCHER ■ ⇒ **engager.**

EMBAUMER ■ Momifier ⇒ **parfumer.**

EMBAUMEUR ■ Taricheute, thanatopracteur/practor.

EMBECQUER ■ ⇒ **gorger.**

EMBELLIR ■ v. tr. et intr. Agrémenter, assaisonner (fam.), décorer, émailler, enjoliver, farder, flatter, garnir, idéaliser, illustrer, ornementer, parer, poétiser, rendre beau, sublimer. ⇒ **orner.**

EMBELLISSEMENT ■ ⇒ **amélioration.**

EMBERLIFICOTER ■ ⇒ **embarrasser.**

EMBÊTANT, E ■ ⇒ **ennuyeux.**

EMBÊTEMENT ■ ⇒ **ennui.**

EMBÊTER ■ ⇒ **ennuyer.**

EMBLÉE (D') ■ ⇒ **aussitôt.**

EMBLÉMATIQUE ■ ⇒ **symbolique.**

EMBLÈME ■ Armes, armoiries, bannière, blason, cocarde, devise, drapeau, écu, écusson, étendard, figure, hiéroglyphe, image, insigne, signe, symbole.

EMBOÎTEMENT ■ Aboutage, accouplement, ajustage, assemblage, emboîture, enchâssement, insertion, rapprochement, réunion, union.

EMBOÎTER ■ ***I.*** ⇒ **insérer.** ***II. Loc.*** **Emboîter le pas** ⇒ **suivre.**

EMBOLIE ■ ⇒ **congestion.**

EMBONPOINT ■ ⇒ **grosseur.**

EMBOUCHÉ, E (MAL) ■ ⇒ **impoli.**

EMBOUCHURE ■ ***I. D'un instrument :*** bocal, bouquin, embouchoir. ***II. D'un cours d'eau :*** bouches, delta, estuaire.

EMBOURBER ■ ***Fig.*** ⇒ **embarrasser.** ***V. pron. :*** 1. **Au pr. :** s'empêtrer, s'enfoncer, s'engluer, s'enliser, s'envaser, patauger, patiner. 2. **Fig. :** s'embrouiller, se tromper, se troubler.

EMBOUTEILLER ■ ⇒ **obstruer.**

EMBOUTIR ■ ⇒ **heurter.**

EMBRANCHEMENT ■ ***I.*** ⇒ **fourche.** ***II.*** ⇒ **partie.**

EMBRANCHER ■ ⇒ **joindre.**

EMBRASEMENT ■ ***I.*** ⇒ **incendie.** ***II. Fig.*** ⇒ **fermentation.**

EMBRASER ■ ***I.*** ⇒ **enflammer.** ***II.*** ⇒ **éclairer.**

EMBRASSADE, EMBRASSEMENT ■ Accolade, baisement, baiser, caresse, enlacement, étreinte, resserrement, serrement.

EMBRASSER ■ ***I. Au pr.*** 1. ⇒ **serrer.** 2. ⇒ **baiser.** ***II. Fig.*** 1. ⇒ **comprendre.** 2. ⇒ **entendre.** 3. ⇒ **suivre.** 4. ⇒ **voir.**

EMBRASURE ■ ⇒ **ouverture.**

EMBRAYER ■ ⇒ **entreprendre.**

EMBRIGADEMENT ■ Encadrement, enrôlement, racolage, recrutement.

EMBRIGADER ■ ⇒ **enrôler.**

EMBRINGUER ■ ⇒ **entraîner.**

EMBROCATION ■ ⇒ **pommade.**

EMBROCHER ■ Brocheter, percer.

EMBROUILLAMINI ■ ⇒ **embrouillement.**

EMBROUILLÉ, E ■ ***I.*** ⇒ **compliqué.** ***II.*** ⇒ **obscur.**

EMBROUILLEMENT ■ Brouillamini, brouillement, confusion, désordre, embrouillamini, emmêlement, enchevêtrement, imbroglio, incertitude, obscurcissement, ombre, voile. ***Arg. ou fam. :*** bin's, bisness, chtourbe, cirage, embrouille, merdier, sac de nœuds, salade.

EMBROUILLER ■ Brouiller, compliquer, confondre, embarrasser, enchevêtrer, mêler, troubler.

EMBRUMER ■ ⇒ **obscurcir.**

EMBRUN ■ Poudrin.

EMBRYON ■ Fœtus, germe, graine, œuf. ⇒ **commencement.**

EMBRYONNAIRE ■ ⇒ **simple.**

EMBU, E ■ ⇒ **terne.**

EMBÛCHE, EMBUSCADE ■ ⇒ **piège.**

EMBUÉ, E ■ Embu, imbibé, imprégné, mouillé, obscurci.

ÉMÉCHÉ, E ■ ⇒ **ivre.**

ÉMERAUDE ■ ***I. Adj.*** ⇒ **vert.** ***II. Nom fém.*** ⇒ **gemme.**

ÉMERGER ■ ***I.*** ⇒ **sortir.** ***II.*** ⇒ **distinguer (se).**

ÉMERILLONNÉ, E ■ ⇒ **éveillé.**

ÉMÉRITE ■ ⇒ **distingué.**

ÉMERVEILLÉ, E ■ ⇒ **étonné.**

ÉMERVEILLER ■ ***I.*** ⇒ **fasciner.** ***II.*** ⇒ **charmer.** ***III.*** ⇒ **étonner.** ***IV. V. pron.*** ⇒ **enthousiasmer (s').**

ÉMÉTIQUE ■ n. et adj. ⇒ **vomitif.**

ÉMETTRE ■ ***I. Au pr.*** ⇒ **jeter.** ***II. Radio :*** diffuser, produire, publier, radiodiffuser. ***III. Fig.*** ⇒ **énoncer.**

ÉMEUTE ■ Agitation, barricades, coup de chien, désordre, insoumission, insurrection, mutinerie, rébellion, révolte, révolution, sédition, soulèvement, trouble.

ÉMEUTIER, ÈRE ■ ⇒ **factieux.**

ÉMIETTER ■ ⇒ **disperser.**

ÉMIETTEMENT ■ ⇒ **dispersion.**

ÉMIGRANT ■ ⇒ **émigré.**

ÉMIGRATION ■ ***I. Au pr. :*** exode, expatriation, migration, transmigration, transplantation. ***II. Par ext.*** ⇒ **relégation.**

ÉMIGRÉ, E ■ n. et adj. Émigrant, exogène, expatrié, immigré, migrant, personne déplacée, réfugié.

ÉMIGRER ■ S'expatrier ⇒ **partir.**

ÉMINENCE ■ ***I.*** ⇒ **hauteur.** ***II.*** ⇒ **saillie.** ***III.*** ⇒ **élévation.** ***IV. Protocolaire :*** Excellence, Grandeur, Monseigneur.

ÉMINENT, E ■ ⇒ **élevé, distingué.**

ÉMISSAIRE ■ ***I.*** Agent, chargé d'affaires, envoyé. ⇒ **député.** ***II.*** ⇒ **espion.** ***III.*** ⇒ **cours d'eau.**

ÉMISSION ■ ***I.*** Écoulement, éjaculation, émanation, éruption. ***II.*** Diffusion, production, représentation, retransmission, transmission, vulgarisation.

EMMAGASINER ■ ⇒ **accumuler.**

EMMAILLOTER ■ ⇒ **envelopper.**

EMMÊLER ■ ⇒ **mélanger.**

EMMÉNAGER ■ ⇒ **installer (s').**

EMMENER ■ ⇒ **mener.**

EMMERDANT, E ■ ⇒ **ennuyeux.**

EMMERDEMENT ■ ⇒ **ennui.**

EMMERDER ■ ⇒ **ennuyer.**

EMMERDEUR, EUSE ■ ⇒ **fâcheux.**

EMMIELLÉ, E ■ ⇒ **doucereux.**

EMMIELLER ■ (Fig.) ***I.*** ⇒ **adoucir.** ***II.*** ⇒ **ennuyer.**

EMMITONNER ■ ***I. Au pr.*** ⇒ **envelopper.** ***II. Fig.*** 1. ⇒ **séduire.** 2. ⇒ **tromper.**

EMMITOUFLER ■ ***I. Au pr.*** ⇒ **envelopper.** ***II. Fig.*** ⇒ **déguiser.**

EMMURER ■ ⇒ **emprisonner.**

ÉMOI ■ ⇒ **émotion.**

ÉMOLUMENTS ■ ⇒ **rétribution.**

ÉMONDER ■ ⇒ **élaguer.**

ÉMOTIF, IVE ■ ⇒ **sensible.**

ÉMOTION ■ Affolement, agitation, bouleversement, choc, commotion, coup, désarroi, ébranlement, effarement, effervescence, émoi, enthousiasme, fièvre, frisson, saisissement, secousse, serrement de cœur, souleur (vx), transe, trauma, traumatisme, trouble. ⇒ **sentiment.**

ÉMOTIVITÉ ■ ⇒ **sensibilité.**

ÉMOUDRE ■ ***I.*** ⇒ **aiguiser.** ***II. Loc.*** **Frais émoulu** ⇒ **sortir.**

ÉMOUSSÉ, E ■ ***I. Au pr. :*** ébréché, écaché, émoucheté, épointé, mousse. ***II. Fig. :*** abattu, affaibli, amorti, blasé, diminué, obtus, usé.

ÉMOUSTILLER ■ ⇒ **exciter.**

ÉMOUVANT, E ■ Apitoyant, attendrissant, bouleversant, captivant, déchirant, dramatique, éloquent, empoignant, excitant, frappant, impressionnant, larmoyant (péj.), navrant, pathétique, poignant, saisissant, touchant, tragique, troublant.

ÉMOUVOIR ■ Affecter, agiter, alarmer, aller au cœur, apitoyer, attendrir, attrister, blesser, bouleverser, captiver, chavirer (fam.), consterner, déchirer, ébranler, émotionner (fam.), empoigner, enflammer, exciter un sentiment/la passion, faire vibrer, fléchir, frapper, froisser (péj.), impressionner, inquiéter, intéresser, piquer au vif, remuer, retourner, révolutionner (fam.), saisir, secouer, suffoquer, surexciter, toucher, troubler. ***V. pron. :*** être agité, s'insurger, réagir, *et les formes pron. possibles des syn. de* ÉMOUVOIR.

EMPAILLER ■ Naturaliser.

EMPALER ■ ⇒ **percer.**

EMPAQUETAGE ■ Conditionnement, emballage.

EMPAQUETER ■ ⇒ **envelopper.**

EMPARER (S') ■ Accaparer, s'approprier, s'assurer, s'attribuer, capter, capturer, conquérir, emporter, enlever, envahir, escroquer (péj.), faucher (fam.), intercepter, mettre le grappin (fam.)/la main sur, occuper, piquer (fam.), prendre, rafler, se rendre maître de, soulever, usurper. ⇒ **voler.**

EMPÂTÉ, E ■ ⇒ **gras.**

EMPÂTEMENT ■ ⇒ **grosseur.**

EMPÂTER (S') ■ ⇒ **grossir.**

EMPAUMER ■ ***I.*** ⇒ **gouverner.** ***II.*** ⇒ **séduire.**

EMPÊCHÉ, E ■ ***I.*** *Les part. passés possibles des syn. de* EMPÊCHER. ***II.*** ⇒ **embarrassé.**

EMPÊCHEMENT ■ ⇒ **obstacle.**

EMPÊCHER ■ Arrêter, bâillonner, barrer, bloquer, brider, condamner, conjurer, contraindre, contrarier, contrecarrer, contrer, couper, défendre, déjouer, dérober, dérouter, détourner, écarter, embarrasser, enchaîner, endiguer, enfermer, entraver, étouffer, exclure, éviter, faire obstacle, *et les syn. de* OBSTACLE, fermer, gêner, interdire, masquer, museler, offusquer, s'opposer à, paralyser, prévenir, prohiber, retenir, supprimer, tenir, traverser (vx).

EMPEREUR ■ ⇒ **monarque.**

EMPESÉ, E ■ ***I. Au pr. :*** amidonné, apprêté, dur. ***II. Fig.*** ⇒ **étudié.**

EMPESTER ■ ⇒ **puer.**

EMPÊTRER ■ ⇒ **embarrasser.**

EMPHASE ■ Affectation, ampoule, bouffissure, boursouflure, cérémonie, complications, déclamation, démesure, enflure, excès, grandiloquence, grands airs, hyperbole, ithos, pathos, pédantisme, pompe, prétention, solennité.

EMPHATIQUE ■ Académique, affecté, ampoulé, apprêté, bouffi, boursouflé, cérémonieux, compliqué, creux, déclamateur, déclamatoire, démesuré, enflé, gonflé, grandiloquent, guindé, hyperbolique, magnifique (vx), pédantesque, pindarique, pompeux, pompier (fam.), prétentieux, ronflant, sentencieux, solennel, sonore, soufflé, vide.

EMPIÉTEMENT ■ ⇒ **usurpation.**

EMPIÉTER ■ ⇒ **usurper.**

EMPIFFRER (S') ■ ⇒ **manger.**

EMPILER ■ ***I.*** ⇒ **accumuler, entasser.** ***II. Péj.*** ⇒ **tromper, voler.**

EMPIRE ■ ***I.*** ⇒ **autorité.** ***II.*** ⇒ **règne.** ***III.*** ⇒ **nation.** ***IV.*** ⇒ **influence.**

EMPIRER ■ S'aggraver, aigrir, augmenter, s'aviver, se corser, devenir plus grave *et les syn. de* GRAVE, s'envenimer, péricliter, progresser

EMPIRIQUE ■ Expérimental, routinier.

EMPIRISME ■ ⇒ **routine.**

EMPLACEMENT ■ ⇒ **lieu.**

EMPLÂTRE ■ ***I. Au pr. :*** antiphlogistique, cataplasme, compresse, diachylon, magdaléon, résolutoire, révulsif, sinapisme. ***II. Fig.*** ⇒ **mou.**

EMPLETTE ■ Achat, acquisition.

EMPLIR ■ Bonder, bourrer, charger, combler, embarquer, encombrer, entrelarder, envahir, farcir, fourrer, garnir, gonfler, insérer, larder, occuper, remplir, saturer, se répandre dans, truffer.

EMPLOI ■ ***I.*** Attributions, charge, état, fonction, fromage (fam.), gagne-pain, ministère, occupation, office, place, poste, profession, rôle, service, sinécure, situation, travail. ***II.*** ⇒ **usage.**

EMPLOYÉ, E ■ ***I. Nom.*** **1. Au pr. :** adjoint, agent, aide, auxiliaire, commis, demoiselle, fonctionnaire, garçon, préposé, salarié, subordonné. **2. Par ext. :** bureaucrate, cheminot, copiste, dactylographe, écrivain, expéditionnaire, greffier, saute-ruisseau, scribe, secrétaire, sténodactylographe, sténographe, surnuméraire. ***Péj. :*** galopin, gratte-papier, lipette, plumitif, rond-de-cuir, roupiot, scribouillard. ***II. Adj.*** ⇒ **usité.**

EMPLOYER ■ ⇒ **occuper.**

EMPLOYEUR ■ ⇒ **patron.**

EMPOCHER ■ ⇒ **recevoir.**

EMPOIGNADE ■ ⇒ **altercation.**

EMPOIGNER ■ ***I. Au pr.*** ⇒ **prendre.** ***II. Fig.*** ⇒ **émouvoir.**

EMPOISONNEMENT ■ intoxication. ⇒ **ennui.**

EMPOISONNER ■ ***I. Au pr. :*** contaminer, envenimer, infecter, intoxiquer. ***II. Fig.*** **1.** ⇒ **altérer. 2.** ⇒ **ennuyer. 3.** ⇒ **puer.**

EMPOISONNEUR, EUSE ■ ⇒ **fâcheux.**

EMPORTÉ, E ■ ***I.*** ⇒ **impétueux.** ***II.*** ⇒ **colère** (adj.).

EMPORTEMENT ■ ***I.*** ⇒ **colère.** ***II.*** ⇒ **impétuosité.**

EMPORTER ■ ***I. Au pr.*** **1. Quelqu'un ou quelque chose emporte quelque chose :** charrier, charroyer, embarquer (fam.), emmener, s'en aller avec, enlever, entraîner, prendre, rouler, transporter. **2. Une récompense** ⇒ **obtenir.** ***II. Par ext. :*** comporter, impliquer, renfermer. ***III. Loc.*** **1. L'emporter sur**

⇒ **prévaloir. 2. Une maladie l'a emporté** : faire mourir *et les syn. de* MOURIR. ***IV. V. pron.*** : se cabrer, déborder, se déchaîner, éclater, s'emballer, fulminer, se gendarmer, s'irriter. ***Fam.*** : monter sur ses grands chevaux, prendre le mors aux dents, sentir la moutarde monter au nez, sortir de ses gonds, voir rouge.

EMPREINDRE ■ ⇒ **imprimer.**

EMPREINT, E ■ ⇒ **plein.**

EMPREINTE ■ ⇒ **trace.**

EMPRESSÉ, E ■ ⇒ **complaisant.**

EMPRESSEMENT ■ Ardeur, attention, avidité, célérité, complaisance, diligence, élan, galanterie, hâte, impatience, précipitation, presse, promptitude, soin, vivacité, zèle.

EMPRESSER (S') ■ S'affairer, courir, se démener, se dépêcher, se hâter, se mettre en quatre, se précipiter, se presser.

EMPRISE ■ Ascendant, autorité, dépendance, empiétement, empire, influence, mainmise.

EMPRISONNEMENT ■ Captivité, claustration, contrainte par corps (jurid.), détention, écrou, incarcération, internement, mise à l'ombre (fam.), prise de corps (jurid.), prison, réclusion, relégation, séquestration, transportation.

EMPRISONNER ■ Arrêter, assurer, cadenasser, claquemurer, cloîtrer, détenir, écrouer, embastiller, emmurer, encelluler, enchaîner, enfermer, incarcérer, interner, jeter, mettre à l'ombre/aux fers/sous les verrous/en prison, *et les syn. de* PRISON, retenir captif, séquestrer. ***Arg. ou fam.*** : bouclarer, boucler, coffrer, emballer, emballonner, embarquer, emboîter, encager, enchtiber, encrister, enfourailler, entoiler, foutre dedans, lourder.

EMPRUNT ■ ⇒ **prêt, imitation.**

EMPRUNTÉ, E ■ ***I.*** ⇒ **artificiel.** ***II.*** ⇒ **embarrassé.**

EMPRUNTER ■ ***Par ext. I.*** ⇒ **user.** ***II.*** ⇒ **tirer.** ***III. Fig.*** ⇒ **voler.** ***IV.*** ⇒ **imiter.**

EMPRUNTEUR, EUSE ■ Débiteur, tapeur.

EMPUANTIR ■ ⇒ **puer.**

EMPYRÉE ■ ⇒ **ciel.**

ÉMU, E ■ Affecté, affolé, agité, alarmé, apitoyé, attendri, attristé, blessé, bouleversé, captivé, consterné, déchiré, ébranlé, émotionné, empoigné, enflammé, éperdu, excité, frappé, impressionné, inquiété, pantelant, remué, retourné, révolutionné, saisi, secoué, suffoqué, surexcité, touché, troublé.

ÉMULATION ■ ***I. Au pr.*** : antagonisme, amour-propre, assaut, combat, compétition, concurrence, course, jalousie, lutte, rivalité, zèle. ***II. Par ext.*** : énergie, enthousiasme, exaltation, incitation.

ÉMULE ■ n. et adj. ⇒ **rival.**

ÉNAMOURER (S') ■ ⇒ **éprendre (s').**

ENCADREMENT ■ ***I. Au pr.*** : baguette, bordure, cadre, cartel, cartouche, chambranle, châssis, entourage, huisserie, listel, mandorle, marie-louise. ***II. Par ext.*** **1.** Contrôle. **2.** Hiérarchie.

ENCADRER ■ ⇒ **entourer, insérer.**

ENCAISSÉ, E ■ ⇒ **profond.**

ENCAISSEMENT ■ ⇒ **perception.**

ENCAISSER ■ ⇒ **toucher, recevoir.**

ENCAISSEUR ■ Garçon de recettes.

ENCAN ■ ⇒ **enchère.**

ENCANAILLER (S') ■ ⇒ **déchoir.**

ENCAQUER ■ ⇒ **entasser.**

ENCARTER ■ ⇒ **insérer.**

EN-CAS ■ ⇒ **casse-croûte.**

ENCASTRER ■ ⇒ **insérer.**

ENCEINDRE ■ ⇒ **entourer.**

ENCEINTE ■ *I.* Bordigue, ceinture, claie, clayonnage, clos, clôture, douves, enclos, fortification, fossé, glacis, mur, palis, palissade, périmètre, pourpris (vx), rempart. *II.* Amphithéâtre, arène, carrière, champ, cirque, lice.

ENCEINTE ■ *I. Adj. :* cloquée (arg.), dans une position intéressante (fam.), gestante, grosse, parturiente, prégnante. **Vétér.** : gravide, pleine. *II. N. f.* ⇒ **forteresse.**

ENCENS ■ *Fig.* ⇒ **éloge.**

ENCENSER ■ ⇒ **louer.**

ENCÉPHALE ■ ⇒ **cerveau.**

ENCERCLEMENT ■ ⇒ **siège.**

ENCERCLER ■ Assiéger, cerner, contourner, enfermer, entourer, envelopper, investir, serrer de toutes parts.

ENCHAÎNEMENT ■ ⇒ **suite.**

ENCHAÎNER ■ *I.* ⇒ **attacher.** *II.* ⇒ **joindre.** *III.* ⇒ **soumettre.** *IV.* ⇒ **retenir.**

ENCHANTÉ, E ■ ⇒ **content.**

ENCHANTEMENT ■ ⇒ **magie.**

ENCHANTER ■ ⇒ **charmer.**

ENCHANTEUR, TERESSE ■ ⇒ **charmant.**

ENCHÂSSER ■ Assembler, emboîter, encadrer, encastrer, enchatonner, fixer, monter, sertir. ⇒ **insérer.**

ENCHÈRE ■ Adjudication à la chandelle, criée, encan, enchères à l'américaine, folle enchère, licitation, surenchère, ultra-petita, vente, vente au plus offrant, vente publique.

ENCHÉRIR ■ *I. Au pr. :* ajouter, aller sur, augmenter, dépasser, hausser le prix, rajouter, renchérir, renvier, surenchérir. *II. Par ext. :* abonder dans le sens de, approuver.

ENCHEVÊTRÉ, E ■ ⇒ **embarrassé.**

ENCHEVÊTREMENT ■ ⇒ **embrouillement.**

ENCHEVÊTRER ■ ⇒ **embrouiller.** *V. pron. :* se confondre, s'embarrasser, s'embrouiller, s'emmêler, s'empêtrer, s'imbriquer, se mélanger, se mêler.

ENCHIFRENÉ, E ■ Embarrassé, enrhumé, morveux, obstrué.

ENCLAVE ■ ⇒ **morceau.**

ENCLAVER ■ *I.* ⇒ **entourer.** *II.* ⇒ **fixer.**

ENCLIN ■ ⇒ **porté.**

ENCLORE ■ ⇒ **entourer.**

ENCLOS ■ *I.* ⇒ **jardin.** *II.* ⇒ **pâturage.**

ENCLOUURE ■ (Fam.) ⇒ **difficulté.**

ENCLUME ■ Bigorne.

ENCOCHE ■ ⇒ **entaille.**

ENCOIGNURE ■ ⇒ **angle.**

ENCOLURE ■ ⇒ **cou.**

ENCOMBRANT, E ■ ⇒ **embarrassant.**

ENCOMBREMENT ■ Affuence, amas, désordre, embâcle, embarras, entassement, obstruction, surabondance, surproduction.

ENCOMBRER ■ *I.* ⇒ **obstruer.** *II.* ⇒ **embarrasser.**

ENCONTRE (À L') ■ ⇒ **opposé.**

ENCORE ■ ⇒ **aussi.**

ENCORNET ■ Calmar, seiche, supion.

ENCOURAGEANT, E ■ ⇒ **prometteur.**

ENCOURAGEMENT ■ Aide, aiguillon, applaudissement, approbation, appui, compliment, éloge, exhortation, incitation, prime, prix, protection, récompense, réconfort, soutien, stimulant, subvention.

ENCOURAGER ■ Aider, aiguillonner, animer, applaudir, approuver, appuyer, complimenter, conforter, déterminer, enflammer, engager, enhardir, exalter, exciter, exhorter, favoriser, flatter, inciter, porter, pousser, protéger, réconforter, soutenir, stimuler, subventionner.

ENCOURIR ■ S'attirer, être passible de (jurid.), s'exposer à, s'occasionner, risquer.

ENCRASSEMENT ■ ⇒ **souillure.**

ENCRASSER ■ ⇒ **salir.**

ENCROÛTÉ, E ■ ⇒ **routinier.**

ENCROÛTEMENT ■ ⇒ **habitude.**

ENCROÛTER (S') ■ ⇒ **endormir (s').**

ENCYCLIQUE ■ ⇒ **rescrit.**

ENCYCLOPÉDIE ■ ⇒ **dictionnaire.**

ENDÉMIQUE ■ ⇒ **durable.**

ENDETTER (S') ■ Contracter/faire des dettes, s'obérer.

ENDEUILLER ■ ⇒ **chagriner.**

ENDIABLÉ, E ■ ⇒ **impétueux.**

ENDIGUER ■ ⇒ **retenir.**

ENDIMANCHÉ, E ■ ⇒ **élégant.**

ENDIMANCHER ■ ⇒ **parer.**

ENDOCTRINEMENT ■ ⇒ **propagande.**

ENDOCTRINER ■ Catéchiser, chambrer (fam.), circonvenir, édifier, entortiller (fam.), faire la leçon, faire du prosélytisme, gagner, haranguer, influencer, prêcher, sermonner.

ENDOGAMIE ■ Consanguinité.

ENDOLORI, E ■ ⇒ **douloureux.**

ENDOLORIR ■ ⇒ **chagriner.**

ENDOMMAGEMENT ■ ⇒ **dommage.**

ENDOMMAGER ■ ⇒ **détériorer.**

ENDORMANT, E ■ ⇒ **somnifère.**

ENDORMI, E ■ ***I.*** ⇒ **engourdi.** ***II.*** ⇒ **lent.**

ENDORMIR ■ ***I. Au pr. :*** anesthésier, assoupir, chloroformer, hypnotiser. ***II. Fig.*** **1.** ⇒ **ennuyer. 2.** ⇒ **soulager. 3.** ⇒ **tromper.** ***III. V. pron. :*** **1. Au pr.** ⇒ **dormir. 2. Par ext.** ⇒ **mourir. 3. Fig. :** s'amollir, s'encroûter, s'engourdir, s'illusionner, s'oublier, se rouiller.

ENDOS ■ ⇒ **signature.**

ENDOSSER ■ ***I.*** Accepter, assumer, avaliser, se charger, mettre, reconnaître, revêtir, signer.

ENDROIT ■ ***I.*** Recto. ***II.*** ⇒ **lieu.**

ENDUIRE ■ Appliquer, barbouiller, couvrir, étaler, étendre, frotter, galipoter, mastiquer, oindre, plaquer, recouvrir, revêtir, tapisser.

ENDUIT ■ Apprêt, couche, crépi, dépôt, galipot, gunite, incrustation, mastic, peinture, protection, revêtement, vernis, vernissure.

ENDURANCE ■ ⇒ **résistance.**

ENDURANT, E ■ ***I.*** ⇒ **résistant.** ***II.*** ⇒ **patient.**

ENDURCI, E ■ ⇒ **dur.**

ENDURCIR ■ ⇒ **durcir, exercer.** ***V. pron. :*** s'accoutumer, s'aguerrir, se blinder (fam.), se cuirasser, s'entraîner, s'exercer, se former, se fortifier, s'habituer, résister, se tremper.

ENDURCISSEMENT ■ ***I. Au pr. :*** cal, callosité, calus, cor, durillon, indu-ration, œil-de-perdrix, racornissement. ***II. Fig.*** **1. Non favorable :** dessèchement, dureté, égocentrisme, égoïsme, impénitence, insensibilité, méchanceté. **2. Favorable :** accoutumance, endurance, entraînement, habitude, résistance.

ENDURER ■ ⇒ **souffrir.**

ÉNERGIE ■ ⇒ **force, fermeté.**

ÉNERGIQUE ■ ⇒ **ferme.**

ÉNERGUMÈNE ■ Agité, braillard, démoniaque, emporté, exalté, excité, extravagant, fanatique, forcené, furieux, original, passionné, possédé, violent.

ÉNERVANT, E ▪ ***I.*** ⇒ **agaçant.** ***II.*** ⇒ **ennuyeux.**

ÉNERVEMENT ▪ ***I.*** ⇒ **agacement.** ***II.*** ⇒ **agitation.**

ÉNERVER ▪ ***I. Au pr. :*** affadir, affaiblir, alanguir, amollir, aveulir, efféminer, fatiguer. ***II. Par ext.*** **1.** Agacer, crisper, excéder, horripiler, impatienter, mettre à bout, obséder, porter sur les nerfs, tourmenter. **2.** Échauffer, exciter, surexciter. ***III. V. pron. :*** **1.** S'affoler. **2.** S'impatienter, *et les formes pron. possibles des syn. de* ÉNERVER.

ENFANCE ▪ ***I. Fig.*** ⇒ **commencement.** ***II. Loc.*** **En enfance** ⇒ **gâteux.**

ENFANT ▪ ***I.*** Amour, ange, angelot, bambin, chérubin, chiffon, diable, diablotin, drôle, enfançon, enfantelet, fillette, gamin, garçonnet, infant, innocent, nourrisson, nouveau-né, marmouset, mineur, mioche, petit, petit démon/diable/dragon/drôle/garçon, petite fille, poupon, pupille, putto (peint.). ⇒ **bébé. Arg. ou fam. :** babouin, braillard, chiard, chiffon, diable, diablotin, drôle, gars, gnard, gnasse, gone, gossaille, gosse, gosselot, gosseline, lardon, loupiot, marmaille, marmot, merdeux, mioche, miston, momaque, môme, momichon, momignard, morbac, morveux, morpion, moucheron, mouflet, moujingue, moutard, niston, petit-salé, polichinelle, polisson, poupard, salé, têtard, trousse-pet. ***II. Par ext.*** **1.** ⇒ **fils. 2.** ⇒ **postérité. 3. D'animaux :** couvée, nichée, petits, portée, ventrée. **4.** Clone (partic.). ***III. Loc.*** **1. Enfant de chœur :** clergeon. **2. Enfant de Marie** (péj.) : oie blanche, prude, rosière, sainte nitouche.

ENFANTEMENT ▪ ***I. Au pr. :*** accouchement, couches, délivrance, heureux événement (fam.), gésine, gestation (par ext.), mal d'enfant, mise bas (vét.), mise au monde, naissance, parturition. ***II. Fig. :*** apparition, création, production.

ENFANTER ▪ ***I. Au pr. :*** accoucher, donner le jour/naissance, mettre au monde. ***Vétér. :*** agneler, cochonner, mettre bas, pouliner, vêler. ***II. Par ext.*** **1.** ⇒ **engendrer. 2.** ⇒ **produire.**

ENFANTILLAGE ▪ Frivolité, gaminerie, légèreté, infantilisme, puérilité. ⇒ **bagatelle.**

ENFANTIN, E ▪ Espiègle, gamin, gosse, immature, impubère, infantile, léger, mutin, puéril. ⇒ **simple.**

ENFER ▪ ***I. Au pr. :*** abîme, Champs-Élysées, empire des morts, feu éternel, géhenne, infernaux séjours, léviathan, limbes, pandémonium, rives de Charon/du Styx, schéol, sombre demeure/empire/rivage/séjour, sombres bords, Tartare. ***II. Par ext.*** **1.** ⇒ **affliction. 2.** ⇒ **tourment.**

ENFERMER ▪ ***I. Au pr.*** **On enferme une chose ou quelqu'un :** barricader, boucler, calfeutrer, chambrer, claquemurer, claustrer, cloîtrer, coffrer (fam.), confiner, consigner, détenir, écrouer, emballer, emmurer, empêcher, emprisonner, encercler, encoffrer, enserrer, entourer, faire entrer, interner, murer, parquer, renfermer, retenir, séquestrer, serrer, verrouiller. ***II. Par ext.*** **Une chose enferme :** comporter, comprendre, contenir, impliquer, renfermer.

ENFERRER ▪ ⇒ **percer.** ***V. pron.*** (fig.) : s'embarrasser, *et les formes pron. possibles des syn. de* EMBARRASSER.

ENFIELLER ▪ ⇒ **altérer.**

ENFIÈVREMENT ▪ ⇒ **excitation.**

ENFIÉVRER ▪ ⇒ **enflammer.**

ENFILADE ▪ ⇒ **suite.**

ENFILER ▪ ***I.*** ⇒ **percer.** ***II.*** ⇒ **entrer.** ***III.*** ⇒ **dire.**

ENFIN ▪ À la fin, après tout, bref, en un mot, finalement, pour finir, somme toute, tout compte fait.

ENFLAMMÉ, E ▪ (Fig.) ***I. Phys. :***

allumé, brûlant, empourpré, en feu, rouge. *II. Sentiments :* animé, ardent, éloquent, embrasé, enfiévré, enthousiaste, passionné, surexcité.

ENFLAMMER ■ *I. Au pr. :* allumer, attiser, brûler, embraser, ignifier, incendier, mettre le feu. *II. Fig. :* accroître, animer, augmenter, communiquer, doper, échauffer, éclairer, électriser, emporter, empourprer, enfiévrer, enlever, enthousiasmer, entraîner, envenimer, exalter, exciter, galvaniser, illuminer, irriter, passionner, pousser, provoquer, stimuler, survolter. *III. V. pron.* (fig.) : s'animer, s'emporter, se passionner.

ENFLÉ, E ■ ⇒ **gonflé, emphatique.**

ENFLER ■ v. tr. et intr. *I.* ⇒ **gonfler.** *II.* ⇒ **grossir.** *III.* ⇒ **hausser.**

ENFLURE ■ ⇒ **boursouflure.**

ENFOIRÉ, E ■ ⇒ **bête, maladroit.**

ENFONCÉ, E ■ ⇒ **profond.**

ENFONCEMENT ■ ⇒ **excavation.**

ENFONCER ■ *I. Au pr. :* 1. Cheviller, ficher, fourrer, introduire, mettre, passer, planter, plonger, piquer. 2. Abattre, affaisser, briser, crever, défoncer, déprimer, forcer, renverser, rompre. *II. Fig.* 1. Battre, culbuter, percer, renverser, rompre, surpasser, vaincre. 2. **Fam.** ⇒ **surpasser.** *III. V. pron. :* 1. ⇒ **couler.** 2. ⇒ **entrer.** 3. ⇒ **absorber (s').** 4. ⇒ **déchoir.**

ENFONÇURE ■ ⇒ **excavation.**

ENFOUIR ■ ⇒ **enterrer.**

ENFOUISSEMENT ■ ⇒ **enterrement.**

ENFOURNER ■ ⇒ **introduire.**

ENFREINDRE ■ ⇒ **désobéir.**

ENFUIR (S') ■ Abandonner, s'en aller, battre en retraite, décamper, déguerpir, déloger, se dérober, détaler, disparaître, s'échapper, s'éclipser, s'éloigner, s'envoler, s'escamper (vx), s'esquiver, s'évader, faire un pouf (péj.), filer (à l'anglaise), fuir, gagner le large, lever le pied, partir, passer, plier bagages, prendre la clef des champs/la poudre d'escampette/ses jambes à son cou, quitter la place, se retirer, se sauver, tourner le dos/les talons. ***Arg. ou fam.*** : se barrer / carapater / carrer / casser / cramper / criquer / débiner / esbigner / fuiter / natchaver / tailler / targer / tirer / trisser / trotter, déhaler, déhotter, déménager à la cloche de bois, démurger, dévisser, se faire la jaquette / la levure / la malle / la paire / la soie / la valise, ficher / foutre le camp, jouer des flûtes / les filles de l'air / rip, mettre les adjas / les bouts / les cannes / les loubés, ne pas demander son reste, ribouler, riper, tricoter.

ENGAGEANT, E ■ *I.* ⇒ **aimable.** *II.* ⇒ **attirant.**

ENGAGEMENT ■ *I.* Affaire, choc, collision, combat, coup de main, coup, échauffourée, escarmouche. *II.* ⇒ **promesse.** *III.* ⇒ **relation.** *IV.* Embauchage, embauche, enrôlement, recrutement.

ENGAGER ■ *I.* ⇒ **introduire.** *II.* ⇒ **inviter.** *III.* ⇒ **obliger.** *IV.* ⇒ **fiancer.** *V.* ⇒ **commencer.** *VI.* Embaucher, enrôler, recruter, retenir. *VII. V. pron. :* 1. ⇒ **entrer.** 2. ⇒ **promettre.** 3. **Fig.** : s'aventurer, se compromettre, s'embarquer, s'embarrasser, s'embourber, s'embringuer, s'encombrer, s'enfourner, entreprendre, se jeter, se lancer, se mettre en avant.

ENGEANCE ■ ⇒ **race.**

ENGELURE ■ Crevasse, enflure, érythème, froidure, gelure, rougeur.

ENGENDRER ■ *I. Au pr. :* concevoir, créer, donner la vie, enfanter, faire, féconder, générer, inséminer, procréer, produire, proliférer, reproduire. *II. Par ext.* ⇒ **accoucher.** *III. Fig.* ⇒ **occasionner.**

ENGIN ■ ⇒ **appareil.**

ENGLOBER ■ ***I.*** ⇒ **réunir.** ***II.*** ⇒ **comprendre.**

ENGLOUTIR ■ ***I.*** ⇒ **avaler.** ***II.*** ⇒ **consumer.** ***III. V. pron.*** ⇒ **couler.**

ENGLOUTISSEMENT ■ ⇒ **anéantissement.**

ENGONCÉ, E ■ ⇒ **vêtu.**

ENGORGEMENT ■ Accumulation, congestion, obstruction, réplétion, saturation.

ENGORGER ■ ⇒ **obstruer.**

ENGOUEMENT ■ ⇒ **enthousiasme.**

ENGOUER (S') ■ S'acoquiner, se coiffer, s'emballer, s'embéguiner, s'emberlucoquer, s'enjuponner, s'entêter, s'enthousiasmer, s'enticher, s'éprendre, s'infatuer, se passionner, se préoccuper, se rassoter (vx), se toquer.

ENGOUFFRER (S') ■ ⇒ **entrer.**

ENGOURDI, E ■ ***I. Au pr. :*** ankylosé, appesanti, assoupi, endormi, étourdi, gourd, inerte, paralysé, raide, rigide, rouillé. ***II. Par ext. :*** empoté, hébété, lambin, lent, léthargique.

ENGOURDIR ■ Ankyloser, appesantir, assoupir, endormir, étourdir, paralyser, rouiller.

ENGOURDISSEMENT ■ ***I.*** Alourdissement, ankylose, apathie, appesantissement, assoupissement, atonie, hébétude, indolence, lenteur, léthargie, paralysie, paresse, somnolence, stupeur, torpeur. ***II.*** Estivation, hibernation.

ENGRAIS ■ ***I.*** ⇒ **nourriture.** ***II.*** Amendement, apport, compost, fertilisant, fertilisation, fumier, fumure, guano, limon, marne, poudrette, purin, terreau, terre de bruyère, wagage.

ENGRAISSER ■ ***I. Le sol :*** améliorer, amender, bonifier, enrichir, fumer. ***II. Un animal :*** alimenter, embecquer, emboucher, embuquer, empâter, engraisser, gaver, gorger. ***III. V. intr.*** ⇒ **grossir.** ***IV. V. pron.*** **Fig.** ⇒ **enrichir (s').**

ENGRANGER ■ ⇒ **accumuler.**

ENGUEULADE ■ ⇒ **reproche, injure.**

ENGUEULER ■ ⇒ **injurier, réprimander.**

ENGUIRLANDER ■ ***I. Au pr.*** ⇒ **orner.** ***II. Fig.*** **1.** ⇒ **louer. 2.** ⇒ **injurier.**

ENHARDIR ■ ⇒ **encourager.**

ÉNIGMATIQUE ■ ⇒ **obscur, secret.**

ÉNIGME ■ ***I.*** Charade, bouts-rimés, devinette, logogriphe, mots croisés, rébus. ***II. Fig.*** ⇒ **mystère.**

ENIVRANT, E ■ ***I.*** Capiteux, entêtant, fort, grisant, inébriant, inébriatif. ***II. Fig. :*** exaltant, excitant, troublant.

ENIVREMENT ■ ***I. Au pr.*** ⇒ **ivresse.** ***II. Fig.*** ⇒ **vertige.**

ENIVRER ■ ***I.*** ⇒ **étourdir.** ***II. V. pron.*** **1. Arg. ou fam. :** s'alcooliser/ appuyer/ arsouiller / aviner / beurrer / biturer / blinder / bourrer / cuiter / défoncer / griser / noircir /piquer le nez / pocharder / poivrer / poivroter / soûler / tututer, avoir / prendre une biture / la bourrique / sa cocarde / son compte / une cuite / une muflée / son plumet / son pompon / une ronflée, chopiner, gobelotter, picoler, picter, pictonner, pinter, sacrifier à Bacchus/à la dive bouteille, sculpter une gueule de bois, soiffer, tafiater. ⇒ **boire. 2.** ⇒ **enthousiasmer (s').**

ENJAMBÉE ■ ⇒ **pas.**

ENJAMBEMENT ■ Contre-rejet, rejet.

ENJAMBER ■ ***I.*** ⇒ **marcher, franchir.** ***II. Fig.*** ⇒ **usurper.**

ENJEU ■ ⇒ **mise.**

ENJOINDRE ■ ⇒ **commander.**

ENJÔLER ■ ⇒ **tromper.**

ENJÔLEUR, EUSE ■ ⇒ **séducteur, trompeur.**

ENJOLIVEMENT ■ Accessoire, enjolivure, fioriture, garniture, ornement.

ENJOLIVER ■ ⇒ **orner.**

ENJOUÉ, E ■ ⇒ **gai.**

ENJOUEMENT ■ ⇒ **vivacité.**

ENLACEMENT ■ ⇒ **étreinte.**

ENLACER ■ ⇒ **serrer.**

ENLÈVEMENT ■ Kidnapping, prise, rapt, ravissement (vx), razzia, violence, voie de fait.

ENLEVER ■ ***I.*** ⇒ **lever.** ***II.*** Arracher, kidnapper, prendre, rafler, ravir, razzier. ***III.*** ⇒ **retrancher.** ***IV.*** ⇒ **quitter.** ***V.*** ⇒ **entraîner.** ***VI.*** ⇒ **transporter.** ***VII. Pass.*** ⇒ **mourir.**

ENLISER ■ ⇒ **embourber.**

ENLUMINER ■ ⇒ **colorer.**

ENLUMINEUR ■ Miniaturiste.

ENLUMINURE ■ ⇒ **miniature.**

ENNÉADE ■ Neuvaine.

ENNEMI, E ■ ***I. Nom :*** adversaire, antagoniste, concurrent, détracteur, opposant. ***II. Adj.*** ⇒ **défavorable.**

ENNOBLIR ■ ***I.*** Anoblir. ***II.*** Améliorer, élever, grandir, idéaliser, rehausser, sublimer, surélever, transposer.

ENNUI ■ ***I.*** Avanie, avatar (par ext.), chiffonnement, contrariété, difficulté, embarras, embêtement, empoisonnement, épreuve, tracas. ⇒ **inconvénient.** ***Arg. ou fam. :*** anicroche, avaro, chiasse, chierie, chiotte, chtourbe, couille, embrouille, emmerde, emmerdement, emmouscaillement, mélasse, merde, merdier, merdouille, mistoufle, mouscaille, os, pain, panade, pastis, patate, pépin, sac de nœuds, salade, tuile. ***II.*** Bourdon, cafard, crève-cœur, dégoût (vx), déplaisir, désagrément, inquiétude, insatisfaction, lassitude, mal, malaise, mécontentement, mélancolie, nostalgie, nuage, papillons noirs, peine, souci, spleen, tristesse.

ENNUYANT, E ■ ⇒ **ennuyeux.**

ENNUYÉ, E ■ ⇒ **fâché.**

ENNUYER ■ ***I. Au pr.*** 1. Agacer, assombrir, assommer, cramponner, embêter, endêver, endormir, étourdir, excéder, fatiguer, importuner, indisposer, insupporter, lanciner, lasser, peser, tourmenter. **2. Arg. ou fam. :** casser les ⇒ **bourses/** les ⇒ **pieds,** courir sur l'haricot, cramponner, emmerder, emmieller, emmouscailler, empoisonner, enquiquiner, faire chier/suer/tartir, jamber, raser, taler, tanner. ***II. Par ext.*** ⇒ **affliger.** ***III. V. pron. :*** se faire du ⇒ **souci,** tourner en rond, *et les formes pron. possibles des syn. de* ENNUYER.

ENNUYEUX, EUSE ■ ***I. Adj.*** 1. Assommant, contrariant, cramponnant, dégoûtant, désagréable, écœurant, embêtant, empoisonnant, endormant, énervant, ennuyant, fâcheux, fade, fastidieux, fatigant, harcelant, inquiétant, insupportable, lancinant, lent, mortel, narcotique, obsédant, pénible, pesant, rasant, rebutant, sempiternel, soporifique, triste. **2. Arg. ou fam. :** barbant, barbifiant, bassinant, casse ⇒ **bourses/** ⇒ **pieds,** chiant, chiatique, emmerdant, rasoir, suant, tannant. ***II. Nom.*** ⇒ **importun.**

ÉNONCÉ ■ ⇒ **énonciation.**

ÉNONCER ■ Affirmer, alléguer, articuler, avancer, déclarer, dire, écrire, émettre, expliciter, exposer, exprimer, former, formuler, notifier, parler, proférer, prononcer, proposer, stipuler.

ÉNONCIATION ■ Affirmation, articulation, communication, donnée, élocution, énoncé, expression, formulation, proposition, stipulation.

ENORGUEILLIR (S') ■ ⇒ **flatter (se).**

ÉNORME ■ ***I.*** ⇒ **démesuré.** ***II.*** ⇒ **grand.** ***III.*** ⇒ **extraordinaire.**

ÉNORMÉMENT ■ ⇒ **beaucoup, très.**

ÉNORMITÉ ■ ***I.*** ⇒ **grandeur.** ***II.*** ⇒ **extravagance.**

ENQUÉRIR (S') ■ Chercher, demander, enquêter, étudier, examiner, s'informer, s'instruire, observer, rechercher, se renseigner.

ENQUÊTE ■ ⇒ **recherche.**

ENQUÊTER ■ ⇒ **enquérir (s').**

ENQUIQUINER ■ ⇒ **ennuyer.**

ENRACINER ■ ⇒ **fixer.**

ENRAGÉ, E ■ ⇒ **violent, furieux.**

ENRAGER ■ ⇒ **rager.**

ENRAYER ■ ***I.*** ⇒ **freiner.** ***II.*** ⇒ **arrêter.** ***III.*** ⇒ **étouffer.**

ENRÉGIMENTER ■ ⇒ **enrôler.**

ENREGISTREMENT ■ ***I.*** Archivage, immatriculation, inscription, mention, transcription. ***II.*** Bande, cassette, film, microsillon, 16/33/45/78 tours.

ENREGISTRER ■ ⇒ **inscrire, noter.**

ENRHUMÉ, E ■ Enchifrené, tousseur.

ENRICHIR ■ ***I.*** ⇒ **augmenter, orner.** ***II. V. pron.*** 1. S'accroître, augmenter, se développer, s'engraisser, faire fortune/son beurre, profiter. 2. Doter, embellir, garnir, orner.

ENRICHISSANT, E ■ ⇒ **profitable.**

ENRICHISSEMENT ■ ⇒ **augmentation.**

ENROBER ■ ⇒ **envelopper.**

ENRÔLEMENT ■ ⇒ **embrigadement.**

ENRÔLER ■ Embrigader, engager, enrégimenter, incorporer, lever des troupes, mobiliser, racoler, recruter.

ENROUÉ ■ ⇒ **rauque.**

ENROUEMENT ■ Chat dans la gorge, extinction de voix, graillement.

ENROULER ■ ⇒ **rouler.**

ENSANGLANTÉ, E ■ Cruenté, rougi de sang, saignant, saigneux, sanglant, sanguinolent, souillé.

ENSEIGNANT, E ■ adj. et n. ⇒ **maître.**

ENSEIGNE ■ ***I.*** Affiche, écusson, pancarte, panneau, panonceau. ***II.*** ⇒ **drapeau.**

ENSEIGNEMENT ■ ***I.*** ⇒ **leçon.** ***II.*** Chaire, discipline, matière, pédagogie, professorat. ***III.*** Apologue, fable, moralité.

ENSEIGNER ■ ***I. Au pr. :*** apprendre, démontrer, éclairer, éduquer, expliquer, faire connaître, former, inculquer, indiquer, initier, instruire, montrer, professer, révéler. ***II. Relig. :*** catéchiser, convertir, évangéliser, prêcher.

ENSEMBLE ■ ***I. Adv. :*** à la fois, à l'unisson, au total, conjointement, collectivement, coude à coude, d'accord, de concert, de conserve, de front, du même pas, en accord / bloc / chœur/ commun / concordance / harmonie/ même temps, simultanément, totalement. ***II. Nom masc.*** 1. ⇒ **totalité.** 2. ⇒ **union.** ***III.*** ⇒ **orchestre.**

ENSEMENCEMENT ■ Semailles, semis.

ENSEMENCER ■ ⇒ **semer.**

ENSERRER ■ ***I.*** ⇒ **enfermer.** ***II.*** ⇒ **entourer.**

ENSEVELIR ■ ⇒ **enterrer.**

ENSEVELISSEMENT ■ ⇒ **enterrement.**

ENSORCELANT, E ■ ***I.*** ⇒ **attirant.** ***II.*** ⇒ **charmant.**

ENSORCELER ■ ⇒ **charmer.**

ENSORCELEUR, EUSE ■ ⇒ **séducteur, sorcier.**

ENSORCELLEMENT ■ ⇒ **magie.**

ENSUITE ■ ⇒ **puis.**

ENSUIVRE (S') ■ ⇒ **résulter.**

ENTACHER ■ ⇒ **salir.**

ENTAILLE ■ Adent, coche, coupure, cran, crevasse, échancrure, encoche, entaillure, entamure, faille, fente, feuillure, hoche, lioube, mortaise, raie, rainure, rayure, ruinure, sillon. ⇒ **blessure.**

ENTAILLER, ENTAMER ▪ ***I.*** Cocher, couper, creuser, diminuer, ébrécher, écorner, haver, inciser, mortaiser, toucher à. ***II. Fig.*** **1.** ⇒ **commencer. 2.** ⇒ **entreprendre. 3.** ⇒ **vaincre. 4.** ⇒ **blesser.**

ENTASSEMENT ▪ Accumulation, agglomération, amas, amoncellement, assemblage, capharnaüm, chantier, encombrement, pile, pyramide, rassemblement, réunion, tas.

ENTASSER ▪ Accumuler, agglomérer, amasser, amonceler, assembler, collectionner, emmagasiner, empiler, encaquer, engerber, esquicher, gerber, mettre en pile/pilot/tas, multiplier, presser, réunir, serrer, tasser. ***V. pron.*** : s'écraser, *et les formes pron. possibles des syn. de* ENTASSER.

ENTENDEMENT ▪ Bon sens, cerveau, cervelle, compréhension, conception, discernement, esprit, faculté, imagination, intellect, intellection, intelligence, jugement, raison, talent, tête.

ENTENDRE ▪ ***I. Phys.*** : auditionner, écouter, percevoir, ouïr. ***II. Par ext.*** **1.** Attraper, avoir une idée, comprendre, concevoir, embrasser, pénétrer, réaliser, se rendre compte, saisir, voir. **2.** ⇒ **connaître. 3.** ⇒ **vouloir. 4.**⇒ **consentir.** ***III. V. pron.*** **1.** S'accorder, agir de concert, se concerter, être de connivence/d'intelligence, pactiser, s'unir. **2.** S'accorder, faire bon ménage, fraterniser, sympathiser, vivre en bonne intelligence. **3.** Se comprendre, s'interpréter, signifier.

ENTENDU, E ▪ ⇒ **capable.**

ENTÉNÉBRER ▪ ⇒ **obscurcir, affliger.**

ENTENTE ▪ Compréhension. ⇒ **union.**

ENTER ▪ ***I.*** Greffer. ***II.*** ⇒ **ajouter.**

ENTÉRINER ▪ ⇒ **confirmer.**

ENTÉRITE ▪ Colite, entérocolite.

ENTERREMENT ▪ Convoi, deuil, derniers devoirs/honneurs, enfouissement, ensevelissement, funérailles, inhumation, mise en bière/au sépulcre/tombeau, obsèques, sépulture.

ENTERRER ▪ Enfouir, ensevelir, inhumer, mettre/porter en terre, rendre les derniers honneurs. ***V. pron.*** : se cacher, se confiner, disparaître, faire/prendre retraite, s'isoler, se retirer.

ENTÊTANT, E ▪ ⇒ **enivrant.**

ENTÊTÉ, E ▪ ⇒ **têtu.**

ENTÊTEMENT ▪ ⇒ **obstination.**

ENTÊTER ▪ ⇒ **étourdir.** ***V. pron.*** **1. Au pr.** ⇒ **engouer (s').** **2. Par ext.** : s'accrocher (fam.), se cramponner (fam.), ne pas démordre (fam.), s'obstiner, persévérer, poursuivre, rester.

ENTHOUSIASMANT, E ▪ ⇒ **passionnant.**

ENTHOUSIASME ▪ Admiration, allégresse, ardeur, célébration, délire, démon, dithyrambe, ébahissement, emballement, émerveillement, enfièvrement, engouement, entraînement, exaltation, extase, fanatisme, feu, flamme, frénésie, fureur, génie, inspiration, ivresse, joie, lyrisme, passion, ravissement, succès, transport, triomphe, zèle.

ENTHOUSIASMER ▪ ⇒ **transporter.** ***V. pron.*** : admirer, s'emballer, s'émerveiller, s'échauffer, s'enfièvrer, s'enflammer, s'engouer, s'enivrer, s'exalter, s'exciter, s'extasier, se pâmer, se passionner, se récrier d'admiration.

ENTHOUSIASTE ▪ n. et adj. Admirateur, ardent, brûlant, chaud, dévot, emballé, emporté, enflammé, enfiévré, exalté, excité, fana (fam.), fanatique, fervent, inspiré, lyrique, mordu, passionné, zélateur.

ENTICHEMENT ▪ ⇒ **toquade.**

ENTICHER (S') ▪ ⇒ **engouer (s').**

ENTIER, ÈRE ▪ *I.* Absolu, aliquote, complet, franc, global, intact, intégral, parfait, plein, plénier, sans réserve, total. *II.* ⇒ **têtu.**

ENTIÈREMENT ▪ ⇒ **absolument.**

ENTITÉ ▪ Abstraction, caractère, essence, être, existence, idée, nature.

ENTÔLAGE ▪ ⇒ **vol.**

ENTÔLER ▪ ⇒ **voler.**

ENTONNER ▪ ⇒ **commencer.**

ENTONNOIR ▪ Chantepleure.

ENTORSE ▪ *I. Au pr. :* déboîtement, désarticulation, dislocation, effort, élongation, foulure, luxation. *II. Fig. :* altération, atteinte, contravention, dommage, écart, entrave, erreur, faute, manquement.

ENTORTILLAGE ▪ ⇒ **préciosité.**

ENTORTILLÉ, E *I.* ⇒ **tordu.** *II.* ⇒ **embarrassé.** *III.* ⇒ **obscur.**

ENTORTILLER ▪ *I. Au pr.* ⇒ **envelopper.** *II. Fig.* ⇒ **séduire.**

ENTOURAGE ▪ Cercle, compagnie, entours, environnement, milieu, proches, société, voisinage.

ENTOURER ▪ *I. Au pr. :* assiéger, border, ceindre, ceinturer, cerner, circonscrire, clore, clôturer, couronner, embrasser, encadrer, enceindre, enclaver, enclore, enfermer, enrouler, enserrer, envelopper, étreindre, fermer, garnir, hérisser, murer, resserrer. *II. Par ext. :* accabler, assister, combler, être aux petits soins, prendre soin, vénérer. *III. Géogr. :* baigner.

ENTOURS ▪ ⇒ **entourage.**

ENTRACTE ▪ *I.* ⇒ **intervalle.** *II.* ⇒ **saynète.**

ENTRAIDE ▪ ⇒ **secours.**

ENTRAILLES ▪ ⇒ **viscères.**

ENTRAÎNANT, E ▪ ⇒ **gai, probant.**

ENTRAIN ▪ *I.* ⇒ **gaieté.** *II.* ⇒ **vivacité.**

ENTRAÎNEMENT ▪ *I. Mécan. :* engrenage, mouvement, transmission. *II. Fig.* **1. Favorable** : chaleur, élan, emballement, enthousiasme, exaltation. **2. Non favorable** : faiblesse, impulsion. *III.* ⇒ **exercice.**

ENTRAÎNER ▪ *I. Au pr. :* attirer, charrier, embarquer, emporter, enlever, traîner, *II. Par ext.* **1.** ⇒ **inviter. 2.** ⇒ **occasionner. 3.** ⇒ **exercer.** *III. V. pron.* ⇒ **exercer (s').**

ENTRAÎNEUR ▪ ⇒ **chef, instructeur.**

ENTRAÎNEUSE ▪ Taxi-girl.

ENTRAVE ▪ ⇒ **obstacle.**

ENTRAVER ▪ *I.* ⇒ **embarrasser.** *II.* ⇒ **empêcher.**

ENTRE ▪ Au milieu de, dans, parmi.

ENTREBAÎLLER ▪ ⇒ **ouvrir.**

ENTRECHAT ▪ ⇒ **cabriole.**

ENTRECHOQUER ▪ ⇒ **choquer.**

ENTRECOUPER ▪ ⇒ **interrompre.**

ENTRECROISER ▪ ⇒ **croiser.**

ENTRÉE ▪ *I.* ⇒ **accès.** *II.* ⇒ **ouverture.** *III.* ⇒ **seuil.** *IV.* ⇒ **vestibule.** *V.* ⇒ **commencement.** *VI. Loc.* **Entrée en matière** ⇒ **introduction.**

ENTREFAITES (SUR CES) ▪ ⇒ **alors.**

ENTREFILET ▪ ⇒ **article.**

ENTREGENT ▪ ⇒ **habileté.**

ENTRELACEMENT ▪ Entrecroisement, entrelacs, lacis, réseau.

ENTRELACER ▪ ⇒ **serrer, tresser.**

ENTRELARDER ▪ (Fig.) *I.* ⇒ **emplir.** *II.* ⇒ **insérer.**

ENTREMÊLER ▪ ⇒ **mêler.**

ENTREMETS ▪ ⇒ **pâtisserie.**

ENTREMETTEUR ▪ ⇒ **intermédiaire.**

ENTREMETTEUSE ▪ Appareilleuse (vx), célestine, macette, maquerelle, marchande à la toilette (vx), matrone, pourvoyeuse, procureuse, sous-maîtresse, tôlière, vieille. ⇒ **proxénète.**

ENTREMETTRE (S') ▪ ⇒ **intervenir.**

ENTREMISE ▪ Arbitrage, canal, intercession, intermédiaire, interposition, intervention, médiation, ministère, moyen, organe, soins, truchement, voie.

ENTREPOSER ▪ Déposer, stocker.

ENTREPÔT ▪ ⇒ **magasin.**

ENTREPRENANT, E ▪ ⇒ **hardi.**

ENTREPRENDRE ▪ ***I. Favorable ou neutre :*** attaquer, avoir/prendre l'initiative, commencer, se disposer à, embrayer, enclencher, engager, engrener, entamer, essayer, se mettre à, mettre la main à, prendre à tâche, se proposer de, tenter. ***II. Non favorable.*** **On entreprend quelque chose contre :** attenter à/contre/sur, causer un dommage à, commettre, déclencher, déroger à, empiéter sur, perpétrer, porter atteinte/préjudice à, oser, risquer, toucher à.

ENTREPRENEUR ▪ ⇒ **bâtisseur.**

ENTREPRISE ▪ ***I.*** Action, affaire, aventure, chose, dessein, disposition, essai, mesures, œuvre, opération, ouvrage, plan, projet, tentative, travail. ***II.*** ⇒ **établissement.**

ENTRER ▪ Accéder, aller, s'enfiler, s'enfoncer, s'engager, s'engouffrer, se faufiler, forcer, se glisser, se lancer, s'introduire, passer, pénétrer, venir.

ENTRESOL ▪ Mezzanine.

ENTRE-TEMPS ▪ Époque, ère, intervalle, période.

ENTRETENIR ▪ ⇒ **conserver/nourrir.** ***V. pron.*** ⇒ **exercer (s'), parler.**

ENTRETIEN ▪ ***I.*** ⇒ **conversation.** ***II.*** ⇒ **réparation.**

ENTRETOISE ▪ ⇒ **traverse.**

ENTREVOIR ▪ ⇒ **voir.**

ENTREVUE ▪ ⇒ **rencontre.**

ENTUBER ▪ ⇒ **tromper.**

ÉNUMÉRATION ▪ ⇒ **dénombrement.**

ÉNUMÉRER ▪ ⇒ **dénombrer.**

ENVAHIR ▪ ***I. Au pr.*** **1.** ⇒ **emparer (s').** **2.** ⇒ **remplir.** ***II. Fig. :*** absorber, accaparer, coincer, coller, empiéter, s'étendre à, gagner, mettre le grappin/la main sur, occuper, retenir, tenir la jambe.

ENVAHISSANT, E ▪ ⇒ **importun.**

ENVAHISSEMENT ▪ ⇒ **incursion.**

ENVELOPPANT, E ▪ ⇒ **séduisant.**

ENVELOPPE ▪ ***I. Au pr.*** **1. Bot. :** bale ou balle, bogue, brou, capsule, cupule, écale, écalure, endocarpe, épiderme, gousse, membrane, peau, péricarpe, tégument, zeste. **2.** Chape, contenant, écrin, emballage, étui, fourreau, gaine, housse, robe, vêtement. **3. Zool. :** carapace, coquille, cuirasse, écaille, tégument, test. **4. Anat. :** capsule, péricarde, péritoine, plèvre. ***II. Fig.*** ⇒ **symbole.**

ENVELOPPÉ, E ▪ ***Fig.*** obscur.

ENVELOPPER ▪ ***I. Au pr. :*** bander, couvrir, draper, emballer, embobeliner, emmailloter, emmitonner, emmitoufler, empaqueter, enrober, entortiller, entourer, guiper, habiller. ***II. Fig.*** **1.** ⇒ **cacher. 2.** ⇒ **encercler. 3.** ⇒ **comprendre.**

ENVENIMER ▪ ⇒ **empoisonner, irriter.** ***V. pron.*** ⇒ **empirer.**

ENVERGURE ▪ ⇒ **largeur.**

ENVERS ***I. Prép. :*** à l'égard/l'endroit de, avec, pour, vis-à-vis de. ***II. Nom.*** ⇒ **revers.**

ENVIABLE ▪ ⇒ **souhaitable.**

ENVI (À L') ▪ À qui mieux mieux, en rivalisant.

ENVIE ▪ ***I. Au pr.*** **1.** Appétence, besoin, désir, goût, inclination, libido.

2. **Non favorable** : concupiscence, convoitise, cupidité, démangeaison, fringale, fureur, jalousie, lubie, rivalité. 3. Grain de beauté, nævus. *II. Loc.* 1. **Avoir envie ⇒ vouloir.** 2. **Porter envie ⇒ envier.**

ENVIER ■ *I.* Avoir envie, désirer, souhaiter. ⇒ **vouloir.** *II. Non favorable :* convoiter, haïr, jalouser, porter envie. *III. Par ext.* ⇒ **refuser.**

ENVIEUX, EUSE ■ Avide, baveux, cupide, jaloux, zoïle.

ENVIRON ■ À peu près, approximativement, à première vue, à vue de nez (fam.), bien, dans les, grossièrement, presque, un peu moins/plus, quelque.

ENVIRONNANT, E ■ Ambiant, circonvoisin, proche, voisin.

ENVIRONNEMENT ■ ⇒ **entourage, environs.**

ENVIRONNER ■ ⇒ **entourer.**

ENVIRONS ■ Abord, alentours, côté, entours (vx), environnement, périphérie, proximité, voisinage.

ENVISAGEABLE ■ ⇒ **possible.**

ENVISAGER ■ ⇒ **regarder.**

ENVOI ■ ⇒ **dédicace.**

ENVOL ■ Décollage. ⇒ **vol.**

ENVOLÉE ■ ⇒ **élan, inspiration.**

ENVOLER (S') ■ ⇒ **passer.**

ENVOÛTANT, E ■ ⇒ **attirant.**

ENVOÛTEMENT ■ ⇒ **magie.**

ENVOÛTEUR ■ ⇒ **sorcier.**

ENVOÛTER ■ *I. Au pr.* ⇒ **charmer.** *II. Fig.* ⇒ **gagner.**

ENVOYÉ ■ Agent, ambassadeur, attaché, chargé d'affaires, délégué, député, émissaire, héraut, homme de confiance, légat, mandataire, messager, ministre, missionnaire, parlementaire, plénipotentiaire, représentant, responsable.

ENVOYER ■ *I. Au pr. :* adresser, commettre, déléguer, dépêcher, députer, expédier, mandater. *II. Par ext.* ⇒ **jeter.**

ÉPAIS, ÉPAISSE ■ *I. Au pr. :* abondant, broussailleux, compact, concret, consistant, dense, dru, empâté, fort, fourni, gras, gros, grossier, large, profond. *II. Par ext.* 1. Béotien, crasse, lourd, pesant. 2. Carré, charnu, court, gras, gros, massif, mastoc, râblé, ramassé, trapu. *III. Loc.* **Langue épaisse ⇒ chargée, pâteuse.**

ÉPAISSEUR ■ *I. Au pr. :* 1. Abondance, consistance, étendue, grosseur, jouée (techn.), largeur, profondeur. 2. Compacité, densité, lourdeur, viscosité. *II.* ⇒ **bêtise.**

ÉPAISSIR ■ v. tr. et intr. ⇒ **grossir.**

ÉPAISSISSEMENT ■ ⇒ **grosseur, obscurcissement.**

ÉPANCHEMENT ■ *I. Au pr. :* dégorgement, déversement, écoulement, effusion, extravasation, hémorragie, infiltration, suffusion. *II. Par ext. :* abandon, aveu, confidence, effusion, expansion.

ÉPANCHER ■ *I.* ⇒ **verser.** *II. V. pron. :* 1. **Au pr.** ⇒ **couler.** 2. **Fig.** S'abandonner, se confier, se débonder, déborder, se dégorger (vx), exhaler, faire des confidences, se livrer, s'ouvrir, parler, se répandre (vx).

ÉPANDRE ■ ⇒ **verser.**

ÉPANOUI, E ■ ⇒ **réjoui.**

ÉPANOUIR ■ ⇒ **ouvrir.**

ÉPANOUISSEMENT ■ ⇒ **éclosion, plénitude.**

ÉPARGNE ■ ⇒ **économie.**

ÉPARGNER ■ *I.* ⇒ **économiser.** *II.* ⇒ **ménager.** *III.* ⇒ **éviter.**

ÉPARPILLEMENT ■ ⇒ **dispersion.**

ÉPARPILLER ■ ⇒ **disperser.**

ÉPARS, E ■ Clairsemé, constellé, dispersé, disséminé, dissocié, divisé, écarté, échevelé, égaré, éloigné, éparpillé, flottant, séparé, sporadique.

ÉPART ■ ⇒ **traverse.**

ÉPATANT, E ■ ⇒ **extraordinaire.**

ÉPATÉ, E ■ ***I.*** ⇒ **ébahi.** ***II.*** ⇒ **camus.**

ÉPATEMENT ■ ⇒ **surprise.**

ÉPATER ■ ***I.*** ⇒ **ébahir.** ***II.*** ⇒ **étendre.**

ÉPAULEMENT ■ ⇒ **appui.**

ÉPAULER ■ ***Fig.*** ⇒ **appuyer.**

ÉPAVE ■ ***Fig. I.*** ⇒ **décombres.** ***II.*** ⇒ **ruine.** ***III.*** ⇒ **loque.**

ÉPÉE ■ Alfange, arme blanche, badelaire, bancal, brand, braquemart, brette, briquet, carrelet, cimeterre, claymore, colichemarde, coupe-chou, coutelas, coutille, croisette, espadon, estoc, estocade, estramaçon, fer, flambe, flamberge, fleuret, glaive, lame, latte, palache, plommée, rapière, rondelle, sabre, spathe, yatagan.

ÉPELER ■ ⇒ **déchiffrer.**

ÉPERDU, E ■ ⇒ **ému.**

ÉPERON ■ ***I. Au pr. :*** ergot, molette. ***II. Géogr. :*** dent, plateau, pointe, saillie. ***III. Fig. :*** aiguillon, aiguillonnement, excitant, stimulant.

ÉPERONNER ■ ⇒ **exciter.**

ÉPERVIER ■ ***I.*** ⇒ **filet.** ***II.*** ⇒ **faucon.**

ÉPEURÉ, E ■ ⇒ **inquiet.**

ÉPHÈBE ■ ⇒ **jeune.**

ÉPHÉMÈRE ■ ⇒ **passager.**

ÉPHÉMÉRIDE ■ ⇒ **calendrier.**

ÉPICE ■ ⇒ **assaisonnement.**

ÉPICÉ, E ■ ⇒ **poivré.**

ÉPICERIE ■ Alimentation, casino, coop, coopérative, docks, familistère, self-service, superette, etc. ⇒ **magasin.**

ÉPICIER ■ ⇒ **commerçant.**

ÉPICURIEN, ENNE ■ adj. et n. ***I.*** Bon vivant, charnel, jouisseur, libertin (vx), libre, passionné, sensuel, sybarite, voluptueux. ***II.*** Luxurieux, pourceau d'Épicure.

ÉPICURISME ■ Eudémonisme, hédonisme.

ÉPIDÉMIE ■ ***I.*** Contagion, enzootie, épizootie (vét.). ***II.*** ⇒ **manie.**

ÉPIDÉMIQUE ■ ***I.*** Contagieux, épizootique (vét.), pandémique, récurrent. ***II. Fig.*** ⇒ **communicatif.**

ÉPIER ■ Espionner, être/se tenir aux aguets, filer, guetter, se mettre/se tenir à l'affût, observer, pister, surveiller.

ÉPIEU ■ ⇒ **bâton.**

ÉPIEUR, EUSE ■ ⇒ **espion, veilleur.**

ÉPIGRAMME ■ ***I.*** ⇒ **satire.** ***II.*** ⇒ **brocard.**

ÉPIGRAPHE ■ ⇒ **inscription.**

ÉPILER ■ Débourrer, dépiler.

ÉPILOGUE ■ ⇒ **conclusion.**

ÉPILOGUER ■ ⇒ **chicaner.**

ÉPINE ■ ***I.*** Aiguillon, arête, écharde, spinelle, spinule. ***II. Épine dorsale :*** colonne vertébrale, dos, échine, rachis. ***III. Fig.*** ⇒ **difficulté.**

ÉPINETTE ■ ***I.*** Cage, mue. ***II.*** ⇒ **clavecin.** ***III. Rég. :*** ⇒ **résineux.**

ÉPINEUX, EUSE ■ ⇒ **difficile.**

ÉPINGLE ■ ***I. Au pr. :*** agrafe, attache, broche, camion, clips, drapière, fibule, fichoir, pince. ***II. Fig.*** ⇒ **gratification.** ***III. Loc.*** **1. Tiré à quatre épingles ⇒ élégant. 2. Tirer son épingle du jeu ⇒ libérer (se).**

ÉPINGLER ■ Accrocher, agrafer, attacher, fixer, poser.

ÉPINOCHER ■ ⇒ **manger.**

ÉPIQUE ■ ***I.*** ⇒ **héroïque.** ***II.*** ⇒ **extraordinaire.**

ÉPISODE ■ ***I.*** ⇒ **digression.** ***II.*** ⇒ **événement.** ***III.*** ⇒ **péripétie.**

ÉPISODIQUE ■ ***I.*** ⇒ **intermittent.** ***II.*** ⇒ **secondaire.**

ÉPISTOLIER, ÈRE ■ Épistolaire.

ÉPITAPHE ■ ⇒ **inscription.**

ÉPITHÈTE ■ ***I.*** Adjectif. ***II. Par ext.*** **1.** Attribut, injure, invective, qualificatif. **2.** Éloge, louange.

ÉPITOMÉ ■ ⇒ **abrégé.**

ÉPÎTRE ■ ⇒ **lettre.**

ÉPIZOOTIQUE ■ ⇒ **épidémique.**

ÉPLORÉ, E ■ ⇒ **chagrin.**

ÉPLOYER ■ ⇒ **étendre.**

ÉPLUCHER ■ ***I.*** Décortiquer, écaler, écosser, nettoyer, peler. ***II.*** ⇒ **examiner.** ***III. V. pron.*** ⇒ **nettoyer (se).**

ÉPLUCHURE ■ ⇒ **déchet, reste.**

ÉPOINTÉ, E ■ ⇒ **émoussé.**

ÉPONGER ■ ⇒ **sécher.**

ÉPOPÉE ■ ⇒ **événement.**

ÉPOQUE ■ Âge, cycle, date, ère, étape, jours, moment, monde, période, saison, siècle, temps.

ÉPOUMONER (S') ■ ⇒ **crier.**

ÉPOUSAILLES ■ ⇒ **mariage.**

ÉPOUSE ■ ***I. Au pr. :*** compagne, conjoint, femme. ***II. Fam. :*** bourgeoise, légitime, ministre, moitié.

ÉPOUSÉE ■ ⇒ **mariée.**

ÉPOUSER ■ ***I. Au pr. :*** s'allier, s'attacher à, choisir, convoler, se marier, s'unir. ***II. Fig.*** ⇒ **embrasser.**

ÉPOUSEUR ■ ⇒ **fiancé.**

ÉPOUSSETER ■ ⇒ **nettoyer.**

ÉPOUSTOUFLANT, E ■ ⇒ **extraordinaire.**

ÉPOUSTOUFLER ■ ⇒ **étonner.**

ÉPOUVANTABLE ■ ⇒ **effrayant.**

ÉPOUVANTAIL ■ Croquemitaine, fantôme, loup-garou, mannequin. ⇒ **ogre.**

ÉPOUVANTE ■ Affolement, affres, alarme, angoisse, appréhension, consternation, crainte, effroi, épouvantement (vx), frayeur, horreur, inquiétude, panique, peur, terreur.

ÉPOUVANTER ■ Affoler, alarmer, angoisser, apeurer, atterrer, consterner, effarer, effrayer, faire fuir, horrifier, inquiéter, stupéfier, terrifier, terroriser.

ÉPOUX ■ Compagnon, conjoint, mari, seigneur et maître.

ÉPRENDRE (S') ■ S'amouracher, s'attacher à, avoir le béguin/le coup de foudre, se coiffer de, s'emballer, s'embéguiner, s'embraser, s'énamourer, s'enflammer, s'engouer, s'enjouer, s'enjuponner, s'enthousiasmer, s'enticher, gober, goder (arg.), se passionner, se toquer, tomber amoureux.

ÉPREUVE ■ ***I.*** ⇒ **expérimentation.** ***II.*** ⇒ **compétition.** ***III.*** ⇒ **malheur.**

ÉPRINTE ■ ⇒ **colique.**

ÉPRIS, E ■ ***I.*** ⇒ **amoureux.** ***II. Par ext. :*** féru, fou, passionné, polarisé (fam.), séduit.

ÉPROUVANT, E ■ ⇒ **pénible.**

ÉPROUVÉ, E ■ ⇒ **sûr.**

ÉPROUVER ■ ***I.*** ⇒ **expérimenter.** ***II.*** ⇒ **sentir.** ***III.*** ⇒ **recevoir.**

ÉPUISANT, E ■ ⇒ **tuant.**

ÉPUISÉ, E ■ ⇒ **fatigué.**

ÉPUISEMENT ■ ⇒ **langueur.**

ÉPUISER ■ ***I. Au pr. :*** assécher, dessécher, mettre à sec, pomper, sécher, tarir, vider. ***II. Par ext.*** **1.** ⇒ **fatiguer. 2.** ⇒ **affaiblir.**

ÉPURATION, ÉPUREMENT ■ ***I.*** ⇒ **purification.** ***II.*** Balayage, chasse aux sorcières, coup de balai, exclusion, expulsion, liquidation, purge.

ÉPURE ■ ⇒ **plan.**

ÉPURER ■ *I. Au pr. :* apurer (vx), clarifier, décanter, déféquer, distiller, expurger, filtrer, purger, purifier, raffiner, rectifier. *II. Fig.* **1. Quelqu'un :** expulser, supprimer, purger. **2. Une chose :** affiner, améliorer, châtier, perfectionner, polir.

ÉQUANIMITÉ ■ ⇒ **impassibilité.**

ÉQUARRIR ■ ⇒ **découper, tailler.**

ÉQUERRE ■ Biveau, graphomètre, sauterelle, té.

ÉQUILIBRE ■ *I. Au pr. :* aplomb, assiette, attitude, contrepoids, stabilité. *II. Fig.* **1.** Accord, balance, balancement, compensation, égalité, harmonie, juste milieu, moyenne, pondération, symétrie. **2.** Entrain, forme, plénitude, santé.

ÉQUILIBRÉ, E ■ ⇒ **modéré, stable.**

ÉQUILIBRER ■ Balancer, compenser, contrebalancer, contrepeser (vx), corriger, égaler, équivaloir, neutraliser, pondérer, répartir, tarer.

ÉQUILIBRISTE ■ ⇒ **acrobate.**

ÉQUIPAGE ■ *I.* ⇒ **bagage.** *II.* Apparat, appareil, arsenal (fam.), arroi, attirail, cortège, escorte, suite, train.

ÉQUIPE ■ Écurie, escouade, groupe, team, troupe.

ÉQUIPÉE ■ *I.* ⇒ **écart.** *II.* ⇒ **escapade.**

ÉQUIPEMENT ■ ⇒ **bagage.**

ÉQUIPER ■ ⇒ **pourvoir.**

ÉQUIPIER, ÈRE ■ ⇒ **partenaire.**

ÉQUITABLE ■ ⇒ **juste.**

ÉQUITATION ■ Art équestre, concours hippique, dressage, haute école, hippisme, manège, steeple-chase, voltige.

ÉQUITÉ ■ ⇒ **justice.**

ÉQUIVALENCE ■ ⇒ **égalité.**

ÉQUIVALENT, E ■ *I.* ⇒ **égal.** *II.* ⇒ **pareil.** *III.* ⇒ **synonyme.**

ÉQUIVALOIR ■ ⇒ **égaler.**

ÉQUIVOQUE ■ *I. Adj.* **1. Au pr.** ⇒ **ambigu. 2. Par ext.** ⇒ **suspect.** *II. Nom fém.* ⇒ **jeu de mots.**

ÉRAFLÉ, E ■ Abîmé, balafré, blessé, déchiré, écorché, égratigné, entaillé, éraillé, griffé, hachuré, rayé, sillonné, strié.

ÉRAFLURE ■ ⇒ **déchirure.**

ÉRAILLÉ, E ■ *I. Au pr.* **1.** ⇒ **usé. 2.** ⇒ **éraflé.** *II. Par ext.* ⇒ **rauque.**

ÈRE ■ ⇒ **époque.**

ÉRECTION ■ *I. Au pr. :* construction, dressage, édification, élévation, établissement, fondation, institution, surrection, surgissement. *II. Méd. :* dilatation, éréthisme, intumescence, raideur, redressement, rigidité, tension, tumescence, turgescence, vultuosité. *III. Loc.* **Être en érection ⇒ jouir.**

ÉREINTANT, E ■ ⇒ **tuant.**

ÉREINTEMENT ■ *I.* ⇒ **fatigue.** *II.* ⇒ **médisance.**

ÉREINTER ■ *I. Au pr.* **1.** ⇒ **fatiguer. 2.** ⇒ **battre.** *II. Fig.* **1.** ⇒ **critiquer. 2.** ⇒ **médire.**

ÉRÉTHISME ■ Colère, courroux, énervement, exaltation, exaspération, excitation, fièvre, irritation, surexcitation, tension, violence. ⇒ **érection.**

ERGASTULE ■ ⇒ **cachot, prison.**

ERGOT ■ ⇒ **ongle.**

ERGOTAGE ■ ⇒ **chicane.**

ERGOTER ■ Argumenter, atermoyer, chicaner, couper les cheveux en quatre (fam.), discourir, discutailler (fam.), discuter, disputailler (fam.), disputer, disserter, épiloguer, noyer le poisson (fam.), pérorer, polémiquer, rabâcher, radoter, raisonner, ratiociner, tergiverser.

ÉRIGER ■ ***I.*** ⇒ **élever.** ***II.*** ⇒ **établir.** ***III.*** ⇒ **promouvoir.**

ERMITAGE ■ ***I.*** Abbaye, chartreuse, cloître, couvent, monastère, prieuré, solitude. ***II.*** Chalet, folie, pavillon. ⇒ **habitation.**

ERMITE ■ ***I.*** Anachorète, ascète, solitaire. ***II. Par ext.*** **Non favorable** : insociable, misanthrope, reclus, sauvage, vieux de la montagne.

ÉRODER ■ ⇒ **dégrader.**

ÉROSION ■ ⇒ **corrosion.**

ÉROTIQUE ■ ***I.*** Amoureux, aphrodisiaque, excitant, galant, sensuel, voluptueux. ***II. Non favorable :*** cochon, licencieux, polisson, pornographique (péj.), provocateur, pygocole.

ÉROTISME ■ ⇒ **volupté.**

ERRANCE ■ Ambulation, aventure, course, déplacement, égarement, instabilité, flânerie, nomadisme, pérégrination, promenade, randonnée, rêverie, vagabondage, voyage.

ERRANT, E ■ ***I. Géol. :*** erratique. ***II.*** Ambulant, aventurier, égaré, flottant, fugitif, furtif, instable, mobile, mouvant, nomade, perdu, vagabond.

ERRATIQUE ■ ⇒ **mouvant.**

ERRE ■ ⇒ **élan, marche.**

ERREMENTS ■ ***I.*** Comportement, conduite, habitude, méthode, procédé. ***II. Non favorable :*** abus, bévue, dérèglement, divagation, écart, égarement, errance, erreur, faute, flottement, hésitation, impénitence, inconduite, indécision, ornière, péché, routine.

ERRER ■ ***I.*** Aller à l'aventure/à l'aveuglette/au hasard/çà et là, se balader (fam.), battre l'estrade/le pavé, courir les champs/les rues, déambuler, dévier de sa route/son chemin, divaguer, s'égarer, flâner, galérer (fam.), marcher, passer, se perdre, se promener, rôder, rouler sa bosse, tourner en rond, tournailler, traînasser, traîner, trimarder, vadrouiller, vagabonder, vaguer. ***II.*** ⇒ **rêver, tromper (se).**

ERREUR ■ Aberration, ânerie, bavure, bévue, blague, boulette, bourde, brioche, confusion, cuir, défaut, écart, égarement, errement, faute, fourvoiement, gaffe, illusion, lapsus, maldonne, malentendu, manquement, mécompte, mégarde, méprise, paralogisme, quiproquo, sophisme, vice de raisonnement. ⇒ **bêtise.**

ERRONÉ, E ■ ⇒ **faux.**

ERSATZ ■ ⇒ **succédané.**

ERSE, ERSEAU ■ ⇒ **boucle.**

ÉRUBESCENCE ■ ⇒ **rougeur.**

ÉRUCTATION ■ Exhalaison, hoquet, nausée, refoulement (fam.), renvoi, rot.

ÉRUCTER ■ ⇒ **roter, proférer.**

ÉRUDIT, E ■ ⇒ **savant.**

ÉRUDITION ■ ⇒ **savoir.**

ÉRUPTION ■ ***I. Au pr. :*** bouillonnement, débordement, ébullition, écoulement, émission, évacuation, explosion, jaillissement, sortie. ***II. Méd. :*** confluence, dermatose, efflorescence, inflammation, poussée, rash, vaccinelle.

ESBROUFANT, E ■ ⇒ **extraordinaire.**

ESBROUFE ■ ⇒ **hâblerie.**

ESCABEAU ■ ⇒ **siège, échelle.**

ESCADRON ■ ⇒ **troupe.**

ESCALADE ■ Ascension, grimpette (fam.), montée, varappe.

ESCALADER ■ ⇒ **monter.**

ESCALE (FAIRE) ■ Faire étape/halte/relâche, relâcher, toucher à un port.

ESCALIER ■ Colimaçon, degré, descente, escalator, marches, montée.

ESCAMOTER ■ ⇒ **dérober, cacher.**

ESCAMOTEUR ■ ***I. Au pr. :*** acrobate, illusionniste, jongleur, magicien, manipulateur, prestidigitateur, physicien (vx). ***II. Par ext. Non favorable*** ⇒ **voleur.**

ESCAMPETTE ■ ***I.*** ⇒ **fuite.** ***II. Loc.*** **Prendre la poudre d'escampette ⇒ enfuir (s').**

ESCAPADE ■ ***I. Neutre :*** absence, bordée, caprice, échappée, équipée, escampativos (fam. et vx), frasque, fredaine, fugue. ***II. Non favorable*** ⇒ **écart.**

ESCARBILLE ■ ***I.*** ⇒ **charbon.** ***II.*** ⇒ **poussière.**

ESCARCELLE ■ ⇒ **bourse.**

ESCARGOT ■ ⇒ **limaçon.**

ESCARMOUCHE ■ ⇒ **engagement.**

ESCARPE ■ ⇒ **vaurien.**

ESCARPÉ, E ■ Abrupt, à pic, ardu, difficile, malaisé, montant, montueux, raide, roide.

ESCARPEMENT ■ ⇒ **pente.**

ESCARPIN ■ ⇒ **soulier.**

ESCARPOLETTE ■ ⇒ **balançoire.**

ESCHE ■ ⇒ **aîche.**

ESCIENT (À BON) ■ ⇒ **sciemment.**

ESCLAFFER (S') ■ ⇒ **rire.**

ESCLANDRE ■ ⇒ **scandale.**

ESCLAVAGE ■ ⇒ **servitude.**

ESCLAVE ■ n. et adj. ***I.*** Asservi, assujetti, captif, dépendant, domestique, ilote, prisonnier, serf, serviteur, valet. ***II. Fig. :*** chien, chose, inférieur, jouet, pantin.

ESCOBAR ■ n. et adj. Fourbe, réticent, sournois. ⇒ **hypocrite.**

ESCOBARDERIE ■ ***I.*** ⇒ **fuite.** ***II.*** ⇒ **hypocrisie.**

ESCOGRIFFE ■ ⇒ **géant.**

ESCOMPTE ■ ***I.*** Avance. ***II.*** Agio, boni, prime, réduction, remise.

ESCOMPTER ■ ***I.*** Avancer, faire une avance, prendre un billet/un papier/une traite à l'escompte, hypothéquer. ***II.*** Anticiper, attendre, compter sur, devancer, espérer, prévenir, prévoir.

ESCOPETTE ■ Espingole, tromblon.

ESCORTE ■ ⇒ **suite.**

ESCORTER ■ ⇒ **accompagner.**

ESCOUADE ■ ⇒ **troupe.**

ESCRIMER (S') ■ ***I. Au pr.*** ⇒ **lutter.** ***II. Fig.*** **1.** ⇒ **essayer. 2.** ⇒ **discuter.**

ESCROC ■ ⇒ **fripon.**

ESCROQUER ■ ⇒ **voler.**

ESCROQUERIE ■ ⇒ **vol.**

ÉSOTÉRIQUE ■ ⇒ **secret.**

ÉSOTÉRISME ■ ⇒ **occultisme.**

ESPACE ■ ***I.*** Champ, distance, écart, écartement, éloignement, étendue, immensité, infini, intervalle, portion, superficie, surface, zone. ***II.*** Atmosphère, ciel, éther. ⇒ **univers.** ***III.*** Durée, intervalle, laps.

ESPACÉ, E ■ Distant, échelonné, éloigné, épars.

ESPACEMENT ■ Alinéa, blanc, interligne, interstice, intervalle, marge.

ESPACER ■ ⇒ **séparer.**

ESPADRILLE ■ ⇒ **chausson, soulier.**

ESPAGNOLETTE ■ ⇒ **poignée.**

ESPALIER ■ Candélabre, cordon, palissade, palmette, treillage.

ESPARCET ■ Esparcette, sainfoin.

ESPÈCE ■ ***I.*** ⇒ **genre.** ***II.*** ⇒ **sorte.** ***III. Au pl.*** ⇒ **argent.**

ESPÉRANCE ■ Aspiration, assurance, attente, certitude, confiance, conviction, croyance, désir, espoir, expectative, foi, illusion, perspective, prévision.

ESPÉRER ■ Aspirer à, attendre, avoir confiance, *et les syn. de* CONFIANCE, compter sur, entrevoir, escompter, faire état de, se flatter de, penser, présumer, se promettre, souhaiter, tabler sur.

ESPIÈGLE ■ Agaçant (péj.), badin, coquin, démon, diable, diablotin, éveillé, folâtre, frétillant, fripon, lutin, malicieux, malin, mâtin, mièvre (vx), mutin, pétillant, polisson, subtil, turbulent.

ESPIÈGLERIE ■ ⇒ **plaisanterie.**

ESPINGOLE ■ Escopette, tromblon.

ESPION ■ ***I.*** Affide (vx), agent, émissaire, épieur (vx), indicateur, informateur, limier. ***II.*** Délateur, dénonciateur, mouchard, rapporteur, traître. ***Arg.*** *:* casserole, doulos, indic, mouche, mouton, treize-à-table.

ESPIONNAGE ■ ⇒ **surveillance.**

ESPIONNER ■ ⇒ **épier.**

ESPLANADE ■ ⇒ **place.**

ESPOIR ■ ⇒ **espérance.**

ESPONTON ■ ⇒ **pique.**

ESPRIT ■ ***I. Au pr.*** **1.** Âme, animation, caractère, cœur, conscience, être, homme, moi, personnalité, souffle, soupir, sujet, vie. **2.** Alcool, essence, quintessence, vapeur. ***II. Par ext.*** *:* adresse, à-propos, bon sens, causticité, discernement, disposition, entendement, finesse, génie, humour, imagination, ingéniosité, intellection, intelligence, invention, ironie, jugement, jugeote (fam.), lucidité, malice, méditation, mentalité, naturel, raison, réflexion, sel, sens commun, talent, vivacité. ***III. Être immatériel.*** **1.** Dieu, divinité. **2.** Ange, démon, élu. **3.** Fantôme, mânes, revenant, spectre. **4.** ⇒ **génie.** ***IV. Loc.*** **1. Esprit fort** ⇒ **incroyant. 2. Bel esprit** ⇒ **spirituel. 3. Bon esprit** ⇒ **accommodant. 4. Mauvais esprit** ⇒ **insoumis** (adj.). **5. Dans l'esprit de** : angle, aspect, but, dessein, idée, intention, point de vue. **6. Esprit de corps** : chauvinisme (péj.), solidarité.

ESQUIF ■ ⇒ **embarcation.**

ESQUINTER ■ ***I.*** ⇒ **détériorer.** ***II. Fig.*** **1.** ⇒ **médire. 2.** ⇒ **fatiguer.**

ESQUISSE ■ ⇒ **ébauche.**

ESQUISSER ■ ***I.*** Crayonner, croquer, dessiner, ébaucher, pocher, tracer. ***II.*** Amorcer, ébaucher, indiquer.

ESQUIVER ■ ⇒ **éviter.** ***V. pron.*** ⇒ **enfuir (s').**

ESSAI ■ ***I.*** ⇒ **expérimentation.** ***II.*** ⇒ **tentative.** ***III.*** ⇒ **article.** ***IV.*** ⇒ **traité.**

ESSAIM ■ ***Par ext.*** ⇒ **multitude.**

ESSAIMER ■ ***I. V. intr.*** *:* se disperser, se répandre. ***II. V. tr.*** *:* émettre, produire, répandre.

ESSANGER ■ ⇒ **nettoyer.**

ESSARTER ■ ⇒ **débroussailler.**

ESSAYER ■ ***I. V. tr.*** ⇒ **expérimenter.** ***II. V. intr.*** *:* chercher à, s'efforcer à/de, s'escrimer/s'évertuer à, faire l'impossible, s'ingénier à, tâcher à/de, tâtonner, tenter de.

ESSE ■ ⇒ **cheville.**

ESSENCE ■ ***I.*** ⇒ **extrait.** ***II.*** Caractère, moelle, nature, qualité, quiddité (vx), quintessence, substance.

ESSENTIEL, ELLE ■ ⇒ **principal.**

ESSEULÉ, E ■ ⇒ **seul.**

ESSIEU ■ Arbre, axe, boggie (par ext.), pivot.

ESSOR ■ ⇒ **vol, avancement.**

ESSORER ■ Centrifuger, sécher, tordre.

ESSOUFFLÉ, E ■ Asthmatique (par ext.), dyspnéique (méd.), époumoné, fatigué, haletant, pantelant, poussif, rendu (fam.), suffocant.

ESSOUFFLEMENT ■ Anhélation,

dyspnée, étouffement, halètement, oppression, suffocation.

ESSOUFFLER (S') ■ Ahaner, anhéler, être ⇒ **essoufflé.**

ESSUYER ■ ***I. Au pr.*** **1.** ⇒ **nettoyer. 2.** ⇒ **sécher.** ***II. Fig.*** ⇒ **recevoir.**

EST ■ Levant, orient.

ESTACADE ■ ⇒ **digue.**

ESTAFETTE ■ Courrier, coursier, envoyé, exprès, messager.

ESTAFIER ■ ⇒ **tueur.**

ESTAFILADE ■ ⇒ **blessure.**

ESTAMINET ■ ⇒ **cabaret.**

ESTAMPE ■ ⇒ **image.**

ESTAMPER ■ ***I. Au pr.*** ⇒ **imprimer.** ***II. Fig.*** ⇒ **voler.**

ESTAMPILLE ■ ⇒ **marque.**

ESTAMPILLER ■ ⇒ **imprimer.**

ESTER ■ Intenter, poursuivre, se présenter en justice.

ESTHÉTICIEN, ENNE ■ Visagiste.

ESTHÉTIQUE ■ ⇒ **beau.**

ESTIMABLE ■ Aimable, appréciable, beau, bien, bon, honorable, louable, précieux, recommandable, respectable.

ESTIMATION ■ Aperçu, appréciation, approche, approximation, arbitrage, calcul, détermination, devis, évaluation, expertise, prisée.

ESTIME ■ ⇒ **égards.**

ESTIMER ■ ***I.*** ⇒ **aimer.** ***II.*** Apprécier, arbitrer, calculer, coter, déterminer, évaluer, expertiser, mesurer, mettre à prix, priser, taxer. ***III.*** ⇒ **honorer.** ***IV.*** Compter, considérer, croire, être d'avis, faire cas, juger, penser, présumer, regarder comme, tenir pour.

ESTIVANT, E ■ Aoûtien, curiste, touriste, vacancier.

ESTOC ■ ***I.*** Racine, souche. ***II. Vx*** ⇒ **race.** ***III.*** ⇒ **épée.**

ESTOCADE ■ Attaque, botte, coup.

ESTOMAC ■ ***I. Au pr.*** **1. D'animaux :** bonnet, caillette, feuillet, gésier, jabot, panse. **2.** Gras-double, tripe. ***II. Par ext.*** ⇒ **bedaine.** ***III. Fig. :*** aplomb, cœur, courage, cran, culot.

ESTOMAQUÉ, E ■ ⇒ **ébahi.**

ESTOMAQUER ■ ⇒ **étonner.**

ESTOMPER ■ ⇒ **modérer.** ***V. pron.*** ⇒ **disparaître.**

ESTOQUER ■ ⇒ **tuer, vaincre.**

ESTOURBIR ■ ⇒ **battre, tuer.**

ESTRADE ■ Chaire, échafaud, échafaudage, podium, ring, scène, tribune.

ESTROPIÉ, E ■ Amputé, boiteux, cul-de-jatte, diminué physique, éclopé, essorillé (vx), handicapé, impotent, infirme, manchot, mutilé, stropiat (fam.), unijambiste.

ESTROPIER ■ ⇒ **mutiler.**

ESTUAIRE ■ ⇒ **embouchure.**

ÉTABLE ■ Abri, bercail, bergerie, bouverie, bouvril, écurie, grange, hangar, porcherie, soue, vacherie.

ÉTABLIR ■ ***I.*** ⇒ **prouver.** ***II.*** Amener, commencer, constituer, créer, disposer, ériger, faire régner, fonder, former, implanter, importer, installer, instaurer, instituer, institutionnaliser, introduire, introniser, mettre, nommer, organiser, placer, poser. ***III.*** Asseoir, bâtir, construire, édifier, fixer, fonder, jeter les fondements/les plans, placer, poser. ***IV.*** Camper, cantonner, loger, poster. ***V. Fig.*** **1.** Caser, doter, marier. **2.** Échafauder, forger, nouer.

ÉTABLISSEMENT ■ ***I.*** Agencement, constitution, création, disposition, érection, fondation, implantation, importation, installation, instauration, institution, introduction, intronisation, mise en place, nomination, organisation, placement, pose. *II.* Affaire, atelier, boîte (fam.), chantier, commerce, comptoir, emporium, entreprise, exploitation, factorerie, firme, fonds, loge (vx), maison, usine.

ÉTAGE ■ *I.* ⇒ **palier.** *II.* ⇒ **rang.**

ÉTAGÈRE ■ *I.* ⇒ **tablette.** *II. Partie* : archelle, balconnet.

ÉTAI ■ ⇒ **appui.**

ÉTAL ■ *I.* ⇒ **table.** *II.* ⇒ **magasin.**

ÉTALAGE ■ *I. Au pr. :* devanture, étal, éventaire, montre, vitrine. *II. Fig. :* montre, ostentation.

ÉTALE ■ ⇒ **stationnaire.**

ÉTALER ■ ⇒ **étendre, montrer.** *V. pron.* 1. ⇒ **montrer (se).** 2. ⇒ **tomber.**

ÉTALON ■ *I.* ⇒ **cheval.** *II.* ⇒ **modèle.**

ÉTALONNER ■ Calibrer. ⇒ **vérifier.**

ÉTANCHE ■ ⇒ **imperméable.**

ÉTANCHER ■ ⇒ **sécher, assouvir.**

ÉTANÇON ■ ⇒ **appui.**

ÉTANÇONNER ■ *I.* ⇒ **appuyer.** *II.* ⇒ **soutenir.**

ÉTANG ■ Bassin, chott, lac, lagune, marais, mare, pièce d'eau, réservoir.

ÉTAPE ■ *I. Au pr.* 1. Auberge, couchée (vx), escale, gîte, halte, hôtel, relais. 2. Chemin, journée (vx), route, trajet. *II. Par ext.* ⇒ **phase.**

ÉTAT ■ *I.* Attitude, classe, condition, destin, existence, manière d'être, point, position, situation, sort, train de vie, vie. *II.* ⇒ **profession.** *III.* ⇒ **liste.** *IV.* ⇒ **gouvernement.** *V.* ⇒ **nation.** *VI. Loc.* 1. **État d'esprit** ⇒ **mentalité.** 2. **Faire état** ⇒ **affirmer.**

ÉTATIFIER, ÉTATISER ■ ⇒ **nationaliser.**

ÉTATISME ■ ⇒ **socialisme.**

ÉTAT-MAJOR ■ Bureaux, commandement, G.Q.G., quartier général, staff (arg. milit.), tête. ⇒ **direction.**

ÉTAYER ■ *I.* ⇒ **soutenir.** *II.* ⇒ **appuyer.**

ÉTÉ ■ Beaux jours, belle saison, canicule, chaleurs, mois de Phœbus (vx), saison chaude/sèche.

ÉTEIGNOIR ■ Fig. ⇒ **triste.**

ÉTEINDRE ■ *I.* Étouffer, consumer. *II. Fig.* ⇒ **modérer, détruire.** *III. V. pron.* ⇒ **mourir.**

ÉTEINT, E ■ ⇒ **terne.**

ÉTENDARD ■ ⇒ **drapeau.**

ÉTENDRE ■ *I.* 1. Allonger, déplier, déployer, dérouler, détirer, développer, épater, éployer, étaler, étirer, mettre, napper, ouvrir, placer, poser, recouvrir, tendre. *II. Quelqu'un :* allonger, coucher. *III. Par ext.* **Étendre un liquide :** ajouter, allonger, augmenter, baptiser, couper, délayer, diluer, éclaircir, mouiller (du vin). *IV. V. pron.* 1. ⇒ **occuper.** 2. ⇒ **coucher (se).** 3. ⇒ **répandre (se).** 4. ⇒ **durer,** *et les formes pron. possibles des syn. de* ÉTENDRE.

ÉTENDU, E ■ ⇒ **grand.**

ÉTENDUE ■ *I.* Amplitude, champ, contenance, dimension, distance, domaine, durée, envergure, espace, grandeur, grosseur, immensité, importance, largeur, longueur, nappe, proportion, rayon, sphère, superficie, surface, volume. *II.* Ampleur, diapason, intensité, registre. *III.* Capacité, compétence, domaine.

ÉTERNEL, ELLE ■ *I.* Constant, continuel, durable, immarcescible, immémorial, immortel, immuable, impérissable, imprescriptible, inaltérable, inamissible, inamovible, incessant, indéfectible, indéfini, indélébile, indestructible, indissoluble, infini, interminable, perdurable, pérenne, pérennel, perpétuel, sempiternel. *II. Non favorable* ⇒ **ennuyeux.**

ÉTERNISER ■ *I.* ⇒ **allonger.** *V. pron.* 1. ⇒ **demeurer.** 2. ⇒ **durer.**

ÉTERNITÉ ■ Continuité, immortalité,

immuabilité, indestructibilité, infini, pérennité, perpétuité.

ÉTÊTER ■ ⇒ **élaguer.**

ÉTEULE ■ ⇒ **chaume.**

ÉTHER ■ ⇒ **atmosphère.**

ÉTHÉRÉ, E ■ ⇒ **pur.**

ÉTHIQUE ■ ⇒ **morale.**

ETHNIE ■ ⇒ **tribu.**

ETHNIQUE ■ *I.* Racial. *II. Par ext. :* culturel, spécifique.

ETHNOGRAPHIE ■ *Par ext. :* anthropologie, écologie, ethnologie, éthographie, éthologie.

ÉTINCELANT, E ■ ⇒ **brillant.**

ÉTINCELER ■ Brasiller, briller, chatoyer, luire, pétiller, scintiller.

ÉTINCELLE ■ *I. Au pr. :* escarbille, flammèche. *II. Fig.* 1. Cause. 2. Ardeur, feu sacré, flamme.

ÉTIOLEMENT ■ *I.* Marcescence. ⇒ **décadence.** *II.* ⇒ **ruine.** *III.* ⇒ **langueur.**

ÉTIOLER (S') ■ ⇒ **dépérir.**

ÉTIQUE ■ Amaigri, cachectique, cave, consomptique, décharné, desséché, efflanqué, émacié, famélique, hâve, hectique, maigre, mal nourri, sec, squelettique.

ÉTIQUETER ■ ⇒ **ranger.**

ÉTIQUETTE ■ *I.* ⇒ **écriteau.** *II.* ⇒ **protocole.**

ÉTIRER ■ *I.* ⇒ **tirer.** *II.* ⇒ **étendre.**

ÉTISIE ■ ⇒ **maigreur.**

ÉTOFFE ■ *I.* ⇒ **tissu.** *II. Par ext.* ⇒ **matière.** *III. Fig.* ⇒ **disposition.**

ÉTOFFÉ, E ■ ⇒ **gras.**

ÉTOFFER ■ ⇒ **garnir.**

ÉTOILE ■ *I.* ⇒ **astre.** *II. Fig.* 1. ⇒ **destinée.** 2. ⇒ **artiste.** *III. Par ext.* 1. Carrefour, croisée/croisement de chemins/routes, échangeur, patte-d'oie, rond-point, trèfle. 2. Astérisque (typo.).

ÉTOILÉ, E ■ ⇒ **constellé.**

ÉTONNANT, E ■ Admirable, ahurissant, anormal, beau, bizarre, bouleversant, confondant, curieux, déconcertant, drôle, ébahissant, ébaubissant (vx), éblouissant, écrasant, effarant, étourdissant, étrange, exceptionnel, extraordinaire, fantastique, formidable, frappant, génial, gigantesque, impressionnant, inattendu, incomparable, inconcevable, incroyable, inhabituel, inouï, insolite, inusité, magique, magnifique, merveilleux, miraculeux, mirifique, monstrueux, original, parfait, particulier, phénoménal, prodigieux, rare, renversant, saisissant, singulier, spécial, splendide, stupéfiant, sublime, suffocant, superbe, surprenant, troublant. ***Fam. :*** ébesillant, ébouriffant, épastrouillant, épatant, époilant, époustouflant, faramineux, fumant, mirobolant, pharamineux, pyramidal (vx), soufflant.

ÉTONNÉ, E ■ Abasourdi, ahuri, baba, confondu, déconcerté, désorienté, ébahi, ébaubi, éberlué, ébloui, ébouriffé, effaré, émerveillé, épaté, estomaqué, frappé, interdit, interloqué, renversé, saisi, soufflé, stupéfait, suffoqué, surpris.

ÉTONNEMENT ■ ⇒ **surprise.**

ÉTONNER ■ Abasourdir, ahurir, confondre, déconcerter, désorienter, ébahir, ébaubir, éberluer, éblouir, ébouriffer, effarer, émerveiller, épater, époustoufler, esbroufer, estomaquer, étourdir, frapper, impressionner, interdire, interloquer, méduser, renverser, saisir, sidérer, stupéfier, suffoquer. ⇒ **surprendre.**

ÉTOUFFANT, E ■ Accablant, asphyxiant, suffocant. ⇒ **chaud.**

ÉTOUFFÉ, E ■ ⇒ **essoufflé, sourd.**

ÉTOUFFEMENT ■ ⇒ **essouflement.**

ÉTOUFFER ■ *I. Au pr. :* asphyxier,

étrangler, garrotter, noyer, oppresser, suffoquer. ***II. Par ext.*** **Un bruit ⇒ dominer.** ***III. Fig. :*** arrêter, assoupir, atténuer, briser, cacher, dissimuler, encager, enrayer, enterrer, escamoter, étourdir, gêner, juguler, mater, mettre en sommeil/une sourdine, neutraliser, passer sous silence, réprimer, retenir, subtiliser, supprimer, tortiller (fam.), tuer dans l'œuf. ***IV. V. pron. :*** s'engouer, *et les formes pron. possibles des syn. de* ÉTOUFFER.

ÉTOURDERIE ■ ⇒ **distraction.**

ÉTOURDI, E ■ adj. et n. Braque, brise-raison (vx), brouillon, distrait, écervelé, étourneau, évaporé, éventé, fou, frivole, hanneton (fam.), hurluberlu (fam.), imprudent, inattentif, inconséquent, inconsidéré, insouciant, irréfléchi, léger, malavisé, tête à l'envers/de linotte/en l'air/folle/légère (fam.).

ÉTOURDIR ■ ***I. Au pr.*** **1. ⇒ abasourdir. 2.** Chavirer, enivrer, entêter, griser, monter/porter à la tête, soûler, taper (fam.), tourner la tête. ***II. Par ext.*** **1. ⇒ soulager. 2. ⇒ étouffer.** ***III. V. pron.*** **⇒ distraire (se).**

ÉTOURDISSANT, E ■ ⇒ **extraordinaire.**

ÉTOURDISSEMENT ■ ⇒ **vertige.**

ÉTOURNEAU ■ ***Fig.*** **⇒ étourdi.**

ÉTRANGE ■ Abracadabrant, baroque, biscornu, bizarre, choquant, déplacé, farfelu, inaccoutumé, indéfinissable, inquiétant, insolite, louche, rare, saugrenu, singulier. **⇒ étonnant.**

ÉTRANGER, ÈRE ■ adj. et n. ***I.*** Allochtone, allogène, aubain (vx), exotique, extérieur, immigrant, pérégrin (vx), réfugié, résident, touriste. ***Péj. :*** métèque, rasta, rastaquouère. ***II. Par ext.*** **1. ⇒ hétérogène. 2. ⇒ inconnu. 3. ⇒ indifférent.**

ÉTRANGETÉ ■ ⇒ **bizarrerie.**

ÉTRANGLÉ, E ■ ***I.*** Asphyxié, étouffé, garrotté, strangulé. ***II. Fig.*** **⇒ étroit.**

ÉTRANGLEMENT ■ ***I. Au pr. :*** étouffement, garrot, strangulation. ***II. Par ext. :*** resserrement.

ÉTRANGLER ■ Étouffer, garrotter, pendre, resserrer, serrer le quiqui (fam.)/la gorge, stranguler, tuer.

ÊTRE ■ ***I. V. intr.*** **1.** Avoir l'existence, exister, régner, subsister, se trouver, vivre. **2. Loc.** *Être à* **⇒ appartenir.** ***II. Nom.*** **1. ⇒ homme. 2. ⇒ vie. 3. Loc.** *Être suprême* **⇒ dieu.**

ÉTRÉCIR ■ ⇒ **resserrer.**

ÉTREINDRE ■ ⇒ **serrer.**

ÉTREINTE ■ Embrassade, embrassement, enlacement, serrement.

ÉTRENNES ■ ⇒ **don.**

ÊTRES ■ ⇒ **pièce.**

ÉTRÉSILLON, ÉTRIER ■ ⇒ **appui.**

ÉTRILLE ■ ⇒ **racloir.**

ÉTRILLER ■ ⇒ **battre, maltraiter.**

ÉTRIPER ■ Éventrer, vider. **⇒ tuer.**

ÉTRIQUÉ, E ■ ⇒ **étroit.**

ÉTRIQUER ■ ⇒ **resserrer.**

ÉTRIVIÈRES ■ ⇒ **fouet.**

ÉTROIT, E ■ ***I.*** Collant (vêtement), confiné, effilé, encaissé, étiré, étranglé, étréci, étriqué, exigu, fin, juste, mesquin, mince, petit, ratatiné, réduit, resserré, restreint, riquiqui, serré. ***II. Fig.*** **1. ⇒ bête. 2. ⇒ limité. 3. ⇒ sévère.**

ÉTROITESSE ■ ⇒ **petitesse.**

ÉTRON ■ ⇒ **excrément.**

ÉTUDE ■ ***I.*** **⇒ article.** ***II.*** **⇒ traité.** ***III.*** **⇒ exercice.** ***IV.*** **⇒ soin.** ***V.*** **⇒ attention.** ***VI.*** Agence, cabinet, bureau, officine. ***VII.*** **⇒ recherche.**

ÉTUDIANT, E ■ ⇒ **élève.**

ÉTUDIÉ, E ■ Affecté, apprêté, arrangé, compassé, composé, concerté, contraint, empesé, forcé, gourmé, guindé, maniéré, pincé, précieux, recherché, soigné, sophistiqué, théâtral.

ÉTUDIER ■ ***I.*** Apprendre, bûcher, s'instruire. ⇒ **travailler.** ***Fam. :*** bloquer, bûcher, chiader, creuser, marner, piocher, potasser. ***II. Par ext.*** **1.** ⇒ **examiner. 2.** ⇒ **exercer (s').** ***III. V. pron. :*** s'examiner, faire attention, s'observer, s'occuper à/de.

ÉTUI ■ Coffin ⇒ **enveloppe.**

ÉTUVE ■ ***I.*** Autoclave, four, fournaise, tournaille. ***II.*** Caldarium, hammam, sauna. ***III.*** Séchoir.

ÉTUVER ■ ⇒ **sécher, stériliser.**

ÉTYMOLOGIE ■ Évolution, formation, origine, racine, source.

EUCHARISTIE ■ Consubstantiation, corps du Christ, hostie, pain de Dieu/de vie/vivant, impanation, sacrement, saintes espèces, transsubstantiation. ⇒ **cène, communion.**

EUNUQUE ■ ⇒ **châtré.**

EUPHÉMISME ■ ⇒ **litote.**

EUPHORIE ■ ⇒ **aise, bonheur.**

EUPHUISME ■ ⇒ **préciosité.**

EURYTHMIE ■ ⇒ **harmonie.**

ÉVACUATION ■ ***I.*** ⇒ **écoulement.** ***II.*** ⇒ **expulsion.**

ÉVACUER ■ ⇒ **vider.**

ÉVADÉ, E ■ ⇒ **fugitif.**

ÉVADER (S') ■ ⇒ **enfuir (s').**

ÉVALUATION ■ Appréciation, approximation, calcul, comparaison, détermination, devis, estimation, expertise, inventaire, mesure, prisée, supputation.

ÉVALUER ■ Apprécier, arbitrer, calculer, chiffrer, coter, cuber, déterminer, estimer, expertiser, fixer la valeur, jauger, juger, mesurer, nombrer, peser, priser, supputer, ventiler.

ÉVANESCENT, E ■ ⇒ **fugitif.**

ÉVANGÉLISATION ■ ⇒ **mission.**

ÉVANGÉLISER ■ ⇒ **prêcher.**

ÉVANGILE ■ ⇒ **foi.**

ÉVANOUIR (S') ■ ***I. Au pr. :*** avoir des vapeurs (vx), défaillir, se pâmer, tourner de l'œil (fam.), se trouver mal. ***II. Fig.*** **1.** ⇒ **disparaître. 2.** ⇒ **passer.**

ÉVANOUISSEMENT ■ ***I.*** Collapsus, coma, défaillance, éclampsie, faiblesse, pâmoison, syncope, vapes (arg.), vapeurs (vx), vertige (vx). ***II. Fig. :*** anéantissement, disparition, effacement. ⇒ **fuite.**

ÉVAPORATION ■ ⇒ **vaporisation.**

ÉVAPORÉ, E ■ ⇒ **étourdi, frivole.**

ÉVAPORER (S') ■ (Fig.) ***I.*** ⇒ **disparaître.** ***II.*** ⇒ **passer.**

ÉVASEMENT ■ ***I.*** ⇒ **agrandissement.** ***II.*** ⇒ **ouverture.**

ÉVASER ■ ⇒ **élargir.**

ÉVASIF, IVE ■ Ambigu, détourné, dilatoire, douteux, élusif, énigmatique, équivoque, fuyant, incertain, réticent, vague.

ÉVASION ■ ⇒ **fuite.**

ÉVÊCHÉ ■ Diocèse, épiscopat, juridiction apostolique/épiscopale.

ÉVEIL ■ ⇒ **alarme.**

ÉVEILLÉ, E ■ ***I.*** Conscient. ***II.*** Actif, alerte, animé, décidé, dégourdi, délié, déluré, dessalé, diable, émerillonné, espiègle, excité, frétillant, fripon, fûté, gai, intelligent, malicieux, ouvert, remuant, vif, vif-argent, vivant.

ÉVEILLER ■ ***I. Au pr. :*** réveiller, tirer du sommeil. ***II. Par ext.*** **1.** ⇒ **provoquer. 2.** ⇒ **animer.**

ÉVEILLEUR ■ ⇒ **éducateur.**

ÉVÉNEMENT ■ ***I. Au pr. :*** accident, action, affaire, avatar, aventure, calamité, cas, cataclysme, catastrophe, chronique, circonstance, conjoncture, dénouement, désastre, drame, épisode, épopée, fait, fait divers, histoire, incident, intrigue, issue, malheur, mésaventure, nouvelle, occasion, scandale, scène, tragédie, vicissitude. ***II. Par ext.*** ⇒ **résultat.**

ÉVENTAIL ▪ ***I.*** Flabellum. ***II.*** ⇒ **choix.**

ÉVENTAIRE ▪ ⇒ **étalage.**

ÉVENTÉ, E ▪ ***I. Au pr.*** ⇒ **gâté.** ***II. Fig.*** ⇒ **étourdi.**

ÉVENTER ▪ (Fig.) ***I.*** ⇒ **découvrir.** ***II.*** ⇒ **gâter.**

ÉVENTUALITÉ ▪ ⇒ **cas, possibilité.**

ÉVENTUEL, ELLE ▪ ⇒ **incertain.**

ÉVÊQUE ▪ Monseigneur, pontife, prélat, primat, prince de l'Église, vicaire apostolique.

ÉVERTUER (S') ▪ ⇒ **essayer.**

ÉVICTION ▪ Congédiement, dépossession, disgrâce, élimination, éloignement, évincement, exclusion, excommunication, expulsion, licenciement, ostracisme, proscription, rejet, renvoi, révocation.

ÉVIDEMMENT ▪ À coup sûr, à l'évidence, assurément, avec certitude, bien entendu, certainement, certes, de toute évidence, effectivement, en effet/fait/réalité, immanquablement, incontestablement, indubitablement, infailliblement, sans aucun doute, sans conteste/contredit/doute/faute, sûrement.

ÉVIDENCE ▪ Authenticité, axiome, certitude, clarté, flagrance, lapalissade (péj.), netteté, preuve, réalité, truisme, vérité.

ÉVIDENT, E ▪ Assuré, authentique, aveuglant, axiomatique, certain, clair, constant, convaincant, criant, éclatant, flagrant, formel, incontestable, indéniable, indiscutable, indubitable, irréfragable, irréfutable, limpide, manifeste, net, notoire, obvie, officiel, palpable, patent, positif, prégnant, public, sensible, sûr, transparent, véridique, visible, vrai.

ÉVIDER ▪ ***I.*** ⇒ **creuser.** ***II.*** ⇒ **tailler.**

ÉVINCER ▪ ⇒ **déposséder, éliminer.**

ÉVITER ▪ ***I. Une chose :*** s'abstenir, cartayer, contourner, couper à (fam.), se dérober, se dispenser de, écarter, échapper à, éluder, empêcher, esquiver, fuir, se garer de, obvier à, parer, passer à travers, se préserver de, prévenir, se soustraire à. ***II. Quelqu'un :*** couper à (fam.), se détourner de, échapper à, s'éloigner de, fuir. ***III. On évite une chose à quelqu'un :*** décharger/délivrer/dispenser de, épargner, garder/libérer/préserver de, sauver à (vx).

ÉVOCATEUR, TRICE ▪ ⇒ **suggestif.**

ÉVOCATION ▪ Incantation. ⇒ **rappel.**

ÉVOLUÉ, E ▪ ⇒ **policé.**

ÉVOLUER ▪ Aller/marcher de l'avant, changer, se dérouler, se développer, devenir, innover, manœuvrer, marcher, se modifier, se mouvoir, progresser, réformer, se transformer.

ÉVOLUTION ▪ Avancement, changement, cours, déroulement, développement, devenir, film, manœuvre, marche, métamorphose, mouvement, processus, progression, remous, transformation.

ÉVOLUTIONNISME ▪ Darwinisme, lamarckisme, mutationnisme, transformisme.

ÉVOQUER ▪ Aborder, appeler, décrire, effleurer, éveiller, faire allusion à, imaginer, interpeller, invoquer, montrer, rappeler, remémorer, repasser, représenter, réveiller, revivre, suggérer, susciter.

EXACERBATION ▪ ⇒ **paroxysme.**

EXACERBÉ, E ▪ ⇒ **excité.**

EXACERBER ▪ ⇒ **irriter.**

EXACT, E ▪ ***I. Une chose :*** authentique, certain, complet, conforme, congru, convenable, correct, fiable, fidèle, juste, littéral, mathématique, précis, réel, sincère, solide, sûr, textuel, véridique, véritable, vrai. ***II. Quelqu'un :*** assidu, attentif, consciencieux, minutieux, ponctuel, réglé, régulier, rigoureux, scrupuleux, strict, zélé.

EXACTION ▪ ⇒ **malversation.**

EXACTITUDE ▪ ***I. D'une chose :*** authenticité, concordance, congruence, convenance, correction, fidélité, justesse, précision, rigueur, véracité, véridicité, vérité. ***II. De quelqu'un :*** application, assiduité, attention, conscience professionnelle, correction, minutie, ponctualité, régularité, scrupule, sincérité, soin.

EXAGÉRATION ▪ ***I.*** Hypertrophie. ***II.*** Amplification, broderie, charre (fam.), démesure, disproportion, dramatisation, emphase, enflure, exubérance, fanfaronnade, frime (fam.), galéjade, gasconnade, histoire marseillaise, hyperbole, outrance, vantardise. ⇒ **hâblerie.** ***III.*** Surévaluation. ⇒ **excès.**

EXAGÉRÉ, E ▪ ⇒ **excessif.**

EXAGÉRER ▪ ***I. On exagère ses propos :*** agrandir, ajouter, amplifier, bluffer, broder, charger, développer, donner le coup de pouce, dramatiser, enfler, en remettre, faire valoir, forcer, galéjer, gasconner, grandir, grossir, masser (fam.), ne pas y aller de main morte, outrer, pousser, rajouter, surfaire, se vanter. ⇒ **hâbler.** ***II. On exagère dans son comportement :*** Abuser, aller fort. ***III. Arg. ou fam. :*** attiger, charrier, chier dans la colle, déconner, dépasser/passer/outrepasser les bornes/la limite/la mesure, faire déborder le vase, frimer.

EXALTATION ▪ ⇒ **enthousiasme.**

EXALTER ▪ ***I.*** ⇒ **louer.** ***II.*** ⇒ **exciter.** ***III.*** ⇒ **transporter.** ***IV. V. pron.*** ⇒ **enthousiasmer (s').**

EXAMEN ▪ ***I.*** ⇒ **recherche.** ***II.*** Bac, baccalauréat, bachot, brevet, certificat d'études, colle, concours, diplôme, doctorat, épreuve, interrogation, licence, test.

EXAMINER ▪ Analyser, apprécier, approfondir, ausculter, comparer, compulser, considérer, consulter, contrôler, critiquer, débattre, décomposer, délibérer, dépouiller, désosser (fam.), disséquer, éplucher, éprouver, estimer, étudier, évaluer, expertiser, explorer, inspecter, instruire, interroger, inventorier, observer, palper, parcourir, peser, prospecter, reconnaître, regarder, scruter, sonder, toucher, viser, visiter, voir. ⇒ **rechercher.**

EXASPÉRER ▪ ⇒ **irriter.**

EXAUCER ▪ ⇒ **satisfaire.**

EXCAVATION ▪ Antre, aven, caverne, cavité, cloup, concavité, coupure, creux, enfoncement, enfonçure, entonnoir, évidement, fente, fontis, fosse, grotte, hypogée, ouverture, puits, souterrain, tranchée, trou, vide.

EXCÉDÉ, E ▪ ⇒ **fatigué.**

EXCÉDENT ▪ ⇒ **excès.**

EXCÉDER ▪ ***I.*** ⇒ **dépasser.** ***II.*** ⇒ **fatiguer.** ***III.*** ⇒ **énerver.**

EXCELLENCE ▪ ***I. Prot. :*** Altesse, Éminence, Grâce, Grandeur, Hautesse (vx), Seigneurie (vx). ***II.*** ⇒ **perfection.**

EXCELLENT, E ▪ ⇒ **bon.**

EXCELLER ▪ Briller, être fort/habile à/le meilleur, surclasser, surpasser, triompher.

EXCENTRIQUE ▪ n. et adj. ⇒ **original.**

EXCEPTÉ ▪ Abstraction faite de, à la réserve/l'exception/l'exclusion de, à part, à telle chose près, exclusivement, fors (vx), hormis, hors, non compris, sauf, sinon.

EXCEPTER ▪ Écarter, enlever, épargner, exclure, négliger, oublier, pardonner, retrancher.

EXCEPTION ■ ***I.*** Anomalie, dérogation, exclusion, particularité, réserve, restriction, singularité. ***II. Loc.*** **À l'exception de ⇒ excepté.**

EXCEPTIONNEL, ELLE ■ ⇒ **rare.**

EXCÈS ■ ***I. D'une chose :*** dépassement, disproportion, énormité, excédent, exubérance, luxe, luxuriance, plénitude, pléthore, profusion, quantité, redondance, reste, satiété, saturation, superfétation, superflu, superfluité, surabondance, surnombre, surplus, trop, trop-plein. ***II. Dans un comportement :*** abus, bacchanale, débordement, démesure, dérèglement, exagération, extrême, extrémisme, extrémité, immodération, immodestie, inconduite, incontinence, intempérance, luxure, orgie, outrance, prouesse, ribote, violence. ⇒ **débauche, festin.**

EXCESSIF, IVE ■ Abusif, affreux, carabiné (fam.), chargé, débridé, démesuré, déréglé, désordonné, dévorant, effrayant, effréné, effroyable, énorme, enragé, exagéré, exorbitant, extraordinaire, extrême, exubérant, forcé, fort, gros, furieux, grimaçant, gros, horrible, hyperbolique, hystérique, immodéré, immodeste, incontinent, incroyable, insensé, insupportable, intempérant, intolérable, long, luxuriant, monstrueux, outrancier, outré, prodigieux, raide, rigoureux, surabondant, terrible, trop, usuraire, violent.

EXCESSIVEMENT ■ À l'excès, outre mesure, plus qu'il ne convient/n'est convenable.

EXCIPER ■ ⇒ **prétexter.**

EXCISION ■ Abcision, ablation, amputation, autotomie, coupe, enlèvement, exérèse, mutilation, opération, résection, sectionnement, tomie.

EXCITABILITÉ ■ ⇒ **susceptibilité.**

EXCITABLE ■ ⇒ **susceptible.**

EXCITANT, E ■ ***I.*** ⇒ **fortifiant.** ***II.*** ⇒ **affriolant.**

EXCITATEUR, TRICE ■ n. et adj. Agitateur, animateur, fomentateur, instigateur, meneur, révolutionnaire, stimulateur. ⇒ **factieux.**

EXCITATION ■ ***I. Phys. :*** chaleur, fermentation, stimulus. ***II. État d'excitation :*** acharnement, agitation, aigreur, animation, ardeur, colère, délire, embrasement, émoi, énervement, enfièvrement, enthousiasme, éréthisme, exacerbation, exaltation, exaspération, fébrilité, fièvre, irritation, ivresse, nervosité, ravissement, surexcitation, trouble. ***III. Action d'exciter :*** appel, émulation, encouragement, entraînement, exhortation, fomentation, impulsion, incitation, invitation, motivation, provocation, sollicitation, stimulation, stimulus.

EXCITÉ, E ■ ***I. Adj. :*** agacé, agité, aguiché, allumé, animé, ardent, attisé, émoustillé, énervé, exacerbé, monté, nerveux, troublé. ***II. Nom*** ⇒ **énergumène.**

EXCITER ■ ***I. Faire naître une réaction :*** actionner, allumer, animer, apitoyer, attendrir, attirer, causer, charmer, déchaîner, déclencher, donner le branle/le mouvement/le signal, ébranler, emballer, embraser, enflammer, enivrer, enlever, enthousiasmer, exalter, faire naître, fomenter, insuffler, inviter, mettre en branle/en mouvement/de l'huile sur le feu (fam.), mouvoir, provoquer, solliciter, souffler la colère/le désordre/la haine/sur les braises, susciter. ***II. On fait croître une réaction :*** accroître, activer, aggraver, aigrir, aiguillonner, aiguiser, attiser, aviver, cingler, cravacher, doper, envenimer, éperonner, exacerber, exalter, exaspérer, faire sortir/mettre hors de ses gonds, fouetter, piquer, pousser, relever, réveiller, stimuler, surexciter, travailler. ***III. On excite quelqu'un à quelque chose :*** animer, convier, encourager, engager, entraîner, exhorter, galvaniser, inciter, instiguer, inviter, obliger, persuader, piéter (vx), porter, pousser, presser, provoquer, tenter. ***IV. On excite la foule :*** ameuter, électriser, enflammer, fanatiser, fomenter, soulever, transporter. ***V. On excite quelqu'un :*** agiter, animer, caresser, chatouiller, échauffer, émouvoir, enfiévrer, enivrer, exalter, flatter, fouetter, irriter, mettre en colère/en rogne (fam.), monter la tête, mouvoir, passionner, plaire, ranimer, remuer, soulever, surexciter, taquiner, transporter. ***VI. On excite contre quelqu'un :*** acharner, armer, braquer, crier haro sur/vengeance, dresser, monter, opposer, soulever. ***VII. Le désir sexuel :*** agacer, aguicher, allumer, attiser, bander/goder pour (arg.), émoustiller, émouvoir, troubler.

EXCLAMATION ■ ⇒ **cri.**

EXCLAMER (S') ■ Admirer, applaudir, s'écrier, s'étonner, se récrier.

EXCLU, E ■ Forclos, forfait.

EXCLURE ■ ⇒ **éliminer, empêcher.**

EXCLUSIF, IVE ■ ***I.*** ⇒ **intolérant.** ***II.*** ⇒ **unique.**

EXCLUSION ■ ⇒ **expulsion.**

EXCLUSIVEMENT ■ ***I.*** ⇒ **excepté.** ***II.*** ⇒ **seulement.**

EXCLUSIVITÉ ■ Scoop. ⇒ **privilège.**

EXCOMMUNICATION ■ Anathème, bannissement, blâme, censure, exclusion, expulsion, foudres de l'Église, glaive spirituel, interdit, malédiction, ostracisme.

EXCOMMUNIER ■ Anathématiser, bannir, blâmer, censurer, chasser, exclure, frapper, interdire, maudire, ostraciser, rejeter, renvoyer, repousser, retrancher.

EXCRÉMENT ■ ***I. De l'homme.*** **1. Méd. ou neutre :** besoins, crotte, déchet, défécation, déjection, excrétion, exonération, fèces, flux alvin, garde-robe (vx), gringuenaude (vx), matières, matières alvines/fécales, méconium (nouveau-né), selles. **2. Enf. :** caca, gros, grosse commission, pot. **3. Vulg. ou arg. :** bran, brenne, bronze, chiasse, cigare, colombin, confiture, corde de puits, étron, foire, marchandise, merde, mouscaille, moutarde, paquet, pêche, purée, rondin, sentinelle. ***II.*** **Anim. :** bouse, chiure, colombine, crotte, crottin, fient, fiente, fumées (vén.), fumier, guano, jet, laissées (vén.), purin. ***III. Par ext. :*** **1.** Chassie, mite. ⇒ **morve. 2.** Boue, gadoue, immondice, ordure, poudrette, rebut, résidu.

EXCRÉTER ■ ⇒ **expulser.**

EXCRÉTION ■ ⇒ **expulsion.**

EXCROISSANCE ■ ⇒ **tumeur.**

EXCURSION ■ ***I.*** ⇒ **promenade.** ***II.*** ⇒ **voyage.** ***III.*** ⇒ **digression.**

EXCUSABLE ■ Admissible, défendable, justifiable, légitime, pardonnable, rémissible.

EXCUSE ■ ***I. Au pr. :*** allégation, amende honorable, décharge, défense, disculpation, explication, justification, motif, pardon, raison, regret, ressource. ***II. Par ext. :*** défaite, dérobade, échappatoire, faux-fuyant, moyen, prétexte.

EXCUSER ■ Absoudre, acquitter, admettre, alléguer, blanchir, couvrir, décharger, disculper, effacer, exempter, faire crédit, innocenter, justifier, laver, légitimer, pardonner, passer l'éponge, remettre, sauver, tolérer. ***V. pron. :*** demander pardon, se défendre, *et les formes pron. possibles des syn. de* EXCUSER.

EXEAT ■ Autorisation, congé, laissez-passer, permis, permission, visa.

EXÉCRABLE ■ ***I.*** ⇒ **détestable.** ***II.*** ⇒ **haïssable.**

EXÉCRATION ■ ***I.*** ⇒ **malédiction.** ***II.*** ⇒ **éloignement.**

EXÉCRER ■ ⇒ **haïr.**

EXÉCUTANT ■ ***I.*** Chanteur, choriste, concertiste, instrumentiste, musicien, virtuose. ***II.*** Agent, praticien, technicien.

EXÉCUTER ■ ***I.*** ⇒ **réaliser.** ***II.*** ⇒ **tuer.**

EXÉCUTEUR ■ ⇒ **bourreau.**

EXÉCUTION ■ ***I.*** ⇒ **réalisation.** ***II.*** ⇒ **supplice.**

EXÉGÈSE ■ ⇒ **commentaire.**

EXÉGÈTE ■ ⇒ **commentateur.**

EXEMPLAIRE ■ ***I. Nom :*** archétype, canon, copie, échantillon, édition, épreuve, gabarit, leçon, modèle, patron, prototype, spécimen, type. ***II. Adj. :*** bon, édifiant, parfait, représentatif, typique.

EXEMPLE ■ ***I. Au pr. :*** modèle, paradigme, parangon, règle. ***II. Par ext.*** **1.** Contagion, édification, émulation, entraînement, imitation. **2.** Aperçu, échantillon, preuve, type. **3.** Citation. **4.** ⇒ **exemplaire.** ***III. Jurid. :*** cas, jurisprudence, précédent. ***IV. Loc.*** **1. À l'exemple de** : à l'image/l'instar, comme, de même que. **2. Par exemple** : ainsi, comme, en revanche, entre autres, mais, notamment, par contre.

EXEMPT, E ■ Affranchi, déchargé, dégagé, dépourvu, dispensé, exonéré, franc (de port), immunisé, indemne, libéré, libre, préservé, quitte.

EXEMPTER ■ Affranchir, amnistier, décharger, dégager, dégrever, dispenser, épargner, éviter, excuser, exonérer, gracier, immuniser, libérer, préserver, tenir quitte. ***V. pron. :*** échapper à, *et les formes pron. possibles des syn. de* EXEMPTER.

EXEMPTION ■ ***I.*** ⇒ **diminution.** ***II.*** ⇒ **immunité.**

EXERCÉ, E ■ ⇒ **adroit.**

EXERCER ■ ***I. On exerce une activité :*** acquitter, s'acquitter de, cultiver, déployer, employer, exécuter, faire, se livrer à, mettre en action/usage/pratique, pratiquer, professer, remplir. ***II. On exerce quelqu'un ou un animal :*** dresser, endurcir, entraîner, façonner, former, habituer, plier. ***III. V. pron. :*** s'appliquer à, apprendre, s'entraîner, s'essayer, étudier, se faire la main.

EXERCICE ■ ***I.*** Application, apprentissage, devoir, drill, entraînement, essai, étude, évolution, instruction, manœuvre, mouvement, pratique, sport, tour de force, training, travail, vocalise. ***II.*** Application, commentaire, composition, conversation, copie, correction, devoir, dictée, dissertation, interrogation écrite, problème, récitation, rédaction, thème, version.

EXERGUE ■ ⇒ **inscription.**

EXHALAISON ■ ***I.*** Arôme, bouffée, effluve, émanation, évaporation, fragrance, fumée, fumet, gaz, haleine, moyette, odeur, parfum, senteur, souffle, vapeur. ***II. Non favorable :*** pestilence, puanteur, relent, remugle.

EXHALER ■ ***I. Au pr.*** **1.** Dégager, embaumer, émettre, épancher, fleurer, odorer, produire, répandre, sentir. **2. Non favorable** : empester, empuantir, puer, suer. ***II. Par ext. :*** exprimer, extérioriser, déverser, donner libre cours, proférer, manifester. ***III. V. pron. :*** émaner, s'évaporer, transpirer, *et les formes pron. possibles des syn. de* EXHALER.

EXHAUSSEMENT ■ ⇒ **haussement.**

EXHAUSSER ■ ⇒ **hausser.**

EXHAUSTIF, IVE ■ ***I. Au pr. :*** achevé, complet, total. ***II. Fig. :*** absorbant, accablant, épuisant, exténuant.

EXHÉRÉDER ■ ⇒ **déshériter.**

EXHIBER ■ ⇒ **montrer.**

EXHIBITION ■ ⇒ **spectacle.**

EXHORTATION ■ ***I.*** ⇒ **encouragement.** ***II.*** ⇒ **sermon.**

EXHORTER ■ ⇒ **encourager.**

EXHUMER ■ ⇒ **déterrer, produire.**

EXIGEANT, E ■ Absorbant, accaparant, délicat, difficile, dur, envahissant, insatiable, intéressé, intraitable, maniaque, pointilleux, sévère, strict, tyrannique.

EXIGENCE ■ ⇒ **revendication.**

EXIGER ■ ⇒ **réclamer.**

EXIGU, UË ■ ⇒ **petit.**

EXIGUÏTÉ ■ Étroitesse, médiocrité, mesquinerie, modicité, petitesse.

EXIL ■ ***I.*** Ban, bannissement, déportation, expatriation, expulsion, lettre de cachet (vx), ostracisme, proscription, relégation, transportation. ***II.*** Départ, éloignement, isolement, réclusion, renvoi, retraite, séparation.

EXILÉ, E ■ Émigré. ⇒ **banni.**

EXILER ■ ⇒ **bannir.**

EXISTANT, E ■ ⇒ **actuel, présent.**

EXISTENCE ■ ***I.*** ⇒ **être.** ***II.*** ⇒ **vie.**

EXISTER ■ ***I.*** ⇒ **être.** ***II.*** ⇒ **vivre.**

EXODE ■ ***I.*** ⇒ **émigration.** ***II.*** Abandon, départ, dépeuplement, désertion.

EXONÉRATION ■ ***I.*** ⇒ **diminution.** ***II.*** ⇒ **immunité.**

EXONÉRER ■ ***I.*** ⇒ **exempter.** ***II.*** ⇒ **soulager.**

EXORBITANT, E ■ ⇒ **démesuré.**

EXORCISER ■ Adjurer, chasser, conjurer, purifier, rompre le charme/l'enchantement/l'envoûtement.

EXORCISME ■ Adjuration, conjuration, délivrance, dépossession, désenvoûtement, évangile, formule cabalistique, prière, purification, supplication.

EXORCISTE ■ ***I. Au pr. :*** conjurateur, exorciseur. ***II. Par ext. :*** cabaliste, grand prêtre, mage, sorcier.

EXORDE ■ ***I.*** ⇒ **introduction.** ***II.*** ⇒ **commencement.**

EXOTIQUE ■ ⇒ **étranger.**

EXPANSIBLE ■ ⇒ **souple.**

EXPANSIF, IVE ■ ⇒ **communicatif.**

EXPANSION ■ ***I.*** ⇒ **dilatation.** ***II.*** ⇒ **propagation.**

EXPATRIÉ, E ■ ⇒ **émigré.**

EXPATRIER ■ ⇒ **bannir.** ***V. pron.*** ⇒ **quitter.**

EXPECTANCE, EXPECTATION, EXPECTATIVE ■ ***I.*** Attente, espérance, espoir, perspective. ***II.*** Opportunisme. ⇒ **habileté.**

EXPECTORATION ■ ⇒ **crachement.**

EXPECTORER ■ ⇒ **cracher.**

EXPÉDIENT, E ■ adj. ⇒ **convenable.**

EXPÉDIENT ■ n. Accommodement, acrobatie, échappatoire, intrigue, mesure, moyen, procédé, ressource, rétablissement, ruse, tour, truc.

EXPÉDIER ■ ***I. Au pr.*** ⇒ **envoyer.** ***II. Par ext.*** **1.** ⇒ **accélérer. 2.** ⇒ **congédier. 3.** ⇒ **tuer.**

EXPÉDITEUR, TRICE ■ Consignateur, destinateur, envoyeur, expéditionnaire, exportateur. ⇒ **commerçant.**

EXPÉDITIF, IVE ■ ⇒ **actif, rapide.**

EXPÉDITION ■ ***I.*** ⇒ **copie.** ***II.*** ⇒ **voyage.** ***III.*** ⇒ **réalisation.** ***IV. Milit. :*** campagne, coup de main, croisade, guerre, opération, raid. ***V.*** Chargement, consignation, courrier, envoi, transport.

EXPÉDITIONNAIRE ■ ⇒ **employé.**

EXPÉRIENCE ■ ***I.*** ⇒ **expérimentation.** ***II.*** Acquis, connaissance, habitude, sagesse, savoir, science. ***III.*** Apprentissage, école, pratique, routine, usage.

EXPÉRIMENTATION ■ Application, constatation, contrôle, démonstration, épreuve, essai, étude, expérience, observation, recherche, tentative, test, vérification.

EXPÉRIMENTÉ, E ■ ⇒ **capable.**

EXPÉRIMENTER ■ Aventurer, constater, éprouver, essayer, étudier, goûter, hasarder, mettre à l'épreuve, observer, se rendre compte, se renseigner, risquer, tâter de, tenter, vérifier, voir.

EXPERT ■ ***I. N. m.*** : commissaire priseur, sapiteur (mar.). ***II. Adj.*** ⇒ **capable.**

EXPERTISE ■ ⇒ **estimation.**

EXPERTISER ■ ⇒ **examiner.**

EXPIATION ■ ***I.*** ⇒ **réparation.** ***II.*** ⇒ **punition.**

EXPIATOIRE ■ Piaculaire.

EXPIER ■ ⇒ **réparer.**

EXPIRATION ■ ***I.*** Haleine, halenée, respiration, souffle. ***II.*** Échéance, fin, terme.

EXPIRER ■ ***I. Au pr.*** : exhaler, respirer, souffler. ***II. Par ext.*** : s'éteindre, mourir, rendre l'âme/le dernier soupir. ***III. Fig.*** : cesser, disparaître, se dissiper, s'évanouir, finir, prendre fin, venir à son échéance/sa fin/son terme.

EXPLÉTIF, IVE ■ ⇒ **superflu.**

EXPLICABLE ■ ⇒ **intelligible.**

EXPLICATION ■ ***I. D'un texte*** : anagogie, anagogisme, appareil critique, commentaire, définition, éclaircissement, exégèse, exposé, exposition, glose, herméneutique, indication, interprétation, note, paraphrase, précision, remarque, renseignement, scolie. ***II. Par ext.*** 1. Cause, éclaircissement, élucidation, justification, motif, raison, version. 2. Altercation, débat, discussion, dispute, mise au point. ⇒ **bagarre.**

EXPLICITE ■ ⇒ **clair.**

EXPLICITER ■ ⇒ **énoncer.**

EXPLIQUER ■ ***I. Au pr.*** : annoncer, communiquer, déclarer, décrire, développer, dire, exposer, exprimer, faire connaître, montrer, raconter. ***II. Par ext.*** 1. **Une chose explique une chose** : manifester, montrer, prouver, trahir. 2. **On explique une chose** : commenter, débrouiller, démêler, définir, éclaircir, éclairer, élucider, expliciter, faire comprendre, gloser, illustrer, interpréter, mettre au clair/au net/au point, rendre intelligible, traduire. 3. Apprendre, enseigner, montrer, rendre compte. 4. Donner/fournir des excuses/explications, justifier, motiver. ***III. V. pron.*** 1. Se déclarer, se disculper, se justifier, parler. 2. Aller de soi, se comprendre.

EXPLOIT ■ ***I. Au pr.*** : acte/action d'éclat, bravoure, conduite, fait d'armes, geste (vx), haut fait, performance, prouesse, record, trait. ***II. Jurid.*** : ajournement, assignation, citation, commandement, notification, procès-verbal, signification, sommation.

EXPLOITATION ■ ⇒ **établissement.**

EXPLOITER ■ ***I. Au pr.*** : faire valoir, mettre en valeur, tirer parti/profit. ***II. Par ext.*** 1. ⇒ **abuser.** 2. ⇒ **voler.**

EXPLOITEUR, EUSE ■ ⇒ **profiteur.**

EXPLORATEUR, TRICE ■ Chercheur, découvreur, navigateur, prospecteur, voyageur.

EXPLORATION ■ ⇒ **voyage.**

EXPLORATOIRE ■ ⇒ **préalable.**

EXPLORER ■ ⇒ **examiner.**

EXPLOSER ■ ⇒ **éclater.**

EXPLOSIF, IVE ■ ***I.*** ⇒ **impétueux.** ***II.*** ⇒ **sensationnel.**

EXPLOSION ■ ***I.*** Crépitation, déflagration, détonation, éclatement, fulmination, pétarade. ***II.*** Choc, commotion, désintégration, rupture, souffle. ***III. Fig.*** : apparition, bouffée, débordement, déchaînement, manifestation, ouragan, saute d'humeur, tempête.

EXPORTATEUR, TRICE ■ ⇒ **commerçant.**

EXPORTATION ▪ Commerce avec l'étranger, expatriation, expédition, export-import, transit. ⇒ **commerce.**

EXPORTER ▪ ⇒ **vendre.**

EXPOSÉ ▪ ***I.*** ⇒ **rapport.** ***II.*** ⇒ **récit.**

EXPOSER ▪ ***I. Au pr.*** **1. Une chose :** afficher, arranger, disposer, étaler, exhiber, mettre en vue, montrer, offrir à la vue, placer, présenter, publier, tourner vers. **2. Quelqu'un ou quelque chose :** compromettre, découvrir, mettre en danger/péril. ⇒ **hasarder.** ***II. Par ext. :*** circonstancier, communiquer, conter, déclarer, décrire, déduire, détailler, développer, dire, donner, écrire, énoncer, expliquer, montrer, narrer, raconter, retracer, traiter. ***III. V. pron.*** ⇒ **risquer.**

EXPOSITION ▪ ***I.*** Concours, démonstration, étalage, exhibition, foire, galerie, montre, présentation, rétrospective, salon, vernissage. ***II.*** Ban, carcan, pilori. ***III. Relig. :*** ostension, porrection. ***IV. Par ext.*** **1.** ⇒ **introduction. 2.** ⇒ **position. 3.** ⇒ **récit.**

EXPRÈS ▪ n. ⇒ **messager.**

EXPRÈS ▪ adv. À dessein, délibérément, intentionnellement, spécialement, volontairement.

EXPRÈS, ESSE ▪ adj. Clair, explicite, formel, impératif, net, positif, précis.

EXPRESSÉMENT ▪ ⇒ **absolument.**

EXPRESSIF, IVE ▪ ***I.*** Animé, bavard, démonstratif, énergique, mobile, vif. ***II. Une chose :*** coloré, éloquent, manifeste, parlant, significatif, touchant, vigoureux, vivant.

EXPRESSION ▪ ***I. Au pr.*** **Ce qu'on dit :** cliché (péj.), construction, énoncé, euphémisme, figure, forme, formule, idiotisme, image, locution, métaphore, mot, phrase, pointe, slogan, symbole, terme, touche, tour, tournure, trait, trope. ***II. Manière d'être ou de se comporter.*** **1.** Attitude, caractère, comportement, génie, manière, physionomie, style, ton. **2.** Animation, écho, émanation, incarnation, manifestation, objectivation, personnification.

EXPRIMER ▪ ***I. Au pr.*** **1.** ⇒ **extraire. 2.** ⇒ **presser.** ***II. Par ext. :*** dire, énoncer, expliquer, exposer, extérioriser, faire connaître/entendre/savoir, figurer, manifester, objectiver, peindre, préciser, rendre, rendre compte, représenter, signifier, souhaiter, spécifier, tourner, traduire, vouloir dire. ***V. pron.*** ⇒ **parler.**

EXPROPRIER ▪ ⇒ **déposséder.**

EXPULSER ▪ ***I. Au pr. :*** arracher à, bannir, chasser, déloger, éjecter, éliminer, évacuer, évincer, exclure, excommunier, exiler, expatrier, faire évacuer/sortir, licencier, ostraciser, proscrire, reconduire, refouler, renvoyer, vider (fam.). ***II. Méd. :*** cracher, déféquer, émettre, éructer, excréter, expectorer, scotomiser, uriner, vomir.

EXPULSION ▪ ***I.*** Bannissement, disgrâce, éjection, élimination, évacuation, éviction, exclusion, excommunication, exil, expatriation, licenciement, ostracisme, proscription, refoulement, rejet, renvoi, vidage (fam.). ***II. Méd. :*** crachement, défécation, déjection, délivrance, émission, éructation, excrétion, exonération, expectoration, miction, scotomisation, vomissement.

EXPURGER ▪ ⇒ **épurer.**

EXQUIS, E ▪ ⇒ **délectable.**

EXSANGUE ▪ ⇒ **pâle.**

EXSUDER ▪ Couler, distiller, émettre, exprimer, fluer, sécréter, suer, suinter, transpirer.

EXTASE ▪ ***I. Favorable :*** admiration, adoration, anagogie, béatitude, contemplation, émerveillement, enivrement, exaltation, félicité, ivresse, lévitation, ravissement, transport, vénération. ***II. Méd. :*** hystérie, névrose.

EXTASIER (S') ■ Crier au miracle, s'écrier, s'exclamer, se pâmer, se récrier. ⇒ **enthousiasmer (s').**

EXTENSIBLE ■ ⇒ **souple.**

EXTENSION ■ ***I.*** Accroissement, agrandissement, allongement, amplification, augmentation, déploiement, détente, développement, distension, élargissement, envergure, essor, étendue, étirage, expansion, généralisation, grossissement, prolongement, propagation.

EXTÉNUANT, E ■ ⇒ **tuant.**

EXTÉNUÉ, E ■ ⇒ **fatigué.**

EXTÉNUER ■ ⇒ **fatiguer, affaiblir.**

EXTÉRIEUR, E ■ ***I. Adj. :*** apparent, externe, extrinsèque, manifeste, visible. ***II. Nom.*** 1. Périphérie. 2. Air, allure, appareil (vx), apparence, aspect, attitude, brillant, clinquant, couleur, croûte, déguisement, dehors, éclat, écorce, enduit, enveloppe, façade, face, fard, faux-semblant, figure, forme, jour, livrée, maintien, manière, masque, mine, physionomie, pose, semblance (vx), superficie, surface, tenue, tournure, vernis, visage.

EXTÉRIORISER ■ ⇒ **exprimer.**

EXTERMINATION ■ ⇒ **carnage.**

EXTERMINER ■ ***I.*** ⇒ **tuer.** ***II.*** ⇒ **détruire.** ***III.*** ⇒ **déraciner.**

EXTERNE ■ ***I. Adj.*** ⇒ **extérieur.** ***II. Nom*** ⇒ **médecin.**

EXTINCTION ■ ***I. Fig. :*** abolition, abrogation, anéantissement, annulation, arrêt, cessation, décharge (jurid.), destruction, disparition, épuisement, extermination, fin, prescription, suppression ***II. De voix :*** aphonie.

EXTIRPATION ■ ⇒ **déracinement.**

EXTIRPER ■ ⇒ **déraciner.**

EXTORQUER ■ ***I.*** ⇒ **obtenir.** ***II.*** ⇒ **voler.**

EXTORSION ■ ⇒ **malversation.**

EXTRA ■ ***I. Adv.*** ⇒ **très.** ***II. Adj.*** ⇒ **supérieur.** ***III. Nom.*** 1. ⇒ **supplément.** 2. ⇒ **serviteur.**

EXTRACTION ■ ***I.*** ⇒ **déracinement.** ***II.*** ⇒ **naissance.**

EXTRADER ■ ⇒ **livrer.**

EXTRADITION ■ Livraison, transfert.

EXTRAIRE ■ ***I.*** Arracher, dégager, déraciner, détacher, distiller, enlever, énucléer, exprimer, extorquer, isoler, ôter, prélever, prendre, recueillir, relever, sortir, tirer. ***II.*** Compiler, résumer.

EXTRAIT ■ ***I. Au pr. :*** esprit (vx), essence, quintessence. ***II. Par ext. :*** abrégé, analyse, aperçu, bribe, citation, compendium, copie, digest, éléments, entrefilet, épitomé, esquisse, fragment, morceau, notice, partie, passage, plan, portion, précis, promptuaire, raccourci, récapitulation, résumé, rudiment, schéma, sommaire, topo (fam.)

EXTRAORDINAIRE ■ ***I.*** Accidentel, admirable, à tout casser, colossal, considérable, curieux, désopilant, drôle, du tonnerre, énorme, épatant, épique, étonnant, étrange, exceptionnel, fabuleux, fameux, fantasmagorique, fantastique, faramineux, féerique, formidable, fort, fou, funambulesque, génial, gigantesque, grand, hallucinant, hors classe/du commun/ligne, immense, incroyable, inexplicable, inhabituel, inouï, insolite, intense, inusité, magnifique, merveilleux, miraculeux, nouveau, original, particulier, pharamineux, phénoménal, prodigieux, pyramidal, rare, remarquable, retentissant, romanesque, singulier, spécial, spectaculaire, sublime, supérieur, supplémentaire, surnaturel, unique. ***II. Non favorable :*** abracadabrant, accidentel, affreux, ahurissant, anormal, bizarre, délirant, démesuré, ébouriffant (fam.), effrayant, énorme, époustouflant (fam.), épouvantable, esbroufant (fam.), étourdissant, excentrique, exorbitant, extravagant, fantasque, gros, grotesque, inconcevable, ineffable, inimaginable, inquiétant, intense, invraisemblable, mirobolant, mirifique, monstrueux, stupéfiant, terrible.

EXTRAPOLATION ▪ Application, calcul, déduction, généralisation, hypothèse, imagination, transposition. ⇒ **supposition.**

EXTRAPOLER ▪ *I.* ⇒ **imaginer.** *II.* ⇒ **transposer.**

EXTRA-TERRESTRE ▪ Martien, petit homme vert, vénusien.

EXTRAVAGANCE ▪ Absurdité, aliénation mentale, bizarrerie, caprice, démence, dérèglement, divagation, écart, énormité, erreur, excentricité, folie, frasque, incartade, insanité.

EXTRAVAGANT, E ▪ *I.* ⇒ **insensé.** *II.* ⇒ **capricieux.** *III.* ⇒ **extraordinaire.**

EXTRAVAGUER ▪ ⇒ **déraisonner.**

EXTRAVASER (S') ▪ ⇒ **couler.**

EXTRÊME ▪ *I. Adj.* **1. Au pr. :** dernier, final, fin fond, terminal, ultime. **2. Par ext. :** affreux, définitif, désespéré, désordonné, disproportionné, éperdu, exagéré, exceptionnel, excessif, extraordinaire, fort, furieux, grand, héroïque, immense, immodéré, inouï, intense, intensif, mortel, outré, passionné, profond, risqué, suprême, violent. *II. Nom.* **1. Sing. :** borne, bout, comble, extrémité, limite, sommet. **2. Général. plur. :** antipode, contraire, opposé.

EXTRÊMEMENT ▪ ⇒ **très.**

EXTRÊME-ONCTION ▪ Derniers sacrements, sacrements de l'Église / des malades / des martyrs / des mourants, viatique.

EXTRÉMISME ▪ Jusqu'au-boutisme. ⇒ **excès.**

EXTRÉMISTE ▪ n. et adj. Anar (fam.), anarchiste, avancé, à gauche, contestataire, enragé, extrême droite, gauchiste, jusqu'au-boutiste, progressiste, révolutionnaire, subversif, ultra.

EXTRÉMITÉ ▪ *I. Au pr. :* aboutissement, appendice, borne, bout, cap, confins, délimitation (par ext.), fin, frontière, limite, lisière, pointe, pôle (par ext.), queue, terme, terminaison, tête. ⇒ **extrême.** *II. Par ext.* ⇒ **agonie.**

EXTRINSÈQUE ▪ ⇒ **extérieur.**

EXUBÉRANCE ▪ *I.* ⇒ **affluence.** *II.* ⇒ **faconde.**

EXUBÉRANT, E ▪ *I.* ⇒ **abondant.** *II.* ⇒ **communicatif.**

EXULCÉRATION ▪ ⇒ **ulcération.**

EXULTATION ▪ Allégresse, débordement, éclatement, emballement, gaieté, joie, jubilation, transports.

EXULTER ▪ ⇒ **réjouir (se).**

EXUTOIRE ▪ *I.* ⇒ **ulcération.** *II.* ⇒ **diversion.**

f

FABLE ▪ ***I. Au pr.*** **1.** Allégorie, anecdote, apologue, conte, fabliau, fabulation, fiction, folklore, histoire, intrigue, légende, moralité, mythe, parabole, récit, scénario, thème, trame. **2. Non favorable :** affabulation, allégation, baratin, blague, chimère, cinéma, contrevérité, craque, élucubration, fantaisie, galéjade (fam.), histoire, imagination, invention, mensonge, menterie (pop.), roman, salade, tartine, tromperie, utopie. ***II. Par ext.*** **Quelqu'un.** *Péj. :* célébrité, phénomène, ridicule, rigolade (fam.), risée, sujet/thème des conversations.

FABRICANT, E, FABRICATEUR, TRICE ▪ Artisan, confectionneur, façonnier, faiseur, forgeur, industriel, manufacturier, préparateur, réalisateur.

FABRICATION ▪ Agencement, confection, création, exécution, façon, façonnage, facture, montage, préparation, production, réalisation.

FABRICIEN ▪ Marguillier.

FABRIQUE ▪ ***I. Au pr. :*** atelier, laboratoire, manufacture, usine. ***II. Arch. :*** bâtiment/construction/édifice d'ornement. ***III. Relig.*** **1. Quelqu'un :** conseiller, fabricien, marguillier, trésorier. **2.** conseil.

FABRIQUER ▪ ***I. Favorable ou neutre :*** agencer, bâtir, confectionner, créer, élaborer, exécuter, façonner, faire, former, manufacturer, mettre en œuvre, modeler, monter, œuvrer, ouvrager, ouvrer, préparer, produire, réaliser, sortir, usiner. ***II. Non favorable*** **1. Une chose :** bâcler, bricoler, torcher (fam.), torchonner (fam.). **2. Une opinion :** calomnier, falsifier, forger, inventer, médire. **3. Un événement :** fomenter, monter, susciter.

FABULATEUR, TRICE ▪ ⇒ **hâbleur.**

FABULATION ▪ ⇒ **fable.**

FABULER ▪ ⇒ **inventer.**

FABULEUX, EUSE ▪ ***I.*** Étonnant, fantastique, formidable, grandiose, incroyable, légendaire, merveilleux, mythique, mythologique, prodigieux, stupéfiant, surnaturel. ⇒ **extraordinaire.** ***II. Non favorable :*** chimérique, exagéré, excessif, fabriqué, faux, feint, fictif, imaginaire, inconcevable, incroyable, inimaginable, inventé, invraisemblable, irréel, mensonger, romanesque.

FAÇADE ▪ ***I. Au pr. :*** avant, devant, devanture, endroit, entrée, extérieur, face, front, fronton. ***II. Fig. :*** apparence, dehors, extérieur, montre, surface, trompe-l'œil.

FACE ▪ ***I.*** Avers, obvers. ⇒ **visage.** ***II. Fig.*** **1.** ⇒ **façade. 2.** Angle, apparence, côté, point de vue, tournure. ***III. Loc.*** **1. À la face de :** à la vue de, en présence de, ouvertement. **2. En face de :**

à l'opposé de, devant, vis-à-vis de. **3. En face** : carrément, courageusement, par-devant, sans crainte. **4. Faire face** : envisager, faire front, s'opposer/parer/se préparer/pourvoir/répondre/satisfaire à. **5. Face à face** : de front, en face, les yeux dans les yeux, nez à nez, vis-à-vis, *et par ext.* : conversation, débat, échange, entretien, entrevue, rencontre.

FACÉTIE ■ Astuce, attrape, bouffe, bouffonnerie, canular (fam.), comédie, drôlerie, farce, galéjade, malice, mystification, niaiserie, niche, pantalonnade, plaisanterie, tour, tromperie, turlupinade. ⇒ **baliverne.**

FACÉTIEUX, EUSE ■ ⇒ **farceur.**

FÂCHÉ, E ■ Chagriné, contrarié, courroucé, ennuyé, froissé, grognon, insatisfait, irrité, malcontent, marri (vx), de mauvaise humeur, mécontent, offusqué, peiné, piqué, au regret, ulcéré, vexé.

FÂCHER ■ ⇒ **affliger, agacer.** ***V. pron. I.*** Avoir un accès/mouvement d'humeur, crier, éclater, s'emporter, se gendarmer, gronder, s'irriter, se mettre en colère, montrer les dents, prendre la mouche, sortir de ses gonds, *et les formes pron. possibles des syn. de* FÂCHER. ***II.*** Se brouiller/formaliser/froisser/piquer/vexer.

FÂCHERIE ■ Colère, contrariété, dépit, déplaisir, mouvement d'humeur. ⇒ **brouille.**

FÂCHEUX, EUSE ■ ***I. Adj.*** **1.** ⇒ **affligeant. 2.** ⇒ **inopportun.** ***II. Nom :*** cassepieds (fam.), emmerdeur (grossier), empêcheur de tourner en rond (fam.), empoisonneur, gêneur, importun, indiscret, raseur, sangsue, trublion.

FACIÈS ■ ***I. Au pr.*** ⇒ **visage.** ***II. Par ext. :*** aspect, configuration, morphologie, structure.

FACILE ■ ***I. Quelque chose.*** **1. Favorable ou neutre** : abordable, accessible, agréable, aisé, à la portée, clair, commode, compréhensible, coulant, dégagé, élémentaire, enfantin, faisable, intelligible, jeu d'enfant, naturel, possible, praticable, réalisable, simple. **2. Non favorable** : banal, bête, courant, ordinaire, plat, quelconque, vulgaire. ***II. Quelqu'un :*** **1.** ⇒ **accommodant. 2.** Débonnaire, élastique, faible, léger, libre, mou, veule.

FACILEMENT ■ Volontiers, *et les adv. en -ment formés à partir des syn. de* FACILE.

FACILITÉ ■ ***I. D'une chose.*** **1. La qualité.** *Favorable :* accessibilité, agrément, clarté, commodité, intelligibilité, possibilité, simplicité. *Non favorable :* banalité, platitude, vulgarité. **2. Le moyen** : chance, latitude, liberté, marge, moyen, occasion, offre, possibilité. ⇒ **aide.** ***II. De quelqu'un.*** **1. Favorable** : brio, dons, intelligence. ⇒ **aisance. 2. Non favorable** : complaisance, faconde, faiblesse, laisser-aller, laxisme, mollesse, paresse, relâchement.

FACILITER ■ ***I.*** ⇒ **aider.** ***II.*** Aplanir les difficultés, arranger, égaliser, faire disparaître/lever la difficulté, mâcher le travail/la besogne (fam.), ménager, ouvrir/tracer la voie, préparer.

FAÇON ■ ***I.*** ⇒ **fabrication.** ***II.*** ⇒ **ameublissement.** ***III.*** Allure, coupe, exécution, facture, forme, griffe, manière, style, technique, travail. ***IV.*** ⇒ **allure.** ***V. Loc.*** **1. De toute façon** : en tout état de cause, immanquablement, quoi qu'il arrive, quoi qu'il en soit, qu'on le veuille ou non. **2. De façon que** : afin de/que, de manière/sorte que. **3. À sa façon** : à sa fantaisie/guise/manière/volonté. **4. En aucune façon** : cas, circonstance, manière. **5. Sans façon** : sans gêne. ***VI. Au pl.*** **1.** ⇒ **agissements. 2.** ⇒ **affectation. 3. Loc.** *Faire des façons :* cérémonies, complications, embarras, giries, histoires, manières, politesses.

FACONDE ■ ***Génér. péj. :*** abondance, bagou, baratinage, bavardage, charlatanisme, éloquence, emballement, emportement, exubérance, facilité, logorrhée, loquacité, prolixité, verbiage, verbosité, verve, volubilité.

FAÇONNER ■ ***I. Quelque chose :*** arranger, disposer, transformer, travailler. ⇒ **fabriquer.** ***II. Par ext.*** **1. Le sol :** aérer, bêcher, biner, cultiver, décavaillonner, gratter, herser, labourer, rouler, sarcler, scarifier, travailler. **2. Un objet d'art :** composer, décorer, orner, ouvrager. **3. Quelqu'un :** affiner, apprivoiser, assouplir, civiliser, dégourdir, dégrossir, dérouiller, dresser, éduquer, faire, faire l'éducation de, former, modeler, modifier, perfectionner, pétrir, polir, transformer, tremper.

FAÇONNIER, ÈRE ■ ***I. Nom :*** artisan, ouvrier. ***II. Adj.*** ⇒ **affecté.**

FAC-SIMILÉ ■ Copie, duplicata, imitation, photocopie, reproduction.

FACTEUR ■ ***I. Quelqu'un.*** **1. D'instruments de musique :** accordeur, fabricant, luthier. **2. Adm. :** agent, commis, employé, messager (vx), porteur, préposé, télégraphiste, vaguemestre. ***II. Par ext.*** **1.** Agent, cause, coefficient, élément. **2. Math. :** coefficient, diviseur, multiplicande, multiplicateur, quotient, rapport.

FACTICE ■ ***I. Quelqu'un*** ⇒ **affecté.** ***II. Quelque chose :*** artificiel, fabriqué, faux, imité, postiche.

FACTIEUX, EUSE ■ ***I. Adj. :*** fasciste, illégal, réactionnaire, révolutionnaire, sectaire, séditieux, subversif. ***II. Nom :*** agent provocateur, agitateur, cabaleur, comploteur, conjuré, conspirateur, contestataire, émeutier, excitateur, instigateur, insurgé, intrigant, meneur, mutin, partisan, rebelle, révolté, révolutionnaire, séditieux, semeur de troubles, suspect, trublion.

FACTION ■ ***I. Au pr. :*** agitation, brigue, cabale, complot, conjuration, conspiration, contestation, émeute, excitation, groupement, groupuscule, insurrection, intrigue, ligue, mutinerie, parti, rébellion, révolte, révolution, sédition, trouble, violence. ***II. Milit. :*** garde, guet. ***III. Loc. Être de/en faction :*** attendre, être de garde/en poste/sentinelle, faire le guet/le pet (arg.), guetter, surveiller.

FACTIONNAIRE ■ ⇒ **sentinelle.**

FACTORERIE ■ ⇒ **établissement.**

FACTOTUM *ou* ***FACTOTON*** ■ Homme à tout faire, homme de confiance, intendant, maître Jacques.

FACTUM ■ Diatribe, libelle, mémoire, pamphlet.

FACTURE ■ ***I.*** ⇒ **addition.** ***II.*** ⇒ **bordereau.** ***III.*** ⇒ **façon.**

FACTURER ■ ⇒ **compter.**

FACTURIER ■ ⇒ **comptable.**

FACULTATIF, IVE ■ À option, optionnel.

FACULTÉ ■ ***I.*** Collège, campus, corps professoral, école, enseignement supérieur, institut, U.E.R. *ou* unité d'enseignement et de recherche, université. ***II. De quelqu'un.*** **1. Sing. :** aptitude, capacité, droit, force, génie, liberté, licence, moyen, possibilité, pouvoir, privilège, propriété, puissance, ressource, talent, vertu. **2. Plur. :** activité, connaissance, discernement, entendement, esprit, intelligence, jugement, mémoire, parole, pensée, raison, sens, sensibilité. ***III. De quelque chose :*** capacité, propriété, vertu.

FADA ■ ⇒ **bête.**

FADAISE ■ ⇒ **baliverne, bêtise.**

FADE ■ ***I. Au pr.*** **1. Au goût :** désagréable, douceâtre, écœurant, fadasse, insipide, melliflue, plat, sans relief/saveur. **2. Par ext. :** délavé, pâle, terne. ***II. Fig. :*** affecté, conventionnel, ennuyeux, froid, inexpressif, insignifiant, langoureux, languissant, plat, sans caractère/intérêt/relief/saveur/vivacité, terne. ⇒ **affadir (s').**

FADEUR ■ ***I. Au pr. :*** insipidité. ***II.***

Fig. : affectation, convention, ennui, insignifiance, manque de caractère/intérêt/relief/saveur/vivacité, platitude.

FAFIOT ■ ⇒ **billet.**

FAGNE ■ ⇒ **boue.**

FAGOT ■ Brande, brassée, bourrée, cotret, fagotin, faisceau, falourde, fascine, fouée, javelle, ligot, margotin, mort-bois.

FAGOTER ■ ⇒ **vêtir.**

FAIBLE ■ ***I. Adj.*** **1. Quelqu'un.** *Au phys. :* abattu, affaibli, anéanti, anémié, anémique, asthénique, asthmatique, bas, caduc, chancelant, chétif, débile, défaillant, déficient, délicat, déprimé, épuisé, étiolé, faiblard, fatigué, flagada (fam.), fluet, fragile, frêle, grêle, impotent, infirme, invalide, languissant, las, lymphatique, malingre, pâle, pâlot, patraque, rachitique, souffreteux. *Moral :* aboulique, apathique, avachi, bonasse, complaisant, débonaire, désarmé, doux, facile, impuissant, incertain, indécis, influençable, instable, insuffisant, labile, lâche (péj.), laxiste, médiocre, mou, pusillanime, sans caractère/défense/volonté, velléitaire, veule, vulnérable. **2. Une chose :** branlant, fragile, friable, inconsistant, instable, précaire. *Un son :* bas, étouffé, imperceptible, léger. *Un travail :* insuffisant, mauvais, médiore, réfutable. *Un style :* fade, impersonnel, incolore, mauvais, médiocre, neutre. *Un sentiment :* tendre. *Une quantité :* bas, modéré, modique, petit. *Une opinion :* attaquable, critiquable, réfutable. ***II. Nom masc.*** **1. Quelqu'un :** aboulique, apathique, avorton, freluquet, gringalet, imbécile, mauviette, mou, pauvre type, petit, simple, vulnérable. **2. Comportement.** *Neutre ou favorable :* complaisance, goût, penchant, prédilection, tendance, tendresse. *Non favorable :* défaut, faiblesse, infériorité, vice.

FAIBLEMENT ■ Doucement, mal, mollement, à peine, peu, vaguement, *et les adv. en -ment formés à partir des syn. de* FAIBLE.

FAIBLESSE ■ ***I. Phys. :*** abattement, adynamie, affaiblissement, anéantissement, anémie, apathie, asthénie, cachexie, débilité, défaillance, déficience, délicatesse, dépression, épuisement, étourdissement, évanouissement, fatigue, fragilité, impuissance, inanition, infériorité, infirmité, insuffisance, maigreur, pâmoison, rachitisme, syncope. ***II. Moral.*** **1. Neutre :** complaisance, inclination, indulgence, goût, penchant, prédilection, préférence. **2. Non favorable :** abandon, aboulie, apathie, arriération, avachissement, aveulissement, bassesse, complaisance, complicité, débonnaireté, défaillance, défaut, démission, écart, entraînement, erreur, facilité, faute, faux pas, glissade, idiotie, imbécillité, inconsistance, indécision, indigence, insignifiance, insipidité, instabilité, insuffisance, irrésolution, lâcheté, laisser-aller, laxisme, médiocrité, mollesse, partialité, petitesse, pusillanimité, veulerie.

FAIBLIR ■ ***I. Phys. :*** ⇒ **affaiblir (s').** ***II. Moral :*** s'amollir, céder, fléchir, mollir, plier, ployer, se relâcher, se troubler.

FAÏENCE ■ ***I. La matière :*** cailloutage, céramique, terre de pipe. ***II. L'objet :*** assiette, azuléjo, bol, carreau, carrelage, pichet, plat, pot, poterie. ***III. D'après le fabricant ou le lieu de fabrique :*** Bernard Palissy, Bruxelles, Gien, Jersey, Lunéville, maïolique, majolique, Marseille, Moustiers, Nevers, Quimper, Rouen, Strasbourg, Wedgwood, etc.

FAILLE ■ ⇒ **brisure, fente.**

FAILLIR ■ v. intr. et tr. ind. ⇒ **manquer.**

FAILLITE ■ ***I. Au pr. :*** déconfiture, dépôt de bilan. ***II. Par ext. :*** banqueroute, chute, crise, culbute, débâcle, défaillance, échec, fiasco, insolvabilité, krach, liquidation, marasme, ruine.

FAIM ■ ***I.*** Appétit, besoin, boulimie, creux, dent, disette, faim-calle/-valle (méd. et vétér.), famine, fringale, inanition, voracité. ***II.*** ⇒ **ambition.** ***III. Loc.*** **Avoir faim** *et les syn. de* FAIM. ***Fam. :*** avoir la dent/les crocs/l'estomac dans les talons, claquer du bec, creuser, crever la faim, la péter/sauter. ⇒ **affamé.**

FAINE ■ Amande, fruit, gland, graine.

FAINÉANT, E ■ adj. et n. ***I. Au pr. :*** bon à rien, cancre, désœuvré, inactif, indolent, lézard, musard, nonchalant, oisif, paresseux, propre-à-rien, rêveur, vaurien. ***II. Fam. :*** cagnard, cagne, clampin, cossard, feignant, flemmard, tire-au-cul, tire-au-flanc.

FAINÉANTER ■ ⇒ **paresser.**

FAIRE ■ ***I. Un objet*** ⇒ **fabriquer.** ***II. Une action*** ⇒ **accomplir.** ***III. Une œuvre*** ⇒ **composer.** ***IV. Une loi*** ⇒ **constituer.** ***V. Des richesses*** ⇒ **produire.** ***VI. Un être :*** reproduire. ⇒ **accoucher.** ***VII. Ses besoins*** ⇒ **besoin.** ***VIII. Un mauvais coup*** ⇒ **tuer, voler.** ***IX. Fam. :*** branler, ficher, foutre, goupiller. ***X. Loc.*** *(Comme avoir et être, faire a un sens très général et entre dans la composition d'un très grand nombre de loc. Voir les syn. des noms compl. d'obj. de faire entrant dans la loc.)*

FAIR-PLAY ■ Sport. ⇒ **convenable.**

FAISABLE ■ ⇒ **facile.**

FAISAN ■ ⇒ **fripon.**

FAISANDÉ, E ■ ***Fig. :*** avancé, corrompu, douteux, malhonnête, malsain, pourri.

FAISCEAU ■ ***I. Au pr.*** ⇒ **fagot.** ***II. Par ext.*** ⇒ **accumulation.**

FAISEUR, EUSE ■ adj. et n. ***I.*** ⇒ **fabricant.** ***II.*** ⇒ **bâtisseur.** ***III.*** ⇒ **bêcheur.**

FAISSELLE ■ ⇒ **égouttoir.**

FAIT ■ ***I. Favorable ou neutre*** ⇒ **acte, affaire.** ***II. Non favorable*** ⇒ **faute.** ***III. Loc.*** **1. Dire son fait à quelqu'un :** ses quatre vérités. **2. Voie de fait :** coup, violence. **3. Haut fait :** exploit, performance, prouesse. **4. Mettre au fait** ⇒ **informer.**

FAÎTAGE ■ Arête, charpente, comble, ferme, faîte, poutres.

FAÎTE ■ ***I. Au pr.*** ⇒ **faîtage.** ***II. Par ext. :*** apogée, cime, crête, haut, pinacle, point culminant, sommet, summum.

FAÎTIÈRE ■ Lucarne.

FAITOUT ■ ⇒ **marmite.**

FAIX ■ ⇒ **fardeau.**

FAKIR ■ ***I. Au pr. :*** ascète, derviche, mage, santon, yogi. ***II. Par ext. :*** prestidigitateur, thaumaturge, voyant.

FALAISE ■ Escarpement, mur, muraille, paroi, à-pic.

FALBALA ■ ⇒ **affaire.**

FALLACIEUX, EUSE ■ ⇒ **hypocrite.**

FALLOIR ■ ***I.*** Devoir, être indispensable/nécessaire/obligatoire, il y a lieu de. ***II. Loc.*** **1. Peu s'en faut :** il a failli, il s'en est manqué de peu. **2. Tant s'en faut :** au contraire, loin de. **3. Il ne faut que :** il suffit de.

FALOT ■ n. ***I.*** ⇒ **fanal.** ***II. Arg. milit. :*** conseil de guerre, tribunal.

FALOT, E ■ adj. Anodin, effacé, inconsistant, inoffensif, insignifiant, médiocre, négligeable, nul, pâle, terne.

FALSIFICATEUR ■ ⇒ **voleur.**

FALSIFICATION ■ ⇒ **altération.**

FALSIFIER ■ ⇒ **altérer.**

FAMÉLIQUE ■ ***I.*** ⇒ **affamé.** ***II.*** ⇒ **besogneux.** ***III.*** ⇒ **étique.**

FAMEUX, EUSE ■ ***I.*** ⇒ **célèbre.** ***II.*** Extraordinaire, remarquable. ***III.*** ⇒ **bon.**

FAMILIAL, E ■ Domestique, parental.

FAMILIARISER ■ ⇒ **acclimater.**

FAMILIARITÉ ■ ***I. Favorable.*** **1.** ⇒ **intimité. 2.** ⇒ **abandon.** ***II. Non favorable*** ⇒ **désinvolture.**

FAMILIER, ÈRE ■ ***I. Nom*** ⇒ **ami.** ***II. Adj.*** **1. Quelque chose :** aisé, commun, courant, domestique, habituel, facile, ordinaire, simple, usuel. **2. Quelqu'un :** accessible, amical, connu, facile, gentil, intime, liant, libre, rassurant, simple, sociable, traitable. **3. Animal :** acclimaté, apprivoisé, dressé, familiarisé.

FAMILLE ■ ***I. Au pr.*** **1.** Alliance, ascendance, auteurs, branche, descendance, dynastie, extraction, filiation, généalogie, génération, hérédité, lignage, lignée, maison, parenté, parents, postérité, race, sang, siens (les), souche. **2.** Bercail, couvée, entourage, feu, foyer, logis, maison, maisonnée, marmaille (péj.), ménage, nichée, progéniture, smala, toit, tribu. ***II. Par ext. :*** catégorie, clan, classe, collection, école, espèce, genre.

FAMINE ■ ⇒ **disette.**

FANAL ■ Falot, feu, flambeau, lanterne, phare.

FANATIQUE ■ adj. et n. ***I. Non favorable*** ⇒ **intolérant.** ***II. Favorable.*** **1.** Amoureux, ardent, brûlant, chaleureux, chaud, emballé, en délire, enflammé, enthousiaste, fervent, fou, frénétique, laudateur, louangeur, lyrique, mordu, passionné, zélateur. **2.** Convaincu, courageux, dévoué, enragé, gonflé (fam.), hardi, inconditionnel, jusqu'au-boutiste (fam.), téméraire. **3.** Fan, groupie, idolâtre.

FANATISER ■ ⇒ **exciter.**

FANATISME ■ ***I. Non favorable*** ⇒ **intolérance.** ***II. Favorable.*** **1.** Acharnement, amour, ardeur, chaleur, délire, dithyrambe, emballement, engouement, enthousiasme, exaltation, ferveur, feu, fièvre, flamme, folie, frénésie, fureur, lyrisme, passion, zèle. **2.** Abnégation, acharnement, conviction, courage, dévouement, don de soi, hardiesse, héroïsme, jusqu'au-boutisme (fam.), témérité.

FANÉ, E ■ Abîmé, altéré, avachi, décati, décoloré, défraîchi, délavé, fatigué, flétri, pâli, pisseux, ridé, séché, terni, usagé, vieilli, vieux.

FANER (SE) ■ ⇒ **flétrir (se).**

FANFARE ■ ***I. Au pr. :*** clique, cors, cuivres, harmonie, lyre, nouba (partic.), orchestre, trompes. ***II. Fig. :*** bruit, démonstration, éclat, éloge, fracas, pompe.

FANFARON, ONNE ■ adj. et n. ⇒ **hâbleur.**

FANFARONNADE ■ ⇒ **hâblerie.**

FANFARONNER ■ ⇒ **hâbler.**

FANFRELUCHE ■ ⇒ **bagatelle.**

FANGE ■ ***I.*** ⇒ **boue.** ***II.*** ⇒ **bauge.**

FANGEUX, EUSE ■ ⇒ **boueux.**

FANION ■ ⇒ **bannière.**

FANTAISIE ■ ***I.*** ⇒ **imagination.** ***II.*** ⇒ **humeur.** ***III.*** ⇒ **bagatelle.** ***IV.*** ⇒ **fable.** ***V.*** ⇒ **originalité.**

FANTAISISTE ■ n. et adj. ***I.*** ⇒ **amateur.** ***II.*** ⇒ **bohème.**

FANTASMAGORIE ■ Grand guignol, phantasme. ⇒ **spectacle.**

FANTASMAGORIQUE ■ ***I.*** ⇒ **extraordinaire.** ***II. Par ext. :*** énorme, étonnant, extraordinaire, extravagant, fantastique, formidable, hallucinatoire, incroyable, invraisemblable, rocambolesque, sensationnel.

FANTASME ■ ⇒ **imagination, vision.**

FANTASMER ■ ⇒ **imaginer, rêver.**

FANTASQUE ■ ⇒ **bizarre.**

FANTASSIN ■ ⇒ **soldat.**

FANTASTIQUE ■ ⇒ **extraordinaire.**

FANTOCHE ■ n. et adj. ***I.*** Guignol, mannequin, marionnette, pantin, polichinelle, poupée. ***II. Par ext. :*** bidon (fam.), fantôme, inconsistant, inexistant, larve, sans valeur, simulacre.

FANTOMATIQUE ■ ⇒ **imaginaire.**

FANTÔME ■ ***I. Au pr. :*** apparition, double, ectoplasme, esprit, ombre, revenant, spectre, vision, zombi. ***II. Par ext. :*** apparence, chimère, épouvantail, illusion, phantasme, simulacre, vision.

FAQUIN ■ ⇒ **maraud.**

FARAMINEUX, EUSE ■ ⇒ **extraordinaire.**

FARANDOLE ■ ⇒ **danse.**

FARAUD, AUDE ■ ***I.*** Arrogant, fat, malin, prétentieux. ***II.*** ⇒ **hâbleur.**

FARCE ■ ***I.*** ⇒ **hachis.** ***II.*** ⇒ **facétie.**

FARCEUR, EUSE ■ ***I. Favorable ou neutre :*** amuseur, baladin, bateleur, blagueur, bouffon, boute-en-train, chahuteur, comédien, comique, conteur, drôle, espiègle, facétieux, gouailleur, loustic, moqueur, plaisantin, turlupin. ***II. Non favorable :*** fumiste, histrion, mauvais plaisant, paillasse, pitre, sauteur.

FARCI, E ■ ⇒ **plein.**

FARD ■ ***I.*** Artifice, brillant, déguisement, dissimulation, faux, trompe-l'œil. ***II.*** Barbouillage, couleur, fond de teint, grimage, maquillage, ornement, peinture, rouge.

FARDEAU ■ ***I. Au pr. :*** bagage, charge, chargement, colis, faix, poids, surcharge. ***II. Fig. :*** charge, croix, ennui, joug, souci, surcharge, tourment.

FARDER ■ ***I. Au pr. :*** embellir, faire une beauté, grimer, maquiller. ***II. Fig.*** **1.** Couvrir, défigurer, déguiser, dissimuler, embellir, envelopper, maquiller, marquer, replâtrer, pallier, plâtrer, voiler. **2.** ⇒ **altérer.**

FARDER (SE) ■ S'embellir, s'enduire de fard, se faire une beauté/un ravalement (fam.), se parer, *et les formes pron. possibles des syn. de* FARDER.

FARDIER ■ ⇒ **voiture.**

FARFADET ■ Follet, lutin, nain.

FARFELU, E ■ ⇒ **bizarre.**

FARFOUILLER ■ Bouleverser, brouiller, chercher, déranger, ficher (fam.), foutre (vulg.)/mettre le bordel (grossier)/désordre/en désordre/en l'air, sens dessus dessous, retourner, trifouiller (fam.), tripatouiller (fam.).

FARIBOLE ■ ⇒ **bagatelle.**

FARIGOULE ■ Pouliot, serpolet, thym.

FARINE ■ Fécule, maïzena, recoupette.

FARLOUSE ■ Pipit. ⇒ **passereau.**

FARNIENTE ■ ⇒ **oisiveté.**

FAROUCHE ■ ***I.*** ⇒ **intraitable.** ***II.*** ⇒ **timide.** ***III.*** Âpre, dur, effarouchant, fier. ⇒ **sauvage.**

FASCICULE ■ Brochure, cahier, libelle, livraison, livre, livret, opuscule, plaquette, publication.

FASCINANT, E ■ ⇒ **agréable, séduisant.**

FASCINATEUR, TRICE ■ n. et adj. ⇒ **séducteur.**

FASCINATION ■ ***I. Au pr. :*** hypnose, hypnotisme, magie. ***II. Par ext. :*** appel, ascendant, attirance, attraction, attrait, charme, éblouissement, enchantement, ensorcellement, envoûtement, magnétisme, séduction, trouble.

FASCINE ■ Claie, gabion. ⇒ **fagot.**

FASCINER ■ ***I. Au pr. :*** charmer, ensorceler, hypnotiser, magnétiser. ***II. Par ext. :*** appeler, attirer, captiver, charmer, éblouir, égarer, émerveiller, s'emparer de, enchanter, endormir, enivrer, ensorceler, envoûter, maîtriser, plaire à, séduire, troubler.

FASHIONABLE ■ ⇒ **élégant.**

FASTE ■ ***I. Adj.*** ⇒ **favorable.** ***II. Nom*** ⇒ **apparat.**

FASTES ■ ⇒ **annales.**

FASTIDIEUX, EUSE ■ ⇒ **ennuyeux.**

FASTUEUX, EUSE ■ ⇒ **beau.**

FAT ■ Arrogant, avantageux, bellâtre, content de soi, dédaigneux, fanfaron, fiérot, galant, impertinent, infatué, orgueilleux, plastron, plat, plein de soi, poseur, précieux, prétentieux, rodomont, satisfait, sot, suffisant, vain, vaniteux.

FATAL, E ■ ***I. Neutre :*** immanquable, inévitable, irrévocable, obligatoire. ⇒ **sûr.** ***II. Non favorable :*** déplorable, dommageable, fâcheux, funeste, létal, malheureux, mauvais, mortel, néfaste.

FATALEMENT ■ ⇒ **sûrement.**

FATALISME ■ Abandon, acceptation, déterminisme, passivité, renoncement, résignation.

FATALITÉ ■ ***I. Neutre :*** destin, destinée, éventualité, fortune, nécessité, sort. ***II. Non favorable :*** catastrophe, désastre, fatum, létalité, malédiction, malheur.

FATIGANT, E ■ ⇒ **tuant.**

FATIGUE ■ ***I. Au pr. :*** abattement, accablement, affaissement, déprime, épuisement, éreintement, exténuation, faiblesse, forçage, harassement, labeur, lassitude, peine, surmenage, vapes (arg.). ***II. Par ext.*** ⇒ **ennui.** ***III. Méd. :*** abattement, accablement, affaiblissement, alanguissement, anéantissement, asthénie, dépression, faiblesse, usure.

FATIGUÉ, E ■ ***I. Quelqu'un.*** **1. Phys. :** accablé, assommé, avachi, brisé, claqué, courbatu, courbaturé, crevé, échiné, écrasé, épuisé, éreinté, esquinté, excédé, exténué, flagada, flapi, fourbu, harassé, indisposé, las, mort, moulu, pompé, recru, rendu, rompu, roué de fatigue, surentraîné, sur les dents, surmené, vanné, vaseux, vasouillard, vermoulu, vidé. **3. Par ext. :** abattu, abruti, accablé, assommé, blasé, brisé, cassé, dégoûté, démoralisé, déprimé, écœuré, ennuyé, excédé, importuné, lassé, saturé. ***II. Quelque chose :*** abîmé, amorti, avachi, déformé, défraîchi, délabré, délavé, éculé, élimé, esquinté, fané, limé, râpé, usagé, usé, vétuste, vieux.

FATIGUER ■ ***I. Au pr.*** **Phys. :** accabler, ahaner, assommer, avachir, briser, claquer, crever, déprimer, échiner, écraser, épuiser, éreinter, esquinter, estrapasser (équit.), excéder, exténuer, flapir, fouler, harasser, lasser, moudre, rompre, suer, surentraîner, surmener, trimer, tuer, vanner, vider. ***II. Fig.*** ⇒ **ennuyer.**

FATRAS ■ ⇒ **amas.**

FATUITÉ ■ ⇒ **orgueil.**

FATUM ■ ⇒ **destin.**

FAUBOURG ■ ⇒ **banlieue.**

FAUCHE ■ ⇒ **vol.**

FAUCHÉ, E ■ ⇒ **pauvre.**

FAUCHER ■ ⇒ **abattre.**

FAUCILLE ■ ***Par ext.*** ⇒ **faux, serpe.**

FAUCON ■ Crécerelle, émerillon, émouchet, épervier, gerfaut, hobereau, laneret, lanier. ⇒ **rapace.**

FAUFILER ■ ⇒ **coudre.**

FAUFILER (SE) ■ ⇒ **introduire (s').**

FAUNE ■ Chèvre-pied, satyre, sylvain.

FAUSSAIRE ■ Escroc. ⇒ **fripon.**

FAUSSER ■ ⇒ **altérer.**

FAUSSETÉ ■ Aberration, chafouinerie, déloyauté, dissimulation, duplicité, erreur, escobarderie, feinte, fourberie, hypocrisie, imposture, inexactitude, jésuitisme, mauvaise foi, mensonge, papelardise, patelinage, pharisaïsme, sophisme, sournoiserie, spéciosité, tartuferie, tromperie.

FAUTE ■ ***I. Au pr.*** **1.** Chute, coulpe (vx), écart, égarement, erreur, mal, peccadille, péché, vice. **2.** Contravention, crime, délit, forfaiture, infraction, manquement, mauvaise action, méfait. **3.** Bévue, énormité, erratum, ignorance, maladresse, méprise, négligence, omission. **4.** Défectuosité, imperfection, impropriété, inexactitude. **5.** Absence, défaut, lacune, manque, privation. **6. Fam.** : bavure, boulette, connerie, gaffe, loup, manque, os, paillon. ***II.*** Barbarisme, contresens, cuir, faux/non-sens, incorrection, lapsus, pataquès, perle, solécisme. ***III. Imprimerie :*** bourdon, coquille, doublage, doublon, mastic, moine. ***IV. Loc.*** **1. Sans faute ⇒ évidemment. 2. Faire faute ⇒ manquer.**

FAUTEUIL ■ ⇒ **siège.**

FAUTEUR ■ ⇒ **instigateur, complice.**

FAUTIF, IVE ■ ⇒ **coupable.**

FAUVE ■ ***I. Adj.*** ⇒ **jaune.** ***II. Nom masc. :*** bête féroce/sauvage, carnassier, félidé, félin, léopard, lion, panthère, tigre.

FAUVETTE ■ Bec-figue/fin, traîne-buisson.

FAUX, FAUSSE ■ ***I. Quelqu'un :*** affecté, cabotin, chafouin, comédien, déloyal, dissimulé, double, emprunté, étudié, fautif, félon, fourbe, grimacier, hypocrite, imposteur, menteur, papelard, patelin, perfide, pharisien, simulé, sournois, tartufe, traître, trompeur. ***II. Quelque chose :*** aberrant, absurde, altéré, apocryphe, artificiel, au flan (fam.), captieux, chimérique, contrefait, controuvé, copié, emprunté, erroné, fabuleux, factice, fallacieux, falsifié, fardé, feint, imaginaire, incorrect, inexact, infidèle, inventé, mal fondé, mensonger, pastiché, plagié, postiche, pseudo, saugrenu, simulé, supposé, toc (fam.), travesti, trompeur, truqué, usurpé, vain.

FAUX ■ ***I. Nom masc.*** ⇒ **fausseté.** ***II. Nom. fém. :*** dail, daillette, faucard, fauchon.

FAUX-FUYANT ■ ⇒ **excuse, fuite.**

FAUX-SEMBLANT ■ ⇒ **affectation.**

FAUX SENS ■ ⇒ **faute.**

FAVEUR ■ ***I.*** Ruban. ***II.*** Aide, amitié, appui, avantage, bénédiction, bénéfice, bienfait, bienveillance, bonnes grâces, bon office/procédé, bouquet, cadeau, complaisance, considération, crédit, distinction, dispense, don, égards, favoritisme, fleur (fam.), grâce, gratification, indulgence, libéralité, passe-droit, prédilection, préférence, privilège, protection, récompense, service, sympathie. ***III. Faire la faveur de :*** aumône, grâce, plaisir, service.

FAVORABLE ■ Accommodant, agréable, ami, avantageux, bénéfique, bénévole, bénin (vx), bienveillant, bon, clément, commode, convenable, faste, heureux, indulgent, obligeant, propice, prospère, protecteur, salutaire, secourable, sympathique, tutélaire.

FAVORI, ITE ■ ***I. Adj. :*** chéri, choisi, chouchou, élu, enfant gâté, mignon, préféré, privilégié, protégé. ***II. Nom masc. :*** côtelette, patte de lapin, rouflaquette.

FAVORISER ■ ***I. Quelqu'un :*** accorder, aider, avantager, douer, encourager, gratifier, pousser, prêter aide/assistance/la main, protéger, seconder, servir, soutenir. ***II. Quelqu'un ou quelque chose :*** faciliter, privilégier, servir.

FAVORITE ■ ⇒ **amante.**

FAVORITISME ■ Combine, népotisme, partialité, préférence.

FAYOT ■ ***I.*** ⇒ **haricot.** ***II.*** ⇒ **zélé.**

FAZENDA ■ Hacienda. ⇒ **propriété.**

FÉAL, E ■ ***I. Vx. :*** loyal. ***II.*** ⇒ **partisan.**

FÉBRILE ■ ***I.*** ⇒ **fiévreux.** ***II.*** ⇒ **violent.**

FÉBRILITÉ ■ ⇒ **nervosité.**

FÈCES ■ ⇒ **excrément.**

FÉCOND, E ■ ***I. Au pr. :*** abondant, fertile, fructifiant, fructueux, généreux, gras, gros, inépuisable, intarissable, plantureux, producteur, productif, prolifique, surabondant, ubéreux. ***II. Par ext. :*** créateur, imaginatif, inventif, riche.

FÉCONDATION ■ Conception, conjugaison, ensemencement, génération, insémination, pariade, procréation, reproduction.

FÉCONDER ■ ⇒ **engendrer.**

FÉCONDITÉ ■ ⇒ **fertilité.**

FÉDÉRATION ■ Alliance, association, coalition, confédération, consortium, ligue, société, syndicat, union.

FÉDÉRÉ, E ■ ***I.*** ⇒ **allié.** ***II.*** Communard.

FÉDÉRER ■ Affider, allier, assembler, associer, coaliser, confédérer, liguer, rassembler, réunir, unir.

FÉERIE ■ Attraction, divertissement, exhibition, fantasmagorie, fantastique, magie, merveille, merveilleux, numéro, pièce, représentation, revue, scène, séance, show, spectacle, tableau.

FÉERIQUE ■ ***I.*** ⇒ **beau.** ***II.*** ⇒ **surnaturel.**

FEIGNANT, E ■ ⇒ **paresseux.**

FEINDRE ■ ***I.*** ⇒ **affecter.** ***II.*** ⇒ **inventer.** ***III.*** ⇒ **botter.**

FEINT ■ ⇒ **faux.**

FEINTE ■ Affectation, artifice, cabotinage, cachotterie, comédie, déguisement, dissimulation, duplicité, faux-semblant, feintise, fiction, grimace, hypocrisie, invention, leurre, mensonge, momerie, pantalonnade, parade, ruse, simulation, singerie, sournoiserie, tromperie. ⇒ **fausseté.**

FEINTER ■ ⇒ **tromper.**

FÊLÉ, E ■ ⇒ **fou.**

FÊLER ■ ⇒ **fendre.**

FÉLICITATIONS ■ Applaudissement, apologie, bravo, compliment, congratulation, éloge, glorification, hourra, louange, panégyrique.

FÉLICITÉ ■ ⇒ **bonheur.**

FÉLICITER ■ Applaudir, approuver, complimenter, congratuler, louanger, louer. ***V. pr.*** ⇒ **réjouir (se).**

FÉLIN ■ ⇒ **chat.**

FELLATION (PRATIQUER LA) ■ ***Arg. :*** brouter (l'asperge/la tige), donner un coup de téléphone, faire une boule de gomme/un chapeau du commissaire/une gourmandise/une ⇒ **pipe**/un pompelard/un pompier/une turlute, pomper, scalper le mohican, sucer, tailler une plume, téter, tutoyer le pontife, etc.

FÉLON, ONNE ■ ⇒ **infidèle.**

FÉLONIE ■ ⇒ **infidélité.**

FÊLURE ■ Cheveu. ⇒ **fente.**

FÉMINISER ■ ***I.*** Efféminer. ***II. Péj. :*** déviriliser. ⇒ **affaiblir.**

FEMME ■ ***I. Au pr. :*** dame, demoiselle. ***II. Par ext.*** **1. Neutre :** compagne, concubine, égérie, épouse, fille d'Ève, moitié (fam.), muse. ⇒ **beauté. 2. Non favorable** ⇒ **mégère. 3.** ⇒ **fille. 4. Arg. :** bergère, fatma, floume, frangine, gonzesse, lamedé, légitime, lesbombe, linge, moukère, mousmé, nana, pépée, poule, régulière, sœur, souris, ticket, *non favorable :* bringue, cavette, damoche, fébosse, fendue, fillasse, greluche, grenouille, grognasse, laitue, langouste, mocheté, poufiasse, réclamé, rombière, saucisson, tarderie, vachasse, veau. ⇒ **prostituée.**

FENDILLER (SE) ■ Se craqueler, se

crevasser, se disjoindre, s'étoiler, se fêler, se fendre, se fissurer, se gercer, se lézarder.

FENDRE ■ ***I. Sens général :*** cliver, couper, disjoindre, diviser, entrouvrir, fêler, tailler. ***II. Les pierres, le sol :*** craqueler, crevasser, fêler, fendiller, fissurer, gercer, lézarder. ***III. La foule :*** écarter, entrouvrir, se frayer un chemin, ouvrir. ***IV. Loc.*** **Fendre le cœur** : briser/crever le cœur. ***V. Fig.*** **Se fendre de quelque chose** : se déboutonner (fam.), dépenser, donner, faire un cadeau, faire des largesses, offrir. ⇒ **payer.**

FENÊTRE ■ ***I.*** Ajour, baie, bow-window, châssis, croisée, oriel, vanterne (arg.). ***II. Par ext. :*** hublot, lucarne, lunette, oculus, œil-de-bœuf, tabatière, vasistas, vitre. ⇒ **ouverture.**

FENIL ■ ⇒ **grange.**

FENTE ■ Boutonnière, cassure, coupure, crevasse, déchirure, espace, excavation, faille, fêlure, fissure, gélivure, gerçure, hiatus, interstice, jour, lézarde, orifice, scissure, trou, vide. ⇒ **ouverture.**

FÉODAL ■ Moyenâgeux, seigneurial.

FÉODALITÉ ■ ***I.*** Moyen Âge. ***II.*** Abus, cartel, impérialisme, trust.

FER ■ ***I. Sens général :*** acier, métal. ***II. Loc.*** **1. En fer à cheval** : en épingle. **2. De fer.** *Au phys. :* fort, résistant, robuste, sain, solide, vigoureux. *Au moral :* autoritaire, courageux, dur, impitoyable, inébranlable, inflexible, opiniâtre, têtu, volontaire. **3. Mettre aux fers** : réduire en esclavage/en servitude ⇒ **emprisonner. 4. Les quatre fers en l'air** : dégringoler, se casser la figure, se casser la gueule (vulg.), tomber.

FÉRIÉ ■ Chômé, congé, pont, vacances, week-end.

FERMAGE ■ Affermage, amodiation, arrérages, colonage partiaire, ferme, location, louage, loyer, métayage (par ext.), redevance, terme.

FERME ■ n. ***I. Immeuble :*** domaine, exploitation, exploitation agricole, fermette, fazenda, hacienda, mas, métairie, ranch. ***II. Montant d'une location :*** affermage, arrérages, fermage, louage, loyer, redevance, terme. ***III. Sous l'Ancien Régime :*** collecte des impôts, maltôte, perception des impôts. ***IV.*** Charpente, comble.

FERME ■ adj. ***I. Quelque chose :*** assuré, compact, consistant, coriace, dur, fixe, homogène, immuable, résistant, solide, sûr. ***II. Par ext. :*** ancré, arrêté, assuré, autoritaire, catégorique, constant, courageux, décidé, déterminé, drastique, dur, endurant, énergique, fort, impassible, imperturbable, implacable, inflexible, intraitable, intrépide, mâle, net, obstiné, résolu, rigoureux, sévère, solide, stoïque, strict, tenace, têtu, viril.

FERME, FERMEMENT ■ Avec fermeté *et suite des syn. de* FERMETÉ, de façon/manière ferme *et suite des syn. de* FERME, beaucoup, bien, bon, coriacement, constamment, courageusement, dur, dur comme fer, durement, énergiquement, fixement, fort, fortement, immuablement, impassiblement, imperturbablement, inébranlablement, inflexiblement, intrépidement, nettement, résolument, sec, sévèrement, solidement, stoïquement, sûrement, tenacement, vigoureusement, virilement.

FERMENT ■ ***I. Au pr. :*** bacille, bactérie, diastase, enzyme, levain, levure, microcoque, moisissure, zymase. ***II. Fig.*** **De discorde** : agent, cause, germe, levain, origine, principe, racine, source.

FERMENTATION ■ ***I. Au pr. :*** ébullition, échauffement, travail. ***II. Fig. :*** agitation, bouillonnement, ébullition, échauffement, effervescence, embrasement, excitation, mouvement, nervosité, préparation, remous, surexcitation.

FERMENTER ■ ***I. Au pr. :*** bouillir, chauffer, lever, travailler. ***II. Fig. :*** s'agiter, bouillonner, s'échauffer, gonfler, lever, mijoter, se préparer, travailler.

FERMER ■ ***I. V. tr.*** **1. Une porte, une fenêtre :** bâcler (vx), barrer, barricader, boucler, cadenasser, claquer (péj.), clore, lourder (arg.), verrouiller. **2. Un passage :** barrer, barricader, bloquer, boucher, clore, combler, condamner, faire barrage, interdire, murer, obstruer, obturer, occlure. **3. Une surface :** barricader, clore, clôturer, enceindre, enclore, enfermer, entourer. **4. Un contenant, une bouteille :** boucher, capsuler. **5. Une enveloppe :** cacheter, clore, coller, sceller. **6. Le courant :** couper, disjoncter, éteindre, interrompre, occulter. **7. Un compte, une liste :** arrêter, clore, clôturer. **8. L'horizon :** borner. ***II. V. intr.*** **Les magasins ferment le samedi :** chômer, faire relâche, faire la semaine anglaise, relâcher. ***III. V. pron. :*** **1. Une blessure :** se cicatriser, guérir, se refermer, se ressouder. **2. Fig. Sur soi :** se refuser, se replier.

FERMETÉ ■ ***I. De quelque chose :*** compacité, consistance, coriacité, dureté, fixité, homogénéité, immuabilité, résistance, solidité, sûreté. ***II. De quelqu'un :*** assurance, autorité, caractère, cœur, constance, courage, cran, décision, détermination, dureté, endurance, énergie, entêtement, estomac (fam.), exigence, force, impassibilité, inflexibilité, intransigeance, intrépidité, netteté, obstination, opiniâtreté, poigne, raideur, rectitude, résistance, résolution, ressort, rigidité, rigueur, sang-froid, sévérité, solidité, stoïcisme, ténacité, vigueur, virilité, volonté.

FERMETURE ■ ***I. Le dispositif :*** barrage, barreaux, barricade, barrière, bonde, clôture, enceinte, enclos, entourage, fenêtre, grillage, grille, haie, palis, palissade, palplanches, persienne, portail, porte, portillon, store, treillage, treillis, volet. ***II. L'appareil :*** bondon, bouchon, capsule, clanche, clenche, crochet, disjoncteur, gâche, gâchette, loquet, robinet, serrure, vanne, verrou. ***III. L'action.*** **Une circulation, un passage :** arrêt, barrage, bouclage, clôture, condamnation, coupure, interruption, oblitération, obstruction, obturation, occlusion, opilation (vx), verrouillage. ***IV. Fermeture momentanée :*** coupure, interruption, suspension. ***V. Fermeture du gaz, de l'électricité :*** coupure, disjonction, extinction, interruption de fourniture. ***VI. D'un pli, d'une enveloppe.*** **1. L'action :** cachetage, clôture, scellement. **2. Le moyen :** bulle (vx et relig.), cachet, sceau. ***VII. D'une affaire.*** **1. Par autorité patronale :** lock-out. **2. Pour cause de congé :** relâche. **3. Faute de travail :** cessation, chômage, lock-out.

FERMIER, ÈRE ■ ***I. Sens général :*** locataire, preneur, tenancier (vx). ***II. Qui cultive la terre :*** agriculteur, amodiataire, colon, cultivateur, exploitant agricole, métayer, paysan.

FERMOIR ■ ***I. D'un vêtement :*** agrafe, attache, boucle, fermail, fermeture, fibule. ***II. D'un coffret, d'une porte :*** bobinette, crochet, fermeture, loquet, moraillon, serrure, verrou.

FÉROCE ■ ***I. Animal :*** cruel, fauve, sanguinaire, sauvage. ***II. Quelqu'un.*** **1. Au pr. :** barbare, brutal, cannibale, cruel, sadique, sanguinaire, sauvage, violent. **2. Fig. :** acharné, affreux, dur, épouvantable, forcené, horrible, impitoyable, implacable, inhumain, insensible, mauvais, méchant, terrible, violent.

FÉROCITÉ ■ ***I. Au pr. :*** barbarie, brutalité, cannibalisme, cruauté, instincts sanguinaires, sauvagerie, violence. ***II. Fig. :*** acharnement, cruauté, dureté, horreur, insensibilité, méchanceté, raffinement, sadisme, sauvagerie, violence.

FERRADE ▪ Dénombrement du bétail, marquage, recensement, tatouage, tri.

FERRAGE ▪ Appareillage métallique, assemblage en fer/métallique, ferrement, ferrure, garniture en fer, penture, protection en fer.

FERRAILLE ▪ ***I.*** Bouts de fer, copeaux, déchets, limaille, rebuts, vieux instruments, vieux morceaux. ***II.*** Mitraille. ***III.*** Assemblage/instrument/objet métallique. ***IV.*** Monnaie (fam.), pièce de monnaie (fam.). ***V. Loc.*** **1. Tas de ferraille** (péj. ou par ironie) : auto, avion, bateau, tout véhicule ou tout instrument. **2. Mettre à la ferraille :** déclasser, jeter, mettre au rebut, réformer, ribloner. **3. Bruit de ferraille :** cliquetis.

FERRAILLER ▪ (Péj.) ***I. Au pr. :*** batailler, se battre, se battre à l'arme blanche, se battre en duel, battre le fer, brétailler, combattre, croiser le fer, en découdre, escrimer. ***II. Fig. :*** se battre, combattre, se disputer, lutter, se quereller.

FERRAILLEUR ▪ ***I.*** Batteur à l'arme blanche, bretteur, duelliste, escrimeur, lame, spadassin (péj.). ***II.*** Querelleur. ***III.*** Brocanteur, casseur, chiffonnier, commerçant en ferraille, triqueur.

FERRÉ, E ▪ ***I. Au pr. :*** bardé, garni de fer, paré, protégé. ***II. Fig. :*** calé, compétent, connaisseur, érudit, fort, grosse tête (fam.), habile, instruit, savant, tête d'œuf (fam.).

FERREMENT ▪ ***I.*** Assemblage métallique, ensemble de pièces de métal, fer, ferrage, ferrure, instrument en fer, serrure. ***II. D'un poisson :*** accrochage, capture, coup, prise, touche.

FERRER ▪ ***I. Au pr. :*** accrocher avec du fer, brocher, clouter, cramponner, engager le fer, garnir de fer, marquer au fer, parer, piquer, plomber, protéger. ***II. Un poisson :*** accrocher, avoir une touche, capturer, piquer, prendre, tirer.

FERRONNIER ▪ Chaudronnier, forgeron, serrurier.

FERRURE ▪ Assemblage en fer, charnière, ferrage, ferrement, ferronnerie, garniture de fer, instrument en fer, penture, serrure, serrurerie.

FERTÉ ▪ Forteresse, place forte.

FERTILE ▪ ***I. Au pr. :*** abondant, bon, fécond, fructueux, généreux, gros, plantureux, prodigue, productif, prolifique, riche. ***II. Fig. :*** imaginatif, ingénieux, inventif, rusé, subtil, superbe.

FERTILISATION ▪ Amélioration, amendement, bonification, engraissement, enrichissement, fumure, marnage, mise en valeur, terreautage.

FERTILISER ▪ Améliorer, amender, bonifier, cultiver, engraisser, enrichir, ensemencer, fumer, terreauter.

FERTILITÉ ▪ ***I. Sens général :*** abondance, fécondité, générosité, prodigalité, productivité, rendement, richesse. ***II. En parlant d'êtres animés :*** fécondité, prolificité.

FÉRU, E ▪ ***De quelque chose :*** chaud, engoué, enthousiaste, épris de, fou de, passionné de, polarisé par (fam.).

FÉRULE ▪ ***I. Au pr. :*** baguette, bâton, règle. ***II. Fig. :*** autorité, dépendance, direction, pouvoir, règle.

FERVENT, E ▪ Ardent, brûlant, chaud, dévot, dévotieux, dévoué, enthousiaste, fanatique, fidèle, intense, zélé.

FERVEUR ▪ ***I. Au pr. :*** adoration, amour, ardeur, chaleur, communion, dévotion, effusion, élan, enchantement, enthousiasme, force, zèle. ***II. Loc.*** **La ferveur du moment :** engouement, faveur, mode.

FESSE ▪ ⇒ **fessier.**

FESSÉE ▪ ***I. Au pr. :*** correction, coup, claque, fustigation. ***II. Fig. et fam. :***

déculottée, défaite, échec, honte, raclée, torchée.

FESSE-MATHIEU ■ ⇒ **avare.**

FESSER ■ Bastonner, battre, botter le train (arg.), châtier, corriger, donner des claques sur les fesses, fouetter, frapper, fustiger, punir, taper.

FESSIER ■ ***I.*** Arrière-train, as de pique/trèfle, bas du dos, croupe, cul, derrière, fesses, fondement, parties charnues, postérieur, raie, séant, siège, tournure. ***II. Fam. :*** Baba, bol, conversation, croupion, dos, fouettard, gnon, hémisphères, jumelles, joufflu, lune, malle/train arrière, pétard, popotin, postère, pot, pouf, pousse-matières, tagada, tutu, vase, verre de montre. ***III. Arg. :*** allumeuses, baigneur, butte, dargeot, dargif, derche, derjo, faubourg, fias, fond de commerce, gagne-pain, meules, miches, noix, panier, pastèques, pétrousquin, prose, prosinard, rue aux pets, tafanard, train, trouffe, valseur, etc. ⇒ **anus.**

FESSU, E ■ Callipyge, charnu, noité (arg.), qui a de grosses fesses, *et les syn. de* FESSE, rebondi, rembourré.

FESTIN ■ Agape, banquet, gala, régal, réjouissance. ***Fam. :*** bombance, brifeton, gueuleton, lippée, ripaille.

FESTIVAL ■ ***I. Au pr. :*** festivité, fête, gala, régal. ***II. De danse, de musique, de poésie :*** célébration, colloque, congrès, démonstration, exhibition, foire, journées, kermesse, manifestation, organisation, présentation, représentation, récital, réunion, séminaire, symposium. ***III. Par ext.*** ⇒ **profusion.**

FESTIVITÉ ■ Allégresse, célébration, cérémonie, festival, fête, frairie, gala, joyeuseté, kermesse, manifestation, partie, partie fine, réjouissance, réunion.

FESTON ■ Bordure, broderie, dent, frange, garniture, guirlande, ornement, passementerie, torsade.

FESTONNER ■ v. tr. et intr. Border, brocher, broder, découper, denteler, garnir, orner.

FESTOYER ■ v. tr. et intr. Banqueter, donner un festin, faire bombance, faire bonne chère, faire fête à, faire un festin, faire la foire, fêter, gobelotter (fam.), gobichonner (fam.), gueuletonner (fam.), offrir un festin, prendre part à, manger, s'en mettre plein la lampe (fam.), recevoir, régaler, se régaler, ripailler.

FÊTARD ■ (Péj.) Arsouille (fam. et péj.), bambocheur (fam.), bon vivant, débauché, jouisseur, noceur, noctambule, rigolot, viveur.

FÊTE ■ ***I.*** Anniversaire, apparat, célébration, centenaire, commémoration, débauche (péj.), événement, festival, festivité, inauguration, jubilé, noces, solennité. ***II.*** ⇒ **festin, réunion.** ***III.*** Ducasse, kermesse, ferrade, frairie, nouba, pardon. ***IV. Fam. ou arg. :*** bamboche, bamboula, bombe, dégagement, fiesta, foire, java, noce, tournée des grands-ducs.

FÊTÉ, E ■ Chouchouté (fam.), choyé, entouré, gâté, honoré, recherché, salué.

FÊTER ■ Accueillir, arroser, célébrer, commémorer, consacrer, faire fête à, festoyer, honorer, manifester, marquer, se réjouir de, sanctifier, solenniser.

FÉTICHE ■ ***I. Nom masc. :*** agnus dei, amulette, bondieuserie, effigie, gri-gri, idole, image, mascotte, porte-bonheur, porte-chance, reliques, scapulaire, statuette, talisman, tephillim, totem. ⇒ **médaille.** ***II. Adj.*** **1.** Artificiel, divinisé, idolâtre, sacré, tabou, vénéré. **2.** Artificiel, factice.

FÉTICHISME ■ ***I. Au pr. :*** animisme, culte des fétiches, culte des idoles, idolâtrie, totémisme. ***II. Fig. :*** admiration, attachement, culte, idolâtrie, religion, respect, superstition, vénération. ***III. Psych. :*** idée fixe, perversion.

FÉTICHISTE ■ ***I. Au pr.*** *:* adepte du *ou* relatif au fétichisme, *et les syn. de* FÉTICHISME, adorateur de *ou* relatif aux fétiches, *et syn. de* FÉTICHE, superstitieux, totémiste. ***II. Fig.*** *:* admirateur, croyant, fidèle, idolâtre, religieux, superstitieux.

FÉTIDE ■ ***Au pr. et fig.*** *:* asphyxiant, corrompu, dégoûtant, délétère, désagréable, écœurant, empesté, empuanti, étouffant, excrémentiel, fécal, ignoble, immonde, innommable, infect, insalubre, malodorant, malpropre, malsain, mauvais, méphitique, nauséabond, nuisible, ordurier, pestilentiel, puant, putride, repoussant, répugnant, trouillotant (arg.).

FÉTU ■ ***I. Au pr.*** *:* brin, brindille. ***II. Fig.*** *:* bagatelle, brimborion, misère, petite chose, peu, rien.

FÉTUQUE ■ Graminée, herbe, fétuque ovine, fourrage.

FEU ■ ***I. Au pr.*** **1. Lieu où se produit le feu** : astre, âtre, autodafé, bougie, brasero, brasier, braise, bûcher, cautère, chandelle, chaudière, cheminée, coin de feu, coin du feu, enfer, étincelle, étoile, famille, fanal, flambeau, foyer, forge, four, fournaise, fourneau, incendie, lampe, maison, météore, projecteur, signal, soleil. **2. Manifestation du feu** : bougie, brûlure, caléfaction, calcination, cendre, chaleur, chauffage, combustion, consomption, crémation, éblouissement, échauffement, éclair, éclairage, éclat, embrasement, éruption, étincelle, feu follet, flambée, flamboiement, flamme, flammerole, fouée, fumée, fumerolle, furole, ignescence, ignition, incandescence, lave, lueur, lumière, rif (fam.), rougeur, scintillement. **3. Par anal.** *Méd.* *:* démangeaison, éruption, furoncle, inflammation, irritation, prurit. **4. Feu d'artillerie** : barrage, tir, pilonnage. **5. Feux tricolores** : signal, signalisation, orange, rouge, vert. **6. Avez-vous du feu** : allumettes, briquet. **7. Faire du feu** : allumer, se chauffer. **8. Feu du ciel** : foudre, orage, tonnerre. **9. Feu d'artifice** : pyrotechnie. ***II. Fig.*** **1. Favorable ou neutre** : action, amour, animation, ardeur, bouillonnement, chaleur, combat, conviction, désir, empressement, enthousiasme, entrain, exaltation, excitation, flamme, fougue, inspiration, passion, tempérament, vivacité, zèle. **2. Non favorable** : agitation, emballement, colère, combat, courroux, emportement, exagération, passion, véhémence, violence. **3. Loc.** *Feu du Ciel* *:* châtiment, colère/justice divine, punition.

FEUILLAGE ■ ***I. Au pr.*** *:* branchage, branches, feuillée, feuilles, frondaison, rameau, ramée, ramure, verdure. ***II. Par ext.*** *:* abri, berceau, camouflage, charmille, chevelure, dais, tonnelle.

FEUILLAISON ■ Foliation, renouvellement.

FEUILLE ■ ***I. Au pr.*** *:* feuillage, feuillée, foliole, frondaison. ***II. Par ext.*** **1.** Carton, document, feuille de chou (péj.), feuillet, folio, journal, page, papier. **2.** Fibre, lame, lamelle, plaque. ***III. Pop.*** *:* oreille. ***IV. Loc.*** **Dur de la feuille** : sourd, sourdingue (fam.).

FEUILLÉES ■ ⇒ **water-closet.**

FEUILLERET ■ ⇒ **rabot.**

FEUILLET ■ Cahier, feuille, folio, page, planche, pli.

FEUILLETER ■ Compulser, jeter un coup d'œil sur, lire en diagonale (fam.)/rapidement, parcourir, survoler, tourner les pages.

FEUILLETON ■ Anecdote, dramatique, histoire, livraison, nouvelle, roman.

FEUILLU, E ■ Abondant, épais, feuillé, garni, touffu.

FEUILLURE ■ Entaille, rainure.

FEULER ■ ⇒ **crier.**

FEULEMENT ■ ⇒ **cri.**

FEUTRE ▪ Blanchet, étamine, molleton. ***II.*** ⇒ **coiffure.**

FEUTRÉ, E ▪ ***I. Au pr.*** : garni, ouaté, rembourré. ***II. Par ext.*** : amorti, discret, étouffé, mat, ouaté, silencieux.

FEUTRER ▪ ***I. Au pr.*** : garnir, ouater, rembourrer. ***II. Par ext.*** : amortir, étouffer.

FI (FAIRE) ▪ ⇒ **dédaigner.**

FIABLE ▪ ⇒ **sûr.**

FIACRE ▪ Sapin. ⇒ **voiture.**

FIANÇAILLES ▪ Accordailles (vx), engagement, promesse de mariage.

FIANCÉ, E ▪ Accordé (vx), bien-aimé, futur, parti, prétendant, promis. ***Fam.*** : galant, soupirant. ***Rég.*** : épouseur, épouseux, prétendu.

FIANCER (SE) ▪ ***I. Au pr.*** : s'engager, promettre mariage. ***II. Par ext.*** : allier, fier (se), mélanger, unir.

FIASCO ▪ ⇒ **insuccès.**

FIASQUE ▪ ⇒ **bouteille.**

FIBRE ▪ ***I. Au pr.*** : byssus, chalaze, chair, fibrille, fil, filament, filet, ligament, linéament, substance, tissu. ***II. Par ext.*** ⇒ **disposition.**

FIBREUX, EUSE ▪ Dur, filandreux, nerveux.

FIBROME ▪ ⇒ **tumeur.**

FIBULE ▪ ⇒ **agrafe.**

FICELÉ, E ▪ ***Fig.*** ⇒ **vêtu.**

FICELER ▪ ***I. Au pr.*** ⇒ **attacher.** ***II. Fig.*** ⇒ **vêtir.**

FICELLE ▪ ***I. Au pr.*** ⇒ **corde.** ***II. Fig.*** **1.** ⇒ **ruse. 2.** ⇒ **procédé. 3. Quelqu'un** ⇒ **malin.**

FICHE ▪ ***I.*** Aiguille, broche, cheville, prise, tige. ***II.*** Carte, carton, étiquette, feuille, papier. ***III.*** Jeton, plaque.

FICHER ▪ ***I. Au pr.*** **1.** ⇒ **fixer. 2.** ⇒ **enfoncer. 3.** ⇒ **mettre. 4.** ⇒ **faire.** ***II. Loc.*** **Ficher dedans** ⇒ **tromper.** ***III. V. pron.*** **1.** ⇒ **railler. 2.** ⇒ **mépriser.**

FICHIER ▪ Casier, classeur, documentation, dossier, meuble, registre.

FICHISTE ▪ Documentaliste.

FICHU ▪ ***I. Nom masc.*** : cache-cœur/col/cou, carré, châle, écharpe, fanchon, foulard, madras, mantille, marmotte, mouchoir, pointe. ***II. Adj.*** **1.** Fâcheux, foutu (fam.), sacré. ⇒ **déplaisant. 2.** ⇒ **perdu.**

FICTIF, IVE ▪ ⇒ **imaginaire.**

FICTION ▪ ⇒ **invention.**

FIDÈLE ▪ ***I. Nom masc.*** **1.** Adepte, assidu, croyant, ouaille, partisan, pratiquant. **2.** Antrustion, féal. ***II. Adj.*** **1. Quelqu'un** : assidu, attaché, attentif, bon, conservateur, constant, dévoué, exact, favorable, féal, franc, honnête, loyal, persévérant, probe, régulier, scrupuleux, sincère, solide, sûr, vrai. **2. Quelque chose** : conforme, correct, égal, éprouvé, exact, fiable, indéfectible, juste, réglé, sincère, sûr, véridique, vrai.

FIDÉLITÉ ▪ ***I.*** ⇒ **constance.** ***II.*** ⇒ **exactitude.** ***III.*** ⇒ **foi.** ***IV.*** ⇒ **vérité.**

FIEF ▪ ***I. Au pr.*** : censive, dépendance, domaine, mouvance, seigneurie, suzeraineté. ***II. Par ext.*** : domaine, spécialité.

FIEFFÉ, E ▪ ⇒ **parfait.**

FIEL ▪ ***I. Au pr.*** ⇒ **bile.** ***II. Par ext.*** **1.** ⇒ **haine. 2.** ⇒ **mal.**

FIELLEUX, EUSE ▪ Acrimonieux, amer, haineux, malveillant, mauvais, méchant, venimeux.

FIENTE ▪ ⇒ **excrément.**

FIER, ÈRE ▪ ***I.*** ⇒ **sauvage.** ***II.*** ⇒ **dédaigneux.** ***III.*** ⇒ **grand.** ***IV.*** ⇒ **hardi.**

FIER (SE) ▪ ***I.*** ⇒ **confier (se).** ***II.*** ⇒ **rapporter (se).**

FIER-À-BRAS ▪ ⇒ **bravache.**

FIERTÉ ■ ***I.*** ⇒ **dédain.** ***II.*** ⇒ **hardiesse.** ***III.*** ⇒ **orgueil.**

FIÈVRE ■ Fébricule, malaria, paludisme, pyréxie, température, suette. ⇒ **émotion.**

FIÉVREUX, EUSE ■ Agité, ardent, brûlant, chaud, désordonné, fébricitant, fébrile, halluciné, hâtif, inquiet, intense, malade, maladif, malsain, mouvementé, nerveux, passionné, tourmenté, troublé, violent.

FIFRE ■ ⇒ **flûte.**

FIFRELIN ■ ⇒ **bagatelle.**

FIGÉ, E ■ Coagulé, contraint, conventionnel, glacé, immobile, immobilisé, immuable, paralysé, pétrifié, raide, raidi, sclérosé, statufié, stéréotypé, transi.

FIGER ■ ***I. Au pr.*** **1.** ⇒ **caillebotter. 2.** ⇒ **geler.** ***II. Par ext.*** **1.** ⇒ **immobiliser. 2.** ⇒ **pétrifier.**

FIGNOLAGE ■ Arrangement, enjolivement, finition, léchage, parachèvement, polissage, raffinage, raffinement, soin.

FIGNOLER ■ ⇒ **orner, parfaire.**

FIGURANT ■ Acteur, comparse, doublure, panouille (fam.), passe-volant (milit. et vx), représentant, second rôle.

FIGURATION ■ Carte, copie, dessin, fac-similé, image, plan, représentation, reproduction, schéma, symbole.

FIGURE ■ ***I.*** **1.** ⇒ **visage. 2.** ⇒ **forme.** ***II. Par ext.*** **1.** ⇒ **mine. 2.** ⇒ **représentation. 3.** ⇒ **statue. 4.** ⇒ **symbole. 5.** ⇒ **expression. 6.** ⇒ **image.**

FIGURÉ, E ■ Imagé, métaphorique.

FIGURER ■ ***I.*** Avoir la forme de, être, incarner, jouer un rôle, paraître, participer, représenter, se trouver, tenir un rang. ***II.*** Dessiner, donner l'aspect, modeler, peindre, représenter, sculpter, symboliser, tracer. ***III. V. pron.*** ⇒ **imaginer.**

FIGURINE ■ ⇒ **statue.**

FIL ■ ***I.*** ⇒ **fibre.** ***II.*** ⇒ **cours.** ***III.*** ⇒ **tranchant.**

FILAMENT ■ ⇒ **fibre.**

FILANDREUX, EUSE ■ ***I. Au pr. :*** coriace, dur, fibreux, indigeste, nerveux. ***II. Fig. :*** ampoulé, confus, délayé, diffus, embarrassé, empêtré, enchevêtré, entortillé, fumeux, indigeste, interminable, long, macaronique.

FILASSE ■ ***I. Nom fém. :*** étoupe, lin. ***II. Adj. :*** Blond, clair, pâle, terne.

FILE ■ Caravane, chapelet, colonne, cordon, enfilade, haie, ligne, procession, queue, rang, rangée, train. ⇒ **suite.**

FILER ■ ***I. La laine :*** tordre. ***II.*** ⇒ **lâcher.** ***III.*** ⇒ **marcher.** ***IV.*** ⇒ **suivre.** ***V.*** ⇒ **partir.** ***VI. Loc.*** **Filer doux** ⇒ **soumettre (se).**

FILET ■ ***I. Au pr.*** **1. Pour la pêche :** ableret, araignée, balance, bastude, bolier, bouterolle, carrelet, chalut, drague, drège, échiquier, épervier, épuisette, folle, gabarre, goujonnier, guideau, haveneau, havenet, langoustier, madrague, nasse, picot, poche, puche, ridée, rissole, sardinier, senne, thonaire, traîne, tramail, truble, vannet, vervet. **2. Pour les oiseaux :** allier, araignée, lacet, lacs, pan, pan de rets, panneau, pantière, rets, ridée, tirasse. ***II. Par ext.*** **1.** Porte-bagages, réseau. **2.** Embûche, embuscade, piège, souricière.

FILIALE ■ ⇒ **succursale.**

FILIATION ■ ***I. Au pr.*** ⇒ **naissance.** ***II. Par ext.*** ⇒ **liaison.**

FILIÈRE ■ ⇒ **hiérarchie.**

FILIFORME ■ Allongé, délié, effilé, fin, grêle, longiligne, maig[illegible]ince.

FILIN ■ ⇒ **cordage.**

FILLE ■ ***I. Au pr.*** **1.** Descendante, enfant, héritière. **2.** Adolescente, bambine, blondinette, brin, brunette, catherinette, demoiselle, fillette, jeune fille, jeunesse, jouvencelle, nymphe, pucelle (vx), rosière (partic.), rouquine, rousse, vierge. **3. Fam. :** béguineuse, boudin, briquette, cerneau, chameau (arg. scol.), craquette, cri-cri, fée, frangine, gamine, gazelle, gerce, gisquette, gosse, gosseline, grenouille, langoustine, mignonne, minette, mistonne, môme, mominette, musaraigne, nana, nénette, nistonne, nymphette, oie blanche, oiselle, pépée, petit bout/lot/rat/sujet, petite, ponette, poulette, pouliche, poupée, prix de Diane, quille, sauterelle, souris, tendron, ticket, trottin. **4. Péj. :** bourrin, donzelle, fillasse, gigolette, gigue, gonzesse, greluche, greluchonne, guenuche, marmotte, pisseuse, typesse. ***II. Par ext.*** **1. ⇒ célibataire. 2. ⇒ prostituée. 3. ⇒ servante. 4. ⇒ religieuse.**

FILM ■ ***I. Au pr.*** **⇒ pellicule.** ***II. Par ext.*** **⇒ pièce.**

FILMER ■ Enregistrer, photographier, tourner.

FILON ■ ***I. Au pr. :*** couche, masse, mine, source, strate, veine. ***II. Fig.*** **1. ⇒ chance. 2. ⇒ combine.**

FILOU ■ **⇒ fripon.**

FILOUTER ■ **⇒ voler.**

FILS ■ ***I. Au pr. :*** fieux (région), fiston, fruit, garçon, gars, géniture, grand, héritier, petit, progéniture, race, rejeton, sang (poét.). **⇒ enfant.** ***II. Par ext.*** 1. Citoyen. 2. Descendant, parent. **3. ⇒ élève.** ***III. Loc.*** **Fils de ses œuvres. 1.** Autodidacte, self-made-man. **2.** Conséquence, effet, fruit, résultat.

FILTRAGE ■ Clarification, filtration.

FILTRE ■ Antiparasite, blanchet, bougie, buvard, chausse, citerneau, écran, épurateur, étamine, feutre, papier, papier joseph, passoire, percolateur, purificateur. **⇒ vérification.**

FILTRER ■ ***I. Au pr. :*** clarifier, couler, épurer, passer, purifier, rendre potable, tamiser. ***II. Par ext.*** **1. ⇒ vérifier. 2. ⇒ pénétrer. 3. ⇒ répandre (se). 4. ⇒ percer.**

FIN ■ n. ***I. Au pr.*** **⇒ extrémité.** ***II. Par ext.*** **1.** Aboutissement, accomplissement, achèvement, arrêt, borne, bout, but, cessation, chute, clôture, coda, conclusion, consommation, crépuscule, décadence, décision, déclin, dénouement, dépérissement, désinence, dessert, destination, destruction, disparition, épilogue, enterrement, épuisement, expiration, extrémité, final, finale, finalité, limite, objectif, objet, perfection, péroraison, prétexte, queue, réalisation, réussite, ruine, solution, sortie, suppression, tendance, terme, terminaison, terminus, visée. **2.** Agonie, anéantissement, décès, déclin, mort, trépas. ***III. Loc.*** **1. Une fin de non-recevoir :** refus. **2. À cette fin :** intention, objet, motif, raison. **3. À la fin :** en définitive, enfin, finalement. **4. Faire une fin :** se marier, se ranger. **5. Mettre fin à :** achever, arrêter, clore, décider, dissiper, dissoudre, éliminer, expirer, faire cesser, finir, lever, parachever, se suicider, supprimer, terminer, tuer (se). **6. Sans fin :** sans arrêt/cesse/interruption/repos/trêve, continu, éternel, immense, immortel, indéfini, infini, interminable, pérennisé, perpétuel, sans désemparer/discontinuer, sempiternel, toujours, *et les adv. en -ment possibles à partir des adj. de cette suite, ex. : continuellement.*

FIN ■ adv. ***Fin prêt :*** absolument, complètement, entièrement, tout à fait.

FIN, FINE ■ adj. ***I. Au pr. :*** affiné, allongé, arachnéen, beau, délicat, délié, doux, élancé, émincé, étroit, gracile, lamellaire, léger, maigre, menu, mince, petit, svelte, vaporeux. ***II. Par ext. :*** adroit, affiné, astucieux, averti, avisé, bel esprit, clairvoyant, délié, diplomate, distingué, élégant, excellent, finaud, futé, galant, habile, ingénieux, intelligent, malin, pénétrant, perspicace, piquant, précieux, pur, raffiné, retors, rusé, sagace, sensible, subtil, supérieur. ***III. Loc.*** **1. Fin mot** : dernier, véritable. **2. Fin fond** : éloigné, extrême, loin, lointain, reculé. **3. Fine fleur** : élite, supérieur. **4. Fin du fin** : nec plus ultra. **5. Fine champagne** : brandy, cognac.

FINAL, E ■ Définitif, dernier, extrême, téléologique, terminal, ultime.

FINALEMENT ■ À la fin, définitivement, en définitive, en dernier lieu, enfin, en fin de compte, pour en finir/en terminer, sans retour, tout compte fait.

FINALITÉ ■ ***I.*** But, dessein, destination, fin, intentionalité, motivation, orientation, prédestination, téléologie, tendance. ***II.*** Adaptation, harmonie, perception. ***III.*** Adaptation, besoin, détermination, instinct, sélection.

FINANCE ■ ***I.*** Argent, ressources. ***II. Au pl.*** : biens, budget, caisse, comptabilité, crédit, dépense, économie, fonds, recette, trésor, trésorerie. ***III. Vx*** : ferme, régie. ***IV.*** Affaires, banque, bourse, capital, capitalisme, commerce, crédit.

FINANCEMENT ■ Développement, entretien, paiement, placement, soutien, subvention, versement.

FINANCER ■ Avancer/bailler/placer/prêter des fonds, casquer (fam.), commanditer, entretenir, fournir, payer, procurer de l'argent, régler, soutenir financièrement, subventionner, verser.

FINANCIER ■ Agent de change, banquier, boursier, capitaliste, coulissier, fermier (vx), gérant, gestionnaire, maltôtier (vx), manieur d'argent, partisan (vx), publicain, régisseur, spéculateur, traitant (vx).

FINANCIER, ÈRE ■ Bancaire, budgétaire, monétaire, pécuniaire.

FINASSER ■ Éviter, ruser, éluder/tourner la difficulté, user d'échappatoires/de faux-fuyants.

FINASSERIE ■ Finauderie, tromperie. ⇒ **ruse.**

FINAUD, E ■ ⇒ **malin.**

FINAUDERIE ■ ⇒ **finasserie.**

FINE ■ Brandy, cognac, eau-de-vie.

FINEMENT ■ Adroitement, astucieusement, délicatement, subtilement.

FINESSE ■ ***I.*** Délicatesse, étroitesse, légèreté, minceur, petitesse, ténuité. ***II. Fig.*** : acuité, adresse, artifice, astuce, clairvoyance, difficulté, diplomatie, justesse, malice, pénétration, précision, ruse, sagacité, sensibilité, souplesse, stratagème, subtilité, tact. ***III. Par ext.*** : beauté, délicatesse, distinction, douceur, élégance, grâce, gracilité, raffinement, sveltesse.

FINI, E ■ ***I.*** Borné, défini, limité. ***II.*** Accompli, achevé, consommé, révolu, terminé. ***III.*** ⇒ **fatigué.** ***IV.*** ⇒ **parfait.** ***V. Par ext.*** **1. Quelqu'un** : condamné, fait, fichu, fieffé, foutu, mort, perdu, usé. **2. Quelque chose** : disparu, évanoui, fait, perdu. **3. N. m.** ⇒ **perfection.**

FINIR ■ ***I. V. tr.*** **1. Neutre ou favorable** : accomplir, achever, arrêter, cesser, clore, clôturer, conclure, consommer, couper, couronner, épuiser, expédier, fignoler, interrompre, lécher, mettre fin à, parachever, parfaire, polir, régler, terminer, trancher, user, vider. **2. Péj.** : anéantir, bâcler. ***II. Par ext.*** **1.** ⇒ **mourir. 2. V. intr.** : aboutir, achever, s'arrêter, arriver, cesser, disparaître, épuiser, s'évanouir, rompre, se terminer, tourner mal.

FINISSAGE ■ Fignolage, fin, finition, perfectionnement.

FINITION ■ Accomplissement, achèvement, arrêt, fin, fion (coup de).

FIOLE ■ ***I. Au pr. :*** ampoule, biberon, bouteille, flacon. ***II. Fig. :*** bouille, figure. ⇒ **tête.**

FIORITURE ■ ⇒ **ornement.**

FIRMAMENT ■ ⇒ **ciel.**

FIRME ■ ⇒ **établissement.**

FISC ■ Finances, fiscalité, percepteur, Trésor public.

FISSION ■ Désintégration, division, séparation.

FISSURE ■ ⇒ **fente.**

FISSURER ■ ⇒ **fendre.**

FIXATION ■ ***I. Au pr. :*** amarrage, ancrage, attache, crampon, établissement, fixage, implantation, scellement. ***II. Fig. :*** détermination, limitation, réglementation, stabilisation.

FIXE ■ ***I.*** ⇒ **stable.** ***II.*** Appointements, mensualité, salaire.

FIXEMENT ■ En face, intensément.

FIXER ■ ***I. Au pr. :*** adhérer, accorer (mar.), accrocher, affermir, amarrer, ancrer, arrêter, arrimer, assembler, assujettir, assurer, attacher, boulonner, brêler, caler, centrer, cheviller, claveter, clouer, coincer, coller, consolider, cramponner, enchâsser, enclaver (techn.), enfoncer, enraciner, faire pénétrer/tenir, ficher, immobiliser, implanter, introduire, lier, maintenir, mettre, nouer, pendre, pétrifier, planter, retenir, river, riveter, sceller, suspendre, soutenir, visser. ***II. Fig.*** 1. Arrêter, asseoir, assigner, conclure, décider, définir, délimiter, déterminer, envisager, établir, évaluer, formuler, limiter, imposer, indiquer, marquer, normaliser, particulariser, poser, préciser, prédestiner, préfinir (jurid.), préfixer, prescrire, proposer, qualifier, réglementer, régler, régulariser, spécifier, stabiliser. 2. Attirer, captiver, choisir, conditionner, conquérir, gagner, retenir. 3. Cristalliser, graver, imprimer, peindre, sculpter. 4. ⇒ **instruire.** 5. ⇒ **regarder.** ***III. V. pron. :*** se caser, s'établir, établir sa résidence/ses pénates (fam.), habiter, s'implanter, s'installer, se localiser, prendre pied/racine, résider.

FIXITÉ ■ Constance, consistance, fermeté, immobilité, immutabilité, invariabilité, permanence, persistance, stabilité, suite.

FLACCIDE ■ ⇒ **mou.**

FLACCIDITÉ ■ ⇒ **ramollissement.**

FLACHE ■ ⇒ **trou.**

FLACON ■ Fiasque, fiole, flasque, gourde. ⇒ **bouteille.**

FLA-FLA ■ Affectation, chichis, chiqué, esbroufe, étalage, façons, manières, ostentation.

FLAGELLATION ■ Fouet, fustigation.

FLAGELLER ■ ***I. Au pr. :*** battre, châtier, cingler, cravacher, donner la discipline/le martinet/les verges, fesser, fouetter, fustiger. ***II. Fig.*** Attaquer, blâmer, critiquer, maltraiter, vilipender.

FLAGEOLANT, E ■ ⇒ **chancelant.**

FLAGEOLER ■ ⇒ **chanceler.**

FLAGEOLET ■ ⇒ **flûte.**

FLAGORNER ■ ⇒ **flatter.**

FLAGORNERIE ■ ⇒ **flatterie.**

FLAGORNEUR, EUSE ■ n. et adj. ⇒ **flatteur.**

FLAGRANCE ■ ⇒ **évidence.**

FLAGRANT, E ■ Certain, constant, constaté, éclatant, évident, incontestable, indéniable, manifeste, notoire, officiel, patent, probant, sans conteste, sur le fait, visible, vu.

FLAIR ■ ***I. Au pr.*** ⇒ **odorat.** ***II. Par ext. :*** clairvoyance, intuition, perspicacité. ⇒ **pénétration.**

FLAIRER ■ ***I. Au pr.*** ⇒ **sentir.** ***II. Fig.*** ⇒ **pressentir.**

FLAMBARD ■ Fanfaron, vaniteux.

FLAMBANT, E ■ Ardent, brasillant, brillant, brûlant, coruscant, éclatant, étincelant, flamboyant, fulgurant, incandescent, reluisant, resplendissant, rutilant, scintillant, superbe.

FLAMBEAU ■ ***I.*** Bougie, brandon, candélabre, chandelier, chandelle, cierge, fanal, guide, lampe, lumière, oupille, phare, photophore, torche, torchère. ***II.*** ⇒ **chef.**

FLAMBÉ, E ■ (Fam.). Déconsidéré, découvert, fichu, foutu (vulg.), perdu, ruiné.

FLAMBÉE ■ ⇒ **feu.**

FLAMBER ■ ***I. Au pr.*** **1. V. intr. :** brûler, cramer (fam.), s'embraser, s'enflammer, étinceler, flamboyer, scintiller. **Vx :** arder, ardoir, ardre. **2. V. tr. :** gazer, passer à la flamme, stériliser. **3.** ⇒ **briller.** ***II. Fig.*** **V. tr. :** dépenser, dilapider, jouer, perdre, ruiner, voler.

FLAMBERGE ■ Épée, lame, rapière, sabre.

FLAMBOIEMENT ■ ***I. Au pr. :*** éblouissement, éclat, embrasement, feu. ***II. Fig. :*** ardeur, éclat.

FLAMBOYANT, E ■ ***I. Arch. :*** gothique, médiéval. ***II.*** ⇒ **flambant.**

FLAMBOYER ■ ***I. Au pr.*** ⇒ **flamber.** ***II. Fig.*** ⇒ **luire.**

FLAMME ■ ***I. Au pr.*** ⇒ **feu.** ***II. Par ext.*** ⇒ **chaleur.** ***III.*** ⇒ **drapeau.**

FLAMMEROLE ■ Feu follet.

FLAN ■ Dariole, entremets.

FLANC ■ ***I. De quelqu'un ou d'un animal*** ⇒ **ventre.** ***II. Par ext. :*** aile, bord, côté, lof (mar.), pan.

FLANCHER ■ ***I.*** ⇒ **céder.** ***II.*** ⇒ **reculer.**

FLANDRIN ■ Dadais. ⇒ **bête.**

FLÂNER ■ S'amuser, badauder, bader (mérid.), déambuler, errer, folâtrer, musarder, muser, se promener, traîner, vadrouiller. ***Fam. :*** baguenauder, balocher, faire flanelle, flânocher, gober les mouches, lécher les vitrines.

FLÂNERIE ■ ⇒ **promenade.**

FLÂNEUR, EUSE ■ n. et adj. ***I. Au pr. :*** badaud, bayeur, promeneur. ***II. Par ext. :*** désœuvré, fainéant, indolent, lambin, musard, oisif, paresseux, traînard. ⇒ **vagabond.**

FLANQUER ■ ***I. V. tr.*** ⇒ **jeter.** ***II. V. intr.*** **1.** ⇒ **accompagner. 2.** ⇒ **protéger. 3.** ⇒ **mettre.**

FLAPI, E ■ ⇒ **fatigué.**

FLAQUE ■ Flache, mare, nappe.

FLASQUE ■ ⇒ **mou.**

FLATTER ■ ***I.*** Aduler, amadouer, cajoler, caresser, charmer, choyer, complaire à, complimenter, courtiser, délecter, flagorner, gratter, lécher, louanger, louer, parfaire, passer la main dans le dos, peloter, ramper, tonneler (vx), tromper. ***II.*** Embellir, enjoliver, idéaliser, parfaire. ***III. V. pron.*** **1.** Aimer à croire, s'applaudir, se donner les gants de (fam.), s'enorgueillir, se féliciter, se glorifier, s'illusionner, se persuader, se prévaloir, se targuer, tirer vanité, triompher, se vanter. **2.** Compter, espérer, penser, prétendre.

FLATTERIE ■ Adoration, adulation, cajolerie, câlinerie, caresse, compliment, coups d'encensoir, cour, courbette, courtisanerie, douceurs, encens, flagornerie, génuflexion, hommage, hypocrisie, lèche (fam.), louange, mensonge, pelotage (fam.), plat, pommade, tromperie.

FLATTEUR, EUSE ■ n. et adj. ***I. Quelqu'un :*** adorateur, adulateur, approbateur, bonimenteur, bonneteur, cajoleur, caudataire, complaisant, complimenteur, courtisan, doucereux, encenseur, enjôleur, flagorneur, génuflecteur, hypocrite, louangeur, menteur, obséquieux, patelin, séducteur, thuriféraire. ***Fam. :*** fayot, godillot, lèche-bottes ⇒ **fessier/pompes, lécheur.** ***II. Quelque chose*** ⇒ **agréable.**

FLATULENCE ■ Ballonnement, météorisation, vent, ventosité.

FLATULENT, E ■ Gazeux, venteux.

FLÉAU ■ ***I.*** ⇒ **calamité.** ***II.*** ⇒ **punition.**

FLÈCHE ■ ⇒ **trait.**

FLÉCHER ■ ⇒ **tracer.**

FLÉCHIR ■ ***I. V. tr.*** **1. Au pr. :** abaisser, courber, gauchir, incurver, infléchir, plier, ployer, recourber. **2. Fig. On fléchit quelqu'un :** adoucir, apaiser, apitoyer, attendrir, calmer, désarmer, ébranler, émouvoir, gagner, plier, toucher, vaincre. ***II. V. intr.*** **1. Au pr. :** arquer, céder, se courber, craquer, faiblir, flancher, gauchir, s'infléchir, lâcher, manquer, plier, ployer, reculer, vaciller. **2. Fig. :** s'abaisser, abandonner, s'agenouiller, capituler, céder, chanceler, faiblir, s'humilier, s'incliner, mollir, plier, se prosterner, se soumettre, succomber.

FLÉCHISSEMENT ■ ***I. Au pr. :*** baisse, courbure, diminution, flexion. ⇒ **abaissement.** ***II. Fig.*** ⇒ **abandon.**

FLEGMATIQUE ■ Apathique, blasé, calme, décontracté, détaché, froid, impassible, imperturbable, indifférent, insensible, lymphatique, maître de soi, mou, olympien, patient, placide, posé, rassis, serein, tranquille.

FLEGME ■ Apathie, calme, décontraction, détachement, égalité d'âme, équanimité, froideur, impassibilité, indifférence, insensibilité, lymphatisme, maîtrise, mollesse, patience, placidité, sang-froid, sérénité, tranquillité.

FLEMMARD, E ■ ⇒ **paresseux.**

FLEMMARDER ■ ⇒ **traîner.**

FLÉTRI, E ■ ⇒ **fané.**

FLÉTRIR ■ ***I. Au pr. :*** Altérer, décolorer, défraîchir, faner, froisser, gâter, rider, sécher, ternir. ***II. Par ext. :*** abaisser, abattre, avilir, blâmer, condamner, corrompre, décourager, défleurir, désespérer, déshonorer, désoler, dessécher, diffamer, enlaidir, gâter, mettre au pilori, punir, salir, souiller, stigmatiser, tarer, ternir. ***III. V. pron. :*** s'abîmer, passer, vieillir, *et les formes pron. possibles des syn. de* FLÉTRIR.

FLÉTRISSURE ■ ***I.*** ⇒ **blâme.** ***II.*** ⇒ **honte.**

FLEUR ■ ***(Fig.) I.*** ⇒ **ornement.** ***II.*** ⇒ **lustre.** ***III.*** ⇒ **perfection.** ***IV.*** ⇒ **choix.** ***V.*** ⇒ **phénix.** ***VI. Loc.*** **Couvrir de fleurs** ⇒ **louer.**

FLEURER ■ ⇒ **sentir.**

FLEURET ■ ⇒ **épée.**

FLEURETTE ■ ⇒ **galanterie.**

FLEURIR ■ ***I. V. tr.*** ⇒ **orner.** ***II. V. intr.*** **1. Au pr. :** éclore, s'épanouir. **2. Par ext. :** bourgeonner, briller, croître, se développer, embellir, enjoliver, s'enrichir, être florissant/prospère, faire florès, se former, gagner, grandir, se propager, prospérer.

FLEURON ■ ⇒ **ornement.**

FLEUVE ■ ⇒ **cours (d'eau).**

FLEXIBILITÉ ■ ⇒ **souplesse.**

FLEXIBLE ■ ***I. Au pr. :*** élastique, maniable, mou, plastique, pliable, pliant, souple. ***II. Fig. :*** docile, ductile, influençable, malléable, maniable, obéissant, soumis, souple, traitable.

FLEXION ■ ***I.*** ⇒ **fléchissement.** ***II.*** ⇒ **terminaison.**

FLEXUEUX, EUSE ■ ⇒ **sinueux.**

FLEXUOSITÉ ■ ⇒ **sinuosité.**

FLIBUSTIER ■ ⇒ **corsaire.**

FLIC ■ ⇒ **policier.**

FLIRT ■ ***I.*** ⇒ **béguin.** ***II.*** ⇒ **caprice.**

FLIRTER ■ ⇒ **courtiser.**

FLOPÉE ■ ⇒ **multitude.**

FLORAISON ■ Anthèse, éclosion, efflorescence, épanouissement, estivation, fleuraison.

FLORE ■ ⇒ **végétation.**

FLORÈS ■ *Loc.* **Faire florès ⇒ fleurir** et **briller.**

FLORILÈGE ■ ⇒ **anthologie.**

FLORISSANT, E ■ À l'aise, beau, brillant, heureux, prospère, riche, sain.

FLOT ■ ***I. Au pr.*** ⇒ **marée.** ***II. Fig.*** ⇒ **multitude.** ***III. Plur.*** ⇒ **onde.**

FLOTTAGE ■ Drave (Canada).

FLOTTANT, E ■ ***I.*** ⇒ **changeant.** ***II.*** ⇒ **irrésolu.**

FLOTTE ■ ***I. Au pr. :*** armada, équipages, escadre, flottille, force navale, marins, marine. ***II. Fam.*** ⇒ **eau.**

FLOTTEMENT ■ ***I.*** ⇒ **hésitation.** ***II.*** ⇒ **désordre.**

FLOTTER ■ V. tr. et intr. ***I. Au pr. :*** affleurer, émerger, être à flot, nager, surnager. ***II. Par ext.*** 1. Agiter, brandiller, errer, ondoyer, onduler, voguer, voler, voltiger. 2 ⇒ **hésiter.**

FLOU, E ■ Brouillardeux, brouillé, brumeux, effacé, fondu, fumeux, incertain, indécis, indéterminé, indistinct, lâche, léger, nébuleux, trouble, vague, vaporeux.

FLOUER ■ ***I.*** ⇒ **tromper.** ***II.*** ⇒ **voler.**

FLUCTUANT, E ■ ⇒ **changeant.**

FLUCTUATION ■ ⇒ **variation.**

FLUCTUER ■ ⇒ **changer.**

FLUER ■ ⇒ **couler.**

FLUET, ETTE ■ ⇒ **menu.**

FLUIDE ■ ***I. Nom masc. :*** courant, effluve, flux, liquide, onde. ***II. Adj. :*** clair, coulant, dilué, fluctuant, insaisissable, insinuant, instable, juteux, limpide, liquide, mouvant, régulier.

FLUIDITÉ ■ ***Fig. :*** facilité, régularité.

FLÛTE ■ Allemande, chalumeau, diaule, fifre, flageolet, flûteau, flûte de Pan, flutiau, galoubet, larigot, mirliton, ocarina, octavin, piccolo, pipeau, piffero, syrinx, traversière.

FLUX ■ ***I.*** ⇒ **marée.** ***II.*** ⇒ **écoulement.**

FLUXION ■ ⇒ **gonflement.**

FOCALISER ■ ⇒ **concentrer.**

FŒTUS ■ ***I. Au pr. :*** embryon, germe, œuf. ***II. Par ext. :*** avorton, gringalet, mauviette.

FOI ■ ***I. L'objet de la foi :*** conviction, créance, credo, croyance, dogme, évangile, mystique, opinion, religion. ***II. La qualité.*** 1. ⇒ **confiance.** 2. ⇒ **exactitude.** 3. Droiture, engagement, fidélité, franchise, honnêteté, honneur, loyauté, parole, probité, promesse, sincérité. 4. **Loc. Bonne foi** ⇒ **franchise. Mauvaise foi** ⇒ **tromperie. Faire foi** ⇒ **prouver.**

FOIRE ■ ***I. Au pr.*** 1. ⇒ **marché.** 2. ⇒ **fête.** 3. ⇒ **exposition.** ***II. Fam. et vx*** ⇒ **diarrhée.**

FOIRER ■ ⇒ **trembler.**

FOIREUX, EUSE ■ ⇒ **peureux.**

FOIS ■ Coup. ⇒ **occasion.**

FOISON (À) ■ ***I.*** ⇒ **abondant.** ***II.*** ⇒ **beaucoup.**

FOISONNANT, E ■ ⇒ **abondant.**

FOISONNEMENT ■ ⇒ **affluence.**

FOISONNER ■ ⇒ **abonder.**

FOLÂTRE ■ ⇒ **gai.**

FOLÂTRER ■ ⇒ **batifoler.**

FOLICHON, ONNE ■ ⇒ **gai.**

FOLICHONNER ■ ⇒ **batifoler.**

FOLIE ■ ***I. Au pr. :*** Aliénation mentale, délire, démence, dépression, dérangement, déraison, déséquilibre, égarement, extravagance, fureur, idiotie, maladie mentale, manie, névrose, psychose, rage, vésanie. ***II. Par ext.*** 1.

⇒ **aberration. 2.** ⇒ **bêtise. 3.** ⇒ **obstination. 4.** ⇒ **manie. 5.** ⇒ **habitation.**

FOLKLORE ▪ Légende, mythe, romancero, saga, tradition.

FOLLET, ETTE ▪ ***I.*** ⇒ **fou.** ***II.*** ⇒ **capricieux.** ***III. Loc. Esprit follet*** ⇒ **génie.**

FOLLICULAIRE ▪ ⇒ **journaliste.**

FOMENTER ▪ ⇒ **exciter.**

FONCÉ, E ▪ ⇒ **sombre.**

FONCER ▪ ⇒ **élancer (s').**

FONCEUR, EUSE ▪ Battant. ⇒ **courageux.**

FONCIER, ÈRE ▪ ***I.*** ⇒ **inné.** ***II.*** ⇒ **profond.** ***III. Nom masc. :*** cadastre, immeubles, impôt sur les immeubles.

FONCIÈREMENT ▪ À fond, extrêmement, naturellement, tout à fait.

FONCTION ▪ ⇒ **emploi.**

FONCTIONNAIRE ▪ ⇒ **employé.**

FONCTIONNEL, ELLE ▪ ⇒ **pratique, rationnel.**

FONCTIONNER ▪ ***I.*** ⇒ **agir.** ***II.*** ⇒ **marcher.**

FOND ▪ ***I. De quelque chose :*** abysse, bas, base, bas-fond, creux, cul, cuvette, fondement. ***II. Par ext.*** **1.** Base, substratum, tissure, toile. **2. Peint. :** champ, perspective, plan. **3.** Essence, nature, naturel. **4.** ⇒ **caractère. 5.** ⇒ **matière. 6.** ⇒ **intérieur.**

FONDAMENTAL, E ▪ ⇒ **principal.**

FONDATEUR, TRICE ▪ ⇒ **bâtisseur.**

FONDATION ▪ ***I.*** ⇒ **établissement.** ***II.*** Appui, assiette, assise. ⇒ **fondement.**

FONDEMENT ▪ ***I. Au pr. :*** assise, base, fondation, infrastructure, pied, soubassement, sous-œuvre, soutènement, soutien, substruction, substructure. ***II. Par ext.*** ⇒ **cause.** ***III.*** Cul, postérieur. ⇒ **anus, fessier.**

FONDER ▪ ***I. Au pr. :*** appuyer, asseoir, bâtir, créer, élever, enter, ériger, établir, instituer, lancer, mettre, poser. ***II. Par ext. :*** échafauder, justifier, motiver, tabler.

FONDERIE ▪ Aciérie, forge, haut fourneau, métallurgie, sidérurgie.

FONDOUK ▪ ⇒ **caravansérail.**

FONDRE ▪ ***I. V. tr.*** **1. On fond quelque chose :** désagréger, dissoudre, liquéfier, vitrifier. **2. Fig. :** adoucir, attendrir, atténuer, dégeler, diminuer, dissiper, effacer, estomper, mélanger, mêler, unir. ***II. V. intr.*** **1.** S'amollir, brûler, couler, se désagréger, disparaître, se dissiper, se résorber, se résoudre. **2. Fig. :** diminuer, maigrir.

FONDRIÈRE ▪ ⇒ **ornière.**

FONDS ▪ ***I.*** ⇒ **terre.** ***II.*** ⇒ **établissement.** ***III.*** ⇒ **argent.** ***IV.*** ⇒ **bien.**

FONGIBLE ▪ ⇒ **destructible.**

FONTAINE ▪ ⇒ **source.**

FONTE ▪ ***I.*** ⇒ **fusion.** ***II.*** ⇒ **type.**

FORAGE ▪ Recherche, sondage.

FORAIN ▪ ***I.*** ⇒ **nomade.** ***II.*** ⇒ **saltimbanque.** ***III.*** ⇒ **marchand.**

FORBAN ▪ ⇒ **corsaire.**

FORÇAT ▪ ⇒ **bagnard.**

FORCE ▪ ***I. Au pr. :*** capacité, dynamisme, énergie, forme, intensité, potentiel, pouvoir, puissance, violence. ***II. Par ext.*** **1. Force physique :** biceps, fermeté, muscle, nerf, puissance, résistance, robustesse, santé, sève, solidité, tonicité, verdeur, vigueur, virilité. **2.** ⇒ **capacité. 3.** ⇒ **contrainte.** ***III. Adv.*** ⇒ **beaucoup.** ***IV. Au pl.*** **1.** ⇒ **troupes. 2.** Cisaille, ciseaux, tondeuse.

FORCÉ, E ▪ ***I.*** ⇒ **inévitable.** ***II.*** ⇒ **artificiel.** ***III.*** ⇒ **étudié.** ***IV.*** ⇒ **excessif.** ***V.*** ⇒ **obligatoire.**

FORCÉMENT ▪ ⇒ **sûrement.**

FORCENÉ, E ▪ adj. et n. ⇒ **furieux.**

FORCER ▪ ***I.*** ⇒ **obliger.** ***II.*** ⇒ **ouvrir.** ***III.*** ⇒ **prendre.** ***IV.*** ⇒ **détériorer.**

FORCERIE ■ ⇒ **serre.**

FORCIR ■ ⇒ **grossir.**

FORCLOS, E ■ ⇒ **déchu.**

FORCLUSION ■ Déchéance, prescription.

FORER ■ ⇒ **percer.**

FORESTIER, ÈRE ■ Sylvestre, sylvicole.

FORET ■ Fraise. ⇒ **perceuse.**

FORÊT ■ ⇒ **bois.**

FORFAIRE ■ ⇒ **manquer.**

FORFAIT, FORFAITURE ■ *I.* ⇒ **malversation.** *II.* ⇒ **trahison.**

FORFAITAIRE ■ À prix convenu/fait, en bloc, en gros, en tout.

FORFANTERIE ■ ⇒ **hâblerie.**

FORGE ■ Fonderie, maréchalerie.

FORGER ■ (Fig.) *I.* ⇒ **inventer.** *II.* ⇒ **former.**

FORGERON ■ Maréchal-ferrant.

FORJETER ■ Dépasser.

FORLIGNER ■ ⇒ **dégénérer.**

FORMALISATION ■ Axiomatisation.

FORMALISER (SE) ■ ⇒ **offenser (s').**

FORMALISTE ■ adj. et n. Cérémonieux, façonnier, solennel.

FORMALITÉ ■ *I.* Convenances, démarches, forme, règle. *II. Péj. :* chinoiseries, paperasses, tracasseries.

FORMAT ■ *I.* In folio/quarto/octavo/douze/seize/dix-huit/vingt-quatre/trente-deux. *II.* ⇒ **dimension.**

FORMATION ■ *I.* Composition, conception, concrétion (géol.), constitution, élaboration, génération, genèse, gestation, organisation, production, structuration. *II.* ⇒ **instruction.** *III.* ⇒ **troupe.**

FORME ■ *I.* Aspect, configuration, conformation, contour, dessin, état, façon, figure, format, formule, ligne, manière, modelé, relief, silhouette, tracé. *II.* ⇒ **style.** *III.* ⇒ **formalité.** *IV.* ⇒ **moule.** *V. Au pl.* ⇒ **façons.**

FORMÉ, E ■ ⇒ **adulte, pubère.**

FORMEL, ELLE ■ *I.* ⇒ **absolu.** *II.* ⇒ **clair.** *III.* ⇒ **évident.**

FORMELLEMENT ■ ⇒ **absolument.**

FORMER ■ *I. Au pr. :* aménager, arranger, assembler, bâtir, composer, conformer, constituer, façonner, forger, modeler, mouler, pétrir, sculpter. *II. Par ext. :* cultiver, dégrossir, éduquer, faire, instruire, perfectionner, polir. *III.* ⇒ **énoncer.**

FORMICATION ■ ⇒ **picotement.**

FORMIDABLE ■ *I.* ⇒ **extraordinaire.** *II.* ⇒ **terrible.**

FORMULE ■ *I.* ⇒ **expression.** *II.* ⇒ **forme.**

FORMULER ■ ⇒ **énoncer.**

FORNICATION ■ ⇒ **lascivité.**

FORNIQUER ■ ⇒ **accoupler (s').**

FORT ■ *I. Nom masc.* ⇒ **forteresse.** *II. Adv.* **1.** ⇒ **beaucoup. 2.** ⇒ **très.** *III. Adj.* **1. Au phys. :** athlétique, bien charpenté, costaud, dru, ferme, grand, gros, herculéen, musclé, puissant, râblé, résistant, robuste, solide, vigoureux. **Arg. :** balèze, balouf, comac, mastard. **2. Par ext.** ⇒ **excessif, capable, instruit.**

FORTERESSE ■ Bastille, blockhaus, bretèche (mar. vx), casemate, château, château fort, citadelle, enceinte, fort, fortification, fortin, ouvrage, place forte, repaire.

FORTIFIANT ■ *Adj. et n. m. :* analeptique, cordial, corroborant, énergétique, excitant, réconfortant, reconstituant, remontant, roborant, roboratif, stimulant, tonique.

FORTIFICATION ■ ⇒ **forteresse.**

FORTIFIER ■ *I.* Affermir, armer,

consolider, équiper, renforcer. ⇒ **protéger.** *II.* Aider, assurer, conforter, corroborer, corser, réconforter, tonifier, tremper.

FORTIN ■ ⇒ **forteresse.**

FORTUIT, E ■ ⇒ **contingent.**

FORTUITEMENT ■ Accidentellement, à l'occasion, occasionnellement, par hasard.

FORTUNE ■ *I.* ⇒ **bien.** *II.* ⇒ **destinée.** *III.* ⇒ **hasard.**

FORTUNÉ, E ■ *I.* ⇒ **riche.** *II.* ⇒ **heureux.**

FOSSE ■ *I.* Boyau, cavité, douve, excavation, fossé, fouille, rigole, saut-de-loup, tranchée. *Géol. :* abysse, dépression, effondrement, géosynclinal, gouffre, graben, synclinal. *II.* ⇒ **tombe.** *III. Fosse d'aisances :* ⇒ **water-closet.**

FOSSÉ ■ *I.* ⇒ **fosse.** *II.* ⇒ **rigole.** *III.* ⇒ **séparation.**

FOSSILE ■ *Par ext.* ⇒ **vieillard.**

FOSSOYEUR ■ ⇒ **destructeur.**

FOU, FOLLE ■ n. et adj. *I. Au pr. :* aliéné, cerveau fêlé, dément, désaxé, déséquilibré, détraqué, furieux, halluciné, hystérique, interné, malade, malade mental, maniaque, névrosé, paranoïaque, psychopathe, schizophrène. *II. Fam. et par ext. :* azimuté, barjo, branquignole, braque, bredin, brindezingue, chabraque, cinglé, dingo, dingue, fêlé, folasse, follet, fondu, frapadingue, frappé, hotu, jobard (arg.), jobri, louf, loufoque, louftingue, maboul, marteau, piqué, schnock, sinoque, siphoné, sonné, tapé, timbré, toc-toc, toqué, zinzin. *III. Fig.* 1. ⇒ **insensé.** 2. ⇒ **extraordinaire.** 3. ⇒ **excessif.** 4. ⇒ **épris.** 5. ⇒ **gai.**

FOUAILLER ■ ⇒ **cingler.**

FOUCADE ■ Coup de tête, fougasse. ⇒ **caprice.**

FOUDRE ■ *I. Nom masc.* ⇒ **tonneau.** *II. Nom fém. :* éclair, épars, feu du ciel, fulguration, tonnerre.

FOUDRES ■ ⇒ **colère.**

FOUDROYANT, E ■ *I.* ⇒ **fulminant.** *II.* ⇒ **soudain.**

FOUDROYÉ, E ■ ⇒ **interdit.**

FOUDROYER ■ *I.* ⇒ **frapper.** *II.* ⇒ **vaincre.**

FOUET ■ Chambrière, chat à neuf queues, discipline, étrivières, martinet.

FOUETTER ■ *I. Au pr.* 1. ⇒ **cingler.** 2. ⇒ **frapper.** *II. Par ext.* ⇒ **exciter.** *III. Arg.* ⇒ **puer.**

FOUGASSE ■ *I.* Coup de tête, foucade. ⇒ **caprice.** *II.* ⇒ **brioche.**

FOUGUE ■ ⇒ **impétuosité.**

FOUGUEUX, EUSE ■ ⇒ **impétueux.**

FOUILLE ■ ⇒ **fosse.**

FOUILLER ■ Chercher, explorer, fouger (vén.), fouiner, fureter, inventorier, sonder. *Fam. :* farfouiller, fourgonner, fourrager, trifouiller, tripoter, tripatouiller, vaguer.

FOUILLIS ■ ⇒ **désordre.**

FOUIR ■ ⇒ **creuser.**

FOULARD ■ ⇒ **fichu.**

FOULE ■ Affluence, cohue, masse, monde, multitude, peuple, populace, presse.

FOULÉE ■ *I.* ⇒ **pas.** *II.* ⇒ **trace.**

FOULER ■ *I.* Accabler. ⇒ **charger.** *II.* ⇒ **marcher.** *III.* ⇒ **presser.** *IV.* ⇒ **meurtrir.** *V. V. pron. :* se biler (fam.), s'en faire (fam.), se fatiguer. ⇒ **travailler.**

FOULURE ■ ⇒ **entorse.**

FOUR ■ *I.* Étuve, fournaise, fournil. *II. Fig.* ⇒ **insuccès.**

FOURBE ■ *I.* ⇒ **faux.** *II.* ⇒ **trompeur.**

FOURBERIE ■ ⇒ **tromperie.**

FOURBI ■ ⇒ **bazar.**

FOURBIR ■ ⇒ **frotter.**

FOURBU, E ■ ⇒ **fatigué.**

FOURCHE ■ ***Par ext.*** *:* bifurcation, bivoie, bretelle, carrefour, embranchement, raccordement.

FOURCHETTE ■ Écart. ⇒ **variation.**

FOURCHU, E ■ Bifide.

FOURGON ■ ⇒ **voiture, wagon.**

FOURGONNER ■ v. tr. et intr. ⇒ **fouiller.**

FOURMILIÈRE ■ ⇒ **multitude.**

FOURMILLANT, E ■ ⇒ **abondant.**

FOURMILLEMENT ■ ⇒ **picotement.**

FOURMILLER ■ ***I.*** ⇒ **abonder.** ***II.*** ⇒ **remuer.**

FOURMIS ■ ***Par ext.*** ⇒ **picotement.**

FOURNAISE ■ ***I.*** ⇒ **four.** ***II.*** ⇒ **brasier.**

FOURNEAU ■ ⇒ **réchaud.**

FOURNÉE ■ ⇒ **groupe.**

FOURNI, E ■ ***I.*** Approvisionné, armé, garni, livré, muni, nanti, pourvu, servi. ***II.*** ⇒ **épais.**

FOURNIMENT ■ ⇒ **bagage.**

FOURNIR ■ Approvisionner, armer, assortir, avitailler, dispenser, garnir, lotir, meubler, munir, nantir, pourvoir, procurer.

FOURNISSEUR ■ ⇒ **commerçant.**

FOURNITURE ■ Prestation. ⇒ **provision.**

FOURRAGER ■ v. tr. et intr. ***I.*** ⇒ **ravager.** ***II.*** ⇒ **fouiller.**

FOURRÉ ■ Breuil, buisson, épines, haie, hallier, massif, ronces.

FOURREAU ■ ⇒ **enveloppe.**

FOURRER ■ ***I.*** ⇒ **introduire.** ***II.*** ⇒ **mettre.** ***III.*** ⇒ **emplir.**

FOURRURE ■ ⇒ **poil.**

FOURVOIEMENT ■ ⇒ **erreur.**

FOURVOYER (SE) ■ ⇒ **égarer (s').**

FOUTRE ■ ***I.*** ⇒ **faire, mettre.** ***II. Vx :*** ⇒ **éjaculer.**

FOUTU, E ■ ⇒ **perdu.**

FOYER ■ ***I. Au pr. :*** Alandier, âtre, brasier, cheminée, feu, four, fournaise, incendie. ***II. Par ext.*** **1.** ⇒ **famille. 2.** ⇒ **maison. 3.** ⇒ **salle. 4.** ⇒ **centre.**

FRACAS ■ ⇒ **bruit.**

FRACASSANT, E ■ ⇒ **sensationnel.**

FRACASSER ■ ⇒ **casser.**

FRACTION ■ ***I. L'action :*** cassure, coupure, division, fission, fracture, partage, scission, séparation. ***II. Le résultat :*** aliquante, aliquote, élément, faille, fragment, morceau, parcelle, part, partie, quartier, tronçon.

FRACTIONNEMENT ■ ⇒ **segmentation.**

FRACTIONNER ■ ⇒ **partager.**

FRACTURE ■ ⇒ **fraction.**

FRACTURER ■ ⇒ **casser.**

FRAGILE ■ ***I.*** Cassant, friable. ***II.*** ⇒ **faible.** ***III.*** ⇒ **périssable.**

FRAGILITÉ ■ Tendreté. ⇒ **faiblesse.**

FRAGMENT ■ ***I.*** ⇒ **fraction.** ***II.*** ⇒ **morceau.**

FRAGMENTAIRE ■ ⇒ **partiel.**

FRAGMENTATION ■ ⇒ **segmentation.**

FRAGMENTER ■ ⇒ **partager.**

FRAGRANCE ■ ⇒ **parfum.**

FRAGRANT, E ■ ⇒ **odorant.**

FRAÎCHEUR ■ ***I. Au pr. :*** fraîche, frais, froid, humidité. ***II. Par ext.*** **1.** ⇒ **grâce. 2.** ⇒ **lustre.**

FRAIS, FRAÎCHE ■ ***I.*** ⇒ **froid.** ***II.*** ⇒ **nouveau.** ***III.*** ⇒ **reposé.**

FRAIS ■ ⇒ **dépense.**

FRAISEUSE ■ ⇒ **perceuse.**

FRANC, FRANCHE ■ Carré (fam.), catégorique, clair, cordial, entier, libre, net, ouvert, parfait, rond (fam.), sans-façon, simple, sincère, tranché, vrai.

FRANCHIR ■ Boire l'obstacle (fam.), dépasser, enjamber, escalader, sauter, surmonter. ⇒ **passer.**

FRANCHISE ■ ***I.*** Abandon, bonne foi, confiance, cordialité, droiture, netteté, rondeur, simplicité, sincérité. ***II.*** ⇒ **vérité.** ***III.*** ⇒ **liberté.**

FRANCHISSEMENT ■ Escalade, saut. ⇒ **traversée.**

FRANCO ■ Gratis, gratuitement, port payé, sans frais.

FRANC-TIREUR ■ ⇒ **soldat.**

FRANC-MAÇON ■ ⇒ **maçon.**

FRANGE ■ ***I.*** ⇒ **bord.** ***II.*** ⇒ **ruban.**

FRANQUETTE (À LA BONNE) ■ ***Loc. adv.*** : sans façon, simplement.

FRAPPANT, ANTE ■ ⇒ **émouvant.**

FRAPPE ■ ***I.*** ⇒ **marque.** ***II.*** ⇒ **fripouille.**

FRAPPÉ, E ■ ***I.*** ⇒ **ému.** ***II.*** ⇒ **fou.** ***III.*** Congelé, frais, froid, glacé, rafraîchi, refroidi.

FRAPPER ■ ***I.*** Assener un coup, claquer, cogner, cosser, férir (vx), fouetter, heurter, marteler, percuter, pianoter, tambouriner, taper, tapoter, toquer. ***II.*** ⇒ **battre.** ***III.*** ⇒ **toucher.** ***IV.*** ⇒ **émouvoir.** ***V.*** ⇒ **punir.** ***VI.*** ⇒ **refroidir.**

FRASQUE ■ ⇒ **fredaine.**

FRATERNEL, ELLE ■ ⇒ **bienveillant.**

FRATERNISER ■ S'accorder, se comprendre, s'entendre, être de connivence/d'intelligence, contracter amitié, faire bon ménage, se lier, nouer amitié, pactiser, se solidariser, sympathiser, s'unir.

FRATERNITÉ ■ Accord, amitié, bonne intelligence, bons termes, camaraderie, charité, communion, compagnonnage, concert, concorde, confiance, conformité, ensemble, entente, harmonie, intelligence, sympathie, union, unisson. ⇒ **solidarité.**

FRAUDE ■ ⇒ **tromperie.**

FRAUDER ■ v. tr. et intr. ***I.*** ⇒ **altérer.** ***II.*** ⇒ **tromper.**

FRAUDULEUX, EUSE ■ ⇒ **malhonnête.**

FRAYER ■ ***I. V. tr.*** : établir, entrouvrir, percer, tracer. ⇒ **ouvrir.** ***II. V. intr.*** : aller/commercer/converser/être en relation avec, fréquenter, se frotter à/avec (fam.), hanter, pratiquer, voir, voisiner.

FRAYEUR ■ Affolement, affres, alarme, angoisse, anxiété, appréhension, consternation, crainte, effroi, épouvante, épouvantement (vx), frousse (fam.), horreur, inquiétude, panique, pétoche (fam.), peur, terreur, trac, transe, tremblement, trouille (fam.).

FREDAINE ■ Aberration, débordement, dévergondage, disparate (vx), écart, échappée, équipée, erreurs (péj.), escapade, extravagance, faute (péj.), faux pas, folie, frasque, impertinence, incartade, incorrection, irrégularité, manquement, relâchement. ⇒ **bêtise.**

FREDONNER ■ ⇒ **chanter.**

FREIN ■ ***I.*** ⇒ **mors.** ***II.*** ⇒ **obstacle.**

FREINAGE ■ Ralentissement ⇒ **diminution.**

FREINER ■ ***I. Au pr.*** : **1.** Décélérer, ralentir, retenir, serrer. **2.** Arrêter, bloquer, stopper. ***II. Fig.*** : enrayer, faire obstacle *et les syn. de* OBSTACLE. ⇒ **modérer.**

FRELATER ■ Abâtardir, adultérer, affaiblir, aigrir, appauvrir, atténuer, avarier, avilir, bricoler (fam.), changer, contrefaire, corrompre, décomposer, défigurer, déformer, dégénérer, dégrader, déguiser, dénaturer, dépraver, détériorer, détraquer, falsifier, farder, fausser, frauder, gâter, maquiller, modifier, salir, tarer, tronquer, truquer, vicier. ⇒ **altérer.**

FRÊLE ▪ ⇒ **faible.**

FRELUQUET ▪ ***I.*** Avorton, aztèque, demi-portion, efflanqué, faible, gringalet, mauviette, minus. ***II.*** ⇒ **galant.**

FRÉMIR ▪ ⇒ **trembler.**

FRÉMISSANT, E ▪ ***I.*** ⇒ **ardent.** ***II.*** ⇒ **tremblant.**

FRÉMISSEMENT ▪ ⇒ **bruissement.**

FRÉNÉSIE ▪ ***I. Au pr. :*** agitation, aliénation, bouillonnement, délire, delirium tremens, divagation, égarement, emportement, exaltation, excitation, fièvre, folie, hallucination, ivresse, paroxysme, surexcitation, transes. ***II. Par ext.*** **Non favorable ⇒ fureur.**

FRÉNÉTIQUE ▪ ***I.*** ⇒ **furieux.** ***II.*** ⇒ **violent.** ***III.*** ⇒ **chaud.**

FRÉQUEMMENT ▪ Continuellement, d'ordinaire, généralement, habituellement, journellement, maintes fois, plusieurs fois, souvent.

FRÉQUENCE ▪ ⇒ **répétition.**

FRÉQUENT, E ▪ ⇒ **habituel.**

FRÉQUENTATION ▪ ***I. Au pr. :*** accointance, attache, bonne/mauvaise intelligence, bons/mauvais termes, commerce, communication, compagnie, contact, correspondance, habitude, intimité, liaison, lien, rapport, relation, société. ***II. Par ext.*** **1.** Amour, amourette. ⇒ **amante. 2.** Assiduité, exactitude, ponctualité, régularité.

FRÉQUENTER ▪ Aller/commercer/converser avec, courir (fam. et péj.), cultiver, être en relation avec, frayer, se frotter à/avec (fam.), graviter autour, hanter, pratiquer, visiter, voir, voisiner.

FRESQUE ▪ ***I. Au pr.*** ⇒ **peinture.** ***II. Fig.*** ⇒ **image.**

FRET ▪ ***I. Au pr. :*** charge, chargement, marchandise. ***II. Par ext. :*** batelée, capacité, cargaison, contenu, faix, fardeau, lest, nolis, poids, quantité, voiturée.

FRÉTER ▪ ***Mar. :*** affréter, louer, noliser.

FRÉTILLANT, E ▪ ***I.*** ⇒ **remuant.** ***II.*** ⇒ **fringant.**

FRÉTILLER ▪ Se trémousser. ⇒ **remuer.**

FRETIN ▪ ***I. Au pr. :*** alevin, blanchaille, frai, menuaille, nourrain, poissonnaille. ***II. Fig.*** ⇒ **rebut.**

FRIABLE ▪ ⇒ **cassant.**

FRIAND, E ▪ ***I. Quelqu'un :*** amateur, avide de. ⇒ **gourmand.** ***II. Quelque chose :*** affriolant, agréable, alléchant, appétissant, engageant, ragoûtant, savoureux, séduisant, succulent, tentant.

FRIANDISE ▪ Amuse-gueule, bonbon, chatterie, confiserie, douceur, gourmandise, nanan (fam.), sucreries.

FRICASSÉE ▪ ***I. Au pr.*** ⇒ **ragoût.** ***II. Fig.*** ⇒ **mélange.**

FRICASSER ▪ ***I. Au pr. :*** braiser, cuire, cuisiner, faire revenir/sauter, fricoter, frire, griller, mijoter, mitonner, préparer, rissoler, rôtir. ***II. Fig.*** ⇒ **dépenser.**

FRICHE ▪ ***I. Au pr. :*** brande, brousse, garrigue, gâtine, jachère, lande, maquis, varenne. ***II. Par ext.*** ⇒ **pâturage.**

FRICOT ▪ ***I.*** ⇒ **ragoût.** ***II.*** ⇒ **cuisine.**

FRICOTER ▪ ***I. Au pr.*** ⇒ **fricasser.** ***II. Fig.*** ⇒ **trafiquer.**

FRICTION ▪ Frottement. ⇒ **mésintelligence.**

FRICTIONNER ▪ ***I.*** Frotter, masser. ***II.*** Lotionner, oindre, parfumer.

FRIGIDE ▪ ⇒ **froid, impuissant.**

FRIGIDITÉ ■ ***I.*** Flegme, froid, froideur, impassibilité, indifférence, insensibilité, mésintelligence. ***II.*** Apathie, impuissance, incapacité, inhibition, insuffisance, mollesse.

FRIGORIFÈRE ■ Armoire frigorifique, chambre froide, congélateur, conservateur, Frigidaire (marque déposée), frigorifique, frigorigène, glacière, réfrigérateur.

FRIGORIFIER ■ Congeler, frapper, geler, glacer, réfrigérer, refroidir, surgeler.

FRIMAS ■ Brouillard, brouillasse, bruine, brume, crachin, embrun, froid, froidure (vx), gelée, hiver, mauvais temps.

FRIME ■ ⇒ **comédie, hâblerie.**

FRIMOUSSE ■ (Fam.) Bec, bobine (fam.), bouille (fam.), minois, museau. ⇒ **visage.**

FRINGALE ■ ***I. Au pr. :*** appétit, avidité, besoin, boulimie, creux, dent, faim, famine, voracité. ***II. Fig.*** **1.** ⇒ **ambition. 2.** ⇒ **envie.**

FRINGANT, E ■ Actif, agile, alerte, allègre, animé, ardent, brillant, chaleureux, dégagé, déluré, dispos, éveillé, fougueux, frétillant, gaillard, guilleret, ingambe, léger, leste, mobile, pétillant, pétulant, pimpant, primesautier, prompt, rapide, sémillant, vif, vivant.

FRINGUER ■ ***I. V. tr. :*** accoutrer, affubler (péj.), ajuster, arranger, costumer, couvrir, déguiser, draper, endimancher, envelopper, équiper, fagoter (péj.), ficeler (péj.), habiller, nipper, travestir. ⇒ **vêtir.** ***II. V. intr.*** ⇒ **sauter.**

FRINGUES ■ ⇒ **vêtement.**

FRIPER ■ ⇒ **froisser.**

FRIPIER ■ ⇒ **chiffonnier.**

FRIPON, FRIPONNE ■ n. et adj. ***I. Au pr. :*** aigrefin, bandit, bonneteur, chevalier d'industrie, coquin, coupeur de bourses, dérobeur, détrousseur, escroc, estampeur, faisan, faiseur, faussaire, faux-monnayeur, filou, flibustier, fripouille, gredin, maître-chanteur, pickpocket, pipeur, pirate, rat d'hôtel, requin, tricheur, vaurien, vide-gousset. ⇒ **voleur.** ***II. Par ext. :*** coquin, espiègle, malin, polisson.

FRIPONNERIE ■ ⇒ **malhonnêteté.**

FRIPOUILLE ■ Arsouille, aventurier, bandit, bon à rien, brigand, canaille, chenapan, coquin, crapule, débauché, dévoyé, drôle, fainéant, frappe, fripon, fumier (grossier), galapiat, galopin, gangster, garnement, gens de sac et de corde, gibier de potence, gouape, gouspin, maquereau, nervi, plat personnage, poisse, ribaud (vx), rossard, sacripant, salaud (grossier), sale/triste coco (fam.) / individu / personnage / type (fam.), saligaud (grossier), saloperie (grossier), scélérat, truand, vaurien, vermine, vicieux, voyou. ⇒ **voleur.**

FRIRE ■ ⇒ **fricasser.**

FRISÉ, E ■ Annelé (vx), bouclé, calamistré, crêpé, crépelé, crépu, frisotté, ondulé.

FRISER ■ ***I. Au pr. :*** boucler, calamistrer, canneler (vx), crêper, faire une mise en pli/une permanente, frisotter, mettre en plis, moutonner, onduler. ***II. Par ext.*** **1.** ⇒ **effleurer. 2.** ⇒ **risquer.**

FRISSON ■ ***I. Au pr. :*** claquement de dents, convulsion, crispation, frémissement, frissonnement, haut-le-corps, horripilation, saisissement, soubresaut, spasme, sursaut, tremblement, tressaillement. ***II. Par ext. :*** bruissement, friselis, froissement, frou-frou.

FRISSONNANT, E ■ ***Par ext. :*** claquant des dents, frémissant, gelé, glacé, grelottant, morfondu, transi, tremblant.

FRISSONNEMENT ■ ⇒ **tremblement.**

FRISSONNER ■ ***I. Au pr. :*** avoir froid, claquer des dents, frémir, grelotter, trembler, tressaillir. ***II. Par ext. :*** clignoter, scintiller, trembloter, vaciller.

FRITURE ■ ***I. Au pr.*** ⇒ **poisson.** ***II. Par ext.*** ⇒ **grésillement.**

FRIVOLE ■ Badin, désinvolte, dissipé, écervelé, évaporé, folâtre, futile, inconséquent, inconstant, inepte (péj.), insignifiant, insouciant, léger, musard, superficiel, vain, volage.

FRIVOLITÉ ■ ***I. Au pr.*** **1. De quelqu'un** : inconstance, insouciance, légèreté, puérilité, vanité. **2. Quelque chose** : affiquet, amusement, amusette, amusoire, babiole, bagatelle, baliverne, bêtise, bibelot, bimbelot, breloque, bricole, brimborion, caprice, colifichet, connerie (vulg.), fanfreluche, fantaisie, futilité, rien. ***II. Par ext.*** **1. Neutre ou favorable** : amusement, badinerie, bricole (fam.), broutille, futilité, jeu, mode, plaisanterie, rien. **2. Non favorable** : baliverne, bêtise, chanson, fadaise, futilité, sornette, sottise, vétille.

FROID, E ■ ***I. Au pr. :*** congelé, frais, frappé, frisquet (fam.), froidi, glacé, glacial, hivernal, polaire, rafraîchissant, réfrigéré, refroidi. ***II. Fig.*** **1. Quelqu'un** : dédaigneux, distant, fier, flegmatique, frais, frigide, glaçant, glacial, hostile, inamical, indifférent, réfrigérant, renfermé. ⇒ **impassible. 2. Quelque chose** ⇒ **fade.**

FROID, FROIDEUR ■ ***I. Au pr. :*** froidure (vx). ***II. Par ext.*** **1.** Détachement, flegme, frigidité, impassibilité, indifférence, mésintelligence, réserve. **2.** Gêne, malaise.

FROISSER ■ ***I. Au pr.*** **1.** Aplatir, bouchonner, broyer, chiffonner, écraser, fouler, friper, frotter, piétiner. **2.** ⇒ **meurtrir.** ***II. Fig.*** **1.** Blesser, choquer, dépiter, déplaire à, désobliger, fâcher, heurter, indisposer, mortifier, offenser, offusquer, piquer/toucher au vif, ulcérer, vexer. **2.** ⇒ **aigrir. 3.** ⇒ **affliger.** ***III. V. pron. :*** se fâcher, se piquer, prendre la mouche (fam.), *et les formes pron. possibles des syn. de* FROISSER.

FRÔLEMENT ■ ***I.*** ⇒ **bruit.** ***II.*** ⇒ **caresse.**

FRÔLER ■ ***I. Au pr. :*** effleurer, friser, passer près, raser, toucher. ⇒ **caresser.** ***II. Par ext.*** ⇒ **risquer.**

FROMAGE ■ ***I. Arg. :*** fromaga, frome, fromegi, frometogome, frometon. ***II. Fig.*** ⇒ **sinécure.** ***III. Quelques dénominations spécifiques parmi les centaines qui existent*** **1.** Angelot **ou** anguelot, beaufort, blanc fermier, bleu d'Auvergne/de Bresse/du Jura, bondon, brie, bruccio, caillé, caillebotte, camembert, cancoillotte, cantal, carré de l'Est, cendré de l'Yonne/du Loiret, chabichou, chaource, châteauroux, chaumes, Chavignol (crottin de), cheddar, chester, chevrotin, comté, coulommiers, edam, emmenthal, époisses, fontainebleau, fourme, fromage de monsieur **ou** monsieur-fromage **ou** monsieur, fromageon, géromé **ou** gérardmer, gex, gorgonzola, gouda, gournay, gruyère, hollande, jonchée, leerdammer, levroux, livarot, mamirolle, maroilles, mignon, montasio, mont-dore, munster, neufchâtel, parmesan, petit-suisse, pont-l'évêque, port-salut, reblochon, roquefort, saint-albray, sainte-maure, saint-marcellin, saint-nectaire, saint-paulin, sarah, sassenage, sbrinz, stilton, tête de maure, tomme, vacherin, vieux pané, yaourt. **2. D'après la marque** : bonbel, boursin, caprice des dieux, cœur à la crème, danone, délices de la ferme, gervais, vache-qui-rit.

FROMENT ■ ⇒ **blé.**

FRONCE ■ ⇒ **pli.**

FRONCÉ, E ■ ***I. Quelque chose :*** doublé, fraisé, ondulé, plié, plissé, ruché. ***II. Par ext.*** **1.** Chiffonné, fripé, froissé. **2.** Grimaçant, raviné, ridé.

FRONCEMENT ■ ***I.*** ⇒ **pli.** ***II.*** Grimace, lippe, mimique, mine, moue, plissement, rictus.

FRONCER ■ ⇒ **plisser, rider.**

FRONDAISON ■ ***I. Au pr.*** *:* branchage, branches, feuillage, feuillée, feuilles, rameau, ramée, ramure, verdure. ***II. Par ext.*** *:* abri, ombrages, ombre.

FRONDER ■ Attaquer, brocarder, chahuter, chansonner, critiquer. ⇒ **railler.**

FRONDEUR, EUSE ■ Contestataire, critique, dissipé, esprit fort, hâbleur, indiscipliné, moqueur, perturbateur, railleur, rebelle.

FRONT ■ ***I. Au pr.*** *:* face, figure, tête. ⇒ **visage.** ***II. Par ext.*** **1.** ⇒ **hardiesse. 2.** ⇒ **sommet. 3.** ⇒ **lignes. 4.** ⇒ **coalition. 5.** ⇒ **façade.**

FRONTIÈRE ■ Bord, bordure, borne, bout, confins, démarcation, extrémité, fin, ligne, limes, limite, limite territoriale, marche, mur, terme.

FRONTISPICE ■ Avis, en-tête, introduction, préface.

FRONTON ■ ⇒ **tympan.**

FROTTEMENT ■ ***I.*** ⇒ **bruit.** ***II.*** ⇒ **mésintelligence.**

FROTTER ■ ***I.*** Astiquer, bichonner (fam.), briquer (fam.), cirer, encaustiquer, éroder, essuyer, fourbir, frictionner, froisser, lustrer, nettoyer, polir, poncer, racler, récurer. ***II. V. pron. Par ext.*** **1.** ⇒ **fréquenter. 2.** ⇒ **attaquer.**

FROUSSARD, E ■ adj. et n. Capitulard, capon, cerf (vx), dégonflé, embusqué, foireux (fam.), Jean-fesse (fam.), Jean-foutre (fam.), lâche, lièvre, péteux (fam.), peureux, pied-plat (fam.), pleutre, poltron, poule mouillée (fam.), pusillanime, timide, trouillard (fam.).

FROUSSE ■ Affolement, affres, alarme, alerte, angoisse, appréhension, aversion, couardise, crainte, effroi, épouvante, foire (fam.), frayeur, frisson, hantise, inquiétude, lâcheté, malepeur (vx), panique, pétoche (fam.), phobie, pusillanimité, saisissement, souleur (vx), terreur, trac, trouble, trouille (fam.), venette (fam.), vesse (fam.).

FRUCTIFIER ■ Abonder en, donner, être fécond, fournir, se multiplier, porter, produire, rapporter, rendre. ⇒ **croître.**

FRUCTUEUX, EUSE ■ Abondant, avantageux, bon, fécond, fertile, juteux (fam.), lucratif, payant, productif, profitable, salutaire, utile.

FRUGAL, E ■ ⇒ **sobre.**

FRUGALITÉ ■ Abstinence, modération, sobriété, tempérance.

FRUGIVORE ■ n. et adj. Herbivore, végétarien.

FRUIT ■ ***I. Au pr.*** *:* agrume, akène, baie, drupe, grain, graine. ***II. Par ext.*** **1.** ⇒ **fils. 2.** ⇒ **profit. 3.** ⇒ **résultat. 4.** ⇒ **recette.**

FRUSQUES ■ ⇒ **vêtement.**

FRUSTE ■ Balourd (fam.), béotien, bêta (fam.), grossier, inculte, lourd, lourdaud, paysan du Danube, primitif, rude, rudimentaire, rustaud (fam.), rustique, rustre, sauvage, simple. ⇒ **paysan.**

FRUSTRATION ■ ⇒ **spoliation.**

FRUSTRER ■ Appauvrir, défavoriser, démunir, déposséder, dépouiller, désavantager, déshériter, enlever, léser, mutiler, ôter, priver, ravir, sevrer, spolier. ⇒ **voler.**

FUGACE ■ ***I. Au pr.*** *:* changeant, fugitif, fuyant, instable. ***II. Par ext.*** *:* bref, court, éphémère, momentané, passager, périssable.

FUGITIF, IVE ■ ***I. Nom*** *:* banni, en cavale, évadé, fuyard, proscrit. ***II. Adj.*** *:* bref, court, éphémère, évanescent, fugace, fuyant, inconstant, instable, mobile, mouvant, passager, transitoire, variable.

FUGUE ■ Absence, bordée, cavale, échappée, équipée, escapade, escampativos (fam. et vx), frasque, fredaine, galère (fam.).

FUIR ▪ ***I. V. tr.*** ⇒ **éviter.** ***II. V. intr.*** 1. Abandonner, s'en aller, décamper, déguerpir, déloger, se dérober, détaler, disparaître, s'échapper, s'éclipser, s'éloigner, s'enfuir, s'envoler, s'escamper (vx), s'esquiver, s'évader, filer, gagner le large, lever le pied, passer, se retirer, se sauver. 2. ⇒ **passer.** 3. ⇒ **couler.** 4. ⇒ **perdre.** 5. **Fam.** : déménager à la cloche de bois, faire un pouf, ficher/foutre le camp, jouer les filles de l'air, jouer/se tirer des flûtes/des pattes, planter un drapeau, plier bagages, prendre la clef des champs/la poudre d'escampette/ses jambes à son cou. 6. Fuguer, galérer. 7. ⇒ **partir.**

FUITE ▪ ***I. Au pr.*** : 1. Abandon, débâcle, débandade, déroute, dispersion, échappement (vx), échappée, émigration, escapade, évasion, exode, panique, sauve-qui-peut ⇒ **fugue.** 2. **Fam.** : belle, cavale, poudre d'escampette. ***II. Par ext.*** 1. Écoulement, déperdition, hémorragie, perte. 2. Migration, passage, vol. ***III. Fig.*** : défaite, dérobade, dilatoire, échappatoire, escobarderie, excuse, faux-fuyant, pantalonnade, pirouette, reculade, subterfuge, volte-face.

FULGURANCE ▪ Brillance ⇒ **lueur.**

FULGURANT, E ▪ ***I.*** Brillant, éclatant, étincelant. ***II.*** Foudroyant, rapide, soudain ⇒ **violent.**

FULGURATION ▪ Éclair, épart, feu, foudre.

FULGURER ▪ Brasiller, briller, chatoyer, étinceler, luire, pétiller, scintiller.

FULIGINEUX, EUSE ▪ ***I. Au pr.*** : enfumé, fumeux. ***II. Par ext.*** : assombri, noir, noirâtre, obscur, opaque, sombre, ténébreux. ***III. Fig.*** ⇒ **obscur.**

FULMINATION ▪ ⇒ **colère.**

FULMINANT, E ▪ ***I.*** Foudroyant, tonitruant, vociférant. ***II.*** Agressif, comminatoire, furibond, grondant, inquiétant, menaçant.

FULMINER ▪ Crier, déblatérer, déclamer, s'emporter, exploser, invectiver, pester, tempêter, tonner. ⇒ **injurier.**

FUMANT, E ▪ ***I. Au pr.*** : crachant la fumée, fuligineux, fumeux. ⇒ **chaud.** ***II. Fig.*** ⇒ **furieux.**

FUMÉE ▪ ***I. Par ext.*** : buée, émanation, exhalaison, fumerolle, gaz, mofette, nuage, nuée, vapeur. ***II. Fig.*** 1. Chimère, erreur, fragilité, frivolité, futilité, illusion, inanité, inconsistance, inefficacité, insignifiance, inutilité, mensonge, néant, pompe, vapeur, vent, vide. ⇒ **vanité.** 2. ⇒ **ivresse.** 3. **Au pl.** (vén.) ⇒ **excréments.**

FUMER ▪ ***I.*** Boucaner, saurer. ***II. Du tabac.*** **Péj.** : mégoter, pipailler, pétuner (vx). ***III. Agr.*** ⇒ **améliorer.** ***IV. Fig. et fam.*** : bisquer, écumer, endêver, enrager, être en colère/en fureur/en pétard/en rogne, rager, râler, rogner, ronchonner, se ronger les poings.

FUMET ▪ Arôme, bouquet, fragrance. ⇒ **odeur.**

FUMEUX, EUSE ▪ ***I.*** ⇒ **fumant.** ***II.*** ⇒ **enivrant.** ***III.*** ⇒ **obscur.**

FUMIER ▪ Amendement, apport, colombin, compost, engrais, fertilisation, fumure, guano, poudrette, purin, terreau, terre de bruyère. ⇒ **ordure.**

FUMISTE ▪ (Fig.) ***I.*** ⇒ **farceur.** ***II.*** ⇒ **plaisant.**

FUMISTERIE ▪ (Fig.) ***I.*** ⇒ **invention.** ***II.*** ⇒ **tromperie.**

FUMURE ▪ ⇒ **amendement.**

FUNAMBULE ▪ Acrobate, danseur de corde.

FUNAMBULESQUE ▪ ***I.*** ⇒ **extraordinaire.** ***II.*** ⇒ **ridicule.**

FUNÈBRE ▪ ***I. Au pr.*** : funéraire, macabre, mortuaire, obituaire. ***II. Par ext.*** ⇒ **triste.**

FUNÉRAILLES ■ ***I.*** Convoi, deuil, derniers devoirs/honneurs, ensevelissement, enterrement, inhumation, mise en bière/au sépulcre/au tombeau, obsèques, sépulture. ***II.*** Crémation, incinération.

FUNESTE ■ Calamiteux, catastrophique, déplorable, désastreux, dommageable, fâcheux, fatal, malheureux, mauvais, mortel, néfaste. ⇒ **affligeant.**

FURETER ■ ***Fam. :*** farfouiller, fouiller, fouiner, fourgonner, trifouiller, tripatouiller. ⇒ **chercher.**

FURETEUR, EUSE ■ Casse-pieds (fam.), chercheur, curieux, écouteur, espion, fouilleur, fouinard (fam.), fouineur, indiscret, inquisiteur, inquisitif, inquisitorial, touche-à-tout.

FURIBOND, E ■ ⇒ **furieux.**

FUREUR ■ ***I.*** Acharnement, agitation, déchaînement, exaspération, folie, frénésie, furie, rage, violence. ⇒ **colère.** ***II. Par ext. :*** **1.** ⇒ **manie. 2.** ⇒ **mode.** ***III. Loc.*** **À la fureur :** ⇒ **passionnément.**

FURIE ■ ***I.*** ⇒ **fureur.** ***II.*** Dame de la halle, dragon, gendarme, grenadier, grognasse, harengère, harpie, junon, maritorne, mégère, ménade, poissarde, poufiasse, rombière, tricoteuse (vx), virago.

FURIEUX, SE ■ ***I. Adj. :*** acharné, agité, courroucé, déchaîné, délirant, enragé, exacerbé, exalté, excessif, frénétique, fulminant, fumant, furax, furibard, furibond, maniaque, possédé, violent. ***II. Nom masc. :*** énergumène, enragé, fanatique, forcené.

FURONCLE ■ Abcès, anthrax, apostème, apostume, bouton, clou, enflure, pustule, tumeur.

FURTIF, IVE ■ ***I. Au pr. :*** caché, clandestin, dissimulé, subreptice, secret. ***II. Par ext. :*** à la dérobée, discret, errant, fugace, fugitif, insinuant.

FURTIVEMENT ■ À pas de loup, en cachette, en secret, et les adv. en *-ment formés sur des syn. de* FURTIF.

FUSEAU ■ ***I.*** Bobine, broche. ***II.*** ⇒ **culotte.**

FUSÉE ■ Accélérateur, booster, impulseur, lanceur, propulseur. ⇒ **aérodyne.**

FUSELÉ, E ■ Allongé, délié, effilé, élancé, étroit, filiforme, fin, fluet, fragile, fusiforme, grêle, maigre, menu, mince, svelte, ténu.

FUSER ■ Bondir, charger, débouler, s'élancer, s'élever, foncer, fondre, glisser, se jeter, piquer, se précipiter, se répandre, se ruer, sauter, tomber.

FUSIBLE ■ ***I. Adj.*** Liquéfiable. ***II. N. masc.*** Coupe-circuit, plomb.

FUSIL ■ Arquebuse, carabine, chassepot, escopette, espingole, flingot (arg.), flingue (arg.), haquebute, lebel, mitraillette, mousquet, mousqueton, pétoire (fam.), rifle, sulfateuse (arg. et par ext.), tromblon.

FUSILLER ■ ***I. Au pr. :*** canarder (fam.), exécuter, passer par les armes, tuer. ***II. Fig.*** ⇒ **abîmer.**

FUSION ■ ***I. Au pr. :*** fonte, liquéfaction, réduction. ***II. Par ext.*** ⇒ **union.**

FUSIONNEMENT ■ ⇒ **absorption, réunion.**

FUSIONNER ■ Accoupler, agréger, allier, amalgamer, apparier, assembler, associer, assortir, confondre, conjoindre, conjuguer, coupler, enter, fondre, joindre, lier, marier, mélanger, mêler, rapprocher, rassembler, relier, réunir, souder. ⇒ **unir.**

FUSTIGER ■ ***I. Au pr. :*** cravacher, cingler, flageller, fouailler, fouetter, frapper, sangler. ⇒ **battre.** ***II. Par ext.*** ⇒ **blâmer, réprimander.**

FÛT ■ ***I.*** ⇒ **tonneau.** ***II.*** ⇒ **colonne.**

FUTAIE ■ ***Par ext. :*** bois, boqueteau, bosquet, bouquet d'arbres, breuil, châtaigneraie, chênaie, forêt, fourré, frondaison, hallier, hêtraie, massif d'arbres, pinède, sapinière, sous-bois, sylve, taillis.

FUTAILLE ▪ ⇒ **tonneau.**

FUTÉ, E ▪ Adroit, astucieux, débrouillard, dégourdi, déluré, farceur, fin, finaud, fine mouche, habile, madré, malicieux, malin, matois, roué, rusé, spirituel, trompeur. ***Fam. :*** combinard, démerdard, ficelle, mariolle, renard, sac à malices, vieux routier/singe.

FUTILE ▪ Anodin, badin, creux, désinvolte, évaporé, frivole, inconsistant, inepte, insignifiant, insouciant, léger, puéril, superficiel, vain, vide.

FUTILITÉ ▪ ***I. Au pr.*** **1. De quelqu'un** : enfantillage, inanité, inconsistance, insignifiance, insouciance, légèreté, nullité, puérilité, vanité, vide. **2. Quelque chose** : affiquet, amusement, amusette, amusoire, babiole, bagatelle, baliverne, bêtise, bibelot, breloque, bricole, brimborion, caprice, colifichet, connerie (vulg.), fanfreluche, fantaisie, frivolité, inutilité, rien. ***II. Par ext.*** **1. Neutre ou favorable** : amusement, badinerie, bricole (fam.), broutille, jeu, mode, plaisanterie, rien. **2. Non favorable** : baliverne, bêtise, chanson, fadaise, prétintaille, sornette, sottise, vétile.

FUTUR ▪ ***I. Au pr. :*** au-delà, autre vie, avenir, devenir, destinée, éternité, lendemain, non advenu/révolu, plus tard, postérieur, postériorité, suite, temps à venir/futur, ultérieur, ultériorité, vie éternelle (par ext.). ***II. Vx ou région. :*** accordé (vx), bien-aimé, fiancé, prétendu (région.), promis.

FUTUROLOGIE ▪ Prospective.

FUYANT, E ▪ ***I.*** ⇒ **fuyard.** ***II.*** Changeant, bref, court, éphémère, évanescent, fugace, fugitif, inconstant, instable, mobile, momentané, passager, périssable, transitoire, variable. ***III.*** ⇒ **secret.**

FUYARD, E ▪ n. et adj. Déserteur, évadé, fugitif, fuyant, lâcheur, patatrot (arg.).

g

GABARDINE ■ ⇒ **imperméable.**

GABARRE ■ ***I.*** ⇒ **bateau.** ***II.*** ⇒ **filet.**

GABARIT ■ Arceau, calibre, dimension, forme mesure, modèle, patron, tonnage.

GABEGIE ■ ⇒ **désordre.**

GABIER ■ Gars de la marine (fam.), marin, matelot, mathurin, mousse.

GABLE ■ Fronton, pignon.

GÂCHER ■ ***I. Au pr.*** ⇒ **délayer.** ***II. Par ext.*** **1.** Abîmer, avarier, bâcler, barbouiller, bousiller, cochonner, déparer, dissiper, enlaidir, galvauder, gaspiller, gâter, manquer, massacrer, perdre, rater, saboter, sabouler, sabrer, saloper, saveter, torcher, torchonner. **2.** Anéantir, contrarier, diminuer, ruiner, supprimer.

GÂCHEUR, EUSE ■ ⇒ **saboteur.**

GÂCHIS ■ ⇒ **désordre.**

GADE ■ Cabillaud, capelan, colin, lieu, merlan, merlu, merluche, morue, tacaud.

GADGET ■ ⇒ **truc.**

GADOUE ■ Boue, compost, débris, détritus, engrais, fagne, fange, fumier, immondices, jet, ordures, poudrette, terreau, vidange.

GAFFE ■ ***I.*** Bâton, perche. ***II.*** Balourdise, bévue, blague, bourde, erreur, faute, gaucherie, impair, maladresse, sottise. ⇒ **bêtise.**

GAFFER ■ Faire une ⇒ **gaffe.**

GAFFEUR, EUSE ■ n. et adj. ⇒ **maladroit.**

GAG ■ Blague, effet/invention/sketch comique.

GAGE ■ ***I. Au sing.*** **1. Au pr. :** arrhes, aval, caution, cautionnement, couverture, dépôt, ducroire, garantie, hypothèque, nantissement, privilège, sûreté. **2. Par ext. :** assurance, preuve, témoignage. ***II. Au pl. :*** appointements, émoluments, paie (paye), rétribution, salaire, traitement.

GAGER ■ ***I.*** Convenir, s'engager à, miser, parier, préjuger, promettre, risquer. ***II.*** ⇒ **affirmer.** ***III.*** ⇒ **garantir.**

GAGEURE ■ Défi, mise, pari, risque.

GAGNAGE ■ ⇒ **pâturage.**

GAGNANT, E ■ n. et adj. ⇒ **vainqueur.**

GAGNE-PAIN ■ ⇒ **emploi.**

GAGNER ■ ***I.*** ⇒ **obtenir.** ***II.*** ⇒ **vaincre.** ***III.*** ⇒ **mériter.** ***IV.*** ⇒ **aller.** ***V.*** ⇒ **arriver.** ***VI.*** ⇒ **avancer.** ***VII.*** ⇒ **distancer.** ***VIII.*** Amadouer, apprivoiser, attirer, capter, captiver, charmer, se concilier, conquérir, convaincre, envoûter, persuader, séduire, subjuguer.

GAI, E ■ ***I. Au pr.*** **1.** Allègre, animé, badin, bon vivant, boute-en-train, content, enjoué, enthousiaste, entraînant, espiègle, folâtre, folichon, fou, gaillard, guilleret, heureux, hilare, jovial, joyeux, joyeux drille/luron, jubilant, mutin, réjoui, réjouissant, riant, rieur, rigoleur, souriant. 2. Éméché, émoustillé, gris, parti. *II. Par ext.* 1. ⇒ **comique.** 2. ⇒ **libre.**

GAIETÉ ■ *I.* Alacrité, allant, allégresse, animation, ardeur, badinage, bonheur, bonne humeur, contentement, enjouement, enthousiasme, entrain, exultation, gaillardise, goguette, hilarité, joie, jovialité, jubilation, liesse, plaisir, rayonnement, réjouissance, rire, satisfaction, vivacité. *II.* Ambiance. ⇒ **fête.**

GAILLARD, E ■ *I. Adj.* 1. ⇒ **gai.** 2. ⇒ **libre.** 3. ⇒ **valide.** *II. Nom.* 1. Bonhomme, bougre, compagnon, costaud, drille, drôle, gars, individu, lascar, loustic, luron, mâtin (vx), titi, zig, zigoto. ⇒ **type.** 2. **Mar. :** dunette, roof, teugue, vibord.

GAILLARDISE ■ ⇒ **plaisanterie.**

GAILLETTE ■ ⇒ **charbon.**

GAIN ■ *I.* ⇒ **bénéfice.** *II.* ⇒ **rétribution.**

GAINE ■ ⇒ **enveloppe.**

GAINER ■ ⇒ **serrer.**

GALA ■ *I.* ⇒ **fête.** *II.* ⇒ **festin.**

GALANT, E ■ *I. Adj.* 1. **Quelqu'un :** aguichant, amène, avenant, de bon goût, civil, coquet, courtois, distingué, élégant, empressé, entreprenant, fin, gracieux, hardi, léger, libertin, poli, prévenant, sensuel, tendre, troublant, voluptueux. 2. **Par ext.** ⇒ **érotique.** *II. Nom :* amant, amoureux, beau, blondin, bourreau des cœurs, cavalier, chevalier, céladon (vx), coq, coquard (vx), coureur, cupidon, damoiseau, don juan, fat (péj.), freluquet, galantin, godelureau, marcheur (péj.), minet, mirliflore, muguet (vx), play-boy, séducteur, trousseur de jupons (péj.), vert galant, vieux beau/marcheur (péj.). *III. Loc.* **Galant homme** (vx) : homme de bien, honnête homme (vx).

GALANTERIE ■ *I. Favorable :* affabilité, agrément, amabilité, aménité, bonnes manières, civilité, complaisance, courtoisie, déférence, délicatesse, distinction, élégance, empressement, gentillesse, grâce, politesse, prévenance, respect, tendresse. *II. Non favorable.* 1. Coquetterie (vx), coucherie, débauche, galipettes, libertinage, prétentaine. 2. Alcôve, drague (fam.), douceurs, fadaises, fleurette, flirt, gringue (fam.), madrigal.

GALANTINE ■ Ballottine.

GALAPIAT ■ ⇒ **vaurien.**

GALBE ■ ⇒ **courbe, ligne.**

GALE ■ *I. Au pr. Fam. :* charmante, frotte, gratte, grattelle, rogne, rouvieux (vétér.). *II. Fig.* ⇒ **méchant.**

GALÉJADE ■ ⇒ **plaisanterie.**

GALÉJER ■ ⇒ **plaisanter.**

GALÈRE ■ *I. Au pr. :* bi/trirème, galéasse, galion, galiote, mahonne, prame, réale, sultane, trière. *II. Fig. :* guêpier, pétaudière, piège, traquenard. *III. Arg. ou fam.* ⇒ **fugue.**

GALERIE ■ *I. Au pr.* 1. ⇒ **passage.** 2. ⇒ **vestibule.** 3. ⇒ **balcon.** 4. ⇒ **pièce.** 5. ⇒ **souterrain.** *II. Par ext.* 1. ⇒ **musée.** 2. ⇒ **collection.** *III. Fig.* ⇒ **public.**

GALÉRIEN ■ ⇒ **bagnard.**

GALET ■ ⇒ **pierre.**

GALETAS ■ ⇒ **grenier.**

GALETTE ■ *I. Au pr.* ⇒ **pâtisserie.** *II. Fig.* ⇒ **argent.**

GALEUX, EUSE ■ ⇒ **lépreux.**

GALIMAFRÉE ■ ⇒ **ragoût.**

GALIMATIAS ■ *I. Au pr. :* amphigouri, argot, baragouin, bigorne (vx), charabia, dialecte, discours embrouillé, embrouillamini, ithos, javanais, langage inintelligible, largonji, logogriphe, loucherbem, patagon, pathos, patois, phébus, pidgin, sabir, tortillage. *II. Par ext. :* désordre, fatras, fouillis, imbroglio, méli-mélo.

GALIPETTE ■ *I.* ⇒ **cabriole.** *II.* ⇒ **polissonnerie.**

GALLINACÉ, E ■ Argus, bartavelle, caille, coq de bruyère, dindon, faisan, ganga, gélinote, hocco, lagopède, paon, perdrix, pintade, poule, tatras, tinamou.

GALOCHE ■ ⇒ **sabot.**

GALON ■ *I.* ⇒ **passement.** *II. Fam. :* ficelle, galuche. *III.* ⇒ **grade.**

GALOP, GALOPADE ■ Allure, canter, course.

GALOPER ■ ⇒ **courir.**

GALOPIN ■ ⇒ **gamin.**

GALVANISER ■ ⇒ **enflammer.**

GALVAUDER ■ *I. V. tr.* ⇒ **gâcher.** *II. V. intr.* ⇒ **traîner.**

GALVAUDEUX ■ ⇒ **vagabond.**

GAMBADE ■ ⇒ **cabriole.**

GAMBADER ■ ⇒ **sauter.**

GAMBILLER ■ ⇒ **remuer, danser.**

GAMELLE ■ *I.* Écuelle. *II.* ⇒ **insuccès.**

GAMIN, E ■ *I. Adj.* ⇒ **enfantin.** *II. Nom.* 1. Gavroche, petit poulbot, titi. ⇒ **enfant.** 2. Apprenti, arpète, gâte-sauce, marmiton, saute-ruisseau. 3. **Péj.** : chenapan, garnement, lipette, minet, minot, petit branleur/morveux/voyou, polisson, vaurien.

GAMME ■ *Par ext.* ⇒ **suite.**

GANACHE ■ ⇒ **bête, méchant.**

GANDIN ■ ⇒ **élégant.**

GANG ■ ⇒ **bande.**

GANGLION ■ *Par ext.* ⇒ **tumeur.**

GANGRÈNE ■ *I. Au pr. :* mortification, nécrose, putréfaction. *II. Fig.* ⇒ **pourriture.**

GANGRENER ■ ⇒ **gâter.**

GANGSTER ■ ⇒ **bandit.**

GANSE ■ ⇒ **passement.**

GANT ■ *I.* 1. Ceste, gantelet. 2. Mitaine, moufle. *II. Loc.* 1. **Jeter le gant** ⇒ **braver.** 2. **Mettre des gants** ⇒ **ménager.** 3. **Se donner les gants** ⇒ **flatter (se).**

GARAGE ■ Remisage. ⇒ **remise.**

GARANT ■ *I. Quelque chose* ⇒ **garantie.** *II. Quelqu'un :* caution, correspondant, endosseur, otage, parrain, répondant, responsable.

GARANTIE ■ *I.* Arrhes, assurance, aval, caution, cautionnement, consignation, couverture, dépôt, ducroire, engagement, gage, garant, hypothèque, indexation, nantissement, obligation, palladium, parrainage, préservation, responsabilité, salut, sauvegarde, soulte, sûreté, warrant. ⇒ **précaution.** *II.* Attestation, cachet, certificat, estampille, poinçon.

GARANTIR ■ *I. Au pr. :* abriter, assurer, avaliser, cautionner, couvrir, épargner, gager, garder, immuniser, mettre à couvert, précautionner/prémunir contre, préserver/protéger de/contre, répondre, sauvegarder, sauver. *II. Par ext.* ⇒ **affirmer.**

GARCE ■ ⇒ **mégère.**

GARÇON ■ *I.* ⇒ **enfant.** *II.* ⇒ **fils.** *III.* ⇒ **célibataire.** *IV.* ⇒ **jeune homme.** *V.* ⇒ **employé.** *VI.* ⇒ **serveur.** *VII. Garçon de bureau* ⇒ **huissier.**

GARÇONNIER ■ ⇒ **mâle.**

GARÇONNIÈRE ■ ⇒ **appartement.**

GARDE ■ *I. Nom masc. :* chaouch, gardeur, gardien, gorille, guet (vx), huissier, piquet, sentinelle, veilleur, vigie. *II. Nom fém.* ⇒ **protection.** ⇒ **suite.** *III. Loc.* **Prendre garde** ⇒ **attention.**

GARDE-CORPS, GARDE-FOU ■

Balustrade, barrière, lisse, parapet, rambarde.

GARDE-MALADE ■ ⇒ **infirmière.**

GARDER ■ ***I. Au pr.*** ⇒ **conserver.** ***II. Par ext.*** **1.** ⇒ **destiner. 2.** ⇒ **garantir. 3.** ⇒ **observer. 4.** ⇒ **veiller sur.**

GARDER DE (SE) ■ ⇒ **abstenir (s').**

GARDERIE ■ ⇒ **nursery.**

GARDIEN, ENNE ■ ***I. Au pr.*** **1.** ⇒ **garde. 2.** ⇒ **veilleur. 3.** ⇒ **portier. 4.** Argousin (vx), garde-chiourme, geôlier, guichetier, porte-clefs, surveillant. ***Arg. :*** crabe, gaffe, maton, matuche, youyou. ***II. Par ext. :*** champion, conservateur, défenseur, dépositaire, détenteur, guide, mainteneur, protecteur, tuteur. ***III. Gardien de la paix*** ⇒ **policier.** ***IV.*** ⇒ **berger, vacher.**

GARE ■ ⇒ **arrêt.**

GARER ■ ***I.*** ⇒ **ranger.** ***II. V. pron.*** ⇒ **éviter.**

GARGARISER (SE) ■ ***Fig.*** ⇒ **régaler (se).**

GARGOTE ■ ***I.*** ⇒ **cabaret.** ***II.*** ⇒ **restaurant.**

GARGOUILLEMENT ■ Borborygme, gargouillis, glouglou.

GARNEMENT ■ ***I.*** ⇒ **gamin.** ***II.*** ⇒ **vaurien.**

GARNI ■ ***I. Nom*** ⇒ **hôtel.** ***II. Adj.*** ⇒ **fourni.**

GARNIR ■ ***I.*** ⇒ **emplir.** ***II.*** ⇒ **remplir.** ***III.*** ⇒ **fournir.** ***IV.*** ⇒ **orner.** ***V.*** ⇒ **rembourrer.**

GARNITURE ■ ***I.*** ⇒ **assortiment.** ***II.*** ⇒ **ornement.**

GAROU ■ Daphné, malherbe, sainbois.

GARRIGUE ■ ⇒ **lande.**

GARROTTER ■ ⇒ **attacher.**

GARS ■ ***Au pr. :*** gaillard, garçon, jeune, jeune homme, fils, homme, mec (arg.) ⇒ **type.**

GASPILLAGE ■ ⇒ **dilapidation.**

GASPILLER ■ ***I.*** ⇒ **dépenser.** ***II.*** ⇒ **gâcher.**

GASPILLEUR, EUSE ■ ⇒ **prodigue.**

GASTROLÂTRE, GASTRONOME ■ ⇒ **gourmand.**

GÂTÉ, E ■ ***I. Au pr. :*** aigri, altéré, avancé, avarié, blessé, corrompu, déformé, dénaturé, détérioré, endommagé, éventé, fermenté, malade, meurtri, moisi, perdu, pourri, punais, putréfié, rance, taré, vicié. ***II. Par ext.*** **1.** Capricieux, insupportable, mal élevé, pourri. **2.** Cajolé, chéri, chouchouté, choyé, dorloté, favori, favorisé. **3. Péj. :** perverti.

GÂTEAU ■ ***I. Au pr.*** ⇒ **pâtisserie.** ***II. Fig.*** ⇒ **profit.**

GÂTER ■ ***I. Au pr.*** **Quelque chose gâte quelque chose :** aigrir, altérer, avarier, brouiller, corrompre, dénaturer, détériorer, endommager, éventer, meurtrir, moisir, perdre, pourrir, putréfier, tarer, vicier. ***II. Par ext.*** **Quelqu'un gâte ou laisse gâter quelque chose. 1.** ⇒ **gâcher. 2.** ⇒ **salir.** ***III. Fig.*** **1. Favorable** ⇒ **soigner. 2. Péj. :** avilir, compromettre, corrompre, défigurer, déformer, dégrader, dépraver, diminuer, enlaidir, gangrener, infecter, perdre, pervertir, pourrir, tarer. ***V. pron.*** ⇒ **pourrir.**

GÂTERIE ■ ⇒ **soin.**

GÂTEUX, EUSE ■ n. et adj. ***I.*** Affaibli, déliquescent, diminué, en enfance, radoteur. ***II. Fam. :*** gaga, il/elle sucre les fraises, ramolli, ramollo, vieux con/schnock.

GÂTINE ■ ⇒ **lande.**

GÂTISME ■ ⇒ **radotage.**

GAUCHE ■ ***I. Nom fém. :*** bâbord (mar.), senestre (vx), côté cour (à gauche de l'acteur). ***II. Adj.*** **1.**

Quelqu'un : balourd, contraint, disgracieux, embarrassé, emprunté, gêné, inhabile, lourdaud, maladroit, malhabile, nigaud, pataud, pattu, raide, timide. ⇒ **bête. Fam.** : emmanché, empaillé, empêtré, emplumé, empoté, godiche, godichon, malagauche, manche, manchot. **2. Quelque chose** : cintré, de/en biais, de travers, dévié, oblique, tordu, voilé.

GAUCHERIE ■ ⇒ **maladresse.**

GAUCHIR ■ *I.* ⇒ **fléchir.** *II.* ⇒ **écarter (s').** *III.* ⇒ **biaiser.**

GAUDRIOLE ■ ⇒ **plaisanterie.**

GAULE ■ Baguette, bâton, canne, échalas, houssine, ligne, perche, tuteur.

GAULER ■ Agiter, battre, chabler, ébranler, faire tomber, secouer.

GAULOIS, E ■ *I. Nom :* celte. *II. Adj.* **1.** ⇒ **libre. 2.** ⇒ **obscène.**

GAULOISERIE ■ ⇒ **plaisanterie.**

GAUPE ■ ⇒ **mégère.**

GAUSSER (SE) ■ ⇒ **railler.**

GAUSSERIE ■ ⇒ **raillerie.**

GAVE ■ Cours d'eau, rio, rivière, ruisseau, torrent.

GAVER ■ *I. Au pr.* ⇒ **engraisser.** *II. Fig.* ⇒ **gorger.**

GAVIAL ■ ⇒ **alligator.**

GAVROCHE ■ ⇒ **gamin.**

GAZ ■ ⇒ **vapeur.**

GAZE ■ *I.* Barège, étoffe transparente, grenadine, mousseline, tissu léger, tulle, voile. *II.* Pansement, taffetas, tampon.

GAZER ■ *I. V. tr. :* asphyxier. *II. V. intr. (fam.) :* aller, filer, foncer, marcher. *III. Vx* ⇒ **déguiser.**

GAZETIER ■ ⇒ **journaliste.**

GAZETTE ■ ⇒ **journal.**

GAZON ■ ⇒ **herbe, pelouse.**

GAZOUILLEMENT ■ Babil, babillage, bruissement, chant, chuchotement, gazouillis, murmure, pépiement, ramage.

GAZOUILLER ■ ⇒ **chanter.**

GAZOUILLIS ■ ⇒ **gazouillement.**

GEAI ■ Passereau, rollier.

GÉANT, E ■ *I. Nom.* **1. Au pr.** : colosse, cyclope, force de la nature, goliath, hercule, mastodonte, monstre, titan. **2. Fam. ou arg.** : armoire à glace, balèze, cigogne, dépendeur d'andouilles, éléphant, escogriffe, girafe, grande gigue/perche, gravos, malabar, maous, mastard. **3. Par ext.** : monopole, trust. **4. Fig.** : champion, génie, héros, surhomme. *II. Adj.* ⇒ **gigantesque.**

GÉHENNE ■ *I.* ⇒ **enfer.** *II.* ⇒ **supplice.**

GEIGNARD, E ■ ⇒ **plaintif.**

GEINDRE ■ *I.* ⇒ **gémir.** *II.* ⇒ **regretter.**

GEL ■ Frimas. ⇒ **confiscation.**

GELÉ, E ■ adj. ⇒ **transi.**

GELÉE ■ n. *I.* Frimas, froid, froidure (vx), gel, gelée, gelée blanche, givre, glace, verglas. *II.* ⇒ **confiture.**

GELER ■ *I. V. tr.* **1. Au pr.** : coaguler, figer, pétrifier. ⇒ **frigorifier. 2. Fig.** : gêner, glacer, intimider, mettre mal à l'aise, pétrifier, réfrigérer, refroidir. *II. V. intr.* **1. Au pr. Quelque chose** : se congeler, se figer, givrer, se prendre. **2. Par ext. Quelqu'un** : cailler (fam.), être transi, grelotter.

GÉMEAU ■ Besson, double, doublon, jumeau, ménechme, pareil, sosie.

GÉMELLER ■ ⇒ **géminer.**

GÉMINATION ■ Fusion, jumelage, mélange, mixité.

GÉMINÉ, E ■ ⇒ **double.**

GÉMINER ■ Accoupler, assembler,

fondre, fusionner, gémeller, jumeler, mélanger, réunir, unir.

GÉMIR ■ ***I. Au pr.*** **Quelqu'un** : appeler, crier, geindre, se lamenter, murmurer, ouillouiller (fam.), se plaindre, pleurer, récriminer, reprocher. ***II. Par ext. :*** peiner, souffrir. ***III. Fig.*** **Quelque chose ⇒ murmurer.**

GÉMISSANT, E ■ **⇒ plaintif.**

GÉMISSEMENT ■ ***I. Au pr. :*** complainte (vx), cri, doléances, geignement, girie (péj.), grincement, jérémiade, lamentation, murmure, plainte, pleur, quérimonie (vx), sanglot, soupir. ***II. Par ext. :*** douleur, souffrance.

GEMME ■ ***I.*** Cabochon, corindon, diamant, escarboucle, happelourde, loupe, parangon, pierre précieuse. ***II.*** **⇒ résine.**

GÉMONIES ■ ***Loc. Traîner/vouer aux gémonies*** **⇒ vilipender.**

GÊNANT, E ■ Assujettissant, déplaisant, désagréable, embarrassant, emmerdant (grossier), encombrant, ennuyeux, envahissant, fâcheux, gêneur, importun, incommodant.

GENDARME ■ ***I.*** Brigadier, grippe-coquin (vx), pandore. **⇒ policier.** ***II. Arg. :*** balai, cogne, griffe, guignol, guignolet, hareng saur, hirondelle, laune, marchand de passe-lacets, schmitt. ***III. Fig.*** **⇒ virago.**

GENDARMER (SE) ■ **⇒ fâcher (se).**

GENDARMERIE ■ Maréchaussée, prévôté (vx).

GÊNE ■ ***I.*** Atteinte à la liberté, chaîne, charge, contrainte, difficulté, embarras, entrave, esclavage, importunité, nécessité, violence. ***II.*** Question, torture. ***III.*** **⇒ inconvénient.** ***IV.*** **⇒ pauvreté.** ***V.*** **⇒ obstacle.** ***VI. Loc.*** **Sans gêne** : cavalier, désinvolte, effronté, égoïste, grossier, impoli.

GÊNÉ, E ■ **⇒ embarrassé.**

GÉNÉALOGIE ■ ***I.*** Ascendance, descendance, extraction, extrance (vx), famille, filiation, lignée, origine, quartiers de noblesse, race, souche. ***II. Des dieux :*** théogonie. ***III. Des animaux :*** herd/stud-book, pedigree. ***IV. Des végétaux :*** phylogenèse, phylogénie. ***V. Par ext. :*** classification, dérivation, suite.

GÊNER ■ ***I. Au pr.*** **Phys. et moral** : angoisser, brider, contraindre, contrarier, déplaire, déranger, embarrasser, empêcher, encombrer, engoncer, entraver, faire/mettre obstacle à, importuner, incommoder, indisposer, se mettre en travers, nuire, obstruer, oppresser, opprimer, paralyser, restreindre, serrer, tourmenter. ***II. Par ext. :*** affecter, intimider, troubler. ***III. Vx.*** **⇒ torturer.**

GÉNÉRAL ■ ***I. Nom masc.*** **⇒ chef.** ***II. Adj.*** **1.** Collectif, global, unanime, total, universel. **2.** Commun, constant, courant, dominant, habituel, ordinaire. **3.** Imprécis, indécis, vague. ***III. Loc.*** **En général** : communément, couramment, en règle commune/générale/habituelle/ordinaire, généralement, habituellement, à l'/d'ordinaire, ordinairement.

GÉNÉRALE ■ ***Théâtre :*** avant-première, couturières, répétition générale.

GÉNÉRALEMENT ■ **⇒ général (en).**

GÉNÉRALISATION ■ **⇒ extension.**

GÉNÉRALISER ■ **⇒ répandre.**

GÉNÉRALISTE ■ Omnipraticien.

GÉNÉRALITÉ ■ Banalité, cliché, lapalissade, lieu commun, pauvreté, platitude, poncif, truisme. **⇒ majorité.**

GÉNÉRATEUR, TRICE ■ ***I. Au pr. :*** auteur, créateur, géniteur, mère, père reproducteur. ***II. Techn.*** **⇒ alternateur.**

GÉNÉRATION ■ ***I.*** **⇒ postérité.** ***II.*** **⇒ production.**

GÉNÉREUX, EUSE ■ ***I. Quelqu'un :***

altruiste, ardent, audacieux, beau, bienveillant, bon, brave, charitable, chevaleresque, clément, courageux, désintéressé, dévoué, donnant, fier (vx), fort, fraternel, gentil, grand, hardi, héroïque, humain, indulgent, intrépide, large, libéral, magnanime, magnifique, mécène, munificent, noble, obligeant, de sentiments élevés, pitoyable, prodigue, sain, sensible, vaillant. ***II. Quelque chose.*** **1.** Corsé, fort, fortifiant, réconfortant, roboratif, tonique. **2.** Abondant, copieux, fécond, fertile, plantureux, productif, riche, vigoureux, vivace.

GÉNÉROSITÉ ▪ ***I. De quelqu'un :*** abandon, abnégation, altruisme, ardeur, audace, bienfaisance, bonté, charité, clémence, cœur, courage, désintéressement, dévouement, don, don de soi, fraternité, générosité, gentillesse, grandeur d'âme, hardiesse, héroïsme, humanité, indulgence, intrépidité, largesse, libéralité, magnanimité, magnificence, miséricorde, munificence, noblesse, oubli de soi, prodigalité, sens des autres/du prochain, vaillance, valeur. ***II. De quelque chose.*** **1.** Force, saveur, valeur. **2.** Abondance, fécondité, fertilité, productivité, richesse, vigueur, vivacité. **3.** ⇒ **don.**

GENÈSE ▪ ***I.*** ⇒ **production.** ***II.*** ⇒ **origine.**

GÉNÉSIQUE ▪ Génital, reproducteur, sexuel.

GÊNEUR ▪ ⇒ **importun.**

GÉNIAL, E ▪ ⇒ **ingénieux.**

GÉNIE ▪ ***I.*** Ange, démon, divinité, djinn, dragon, drow, effrit, elfe, esprit familier/follet, farfadet, fée, gnome, gobelin, goule, kobold, korrigan, lutin, ondin, ondine, péri, salamandre, sylphe, sylphide, sylvains. ***II.*** Bosse (fam.), caractère, disposition, don, esprit, goût, imagination, nature, penchant, talent. ***III. Quelqu'un :*** aigle, as (fam.), grand écrivain/homme/soldat, phénix (fam.).

GÉNISSE ▪ ⇒ **vache.**

GÉNITAL, E ▪ Génésique, reproducteur, sexuel.

GENOU ▪ ***I. Au pr. :*** articulation, jointure, rotule. ***II. Loc.*** **Se mettre à genoux** ⇒ **agenouiller (s').**

GENRE ▪ ***I. Au pr. :*** catégorie, classe, embranchement, espèce, famille, ordre, race, sorte, type, variété. ***II. Par ext.*** **1.** Acabit, farine (fam.), nature, sorte. **2.** Façon, griffe, manière, marque, mode, style. **3.** Air, apparence, aspect, attitude, caractère, comportement, conduite, dégaine (fam.), extérieur, façon, ligne, tenue, touche (fam.), tournure.

GENS ▪ n. m. et f. pl. ***I.*** Êtres, foule, hommes, individus, monde, nation, personnes, public. ***II. Loc.*** **Gens de maison** ⇒ **serviteur.** ***III. Loc.*** **Gens de lettre** *ou* **gendelettre** ⇒ **écrivain.**

GENTIL ▪ n. Goye, idolâtre, infidèle, mécréant, païen.

GENTIL, ILLE ▪ adj. ***I.*** ⇒ **bon.** ***II.*** ⇒ **aimable.**

GENTILHOMME ▪ ⇒ **noble.**

GENTILHOMMIÈRE ▪ ⇒ **château.**

GENTILLÂTRE ▪ (péj.) ⇒ **noble.**

GENTILLESSE ▪ ***I. Au pr.*** ⇒ **amabilité.** ***II. Par ext.*** **1.** ⇒ **mot d'esprit. 2.** ⇒ **tour. 3.** ⇒ **bagatelle. 4.** ⇒ **méchanceté.**

GÉNUFLEXION ▪ ***I.*** ⇒ **agenouillement.** ***II.*** ⇒ **flatterie.**

GEÔLE ▪ ⇒ **prison.**

GEÔLIER ▪ ⇒ **gardien.**

GÉOMÈTRE ▪ Arpenteur, mathématicien, métreur, topographe.

GÉOMÉTRIQUE ▪ Exact, logique, mathématique, méthodique, précis, régulier, rigoureux.

GÉRANCE ▪ ⇒ **gestion.**

GÉRANT, E ■ Administrateur, agent, directeur, dirigeant, fondé de pouvoir, gestionnaire, intendant, mandataire, régisseur, tenancier.

GERBE ■ ***I.*** Botte. ***II. Par ext.*** **1.** Bouquet, faisceau. **2. Loc.** *Gerbe d'eau :* éclaboussure, colonne, jet.

GERBIER ■ Meule.

GERCER (SE) ■ ⇒ **fendiller (se).**

GERÇURE ■ ⇒ **fente.**

GÉRER ■ ***I.*** ⇒ **régir.** ***II.*** ⇒ **diriger.**

GERMAIN, E ■ Consanguin, utérin.

GERME ■ ***I. Au pr.*** **1.** Embryon, fœtus, grain, graine, kyste, œuf, semence, sperme, spore. **2.** ⇒ **microbe.** ***III. Par ext. :*** cause, commencement, départ, fondement, origine, principe, racine, rudiment, source. ***IV. Fig.*** **Germe de discorde :** brandon, élément, ferment, levain, motif, prétexte.

GÉRONTE ■ ⇒ **vieillard.**

GÉSINE ■ Accouchement, enfantement, mise bas (anim.)/au monde, parturition.

GÉSIR ■ ⇒ **coucher (se).**

GESTATION ■ ***I. Au pr. :*** génération, gravidité, grossesse, prégnation. ***II. Par ext. :*** genèse, production.

GESTE, GESTICULATION ■ Action, allure, attitude, conduite, contenance, contorsion, démonstration, épopée, exploit, fait, gesticulation, jeu de mains, manière, mime, mimique, mouvement, œuvre, pantomime, posture, tenue.

GESTICULER ■ ⇒ **remuer.**

GESTION ■ Administration, conduite, direction, économat, économie, gérance, gouverne, gouvernement, intendance, maniement, organisation, régie.

GIBBEUX, EUSE ■ ⇒ **bossu.**

GIBBOSITÉ ■ ⇒ **bosse.**

GIBECIÈRE ■ Besace, bissac, bourse, carnassière, carnier, giberne, musette, panetière, sacoche.

GIBET ■ Corde, credo (arg.), croix, échafaud, estrapade, fourches patibulaires, pilori, potence.

GIBIER ■ ***I.*** Bêtes fauves/noires (vén.), faune. ***II. Cuis. :*** venaison.

GIBOULÉE ■ ⇒ **pluie.**

GIBUS ■ ⇒ **haut-de-forme.**

GICLER ■ ⇒ **jaillir.**

GIFLE ■ ***Fam. :*** aller et retour, baffe, beigne, beignet, calotte, claque, coup, emplâtre, estafe, giroflée, jeton, mandale, mornifle, pain, rouste, soufflet, talmouse, taloche, tape, tarte, torgnole *ou* torniole, tourlousine, va-te-laver.

GIFLER ■ Battre, calotter, claquer, donner une gifle *et les syn. de* GIFLE, souffleter, taper. ***Fam. :*** confirmer, mornifler, talmouser, talocher, tarter, torgnoler.

GIGANTESQUE ■ Babylonien, colossal, comac (arg.), considérable, cyclopéen, démesuré, éléphantesque, énorme, étonnant, excessif, fantastique, faramineux, formidable, géant, grand, himalayen, immense, incommensurable, insondable, maous (arg.), monstre, monstrueux, monumental, pélasgique, pharamineux, prodigieux, pyramidal, tentaculaire, titanesque.

GIGOLETTE ■ Demi-mondaine, femme entretenue/légère. ⇒ **fille.**

GIGOLO ■ ⇒ **amant.**

GIGOTER ■ ***I.*** ⇒ **remuer.** ***II.*** ⇒ **danser.**

GIGUE ■ ***I. Au pr.*** ⇒ **jambe.** ***II. Fig.*** ⇒ **géant.**

GIGUER ■ Baller, gambader, sauter. ⇒ **danser.**

GILDE ■ ⇒ **corporation.**

GINGUET, ETTE ■ ***I. Au pr. :*** acide, aigrelet, amer, ginglard, ginglet, rance, reginglard, vert. ***II. Par ext. :*** médiocre, mesquin, sans valeur.

GIRANDOLE ■ ⇒ **chandelier.**

GIRATION ■ ⇒ **tour.**

GIRATOIRE ■ Circulaire, rotatoire.

GIRIE ■ ⇒ **gémissement.**

GIRL ■ ⇒ **danseuse.**

GIROLLE ■ Chanterelle.

GIRON ■ ⇒ **sein.**

GIROND, E ■ ⇒ **beau.**

GIROUETTE ■ ***Fig.*** ⇒ **pantin.**

GISEMENT ■ ***I.*** Bassin, gîte, placer, veine. ***II.*** ⇒ **milieu.**

GITAN, E ■ n. et adj. ⇒ **bohémien.**

GÎTE ■ ***Au pr.*** **1. D'un animal** : abri, aire, bauge, nid, refuge, repaire, retraite, tanière, terrier. **2. D'un homme** ⇒ **maison. 3.** ⇒ **étape.**

GÎTER ■ ⇒ **demeurer.**

GIVRE ■ ⇒ **gelée.**

GIVRER ■ ⇒ **geler.**

GLABRE ■ Imberbe, lisse, nu.

GLACE ■ ***I.*** ⇒ **miroir.** ***II.*** ⇒ **vitre.** ***III.*** ⇒ **sorbet.**

GLACÉ, E ■ ***I.*** ⇒ **froid.** ***II.*** ⇒ **transi.** ***III.*** ⇒ **lustré.**

GLACER ■ ***I.*** ⇒ **geler.** ***II.*** ⇒ **pétrifier.** ***III.*** ⇒ **lustrer.**

GLACIAL, E ■ ⇒ **froid.**

GLACIÈRE ■ Armoire frigorifique, chambre froide, congélateur, conservateur, Frigidaire (nom de marque), frigo (fam.), frigorifique, réfrigérateur.

GLACIS ■ ***I.*** ⇒ **talus.** ***II.*** ⇒ **rempart.**

GLADIATEUR ■ Belluaire, bestiaire, mirmillon, rétiaire.

GLAIRE ■ Bave, crachat, humeur, mucosité.

GLAISE ■ Argile, kaolin, marne, terre à brique/pipe/tuile.

GLAIVE ■ ⇒ **épée.**

GLANDER ■ ⇒ **traîner.**

GLANER ■ Butiner, cueillir, grappiller, gratter, puiser, ramasser, récolter, recueillir.

GLAPIR ■ ***I.*** ⇒ **aboyer.** ***II.*** ⇒ **crier.**

GLAPISSANT, E ■ ⇒ **aigu.**

GLAPISSEMENT ■ ⇒ **cri.**

GLAUQUE ■ ⇒ **vert.**

GLAVIOT ■ ⇒ **crachat.**

GLÈBE ■ ⇒ **terre.**

GLISSEMENT ■ ***I. Au pr.*** **1.** Affaissement, chute, éboulement. **2.** Dérapage, glissade. ***II. Fig. :*** changement, évolution, modification.

GLISSER ■ ***I. V. intr.*** **1.** Chasser, déraper, patiner, riper. ⇒ **tomber. 2.** S'affaler, changer, évoluer, se modifier. **3.** ⇒ **échapper.** ***II. V. tr.*** ⇒ **introduire.** ***III. V. pron.*** ⇒ **introduire (s').**

GLOBAL, E ■ ⇒ **entier.**

GLOBALEMENT ■ ⇒ **totalement.**

GLOBE ■ ***I.*** ⇒ **boule.** ***II.*** ⇒ **sphère.** ***III.*** ⇒ **terre.**

GLOBE-TROTTER ■ ⇒ **voyageur.**

GLOIRE ■ ***I. Au pr.*** **1.** Beauté, célébrité, consécration, éclat, glorification, grandeur, hommage, honneur, illustration, immortalité, lauriers, louange, lumière, lustre, majesté, notoriété, phare, popularité, prestige, rayonnement, renom, renommée, réputation, splendeur. **2.** ⇒ **nimbe.** ***II. Par ext.*** **1.** ⇒ **sainteté. 2.** ⇒ **respect.**

GLORIETTE ■ ⇒ **tonnelle.**

GLORIEUX, EUSE ■ ***I.*** ⇒ **illustre.** ***II.*** ⇒ **orgueilleux.** ***III.*** ⇒ **saint.**

GLORIFICATION ■ ⇒ **éloge.**

GLORIFIER ■ ⇒ **louer.** ***V. pron.*** ⇒ **flatter (se).**

GLORIOLE ■ ⇒ **orgueil.**

GLOSE ■ ***I.*** ⇒ **commentaire.** ***II.*** ⇒ **parodie.**

GLOSER ■ ***I.*** ⇒ **chicaner.** ***II.*** ⇒ **discuter.**

GLOSSAIRE ■ ⇒ **dictionnaire.**

GLOUTON, ONNE ■ adj. et n. Avale-tout/tout cru, avaleur, avide, bâfreur, bouffe-tout, brifaud, crevard, galfâtre, gargamelle, gargantua, goinfre, gouliafre, goulu, gamelle, grand/gros mangeur, inassouvissable, insatiable, licheur, morfal, piffre, safre (vx), va-de-la-bouche/gueule, vorace. ⇒ **gourmand.**

GLOUTONNERIE ■ Avidité, goinfrerie, gourmandise, insatiabilité, voracité.

GLUANT, E ■ ⇒ **visqueux.**

GLUI ■ ⇒ **chaume.**

GLUME ■ ⇒ **balle.**

GLUTINEUX, EUSE ■ ⇒ **visqueux.**

GLYPHE ■ ⇒ **trait.**

GNOME ■ ***I.*** ⇒ **génie.** ***II.*** ⇒ **nain.**

GNOMIQUE ■ ⇒ **sentencieux.**

GNOSE ■ Ésotérisme. ⇒ **savoir.**

GOBELET ■ ***I. Au pr. :*** chope, godet, quart, shaker, tasse, timbale, vase, verre, vidrecome. ***II. Par ext. vx :*** escamoteur, fourbe, hypocrite. ⇒ **voleur.**

GOBELIN ■ ⇒ **génie.** ***Au pl.*** ⇒ **tapisserie.**

GOBE-MOUCHES ■ ⇒ **naïf.**

GOBER ■ ***I.*** ⇒ **avaler.** ***II.*** ⇒ **croire.** ***III.*** ⇒ **éprendre (s').** ***IV. Loc.*** **Gober les mouches. 1.** ⇒ **attendre. 2.** ⇒ **flâner.**

GOBERGER (SE) ■ ***I.*** ⇒ **manger.** ***II.*** ⇒ **railler.**

GOBEUR, EUSE ■ n. et adj. ⇒ **naïf.**

GODAILLER ■ ***I.*** ⇒ **plisser.** ***II.*** ⇒ **traîner.**

GODELUREAU ■ ⇒ **galant.**

GODEMICHÉ ■ Don Juan d'Autriche, gode, olisbos.

GODER ■ ***I.*** ⇒ **plisser.** ***II. Arg.*** ⇒ **jouir.**

GODET ■ ***I.*** ⇒ **gobelet.** ***II.*** ⇒ **pli.**

GODICHE ■ n. et adj. ***I.*** ⇒ **gauche.** ***II.*** ⇒ **bête, naïf.**

GODILLE ■ ⇒ **rame.**

GODILLOT ■ ***I.*** Inconditionnel ⇒ **servile.** ***II.*** ⇒ **chaussure.**

GODIVEAU ■ ⇒ **hachis.**

GODRON ■ ⇒ **pli.**

GOÉMON ■ ⇒ **algue.**

GOGO ■ ***I. Nom et adj.*** ⇒ **naïf.** ***II. Loc.*** **À gogo :** abondamment, à discrétion/satiété/souhait/volonté, par-dessus/ras bord.

GOGUENARD, E ■ Chineur, moqueur, narquois, railleur, taquin.

GOGUENARDER ■ ⇒ **railler.**

GOGUENARDERIE, GOGUENARDISE ■ ⇒ **raillerie.**

GOGUENOT ■ ⇒ **water-closet.**

GOGUETTE ■ ⇒ **gaieté.**

GOINFRE ■ n. et adj. ⇒ **glouton.**

GOINFRER ■ ⇒ **manger.**

GOLFE ■ Aber, anse, baie, calanque, conche, crique, échancrure, estuaire, fjord, ria.

GOLIATH ■ ⇒ **géant.**

GOMMEUX ■ n. et adj. ***Fig.*** ⇒ **élégant.**

GOMMER ■ ***I.*** Coller. ***II.*** Effacer, ôter, supprimer.

GOND ■ Charnière, crapaudine, paumelle.

GONDOLANT, E ■ ⇒ **tordant.**

GONDOLER ■ Onduler. ⇒ **gonfler.**

GONFALON, GONFANON ■ Bannière, baucent, enseigne, étendard, flamme, oriflamme. ⇒ **drapeau.**

GONFLÉ, E ■ ***I. Au pr. :*** ballonné, bombé, bouclé (maçonnerie), bouffant, bouffi, boursouflé, cloqué, congestionné, dilaté, distendu, empâté, enflé, gondolé, gros, hypertrophié, intumescent, joufflu, mafflu, météorisé, renflé, soufflé, tuméfié, tumescent, turgescent, turgide, ventru, vultueux. ***II. Fig.*** ⇒ **emphatique.**

GONFLEMENT ■ Ballonnement, bombement, bouffissure, boursouflure, cloque, débordement, dilatation, distension, empâtement, emphase (fig.), emphysème (méd.), enflure, engorgement, fluxion, grosseur, grossissement, hypertrophie, intumescence, météorisation, météorisme, œdème, renflement, tuméfaction, tumescence, turgescence, vultuosité. ⇒ **abcès.**

GONFLER ■ ***I. V. intr. :*** s'arrondir, augmenter, ballonner, bomber, boucler (maçonnerie), bouffer (plâtre), bouffir, boursoufler, cloquer, croître, devenir tumescent/turgescent/turgide/vultueux, s'élargir, enfler, gondoler, grossir, météoriser, renfler, se tuméfier. ***II. V. tr. :*** accroître, arrondir, augmenter, bouffir, boursoufler, dilater, distendre, emplir, enfler, souffler, travailler. ***III. Fig. :*** exagérer, grossir, surestimer, tricher, tromper.

GONGORISME ■ Affectation, cultisme, euphuisme, marinisme, préciosité, recherche.

GONOCOCCIE ■ ⇒ **blennorragie.**

GORET ■ ***I.*** ⇒ **porc.** ***II.*** ⇒ **balai.**

GORGE ■ ***I. Au pr.*** 1. ⇒ **gosier.** 2. ⇒ **défilé.** ***II. Par ext. :*** buste, décolleté, poitrine, sein. ***III. Loc.*** 1. **Rendre gorge** ⇒ **redonner.** 2. **Faire des gorges chaudes** ⇒ **railler.**

GORGÉE ■ Coup, gorgeon (fam.), lampée, trait.

GORGER ■ ***I. Au pr. :*** alimenter avec excès, bourrer, embecquer, emboquer, empiffrer, emplir, gaver, rassasier, remplir, soûler. ***II. Fig. :*** combler, gâter, gaver.

GORGET ■ ⇒ **rabot.**

GOSIER ■ ***I. Par ext. :*** amygdale, bouche, estomac, gorge, larynx, luette, œsophage, pharynx. ***II. Fam. et arg. :*** avaloir, cloison, corridor, dalle, descente, entonnoir, fusil, gargamelle, gargane, gargue, gavion, gaviot, goulot, kiki *ou* quiqui, lampas, pavé, sifflet.

GOSSE ■ ⇒ **enfant.**

GOTHIQUE ■ ***I.*** ⇒ **vieux.** ***II.*** ⇒ **sauvage.**

GOUAILLE ■ ⇒ **raillerie.**

GOUAILLER ■ v. tr. et intr. ⇒ **railler.**

GOUAILLEUR, EUSE ■ n. et adj. ⇒ **farceur.**

GOUAPE ■ ⇒ **vaurien.**

GOUDRON ■ ***I. Au pr. :*** brai, coaltar, poix. ***II. Par ext. :*** asphalte, bitume, macadam.

GOUET ■ ⇒ **serpe.**

GOUFFRE ■ ⇒ **précipice.**

GOUGE ■ ***I.*** Ciseau. ***II.*** ⇒ **Fille, servante.**

GOUJAT ■ ⇒ **impoli.**

GOUJATERIE ■ ⇒ **impolitesse.**

GOULÉE ■ ⇒ **bouchée.**

GOULET ■ ⇒ **passage.**

GOULOTTE ■ ***I.*** ⇒ **canal.** ***II.*** ⇒ **gouttière.**

GOULU, E ■ ⇒ **glouton.**

GOUPILLE ■ ⇒ **cheville.**

GOUPILLON ■ Aspergès, aspersoir.

GOURD, E ■ ⇒ **engourdi.**

GOURDE ■ ***I. Nom fém. :*** bidon, flacon. ***II. Adj.*** ⇒ **bête.**

GOURDIN ■ Bâton, matraque, rondin, trique.

GOURER (SE) ■ ⇒ **tromper (se).**

GOURMADE ■ ⇒ **coup.**

GOURMAND, E ■ ***I. Favorable ou neutre :*** amateur, avide, bec fin, bouche fine, fine gueule, friand, gastronome, gourmet, porté sur la bonne chère/la gueule (fam.). ***II. Non favorable :*** brifaud, gastrolâtre, goinfre, goulu, gueulard (vx), lécheur, lucullus, morfal, piffre, ripailleur, sybarite, vorace. ⇒ **glouton.**

GOURMANDER ■ ⇒ **réprimander.**

GOURMANDISE ■ ***I.*** Appétit, avidité, gastronomie, gloutonnerie (péj.), goinfrerie (péj.), plaisirs de la table, voracité (péj.). ***II.*** ⇒ **friandise.**

GOURME ■ Eczéma, impétigo.

GOURMÉ, E ■ ⇒ **étudié.**

GOURMER ■ ⇒ **battre.**

GOURMET ■ ⇒ **gourmand.**

GOUROU ■ ⇒ **maître.**

GOUSSE ■ ***I.*** Caïeu, cosse, écale, tête (d'ail). ***II.*** ⇒ **lesbienne.**

GOUSSET ■ ⇒ **poche.**

GOÛT ■ ***I. Au pr.*** ⇒ **saveur.** ***II. Par ext.*** **1.** ⇒ **attachement. 2.** ⇒ **inclination. 3.** ⇒ **style. 4. Loc. :** *Goût du jour* ⇒ **mode.**

GOÛTER ■ ⇒ **collation.**

GOÛTER ■ ***I.*** Déguster, éprouver, essayer, estimer, expérimenter, sentir, tâter, toucher à. ***II.*** Adorer, aimer, apprécier, approuver, se délecter, s'enthousiasmer pour, être coiffé/entiché/fana (fam.)/fanatique/fou de, jouir de, se plaire à, raffoler de, savourer.

GOUTTEUX, EUSE ■ n. et adj. Arthritique, chirague, diathésique, gonagre, impotent, podagre, rhumatisant.

GOUTTIÈRE ■ Chéneau, dalle, larmier, stillicide.

GOUVERNAIL ■ ***I. Au pr.*** **1.** Barre, leviers de commande, timon. **2. Aviat. :** empennage, gouverne, manche à balai. ***II. Fig. :*** conduite, direction, gouvernement.

GOUVERNANT ■ ***I.*** Cacique (péj.), chef d'État, dirigeant, maître, mandarin (péj.), monarque, potentat (péj.), premier ministre, président, responsable. ***II. Au pl. :*** autorités, grands, grands de ce monde, hommes au pouvoir.

GOUVERNANTE ■ Bonne d'enfants, chaperon, dame de compagnie, domestique, duègne (péj.), infirmière, nourrice, nurse, servante.

GOUVERNE ■ ***I.*** ⇒ **règle.** ***II.*** Aileron, empennage, gouvernail, palonnier.

GOUVERNEMENT ■ ***I. Au pr.*** **1.** Administration, affaires de l'État, conduite, direction, gestion, maniement des affaires/hommes. **2.** Cabinet, conseil, constitution, État, institutions, ministère, pouvoir, protectorat, régence, régime, règne, structures, système. **3.** Absolutisme, arbitraire, despotisme, dictature, fascisme, monarchie, théocratie. **4.** Démocratie, parlementarisme, république. ***II. Par ext.*** **1.** Économie, ménage. **2.** ⇒ **autorité.**

GOUVERNER ■ ***I. Au pr. :*** administrer, commander, conduire, diriger, dominer, gérer, manier, manœuvrer, mener, piloter, prévoir, régenter, régir, régner, tyranniser (péj.). ***II. Par ext.*** **1. Non favorable :** avoir/jeter/mettre le grappin sur, empaumer, mener à la baguette/la danse/tambour battant/par le bout du nez. **2. Neutre :** éduquer, élever, former, instruire, tenir.

GOUVERNEUR ■ ***I.*** ⇒ **administrateur.** ***II.*** ⇒ **maître.**

GOY ■ ⇒ **infidèle.**

GRABAT ■ ⇒ **lit.**

GRABATAIRE ■ ⇒ **infirme.**

GRABEN ■ ⇒ **fosse.**

GRABUGE ■ *I.* ⇒ **discussion.** *II.* ⇒ **dégât.**

GRÂCE ■ *I. Qualité.* **1. Au pr. :** affabilité, agrément, aisance, amabilité, aménité, attrait, beauté, charme, délicatesse, douceur, élégance, finesse, fraîcheur, gentillesse, gracilité, joliesse, légèreté, poésie, sex-appeal, suavité, vénusté. **2.** Beauté, déesse, divinité. **3. Par ext.** (péj.) : alanguissement, désinvolture, langueur, minauderie, mollesse, morbidesse. **4. Prot.** ⇒ **excellence.** *II.* **1.** ⇒ **service. 2.** ⇒ **faveur. 3.** ⇒ **pardon. 4.** ⇒ **amnistie. 5.** ⇒ **remerciement.** *III. Loc. De bonne grâce :* avec plaisir, bénévolement, de bon gré, volontairement, volontiers.

GRACIER ■ Absoudre, acquitter, amnistier, commuer, libérer, pardonner, remettre, relaxer.

GRACIEUSETÉ ■ ⇒ **gratification.**

GRACIEUX, EUSE ■ Accorte, adorable, affable, agréable, aimable, amène, attirant, attrayant, avenant, bienveillant, bon, charmant, civil, courtois, délicat, distingué, élégant, empressé, facile, favorable, gentil, gracile, joli, mignon, ouvert, plaisant, poli, raffiné, riant, souriant, sympathique, tendre.

GRACILE ■ ⇒ **menu, fin.**

GRACILITÉ ■ Minceur ⇒ **finesse, grâce.**

GRADATION ■ ⇒ **progression.**

GRADE ■ Catégorie, classe, degré, dignité, échelon, galon, honneur, indice.

GRADER ■ Niveleuse, profileuse.

GRADIN ■ ⇒ **degré.**

GRADUEL, ELLE ■ ⇒ **progressif.**

GRADUER ■ ⇒ **augmenter.**

GRAFFITO, TI ■ ⇒ **inscription.**

GRAILLER ■ *I.* ⇒ **crier.** *II.* ⇒ **manger.** *III.* ⇒ **sonner.**

GRAILLON ■ *I.* ⇒ **lard.** *II.* ⇒ **crachat.**

GRAILLONNER ■ *I.* ⇒ **cracher.** *II.* ⇒ **parler.** *III.* ⇒ **tousser.**

GRAIN ■ *I.* ⇒ **germe.** *II.* ⇒ **fruit.** *III. Par ext.* **1.** ⇒ **pluie. 2.** ⇒ **rafale. 3. Grain de beauté :** envie, nævus.

GRAINE ■ ⇒ **germe.**

GRAISSAGE ■ Entretien, lubrification.

GRAISSE ■ *I.* Cambouis, lipide, lubrifiant. *II.* Graille (péj.), graillon, lard, panne, saindoux.

GRAISSER ■ *I. Au pr. :* huiler, lubrifier, oindre. *II. Par ext. :* encrasser, salir, souiller.

GRAISSEUX, EUSE ■ ⇒ **gras.**

GRAMINÉE ■ ⇒ **herbe.**

GRAMMAIRE ■ Bon usage, linguistique, morphologie, norme, philologie, phonétique, phonologie, règles, structure, syntaxe.

GRAMMAIRIEN ■ *I.* Philologue. *II. Par ext. :* linguiste, puriste. **Péj. : 1.** Cuistre, grammatiste, pédant, vadius. **2. Fém. :** bas-bleu, bélise.

GRAND, E ■ *I. Adj.* **1. Favorable ou neutre :** abondant, adulte, âgé, ample, appréciable, astronomique, colossal, considérable, démesuré, élancé, élevé, étendu, fort, géant, gigantesque, grandelet, grandet, grandiose, gros, haut, immense, important, imposant, incommensurable, large, longiligne, magnifique, majeur, mûr, noble, profond, spacieux, vaste. ⇒ **beau, illustre. 2. Non favorable :** atroce, démesuré, effrayant, effroyable, éléphantesque, énorme, épouvantable, excessif, fier (culot/toupet), intense, monstrueux, terrible, vif, violent. **3. Fam. :** balèze, comac, gravos, maous, mastard. *II. Nom masc.* **1.** ⇒ **grandeur. 2.** ⇒ **personnalité. 3.** Grand homme, fameux, génial, glorieux, illustre, supérieur ⇒ **héros. 4. Non favorable :** asperge, échalas, escogriffe. ⇒ **géant.**

GRANDEUR ▪ ***I. Favorable ou neutre :*** abondance, ampleur, amplitude, bourre (fam.), distinction, élévation, étendue, excellence, force, fortune, gloire, honneur, immensité, importance, intensité, largeur, majesté, mérite, noblesse, pouvoir, puissance, stature, sublimité, taille, valeur, vastitude. ⇒ **dimension.** ***II. Non favorable :*** atrocité, énormité, gravité, monstruosité, noirceur. ***III. Loc.*** **Grandeur d'âme ⇒ générosité.** ***IV. Prot.*** ⇒ **excellence.**

GRANDILOQUENCE ▪ ⇒ **emphase.**

GRANDILOQUENT, E ▪ ⇒ **emphatique.**

GRANDIOSE ▪ ⇒ **imposant.**

GRANDIR ▪ v. tr. et intr. ⇒ **croître.**

GRAND-MÈRE ▪ ***I.*** Aïeule, bonne-maman, grand'ma, grannie, mame, mamie, mamita, mémé, mère-grand (vx). ***II. Par ext.*** ⇒ **vieille.**

GRAND-PÈRE ▪ ***I.*** Aïeul, bon-papa, papi, pépé, pépère. ***II. Par ext.*** ⇒ **vieillard.**

GRANGE ▪ Bâtiment, fenil, grenier, hangar, magasin, pailler, remise, resserre.

GRANITÉ, E ▪ Grenu.

GRANULÉ, E ▪ Granulaire, granuleux.

GRAPE-FRUIT ▪ Pamplemousse, pomélo.

GRAPHIQUE ▪ Courbe, dessin, diagramme, nomogramme, tableau, tracé.

GRAPPE ▪ ***I. Au pr. :*** pampre, raisin. ***II. Par ext.*** ⇒ **groupe.**

GRAPPILLER ▪ ⇒ **glaner, voler.**

GRAPPIN ▪ ***I. Au pr. :*** ancre, chat, cigale, corbeau, crampon, croc, crochet, harpeau, harpin, harpon. ***II. Loc.*** **Jeter/mettre le grappin sur quelqu'un ou quelque chose :** accaparer, accrocher, s'emparer de, harponner, jeter son dévolu, saisir.

GRAS, GRASSE ▪ ***I. Au pr.*** **1. Qui a ou semble avoir de la graisse :** abondant, adipeux, bien en chair, bouffi, charnu, corpulent, dodu, épais, empâté, étoffé, fort, gras, grasset (vx), grassouillet (fam.), obèse, pansu, plantureux, plein, potelé, rebondi, replet, rond, rondelet, rondouillard (fam.), ventru. ⇒ **gros. 2.** Crémeux, onctueux, riche. **3. Qui est sali de graisse :** glissant, gluant, graisseux, huileux, pâteux, poisseux, sale, suintant, suiffeux, visqueux. ***II. Par ext.*** **1.** ⇒ **obscène. 2.** ⇒ **fécond. 3.** ⇒ **moelleux.**

GRASSEYER ▪ Graillonner.

GRATICULER ▪ ⇒ **réduire.**

GRATIFICATION ▪ Arrosage (fam.), avantage, bakchich, bonification, bonne-main (vx), bouquet, cadeau, chapeau (mar.), commission, denier à Dieu, dessous de table, don, donation, dringuelle, épices (vx), épingles (vx), étrenne, faveur, fleur, générosité, gracieuseté, guelte, largesse, libéralité, pièce, pot-de-vin, pourboire, présent, prime, récompense, ristourne, surpaye. ⇒ **boni.**

GRATIFIER ▪ ***I. Favorable :*** accorder, allouer, attribuer, avantager, donner, doter, douer, faire don, favoriser, imputer, munir, nantir, pourvoir, renter (vx). ***II. Par ext.*** **Non favorable.** battre, châtier, corriger, frapper, maltraiter.

GRATIN ▪ ⇒ **choix.**

GRATIS ▪ À titre gracieux/gratuit, en cadeau/prime, franco, gracieusement, gratuitement. ***Fam. :*** à l'as, à l'œil, pour le roi de Prusse/des nèfles/des prunes/que dalle/que tchi/rien, pro deo.

GRATITUDE ▪ Gré, obligation, reconnaissance.

GRATTE ■ ***I.*** ⇒ **profit.** ***II.*** ⇒ **gale.**

GRATTE-CIEL ■ ⇒ **immeuble.**

GRATTE-PAPIER ■ ⇒ **employé.**

GRATTER ■ ***I. Au pr.*** ⇒ **racler.** ***II. Par ext.*** **1.** ⇒ **jouer. 2.** Bricoler, économiser, grappiller, grignoter, griveler (vx). ***III.*** ⇒ **flatter.** ***IV.*** Dépasser, doubler.

GRATTOIR ■ Boësse, ébarboir. ⇒ **racloir.**

GRATUIT, E ■ ***I. Au pr. :*** bénévole, désintéressé, gracieux. ⇒ **gratis.** ***II. Par ext.*** ⇒ **injustifié.**

GRATUITEMENT ■ Gratis.

GRAU ■ ***I.*** ⇒ **canal.** ***II.*** ⇒ **défilé.**

GRAVATS ■ ⇒ **décombres.**

GRAVE ■ ***I.*** ⇒ **sérieux.** ***II.*** ⇒ **important.**

GRAVELEUX, EUSE ■ Libre. ⇒ **obscène.**

GRAVER ■ Buriner, dessiner, empreindre, engraver, enregistrer, fixer, guillocher, imprimer, insculper, lithographier, nieller, sculpter, tracer.

GRAVEUR ■ Ciseleur, lithographe, nielleur, pyrograveur, sculpteur, xylographe. ⇒ **dessinateur.**

GRAVIDE ■ ⇒ **enceinte.**

GRAVIER ■ ⇒ **sable.**

GRAVIR ■ v. tr. et intr. ⇒ **monter.**

GRAVITATION ■ Attraction, équilibre céleste/sidéral.

GRAVITÉ ■ ***I.*** ⇒ **pesanteur.** ***II.*** ⇒ **importance.** ***III.*** Austérité, décence, dignité, componction, majesté, pompe, raideur, réserve, rigidité, sérieux, sévérité, solennité.

GRAVITER ■ ***I.*** Orbiter, tourner autour. ***II.*** ⇒ **fréquenter.**

GRAVOIS ■ ⇒ **décombres.**

GRAVURE ■ ⇒ **image.**

GRÉ ■ ***I. Nom masc.*** **1.** ⇒ **volonté. 2.** ⇒ **gratitude.** ***II. Loc.*** **1. De bon gré :** bénévolement, de plein gré, avec plaisir, de bon cœur, de bonne volonté, librement, volontairement, volontiers. ⇒ **grâce. 2. Au gré de :** à la merci de, selon, suivant. **3. De gré à gré** ⇒ **amiable.**

GRÉBICHE, GRIBICHE ■ ⇒ **renvoi.**

GREDIN, E ■ adj. et n. ⇒ **vaurien.**

GREDINERIE ■ ⇒ **malhonnêteté.**

GRÉEMENT ■ ⇒ **agrès.**

GREFFE ■ ***I. Au pr. :*** bouture, ente, greffon, scion. ***II. Chir. :*** anaplastie, autoplastie, hétéroplastie.

GREFFER ■ ***I. Au pr. :*** enter. ***II. Fig.*** ⇒ **ajouter.** ***III. V. pron.*** ⇒ **ajouter (s').**

GRÉGAIRE ■ Conformiste, docile, moutonnier.

GRÈGUES ■ (vx) Braies, chausses, culotte, pantalon.

GRÊLE ■ ***I. Nom fém.*** **1. Au pr. :** grain, grêlon, grésil. **2. Fig. :** abattée (fam.), averse, dégringolade (fam.), déluge, pluie. ***II. Adj.*** **1.** ⇒ **menu. 2.** ⇒ **faible.**

GRÊLÉ, E ■ ⇒ **marqué.**

GRÊLON ■ ⇒ **grêle.**

GRELOT ■ Cloche, clochette, sonnaille, sonnette, timbre.

GRELOTTER ■ ⇒ **trembler.**

GRELUCHON ■ ⇒ **amant.**

GRENADIER ■ ***I. Fig. :*** brave à trois poils, briscard, grognard, soldat, vétéran. ***II. Péj.*** **Une femme :** dragon, gendarme, maritorne, mégère, poissarde, pouffiasse, rombière. ⇒ **virago.**

GRENAT ■ ***I. N. m. :*** almandin, escarboucle. ***II. Adj.*** ⇒ **rouge.**

GRENIER ■ ***I.*** ⇒ **grange.** ***II.*** Comble, galetas, mansarde, taudis (péj.).

GRENOUILLE ■ Raine, rainette, roussette.

GRENU, E ■ Granité.

GRÉSIL ■ ⇒ **grêle.**

GRÉSILLEMENT ■ Bruissement, crépitement, friture, parasites.

GRÉSILLER ■ ***I. V. intr.*** 1. Crépiter. 2. Grêler. ***II. V. tr. :*** brûler, contracter, dessécher, plisser, racornir, rapetisser, rétrécir.

GRÈVE ■ ***I.*** Arrêt, cessation/interruption/suspension du travail, coalition (vx), lock-out. ***II.*** ⇒ **bord.** ***III. Loc.*** **Grève de la faim ⇒ jeûne.**

GREVER ■ ⇒ **charger.**

GRIBOUILLAGE ■ ⇒ **barbouillage.**

GRIBOUILLE ■ ⇒ **brouillon.**

GRIEF ■ ⇒ **reproche.**

GRIFFE ■ ***I. Au pr.*** ⇒ **ongle.** ***II. Fig.*** ⇒ **marque.**

GRIFFER ■ ⇒ **déchirer.**

GRIFFONNAGE ■ ⇒ **barbouillage.**

GRIFFURE ■ Déchirure, écorchure, égratignure, éraflure, rayure.

GRIGNON ■ Bout, croûton, entame, morceau, quignon.

GRIGNOTER ■ ***I.*** ⇒ **manger.** ***II.*** ⇒ **ronger.** ***III.*** ⇒ **gratter.**

GRIGOU ■ ⇒ **avare.**

GRI-GRI ■ ⇒ **fétiche.**

GRIL ■ ***I.*** Barbecue, brasero, rôtissoir. ***II. Loc.*** *Être sur le gril* ⇒ **impatienter (s').**

GRILLADE ■ Bifteck, carbonade, steak.

GRILLE ■ ***I.*** Clôture, grillage. ***II.*** Entrée. ***III.*** Barreaux. ***IV.*** Barbelure, cheval de frise, crapaudine, herse.

GRILLER ■ ***I. Au pr. :*** brasiller, brûler, chauffer, cuire au gril, rôtir, torréfier. ***II. Fig. :*** brûler, désirer, être désireux/impatient de.

GRILL-ROOM ■ ⇒ **restaurant.**

GRIMAÇANT, E ■ Antipathique, contorsionné, déplaisant, désagréable, coléreux, excessif, feint, maniéré, minaudier, plissé, renfrogné, simiesque.

GRIMACE ■ ***I. Au pr. :*** baboue (vx), contorsion, cul de poule, lippe, mimique, mine, moue, nique, rictus, simagrée, singerie. ***II. Par ext.*** 1. ⇒ **feinte.** 2. ⇒ **minauderie.**

GRIMACER ■ Grigner. Faire la ⇒ **grimace.**

GRIMACIER, ÈRE ■ ***Par ext.*** ⇒ **faux.**

GRIMAGE ■ ⇒ **fard.**

GRIMAUD ■ ***I. Au pr. Péj.*** ⇒ **élève.** ***II. Par ext.*** 1. ⇒ **écrivain.** 2. ⇒ **pédant.**

GRIMER ■ ⇒ **farder.**

GRIMOIRE ■ ⇒ **barbouillage.**

GRIMPER ■ ⇒ **monter.**

GRIMPETTE ■ ⇒ **montée.**

GRIMPEUR, EUSE ■ ***I.*** Alpiniste, rochassier. ***II. Ordre d'oiseaux :*** ara, coucou, papegai (vx), perroquet, perruche, pic, rosalbin, todier, torcol, toucan.

GRINCER ■ ⇒ **crisser.**

GRINCHEUX, EUSE ■ ***I.*** ⇒ **grogneur.** ***II.*** ⇒ **revêche.**

GRINGALET ■ ***Péj. :*** avorton, aztèque, demi-portion, efflanqué, faible, freluquet, mauviette, minus.

GRINGOTTER ■ v. tr. et intr. Chanter, chantonner, fredonner, gazouiller, murmurer.

GRIPPE ■ ***I.*** Coryza, courbature fébrile, influenza, refroidissement. ***II. Loc.*** **Prendre en grippe ⇒ haïr.**

GRIPPER ■ v. tr. ***I.*** ⇒ **prendre.** ***II.*** ⇒ **dérober.** ***III. V. intr. et se gripper v. pr. :*** se bloquer/coincer, serrer.

GRIPPE-SOU ■ ⇒ **avare.**

GRIS, E ■ ***I.*** ⇒ **terne.** ***II.*** ⇒ **ivre.**

GRISAILLE ■ ⇒ **tristesse.**

GRISER ■ Enivrer. ⇒ **étourdir.**

GRISERIE ■ Enivrement, étourdissement, exaltation, excitation, ivresse.

GRISETTE ■ Courtisane, femme légère, lisette, lorette, manola, Mimi Pinson.

GRISON ■ *I.* ⇒ **âne.** *II.* ⇒ **vieillard.**

GRISONNANT, E ■ Poivre et sel.

GRIVE ■ ⇒ **drenne.**

GRIVÈLERIE ■ ⇒ **vol.**

GRIVOIS, E ■ Libre. ⇒ **obscène.**

GRIVOISERIE ■ ⇒ **obscénité.**

GROGGY ■ ⇒ **sonné.**

GROGNARD ■ Râleur, rouspéteur.

GROGNASSE ■ ⇒ **virago.**

GROGNE ■ Grognerie, mécontentement, récrimination, rouspétance.

GROGNER ■ Bougonner, crier, critiquer, geindre, grognonner, grommeler, gronder, groumer (fam.), marmotter, maugréer, murmurer, pester, protester, râler, ronchonner, rouspéter, semoncer.

GROGNEUR, GROGNON ■ n. et adj. Bougon, critiqueur, geignard, grincheux, grognard, grondeur, mécontent, plaignard, ronchon, ronchonneau, ronchonneur, rouspéteur.

GROMMELER ■ ⇒ **murmurer.**

GRONDEMENT ■ ⇒ **bruit.**

GRONDER ■ *I. V. intr.* ⇒ **murmurer.** *II. V. tr.* ⇒ **réprimander.**

GRONDEUR ■ n. et adj. ⇒ **grogneur.**

GROOM ■ ⇒ **chasseur.**

GROS ■ *I. Adj.* **1. Quelqu'un ou quelque chose** : adipeux, ample, arrondi, ballonné, bedonnant, bombé, boulot, bouffi, boursouflé, charnu, corpulent, empâté, enflé, énorme, épais, épanoui, étoffé, fort, gonflé, gras, grossi, joufflu, large, lourd, massif, monstrueux, obèse, opulent, pansu, pesant, plein, potelé, puissant, rebondi, renflé, replet, rond, rondelet, ventripotent, ventru, volumineux. *Arg. ou fam.* : balèze, comac, gravos, mafflé, mafflu, maous, mastard, mastoc. **2. Quelque chose** : abondant, considérable, immense, important, intense, opulent, riche, spacieux, volumineux. **3.** Grossier. ⇒ **obscène. 4.** ⇒ **grand. 5.** ⇒ **riche. 6. Loc.** *Grosse affaire* : firme, groupe, holding, trust, usine. **7. Loc.** *Gros temps* : agité, orageux, venteux. *II. Nom masc.* **1. Péj.** : barrique, bedon, gidouillard, maous, mastodonte, paquet, patapouf, pépère, piffre, poussah, tonneau. **2.** ⇒ **principal. 3. Loc.** *Gros bonnet* ⇒ **personnalité.** *III. Adv.* ⇒ **beaucoup.**

GROSSE ■ *I. Adj.* ⇒ **enceinte.** *II. Nom fém.* : copie, expédition.

GROSSESSE ■ ⇒ **gestation.**

GROSSEUR ■ *I. De quelque chose* : calibre, circonférence, dimension, épaisseur, largeur, taille, volume. *II. De quelqu'un* : adipose, bouffissure, corpulence, embonpoint, empâtement, épaississement, hypertrophie, obésité, polysarcie (méd.), rondeur, rotondité. *III.* ⇒ **abcès.**

GROSSI, E ■ ⇒ **gros.**

GROSSIER, ÈRE ■ *I.* Scatologique. ⇒ **obscène.** *II.* ⇒ **impoli.** *III.* ⇒ **rude.** *IV.* ⇒ **imparfait.** *V.* ⇒ **pesant.** *VI.* ⇒ **gros.** *VII.* ⇒ **rustaud.**

GROSSIÈREMENT ■ Brutalement, effrontément, lourdement, maladroitement. ⇒ **environ.**

GROSSIÈRETÉ ■ *I.* ⇒ **maladresse.** *II.* ⇒ **obscénité.**

GROSSIR ■ *I. V. tr.* **1.** ⇒ **exagérer. 2.** ⇒ **augmenter.** *II. V. intr.* : augmenter, bâtir sur le devant (arg.), croître, se développer, devenir gros, se dilater, s'empâter, enfler, s'enfler, enforcir, engraisser, épaissir, s'épaissir, faire du lard (fam.), forcir, gonfler, se gonfler, prendre de la bedaine/de la brioche (fam.)/de l'embonpoint/de la gidouille (fam.)/du poids/de la rondeur/du ventre, se tuméfier. ⇒ **bedonner.**

GROSSISSEMENT ▪ ⇒ **agrandissement.**

GROTESQUE ▪ n. et adj. *I.* ⇒ **burlesque.** *II.* ⇒ **ridicule.**

GROTTE ▪ *I. Au pr. :* antre, baume, caverne, cavité, excavation, rocaille (arch.). *II. Par ext.* **1.** Crypte, refuge, repaire, retraite, tanière, terrier. **2.** Station archéologique.

GROUILLANT, E ▪ ⇒ **abondant.**

GROUILLEMENT ▪ ⇒ **multitude.**

GROUILLER ▪ *I.* ⇒ **abonder.** *II.* ⇒ **remuer.**

GROUPE ▪ *I. Au pr.* **1.** Assemblée, association, atelier, cellule, cercle, collectif, collectivité, collège, comité, commission, communauté, compagnie, confrérie, église, équipe, groupement, groupuscule, loge, phalanstère, pléiade, réunion, section, société. **2.** Armée, attroupement, bande, bataillon, brigade, compagnie, escadron, escouade, peloton, poignée, quarteron, régiment, section, troupe. **3.** Amas, assemblage, assortiment, collection, constellation, ensemble, essaim, fournée, grappe, noyau, paquet, pâté (de maisons), volée. **4.** Clan, famille, nation, phratrie, race, tribu. *II.* ⇒ **orchestre.** *III.* ⇒ **parti.** *IV. Litt. :* chapelle, cénacle, cercle, coterie (péj.), école. *V.* Catégorie, classe, division, espèce, famille, ordre, sorte.

GROUPEMENT ▪ ⇒ **réunion.**

GROUPER ▪ *I.* ⇒ **assembler.** *II.* ⇒ **réunir.**

GRUE ▪ *I.* ⇒ **échassier.** *II. Techn. :* bigue, chèvre, chouleur, palan.

GRUGER ▪ *I.* ⇒ **avaler.** *II.* ⇒ **ruiner.** *III.* ⇒ **voler.** *IV.* ⇒ **briser.**

GRUMEAU ▪ ⇒ **caillot.**

GRUMELER ▪ ⇒ **caillebotter.**

GRUMELEUX, EUSE ▪ Rugueux. ⇒ **rude.**

GRUYÈRE ▪ Comté, emmenthal, vacherin.

GUÉ ▪ ⇒ **passage.**

GUELTE ▪ ⇒ **gratification.**

GUENILLE ▪ Chiffon, défroque, haillon, harde, lambeau, loque, oripeau.

GUENON, GUENUCHE ▪ *Fig.* ⇒ **laideron.**

GUÊPIER ▪ ⇒ **piège.**

GUÈRE ▪ À peine, médiocrement, pas beaucoup/grand-chose/souvent/trop, peu, presque pas, rarement, très peu.

GUÉRET ▪ ⇒ **champ.**

GUÉRIDON ▪ Bouillotte, rognon, table ronde, trépied.

GUÉRILLA ▪ *I. Au pr.* ⇒ **troupe.** *II. Par ext.* ⇒ **guerre.**

GUÉRIR ▪ *I. V. tr.* ⇒ **rétablir.** *II. V. intr.* ⇒ **rétablir (se).**

GUÉRISON ▪ Apaisement, cicatrisation, convalescence, cure, rétablissement, retour à la santé, salut, soulagement.

GUÉRISSEUR ▪ *I. Favorable ou neutre :* empirique (vx), mège, opérateur (vx), rebouteur, rebouteux, renoueur, rhabilleur. *II. Non favorable :* charlatan, sorcier.

GUÉRITE ▪ Échauguette, échiffre, guitoune, poivrière, poste.

GUERRE ▪ *I. Au pr. :* affaire, art militaire, attaque, bagarre, baroud, bataille, belligérance, boucherie, campagne, casse-gueule/pipe (fam.), champ de bataille/d'honneur, combat, conflagration, conflit, croisade, démêlé, émeute, entreprise militaire, escarmouche, expédition, guérilla, hostilité, insurrection, invasion, lutte, offensive, révolution, stratégie, tactique, troubles. *II. Fig.* 1. ⇒ **animosité.** 2. ⇒ **conflit.** *III.* 1. **Loc.** *Faire la guerre à* ⇒ **réprimander.** 2. **Nom de guerre :** pseudonyme.

GUERRIER, IÈRE ▪ *I.* ⇒ **militaire.** *II. Nom* ⇒ **soldat.**

GUERROYER ▪ Se battre, combattre, faire la guerre.

GUET ▪ ⇒ **surveillance.**

GUET-APENS ▪ Attaque, attentat, embûche, embuscade, surprise, traquenard. ⇒ **piège.**

GUÊTRE ▪ *I.* Guêtron, houseaux, jambart, jambière, legging, molletière. *II. Par ext. :* cnémide. *III. Loc.* **Laisser ses guêtres ⇒ mourir.**

GUETTER ▪ ⇒ **épier.**

GUETTEUR ▪ Factionnaire. ⇒ **veilleur.**

GUEULARD ▪ *I.* Bouche, orifice, ouverture. *II.* Braillard, criard, fort en gueule (fam.), grande gueule (fam.), hurleur, râleur, rouspéteur.

GUEULE ▪ *I.* ⇒ **bouche.** *II.* ⇒ **visage.** *III.* ⇒ **ouverture.**

GUEULER ▪ v. tr. et intr. Beugler, brailler, bramer, crier, hurler, protester, tempêter, tonitruer, vociférer.

GUEULETON ▪ ⇒ **festin.**

GUEULETONNER ▪ ⇒ **bâfrer.**

GUEUSER ▪ ⇒ **solliciter.**

GUEUX, EUSE ▪ n. et adj. *I. Neutre.* 1. ⇒ **pauvre.** 2. ⇒ **mendiant.** *II. Non favorable :* claque-pain, clochard, clodo, cloporte, gueusaille, gueusard, pilon (arg.), pouilleux, sabouleux, traîne-misère/savate/semelle, truand, vagabond, va-nu-pieds. ⇒ **coquin.**

GUICHET ▪ *I.* ⇒ **ouverture.** *II. Par ext. :* bureau, caisse, office, officine, renseignements, station, succursale.

GUICHETIER ▪ ⇒ **gardien.**

GUIDE ▪ *I. Nom masc.* 1. **Quelqu'un :** accompagnateur, chaperon, cicérone, conducteur, convoyeur, cornac (fam.), introducteur, mentor, pilote, sherpa. 2. Catalogue, dépliant, guide-âne, mémento, mode d'emploi, pense-bête, plan, recette, rollet (vx), vade-mecum. 3. **Fig.** ⇒ **conseiller.** *II. Nom fém.* ⇒ **bride.**

GUIDER ▪ Aider, conduire, conseiller, diriger, éclairer, éduquer, faire les honneurs de, faire voir, gouverner, indiquer, mener, mettre sur la voie, orienter, piloter, promener.

GUIDON ▪ Banderole, bannière, enseigne, étendard, fanion, oriflamme. ⇒ **drapeau.**

GUIGNE ▪ ⇒ **malchance.**

GUIGNER ▪ *I.* ⇒ **regarder.** *II.* ⇒ **vouloir.**

GUIGNETTE ▪ ⇒ **serpe.**

GUIGNOL ▪ *I.* ⇒ **pantin.** *II. Arg.* 1. ⇒ **gendarme.** 2. ⇒ **juge.** 3. ⇒ **tribunal.**

GUIGNON ▪ ⇒ **malchance.**

GUILDE ▪ ⇒ **corporation.**

GUILLERET, ETTE ▪ *I.* ⇒ **gai.** *II.* ⇒ **libre.**

GUILLOTINE ▪ *I.* Bois de justice, échafaud. *II. Arg. :* abbaye de monte-à-regret/de Saint-Pierre, bascule à Charlot, bécane, bute, coupe-cigare, faucheuse, louisette (vx), louison (vx), lunette, machine, massicot, mouton, panier de son, veuve.

GUILLOTINER ▪ Couper/trancher la tête, décapiter, décoller, exécuter, faucher/faire tomber une tête, raccourcir, supplicier. *V. passif :* épouser/marida la veuve, éternuer dans le panier (de son), y aller du gadin.

GUIMBARDE ▪ *I.* ⇒ **voiture.** *II.* ⇒ **rabot.**

GUIMPE ▪ ⇒ **camisole.**

GUINDÉ, E ▪ *I.* ⇒ **étudié.** *II.* ⇒ **emphatique.**

GUINDER ■ ⇒ **raidir.**

GUINDERESSE ■ ⇒ **cordage.**

GUINGOIS (DE) ■ ***Loc. adv. :*** à la va-comme-je-te-pousse, de travers/traviole (fam.), mal fichu/foutu (fam.), obliquement.

GUINGUETTE ■ ***I.*** ⇒ **cabaret.** ***II.*** ⇒ **bal.**

GUIPON ■ ⇒ **balai.**

GUIPURE ■ Dentelle, fanfreluche. ⇒ **passement.**

GUIRLANDE ■ Décor, décoration, feston, ornement.

GUISE ■ Façon, fantaisie, goût, gré, manière, sorte, volonté.

GUITARE ■ ***Par ext. :*** balalaïka, banjo, cithare, guimbarde (vx), guiterne, guzla, luth, lyre, mandoline, turlurette (par ext. et fam.).

GUITOUNE ■ ⇒ **tente, cabane.**

GUNITE ■ ⇒ **enduit.**

GUTTURAL, E ■ ⇒ **rauque.**

GYMNASE ■ ***I. Sens actuel :*** centre sportif, palestre, stade. ***II. Par anal. :*** académie, collège, école, institut, institution, lycée.

GYMNASTE ■ Acrobate, culturiste, gymnasiarque (vx), moniteur/professeur d'éducation physique/de gymnastique.

GYMNASTIQUE ■ Acrobatie, agrès, athlétisme, barres parallèles, culture/éducation/travail physique, culturisme, délassement, entraînement, exercice gymnique, mouvement, sport.

GYNÉCÉE ■ ***I. Au pr.*** *Neutre :* appartements/quartier des dames/femmes, harem, sérail, zénana. ***II. Par ext.*** *Non favorable :* bordel, quartier réservé. ⇒ **lupanar.**

GYNÉCOLOGUE ■ Accoucheur, obstétricien.

GYPAÈTE ■ ⇒ **aigle.**

h

HABILE ■ ***I. Au pr.*** **Phys.** : adroit, agile, exercé, leste, preste, prompt, vif. ***II. Par ext.*** **1. Favorable ou neutre** : apte, astucieux (fam.), avisé, bon, calé (fam.), capable, compétent, diligent, diplomate, docte, émérite, entendu, érudit, exercé, expérimenté, expert, ferré (fam.), fin, fort, fortiche (fam.), industrieux, ingénieux, inspiré, intelligent, inventif, politique, prudent, rompu à, savant, souple, subtil, versé, virtuose. **2. Non favorable** : débrouillard, démerdard (fam.), finaud, futé, madré, malin, matois, navigateur, opportuniste, retors, roublard, roué, rusé, vieux routier.

HABILEMENT ■ ***I.*** Bien, dextrement, *et les adv. en -ment dérivés des syn. de* HABILE ***II.*** Avec habileté, *et les syn. de* HABILETÉ.

HABILETÉ ■ ***I. Du corps :*** adresse, agilité, élégance, dextérité, facilité, prestesse, promptitude, souplesse, technique, tour de main, vivacité. ***II. De l'esprit.*** **1. Favorable ou neutre** : adresse, aisance, aptitude, art, astuce (fam.), autorité, bonheur, brio, capacité, chic, compétence, débrouillardise, débrouille, délicatesse, dextérité, diplomatie, doigté, don, élégance, éloquence, entregent, expérience, facilité, finesse, force, industrie, ingéniosité, intelligence, invention, maestria, main, maîtrise, patience, patte (fam.), perspicacité, persuasion, politique, pratique, réalisme, savoir-faire, science, souplesse, subtilité, système D, tact, talent, technique, virtuosité **2. Non favorable** : artifice, ficelle (fam.), finasserie, jonglerie, opportunisme, rouerie, ruse, truquage.

HABILITATION, HABILITÉ ■ ⇒ **capacité.**

HABILITER ■ ⇒ **permettre.**

HABILLÉ, E ■ ⇒ **vêtu.**

HABILLEMENT ■ ⇒ **vêtement.**

HABILLER ■ ***I. Au pr. :*** accoutrer, affubler (péj.), ajuster, arranger, costumer, couvrir, déguiser, draper, endimancher, envelopper, équiper, fagoter (péj.), ficeler (fig.), nipper (fam.), saper (fam.), travestir. ⇒ **vêtir.** ***II. Fig.*** **1.** Calomnier, casser du sucre sur le dos (fam.), médire, taper sur le dos (fam.). **2.** ⇒ **orner.**

HABILLEUR, EUSE ■ Dame/femme d'atours, femme/valet de chambre. ⇒ **tailleur.**

HABIT ■ ***I.*** ⇒ **vêtement.** ***II.*** **1.** Frac, queue-de-morue/de-pie, tenue de cérémonie. **2. Par ext.** : jaquette, redingote, smoking, spencer. **3. Fig.** ⇒ **aspect.**

HABITABLE ■ ⇒ **commode.**

HABITACLE ■ ***I. D'avion :*** cabine, cockpit. ***II. D'animaux :*** abri, carapace, conque, coque, coquillage, coquille, cuirasse, gîte, refuge, retraite, spirale, test. ***III. Mar.*** : boîte à compas. ***IV.*** ⇒ **logement.**

HABITANT ■ ***I. Au pr.*** : aborigène, autochtone, banlieusard, bourgeois (vx), campagnard, citadin, citoyen, contadin, faubourien, hôte, indigène, insulaire, montagnard, natif, naturel, occupant, villageois. ***II. Par ext.*** **1.** Âme, homme, individu, personne, résident. **2. Au pl.** : faune, démographie, nation, peuple, peuplement, population.

HABITAT ■ ***I.*** ⇒ **milieu.** ***II.*** ⇒ **logement.**

HABITATION ■ ***I. Au pr.*** **1. Sens général** : appartement, chambre, chez-soi (fam.), demeure, domicile, gîte (fam.), home (fam.), logement, logis, maison, nid (fam.), résidence, retraite, séjour, toit (fam.). **2. De ville** : grand ensemble H.L.M., immeuble, tour. **3. De campagne** : chalet, chartreuse, château, domaine, ferme, fermette, folie (vx), gentilhommière, logis, manoir, manse (vx), mas, métairie, moulin, pavillon, propriété, rendez-vous de chasse, villa. **4.** Cahute, case, gourbi, hutte, isba, roulotte, tente. ⇒ **cabane. 5. De prestige** : hôtel particulier, palace, palais. **6. Fam. ou non favorable** : galetas, trou, turne. ***II. Par ext.*** **1. Relig.** : couvent, cure, doyenné, ermitage, presbytère. **2.** Abri, asile, établissement.

HABITÉ, E ■ ⇒ **peuplé.**

HABITER ■ Camper, coucher, crêcher (fam.), demeurer, s'établir, être domicilié, se fixer, gîter (fam.), hanter (fam.), loger, nicher (fam.), occuper, résider, rester, séjourner, vivre.

HABITUDE ■ ***I. Au pr.*** **1. Favorable ou neutre** : acclimatement, accoutumance, adaptation, aspect habituel, assuétude, attitude familière, coutume, déformation (péj.), disposition, entraînement, habitus, manière d'être/de faire/de vivre, mode, modus vivendi, mœurs, penchant, pli, pratique, règle, rite, seconde nature, tradition, us, usage, usance (vx). **2. Non favorable** : encroûtement, manie, marotte, routine, tic. ***II.*** ⇒ **relation.**

HABITUÉ, E ■ Abonné (partic.), acclimaté à, accoutumé à, apprivoisé, au courant, au fait, coutumier de, dressé, éduqué, endurci, entraîné, façonné, fait à, familiarisé avec, familier de, formé, mis au pas (péj.)/au pli (fam.), plié à, rompu à, stylé.

HABITUEL, ELLE ■ Chronique, classique, commun, consacré, courant, coutumier, familier, fréquent, général, hectique (méd.), machinal, normal, ordinaire, quotidien, répété, rituel, traditionnel, usité, usuel.

HABITUELLEMENT ■ D'ordinaire, *et les adv. en -ment dérivés des syn. de* HABITUEL.

HABITUER ■ Acclimater, accoutumer, adapter, apprendre, apprivoiser, dresser, éduquer, endurcir, entraîner, façonner, faire à, familiariser, former, initier, mettre au courant/au fait de, plier à, rompre, styler.

HÂBLER ■ Affabuler, amplifier, blaguer, bluffer, cravater, exagérer, dire/faire/raconter des blagues/contes/craques (fam.)/galéjades/histoires, faire le malin, fanfaronner, frimer (fam.), galéjer (fam.), gasconner, inventer, mentir, se vanter.

HÂBLERIE ■ Blague, bluff, bravade, braverie, broderie, charlatanerie, charlatanisme, charre (fam.), conte, crânerie, craque, épate, esbroufe, exagération, fanfaronnade, farce, forfanterie, frime (fam.), galéjade, gasconnade, histoire marseillaise, jactance, mensonge, menterie (vx), rodomontade, tromperie, vanne (fam.), vantardise, vanterie (litt.).

HÂBLEUR, EUSE ■ adj. et n. ***I. Neutre*** : baratineur, beau parleur, bellâtre, blagueur, bluffeur, brodeur, conteur, fabulateur, fanfaron, faraud, forgeur (vx), imposteur, jaseur, malin, menteur, mythomane, vantard. ***II. Fam.*** avaleur, bélître, bellâtre, bordelais, bravache, capitan (vx), casseur d'assiettes, charlatan, crâneur, craqueur, esbroufeur, faiseur, falstaff, faraud, farceur, fendant, fendeur, fier-à-bras, fracasse, frimeur, galéjeur, gascon, mâchefer, marius, marseillais, masseur, massier, matador, matamore, méridional, normand, olibrius, plastronneur, pourfendeur, rodomont, tranche-montagne, vanneur, vendeur d'orviétan (vx).

HACHE ▪ ***I. Au pr. :*** 1. Bipenne, cognée. 2. Francisque, tomahawk. ***II. Par ext. :*** aisseau, aissette, cochoir, coupe-coupe, doleau, doloire, hachereau, hachette, hansart, herminette, merlin, serpe, tille.

HACHÉ, E ▪ ***Fig. :*** abrupt, coupé, court, entrecoupé, heurté, interrompu, saccadé, sautillant, syncopé.

HACHER ▪ ***I. Au pr. :*** couper, déchiqueter, découper, diviser, fendre, mettre en morceaux, trancher. ***II. Par ext. :*** détruire, ravager. ***III. Fig. :*** couper, entrecouper, interrompre. ***IV. Loc.*** **Se faire hacher pour ⇒ sacrifier (se).**

HACHICH, HACHISCH, HASCHICH, HASCHISCH ▪ Canabis, chanvre indien, hasch, herbe, kif, marie-jeanne, marijuana.

HACHIS ▪ Boulette, croquette, farce, farci, godiveau, parmentier, quenelle.

HACHURE ▪ Entaille, raie, rayure, trait, zébrure.

HACHURER ▪ Entailler, hacher, rayer, zébrer.

HACIENDA ▪ Fazenda. ⇒ **propriété.**

HAGARD, E ▪ ***I.*** Absent, délirant, dément, effaré, effrayé, égaré, épouvanté, fiévreux, fou, halluciné, horrifié, saisi, terrifié, terrorisé. ***II.*** ⇒ **sauvage.** ***III.*** ⇒ **troublé.**

HAGIOGRAPHIE ▪ ***I. Au pr. :*** histoire des saints, légende dorée. ***II. Par ext.*** ⇒ **histoire.**

HAIE ▪ ***I. Au pr. :*** âge (vx), bordure, bouchure, breuil, brise-vent, buisson, charmille, clôture, entourage, obstacle. ⇒ **hallier.** ***II. Par ext. :*** cordon, file, rang, rangée.

HAILLON ▪ Affûtiaux, chiffon, défroque, guenille, harde, loque, nippe, oripeau, penaille. ⇒ **vêtement.**

HAILLONNEUX, EUSE ▪ ⇒ **Déguenillé.**

HAINE ▪ ***I. Au pr.*** 1. Acrimonie, animadversion, animosité, antipathie, aversion, détestation, exécration, fanatisme, férocité, fiel, fureur, hostilité, inimitié, intolérance, jalousie, malignité, malveillance, misanthropie, passion, querelle, rancœur, rancune, répugnance, répulsion, ressentiment, vengeance, venin. 2. Racisme, xénophobie. ***II. Par ext. :*** abomination, acharnement, aigreur, colère, cruauté, dégoût, dissension, exaspération, éloignement, folie, horreur, persécution, rivalité.

HAINEUX, EUSE ▪ ⇒ **malveillant.**

HAÏR ▪ Abhorrer, abominer, avoir en aversion/en horreur/une dent (fam.), détester, exécrer, fuir, honnir, maudire, ne pouvoir sentir, prendre en grippe, répugner à, en vouloir à.

HAIRE ▪ ***I. Au pr. :*** cilice. ***II. Par ext. :*** macération, pénitence.

HAÏSSABLE ▪ Abominable, antipathique, déplaisant, détestable, exécrable, insupportable, maudit, méprisable, odieux, rebutant, repoussant, répugnant, réprouvé.

HÂLÉ, E ▪ Basané, bistré, boucané, bronzé, brûlé, bruni, cuivré, doré, mat.

HALEINE ▪ ***I. Au pr. :*** anhélation, essouflement, expiration, respiration, souffle. ***II. Par ext.*** 1. Bouffée, brise, fumée, souffle, vent. 2. Effluve, émanation, exhalaison, fumet, odeur, parfum. *II. Loc.* **1. À perdre haleine** : à perdre le souffle, longuement, sans arrêt/discontinuer. **2. Être hors d'haleine** : essouflé, haletant.

HALENER ■ ***Vén.*** ⇒ **sentir.**

HALER ■ ⇒ **tirer.**

HÂLER ■ Boucaner, bronzer, brûler, brunir, dorer, noircir.

HALETANT, E ■ ***I. Au pr.*** : époumoné, épuisé, essouflé, hors d'haleine, pantelant, pantois (vx), suffoqué. ***II. Par ext.*** : bondissant, précipité, saccadé. ***III. Fig.*** : ardent, avide, cupide (péj.), désireux, impatient.

HALÈTEMENT ■ ⇒ **essouflement.**

HALETER ■ Être à bout de souffle/haletant *et les syn. de* HALETANT.

HALITUEUX, EUSE ■ ⇒ **humide.**

HALL ■ ***I.*** ⇒ **vestibule.** ***II.*** ⇒ **salle.**

HALLE ■ ***I.*** Entrepôt, hangar, magasin. ***II.*** Foire, marché couvert.

HALLEBARDE ■ ⇒ **lance.**

HALLIER ■ Breuil, buisson, épines, fourré, ronce. ⇒ **haie.**

HALLUCINANT, E ■ ⇒ **extraordinaire.**

HALLUCINATION ■ ***I. Par ext.*** : aliénation, apparition, cauchemar, chimère, délire, démence, déraison, divagation, fantasmagorie, folie, illusion, mirage, phantasme, rêve, vision. ***II. Fig.*** : berlue (fam.), éblouissement, voix.

HALLUCINÉ, E ■ ***I.*** Aliéné, bizarre, délirant, dément, égaré, hagard, visionnaire. ***II.*** Affolé, angoissé, déséquilibré, épouvanté, fou, horrifié, médusé, terrifié, terrorisé.

HALLUCINER ■ ⇒ **éblouir.**

HALO ■ ***I.*** ⇒ **lueur.** ***II.*** ⇒ **nimbe.**

HALTE ■ ***I.*** Arrêt, escale, étape, interruption, pause, relais, répit, repos, station. ⇒ **abri.** ***II.*** ⇒ **nursery.**

HAMEAU ■ Bourg, bourgade, écart, lieu-dit *ou* lieudit, localité, village.

HAMEÇON ■ ⇒ **piège.**

HAMPE ■ ⇒ **bâton.**

HANAP ■ Calice, coupe, cratère, pot, récipient, vase.

HANCHE ■ Croupe, fémur, fesse, flanc, reins.

HANDICAP ■ ***I.*** ⇒ **infirmité.** ***II.*** ⇒ **inconvénient.**

HANDICAPER ■ ⇒ **désavantager.**

HANGAR ■ Abri, appentis, chartil, dépendance, fenil, garage, grange, grenier, local, remise, resserre, toit. ⇒ **magasin.**

HANNETON ■ Cancouële (rég.).

HANTER ■ ***I.*** ⇒ **fréquenter.** ***II.*** ⇒ **tourmenter.**

HANTISE ■ ⇒ **obsession.**

HAPPENING ■ ***I.*** Improvisation. ⇒ **spectacle.**

HAPPER ■ v. tr. et intr. Adhérer à, s'agriffer à, s'agripper à, s'attacher à, attraper, s'emparer de, gripper, mettre le grappin/harpon/la main sur, prendre, saisir.

HAQUENÉE ■ ***I. Au pr.*** ⇒ **jument.** ***II. Par ext.*** ⇒ **cheval.**

HARA-KIRI (SE FAIRE) ■ Se donner la mort, s'éventrer, se frapper, s'immoler, se percer le flanc, se poignarder, se sabrer, se sacrifier, se suicider, se transpercer.

HARANGUE ■ ***I. Au pr.*** : allocution, appel, catilinaire, discours, dissertation (péj.), exhortation, exposé, homélie (relig.), oraison (vx), péroraison, philippique, plaidoyer, prêche (relig.), proclamation, prosopopée, sermon, speech, tirade, toast. ***II. Par ext.*** **Péj.** : réprimande, semonce.

HARANGUER ■ ⇒ **sermonner.**

HARASSANT, E ■ ⇒ **tuant.**

HARASSÉ, E ■ Abattu, abruti, à bout, accablé, anéanti, annihilé, brisé, claqué (fam.), crevé (fam.), échiné, épuisé, éreinté, excédé, exténué, fatigué, flapi (fam.), las, mort (fam.), moulu (fam.), rendu (fam.), rompu (fam.), tué (fam.), vaincu, vanné (fam.), vidé (fam.).

HARASSER ■ ⇒ **fatiguer.**

HARCELANT, E ■ ⇒ **ennuyeux.**

HARCELER ■ S'acharner, agacer, aiguillonner, assaillir, assiéger, asticoter (fam.), attaquer, braver, empoisonner (fam.), ennuyer, exciter, fatiguer, gêner, importuner, inquiéter, obséder, pourchasser, poursuivre, pousser à bout, presser, provoquer, relancer, secouer, taler, talonner, taquiner, tarabuster, tirailler, tourmenter, tracasser, traquer.

HARDE ■ Harpail.

HARDER ■ ***Vén. :*** ⇒ **attacher.**

HARDES ■ ***I.*** ⇒ **vêtement.** ***II.*** ⇒ **haillon.**

HARDI, E ■ ***I. Favorable ou neutre.*** **1. Quelqu'un** : audacieux, aventureux, brave, casse-cou, courageux, décidé, déluré, déterminé, énergique, entreprenant, fier (vx), fougueux, hasardeux, impavide, impétueux, intrépide, mâle, osé, résolu, vaillant, vigoureux. **2. Quelque chose** : nouveau, original, osé. ***II. Non favorable.*** **1. Au pr.** : arrogant, cavalier, culotté (fam.), effronté, impudent, indiscret, insolent, présomptueux, risque-tout, téméraire. **2. Relatif aux mœurs** : audacieux, gaillard, impudique, leste, osé, provocant, risqué.

HARDIESSE ■ ***I. Favorable ou neutre.*** **1. Quelqu'un** : assurance, audace, bravoure, cœur, courage, décision, détermination, énergie, esprit d'entreprise, fermeté, fougue, impétuosité, intrépidité, résolution, vaillance. **2. Quelque chose** : innovation, nouveauté, originalité. ***II. Non favorable.*** **1. Quelqu'un** : aplomb, arrogance, audace, culot (fam.), effronterie, front, impudence, imprudence, indiscrétion, insolence, témérité, toupet. **2. Relatif aux mœurs** : impudicité, inconvenance, indécence, liberté, licence.

HAREM ■ ⇒ **gynécée.**

HARENG ■ ***I.*** Bouffi, gendarme, harenguet, kipper, sauret, saurin, sprat. ***II.*** ⇒ **proxénète.**

HARENGÈRE ■ Dame de la halle, dragon, gendarme, grenadier, grognasse (grossier), maritorne, mégère, poissarde, pouffiasse (grossier), rombière (grossier), teigne, tricoteuse (vx), virago.

HARFANG ■ ⇒ **hulotte.**

HARGNE ■ ***I.*** ⇒ **méchanceté.** ***II.*** ⇒ **colère.**

HARGNEUX, EUSE ■ ⇒ **acariâtre.**

HARICOT ■ ***I.*** Dolic, flageolet, mangetout, soissons. ***II. Fam. :*** fayot, loubia, musiciens, piano du pauvre, vestiges, vestos.

HARIDELLE ■ ⇒ **cheval.**

HARMONIE ■ ***I.*** Chœur, concert, musique. ⇒ **orchestre.** ***II.*** Accompagnement, accord, arrangement, cadence, combinaison, consonance, contrepoint, euphonie, mélodie, mouvement, nombre, rondeur, rythme. ***III. Fig.*** **1. Entre personnes** : accord, adaptation, affinité, agencement, alliance, amitié, bon esprit, communion, conciliation, concordance, concorde, conformité, correspondance, entente, équilibre, paix, réconciliation (par ext.), sympathie, unanimité, union. **2. Entre choses** : balancement, beauté, cadence, cohérence, combinaison, consonance, économie des parties, élégance, ensemble, équilibre, eurythmie, grâce, harmonisation, homogénéité, nombre, orchestration, ordre, organisation, pondération, proportion, régularité, rythme, symétrie, unité.

HARMONIEUX, EUSE ■ Accordé, adapté, agréable, ajusté, balancé, beau, cadencé, cohérent, conforme, doux, élégant, équilibré, esthétique, euphonique, eurythmique, gracieux, homogène, juste, mélodieux, musical, nombreux, ordonné, organisé, pondéré, proportionné, régulier, rythmé, suave, symétrique.

HARMONISATION ■ Accompagnement, arrangement, orchestration. ⇒ **harmonie.**

HARMONISER ■ Accommoder, accorder, adapter, agencer, ajuster, aménager, apprêter, approprier, arranger, assembler, assortir, classer, combiner, composer, concilier, construire, coordonner, disposer, équilibrer, faire concorder, grouper, mettre ensemble, ordonner, organiser, pacifier, ranger, régler, unifier.

HARNACHÉ, E ■ ***Fig.*** ⇒ **vêtu.**

HARNACHEMENT ■ ***I. Au pr. :*** attelage, bricole, équipement, harnais, harnois (vx), joug. ***II. Fig.*** ⇒ **vêtement.**

HARNACHER ■ ***Fig.*** ⇒ **vêtir.**

HARNAIS ■ ⇒ **harnachement.**

HARO (CRIER) ■ ⇒ **vilipender.**

HARPAGON ■ ⇒ **avare.**

HARPAIL ■ Harde.

HARPAILLER ■ ⇒ **injurier.**

HARPE ■ ⇒ **lyre.**

HARPIE ■ ⇒ **virago.**

HARPON ■ Crampon, croc, crochet, dard, digon, foène, foëne, fouëne, grappin, harpeau, harpin.

HARPONNER ■ ⇒ **prendre.**

HART ■ ⇒ **corde.**

HASARD ■ ***I. Au pr.*** **1. Neutre ou non favorable** : accident, aléa, aventure, cas fortuit, circonstance, coïncidence, conjoncture, contingence, coup de dés/de pot (arg.)/du sort, destin, déveine (fam.), fatalité, fortune, impondérable, imprévu, incertitude, indétermination, malchance, manque de pot (arg.), occasion, occurrence, rencontre, risque, sort. **2. Favorable** : aubaine, chance, coup de chance/de pot (arg.), fortune, veine (fam.). ***II. Par ext.*** ⇒ **danger.** ***III. Loc. adv.*** **1. Par hasard** : d'aventure, par aventure/chance/raccroc, fortuitement. **2. Au hasard** : accidentellement, à l'improviste, au flan (fam.), aveuglément, à l'aveuglette, au petit bonheur, de façon/manière accidentelle / adventice / contingente / imprévisible / imprévue, inconsidérément, n'importe comment/où/quand, par raccroc.

HASARDÉ, E ■ ***I.*** Aléatoire, audacieux, aventuré, chanceux, dangereux, exposé, fortuit, fou, glandilleux (fam.), gratuit, hardi, hasardeux, imprudent, incertain, misé, osé, périlleux, risqué, téméraire, tenté. ***II. Vx*** ⇒ **obscène.**

HASARDER ■ ***I. Au pr. :*** aventurer, commettre, compromettre (péj.), se décider, émettre, essayer, exposer, jouer, jouer son va-tout, se lancer, oser, risquer, risquer le paquet (fam.), spéculer, tenter. ***II. Par ext.*** ⇒ **expérimenter.**

HASARDEUX, EUSE ■ ***I.*** ⇒ **hardi.** ***II.*** ⇒ **hasardé.**

HASCHICH, HASCHISCH ■ ⇒ **hachich.**

HASTE ■ ***I. Au pr. :*** hampe. ***II. Par ext. :*** carreau, lance, javelot, pique. ***III.*** Broche à rôtir.

HÂTE ■ ***I.*** ⇒ **vitesse.** ***II. Loc.*** **À la hâte, en hâte** : à la diable, à fond de train (fam.), avec promptitude, hâtivement, précipitamment, promptement, rapidement, d'urgence, vite, vivement. ***Arg. :*** fissa, le feu au ⇒ **fessier.**

HÂTER ■ ***I.*** ⇒ **accélérer.** ***II.*** ⇒ **brusquer.** ***III. V. pron. :*** s'activer (fam.), s'agiter, courir, cravacher, se dégrouiller (fam.), se dépêcher, s'empresser, faire diligence/fissa (arg.), se grouiller (fam.), se précipiter, se presser. ***Arg. ou fam.*** : aller/faire/partir ⇒ **vite**, bomber, se dégrouiller/démerder/grouiller/manier le ⇒ **fessier**, trotter, filocher, partir comme un lavement/un pet (sur une toile cirée), pédaler, tracer, trisser.

HÂTIF, IVE ▪ ***I. Favorable ou neutre :*** à la minute, avancé, immédiat, précoce, prématuré, pressé, rapide. ***II. Non favorable :*** à la va-vite, bâclé, gâché, précipité, saboté, torché (fam.).

HAUBAN ▪ ⇒ **cordage.**

HAUSSE ▪ Accroissement, augmentation, bond, croissance, crue, élévation, enchérissement, flambée/montée des prix, haussement, majoration, montée, poussée, progression, redressement, rehaussement, relèvement, renchérissement, revalorisation, valorisation.

HAUSSEMENT ▪ ***I.*** ⇒ **hausse.** ***II.*** Crue, élévation, exhaussement, soulèvement, surélévation. ***III. Loc.*** **Haussement d'épaules** : geste de dédain/de désintérêt/d'indifférence / de mépris, mouvement d'épaules.

HAUSSER ▪ ***I. Au pr.*** **1. Une valeur** : accroître, augmenter, élever, enchérir, faire monter, majorer, monter, rehausser, relever, remonter, renchérir, revaloriser, surenchérir. **2. Une dimension** : agrandir, élever, enfler, exhausser. **3. Un objet** : dresser, hisser, lever, monter, porter haut, redresser, remonter, surélever, surhausser. ***II. Par ext. :*** élever, exalter, porter aux nues.

HAUT, E ▪ adj. ***I. Au pr. :*** culminant, dominant, dressé, élancé, élevé, grand, levé, long, perché, proéminent, surélevé. ***II. Fig.*** **1. Favorable** : altier, digne, éclatant, élevé, éminent, fortuné, grand, important, noble, remarquable, supérieur, suprême. **2. Non favorable** : arrogant, démesuré. ⇒ **dédaigneux. 3. Neutre** : aigu, fort, grand, intense, relevé, vif. **4.** ⇒ **profond. 5.** ⇒ **sonore. 6.** ⇒ **ancien.** ***III. Loc.*** **1. Haut fait** : acte courageux/éclatant/héroïque/méritoire, action d'éclat. **2. Haut mal** : épilepsie.

HAUT ▪ n. Apogée, cime, comble, couronnement, crête, dessus, faîte, flèche.

HAUTAIN, E ▪ ⇒ **dédaigneux.**

HAUT-DE-FORME ▪ Claque, gibus, huit-reflets, tube, tuyau de poêle (fam.).

HAUTESSE ▪ ⇒ **excellence.**

HAUTEUR ▪ ***I. Au pr. :*** altitude, dimension, élévation, étage, étiage, hypsométrie, niveau, profondeur (de l'eau), stature, taille. ***II. Par ext. :*** ballon, belvédère, butte, chaîne, colline, côte, coteau, crête, dune, élévation, éminence, falaise, haut, ligne de partage des eaux, mamelon, mont, montagne, monticule, morne, motte, pic, piton, plateau, surplomb, talus, taupinière, tertre. ***III. Fig.*** ⇒ **dédain.**

HAUT-FOND ▪ Atterrissement, banc, récif.

HAUT-LE-CŒUR ▪ ⇒ **dégoût.**

HAUT-LE-CORPS ▪ ⇒ **tressaillement.**

HAUT-PARLEUR ▪ ***Par ext. :*** baffle, enceinte.

HÂVE ▪ Émacié, maigre. ⇒ **pâle.**

HAVIR ▪ ⇒ **rôtir.**

HAVRE ▪ ⇒ **port.**

HAVRESAC ▪ ⇒ **sac.**

HÉBERGEMENT ▪ ⇒ **logement.**

HÉBERGER ▪ ⇒ **recevoir.**

HÉBÉTÉ, E ▪ ⇒ **stupide.**

HÉBÉTER ▪ ⇒ **abêtir.**

HÉBÉTUDE ▪ ⇒ **engourdissement.**

HÉBRAÏQUE et ***HÉBREU*** ▪ *n. et adj.* ⇒ **israélite.**

HÉCATOMBE ▪ ***I.*** ⇒ **sacrifice.** ***II.*** ⇒ **carnage.**

HÉDONISME ■ Épicurisme, eudémonisme, optimisme.

HÉGÉMONIE ■ ⇒ **supériorité.**

HEIMATLOS ■ Apatride, étranger, personne déplacée, sans nationalité/patrie.

HÉLER ■ ⇒ **interpeller.**

HÉLICOPTÈRE ■ ⇒ **aérodyne.**

HÉMATOME ■ ⇒ **contusion.**

HÉMICYCLE ■ ⇒ **amphithéâtre.**

HÉMISTICHE ■ Césure, coupe, pause.

HÉMORRAGIE ■ ***I.*** Épistaxis, hématémèse, hématurie, hémoptysie, ménorragie, métrorragie, perte, purpura, saignée, saignement. ⇒ **congestion.** ***II. Fig.*** ⇒ **fuite.**

HÉRAUT ■ ⇒ **messager.**

HERBAGE ■ ***I.*** ⇒ **herbe.** ***II.*** ⇒ **pâturage.**

HERBE ■ ***I. Au pr. :*** brome, chiendent, dactyle, fétuque, foin, folle avoine, fourrage, gazon, graminée, herbette, ivraie, laîche, ray-grass, regain, verdure, vert. ***II. Par ext.*** **1.** Aromates, simples. **2.** Alpages, champ, herbage, pâturage, prairie, pré, savane, tapis vert, verdure. ⇒ **pelouse.**

HERBEUX, EUSE ■ Enherbé, gazonneux, herbageux, herbé, herbifère, herbu, verdoyant, vert.

HERBIVORE ■ ***I. Au pr. :*** ruminant. ***II. Par ext. :*** végétarien.

HERCULE, HERCULÉEN, ENNE ■ ⇒ **fort.**

HÈRE ■ ⇒ **homme.**

HÉRÉDITAIRE ■ Ancestral, atavique, congénital, successible, transmissible.

HÉRÉDITÉ ■ ***I.*** Atavisme, génotype. ***II.*** Antécédents, ascendance, caractère ancestral, parenté, ressemblance. ***III.*** Héritage, legs, patrimoine, succession, transmissibilité, transmission.

HÉRÉSIE ■ Apostasie, contre-vérité, dissidence, erreur, fausseté, hétérodoxie, impiété, réforme, reniement, révolte, sacrilège, schisme, séparation.

HÉRÉTIQUE ■ Apostat, dissident, hérésiarque, hétérodoxe, impie, incroyant, infidèle, laps et relaps, réformateur, renégat, révolté, sacrilège, schismatique, séparé.

HÉRISSÉ, E ■ ***I. Au pr. :*** déchevelé, dressé, ébouriffé, échevelé, hirsute, hispide, horripilé, raide, rebroussé. ***II. Par ext. :*** chargé, couvert, entouré/farci/garni/plein/rempli/truffé de, épineux, protégé de/par. ***III. Fig.*** ⇒ **irrité.**

HÉRISSEMENT ■ Chair de poule, frissonnement, horripilation.

HÉRISSER ■ ***I.*** ⇒ **horripiler.** ***II.*** ⇒ **irriter.**

HÉRITAGE ■ ***I. Au pr. :*** douaire (vx), hoirie (vx), legs, mortaille (vx), succession. ***II. Par ext.*** **1.** Bien, domaine, patrimoine, propriété. **2.** Atavisme, hérédité.

HÉRITER ■ v. tr. et intr. Avoir en partage, échoir, recevoir, recueillir.

HÉRITIER, ÈRE ■ ***I.*** Ayant cause, colicitant, dépositaire, donataire, hoir (vx), légataire. ***II. Par ext.*** **1.** ⇒ **fils. 2.** ⇒ **successeur.**

HERMAPHRODITE ■ n. et adj. Amphigame (bot.), androgyne, androgynoïde, bisexué, gynandroïde.

HERMÉNEUTIQUE ■ Commentaire, critique, exégèse, interprétation.

HERMÉTIQUE ■ ***I.*** ⇒ **secret.** ***II.*** ⇒ **obscur.**

HERMINE ■ Roselet.

HERNIE ■ Descente, effort (fam.), étranglement, évagination, éventration, grosseur (fam.), prolapsus, tuméfaction, tumeur molle.

HÉROÏ-COMIQUE ■ Bouffe, bouffon, burlesque, grotesque, macaronique, parodique.

HÉROÏNE ■ ***I.*** ⇒ **héros.** ***II.*** ⇒ **drogue.**

HÉROÏQUE ■ ***I.*** Chevaleresque, élevé, épique, homérique, noble, stoïque. ***II. Par ext.*** **1.** ⇒ **généreux. 2.** ⇒ **courageux.** ***III. Fig.*** **1.** ⇒ **efficace. 2.** ⇒ **extrême.**

HÉROÏSME ■ ***I.*** ⇒ **générosité.** ***II.*** ⇒ **courage.**

HÉROS ■ Brave, demi-dieu, démiurge, géant, grand homme/personnage, héroïne, lion, paladin, preux, superman (fam.), surhomme.

HERSE ■ Canadienne, écroûteuse, émotteuse, hérisson, norvégienne, rouleau squelette.

HERSER ■ ⇒ **ameublir.**

HÉSITANT, E ■ Ballotté, en balance, chancelant, confus, craintif, désorienté, douteux, embarrassé, empêché, flottant, fluctuant, incertain, indécis, indéterminé, irrésolu, oscillant, perplexe, réticent, réservé, scrupuleux, suspendu, timide, velléitaire.

HÉSITATION ■ Arrière-pensée, atermoiement, balancement, barguignage, désarroi, doute, embarras, flottement, fluctuation, incertitude, indécision, indétermination, irrésolution, louvoiement, perplexité, réserve, résistance, réticence, scrupule, tâtonnement, tergiversation, vacillation.

HÉSITER ■ Atermoyer, attendre, avoir scrupule, balancer, barboter (fam.), barguigner, broncher, chipoter, chiquer (fam.), consulter (vx), craindre de, délibérer, se demander, douter (vx), être embarrassé / empêtré (fam.)/ incertain / indécis / indéterminé / irrésolu / perplexe / réticent, flotter, se gratter (arg.), lanterner (fam.), marchander, merdoyer (fam.), ne savoir que faire/sur quel pied danser, osciller, patauger (fam.), reculer, résister, rester en suspens, sourciller, se tâter, tâtonner, temporiser, tergiverser, tortiller (fam.), vaciller, vasouiller. ⇒ **balbutier.**

HÉTAÏRE ■ ⇒ **prostituée.**

HÉTÉROCLITE ■ ⇒ **irrégulier.**

HÉTÉRODOXE ■ ⇒ **hérétique.**

HÉTÉROGÈNE ■ Allogène, allothigène, amalgamé, bigarré, composite, disparate, dissemblable, divers, étranger, hétéroclite, impur, mêlé, varié.

HÉTÉRONYME ■ Nom de guerre, pseudonyme, sobriquet, surnom.

HEUR ■ ⇒ **bonheur.**

HEURE ■ ***I.*** Plombe (arg.). ⇒ **moment.** ***II.*** ⇒ **occasion.** ***III. Loc. Tout à l'heure.*** **1.** À l'instant, il y a peu. **2.** Dans un moment, d'ici peu.

HEUREUSEMENT ■ ⇒ **bien.**

HEUREUX, EUSE ■ ***I. Quelqu'un :*** aisé, à l'aise, béat, benoît, bien aise, bienheureux, calme, chanceux, charmé, comblé, content, enchanté, en paix, euphorique, exaucé, favorisé, florissant, fortuné, gai, joyeux, jubilant, nanti, optimiste, prospère, radieux, ravi, réjoui, repu, riche, sans souci, satisfait, tranquille, transporté, triomphant, veinard, verni. ***II. Par ext.*** **1.** ⇒ **favorable. 2.** Beau, bien venu, équilibré, habile, harmonieux, juste, original, plaisant, réussi, trouvé.

HEURISTIQUE ■ Didactique, maïeutique.

HEURT ■ ***I. Au pr. :*** abordage, accrochage, à-coup, aheurtement, cahot, carambolage, choc, collision, commotion, contact, coup, impact, percussion, rencontre, saccade, secousse, tamponnage, télescopage. ***II. Fig. :*** antagonisme, chicane, conflit, épreuve, friction, froissement, mésentente, obstacle, opposition, querelle.

HEURTÉ, E ■ ***Fig. :*** abrupt, accidenté, décousu, désordonné, difficile, discordant, haché, inégal, interrompu, irrégulier, raboteux, rocailleux, rude, saccadé.

HEURTER ■ ***I. V. tr.*** **1. Au pr. :** aborder, bigorner (fam.), accrocher, caramboler, choquer, cogner, coudoyer, emboutir, frapper, friser/froisser (la tôle), percuter, tamponner, télescoper. **2. Fig.** : blesser, choquer, contrarier, déplaire à, écorcher, faire de la peine, froisser, offenser, offusquer, scandaliser, vexer. **3. Par ext.** : affronter, attaquer, atteindre, combattre, étonner, frapper. ***II. V. intr.*** : achopper, buter, chopper, cogner, cosser, donner contre, porter, rencontrer, taper. ***III. V. pron.*** : *Les formes pron. possibles des syn. de* HEURTER. ***IV. V. récipr.*** : s'accrocher, s'affronter, s'attraper, se combattre, s'entrechoquer.

HIATUS ■ ***I.*** Cacophonie, heurtement. ***II.*** Espace, fente, interruption, interstice. ***III.*** ⇒ **lacune.**

HIBOU ■ Chat-huant, grand-duc. ⇒ **hulotte.**

HIC ■ ⇒ **difficulté.**

HIDEUR ■ ⇒ **laideur.**

HIDEUX, EUSE ■ ⇒ **laid.**

HIÉRARCHIE ■ ***I. Au pr.*** : échelle, filière. ***II. Par ext.*** **1.** Autorité, commandement, ordre, rang, subordination. **2.** Cadres supérieurs, chefs, élite, notabilité. ***III. Fig.*** : agencement, classement, classification, coordination, distribution, échelonnement, étagement, gradation, hiérarchisation, organisation, structure, système.

HIÉRARCHISER ■ Agencer, classer, distribuer, échelonner, étager, graduer, mettre en ordre/en place, ordonner, organiser, poser, situer, structurer, subordonner, superposer.

HIÉRATIQUE ■ ***I.*** ⇒ **sacré.** ***II.*** ⇒ **traditionnel.**

HIÉROGLYPHE ■ ***I. Au pr.*** : hiérogramme, idéogramme. ***II. Fig.*** ⇒ **barbouillage.**

HILARANT, E ■ ⇒ **risible.**

HILARE ■ ***I.*** ⇒ **gai.** ***II.*** ⇒ **réjoui.**

HILARITÉ ■ ⇒ **gaieté.**

HIMATION ■ ⇒ **manteau.**

HIPPIATRE ■ Vétérinaire.

HIPPIE ■ Asocial, contestataire, marginal, non-conformiste.

HIPPODROME ■ ***I. Au pr.*** : champ de courses. ***II. Par ext.*** : arène, cirque.

HIRONDELLE ■ Hirondeau, martinet, solangane.

HIRSUTE, HISPIDE ■ ⇒ **hérissé.**

HIRSUTISME ■ Pilosisme.

HISSER ■ ⇒ **lever.**

HISTOIRE ■ ***I. Au pr.*** **1.** Archéologie, chronologie, diplomatique, épigraphie, généalogie, heuristique, paléographie, préhistoire, protohistoire. **2.** Annales, archives, bible, biographie, chroniques, chronologie, commentaires, confessions, description, dit (vx), évangile, évocation, fastes, geste (vx), hagiographie, mémoires, narration, peinture, récit, relation, souvenir, version, vie. **3.** Anecdote, conte, écho, épisode, fable, historiette, légende, mythologie. ***II. Par ext.*** ⇒ **roman.** ***III. Fig.*** **1.** ⇒ **difficulté. 2.** ⇒ **blague. 3.** Chicane, embarras, incident, querelle.

HISTORIEN, ENNE ■ Annaliste, auteur, biographe, chroniqueur, chronologiste, écrivain, historiographe, mémorialiste, narrateur, spécialiste de l'histoire.

HISTORIER ■ ***I.*** ⇒ **peindre.** ***II.*** ⇒ **orner.**

HISTORIQUE ■ ***I. Adj.*** ⇒ **réel.** ***II. Nom masc.*** ⇒ **récit.**

HISTRION ■ ***I.*** ⇒ **bouffon.** ***II.*** ⇒ **plaisant.**

HOBEREAU ■ ⇒ **noble.**

HOCHER ■ ⇒ **remuer.**

HOCHET ■ ***I.*** ⇒ **vanité.** ***II.*** ⇒ **bagatelle.**

HOLDING ■ ⇒ **trust.**

HOLOCAUSTE ■ ⇒ **sacrifice.**

HOMÉLIE ▪ ***I. Au pr. :*** instruction, prêche, prône, sermon. ***II. Par ext. :*** abattage, allocution, capucinade (péj.), discours, engueulade (fam.), remontrance, réprimande, semonce.

HOMÉRIQUE ▪ Audacieux, bruyant, épique, héroïque, inextinguible, inoubliable, mémorable, noble, sublime, valeureux.

HOMICIDE ▪ ***I. Nom masc.*** **1. Quelqu'un** : assassin, criminel, meurtrier. ⇒ **tueur. 2. L'acte** : assassinat, crime, égorgement, exécution, infanticide, liquidation physique, meurtre. ***II. Adj. :*** meurtrier, mortel.

HOMINIDÉ ▪ Anthropopithèque, atlanthrope, australopithèque, pithécanthrope, sinanthrope, zinjanthrope.

HOMMAGE ▪ ***I. Au sing.*** ⇒ **offrande.** ***II. Au pl.*** ⇒ **civilité, respect.**

HOMMASSE ▪ Mâle, masculin.

HOMME ▪ ***I. L'espèce.*** 1. Anthropoïde, bimane, bipède (fam.), créature, créature ambidextre/douée de raison/intelligente, être humain, hominien, homo sapiens, humain, mortel. **2.** Espèce humaine, humanité, prochain, semblable, société. ***II. L'individu.*** **1. Favorable ou neutre** : âme, corps, esprit, individu, monsieur, personnage, personne, quelqu'un, tête. **2. Partic.** : bras, citoyen, habitant, naturel, ouvrier, soldat, sujet. **3. Péj. ou arg.** : bonhomme, bougre, chrétien, coco, croquant, diable, drôle, gaillard, gazier, gonze, guignol, hère, lascar, luron, mec, moineau, numéro, oiseau, paroissien, piaf, pierrot, pistolet, quidam, zèbre, zigomard, zigoto, zigue, zouave. ⇒ **type.** ***III. Par Ext.*** **1.** ⇒ **amant. 2.** ⇒ **époux.** ***IV. Loc.*** **1. Homme de bien** : brave/galant/honnête homme, gentilhomme, gentleman, homme d'honneur/de mérite. **2. Homme d'État** ⇒ **politicien. 3. Homme de lettres** ⇒ **écrivain. 4. Homme de loi** ⇒ **légiste. 5. Homme de paille** ⇒ **intermédiaire. 6. Homme de qualité** ⇒ **noble. 7. Homme lige** ⇒ **vassal** et **partisan.**

HOMOGÈNE ▪ Analogue, cohérent, de même espèce/genre/nature, équilibré, harmonieux, identique, parallèle, pareil, proportionné, régulier, uni, uniforme, semblable, similaire.

HOMOGÉNÉITÉ ▪ ⇒ **harmonie.**

HOMOLOGATION ▪ Acceptation, approbation, authentification, autorisation, confirmation, décision, enregistrement, entérinement, officialisation, ratification, sanction, validation.

HOMOLOGUE ▪ adj. et n. Analogue, comparable, concordant, conforme, congénère, correspondant, équivalent, frère, identique, pareil, semblable, similaire. ⇒ **alter ego.**

HOMOLOGUER ▪ Accepter, approuver, authentifier, autoriser, confirmer, décider, enregistrer, entériner, officialiser, ratifier, sanctionner, valider.

HOMOSEXUALITÉ ▪ ***I. Masc. :*** inversion, pédérastie, pédophilie, uranisme. ⇒ **uranien.** ***II. Fém. :*** lesbianisme, saphisme, tribaderie, tribadisme. ⇒ **lesbienne.**

HOMOSEXUEL, LE ▪ ***I.*** ⇒ **uranien.** ***II.*** ⇒ **lesbienne.**

HONGRE ▪ ***I. Au pr. :*** castré, châtré. ***II. Par ext. :*** castrat, eunuque. ***III.*** Cheval.

HONNÊTE ▪ ***I. Quelqu'un.*** **1. Au pr. :** brave, consciencieux, digne, droit, estimable, exact, fidèle, franc, honorable, incorruptible, insoupçonnable, intègre, irréprochable, juste, légal, licite, loyal, méritoire, moral, net, probe, propre, scrupuleux, vertueux. **2. Par ext. :** accompli, civil, comme il faut, convenable, correct, de bonne compagnie, décent, distingué, honorable, modeste, poli, rangé, réservé, sage, sérieux. ***II. Quelque chose.*** **1. Au pr. :** avouable, beau, bien, bienséant, bon, convenable, décent, louable, moral, naturel, normal, raisonnable.

2. **Par ext.** : catholique, convenable, décent, honorable, juste, mettable, moyen, passable, satisfaisant, suffisant. *III. Loc.* **Honnête homme** : accompli, gentleman, homme de bien.

HONNÊTETÉ ■ *I. Au pr. :* conscience, dignité, droiture, exactitude, fidélité, franchise, incorruptibilité, intégrité, irréprochabilité, justice, loyauté, moralité, netteté, probité, scrupule, vertu. *II. Par ext.* 1. Amitié (vx), bienséance, bienveillance, civilité, correction, décence, délicatesse, distinction, honorabilité, politesse, qualité. 2. Chasteté, décence, fidélité, honneur, mérite, modestie, morale, pudeur, pureté, sagesse, vertu.

HONNEUR ■ *I.* Dignité, estime, fierté. *II.* Prérogative, privilège. *III.* Culte, dévotion, vénération. *IV.* ⇒ **décence.** *V.* ⇒ **honnêteté.** *VI.* ⇒ **gloire.** *VII.* ⇒ **respect.** *VIII. Au pl. :* apothéose, charge, distinction, égards, faveur, grade, hochets (péj.), hommage, ovation, poste, triomphe.

HONNIR ■ ⇒ **vilipender.**

HONORABILITÉ ■ ⇒ **honnêteté.**

HONORABLE ■ *I. Quelqu'un :* digne, distingué, estimable, méritant, noble (vx), respectable. *II. Quelque chose :* honorifique ⇒ **honnête.**

HONORAIRES ■ ⇒ **rétribution.**

HONORER ■ Adorer, avoir/célébrer/rendre un culte, craindre, déifier, encenser, estimer, glorifier, gratifier d'estime/de faveur/d'honneur, magnifier, respecter, révérer, saluer la mémoire, tenir en estime. *V. pron. :* s'enorgueillir, se faire gloire.

HONORIFIQUE ■ Flatteur, honorable.

HONTE ■ *I. Neutre :* confusion, crainte, embarras, gêne, humilité, pudeur, réserve, respect humain, retenue, timidité, vergogne (vx). *II. Non favorable* 1. Abaissement, abjection, affront, bassesse, dégradation, démérite, déshonneur, flétrissure, humiliation, ignominie, indignité, infamie, opprobre, scandale, turpitude, vilenie. 2. Dégoût de soi, regrets, remords, repentir. *III. Loc.* **Fausse honte** ⇒ **timidité.**

HONTEUX, EUSE ■ *I. Neutre.* **Quelqu'un.** 1. **Au pr.** : camus (vx), capot (fam.), confus, consterné, contrit, déconfit, gêné, penaud, quinaud, repentant. 2. **Par ext.** : caché, craintif, embarrassé, timide. *II. Non favorable.* **Une action** : abject, avilissant, bas, coupable, dégoûtant, dégradant, déshonorant, écœurant, humiliant, ignoble, ignominieux, immoral, inavouable, indigne, infamant, infâme, lâche, méprisable, obscène, ordurier, sale, scandaleux, trivial, turpide, vexatoire.

HÔPITAL ■ *I. Au pr. :* asile, clinique, hospice, hosto (arg.), hôtel-Dieu, lazaret, maison de retraite/de santé, maternité, policlinique, préventorium, refuge. *II. Par ext. :* 1. Ambulance, antenne chirurgicale, dispensaire, infirmerie. 2. Crèche, maternité. 3. Sanatorium, solarium.

HORDE ■ *I.* ⇒ **peuplade.** *II.* ⇒ **troupe.**

HORION ■ ⇒ **coup.**

HORIZON ■ *I. Au pr. :* champ, distance, étendue, panorama, paysage, perspective, vue. *II. Fig.* ⇒ **avenir.**

HORLOGE ■ *I. Au pr. :* cadran, carillon, cartel, chronomètre, comtoise, coucou, jaquemart, pendule, régulateur, réveil, réveille-matin. *II. Par ext. :* cadran solaire, clepsydre, gnomon, sablier.

HORMIS ■ ⇒ **excepté.**

HOROSCOPE ■ ⇒ **prédiction.**

HORREUR ■ *I. Sentiment qu'on éprouve :* aversion, cauchemar, dégoût, détestation, effroi, éloignement, épouvante, épouvantement, exécration, haine, répugnance, répulsion, saisissement, terreur, ⇒ **peur,** *et les suffixes de* PHOBIE *(ex. : hydropho-*

bie). ***II. Un acte :*** abjection, abomination, atrocité, crime, honte, ignominie, infamie, laideur, monstruosité, noirceur. ***III. Au pl.*** **1. Dire des horreurs** : calomnies, méchancetés, pis que pendre, vilenies. **2. ⇒ obscénité.**

HORRIBLE ▪ ***I.*** ⇒ **affreux.** ***II.*** ⇒ **effrayant.** ***III.*** ⇒ **laid.**

HORRIFIANT, E ▪ ⇒ **terrible.**

HORRIFIER ▪ ⇒ **épouvanter.**

HORRIPILATION ▪ ⇒ **hérissement.**

HORRIPILER ▪ Agacer, asticoter (fam.), énerver, exaspérer, faire sortir de ses gonds (fam.), hérisser, impatienter, mettre hors de soi, prendre à contre-poil (fam.), à rebrousse-poil (fam.).

HORS ▪ ***I. Adv.*** Dehors. ***II. Prép.*** ⇒ **excepté.**

HORS-D'ŒUVRE ▪ ***I. Au pr. :*** amuse-gueule, blinis, crudités, kémia, zakouski. ***II. Fig.*** ⇒ **digression.**

HORS-LA-LOI ▪ ⇒ **bandit, maudit.**

HORTICULTURE ▪ ⇒ **jardinage.**

HOSPICE ▪ ⇒ **hôpital.**

HOSPITALIER, ÈRE ▪ Accueillant, affable, aimable, amène, avenant, charitable, empressé, généreux, ouvert, sympathique.

HOSPITALITÉ ▪ ***I.*** Abri, asile, logement, refuge. ***II.*** Accueil, réception.

HOSTIE ▪ ⇒ **eucharistie, victime.**

HOSTILE ▪ ⇒ **défavorable.**

HOSTILITÉ ▪ ***I.*** ⇒ **guerre.** ***II.*** ⇒ **haine.**

HÔTE, HÔTESSE ▪ ***I. Celui qui accueille.*** **1.** Amphitryon, maître de maison. **2.** Aubergiste, cabaretier, gargotier (fam.), gérant, hôtelier, logeur, propriétaire, restaurateur, taulier (arg.), tavernier (fam.), tenancier. ***II. Celui qui est accueilli.*** **1.** ⇒ **convive. 2.** ⇒ **pensionnaire. 3.** ⇒ **habitant.**

HÔTEL ▪ ***I.*** ⇒ **maison.** ***II.*** ⇒ **immeuble.** ***III.*** Auberge, cambuse (péj.), caravansérail, crèche (fam.), garni, gîte, hôtellerie, logis, maison de passe (péj.), meublé, motel, palace, pension de famille, relais, taule (arg.). ***IV. Hôtel de ville :*** mairie, maison commune/de ville. ***V. Hôtel borgne*** ⇒ **lupanar.**

HÔTELIER ▪ ⇒ **hôte.**

HOTTE ▪ Hottereau, hotteret ⇒ **panier.**

HOUE ▪ Binette, bineuse, déchaussoir, fossoir, hoyau, marre, tranche. ***Par ext. :*** ⇒ **bêche.**

HOUILLE ▪ ⇒ **charbon.**

HOUILLÈRE ▪ Charbonnage.

HOULE ▪ ⇒ **vague.**

HOULETTE ▪ ⇒ **bâton.**

HOULEUX, EUSE ▪ ***Fig.*** ⇒ **troublé.**

HOUPPE ▪ Aigrette, floche, freluche, houpette, huppe, pompon, touffe, toupet. ⇒ **passement.**

HOUPPELANDE ▪ Cape, douillette, pelisse, robe de chambre.

HOURVARI ▪ ⇒ **tohu-bohu.**

HOUSEAUX ▪ ⇒ **guêtre.**

HOUSPILLER ▪ ***I.*** ⇒ **secouer.** ***II.*** ⇒ **maltraitrer.** ***III.*** ⇒ **réprimander.**

HOUSSE ▪ ⇒ **enveloppe.**

HOUSSINE ▪ ⇒ **baguette.**

HOUSSINER ▪ ⇒ **battre.**

HOUSSOIR ▪ ⇒ **balai, plumeau.**

HOVERCRAFT ▪ Aéroglisseur, naviplane.

HOYAU ▪ ⇒ **houe.**

HUBLOT ▪ ⇒ **fenêtre, ouverture.**

HUCHE ▪ Maie.

HUCHER ▪ ⇒ **crier.**

HUÉE ▪ Bruit, chahut, charivari, cri, tollé.

HUER ■ ⇒ **vilipender.**

HUGUENOT, OTTE ■ n. et adj. ⇒ **protestant.**

HUILE ■ ***I. Fig.*** ⇒ **personnalité.** ***II. Loc.*** **1. Mettre de l'huile dans les rouages** : aider, faciliter, favoriser. **2. Jeter/mettre de l'huile sur le feu** : attiser, envenimer, exciter, inciter/pousser à la chicane/dispute. **3. Huile de coude** : effort, peine, soin, travail. **4. Faire tache d'huile** ⇒ **répandre (se).**

HUILER ■ ⇒ **graisser.**

HUILEUX, EUSE ■ ⇒ **gras.**

HUISSIER ■ Aboyeur, acense (vx), appariteur, chaouch, garçon de bureau, gardien, introducteur, massier, portier, surveillant, tangente (arg.).

HUÎTRE ■ ***I.*** Belon, fine de claire, marennes, perlot, pied de cheval, portugaise. ***II. Perlière :*** méléagrine, pintadine.

HULOTTE ■ Chat-huant, chevêche, chouette, corbeau de nuit, dame-blanche, effraie, harfang, hibou, huette, strix.

HUMAIN ■ ***I. Adj. :*** accessible, altruiste, bienfaisant, bienveillant, bon, charitable, clément, compatissant, doux, généreux, humanitaire, philanthrope, pitoyable, secourable, sensible. ***II. Nom masc.*** ⇒ **homme.**

HUMANISER ■ ⇒ **policer.**

HUMANISME ■ Atticisme, classicisme, civilisation, culture, goût, hellénisme, sagesse, sapience, savoir.

HUMANISTE ■ Lettré, libre-penseur, philosophe, sage.

HUMANITAIRE ■ ⇒ **humain.**

HUMANITÉ ■ ***I.*** ⇒ **bonté.** ***II.*** ⇒ **homme.**

HUMBLE ■ ***I.*** ⇒ **modeste.** ***II.*** ⇒ **petit.**

HUMECTER ■ ***I. Au pr. :*** abreuver, arroser, bassiner, délaver, emboire (vx), humidifier, imbiber, imprégner, mouiller. ***II. Techn. :*** bruir, humidier, hydrater, madéfier.

HUMER ■ ***I.*** ⇒ **sentir.** ***II.*** ⇒ **avaler.**

HUMEUR ■ ***I. Disposition d'esprit.*** **1. Favorable ou neutre** : attitude, désir, envie, esprit, fantaisie, goût, gré, idée, manière d'être, naturel, prédilection, volonté. **2. Non favorable** : aigreur, bizarrerie, caprice, extravagance, fantaisie, folie, impatience, irrégularité, irritation, lubie, manie, mécontentement, misanthropie, passade, vertigo. ⇒ **fâcherie.** ***II.*** ⇒ **liquide, sécrétion.**

HUMIDE ■ Aqueux, détrempé, embrumé, embué, fluide, frais, halitueux (vx), humecté, humidifié, hydraté, imbibé, imprégné, liquide, moite, mouillé, suintant, uliginaire, uligineux.

HUMIDIFIER ■ ⇒ **humecter.**

HUMIDITÉ ■ ***I.*** Brouillard, brouillasse, bruine, brume, fraîcheur, moiteur, mouillure, rosée, serein. ***II.*** Degré hygrométrique, imprégnation, infiltration, saturation, suintement.

HUMILIANT, E ■ ⇒ **honteux.**

HUMILIATION ■ ***I. On humilie ou on s'humilie :*** abaissement, aplatissement (fam.), confusion, dégradation, diminution, honte, mortification. ***II. Ce qui humilie :*** affront, avanie, blessure, camouflet, dégoût, gifle, honte, opprobre, outrage, vexation.

HUMILIER ■ Abaisser, accabler, avilir, confondre, courber sous sa loi/volonté, dégrader, donner son paquet (fam.), doucher (fam.), écraser, faire honte, gifler, inférioriser, mater, mettre plus bas que terre, mortifier, moucher (fam.), offenser, opprimer, rabaisser, rabattre, ravaler, souffleter, vexer. ***V. pron. :*** baiser les pieds, courber le dos/le front, fléchir/plier/ployer le genou, s'incliner, lécher les bottes (fam.)/le cul (grossier), se mettre à plat ventre (fam.), se prosterner, ramper, *et les formes pron. possibles des syn. de* HUMILIER.

HUMILITÉ ■ ***I. Favorable ou neutre :*** componction, modestie, soumission, timidité. ***II. Non favorable.*** **1.** Bassesse, obséquiosité, platitude, servilité. **2.** Abaissement, obscurité. ⇒ **humiliation.** ***III. Par ext. :*** abnégation, déférence, douceur, effacement, réserve, respect, simplicité.

HUMORISTE ■ Amuseur, caricaturiste, comique, fantaisiste, farceur, ironiste, moqueur, pince-sans-rire, plaisantin, railleur, rieur.

HUMORISTIQUE ■ ⇒ **risible.**

HUMOUR ■ ⇒ **esprit, plaisanterie.**

HUPPE ■ ⇒ **houppe.**

HUPPÉ, E ■ ⇒ **riche.**

HURE ■ Groin, museau. ⇒ **tête.**

HURLEMENT ■ ⇒ **cri.**

HURLER ■ v. tr. et intr. ⇒ **crier.**

HURLUBERLU, E ■ ⇒ **étourdi.**

HUTINET ■ ⇒ **mail.**

HUTTE ■ ⇒ **cabane.**

HYACINTHE ■ Jacinthe.

HYALIN, E ■ ⇒ **transparent.**

HYBRIDATION ■ ⇒ **métissage.**

HYBRIDE ■ adj. et n. ⇒ **métis.**

HYBRIDER ■ ⇒ **croiser.**

HYDRATER ■ ⇒ **humecter.**

HYDRE ■ ⇒ **dragon.**

HYDROGRAPHIE ■ Océanographie.

HYGIÈNE ■ Confort, diététique, grand air, propreté, régime, salubrité, santé, soin.

HYMEN ■ ⇒ **mariage, virginité.**

HYMNE ■ ***I. Nom masc. :*** air, chant, marche, musique, ode, péan, stances. ***II. Nom fém. :*** antienne, cantique, chœur, choral, prose, psaume, séquence.

HYPERBOLE ■ ⇒ **exagération.**

HYPERBOLIQUE ■ ***I.*** ⇒ **excessif.** ***II.*** ⇒ **emphatique.**

HYPERBORÉEN, ENNE ■ ⇒ **nordique.**

HYPERESTHÉSIE ■ ⇒ **sensibilité.**

HYPERTROPHIE ■ ⇒ **gonflement.**

HYPNOSE, HYPNOTISME ■ Catalepsie, envoûtement, état second, léthargie, magnétisation, narcose, sommeil, somnambulisme.

HYPNOTIQUE ■ ⇒ **narcotique.**

HYPNOTISER ■ ***I.*** ⇒ **endormir.** ***II.*** ⇒ **fasciner.**

HYPNOTISEUR ■ Magnétiseur.

HYPOCONDRE ou ***HYPOCONDRIAQUE*** ■ ⇒ **bilieux.**

HYPOCONDRIE ■ ⇒ **mélancolie.**

HYPOCRISIE ■ ***I. Le défaut :*** affectation, baiser de Judas, bigoterie, cafarderie, cafardise, cagotisme, cagotterie, chafouinerie (fam.), cautèle, déloyauté, dissimulation, duplicité, escobarderie, fausseté, félonie, flatterie, fourberie, jésuitisme, machiavélisme, papelardise, patelinage, pelotage, pharisaïsme, pruderie, pudibonderie, simulation, tartuferie. ***II. L'acte :*** cabotinage, comédie, double-jeu, faux-semblant, feinte, fraude, grimace, jonglerie, mascarade, mensonge, momerie, pantalonnade, simagrée, singerie, sournoiserie, trahison, tromperie, vicelardise.

HYPOCRITE ■ Affecté, artificieux, baveux, bigot, cabot, cabotin, cafard, cagot, caméléon, captieux, cauteleux, comédien, déloyal, dissimulateur, dissimulé, double-jeu, doucereux, escobar, fallacieux, faux, félon, flatteur, fourbe, grimacier, imposteur, insidieux, insinuant, jésuite, judas, matois, matou, menteur, mielleux, papelard, patelin, patte-pelu (vx), peloteur, pharisaïque, pharisien, prude, pudibond, renard, retors, sainte-nitouche, simulateur, sournois, spécieux, sucré, tartufe, tortueux, trompeur, visqueux. ***Fam.*** : chafouin, derge, faux-derche, faux-jeton, vicelard.

HYPOGÉ, E ▪ adj. Souterrain.

HYPOGÉE ▪ n. m. Cave, caveau, crypte, sépulture, souterrain, tombe, tombeau.

HYPOTHÈQUE ▪ Gage, privilège, sûreté. ⇒ **garantie.**

HYPOTHÉQUER ▪ **Donner en ⇒ hypothèque, grever.**

HYPOTHÈSE ▪ ***I.*** ⇒ **supposition.** ***II.*** ⇒ **principe.**

HYPOTHÉTIQUE ▪ ⇒ **incertain.**

HYSTÉRIE ▪ Pithiatisme. ⇒ **nervosité.**

HYSTÉRIQUE ▪ Pithiatique. ⇒ **nerveux.**

i

IAMBE ■ ⇒ **poème.**

ICI ■ Céans, en cet endroit, en ce lieu.

ICI-BAS ■ En ce monde, sur terre.

ICTÈRE ■ Cholémie, hépatite, jaunisse.

IDÉAL ■ n. ***I. Favorable :*** aspiration, canon, modèle, parangon, perfection, prototype, type. ***II. Non favorable :*** fumée, imagination, moulin à vent, rêve, utopie, viande creuse.

IDÉAL, E ■ adj. Absolu, accompli, chimérique, élevé, exemplaire, idyllique, illusoire, imaginaire, inaccessible, merveilleux, parfait, pur, rêvé, souverain, sublime, suprême, transcendant, utopique.

IDÉALISATION ■ Embellissement, enjolivement, poétisation, transposition.

IDÉALISER ■ ⇒ **embellir.**

IDÉE ■ ***I.*** Archétype, concept, connaissance, conscience, notion. ***II.*** ⇒ **ébauche.** ***III.*** ⇒ **invention.** ***IV.*** ⇒ **modèle.** ***V.*** Aperçu, avant-goût, conception, échantillon, élucubration (péj.), essai (vx), exemple, image, intention, pensée, perspective, réflexion, vue. ***VI.*** ⇒ **opinion.** ***VII. Loc.*** **1. Idée fixe :** chimère, dada (fam.) hantise, manie, marotte, monomanie, obsession. ⇒ **imagination. 2. Avoir dans l'idée :** avoir dans la tête/l'intention.

IDEM ■ De même, dito, ibidem, infra, itou (fam.), supra, susdit.

IDENTIFICATION ■ ⇒ **reconnaissance.**

IDENTIFIER ■ ⇒ **reconnaître.**

IDENTIQUE ■ ⇒ **semblable.**

IDENTITÉ ■ Pedigree (fam.). ⇒ **similitude.**

IDÉOLOGIE ■ ⇒ **opinion.**

IDIOME ■ ⇒ **langue.**

IDIOT, E ■ ***I.*** Arriéré, débile, demeuré, minus, minus habens. ***II.*** ⇒ **stupide.** ***III.*** ⇒ **bête.**

IDIOTIE ■ ***I.*** Aliénation, arriération, débilité mentale, imbécillité.

IDIOTIFIER ■ ⇒ **abêtir.**

IDIOTISME ■ ⇒ **expression.**

IDOINE ■ ⇒ **convenable.**

IDOLÂTRE ■ ⇒ **païen.**

IDOLÂTRER ■ ⇒ **aimer.**

IDOLÂTRIE ■ ***I.*** ⇒ **religion.** ***II.*** ⇒ **attachement.**

IDOLE ■ ⇒ **dieu.**

IDYLLE ■ ***I.*** ⇒ **pastorale.** ***II.*** ⇒ **caprice.**

IDYLLIQUE ■ ⇒ **idéal.**

IGNARE ■ n. et adj. ⇒ **ignorant.**

IGNIFUGE ■ Anticombustible,

incombustible, ininflammable, réfractaire.

IGNITION ■ ⇒ **combustion.**

IGNOBLE ■ *I.* ⇒ **bas.** *II.* ⇒ **dégoûtant.**

IGNOMINIE ■ ⇒ **honte.**

IGNOMINIEUX, EUSE ■ ⇒ **honteux.**

IGNORANCE ■ Abrutissement, analphabétisme, ânerie, balourdise, bêtise, candeur, crasse, imbécillité, impéritie, impuissance, incapacité, incompétence, incompréhension, inconscience, inconséquence, inculture, inexpérience, ingénuité, innocence, insuffisance, lacune, méconnaissance, naïveté, nullité, obscurantisme, simplicité, sottise.

IGNORANT, E ■ Abruti, aliboron (fam.), analphabète, âne, arriéré, balourd, baudet, béjaune, bête, bourrique (fam.), cancre, candide, croûte (fam.), étranger à, ganache (péj.), ignare, ignorantin, ignorantissime, illettré, impuissant, incapable, incompétent, incompréhensif, inconscient, inculte, inexpérimenté, ingénu, inhabile, malhabile, non informé/initié, nul, primitif, profane, sans connaissance/instruction/savoir, sot.

IGNORÉ, E ■ ⇒ **inconnu.**

IGNORER ■ ⇒ **méconnaître, ne pas** ⇒ **savoir.**

ILLÉGAL, E, ILLÉGITIME ■ *I.* ⇒ **défendu.** *II.* ⇒ **irrégulier.**

ILLETTRÉ, E ■ ⇒ **ignorant.**

ILLICITE ■ ⇒ **défendu.**

ILLICO ■ ⇒ **aussitôt.**

ILLIMITÉ, E ■ ⇒ **immense.**

ILLISIBLE ■ Abracadabrant, entortillé, incompréhensible, indéchiffrable, inintelligible, obscur, sans queue ni tête.

ILLOGIQUE ■ Aberrant, absurde, alogique, anormal, contradictoire, dément, déraisonnable, désordonné, faux, incohérent, inconséquent, indu, invraisemblable, irrationnel, paradoxal.

ILLUMINATION ■ *I.* ⇒ **lumière.** *II.* ⇒ **inspiration.**

ILLUMINÉ, E ■ *Fig. I.* ⇒ **inspiré.** *II.* ⇒ **visionnaire.**

ILLUMINER ■ ⇒ **éclairer.**

ILLUSION ■ *I. Au pr.* 1. ⇒ **hallucination.** 2. ⇒ **erreur.** *II. Par ext. :* amusement, charme, chimère, duperie, enchantement, fantasmagorie, fantôme, féerie, fiction, fumée, hochet, leurre, idée, image, imagination, irréalité, magie, manipulation, mirage, prestidigitation, prestige, reflet, rêve, rêverie, semblant, simulation, songe, tour de passe-passe, utopie, vanité, vision.

ILLUSIONNER ■ ⇒ **tromper.**

ILLUSIONNISTE ■ Acrobate (par ext.), escamoteur, jongleur, magicien, manipulateur, physicien (vx), prestidigitateur.

ILLUSOIRE ■ Chimérique, conventionnel, fabriqué, fantaisiste, faux, feint, fictif, imaginaire, imaginé, inexistant, inventé, irréel, mythique, romanesque, supposé, truqué, utopique, vain. ⇒ **trompeur.**

ILLUSTRATEUR ■ ⇒ **dessinateur.**

ILLUSTRATION ■ *I. Au pr.* ⇒ **image.** *II. Par ext. :* célébrité, consécration, démonstration, éclat, exemple, gloire, glorification, grandeur, honneur, immortalité, lauriers, lumière, lustre, notoriété, phare, popularité, rayonnement, renom, renommée, réputation, splendeur.

ILLUSTRE ■ Brillant, célèbre, connu, consacré, distingué, éclatant, fameux, glorieux, grand, honorable, immortel, légendaire, noble, notoire, populaire, renommé, réputé.

ILLUSTRÉ ■ ⇒ **revue.**

ILLUSTRER ■ ***I.*** Clarifier, débrouiller, déchiffrer, démontrer, développer, éclairer, élucider, expliquer, informer, instruire, mettre en lumière, rendre intelligible, renseigner. ⇒ **éclaircir.** ***II.*** ⇒ **prouver.**

ÎLOT ■ ***I.*** Javeau. ***II. Par ext. :*** amas, assemblage, bloc, ensemble, groupe, pâté.

ILOTE ■ ***I.*** ⇒ **bête.** ***II.*** ⇒ **ivrogne.**

ILOTISME ■ ***I.*** ⇒ **bêtise.** ***II.*** ⇒ **ivresse.**

IMAGE ■ ***I. Au pr.*** **1.** ⇒ **représentation. 2.** Aquarelle, aquatinte, bois gravé, bosse, buste, caricature, chromo (péj.), croquis, décalcomanie, dessin, eau-forte, effigie, enseigne (par ext.), estampe, figure, figurine, forme, fresque, gouache, graphique, gravure, héliogravure, icône, illustration, litho, lithographie, médaillon, mine de plomb, miniature, nu, ombre, peinture, photo, plan (par ext.), planche, portrait, pyrogravure, reflet, réplique, reproduction, schéma, sépia, signe, statue, statuette, tableau, tête, tracé (par ext.), vignette, vue, xylographie. **3.** Bande dessinée, cartoon, comics. ***II. Par ext.*** **1.** Cinéma, télévision. **2.** Allégorie, catachrèse, cliché, comparaison, figure, métaphore, métonymie, parabole, symbole, synecdoque. **3.** ⇒ **idée. 4.** ⇒ **ressemblance. 5.** ⇒ **description. 6.** ⇒ **symbole. 7.** ⇒ **illusion.**

IMAGÉ, E ■ Coloré, figuré, métaphorique, orné.

IMAGER ■ Adorner, agrémenter, ajouter, broder, colorer, décorer, égayer, émailler, embellir, enjoliver, enluminer, enrichir, farder, fignoler, fleurir, garnir, historier, ornementer, parer, rehausser. ⇒ **orner.**

IMAGINABLE ■ ⇒ **intelligible.**

IMAGINAIRE ■ Allégorique, chimérique, conventionnel, creux, fabriqué, fabuleux, fantaisiste, fantasmagorique, fantastique, fantomatique, faux, feint, fictif, idéal, illusoire, imaginé, inexistant, inventé, irréel, légendaire, mensonger, mythique, onirique, prétendu, rêvé, romancé, romanesque, supposé, théorique, truqué, utopique, visionnaire.

IMAGINATIF, IVE ■ ⇒ **ingénieux.**

IMAGINATION ■ ***I. Faculté de l'esprit.*** **1. Neutre** : conception, évasion, extrapolation, fantaisie, idée, improvisation, inspiration, invention, inventivité, notion, rêverie, supposition. **2. Non favorable** : divagation, élucubration, extravagance, fantasme, puérilité, vaticination, vision. ***II. Objet représenté.*** **1.** ⇒ **illusion. 2.** ⇒ **fable.**

IMAGINER ■ Chercher, combiner, concevoir, conjecturer, construire, créer, découvrir, envisager, évoquer, extrapoler, fabriquer, fantasmer, se figurer, forger, former, gamberger (arg.), improviser, inventer, se représenter, rêver, songer, supposer, trouver.

IMBATTABLE ■ ⇒ **irrésistible.**

IMBÉCILE ■ ⇒ **bête.**

IMBÉCILLITÉ ■ ⇒ **bêtise, idiotie.**

IMBERBE ■ Glabre, lisse, nu.

IMBIBER ■ ***I.*** Abreuver, arroser, bassiner, délaver, emboire (vx), humecter, humidifier, imprégner, mouiller. ***II. Techn. :*** bruir, humidier, hydrater, madéfier. ***III. V. pron. :*** boire, pomper, *et les formes pron. possibles des syn. de* IMBIBER.

IMBIBITION ■ ⇒ **absorption.**

IMBRICATION ■ ⇒ **suite.**

IMBRIQUER ■ ⇒ **insérer.**

IMBROGLIO ■ ***I.*** Brouillamini, brouillement, confusion, désordre, embrouillamini, embrouillement, emmêlement, enchevêtrement, incertitude, obscurcissement, ombre, voile. ***II.*** ⇒ **intrigue.**

IMBU, E ■ ⇒ **pénétré.**

IMBUVABLE ■ ***Fig.*** ⇒ **intolérable.**

IMITATEUR, TRICE ■ Compilateur, contrefacteur (péj.), copieur, copiste, fausseur (péj.), mime, moutonnier (péj.), parodiste, pasticheur, plagiaire, simulateur, singe (péj.), suiveur.

IMITATION ■ ***I. L'acte d'imiter :*** copiage, démarcage *ou* démarquage, esclavage, grégarisme, mime, servilité, simulation, singerie. ***II. L'objet :*** calque, caricature, charge, compilation, contrefaçon (péj.), copiage, copie, décalcage, démarcage *ou* démarquage, double, emprunt, fac-similé, image, parodie, pastiche, plagiat, répétition, reproduction, semblant, simulacre, toc (fam.).

IMITER ■ Calquer, caricaturer, compiler, contrefaire, copier, décalquer, démarquer, emprunter, s'inspirer de, jouer, mimer, parodier, pasticher, picorer, piler (péj.), pirater (péj.), plagier, répéter, reproduire, simuler, singer (péj.), transcrire.

IMMACULÉ, E ■ ⇒ **pur.**

IMMANENT, E ■ ⇒ **immédiat.**

IMMANQUABLE ■ ⇒ **inévitable.**

IMMANQUABLEMENT ■ À coup sûr, à tous les coups, pour sûr, inévitablement, *et les adv. en -ment formés à partir des syn. de* INÉVITABLE.

IMMARCESCIBLE ■ ⇒ **irrévocable.**

IMMATÉRIEL, ELLE ■ Aérien, incorporel, léger, impalpable, intemporel, intouchable, pur esprit. ⇒ **spirituel.**

IMMATRICULATION ■ Enregistrement, identification, inscription, insertion, numéro matricule, repère.

IMMATRICULER ■ Enregistrer, identifier, inscrire, insérer, marquer, numéroter, repérer.

IMMATURE ■ ***I.*** ⇒ **enfantin.** ***II.*** ⇒ **retardé.**

IMMATURITÉ ■ ⇒ **retard.**

IMMÉDIAT, E ■ Direct, immanent, imminent, instantané, présent, prochain, prompt, subit, sur-le-champ.

IMMÉDIATEMENT ■ ⇒ **aussitôt.**

IMMÉMORIAL, E ■ Vieux.

IMMENSE ■ Ample, colossal, cyclopéen, démesuré, effrayant, énorme, formidable, géant, gigantesque, grandiose, grandissime, gros, illimité, immensurable (vx), imposant, incommensurable, indéfini, infini, monumental, prodigieux, profond, vaste. ⇒ **grand.**

IMMENSITÉ ■ Abîme, amplitude, espace, étendue, grandeur, infini, infinité, infinitude, multitude, quantité.

IMMERGER ■ ⇒ **plonger.**

IMMEUBLE ■ Bâtiment, bien, biens-fonds, building, caserne (péj.), construction, édifice, ensemble, fonds, grand ensemble, gratte-ciel, H.L.M., hôtel, local, maison, palace, palais, propriété. ⇒ **habitation.**

IMMIGRATION ■ Arrivée, déplacement, entrée, exil, exode, gain de population, migration, mouvement, nomadisme, peuplement, venue.

IMMINENCE ■ Approche, instance, point critique, proximité.

IMMINENT, E ■ Critique, immédiat, instant, menaçant, prochain, proche.

IMMISCER (S') ■ ⇒ **intervenir.**

IMMIXTION ■ ⇒ **intervention.**

IMMOBILE ■ ***I. Neutre :*** arrêté, calme, en repos, ferme, figé, fixe, immuable, impassible, inactif, inébranlable, inerte, insensible, invariable, planté, rivé, stable, stationnaire, statique, sur place, tranquille. ***II. Non favorable.*** **1. Quelqu'un** : cloué, figé, interdit, interloqué, médusé, paralysé, pétrifié, sidéré, stupéfait, stupéfié, stupide. **2. De l'eau** : croupie, croupissante, dormante, gelée, stagnante. **3. Un**

véhicule : arrêté, à l'arrêt, calé, en panne, grippé, stoppé.

IMMOBILISATION ■ *I.* Gel. ⇒ **confiscation.** *II.* ⇒ **immobilité.**

IMMOBILISER ■ *I. Un véhicule :* arrêter, bloquer, caler, stopper. *II. Un objet :* affermir, assujettir, assurer, attacher, bloquer, clouer, coincer, ficher, fixer, maintenir immobile *et les syn. de* IMMOBILE, planter, retenir, river, solidifier, tenir, visser. *III. Fig. :* clouer, cristalliser, enchaîner, endormir, figer, fixer, freiner, geler, mobiliser, paralyser, pétrifier, scléroser.

IMMOBILISME ■ Conservatisme, intégrisme, réaction.

IMMOBILITÉ ■ Ankylose, calme, fixité, immobilisme, immuabilité, impassibilité, inactivité, inertie, paralysie, piétinement, repos, stabilité, stagnation.

IMMODÉRÉ, E ■ ⇒ **excessif.**

IMMODESTE ■ *I.* ⇒ **inconvenant.** *II.* ⇒ **obscène.**

IMMODESTIE ■ ⇒ **lasciveté.**

IMMOLATION ■ ⇒ **sacrifice.**

IMMOLER ■ ⇒ **sacrifier.**

IMMONDE ■ ⇒ **malpropre.**

IMMONDICE ■ ⇒ **ordure.**

IMMORAL, E ■ ⇒ **débauché.**

IMMORALITÉ ■ Amoralité, corruption, cynisme, débauche, dépravation, dévergondage, dissolution, immoralisme, laxisme, liberté des mœurs, libertinage, licence, lubricité, obscénité, stupre, vice.

IMMORTALISER ■ Conserver, éterniser, fixer, pérenniser, perpétuer, rendre éternel/impérissable/inoubliable, transmettre.

IMMORTALITÉ ■ *I.* Autre vie, éternité, survie, vie future. *II.* ⇒ **gloire.**

IMMORTEL, ELLE ■ *I. Adj.* ⇒ **éternel.** *II. Nom :* académicien.

IMMOTIVÉ, E ■ ⇒ **injustifiable.**

IMMUABLE ■ ⇒ **durable.**

IMMUNISER ■ *I.* Mithridatiser. ⇒ **inoculer.** *II.* ⇒ **garantir.**

IMMUNITÉ ■ *I. D'une charge :* décharge, dispense, exemption, exonération, franchise, inamovibilité, inviolabilité, irresponsabilité, libération, liberté, prérogative, privilège. *II. Méd. :* accoutumance, mithridatisation, préservation, protection, vaccination.

IMMUTABILITÉ ■ Constance, fixité, immuabilité, invariabilité, pérennité.

IMPACT ■ *I.* But, choc, collision, coup, heurt. *II. Par ext. :* bruit, conséquence, effet, retentissement.

IMPAIR ■ ⇒ **maladresse.**

IMPALPABLE ■ *I.* ⇒ **immatériel.** *II.* ⇒ **intouchable.**

IMPARDONNABLE ■ Inexcusable, injustifiable, irrémissible. ⇒ **irrémédiable.**

IMPARFAIT, E ■ Approximatif, avorté, défectueux, déficient, difforme, discutable, ébauché, embryonnaire, fautif, grossier, imprécis, inabouti, inachevé, incomplet, indigent, inégal, insuffisant, lacunaire, loupé (fam.), manqué, mauvais, médiocre, négligé, raté, restreint, rudimentaire, vague, vicieux.

IMPARTIAL, E ■ ⇒ **juste.**

IMPARTIALITÉ ■ ⇒ **justice.**

IMPARTIR ■ ⇒ **distribuer.**

IMPASSE ■ *I. Au pr. :* cul-de-sac, voie sans issue. *II. Fig. :* danger, difficulté, mauvais pas. ⇒ **obstacle.**

IMPASSIBILITÉ ■ Apathie, ataraxie, calme, constance, dureté, équanimité, fermeté, flegme, froideur, immobilité, impartialité, impavidité, impénétrabilité, imperturbabilité, indifférence, insensibilité, intrépidité, philosophie, placidité, sang-froid, stoïcisme, tranquillité.

IMPASSIBLE ■ Apathique, calme, constant, décontracté, dur, équanime, ferme, flegmatique, froid, immobile, impartial, impavide, impénétrable, imperturbable, implacable, indifférent, inébranlable, inflexible, insensible, intrépide, maître de soi, marmoréen, philosophe, placide, relax (fam.), stoïque, tranquille.

IMPATIENCE ■ *I. Au pr. :* avidité, brusquerie, désir, empressement, fièvre, fougue, hâte, impétuosité, inquiétude, précipitation. *II. Par ext.* 1. Agacement, colère, énervement, exaspération, irascibilité, irritabilité, irritation. 2. Supplice, torture. 3. **Au pl. ⇒ picotement.**

IMPATIENT, E ■ ⇒ **pressé.**

IMPATIENTER ■ ⇒ **énerver.** *V. pron. :* se départir de son calme, être sur des charbons ardents/sur le gril, perdre patience, ronger son frein, sortir de ses gonds, se mettre en colère *et les syn. de* COLÈRE, se tourmenter.

IMPATRONISER (S') ■ ⇒ **introduire (s').**

IMPAVIDE ■ ⇒ **intrépide.**

IMPAYABLE ■ ⇒ **risible.**

IMPECCABLE ■ *I.* ⇒ **irréprochable.** *II.* ⇒ **parfait.**

IMPÉCUNIEUX, EUSE ■ ⇒ **pauvre.**

IMPÉCUNIOSITÉ ■ ⇒ **pauvreté.**

IMPEDIMENTUM, A ■ *I.* ⇒ **bagage.** *II.* ⇒ **obstacle.**

IMPÉNÉTRABLE ■ ⇒ **secret.**

IMPÉNITENT, E ■ ⇒ **incorrigible.**

IMPENSABLE ■ ⇒ **invraisemblable.**

IMPÉRATIF, IVE ■ ⇒ **absolu.**

IMPERCEPTIBLE ■ Atomique, faible, illisible, impalpable, impondérable, inaudible, indiscernable, infime, inodore, insaisissable, insensible, insignifiant, invisible, léger, microscopique, minime, minuscule, petit, subtil.

IMPERFECTION ■ Défaut, défectuosité, démérite, difformité, faible, faiblesse, grossièreté, inachèvement, incomplétude, infirmité, insuffisance, lacune, loup, malfaçon, manque, péché mignon/véniel, petitesse, ridicule, tache, tare, travers, vice.

IMPÉRIALISME ■ Colonialisme, expansionnisme. ⇒ **autorité.**

IMPÉRIEUX, EUSE ■ *I. Au pr. :* absolu, altier, autoritaire, catégorique, contraignant, dictatorial, dominateur, formel, impératif, irrésistible, obligatoire, péremptoire, pressant, rigoureux, sérieux, strict, tranchant, tyrannique, urgent. *II. Par ext.* ⇒ **dédaigneux.**

IMPÉRISSABLE ■ ⇒ **éternel.**

IMPÉRITIE ■ *I.* ⇒ **incapacité.** *II.* ⇒ **maladresse.**

IMPERMÉABILITÉ ■ *I.* ⇒ **dureté.** *II.* ⇒ **indifférence.**

IMPERMÉABLE ■ *I. Adj.* 1. **Au pr. :** étanche, hors d'eau. 2. **Fig. :** impénétrable, inaccessible, insensible. ⇒ **indifférent.** *II. Nom :* caoutchouc, ciré, duffle-coat, gabardine, macfarlane, manteau de pluie, pèlerine, trench-coat, waterproof.

IMPERSONNEL, ELLE ■ ⇒ **indifférent.**

IMPERTINENCE ■ ⇒ **impolitesse.**

IMPERTINENT, E ■ *I.* ⇒ **déplacé.** *II.* ⇒ **arrogant.** *III.* ⇒ **irrévérencieux.** *IV.* ⇒ **sot.**

IMPERTURBABLE ■ ⇒ **impassible.**

IMPÉTRANT, ANTE ■ Bénéficiaire, lauréat.

IMPÉTRER ■ ⇒ **obtenir.**

IMPÉTUEUX, EUSE ■ Ardent, bouillant, brusque, déchaîné, déferlant, effréné, emporté, endiablé, explosif, de feu, fier, fort, fougueux, frénétique, furieux, inflammable, pétulant, précipité, prompt, torrentueux, véhément, vertigineux, vif, violent, volcanique.

IMPÉTUOSITÉ ■ Ardeur, bouillonnement, brusquerie, déchaînement, déferlement, élan, emballement, emportement, exaltation, feu, fierté, fièvre, flamme, force, fougue, frénésie, furie, hâte, impatience, pétulance, précipitation, promptitude, rush, tourbillon, transport, véhémence, violence, vivacité.

IMPIE ■ ⇒ **incroyant.**

IMPIÉTÉ ■ Agnosticisme, apostasie, athéisme, blasphème, froideur, hérésie, incrédulité, incroyance, indifférence, infidélité, inobservance, irréligion, libertinage, libre-pensée, paganisme, péché, profanation, sacrilège, scandale.

IMPITOYABLE, IMPLACABLE ■ ***I.*** ⇒ **dur.** ***II.*** ⇒ **inflexible.**

IMPLANT ■ Pellet.

IMPLANTATION ■ ***I.*** ⇒ **établissement.** ***II.*** ⇒ **fixation.**

IMPLANTER ■ ⇒ **fixer, établir.**

IMPLEXE ■ ⇒ **compliqué.**

IMPLICATION ■ Accusation, conséquence, complicité, compromission, responsabilité. ⇒ **suite.**

IMPLICITE ■ Allant de soi, convenu, inexprimé, sous-entendu, tacite.

IMPLIQUER ■ ***I.*** Compromettre. ***II.*** ⇒ **comprendre (dans), renfermer.**

IMPLORATION ■ ⇒ **prière.**

IMPLORER ■ ⇒ **prier.**

IMPOLI, E ■ Brutal, butor, cavalier, déplacé, désagréable, désinvolte, discourtois, effronté, goujat, grossier, impertinent, importun, impudent, incivil, inconvenant, incorrect, indélicat, indiscret, injurieux, insolent, irrespectueux, irrévérencieux, leste, malappris, mal élevé/embouché/léché/poli, malhonnête, malotru, malséant, malsonnant, maroufle (vx), mufle, offensant, ordurier, rude, rustique, sans-gêne, vulgaire. ***Fam.*** : galapiat, gougnafier, huron, iroquois, ostrogot, paltoquet, peigne-cul, pignouf, rasta, rastaquouère, rustaud.

IMPOLITESSE ■ Brutalité, désinvolture, discourtoisie, goujaterie, grossièreté, impertinence, importunité, incivilité, incongruité, inconvenance, incorrection, indélicatesse, indiscrétion, insolence, irrespect, irrévérence, malhonnêteté, mauvaise éducation, manque de savoir-vivre, muflerie, rusticité, sans-gêne, vulgarité.

IMPONDÉRABLE ■ ***I. Nom*** ⇒ **hasard.** ***II. Adj.*** ⇒ **imperceptible.**

IMPORTANCE ■ ***I. Au pr.*** : conséquence, considération, étendue, grandeur, gravité, intérêt, nécessité, poids, portée, puissance, valeur. ***II. Par ext.*** **1.** ⇒ **influence. 2.** ⇒ **orgueil.**

IMPORTANT, E ■ adj. et n. ***I. Au pr.*** : appréciable, à prendre en considération/estime, capital, conséquent (pop.), considérable, coquet (fam.), corsé, crucial, décisif, de conséquence, de poids, d'importance, dominant, éminent, essentiel, étendu, fondamental, fort, grand, grave, gros, haut, incalculable, inestimable, influent, insigne, intéressant, le vif du débat/sujet, lourd, majeur, mémorable, nécessaire, notable, pierre angulaire, principal, rondelet, substantiel, utile, valable. ***II. Par ext.*** **1.** Urgent, pressé. **2.** ⇒ **affecté** et **orgueilleux.**

IMPORTATION ■ ⇒ **introduction.**

IMPORTER ■ ***I. V. tr.*** : commercer, faire venir, introduire. ***II. V. intr.*** **1.** Compter, entrer en ligne de compte ⇒ **intéresser. 2. Peu m'importe** : peu me chante/chaut.

IMPORTUN, E ■ Accablant, agaçant,

déplaisant, désagréable, de trop, embarrassant, embêtant, encombrant, énervant, ennuyeux, envahissant, étourdissant, excédant, fâcheux, fatigant, gênant, gêneur, incommodant, incommode, indésirable, indiscret, inopportun, insupportable, intempestif, intolérable, intrus, malséant, messéant, obsédant, officieux, pesant. *Fam. :* ardélion, bassinant, casse ⇒ **bourses/⇒ fessier/⇒ pieds,** colique, collant, crampon, emmerdant, gluant, hurluberlu, lantiponnant, mouche du coche, plaie, pot de colle, raseur, rasoir, sangsue, tannant, tuant.

IMPORTUNER ▪ ***I.*** ⇒ **tourmenter.** ***II.*** ⇒ **ennuyer.** ***III.*** ⇒ **gêner.**

IMPOSANT, E ▪ Auguste, colossal, considérable, digne, écrasant, élevé, énorme, étonnant, fantastique, formidable, grand, grandiose, grave, impressionnant, magistral, magnifique, majestueux, monumental, noble, notoire, olympien, pompeux (péj.), prudhommesque (péj.), respectable, royal, solennel, stupéfiant, superbe.

IMPOSER ▪ ***I.*** ⇒ **prescrire.** ***II.*** ⇒ **obliger.** ***III.*** ⇒ **impressionner.** ***IV. Loc.*** **En imposer. 1.** ⇒ **tromper. 2.** ⇒ **dominer.** ***V. V. pron. :*** ⇒ **introduire (s').**

IMPOSITION ▪ ⇒ **impôt.**

IMPOSSIBILITÉ ▪ ⇒ **impuissance.**

IMPOSSIBLE ▪ ***I. Quelque chose :*** absurde, chimérique, contradictoire, difficile, épineux, fou, illusoire, impensable, impraticable, inabordable, inaccessible, inadmissible, inapplicable, incompatible, inconcevable, inconciliable, inexcusable, inexécutable, infaisable, insensé, insoluble, insupportable, irréalisable, utopique, vain. ***II. Quelqu'un*** ⇒ **difficile.**

IMPOSTE ▪ Vasistas. ⇒ **ouverture.**

IMPOSTEUR ▪ Charlatan, dupeur, esbroufeur, fallacieux, fourbe, mystificateur, perfide, simulateur, trompeur, usurpateur. ⇒ **hâbleur, hypocrite.**

IMPOSTURE ▪ ***I.*** ⇒ **hâblerie.** ***II.*** ⇒ **fausseté.** ***III.*** ⇒ **tromperie.**

IMPÔT ▪ Centimes additionnels, charge, contribution, cote, droit, fiscalité, imposition, levée, patente, prestation, redevance, surtaxe, taxation, taxe, tribut. ***Vx :*** champart, corvée, dîme, gabelle, maltôte, taille, tonlieu.

IMPOTENT, E ▪ ⇒ **infirme.**

IMPRATICABLE ▪ ***I. Au pr. :*** dangereux, difficile, impossible, inabordable, inaccessible, inapplicable, inexécutable, infranchissable, interdit, inutilisable, irréalisable, malaisé, obstrué. ***II. Fig. :*** infréquentable, insociable, insupportable, invivable.

IMPRÉCATION ▪ ⇒ **malédiction.**

IMPRÉCIS, E ▪ ⇒ **vague.**

IMPRÉCISION ▪ Approximation, flou, vague. ⇒ **indétermination.**

IMPRÉGNATION ▪ ⇒ **absorption.**

IMPRÉGNÉ, E ▪ ⇒ **pénétré.**

IMPRÉGNER ▪ ***I. Au pr. :*** baigner, bassiner, détremper, humecter, imbiber, pénétrer, tremper. ***II. Fig. :*** animer, communiquer, déteindre sur, envahir, imprimer, inculquer, infuser, insuffler, marquer, pénétrer. ***III. V. pron. :*** **1. Au pr. :** absorber, boire, s'imbiber, prendre l'eau. **2. Fig. :** acquérir, assimiler, apprendre.

IMPRENABLE ▪ À toute épreuve, blindé, inaccessible, inentamable, inexpugnable, invincible, invulnérable.

IMPRESSION ▪ ***I.*** ⇒ **édition.** ***II.*** ⇒ **effet.** ***III.*** ⇒ **sensation.** ***IV.*** ⇒ **opinion.** ***V. Loc.*** **Faire impression** ⇒ **impressionner.**

IMPRESSIONNABLE ▪ ⇒ **sensible.**

IMPRESSIONNANT, E ▪ Ahurissant, bouleversant, brillant, confondant, déroutant, effrayant, émouvant, étonnant, étourdissant, extraordinaire, formidable, frappant, imposant, incroyable, inimaginable, merveilleux, prodigieux, renversant, saisissant, sensationnel, spectaculaire, surprenant, troublant.

IMPRESSIONNER ■ ***I. Au pr. :*** affecter, agir sur, bouleverser, éblouir, ébranler, émouvoir, étonner, faire impression, frapper, en imposer, influencer, intimider, parler à, toucher, troubler. ***II. Non favorable*** (fam.) : éclabousser, épater, esbroufer, jeter de la poudre aux yeux, en mettre plein la vue.

IMPRÉVISIBLE, IMPRÉVU, E ■ ***I.*** ⇒ **inespéré.** ***II.*** ⇒ **soudain.**

IMPRÉVOYANCE ■ ⇒ **irréflexion.**

IMPRÉVOYANT, E ■ Écervelé, étourdi, évaporé, imprudent, inconséquent, insouciant, irréfléchi, léger, négligent, tête de linotte/en l'air.

IMPRÉVU, E ■ À l'improviste, impromptu, inattendu, inespéré, inopiné, soudain.

IMPRIMÉ ■ n. m. Brochure, écrit, libelle, tract. ⇒ **livre.**

IMPRIMER ■ ***I. Au pr. :*** composer, éditer, empreindre, estamper, estampiller, fixer, frapper, gaufrer, graver, marquer, mettre sous presse, publier, tirer. ***II. Fig. :*** animer, appliquer, communiquer, donner, imprégner, inculquer, inspirer, insuffler, marquer, pénétrer, transmettre, typer.

IMPROBABLE ■ ***I.*** ⇒ **aléatoire.** ***II.*** ⇒ **invraisemblable.**

IMPROBATION ■ ⇒ **blâme.**

IMPRODUCTIF, IVE ■ ⇒ **stérile.**

IMPROMPTU ■ ***I. Adv. :*** à la fortune du pot (fam.), à l'improviste, au pied levé, de manière imprévisible/inopinée, sans crier gare, sans préparation, sur-le-champ. ***II. Nom :*** happening, improvisation. ***III. Adj. :*** de premier jet, imaginé, improvisé, inventé.

IMPROPRE ■ ***I. Quelque chose :*** inadapté, inadéquat, inconvenant, incorrect, inexact, mal/peu approprié/propre à, saugrenu, vicieux. ***II. Quelqu'un :*** inapte, incapable, incompétent, mal/peu propre à, rebelle à.

IMPROPRIÉTÉ ■ ⇒ **incongruité.**

IMPROUVER ■ ⇒ **blâmer.**

IMPROVISATION, IMPROVISÉ, E ■ ⇒ **impromptu.**

IMPROVISER ■ ⇒ **imaginer.**

IMPROVISTE (À L') ■ Au débotté/dépourvu, inopinément, sans crier gare, subitement, tout à coup/à trac.

IMPRUDENCE ■ Audace, bévue, étourderie, faute, hardiesse, imprévoyance, irréflexion, légèreté, maladresse, méprise, négligence, témérité.

IMPRUDENT, E ■ ***I.*** Audacieux, aventureux, casse-cou, écervelé, étourdi, fautif, hasardeux, imprévoyant, inattentif, inconsidéré, insensé, irréfléchi, léger, maladroit, malavisé, négligent, présomptueux, risque-tout, téméraire. ***II.*** Dangereux, hasardeux, osé, périlleux, risqué. ⇒ **hasardé.**

IMPUDENCE ■ Aplomb, arrogance, audace, cœur, culot (fam.), cynisme, effronterie, front, grossièreté, hardiesse, impudeur, impudicité, inconvenance, indécence, indiscrétion, insolence, liberté, licence, outrecuidance, témérité, toupet.

IMPUDENT, E ■ Arrogant, audacieux, culotté (fam.), cynique, déhonté, effronté, éhonté, grossier, hardi, impudique, inconvenant, indécent, indiscret, insolent, licencieux, outrecuidant, sans gêne/vergogne, téméraire.

IMPUDEUR ■ ⇒ **impudence.**

IMPUDICITÉ ■ ⇒ **lasciveté.**

IMPUDIQUE ■ ***I.*** ⇒ **lascif.** ***II.*** ⇒ **obscène.**

IMPUISSANCE ■ ***I. Au pr. :*** aboulie, affaiblissement, affaissement, ankylose, débilité, engourdissement, faiblesse, impossibilité, inaptitude, incapacité, incompétence, inhibition, insuffisance, invalidité, paralysie, torpeur. *II. Méd. :* agénésie, anaphrodisie, frigidité, incapacité, infécondité, stérilité.

IMPUISSANT, E ▪ *I. Au pr. :* aboulique, affaibli, ankylosé, débile, désarmé, engourdi, faible, impotent, improductif, inapte, incapable, incompétent, inefficace, infertile, inhibé, inopérant, insuffisant, invalide, neutralisé, paralysé. *II. Méd. :* eunuque, frigide (seul. fém.), infécond, stérile.

IMPULSIF, IVE ▪ ⇒ **spontané.**

IMPULSION ▪ *I.* ⇒ **mouvement.** *II.* ⇒ **disposition.**

IMPUNÉMENT ▪ *I.* Sans ⇒ **contrainte.** *II.* Sans ⇒ **dommage.** *III.* Sans ⇒ **punition.**

IMPUNITÉ ▪ Licence. ⇒ **liberté.**

IMPUR, E ▪ *I. Quelqu'un :* abject, avilissant, bas, dégradant, déshonoré, dévoyé, honteux, immoral, impudique, indécent, indigne, infâme, infect, lascif, malhonnête, malpropre, obscène, pécheur, repoussant, sale, sensuel, trivial, trouble, vicieux, vil. *II. Quelque chose.* **1. Neutre** ⇒ **mêlé. 2. Non favorable :** avarié, bas, boueux, bourbeux, contaminé, corrompu, déshonnête, empesté, empuanti, falsifié, fangeux, frelaté, immonde, immoral, infect, insalubre, malsain, obscène, pollué, putride, sale, souillé, taré.

IMPURETÉ ▪ *I.* Abjection, bassesse, corruption, déshonneur, faute, fornication, immoralité, imperfection, impudicité, indécence, indignité, infamie, lasciveté, malpropreté, noirceur, obscénité, péché, sensualité, stupre, turpitude, vice. *II.* Boue, bourbe, bourbier, déjection, immondice, infection, insalubrité, macule, ordure, saleté, salissure, souillure, tache.

IMPUTABLE ▪ ⇒ **attribuable, dû.**

IMPUTATION ▪ *I.* ⇒ **accusation.** *II.* ⇒ **affectation.**

IMPUTER ▪ ⇒ **attribuer.**

INABORDABLE ▪ *I. Au pr. :* abrupt, à pic, dangereux, élevé, escarpé, hors d'atteinte, impénétrable, inaccessible. *II. Par ext.* 1. Cher, coûteux, exorbitant, hors de portée/prix. 2. Incognoscible, inconnaissable, insondable. *III. Fig.* 1. Imperméable, indifférent, insensible. 2. Bourru, brutal, distant, fier, insociable, insupportable, mal/peu gracieux, prétentieux, rébarbatif, revêche, rude.

INACCEPTABLE ▪ Inadmissible, insupportable, intolérable, irrecevable, récusable, refusable, révoltant.

INACCESSIBLE ▪ ⇒ **inabordable.**

INACCOUTUMÉ, E ▪ *I.* ⇒ **irrégulier.** *II.* ⇒ **nouveau.**

INACHEVÉ, E ▪ ⇒ **imparfait.**

INACTIF, IVE ▪ *I. Au pr.* **1. Neutre :** chômeur, demandeur d'emploi, désoccupé, désœuvré, inoccupé, sans emploi/travail. **2. Non favorable :** croupissant, endormi, fainéant, oiseux (vx), oisif, paresseux. *II. Par ext.* ⇒ **inerte.**

INACTION et ***INACTIVITÉ*** ▪ *I.* Apathie, assoupissement, engourdissement, immobilité, indolence, inertie, lenteur, mollesse, torpeur. *II.* Croupissement, désœuvrement, fainéantise, oisiveté, paresse, passivité. *III.* Chômage, congé, marasme, ralentissement, stagnation, suspension. *IV.* Farniente, loisir, repos, sieste, sommeil, vacance, vacances, vacations (jurid.).

INACTUEL, ELLE ▪ ⇒ **anachronique.**

INADAPTÉ, E ▪ *I.* Caractériel, déprimé, difficile, émotif, inhibé, insociable, instable, introverti, mal dans sa peau (fam.), mythomane, paumé (fam.), sauvage. *II.* Impropre, inadéquat, incommode, mal, *et les part. passés possibles de* ADAPTER.

INADÉQUAT, E ▪ ⇒ **inadapté.**

INADMISSIBLE ■ ⇒ **intolérable.**

INADVERTANCE ■ ⇒ **inattention.**

INALIÉNABLE ■ Incessible, invendable, non ⇒ **cessible.**

INALTÉRABLE ■ ⇒ **durable.**

INALTÉRÉ, E ■ ⇒ **pur.**

INAMICAL ■ ⇒ **défavorable.**

INAMOVIBLE ■ ***I.*** ⇒ **éternel.** ***II.*** ⇒ **stable.**

INANIMÉ, E ■ ⇒ **mort.**

INANITÉ ■ ⇒ **vanité.**

INANITION ■ ***I.*** ⇒ **faim.** ***II.*** ⇒ **langueur.**

INAPAISABLE ■ Implacable, incalmable, inextinguible, inguérissable, insatiable, perpétuel, persistant.

INAPAISÉ, E ■ Inassouvi, insatisfait. ⇒ **mécontent.**

INAPPÉTENCE ■ ***I.*** Anorexie. ***II.*** ⇒ **indifférence.**

INAPPLIQUÉ, E ■ ⇒ **inattentif.**

INAPPRÉCIABLE ■ ⇒ **précieux.**

INAPTE ■ ⇒ **impropre.**

INAPTITUDE ■ ⇒ **incapacité.**

INASSOUVI, E ■ Inapaisé, insatisfait. ⇒ **mécontent.**

INASSOUVISSABLE ■ ⇒ **glouton.**

INATTAQUABLE ■ Impeccable, imprenable, inaccessible, inaltérable, incorruptible, indestructible, intouchable, invincible, invulnérable, irréprochable, résistant, solide.

INATTENDU, E ■ ***I.*** ⇒ **soudain.** ***II.*** ⇒ **inespéré.**

INATTENTIF, IVE ■ Absent, distrait, écervelé, étourdi, inappliqué, insoucieux, léger, négligent, oublieux.

INATTENTION ■ Absence, dissipation, distraction, divagation, étourderie, évagation, faute, imprudence, inadvertance, inconséquence, incurie, indifférence, inobservation, insouciance, irréflexion, laisser-aller, légèreté, manquement, mégarde, méprise, négligence, nonchalance, omission, oubli, relâchement.

INAUGURATION ■ Baptême, commencement, consécration, début, dédicace, étrenne, ouverture, première, sacre (vx), vernissage.

INAUGURER ■ Baptiser, célébrer l'achèvement/le commencement/le début, consacrer, dédicacer, étrenner, ouvrir.

INAVOUABLE ■ ⇒ **honteux.**

INCALCULABLE ■ ***I. Au pr. :*** considérable, démesuré, énorme, extraordinaire, illimité, immense, important, inappréciable, incommensurable, indéfini, infini, innombrable, insoluble. ***II. Loc.*** **Conséquence incalculable :** grave, imprévisible.

INCANDESCENT, E ■ ⇒ **chaud.**

INCANTATION ■ ⇒ **magie, chant.**

INCAPABLE ■ ***I. Adj. :*** ignorant, imbécile, impropre, impuissant, inapte, incompétent, inepte, inhabile, inopérant, insuffisant, maladroit, malhabile, nul, vain, velléitaire. ***II. Nom :*** ganache, ignorant, imbécile, impuissant, lavette, mazette, médiocre, nullité, pauvre type, ringard, triste individu/sire, zéro.

INCAPACITÉ ■ ***I. Au pr. :*** engourdissement, ignorance, imbécillité, impéritie, impuissance, inaptitude, incompétence, ineptie, infirmité, inhabileté, insuffisance, maladresse, nullité. ***II. Méd.*** **1.** Invalidité. **2.** ⇒ **impuissance.** ***III. Jurid. :*** déchéance, interdiction, minorité.

INCARCÉRATION ■ ⇒ **emprisonnement.**

INCARCÉRER ■ ⇒ **emprisonner.**

INCARNAT, E ■ ⇒ **rouge.**

INCARNATION ■ ⇒ **ressemblance.**

INCARNER ■ ⇒ **symboliser.**

INCARTADE ■ ***I.*** ⇒ **écart.** ***II.*** ⇒ **avanie.**

INCASSABLE ■ ⇒ **solide.**

INCENDIAIRE ■ n. et adj. Bandit, brûleur, chauffeur (vx), criminel, pétroleur, pyromane.

INCENDIE ■ ***I. Au pr. :*** brasier, brûlement (vx), combustion, conflagration, destruction par le feu, embrasement, feu, ignition, sinistre. ***II. Fig. :*** bouleversement, conflagration, guerre, révolution.

INCENDIER ■ ⇒ **brûler.**

INCERTAIN, E ■ ***I. Quelque chose :*** aléatoire, ambigu, apparent, aventureux, branlant, brouillé, chancelant, changeant, conditionnel, confus, conjectural, contestable, contingent, discutable, douteux, équivoque, éventuel, faible, flottant, flou, fluctuant, fragile, hasardé, hypothétique, ignoré, illusoire, imprévu, improbable, inconnu, indéfini, indéterminé, indiscernable, instable, litigieux, louche, nébuleux, obscur, oscillant, peu sûr, précaire, présumé, prétendu, problématique, risqué, spécieux, supposé, suspect, suspendu, vacillant, vague, vaporeux, variable, vasouillard. ***II. Quelqu'un :*** dubitatif, ébranlé, embarrassé, falot, hésitant, indécis, irrésolu, labile, perplexe, vélléitaire, versatile.

INCERTITUDE ■ ***I. De quelque chose :*** ambiguïté, chance, contingence, embrouillement, équivoque, éventualité, faiblesse, flottement, fluctuation, fragilité, hasard, inconstance, obscurité, précarité, vague, variabilité. ***II. De quelqu'un :*** anxiété, ballottement, changement, crise, désarroi, doute, embarras, flottement, fluctuation, hésitation, indécision, indétermination, inquiétude, instabilité, irrésolution, oscillation, perplexité, scrupule, tâtonnement, tergiversation, versatilité.

INCESSAMMENT ■ ***I.*** ⇒ **bientôt.** ***II.*** ⇒ **toujours.**

INCESSANT, E ■ Constant, continu, continué, continuel, éternel, ininterrompu, intarissable, permanent, perpétuel, reconduit, sempiternel, suivi.

INCESSIBLE ■ ⇒ **inaliénable.**

INCIDEMMENT ■ Accessoirement, accidentellement, en passant, entre parenthèses, éventuellement, occasionnellement, par hasard.

INCIDENCE ■ ⇒ **suite.**

INCIDENT ■ ***I. Nom :*** accroc, anicroche, aventure, cas, chicane, circonstance, difficulté, dispute, embarras, ennui, entrefaite, épisode, événement, éventualité, obstacle, occasion, occurrence, péripétie. ***II. Adj.*** **1.** ⇒ **accessoire. 2. Gram. :** incise.

INCIDENTER ■ (vx) ⇒ **chicaner.**

INCINÉRATION ■ Crémation, combustion, destruction par le feu.

INCINÉRER ■ ⇒ **brûler.**

INCISER ■ ⇒ **couper.**

INCISIF, IVE ■ ⇒ **mordant.**

INCISION ■ Coupure. ⇒ **excision.**

INCITATEUR, TRICE ■ ⇒ **instigateur.**

INCITER ■ ⇒ **inviter.**

INCIVIL, E ■ ⇒ **impoli.**

INCIVILITÉ ■ ⇒ **impolitesse.**

INCLASSABLE ■ ⇒ **original, unique.**

INCLÉMENCE ■ ⇒ **rigueur.**

INCLÉMENT, E ■ ⇒ **rigoureux.**

INCLINAISON ■ ***I.*** ⇒ **obliquité.** ***II.*** ⇒ **pente.**

INCLINATION ■ ***I. Au pr.*** ⇒ **inclinaison.** ***II. Fig.*** **1.** Appétit, aspiration, attrait, désir, disposition, envie, faible, faiblesse, goût, instinct, penchant, pente, préférence, propension, tendance. 2. ⇒ **attachement.**

INCLINÉ, E ■ En pente, oblique, pentu. ⇒ **incliner.**

INCLINER ■ ***I. V. intr. :*** obliquer, pencher. ***II. V. tr.*** 1. **Au pr. :** abaisser, baisser, courber, fléchir, infléchir, obliquer, pencher, plier, ployer. 2. **Fig. :** attirer, inciter, porter, pousser. ***III. V. pron.*** 1. Se prosterner, saluer, *et les formes pron. possibles des syn. de* INCLINER. 2. ⇒ **humilier (s') 3.** ⇒ **céder.**

INCLURE ■ ⇒ **introduire.**

INCOERCIBLE ■ ⇒ **irrésistible.**

INCOGNITO ■ ***I. Adv. :*** à titre privé, discrètement, en cachette, secrètement. ***II. Nom :*** anonymat. ***III. Adj.*** ⇒ **anonyme.**

INCOHÉRENCE ■ ⇒ **désordre.**

INCOHÉRENT, E ■ ⇒ **absurde.**

INCOLORE ■ ⇒ **pâle.**

INCOMBER ■ ⇒ **revenir.**

INCOMBUSTIBLE ■ Anticombustible, ignifuge.

INCOMMENSURABLE ■ ⇒ **immense.**

INCOMMODANT, E ■ ⇒ **désagréable.**

INCOMMODE ■ ***I.*** ⇒ **difficile.** ***II.*** ⇒ **importun.**

INCOMMODÉ, E ■ Dérangé, embarrassé, empoisonné, étourdi, fatigué, gêné, importuné, indisposé, intoxiqué, malade, mal à l'aise, patraque (fam.), troublé.

INCOMMODER ■ ⇒ **gêner.**

INCOMMODITÉ ■ ⇒ **inconvénient.**

INCOMMUNICABLE ■ ⇒ **ineffable.**

INCOMPARABLE ■ ***I.*** Unique. ⇒ **bon.** ***II.*** ⇒ **distingué.**

INCOMPATIBILITÉ ■ ⇒ **opposition.**

INCOMPATIBLE ■ Antinomique, antipathique, antithétique, autre, contradictoire, contraire, désassorti, discordant, dissonant, exclusif de, inconciliable, inharmonieux, opposé.

INCOMPÉTENCE ■ ⇒ **incapacité.**

INCOMPÉTENT, E ■ ⇒ **incapable.**

INCOMPLET, E ■ ⇒ **imparfait.**

INCOMPRÉHENSIBLE ■ ⇒ **inintelligible.**

INCOMPRÉHENSIF, IVE ■ ⇒ **ignorant.**

INCOMPRÉHENSION ■ ⇒ **ignorance.**

INCOMPRESSIBLE ■ Irréductible.

INCOMPRIS, E ■ Méconnu. ⇒ **inconnu.**

INCONCEVABLE ■ ***I.*** ⇒ **inintelligible.** ***II.*** ⇒ **invraisemblable.**

INCONCILIABLE ■ ⇒ **incompatible.**

INCONDITIONNEL, ELLE ■ ***I.*** ⇒ **absolu.** ***II.*** ⇒ **flatteur.**

INCONDUITE ■ ⇒ **débauche.**

INCONFORT ■ ***I.*** ⇒ **inconvénient.** ***II.*** ⇒ **malaise.**

INCONFORTABLE ■ ⇒ **désagréable.**

INCONGRU, E ■ ⇒ **déplacé.**

INCONGRUITÉ ■ ***I.*** Cynisme, désinvolture, grossièreté, impudicité, inconvenance, incorrection, indécence, liberté, licence, malpropreté, manque d'éducation/de tenue, mauvaise tenue, saleté, sans-gêne. ⇒ **impolitesse.** ***II.*** ⇒ **vent.**

INCONNU, E ■ Caché, clandestin, dissimulé, énigmatique, étranger, ignoré, impénétrable, inaccessible, incompris, inédit, inexpérimenté, inexploré, inouï, irrévélé, méconnu, mystérieux, nouveau, obscur, occulte, oublié, secret, ténébreux, voilé.

INCONSCIENCE ■ Absence, irresponsabilité, légèreté. ⇒ **indifférence.**

INCONSCIENT, E ▪ ***I. Nom*** ⇒ **subconscient.** ***II. Adj.*** ⇒ **insensé.**

INCONSÉQUENCE ▪ ⇒ **dérèglement.**

INCONSÉQUENT, E ▪ ***I.*** ⇒ **malavisé.** ***II.*** ⇒ **illogique.**

INCONSIDÉRÉ, E ▪ ⇒ **malavisé.**

INCONSISTANCE ▪ ⇒ **faiblesse.**

INCONSISTANT, E ▪ ⇒ **mou.**

INCONSTANCE ▪ ***I.*** ⇒ **infidélité.** ***II.*** ⇒ **instabilité.**

INCONSTANT, E ▪ ⇒ **changeant.**

INCONTESTABLE ▪ ⇒ **évident.**

INCONTESTABLEMENT ▪ ⇒ **évidemment.**

INCONTESTÉ, E ▪ ⇒ **certain.**

INCONTINENCE ▪ ***I.*** Débâcle, énurésie. ⇒ **diarrhée.** ***II.*** ⇒ **débauche.**

INCONTINENT, E ▪ ***I. Adj.*** ⇒ **excessif.** ***II. Adv.*** ⇒ **aussitôt.**

INCONTRÔLABLE ▪ Invérifiable. ⇒ **libre.**

INCONVENANCE ▪ ⇒ **incongruité.**

INCONVENANT, E ▪ Choquant, déplacé, déshonnête, grossier, immodeste, impoli, importun, indécent, indu, leste, libre, licencieux, mal élevé, malséant, malsonnant, messéant (vx). ⇒ **obscène.**

INCONVÉNIENT ▪ Aléa, danger, déplaisir, dérangement, désavantage, difficulté, ennui, gêne, handicap, importunité, incommodité, inconfort, pierre d'achoppement, servitude, sujétion, traverse.

INCORPORATION ▪ ***I.*** ⇒ **mélange.** ***II.*** ⇒ **réunion.**

INCORPORER ▪ ⇒ **associer.**

INCORRECT, E ▪ ***I.*** ⇒ **faux.** ***II.*** ⇒ **déplacé.**

INCORRECTION ▪ ⇒ **incongruité.**

INCORRIGIBLE ▪ Endurci, impénitent, inamendable, indécrottable, irrécupérable, récidiviste.

INCORRUPTIBLE ▪ ⇒ **probe.**

INCRÉDULE ▪ ***I.*** Défiant, douteur, dubitatif, perplexe, pyrrhonien, sceptique, soupçonneux. ***II.*** ⇒ **incroyant.**

INCRÉDULITÉ ▪ ⇒ **scepticisme.**

INCRIMINER ▪ ⇒ **inculper.**

INCROYABLE ▪ ***I. Adj.*** ⇒ **invraisemblable.** ***II.*** Jeune beau, élégant, gandin, merveilleux, muscadin.

INCROYANCE ▪ ⇒ **scepticisme.**

INCROYANT, E ▪ Agnostique, antireligieux, athée, esprit fort, impie, incrédule, indévot (vx), indifférent, irréligieux, libertin (vx), libre penseur, mécréant, païen, profane, sceptique. ⇒ **infidèle.**

INCRUSTATION ▪ Inlay (chir.). ⇒ **dépôt.**

INCRUSTER ▪ Damasquiner, nieller, orner, sertir. ***V. pron.*** ⇒ **introduire (s').**

INCULPATION ▪ Accusation, charge, imputation.

INCULPÉ, E ▪ adj. et n. Accusé, chargé, inculpable, prévenu, suspect.

INCULPER ▪ Accuser, arguer de (jurid.), charger, déférer/inférer au parquet/au tribunal, dénoncer, déposer une plainte/s'élever contre, faire le procès de, incriminer, mettre en cause, se plaindre de, porter plainte, poursuivre.

INCULQUER ▪ ***I.*** ⇒ **enseigner.** ***II.*** ⇒ **imprimer.**

INCULTE ▪ ***I.*** ⇒ **stérile.** ***II.*** ⇒ **rude.**

INCURABLE ▪ adj. et n. Cas désespéré, condamné, fini, grabataire, handicapé physique, inguérissable, irrémédiable, irrévocable, malade chronique, perdu, valétudinaire.

INCURIE ▪ ⇒ **inattention.**

INCURSION ▪ ***I. Au pr. :*** course (vx),

débarquement, débordement, déferlement, déluge, descente, envahissement, exploration, ingression, inondation, invasion, irruption, pointe, raid, razzia, reconnaissance, submersion. ***II. Par ext.*** **1. ⇒ voyage. 2. ⇒ intervention.**

INCURVÉ, E ▪ **⇒ courbe.**

INCURVER ▪ **⇒ fléchir.**

INDÉCENCE ▪ **⇒ impudence.**

INDÉCENT, E ▪ ***I.*** **⇒ obscène.** ***II.*** **⇒ inconvenant.**

INDÉCHIFFRABLE ▪ ***I.*** **⇒ illisible.** ***II.*** **⇒ secret.** ***III.*** **⇒ obscur.**

INDÉCIS, E ▪ ***I.*** **⇒ vague.** ***II.*** **⇒ indéterminé.**

INDÉCISION ▪ **⇒ indétermination.**

INDÉCROTTABLE ▪ **⇒ incorrigible.**

INDÉFECTIBLE ▪ **⇒ éternel, fidèle.**

INDÉFINI, E ▪ **⇒ immense, vague.**

INDÉFINISSABLE ▪ ***I.*** **⇒ ineffable.** ***II.*** **⇒ vague.**

INDÉLÉBILE ▪ **⇒ ineffaçable.**

INDÉLICAT, E ▪ **⇒ malhonnête.**

INDÉLICATESSE ▪ **⇒ vol.**

INDEMNE ▪ **⇒ sauf.**

INDEMNISATION ▪ ***I.*** **⇒ indemnité.** ***II.*** **⇒ réparation.**

INDEMNISER ▪ **⇒ compenser.**

INDEMNITÉ ▪ ***I. Au pr. :*** allocation, casuel, compensation, dédommagement, dommages et intérêts, dotation, pécule, wergeld (vx). ***II. Par ext. :*** émolument, liste civile, prestation, rémunération, rétribution, salaire, surestarie (mar.), traitement.

INDÉNIABLE ▪ **⇒ évident.**

INDÉPENDAMMENT ▪ **⇒ outre.**

INDÉPENDANCE ▪ **⇒ liberté.**

INDÉPENDANT, E ▪ **⇒ libre.**

INDESCRIPTIBLE ▪ **⇒ ineffable.**

INDÉSIRABLE ▪ **⇒ importun.**

INDESTRUCTIBLE ▪ ***I.*** **⇒ éternel.** ***II.*** **⇒ solide.**

INDÉTERMINATION ▪ Embarras, hésitation, imprécision, incertitude, indécision, irrésolution, perplexité, procrastination, scrupule.

INDÉTERMINÉ, E ▪ Embarrassé, hésitant, incertain, indécis, indéterminable, irrésolu, perplexe. **⇒ vague.**

INDEX ▪ **⇒ table.**

INDICATEUR, TRICE ▪ ***I. Nom*** **⇒ espion.** ***II. Adj. :*** **⇒ indicatif.**

INDICATIF, IVE ▪ Approchant, approximatif, sans garantie.

INDICATION, INDICE ▪ Charge, dénonciation, piste. **⇒ signe.**

INDICIBLE ▪ **⇒ ineffable.**

INDIFFÉRENCE ▪ ***I.*** Apathie, désaffection, désintéressement, désinvolture, éloignement, froideur, imperméabilité, inappétence, inconscience, incuriosité, indolence, insouciance, laxisme, mollesse, nonchalance, tiédeur. ***II.*** Ataraxie, calme, dégagement (vx), détachement, équanimité, flegme, impassibilité, neutralité, sérénité.

INDIFFÉRENT, E ▪ ***I. Ce qui est indifférent à quelqu'un.*** **1. ⇒ égal. 2. ⇒ insignifiant.** ***II. Quelqu'un :*** apathique, blasé, désintéressé, désinvolte, détaché, distant, égoïste, flegmatique, froid, glacé, impassible, imperméable, impersonnel, inaccessible, indolent, inexpressif, insensible, insouciant, laxiste, neutre, nonchalant, passif, résigné, sourd, tiède, tolérant. **⇒ incroyant.**

INDIGENCE ▪ **⇒ pauvreté.**

INDIGÈNE ▪ n. et adj. Aborigène, autochtone, local, natif, naturel, originaire. **⇒ habitant.**

INDIGENT, E ▪ **⇒ pauvre.**

INDIGESTE ■ ***I. Au pr.*** : inassimilable, lourd. ***II. Fig.*** ⇒ **pesant.**

INDIGESTION ■ ***Par ext.*** ⇒ **dégoût.**

INDIGNATION ■ ⇒ **colère.**

INDIGNE ■ ***Quelque chose :*** abominable, bas, déshonorant, exécrable, odieux, révoltant, trivial.

INDIGNÉ, E ■ ⇒ **outré.**

INDIGNER ■ ⇒ **irriter.**

INDIGNITÉ ■ ***I.*** ⇒ **déchéance.** ***II.*** ⇒ **offense.**

INDIQUER ■ Accuser, annoncer, assigner, citer, découvrir, dénoncer, dénoter, désigner, déterminer, dévoiler, dire, divulguer, enseigner, exposer, faire connaître/savoir, fixer, guider, marquer, montrer, nommer, représenter, révéler, signaler, signifier. ⇒ **tracer.**

INDIRECT, E ■ ***I.*** Compliqué, coudé, courbé, de biais, détourné, dévié, oblique, sinueux. ***II.*** Allusif, digressif, évasif, évocateur, médiat, sous-entendu.

INDISCERNABLE ■ ***I.*** ⇒ **imperceptible.** ***II.*** ⇒ **semblable.**

INDISCIPLINABLE, INDISCIPLINÉ, E ■ ⇒ **indocile.**

INDISCIPLINE ■ Contestation, désobéissance, désordre, fantaisie, indocilité, insoumission, insubordination, opiniâtreté, rébellion, refus d'obéissance, résistance, révolte.

INDISCRET, ÈTE ■ ***I. Quelque chose*** ⇒ **voyant.** ***II. Quelqu'un :*** casse-pieds (fam.), curieux, écouteur, espion, fâcheux (vx), fouinard, fouineur, fureteur, importun, inquisiteur, inquisitif, inquisitorial, insistant, intrus, touche-à-tout, voyeur.

INDISCRÉTION ■ ***I.*** ⇒ **curiosité.** ***II.*** ⇒ **révélation.**

INDISCUTABLE ■ ⇒ **évident.**

INDISCUTÉ, E ■ ⇒ **certain.**

INDISPENSABLE ■ ⇒ **nécessaire.**

INDISPONIBLE ■ ***I.*** Pas ⇒ **libre.** ***II.*** ⇒ **malade.** ***III.*** ⇒ **occupé.**

INDISPOSÉ, E ■ ***I. Phys.*** ⇒ **fatigué.** ***II. Par ext. :*** agacé, choqué, contrarié, fâché, hostile, mécontent, prévenu, vexé.

INDISPOSER ■ ***I.*** ⇒ **aigrir.** ***II.*** ⇒ **fatiguer.**

INDISPOSITION ■ ⇒ **malaise.**

INDISSOLUBLE ■ ⇒ **éternel.**

INDISTINCT, E ■ ⇒ **vague.**

INDIVIDU ■ ***I.*** Particulier, personne, unité. ***II.*** ⇒ **homme, type.** ***III.*** ⇒ **spécimen.**

INDIVIDUALISER ■ ⇒ **caractériser.**

INDIVIDUALISME ■ ⇒ **égoïsme.**

INDIVIDUALITÉ ■ ⇒ **personnalité.**

INDIVIDUEL, ELLE ■ Distinct, particulier, personnel, privé, propre, singulier, spécial, spécifique, unique.

INDIVISIBLE ■ Insécable, irréductible. ⇒ **un.**

INDIVISION ■ Communauté, copropriété.

INDOCILE ■ Désobéissant, dissipé, entêté, fermé, frondeur, indisciplinable, indiscipliné, indomptable, insoumis, insubordonné, passif, rebelle, récalcitrant, réfractaire, regimbant, regimbeur, rétif, révolté, rude, subversif, têtu, vicieux, volontaire.

INDOCILITÉ ■ ⇒ **indiscipline.**

INDOLENCE ■ ***I.*** ⇒ **apathie.** ***II.*** ⇒ **paresse.** ***III.*** ⇒ **mollesse.**

INDOLENT, E ■ ***I.*** ⇒ **mou.** ***II.*** ⇒ **paresseux.** ***III.*** ⇒ **apathique.** ***IV.*** ⇒ **insensible.**

INDOLORE ■ ⇒ **insensible.**

INDOMPTABLE ■ ⇒ **indocile.**

INDOMPTÉ, E ■ ⇒ **sauvage.**

INDU, E ▪ ***I.*** ⇒ **illogique.** ***II.*** ⇒ **inconvenant.**

INDUBITABLE ▪ ⇒ **évident.**

INDUCTION ▪ ***I.*** Analogie, généralisation, inférence, ressemblance. ***II.*** Action, excitation, influx, production.

INDUIRE ▪ ***I.*** ⇒ **inférer.** ***II.*** ⇒ **inviter.** ***III. Loc.*** **Induire en erreur** ⇒ **tromper.**

INDULGENCE ▪ ***I. Fav. :*** 1. Bénignité, bienveillance, bonté, charité, clémence, compréhension, douceur, humanité, longanimité, magnanimité, mansuétude, miséricorde, patience, tolérance. 2. Excuse, exemption, faveur, grâce, pardon, rémission. ***II. Péj. :*** complaisance, faiblesse, laisser aller/faire, laxisme.

INDULGENT, E ▪ ***I.*** Bénin, bienveillant, bon, charitable, clément, compréhensif, doux, exorable, favorable, généreux, large, longanime, magnanime, miséricordieux, patient, permissif, tolérant. ***II. Péj. :*** complaisant, élastique, laxiste, faible.

INDUSTRIALISER ▪ Développer, équiper, mécaniser, outiller.

INDUSTRIE ▪ ***I.*** ⇒ **usine.** ***II.*** ⇒ **habileté.**

INDUSTRIEL ▪ Entrepreneur, fabricant, manufacturier, PDG (par ext.), usinier.

INDUSTRIEUX, EUSE ▪ ***I.*** ⇒ **capable.** ***II.*** ⇒ **habile.**

INÉBRANLABLE ▪ ⇒ **constant.**

INÉDIT, E ▪ ⇒ **nouveau.**

INEFFABLE ▪ ***I. Au pr. :*** extraordinaire, incommunicable, indéfinissable, indescriptible, indicible, inénarrable, inexprimable, intransmissible, inracontable, irracontable. ***II. Par ext.*** 1. ⇒ **risible.** 2. Céleste, divin, sacré, sublime.

INEFFAÇABLE ▪ ***I. Au pr. :*** immarcescible, impérissable, inaltérable, indélébile. ***II. Par ext. :*** éternel, immortel, indestructible.

INEFFICACE ▪ ***I.*** Improductif, impuissant, infructueux, inopérant, inutile, nul, stérile, vain. ***II.*** Anodin, platonique.

INEFFICACITÉ ▪ ***Les dérivés possibles de*** ⇒ **inefficace.**

INÉGAL, E ▪ ***I.*** ⇒ **irrégulier.** ***II.*** ⇒ **changeant.** ***III.*** ⇒ **différent.**

INÉGALABLE ▪ ⇒ **parfait.**

INÉGALITÉ ▪ ⇒ **différence.**

INÉLÉGANCE ▪ Goujaterie, lourdeur. ⇒ **maladresse.**

INÉLÉGANT, E ▪ ***I. Au pr. :*** balourd, grossier, laid, lourd, lourdaud, lourdingue (fam.), ridicule. ***II. Fig. :*** indélicat.

INÉLUCTABLE ▪ ⇒ **inévitable.**

INÉNARRABLE ▪ ***I.*** ⇒ **ineffable.** ***II.*** ⇒ **risible.**

INEPTE ▪ ***I.*** ⇒ **bête.** ***II.*** ⇒ **incapable.**

INEPTIE ▪ ***I.*** ⇒ **bêtise.** ***II.*** ⇒ **incapacité.**

INÉPUISABLE ▪ ***I.*** Continu, durable, éternel, fécond, indéfini, intarissable. ⇒ **abondant.**

INERTE ▪ Abandonné, apathique, atone, dormant, flaccide, flasque, froid, immobile, improductif, inactif, insensible, latent, lent, mort, mou, passif, stagnant.

INERTIE ▪ ***I.*** ⇒ **inaction.** ***II.*** ⇒ **résistance.** ***III.*** Équipement, machinisme, outillage.

INESPÉRÉ, E ▪ Fortuit, imprévu, inattendu, inopiné, insoupçonné, subit, surprenant.

INESTHÉTIQUE ▪ ⇒ **laid.**

INESTIMABLE ▪ ***I. Au pr.*** ⇒ **précieux.** ***II. Par ext.*** ⇒ **important.**

INÉVITABLE ▪ Assuré, certain, écrit, fatal, forcé, habituel, immanquable, imparable, inéluctable, inexorable, infaillible, logique, nécessaire, obligatoire, prédéterminé, rituel, sûr, vital.

INEXACT, E ■ ⇒ **faux.**

INEXACTITUDE ■ À peu près, contrefaçon, contresens, contrevérité, erreur, fausseté, faute, faux, faux-sens, imperfection, impropriété, incorrection, infidélité, mensonge, paralogisme.

INEXCUSABLE ■ ⇒ **injustifiable.**

INEXÉCUTION ■ Inobservation. ⇒ **violation.**

INEXERCÉ, E ■ Inexpérimenté, inhabile, maladroit. ⇒ **inexpérimenté.**

INEXISTANT, E ■ ***I.*** ⇒ **nul.** ***II.*** ⇒ **imaginaire.**

INEXORABLE ■ ⇒ **inflexible.**

INEXPÉRIENCE ■ ⇒ **maladresse.**

INEXPÉRIMENTÉ, E ■ Apprenti, apprenti-sorcier, béjaune (péj.), gauche, ignorant, incompétent, inexercé, inhabile, jeune, maladroit, malhabile, novice, profane.

INEXPLICABLE ■ ***I.*** Énigmatique, miraculeux, mystérieux. ***II.*** ⇒ **obscur.**

INEXPLORÉ, E ■ Ignoré, inconnu, inexploité, nouveau, vierge.

INEXPIABLE ■ ⇒ **injustifiable.**

INEXPRESSIF, IVE ■ Atone, froid, vague. ⇒ **terne.**

INEXPRIMABLE ■ ⇒ **ineffable.**

INEXPRIMÉ, E ■ ⇒ **implicite.**

INEXPUGNABLE ■ ⇒ **imprenable.**

INEXTENSIBLE ■ Barré, borné, défini, fermé, fini, limité.

IN EXTENSO ■ Complètement, d'un bout à l'autre, en entier, entièrement, intégralement, totalement.

INEXTINGUIBLE ■ Ardent, continu, excessif, inassouvissable, insatiable, intarissable, invincible, violent.

INEXTIRPABLE ■ Ancré, enraciné, fixé, indéracinable, invincible, tenace.

INEXTRICABLE ■ Confus, dédaléen, désordonné, difficile, embrouillé, emmêlé, enchevêtré, entrecroisé, indéchiffrable, mêlé, obscur.

INFAILLIBILITÉ ■ ⇒ **certitude.**

INFAILLIBLE ■ ⇒ **inévitable.**

INFAILLIBLEMENT ■ À coup sûr, à tous les coups, *et les adv. en -ment dérivés des syn. de* INFAILLIBLE.

INFAMANT, E ■ ⇒ **honteux.**

INFÂME ■ ***I.*** ⇒ **bas.** ***II.*** ⇒ **honteux.** ***III.*** ⇒ **malpropre.**

INFAMIE ■ ***I.*** ⇒ **honte.** ***II.*** ⇒ **injure.** ***III.*** ⇒ **horreur.**

INFANTERIE ■ Biffe, fantabosse, griffe, grive, reine des batailles. ***De marine :*** la colo/coloniale/martiale.

INFANTILE ■ ⇒ **enfantin.**

INFATIGABLE ■ Costaud, dur, endurci, fort, inassouvi, incessant, increvable (fam.), indomptable, inlassable, invincible, résistant, robuste, solide, tenace, vigoureux, zélé.

INFATUATION ■ ⇒ **orgueil.**

INFATUÉ, E ■ Enflé, épris, gonflé, orgueilleux, vaniteux.

INFATUER (S') ■ ⇒ **engouer (s').**

INFÉCOND, E ■ ⇒ **stérile.**

INFÉCONDITÉ ■ ⇒ **impuissance.**

INFECT, E ■ ***I.*** ⇒ **dégoûtant.** ***II.*** ⇒ **mauvais.**

INFECTER ■ ***I.*** Abîmer, contaminer, corrompre, empoisonner, gangrener, gâter, intoxiquer. ***II.*** ⇒ **puer.**

INFECTION ■ Altération, contagion, contamination, corruption, empoisonnement, gangrène, infestation, intoxication, pestilence, puanteur.

INFÉODER (S') ■ ⇒ **soumettre (se).**

INFÉRENCE ■ ⇒ **induction.**

INFÉRER ■ Arguer (vx), conclure, déduire, dégager, induire, raisonner, tirer.

INFÉRIEUR, E ■ adj. ⇒ **bas.**

INFÉRIEUR ■ n. ***I.*** Humble, petit, second, subalterne, subordonné. ***II.*** Domestique, esclave. ***III. Fam. et péj. :*** porte-pipe, sous-fifre/ordre/verge.

INFÉRIORISER ■ ***I.*** ⇒ **humilier.** ***II.*** ⇒ **réduire.**

INFÉRIORITÉ ■ Désavantage, dessous, handicap.

INFERNAL, E ■ ***I.*** ⇒ **diabolique.** ***II.*** ⇒ **méchant.** ***III.*** ⇒ **intolérable.**

INFERTILE ■ ⇒ **stérile.**

INFESTATION ■ ⇒ **infection.**

INFESTER ■ ⇒ **ravager, abonder.**

INFIDÈLE ■ ***I. Adj. :*** adultère, déloyal, félon, inexact, judas, malhonnête, parjure, perfide, renégat, scélérat, traître, trompeur. ⇒ **faux.** ***II. Nom :*** **1.** Apostat, hérétique, laps, relaps, schimastique. ⇒ **païen. 2. Islam** : giaour, roumi. **3. Israël** : goy, goym (pl.).

INFIDÉLITÉ ■ Abandon, déloyauté, félonie, inconstance, lâchage, manquement, parjure, perfidie, scélératesse, trahison, traîtrise, tromperie. ***II.*** ⇒ **inexactitude.**

INFILTRATION ■ Entrisme, noyautage, pénétration.

INFILTRER (S') ■ ⇒ **pénétrer.**

INFIME ■ Bas, dernier, élémentaire, inférieur, insignifiant, menu, microscopique, minime, minuscule, modique, moindre, négligeable, nul, parcimonieux, petit, sommaire.

INFINI, E ■ ***I. Adj. :*** absolu, continu, énorme, éternel, illimité, immense, incalculable, incommensurable, inconditionné, inépuisable, interminable, perdurable, perpétuel, sans bornes, universel. ***II. Nom*** ⇒ **immensité.**

INFINIMENT ■ ***I.*** ⇒ **beaucoup.** ***II.*** ⇒ **très.**

INFINITÉ ■ ⇒ **quantité.**

INFINITÉSIMAL, E ■ Atomique, imperceptible, microscopique, minuscule, négligeable, voisin de zéro. ⇒ **infime.**

INFIRME ■ adj. et n. ***I.*** Amputé, difforme, estropié, grabataire, gueule cassée, handicapé, impotent, invalide, malade, malbâti, mutilé, paralytique, stropiat, valétudinaire. ***II.*** ⇒ **faible.** ***III.*** ⇒ **incurable.**

INFIRMER ■ Abolir, abroger, affaiblir, amoindrir, annuler, battre en brèche, briser, casser, défaire, démentir, détruire, ôter sa force/valeur, pulvériser, réfuter, rejeter, ruiner.

INFIRMERIE ■ ⇒ **hôpital.**

INFIRMIÈRE ■ ***I. Au pr. :*** aide-médicale, assistante, garde-malade, nurse, soignante. ***II. Par ext.*** **1.** Fille/sœur de charité. **2.** Fille de salle.

INFIRMITÉ ■ Atrophie, boiterie, cécité, débilité, défaut, difformité, diminution physique, faiblesse, handicap, imperfection, impotence, impuissance, incapacité, incommodité, invalidité, mutilation, surdité.

INFLAMMABLE ■ ***I. Au pr. :*** combustible, ignifiable. ***II. Fig.*** ⇒ **impétueux.**

INFLAMMATION ■ ⇒ **irritation.**

INFLÉCHI, E ■ ⇒ **courbe.**

INFLÉCHIR ■ ⇒ **fléchir.**

INFLÉCHISSEMENT ■ ⇒ **modification.**

INFLEXIBLE ■ Constant, dur, entêté, ferme, impitoyable, implacable, indomptable, inébranlable, inexorable, intraitable, intransigeant, invincible, irréductible, persévérant, raide, rigoureux, sévère.

INFLEXION ■ ⇒ **son.**

INFLIGER ■ ⇒ **prescrire.**

INFLUENÇABLE ■ ***I.*** ⇒ **faible.** ***II.*** ⇒ **flexible.**

INFLUENCE ■ Action, aide, appui, ascendant, attirance, attraction, autorité, crédit, domination, effet, efficacité, empire, empreinte, emprise, fascination, force, importance, incitation, inspiration, intercession, mainmise, manipulation, mouvance, poids, pouvoir, prépondérance, pression, prestige, puissance, rôle, suggestion, tyrannie (péj.). ⇒ **charme.**

INFLUENCER ■ ⇒ **influer.**

INFLUENT, E ■ Actif, agissant, autorisé, efficace, fort, important, le bras long (avoir), prépondérant, puissant.

INFLUENZA ■ ⇒ **grippe.**

INFLUER (SUR) ■ Agir/avoir de l'effet sur, cuisiner (fig. et fam.), déteindre sur, entraîner, exercer, faire changer, influencer, matraquer, modifier, peser/se répercuter sur, prévenir, retourner, suggestionner, tourner.

INFORMATEUR, TRICE ■ Agent, correspondant. ⇒ **espion.**

INFORMATICIEN, ENNE ■ Analyste, programmeur.

INFORMATION ■ ***I.*** ⇒ **recherche.** ***II.*** ⇒ **nouvelle.** ***III.*** ⇒ **renseignement.**

INFORMATIQUE ■ Bureautique, infographie, robotique, téléinformatique, télématique, télétraitement, traitement automatique.

INFORME ■ ⇒ **difforme.**

INFORMER ■ Annoncer, apprendre, avertir, aviser, déclarer, documenter, donner avis, donner part (dipl.), éclaircir, éclairer, écrire, enseigner, faire connaître/part de/savoir, instruire, mander, mettre au courant/au fait, notifier, porter à la connaissance, prévenir, publier, raconter, rapporter, rendre compte, renseigner, tenir au courant. ***V. pron.*** ⇒ **enquérir (s').**

INFORTUNE ■ ⇒ **malheur.**

INFORTUNÉ, E ■ ⇒ **misérable.**

INFRACTION ■ ⇒ **violation.**

INFRANCHISSABLE ■ Impassable, impraticable, insurmontable, invincible, rebelle.

INFRANGIBLE ■ Dur, ferme, incassable, résistant, solide.

INFRÉQUENTABLE ■ ⇒ **difficile.**

INFRÉQUENTÉ, E ■ Abandonné, délaissé, dépeuplé, désert, désolé, écarté, inhabité, perdu, retiré, sauvage, solitaire, vierge.

INFRUCTUEUX, EUSE ■ ⇒ **stérile.**

INFUS, E ■ ⇒ **inné.**

INFUSER ■ ***I.*** ⇒ **verser.** ***II.*** ⇒ **tremper.** ***III.*** ⇒ **transmettre.**

INFUSION ■ ⇒ **tisane.**

INGAMBE ■ ***I.*** ⇒ **dispos.** ***II.*** ⇒ **valide.**

INGÉNIER (S') ■ ⇒ **essayer.**

INGÉNIEUX, EUSE ■ Adroit, astucieux (fam.), capable, chercheur, délié, fin, génial, habile, imaginatif, inventif, malin, sagace, spirituel, subtil.

INGÉNIOSITÉ ■ ⇒ **habileté.**

INGÉNU, E ■ ⇒ **simple.**

INGÉNUITÉ ■ ⇒ **simplicité.**

INGÉRENCE ■ ⇒ **intervention.**

INGÉRER ■ ⇒ **avaler.** ***V. pron.*** **: 1.** ⇒ **intervenir. 2.** ⇒ **introduire (s').**

INGESTION ■ ⇒ **absorption.**

INGRAT, E ■ ***I. Quelqu'un.*** **1. Au pr. :** égoïste, oublieux. **2. Par ext. :** amer, désagréable, difficile, disgracieux, laid, mal fichu (fam.)/formé/foutu (vulg.)/tourné. ***II. Quelque chose :*** aride, caillouteux, désertique, difficile, infructueux, peu productif, sec, stérile.

INGRATITUDE ■ Égoïsme, méconnaissance, oubli.

INGRÉDIENT ■ Agrément, apport, assaisonnement, épice.

INGUÉRISSABLE ■ ⇒ **incurable.**

INGURGITER ■ ⇒ **avaler.**

INHABILE ■ ⇒ **maladroit.**

INHABILETÉ ■ ⇒ **maladresse.**

INHABITABLE ■ ⇒ **malsain.**

INHABITÉ, E ■ Abandonné, délaissé, dépeuplé, désert, désertique, déshabité, désolé, inoccupé, mort, sauvage, solitaire, vacant, vide, vierge.

INHABITUEL, ELLE ■ ⇒ **rare.**

INHALATION ■ ***I.*** Aspiration, inspiration, respiration. ***II.*** Fumigation.

INHALER ■ Absorber, aspirer, avaler, inspirer, respirer.

INHÉRENCE ■ ⇒ **adhérence.**

INHÉRENT, E ■ Adhérent, aggloméré, agrégé, annexé, appartenant, associé, attaché, consécutif, indissoluble/inséparable de, inné, intérieur, joint, lié.

INHIBER ■ Défendre, empêcher, interdire, prohiber, proscrire.

INHIBITION ■ ***I.*** ⇒ **obstacle.** ***II.*** ⇒ **défense.**

INHOSPITALIER, ÈRE ■ ***I. Un lieu :*** inabordable, inaccessible, inaccueillant, inconfortable, ingrat, inhabitable, invivable, peu engageant, rude, sauvage, stérile. ***II. Quelqu'un :*** acrimonieux, désagréable, disgracieux, dur, inhumain, misanthrope, rébarbatif.

INHUMAIN, E ■ Abominable, affreux, atroce, barbare, bestial, cauchemardesque, contrefait, cruel, dénaturé, diabolique, difforme, dur, épouvantable, féroce, immonde, infernal, lucifférien, mauvais, méchant, impitoyable, insensible, monstrueux, odieux, sanguinaire, sans cœur/entrailles (fam.)/pitié, terrifiant.

INHUMANITÉ ■ Atrocité, barbarie, bestialité, cruauté, dureté, férocité, insensibilité, monstruosité, sadisme, satanisme.

INHUMATION ■ ⇒ **enterrement.**

INHUMER ■ Enfouir, ensevelir, enterrer, mettre/porter en terre, rendre les derniers devoirs/honneurs.

INIMAGINABLE ■ ⇒ **invraisemblable.**

INIMITABLE ■ Achevé, impayable (fam.), incomparable, nonpareil, original, parfait, sans pareil, unique.

INIMITIÉ ■ ⇒ **haine.**

ININTELLIGENT, E ■ Abruti, arriéré, borné, bouché, étroit, fermé, idiot, innocent, lourd, obtus, opaque, pesant, rétréci, stupide. ⇒ **bête.**

ININTELLIGIBLE ■ Abscons, abstrus, ambigu, amphigourique, confus, contradictoire, difficile, énigmatique, incompréhensible, inconcevable, mystérieux, nébuleux. ⇒ **obscur.**

ININTERROMPU, E ■ ⇒ **continu.**

INIQUE ■ ⇒ **injuste.**

INIQUITÉ ■ ***I.*** ⇒ **injustice.** ***II.*** ⇒ **dérèglement.** ***III.*** ⇒ **turpitude.**

INITIAL, E ■ Commençant, débutant, élémentaire, fondamental, originaire, originel, premier, primitif, primordial, rudimentaire.

INITIALE ■ Capitale, lettre d'antiphonaire/d'imprimerie, lettrine, majuscule.

INITIATEUR, TRICE ■ adj. et n. ***I. Au pr. :*** mystagogue. ⇒ **innovateur.** ***II. Par ext.*** ⇒ **maître.**

INITIATION ■ ***I.*** Mystagogie. ⇒ **réception.** ***II.*** ⇒ **instruction.**

INITIATIVE ■ ***I.*** ⇒ **proposition.** ***II.*** ⇒ **décision.** ***III. Loc.*** **Syndicat d'initiative :** bureau/centre/office d'accueil/

d'information/de renseignements/de tourisme.

INITIER ■ ***I.*** ⇒ **recevoir.** ***II.*** ⇒ **instruire.**

INJECTER ■ Administrer, infiltrer, infuser, inoculer, introduire.

INJONCTION ■ Commandement, consigne, décret, diktat, édit, impératif, mandement, mise en demeure, ordre, prescription, sommation, ukase, ultimatum.

INJURE ■ ***I. Un acte :*** affront, attaque, avanie, blessure, calomnie, dommage, manquement, offense, outrage, tort. ***II. Un propos :*** engueulade (fam.), fulmination, gros mots, grossièreté, imprécation, infamie, insulte, invective, mots, offense, paroles, pouilles, sottise, vilenie.

INJURIER ■ Agonir, blesser, chanter pouilles, dire des injures, fulminer, harpailler (vx), insulter, invectiver, maudire, offenser, outrager, traiter de. ***Fam. :*** crosser, engueuler, enguirlander, glavioter sur.

INJURIEUX, EUSE ■ ***I.*** ⇒ **offensant.** ***II.*** ⇒ **injuste.**

INJUSTE ■ Abusif, arbitraire, attentatoire, déloyal, faux, illégal, illégitime, immérité, inacceptable, inadmissible, indu, inéquitable, inique, injurieux (vx), injustifiable, injustifié, irrégulier, léonin, malfaisant, mal fondé, mauvais, partial, sans fondement, scélérat, usurpé.

INJUSTICE ■ Abus, arbitraire, déloyauté, déni de justice, erreur, favoritisme, illégalité, improbité, inégalité, iniquité, irrégularité, malveillance, noirceur, partialité, passe-droit, prévention, privilège, scélératesse, vice de forme.

INJUSTIFIABLE, INJUSTIFIÉ, E ■ Arbitraire, fautif, gratuit, immotivé, impardonnable, indu, inexcusable, inexpiable, infâme, inqualifiable. ⇒ **injuste.**

INLASSABLE ■ ***I.*** ⇒ **infatigable.** ***II.*** ⇒ **patient.**

INNÉ, E ■ Atavique, congénital, foncier, héréditaire, inconscient, infus, instinctif, natif (vx), naturel, originel, personnel, profond, viscéral. ⇒ **inhérent.**

INNOCENCE ■ ***I.*** ⇒ **pureté.** ***II.*** ⇒ **simplicité.**

INNOCENT, E ■ ***I. Adj.*** 1. ⇒ **inoffensif.** 2. ⇒ **simple.** ***II. Nom*** ⇒ **enfant.**

INNOCENTER ■ ⇒ **excuser.**

INNOMBRABLE ■ ⇒ **nombreux.**

INNOMMABLE ■ ⇒ **dégoûtant.**

INNOVATEUR, TRICE ■ adj. et n. Créateur, découvreur, fondateur, inaugurateur, initiateur, inspirateur, introducteur, inventeur, novateur, pionnier, précurseur, promoteur, réformateur, rénovateur, restaurateur.

INNOVATION ■ ⇒ **changement.**

INNOVER ■ ***I.*** ⇒ **changer.** ***II.*** ⇒ **inventer.**

INOBSERVANCE, INOBSERVATION ■ ⇒ **violation.**

INOCCUPÉ, E ■ ***I.*** ⇒ **inactif.** ***II.*** ⇒ **vacant.**

INOCULATION ■ ***I.*** Immunisation, piqûre, sérothérapie, vaccination. ***II.*** Contagion, contamination, infestation, transmission.

INOCULER ■ ***I.*** Immuniser, piquer, vacciner. ***II. Par ext.*** ⇒ **transmettre.**

INODORE ■ ***I. Au pr. :*** fade, imperceptible, neutre, sans odeur. ***II. Fig.*** ⇒ **insignifiant.**

INOFFENSIF, IVE ■ Anodin, bénin, bon, calme, désarmé, doux, fruste, impuissant, innocent, inodore, insignifiant, négligeable, neutralisé, pacifique, paisible, tranquille.

INONDATION ■ ***I. Au pr. :*** débordement, submersion. *II. Fig.* 1. ⇒ **incursion.** 2. ⇒ **multitude.**

INONDER ▪ Arroser, déborder, envahir, immerger, mouiller, noyer, occuper, pénétrer, recouvrir, se répandre, submerger, tremper.

INOPÉRANT, E ▪ ⇒ **inefficace.**

INOPINÉ, E ▪ *I.* ⇒ **inespéré.** *II.* ⇒ **subit.**

INOPINÉMENT ▪ ⇒ **soudain.**

INOPPORTUN, E ▪ Défavorable, déplacé, fâcheux, hors de propos/saison, intempestif, mal, malséant, mauvais, messéant, prématuré, regrettable.

INOUBLIABLE ▪ Célèbre, fameux, frappant, glorieux, grandiose, gravé, historique, illustre, immortalisé, imprimé, ineffaçable, insigne, marqué, mémorable, perpétué, retentissant, saillant.

INOUÏ, E ▪ *I.* ⇒ **extraordinaire.** *II.* ⇒ **nouveau.**

IN-PACE ▪ ⇒ **cachot.**

INQUALIFIABLE ▪ Abject, abominable, bas, honteux, ignoble, inavouable, inconcevable, inconvenant, indigne, innommable, odieux, trivial.

INQUIET, ÈTE ▪ *I. Au pr.* ⇒ **remuant.** *II. Par ext. :* affolé, agité, alarmé, angoissé, anxieux, apeuré, atterré, chagrin, craintif, crispé, effaré, effarouché, effrayé, embarrassé, ennuyé, épeuré, épouvanté, impatient, insatisfait, interrogateur, mal à l'aise, perplexe, peureux, préoccupé, sombre, soucieux, sur le qui-vive, tendu, terrifié, terrorisé, tourmenté, tracassé, transi, traqué, troublé.

INQUIÉTANT, E ▪ Affolant, agitant, alarmant, angoissant, atterrant, effarant, effarouchant, effrayant, embarrassant, ennuyeux, épouvantable, grave, intimidant, menaçant, patibulaire, peu rassurant, préoccupant, sinistre, sombre, stressant, terrifiant, troublant.

INQUIÉTER ▪ Affoler, agiter, alarmer, alerter, angoisser, apeurer, chagriner, donner le trac (fam.), effaroucher, effrayer, embarrasser, émotionner, ennuyer, épouvanter, faire peur, menacer, mettre mal à l'aise/en difficulté/en peine/sur le qui-vive, rendre craintif, réveiller, secouer, terrifier, terroriser, tourmenter, tracasser, traquer, travailler, troubler. *V. pron. :* appréhender, avoir ⇒ **peur,** se faire de la bile/du mauvais sang/du ⇒ **souci,** et les formes pron. possibles des syn. de INQUIÉTER.

INQUIÉTUDE ▪ *I.* Angoisse, anxiété, appréhension, crainte, émotion, ennui, malaise, peine, préoccupation, scrupule, souci, stress, supplice, tension, trac, transe, trouble. *II.* Alarme, alerte. *III.* Affolement, agitation, désarroi, effarement, effroi, épouvante, panique, peur, terreur.

INQUISITEUR, INQUISITIF, IVE ▪ ⇒ **indiscret.**

INQUISITION ▪ ⇒ **recherche.**

INQUISITORIAL, E ▪ ⇒ **indiscret.**

INRACONTABLE ▪ ⇒ **ineffable.**

INSAISISSABLE ▪ ⇒ **imperceptible.**

INSALUBRE ▪ ⇒ **malsain.**

INSANE ▪ ⇒ **insensé.**

INSANITÉ ▪ ⇒ **sottise.**

INSATIABLE ▪ *I.* ⇒ **glouton.** *II.* ⇒ **intéressé.**

INSATISFACTION ▪ ⇒ **ennui.**

INSATISFAIT, E ▪ ⇒ **fâché.**

INSCRIPTION ▪ *I.* Affiche, déclaration, devise, enregistrement, épigramme, épigraphe, épitaphe, exergue, graffiti, graffito, immatriculation, légende, mention, plaque, transcription. *II.* Adhésion.

INSCRIRE ▪ *I.* Afficher, consigner, copier, coucher par écrit, écrire, enregistrer, enrôler, graver, immatriculer, imprimer, indiquer, insérer, marquer, matriculer, mentionner, noter, porter, répertorier, reporter, transcrire. *II. V. pron.* ⇒ **adhérer.** *III.* **Loc. S'inscrire en faux ⇒ contredire.**

INSÉCABLE ▪ Indivisible, irréductible.

INSECTE ▪ Archiptère, aptérygote, coléoptère, diptère, hyménoptère, lépidoptère, névroptère, orthoptère, rhynchote, thysanoure.

INSENSÉ, E ▪ *I.* Aberrant, abracadabrant, absurde, déraisonnable, excessif, extravagant, farfelu, immodéré, impossible, inepte, insane, irrationnel, irréfléchi, ridicule, saugrenu, sot, stupide. ⇒ **bête.** *II.* Affolé, aliéné, dément, déséquilibré, désaxé, détraqué, écervelé, fêlé, idiot, inconscient, irresponsable. ⇒ **fou.**

INSENSIBILISATION ▪ Analgésie, anesthésie.

INSENSIBILISER ▪ Anesthésier, calmer, chloroformer, endormir, lénifier, soulager.

INSENSIBILITÉ ▪ *I.* ⇒ **apathie.** *II.* ⇒ **dureté.**

INSENSIBLE ▪ *I. Quelqu'un.* **1. Phys. :** anesthésié, apathique, endormi, engourdi, inanimé, inconscient, indolent (méd.), indolore, léthargique, mort, neutre, paralysé. **2. Moral :** aride, calme, cruel, de marbre, détaché, dur, égoïste, endurci, froid, impassible, imperméable, imperturbable, impitoyable, implacable, indifférent, indolent, inexorable, inhumain, marmoréen, sec. *II. Quelque chose :* imperceptible, insignifiant, léger, négligeable, progressif.

INSÉPARABLE ▪ *I. Au pr. :* accouplé, agrégé, apparié, attaché, concomitant, conjoint, consubstantiel, dépendant, fixé, indissociable, indivis, indivisible, inhérent, insécable, joint, lié, marié, non isolable, noué, rivé, simultané, synchrone, soudé, uni. *II. Par ext.* **1.** Éternel, inévitable. **2.** ⇒ **ami.**

INSÉRER ▪ Emboîter, encadrer, encarter, encastrer, enchâsser, enchatonner, enter, entrelarder (fam.), greffer, imbriquer, implanter, incruster, inscrire, intercaler, interfolier, mettre, sertir. ⇒ **introduire.**

INSERT ▪ Insertion. ⇒ **annonce.**

INSIDIEUX, EUSE ▪ ⇒ **trompeur.**

INSIGNE ▪ *I. Adj.* ⇒ **remarquable.** *II. Nom :* badge, cordon, couronne, crachat (fam.), cravate, croix, décoration, écharpe, écusson, emblème, fourragère, gri-gri (fam.), hochet (péj.), livrée, macaron, marque, médaille, plaque, rosette, ruban, sceptre, signe distinctif, symbole, verge.

INSIGNIFIANCE ▪ ⇒ **faiblesse.**

INSIGNIFIANT, E ▪ *I. Quelqu'un :* chétif, effacé, falot, frivole, futile, inconsistant, médiocre, ordinaire, petit, piètre, quelconque, terne, vain. *II. Quelque chose :* anodin, banal, excusable, exigu, fade, incolore, indifférent, infime, inodore, insipide, léger, malheureux (fig.), menu, mesquin, mince, misérable, modique, négligeable, nul, ordinaire, quelconque, sans conséquence/importance / intérêt/ portée / saveur / valeur, véniel.

INSINUANT, E ▪ *I.* ⇒ **adroit.** *II.* ⇒ **hypocrite.**

INSINUATION ▪ *I. Favorable ou neutre :* allégation, avance, conciliation, introduction, persuasion, suggestion. *II. Non favorable :* accusation, allusion, attaque, calomnie, demi-mot, perfidie, propos, sous-entendu.

INSINUER ▪ *I.* ⇒ **introduire.** *II.* ⇒ **inspirer.** *III.* ⇒ **médire.** *IV. V. pron.* ⇒ **introduire (s')**

INSIPIDE ▪ ⇒ **fade.**

INSIPIDITÉ ▪ Fadeur. ⇒ **sottise.**

INSISTANCE ▪ ⇒ **instance.**

INSISTANT, E ■ ⇒ **indiscret.**

INSISTER ■ ⇒ **appuyer.**

INSOCIABLE ■ ⇒ **sauvage.**

INSOLENCE ■ ⇒ **arrogance.**

INSOLENT, E ■ ⇒ **arrogant.**

INSOLITE ■ ***I.*** ⇒ **étrange.** ***II.*** ⇒ **inusité.**

INSOLUBLE ■ ⇒ **impossible.**

INSOLVABILITÉ ■ ⇒ **faillite.**

INSOLVABLE ■ Décavé (fam.), défaillant, démuni, endetté, en état de cessation de paiement, failli, impécunieux, indigent, obéré, ruiné, sans ressources.

INSOMNIE ■ ⇒ **veille.**

INSONDABLE ■ ⇒ **secret.**

INSOUCIANCE ■ ***I.*** Apathie, ataraxie, détachement, flegme, optimisme. ***II.*** Étourderie, frivolité, imprévoyance, incuriosité, indifférence, indolence, irresponsabilité, je m'en fichisme/foutisme, légèreté, négligence, nonchalance, oubli.

INSOUCIANT, E ■ ***I. Favorable ou neutre :*** bon vivant, insoucieux, optimiste, Roger-Bontemps, sans souci, vacomme-ça-peut (fam.)/je-te-pousse (fam.), vive-la-joie. ***II. Non favorable :*** apathique, étourdi, flegmatique, frivole, imprévoyant, indifférent, indolent, insoucieux, irresponsable, je-m'en-fichiste (fam.), je-m'en-foutiste (fam.), léger, négligent, nonchalant, oublieux.

INSOUMIS ■ n. ***I.*** Déserteur, mutin, objecteur de conscience, séditieux. ***II.*** Dissident, guérillero, maquisard, partisan, rebelle, réfractaire, résistant.

INSOUMIS, E ■ adj. ***I. Quelqu'un :*** désobéissant, factieux, frondeur, indépendant, indiscipliné, indompté, insurgé, mutin, rebelle, récalcitrant, réfractaire, rétif, révolté, sauvage, séditieux. ⇒ **indocile.** ***II. Un pays :*** dissident, indépendant, révolté.

INSOUMISSION ■ Désobéissance, désertion, fronde, indiscipline, insubordination, mutinerie, rébellion, révolte, ruade, sédition.

INSOUPÇONNABLE ■ ***I.*** ⇒ **honnête.** ***II.*** ⇒ **surprenant.**

INSOUPÇONNÉ, E ■ Inattendu. ⇒ **nouveau.**

INSOUTENABLE ■ ***I.*** ⇒ **invraisemblable.** ***II.*** ⇒ **intolérable.**

INSPECTER ■ ⇒ **examiner.**

INSPECTEUR ■ Contrôleur, enquêteur, réviseur, vérificateur, visiteur.

INSPECTION ■ ⇒ **visite.**

INSPIRATEUR, TRICE ■ ***I.*** ⇒ **conseiller.** ***II.*** ⇒ **instigateur.**

INSPIRATION ■ ***I. Au pr. :*** absorption, aspiration, inhalation, prise, respiration. ***II. Fig.*** **1.** Délire, divination, enthousiasme, envolée, esprit (relig.), fureur poétique, grâce, illumination, intuition, invention, muse, prophétie (relig.), révélation, souffle, talent, trouvaille, veine, verve. **2.** Conseil, exhortation, incitation, influence, insinuation, instigation, motivation, persuasion, suggestion.

INSPIRÉ, E ■ Enthousiaste, exalté, fanatique, illuminé, mystique, poète, prophète, visionnaire. ⇒ **habile.**

INSPIRER ■ ***I. Au pr. :*** aspirer, avaler, inhaler, insuffler, introduire, priser, respirer. ***II. Fig. :*** allumer, animer, aviver, commander, conduire, conseiller, déterminer, dicter, diriger, donner, émoustiller, encourager, enfiévrer, enflammer, imposer, imprimer, insinuer, instiguer, instiller, insuffler, persuader, provoquer, souffler, suggérer.

INSTABILITÉ ■ Balancement, ballottement, changement, déséquilibre, fluctuation, fragilité, inadaptation, incertitude, inconstance, mobilité, motilité, mouvance, nomadisme, oscillation, précarité, roulis, tangage, turbulence, variabilité, variation, versatilité, vicissitude.

INSTABLE ■ ***I.*** ⇒ **changeant.** ***II.*** ⇒ **remuant.**

INSTALLATION ■ ***I. De quelque chose :*** aménagement, arrangement, dressage, équipement, établissement, mise en place, montage. ***II. De quelqu'un :*** intronisation, investiture, mise en place, nomination, passation des pouvoirs.

INSTALLER ■ ***I. Au pr. :*** accommoder, aménager, arranger, camper, caser, disposer, équiper, établir, loger, mettre, placer, poser. ***II. Par ext. :*** nommer, introniser, investir. ***III. V. pron. :*** s'asseoir, camper, emménager, s'enraciner, s'établir, se fixer, se loger, pendre la crémaillère, prendre pied.

INSTANCE ■ ***I.*** Effort, insistance, prière, requête, sollicitation. ***II. Jurid.*** 1. Action, procédure, procès, recours. 2. Juridiction. ***III. Par ext. :*** attente, imminence, souffrance.

INSTANT ■ n. ⇒ **moment.**

INSTANT, E ■ adj. ***I.*** ⇒ **imminent.** ***II.*** ⇒ **pressant.**

INSTANTANÉ, E ■ ⇒ **immédiat.**

INSTANTANÉMENT ■ ⇒ **aussitôt.**

INSTAR (À L') ■ À l'exemple/à l'imitation/à la manière de, comme.

INSTAURATEUR, TRICE ■ ⇒ **instigateur.**

INSTAURATION ■ Constitution, établissement, fondation, mise en place, organisation.

INSTAURER ■ ⇒ **établir.**

INSTIGATEUR, TRICE ■ Agitateur, cause, cheville ouvrière, conseiller, dirigeant, excitateur, fauteur (péj.), incitateur, inspirateur, instaurateur, meneur, moteur, promoteur, protagoniste, responsable.

INSTIGATION ■ ⇒ **inspiration.**

INSTIGUER ■ ⇒ **inspirer.**

INSTILLER ■ ***I.*** ⇒ **verser.** ***II.*** ⇒ **inspirer.**

INSTINCT ■ ***I.*** ⇒ **disposition.** ***II.*** ⇒ **inclination.**

INSTINCTIF, IVE ■ ⇒ **involontaire.**

INSTITUER ■ ⇒ **établir.**

INSTITUT ■ ***I.*** ⇒ **académie.** ***II.*** Assemblée, association, centre, centre de recherche, collège, congrégation, corps savant, école, faculté, fondation, institution, laboratoire, organisme, société, université.

INSTITUTEUR ■ Éducateur, enseignant, initiateur, instructeur, maître d'école, moniteur, pédagogue, précepteur, professeur.

INSTITUTION ■ ***I.*** ⇒ **établissement.** ***II.*** ⇒ **institut.** ***III.*** ⇒ **règlement.** ***IV.*** ⇒ **école.**

INSTITUTIONNALISER ■ ⇒ **établir.**

INSTITUTIONNEL, ELLE ■ ⇒ **traditionnel.**

INSTRUCTEUR ■ Conseiller technique, entraîneur, manager, moniteur. ⇒ **instituteur, maître.**

INSTRUCTIF, IVE ■ Bon, culturel, édifiant, éducatif, enrichissant, formateur, pédagogique, profitable.

INSTRUCTION ■ ***I. Au pr.*** 1. Apprentissage, dégrossissage (péj.), dressage (péj.), édification, éducation, endoctrinement (péj.), enrichissement, enseignement, études, formation, information, initiation, institution (vx), noviciat, pédagogie, recyclage, scolarisation, scolarité. 2. Bagages, connaissances, culture, lettres, savoir, science. ***II. Par ext.*** 1. Avertissement, avis, consigne, didascalie, directive, leçon, mandat, mandement (relig.), mot d'ordre, ordre, recommandation. 2. ⇒ **savoir.** 3. **Jurid. :** enquête. ⇒ **recherche.**

INSTRUIRE ■ ***I. Mettre quelqu'un au courant :*** apprendre, avertir, aviser, donner connaissance, éclaircir de (vx), éclairer, édifier, expliquer, faire connaître/savoir, faire part de, fixer, informer, initier, renseigner, révéler. *II. Apporter une connaissance :* apprendre, catéchiser, dresser, éduquer, élever, endoctriner, enseigner, exercer, former, gouverner (vx), habituer, initier, inculquer, instituer (vx), mettre au courant/au fait de, nourrir, plier, préparer, rompre, styler. *III. Jurid. :* donner suite, enquêter, examiner. *IV. V. pron.* ⇒ **étudier.**

INSTRUIT, E ▪ Cultivé, docte, éclairé, érudit, expérimenté, fort, informé. ⇒ **savant.** *Fam. :* 1. Calé, ferré, fortiche, grosse tête, tête d'œuf. 2. Dans le coup/la course, au parfum.

INSTRUMENT ▪ *I. Au pr. :* accessoire, affutiaux, appareil, bidule (fam.), chose (fam.), engin, machin (fam.), machine, matériel, outil, truc (fam.), ustensile, zinzin (fam.). *II. Fig.* ⇒ **moyen.**

INSU (À L') ▪ À la dérobée, dans le dos, en cachette, en dessous, par-derrière, par surprise.

INSUBORDINATION ▪ ⇒ **indiscipline.**

INSUBORDONNÉ, E ▪ ⇒ **indocile.**

INSUCCÈS ▪ Aléa, avortement, chute, déconvenue, défaite, échec, faillite, fiasco, four, infortune, mauvaise fortune, perte, ratage, revers, ruine, tape, traverse. *Fam. :* bide, bouillon, gamelle, pelle, pile, plouf, veste.

INSUFFISANCE ▪ ⇒ **incapacité.**

INSUFFISANT, E ▪ *I. Quelque chose :* congru (vx), court, défectueux, déficient, exigu, faible, imparfait, incomplet. *II. Quelqu'un :* déficient, faible, ignorant, inapte, incapable, inférieur, médiocre, pauvre.

INSUFFLER ▪ ⇒ **inspirer.**

INSULTANT, E ▪ ⇒ **offensant.**

INSULTE ▪ *I.* ⇒ **injure.** *II.* ⇒ **offense.**

INSULTER ▪ *I. V. tr. :* agonir, attaquer, blesser, crier raca sur, harpailler, humilier, injurier, offenser, offusquer, outrager, porter atteinte à. *II. V. intr. :* blasphémer, braver.

INSUPPORTABLE ▪ *I. Quelque chose* ⇒ **intolérable.** *II. Quelqu'un* ⇒ **difficile.**

INSUPPORTER ▪ ⇒ **ennuyer.**

INSURGÉ, E ▪ n. et adj. Agitateur, émeutier, insoumis, meneur, mutin, rebelle, révolté, révolutionnaire.

INSURGER (S') ▪ ⇒ **révolter (se).**

INSURMONTABLE ▪ Impossible, inéluctable, infranchissable, insurpassable, invincible, irrésistible.

INSURPASSABLE ▪ ⇒ **parfait.**

INSURRECTION ▪ Agitation, chouannerie, émeute, fronde, insoumission, jacquerie, levée de boucliers, mouvement insurrectionnel, mutinerie, rébellion, résistance à l'oppresseur, révolte, révolution, sédition, soulèvement, troubles.

INSURRECTIONNEL, ELLE ▪ *I. Neutre :* rebelle, révolutionnaire. *II. Non favorable :* séditieux.

INTACT, E ▪ *I.* ⇒ **entier.** *II.* ⇒ **pur.** *III.* ⇒ **probe.** *IV.* ⇒ **sauf.**

INTANGIBLE ▪ *I. Au pr.* ⇒ **intouchable.** *II. Par ext.* ⇒ **sacré.**

INTARISSABLE ▪ ⇒ **inépuisable.**

INTÉGRAL, E ▪ ⇒ **entier.**

INTÉGRALEMENT ▪ ⇒ **totalement.**

INTÉGRALITÉ ▪ ⇒ **totalité.**

INTÉGRATION ▪ Radicalisation, unification. ⇒ **absorption.**

INTÈGRE ▪ ⇒ **probe.**

INTÉGRER ▪ *I.* Assimiler, associer, comprendre, incorporer, réunir, unir. *II.* Entrer, être admis.

INTÉGRISTE ▪ ⇒ **réactionnaire.**

INTÉGRITÉ ▪ *I.* ⇒ **pureté.** *II.* ⇒ **probité.**

INTELLECT ▪ ⇒ **entendement.**

INTELLECTUEL, ELLE ▪ *I. Adj.* ⇒ **psychique.** *II. Nom.* **1. Au sing. :** cérébral, clerc, grosse tête, mandarin. **2. Plur. :** intelligentsia, intellos.

INTELLIGENCE ▪ *I. Au pr. :* abstraction, âme, capacité, cerveau, clairvoyance, compréhension, conception, discernement, entendement, esprit, facultés, finesse, génie (par ext.), idée (fam.), ingéniosité, intellect, jugement, lucidité, lumière, ouverture d'esprit, pénétration, pensée, perception, perspicacité, profondeur, raison, réflexion, sagacité, subtilité, tête, vivacité. *II. Par ext.* **1.** ⇒ **complicité. 2.** ⇒ **union.** *III.* **Loc. Être d'intelligence avec** ⇒ **entendre (s').**

INTELLIGENT, E ▪ Adroit, astucieux, capable, clairvoyant, compréhensif, éclairé, entendu, éveillé, fin, fort, habile, ingénieux, intuitif, inventif, judicieux, lucide, malin, ouvert, pénétrant, pensant, perspicace, profond, raisonnable, sagace, sensé, subtil, vif.

INTELLIGIBILITÉ ▪ Accessibilité, clarté, compréhension, évidence, facilité, limpidité, luminosité.

INTELLIGIBLE ▪ Accessible, clair, compréhensible, concevable, concis, déchiffrable, distinct, évident, explicable, facile, imaginable, interprétable, limpide, lumineux, net, pénétrable, précis, visible.

INTEMPÉRANCE ▪ Abus, débauche, débord, débordement, dérèglement, excès, gloutonnerie, goinfrerie, gourmandise, incontinence, ivrognerie, laisser-aller, libertinage, vice, violence.

INTEMPÉRANT, E et ***INTEMPÉRÉ, E*** ▪ ⇒ **excessif.**

INTEMPÉRIE ▪ Dérèglement (vx), froid, mauvais temps, orage, pluie, tempête, vent.

INTEMPESTIF, IVE ▪ *I.* ⇒ **inopportun.** *II.* ⇒ **importun.**

INTEMPOREL, ELLE ▪ ⇒ **immatériel.**

INTENABLE ▪ ⇒ **intolérable.**

INTENDANCE ▪ *I.* ⇒ **administration.** *II.* ⇒ **direction.**

INTENDANT ▪ Administrateur, économe, factoton, factotum, régisseur. ⇒ **gérant.**

INTENSE, INTENSIF, IVE ▪ ⇒ **extrême.**

INTENSIFICATION ▪ ⇒ **augmentation.**

INTENSIFIER ▪ ⇒ **augmenter.**

INTENSITÉ ▪ Accentuation, acmé (méd.), activité, acuité, aggravation, amplitude, augmentation, brillance, efficacité, exaspération, force, grandeur, paroxysme, puissance, renforcement, véhémence, violence, virulence.

INTENTER ▪ Actionner, attaquer, commencer, enter, entreprendre.

INTENTION ▪ *I.* ⇒ **volonté.** *II.* ⇒ **but.**

INTENTIONNÉ, E ▪ ⇒ **bienveillant.**

INTENTIONNEL, ELLE ▪ Arrêté, calculé, conscient, décidé, délibéré, étudié, prémédité, préparé, projeté, réfléchi, volontaire, voulu.

INTENTIONNELLEMENT ▪ ⇒ **volontairement.**

INTERACTION ▪ ⇒ **réaction.**

INTERASTRAL, E ▪ Interplanétaire, intersidéral, interstellaire.

INTERCALER ▪ Ajouter, annexer, encarter, encartonner, enchâsser, glisser, insérer, interligner, interpoler, interposer, introduire, joindre.

INTERCÉDER ▪ ⇒ **intervenir.**

INTERCEPTER ▪ *I.* ⇒ **interrompre.** *II.* ⇒ **prendre.**

INTERCESSEUR ▪ ⇒ **intermédiaire.**

INTERCESSION ▪ ⇒ **entremise.**

INTERCHANGEABLE ▪ ⇒ **amovible.**

INTERDÉPENDANCE ▪ Assistance mutuelle, dépendance réciproque, solidarité.

INTERDICTION ▪ ***I.*** ⇒ **défense.** ***II.*** ⇒ **déchéance.**

INTERDIRE ▪ ***I.*** ⇒ **défendre.** ***II.*** ⇒ **empêcher.** ***III.*** ⇒ **fermer.**

INTERDISCIPLINAIRE ▪ Multi/pluridisciplinaire.

INTERDIT ▪ n. Anathème, censure, défense, inhibition, prohibition, tabou.

INTERDIT, E ▪ adj. ***I. Quelque chose*** ⇒ **défendu.** ***II. Quelqu'un :*** ahuri, capot (fam.), confondu, confus, court, déconcerté, déconfit, décontenancé, ébahi, ébaubi, embarrassé, épaté, étonné, foudroyé, interloqué, médusé, muet, pantois, penaud, pétrifié, renversé, sans voix, sidéré, stupéfait, stupide, surpris, tout chose (fam.), troublé.

INTÉRESSANT, E ▪ Alléchant, attachant, attirant, attrayant, avantageux, beau, bon, brillant, captivant, charmant, comique, curieux, désirable, dramatique, étonnant, fascinant, important, intrigant, palpitant, passionnant, piquant, plaisant, ravissant, remarquable.

INTÉRESSÉ, E ▪ ***I. Non favorable :*** avide, convoiteux, insatiable, mercenaire, vénal. ⇒ **avare.** ***II. Neutre ou favorable :*** attaché, attiré, captivé, concerné, ému, fasciné, intrigué, passionné, piqué, retenu, séduit, touché.

INTÉRESSER ▪ ***I. Au pr. :*** animer, s'appliquer, attacher, captiver, chaloir (vx), concerner, émouvoir, faire à, importer, intriguer, passionner, piquer, regarder, toucher. ***II. Par ext.*** ⇒ **associer.** ***III. V. pron. :*** Aimer, avoir de la curiosité, cultiver, pratiquer, prendre à cœur/intérêt, se préoccuper de, se soucier de, suivre.

INTÉRÊT ▪ ***I. Au pr. (matériel) :*** agio, annuité, arrérages, commission, denier (vx), dividende, dommage, escompte, gain, loyer, prix, profit, rapport, rente, revenu, taux, usure. ***II. Par ext. (moral).*** **1.** ⇒ **curiosité. 2.** ⇒ **sympathie.**

INTÉRIEUR ▪ n. ***I.*** Dedans. ***II.*** ⇒ **maison.** ***III. Fig. :*** **1.** Fond de l'âme/du cœur, in petto, intimité, sein. **2.** Centre, corps, fond, tuf.

INTÉRIEUR, E ▪ adj. Central, domestique, familial, inclus, interne, intime, intrinsèque, profond.

INTÉRIM ▪ Intervalle, provisoire, remplacement, suppléance.

INTÉRIMAIRE ▪ ***I. Adj.*** ⇒ **passager.** ***II. Nom*** ⇒ **remplaçant.**

INTERLOCUTEUR, TRICE ▪ ⇒ **personnage.**

INTERLOPE ▪ ⇒ **suspect.**

INTERLOQUÉ, E ▪ ⇒ **interdit.**

INTERLUDE, INTERMÈDE ▪ ***I. Au pr.*** **1.** ⇒ **divertissement. 2.** ⇒ **saynète.** ***II. Par ext.*** ⇒ **intervalle.**

INTERMÉDIAIRE ▪ ***I. Nom.*** **1.** ⇒ **entremise. 2.** Accordeur (vx), alter ego, avocat, entremetteur, facteur (vx), fondé de pouvoir, homme de paille (péj.), intercesseur, interprète, médiateur, négociateur, prête-nom, procureur, représentant, truchement. **3.** Ambassadeur, antenne, chargé d'affaires/de mission, consul, correspondant, plénipotentiaire, représentant. **4.** Chevillard, commissionnaire, commis-voyageur, consignataire, courtier, expéditeur, exportateur, grossiste, mandataire, représentant, transitaire, voyageur de commerce. ***Péj. :*** maquignon, trafiquant. **5.** Médium. **6.** Boîtier (parlement). **7.** ⇒ **transition.** ***II. Adj.*** ⇒ **mitoyen.**

INTERMINABLE ▪ ⇒ **long.**

INTERMITTENCE ▪ ⇒ **interruption.**

INTERMITTENT, E ▪ Arythmique,

clignotant, discontinu, épisodique, inégal, interrompu, irrégulier, larvé, rémittent, saccadé, variable.

INTERNAT ■ ⇒ **pension.**

INTERNATIONAL, E ■ Cosmopolite, général, mondial, œcuménique, universel.

INTERNE ■ ***I. Adj.*** ⇒ **intérieur.** ***II. Nom.*** **1.** Pensionnaire, potache. **2.** Carabin (fam.), médecin.

INTERNÉ, E ■ adj. et n. ***I.*** ⇒ **fou.** ***II.*** ⇒ **bagnard.**

INTERNEMENT ■ ⇒ **emprisonnement.**

INTERNER ■ ⇒ **enfermer.**

INTERPELLATION ■ ⇒ **sommation.**

INTERPELLER ■ Apostropher, appeler, demander, s'enquérir, évoquer, héler, interroger, questionner, réclamer, requérir, sommer.

INTERPLANÉTAIRE ■ ⇒ **interastral.**

INTERPOLER et ***INTERPOSER*** ■ ⇒ **intercaler.** ***V. pron.*** ⇒ **intervenir.**

INTERPOSITION ■ Entremise, ingérence, intercalation, interpolation, intervention, médiation.

INTERPRÉTABLE ■ ⇒ **intelligible.**

INTERPRÉTATION ■ ***I. Au pr. :*** commentaire, exégèse, explication, glose, herméneutique, métaphrase, paraphrase, traduction, version. ***II. Par ext. :*** distribution, expression, jeu.

INTERPRÈTE ■ ***I.*** ⇒ **traducteur.** ***II.*** ⇒ **comédien.** ***III.*** ⇒ **porte-parole.**

INTERPRÉTER ■ ***I.*** ⇒ **expliquer.** ***II.*** ⇒ **traduire.** ***III.*** ⇒ **jouer.**

INTERROGATEUR, TRICE ■ ***I.*** ⇒ **inquiet.** ***II.*** ⇒ **investigateur.**

INTERROGATION et ***INTERROGATOIRE*** ■ Appel, colle (fam.), demande, épreuve, examen, information, interpellation, interview, question, questionnaire.

INTERROGER ■ ***I.*** ⇒ **demander.** ***II.*** ⇒ **examiner.**

INTERROMPRE ■ ***I.*** Abandonner, arrêter, barrer, briser, cesser, décrocher, déranger, discontinuer, entrecouper, finir, hacher, intercepter, mettre fin/un terme, proroger, rompre, séparer, supprimer, suspendre, trancher, troubler. ***II.*** Couper, débrancher, débrayer, disjoncter.

INTERRUPTEUR, TRICE ■ ***I. Quelqu'un :*** contestataire, contradicteur. ***II. Électrique :*** commutateur, disjoncteur, trembleur, va-et-vient.

INTERRUPTION ■ Arrêt, cessation, coupure, discontinuation, discontinuité, halte, hiatus, intermède, intermission (vx), intermittence, interstice, intervalle, intervalle, lacune, panne, pause, relâche, rémission, répit, rupture, saut, solution de continuité, suspension, vacance, vacances, vacations (jurid.).

INTERSECTION ■ Arête, bifurcation, carrefour, coupement, coupure, croisée, croisement, embranchement, fourche, ligne.

INTERSIDÉRAL, E ■ ⇒ **interastral.**

INTERSTICE ■ ***I.*** ⇒ **espace.** ***II.*** ⇒ **fente.**

INTERVALLE ■ ***I. Au pr.*** ⇒ **espace.** ***II. Par ext. :*** arrêt, entracte, intermède, moment, période, périodicité, récréation, suspension. ⇒ **interruption.**

INTERVENIR ■ ***I. Au pr. :*** agir, donner, s'entremêler, s'entremettre, entrer en action/en danse (fam.)/en jeu/en scène, fourrer/mettre son nez (fam.), s'immiscer, s'ingérer, intercéder, s'interposer, jouer, se mêler de, mettre la main à, négocier, opérer, parler pour, secourir. ***II. Par ext.*** ⇒ **produire (se).**

INTERVENTION ■ ***I. Au pr. :*** aide, appui, concours, entremise, immixtion, incursion, ingérence, intercession, interposition, interventionnisme, intrusion, médiation, ministère, office. *II. Par ext.* ⇒ **opération.**

INTERVERSION ▪ *I. Au pr. :* changement, extrapolation, métathèse, mutation, permutation, transposition. *II. Par ext. :* contrepèterie.

INTERVERTIR ▪ ⇒ **transposer.**

INTERVIEW ▪ *I.* ⇒ **conversation.** *II.* ⇒ **article.**

INTERVIEWER ▪ Enquêter, entretenir, interroger, questionner, tester.

INTESTIN ▪ Boyau, duodénum, hypogastre, transit, tripaille (fam.), tripe (fam.), tube digestif, viscère.

INTESTIN, E ▪ *Loc.* **Lutte/querelle intestine** : civil, intérieur, intime.

INTIMATION ▪ Appel, assignation, avertissement, convocation, déclaration, injonction, mise en demeure, sommation, ultimatum.

INTIME ▪ *I. Adj.* 1. ⇒ **intérieur.** 2. ⇒ **secret.** *II. Nom* ⇒ **ami.**

INTIMER ▪ ⇒ **notifier.**

INTIMIDANT, E ▪ ⇒ **inquiétant.**

INTIMIDATION ▪ ⇒ **menace.**

INTIMIDER ▪ Apeurer, bluffer, désemparer, effaroucher, effrayer, émouvoir, faire peur/pression, gêner, glacer, en imposer à, impressionner, inhiber, inquiéter, menacer, paralyser, terroriser, troubler.

INTIMITÉ ▪ Abandon, amitié, attachement, camaraderie, commerce, confiance, contact, familiarité, fréquentation, liaison, liberté, naturel, secret, simplicité, union.

INTITULER (S') ▪ ⇒ **qualifier (se).**

INTOLÉRABLE ▪ Accablant, aigu, atroce, désagréable, douloureux, ennuyeux, excédant, excessif, fatigant, gênant, horrible, imbuvable, importun, impossible, inacceptable, inadmissible, inconcevable, infernal, insoutenable, insupportable, intenable, odieux, scandaleux.

INTOLÉRANCE ▪ *I. Au pr. :* cabale, esprit de parti, étroitesse d'esprit/d'opinion/de pensée/de vue, fanatisme, fureur, haine, intransigeance, parti pris, rigidité, sectarisme, violence. *II. Méd. :* allergie, anaphylaxie, idiosyncrasie, sensibilisation.

INTOLÉRANT, E ▪ Autoritaire, doctrinaire, dogmatique, enragé, étroit, exalté, exclusif, fanatique, farouche, frénétique, furieux, intraitable, intransigeant, irréductible, possessif, rigide, rigoriste, sectaire, sévère, systématique, violent. ⇒ **tranchant.**

INTONATION ▪ ⇒ **son.**

INTOUCHABLE ▪ *I. Adj.* 1. **Au pr. :** immatériel, impalpable, intactile (philos.), intangible. 2. **Par ext. :** immuable, sacro-saint, traditionnel. *II. Nom :* paria.

INTOXICATION ▪ *I.* Empoisonnement. *II.* ⇒ **propagande.**

INTOXIQUER ▪ ⇒ **infecter.**

INTRAITABLE ▪ Acariâtre, désagréable, désobéissant, difficile, dur, entêté, entier, exigeant, farouche, fermé, fier, impitoyable, impossible, indomptable, inébranlable, inflexible, inhumain, intransigeant, irréductible, obstiné, opiniâtre, raide, revêche, tenace.

INTRANSIGEANCE ▪ ⇒ **intolérance.**

INTRANSIGEANT, E ▪ *I.* ⇒ **intolérant.** *II.* ⇒ **intraitable.**

INTRÉPIDE ▪ Audacieux, brave, courageux, crâne, déterminé, ferme, fier, généreux, hardi, impavide, imperturbable, inébranlable, osé, résolu, téméraire, vaillant, valeureux.

INTRÉPIDITÉ ▪ ⇒ **courage.**

INTRIGANT, E ▪ adj. et n. Arriviste, aventurier, condottiere, diplomate, faiseur, fin, habile, picaro, souple, subtil.

INTRIGUE ▪ ***I. Au pr. :*** **1.** Affaire, agissement, complication, complot, conspiration, dessein, embarras, expédient, fomentation, machiavélisme, machination, manège, manigance, manœuvre, menée, micmac (fam.), rouerie, stratagème, stratégie, tripotage. **2.** Brigue, cabale, ligue, parti. ***II. Par ext. 1.*** ⇒ **relation. 2. Litt. :** action, affabulation, anecdote, découpage, fable, fabulation, histoire, imbroglio, intérêt, nœud, péripétie, scénario, sujet, synopsis, thème, trame.

INTRIGUER ▪ ***I. V. tr.*** ⇒ **embarrasser.** ***II. V. intr. :*** briguer, cabaler, comploter, conspirer, embarrasser (vx), machiner, manigancer, manœuvrer, ourdir, ruser, tramer, tresser, tripoter.

INTRINSÈQUE ▪ ⇒ **intérieur.**

INTRODUCTEUR, TRICE ▪ ⇒ **novateur.**

INTRODUCTION ▪ ***I. Au pr. (action d'introduire).*** **1. Quelque chose :** acclimatation, apparition, importation, infiltration, insertion, intromission, intrusion, irruption. **2. Quelqu'un :** admission, arrivée, avènement, entrée, installation, intervention, présentation, recommandation. ***II. Par ext.*** **1.** Avant-propos, début, entrée en matière, exorde, exposition, ouverture, préface, préliminaire, prélude, présentation, protase. **2.** Apprentissage, initiation, préparation. **3. Méd. :** cathétérisme, intussusception.

INTRODUIRE ▪ ***I. Au pr. :*** conduire, couler, enfoncer, enfourner, engager, entrer, faire entrer/passer, ficher, fourrer, glisser, greffer, imbriquer, implanter, importer, inclure, incorporer, infiltrer, insérer, insinuer, insuffler, intercaler, mettre dans, passer, plonger, rentrer. ***II. Par ext.*** **1.** Acclimater, adopter, cautionner, donner/fournir sa caution/sa garantie, garantir, incorporer, inculquer, lancer, ouvrir les portes, parrainer, patronner, pistonner (fam.), se porter garant, pousser, présenter, produire. **2.** ⇒ **établir. 3. Techn. :** cuveler, infuser, injecter, inoculer, sonder. ***III. V. pron. :*** s'acclimater, se caser, se couler, entrer, s'établir, se faufiler, se fourrer (fam.), se glisser, s'immiscer, s'impatroniser, s'imposer, s'incruster, s'infiltrer, s'ingérer, s'insinuer, s'installer, s'introniser, se mêler/passer dans, resquiller.

INTROMISSION ▪ ⇒ **introduction.**

INTRONISATION ▪ ⇒ **installation.**

INTRONISER ▪ ⇒ **établir.**

INTROSPECTION ▪ Analyse, autocritique, bilan, examen de conscience, observation, psychanalyse, réflexion, regard intérieur, retour sur soi.

INTROUVABLE ▪ Caché, disparu, énigmatique, envolé, évanoui, inaccessible, indécouvrable, insoluble, invisible, perdu, précieux, rare, sans égal/pareil, secret, unique.

INTRUS, E ▪ ⇒ **importun.**

INTRUSION ▪ ***I.*** ⇒ **introduction.** ***II.*** ⇒ **intervention.**

INTUITIF, IVE ▪ ⇒ **sensible.**

INTUITION ▪ ***I. Au pr. :*** âme, cœur, connaissance, flair, instinct, sens, sentiment, tact. ***II. Par ext.*** ⇒ **pressentiment.**

INTUMESCENCE ▪ ⇒ **gonflement.**

INTUMESCENT, E ▪ ⇒ **gonflé.**

INUSABLE ▪ ⇒ **résistant.**

INUSITÉ, E ▪ Anormal, bizarre, curieux, déconcertant, désuet, désusité (vx), étonnant, exceptionnel, extraordinaire, hardi, inaccoutumé, inhabituel, inouï, insolite, inutilisé, neuf, nouveau, original, osé, rare, singulier.

INUTILE ▪ Absurde, creux, en l'air, frivole, futile, improductif, inefficace, inemployable, infécond, infructueux, insignifiant, négligeable, nul, oiseux, perdu (vx), sans but/fonction/objet, stérile, superfétatoire, superflu, vain, vide.

INUTILEMENT ■ En vain, pour des prunes (fam.), pour le roi de Prusse (fam.), pour rien, vainement.

INUTILITÉ ■ ***I.*** ⇒ **futilité.** ***II.*** ⇒ **vanité.**

INVALIDE ■ n. et adj. ⇒ **infirme.**

INVALIDER ■ ⇒ **abolir.**

INVALIDITÉ ■ ***I.*** Nullité ⇒ **prescription.** ***II.*** ⇒ **infirmité.**

INVARIABLE ■ ⇒ **durable.**

INVARIANT, E ■ ⇒ **stable.**

INVASION ■ ⇒ **incursion.**

INVECTIVE ■ ⇒ **injure.**

INVECTIVER ■ Attaquer, crier, déblatérer (fam.), déclamer, fulminer, pester, tempêter, tonner. ⇒ **injurier.**

INVENDABLE, INVENDU, E ■ Bouillon (fam.), rossignol.

INVENTAIRE ■ ***I.*** ⇒ **liste.** ***II.*** ⇒ **dénombrement.**

INVENTER ■ ***I. Neutre ou favorable :*** s'aviser de, bâtir, chercher, composer, concevoir, créer, découvrir, échafauder, engendrer, fabriquer, forger, imaginer, improviser, innover, supposer, trouver. ***II. Non favorable :*** affabuler, arranger, broder, conter, controuver (vx), fabriquer, fabuler, feindre, forger, insinuer, mentir. ⇒ **hâbler.**

INVENTEUR ■ ***I.*** Découvreur, trouveur. ⇒ **chercheur.** ***II.*** ⇒ **hâbleur.**

INVENTIF, VE ■ ⇒ **ingénieux.**

INVENTION ■ ***I. Au pr.*** ⇒ **découverte.** ***II. Par ext. (non favorable) :*** affabulation, artifice, bourde, calomnie, chimère, combinaison, comédie, craque (fam.), duperie, expédient, fabrication, fabulation, fantaisie, feinte, fiction, fumisterie, galéjade, histoire, idée, imagination, irréalité, légende, mensonge, rêve, roman, saga, songe, tromperie.

INVENTORIER ■ ***I.*** ⇒ **dénombrer.** ***II.*** ⇒ **examiner.**

INVÉRIFIABLE ■ Incontrôlable, indémontrable.

INVERSÉ, E ■ ⇒ **opposé.**

INVERSEMENT ■ Réciproquement, vice-versa.

INVERSER ■ ⇒ **transposer.**

INVERSION ■ ***I. Au pr. :*** anastrophe, changement, déplacement, dérangement, hyperbate, interversion, renversement, retournement, transposition. ***II.*** Anomalie, anormalité, dépravation, désordre, homosexualité.

INVERTI, E ■ ⇒ **uranien.**

INVERTIR ■ ⇒ **renverser.**

INVESTIGATEUR, TRICE ■ n. et adj. Chercheur, curieux, enquêteur, examinateur, inquisiteur, interrogateur, questionneur (vx), scrutateur.

INVESTIGATION ■ ⇒ **recherche.**

INVESTIR ■ ***I. Au pr. (milit.) :*** assiéger, bloquer, boucler, cerner, contrôler, disposer autour, emprisonner, encercler, enfermer, envelopper, environner, fermer, prendre au piège, quadriller. ***II. Par ext.*** **1.** ⇒ **installer. 2.** ⇒ **pourvoir. 3.** ⇒ **placer.**

INVESTISSEMENT ■ ***I.*** Aide, apport, engagement, financement, impense, mise, participation, placement. ***II.*** Blocus, contrôle, quadrillage, siège.

INVESTITURE ■ ⇒ **installation.**

INVÉTÉRÉ, E ■ ⇒ **incorrigible.**

INVINCIBLE ■ ⇒ **irrésistible.**

INVIOLABILITÉ ■ ⇒ **immunité.**

INVIOLABLE ■ ⇒ **sacré.**

INVISIBLE ■ ⇒ **imperceptible.**

INVITATION ■ ***I.*** Appel, convocation, demande, invite, signe. ***II.*** ⇒ **excitation.**

INVITÉ, E ■ ⇒ **convive.**

INVITER ■ ***I. Favorable ou neutre :*** appeler, attirer, conseiller, convier, convoquer, demander, engager, faire asseoir, faire appel/signe, prier à/de, retenir à, solliciter, stimuler. ***II. Non favorable :*** appeler à, défier, engager, entraîner, exciter, exhorter, inciter, induire, mettre au défi, porter/pousser à, presser, provoquer, solliciter.

INVIVABLE ■ ⇒ **difficile.**

INVOCATION ■ Adjuration, appel, dédicace, demande, litanie, prière, protection, sollicitation, supplication.

INVOLONTAIRE ■ Accidentel, automatique, convulsif, forcé, inconscient, instinctif, irréfléchi, machinal, mécanique, naturel, passif, réflexe, spontané.

INVOQUER ■ ***I.*** ⇒ **évoquer.** ***II.*** ⇒ **prier.** ***III.*** ⇒ **prétexter.**

INVRAISEMBLABLE ■ Bizarre, ébouriffant, étonnant, étrange, exceptionnel, exorbitant, extraordinaire, extravagant, fantastique, formidable, impensable, impossible, improbable, inconcevable, incrédible, incroyable, inimaginable, inintelligible, insoutenable, paradoxal, renversant (fam.), rocambolesque.

INVRAISEMBLANCE ■ Bizarrerie, contradiction, énormité, étrangeté, extravagance, impossibilité, improbabilité, incrédibilité, paradoxe.

INVULNÉRABILITÉ ■ ⇒ **résistance.**

INVULNÉRABLE ■ ***Par ext.*** **1. D'un être :** costaud, dur, fort, imbattable, immortel, increvable, invincible, puissant, redoutable, résistant. **2. D'une chose** ⇒ **imprenable.**

IRASCIBILITÉ ■ ⇒ **colère.**

IRASCIBLE ■ ⇒ **colère** (adj.).

IRE ■ ⇒ **colère.**

IRISÉ, E ■ Chromatisé, iridescent, nacré, opalin.

IRONIE ■ ***I.*** ⇒ **esprit.** ***II.*** ⇒ **raillerie.**

IRONIQUE ■ Blagueur (fam.), caustique, goguenard, gouailleur, humoristique, moqueur, narquois, persifleur, railleur, sarcastique, voltairien.

IRONISER ■ ⇒ **railler.**

IRONISTE ■ ⇒ **humoriste.**

IRRADIATION ■ Diffusion, divergence, émission, propagation, radiation, rayonnement.

IRRADIER ■ ⇒ **rayonner.**

IRRATIONNEL, ELLE ■ ⇒ **illogique.**

IRRÉALISABLE ■ ⇒ **impossible.**

IRRÉALITÉ ■ ⇒ **invention.**

IRRECEVABLE ■ Erroné, faux, impossible, inacceptable, inaccordable, inadmissible, injuste.

IRRÉCONCILIABLE ■ Brouillé, divisé, ennemi, opposé.

IRRÉCUPÉRABLE ■ ***I.*** ⇒ **déchu.** ***II.*** ⇒ **perdu.**

IRRÉCUSABLE ■ Clair, éclatant, évident, indiscutable, irréfragable, irréfutable.

IRRÉDUCTIBLE ■ ***I.*** Incompressible. ***II.*** ⇒ **inflexible.** ***III.*** ⇒ **intraitable.**

IRRÉEL, ELLE ■ ⇒ **imaginaire.**

IRRÉFLÉCHI, E ■ Audacieux, capricant, capricieux, déraisonnable, écervelé, emballé, emporté, étourdi, imprévoyant, impulsif, inconsidéré, insensé, léger, machinal, mécanique. ⇒ **involontaire.**

IRRÉFLEXION ■ Distraction, étourderie, imprévoyance, impulsion, inattention, inconséquence, précipitation.

IRRÉFRAGABLE et ***IRRÉFUTABLE*** ■ Avéré, catégorique, certain, corroboré, démontré, établi, évident, exact, fixe, formel, incontestable, indiscutable, invincible, irrécusable, logique, notoire, péremptoire, positif, probant, prouvé, sûr, véridique, véritable, vrai.

IRRÉGULARITÉ ■ *I.* Aspérité, bosse, creux, grain, saillie. *II.* Accident, altération, anomalie, asymétrie, bizarrerie, caprice, défaut, défectuosité, désordre, déviation, difformité, discontinuité, disproportion, dissymétrie, écart, erreur, étrangeté, excentricité, exception, faute, illégalité, inégalité, intermittence, loufoquerie, manquement, monstruosité, particularité, passe-droit, perturbation, perversion, singularité, variabilité.

IRRÉGULIER ■ Franc-tireur. ⇒ **insoumis.**

IRRÉGULIER, ÈRE ■ Aberrant, accidentel, anomal, anormal, arbitraire, asymétrique, baroque, biscornu, bizarre, convulsif, décousu, déréglé, désordonné, déviant, difforme, discontinu, dissymétrique, erratique, étonnant, extraordinaire, fautif, fortuit, hétéroclite, illégal, illégitime, inaccoutumé, incorrect, inégal, inhabituel, injuste, insolite, intermittent, interrompu, inusité, irrationnel, monstrueux, particulier, peccant, phénoménal, saccadé, singulier, syncopé, variable.

IRRÉLIGIEUX, EUSE ■ ⇒ **incroyant.**

IRRÉMÉDIABLE ■ Fatal, incurable, irréparable, nécessaire, perdu.

IRRÉMISSIBLE ■ Impardonnable, inexcusable. ⇒ **irrémédiable.**

IRREMPLAÇABLE ■ Unique. ⇒ **précieux.**

IRRÉPARABLE ■ Définitif, funeste, malheureux, néfaste. ⇒ **irrémédiable.**

IRRÉPRÉHENSIBLE ■ ⇒ **irréprochable.**

IRRÉPRESSIBLE ■ ⇒ **irrésistible.**

IRRÉPROCHABLE ■ Accompli, droit, honnête, impeccable, inattaquable, irrépréhensible, juste, moral, parfait, sans défaut/reproche/tare.

IRRÉSISTIBLE ■ Capable, fort, envoûtant, évident, excessif, imbattable, incoercible, indomptable, influent, invincible, irrépressible, irrévocable, percutant, persuasif, séduisant, tenace, violent.

IRRÉSOLU, E ■ Embarrassé, en suspens, entre le zist et le zest (fam.), flottant, fluctuant, hésitant, incertain, indécis, indéterminé, lanternier (fam.), mobile, perplexe, suspendu, vacillant, vague.

IRRÉSOLUTION ■ ⇒ **indétermination.**

IRRESPECT ■ ⇒ **irrévérence.**

IRRESPECTUEUX, EUSE ■ ⇒ **irrévérencieux.**

IRRESPIRABLE ■ ⇒ **mauvais.**

IRRESPONSABLE ■ ⇒ **insensé.**

IRRÉVÉRENCE ■ Audace, grossièreté, impertinence, impolitesse, incongruité, inconvenance, insolence, irrespect, maladresse, manque d'égards/de respect.

IRRÉVÉRENCIEUX, EUSE et **IRRÉVÉRENT, E** ■ Audacieux, grossier, impertinent, impoli, incongru, inconvenant, injurieux, insolent, insultant, irrespectueux, maladroit, malappris, mal embouché, vulgaire.

IRRÉVERSIBLE, IRRÉVOCABLE ■ Arrêté, décidé, définitif, fixe, formel, immarcescible, inadmissible, ne varietur, péremptoire, résolu, sans appel.

IRRIGATION ■ ⇒ **arrosage.**

IRRIGUER ■ ⇒ **arroser.**

IRRITABILITÉ ■ ⇒ **susceptibilité.**

IRRITABLE ■ *I.* ⇒ **colère** (adj.). *II.* ⇒ **susceptible.**

IRRITANT, E ■ *I. Au pr. :* agaçant, déplaisant, désagréable, énervant, enrageant, provocant, vexant. *II. Par ext.* 1. Âcre, échauffant, suffocant. 2. Excitant, stimulant.

IRRITATION ■ *I.* ⇒ **colère.** *II.* Brûlure, démangeaison, échauffement, érubescence, exacerbation, exaspération, inflammation, prurit, rougeur, rubéfaction, tourment. *III.* Exaltation, exaspération, excitation, surexcitation.

IRRITÉ, E ■ À cran, agacé, aigri, blessé, contrarié, courroucé, crispé, énervé, enflammé, enragé, exaspéré, excédé, fâché, furibond, furieux, hérissé, horrifié, hors de soi, impatienté, indigné, nerveux, piqué, tanné, vexé.

IRRITER ■ ***I. Au pr.*** : brûler, démanger, enflammer, envenimer, exacerber, exaspérer, rubéfier. ***II. Fig.*** **1.** ⇒ **exciter. 2.** Agacer, aigrir, blesser, contrarier, crisper, donner/taper sur les nerfs, énerver, exaspérer, excéder, fâcher, hérisser, horripiler, impatienter, indigner, jeter hors de soi/de ses gonds, mettre en colère/hors de soi, piquer, tourmenter. ***III. V. pron.*** : bouillir, se cabrer, s'émouvoir, s'emporter, se fâcher, s'impatienter, se mettre en colère, se monter, piquer une colère/rage/rogne (fam.), sortir de ses gonds.

IRRUPTION ■ ⇒ **incursion.**

ISLAMIQUE ■ Coranique, mahométan, musulman.

ISOLATION ■ Calorifugation, insonorisation. ⇒ **isolement.**

ISOLÉ, E ■ ***I.*** ⇒ **écarté.** ***II.*** ⇒ **seul.**

ISOLEMENT ■ ***I. De quelqu'un*** : abandon, claustration, cloître, délaissement, déréliction, éloignement, esseulement, exil, isolation, quarantaine, retranchement, séparation, solitude. ***II. Par ext.*** **1.** Autarcie, séparatisme. **2.** Non-conformisme. **3.** Autisme.

ISOLER ■ ⇒ **écarter.**

ISRAÉLITE ■ n. et adj. Hébraïque, hébreu, israélien, judaïque, juif, peuple élu, sémite, sémitique. **Pop. et péj.** : schmoutz, youpin, youtre.

ISSU, E ■ ⇒ **né.**

ISSUE ■ ***I.*** ⇒ **sortie.** ***II.*** ⇒ **résultat.**

ITÉRATIF, IVE ■ Fréquent, fréquentatif, rabâché, recommencé, renouvelé, répété.

ITÉRATION ■ ⇒ **répétition.**

ITHOS ■ ⇒ **galimatias.**

ITINÉRAIRE ■ ⇒ **trajet.**

ITINÉRANT, E ■ ⇒ **voyageur.**

IVOIRIN, E ■ Albâtre, blanc, blanchâtre, chryséléphantin, opalin, porcelaine.

IVRAIE ■ ***I. Au pr.*** : chiendent, herbe, ray-grass, vorge, zizanie. ***II. Fig.*** : chicane, dispute, méchanceté, mésentente.

IVRE ■ ***I. Au pr.*** **1. Neutre** : aviné, bu, gai, gris, grisé, imbriaque, pris de boisson. **2. Fam. et arg** : brinde-zingue, cuit, cuité, dans les vignes du Seigneur, éméché, émoustillé, en goguette, entre deux vins, gelé, givré, hachesse, mort, noir, parti, pinté, pompette. **3. Non favorable** : beurré blindé, bourré, cané, cassé, défoncé, fadé, hourdé, mûr, muraille, paf, pété, plein, poivré, rétamé, rond, schlass, soûl. ***II. Par ext.*** : exalté, transporté, troublé.

IVRESSE ■ ***I. Au pr.*** **1. Neutre** : boisson, crapule, débauche, dipsomanie, ébriété, enivrement, éthylisme, fumées de l'alcool/du vin, griserie, hébétude, ilotisme, intempérance, ivrognerie. **2. Fam. et arg.** : biture, cocarde, cuite, défonce, muflée, pétée, pistache, poivrade, ribote, ronflée, soulographie. ***II. Fig.*** **1.** ⇒ **vertige. 2.** Enchantement, enthousiasme, exaltation, excitation, extase, joie, volupté.

IVROGNE, IVROGNESSE ■ ***I.*** Alcoolique, buveur, débauché, dipsomane, dipsomaniaque, éthylique, intempérant. ***II. Fam.*** : Arsouille, bacchante, bibard, biberon, boit-sans-soif, cuitard, éponge, ilote (vx), lécheur, licheur, outre, pilier de bistrot/cabaret/café/estaminet, picoleur, pochard, pochetron, poivrier, poivrot, sac-à-vin, siffleur, soiffard, soûlard, soulas (vx), soulaud, soulographe, suppôt de Bacchus, téteur, tonneau, vide-bouteilles.

IVROGNERIE ■ ⇒ **ivresse.**

j

JABOT ■ ***I. Par ext. :*** cravate, dentelle. ***II.*** ⇒ **estomac.**

JABOTER ■ ***I. Non favorable.*** **1.** Babiller, baratiner, bavarder, bonimenter, cailleter, caqueter, débiter, discourir, jabouiner, jacasser, jacter, jaspiller (arg.), jaspiner (arg.), papoter (fam.), parler, raconter. **2.** Baver, broder, cancaner, clabauder, colporter, commérer, débiner (fam.), déblatérer, faire battre des montagnes, faire des commérages/des histoires/des racontars, jaser, lantiponner (fam.), potiner, publier, répandre. ***II. Favorable ou neutre :*** s'abandonner, causer, converser, deviser, échanger, s'entretenir, faire la causette (fam.)/la conversation/un brin de causette (fam.).

JACASSE, JACASSEUR ■ Babillard, baratineur (fam.), bavard, bon grelot (fam.), bonimenteur, bonne tapette (fam.), bruyant, cancanier, commère, concierge, discoureur, jaseur, loquace, parleur, phraseur, pipelet, prolixe, verbeux, volubile.

JACASSEMENT, JACASSERIE ■ ⇒ **bavardage.**

JACASSER ■ ⇒ **jaboter.**

JACHÈRE ■ Brande, brousse, friche, garrigue, gâtine, lande, maquis, varenne.

JACINTHE ■ Hyacinthe.

JACOBIN ■ n. et adj. ***I.*** ⇒ **révolutionnaire.** ***II. Par ext.*** ⇒ **ultra.**

JACQUERIE ■ ⇒ **révolte.**

JACTANCE ■ ***I.*** ⇒ **orgueil.** ***II.*** ⇒ **hâblerie.**

JACTER ■ ⇒ **jaboter.**

JADIS ■ ⇒ **autrefois.**

JAILLIR ■ Apparaître, bondir, couler, se dégager, se dresser, s'élancer, s'élever, fuser, gicler, partir, pointer, rejaillir, saillir, sortir, sourdre, surgir.

JAILLISSEMENT ■ ⇒ **éruption.**

JALE ■ ⇒ **baquet.**

JALON ■ ⇒ **repère.**

JALONNEMENT ■ ⇒ **bornage.**

JALONNER ■ ⇒ **tracer.**

JALOUSER ■ ⇒ **envier.**

JALOUSIE ■ ***I.*** ⇒ **envie.** ***II.*** ⇒ **émulation.** ***III.*** ⇒ **volet.**

JALOUX, OUSE ■ ***I.*** ⇒ **envieux.** ***II.*** ⇒ **désireux.**

JAMAIS (À, POUR) ■ Définitivement, en aucun temps, éternellement, irrévocablement, pour toujours, saint-glinglin, sans retour.

JAMBE ■ ***I. D'un homme.*** **1.** Membre inférieur. **2. Fam. :** bâtons, bouts, brancards, cannes, échasses, flûtes, fumerons, gambettes, gambilles, gigots, gigues, guibolles, guiches, guisots, jambettes, pattes, piliers, pilons, pinceaux, pincettes, poteaux, quilles. *II. D'un animal* ⇒ **patte.**

JAMBIÈRE ■ ⇒ **guêtre.**

JANSÉNISTE ■ n. et adj. Austère, étroit, moraliste, puritain, rigoureux.

JAPPEMENT ■ ⇒ **aboi.**

JAPPER ■ ⇒ **aboyer.**

JAQUETTE ■ *I.* ⇒ **veste.** *II.* ⇒ **uranien.**

JARDIN ■ *I. Au pr. :* clos, closerie, courtil (vx), enclos, espace vert, hortillonnage, jardinet, parc, potager, square, verger. *II. Par ext. :* **1.** Éden, eldorado, paradis. **2.** ⇒ **nursery.**

JARDINAGE ■ Arboriculture, culture maraîchère, horticulture, maraîchage.

JARDINER ■ ⇒ **cultiver.**

JARDINIER ■ Arboriculteur, fleuriste, horticulteur, maraîcher, pépiniériste, rosiériste.

JARDINISTE ■ Architecte/décorateur paysager, paysagiste.

JARGON ■ Argot, baragouin, bigorgne (vx), charabia, dialecte, galimatias, gazouillis, jar, javanais, jobelin, joual, langue verte, largonji, loucherbem, patagon, patois, pidgin, sabir, verlan, vers-l'en.

JASER ■ *I.* ⇒ **jaboter.** *II.* ⇒ **médire.**

JASEUR, EUSE ■ ⇒ **bavard.**

JASPÉ, E ■ ⇒ **marqueté.**

JATTE ■ Bol, coupe, récipient, tasse.

JAUGER ■ *I. Au pr.* **1.** ⇒ **mesurer. 2.** ⇒ **évaluer.** *II. Fig.* ⇒ **juger.**

JAUNE ■ Blond, chamois, citron, doré, fauve, flavescent, isabelle, jonquille, kaki, ocre, safran, saure, topaze.

JAUNIR ■ Blondir, dorer, javeler.

JAUNISSE ■ Hépatite, ictère.

JAVA ■ ⇒ **fête.**

JAVELINE, JAVELOT ■ ⇒ **trait.**

JÉRÉMIADE ■ ⇒ **gémissement.**

JÉSUITISME ■ ⇒ **hypocrisie.**

JÉSUS ■ ⇒ **saucisson.**

JET ■ *I. Au pr.* **1.** Coup, émission, éruption, jaillissement, lancement, projection, propulsion. **2.** ⇒ **pousse. 3.** ⇒ **avion.** *II. Fig.* ⇒ **ébauche.**

JETÉE ■ ⇒ **digue.**

JETER ■ *I.* Abandonner, balancer, se débarrasser/défaire de, détruire, dispenser, éjecter, émettre, éparpiller, envoyer, ficher (fam.), flanquer (fam.), joncher, lancer, mettre, parsemer, pousser, précipiter, projeter, propulser, rejeter, répandre, semer. *II. Loc.* **1. Jeter bas/à terre :** esbalancer (mérid.) ⇒ **abattre. 2. Jeter son dévolu sur** ⇒ **choisir.** *III. V. pron. :* **1.** ⇒ **élancer (s').** **2.** Aboutir, déboucher, se déverser, finir à/dans.

JEU ■ *I.* ⇒ **plaisir.** *II.* ⇒ **jouet.** *III.* ⇒ **politique.** *IV.* ⇒ **interprétation.** *V.* ⇒ **assortiment.** *VI. Loc.* **1. Jeu d'esprit** ⇒ **supposition. 2. Jeu de mots :** anagramme, anastrophe, à-peu-près, calembour, contrepèterie, coq-à-l'âne, équivoque, janotisme, mot d'esprit, mots croisés, plaisanterie, rébus, turlupinade. **3. Mettre en jeu** ⇒ **user de.**

JEUN (À) ■ Ventre creux/vide.

JEUNE ■ *I. Adj. :* adolescent, junior, juvénile, neuf, nouveau, vert. *II. Nom :* **1.** J3 (vx), jeunes gens, jeunesse, moins de vingt ans, teenagers. **2. Jeune fille** ⇒ **fille. 3. Jeune homme :** adonis, benjamin, blondin, cadet, damoiseau, éphèbe, garçon, gars, jeunet, jeunot, jouvenceau, miston, môme, muguet (vx), play-boy. **Péj. :** béjaune, blancbec, colombin, freluquet, godelureau, greluchon, lipette, loulou, loubard, minet, minot, niasse, nière, petit branleur, etc.

JEÛNE ■ *I. Neutre :* abstinence, carême, diète, grève de la faim, pénitence, privation, quatre-temps, ramadan, renoncement, restriction, vigile. *II. Favorable :* frugalité, modération, sobriété, tempérance. *III. Non favorable* ⇒ **manque.**

JEUNESSE ▪ Adolescence, juvénilité, printemps de la vie, verdeur, vingt ans.

JOAILLIER ▪ Bijoutier, orfèvre.

JOBARD, E ▪ ⇒ **naïf.**

JABARDER ▪ ⇒ **tromper.**

JOBARDERIE ▪ ⇒ **bêtise.**

JOCRISSE ▪ n. et adj. ⇒ **bête.**

JOIE ▪ *I.* ⇒ **gaieté.** *II.* ⇒ **plaisir.**

JOINDRE ▪ *I. Quelque chose ou quelqu'un (au pr.) :* aboucher, abouter, accoler, accoupler, ajointer, ajuster, allier, anastomoser (méd.), annexer, appointer, approcher, articuler, assembler, associer, attacher, brancher, braser, chaîner, combiner, conjoindre, conjuguer, connecter, corréler, coudre, embrancher, enchaîner, entrelacer, épisser, greffer, incorporer, jumeler, juxtaposer, lier, marier, rabouter, raccorder, rallier, rapporter, rapprocher, rassembler, rattacher, relier, réunir, souder, unir. *II. Par ext.* **1.** ⇒ **accoster. 2.** ⇒ **rejoindre.**

JOINT, JOINTURE ▪ *I.* Aboutage, anastomose (méd.), articulation, assemblage, commissure, conjonction, conjugaison, contact, fente, jonction, raccord, rencontre, réunion, soudure, suture, union. ⇒ **abouchement.** *II.* ⇒ **moyen.** *III.* ⇒ **drogue.**

JOINTOYER ▪ Ruiler.

JOLI, E ▪ *I.* ⇒ **accorte.** *II.* ⇒ **agréable.** *III.* ⇒ **aimable.** *IV.* ⇒ **beau.** *V.* ⇒ **bien.** *VI.* ⇒ **élégant.**

JOLIESSE ▪ ⇒ **délicatesse.**

JONC ▪ *I.* ⇒ **baguette.** *II.* ⇒ **bague.**

JONCHER ▪ ⇒ **recouvrir.**

JONCTION ▪ Bifurcation, carrefour, fourche. ⇒ **joint.**

JONGLER ▪ ⇒ **trafiquer.**

JONGLERIE ▪ ⇒ **habileté.**

JONGLEUR ▪ ⇒ **troubadour.**

JOUE ▪ *I.* Abajoue, bajoue, méplat, pommette. *II. Fam. :* babine, babouine, badigoince.

JOUER ▪ *I. V. intr.* **1.** ⇒ **amuser (s').** **2.** ⇒ **mouvoir (se).** *II. V. tr.* **1.** Créer, faire du théâtre, interpréter, mettre en scène. ⇒ **représenter. 2.** ⇒ **tromper. 3.** ⇒ **spéculer. 4.** ⇒ **hasarder. 5.** ⇒ **railler. 6.** ⇒ **feindre. 7.** ⇒ **imiter. 8. D'un instrument de musique :** gratter (péj.), pianoter, pincer, racler (péj.), sonner, souffler, toucher. **9. Un morceau de musique :** attaquer, enlever, exécuter, interpréter, massacrer (péj.). *III. V. pron. :* **1.** ⇒ **mépriser. 2.** ⇒ **railler. 3.** ⇒ **tromper.**

JOUET ▪ *I. Au pr.* ⇒ **bagatelle.** *II. Fig.* ⇒ **victime.**

JOUFFLU, E ▪ Bouffi, gonflé, mafflé, mafflu, poupard, poupin, rebondi.

JOUG ▪ *Fig.* ⇒ **subordination.**

JOUIR ▪ *I.* ⇒ **avoir, profiter de, régaler (se).** *II.* Connaître la volupté *et les syn. de volupté* ⇒ **éjaculer.** *III.* **Arg. et grossier :** bander, bicher, s'éclater, s'envoyer en l'air, se faire briller/reluire, godailler, goder, partir, planer, prendre son fade/panard/pied/taf. **Partic. 1. Femmes :** couler, juter, mouiller, ne plus se sentir pisser. **2. Hommes :** avoir la canne/gaule/tringle/trique/le tricotin, l'avoir au garde-à-vous/dure/en l'air/raide, etc. et ⇒ **accoupler (s').**

JOUIR DE ▪ *I.* ⇒ **posséder.** *II.* ⇒ **profiter de.** *III.* Déguster, goûter, se repaître, savourer. ⇒ **régaler (se).**

JOUISSANCE ▪ *I.* Possession, propriété, usage, usufruit. *II.* ⇒ **plaisir.**

JOUISSEUR, EUSE ▪ ⇒ **épicurien.**

JOUR ▪ *I.* Journée, quantième. ⇒ **aube.**

II. Par ext. **1. ⇒ lumière. 2. ⇒ ouverture. 3. ⇒ moyen.** ***III. Au pl.*** **1. ⇒ vie. 2. ⇒ époque.** ***IV. Loc.*** **1. Point/pointe du jour ⇒ aube. 2. Voir le jour ⇒ naître.**

JOURNAL ▪ ***I.*** Bulletin, canard (péj.), feuille, feuille de chou (péj.), gazette, hebdomadaire, illustré, magazine, organe, périodique, presse, quotidien. **⇒ revue.** ***II.*** **⇒ récit.** ***III.*** **⇒ mémoires.**

JOURNALIER, ÈRE ▪ ***I. Nom*** **⇒ travailleur.** ***II. Adj.*** **1. Au pr. :** de chaque jour, diurnal, diurne, journal, quotidien. **2. ⇒ changeant.**

JOURNALISTE ▪ Bobardier (péj.), chroniqueur, commentateur, correspondant, courriériste, critique, échotier, éditorialiste, envoyé spécial, feuilletoniste, feuilliste (péj.), folliculaire (péj.), gazetier (vx), informateur, journaleux (péj.), nouvelliste, pamphlétaire, pisse-copie (péj.), polémiste, publiciste, rédacteur, reporter, salonnier, speaker.

JOURNÉE ▪ ***I.*** **⇒ jour.** ***II.*** **⇒ étape.** ***III.*** **⇒ rétribution.**

JOUTE ▪ ***I.*** **⇒ tournoi.** ***II.*** **⇒ lutte.**

JOUTER ▪ **⇒ lutter.**

JOUTEUR ▪ **⇒ lutteur.**

JOUVENCEAU ▪ **⇒ jeune.**

JOUXTER ▪ **⇒ toucher.**

JOVIAL, E ▪ **⇒ gai.**

JOVIALITÉ ▪ **⇒ gaieté.**

JOYAU ▪ ***I.*** Bijou, parure. ***II.*** **⇒ beauté.**

JOYEUSETÉ ▪ **⇒ plaisanterie.**

JOYEUX, EUSE ▪ Jubilant **⇒ gai.**

JUBÉ ▪ Ambon.

JUBILANT, E ▪ **⇒ gai.**

JUBILATION ▪ **⇒ gaieté.**

JUBILER ▪ **⇒ réjouir (se).**

JUCHER ▪ **⇒ percher.**

JUCHOIR ▪ **⇒ perchoir.**

JUDAS ▪ ***I.*** **⇒ infidèle.** ***II.*** **⇒ ouverture.**

JUDICIAIRE ▪ Juridique, procédurier (péj.).

JUDICIEUX, EUSE ▪ **⇒ bon.**

JUDO ▪ Jiu-jitsu.

JUGE ▪ ***I.*** Alcade (esp.), arbitre, cadi (arabe), gens de robe, guignol (arg.), héliaste, inquisiteur (péj.), justicier, magistrat, official (rel.), préteur (vx), prévôt, robin (péj.), viguier. ***II.*** Vengeur. ***III.*** **⇒ censeur.**

JUGEMENT ▪ ***I.*** Arrêt, décision, décret, verdict. ***II.*** **⇒ opinion.** ***III.*** **⇒ censure.** ***IV.*** **⇒ raison.** ***V. Partic.*** Psychostasie.

JUGEOTE ▪ **⇒ raison.**

JUGER ▪ ***I.*** Apprécier, arbitrer, choisir, conclure, considérer, coter, croire, décider, départager, déterminer, dire, discerner, distinguer, envisager, estimer, évaluer, examiner, expertiser, imaginer, jauger, mesurer, noter, penser, peser, porter une appréciation/un jugement, prononcer un arrêt/une sentence, sonder les reins et les cœurs, soupeser, statuer, trancher, trouver, voir. ***II.*** **⇒ blâmer.**

JUGULAIRE ▪ Bride, mentonnière.

JUGULER ▪ **⇒ arrêter.**

JUIF, JUIVE ▪ n. et adj. **⇒ israélite.**

JUMEAU, ELLE ▪ n. et adj. Besson, double, free-martin (vétér.), gémeau, menechme, pareil, sosie, univitellin.

JUMELAGE ▪ **⇒ assemblage.**

JUMELER ▪ **⇒ joindre.**

JUMELLE ▪ **⇒ lunette.**

JUMENT ▪ Cavale, haquenée, mulassière, pouliche, poulinière.

JUPE ▪ Cotillon, cotte, jupon, kilt, paréo, tutu.

JUREMENT ▪ ***I.*** **⇒ serment.** ***II.*** Blasphème, cri, exécration, imprécation, juron, outrage.

JURER ■ ***I.*** ⇒ **affirmer.** ***II.*** ⇒ **décider.** ***III.*** ⇒ **promettre.** ***IV.*** ⇒ **contraster.** ***V.*** Blasphémer, outrager, proférer des jurons, sacrer, tempêter.

JURIDICTION ■ Autorité, circonscription, compétence, for (vx), judicature, ressort, territoire.

JURIDIQUE ■ ⇒ **judiciaire.**

JURISCONSULTE ■ ⇒ **légiste.**

JURISPRUDENCE ■ ⇒ **loi.**

JURISTE ■ ⇒ **légiste.**

JURON ■ ⇒ **jurement.**

JURY ■ ⇒ **tribunal.**

JUS ■ Sauce, suc. ⇒ **liquide.**

JUSANT ■ ⇒ **marée.**

JUSQU'AU-BOUTISME ■ ⇒ **extrémisme.**

JUSTE ■ ***I. Au pr. :*** adéquat, approprié, bon, conforme, convenable, correct, droit, équitable, exact, fondé, honnête, impartial, intègre, justifiable, justifié, légitime, loyal, motivé, précis, propre, raisonnable. ***II. Par ext.*** ⇒ **vrai.** ***III.*** ⇒ **étroit.** ***IV. Adv. :*** exactement, précisément, tout à fait.

JUSTE MILIEU ■ ⇒ **équilibre.**

JUSTESSE ■ Authenticité, convenance, correction, exactitude, précision, propriété, raison, rectitude, vérité.

JUSTICE ■ ***I.*** Droiture, équité, impartialité, intégrité, légalité, objectivité, probité. ***II.*** ⇒ **droit.** ***III. Loc.*** **Faire justice** ⇒ **punir.**

JUSTICIER, ÈRE ■ Redresseur de torts, vengeur, zorro (fam.). ⇒ **juge.**

JUSTIFIABLE ■ ⇒ **excusable.**

JUSTIFICATIF ■ ⇒ **preuve.**

JUSTIFICATION ■ ***I.*** Apologétique, apologie. ⇒ **éloge.** ***II.*** Affirmation, argument, confirmation, constatation, démonstration, établissement, gage, illustration (vx), motif, pierre de touche. ⇒ **preuve.**

JUSTIFIÉ, E ■ ⇒ **juste.**

JUSTIFIER ■ ***I.*** Absoudre, acquitter, admettre, alléguer, blanchir, couvrir, décharger, disculper, effacer, excuser, exempter, innocenter, laver, légitimer. ***II.*** Fonder, motiver. ***III.*** ⇒ **prouver.**

JUTER ■ ***I.*** ⇒ **couler.** ***II.*** ⇒ **éjaculer.**

JUTEUX, EUSE ■ ***I.*** ⇒ **fluide.** ***II.*** ⇒ **fructueux.**

JUVÉNILE ■ Actif, ardent, bien allant, gai, jeune, pimpant, plein d'ardeur/d'entrain/de vie, vert, vif.

JUVÉNILITÉ ■ Activité, allant, ardeur, entrain, gaieté, jeunesse, jouvence (vx), verdeur, vivacité.

JUXTAPOSER ■ Adjoindre, ajouter, annexer, assembler, associer, combiner, jumeler, marier, rapprocher, rassembler, rattacher, relier, réunir, unir. ⇒ **joindre.**

JUXTAPOSITION ■ ⇒ **adjonction.**

k

KABBALE ■ ⇒ **cabale.**

KAKI, E ■ Brun, chamois, fauve, flavescent, grège, jaune, marron, ocre, saure.

KANDJAR ■ ⇒ **poignard.**

KAYAK ■ Canoë, canot, périssoire.

KEEPSAKE ■ Album, livre-album, livre d'images, recueil.

KÉPI ■ Casquette, chapska, coiffure, shako.

KERMESSE ■ Ducasse, festival, festivité, frairie, réjouissance. ⇒ **fête.**

KÉROSÈNE ■ Carburant, pétrole.

KETCH ■ ⇒ **bateau.**

KIBBOUTZ ■ Exploitation/ferme collective.

KIDNAPPER ■ ***I. Au pr. :*** enlever, faire disparaître, séquestrer. ***II. Par ext.*** ⇒ **voler.**

KIDNAPPING ■ ***I. Au pr. :*** enlèvement/rapt d'enfant. ***II. Par ext. :*** enlèvement, rapt, ravissement (vx), séquestration, violence, voie de fait.

KIF ■ Haschisch ⇒ **drogue.**

KILT ■ Philibeg.

KINÉSITHÉRAPEUTE ■ Masseur, physiothérapeute, soigneur.

KIOSQUE ■ ***I.*** Belvédère, gloriette. ***II.*** ⇒ **édicule.** ***III.*** ⇒ **pavillon.**

KIPPER ■ ⇒ **hareng.**

KITCHENETTE ■ Coin cuisine, cuisine, office, petite cuisine.

KITSCH ■ À/de papa, baroque, hétéroclite, pompier, rétro.

KLAXON ■ Avertisseur, signal sonore, trompe.

KLEPTOMANE ■ ⇒ **voleur.**

KNOCK-OUT ■ Assommé, étendu pour le compte, évanoui, groggy (par ext.), hors de combat, inconscient, K.-O.

KNOUT ■ Bastonnade, fouet, verges.

KOBOLD, KORRIGAN ■ ⇒ **génie.**

KOUAN-HOUA ■ Langue mandarine, mandarin.

KRACH ■ ***I. Au pr. :*** déconfiture, dépôt de bilan, faillite. ***II. Par ext. :*** banqueroute, chute, crise, culbute, débâcle, échec, fiasco, liquidation, marasme, ruine.

KRAK ■ Bastide, château, citadelle, crac, ensemble fortifié, fort, forteresse, fortification, ouvrage fortifié, place forte.

KRISS ■ ⇒ **poignard.**

KYRIELLE ■ ⇒ **suite.**

KYSTE ■ Corps étranger, grosseur, induration, ulcération. ⇒ **abcès.**

l

LÀ ▪ À cet endroit, à cette place, en ce lieu, ici.

LABEL ▪ ⇒ **marque.**

LABEUR ▪ Activité, besogne, corvée, occupation, ouvrage, peine, tâche, travail.

LABILE ▪ Changeant, déconcertant, débile, faible, fragile, frêle, glissant, insaisissable, instable, périssable, piètre, précaire.

LABORATOIRE ▪ Arrière-boutique, atelier, cabinet, officine.

LABORIEUX, EUSE ▪ ***I.*** ⇒ **difficile.** ***II.*** ⇒ **pénible.** ***III.*** ⇒ **travailleur.**

LABOUR ▪ ***I. Au pr. :*** billonnage, décavaillonnage, défonçage, façon, labourage, retroussage, scarifiage. ***II. Par ext.*** ⇒ **champ, terre.**

LABOURER ▪ ***I. Au pr. :*** décavaillonner, défoncer, façonner, fouiller, ouvrir, remuer, retercer, retourner, scarifier, tercer, travailler. ***II. Fig.*** ⇒ **déchirer.**

LABOUREUR ▪ ⇒ **agriculteur** et **paysan.**

LABYRINTHE ▪ ***I. Au pr. :*** dédale, lacis, méandre. ***II. Fig. :*** complication, confusion, détours, écheveau, enchevêtrement, maquis, multiplicité, sinuosités.

LAC ▪ Bassin, chott, étang, lagune, marais, mare, pièce d'eau, réservoir.

LACER ▪ Attacher, ficeler, fixer, nouer, serrer.

LACÉRATION ▪ Déchiquetage, déchirement, destruction, dilacération, division, mise en lambeaux/morceaux/pièces.

LACÉRER ▪ ⇒ **déchirer.**

LACET ▪ ***I.*** ⇒ **corde.** ***II.*** ⇒ **filet.**

LÂCHAGE ▪ ⇒ **abandon.**

LÂCHE ▪ ***I.*** Capon, cerf, couard, embusqué, froussard, lâcheur, peureux, pied-plat, pleutre, poltron, poule mouillée, pusillanime, rampant, timide, tremblant, trouillard, veule ⇒ **vil.** ***Fam. :*** capitulard, chiffe, copaille, couille-molle, dégonflé, demi-sel, enfoiré, fausse-couche, foireux, jean-fesse/foutre, gonzesse, lavette, lopette, salope. ***II. Une chose :*** débandé, desserré, détendu, flaccide, flottant, relâché. ⇒ **souple.**

LÂCHÉ, E ▪ ⇒ **négligé.**

LÂCHER ▪ ***I. Au pr.*** **1.** Débander, décramponner, desserrer, détacher, détendre, filer, laisser aller, relâcher. **2.** Droper, larguer, parachuter. ***II. Par ext.*** **1.** ⇒ **dire. 2.** ⇒ **accorder. 3.** ⇒ **abandonner. 4.** ⇒ **quitter. 5.** ⇒ **distancer.** ***III. Loc.*** **Lâcher pied** ⇒ **reculer.**

LÂCHETÉ ▪ ***I.*** Couardise, faiblesse,

foire, frousse, mollesse, peur, poltronnerie, pusillanimité, trouille, veulerie. ***II.*** ⇒ **bassesse.**

LACIS ■ ⇒ **labyrinthe, réseau.**

LACONIQUE ■ ⇒ **court.**

LACS ■ ⇒ **filet.**

LACUNAIRE ■ ⇒ **imparfait.**

LACUNE ■ ***I.*** Déficience, desiderata, ignorance, insuffisance, manque, omission, oubli, suppression. ***II.*** Espace, fente, fissure, hiatus, interruption, méat, solution de continuité, trou.

LADRE ■ ***I.*** ⇒ **avare.** ***II.*** ⇒ **lépreux.**

LADRERIE ■ ***I. Au pr. :*** lazaret, léproserie, maladrerie. ***II. Fig. :*** sordidité ⇒ **avarice.**

LAGUNE ■ Liman, moere ⇒ **étang.**

LAÏC, LAÏQUE ■ Agnostique, indépendant, neutre, séculier. ⇒ **laïque.**

LAÏCITÉ ■ Agnosticisme, neutralité, pluralisme, tolérance.

LAID, LAIDE ■ ***I. Quelque chose,*** **1.** Abominable, affreux, atroce, dégoûtant, déplaisant, désagréable, disgracieux, effrayant, effroyable, hideux, horrible, ignoble, inesthétique, informe, moche (fam.), monstrueux, repoussant, vilain. **2.** Bas, déshonnête, immoral, indigne, malhonnête, malséant, mauvais, obscène, répugnant, sale, vil. ***II. Quelqu'un :*** défiguré, déformé, difforme, disgracié, disgracieux, enlaidi, hideux, inélégant, ingrat, mal bâti/fait/fichu/foutu. ***Fam. :*** blèche, dégueu, dégueulasse, moche, ringard, tarte, tartignole, tartouillard, toc, tocard.

LAIDERON ■ Guenon, guenuche, maritorne, monstre, remède à l'amour. ⇒ **virago.**

LAIDEUR ■ ***I.*** Aspect/corps/visage ingrat, difformité, disgrâce, hideur. ***II.*** Horreur, obscénité, saleté, vilénie ⇒ **bassesse.**

LAIE ■ ***I.*** ⇒ **sanglier.** ***II.*** ⇒ **allée.** ***III.*** ⇒ **marteau.**

LAINE ■ Riflard ⇒ **poil.**

LAINEUX, EUSE ■ ***I.*** Doux, duveteux, épais, isolant. ***II.*** Lanice (vx), lanifère, lanigère, lanugineux. ***Par ext. :*** poilu, velouté.

LAÏQUE, LAÏC ■ n. et adj. Convers, lai, séculier. ⇒ **laïc.**

LAISSE ■ ⇒ **attache.**

LAISSER ■ ***I.*** ⇒ **abandonner.** ***II.*** ⇒ **quitter.** ***III.*** ⇒ **confier.** ***IV.*** ⇒ **transmettre.** ***V.*** ⇒ **aliéner.** ***VI.*** ⇒ **souffrir.** ***VII. Loc.*** **Ne pas laisser de** ⇒ **continuer.**

LAISSER-ALLER ■ Négligence ⇒ **abandon.**

LAISSEZ-PASSER ■ Coupe-file, navicert (mar.), passavant, passe-debout, passeport, permis, sauf-conduit, visa.

LAITIER, ÈRE ■ Crémier.

LAITON ■ Archal.

LAÏUS ■ ⇒ **discours.**

LALLATION ■ ⇒ **babillage.**

LAMBEAU ■ ⇒ **morceau.**

LAMBIN, E ■ ⇒ **lent.**

LAMBINER ■ ⇒ **traîner.**

LAME ■ ***I.*** Feuille, feuillet, lamelle, morceau, plaque. ***II.*** Baleine de corset, busc. ***III.*** ⇒ **épée.** ***IV.*** ⇒ **vague.** ***V. Loc.*** **Fine lame** ⇒ **ferrailleur.**

LAMENTABLE ■ ⇒ **pitoyable.**

LAMENTATION ■ ⇒ **gémissement.**

LAMENTER (SE) ■ ⇒ **gémir.**

LAMINAGE ■ Aplatissement, étirage.

LAMINER ■ Aplatir, étirer, réduire. ⇒ **user.**

LAMINOIR ■ Étireuse, presse.

LAMPE ■ ***I.*** Carcel, verrine (mar.) ⇒ **lanterne.** ***II. Arg. :*** calbombe, camoufle, loubarde, loupiote, pétoche.

LAMPER ■ ⇒ **boire.**

LAMPION ■ ⇒ **lanterne.**

LANCE ■ Angon, dard, épieu, framée, guisarme, hallebarde, haste, javeline, javelot, pertuisane, pique, sagaie, sarisse, vouge.

LANCÉE ■ ⇒ **élan.**

LANCEMENT ■ ⇒ **publication.**

LANCER ■ ***I. Au pr. :*** catapulter, darder, lâcher, larguer, projeter. ⇒ **jeter.** ***II. Par ext.*** 1. Bombarder, déclencher, décocher, émettre, envoyer, exhaler, faire partir, répandre. 2. ⇒ **introduire.** 3. ⇒ **éditer.** ***III. V. pron.*** ⇒ **élancer (s').**

LANCINANT, E ■ ⇒ **piquant, ennuyeux.**

LANCINER ■ ⇒ **tourmenter.**

LANDE ■ Brande, brousse, friche, garrigue, gâtine, jachère, maquis, varenne.

LANDIER ■ Chenêt, hâtier.

LANGAGE ■ ⇒ **langue.**

LANGE ■ ⇒ **couche.**

LANGOUREUX, EUSE ■ Alangui, amoureux, doucereux, languide, languissant, mourant, sentimental.

LANGUE ■ Argot, dialecte, expression, idiolecte, idiome, langage, parler, parlure, patois, sabir, vocabulaire. ⇒ **jargon.**

LANGUEUR ■ Abattement, accablement, adynamie, affaiblissement, alanguissement, anéantissement, anémie, apathie, assoupissement, atonie, consomption, découragement, dépérissement, dépression, ennui, épuisement, étiolement, étisie, faiblesse, inactivité, inanition, indolence, léthargie, marasme, mollesse, morbidesse, nonchalance, paresse, prostration, stagnation, torpeur.

LANGUIDE ■ ⇒ **langoureux.**

LANGUIR ■ ***I. Au pr. :*** s'en aller, décliner, dépérir, dessécher, s'étioler. ***II. Par ext.*** 1. ⇒ **attendre.** 2. ⇒ **souffrir.** 3. Stagner, traîner, végéter.

LANGUISSANT, E ■ ***I.*** ⇒ **langoureux.** ***II.*** ⇒ **fade.**

LANIÈRE ■ ⇒ **courroie.**

LANTERNE ■ ***I. Au pr. :*** falot, fanal, feu, lamparo, lampe, lampion, loupiote, lumière, lumignon, phare, pharillon, réverbère, veilleuse. ***II. Par ext.*** ⇒ **refrain.**

LANTERNER ■ ***I. V. tr.*** ⇒ **tromper.** ***II. V. intr.*** 1. ⇒ **retarder.** 2. ⇒ **traîner.**

LAPALISSADE ■ ⇒ **vérité.**

LAPER ■ ⇒ **boire.**

LAPIDAIRE ■ ⇒ **court.**

LAPIDER ■ ***I.*** ⇒ **tuer.** ***II.*** ⇒ **vilipender.**

LAPS ■ ***I. N. m. :*** ⇒ **espace.** ***II. Adj. (vx)*** ⇒ **infidèle.**

LAPSUS ■ Contrepèterie, cuir, erreur, faute, janotisme, liaison-mal-t-à-propos, pataquès, perle, valise.

LAQUAIS ■ ⇒ **serviteur.**

LAQUE ■ ⇒ **résine.**

LAQUER ■ ⇒ **peindre.**

LARBIN ■ ***I.*** ⇒ **servile.** ***II.*** ⇒ **serviteur.**

LARCIN ■ ⇒ **vol.**

LARD ■ Bacon, couenne, crépine, graillon (péj.), lardon, panne.

LARDER ■ ***I.*** ⇒ **percer.** ***II.*** ⇒ **emplir.** ***III.*** ⇒ **railler.**

LARES ■ ⇒ **pénates.**

LARGAGE ■ Droppage, lâcher, parachutage. ⇒ **abandon.**

LARGE ■ ***I. Adj.*** 1. ⇒ **grand.** 2. ⇒ **indulgent.** 3. ⇒ **généreux.** ***II. Nom.*** 1. ⇒ **mer.** 2. ⇒ **largeur.** ***III. Loc.*** **Gagner/prendre le large** ⇒ **partir.**

LARGEMENT ■ ⇒ **beaucoup.**

LARGESSE ■ ***I.*** ⇒ **générosité.** ***II.*** ⇒ **don.**

LARGEUR ■ ***I. Au pr. :*** ampleur, calibre, carrure, diamètre, dimension, empan, envergure, étendue, évasure, grandeur, grosseur, laize, large, lé, module, portée. ***II. Par ext. :*** indulgence, largesse, libéralisme, libéralité, ouverture d'esprit.

LARGUER ■ ***I.*** ⇒ **lâcher.** ***II.*** ⇒ **renvoyer.**

LARME ■ Chagrin, eau (vx), émotion, gémissement, goutte, larmoiement, mal, perle, pleur, pleurnichement, pleurnicherie, sanglot, souffrance.

LARMOYANT, E ■ ⇒ **émouvant.**

LARMOYER ■ ⇒ **pleurer.**

LARRON ■ ⇒ **voleur.**

LARVE ■ ***Fig. I.*** ⇒ **fantoche.** ***II.*** ⇒ **ruine.**

LARVÉ, E ■ ⇒ **manqué.**

LAS, LASSE ■ ⇒ **fatigué.**

LASCAR ■ ⇒ **gaillard.**

LASCIF, IVE ■ ***I.*** Amoureux, caressant, charnel, chaud, concupiscent, doux, érotique, folâtre, gamin, godeur (arg.), léger, leste, libertin, polisson, sensuel, suave, voluptueux. ***II. Par ext. et péj. :*** concupiscent, débauché, immodeste, impudique, impur, indécent, libidineux, licencieux, lubrique, luxurieux, paillard, porno, pornographique, salace, vicelard, viceloque. ⇒ **obscène.**

LASCIVETÉ, LASCIVITÉ ■ ***I.*** Chaleur, commerce charnel, concupiscence, érotisme, libertinage, polissonnerie, sensualité, suavité, volupté. ***II. Par ext. et péj. :*** débauche, fornication, gâterie, immodestie, impudicité, impureté, indécence, licence, lubricité, luxure, paillardise, pornographie, salacité, vicelardise (arg.).

LASSER ■ ***I.*** ⇒ **fatiguer.** ***II.*** ⇒ **ennuyer.** ***III. V. pron.*** ⇒ **décourager (se).**

LASSITUDE ■ ***I.*** ⇒ **abattement.** ***II.*** ⇒ **fatigue.** ***III.*** ⇒ **ennui.** ***IV.*** ⇒ **découragement.**

LATENT, E ■ ⇒ **secret.**

LATITUDE ■ ⇒ **liberté.**

LATRINES ■ ⇒ **water-closet.**

LAUDATEUR, TRICE, LAUDATIF, IVE ■ ⇒ **louangeur.**

LAURÉAT, E ■ ⇒ **vainqueur.**

LAURIERS ■ ⇒ **gloire.**

LAVABO ■ ***I.*** Aiguière, aquamanille, fontaine, lave-mains. ***II.*** ⇒ **water-closet.**

LAVAGE ■ Ablution, bain, blanchiment, blanchissage, décantage, décantation, dégorgement, douche, lavement, lavure, lessive, lixiviation, nettoyage, purification, purgation.

LAVANDIÈRE ■ ⇒ **laveuse.**

LAVEMENT ■ ***I.*** Bouillon pointu (vx), clystère, remède. ***II.*** ⇒ **lavage.**

LAVER ■ ***I. Au pr. :*** abluter (vx), absterger, aiguayer, baigner, blanchir, débarbouiller, décrasser, décrotter, dégraisser, détacher, déterger, doucher, essanger, étuver, frotter, guéer, lessiver, lotionner, nettoyer, purifier, récurer, rincer. ***II. Par ext.*** **1.** ⇒ **effacer. 2.** ⇒ **excuser.**

LAVEUSE ■ Blanchisseuse, buandière, lavandière, lessivière.

LAVOIR ■ ⇒ **buanderie.**

LAXATIF, IVE ■ n. et adj. ⇒ **purge.**

LAXISME ■ ***I.*** ⇒ **indulgence.** ***II.*** ⇒ **faiblesse.**

LAYETTE ■ Bonneterie, linge, trousseau.

LAYON ■ ⇒ **sentier.**

LAZARET ■ ⇒ **ladrerie.**

LAZZI ■ ⇒ **plaisanterie.**

LEADER ■ ***I.*** ⇒ **chef.** ***II.*** ⇒ **article.**

LEADERSHIP ▪ Décision, direction, hégémonie, initiative, tête.

LEASING ▪ Crédit-bail, location-vente.

LÈCHE-CUL, LÉCHEUR, EUSE ▪ ⇒ **flatteur.**

LÉCHER ▪ ***I.*** Licher, pourlécher, sucer. ***II. Par ext.*** **1.** ⇒ **caresser, flatter. 2.** ⇒ **parfaire. 3.** ⇒ **cunnilinctus (faire un).**

LEÇON ▪ ***I. Au pr. :*** classe, conférence, cours, enseignement, instruction. ***II. Par ext.*** **1.** ⇒ **avertissement. 2.** ⇒ **texte.**

LECTEUR, TRICE ▪ ***I.*** Anagnoste, liseur. ***II.*** Pick-up.

LECTURE ▪ Déchiffrage, déchiffrement, décryptage, reconnaissance.

LÉGAL, E ▪ ⇒ **permis.**

LÉGALISER ▪ ⇒ **confirmer.**

LÉGALITÉ ▪ ⇒ **régularité.**

LÉGAT ▪ Nonce, prélat, vicaire apostolique. ⇒ **ambassadeur.**

LÉGATAIRE ▪ ⇒ **héritier.**

LÉGATION ▪ ⇒ **mission.**

LÉGENDAIRE ▪ ⇒ **illustre.**

LÉGENDE ▪ ***I.*** Conte, fable, folklore, histoire, mythe, mythologie, saga, tradition. ***II.*** ⇒ **inscription.**

LÉGER, ÈRE ▪ ***I.*** Aérien, allégé, délesté, éthéré, gracile, grêle, impalpable, impondérable, menu, subtil, vaporeux, volatil. ***II.*** ⇒ **dispos.** ***III.*** ⇒ **délicat.** ***IV.*** ⇒ **insignifiant.** ***V.*** ⇒ **changeant.** ***VI.*** ⇒ **libre.** ***VII.*** ⇒ **frivole.** ***VIII.*** ⇒ **galant.** ***IX.*** ⇒ **vide.**

LÉGÈREMENT ▪ ***I.*** À la légère, inconsidérément, sommairement. ***II.*** Frugalement, sobrement. ***III.*** Délicatement, doucement, en douceur, imperceptiblement.

LÉGÈRETÉ ▪ ***I.*** ⇒ **souplesse.** ***II.*** ⇒ **grâce.** ***III.*** ⇒ **insouciance.**

LÉGIFÉRER ▪ Administrer, arrêter, codifier, décréter, édicter, faire des lois, mettre en place, ordonner, prescrire, régler, réglementer.

LÉGION ▪ ***I.*** ⇒ **troupe.** ***II.*** ⇒ **multitude.**

LÉGIONNAIRE ▪ ⇒ **soldat.**

LÉGISLATEUR, LÉGISLATION ▪ Droit, loi, parlement, textes.

LÉGISLATURE ▪ Mandat, mission.

LÉGISTE ▪ Conseiller, député, homme de loi, jurisconsulte, juriste.

LÉGITIME ▪ ***I. Adj.*** ⇒ **permis.** ***II.*** ⇒ **juste.** ***III.*** ⇒ **époux, épouse.**

LÉGITIMER ▪ ⇒ **permettre, excuser.**

LÉGITIMISTE ▪ ⇒ **royaliste.**

LÉGITIMITÉ ▪ ⇒ **bien-fondé.**

LEGS ▪ ⇒ **don.**

LÉGUER ▪ ⇒ **transmettre.**

LEITMOTIV ▪ ***I.*** ⇒ **thème.** ***II.*** ⇒ **refrain.**

LÉMURE ▪ ⇒ **spectre.**

LENDEMAIN ▪ ⇒ **avenir.**

LÉNIFIANT, E, LÉNITIF, IVE ▪ ⇒ **calmant.**

LÉNIFIER ▪ ⇒ **adoucir.**

LENT, E ▪ Alangui, apathique, arriéré, balourd, calme, difficile, endormi, engourdi, épais, flâneur, flegmatique, flemmard, gnangnan (fam.), indécis, indolent, inerte, irrésolu, lambin, long, lourd, lourdaud, mollasse, mou, musard, nonchalant, paresseux, pataud, pénible, pesant, posé, retardataire, stagnant, tardif, temporisateur, traînant, traînard, tranquille.

LENTEMENT ▪ Doucement, insensiblement, mollo (fam.), piano.

LENTEUR ▪ ***I.*** ⇒ **retard.** ***II.*** ⇒ **prudence.** ***III.*** ⇒ **paresse.** ***IV.*** ⇒ **stupidité.**

LÈPRE ▪ ⇒ **maladie.**

LÉPREUX, EUSE ■ ***I.*** Ladre, malade. ***II.*** Galeux, scrofuleux. ***III.*** Décrépit, ruiné.

LÉPROSERIE ■ ⇒ **ladrerie.**

LESBIENNE ■ ***I.*** Homosexuelle, invertie. ***II.*** Litt. : sapho, tribade (péj.). ***III.*** **Arg. et grossier** : bottine, brouteuse, gerbeuse, gouine, gougnasse, gougne, gougnotte, gousse, langue/patte de velours, liane, tire-bouton, visiteuse, vrille, etc.

LÉSER ■ ***I.*** ⇒ **blesser.** ***II.*** ⇒ **nuire.**

LÉSINE ■ ⇒ **avarice.**

LÉSINER ■ ⇒ **économiser.**

LÉSINEUR, EUSE ■ ⇒ **avare.**

LÉSION ■ ⇒ **dommage, blessure.**

LESSIVE ■ ⇒ **purification** et **lavage.**

LESSIVER ■ ⇒ **laver.**

LEST ■ ⇒ **charge.**

LESTE ■ ⇒ **dispos, impoli, libre.**

LESTER ■ ⇒ **pourvoir.**

LÉTAL, E ■ ⇒ **mortel.**

LÉTHARGIE ■ ⇒ ***I.*** ⇒ **sommeil.** ***II.*** ⇒ **torpeur.**

LETTRE ■ ***I.*** Billet, carte, correspondance, courrier, dépêche, deux/quelques lignes, épître, message, missive, mot, pli. ***Relig.*** : bref, bulle, encyclique, mandement, monitoire, rescrit. ***II. Fam.*** : babillarde, bafouille, billet doux, poulet, tartine. ***III.*** ⇒ **caractère.** ***IV Loc.*** **1. À la lettre** : au mot, littéralement, mot à mot. **2. Homme de lettres ⇒ écrivain.** ***V. Au pl.*** **1. ⇒ correspondance. 2. ⇒ littérature. 3. ⇒ savoir.**

LETTRÉ, E ■ adj. et n. ⇒ **savant.**

LETTRINE ■ ⇒ **majuscule.**

LEURRE ■ Amorce, appât, appeau, dandinette, tromperie. ⇒ **aiche.**

LEURRER ■ ⇒ **tromper.**

LEVAIN ■ ⇒ **ferment.**

LEVANT ■ ⇒ **orient.**

LEVÉE ■ ⇒ **digue.**

LEVER ■ ***I. Au pr.*** : dresser, élever, enlever, guinder, haler, hausser, hisser, monter, redresser, relever, retrousser, trévirer (mar.). ***II. Par ext.*** **1. ⇒ tirer. 2. ⇒ retrancher. 3. ⇒ percevoir. 4. ⇒ abolir.** ***III. V. intr.*** **⇒ fermenter.** ***IV. Loc.*** **1. Lever des troupes ⇒ enrôler. 2. Lever le pied ⇒ enfuir (s').**

LEVIER ■ Anspect, commande, manette, pédale.

LÈVRE ■ ***I. Au pr.*** : babines, badigoinces (fam.), ballots (arg.), labre, lippe. ***II. Par ext.*** ⇒ **bord.** ***III. Petites lèvres*** : nymphes.

LEVURE ■ ⇒ **ferment.**

LEXIQUE ■ ⇒ **dictionnaire.**

LÉZARD ■ ⇒ **saurien.**

LÉZARDE ■ ⇒ **fente.**

LÉZARDER ■ ⇒ **paresser.**

LIAISON ■ ***I. Au pr.*** : accointance, affinité, alliance, association, attache, cohérence, cohésion, communication, connexion, connexité, contact, convenance, filiation, lien, rapport, union. ***II. Par ext.*** **1. ⇒ relation. 2. ⇒ transition.**

LIANT, E ■ ⇒ **sociable.**

LIARDER ■ ⇒ **économiser.**

LIARDEUR, EUSE ■ ⇒ **avare.**

LIASSE ■ ⇒ **tas.**

LIBATION ■ ⇒ **beuverie.**

LIBELLE ■ Brochure, calotte (vx), diatribe, épigramme, factum, invective, pamphlet, pasquin, pasquinade, placard, satire.

LIBELLÉ ■ ⇒ **texte.**

LIBELLER ■ ⇒ **écrire.**

LIBELLULE ■ Demoiselle.

LIBÉRAL, E ▪ Non-directif. ⇒ **généreux.**

LIBÉRALITÉ ▪ ***I.*** ⇒ **générosité.** ***II.*** ⇒ **don.**

LIBÉRATEUR, TRICE ▪ n. et adj. Affranchisseur, défenseur, émancipateur, rédempteur, sauveur.

LIBÉRATION ▪ Affranchissement, défoulement, dégagement, délivrance, élargissement, émancipation, évacuation, rachat, rédemption.

LIBÉRER ▪ Affranchir, débarrasser, débloquer, décharger, défaire de, défouler, dégager, délier, délivrer, dépêtrer, désenchaîner, détacher, dételer, élargir, émanciper, évacuer, quitter de (vx), racheter, rédimer, relâcher, relaxer, relever, soustraire à, tenir quitte. ***V. pron.*** : dénoncer, prendre la tangente (fam.), rompre, secouer le joug, tirer son épingle du jeu (fam.), *et les formes pron. possibles des syn. de* LIBÉRER.

LIBERTAIRE ▪ n. et adj. Anarchiste.

LIBERTÉ ▪ ***I.*** Autonomie, disponibilité, franchise, indépendance. ***II.*** Choix, droit, faculté, latitude, libre arbitre, licence, impunité (par ext.), permission, pouvoir. ⇒ **possibilité.** ***III.*** ⇒ **abandon.** ***IV.*** ⇒ **libération.** ***V.*** ⇒ **intimité.** ***VI.*** ⇒ **désinvolture.**

LIBERTIN, E ▪ n. et adj. ***I.*** ⇒ **incroyant.** ***II.*** ⇒ **libre.** ***III. Par ext.*** **1. Neutre** : épicurien, esthète, sardanapale, sybarite, voluptueux. **2. Non favorable** ⇒ **débauché.**

LIBERTINAGE ▪ ⇒ **débauche.**

LIBIDINEUX, EUSE ▪ ⇒ **lascif.**

LIBRE ▪ ***I. Au pr.*** : autonome, affranchi, aisé, déboutonné (fam.), décontracté (fam.), dégagé, délié, émancipé, exempt, franc, incontrôlable, indépendant, souverain. ***II. Par ext.*** 1. Cavalier, coquin, corsé, cru, décolleté, dégourdi, dessalé, égrillard, épicé, familier, folichon, gai, gaillard, gaulois, graveleux, grivois, grossier, guilleret, hardi, inconvenant, léger, leste, libertin, licencieux, obscène, osé, polisson, poivré, rabelaisien, raide, scabreux, vert. **2.** ⇒ **dégagé. 3.** ⇒ **vacant. 4.** ⇒ **familier.** ***III. Loc.*** **Libre penseur** ⇒ **incroyant.**

LIBRE-SERVICE ▪ Drugstore, grande surface, self-service, supérette, supermarché.

LIBRETTISTE ▪ Parolier.

LICE ▪ Arène, carrière, champ clos/de bataille, cirque, stade.

LICENCE ▪ ***I.*** ⇒ **liberté.** ***II.*** ⇒ **permission.**

LICENCIEMENT ▪ Congédiement, départ, destitution, lock-out, mise au chômage/à la porte, renvoi, révocation.

LICENCIER ▪ ⇒ **congédier.**

LICENCIEUX, EUSE ▪ ⇒ **libre.**

LICHER ▪ v. tr. et intr. ***I.*** ⇒ **lécher.** ***II.*** ⇒ **boire.**

LICITE ▪ ⇒ **permis.**

LIE ▪ ***I.*** ⇒ **sédiment.** ***II.*** ⇒ **rebut.**

LIEN ▪ ***I.*** ⇒ **attache.** ***II.*** ⇒ **liaison.** ***III. Au pl.*** ⇒ **prison.**

LIER ▪ ***I.*** ⇒ **attacher.** ***II.*** ⇒ **joindre.** ***III.*** ⇒ **obliger.**

LIESSE ▪ ⇒ **gaieté.**

LIEU ▪ ***I. Au pr.*** 1. Canton, coin, emplacement, endroit, localité, parage, part, place, point, position, poste, séjour, site, situation, terrain, théâtre. 2. Matière, objet, occasion, sujet. ***II. Par ext.*** ⇒ **pays.** ***III. Loc.*** **1. Avoir lieu** ⇒ **produire (se). 2. Donner lieu** ⇒ **occasionner. 3. Il y a lieu** ⇒ **falloir. 4. Tenir lieu** ⇒ **remplacer. 5. Lieu commun** : bateau, topique. ⇒ **poncif. 6. Lieux d'aisances** ⇒ **water-closet.**

LIÈVRE ▪ Bossu, bouquet, bouquin, capucin, hase, léporidé, levraut.

LIGAMENT ▪ Attache, byssus, tendon.

LIGATURE ▪ ⇒ **attache.**

LIGNAGE ▪ ***I.*** ⇒ **race.** ***II.*** ⇒ **parenté.**

LIGNE ▪ ***I. Au pr.*** : barre, droite, hachure, raie, rayure, segment, strie, trait. ***II. Par ext.*** 1. Contour, galbe, linéament, modénature, port, profil, silhouette, tracé, trait. 2. **Techn.** : cordeau, simbleau. 3. ⇒ **forme.** 4. ⇒ **chemin.** 5. Front, théâtre d'opérations. 6. Chemin de fer, voie ferrée. 7. ⇒ **lignée.** 8. ⇒ **direction.** 9. ⇒ **orthodoxie.**

LIGNÉE ▪ Descendance, dynastie, famille, généalogie, lignage, ligne, maison, race, sang, souche, suite, tronc.

LIGOTER ▪ ⇒ **attacher.**

LIGUE ▪ ***I.*** ⇒ **parti.** ***II.*** ⇒ **intrigue.** ***III.*** ⇒ **alliance.**

LIGUER ▪ ⇒ **unir.**

LILLIPUTIEN, ENNE ▪ n. et adj. ⇒ **nain.**

LIMAÇON ▪ ***I.*** Colimaçon, gastéropode, limace. ***II.*** Cagouille (rég.), escargot.

LIMBES ▪ ⇒ **enfer.**

LIME ▪ ***I.*** Demi-ronde, queue-de-rat, râpe, riflard, rifloir, tiers-point. ***II.*** ⇒ **citron.**

LIMER ▪ ***I.*** ⇒ **parfaire.** ***II.*** ⇒ **revoir.**

LIMIER ▪ ⇒ **policier.**

LIMITATION ▪ Numerus clausus ⇒ **réduction.**

LIMITE ▪ Borne, bout, confins, démarcation, extrémité, fin, ligne, marche, terme. ⇒ **frontière.**

LIMITÉ, E ▪ Borné, étroit, fini, localisé, réduit.

LIMITER ▪ Arrêter, borner, cantonner, circonscrire, contingenter, délimiter, démarquer, localiser, plafonner, réduire, restreindre. ***V. pron.*** : se contenter de, s'en tenir à, *et les formes pron. possibles des syn. de* LIMITER.

LIMITROPHE ▪ ⇒ **prochain.**

LIMOGEAGE ▪ Défaveur, déplacement, destitution, disgrâce, éloignement, mise à la retraite/au rancart/sur la touche, mutation.

LIMOGER ▪ ⇒ **destituer.**

LIMON ▪ ***I.*** Alluvion, boue, bourbe, fange, glèbe, schorre, terre, tourbe, vase. ***II.*** ⇒ **citron.**

LIMONADE ▪ Citronnade, diabolo, soda.

LIMONADIER ▪ ⇒ **cabaretier.**

LIMPIDE ▪ ***I.*** ⇒ **transparent.** ***II.*** ⇒ **clair.** ***III.*** ⇒ **intelligible.** ***IV.*** ⇒ **pur.**

LIMPIDITÉ ▪ ***I.*** ⇒ **clarté.** ***II.*** ⇒ **pureté.**

LINCEUL ▪ Drap, linge, suaire, voile.

LINÉAMENT ▪ ***I.*** ⇒ **ligne.** ***II.*** ⇒ **ébauche.**

LINGE, LINGERIE ▪ Dessous, trousseau.

LINGUISTIQUE ▪ Dialectologie, didactique des langues, étymologie, grammaire, lexicographie, lexicologie, morphologie, onomastique, philologie, phonétique, phonologie, science du langage, sémantique, sémiotique, stylistique, syntaxe, toponymie.

LINIMENT ▪ ⇒ **pommade.**

LINON ▪ Batiste, fil, lin, toile.

LINOTTE ▪ ⇒ **étourdi.**

LIPPE ▪ ***I.*** ⇒ **lèvre.** ***II.*** ⇒ **grimace.**

LIPPÉE ▪ ⇒ **repas.**

LIQUÉFIER ▪ ⇒ **fondre.**

LIQUEUR ▪ Alcool, boisson, digestif, spiritueux.

LIQUIDATION ▪ ***I.*** ⇒ **vente.** ***II.*** ⇒ **faillite.** ***III.*** ⇒ **suppression.**

LIQUIDE ▪ ***I. Adj.*** ⇒ **fluide.** ***II. Nom.*** 1. Boisson. 2. Humeur, liqueur.

LIQUIDER ▪ ***I.*** ⇒ **vendre.** ***II.*** ⇒ **détruire.**

LIQUIDITÉS ▪ ⇒ **argent.**

LIRE ▪ ***I.*** Anonner (péj.), déchiffrer, épeler. ***II.*** Bouquiner, dévorer, dépouiller, feuilleter, parcourir. ***III.*** Deviner, expliquer. ⇒ **découvrir.**

LISÉRÉ ▪ ⇒ **lisière.**

LISERON ▪ Belle-de-jour, convolvulus, salsepareille, volubilis.

LISEUR, EUSE ▪ n. et adj. Lecteur.

LISIBLE ▪ Clair, compréhensible, déchiffrable.

LISIÈRE ▪ Bande, bord, bordure, extrémité, frontière, limite, liséré, orée.

LISSE ▪ Doux, égal, glabre, glacé, laqué, lustré, poli, satiné, uni, verni.

LISSER ▪ ⇒ **polir.**

LISTE ▪ Bordereau, cadre, canon, catalogue, cédule, dénombrement, énumération, état, index, inventaire, kyrielle, martyrologe, mémoire, ménologe, nomenclature, relevé, répertoire, rôle, série, suite, tableau.

LIT ▪ ***I. Au pr.*** : couche, couchette, couette, divan, grabat (péj.), hamac, târa. ***II. Fam.*** : bâche, dodo, carrée, châlit, foutoir, goberge, paddock, page, pageot, pagne, pagnot, pieu, plumard, plume, portefeuille, pucier, schlof. ***III. Par ext.*** 1. ⇒ **canal.** 2. ⇒ **couche.** 3. ⇒ **mariage.**

LITANIES ▪ ***I.*** ⇒ **prière.** ***II.*** ⇒ **dénombrement.**

LITEAU ▪ Listel, moulure, tasseau.

LITHOGRAPHIE ▪ ⇒ **image.**

LITIÈRE ▪ Basterne, brancard, chaise à porteurs, civière, filanzane, manchy, palanquin.

LITIGE ▪ ⇒ **contestation.**

LITIGIEUX, EUSE ▪ ⇒ **incertain.**

LITOTE ▪ Antiphrase, atténuation, diminution, euphémisme.

LITTÉRAIRE ▪ ***Par ext.*** ⇒ **artificiel.**

LITTÉRAL, E ▪ ⇒ **exact.**

LITTÉRALEMENT ▪ À la lettre, au pied de la lettre, exactement, fidèlement, mot à mot, précisément.

LITTÉRATEUR ▪ ⇒ **écrivain.**

LITTÉRATURE ▪ Art d'écrire, belles-lettres, édition, expression/production littéraire, poésie, prose, roman, théâtre.

LITTORAL ▪ ⇒ **bord.**

LITURGIE ▪ Cérémonial, culte, rituel, service divin/religieux.

LIVIDE ▪ ⇒ **pâle.**

LIVRAISON ▪ ***I.*** Arrivage, port. ***II.*** ⇒ **livre.**

LIVRE ▪ ***I.*** Album, atlas, bouquin, brochure, écrit, elzévir, fascicule, imprimé, incunable, livraison, livret, opuscule, ouvrage, plaquette, publication, recueil, registre, tome. ⇒ **volume.**

LIVRER ▪ Abandonner, céder, confier, délivrer, donner, engager, extrader, lâcher, porter, remettre, rendre, trahir. ***V. pron.*** : s'adonner, *et les formes pron. possibles des syn. de* LIVRER.

LIVRET ▪ ***I.*** ⇒ **cahier.** ***II.*** ⇒ **livre.**

LIVREUR, EUSE ▪ ⇒ **porteur.**

LOCAL ▪ ⇒ **bâtiment.**

LOCALISATION ▪ ⇒ **reconnaissance.**

LOCALISER ▪ ⇒ **limiter.**

LOCALITÉ ▪ ⇒ **agglomération.**

LOCATAIRE ▪ Fermier, preneur.

LOCATION ▪ ***I.*** ⇒ **fermage.** ***II.*** ⇒ **leasing.** ***III.*** ⇒ **réservation.**

LOCK-OUT ▪ ⇒ **licenciement.**

LOCOMOTION ▪ Déplacement, transport.

LOCOMOTIVE ▪ Automotrice, coucou, locomotrice, machine, motrice.

LOCUTION ▪ ⇒ **expression.**

LOGE ▪ ***I.*** Box, cage, stalle. ***II.*** ⇒ **cabane.** ***III.*** ⇒ **établissement.** ***IV.*** ⇒ **cellule.** ***V.*** ⇒ **pièce.** ***VI. Loge maçonnique :*** atelier, carré long, temple. ***VII.*** Conciergerie.

LOGEABLE ▪ ***I.*** ⇒ **commode.** ***II.*** ⇒ **vaste.**

LOGEMENT ▪ ***I. Au pr. :*** 1. Appartement, demeure, domicile, garçonnière, gîte, habitacle (vx), habitation, logis, maison, pénates, pied-à-terre, résidence, séjour, studio. 2. Cantonnement, casernement, hébergement. ***II. Par ext. :*** cabane, habitat, urbanisme.

LOGER ▪ ***I. V. intr.*** ⇒ **demeurer.** ***II. V. tr.*** ⇒ **placer.**

LOGEUR, EUSE ▪ ⇒ **hôte.**

LOGIQUE ▪ ***I. Nom.*** 1. Bon sens, dialectique, raison, raisonnement, sens commun. 2. ⇒ **nécessité.** ***II. Adj. :*** cartésien, cohérent, conséquent, discursif, exact, géométrique, judicieux, juste, méthodique, naturel, nécessaire, raisonnable, rationnel, serré, suivi, vrai.

LOGIS ▪ ***I.*** ⇒ **maison.** ***II.*** ⇒ **hôtel.**

LOGOGRIPHE ▪ ***I.*** ⇒ **énigme.** ***II.*** ⇒ **galimatias.**

LOGOMACHIE ▪ Verbalisme ⇒ **discussion.**

LOI ▪ ***I. Au pr.*** 1. Code, droit, justice, législation. 2. Acte, arrêt, arrêté, constitution, décision, décret, décret-loi, édit, jurisprudence, ordonnance, sénatus-consulte. ***II. Par ext.*** 1. Obligation, ordre, prescription, principe, règle, règlement. 2. ⇒ **autorité.**

LOINTAIN, E ▪ ⇒ **éloigné.**

LOINTAIN ▪ ⇒ **éloignement.**

LOISIBLE ▪ ⇒ **permis.**

LOISIR ▪ ***I.*** ⇒ **inaction.** ***II.*** ⇒ **permission.**

LONG, LONGUE ▪ ***I. Au pr. :*** allongé, barlong, étendu, longiligne, oblong. ***II.*** Éternel, infini, interminable, longuet (fam.). ***III. Par ext.*** 1. ⇒ **lent.** 2. ⇒ **ennuyeux.**

LONGANIMITÉ ▪ ⇒ **patience.**

LONGE ▪ ⇒ **attache.**

LONGER ▪ ***I. Quelqu'un :*** aller le long, côtoyer, raser. ***II. Quelque chose :*** border, être/s'étendre le long.

LONGERON ▪ ⇒ **poutre.**

LONGÉVITÉ ▪ Durée, macrobie.

LONGRINE ▪ Traverse ⇒ **poutre.**

LONGTEMPS, LONGUEMENT ▪ Beaucoup, en détail, lentement, minutieusement, tout au long.

LONGUEUR ▪ Durée, étendue, grandeur, lenteur.

LOPE, ETTE ▪ ⇒ **uranien.**

LOPIN ▪ ⇒ **morceau.**

LOQUACE ▪ ⇒ **bavard.**

LOQUACITÉ ▪ ***I.*** ⇒ **bavardage.** ***II.*** ⇒ **faconde.**

LOQUE ▪ Chiffon, défroque, épave, fragment, guenille, haillon, lambeau, oripeau, penaillon.

LOQUET ▪ Ardillon, bobinette, loqueteau, serrure, targette, verrou.

LOQUETEUX, EUSE ▪ ***I.*** ⇒ **déguenillé.** ***II.*** ⇒ **pauvre.**

LORGNER ▪ ***I.*** ⇒ **regarder.** ***II.*** ⇒ **vouloir.**

LORGNETTE ▪ ⇒ **lunette.**

LORGNON ▪ Besicle, binocle, face-à-main, lunette, monocle, pince-nez.

LORSQUE ▪ ⇒ **quand.**

LOT ▪ ***I.*** ⇒ **part.** ***II.*** ⇒ **destinée.**

LOTERIE ▪ Arlequin, bingo, hasard, jeu, loto, sweepstake, tirage, tombola, totocalcio.

LOTIONNER ■ ⇒ **laver.**

LOTIR ■ *I.* ⇒ **fournir.** *II.* ⇒ **partager.**

LOTISSEMENT ■ ⇒ **morceau.**

LOTTE ■ Baudroie, crapaud de mer.

LOUABLE ■ ⇒ **méritant.**

LOUAGE ■ Amodiation, bail, cession, ferme, location.

LOUANGE ■ ⇒ **éloge.**

LOUANGER ■ ⇒ **louer.**

LOUANGEUR, EUSE ■ adj. et n. Admirateur, adulateur, approbateur, caudataire, complimenteur, courtisan, dithyrambiste, encenseur, flagorneur, flatteur, glorificateur, laudateur, laudatif, loueur, thuriféraire.

LOUCHE ■ ⇒ **ambigu, suspect.**

LOUCHER ■ *I.* Bigler. *II.* Guigner, lorgner. *III. Fig.* ⇒ **vouloir.**

LOUCHEUR, EUSE ■ Bigle, bigleux, louchard, louchette, louchon.

LOUER ■ *I. On loue quelque chose :* affermer, amodier, arrenter, arrêter, céder/donner/prendre à louage/en location. *II. On loue quelque chose ou quelqu'un :* admirer, apothéoser, auréoler, bénir, canoniser, caresser, célébrer, chanter les louanges, complimenter, couvrir de fleurs, déifier, diviniser, élever, encenser, enguirlander de fleurs, exalter, flagorner (péj.), flatter, glorifier, louanger, magnifier, passer la pommade (fam.), porter aux nues/au pinacle, préconiser, prôner, rehausser, relever, tresser des couronnes, vanter.

LOUFOQUE ■ ⇒ **fou.**

LOUP ■ Bar, loubine.

LOUPE ■ *I.* Compte-fils, lentille. *II.* ⇒ **tumeur.** *III.* ⇒ **gemme.**

LOUPER ■ ⇒ **manquer.**

LOURD, E ■ *I. Quelque chose.* **1. Phys.** ⇒ **pesant. 2. Moral :** accablant, douloureux, dur, écrasant, grave, pénible. *II. Quelqu'un.* **1.** ⇒ **gros. 2.** ⇒ **bête. 3.** ⇒ **lent. 4.** ⇒ **maladroit.** *III. Par ext.* ⇒ **indigeste.**

LOURDAUD, E ■ adj. et n. Balourd, butor, campagnard, cruche, cuistre, fruste, ganache, gauche, grossier, gougnafier, lent, maladroit, péquenaud, plouc, sot, stupide. ⇒ **bête.**

LOURDERIE, LOURDEUR ■ ⇒ **stupidité.**

LOUSTIC ■ ⇒ **gaillard, plaisant.**

LOUVE ■ Anspect, levier, moufle, palan.

LOUVOIEMENT ■ ⇒ **hésitation.**

LOUVOYER ■ ⇒ **biaiser.**

LOVELACE ■ Don juan, séducteur.

LOVER (SE) ■ ⇒ **rouler (se).**

LOYAL, E ■ ⇒ **vrai.**

LOYALISME ■ ⇒ **attachement.**

LOYAUTÉ ■ *I.* ⇒ **honnêteté.** *II.* ⇒ **vérité.**

LOYER ■ *I.* Fermage, intérêt, prix, montant, taux, terme, valeur. *II.* ⇒ **récompense.**

LUBIE ■ ⇒ **caprice.**

LUBRICITÉ ■ ⇒ **lasciveté.**

LUBRIFIANT ■ Cire, graisse, graphite, huile, mica, talc, vaseline.

LUBRIFIER ■ ⇒ **graisser.**

LUBRIQUE ■ ⇒ **lascif.**

LUCARNE ■ Faîtière, imposte, œil-de-bœuf, ouverture, tabatière. ⇒ **fenêtre.**

LUCIDE ■ *I.* ⇒ **pénétrant.** *II.* ⇒ **intelligent.**

LUCIDITÉ ■ *I.* ⇒ **intelligence.** *II.* ⇒ **pénétration.**

LUCRATIF, IVE ■ ⇒ **fructueux.**

LUCRE ■ Cupidité. ⇒ **profit.**

LUETTE ■ Uvule.

LUEUR ■ Aube, aurore, brasillement, clarté, éclair, éclat, étincelle, feu, flamme, fulgurance, illumination, luisance, lumière, nitescence, phosphorescence, radiance, rayon, scintillement, trace. ⇒ **reflet.**

LUGE ■ ***Par ext. :*** bobsleigh, traîneau.

LUGUBRE ■ ⇒ **triste.**

LUIRE ■ Brasiller, briller, chatoyer, éblouir, éclairer, éclater, étinceler, flamboyer, fulgurer, jeter des feux, miroiter, papilloter, poudroyer, rayonner, reluire, resplendir, rutiler, scintiller.

LUISANT, E ■ ***I.*** ⇒ **lumineux.** ***II.*** ⇒ **lustré.**

LUMIÈRE ■ ***I. Au pr.*** ⇒ **lueur.** ***II. Par ext.*** 1. Jour, soleil, vie. 2. Éclairage. ⇒ **lanterne.** ***III. Fig.*** 1. Beauté, génie, illumination, illustration, splendeur. ⇒ **gloire.** 2. ⇒ **intelligence.**

LUMINESCENT, E ■ ⇒ **phosphorescent.**

LUMINEUX, EUSE ■ ***I. Au pr. :*** ardent, brillant, chatoyant, clair, éblouissant, éclatant, étincelant, flamboyant, fulgurant, luisant, phosphorescent, resplendissant, rutilant. ***II. Par ext.*** 1. Ensoleillé, gai, limpide, radieux. 2. Frappant, génial. ⇒ **intelligible.**

LUMINOSITÉ ■ ⇒ **clarté.**

LUNATIQUE ■ ⇒ **capricieux.**

LUNCH ■ ⇒ **collation.**

LUNETTE ■ ***I.*** Jumelles, longue-vue, lorgnette, microscope, télescope. ***II. Au pl. :*** bernicles (arg.), besicles (vx), binocle, carreaux (fam.), conserves (vx), face-à-main, lorgnon, pince-nez, vélo (arg.), verres.

LUPANAR ■ ***Fam. :*** Abbaye-des-s'offre-à-tous, baisodrome, baisoir, bob, bobinard, bocard, boîte, B.M.C. (milit.), bordeau (vx), bordel, bouge, bouiboui, bouic, bourdeau (vx), bousbir, boxon, bric, cabane, chose, clandé, claque, dictère (litt.), dictérion (litt.), grand numéro (vx), gynécée (par ext.), harem (par ext.), hôtel borgne/louche/de passe, lanterne rouge (vx), maison close/de débauche/de passe/de plaisir/de tolérance, mauvais lieu, mirodrome, pince-cul, pouf, quartier chaud/réservé (partic.), salon de plaisir/mondain, taule d'abattage, tringlodrome, volière, etc.

LUPUS ■ ⇒ **ulcération.**

LURON, ONNE ■ ⇒ **gaillard.**

LUSTRATION ■ ⇒ **purification.**

LUSTRE ■ ***I. Au pr. :*** brillant, clinquant (péj.), eau, éclat, feu, fleur, fraîcheur, luisant, orient, poli, relief, resplendissement. ***II. Par ext. :*** gloire, illustration, magnificence, panache, prestige, rayonnement, splendeur. ***III.*** Plafonnier, suspension.

LUSTRÉ, E ■ Brillant, cati, chatoyant, ciré, glacé, laqué, lissé, luisant, moiré, poli, satiné, vernissé.

LUSTRER ■ Apprêter, calandrer, cirer, cylindrer, frotter, glacer, laquer, lisser, moirer, peaufiner (fam.), polir, satiner, vernir.

LUTH ■ Cistre, guitare, mandoline, mandore, théorbe. ***Par ext. :*** ⇒ **lyre.**

LUTIN ■ ***I.*** ⇒ **génie.** ***II.*** ⇒ **espiègle.**

LUTINER ■ ⇒ **taquiner.**

LUTTE ■ ***I.*** Boxe, catch, close-combat, combat, jiu-jitsu, judo, karaté, pancrace, pugilat. ***II.*** Antagonisme, compétition, concurrence, duel, escrime, joute, opposition, querelle, rivalité, tournoi. ***III.*** ⇒ **bataille.** ***IV.*** ⇒ **conflit.**

LUTTER ■ ***I.*** S'acharner, affronter, attaquer, bagarrer, batailler, se battre, se colleter, combattre, se débattre, se défendre, se démener, disputer de, s'efforcer, en découdre, s'escrimer, être aux prises, s'évertuer, ferrailler, guerroyer, se heurter, jouter, se mesurer à/avec, résister, rivaliser, rompre des lances. *II.* ⇒ **militer.**

LUTTEUR, EUSE ▪ *I.* Antagoniste. *II.* Athlète, bateleur, hercule, jouteur.

LUXATION ▪ ⇒ **entorse.**

LUXE ▪ *I. Au pr. :* apparat, braverie (vx), éclat, faste, magnificence, opulence, pompe, splendeur, somptuosité, tralala (fam.). *II. Par ext. :* abondance, confort, débauche, excès, gaspillage, luxuriance, ostentation, richesse, superflu, superfluité, surabondance. ⇒ **profusion.**

LUXER ▪ ⇒ **disloquer.**

LUXUEUX, EUSE ▪ Abondant, confortable, éclatant, fastueux, magnifique, opulent, pompeux, princier, riche, royal, somptueux, splendide.

LUXURE ▪ ⇒ **lasciveté.**

LUXURIANCE ▪ ⇒ **affluence.**

LUXURIANT, E ▪ ⇒ **abondant.**

LUXURIEUX, EUSE ▪ ⇒ **lascif.**

LYCÉE ▪ Bahut, bazar, boîte (fam.), collège, cours, école, gymnase, institut, institution, pension.

LYCÉEN, ENNE ▪ ⇒ **élève.**

LYMPHATIQUE ▪ ⇒ **faible.**

LYMPHE ▪ Humeur, liqueur, sève.

LYNCHER ▪ Battre, écharper, frapper, prendre à partie, rosser, rouer de coups, supplicier, tuer.

LYOPHILISER ▪ Déshydrater.

LYPÉMANIE ▪ Abattement, chagrin, délire, folie, idées noires, mélancolie, tristesse.

LYRE ▪ *I. Au pr. :* cithare, harpe, heptacorde, pentacorde, psaltérion, tétracorde. *II. Par ext. :* 1. ⇒ **poésie.** 2. ⇒ **luth.**

LYRISME ▪ *I.* ⇒ **poésie.** *II.* ⇒ **luth.** *III. Par ext. :* ⇒ **enthousiasme.**

m

MACABRE ▪ ⇒ **funèbre.**

MACADAM ▪ ⇒ **asphalte.**

MACADAMISAGE ▪ Empierrement, goudronnage, réfection, revêtement.

MACAQUE ▪ ⇒ **magot.**

MACARON ▪ ***I.*** ⇒ **insigne.** ***II.*** ⇒ **pâtisserie.** ***III.*** ⇒ **tresse.**

MACARONIQUE ▪ ⇒ **héroï-comique.**

MACÉDOINE ▪ ⇒ **mélange.**

MACÉRATION ▪ ***I.*** ⇒ **mortification.** ***II.*** ⇒ **tisane.**

MACÉRER ▪ ***I. Au pr.*** ⇒ **tremper.** ***II. Fig.*** : crucifier, humilier, mater, mortifier.

MÂCHER ▪ ***I. Au pr.*** : broyer, chiquer, mâchonner, manger, mastiquer. ***II. Fig.*** ⇒ **préparer.**

MACHIAVÉLISME ▪ ***I.*** ⇒ **politique.** ***II.*** ⇒ **ruse.**

MACHIN ▪ ⇒ **truc.**

MACHINAL, E ▪ ⇒ **involontaire.**

MACHINATION ▪ ⇒ **menée.**

MACHINE ▪ ***I.*** ⇒ **appareil, locomotive.** ***II.*** ⇒ **moyen, ruse.**

MACHINISTE ▪ ***I.*** ⇒ **mécanicien.** ***II.*** ⇒ **chauffeur.**

MÂCHOIRE ▪ ***I. Au pr.*** : barres (de cheval), bouche, carnassière (de chat), clavier (arg.), dentition, dents, denture, ganache, mandibule (fam.), margoulette (fam.), maxillaire, râtelier (fam.), sous-barbe. ***II. Fig.*** ⇒ **bête.**

MÂCHONNER ▪ ⇒ **mâcher.**

MÂCHURER ▪ ⇒ **salir.**

MAÇON ▪ Limousin (vx). ⇒ **bâtisseur.**

MAÇON (FRANC-) ▪ ***I.*** Franc-mac (péj.), frangin (fam.) frère, frère trois points, frimasson (vx), libre-penseur, philalèthe (vx), rose-croix. ***II.*** Apprenti, compagnon, maître, dix-huitième, trentième, trente et unième/deuxième/troisième.

MAÇONNER ▪ ***I. Au pr.*** : bâtir, cimenter, construire, édifier, élever, réparer, revêtir. ***II. Par ext.*** : boucher, condamner, fermer, murer, obstruer, sceller.

MAÇONNERIE (FRANC-) ▪ ***Par ext.*** : ***I.*** ⇒ **camaraderie.** ***II.*** ⇒ **solidarité.**

MACROBIE ▪ ⇒ **longévité.**

MACROCOSME ▪ ⇒ **univers.**

MACULE ▪ ⇒ **tache.**

MACULER ▪ ⇒ **salir.**

MADONE ▪ ⇒ **vierge.**

MADRAS ▪ ⇒ **fichu.**

MADRÉ, E ▪ ***I. Au pr.*** ⇒ **marqueté.** ***II. Par ext.*** ⇒ **malin.**

MADRIER ■ ⇒ **poutre.**

MADRIGAL ■ ⇒ **galanterie.**

MAESTRIA ■ ⇒ **habileté.**

MAESTRO ■ ⇒ **musicien.**

MAFFLÉ, E MAFFLU, E ■ ⇒ **joufflu.**

MAFIA, MAFFIA ■ ⇒ **coterie.**

MAGASIN ■ ***I. Lieu de vente :*** bazar, boutique, bric-à-brac, chantier, commerce, comptoir, débit, dépôt, drugstore, échoppe, entrepôt, établissement, étal, fonds de commerce, grande surface, halle, officine, pavillon, stand, succursale. ***II. Lieu de stockage :*** arsenal, chai, dépôt, dock, entrepôt, factorerie, hangar, manutention, réserve, resserre, silo.

MAGAZINE ■ ⇒ **revue.**

MAGICIEN ■ Alchimiste, astrologue, devin, enchanteur, ensorceleur, envoûteur, mage, nécromancien, nécromant, psychopompe, sorcier, thaumaturge.

MAGICIENNE ■ ***I.*** Alcine, armide, circé, fée, sibylle, sirène. ***II.*** ⇒ **devineresse.**

MAGIE ■ Alchimie, apparition, archimagie, astrologie, cabale, charme, conjuration, diablerie, divination, enchantement, ensorcellement, envoûtement, évocation, fantasmagorie, fascination, géomancie, goétie, grand art, hermétisme, horoscope, incantation, maléfice, nécromancie, occultisme, philtre, pratique occulte/ secrète, prestige, rhabdomancie, rite, sorcellerie, sort, sortilège, spiritisme, thaumaturgie, théurgie.

MAGIQUE ■ ⇒ **surnaturel.**

MAGISTRAL, E ■ ⇒ **parfait.**

MAGISTRAT ■ ***I.*** ⇒ **édile.** ***II.*** ⇒ **juge.**

MAGISTRATURE ■ Charge, fonction, judicature (vx), ministère.

MAGMA ■ ⇒ **mélange.**

MAGNANIME ■ ⇒ **généreux.**

MAGNANIMITÉ ■ ⇒ **générosité.**

MAGNAT ■ ⇒ **personnalité.**

MAGNÉTISER ■ ⇒ **fasciner.**

MAGNÉTISME ■ ⇒ **fascination.**

MAGNIFICENCE ■ ***I.*** ⇒ **lustre.** ***II.*** ⇒ **luxe.**

MAGNIFIER ■ ***I.*** ⇒ **louer.** ***II.*** ⇒ **honorer.**

MAGNIFIQUE ■ ***I.*** ⇒ **beau.** ***II.*** ⇒ **généreux.** ***III.*** ⇒ **emphatique.**

MAGOT ■ ⇒ **trésor.**

MAGOT ■ ***I.*** Crapoussin, macaque, monstre de laideur, nain, sapajou, singe. ***II.*** Bas de laine, crapaud, éconocroques (fam.), économies, épargne, trésor.

MAGOUILLE ■ ⇒ **tripotage.**

MAIE ■ Huche, pétrin.

MAIGRE ■ ***I.*** Amaigri, amenuisé, aminci, cachectique, carcan, carcasse, cave, creusé, creux, débile, décavé, décharné, décollé, défait, désossé, desséché, diaphane, efflanqué, émacié, étique, étroit, famélique, fantôme, fluet, grêle, gringalet, hâve, maigrelet, maigrichon, maigriot, rachitique, sec, sécot, spectre, squelette, squelettique, tiré. ***Fam. :*** casse-croûte de clébard, échalas, grande bringue, haridelle, long comme un jour sans pain, manche à balai, momie, planche à pain, sac d'os. ***II.*** ⇒ **pauvre.** ***III.*** ⇒ **stérile.**

MAIGREUR ■ 1. Amaigrissement, asarcie, atrophie, cachexie, consomption, dépérissement, dessèchement, émaciation, étisie, marasme, rachitisme. 2. Fragilité, gracilité, minceur.

MAIGRIR ■ S'allonger, amaigrir, s'amaigrir, s'atrophier, se défaire, dépérir, s'émacier, fondre, mincir, se momifier, se ratatiner (fam.).

MAIL ■ ***I.*** ⇒ **promenade.** ***II.*** Batte,

hutinet, maillet, mailloche, maillotin, marteau, masse.

MAILLE ▪ ***I.*** Anneau, chaînon, maillon. ***II.*** Boucle, point.

MAILLET ▪ ⇒ **mail.**

MAILLON ▪ Anneau, chaînon, maille.

MAILLOT ▪ ***I.*** Chandail, débardeur, gilet, pull-over, sweater, tee-shirt, tricot. ***II.*** ⇒ **couche.**

MAIN ▪ ***I. Fam. :*** battoir, cuiller, dextre, empan, louche, menotte, paluche, patte, pince, pogne, poing, senestre. ***II. Fig.*** 1. Action, effet, œuvre. 2. Aide, appui, autorité, main-forte. ***III.*** ⇒ **écriture.** ***IV. Loc.*** **1. En sous-main ⇒ secrètement. 2. Avoir la main heureuse ⇒ réussir. 3. Donner la main ⇒ aider. 4. Donner les mains ⇒ consentir. 5. Forcer la main ⇒ obliger. 6. Mettre la main ⇒ intervenir. 7. Se faire la main ⇒ exercer (s'). 8. Main-d'œuvre ⇒ travailleur 9. Main-forte ⇒ appui.**

MAINMISE ▪ ***I.*** ⇒ **influence.** ***II.*** ⇒ **confiscation.**

MAINT ▪ adj. et adv. ***I.*** ⇒ **beaucoup.** ***II.*** ⇒ **plusieurs.** ***III.*** ⇒ **nombreux.**

MAINTENANT ▪ Actuellement, à présent, aujourd'hui, de nos jours, d'ores et déjà, en ce moment, présentement.

MAINTENEUR ▪ ⇒ **gardien.**

MAINTENIR ▪ ***I.*** ⇒ **soutenir.** ***II.*** ⇒ **conserver.** ***III.*** ⇒ **retenir.** ***IV. V. pron. :*** ⇒ **subsister.**

MAINTIEN ▪ Air, allure, attitude, comportement, conduite, contenance, dégaine (fam.), démarche, extérieur, façon, figure, ligne, manière, mine, port, posture, présentation, prestance, tenue, tournure.

MAIRE ▪ Bailli, bourgmestre. ⇒ **édile.**

MAIRIE ▪ Hôtel de ville, maison commune/de ville, municipalité.

MAIS ▪ Cependant, en compensation, en revanche, néanmoins, par contre.

MAISON ▪ ***I.*** Appartement, chez-soi, couvert, demeure, domicile, habitacle, foyer, gîte, home, intérieur, lares, logement, logis, nid, pénates, résidence, séjour, toit. ⇒ **habition.** ***II.*** ⇒ **immeuble.** ***III.*** Domestique (vx), ménage, standing, train de maison/de vie. ***IV.*** ⇒ **famille.** ***V.*** ⇒ **race.** ***VI. Loc.*** **1. Maison centrale/d'arrêt/ de force/de correction ⇒ prison. 2. Maison de commerce ⇒ établissement. 3. Maison de rapport ⇒ immeuble. 4. Maison de santé ⇒ hôpital. 5. Maison close/de tolérance ⇒ lupanar.**

MAISONNÉE ▪ ⇒ **famille.**

MAISONNETTE ▪ Cabane, cabanon, case, chaume, chaumière, chaumine, folie, gloriette, hutte, maison.

MAÎTRE ▪ ***I.*** ⇒ **propriétaire.** ***II.*** ⇒ **patron.** ***III.*** Barbacole (fam. et péj.), censeur, conseiller d'éducation, éducateur, enseignant, enseigneur (vx), fouette-cul (fam. et péj.), gouverneur, instituteur, instructeur, magister, maître d'école, moniteur, pédagogue, pédant (péj.), pet de loup (péj.), pion (péj.), précepteur, préfet des études, professeur, régent (vx), répétiteur, surveillant, universitaire. **Partic. :** directeur de conscience, gourou, initiateur, mystagogue, starets. ***IV.*** ⇒ **artiste.** ***V.*** ⇒ **virtuose.** ***VI.*** ⇒ **gouvernant.** ***VII.*** ⇒ **arbitre.** ***VIII. Adj.*** ⇒ **principal.** ***IX. Loc.*** **1. Maître de maison ⇒ hôte. 2. Maître d'étude ⇒ surveillant. 3. Maître queux ⇒ cuisinier. 4. Maître-chanteur : ⇒ fripon. 5. Maître de chai ⇒ sommelier.**

MAÎTRESSE ▪ ***I.*** ⇒ **amante.** ***II.*** Concubine, fil à la patte (fam.), liaison.

MAÎTRISE ▪ ***I.*** ⇒ **habileté.** ***II.*** ⇒ **manécanterie.**

MAÎTRISER ▪ ⇒ **vaincre.**

MAJESTÉ ▪ Beauté, dignité, éclat, excellence, gloire, grandeur, gravité, magnificence, pompe, prestige, souveraineté, splendeur, superbe.

MAJESTUEUX, EUSE ■ ⇒ **imposant.**

MAJORATION ■ ⇒ **hausse.**

MAJORER ■ ⇒ **hausser.**

MAJORITÉ ■ ***I.*** Âge adulte, émancipation, maturité. ***II.*** Le commun, foule, généralité, la plupart, la pluralité, le plus grand nombre, masse, multitude.

MAJUSCULE ■ Capitale, initiale, lettrine, miniature, sigle.

MAL ■ ⇒ **mauvais.**

MAL ■ ***I.*** Affliction, amertume, calamité, calice, croix, damnation, désolation, difficulté, douleur, ennui, épreuve, fiel, inconvénient, mortification, plaie, souffrance, tribulation, tristesse. ***II.*** Crime, défaut, faute, imperfection, insuffisance, malfaçon, méchanceté, péché, perversion, perversité, tare, vice. ***III.*** ⇒ **dommage.** ***IV.*** ⇒ **maladie.** ***V.*** ⇒ **malheur.** ***VI.*** ⇒ **peine.** ***VII. Loc.*** **1. Mal de mer :** ⇒ **nausée. 2. Mal du pays :** ennui, nostalgie, regret, spleen, vague à l'âme.

MALADE ■ ***I. Nom.*** **1.** Client, égrotant, grabataire, infirme, patient, valétudinaire. **2.** ⇒ **fou.** ***II. Adj.*** **1. Au pr. :** abattu, alité, atteint, cacochyme, chétif, déprimé, dolent, égrotant, incommodé, indisponible, indisposé, fatigué, fiévreux, maladif, mal en point, mal fichu, malingre, morbide, pâle, patraque, rachitique, scrofuleux, souffrant, souffreteux. **2. Par ext. :** altéré, anormal, avarié, démoli, détraqué, en mauvais état, gâté, pourri, vicié.

MALADIE ■ ***I.*** Affection, attaque, atteinte, crise, dérangement, épreuve, incommodité, indisposition, infirmité, mal, malaise, mal-être (vx), morbidité, rechute, récidive, traumatisme, trouble. ***II.*** Aboulie, absinthisme, achromatopie, acné, acromégalie, actynomycose, adénite, adénome, adipose, adynamie, agraphie, aï, albinisme, alcoolisme, aliénation mentale, alopécie, amaurose, amblyopie, aménorrhée, amétropie, amnésie, amygdalite, anasarque, anévrisme, angine, ankylose, ankylostomiase, anthrax, aortite, aphasie, aphte, apoplexie, appendicite, artério-sclérose, artérite, arthrite, arthritisme, ascite, aspermatisme, aspermie, asthénie, asthme, astigmatisme, asystolie, ataxie, athérome, athrepsie, atonie intestinale/musculaire, atrophie, avitaminose, balanite, bériberi, blennorragie, blépharite, botulisme, boulimie, bradypepsie, bronchite, broncho-pneumonie, brûlure, cachexie, caféisme, cancer, cardite, carie dentaire/des os, carnification, cataracte, catarrhe, cécité, charbon, chlorose, choléra, chorée, cirrhose, colibacillose, colite, coma, condylome, congestion cérébrale/pulmonaire, conjonctivite, consomption, coqueluche, coryza, coxalgie, croup, cyanose, cystite, dartre, delirium tremens, démence, dermatose, diabète, diphtérie, duodénite, dysenterie, dysménorrhée, dyspepsie, éclampsie, écrouelles, echtyma, eczéma, éléphantiasis, embarras gastrique, embolie, emphysème, encéphalite, endocardite, endonéphrite, engorgement, engouement, entérite, épididymite, épilepsie, ergotisme, érysipèle, érythème, esquinancie, étisie, exanthème, exophtalmie, fibrome, fièvre, fièvre miliaire/puerpérale, filariose, fluxion de poitrine, folie, folliculite, furonculose, gale, gangrène, gastrite, gelure, gingivite, glaucome, gomme, gonorrhée, gourme, goutte, gravelle, grippe, helminthiase, hémolyse, hépatisme, hépatite, hernie, herpès, herpétisme, hydrargyrisme, hydropisie, hygroma, hyperchlorhydrie, hypocondrie, hypoglossite, hystérie, hystérite, ichtyose, ictère, iléus, impétigo, infarctus, influenza, insolation, intertrigo, iritis, jaunisse, kératite, laryngite, lèpre, leucophlegmasie, lichen, lithiase, lupus, lymphangite, lymphatisme, maladie bleue/de Parkinson/pédiculaire/du sommeil, malaria, manie, mastoïdite, mélancolie, méningite, mentagre, métrite, millet, muguet, mycose, myélite, myocardite, myopie, néphrite, névrite, névrose, nyctalopie, obstruction/occlusion intestinale, œdème, œsophagite, ophtalmie, orchite, oreillons, ostéite, ostéo-malacie, ostéomyélite, otite, ovarite, ozène, paludisme, pancréatite, paramnésie, paratyphoïde, parotidite, pelade, pellagre, péricardite, périostite, péripneumonie, périsplénite, péritonite, pérityphlite, peste, pharyngite, pharyngo-laryngite, phlébite, phlegmasie, phosphorisme, phtiriase, pierre, pityriasis, pleurésie, pleurite, pleuro-pneumonie, plique, pneumonie, poliomyélite, porrigo, pourpre, presbytie, psittacose, psora, psoriasis, psychasténie, psychose, punaisie, purpura, pyélite, rachitisme, rage, ramolissement cérébral, rash, rétinite, rhinite, rhumatisme, rhume, roséole, rougeole, rubéole, salpingite, saturnisme, scarlatine, schizophrénie, scorbut, scrofule, sidérose, silicose, sinusite, spinaventosa, splénite, sporotrichose, stéatose, stomatite, synovite, syphilis, tabès, teigne, tétanos, thrombose, trachéite, trachome, trichinose, trichophytie, trombidiose, trophonévrose, trypanosomiase, tuberculose, typhlite, typho-bacillose, typhoïde, typhus, ulite, urétérite, vaginite, varicelle, variole, vérole (vulg.), vitiligo, vomitonegro, vulvite, vulvo-vaginite, xérodermie, zona.

MALADIF, IVE ■ ⇒ **malade.**

MALADRERIE ■ ⇒ **ladrerie.**

MALADRESSE ■ *I.* Défaut, gaucherie, impéritie, inélégance, inexpérience, inhabileté, lourderie (vx), lourdeur, malhabileté. *II.* Ânerie, balourdise, bêtise, bévue, boulette, bourde, brioche, erreur, étourderie, fausse manœuvre, faute, faux pas, gaffe, gaucherie, grossièreté, impair, imprudence, inadvertance, ineptie, naïveté, pas de clerc, pavé de l'ours, sottise.

MALADROIT, E ■ *I. Quelqu'un :* andouille, ballot, balourd, butor, couenne, empaillé, empoté, emprunté, enfoiré (arg.), gaffeur, gauche, gnaf (fam.), godiche, godichon, gourde, inexpérimenté, inhabile, jocrisse, lourd, lourdaud, malavisé, malhabile, malitorne, manchot, massacreur, mazette, novice, pataud, propre à rien, sabot, saboteur, sabreur, savate, savetier. *II. Quelque chose :* faux, gauche, grossier, inconsidéré, lourd.

MALAISE ■ Dérangement, embarras, empêchement, ennui, gêne, honte, incommodité, inconfort, indisposition, inquiétude, mal, maladie, mal-être (vx), mésaise (vx), nausée, pesanteur, souffrance, timidité, tourment, tristesse, trouble, vapeur, vertige.

MALAISÉ, E ■ ⇒ **difficile.**

MALANDRIN ■ Bandit, brigand, canaille, chauffer (vx), détrousseur, forban, malfaiteur, pendard, pillard, rôdeur, routier (vx), scélérat, truand, vagabond, vaurien. ⇒ **voleur.**

MALAPPRIS ■ n. et adj. ⇒ **impoli.**

MALARIA ■ Fièvre, paludisme.

MALAVISÉ, E ■ Bavard, borné, casse-pieds (fam.), étourdi, fâcheux, illogique, importun, imprudent, inconséquent, inconsidéré, inconsistant, indiscret, intrus, maladroit, sot. ⇒ **bête.**

MALAXER ■ ⇒ **pétrir.**

MALBÂTI, E ■ Bancal, bancroche (fam.), contrefait, déjeté, difforme, disgracieux, estropié, infirme, informe, laid, mal bâti/fait/fichu/foutu/ tourné, monstrueux, tors.

MALCHANCE ■ *I.* Mauvais sort. ⇒ **malheur.** *II. Fam. :* cerise, débine, déveine, frite, guigne, guignon, mélasse, merde, mouscaille, pêche, pépin, pestouille, poisse, scoumoune, tasse, tuile, vape.

MALCONTENT, E ■ ⇒ **mécontent.**

MALDISANT, E ■ ⇒ **médisant.**

MALDONNE ■ ⇒ **erreur.**

MÂLE ■ ***I. Au pr. :*** garçonnier, géniteur, hommasse (péj.), homme, masculin, reproducteur, viril. ***II. Par ext. :*** courageux, énergique, ferme, fort, hardi, noble, vigoureux. ***III. Animaux :*** bélier, bouc, bouquin, brocard, cerf, coq, étalon, jars, lièvre, malard, matou, sanglier, singe, taureau, verrat.

MALÉDICTION ■ ***I. Au pr. :*** anathème, blâme, blasphème, condamnation, damnation, déprécation, excommunication, exécration, imprécation, jurement, réprobation, vœu. ***II. Par ext.*** ⇒ **malchance.**

MALÉFICE ■ Charme, diablerie, enchantement, ensorcellement, envoûtement, fascination, influence, magie, malheur, mauvais œil, philtre, possession, sorcellerie, sort, sortilège.

MALÉFIQUE ■ ⇒ **mauvais.**

MAL ÉLEVÉ, E ■ ⇒ **impoli.**

MALENCONTRE ■ ⇒ **mésaventure.**

MALENCONTREUX, EUSE ■ Contrariant, déplorable, désagréable, désastreux, dommageable, ennuyeux, fâcheux, malheureux, malvenu, nuisible, pernicieux, regrettable, ruineux.

MALENTENDU ■ Confusion, désaccord, dispute, équivoque, erreur, imbroglio, mécompte, méprise, quiproquo.

MALFAÇON ■ ⇒ **imperfection.**

MALFAISANCE ■ ⇒ **méchanceté.**

MALFAISANT, E ■ ⇒ **mauvais.**

MAL FAIT, E ■ ⇒ **malbâti.**

MALFAITEUR, MALFRAT ■ Apache, assassin, bandit, brigand, criminel, gangster, gredin, larron (vx), rôdeur, scélérat. ⇒ **voleur.**

MALFAMÉ, E ■ Borgne (fam.), déconsidéré, diffamé, discrédité, louche, suspect.

MALFORMATION ■ Anomalie, défaut, déformation, difformité, gibbosité, infirmité, monstruosité, vice.

MALGRACIEUX, EUSE ■ Disgracieux, grossier, incivil, mal embouché, revêche, rogue, rude.

MALGRÉ ■ ***I. Au mépris de :*** contre, en dépit de, n'en déplaise à, nonobstant. ***II. Malgré tout :*** absolument, quand même, tout de même.

MALGRÉ QUE ■ Bien/en dépit que, quoique.

MALHABILE ■ ⇒ **maladroit.**

MALHABILETÉ ■ ⇒ **maladresse.**

MALHEUR ■ Accident, adversité, affliction, calamité, cataclysme, catastrophe, chagrin, coup/cruauté du destin/sort, désastre, détresse, deuil, disgrâce, douleur, drame, échec, épreuve, fatalité, fléau, inconvénient, infortune, mal, malédiction, mauvaise fortune/passe, méchef (vx), mélasse, mésaventure, misère, orage, peine, perte, rafale, revers, ruine, traverse, tribulation. ⇒ **malchance.**

MALHEUREUX, EUSE ■ ***I. Quelqu'un :*** accablé, éprouvé, frappé, indigent, infortuné, malchanceux, misérable, miséreux, pauvre, piteux, pitoyable, triste. ***II. Quelque chose.*** **1.** Affligeant, calamiteux, cruel, déplorable, désagréable, désastreux, difficile, dur, fâcheux, fatal, funeste, lamentable, maléfique, malencontreux, maudit, néfaste, noir, pénible, préjudiciable, regrettable, rude, satané, triste. **2.** Insignifiant, négligeable, pauvre, petit, vil.

MALHONNÊTE ■ ***I. Adj. :*** **1.** Déloyal, déshonnête, frauduleux, improbe, indélicat, infidèle, injuste, marron, tricheur, véreux. **2.** Grossier, immoral, impoli, impudent, impudique, incivil, inconvenant, incorrect, indécent, indigne, laid, malappris, malpropre, méchant. ***II. Nom :*** canaille, escroc, faisan, fripon, fripouille, trafiquant. ⇒ **voleur.**

MALHONNÊTETÉ ▪ ***I.*** Canaillerie, concussion, déloyauté, déshonnêteté, escroquerie, falsification, forfaiture, fraude, friponnerie, fripouillerie, gredinerie, indélicatese, indignité, malversation, mauvaise foi, tricherie, tripotage, vol. ***II.*** Grossièreté, immoralité, impolitesse, impudeur, impudicité, incivilité, inconvenance, incorrection, indécence, laideur, malpropreté, méchanceté.

MALICE ▪ ***I.*** ⇒ **méchanceté.** ***II.*** ⇒ **plaisanterie.**

MALICIEUX ▪ ***I.*** ⇒ **mauvais.** ***II.*** ⇒ **malin.**

MALIGNITÉ ▪ ⇒ **méchanceté.**

MALIN, IGNE ▪ ***I. Sens affaibli :*** adroit, astucieux, attentiste, combinard, débrouillard, dégourdi, déluré, farceur, ficelle, fin, finaud, fine mouche, fortiche (fam.), futé, habile, madré, malicieux, mariole (fam.), matois, narquois, navigateur, opportuniste, renard, roublard, roué, rusé, sac à malices, spirituel, trompeur, vieux routier. ***II. Non favorable*** ⇒ **mauvais.** ***III. Faire le malin. Fam. :*** bêcher, crâner, frimer, la ramener. ⇒ **hâbler.**

MALINGRE ▪ ***I.*** ⇒ **faible.** ***II.*** ⇒ **malade.**

MALINTENTIONNÉ, E ▪ ⇒ **malveillant.**

MALLE ▪ ***I.*** Bagage, caisse, cantine, chapelière, coffre, colis, mallette, marmotte, valise. ***II.*** ⇒ **coche.**

MALLÉABILITÉ ▪ ***I.*** ⇒ **obéissance.** ***II.*** ⇒ **souplesse.**

MALLÉABLE ▪ ***I. Au pr. :*** doux, ductile, élastique, extensible, façonnable, flexible, liant, mou, plastique, pliable, souple. ***II. Fig. :*** docile, doux, facile, gouvernable, maniable, obéissant.

MALLETTE ▪ Attaché-case, baise-en-ville (fam.), fourre-tout, valise.

MALMENER ▪ ⇒ **maltraiter.**

MALODORANT, E ▪ ⇒ **puant.**

MALOTRU ▪ Béotien, gougnafier, goujat, grossier, huron, impoli, iroquois, mal élevé, mufle, peigne-cul, plouc, rustre. sagoin, truand.

MAL PLACÉ, E ▪ ⇒ **déplacé.**

MALPLAISANT, E ▪ Agaçant, antipathique, blessant, contrariant, dégoûtant, déplaisant, désagréable, désobligeant, disgracieux, ennuyeux, fâcheux, gênant, irritant, laid, pénible, répugnant.

MAL POLI, E ▪ ⇒ **impoli.**

MAL PROPORTIONNÉ, E ▪ Démesuré, déséquilibré, disproportionné, inégal, maladroit.

MALPROPRE ▪ ***I. Adj. et nom :*** **1.** Cochon, crasseux, crotté, dégoûtant, encrassé, gluant, immonde, infect, maculé, morveux, négligé, pouilleux, répugnant, sale, sanieux, sordide, terreux, visqueux. **2.** Grossier, immoral, impur, inconvenant, indécent, infâme, malhonnête, ordurier. ⇒ **obscène. 3.** Insalubre, pollué, souillé. **4. Arg. :** cracra, cradingue, crado, cradoc, crapoteux, craspect, crassouillard, dégueu, dégueulasse, merdeux, merdique. **5.** ⇒ **impropre.** ***II. Nom :*** cochon, pouacre, pourceau, sagouin, salaud, saligaud, salope, salopiot, souillon.

MALPROPRETÉ ▪ ***I. Au pr. :*** crasse, immondice, impureté, ordure, patine, saleté. ***II. Par ext. :*** cochonnerie, dégoûtation, grossièreté, immoralité, impureté, inconvenance, indécence, indélicatesse, infamie, malhonnêteté, obscénité, saleté, saloperie.

MALSAIN, E ▪ ***I. Au pr.*** **1. Quelqu'un** ⇒ **malade. 2. Quelque chose :** contagieux, impur, inhabitable, insalubre, nuisible, pestilentiel. ***II. Par ext. :*** dangereux, déplacé, faisandé, funeste, immoral, licencieux, morbide, pornographique, pourri.

MAL SATISFAIT, E ▪ Contrarié, ennuyé, fâché, grognon, insatisfait, malcontent, mécontent.

MALSÉANT, E, MALSONNANT, E ■ Choquant, déplacé, déshonnête, discordant, grossier, immodeste, impoli, importun, incongru, inconvenant, indécent, leste, libre, licencieux, mal à propos, mal élevé, messéant (vx), saugrenu. ⇒ **obscène.**

MALTRAITER ■ Abîmer, accommoder, arranger, bafouer, battre, bourrer, brimer, brutaliser, brusquer, critiquer, crosser, éreinter, étriller, faire un mauvais parti, frapper, houspiller, lapider, malmener, mâtiner (fam.), molester, ravauder, rudoyer, secouer, tarabuster, traîner sur la claie, traiter mal/sévèrement/de turc à More, tyranniser, vilipender, violenter.

MALVEILLANCE ■ Agressivité, animosité, antipathie, calomnie, désobligeance, diffamation, haine, hostilité, indisposition, inimitié, malignité, mauvais esprit/vouloir, mauvaise volonté, méchanceté, médisance, rancune, ressentiment.

MALVEILLANT, E ■ Agressif, aigre, antipahtique, désobligeant, fielleux, haineux, hostile, malévole (vx), malin, malintentionné, mauvais, méchant, rancunier, venimeux, vipérin.

MALVENU, E ■ ⇒ **déplacé.**

MALVERSATION ■ Brigandage, compromission, concussion, corruption, déprédation, détournement, dilapidation, escroquerie, exaction, extorsion, forfaiture, fraude, infidélité, magouillage, magouille, micmac, péculat, pillage, prévarication, rapine, simonie, subornation, subtilisation, tour de passe-passe, trafic d'influence, tripatouillage, tripotage. ⇒ **vol.**

MAMELLE ■ ⇒ **sein.**

MAMELON ■ ***I.*** ⇒ **sein.** ***II.*** ⇒ **hauteur.** ***III.*** ⇒ **sommet.**

MANAGEMENT ■ ⇒ **administration.**

MANAGER ■ ***I. N. m. :*** administrateur, directeur, entraîneur, impresario. ***II. V. tr.*** ⇒ **administrer.**

MANANT ■ ***I.*** ⇒ **paysan.** ***II.*** ⇒ **rustique.**

MANCHE ■ ***I.*** Bras, emmanchure, entournure, manchette, manicle. ***II.*** Belle, partie, revanche. ***III.*** ⇒ **mendicité (arg.).**

MANCHETTE ■ ***I.*** Poignet. ***II.*** Titre, vedette.

MANDARIN ■ ***I.*** ⇒ **bonze.** ***II.*** Kouanhoua, langue mandarine.

MANDARINAT ■ Élitisme, malthusianisme. ***Par ext. :*** favoritisme, népotisme.

MANDAT ■ ***I.*** ⇒ **procuration.** ***II.*** ⇒ **instruction.**

MANDATAIRE ■ ***I.*** ⇒ **intermédiaire.** ***II.*** ⇒ **envoyé.**

MANDATER ■ ⇒ **choisir.**

MANDEMENT ■ Avis, bref, bulle, écrit, édit, formule exécutoire, injonction, instruction, mandat, ordonnance, ordre, rescription, rescrit.

MANDER ■ ***I.*** Appeler, assigner, citer, convoquer, ordonner. ***II.*** ⇒ **informer.**

MANDIBULE ■ Bouche, mâchoire, maxillaire.

MANDUCATION ■ ***I. Au pr. :*** absorption, déglutition, ingestion, insalivation, mastication, sustentation (vx). ***II. Relig. :*** communion, eucharistie.

MANÉCANTERIE ■ Chœur, chorale, école, groupe, maîtrise, psallette.

MANÈGE ■ ***I. Équit. :*** carrière, centre d'équitation, dressage, reprise. ***II.*** Chevaux de bois. ***III.*** Agissements, artifice, astuce, combinaison, complot, comportement, détours, hypocrisie, intrigue, machination, manigance, manœuvre, menées, micmac, moyens détournés, plan, ruse, tractation, trame, tripatouillage (fam.).

MANETTE ■ Clef, levier, maneton, poignée.

MANGEABLE ■ ***I. Au pr. :*** comestible, consommable, possible. ⇒ **bon.** ***II.***

Par ext. : délectable, ragoûtant, sapide, savoureux, succulent.

MANGEAILLE ▪ ⇒ **nourriture.**

MANGEOIRE ▪ *I. Au pr. :* auge, crèche, râtelier. *II. Par ext. :* musette.

MANGER ▪ *I. Au pr. :* absorber, s'alimenter, avaler, consommer, ingérer, se nourrir, prendre, se refaire, se restaurer, se sustenter. *II. Animaux :* brouter, broyer, croquer, déglutir, dévorer, gober, grignoter, paître, pâturer, picorer, ronger, viander (vén.). *III. Par ext.* **1.** Collationner, déguster, déjeuner, dîner, entamer, faire bonne chère/chère lie, festoyer, goûter, gruger (vx), mâcher, mastiquer, se mettre à table, se rassasier, se repaître, savourer, souper. **2. Manger mal ou peu :** chipoter, épinocher, grappiller, grignoter, mangeoter, pignocher. *IV. Fam. :* affûter ses meules, attaquer, bâfrer, becqueter, bouffer, boulotter, se bourrer, boustifailler, brichetonner, brifer, se caler les joues, casser la croûte/la graine, s'en coller/s'en foutre/s'en mettre dans le fusil/jusqu'à la garde/jusqu'aux yeux/plein la gueule/plein la lampe/plein la panse/une ventrée, claper, croustiller, croûter, débrider, s'empiffrer, s'emplir/se garnir/se remplir l'estomac/le jabot/la panse/le sac/le ventre, s'en donner jusqu'à la garde/par les babines, s'enfiler, s'enfoncer, engloutir, faire bombance/miam-miam/ripaille, gargoter (vx), se gaver, gnafrer, se goberger, gobichonner, godailler, se goinfrer, se gorger, grailler, gueuletonner, ingurgiter, s'en jeter derrière la cravate, jouer/travailler de la mâchoire/des mandibules, se lester, se mettre dans le buffet/le coffre/le cornet/l'estomac/le gésier/la gidouille/le gosier/le jabot/la panse/le sac/la sacoche/la tirelire/le ventre, se morfaler, se morganer, se piffrer, ripailler, se taper la cloche/une gnafrée/goinfrée/ventrée, tordre, tortiller, tortorer. *V. Fig.* **1.** ⇒ **consumer. 2.** ⇒ **dépenser. 3.** ⇒ **ronger. 4.** ⇒ **ruiner.**

MANGER ▪ ⇒ **nourriture.**

MANIABLE ▪ *I. Au pr. :* ductile, flexible, malléable, mou, souple. *II. Par ext.* **1. Quelque chose :** commode, pratique. **2. Quelqu'un :** docile, doux, facile, malléable, obéissant, souple, traitable.

MANIAQUE ▪ n. et adj. *I. Au pr. :* aliéné, dément, détraqué, fou, frénétique, furieux, lunatique, toqué. *II. Par ext.* **1.** Bizarre, capricieux, fantaisiste, fantasque, obsédé, original, ridicule, singulier. **2.** Exigeant, méticuleux, pointilleux, vétilleux.

MANIE ▪ *I. Au pr. :* aliénation, délire, démence, égarement, folie, frénésie, furie, hantise, idée fixe, monomanie, obsession. *II. Par ext. :* bizarrerie, caprice, dada, démangeaison, épidémie, fantaisie, fièvre, frénésie, fureur, goût, habitude, maladie, manière, marotte, monomanie, péché mignon, rage, tic, toquade, turlutaine.

MANIEMENT ▪ *I. Au pr. :* emploi, manipulation, manœuvre, usage, utilisation. *II. Par ext. :* administration, direction, fonctionnement, gestion, gouvernement.

MANIER ▪ *I. Au pr.* **1. Neutre :** avoir en main/entre les mains, façonner, malaxer, manipuler, manœuvrer, modeler, palper, pétrir, tâter, toucher, triturer. **2. Fam. ou péj. :** patiner (vx), patouiller, patrouiller, peloter, trifouiller, tripatouiller, tripoter. *II. Par ext.* **1. On manie quelqu'un :** conduire, diriger, gouverner, manœuvrer, mener. **2. Des biens :** administrer, gérer, manipuler, mettre en œuvre. **3. Des idées :** agiter, traiter, user de, utiliser. *III. V. pron.* s'activer, s'agiter, courir, se dégrouiller, se dépêcher, s'empresser, faire diligence/fissa, se grouiller, se hâter, se précipiter, se presser, se remuer.

MANIÈRE ▪ *I.* ⇒ **façon.** *II.* ⇒ **sorte.** *III.* ⇒ **style.** *IV. Loc.* **Manière d'être** ⇒ **qualité.**

MANIÉRÉ, E ■ ⇒ **précieux.**

MANIÉRISME ■ ⇒ **préciosité.**

MANIFESTANT, E ■ Contestataire, mécontent, porteur de banderolles/pancartes, protestataire.

MANIFESTATION ■ ***I.*** ⇒ **déclaration.** ***II.*** ⇒ **rassemblement.**

MANIFESTE ■ adj. Avéré, certain, clair, criant, décidé, éclatant, évident, flagrant, formel, indéniable, indiscutable, indubitable, notoire, palpable, patent, positif, public. ⇒ **réel.**

MANIFESTE ■ n. Adresse, avis, déclaration, proclamation, profession de foi.

MANIFESTER ■ ***I.*** ⇒ **exprimer.** ***II.*** ⇒ **déclarer.** ***III.*** ⇒ **montrer (se).** ***IV.*** ⇒ **protester.**

MANIGANCE ■ Agissements, brigue, combinaison, combine, complot, cuisine, détour, diablerie, intrigue, machination, manège, manœuvre, menée, micmac, trame.

MANIGANCER ■ Aménager, arranger, brasser, briguer, combiner, comploter, conspirer, cuisiner, intriguer, machiner, manœuvrer, mener, mijoter, monter, nouer, ourdir, préparer, tisser, tramer, tresser.

MANIPULATEUR, TRICE ■ ***I.*** Aide, assistant, opérateur, préparateur. ***II.*** ⇒ **illusionniste.**

MANIPULATION ■ ***I.*** Opération, traitement. ***II.*** ⇒ **influence.**

MANIPULER ■ ⇒ **manier.**

MANNE ■ ***I.*** ⇒ **affluence.** ***II.*** Banne, corbeille, panier, panière, vannerie.

MANNEQUIN ■ ***I.*** ⇒ **modèle.** ***II.*** ⇒ **épouvantail.** ***III.*** ⇒ **pantin.**

MANŒUVRE ■ ***I. Nom fém.*** **1.** ⇒ **mouvement. 2.** ⇒ **cordage. 3.** ⇒ **agissements. 4.** ⇒ **manège.** ***II. Nom masc.*** ⇒ **travailleur.**

MANŒUVRER ■ ***I.*** ⇒ **manier.** ***II.*** ⇒ **conduire.** ***III.*** ⇒ **gouverner.**

MANŒUVRIER ■ ⇒ **négociateur.**

MANOIR ■ ***I.*** ⇒ **maison.** ***II.*** ⇒ **château.**

MANOMÈTRE ■ Cadran, indicateur.

MANQUE ■ ***I. Au pr.*** **1.** Absence, besoin, carence, crise, défaillance, défaut, déficience, dénuement, disette, embarras, imperfection, indigence, insuffisance, jeûne, lacune, omission, paupérisme, pauvreté, pénurie, privation. **2.** Déficit, trou. ***II. Fig.*** ⇒ **manquement.**

MANQUÉ, E ■ Avorté, fichu, foutu, larvé, loupé, perdu, raté.

MANQUEMENT ■ Carence, connerie (fam.), défaillance, défaut, délit, désobéissance, écart, erreur, faute, infraction, insubordination, irrégularité, manque, oubli, péché, violation.

MANQUER ■ ***I. V. intr.*** **1. Quelqu'un :** se dérober, disparaître, s'éclipser, être absent/disparu/manquant, faillir (vx), faire défaut/faute/faux bond, se soustraire. ⇒ **échouer. 2. On manque à une obligation :** déchoir, se dédire, déroger, s'écarter, enfreindre, fauter, forfaire, pécher contre, tomber, trahir. **3. On manque à la politesse** ⇒ **offenser. 4. On manque d'être/de faire :** être sur le point/tout près de, faillir, penser, risquer. **5. On ne manque pas d'être :** laisser. **6. On ne manque pas d'aller/d'être/de faire :** négliger, omettre, oublier. **7. On manque la classe :** s'absenter, faire l'école buissonnière, sécher (fam.). **8. Quelque chose manque :** s'en falloir, faire défaut. **9. Le sol :** se dérober. **10. Le pied :** glisser. ***II. V. tr. :*** abîmer, esquinter, gâcher, laisser échapper, louper, mal exécuter/faire, perdre, rater.

MANSARDE ■ Chambre de bonne, combles, galetas, grenier, solier (vx).

MANSUÉTUDE ■ ⇒ **douceur.**

MANTEAU ■ ***I. Au pr. :*** balandran (vx), burnous, caban, cache-misère (péj.), cache-poussière, caftan, cape, capote, carrick, casaque (vx), chape, chlamyde, cuir, djellaba, duffle-coat, douillette, gandoura, gabardine, haïk, himation, houppelande, imperméable, limousine, macfarlane, mackintosh, mandille (vx), mante (vx), mantelet (vx), manteline (vx), paletot, pallium, pardessus, pardosse (fam.), pèlerine, pelisse, poncho, raglan, redingote, roquelaure (vx), rotonde, sagum (vx), saie, tabard, toge, trois-quarts, ulster, water-proof. ***II. Fig.*** abri, couvert, couverture, enveloppe, gaze, masque, prétexte, semblant, voile. ***III. Loc.*** **Sous le manteau** : clandestinement, discrètement, en sous-main, frauduleusement, secrètement.

MANTILLE ■ Carré, coiffure, dentelle, écharpe, fichu, voile.

MANUEL ■ Abrégé, aide-mémoire, cours, livre, mémento, ouvrage, poly (fam.), polycopié, précis, recueil, traité.

MANUFACTURE ■ ⇒ **usine.**

MANUFACTURER ■ ⇒ **produire.**

MANUFACTURIER ■ ⇒ **industriel.**

MANUSCRIT ■ ⇒ **texte.**

MANUTENTION ■ ⇒ **magasin.**

MANUTENTIONNAIRE ■ Cariste.

MAPPEMONDE ■ ⇒ **carte.**

MAQUEREAU ■ ⇒ **proxénète.**

MAQUETTE ■ ***I.*** ⇒ **ébauche.** ***II.*** ⇒ **modèle.**

MAQUIGNON ■ ***I.*** ⇒ **trafiquant.** ***II.*** ⇒ **intermédiaire.**

MAQUIGNONNAGE, MAQUILLAGE ■ Artifice, dissimulation, escroquerie, fraude, manœuvre, marchandage, rouerie, trafic. ⇒ **tromperie.**

MAQUIGNONNER ■ ⇒ **trafiquer.**

MAQUILLER ■ ***I.*** ⇒ **altérer.** ***II.*** ⇒ **déguiser.** ***III.*** ⇒ **farder.** ***IV. V. pron.*** ⇒ **farder (se).**

MAQUIS ■ ***I.*** ⇒ **lande.** ***II.*** ⇒ **labyrinthe.** ***III.*** Insurrection, organisation, réseau de partisans, résistance.

MAQUISARD ■ Franc-tireur, guérillero, partisan.

MARABOUT ■ ***I.*** Cigogne à sac, leptopilus. ***II.*** Aigrette, garniture, plume. ***III.*** Koubba, mausolée, sanctuaire, tombeau. ***IV.*** Prêtre, sage, saint, thaumaturge, vénérable. ***V. Par ext. :*** sorcier.

MARAÎCHER, ÈRE ■ adj. et n. ***I.*** Agriculteur, horticulteur, jardinier. ***II. Loc.*** **Culture maraîchère** ⇒ **jardinage.**

MARAIS ■ ***I. Au pr. :*** claire, étang, fagne, mare, marécage, maremme, marigot, palud, palude, palus, polder, tourbière. ***II. Fig. :*** bas-fond, boue, bourbier, fange, marécage. ***III.*** Culture maraîchère, hortillonnage. ⇒ **jardinage.**

MARASME ■ ***I.*** ⇒ **crise, stagnation.** ***II.*** ⇒ **langueur.** ***III.*** ⇒ **maigreur.**

MARÂTRE ■ ***I. Au pr. :*** belle-mère, petite mère. ***II. Par ext.*** (péj.) ⇒ **virago.**

MARAUD, E ■ Bélître, bonhomme, canaille, chenapan, coquin, drôle, drôlesse, faquin, fripouille, garnement, goujat, grossier, maroufle, racaille, rastaquouère, rebut, sacripant, salopard. ⇒ **voleur.**

MARAUDAGE, MARAUDE ■ ⇒ **vol.**

MARAUDER ■ ⇒ **voler.**

MARAUDEUR, EUSE ■ Chapardeur, fourrageur, fricoteur, griveton, pillard. ⇒ **voleur.**

MARBRE ■ Albâtre, brocatelle, carrare, cipolin, dolomie, griotte, lumachelle, ophite, paros, pentelique, sarancolin, serpentine, turquin.

MARBRÉ, E ■ Bigarré, jaspé, marqueté, veiné.

MARBRURE ■ Jaspure, racinage, veinure.

MARC ■ Alcool, brandevin, eau-de-vie.

MARCASSIN ■ Bête noire, cochon, pourceau, sanglier.

MARCESCENCE ■ ⇒ **décadence.**

MARCESCENT, E, MARCESSIBLE ■ ⇒ **destructible.**

MARCHAND, E ■ Boutiquier, camelot, charlatan (péj.), chineur, colporteur, commerçant, forain, fournisseur, négociant, porte-balle, revendeur, vendeur.

MARCHANDAGE ■ ⇒ **discussion.**

MARCHANDER ■ ⇒ **discuter.**

MARCHANDISE ■ Article, camelote (péj.), denrée, fourniture, pacotille (péj.), produit, provenances, stock.

MARCHE ■ ***I.*** ⇒ **limite.** ***II.*** Allure, cheminement, déambulation, course, démarche, dromomanie (méd.), enjambées, erre (vx), flânerie, footing, foulées, locomotion, pas, reptation, train. ***III.*** Avancement, conduite, déplacement, développement, évolution, façon, fonctionnement, forme, progrès, progression, tour, tournure. ***IV.*** ⇒ **procédé.**

MARCHÉ ■ ***I.*** Bazar, bourse, braderie, foirail, foire, halle, souk. ***II.*** ⇒ **convention.** ***III. Loc.*** **À bon marché :** au juste prix, au rabais, en réclame/solde.

MARCHER ■ ***I. Au pr.*** **1.** Aller, arpenter, arquer (fam.), aller, avancer, cheminer, crapahuter (fam.), déambuler, enjamber, évoluer, flâner, fouler, progresser, se promener, trimer (vx), venir. **2.** Fonctionner, tourner. **3.** ⇒ **passer.** ***II. Par ext.*** ⇒ **prospérer.**

MARCHEUR, EUSE ■ Chemineau, excursionniste, flâneur, passant, piéton, promeneur, trimardeur.

MARCOTTE ■ ⇒ **bouture.**

MARE ■ Étang, flache, flaque, pièce d'eau.

MARÉCAGE ■ ⇒ **marais.**

MARÉCAGEUX, EUSE ■ ⇒ **boueux.**

MARÉCHAL-FERRANT ■ Forgeron.

MARÉCHAUSSÉE ■ ⇒ **gendarmerie.**

MARÉE ■ ***I. Au pr. :*** ève, flot, flux, jusant, perdant, reflux. ***II.*** ⇒ **poisson.**

MARGE ■ ***I.*** ⇒ **bord.** ***II.*** ⇒ **délai.**

MARGINAL, E ■ ***I.*** Asocial, hippie, non-conformiste. ***II.*** ⇒ **secondaire.**

MARGOUILLIS ■ ***I.*** ⇒ **boue.** ***II.*** ⇒ **mélange.**

MARGOULETTE ■ ⇒ **gosier.**

MARGOULIN ■ ⇒ **trafiquant.**

MARI ■ ⇒ **époux.**

MARIAGE ■ ***I.*** Alliance, antiflage (arg.), conjungo (pop.), hymen, hyménée, lit, ménage, union. ***II.*** Bénédiction nuptiale, célébration, cérémonie, consentement mutuel, cortège, épousailles, hymen, marida (arg.), noce, sacrement.

MARIÉE ■ Conjointe, épousée, jeune femme.

MARIER ■ ⇒ **joindre.** ***V. pron. :*** contracter mariage/une union, convoler, épouser, s'établir, faire une fin (fam.), s'unir à.

MARIN ■ ***I. Nom :*** col bleu, loup de mer, marsouin, mataf, matelot, mathurin, moussaillon, mousse, navigateur, novice. ***II. Adj. :*** abyssal, benthique, maritime, nautique, naval, pélagien, pélagique.

MARINER ■ ***I.*** ⇒ **attendre.** ***II.*** ⇒ **tremper.**

MARINIER ■ ⇒ **batelier.**

MARINISME ■ ⇒ **préciosité.**

MARIONNETTE ■ ⇒ **pantin.**

MARITIME ■ ⇒ **marin.**

MARIVAUDAGE ■ ⇒ **préciosité.**

MARIVAUDER ■ Baratiner (fam.),

batifoler, conter fleurette, coqueter, flirter, minauder, papillonner, roucouler.

MARKETING ■ Étude des marchés, marchandisage, marchéage, mercatique, merchandising.

MARMAILLE ■ ⇒ **enfant.**

MARMELADE ■ ⇒ **confiture**

MARMITE ■ *I.* Bouteillon *et* bouthéon (milit.), braisière, cocotte, daubière, faitout, huguenote. *II. Fam. :* bombe, obus.

MARMITON ■ ⇒ **cuisinier.**

MARMONNEMENT, MARMOTTEMENT ■ ⇒ **bredouillage.**

MARMONNER, MARMOTTER ■ ⇒ **murmurer.**

MARMOT ■ ⇒ **enfant.**

MARNER ■ *I.* ⇒ **améliorer.** *II.* ⇒ **travailler.**

MARONNER ■ ⇒ **rager.**

MAROTTE ■ ⇒ **manie.**

MARQUANT, E ■ ⇒ **remarquable.**

MARQUE ■ *I.* Attribut, cachet, caractère, chiffre, coin, distinction, estampille, étiquette, façon, frappe, gage, griffe, indication, jeton, label, monogramme, note, sceau, sigle, signe, signet, timbre. *II.* Amer (mar.), empreinte, indice, repère, reste, tache, témoignage, trace, trait. *III.* ⇒ **blason.**

MARQUÉ, E ■ *I.* Grêlé, picoté. *II.* ⇒ **prononcé.** *III.* ⇒ **remarquable.** *IV.* ⇒ **pénétré.**

MARQUER ■ *I.* ⇒ **imprimer.** *II.* ⇒ **indiquer.** *III.* ⇒ **écrire.** *IV.* ⇒ **montrer.** *V.* ⇒ **paraître.**

MARQUETÉ, E ■ Bariolé, bigarré, diapré, jaspé, madré, marbré, moucheté, ocellé, piqueté, pommelé, taché, tacheté, tavelé, tigré, truité, veiné, vergeté.

MARQUETERIE ■ *I. Au pr. :* ébénisterie, mosaïque. *II. Fig.* ⇒ **mélange.**

MARRAINE ■ Commère.

MARRON ■ n. ⇒ **châtaigne.**

MARRON ■ adj. *I.* ⇒ **sauvage.** *II.* ⇒ **suspect.** *III.* ⇒ **malhonnête.**

MARTEAU ■ *I.* Asseau, assette, batte, besaiguë, bigorne, boucharde, ferretier, laie, mail, maillet, mailloche, martel (vx), masse, massette, matoir, merlin, pétard, picot, rustique, smille. *II. Marteau-pilon :* aplatissoir, martinet. *III.* Heurtoir. *IV. Fig.* ⇒ **fou.**

MARTÈLEMENT ■ Battement.

MARTELER ■ *I. Au pr.* ⇒ **frapper.** *II. Fig.* 1. ⇒ **tourmenter.** 2. ⇒ **prononcer.**

MARTIAL, E ■ ⇒ **militaire.**

MARTINET ■ *I.* ⇒ **fouet.** *II.* ⇒ **hirondelle.** *III.* ⇒ **marteau.**

MARTINGALE ■ ⇒ **truc.**

MARTYR, E ■ ⇒ **victime.**

MARTYRE ■ ⇒ **supplice.**

MARTYRISER ■ ⇒ **tourmenter.**

MARXISME ■ ⇒ **socialisme.**

MASCARADE ■ *I.* Carnaval, chienlit, défilé, déguisement, masque, momerie. *II.* ⇒ **hypocrisie.**

MASCARET ■ *I. Au pr. :* barre. *II. Fig.* ⇒ **multitude.**

MASCOTTE ■ ⇒ **fétiche.**

MASCULIN ■ ⇒ **mâle.**

MASOCHISME ■ Dolorisme.

MASQUE ■ *I.* Cagoule, déguisement, domino, loup, touret de nez (vx), travesti. *II.* ⇒ **visage.** *III. Fig.* ⇒ **manteau.**

MASQUER ■ *I.* ⇒ **déguiser.** *II.* ⇒ **cacher.**

MASSACRANT, E ■ ⇒ **revêche.**

MASSACRE ■ ⇒ **carnage.**

MASSACRER ■ *I.* ⇒ **tuer.** *II.* ⇒ **gâcher.**

MASSACREUR, EUSE ■ ***I.*** ⇒ **maladroit.** ***II.*** ⇒ **tueur.**

MASSE ■ ***I.*** ⇒ **amas.** ***II.*** ⇒ **totalité.** ***III.*** ⇒ **poids.** ***IV.*** ⇒ **fonds.** ***V.*** ⇒ **multitude.** ***VI.*** ⇒ **peuple.** ***VII.*** ⇒ **marteau.** ***VIII.*** ⇒ **massue.** ***IX.*** ⇒ **bâton.**

MASSER ■ ***I.*** ⇒ **frictionner.** ***II.*** ⇒ **assembler.**

MASSEUR, EUSE ■ Kinésithérapeute, physiothérapeute, soigneur.

MASSIF ■ ⇒ **bois.**

MASSIF, IVE ■ ***I.*** ⇒ **pesant.** ***II.*** ⇒ **gros.**

MASSUE ■ Bâton, casse-tête, gourdin, masse, masse d'armes, matraque, plommée.

MASTIQUER ■ ⇒ **mâcher.**

MASTOC ■ ⇒ **pesant.**

MASTURBATION ■ Manustupration, onanisme, plaisir/pollution solitaire. ⇒ **caresse.** ***Arg. :*** branlette, douce, paluche, pignole, pogne, rassis, sègue, veuve-poignet.

MASTURBER ■ ⇒ **caresser.**

MASURE ■ ⇒ **taudis.**

MAT, E ■ ***I.*** ⇒ **terne.** ***II.*** ⇒ **sourd.**

MÂT ■ Antenne, beaupré, espar, perche, support, vergue.

MATAMORE ■ ⇒ **hâbleur.**

MATASSIN ■ Acrobate, bouffon, clown, comédien, danseur, funambule, paillasse, pitre.

MATCH ■ ⇒ **compétition, rencontre.**

MATELAS ■ Coite, couette, coussin, paillot. ***Péj. :*** galette, grabat, paillasse.

MATELASSER ■ ⇒ **rembourrer.**

MATELOT ■ ⇒ **marin.**

MATELOTE ■ ⇒ **bouillabaisse.**

MATER ■ ***I.*** ⇒ **macérer.** ***II.*** ⇒ **vaincre.** ***III.*** ⇒ **humilier.**

MATÉRIALISATION ■ ⇒ **réalisation.**

MATÉRIALISER ■ Accomplir, concrétiser, dessiner, réaliser, rendre sensible/visible, représenter, schématiser.

MATÉRIALISME ■ Agnosticisme, atomisme, hylozoïsme, marxisme, mécanisme, positivisme, radicalisme, réalisme, relativisme.

MATÉRIALISTE ■ Agnostique, atomiste, marxiste, mécaniste, positiviste, radical, réaliste.

MATÉRIALITÉ ■ ⇒ **réalité.**

MATÉRIAU ■ ⇒ **matière.**

MATÉRIEL ■ ⇒ **outillage.**

MATÉRIEL, ELLE ■ ***I.*** ⇒ **réel.** ***II.*** ⇒ **manifeste.** ***III.*** ⇒ **sensuel.**

MATERNITÉ ■ ⇒ **hôpital.**

MATHÉMATIQUE ■ ***I. Adj.*** ⇒ **précis.** ***II. Nom sing. ou pl.*** ⇒ **calcul.**

MATIÈRE ■ ***I.*** Corps, élément, étoffe, matériau, solide, substance. ***II.*** Article, base, chapitre, chef, fable, fond, fondement, motif, objet, point, propos, sujet, texte, thème. ***III.*** Cause, prétexte, sujet. ***IV.*** ⇒ **lieu.** ***V. Loc.*** **Matières fécales** ⇒ **excrément.**

MATIN ■ ***I.*** Aube, aurore, crépuscule du matin, lever du jour, matinée, petit jour, point du jour. ***II. Loc. :*** au chant du coq, de bon matin, de bonne heure, dès potron-minet, tôt.

MÂTIN, E ■ ***Vx : I.*** ⇒ **coquin.** ***II.*** ⇒ **gaillard.**

MATINAL, E ■ Lève-tôt, matineux, matutinal.

MÂTINÉ, E ■ ⇒ **mêlé.**

MATINÉE ■ ⇒ **matin.**

MATOIS, E ■ ⇒ **malin, hypocrite.**

MATOISERIE ■ ⇒ **ruse.**

MATRAQUAGE ■ ⇒ **propagande.**

MATRAQUE ■ ⇒ **casse-tête.**

MATRAQUER ■ ***I.*** ⇒ **battre.** ***II.*** ⇒ **influer.**

MATRICE ■ ***I.*** ⇒ **utérus.** ***II.*** ⇒ **registre.**

MATRICULE ■ ***I.*** ⇒ **liste.** ***II.*** ⇒ **registre.**

MATRIMONIAL, E ■ ⇒ **nuptial.**

MATRONE ■ ***I.*** ⇒ **femme.** ***II.*** Accoucheuse, sage-femme.

MATURATION ■ Mûrissage, mûrissement, véraison.

MÂTURE ■ Gréement.

MATURITÉ ■ ⇒ **plénitude.**

MAUDIRE ■ Anathématiser, blâmer, condamner, détester, s'emporter contre, excommunier, exécrer, rejeter, réprouver, vouer aux gémonies.

MAUDIT, E ■ ***I. Au pr. :*** bouc émissaire, damné, déchu, excommunié, frappé d'interdit/d'ostracisme, galeux, hors-la-loi, interdit, outlaw, paria, pestiféré, rejeté, repoussé, réprouvé. ***II. Par ext.*** ⇒ **détestable.**

MAUGRÉER ■ ⇒ **murmurer.**

MAUSOLÉE ■ ⇒ **tombe.**

MAUSSADE ■ ***I.*** ⇒ **renfrogné.** ***II.*** ⇒ **triste.**

MAUVAIS, E ■ ***I. Phys. :*** avarié, contagieux, corrompu, dangereux, délétère, détérioré, dommageable, empoisonné, hostile, insalubre, irrespirable, maléfique, malfaisant, malsain, méphitique, morbide, nauséabond, nocif, nuisible, peccant (vx), pernicieux, pestilentiel, préjudiciable, toxique, vénéneux, venimeux. ***II. Par ext. :*** affreux, agressif, blâmable, caustique, chétif, corrompu, corrupteur, criminel, cruel, démoniaque, désagréable, déshonorant, détestable, diabolique, erroné, exécrable, fatal, fautif, fielleux, funeste, haïssable, horrible, immoral, infect, insuffisant, malicieux, malin, manqué, méchant, médiocre, misérable, monstrueux, néfaste, noir, pervers, pitoyable, raté, ringard (arg.), roublard, sadique, satanique, scélérat, sévère, sinistre, sournois, tocard (fam.), torve, venimeux, vicieux, vilain. ⇒ **laid.**

MAUVIETTE ■ ***I.*** ⇒ **alouette.** ***II.*** ⇒ **gringalet.**

MAXIME ■ Adage, aphorisme, apophtegme, dicton, dit, dogme, formule, moralité, on-dit, pensée, précepte, principe, proverbe, règle, sentence.

MAXIMUM ■ ***I. Nom :*** limite, mieux, plafond, plus, sommet, summum, terme, totalité. ***II. Loc.*** **Au maximum :** à bloc, au plus haut degré/point, le plus possible.

MAZOUT ■ Fuel, gasoil, gazole, huile lourde.

MÉANDRE ■ ***I.*** ⇒ **sinuosité.** ***II.*** ⇒ **ruse.**

MÉAT ■ ⇒ **ouverture.**

MÉCANICIEN, ENNE ■ Chauffeur, conducteur, garagiste, machiniste, mécano, ouvrier, spécialiste.

MÉCANIQUE ■ adj. ⇒ **involontaire.**

MÉCANIQUE ■ n. ⇒ **appareil.**

MÉCANISER ■ ***I. Au pr. :*** automatiser, équiper, industrialiser, motoriser. ***II. Par ext. :*** rendre habituel/machinal/routinier, robotiser. ***III. Fam. et fig.*** ⇒ **taquiner.**

MÉCANISME ■ ***I.*** Agencement, combinaison, fonctionnement, organisation, processus. ***II.*** Appareillage, mécanique, organes.

MÉCÈNE ■ ⇒ **protecteur.**

MÉCHANCETÉ ■ ***I. Le défaut :*** agressivité, causticité, cruauté, dépravation, dureté, envie, fiel, hargne, jalousie, malice, malignité, malveillance, mauvaiseté (vx), nocivité, noirceur, perversité, rosserie, sadisme, scélératesse, vacherie (fam.), venin, vice. ***II. L'acte :*** calomnie, coup d'épingle, crasse, espièglerie, farce, malfaisance, médisance, noirceur, perfidie, saleté, tour, tourment, vilénie. **Fam. :** couleuvre, crosse, gentillesse, mistoufle, saloperie, vachardise, vacherie.

MÉCHANT, E ■ ***I. Au pr. :*** acariâtre, acerbe, acrimonieux, affreux, agressif, bourru, brutal, corrosif, criminel, cruel, dangereux, démoniaque, désagréable, désobligeant, diabolique, dur, félon, fielleux, haineux, hargneux, indigne, infernal, ingrat, injuste, insolent, insupportable, intraitable, jaloux, malfaisant, malicieux, malin, malintentionné, malveillant, maussade, médisant, mordant, noir, nuisible, odieux, perfide, pervers, rossard, sans-cœur, satanique, scélérat, sinistre, turbulent, venimeux, vilain, vipérin. ***II. Fam. :*** bouc, carcan, carne, chameau, charogne, chipie, choléra, coquin, démon, furie, gale, ganache, harpie, masque, mégère, méphistophélès, ogre, peste, poison, rosse, salaud, sale bête, satan, serpent, sorcière, suppôt de Satan, teigne, tison, vachard, vache, vipère. ***III. Par ext. :*** malheureux, mauvais, médiocre, misérable, nul, pauvre, petit, pitoyable, rien.

MÈCHE ■ ***I.*** ⇒ **vrille.** ***II. Fig. :*** **1.** ⇒ **connivence. 2.** ⇒ **secret.**

MÉCOMPTE ■ ***I.*** ⇒ **déception.** ***II.*** ⇒ **erreur.**

MÉCONNAISSABLE ■ ⇒ **différent.**

MÉCONNAÎTRE ■ Déprécier, ignorer, méjuger, se méprendre, mépriser, mésestimer, négliger, sous-estimer.

MÉCONNU, E ■ ⇒ **inconnu.**

MÉCONTENT, E ■ ***I.*** Choqué, contrarié, déçu, dépité, ennuyé, fâché, fumasse (fam.), grognon, inapaisé, inassouvi, insatisfait, malcontent, râleur. ***II.*** Contestataire, écolo, hippie, houligan, kitsch, opposant, protestataire, provo.

MÉCONTENTEMENT ■ ⇒ **ennui.**

MÉCONTENTER ■ Fâcher ⇒ **agacer.**

MÉCRÉANT, E ■ ⇒ **incroyant.**

MÉDAILLE ■ ***I.*** Monnaie, pièce, plaque, insigne, médaillon. ***II. Par ext. :*** **1.** Agnus dei, scapulaire ⇒ **fétiche. 2.** ⇒ **récompense.**

MÉDAILLON ■ ***I.*** ⇒ **médaille.** ***II.*** ⇒ **tableau.** ***III.*** ⇒ **image.**

MÉDECIN ■ ***I. Au pr. :*** accoucheur, auriste, cardiologue, chirurgien, clinicien, dermatologiste, généraliste, gynécologue, neurologue, obstétricien, oculiste, ophtalmologue, oto-rhino-laryngologiste, pédiatre, phlébologue, praticien, psychiatre, radiologue, stomatologiste, urologue. ***II. Par ext. :*** docteur, doctoresse, externe, interne, major, spécialiste. ***III. Fam. :*** carabin, esculape, la Faculté, toubib. ***IV. Vx :*** archiatre, mire, physicien, thérapeute. ***V. Péj. :*** charlatan, docteur Knock, médicastre, morticole.

MÉDECINE ■ ***I.*** ⇒ **purge.** ***II.*** La Faculté.

MÉDIAT, E ■ ⇒ **indirect.**

MÉDIATEUR, TRICE ■ ⇒ **intermédiaire.**

MÉDIATION ■ Amodiation, arbitrage, bons offices, conciliation, entremise, intervention.

MÉDIATOR ■ Plectre.

MÉDICAL, E ■ Médicinal, thérapeutique.

MÉDICAMENT ■ ⇒ **remède.**

MÉDICAMENTER ■ ⇒ **soigner.**

MÉDICATION ■ ⇒ **soins.**

MÉDICINAL, E ■ Médical, thérapeutique.

MÉDIOCRE ■ Assez bien, banal, bas, chétif, commun, étriqué, exigu, faible, humble, imparfait, inférieur, insignifiant, insuffisant, maigre, méchant, mesquin, mince, minime, modéré, modeste, modique, moyen, négligeable, ordinaire, pâle, passable, pauvre, petit, piètre, piteux, pitoyable, plat, quelconque, riquiqui, satisfaisant, suffisant, supportable, terne, tocard (fam.).

MÉDIOCRITÉ ■ ⇒ **faiblesse.**

MÉDIRE ■ Arranger, attaquer, babiller, baver sur, bêcher, cancaner, casser du sucre, clabauder, commérer, critiquer, croasser, dauber, débiner, déblatérer, décauser (rég.), déchirer, décrier, dégoiser, dégréner (arg.), dénigrer, déprécier, déshabiller, détracter, diffamer, dire des méchancetés/pis que pendre, éreinter, esquinter, gloser, habiller, insinuer, jaser, mettre en capilotade/en pièces, nuire, potiner, ragoter, répandre, satiriser, taper, vilipender.

MÉDISANCE ■ Anecdote, atrocité, attaque, bavardage, calomnie, cancan, caquetage, clabaudage, clabauderie, chronique, commentaire, commérage, coup de dent/de langue/de patte, délation, dénigrement, détraction, diffamation, éreintement, horreurs, méchanceté, on-dit, persiflage, potin, propos, racontage, racontar, ragot, rumeur, venin.

MÉDISANT, E ■ ***I.*** Diffamatoire. ***II.*** Caqueteur, délateur, dénigreur, dépréciateur, détracteur, diffamateur, langue d'aspic/de serpent/venimeuse/de vipère/vipérine, maldisant (vx), mauvaise/méchante langue.

MÉDITATIF, IVE ■ ***I.*** ⇒ **pensif.** ***II.*** ⇒ **penseur.**

MÉDITATION ■ ***I.*** ⇒ **attention.** ***II.*** ⇒ **pensée.**

MÉDITER ■ ***I. V. intr.*** ⇒ **penser.** ***II. V. tr.*** ⇒ **projeter.**

MÉDUSÉ, E ■ ***I.*** ⇒ **ébahi.** ***II.*** ⇒ **interdit.**

MÉDUSER ■ ⇒ **étonner.**

MEETING ■ ⇒ **réunion.**

MÉFAIT ■ ⇒ **faute.**

MÉFIANCE ■ Crainte, défiance, doute, incrédulité, prévention, prudence, qui-vive, réserve, rétiveté, scepticisme, soupçon, suspicion, vigilance.

MÉFIANT, E ■ ***I. Non favorable :*** chafouin, craintif, défiant, dissimulé, ombrageux, soupçonneux, timoré. ***II. Neutre*** ⇒ **prudent.**

MÉFIER (SE) ■ Se défier, être/se tenir sur ses gardes, faire gaffe (fam.), se garder.

MÉGALOMANIE ■ ⇒ **orgueil.**

MÉGARDE ■ ⇒ **inattention.**

MÉGÈRE ■ Bacchante, carne, carogne, catin, chabraque, chameau, charogne, chienne, chipie, choléra, commère, cotillon, dame de la halle, diablesse, dragon, drôlesse, fébosse, fourneau, furie, garce, gaupe, gendarme, grenadier, grognasse, harengère, harpie, hérisson, junon, maquerelle, maritorne, matrone, ménade, ménesse, piegrièche, pisse-vinaigre, poison, poissarde, pouffiasse, rébecca, rombière, sibylle, sorcière, souillon, teigne, toupie, tricoteuse, trumeau, vadrouille (vx), vieille bique/vache, virago.

MÉGOT ■ ⇒ **cigarette.**

MÉGOTER ■ ⇒ **économiser.**

MEILLEUR, E ■ Choix, crème, élite, excellence, fleur, gratin, quintessence. ⇒ **supérieur.**

MÉJUGER ■ ⇒ **mépriser.**

MÉLANCOLIE ■ ***I. Au pr. :*** abattement, accablement, aliénation, amertume, angoisse, atrabile, cafard, chagrin, dépression, déréliction, désolation, humeur noire, hypocondrie, langueur, lypémanie, mal du pays, navrance, neurasthénie, noir, nostalgie, papillons noirs, peine, regret, spleen, tristesse, trouble, vague à l'âme. ***II. Par ext. :*** brume, grisaille, nuage, ombre.

MÉLANCOLIQUE ■ ***I.*** ⇒ **triste.** ***II.*** ⇒ **bilieux.**

MÉLANGE ■ ***I. Neutre :*** accouplement, alliage, alliance, amalgamation, amalgame, amas, assemblage, association, assortiment, bariolage, bigarrure, brassage, combinaison, complexité, composé, composition, coupage, couplage, croisement, délayage, dosage, fusion, hétérogénéité, hybridation, imprégnation, incorporation, macédoine, magma, malaxage, mariage, marqueterie, métissage, mixtion, mixture, mosaïque, panachage, panmixie, rapprochement, réunion, syncrétisme, tissu, tissure, union, ***II. Non favorable :*** bric-à-brac, brouillamini, cacophonie, chaos, cocktail, confusion, désordre, disparité, embrouillamini, emmêlement, enchevêtrement, entortillement, entrelacement, entremêlement, fatras, fouillis, fricassée, imbrication, imbroglio, margouillis, mêlé-cassis, mêlée, méli-mélo, micmac, pastis, patouillis, pêle-mêle, promiscuité, salade, salmigondis. ***III. Litt.*** **1.** Centon, compilation, habit d'arlequin, placage, pot-pourri, recueil, rhapsodie, ripopée. **2. Au pl. :** miscellanea, miscellanées, morceaux choisis, variétés. ⇒ **anthologie.**

MÉLANGER, MÊLER ▪ Abâtardir, accoupler, agglutiner, agiter, allier, amalgamer, assembler, associer, assortir, barioler, battre, brasser, brouiller, combiner, composer, confondre, couper, coupler, croiser, doser, embrouiller, emmêler, enchevêtrer, entrelacer, entrelarder, entremêler, fatiguer, fondre, fouetter, fusionner, incorporer, introduire, joindre, malaxer, manipuler, marier, mâtiner, mettre, mixtionner, panacher, rapprocher, réunir, saupoudrer, touiller. ⇒ **unir.**

MÊLÉ, E ▪ ***I.*** Bâtard, bigarré, composite, impur, mâtiné, mixte. ***II.*** Embarrassé. ***III.*** Embroussaillé. ***IV.*** *Les part. passés des syn. de* MÊLER.

MÊLÉE ▪ ⇒ **bataille.**

MÉLI-MÉLO ▪ ⇒ **mélange.**

MELLIFLUE ▪ ⇒ **doucereux.**

MÉLODIE ▪ Accents, air, aria, ariette, cantabile, cantilène, chanson, chant, harmonie, incantation, lied, mélopée, pièce, poème, récitatif.

MÉLODIEUX, EUSE ▪ ⇒ **harmonieux.**

MÉLODRAME ▪ ⇒ **drame.**

MELON ▪ Cantaloup, charentais, pépon, péponide, sucrin. ⇒ **pastèque.**

MÉLOPÉE ▪ ⇒ **mélodie.**

MEMBRANE ▪ ⇒ **tissu.**

MEMBRE ▪ ***I.*** ⇒ **partie.** ***II.*** Actionnaire, adhérent, affilié, associé, correspondant, cotisant, fédéré, inscrit, recrue, sociétaire, soutien, sympathisant. ***III.*** ⇒ **sexe.**

MÊME ▪ ***I. Adv. :*** aussi, de plus, encore, en outre, précisément, voire. ***II. Pron.*** **Le même ⇒ semblable.** ***III. Loc. conj.*** **De même que ⇒ comme.** ***IV. Adj.*** Analogue, égal, ejusdem farinae, équivalent, ex aequo, identique, pareil, semblable, similaire, tel.

MÉMENTO ▪ Agenda, aide-mémoire, almanach, bloc-notes, calepin, carnet, éphémérides, guide, guide-âne, pense-bête/précis, vade-mecum. ⇒ **note.**

MÉMOIRE ▪ ***I. Au pr. :*** anamnèse, conservation, empreinte, recognition, remembrance (vx), réminiscence, ressouvenance, ressouvenir, savoir, souvenance, souvenir, trace. ***II. Par ext.*** **1.** ⇒ **rappel.** *2.* ⇒ **commémoration. 3.** ⇒ **réputation.**

MÉMOIRE ▪ ***I. Au sing.*** **1.** ⇒ **liste. 2.** ⇒ **compte. 3.** ⇒ **traité. 4.** ⇒ **récit.** ***II. Au pl. :*** annales, autobiographie, chronique, commentaire, confession, essai, journal, mémorial, récit, révélations, souvenirs, voyages.

MÉMORABLE ▪ ⇒ **remarquable.**

MÉMORANDUM ▪ ⇒ **note.**

MÉMORIAL ▪ ***I.*** ⇒ **récit.** ***II.*** ⇒ **mémoires.**

MÉMORIALISTE ▪ ⇒ **historien.**

MENAÇANT, E ▪ Agressif, comminatoire, dangereux, fulminant, grondant, imminent, inquiétant, sinistre.

MENACE ▪ ***I.*** Avertissement, bravade, chantage, commination, défi, dissuasion, fulmination, grondement, intimidation, provocation, réprimande, rodomontade, sommation, ultimatum. ***II.*** Danger, péril, point noir, spectre.

MENACER ▪ ***I.*** ⇒ **braver.** ***II. Loc.*** **Menacer de ⇒ présager.**

MÉNAGE ▪ ***I.*** ⇒ **économie.** ***II.*** ⇒ **famille.** ***III.*** ⇒ **maison.**

MÉNAGEMENT ▪ ***I.*** ⇒ **circonspection.** ***II. Au pl.*** ⇒ **égards.**

MÉNAGER ▪ ***I. Au pr.*** **1.** ⇒ **économiser. 2.** ⇒ **user de. 3.** ⇒ **préparer. 4.** ⇒ **procurer.** ***II. Par ext.*** **Ménager quelqu'un :** épargner, être indulgent, mettre des gants, pardonner à, prendre des précautions, respecter, traiter avec ménagement *et les syn. de* MÉNAGEMENT.

MÉNAGERIE ▪ Animalerie, zoo.

MENDIANT, E ▪ Chanteur des rues, chemineau, clochard, cloche, clodo, indigent, mendigot, miséreux, nécessiteux, parasite, pauvre, pilon (arg.), quémandeur, sabouleux, truand, vagabond. ⇒ **gueux.**

MENDICITÉ ▪ Charité publique. ***Arg. :*** manche, mangave.

MENDIER ▪ ⇒ **solliciter.**

MENÉE ▪ ***I.*** Agissement, complot, diablerie, fomentation, intrigue, machination, manœuvre. ⇒ **ruse.** ***II.*** Pratique, trame.

MENER ▪ ***I.*** Amener, emmener, promener, ramener, remener, remmener. ⇒ **conduire.** ***II.*** ⇒ **gouverner.** ***III.*** ⇒ **traiter.**

MÉNESTREL ▪ ⇒ **troubadour.**

MÉNÉTRIER ▪ ⇒ **violoniste.**

MENEUR, ▪ ***I.*** ⇒ **chef.** ***II.*** ⇒ **protagoniste.**

MENHIR ▪ Peulven.

MÉNOPAUSE ▪ Climatère, retour d'âge.

MENOTTE ▪ ***I. Au sing.*** ⇒ **main.** ***II. Au pl. :*** bracelets, cabriolet, cadenas, cadènes (arg.), poucettes.

MENSONGE ▪ ***I.*** Antiphrase, bourrage de crâne, contrevérité, craque, fausseté, menterie. ⇒ **hâblerie.** ***II.*** ⇒ **vanité.** ***III.*** ⇒ **invention IV.** ⇒ **feinte.**

MENSONGER, ÈRE ▪ ⇒ **faux.**

MENSTRUATION, MENSTRUES ▪ ***I.*** Flux cataménial/menstruel/périodique, ménorrhée, règles. ***II. Fam. :*** affaires, époques, indisposition, mois, trucs. ***III. Arg. :*** anglais, arcagnats, courrier de Rome (vx), doches, mensualités, ours, ragnagnas.

MENSURATION ▪ ⇒ **mesure.**

MENTAL, E ▪ ⇒ **psychique.**

MENTALITÉ ▪ Caractère, esprit, état d'esprit, moral, opinion publique, pensée.

MENTERIE ▪ ⇒ **mensonge.**

MENTEUR, EUSE ▪ ***I. Adj.*** ⇒ **faux.** ***II. Nom*** ⇒ **hâbleur.**

MENTION ▪ ⇒ **rappel.**

MENTIONNER ▪ ***I.*** ⇒ **citer.** ***II.*** ⇒ **inscrire.**

MENTIR ▪ Abuser, altérer/dissimuler/déguiser/fausser la vérité, dire/faire un mensonge, feindre, induire en erreur. ⇒ **hâbler.**

MENTOR ▪ ⇒ **conseiller.**

MENU ▪ n. ***I.*** Carte. ***II.*** Festin, mets, ordinaire, régal, repas.

MENU, E ▪ adj. Délicat, délié, élancé, fin, fluet, gracile, grêle, mièvre, mince, subtil, ténu. ⇒ **petit.**

MENUISERIE ▪ ***I. Par ext. :*** ébénisterie, parqueterie, tabletterie. *II.* Huisserie.

MENUISIER ■ *Par ext. :* ébéniste, parqueteur, tabletier.

MÉPHITIQUE ■ *I.* ⇒ **puant.** *II.* ⇒ **mauvais.**

MÉPRENDRE (SE) ■ ⇒ **tromper (se).**

MÉPRIS ■ ⇒ **dédain.**

MÉPRISABLE ■ ⇒ **vil.**

MÉPRISANT, E ■ Arrogant, bêcheur, contempteur, dédaigneux, fat, fier, hautain, orgueilleux.

MÉPRISE ■ *I.* ⇒ **malentendu.** *II.* ⇒ **inattention.**

MÉPRISER ■ *I. Quelqu'un* ⇒ **dédaigner.** *II. Quelque chose :* braver, décrier, déprécier, dépriser, désestimer, dévaluer, faire fi/litière, se ficher de, fouler aux pieds, honnir, jongler avec, se jouer de, méconnaître, méjuger, mésestimer, se moquer de, narguer, rabaisser, ravaler, se rire de, tourner le dos.

MER ■ *I. Au pr. :* eaux, flots, large, océan, onde. *II. Fam. :* baille, grande tasse. *III. Fig.* ⇒ **abondance.**

MERCANTI ■ ⇒ **trafiquant.**

MERCANTILE ■ Cupide. ⇒ **profiteur.**

MERCENAIRE ■ *I. Au pr. :* aventurier, condottiere, reître, soldat, stipendié. *II. Par ext.* (adj.) : avide, cupide, intéressé, vénal.

MERCI ■ *I.* ⇒ **miséricorde.** *II. Loc.* **Être à la merci de** ⇒ **dépendre.**

MERCURE ■ Cinabre, hydrargyre, serpent de Mars, serpent vert, vif-argent.

MERCURIALE ■ ⇒ **reproche.**

MERDE ■ ⇒ **excrément.**

MERDEUX, EUSE ■ *I.* ⇒ **malpropre.** *II.* ⇒ **enfant.**

MÈRE ■ *I. Au pr. :* maman, marâtre (péj.), mère poule. *II. Arg. :* dabesse, dabuche, daronne, doche, maternelle. *III. Par ext. :* cause, génitrice, matrice, origine, source.

MÉRITANT, E ■ Bon, digne, estimable, honnête, louable, méritoire, valeureux, vertueux.

MÉRITE ■ ⇒ **qualité.**

MÉRITER ■ *I. Favorable :* être digne de, gagner à. *II. Non favorable :* commander, demander, encourir, imposer, réclamer, valoir.

MÉRITOIRE ■ ⇒ **méritant.**

MERVEILLE ■ ⇒ **prodige.**

MERVEILLEUX ■ *I.* ⇒ **surnaturel.** *II.* ⇒ **élégant.**

MERVEILLEUX, EUSE ■ *I.* ⇒ **beau.** *II.* ⇒ **extraordinaire.**

MÉSAISE ■ Besoin, difficulté, gêne, malaise. ⇒ **pauvreté.**

MÉSAVENTURE ■ Accident, avarie, avaro (fam.), avatar (par ext.), déconvenue, incident, malchance, malencontre, malheur, méchef (vx), pépin (fam.), tuile (fam.), vicissitude.

MÉSENTENTE ■ ⇒ **mésintelligence.**

MÉSESTIME ■ ⇒ **dédain.**

MÉSESTIMER ■ ⇒ **mépriser.**

MÉSINTELLIGENCE ■ Brouille, brouillerie, désaccord, désunion, différend, discord (vx), discordance, discorde, dispute, dissension, dissentiment, dissidence, divergence, division, friction, froid, frottement, incompatibilité, incompréhension, mésentente, nuage, orage, pique, querelle, rupture, tension, trouble, zizanie.

MESQUIN, E ■ *I.* ⇒ **avare.** II. ⇒ **pauvre.** *III.* ⇒ **étroit.**

MESQUINERIE ■ ⇒ **bassesse.**

MESS ■ ⇒ **réfectoire.**

MESSAGE ■ *I.* ⇒ **lettre.** *II.* ⇒ **communi-**

cation. *III.* Pneu, sans-fil, télégramme, télex.

MESSAGER, ÈRE ■ ***I. Au pr. :*** agent, commissionnaire, coureur (vx), courrier, coursier, envoyé, estafette, exprès, facteur, héraut, mercure, porteur, saute-ruisseau, transporteur. ***II. Par ext.*** ⇒ **précurseur.**

MESSAGERIE ■ Courrier, poste, transport.

MESSE ■ ***I.*** Célébration, cérémonie, culte, obit, office, saint sacrifice, service divin. ***II.*** Chant, liturgie, musique, rite, rituel. ***III.*** Absoute, complies, laudes, matines, none, prime, salut, sexte, ténèbres, tierce, vêpres.

MESSÉANT, E ■ ⇒ **inconvenant.**

MESURABLE ■ Commensurable, comparable, identifiable,

MESURE ■ ***I. Au pr.*** 1. Appréciation, calcul, mensuration, mesurage, métré. 2. ⇒ **dimension.** ***II. Par ext.*** 1. ⇒ **rythme.** 2. ⇒ **règle.** 3. ⇒ **retenue.** 4. ⇒ **préparatif.** 5. Loc. **À mesure** ⇒ **proportion (à).**

MESURÉ, E ■ ⇒ **prudent.**

MESURER ■ ***I. Au pr. :*** arpenter, cadastrer, calibrer, chaîner, compter, corder, cuber, doser, jauger, métrer, régler, sonder, toiser. ***II. Par ext.*** 1. ⇒ **évaluer.** 2. ⇒ **proportionner.** 3. ⇒ **régler.** ***III. V. intr. :*** avoir, développer, faire. ***IV. V. pron. :*** ⇒ **lutter.**

MÉSUSER ■ Exagérer, méconnaître. ⇒ **abuser.**

MÉTAIRIE ■ ⇒ **ferme.**

MÉTAL ■ Acier, aluminium, argent, chrome, cobalt, cuivre, étain, fer, manganèse, mercure, nickel, platine, plomb, plutonium, radium, tungstène, uranium, vanadium, etc.

MÉTALLURGISTE ■ ***I.*** Métallo. ***II.*** Ajusteur, chaudronnier, fondeur, forgeron, fraiseur, riveteur, soudeur.

MÉTAMORPHOSE ■ ⇒ **transformation.**

MÉTAMORPHOSER ■ ⇒ **transformer.**

MÉTAPHORE ■ ***I.*** ⇒ **image.** ***II.*** ⇒ **symbole.**

MÉTAPHYSIQUE ■ ***I. N. f. :*** ontologie. ***II. Adj. :*** abstrait, transcendant.

MÉTATHÈSE ■ ⇒ **transposition.**

MÉTAYER, ÈRE ■ ***Par ext.*** ⇒ **fermier.**

MÉTEMPSYCHOSE ■ ⇒ **renaissance.**

MÉTÉORE ■ Aérolithe, astéroïde, astre, bolide, comète, étoile filante, météorite.

MÉTÈQUE ■ ⇒ **étranger.**

MÉTHODE ■ Art, code, combinaison, démarche, discipline, dispositif, façon, formule, ligne de conduite, manière, marche à suivre, mode, moyen, ordre, organisation, pratique, procédé, procédure, recette, règle, rubrique (vx), secret, stratégie, système, tactique, technique, théorie, voie.

MÉTHODIQUE ■ ***I.*** ⇒ **réglé.** ***II.*** ⇒ **logique.**

MÉTICULEUX, EUSE ■ ⇒ **minutieux.**

MÉTIER ■ ***I.*** ⇒ **profession.** ***II.*** ⇒ **appareil.**

MÉTIS, ISSE ■ ***I. Animaux ou plantes :*** bâtard, corneau, corniaud, hybride, mâtiné, mulard, mule, mulet. ***II. Hommes :*** eurasien, mulâtre, octavon, quarteron, sang-mêlé, zambo.

MÉTISSAGE ■ Coupage, croisement, hybridation, mélange.

MÈTRE ■ ⇒ **rythme.**

MÉTROPOLE ■ ⇒ **capitale.**

METS ■ Bonne chère, brouet (péj.), chère, cuisine, fricot (fam.), menu, nourriture, plat, repas, soupe (fam.).

METTABLE ■ ***I.*** ⇒ **honnête.** ***II.*** ⇒ **passable.**

METTRE ■ ***I. Au pr. :*** 1. Appliquer, apposer, appuyer, bouter (vx), camper, caser, cloquer (arg.), coller, déposer, disposer, empiler, enfoncer, engager, établir, exposer, ficher (fam.), fixer, flanquer (fam.), fourrer (fam.), foutre (grossier), glisser, imposer, insérer, installer, introduire, loger, opposer, placer, planter, plonger, poser, poster, ranger, remettre, serrer. ***II. Par ext.*** ⇒ **vêtir.** ***III. Loc.*** **1. Se mettre à ⇒ commencer. 2. Se mettre à genoux ⇒ agenouiller (s'). 3. Mettre à la porte/dehors ⇒ congédier. 4. Mettre devant/en avant ⇒ présenter. 5. Mettre en cause ⇒ inculper.** ***IV V. pron. :*** **1. ⇒ vêtir (se). 2. Se mettre en rapport ⇒ aboucher (s') 3. Se mettre en quatre ⇒ empresser (s'). 4. Se mettre dans ⇒ occuper (s').**

MEUBLE ▪ ⇒ **mobilier.**

MEUBLÉ ▪ ⇒ **hôtel.**

MEUBLER ▪ ***I.*** ⇒ **fournir.** ***II.*** ⇒ **orner.**

MEUGLER ▪ ⇒ **mugir.**

MEULE ▪ ***I.*** Barge, gerbier, moyette, pailler. ***II.*** Broyeur, concasseur. ***III.*** Affiloir, aiguisoir.

MEULER ▪ ⇒ **affiler.**

MEURT-DE-FAIM ▪ ⇒ **pauvre.**

MEURTRE ▪ ⇒ **homicide.**

MEURTRIER, ÈRE ▪ ⇒ **homicide.**

MEURTRIÈRE ▪ ⇒ **ouverture.**

MEURTRIR ▪ ***I. Au pr.*** 1. Battre, blesser, cabosser, cogner, contusionner, frapper, froisser, malmener, mettre en compote/en marmelade/un œil au beurre noir, pocher, rosser, taper. 2. Cosser, cotir, écraser, fouler, mâcher, mâchurer, taler. ***II. Fig. :*** faire de la peine, peiner, torturer, tourmenter.

MEURTRISSURE ▪ ⇒ **contusion.**

MEUTE ▪ ⇒ **troupe.**

MÉVENTE ▪ ⇒ **crise.**

MEZZANINE ▪ Entresol ⇒ **balcon.**

MIASME ▪ ⇒ **émanation.**

MICMAC ▪ ⇒ **manigance.**

MICROBE ▪ ***I. Au pr. :*** amibe, bacille, bactérie, ferment, germe, spirille, vibrion, virgule, virus. ***II. Fig.*** ⇒ **nain.**

MICROSCOPE ▪ ⇒ **lunette.**

MICROSCOPIQUE ▪ ⇒ **petit.**

MIDINETTE ▪ Apprentie, arpette, cousette, couturière, modiste, ouvrière, petite-main, trottin.

MIELLEUX, EUSE ▪ ***I.*** ⇒ **doucereux.**

MIETTE ▪ ⇒ **morceau.**

MIEUX ▪ ⇒ **plus.**

MIEUX (À QUI MIEUX) ▪ À bouche que veux-tu, à l'envi, tant et plus.

MIÈVRE ▪ ***I.*** ⇒ **joli.** ***II.*** ⇒ **affecté.** ***III.*** ⇒ **menu.**

MIÈVRERIE ▪ ⇒ **affectation.**

MIGNARD, E ▪ ⇒ **minaudier.**

MIGNARDISE ▪ ⇒ **minauderie**

MIGNON, ONNE ▪ ⇒ **joli.**

MIGNOTER ▪ ⇒ **caresser.**

MIGRATION ▪ Montaison, transhumance. ⇒ **émigration.**

MIJAURÉE ▪ ⇒ **pimbêche.**

MIJOTER ▪ ***I. V. intr.*** ⇒ **cuire.** ***II. V. tr.*** ⇒ **préparer.**

MILICE ▪ ⇒ **troupe.**

MILIEU ▪ ***I. Au pr.*** **1. ⇒ centre. 2.** Biotope, élément, espace, gisement, habitat, patrie, terrain. **3.** Ambiance, atmosphère, aura, cadre, climat, condition, décor, écologie, entourage, environnement, lieu, société, sphère. ***II. Par ext.*** ⇒ **monde.** ***III. Arg. :*** mitan.

MILITAIRE ▪ ***I. Adj. :*** belliqueux, guerrier, martial, polémologique, soldatesque (péj.), stratégique, tactique. ***II. Nom.*** **1. ⇒ chef, soldat. 2. Arg. :** crevure, gradaille. ***III. Loc.*** **Art militaire :** polémologie.

MILITANT ■ ***I.*** ⇒ **partisan.** ***II.*** ⇒ **combattant.**

MILITARISME ■ Bellicisme, caporalisme.

MILITER ■ Agir, participer, prendre part. ⇒ **lutter.**

MILLE ■ ⇒ **quantité.**

MILLÉNAIRE ■ ⇒ **ancien.**

MILLIARD, MILLIASSE, MILLIER, MILLION ■ ⇒ **quantité.**

MIME ■ ***I. Nom fém.*** **1. Au pr. :** jeu muet, mimique, pantomime, **2. Par ext. :** attitudes, contorsions, expression, gestes, gesticulation, manières, signes, singeries. ***II. Nom masc. :*** acteur/artiste/comédien muet, clown.

MIMER ■ ⇒ **imiter.**

MIMIQUE ■ ⇒ **geste.**

MINABLE ■ ⇒ **misérable.**

MINAUDER ■ ⇒ **affrioler.**

MINAUDERIE ■ Affectation, agacerie, chichi, coquetterie, façon, grâces, grimace, manières, mignardise, mine, simagrée, singerie.

MINAUDIER, ÈRE ■ Affecté, enjôleur, gnangnan (fam.), grimacier, maniéré, mignard, poseur.

MINCE ■ ***I. Neutre :*** allongé, délicat, délié, effilé, élancé, étroit, filiforme, fin, fluet, fragile, fuselé, gracile, grêle, maigre, menu, petit, pincé, svelte, ténu. ***II. Non favorable :*** insignifiant, médiocre, négligeable.

MINCEUR ■ ⇒ **finesse.**

MINE ■ ***I.*** Air, apparence, bouille (fam.), complexion, contenance, expression, extérieur, face, façon, figure, fiole (fam.), maintien, minois, physionomie, physique, teint, tête, visage. ⇒ **couleur.** ***II. Loc.*** **Faire bonne/mauvaise mine ⇒ accueil.** ***III.*** Carrière, fosse, galerie, puits, souterrain. ***IV.*** Charbonnage, houillière. ***V.*** Filon, fonds, gisement, ***VI.*** Cartouche, engin, expolsif, piège.

MINER ■ ***I. Au pr. :*** affouiller, caver, creuser, éroder, fouiller, fouir, gratter, ronger, saper. ***II. Fig. :*** abattre, affaiblir, attaquer, brûler, consumer, corroder, défaire, désintégrer, détruire, diminuer, ruiner, user.

MINEUR ■ Galibot, haveur, herscheur, porion, raucheur, sapeur.

MINEUR, E ■ Impubère. ⇒ **petit.**

MINIATURE ■ ***I. Au pr. :*** dessin, enluminure, peinture, portrait. ***II. Loc.*** **En miniature :** en abrégé, en raccourci, en réduction.

MINIATURISTE ■ Enlumineur.

MINIME ■ ⇒ **petit.**

MINIMISER ■ ***I.*** ⇒ **calmer.** ***II.*** ⇒ **réduire.**

MINISTÈRE ■ ***I. Au pr.*** **1.** Charge, emploi, fonction. **2.** Cabinet, conseil/corps ministériel/des ministres, département, gouvernement, maroquin, portefeuille. ***II. Par ext.*** ⇒ **entremise.**

MINISTÉRIEL, ELLE ■ ***I.*** Exécutif, gouvernemental, officiel. ***II. Loc.*** **Officier ministériel** ; avoué, commissaire priseur, huissier, notaire.

MINISTRE ■ ***I. Au pr.*** (vx) : exécutant, instrument, serviteur. ***II.*** Ecclésiastique, pasteur, prédicant. ⇒ **prêtre.**

MINOIS ■ ⇒ **visage.**

MINOTERIE ■ Meunerie, moulin.

MINUSCULE ■ ⇒ **petit.**

MINUS HABENS ■ Minus. ⇒ **bête.**

MINUTE ■ ***I.*** ⇒ **moment.** ***II.*** ⇒ **original.**

MINUTER ■ ⇒ **écrire.**

MINUTIE ■ ⇒ **soin.**

MINUTIEUX, EUSE ■ Appliqué, attentif, consciencieux, difficile, exact, exigeant, formaliste, maniaque, méticuleux, pointilleux, pointu, scrupuleux, soigneux, tatillon, vétilleux.

MIOCHE ■ *I.* ⇒ **enfant.** *II.* ⇒ **bébé.**

MIRACLE ■ ⇒ **prodige.**

MIRACULEUX, EUSE ■ ⇒ **surnaturel.**

MIRAGE ■ *I. Au pr. :* image, mirement, phénomène, reflet. *II. Par ext. :* apparence, chimère, illusion, mensonge, rêve, rêverie, trompe-l'œil, tromperie, vision. *III. Fig. :* attrait, séduction.

MIRE ■ *I. N. m. :* apothicaire ⇒ **médecin.** *II. N. f.* Loc. *Point de mire* ⇒ **but.**

MIRER ■ *I.* ⇒ **viser.** *II.* ⇒ **regarder.**

MIRIFIQUE ■ ⇒ **extraordinaire.**

MIRLITON ■ ⇒ **flûte.**

MIROBOLANT, E ■ ⇒ **extraordinaire.**

MIROIR ■ *I. Au pr. :* courtoisie, glace, psyché, réflecteur, rétroviseur, speculum, trumeau. *II. Fig.* ⇒ **représentation.**

MIROITANT, E ■ ⇒ **brillant.**

MIROITEMENT ■ ⇒ **reflet.**

MIROITER ■ ⇒ **luire.**

MIS, E ■ ⇒ **vêtu.**

MISANTHROPE ■ Atrabilaire, bourru, chagrin, farouche, insociable, ours, sauvage, solitaire.

MISANTHROPIE ■ Anthropophobie, apanthropie, aversion, haine.

MISCELLANEA, MISCELLANÉES ■ ⇒ **mélanges.**

MISE ■ *I.* Cave, enjeu, masse, poule. ⇒ **investissement** *II.* ⇒ **vêtement.** *III. Loc.* **1. De mise** ⇒ **valable. 2. Mise bas** (vét.) : accouchement, agnelage, délivrance, part, parturition, poulinement, vêlage, vêlement. **3. Mise en demeure** ⇒ **injonction. 4. mise à jour :** refonte ⇒ **recyclage.**

MISER ■ Allonger, caver, coucher, investir, jouer, mettre, parier, placer, ponter, renvier, risquer.

MISÉRABLE ■ *I. Adj.* **1. Quelque chose :** déplorable, fâcheux, honteux, insignifiant, lamentable, malheureux, mauvais, méchant, méprisable, mesquin, piètre, pitoyable, regrettable, triste, vil. **2. Quelqu'un :** besogneux, chétif, désespéré, indigent, infortuné, minable, miteux. ⇒ **pauvre.** *II. Nom :* bandit, claquedent, clochard, cloche, coquin, croquant, gueux, hère, marmiteux, miséreux, paria, pauvre diable/drille/type, pouilleux, purotin, sabouleux, traîne-misère, va-nu-pieds.

MISÈRE ■ *I.* ⇒ **malheur.** *II.* ⇒ **pauvreté.** *III.* ⇒ **rien.**

MISÉREUX, EUSE ■ ⇒ **misérable.**

MISÉRICORDE ■ *I.* Absolution, clémence, grâce, indulgence, merci, pardon, pitié, quartier. *II.* Selle, siège, tabouret.

MISÉRICORDIEUX, EUSE ■ ⇒ **bon.**

MISSEL ■ Antiphonaire, paroissien.

MISSILE ■ Engin, fusée.

MISSION ■ *I.* Ambassade, besogne, charge, commission, délégation, députation, légation, mandat. *II.* Action, but, destination, fonction, rôle, vocation. *III.* ⇒ **occupation.** *IV.* Apostolat, évangélisation. *V. Loc.* **Chargé de mission :** délégué, député, émissaire, envoyé, exprès, mandataire, représentant.

MISSIVE ■ ⇒ **lettre.**

MITAINE ■ Gant, moufle.

MITEUX, EUSE ■ ⇒ **misérable.**

MITIGER ■ ⇒ **modérer.**

MITONNER ■ *I. V. intr.* ⇒ **cuire.** *II. V. tr.* ⇒ **préparer.**

MITOYEN, ENNE ■ D'héberge, intermédiaire, médial, médian, moyen, voisin.

MITOYENNETÉ ■ ⇒ **proximité.**

MITRAILLER ■ ⇒ **tirer.**

MITRAILLETTE *Par ext.* ⇒ **fusil.**

MIXTE ■ ⇒ **mêlé.**

MIXTION ■ ⇒ **mélange.**

MIXTIONNER ■ ⇒ **mélanger.**

MIXTURE ■ ⇒ **mélange.**

MOBILE ■ adj. *I.* ⇒ **mouvant.** *II.* ⇒ **changeant**

MOBILE ■ n. *I.* ⇒ **cause.** *II.* ⇒ **moteur.** *III.* ⇒ **soldat.**

MOBILIER ■ Ameublement, équipement ménager, ménage, meubles.

MOBILISATEUR, TRICE ■ ⇒ **motivant.**

MOBILISATION ■ Appel, conscription, rappel.

MOBILISER ■ *I.* Appeler, enrégimenter, enrôler, lever, rappeler, recruter, requérir, réquisitionner. *II.* ⇒ **immobiliser.**

MOBILITÉ ■ *I.* ⇒ **changement.** *II.* ⇒ **instabilité.**

MOCHE ■ ⇒ **laid.**

MODALITÉ, ■ *I.* Circonstance, façon, manière, mode, moyen, particularité. ⇒ **qualité.** *II. Au pl.* ⇒ **disposition.**

MODE ■ *I. N. m.* ⇒ **qualité.** *II. N. f.* 1. Couture, engouement, épidémie, fashion, fureur, goût, habitude, mœurs, pratique, snobisme, style, ton, usage, vague, vent, vogue. 2. Convenance, façon, fantaisie, manière, volonté. 3. ⇒ **vêtement.**

MODÈLE ■ *I. N. m.* 1. Archétype, canon, critère, échantillon, étalon, exemple, formule, gabarit, idéal, idée, image, original, paradigme, parangon, précédent, prototype, référence, type, unité, 2. Carton, croquis, esquisse, étude, maquette, moule, pattern, patron, plan, schéma, spécimen, topo. 3. Académie, mannequin, pose. *II. Adj.* ⇒ **parfait.**

MODELÉ ■ ⇒ **forme.**

MODELER ■ *I.* ⇒ **sculpter.** *II.* ⇒ **former.** *III. V. pron.* ⇒ **régler (se).**

MODÉRATION ■ *I.* Circonspection, convenance, discrétion, douceur, frugalité, juste milieu, ménagement, mesure, modérantisme, réserve, retenue, sagesse, sobriété, tempérance. *II.* Adoucissement, assouplissement, mitigation, réduction.

MODÉRÉ, E ■ *I. Neutre :* abstinent, continent, désuet, doux, économe, équilibré, frugal, mesuré, modeste, moyen, pondéré, prudent, raisonnable, sage, sobre, tempérant, tempéré. *II. Non favorable :* bas, faible, médiocre.

MODÉRER ■ *I.* Adoucir, affaiblir, (vx), amortir, apaiser, arrêter, assouplir, atténuer, attiédir, borner, calmer, contenir, corriger, diminuer, édulcorer, estomper, éteindre, freiner, mesurer, mitiger, pallier, ralentir, régler, réprimer, tamiser, tempérer. *II. V. pron. :* déchanter, en rabattre, mettre de l'eau dans son vin, se retenir, se tenir à quatre, *et les formes pron. possibles des syn. de* MODÉRER.

MODERNE ■ *I.* ⇒ **nouveau.** *II.* ⇒ **actuel.**

MODERNISER ■ ⇒ **renouveler.**

MODESTE ■ *I. Quelqu'un :* chaste, décent, discret, effacé, humble, prude, pudique, réservé. *II. Quelque chose :* limité, médiocre, modéré, modique, moyen, pauvre, petit, simple, uni.

MODESTIE ■ *I.* ⇒ **retenue.** *II.* ⇒ **décence.**

MODICITÉ ■ Exiguïté, modestie, petitesse.

MODIFICATION ■ Adaptation, addition, aggravation, agrandissement, altération, artefact, changement, correction, dérogation, différence, extension, falsification, infléchissement, métamorphose, progression, ralentissement, rectification, refonte, remaniement, revision, transformation, variation.

MODIFIER ▪ ⇒ **changer.**

MODIQUE ▪ *I.* ⇒ **médiocre.** *II.* ⇒ **petit.**

MODULATION ▪ ⇒ **son.**

MODULER ▪ ⇒ **adapter.**

MOELLE ▪ ⇒ **substance.**

MOELLEUX, EUSE ▪ *I.* Confortable, douillet, doux, duveteux, élastique, mollet, mou, pulpeux, rembourré. *II.* Agréable, gracieux, souple. *III.* Gras, liquoreux, mollet, onctueux, savoureux, velouté.

MOELLON ▪ ⇒ **pierre.**

MŒURS ▪ *I. Au pr.* 1. ⇒ **habitude.** 2. ⇒ **moralité.** 3. ⇒ **nature.** *II. Par ext.* ⇒ **caractère.**

MOFETTE, MOUFETTE ▪ Émanation, exhalaison, fumée, fumerolle, gaz, grisou.

MOI ▪ ⇒ **personnalité.**

MOINDRE ▪ ⇒ **petit.**

MOINE ▪ *I.* ⇒ **religieux.** *II.* ⇒ **toupie.** *III.* ⇒ **chaufferette.**

MOINEAU ▪ *I. Au pr. :* passereau, piaf, pierrot. *II. Fig.* ⇒ **type.**

MOINS (AU) ▪ À tout le moins, du moins, pour le moins, tout au moins.

MOIRE ▪ ⇒ **reflet.**

MOIRER ▪ ⇒ **lustrer.**

MOÏSE ▪ ⇒ **berceau.**

MOISIR ▪ *I. Au pr.* ⇒ **pourrir.** *II. Fig.* ⇒ **attendre.**

MOISSON ▪ Fruit, récolte.

MOISSONNER ▪ ⇒ **recueillir.**

MOITE ▪ ⇒ **humide.**

MOITEUR ▪ ⇒ **tiédeur.**

MOLASSE ▪ ⇒ **mou.**

MÔLE ▪ Brise-lames, digue, embarcadère, jetée, musoir.

MOLÉCULE ▪ ⇒ **particule.**

MOLESTER ▪ *I.* ⇒ **tourmenter.** *II.* ⇒ **maltraiter.**

MOLLESSE ▪ *I. Au pr.* 1. **Non favorable** : abattement, affaiblissement, apathie, atonie, avachissement, cagnardise, indolence, langueur, mollasserie, nonchalance, paresse, relâchement, somnolence. 2. **Neutre ou favorable** : abandon, faiblesse, grâce, laisser-aller, morbidesse. 3. Flaccidité. *II. Part ext.* ⇒ **volupté.**

MOLLET, ETTE ▪ *I.* ⇒ **mou.** *II.* ⇒ **moelleux.**

MOLLETIÈRE ▪ ⇒ **guêtre.**

MOLLETONNÉ, E ▪ Capitonné, doublé, fourré, pelucheux, rembourré.

MOLLIR ▪ *I. V. intr.* ⇒ **faiblir.** *II. V. tr.* ⇒ **fléchir.**

MOMENT ▪ *I.* Date époque, heure, instant, intervalle, jour, minute, saison, seconde, tournant. *II.* ⇒ **occasion.**

MOMENTANÉ, E ▪ ⇒ **passager.**

MOMERIE ▪ *I.* ⇒ **mascarade.** *II.* ⇒ **comédie.** *III.* ⇒ **hypocrisie.**

MOMIFIER ▪ *I.* Dessécher, embaumer. *II.* ⇒ **abêtir.**

MONACAL, E ▪ ⇒ **monastique.**

MONARCHISTE ▪ ⇒ **royaliste.**

MONARQUE ▪ Autocrate, césar, chef, despote, dynaste, empereur, grand mogol, kaiser, khan, majesté, potentat, prince, ras, roi, seigneur, shah, souverain, sultan, tyran. ***Péj. :*** principicule, roitelet, tyranneau.

MONASTÈRE ▪ ⇒ **cloître.**

MONASTIQUE ▪ Claustral, conventuel, monacal, monial, régulier.

MONCEAU ▪ ⇒ **amas.**

MONDAIN ▪ *I. N. m. :* boulevardier

(vx), homme du monde, snob. *II. Adj. :* 1. ⇒ **terrestre.** 2. Frivole, futile, léger.

MONDE ■ *I. Au pr.* ⇒ **univers.** *II. Fig.* 1. ⇒ **société.** 2. ⇒ **multitude.** 3. ⇒ **époque.** *III. Par ext. :* aristocratie, beau linge (fam.), beau/grand monde, faubourg Saint-Germain (vx), gentry, gotha, gratin, haute société, milieu, société, tout-Paris, vieille France.

MONDIAL, E ■ ⇒ **universel.**

MONITEUR, TRICE ■ *I.* ⇒ **maître.** *II.* ⇒ **instructeur.**

MONITOIRE ■ ⇒ **rescrit.**

MONNAIE ■ ⇒ **argent.**

MONNAYER ■ ⇒ **vendre.**

MONOCORDE ■ ⇒ **monotone.**

MONOGRAMME ■ ⇒ **signature.**

MONOGRAPHIE ■ ⇒ **traité.**

MONOLOGUE ■ *I. Au pr. :* aparté, discours, monodie, tirade. *II. Par ext. :* radotage, soliloque.

MONOLOGUER ■ Soliloquer.

MONOMANIE ■ ⇒ **manie.**

MONOPOLE ■ Duopole, oligopole, régie. ⇒ **privilège.**

MONOPOLISER ■ ⇒ **accaparer.**

MONOTONE ■ Assoupissant, endormant, ennuyeux, monocorde, plat, traînant, triste, uniforme.

MONOTONIE ■ Uniformité. ⇒ **tristesse.**

MONSIEUR ■ *I.* ⇒ **homme.** *II.* ⇒ **personnalité.**

MONSTRE ■ *I. Nom.* ⇒ **phénomène.** 2. ⇒ **scélérat.** *II. Adj.* ⇒ **monstrueux.**

MONSTRUEUX, EUSE ■ *I. Neutre.* 1. ⇒ **gigantesque.** 2. ⇒ **grand.** *II. Non favorable.* 1. ⇒ **irrégulier.** 2. ⇒ **démesuré.** 3. ⇒ **mauvais.**

MONSTRUOSITÉ ■ *I.* ⇒ **malformation.** *II.* ⇒ **grandeur.**

MONT ■ Aiguille, ballon, belvédère, butte, chaîne, cime, colline, cordillère, crêt, crête, croupe, dent, djebel, élévation, éminence, hauteur, mamelon, massif, morne, montagne, pic, piton, pointe, puy, rocher, serra, sierra, sommet.

MONTAGE ■ ⇒ **assemblage.**

MONTAGNE ■ *I.* ⇒ **mont.** *II.* ⇒ **quantité.**

MONTAGNEUX, EUSE ■ Accidenté, élevé, escarpé, montagnard, montueux, orographique.

MONTANT ■ *I. N. m. :* ⇒ **somme.** *II. Adj. :* ascendant, assurgent, dressé, escarpé, vertical. ⇒ **abrupt.**

MONT-DE-PIÉTÉ ■ *I.* Crédit municipal. *II. Fam. :* clou, ma tante.

MONTÉE ■ *I.* Ascension, escalade, grimpée. *II.* Accroissement, augmentation, crue, envahissement, invasion. *III.* Côte, grimpette, pente, raidillon, rampe. *IV.* ⇒ **escalier.** *V. Loc.* **Montée des prix** ⇒ **hausse.**

MONTER ■ *I. V. intr.* 1. **Quelqu'un monte** : aller, s'élever, s'embarquer, entrer, se guinder, se hisser, voler. 2. **Quelque chose monte** ⇒ **augmenter.** *II. V. tr.* 1. **Au pr.** : escalader, gravir, grimper. 2. **Par ext.** : élever, exhausser, hausser, lever, rehausser, relever, remonter, surélever, surhausser. 3. **Fig.** : combiner, constituer, établir, organiser, ourdir. ⇒ **préparer.** *III. V. pron. :* ⇒ **valoir.**

MONTICULE ■ ⇒ **hauteur.**

MONTRE ■ *I.* ⇒ **étalage.** *II.* Chiqué, démonstration, dépense, effet, étalage, exhibition, mise en scène, ostentation, parade, spectacle. *III.* Bassinoire, bracelet-montre, chronographe, chronomètre, montre-bracelet, oignon, savonnette. *Fam. :* coucou, patraque, tocante.

MONTRER ■ ***I. Au pr.*** **1.** Arborer, déballer, déployer, désigner, développer, étaler, exhiber, exposer, indiquer, présenter, représenter. **2.** Découvrir, dégager, dénuder, dessiner, donner, faire/laisser deviner, manifester, porter, soumettre. ***II. Fig.*** **1.** Décrire, démasquer, dépeindre, dévoiler, évoquer, offrir, mettre dans, peindre, raconter. **2.** Démontrer, dire, écrire, établir, prouver, signaler, souligner. **3.** Annoncer, attester, déceler, dénoncer, dénoter, enseigner, exhaler, instruire, produire, témoigner. **4.** Accuser, affecter, afficher, affirmer, déclarer, faire briller/entendre/voir, faire montre de, marquer, respirer. ***III. V. pron. :*** Apparaître, croiser, être, parader, paraître, surgir, *et les formes pron. possibles des syn. de* MONTRER.

MONTUEUX, EUSE ■ ⇒ **montagneux.**

MONTURE ■ ***I.*** ⇒ **cheval.** ***II.*** Assemblage, montage.

MONUMENT ■ ***I.*** ⇒ **bâtiment.** ***II.*** ⇒ **tombeau.** ***III.*** ⇒ **souvenir.**

MONUMENTAL, E ■ ⇒ **gigantesque.**

MOQUER (SE) ■ ***I.*** ⇒ **railler.** ***II.*** ⇒ **mépriser.**

MOQUERIE ■ ⇒ **raillerie.**

MOQUEUR, EUSE ■ ***I.*** ⇒ **hâbleur.** ***II.*** ⇒ **taquin.**

MORAL, E ■ ***I.*** ⇒ **probe.** ***II.*** ⇒ **psychique.** ***III.*** ⇒ **mentalité.**

MORALE ■ ***I.*** Déontologie, devoir, éthique, honnêteté, probité, vertu. ***II.*** Admonestation, capucinade (péj.), leçon, parénèse (vx). ***III.*** Réprimande. ***IV.*** Apologue, maxime, moralité.

MORALISER ■ Assainir. ⇒ **sermonner.**

MORALITÉ ■ ***I.*** ⇒ **morale.** ***I.*** Bonnes mœurs, conscience, mœurs, sens moral. ***III.*** Affabulation, conclusion, enseignement, maxime, morale, sentence. ***IV.*** Honorabilité, réputation.

MORBIDE ■ ***I.*** ⇒ **malade.** ***II.*** ⇒ **malsain.**

MORBIDESSE ■ ***I.*** ⇒ **grâce.** ***II.*** ⇒ **mollesse.**

MORCEAU ■ ***I.*** Battiture, bloc, bouchée, bout, bribe, chanteau, chicot, chiffon, croûton, darne, débris, découpure, détail, division, échantillon, éclat, élément, entame, épave, fragment, gringuenaude, lambeau, lichette, lingot, loquette, masse, membre, miette, motte, parcelle, part, particule, partie, pièce, portion, quartier, quignon, relief, retaille, rogaton, rognure, rondelle, segment, tesson, tranche, tronçon. ***II.*** Coin, enclave, lopin, lot, lotissement, parcelle. ***III.*** ⇒ **passage.** ***IV.*** ⇒ **pièce.** ***V. Loc.*** **Morceaux choisis** : analecte, anthologie, chrestomathie, compilation.

MORCELER ■ ⇒ **partager.**

MORCELLEMENT ■ ⇒ **segmentation.**

MORDANT ■ ***I. N. m. :*** ⇒ **aigreur, vivacité.** ***II. Adj. :*** acéré, acide, acrimonieux, aigre, aigu, amer, caustique, corrosif, effilé, incisif, mauvais, méchant, moqueur, mordicant, piquant, poivré, rongeur, satirique, vif.

MORDICUS ■ ⇒ **opiniâtrement.**

MORDRE ■ ***I. Au pr. :*** broyer, croquer, déchiqueter, déchirer, dilacérer, lacérer, mâchonner, mordiller, serrer. ***II. Par ext. :*** attaquer, détruire, entamer, ronger, user. ***III. Fig.*** ⇒ **comprendre.**

MORDU, E ■ ⇒ **fanatique.**

MORFILER ■ ⇒ **affiler.**

MORFONDRE (SE) ■ ⇒ **attendre.**

MORFONDU, E ■ ***I.*** ⇒ **transi.** ***II.*** ⇒ **fâché.**

MORGUE ■ ***I.*** ⇒ **orgueil.** ***II.*** Amphithéâtre, athanée, dépositoire, institut médico-légal, salle de dissection.

MORGUER ■ ⇒ **braver.**

MORIBOND, E ■ Agonisant, crevard (fam. et péj.), mourant.

MORIGÉNER ■ ⇒ **réprimander.**

MORNE ■ *I.* ⇒ **triste.**

MOROSE ■ *I.* ⇒ **renfrogné.** *II.* ⇒ **triste.**

MOROSITÉ ■ ⇒ **tristesse.**

MORS ■ Filet, frein.

MORSURE ■ ⇒ **blessure.**

MORT ■ *I. N. f.* **1. Au pr. :** anéantissement, décès, dernier sommeil/soupir, disparition, extinction, fin, grand voyage, malemort (vx), perte, nuit/repos/sommeil éternel (le), tombe, tombeau, trépas. **2.** La Camarde, la Faucheuse, la Parque. **3. Par ext.** ⇒ **ruine.** *II. N. m. :* cadavre, corps, de cujus, dépouille, esprit, macchab (fam.), macchabée (fam.), mânes, ombre, restes, restes mortels, trépassé, victime. *III. Adj. :* canné (arg.), décédé, défunt, disparu, feu, inanimé, naze (arg.), passé, trépassé, tué, *et les part. passés possibles de* ⇒ **mourir.**

MORTALITÉ ■ Létalité, mortinatalité.

MORTEL ■ *I. N. m. :* ⇒ **homme.** *II. Adj. :* **1.** Destructeur, fatal, létal, meurtrier, mortifère. **2.** ⇒ **fatal. 3.** ⇒ **extrême. 4.** ⇒ **ennuyeux.**

MORTELLEMENT ■ *I.* À mort, à la mort. *II.* À fond, extrêmement.

MORTIFICATION ■ *I. Au pr. :* abstinence, ascèse, ascétisme, austérité, continence, jeûne, macération, pénitence. *II. Par ext. :* affront, camouflet, couleuvre, crève-cœur, déboire, dégoût, déplaisir, dragée, froissement, humiliation, pilule, soufflet, vexation.

MORTIFIER ■ *I.* ⇒ **humilier.** *II.* ⇒ **affliger.** *III.* ⇒ **macérer.**

MORTUAIRE ■ ⇒ **funèbre.**

MORUE ■ *I.* Cabillaud, gade, gadidé, merluche, merlu. *II.* Haddock, stockfish. *III.* ⇒ **prostituée.**

MORVE ■ Mouchure, roupie. ⇒ **saleté.**

MOT ■ *I.* Appellation, dénomination, expression, particule, terme, verbe, vocable. *II.* ⇒ **parole.** *III.* ⇒ **lettre.** *IV.* ⇒ **pensée.** *V. Loc.* **1. Mot à mot :** à la lettre, littéralement, mot pour mot, textuellement. **2. Bon mot, jeu de mots, mot d'esprit, mot pour rire :** anecdote, bluette, boutade, calembour, concetti, concetto, contrepèterie, coq-à-l'âne, dit, épigramme, gentillesse, plaisanterie, pointe, quolibet, saillie, trait.

MOTET ■ ⇒ **cantique.**

MOTEUR ■ *I.* Appareil, engin, force motrice, machine, mécanique, moulin (fam.), principe actif. *II. Fig. :* agent, âme, animateur, cause, directeur, incitateur, inspirateur, instigateur, meneur, mobile, motif, origine, principe, promoteur, ressort.

MOTIF ■ *I.* Agent, attendu, cause, comment, considérant, excuse, explication, fin, finalité, impulsion, intention, mobile, motivation, occasion, origine, pourquoi, prétexte, principe, raison, sujet. *II.* Leitmotiv, matière, propos, thème.

MOTION ■ ⇒ **proposition.**

MOTIVANT, E ■ Excitant, mobilisateur, incitant, stimulant.

MOTIVER ■ ⇒ **occasionner.**

MOTO ■ Gros cube ⇒ **cyclomoteur.**

MOTRICE ■ *I.* ⇒ **moteur.** *II.* ⇒ **locomotive.**

MOTRICITÉ ■ ⇒ **mouvement.**

MOTUS ■ Chut, paix, pas un mot, silence, taisez-vous.

MOU ■ n. ⇒ **poumon.**

MOU, MOLLE ■ adj. *I. Quelque chose.* **1. Neutre :** amolli, cotonneux, détendu, doux, ductile, élastique, fangeux, flaccide, flasque, flexible, lâche, malléable, maniable, moelleux, mollet, pâteux, plastique, ramolli, relâché, rénitent (méd.), souple, spongieux, subéreux, tendre. **2. Non favorable :** avachi, flasque, mollasse. ⇒ **visqueux.**

II. Quelqu'un : **1.** Abattu, aboulique, amorphe, apathique, atone, avachi, aveuli, bonasse, cagnard, chiffe, dysboulique, efféminé, emplâtre, endormi, faible, femmelette, flemmard, inconsistant, indolent, inerte, lâche, languissant, loche, lymphatique, mollasse, mollasson, nonchalant, velléitaire, veule, voluptueux. ⇒ **paresseux. 2. Fam. :** flagada, gnangnan, moule, nouille, panade, soliveau, toton, toupie.

MOUCHARD, E ▪ ***I. Quelqu'un :*** **1.** Délateur, dénonciateur, espion, faux-frère, indicateur, rapporteur, sycophante, traître. ⇒ **espion. 2. Arg. :** cafard, cafetière, cafteur, capon, casserole, cuistre, doulos, indic, mouche, mouton, treize-à-table. ***II. Un appareil :*** contrôleur, enregistreur, manomètre.

MOUCHARDAGE ▪ ⇒ **accusation.**

MOUCHARDER ▪ ⇒ **dénoncer.**

MOUCHE ▪ ***I. Fig.*** **1.** ⇒ **espion. 2.** ⇒ **mouchard.** ***II. Loc.*** **Mouche à miel** ⇒ **abeille.**

MOUCHER ▪ ***I.*** ⇒ **nettoyer.** ***II.*** ⇒ **humilier.**

MOUCHETÉ ▪ ⇒ **marqueté.**

MOUCHOIR ▪ Pochette, tire-jus (fam.). ⇒ **fichu.**

MOUDRE ▪ ⇒ **broyer.**

MOUE ▪ ⇒ **grimace.**

MOUFLE ▪ ***I.*** Gant, mitaine, miton.

MOUILLAGE ▪ ***I.*** Coupage. ***II.*** ⇒ **amarrage.**

MOUILLÉ, E ▪ ⇒ **humide.**

MOUILLER ▪ ***I. Au pr. :*** abreuver, arroser, asperger, baigner, délaver, détremper, doucher, éclabousser, emboire embuer, humecter, humidifier, imbiber, inonder, laver, madéfier, oindre, rincer, saucer, saturer, transpercer, tremper. ***II. Du vin :*** baptiser, couper, diluer, mêler. ***III. Mar. :*** ancrer, desservir, donner fond, embosser, stopper. ***IV. V. pron. :*** se compromettre, prendre des risques, tremper dans une affaire, *et les formes pron. possibles des syn. de* MOUILLER.

MOUILLETTE ▪ ⇒ **quignon.**

MOULE ▪ ***I. N. f.*** (fig.) ⇒ **mou.** ***II. N. m. :*** **1.** Caseret, faisselle, gaufrier, tourtière. **2. Techn. :** banche, carcasse, chape, empreinte (partic.) forme, gueuse, lingotière, matrice, mère, modèle, surmoule, virole.

MOULER ▪ ***I.*** ⇒ **former.** ***II.*** ⇒ **serrer.**

MOULIN ▪ Meunerie, minoterie.

MOULU, E ▪ ⇒ **fatigué.**

MOULURE ▪ ***I.*** Modénature, profil. ***II.*** Anglet, archivolte, armilles, astragale, bague, baguette, bandeau, bandelette, billette, boudin, bourseau, cannelure, cavet, cimaise, congé, cordon, doucine, échine, entrelacs, feuille d'acanthe, filet, gorge, listel, nervure, ove, palmette, perle, piédouche, plate-bande, plinthe, quart-de-rond, rais-de-cœur, réglet, sacome, scotie, talon, tore, tringle.

MOURANT, E ▪ ***I.*** ⇒ **moribond.** ***II.*** ⇒ **langoureux.**

MOURIR ▪ ***I. Au pr.*** **1.** S'en aller, cesser de vivre, décéder, se détruire, disparaître, s'endormir, s'éteindre, être emporté / enlevé / rappelé / ravi / tué, exhaler son âme, expirer, finir, partir, passer, passer le pas/dans l'autre monde/de vie à trépas, perdre la vie, périr, rendre l'âme/le dernier soupir/l'esprit/son dernier souffle, succomber, se tarir, tomber, tomber au champ d'honneur, trépasser, trouver la mort, y rester. **2. Anim. ou péj. :** crever. **3. Poét. :** avoir vécu, descendre aux enfers/au tombeau/dans la tombe, s'endormir dans les bras de Dieu/du Seigneur/de la mort, fermer les paupières/les yeux, finir / terminer ses jours/sa vie, paraître devant Dieu, payer le tribut à la nature, quitter ce monde/cette vallée de larmes. **4. Fam. :** aller ad patres/chez les taupes/sous les fleurs, s'en aller/partir/sortir entre quatre planches/les pieds devant, avaler sa chique/son bulletin/son extrait de naissance, boire le bouillon d'onze heures, calancher, canner, casser sa pipe, champser, claboter, clamecer, clampser, claquer, crever, cronir, dégeler, déposer le bilan, dessouder, dévisser, éteindre sa lampe/son gaz, faire couic/le grand voyage/sa malle/son paquet/sa valise, fermer son pébroc, lâcher la rampe/les pédales, laisser ses guêtres/ses houseaux, manger les mauves/les pissenlits par la racine, passer l'arme à gauche, perdre le goût du pain, ramasser ses outils, rendre les clefs, tourner le coin. ***II. Par ext.*** **1. ⇒ finir. 2. ⇒ souffrir.**

MOUSQUET, MOUSQUETON ▪ **⇒ fusil.**

MOUSSAILLON, MOUSSE ▪ **⇒ marin.**

MOUSSE ▪ ***I. N. f. :*** 1. Bulles, crème, écume, flocon, floculation, neige, spumosité, 2. Lichen, usnée. ***II. N. m.*** **⇒ marin.**

MOUSSE ▪ Adj. **⇒ émoussé.**

MOUSSELINE ▪ Singalette, tarlatane.

MOUSSON ▪ **⇒ vent.**

MOUSTACHE ▪ Bacchantes, charmeuses, moustagaches. ***Zool. :*** vibrisses.

MOUSTIQUE ▪ Anophèle, cousin, maringouin, stégomie.

MOUTON ▪ ***I. Au pr. :*** agneau, agnelle, antenais, bélier, bête à laine, broutart, ouaille, ovidé, ovin, robin (fam.), vassiveau. **⇒ brebis.** ***II. Fig. 1.*** **⇒ mouchard. 2. ⇒ saleté.** ***III. Loc.*** **Peau de mouton. 1.** Basane. **2.** Canadienne, moumoute (fam.), paletot.

MOUTONNER ▪ **⇒ friser.**

MOUTONNIER, ÈRE ▪ **⇒ grégaire.**

MOUVANCE ▪ ***Vx :*** tenure. **⇒ dépendance.**

MOUVANT, E ▪ Agité, ambulant, animé, changeant, erratique, flottant, fluctueux, fluide, fugitif, instable, mobile, ondoyant ondulant, onduleux, remuant, roulant, volant.

MOUVEMENT ▪ ***I. D'une chose.*** **1.** Action, agitation, balancement, ballant, ballottement, battement, bouillonnement, branle, branlement, brimbalement, cadence, cahotement, changement, chavirement, circulation, cours, course, déplacement, élan, évolution, flottement, fluctuation, flux, frémissement, frétillement, frisson, glissement, houle, impulsion, lancée, libration, marche, mobilité, motilité, motricité, navette, onde, ondoiement, ondulation, oscillation, pulsation, reflux, remous, rotation, roulis, tangage, tourbillon, tournoiement, trajectoire, transport, tremblement, trépidation, turbulence, vacillation, va-et-vient, vague, valse, vibration, vol. **2. ⇒ fermentation. 3. ⇒ trouble. 4. ⇒ variation. 5. ⇒ rythme. 6. ⇒ évolution.** ***II. De quelqu'un.*** **1. Au pr. :** activité, agitation, course, ébats, évolutions, exercice, geste, marche, remuement. **2. Par ext. Mouvement de l'âme/du cœur :** affection, amour, compassion, comportement, conation, conduite, effusion, élan, émoi, émotion, enthousiasme, envolée, impulsion, passion, réaction, réflexe, sentiment, tendance, transport.

MOUVEMENTÉ, E ▪ ***I.*** **⇒ accidenté.** ***II.*** **⇒ animé.**

MOUVOIR ▪ ***I. Quelque chose :*** actionner, agiter, animer, bouger, déclencher, déplacer, ébranler, faire agir/aller/marcher, manœuvrer, mettre en activité/action/branle/mouvement/œuvre, pousser, propulser, secouer. ***II. Quelqu'un :*** émouvoir, exciter, inciter, porter, pousser. ***III. V. pron. :*** Aller, aller et venir, avancer, bouger, circuler, couler, courir, déambuler, se déplacer, fonctionner, jouer, glisser, marcher, se promener, se remuer, rouler, se traîner.

MOYEN ■ n. ***I. Au pr.*** : biais, chemin, combinaison, demi-mesure, détour, expédient, façon, filon, fin, formule, instrument, intermédiaire, issue, joint, machine (vx), manière, marche à suivre, mesure, méthode, opération, ouverture, palliatif, plan, procédé, procédure, système, tactique, truc, voie. ***II. Fig.*** : béquille, marche-pied, matériau, organe, outil, porte, ressort, tremplin, viatique. ***III. Au pl.*** : capacité, disposition, don, expédient, facilité, faculté, force, intelligence, mémoire, occasion, possibilité, pouvoir, prétexte, recette, ruse, stratagème, vivacité d'esprit. ***IV. Loc.*** **1. Au moyen de** : à l'aide de, avec, grâce à, moyennant, par. **2. Par le moyen de** : canal, entremise, intermédiaire, instrument, truchement.

MOYEN, ENNE ■ adj. ***I. Au pr.*** ⇒ **mitoyen.** ***II. Par ext.*** **1.** Banal, commun, courant, faible, intermédiaire, juste, médiocre, modéré, modeste, modique, ordinaire, passable, quelconque, terne. **2.** Acceptable, correct, honnête, honorable, passable, tolérable.

MUCOSITÉ ■ Glaire, humeur, morve, mouchure, mucus, pituité, sécrétion, suc, suint.

MUER ■ ⇒ **transformer.**

MUET, MUETTE ■ ***I.*** ⇒ **silencieux.** ***II.*** ⇒ **interdit.**

MUFLE ■ ***I.*** ⇒ **museau.** ***II.*** ⇒ **impoli.**

MUFLERIE ■ ⇒ **impolitesse.**

MUGIR ■ ***I. Au pr.*** : beugler, meugler, ***II. Fig.*** ⇒ **crier.**

MUGISSEMENT ■ ⇒ **beuglement.**

MUID ■ ⇒ **tonneau.**

MULÂTRE ■ ⇒ **métis.**

MULE ■ ***I.*** ⇒ **chausson.** ***II.*** ⇒ **métis.**

MULET ■ ***I. Poisson*** : muge. ***II.*** ⇒ **métis.**

MULTICOLORE ■ Polychrome.

MULTIDISCIPLINAIRE ■ Inter/pluridisciplinaire.

MULTIPLE ■ ***I.*** ⇒ **varié.** ***II.*** ⇒ **nombreux.**

MULTIPLICATION ■ ⇒ **reproduction.**

MULTIPLICITÉ ■ ⇒ **multitude.**

MULTIPLIER ■ ***I.*** Accroître, agrandir, amplifier, augmenter, centupler, cuber, décupler, doubler, entasser, exagérer, grossir, hausser, majorer, nonupler, octupler, peupler, propager, quadrupler, quintupler, répéter, reproduire, semer, septupler, sextupler, tripler, vingtupler. ***II. V. pron.*** : croître, engendrer, essaimer, foisonner, fourmiller, peupler, procréer, proliférer, se propager, provigner, pulluler, se reproduire.

MULTITUDE ■ Abondance, affluence, afflux, amas, armée, avalanche, averse, cohue, concours de peuple, débordement, déluge, diversité, encombrement, essaim, fleuve, flopée, flot, foison, forêt, foule, foultitude (fam.), fourmilière, fourmillement, grouillement, infinité, inondation, kyrielle, légion, mascaret, masse, mer, monde, multiplicité, nombre, nuée, peuple, pluralité, populace, potée (fam.), presse, pullulement, quantité, rassemblement, régiment, ribambelle, tapée (fam.), tas, torrent, tourbe, tourbillon, tripotée (fam.), troupe, troupeau, vulgaire.

MUNI, E ■ ⇒ **fourni.**

MUNICIPALITÉ ■ ⇒ **mairie.**

MUNIFICENCE ■ ⇒ **générosité.**

MUNIFICENT, E ■ ⇒ **généreux.**

MUNIR ■ ***I.*** ⇒ **fournir.** ***II. V. pron.*** : s'armer, s'équiper, se pourvoir, se précautionner, se prémunir, prendre.

MUR ■ ***I.*** Brise-vent, cloison, clos, clôture, façade, garde-fou, muret, murette, parapet, paroi. *II.* Courtine, enceinte, fortification, muraille, rempart. *III.* ⇒ **obstacle.**

MÛR, E ▪ Décidé, disposé, paré, prêt, propre à, susceptible de.

MURAILLE ▪ *I.* ⇒ **mur.** *II.* ⇒ **rempart.**

MURER ▪ ⇒ **fermer.**

MÛRIR ▪ *I. V. intr.* **1. Au pr. :** aoûter, dorer, s'épanouir, grandir, venir à maturité. **2. Fig. :** cuire, se faire. *II. V. tr. :* approfondir, combiner, concerter, digérer, étudier, méditer, mijoter, peser, préméditer, préparer, réfléchir, repenser, supputer.

MÛRISSAGE ▪ Maturation, mûrissement.

MURMURE ▪ *I.* ⇒ **bruit.** *II.* ⇒ **rumeur.** *III.* ⇒ **gémissement.**

MURMURER ▪ *I. V. intr. :* bougonner, bourdonner, broncher, fredonner, geindre, gémir, grognasser, grogner, grognonner, grommeler, gronder, marmonner, marmotter, maronner, maugréer, se plaindre, protester, ragonner (fam.), râler (fam.), rogner, rognonner (fam.), ronchonner. *II. V. tr. :* chuchoter, dire, marmonner, marmotter, susurrer.

MUSARD, E ▪ ⇒ **frivole, paresseux.**

MUSARDER ▪ ⇒ **flâner.**

MUSCAT ▪ Frontignan, lacryma-christi, malaga, picardan.

MUSCLE ▪ ⇒ **force.**

MUSCLÉ, E ▪ *I. Au pr. :* athlétique, musculeux. *II. Par ext. :* baraqué, bien bâti/charpenté/constitué/découplé/fait, costaud, fort, mâle, puissant, râblé, robuste, solide, trapu, vigoureux, viril.

MUSE ▪ ⇒ **poésie.**

MUSEAU ▪ *I. Au pr. :* bouche, boutoir, groin, mufle, tête, truffe. *II. Fig.* ⇒ **visage.**

MUSÉE ▪ Cabinet, collection, conservatoire, galerie, glyptothèque, muséum, pinacothèque, protomothèque, salon.

MUSELER ▪ ⇒ **taire (faire).**

MUSER ▪ ⇒ **flâner.**

MUSETTE ▪ *I.* ⇒ **cornemuse.** *II.* ⇒ **bal.** *III.* ⇒ **gibecière.**

MUSÉUM ▪ ⇒ **musée.**

MUSICAL, E ▪ ⇒ **harmonieux.**

MUSICIEN, ENNE ▪ *I.* Artiste, chanteur, choriste, chef-d'orchestre, compositeur, coryphée, croque-note (vx et péj.), exécutant, instrumentiste, joueur, maestro, maître de chapelle, mélomane, musicastre (péj.), musico (fam.), soliste, virtuose. *II. Au pl. :* clique, ensemble, fanfare, jazz-band, maîtrise, orchestre, orchestre philharmonique, quatuor, quintette, trio.

MUSIQUE ▪ *I.* ⇒ **harmonie.** *II.* ⇒ **orchestre.**

MUSOIR ▪ ⇒ **môle.**

MUSQUÉ, E ▪ ⇒ **précieux.**

MUTATION ▪ ⇒ **changement.**

MUTER ▪ ⇒ **déplacer.**

MUTILER ▪ Altérer, amoindrir, amputer, briser, casser, castrer, châtrer, circoncire, couper, déformer, dégrader, éborgner, écharper, émasculer, essoriller, estropier, exciser, léser, massacrer, raccourcir, rendre infirme, tronquer. ⇒ **blesser, frustrer.**

MUTIN ▪ *I. N. m. :* **1.** ⇒ **révolté. 2.** ⇒ **insurgé.** *II. Adj. :* ⇒ **espiègle.**

MUTINER (SE) ▪ ⇒ **révolter (se).**

MUTINERIE ▪ *I.* ⇒ **émeute.** *II.* ⇒ **révolte.**

MUTISME ▪ ⇒ **silence.**

MUTITÉ ▪ Aphasie, audi/surdimutité, mutisme.

MUTUEL, ELLE ■ Bilatéral, partagé, réciproque, synallagmatique.

MUTUELLE ■ ⇒ **syndicat.**

MYGALE ■ Arachnide, aranéide, araignée, argyronète, épeire, faucheur, faucheux, galéode, latrodecte, lycose, malmignate, ségestrie, tarentule, tégénaire, théridion, thomise.

MYOPE ■ ***Fam.*** : bigle, bigleux, miro.

MYRIADE ■ ⇒ **quantité.**

MYRMIDON ■ ⇒ **nain.**

MYSTAGOGUE ■ ⇒ **initiateur.**

MYSTÈRE ■ ***I. Au pr.*** : arcane, énigme, magie, obscurité, inconnu, voile. ⇒ **secret.** ***II. Par ext.*** **1.** ⇒ **vérité. 2.** ⇒ **prudence.**

MYSTÉRIEUX, EUSE ■ ***I.*** ⇒ **secret.** ***II.*** ⇒ **obscur.**

MYSTICISME ■ Communication, contemplation, dévotion, extase, illuminisme, mysticité, oraison, sainteté, spiritualité, union à Dieu, vision.

MYSTIFICATION ■ Blague, canular. ⇒ **tromperie.**

MYSTIFIER ■ ⇒ **tromper.**

MYSTIQUE ■ ***I. Adj.*** **1.** ⇒ **secret. 2.** ⇒ **symbolique. 3.** ⇒ **religieux.** ***II. N. f.*** : ⇒ **foi.**

MYTHE, MYTHOLOGIE ■ ⇒ **légende.**

MYTHIQUE ■ ⇒ **fabuleux.**

MYTHOMANE ■ ***I.*** Caractériel. ***II. Fig.*** ⇒ **hâbleur.** ***III. Par ext.*** **1.** ⇒ **menteur. 2.** ⇒ **hâbleur.**

MYTILICULTEUR ■ Boucholeur, bouchoteur.

n

NABAB ▪ Aisé, argenteux (pop.), boyard (fam.), calé (vx), capitaliste, cossu (fam.), cousu d'or (fam.), crésus (fam.), florissant, fortuné, galetteux (fam.), gros (fam.), heureux, huppé (fam.), milliardaire, millionnaire, milord (fam.), multimillionnaire, nanti, opulent, parvenu, pécunieux, ploutocrate (péj.), possédant, pourvu, prince, prospère, renté, rentier, richard (péj.), riche, richissime, rupin (fam.), satrape (péj.).

NABOT ▪ ⇒ **nain.**

NACELLE ▪ ***I.*** Barque, canot, embarcation, esquif, nef (vx). ⇒ **bateau.** ***II.*** Cabine, cockpit, habitacle.

NACRÉ, E ▪ Chromatisé, irisé, moiré, opalin.

NAEVUS ▪ Envie, grain de beauté.

NAGER ▪ ***I.*** Baigner, flotter, naviguer, surnager, voguer. ***II.*** ⇒ **ramer.** ***III. Loc.*** **Nager dans l'opulence :** avoir du foin dans ses bottes, en avoir plein les poches, être riche *et les syn. de* RICHE, ne pas se moucher du coude, remuer l'argent à la pelle.

NAGUÈRE ▪ ***I.*** ⇒ **autrefois.** ***II.*** Il y a peu, récemment.

NAÏADE ▪ Déesse, dryade, hamadryade, hyade, napée, neek ou nixe (german.), néréide, nymphe, océanide, oréade.

NAÏF, NAÏVE ▪ ***I. Favorable ou neutre.*** **1.** ⇒ **naturel. 2.** ⇒ **simple. 3.** ⇒ **spontané.** ***II. Non favorable :*** bonhomme, crédule, dupe, gille, gobemouches, gobeur, godiche, gogo, innocent, jeune (fam.), jobard, niais, nunuche, oiselle, oison, pigeon, poire, simplet, zozo. **Arg. :** cave, nave, pante. ⇒ **bête.**

NAIN, NAINE ▪ adj. et n. ***I. Au pr. :*** lilliputien, myrmidon, pygmée. ***II. Non favorable :*** avorton, bout d'homme, freluquet, gnome, homoncule, magot, microbe, nabot, pot à tabac, ragot, ragotin, rasemottes, tom-pouce.

NAISSANCE ▪ ***I. Au pr. :*** nativité, venue au monde. ***II. Par ext. :*** accouchement, apparition, ascendance, avènement, commencement, début, éclosion, état, extraction, extrance (vx), filiation, génération, genèse, germination, jour, maison, nom, origine, parage (vx.) source. ⇒ **enfantement.**

NAÎTRE ▪ ***I. Au pr. :*** venir au monde, voir le jour. ***II. Par ext.*** **1.** ⇒ **venir de. 2.** ⇒ **commencer. 3.** Apparaître, éclore, s'élever, se former, se lever, paraître, percer, poindre, sourdre, surgir, survenir. ***III. Loc.*** **Faire naître :** allumer, amener, apporter, attirer, causer, créer, déterminer, donner lieu, engendrer, entraîner, éveiller, exciter, faire, fomenter, inspirer, motiver, occasionner, produire, provoquer, susciter.

NAÏVETÉ ■ ***I. Favorable ou neutre :*** abandon, bonhomie, candeur, droiture, franchise, ingénuité, innocence, naturel, simplesse, simplicité. ***II. Non favorable :*** crédulité, jobarderie, niaiserie. ⇒ **bêtise.**

NANISME ■ Achondroplasie.

NANTI, E ■ ***I.*** ⇒ **fourni.** ***II.*** Aisé, à l'aise, cossu (fam.), florissant, fortuné, heureux, muni, opulent, parvenu, possédant, pourvu, prospère, renté. ⇒ **riche.**

NANTIR DE ■ Armer, assortir, fournir, garnir, meubler, munir, pourvoir, procurer.

NANTISSEMENT ■ Aval, caution, cautionnement, couverture, dépôt, gage, garantie, hypothèque, privilège sûreté.

NAPPE ■ ⇒ **couche.**

NAPPER ■ ⇒ **recouvrir.**

NARCISSISME ■ ⇒ **égoïsme.**

NARCOSE ■ ***Par ext. :*** assoupissement, coma, engourdissement, hypnose, léthargie, sommeil, somnolence, sopor (méd.).

NARCOTIQUE ■ n. et adj. ***I.*** Assommant, assoupissant, dormitif, hypnotique, sédatif, somnifère, soporatif, soporeux, soporifère, soporifique, sécurisant, tranquillisant. ***II.*** Adoucissant, analgésique, anesthésique, antalgique, antipyrétique, antispasmodique, apaisant, balsamique, calmant, consolant, lénifiant, lénitif, parégorique, rafraîchissant, relaxant, reposant, vulnéraire. ⇒ **drogue.**

NARGUER ■ Affronter, aller au-devant de, attaquer, braver, défier, faire face à, se heurter à, jeter le gant, lutter contre, menacer, se mesurer à, se moquer de, morguer, offenser, s'opposer à, pisser au bénitier (grossier), provoquer, relever le défi, rencontrer.

NARINE ■ Museau, naseau, nez, orifice nasal, trou de nez (fam.).

NARQUOIS, E ■ ***I. Au pr.*** ⇒ **goguenard, taquin.** ***II. Par ext.*** **1.** ⇒ **hâbleur. 2.** Farceur, ficelle, fin, finaud, fine mouche, futé, malicieux, matois, renard, roublard, roué, rusé, sac à malices (fam.). ⇒ **malin.**

NARRATEUR, TRICE ■ Auteur, conteur, diseur. ⇒ **écrivain.**

NARRATION ■ ***I.*** Composition française, dissertation, rédaction. ***II.*** Anecdote, compte rendu, exposé, exposition, factum (jurid. ou péj.), histoire, historiette, historique, journal, mémorial, nouvelle, rapport, récit, relation, tableau.

NARRER ■ Conter, décrire, dire, exposer, faire un récit, raconter, rapporter, relater, retracer.

NASEAU ■ ⇒ **narine.**

NASILLER ■ ⇒ **parler.**

NASSE ■ ⇒ **piège.**

NATIF, NATIVE ■ ***I.*** Issu de, né, originaire de, venu de. ***II. Vx :*** congénital, infus, inné, naturel, personnel. ⇒ **inhérent.**

NATION ■ Cité, collectivité, communauté, entité, État, gent, patrie, pays, peuple, population, puissance, race, république, royaume, territoire.

NATIONALISER ■ Collectiviser, étatifier, étatiser, réquisitionner.

NATIONALISME ■ Chauvinisme (péj.), civisme, patriotisme.

NATIONALISTE ■ Chauvin (péj.), cocardier (péj.), patriotard (péj.), patriote, patriotique.

NATIVITÉ ■ Noël. ⇒ **naissance.**

NATTE ■ ⇒ **tresse.**

NATTER ■ ⇒ **tresser.**

NATURALISATION ■ Acclimatation, acclimatement, adoption, taxidermie.

NATURALISER ■ Conserver, empailler.

NATURALISME ■ ⇒ **réalisme.**

NATURALISTE ■ ***I.*** Botaniste, minéralogiste, zoologiste. ***II.*** Empailleur, taxidermiste.

NATURE ■ ***I.*** ⇒ **univers.** ***II.*** ⇒ **essence.** ***III.*** ⇒ **genre.** ***IV.*** ⇒ **vérité.** ***V. Par ext. :*** caractère, carcasse (fam.), cœur, complexion, constitution, diathèse, disposition, esprit, état, génie, humeur, idiosyncrasie, inclination, mœurs, naturel, pâte (fam.), penchant, personnalité, santé, tempérament, trempe, vitalité.

NATUREL, ELLE ■ ***I. Nom.*** **1.** ⇒ **nature. 2.** Aborigène, habitant, indigène. **3.** ⇒ **aisance.** ***II. Adj.*** **1.** ⇒ **aisé. 2.** ⇒ **inné. 3.** Écologique ⇒ **brut. 4.** Authentique, commun, cru, direct, naïf, natif, nature, normal, propre, simple, spontané.

NATURISTE ■ Culturiste, nudiste.

NAUFRAGE ■ ⇒ **perte, ruine.**

NAUFRAGEUR ■ ⇒ **saboteur.**

NAUSÉABOND, E ■ ***I.*** Abject, cochon (fam.), dégeulasse (grossier), dégoûtant, écœurant, grossier, horrible, ignoble, immangeable, immonde, infect, innommable, insupportable, malpropre, merdique (grossier), nauséeux, peu ragoûtant, rebutant, repoussant, sale, sordide. ***II.*** Empesté, empuanti, fétide, méphitique, nidoreux, pestilentiel, puant, punais.

NAUSÉE ■ ***I. Au pr. :*** écœurement, envie de rendre/vomir, haut-le-cœur, mal de cœur/de mer, soulèvement d'estomac, vomissement. ***II. Par ext.*** ⇒ **dégoût.** ***III. Fig.*** ⇒ **éloignement.**

NAUSÉEUX, EUSE ■ ⇒ **nauséabond.**

NAUTIQUE, NAVAL, E ■ ⇒ **marine.**

NAUTONIER ■ ***I. Au pr. :*** barreur, capitaine (par ext.), homme de barre, lamaneur, locman, nocher, pilote, timonier. ***II. Par ext. :*** conducteur, directeur, guide, mentor, responsable.

NAVET ■ ***I.*** Chou-rave, rutabaga, turnep. ***II. Péj.*** ⇒ **peinture.**

NAVETTE ■ ***I.*** Bac, ferry-boat, va-et-vient. ***II.*** Allée et venue, balancement, branle, course, navigation, voyage.

NAVIGATION ■ ***I.*** Batellerie, bornage, cabotage, long-cours, manœuvre, marine. ⇒ **pilotage.**

NAVIGUER ■ Bourlinguer, caboter, cingler, croiser, évoluer, faire route, fendre les flots, filer, nager, piloter, sillonner, voguer, voyager.

NAVIPLANE ■ Aéroglisseur, hovercraft.

NAVIRE ■ ⇒ **bateau.**

NAVRER ■ ***I.*** Affecter, affliger, agacer, angoisser, assombrir, attrister, chagriner, consterner, contrarier, contrister, décevoir, déchirer, dépiter, désappointer, désenchanter, désespérer, désoler, endeuiller, endolorir, ennuyer, fâcher, faire de la peine, faire souffrir, fendre le cœur, gêner (vx), inquiéter, mécontenter, mortifier, oppresser, peiner, percer le cœur, rembrunir, torturer, tourmenter, tracasser, tuer (fig.). ***II. Vx*** ⇒ **blesser.**

NÉ, E ■ Apparu, avenu, créé, descendu de, éclos, enfanté, engendré, formé, incarné, issu de, natif de, originaire de, sorti de, venu de.

NÉANMOINS ■ Avec tout cela, cependant, en regard de, en tout cas, mais, malgré cela, malgré tout, n'empêche que, nonobstant (vx), pourtant, toujours est-il, toutefois.

NÉANT ■ ***I. Nom.*** **1. Au pr. :** espace infini, vacuité, vide. **2. Fig. :** bouffissure, boursouflure, chimère, enflure, erreur, fatuité, fragilité, frivolité, fumée, futilité, infatuation, illusion, inanité, inconsistance, insignifiance, inutilité, mensonge, prétention, vanité, vapeur, vent, vide. ***II. Adv.*** **⇒ rien.**

NÉBULEUX, EUSE ■ ***I. Au pr. :*** assombri, brumeux, chargé, couvert, embrumé, épais, nuageux, voilé. ***II. Fig. :*** abscons, abstrus, amphigourique, cabalistique, caché, complexe, compliqué, confus, difficile, diffus, douteux, énigmatique, en jus de boudin (fam.), entortillé, enveloppé, équivoque, ésotérique, filandreux, flou, fumeux, hermétique, impénétrable, incompréhensible, inexplicable, inextricable, inintelligible, insaisissable, louche, mystérieux, nuageux, obscur, secret, sibyllin, touffu, trouble, vague, vaseux, voilé.

NÉBULOSITÉ ■ ***I.*** **⇒ nuage.** ***II.*** **⇒ obscurité.**

NÉCESSAIRE ■ ***I. Nom*** **⇒ trousse.** ***II. Adj. :*** apodictique, essentiel, impératif, important, indispensable, logique, précieux, primordial, utile. **⇒ inévitable.**

NÉCESSITÉ ■ ***I.*** Destin, déterminisme, fatalité, logique. ***II.*** **⇒ besoin.** ***III.*** **⇒ pauvreté.** ***IV.*** **⇒ gêne.** ***V.*** **⇒ devoir.** ***VI.*** **⇒ obligation.**

NÉCESSITER ■ ***I.*** Appeler, mériter, requérir. **⇒ réclamer.** ***II.*** **⇒ occasionner.** ***III.*** **⇒ obliger.**

NÉCESSITEUX, EUSE ■ ***I.*** Appauvri, besogneux, clochard, démuni, disetteux (vx), économiquement faible, famélique, fauché, gêné, gueux (péj.), humble, impécunieux, indigent, loqueteux, malheureux, mendiant, meurt-de-faim, misérable, miséreux, nu, pauvre, pouilleux (péj.), prolétaire, va-nu-pieds. ***II. Fam. :*** crève-la-faim, marmiteux, mendigot, panné, paumé, pilon, purée, purotin.

NÉCROMANCIEN, ENNE ■ ***I.*** **⇒ devin.** ***II.*** **⇒ magicien.**

NÉCROPOLE ■ Catacombe, champ des morts/du repos, charnier, cimetière, colombarium, crypte, ossuaire.

NECTAR ■ **⇒ boisson.**

NECTARINE ■ Brugnon.

NEF ■ **⇒ nacelle.**

NÉFASTE ■ Déplorable, dommageable, fâcheux, fatal, funeste, malheureux, mauvais, mortel.

NÉGATIF, IVE ■ **⇒ nul.**

NÉGATION ■ ***I.*** Négative. ***II. Par ext. :*** annulation, condamnation, contradiction, contraire, nihilisme, refus.

NÉGLIGÉ, E ■ ***I. Adj.*** **1. ⇒ abandonné. 2.** Débraillé, dépenaillé, dépoitraillé, lâché, peu soigné/soigneux, relâché. **⇒ malpropre.** ***II. Nom :*** déshabillé, petite tenue, salopette, tenue d'intérieur.

NÉGLIGEABLE ■ **⇒ médiocre.**

NÉGLIGENCE ■ ***I.*** **⇒ abandon.** ***II.*** **⇒ inattention.** ***III.*** **⇒ paresse.**

NÉGLIGENT, E ■ Désordonné, insouciant, oublieux, sans-soin. **⇒ paresseux.**

NÉGLIGER ■ ***I.*** **⇒ abandonner.** ***II.*** **⇒ omettre.**

NÉGOCE ■ **⇒ commerce.**

NÉGOCIABLE ■ ***I.*** **⇒ cessible.** ***II.*** **⇒ valable.**

NÉGOCIANT ■ **⇒ commerçant.**

NÉGOCIATEUR ■ Agent, ambassadeur, arbitre, chargé d'affaires/de mission, conciliateur, délégué, député, diplomate, entremetteur, intermédiaire, manœuvrier, ministre plénipotentiaire, monsieur « bons offices » (fam.), parlementaire, truchement.

NÉGOCIATION ■ ***I. Neutre :*** conversation, échange de vues, pourparler, tractation, transaction. ***II. Non favorable :*** marchandage.

NÉGOCIER ■ ***I.*** **⇒ parlementer.** ***II.*** **⇒ traiter.** ***III.*** **⇒ transmettre.** ***IV.*** **⇒ vendre.**

NÈGRE ■ ***I. Au pr. :*** africain, homme de couleur, mélanoderne, noir. ***Péj. :*** moricaud, noiraud. ***II. Fig.*** **⇒ associé.**

NEMROD ■ ⇒ **chasseur.**

NÉOPHYTE ■ ⇒ **novice.**

NÉPOTISME ■ ⇒ **favoritisme.**

NERF ■ ***I. Au pr.*** ⇒ **tendon.** ***II. Par ext.*** ⇒ **force.**

NERVEUX, EUSE ■ ***I.*** Filandreux, tendineux. ***II.*** Agité, brusque, émotif, énervé, excité, fébrile, hystérique, impatient, inquiet, irritable, névrosé, névrotique. ***III.*** ⇒ **concis.** ***IV.*** ⇒ **vif.**

NERVOSITÉ ■ ***I.*** ⇒ **agitation.** ***II.*** Agacement, énervement, éréthisme, exaspération, fébrilité, surexcitation. ***III. Par ext. :*** athétose, hystérie, nervosisme, névrose, névrosisme.

NERVURE ■ Filet, ligne, moulure, pli.

NET, NETTE ■ ***I.*** ⇒ **pur.** ***II.*** ⇒ **clair.** ***III.*** ⇒ **visible.** ***IV.*** ⇒ **vide.**

NETTETÉ ■ ***I.*** ⇒ **propreté.** ***II.*** ⇒ **vérité.**

NETTOIEMENT, NETTOYAGE ■ Abrasion, assainissement, balayage, bichonnage, blanchiment, blanchissage, brossage, coup de balai, curage, débarbouillage, décantation, décapage, décrassage, dégraissage, dérochage, époussetage, épuration, épurement, essuyage, filtrage, fourbissage, lavage, lessivage, ménage, purification, rangement, ravalement, récurage, sablage, savonnage, vidange.

NETTOYER ■ ***I.*** Abraser, approprier, assainir, astiquer, balayer, battre, bichonner (fam.), blanchir, bouchonner, briquer (fam.), brosser, cirer, curer, débarbouiller, décaper, décrasser, décrotter, dégraisser, dépoussiérer, dérocher, dérouiller, dessuinter, détacher, déterger, draguer, écurer, enlever la saleté, éplucher, épousseter, essanger, essuyer, étriller, faire la toilette, filtrer, fourbir, frotter, gratter, housser, laver, lessiver, monder, moucher, polir, poncer, purifier, purger, rapproprier, racler, ravaler, récurer, rincer, sabler, savonner, toiletter, torcher, torchonner, vanner, vidanger. ***II.*** ⇒ **débarrasser.** ***III. V. pron. :*** s'ajuster, se coiffer, faire sa toilette/sa plume (fam.), procéder à ses ablutions *et les formes pron. possibles des syn. de* NETTOYER.

NEUF, NEUVE ■ ***I.*** ⇒ **nouveau.** ***II.*** ⇒ **novice.** ***III.*** ⇒ **original.**

NEURASTHÉNIE ■ ⇒ **mélancolie.**

NEUTRALISER ■ ⇒ **étouffer.**

NEUTRALITÉ ■ Impartialité, indifférence, laïcité, non-intervention.

NEUTRE ■ ⇒ **indifférent.**

NEUVAINE ■ Ennéade.

NEVEU ■ ***Au pl.*** ⇒ **postérité.**

NÉVRALGIE ■ Migraine. ⇒ **douleur.**

NÉVROSE, NÉVROSISME ■ ⇒ **nervosité.**

NÉVROSÉ, E ■ ⇒ **nerveux.**

NEZ ■ ***I. Au pr.*** **1. Arg. :** appendice, baigneur, blair, blase, fanal, fer à souder, organe, quart de brie, reniflant, renifloir, pif, pitard, piton, tarbouif, tarbusse, tarin, trompe. **2. Du chien :** museau, truffe. ***II. Par ext.*** **1.** ⇒ **visage. 2.** ⇒ **odorat. 3.** ⇒ **pénétration.** ***III. Loc.*** **1. Montrer le nez** ⇒ **montrer (se). 2. Mettre le nez dehors** ⇒ **sortir. 3. Fourrer/mettre son nez** ⇒ **intervenir. 4. Mener par le bout du nez** ⇒ **gouverner.**

NIAIS, E ■ ***I.*** ⇒ **bête.** ***II.*** ⇒ **naïf.**

NIAISERIE ■ ***I. De quelqu'un.*** **1.** ⇒ **bêtise. 2.** ⇒ **simplicité.** ***II. Une chose*** ⇒ **bagatelle.**

NICHE ■ ***I.*** ⇒ **cavité.** ***II.*** Attrape, blague, espièglerie, facétie, farce, malice, tour. ⇒ **plaisanterie.**

NICHER ■ Nidifier. ⇒ **demeurer.**

NID ■ ***I. Au pr. :*** aire, couvoir. ***II. Fig.*** ⇒ **maison.**

NIER ■ ***I. Au pr. :*** contester, contredire, démonter, dénier, se défendre de, désavouer, disconvenir, s'inscrire en faux, mettre en doute. ***II. Par ext.*** ⇒ **refuser.**

NIGAUD, E ■ adj. et n. ⇒ **bête.**

NIGAUDERIE ■ ⇒ **bêtise.**

NIHILISME ■ ⇒ **scepticisme.**

NIHILISTE ■ adj. et n. ⇒ **révolutionnaire.**

NIMBE ■ Aura, auréole, cercle, cerne, couronne, diadème, gloire, halo.

NIMBER ■ ⇒ **couronner.**

NIPPE ■ ⇒ **vêtement.**

NIPPER ■ ⇒ **vêtir.**

NIQUE (FAIRE LA) ■ ⇒ **railler.**

NIRVĀNA ■ ⇒ **paradis.**

NITOUCHE (SAINTE) ■ ⇒ **patelin.**

NIVEAU ■ ***I. Au pr. :*** cote, degré, étage, hauteur, palier, plan. ***II. Fig. :*** échelle, standing, train de vie.

NIVELER ■ Aplanir, araser, combler, égaliser, unifier, uniformiser.

NIVELLEMENT ■ Aplanissement, arasement, égalisation, laminage, simplification, unification.

NOBILIAIRE ■ ***I. N. m. :*** armorial, généalogie. ***II. Adj. :*** aristocratique, généalogique.

NOBLE ■ n. et adj. ***I.*** Aristocrate, boyard, cavalier, chevalier, ci-devant (vx), écuyer, effendi (turc), gentilhomme, grand, hidalgo (esp.), homme bien né/de condition/d'épée/de qualité/titré, junker (Prusse), né, patricien, seigneur, staroste (Pologne). ***II. Péj. :*** aristo, gentillâtre, hobereau, noblaillon, nobliau. ***III. Par ext.*** **1.** ⇒ **élevé. 2.** ⇒ **généreux. 3.** ⇒ **beau.**

NOBLESSE ■ ***I. Au pr. :*** aristocratie, élite, gentry, lignage, lignée, naissance, noblaillerie (péj.), qualité, sang bleu. ***II. Par ext.*** **1.** ⇒ **élévation. 2.** ⇒ **générosité. 3.** ⇒ **choix.**

NOCE ■ ***I.*** ⇒ **mariage.** ***II.*** ⇒ **festin.** ***III.*** ⇒ **débauche.**

NOCEUR ■ ⇒ **débauché.**

NOCHER ■ ⇒ **pilote.**

NOCIF, IVE ■ ⇒ **mauvais.**

NOCIVITÉ ■ Malignité, toxicité.

NOCTAMBULE ■ ⇒ **fêtard.**

NODOSITÉ ■ Excroissance, loupe, nodule, nœud, nouure, renflement, tubercule.

NOËL ■ Nativité.

NŒUD ■ ***I. Au pr.*** ⇒ **attache.** ***II. Par ext.*** **1.** ⇒ **péripétie. 2.** ⇒ **centre. 3.** ⇒ **articulation.**

NOIR, E ■ ***I. Nom*** ⇒ **nègre.** ***II. Adj.*** **1.** ⇒ **obscur. 2.** ⇒ **triste. 3.** ⇒ **méchant.**

NOIRÂTRE ■ Enfumé, hâlé, noiraud. ⇒ **basané** et **boucané.**

NOIRCEUR ■ ***I. Au pr.*** ⇒ **obscurité.** ***II. Fig.*** ⇒ **méchanceté.**

NOIRCIR ■ ***I. V. tr. :*** **1.** Mâchurer. **2.** ⇒ **dénigrer.** ***II. V. intr.*** ⇒ **élancer (s').**

NOISE ■ ⇒ **discussion.**

NOISETIER ■ Coudre, coudrier.

NOISETTE ■ Aveline.

NOIX ■ ***I.*** Cerneau. ***II. Arg.*** ⇒ **fessier.**

NOLISER ■ ⇒ **fréter.**

NOM ■ ***I.*** Appellation, blase (arg.), dénomination, désignation, état-civil, label, marque, mot, patronyme, prénom, pseudonyme, sobriquet, surnom, terme, titre, vocable. ***II. Gram. :*** substantif. ***III. Par ext.*** ⇒ **réputation.**

NOMADE ■ n. et adj. Ambulant, changeant, errant, forain, instable, mobile, vagabond. ⇒ **bohémien.**

NOMBRE ■ ***I. Au pr. :*** chiffre, numéro, quantième. ***II. Par ext.*** **1.** ⇒ **quantité. 2.** ⇒ **harmonie.**

NOMBRER ■ ***I.*** ⇒ **évaluer.** ***II.*** ⇒ **dénombrer.**

NOMBREUX, EUSE ■ ***I.*** Fort, innombrable, maint, multiple. ⇒ **abondant.** ***II.*** ⇒ **harmonieux.**

NOMBRIL ■ Ombilic. ⇒ **centre.**

NOMENCLATURE ■ ⇒ **liste.**

NOMINATION ■ Affectation, choix, désignation, élévation, installation, mouvement, promotion, régularisation, titularisation.

NOMMER ■ ***I.*** ⇒ **appeler.** ***II.*** ⇒ **affecter.** ***III.*** ⇒ **indiquer.** ***IV.*** ⇒ **choisir.**

NON ■ ⇒ **rien.**

NON-ACTIVITÉ ■ Chômage, congé, disponibilité, inactivité, oisiveté, réserve, retraite.

NONCE ■ Légat, prélat, vicaire apostolique. ⇒ **ambassadeur.**

NONCHALANCE, NONCHALOIR ■ ***I.*** ⇒ **mollesse.** ***II.*** ⇒ **paresse.** ***III.*** ⇒ **indifférence.**

NONCHALANT, E ■ ⇒ **paresseux.**

NONNE, NONNAIN ■ Béguine, carmélite, congréganiste, dame, fille, mère, moniale, nonnette, novice, religieuse, sœur.

NONOBSTANT ■ (vx) Au mépris de, contre, en dépit de, malgré, n'en déplaise à. ⇒ **cependant.**

NON-SENS ■ Absurdité, contradiction, contresens, erreur, faute, galimatias, tautologie. ⇒ **bêtise.**

NON-VALEUR ■ Fruit sec, incapable, inconsistant, inexistant, lamentable, minable (fam.), nul, nullité, pauvre type, sans mérite, sans valeur, zéro.

NORD ■ ***I.*** Arctique, borée, septentrion. ***II. Loc.*** **Perdre le nord. 1.** ⇒ **affoler (s').** **2.** ⇒ **tromper (se).**

NORDIQUE ■ Arctique, boréal, hyperboréen, nordiste, septentrional.

NORIA ■ Sakièh.

NORMAL, E ■ Aisé, arrêté, calculé, décidé, déterminé, exact, fixé, inné, mesuré, méthodique, naturel, ordonné, organisé, ponctuel, raisonnable, rationnel, rangé, régulier, systématique.

NORMALISATION ■ ***I.*** Alignement, régularisation. ***II.*** Automatisation, codification, division du travail, formulation, rationalisation, spécialisation, stakhanovisme, standardisation, taylorisation, taylorisme.

NORMALISER ■ Aligner, automatiser, codifier, conformer à, mesurer, mettre aux normes *et les syn. de* NORME, modeler, réglementer, tracer. ⇒ **fixer.**

NORMATIF, IVE ■ Directif.

NORME ■ Arrêté, canon, charte, code, cote, convention, coutume, formule, ligne, loi, mesure, modèle, ordre, précepte, prescription, protocole, règle, règlement. ⇒ **principe.**

NOSTALGIE ■ Ennui, mal du pays, spleen. ⇒ **regret.**

NOSTALGIQUE ■ ⇒ **triste.**

NOTABILITÉ ■ ***I. Au pr. :*** figure, grand, monsieur, notable, personnage, personnalité, puissant, quelqu'un, sommité, vedette. ***II. Fam. :*** baron, bonze, gros, gros bonnet, grosse légume, huile, huile lourde, important, légume, lumière, magnat (péj.), mandarin, manitou, pontife, satrape (péj.), V. I. P.

NOTABLE ■ ***I. Adj. :*** brillant, considérable, distingué, éclatant, émérite, épatant (fam.), étonnant, extraordinaire, formidable, frappant, glorieux, important, insigne, marquant, marqué, mémorable, parfait, particulier, rare, remarquable, saillant, saisissant, signalé, supérieur. ***II. Nom*** ⇒ **notabilité.**

NOTAIRE ■ Officier ministériel, tabellion.

NOTATION ■ ⇒ **pensée.**

NOTE ■ ***I. À titre privé.*** **1.** ⇒ **addition.** **2.** Analyse, annotation, aperçu, apostille, appréciation, avertissement, commentaire, compte rendu, critique, esquisse, explication, exposé, glose, introduction, mémento, mémorandum, notule, observation, pièces, postscriptum, préface, rapport, récit, réflexion, relation, remarque, renvoi, scolie, topo. ***II. À titre public ou officiel :*** annonce, avertissement, avis, communication, communiqué, déclaration, indication, information, lettre, message, notification, nouvelle, ordre, proclamation, publication, renseignement.

NOTER ■ ***I. Au pr. :*** annoter, apostiller, consigner, copier, écrire, enregistrer, inscrire, marginer, marquer, relever. ***II. Par ext.*** **1.** Apprécier, classer, coter, distribuer/donner une note, jauger, juger, voir. **2. ⇒ observer.**

NOTICE ■ ***I.*** **⇒ abrégé.** ***II.*** **⇒ préface.**

NOTIFICATION ■ Annonce, assignation, avertissement, avis, communication, déclaration, exploit, information, instruction, intimation, lettre, mandement, message, signification.

NOTIFIER ■ Annoncer, aviser, communiquer, déclarer, dénoncer, faire connaître/part de/savoir, informer, intimer, mander, ordonner, rendre compte, signifier, transmettre.

NOTION ■ ***I. Au sing.*** **1. ⇒ idée. 2. ⇒ abstraction.** ***II. Au pl.*** **1.** Clartés, compétence, connaissances, éléments, rudiments, teinture, vernis. **2. ⇒ traité.**

NOTOIRE ■ **⇒ manifeste.**

NOTORIÉTÉ ■ **⇒ réputation.**

NOUBA ■ ***I.*** **⇒ fête.** ***II.*** **⇒ orchestre.**

NOUÉ, E ■ **⇒ ratatiné.**

NOUER ■ ***I.*** **⇒ attacher.** ***II.*** **⇒ préparer.**

NOURRAIN ■ **⇒ fretin.**

NOURRI, E ■ ***Fig.*** **⇒ riche.**

NOURRICE ■ Berceuse, bonne d'enfant, nounou, nurse.

NOURRICIER, ÈRE ■ **⇒ nourrissant.**

NOURRIR ■ ***I. Au pr.*** **1. Quelqu'un :** alimenter, allaiter, donner à manger, élever, entretenir, faire manger, gaver (fam.), gorger (fam.), rassasier, ravitailler, régaler (fam.), restaurer, soutenir, sustenter. **2. Un animal :** affourager, agrainer, alimenter, élever, embecquer, engaver, engraisser, entretenir, faire paître, paître, repaître. ***II. Fig.*** **1.** Alimenter, couver, entretenir, exciter, fomenter. **2. ⇒ instruire.** ***III. V. pron.*** **⇒ manger.**

NOURRISSANT, E ■ Généreux, nourricier, nutritif, riche, roboratif, solide, substantiel.

NOURRISSON ■ **⇒ bébé.**

NOURRITURE ■ ***I. Des hommes.*** **1.** Aliment, allaitement, becquée (fam.), chère, cuisine, manger (pop.), manne, mets, pain, pitance, ration, repas, soupe (pop.), subsistance, substance, vie, vivre. **2. Fam. :** bectance, bouffe, boustifaille, croûte, étouffe-chrétien/cochon, fripe, graille, graine, mangeaille, provende, tambouille, tortore. ***II. Des animaux :*** aliment, bacade, becquée, curée (vén.), embouche, engrais, pâtée, pâture, pouture, ration.

NOUVEAU, ELLE ■ ***I. Au pr. :*** Actuel, à la page/mode, dans le vent, d'aujourd'hui, dernier, dernier cri, différent, frais, in (fam.), inaccoutumé, inconnu, inédit, inhabituel, inouï, insolite, insoupçonné, inusité, jeune, moderne, neuf, original, récent, révolutionnaire, ultra moderne, vert. ***II. Par ext.*** **1. ⇒ second. 2. ⇒ novice.** ***III. Loc.*** **1. De nouveau :** derechef, encore. **2. Homme nouveau, nouveau riche ⇒ parvenu. 3. Nouveau-né ⇒ bébé.**

NOUVEAUTÉ ■ Actualité, changement, curiosité, fraîcheur, innovation, jeunesse, mode, originalité, primeur.

NOUVELLE ■ ***I.*** Anecdote, bruit, écho, fable, rubrique, rumeur, vent. ***Fam. :*** bobard, canard, canular, tuyau (crevé). ***II.*** Annonce, flash, information, insert, scoop. ***III.*** **⇒ roman.**

NOUVELLEMENT ■ Depuis peu, récemment.

NOUVELLISTE ■ ⇒ **journaliste.**

NOVATEUR, TRICE ■ n. et adj. ⇒ **innovateur.**

NOVICE ■ ***I. Adj.*** : candide (par ext.), commençant, débutant, inexpérimenté, jeune, neuf, nouveau. ***II. Nom*** : apprenti, béjaune (péj.), bizut (arg. scol.), blanc-bec (péj.), bleu, bleubite (arg.), bleusaille, conscrit, débutant, écolier, jeune, néophyte.

NOVICIAT ■ ⇒ **instruction.**

NOYADE ■ Hydrocution, submersion.

NOYAU ■ ***I.*** ⇒ **centre.** ***II.*** ⇒ **origine.** ***III.*** ⇒ **groupe.**

NOYAUTER ■ ⇒ **pénétrer.**

NOYER ■ ***I. Quelqu'un*** ⇒ **tuer.** ***II. Quelque chose*** ⇒ **inonder.** ***III. V. pron.*** **1. Au pr.** : s'asphyxier par immersion, boire à la grande tasse (pop.), couler, disparaître, s'enfoncer, s'étouffer, périr. **2. Fig.** ⇒ **perdre (se).**

NU, E ■ ***I. Au pr.*** : à poil (fam.), découvert, dénudé, déplumé (fam.), dépouillé (fam.), déshabillé, dévêtu, dévoilé, en costume d'Adam (fam.), en petit Saint-Jean (fam.), impudique (péj.), in naturalibus, le cul/le derrière/les fesses à l'air/au vent, tout nu, sans voiles. ***II. Par ext.*** **1.** Abandonné, dégarni, désert, vide. **2.** Blanc, net, pur. **3.** ⇒ **pauvre.** ***III. Loc.*** **À nu** : à découvert, tel quel, tel qu'il/elle est. ***IV. Nom*** : académie, beauté, modèle, nudité, plastique, peinture, sculpture, sujet, tableau.

NUAGE ■ ***I. Au pr.*** : brume, brouillard, cirrus, cumulus, nébulosité, nimbus, nue, nuée, stratus, vapeurs, voile. ***II. Par ext.*** **1.** ⇒ **obscurité. 2.** ⇒ **mésintelligence. 3.** ⇒ **ennui.**

NUAGEUX, EUSE ■ ⇒ **obscur.**

NUANCE ■ ***I. Au pr.*** ⇒ **couleur.** ***II. Fig.*** ⇒ **différence.**

NUANCÉ, E ■ ⇒ **varié.**

NUANCER ■ ***I. Au pr.*** : assortir, bigarrer, dégrader des couleurs, graduer, moduler, nuer (vx). ***II. Par ext.*** : atténuer, mesurer, modérer, pondérer.

NUBILE ■ Adolescent, fait, formé, fruit vert, mariable, pubère.

NUBILITÉ ■ ⇒ **puberté.**

NUDISME ■ Naturisme.

NUDITÉ ■ ⇒ **nu.**

NUE, NUÉE ■ ⇒ **nuage.**

NUIRE ■ ***I. À quelqu'un*** : attenter à, blesser, calomnier, compromettre, contrarier, déconsidérer, défavoriser, désavantager, désobliger, desservir, discréditer, faire du mal/tort, gêner, léser, médire, parler à tort et à travers/contre, porter atteinte/préjudice/tort, préjudicier, violer les droits. ***II. À quelque chose*** : déparer, endommager, faire mauvais effet, jurer, ruiner.

NUISIBLE ■ Contraire, corrupteur, dangereux, défavorable, délétère, déprédateur, désavantageux, dommageable, ennemi, fâcheux, funeste, hostile, insalubre, maléfique, malfaisant, malsain, mauvais, néfaste, nocif, pernicieux, préjudiciable, toxique. ⇒ **mauvais.**

NUIT ■ Sorgue (arg.). ⇒ **obscurité.**

NUL, NULLE ■ ***I. Adj. indéf.*** : aucun, néant, négatif, personne, rien, zéro. ***II. Adj. qual.*** **1. Quelque chose** : aboli, annulé, caduc, infirmé, inexistant, invalidé, lettre morte, non avenu, périmé, prescrit, sans effet/valeur, suranné, tombé en désuétude. **2. Quelqu'un** : fruit sec, incapable, inconsistant, inexistant, lamentable, minable (fam.), non-valeur, nullard, nullité, pauvre type, raté, sans mérite/valeur, zéro. ⇒ **ignorant.**

NULLITÉ ■ ⇒ **nul.**

NUMÉRAIRE ■ ⇒ **argent.**

NUMÉRO ▪ ***I.*** Chiffre, cote, folio, gribiche, matricule, rang. ***II.*** ⇒ **spectacle.** ***III.*** ⇒ **type.**

NUMÉROTER ▪ Chiffrer, coter, folioter, paginer.

NUPTIAL, E ▪ Conjugal, hyménéal, matrimonial.

NURSE ▪ ***I.*** ⇒ **gouvernante.** ***II.*** ⇒ **nourrice.**

NURSERY ▪ ***I.*** Crèche, nourricerie (vx), pouponnière. ***II.*** Garderie, halte, jardin d'enfants, maternelle.

NUTRITIF, IVE ▪ ⇒ **nourrissant.**

NUTRITION ▪ Alimentation, assimilation, digestion, métabolisme.

NUTRITIONNISTE ▪ Diététicien, diététiste.

NYMPHE ▪ ***I. Au pr. :*** déesse, dryade, hamadryate, hyade, naïade, nappée, neek ou nixe (german.), néréide, océanide, oréade. ***II. Par ext.*** ⇒ **fille.** ***III.*** Chrysalide. ***IV. Au pl. :*** petites lèvres.

O

OASIS ■ ***Fig.*** : abri, refuge. ⇒ **solitude.**

OBÉDIENCE ■ ⇒ **obéissance.**

OBÉIR ■ ***I. Neutre*** : accepter, admettre, céder, se conformer à, courber la tête/le dos/l'échine (péj.), écouter, être obéissant, fléchir, s'incliner, s'inféoder, observer, obtempérer, plier, se ranger à, rompre, se soumettre, suivre. ***II. Non favorable*** ⇒ **subir.**

OBÉISSANCE ■ ***I.*** Allégeance, assujettissement, dépendance, discipline, joug, observance (relig.), soumission, subordination, sujétion. ***II.*** Docilité, esprit de subordination, fidélité, malléabilité, obédience (vx), plasticité, servilité.

OBÉISSANT, E ■ Assujetti, attaché, discipliné, docile, doux, fidèle, flexible, gouvernable, malléable, maniable, sage, soumis, souple.

OBÉRER ■ Charger, endetter, grever.

OBÉSITÉ ■ Adiposité. ⇒ **grosseur.**

OBJECTER ■ v. tr. et intr. ***I.*** ⇒ **répondre.** ***II.*** ⇒ **prétexter.**

OBJECTIF ■ ***I. Nom*** ⇒ **but.** ***II. Adj.*** **1.** ⇒ **réel. 2.** ⇒ **vrai.**

OBJECTION ■ Antithèse, contestation, contradiction, contrepartie, contrepied, critique, difficulté, discussion, obstacle, opposition, protestation, réfutation, remarque, réplique, réponse, représentation, reproche.

OBJECTIVER ■ ⇒ **exprimer.**

OBJECTIVITÉ ■ ⇒ **justice.**

OBJET ■ ***I. Au pr. (matériel)*** : chose, corps, outil, ustensile. ⇒ **bibelot, instrument.** ***II.*** Cause, concept, sujet, thème. ***III.*** ⇒ **but.**

OBJURGATION ■ ⇒ **reproche.**

OBLATION ■ ⇒ **offrande.**

OBLIGATION ■ ***I. Neutre*** : charge, dette, engagement, lien, nécessité. ⇒ **devoir.** ***II. Favorable*** ⇒ **gratitude.** ***III. Non favorable*** : assujettissement, astreinte, condamnation, contrainte, enchaînement, entrave, exigence, force, urgence, violence.

OBLIGATOIRE ■ Contraignant, contraint, de commande, forcé, indispensable, inévitable, nécessaire, obligé, ordonné, requis.

OBLIGÉ, E ■ ***I. Neutre*** : dû, engagé, immanquable, lié, nécessaire, obligatoire, tenu. ***II. Favorable (de quelqu'un)*** : débiteur, redevable. ***III. Non favorable*** : assujetti, astreint, condamné, contraint, enchaîné, forcé, requis, violenté.

OBLIGEANCE ■ ⇒ **amabilité.**

OBLIGEANT, E ■ ⇒ **serviable.**

OBLIGER ■ ***I. Neutre*** : engager, lier. ***II. Favorable*** ⇒ **aider.** ***III. Non favorable*** : assujettir, astreindre, atteler, brusquer, condamner, contraindre, enchaîner, exiger, forcer, forcer la main, imposer, réduire à, violenter.

OBLIQUE ■ *I.* ⇒ **incliné.** *II.* ⇒ **indirect.**

OBLIQUEMENT ■ De biais, en crabe, en diagonale/écharpe/travers.

OBLIQUER ■ ⇒ **détourner (se).**

OBLIQUITÉ ■ Déclinaison, inclinaison, infléchissement, pente.

OBLITÉRATION ■ Obstruction, obturation, occlusion, occultation, opilation.

OBLITÉRER ■ *I.* ⇒ **effacer.** *II.* ⇒ **obstruer.**

OBLONG, UE ■ ⇒ **long.**

OBNUBILATION ■ ⇒ **obscurcissement.**

OBNUBILÉ, E ■ ⇒ **obsédé.**

OBNUBILER ■ ⇒ **obscurcir.**

OBOLE ■ ⇒ **secours.**

OBOMBRER ■ *I.* ⇒ **obscurcir.** *II.* ⇒ **ombrager.**

OBREPTICE ■ Dissimulé, furtif, inventé, mensonger, omis, subreptice.

OBSCÈNE ■ Blessant, cochon (fam.), croustillant, croustilleux, cru, cynique, dégoûtant, dégueulasse (vulg.), déshonnête, égrillard, épicé, frelaté, gaulois, gras, graveleux, grivois, grossier, hasardé (vx), immonde, immoral, impudique, impur, inconvenant, indécent, lascif, leste, libre, licencieux, lubrique, malpropre, offensant, olléollé, ordurier, osé, pimenté, poivré, polisson, pornographique, provocant, risqué, salace, sale, salé, scabreux, scandaleux, scatologique, trivial.

OBSCÉNITÉ ■ Cochonceté (fam.), cochonnerie (fam.), coprolalie, cynisme, gauloiserie, gravelure, grivoiserie, grossièreté, immodestie, immoralité, impudicité, impureté, incongruité, inconvenance, indécence, licence, malpropreté, polissonnerie, pornographie, saleté, trivialité, vicelardise (arg.), vulgarité.

OBSCUR, E ■ *I. Au pr. :* assombri, crépusculaire, foncé, fuligineux, nocturne, noir, obscurci, occulté, ombreux, opaque, profond, sombre, ténébreux, terni. *II. Fig.* 1. Abscons, abstrus, amphigourique, apocalyptique, brumeux, cabalistique, caché, cafouilleux (fam.), complexe, compliqué, confus, difficile, diffus, douteux, emberlificoté (fam.), embrouillé, enchevêtré, énigmatique, en jus de boudin, entortillé, enveloppé, équivoque, ésotérique, filandreux, flou, fumeux, hermétique, impénétrable, incompréhensible, indéchiffrable, inexplicable, inextricable, inintelligible, insaisissable, louche, mystérieux, nébuleux, nuageux, secret, sibyllin, touffu, trouble, vague, vaseux, voilé. 2. ⇒ **inconnu.** 3. **Le temps :** assombri, brumeux, chargé, couvert, embrumé, épais, nébuleux, nuageux, voilé.

OBSCURATION ■ ⇒ **obscurcissement.**

OBSCURCIR ■ *I. Au pr. :* abaisser/baisser/diminuer la lumière, assombrir, cacher, couvrir, éclipser, embrumer, enténébrer, foncer, mâchurer, noircir, obombrer, obnubiler (vx), occulter, offusquer (vx), opacifier, ternir, voiler. *II. Fig. :* attrister, éclipser, effacer, enterrer, faire disparaître/pâlir, troubler.

OBSCURCISSEMENT ■ Assombrissement, aveuglement, épaississement, noircissement, obnubilation, obscuration, occultation, offuscation.

OBSCURITÉ ■ *I. Au pr. :* Contre-jour, nébulosité, noirceur, nuit, ombre, opacité, ténèbres. *II. Fig.* 1. Confusion. ⇒ **mystère.** 2. ⇒ **bassesse.**

OBSÉCRATION ■ ⇒ **prière.**

OBSÉDANT, E ■ ⇒ **ennuyeux.**

OBSÉDÉ, E ■ Assiégé, braqué, charmé (vx), envoûté, hanté, harcelé, maniaque, obnubilé, persécuté, polarisé, tourmenté, *et les mots formés avec le suffixe -mane, ex. : opiomane.*

OBSÉDER ■ ***I.*** ⇒ **assiéger.** ***II.*** ⇒ **tourmenter.**

OBSÈQUES ■ ⇒ **enterrement.**

OBSÉQUIEUX, EUSE ■ ⇒ **servile.**

OBSÉQUIOSITÉ ■ ⇒ **servilité.**

OBSERVATEUR, TRICE ■ ***I.*** ⇒ **attentif.** ***II.*** ⇒ **témoin.**

OBSERVATION ■ ***I.*** Analyse, étude, examen, introspection, scrutation. ⇒ **expérimentation.** ***II.*** Observance (relig.). ⇒ **obéissance.** ***III.*** ⇒ **remarque.** ***IV.*** ⇒ **reproche.** ***V. Au pl.*** ⇒ **pensées.**

OBSERVER ■ ***I.*** Accomplir, s'acquitter de, se conformer à, être fidèle à, exécuter, faire, garder, pratiquer, remplir, rendre, respecter, satisfaire à, suivre, tenir. ***II.*** Avoir à l'œil, dévisager, épier, étudier, examiner, fixer, gafiller (fam.) noter, suivre du regard, surveiller. ⇒ **regarder.**

OBSESSION ■ Assujettissement, cauchemar, complexe, crainte, hallucination, hantise, idée fixe, manie, monomanie, peur, phobie, préoccupation, psychose, scrupule, souci, tentation, vision.

OBSOLÈTE, OBSOLESCENT, E ■ ⇒ **désuet.**

OBSTACLE ■ ***I. Au pr. :*** barrage, barricade, barrière, brook, cloison, défense, digue, écluse, écran, mur, rideau, séparation. ***II. Fig. :*** Accroc, achoppement, adversité, anicroche, aria, bec, blocage, contrariété, contretemps, défense, difficulté, écueil, embarras, empêchement, encombre, ennui, entrave, frein, gêne, hic, hourvari (vx), impasse, impedimenta, inhibition, interdiction, obstruction, opposition, os (fam.), pierre d'achoppement, rémora (vx), résistance, restriction, traverse, tribulations.

OBSTINATION ■ ***I.*** Acharnement, aheurtement (vx), assiduité, constance, exclusive, fermeté, insistance, persévérance, persistance, pertinacité, résolution, ténacité. ***II.*** Entêtement, folie, indocilité, opiniâtreté, parti pris, préjugé. ⇒ **manie.**

OBSTINÉ, E ■ ⇒ **têtu.**

OBSTINER (S') ■ ⇒ **continuer.**

OBSTRUCTION ■ ***I.*** ⇒ **oblitération.** ***II.*** ⇒ **résistance.**

OBSTRUER ■ Barrer, bloquer, embarrasser, embouteiller, encombrer, encrasser, engorger, fermer. ⇒ **boucher.** ***Méd. :*** oblitérer, opiler.

OBTEMPÉRER ■ ⇒ **obéir.**

OBTENIR ■ ***I. Au pr. :*** accrocher (fam.), acheter, acquérir, arracher, attraper, avoir, capter, conquérir, décrocher (fam.), emporter, enlever, extorquer (péj.), faire, gagner, impétrer (jurid.), forcer, prendre, se procurer, recevoir, recueillir, remporter, soutirer. ***II. Par ext.*** ⇒ **produire.**

OBTURATION ■ ⇒ **oblitération.**

OBTURER ■ ⇒ **boucher.**

OBTUS, E ■ ***I. Au pr.*** ⇒ **émoussé.** ***II. Par ext.*** ⇒ **inintelligent.**

OBVIER ■ ⇒ **parer.**

OCCASION ■ ***I.*** Cas, chance, circonstance, coïncidence, conjoncture, événement, éventualité, facilité, fois, hasard, heure, incidence, instant, moment, occurrence, opportunité, possibilité, rencontre, temps, terrain. ***II.*** ⇒ **lieu.** ***III.*** Affaire, article usagé/sacrifié, aubaine, rossignol (péj.), seconde main, solde.

OCCASIONNEL, ELLE ■ ⇒ **temporaire.**

OCCASIONNER ■ Amener, appeler, apporter, attirer, causer, créer, déchaîner, déclencher, déterminer, donner/fournir lieu/occasion, engendrer, entraîner, être la cause de, faire, motiver, nécessiter, porter, prêter à, procurer, produire, provoquer, susciter, traîner.

OCCIDENT ■ Couchant, ouest, ponant (vx).

OCCIRE ■ ⇒ **tuer.**

OCCLUSION ■ ***I.*** ⇒ **fermeture.** ***II. Méd.*** ⇒ **opilation.**

OCCULTE ■ ⇒ **secret.**

OCCULTER ■ ⇒ **cacher.**

OCCULTISME ■ ***I.*** Ésotérisme, gnose, grand art, hermétisme, illumination, illuminisme, kabbale, magie, mystère, psychagogie, psychomancie, radiesthésie, sciences occultes, spiritisme, télépathie, théosophie, théurgie. ***II. Par ext. :*** alchimie, cartomancie, chiromancie, divination, mantique, messe noire, nécromancie, sabbat, sorcellerie.

OCCUPATION ■ Activité, affaire, affairement, assujettissement, besogne, carrière, charge, emploi, engagement, fonction, loisirs, métier, mission, ouvrage, passe-temps, profession, service, travail.

OCCUPÉ, E ■ Absorbé, accablé, accaparé, actif, affairé, assujetti, chargé, écrasé, employé, engagé, indisponible, pris, tenu.

OCCUPER ■ ***I. Au pr.*** **1.** ⇒ **prendre. 2.** ⇒ **tenir. 3.** ⇒ **demeurer.** ***II. Fig. :*** **1.** Absorber, captiver, polariser. **2.** Atteler à, employer, prendre. **3.** Accaparer, défrayer. **4.** Accabler, importuner. **5.** Condamner (un lieu). **6.** Coloniser, envahir. ***III. V. pron. :*** s'absorber, s'acharner, s'adonner, agir, s'appliquer, s'attacher, s'atteler, besogner (fam.), se consacrer, s'employer, s'entremettre, s'escrimer, étudier, faire, se mêler de, se mettre à/dans, travailler, vaquer, veiller.

OCCURRENCE ■ ⇒ **cas.**

OCÉAN ■ ⇒ **mer.**

OCÉANOGRAPHE ■ Hydrographe.

OCELLÉ, E ■ ⇒ **marqueté.**

OCTROYER ■ ⇒ **accorder.**

OCULISTE ■ Ophtalmologiste, ophtalmologue, spécialiste de la vue/des yeux.

ODEUR ■ ***I. Neutre ou favorable :*** arôme, bouquet, effluence, effluve, émanation, exhalaison, fragrance, fumet, haleine, parfum, senteur, trace (vén.), vent (vén.). ***II. Non favorable :*** empyreume, fraîchin, relent, remugle. ⇒ **puanteur.**

ODIEUX, EUSE ■ ⇒ **haïssable.**

ODORANT, E ■ Aromatique, capiteux, effluent, embaumé, fleurant, fragrant, odoriférant, odorifère, odorifique, parfumé, suave, suffocant.

ODORAT ■ Flair, front subtil (vén.), nez, odoration, olfaction.

ODORER ■ ⇒ **sentir.**

ODORIFÉRANT, E ■ ⇒ **odorant.**

ODYSSÉE ■ ⇒ **voyage.**

ŒCUMÉNIQUE ■ ⇒ **universel.**

ŒIL ■ ***I. Au pr. :*** globe oculaire. **Arg. :** calot, carreau, chasse, clignotant, clinc, coquillard, gobille, globule, mirette, quinquet, robert, vitreux. ***II. Par ext.*** **1.** Prunelle, pupille, vision, vue. ⇒ **regard. 2.** ⇒ **ouverture. 3.** Bourgeon, bouton, excroissance, marcotte, nœud, pousse. ***III. Loc.*** **1. À l'œil :** gratis, gratuitement, pour rien. **2. Avoir l'œil** ⇒ **surveiller. 3. Œil de perdrix :** ⇒ **cal.**

ŒILLADE ■ ⇒ **regard.**

ŒILLÈRE ■ ***Fig.*** ⇒ **préjugé.**

ŒUF ■ ***I. Au pr. :*** **1.** Germe, lente, oosphère, ovocyte, ovotide, ovule. **2.** Coque, coquille. ***II. Fig.*** ⇒ **origine.**

ŒUVRE ■ ***I.*** ⇒ **action.** ***II.*** ⇒ **ouvrage.** ***III.*** ⇒ **travail.**

ŒUVRER ■ ⇒ **travailler.**

OFFENSANT, E ■ Amer, blessant,

désagréable, dur, grossier, impertinent, infamant, injurieux, insultant, outrageant, outrageux, sanglant, vexant.

OFFENSE ■ Affront, atteinte, avanie, blessure, camouflet, couleuvre (fam.), coup, démenti, impertinence, indignité, infamie, injure, insolence, insulte, outrage.

OFFENSER ■ ***I.*** Atteindre dans sa dignité/son honneur, blesser, choquer, être inconvenant/incorrect envers, faire affront/offense, froisser, humilier, injurier, insulter, manquer à, offusquer, outrager, piquer au vif, vexer. ***II. V. pron. :*** se blesser, se choquer, se draper dans sa dignité, se fâcher, se formaliser, se froisser, se gendarmer, se hérisser, s'offusquer, se piquer, se scandaliser, se vexer.

OFFENSEUR ■ ⇒ **agresseur.**

OFFENSIF, IVE ■ Agressif, brutal, violent.

OFFENSIVE ■ ⇒ **attaque.**

OFFICE ■ ***I.*** ⇒ **emploi.** ***II.*** ⇒ **devoir.** ***III.*** ⇒ **organisme.** ***IV.*** ⇒ **service.** ***V. Nom*** ⇒ **cuisine.** ***VI. Loc.*** **Bons offices ⇒ service.**

OFFICIANT ■ Célébrant, desservant.

OFFICIEL, ELLE ■ Administratif, admis, authentique, autorisé, connu, consacré, de notoriété publique, force de loi, notoire, public, réel, solennel.

OFFICIER ■ ⇒ **chef, militaire.**

OFFICIEUX, EUSE ■ ***I.*** ⇒ **serviable.** ***II.*** ⇒ **privé.**

OFFICINE ■ Pharmacie. ⇒ **magasin.**

OFFRANDE ■ Aumône, cadeau, charité, denier, don, donation, holocauste, hommage, oblation, participation, présent, quote-part, sacrifice.

OFFRE ■ Avance, démarche, enchère, ouverture, pollicitation (jurid.), promesse, proposition, soumission, surenchère.

OFFRIR ■ ***I.*** Avancer, dédier, donner, faire une offre/ouverture/proposition, présenter, proposer, soumettre, soumissionner. ⇒ **montrer.** ***II. V. pron. :*** **1.** Se donner satisfaction, se farcir (arg.), se payer. **2.** S'exhiber ⇒ **paraître. 3.** Se dévouer, s'exposer, s'immoler, se proposer, se sacrifier, se soumettre, se vouer.

OFFUSQUER ■ ***I.*** ⇒ **obscurcir.** ***II.*** ⇒ **cacher.** ***III.*** ⇒ **éblouir.** ***IV.*** ⇒ **choquer.** ***V. V. pron.*** ⇒ **offenser (s').**

OGIVE ■ ⇒ **cintre.**

OGRE, OGRESSE ■ ***I. Au pr. :*** anthropophage, croquemitaine, épouvantail, géant, goule, lamie, loup-garou, père filant, père Fouettard, vampire. ***II. Par ext.*** ⇒ **bâfreur.**

OIGNON ■ ***I.*** Bulbe, échalote. ***II.*** Cor au pied, durillon, induration, œil-de-perdrix. ***III.*** ⇒ **montre.**

OINDRE ■ ***I.*** ⇒ **graisser.** ***II.*** ⇒ **frictionner.** ***III.*** ⇒ **sacrer.**

OISEAU ■ ***I. Au pr. :*** **1.** Gibier à plumes, oiselet, oiselle, oisillon, volaille, volatile. **2.** ⇒ **colombin, échassier, gallinacé, grimpeur, palmipède, passereau, rapace.** ***II. Par ext.*** **1.** ⇒ **bête. 2.** ⇒ **type.**

OISEUX, EUSE ■ ***I.*** ⇒ **inactif.** ***II.*** ⇒ **inutile.**

OISIF, IVE ■ ⇒ **inactif.**

OISILLON ■ ⇒ **oiseau.**

OISIVETÉ ■ Farniente, paresse. ⇒ **inaction.**

OLÉAGINEUX, EUSE ■ Huileux, oléifère, oléifiant.

OLFACTION ■ ⇒ **odorat.**

OLIBRIUS ■ ***I.*** ⇒ **hâbleur.** ***II.*** ⇒ **original.** ***III.*** Type.

OLIGARCHIE ■ Argyrocratie, aristocratie, ploutocratie, synarchie.

OLIVE ■ Picholine.

OLYMPE ■ ⇒ **ciel, paradis.**

OLYMPIEN, ENNE ■ *I.* ⇒ **imposant.** *II.* ⇒ **tranquille.**

OMBILIC ■ Nombril.

OMBRAGE ■ *I.* ⇒ **ombre.** *II.* ⇒ **jalousie.**

OMBRAGER ■ *I.* Couvrir, obombrer, ombrer, protéger. *II.* ⇒ **cacher.**

OMBRAGEUX, EUSE ■ *I.* ⇒ **méfiant.** *II.* 1. ⇒ **susceptible, quinteux.**

OMBRE ■ *I. Au pr.* 1. Couvert, ombrage, pénombre. 2. ⇒ **obscurité.** *II. Par ext.* 1. Apparence. 2. ⇒ **fantôme.**

OMBRELLE ■ En-cas, parasol.

OMBRER ■ ⇒ **ombrager.**

OMBREUX, EUSE ■ ⇒ **sombre.**

OMETTRE ■ Abandonner, laisser, manquer de, négliger, oublier, passer, sauter, taire.

OMISSION ■ Abandon, absence, bourdon (typo.), faute, inattention, lacune, manque, négligence, oubli, paralipse, prétérition, prétermission, réticence.

OMNIPOTENCE ■ ⇒ **autorité.**

OMNIPOTENT, E ■ ⇒ **puissant.**

OMNIPRATICIEN, ENNE ■ Généraliste.

OMNIPRÉSENCE ■ Ubiquité.

OMNISCIENCE ■ ⇒ **savoir.**

OMNISCIENT, E ■ ⇒ **savant.**

ONAGRE ■ ⇒ **âne.**

ONANISME ■ ⇒ **masturbation.**

ONCTION ■ ⇒ **douceur.**

ONCTUEUX, EUSE ■ *I. Au pr.* ⇒ **gras.** *II. Par ext.* ⇒ **doux.**

ONDE ■ *I.* Eau, flots, vague. *II.* ⇒ **fluide.**

ONDÉE ■ ⇒ **pluie.**

ONDOYANT, E ■ *I.* ⇒ **ondulé.** *II.* ⇒ **changeant.** *III.* ⇒ **varié.**

ONDOYER ■ *I.* ⇒ **flotter.** *II.* ⇒ **baptiser.**

ONDULATION ■ ⇒ **sinuosité.**

ONDULÉ, E ■ Courbe, flexueux, ondoyant, ondulant, ondulatoire, onduleux, serpentant, sinueux.

ONDULER ■ *I.* ⇒ **friser.** *II.* ⇒ **flotter.**

ONÉREUX, EUSE ■ ⇒ **cher.**

ONGLE ■ *I.* Ergot, griffe, onglon, sabot, serre. *II. Vén. :* harpe, herpe, main.

ONGUENT ■ *I.* ⇒ **pommade.** *II.* ⇒ **parfum.**

ONIRIQUE ■ Rêvé. ⇒ **imaginaire.**

OPACIFIER ■ ⇒ **obscurcir.**

OPACITÉ ■ ⇒ **obscurité.**

OPALIN, INE ■ ⇒ **blanchâtre.**

OPAQUE ■ ⇒ **obscur.**

OPÉRA ■ Drame lyrique, grand opéra, opéra-bouffe, opéra-comique, opérette, oratorio, vaudeville.

OPÉRANT, E ■ ⇒ **efficace.**

OPÉRATEUR ■ *I.* Cadreur, caméraman, manipulateur. *II. Par ext.* ⇒ **guérisseur.**

OPÉRATION ■ *I.* ⇒ **action.** *II.* ⇒ **entreprise.** *III.* ⇒ **calcul.** *IV.* Ablation, amputation, intervention. *V.* ⇒ **expédition.**

OPÉRER ■ ⇒ **agir.**

OPHTALMOLOGISTE ■ ⇒ **oculiste.**

OPILATION ■ Constipation, oblitération, obstruction, occlusion.

OPILER ■ ⇒ **boucher.**

OPINER ■ *I.* Délibérer, donner son avis/opinion, voter. *II. Loc.* **Opiner du bonnet/du chef ⇒ consentir.**

OPINIÂTRE ■ ⇒ **têtu.**

OPINIÂTREMENT ■ Avec entêtement, farouchement, fermement, mordicus, obstinément.

OPINIÂTRER (S') ■ ⇒ **buter (se).**

OPINIÂTRETÉ ■ *I.* ⇒ **obstination.** *II.* ⇒ **fermeté.** *III.* ⇒ **persévérance.**

OPINION ■ *I. Au pr. :* appréciation, avis, critique, estime, façon/manière de penser/ voir, idée, impression, jugement, oracle, pensée, point de vue, position, principe, sens, sentiment, thèse, vue. *II.* ⇒ **foi.** *III. Par ext. :* couleur, doctrine, idées, idéologie.

OPPORTUN, E ■ ⇒ **convenable.**

OPPORTUNISME ■ ⇒ **habileté.**

OPPORTUNISTE ■ ⇒ **malin.**

OPPORTUNITÉ ■ *I.* Nécessité, obligation, utilité. *II.* ⇒ **occasion.**

OPPOSANT, E ■ adj. et n. ⇒ **ennemi.**

OPPOSÉ, E ■ *I. Adj. :* adverse, affronté, antagoniste, antithétique, contradictoire, contraire, divergent, en face, ennemi, incompatible, inconciliable, inverse, symétrique. *II. Nom :* antipode, antithèse, antonyme, contraire, contrepartie, contre-pied, encontre, opposite, rebours, symétrique. *III. Loc.* **À l'opposé.** 1. Au contraire, à l'encontre, en revanche, par contre. 2. En face.

OPPOSER ■ *I.* ⇒ **dire.** *II.* ⇒ **mettre.** *III.* ⇒ **comparer.** *IV.* ⇒ **prétexter.** *V. V. pron. :* 1. S'affronter, braver, contrarier, contrer, désobéir, se dresser/s'élever contre, empêcher, lutter, mettre son veto, refuser. ⇒ **résister.** 2. Être en opposition, s'exclure, se heurter, répugner.

OPPOSITE ■ *I.* ⇒ **opposé.** *II. Loc.* **À l'opposite** : en face/vis-à-vis de.

OPPOSITION ■ *I.* Antagonisme, anticlimax, antinomie, antipathie, antithèse, antonymie, combat, conflit, contradiction, contraste, défiance, désaccord, différence, discordance, disparate, dispute, dissemblance, dissension, dissidence, dissimilitude, dissonance, divergence, duel, heurt, hostilité, incompatibilité, lutte, protestation, réaction, refus, réfutation, réplique, riposte, rivalité, veto. *II.* ⇒ **obstacle.** *III.* ⇒ **résistance.** *IV.* ⇒ **différence.**

OPPRESSANT, E ■ ⇒ **accablant.**

OPPRESSER ■ *I.* ⇒ **étouffer.** *II.* ⇒ **presser.** *III.* ⇒ **surcharger.**

OPPRESSEUR ■ Despote, dictateur, dominateur, envahisseur, occupant, persécuteur, potentat, tortionnaire, tout-puissant, tyran, usurpateur.

OPPRESSIF, IVE ■ Opprimant, tyrannique.

OPPRESSION ■ *I.* ⇒ **absolutisme.** *II.* ⇒ **essoufflement.**

OPPRIMER ■ ⇒ **brimer.**

OPPROBRE ■ ⇒ **honte.**

OPTER ■ ⇒ **choisir.**

OPTIMISME ■ ⇒ **insouciance.**

OPTIMISTE ■ adj. et n. ⇒ **insouciant.**

OPTION ■ *I.* Alternative, dilemme. ⇒ **choix.** *II.* ⇒ **préférence.**

OPTIONNEL, ELLE ■ ⇒ **facultatif.**

OPTIQUE ■ ⇒ **vue.**

OPULENCE ■ *I.* ⇒ **affluence.** *II.* ⇒ **richesse.**

OPULENT, E ■ ⇒ **riche.**

OPUSCULE ■ ⇒ **livre.**

OR ■ ⇒ **richesse.**

ORACLE ■ *I.* ⇒ **prédiction.** *II.* ⇒ **vérité.** *III.* ⇒ **opinion.**

ORAGE ■ *I. Au pr.* ⇒ **bourrasque.** *II. Par ext.* 1. ⇒ **malheur.** 2. ⇒ **mésintelligence.** 3. ⇒ **trouble.**

ORAGEUX, EUSE ■ *Fig.* ⇒ **troublé.**

ORAISON ■ *I.* ⇒ **prière.** *II.* ⇒ **discours.** *III. Oraison funèbre* ⇒ **éloge.**

ORAL, E ■ ⇒ **verbal.**

ORANGE ■ ⇒ **agrume.**

ORATEUR ■ Avocat, causeur, cicéron, conférencier, débateur, foudre d'éloquence, logographe (vx et péj.), parleur, prédicant, prédicateur, tribun. ***Péj.*** : baratineur, déclamateur, discoureur, harangueur, rhéteur.

ORATOIRE ■ ⇒ **église.**

ORATORIO ■ ⇒ **opéra.**

ORBE ■ ⇒ **rond.**

ORBITE ■ ***I.*** ⇒ **rond.** ***II.*** ⇒ **cercle.**

ORCHESTRATION ■ Arrangement, harmonisation, instrumentation.

ORCHESTRE ■ Clique, ensemble, fanfare, formation, groupe, harmonie, jazz, lyre, musique, nouba, octuor, orphéon, quatuor, quintette, septuor, sextuor, trio.

ORCHESTRER ■ ***I. Au pr.*** : arranger, harmoniser, instrumenter. ***II. Fig.*** : amplifier, clamer, divulguer, faire savoir, répandre.

ORDINAIRE ■ ***I. Adj.*** **1.** Accoutumé, coutumier, familier, habituel, invétéré, traditionnel. **2.** ⇒ **commun. 3.** ⇒ **moyen.** ***II. Nom*** : alimentation, chère, cuisine, menu, pitance, ration, repas, table.

ORDINAIREMENT ■ À l'accoutumée, à l'/d'/pour l'ordinaire, communément, de coutume, généralement, le plus souvent, d'habitude, habituellement, usuellement, volontiers.

ORDO ■ Comput.

ORDONNANCE ■ ***I.*** ⇒ **ordre.** ***II.*** ⇒ **jugement.** ***III.*** ⇒ **règlement.**

ORDONNANCEMENT ■ Méthode, organisation, processus, programme, suite.

ORDONNÉ, E ■ ⇒ **réglé.**

ORDONNER ■ ***I.*** ⇒ **agencer.** ***II.*** ⇒ **commander.**

ORDRE ■ ***I.*** Agencement, alignement, arrangement, assemblage, classement, classification, disposition, distribution, économie, ordonnance, ordonnancement, plan, structure, succession, suite, symétrie, système. ***II.*** ⇒ **règle.** ***III.*** Discipline, harmonie, hiérarchie, méthode, morale, organisation, paix, police, subordination, tranquillité. ***IV.*** ⇒ **classe.** ***V.*** ⇒ **genre.** ***VI.*** ⇒ **rang.** ***VII.*** ⇒ **congrégation.** ***VIII.*** ⇒ **corporation.** ***IX.*** ⇒ **instruction.** ***X.*** ⇒ **commandement.** ***XI. Loc.*** **1. Donner ordre** ⇒ **pourvoir. 2. Ordre du jour** ⇒ **programme.**

ORDURE ■ Balayures, bourre, bourrier, caca, chiure, crasse, débris, déchets, détritus, excrément, fange, fient, fiente, fumier, gadoue, gringuenaude, immondices, impureté, malpropreté, margouillis, merde, nettoyure, poussière, rebut, résidu, saleté, salissure, saloperie, sanie, scorie, vidure.

ORDURIER, ÈRE ■ ⇒ **obscène.**

ORÉE ■ ⇒ **bord.**

OREILLE ■ ***I.*** Ouïe. ***Arg.*** : cliquette, escalope, esgourde, étagère à mégots, étiquette, feuille, manette, pavillon, plat à barbe, portugaise. ***II.*** ⇒ **poignée.**

OREILLER ■ Chevet, coussin, polochon, traversin.

ORFÈVRE ■ Bijoutier, joaillier.

ORGANE ■ ***I.*** ⇒ **sens.** ***II.*** ⇒ **journal, revue.** ***III.*** ⇒ **sexe.**

ORGANISATION ■ ***I.*** ⇒ **agencement.** ***II.*** ⇒ **organisme.**

ORGANISER ■ ⇒ **Régler, préparer.**

ORGANISME ■ Administration, bureau, constitution, corps, ensemble, établissement, formation, office, organisation, service.

ORGASME ■ **Mâle** : éjaculation. **Génér.** : jouissance, spasme, volupté. **Fam.** : épectase, extase, feu d'artifice, grandes orgues, grand frisson, paradis, petite mort, 14 juillet, secousse, septième ciel, etc. ⇒ **jouir.**

ORGELET ■ Chalaze, chalazion, compère-loriot, grain d'orge, hordéole.

ORGIAQUE ■ Dépravé. ⇒ **débauché.**

ORGIE ■ ***I.*** ⇒ **débauche.** ***II.*** ⇒ **profusion.**

ORGUEIL ■ Amour-propre, arrogance, dédain, estime de soi, fatuité, fierté, gloriole, hauteur, immodestie, importance, infatuation, jactance, mégalomanie, morgue, ostentation, outrecuidance, pose, présomption, prétention, raideur, suffisance, superbe, supériorité, vanité.

ORGUEILLEUX, EUSE ■ Altier, arrogant, avantageux, bouffi, content de soi, crâneur, dédaigneux, faraud, fat, fier, flambard, glorieux, gobeur, hautain, important, infatué, m'as-tu-vu, méprisant, ostentatoire, outrecuidant, paon, pénétré de soi, plastronneur, plein de soi, poseur, présomptueux, prétentieux, puant, satisfait de soi, sourcilleux, suffisant, superbe, vain, vaniteux.

ORIENT ■ ***I.*** Est, levant. ***II.*** ⇒ **lustre.**

ORIENTATION ■ ***I.*** ⇒ **direction.** ***II.*** ⇒ **position.**

ORIENTER ■ ***I.*** ⇒ **diriger.** ***II. V. pron.*** ⇒ **retrouver (se).**

ORIFICE ■ ⇒ **ouverture.**

ORIFLAMME ■ ⇒ **gonfanon.**

ORIGINAIRE ■ Aborigène, autochtone, indigène, issu de, natif, naturel, né à/de, d'origine, originel, sorti/venu de.

ORIGINAL, E ■ ***I. Adj.*** **1. Au pr. :** différent, distinct, distinctif, inaccoutumé, inclassable, incomparable, inédit, initial, insolite, jamais vu, neuf, nouveau, originel, premier, primitif, princeps, sans précédent, singulier, spécifique, unique, vierge, virginal. **2. Par ext. :** amusant, bizarre, braque, chinois (fam.), cocasse, curieux, déconcertant, drolatique, drôle, étonnant, étrange, excentrique, exceptionnel, extraordinaire, extravagant, fantasque, hardi, indépendant, non-conformiste, maniaque, paradoxal, particulier, personnel piquant, pittoresque, plaisant, rare, remarquable, spécial, surprenant. ***II. Nom.*** **1.** Acte authentique, minute. **2.** ⇒ **texte. 3.** Prototype. ⇒ **modèle. 4.** Bohème, chinois, excentrique, fantaisiste, maniaque, numéro, olibrius, personnage, phénomène, type.

ORIGINALITÉ ■ ***I. Favorable ou neutre :*** cachet, chic, drôlerie, fraîcheur, hardiesse, indépendance, non-conformisme, nouveauté, personnalité, piquant, pittoresque. ***II. Non favorable :*** bizarrerie, cocasserie, étrangeté, excentricité, extravagance, manie, paradoxe, singularité.

ORIGINE ■ ***I.*** Base, berceau, cause, début, départ, embryon, enfance, fondement, genèse, germe, motif, nid, noyau, œuf, point de départ, prédéterminant, principe, racine, raison, semence, source. ⇒ **commencement.** ***II.*** ⇒ **naissance.** ***III. Gram. :*** dérivation, étymologie.

ORIGINEL, ELLE ■ ⇒ **originaire.**

ORIPEAU ■ ⇒ **loque.**

ORNEMENT ■ Accessoire, affiquet, affûtiaux (fam.), agrément, ajustement, apprêt, atour, bijou, bossette, broderie, chamarrure, décoration, détail, enjolivement, enjolivure, enrichissement, falbala, fanfreluche, figure, fioriture, fleur, fleuron, garniture, motif, ornementation, parement, parure, tapisserie.

ORNEMENTAL, E ■ ⇒ **beau.**

ORNER ■ Adorner, agrémenter, ajouter, assaisonner, barder, broder, chamarrer, colorer, décorer, disposer, égayer, émailler, embellir, empanacher, enguirlander, enjoliver, enluminer, enrichir, farder, fignoler, fleurir, garnir, habiller, historier, imager, jarreter, meubler, ornementer, ourler, parer, passementer, pavoiser, pomponner, rehausser, revêtir, tapisser. ⇒ **peindre.**

ORNIÈRE ■ ***I. Au pr. :*** fondrière, nid de poule, trou. ⇒ **trace.** ***II. Fig.*** ⇒ **routine.**

ORPHELIN, INE ■ ***I. Nom :*** pupille. ***II. Adj.*** (fig.) : abandonné *et les part. passés possibles des syn. de* ABANDONNER, frustré/privé de.

ORPHÉON ■ ***I.*** ⇒ **orchestre.** ***II.*** ⇒ **chœur.**

ORTHODOXE ■ ⇒ **vrai.**

ORTHODOXIE ■ ***I. Au pr.*** ⇒ **vérité.** ***II. Par ext. :*** conformisme, doctrine, ligne, norme, règle, régularité.

ORTHOGRAPHIER ■ ⇒ **écrire.**

ORTHOPHONIE ■ Logopédie.

OS ■ ***Par ext. :*** ossements. ⇒ **carcasse.**

OSCILLATION ■ ***I. Au pr. :*** nutation, vibration. ⇒ **balancement.** ***II. Fig.*** ⇒ **variation.**

OSCILLER ■ ***I. Au pr.*** ⇒ **balancer.** ***II. Fig.*** ⇒ **hésiter.**

OSÉ, E ■ ***I.*** ⇒ **hardi.** ***II.*** ⇒ **hasardé.**

OSER ■ S'aventurer, s'aviser de, entreprendre, se hasarder, se lancer, se permettre, prendre son courage à deux mains, se résigner, y aller (fam.). ⇒ **hasarder.**

OSSATURE ■ ⇒ **carcasse.**

OSSEMENTS ■ ***I.*** ⇒ **os.** ***II.*** ⇒ **restes.**

OSSUAIRE ■ ⇒ **cimetière.**

OSTENSIBLE ■ ⇒ **visible.**

OSTENTATION ■ ***I.*** ⇒ **montre.** ***II.*** ⇒ **orgueil.**

OSTRACISER ■ ***I.*** ⇒ **bannir.** ***II.*** ⇒ **éliminer.**

OTAGE ■ ***I.*** ⇒ **garant.** ***II.*** ⇒ **prisonnier.**

ÔTER ■ ***I.*** ⇒ **tirer.** ***II.*** ⇒ **prendre.** ***III.*** ⇒ **quitter.** ***IV.*** ⇒ **retrancher.**

OUAILLE ■ ***I. Au pr.*** ⇒ **brebis.** ***II. Par ext.*** ⇒ **fidèle.**

OUBLI ■ ***I. Au pr.*** 1. Amnésie. 2. ⇒ **omission.** ***II. Par ext.*** 1. ⇒ **pardon.** 2. ⇒ **ingratitude.**

OUBLIÉ, E ■ ⇒ **inconnu.**

OUBLIER ■ Désapprendre, manquer, négliger, omettre. ⇒ **abandonner.**

OUBLIETTES ■ ⇒ **cachot.**

OUBLIEUX, EUSE ■ ⇒ **ingrat.**

OUEST ■ ⇒ **occident.**

OUI ■ Assurément, bien, bien sûr, bon, certainement, certes, dame, évidemment, à merveille, optime, oui-da, parfait, parfaitement. ***Fam. :*** cinq sur cinq, d'ac, positif.

OUÏE ■ ⇒ **oreille.**

OUÏES ■ Branchies.

OUÏR ■ ⇒ **entendre.**

OURAGAN ■ ***I. Au pr.*** ⇒ **bourrasque.** ***II. Fig.*** ⇒ **trouble.**

OURDIR ■ ***I. Au pr. :*** tisser, tramer, tresser. ***II. Fig. :*** aménager, arranger, brasser, combiner, comploter, conspirer, machiner, manigancer, monter, nouer, préparer, tisser, tramer, tresser.

OURLER ■ ⇒ **border.**

OURLET ■ ⇒ **bord.**

OURS ■ ***Par ext.*** ⇒ **sauvage.**

OUTIL ■ ⇒ **instrument.**

OUTILLAGE ■ Cheptel, équipement, instruments, machine, matériel, outils.

OUTILLER ■ ⇒ **pourvoir.**

OUTLAW ■ ⇒ **maudit.**

OUTRAGE ■ ***I.*** ⇒ **offense.** ***II.*** ⇒ **dommage.**

OUTRAGEANT, E, OUTRAGEUX, EUSE ■ ⇒ **offensant.**

OUTRAGER ■ ⇒ **offenser.**

OUTRANCE ■ ***I.*** ⇒ **excès.** ***II. Loc.*** **À outrance** : outre mesure.

OUTRANCIER, ÈRE ■ ⇒ **excessif.**

OUTRE, EN OUTRE, OUTRE CELA ■ De/en plus, indépendamment, pardessus le marché.

OUTRÉ, E ■ ***I.*** ⇒ **excessif.** ***II.*** Beau d'indignation, horrifié, indigné, le souffle coupé, offensé, révolté, scandalisé, suffoqué.

OUTRECUIDANCE ■ ***I.*** ⇒ **arrogance.** ***II.*** ⇒ **orgueil.**

OUTRECUIDANT, E ■ n. et adj. ***I.*** ⇒ **arrogant.** ***II.*** ⇒ **orgueilleux.**

OUTRE-MESURE ■ À outrance.

OUTREPASSER ■ ⇒ **dépasser.**

OUTRER ■ v. tr. et intr. ⇒ **exagérer.**

OUTSIDER ■ ⇒ **concurrent.**

OUVERT, E ■ ***I. Au pr.*** : béant, libre. ***II. Fig.*** 1. ⇒ **franc.** 2. ⇒ **intelligent.**

OUVERTURE ■ ***I. Au pr.*** : 1. Ajour, aperture, baie, béance, bouche, boulin, brèche, châssis, chatière, croisée, dégagement, ébrasement, ébrasure, échappée, embrasure, entrée, évasement, évasure, évent, excavation, fenestron, fenêtre, fente, gorge, goulot, gueulard, gueule, guichet, imposte, issue, jour, judas, lucarne, lumière, lunette, oculus, œil, oriel, orifice, passage, percée, pertuis, porte, regard, sortie, souillard, soupirail, stomate (botan), trou, trouée, varaigne (marais), vasistas, vue. 2. **Méd.** : émonctoire, méat. 3. Archère, barbacane, meurtrière, rayère. 4. **Mar.** : écubier, hublot, sabord. ***II. Par ext.*** 1. ⇒ **commencement.** 2. ⇒ **prélude.** 3. ⇒ **offre.** 4. ⇒ **moyen.** ***III. Loc.*** **Ouverture d'esprit** : largeur d'esprit.

OUVRAGE ■ ***I.*** ⇒ **travail.** ***II.*** ⇒ **livre.** ***III.*** Chef-d'œuvre, composition, création, essai, étude, œuvre, production, produit. ***IV. Milit.*** : bastille, bastion, blockhaus, citadelle, défense, dehors, fort, fortification, fortin, redoute, rempart.

OUVRAGER, OUVRER ■ ⇒ **travailler.**

OUVRIER ■ ***I.*** ⇒ **artisan.** ***II.*** ⇒ **travailleur.**

OUVRIR ■ ***I.*** Crocheter, déboucher, déboutonner, débrider, décacheter, déclore (vx), défoncer, dégager, désencombrer, désobstruer, déverrouiller, ébraser, écarquiller, écarter, éclore, élargir, enfoncer, entrebâiller, entrouvrir, épanouir, évaser, fendre, forcer, frayer, inciser, percer, scarifier, tirer. ***II.*** ⇒ **étendre.** ***III.*** ⇒ **commencer.** ***IV.*** Aérer. ***V.*** Creuser, crevasser, éventrer, trouer. ***VI. V. pron.*** ⇒ **confier (se).**

OUVROIR ■ ⇒ **atelier.**

OVALE ■ ***I. Adj.*** : courbe, ellipsoïde, oblong, ové, oviforme. ***II. Nom*** : ellipse, mandorle, ove.

OVALISER ■ ⇒ **agrandir.**

OVATION ■ ⇒ **acclamation.**

OVATIONNER ■ Faire une ovation. ⇒ **acclamer.**

OVIN, E ■ Ovidé. ⇒ **mouton.**

OVULE ■ Embryon, germe, œuf.

OXYDER ■ Brûler, détériorer, détruire, ronger, rouiller.

p

PACAGE ■ ⇒ **pâturage.**

PACIFIER ■ Adoucir, apaiser, arranger, calmer, retenir, tranquilliser.

PACIFIQUE, PACIFISTE ■ ⇒ **paisible.**

PACOTILLE ■ ⇒ **marchandise.**

PACTE ■ ***I.*** ⇒ **convention.** ***II.*** ⇒ **traité.**

PACTISER ■ ***I.*** ⇒ **entendre (s').** ***II.*** ⇒ **composer.**

PACTOLE ■ ⇒ **richesse.**

PAGAILLE ■ ⇒ **désordre.**

PAGE ■ ***I.*** ⇒ **feuille.** ***II.*** ⇒ **passage.**

PAGINER ■ ⇒ **coter.**

PAGNE ■ Paréo.

PAGURE ■ Bernard l'hermite.

PAIE ■ ***I.*** ⇒ **rétribution.** ***II.*** ⇒ **paiement.**

PAIEMENT, PAYEMENT ■ ***I. Au pr. :*** appointements, attribution, cachet, commission, émoluments, honoraires, indemnité, jeton, paie, salaire, solde, solution (jurid.), traitement, transfert, versement, virement. ***II. Fig.*** ⇒ **récompense.**

PAÏEN, ENNE ■ n. et adj. Agnostique, athée, gentil, hérétique, idolâtre, impie, incrédule, incroyant, infidèle, irréligieux, mécréant, renégat.

PAILLARD, E ■ ⇒ **lascif.**

PAILLARDISE ■ ⇒ **lasciveté.**

PAILLASSE ■ ***I. N. f.*** ⇒ **matelas.** ***II. N. m.*** ⇒ **clown.**

PAILLE ■ ***I.*** ⇒ **chaume.** ***II. Loc. :*** **Homme de paille** ⇒ **intermédiaire.**

PAILLER ■ ⇒ **meule.**

PAIN ■ ***I. Au pr. :*** baguette, boule, bricheton (fam.), couronne, flûte, miche, muffin, pistolet. ***II. Par ext.*** 1. Aliment, nourriture, pitance. 2. Brique, lingot.

PAIR ■ ⇒ **égal.**

PAIRE ■ ⇒ **couple.**

PAISIBLE ■ Aimable, béat, calme, doux, modéré, pacifique, pacifiste, pantouflard (péj.), pénard (fam.), placide, quiet, serein. ⇒ **tranquille.**

PAÎTRE ■ ***I. V. tr.*** ⇒ **nourrir.** ***II. V. intr. :*** brouter, gagner (vx), herbeiller, manger, pacager, pâturer, viander (vén.).

PAIX ■ ***I. Nom.*** **1. Au pr. :** apaisement, béatitude, bonheur, calme, concorde, entente, fraternité, harmonie, repos, sérénité, silence, tranquillité, union. **2. Par ext. :** accord, armistice, conciliation, entente, pacification, pacte, réconciliation, traité. ***II. Interj. :*** bouche close/cousue, chut, motus (fam.), silence.

PALABRE ■ ***I.*** ⇒ **discussion.** ***II.*** ⇒ **discours.**

PALABRER ■ ***I.*** ⇒ **discuter.** ***II.*** ⇒ **discourir.**

PALACE ■ ⇒ **hôtel.**

PALADIN ■ ⇒ **chevalier.**

PALAIS ■ Casino, castel, château, demeure, palace. ⇒ **immeuble.**

PALAN ■ ⇒ **treuil.**

PÂLE ■ ***I. Au pr. :*** blafard, blanchâtre, blême, bleu, cadavérique, décoloré, étiolé, exsangue, hâve, incolore, livide, opalin, pâlot, plombé, terne, terreux, vert. ***II. Par ext.*** ⇒ **malade.**

PALEFRENIER ■ Garçon d'écurie, lad, valet.

PALEFROI ■ Cheval, coursier, destrier, monture.

PALETOT ■ ⇒ **manteau.**

PALIER ■ ***I. Au pr. :*** carré, étage, repos. ***II. Par ext.*** ⇒ **phase.**

PALINGÉNÉSIE ■ ⇒ **renaissance.**

PALINODIE ■ ⇒ **rétractation.**

PÂLIR ■ ⇒ **blêmir.**

PALIS ■ ***I.*** ⇒ **pieu.** ***II.*** ⇒ **clôture.**

PALISSADE ■ ⇒ **clôture.**

PALLADIUM ■ ⇒ **garantie.**

PALLIATIF ■ ⇒ **remède.**

PALLIER ■ ***I.*** ⇒ **cacher.** ***II.*** ⇒ **modérer.** ***III.*** ⇒ **pourvoir à.**

PALMIPÈDE ■ ***I.*** Anatidé, fuligule. ***II.*** Albatros, canard, cormoran, cygne, fou, goéland, gorfou, macreuse, manchot, milouin, morillon, mouette, oie, pélican, pétrel, pilet, pingouin, sarcelle, sphénisque, sterne, tadorne, tourmentin.

PALOMBE ■ ⇒ **colombin.**

PALPABLE ■ ***I.*** ⇒ **sensible.** ***II.*** ⇒ **manifeste.**

PALPER ■ ⇒ **toucher.**

PALPITANT, E ■ ⇒ **intéressant.**

PALPITER ■ ⇒ **trembler.**

PALUDIER, ÈRE ■ Salinier, saunier.

PAMER (SE) ■ ***I. Au pr.*** ⇒ **évanouir (s').** ***II. Fig.*** ⇒ **entousiasmer (s').**

PÂMOISON ■ ⇒ **évanouissement.**

PAMPHLET ■ ***I.*** ⇒ **satire.** ***II.*** ⇒ **libelle.**

PAMPHLÉTAIRE ■ ⇒ **journaliste.**

PAMPLEMOUSSE ■ ⇒ **agrume.**

PAN ■ ***I.*** ⇒ **partie.** ***II.*** ⇒ **flanc.**

PANACÉE ■ ⇒ **remède.**

PANACHAGE ■ ⇒ **mélange.**

PANACHE ■ ***I.*** ⇒ **plumet.** ***II.*** ⇒ **lustre.** ***III. Loc.*** **1. Faire panache ⇒ culbuter. 2. Avoir du panache ⇒ allure.**

PANACHÉ, E ■ ***I.*** ⇒ **bariolé.** ***II.*** ⇒ **mêlé.**

PANACHER ■ ⇒ **mêler.**

PANCARTE ■ ***I.*** ⇒ **affiche.** ***II.*** ⇒ **écriteau.**

PANCRACE ■ ⇒ **lutte.**

PANDÉMIQUE ■ ⇒ **épidémique.**

PANÉGYRIQUE ■ ⇒ **éloge.**

PANETIÈRE ■ ⇒ **gibecière.**

PANIER ■ ***I. Le contenant :*** banne, bannette, banneton, bourriche, cabas, cloyère, corbeille, corbillon, gabion, hotte, manne, mannequin, mannette, paneton, panière, tendelin. ***II. Le contenu :*** panerée. ***III.*** Crinoline, fauxcul, tournure, vertugadin. ***IV. Loc.*** **1. Dessus du panier ⇒ choix. 2. Panier à salade :** voiture cellulaire.

PANIQUE ■ ⇒ **épouvante.**

PANIQUER ■ ⇒ **trembler.**

PANNE ■ ***I. Au pr. :*** barde, couenne, lard. ***II.*** Accident, accroc, arrêt, incident, interruption. ***III.*** ⇒ **poutre.** ***IV. Loc. Mettre en panne*** ⇒ **stopper.**

PANNEAU ■ ***I.*** ⇒ **écriteau.** ***II.*** ⇒ **filet.**

PANORAMA ■ ⇒ **vue.**

PANSE ■ ⇒ **abdomen, bedaine.**

PANSEMENT ■ Compresse.

PANSER ■ ⇒ **soigner.**

PANTAGRUÉLIQUE ■ ⇒ **abondant.**

PANTALON ■ *I.* ⇒ **culotte.** *II.* ⇒ **pantin.**

PANTALONNADE ■ *I.* ⇒ **fuite.** *II.* ⇒ **feinte.** *III.* ⇒ **subterfuge.**

PANTELANT, E ■ *I.* ⇒ **essoufflé.** *II.* ⇒ **ému.**

PANTELER ■ ⇒ **respirer.**

PANTIN ■ *I. Au pr. :* arlequin, bamboche, burattino, clown, fantoche, guignol, jouet, joujou, mannequin, margotin, marionnette, pantalon, polichinelle, poupée, pupazzo. *II. Par ext. :* fantôme, girouette, rigolo, saltimbanque, sauteur, toton, toupie, zéro.

PANTOIS ■ ⇒ **interdit.**

PANTOMIME ■ *I.* ⇒ **mime.** *II.* ⇒ **geste.**

PANTOUFLARD, E ■ *I.* ⇒ **sédentaire.** *II.* ⇒ **paisible.**

PANTOUFLE ■ ⇒ **chausson.**

PAON ■ *I. Au pr. :* oiseau de Junon. *II. Fig.* ⇒ **orgueilleux.**

PAONNER ■ Étaler, faire la roue, parader, se pavaner, poser.

PAPA ■ *I.* ⇒ **père.** *II. Loc.* **1. À la papa :** ⇒ **tranquille. 2. À/de papa :** ⇒ **kitsch.**

PAPAL, E ■ *Par ext. :* intégriste, papalin (péj.), papimane (péj.), papiste, ultramontain.

PAPE ■ Chef de l'Église, évêque universel, pasteur suprême, Saint-Père, Sa Sainteté, serviteur des serviteurs du Christ, souverain pontife, successeur de saint Pierre, Très Saint-Père, vicaire de Jésus-Christ.

PAPELARD, E ■ ⇒ **patelin.**

PAPELARDISE ■ ⇒ **hypocrisie.**

PAPIER ■ *I. Non favorable :* papelard, paperasse. *II. Par ext.* ⇒ **article.** *III. Loc.* **Papier-monnaie :** argent, billet, espèces, numéraire, ticket (arg.).

PAPILLONNER ■ S'agiter, se débattre, se démener, flirter, folâtrer, marivauder, voler, voltiger.

PAPILLOTANT, E ■ Agité, clignotant, flottant, instable, mobile, mouvant.

PAPILLOTE ■ Bigoudi.

PAPILLOTER ■ *I.* ⇒ **luire.** *II.* ⇒ **vaciller.** *III.* ⇒ **ciller.**

PAPOTAGE ■ Bavardage, cancan, caquetage, commérage, jasement, ragot, verbiage.

PAPOTER ■ Babiller, bavarder, cancanner, caquetter, commérer, faire des commérages/ragots.

PAQUEBOT ■ ⇒ **bateau.**

PAQUET ■ *I. Au pr. :* balle, ballot, balluchon, barda, bouchon de linge, colis, pacson (arg.), paquetage, tapon. ⇒ **bagage.** *II. Fig.* **1.** Masse, pile, quantité, tas. **2.** ⇒ **bêtise.** *III. Loc.* **1. Mettre/risquer le paquet :** aller à fond, attaquer, faire le nécessaire, hasarder, risquer. **2. Faire son paquet** (fam.) ⇒ **mourir. 3. Donner son paquet** ⇒ **humilier.**

PAQUETAGE ■ ⇒ **bagage.**

PARABOLE ■ Allégorie, apologue, fable, histoire, image, morale, récit, symbole.

PARACHEVER ■ *I.* ⇒ **finir.** *II.* ⇒ **parfaire.**

PARACHUTER ■ Droper, lâcher, larguer.

PARADE ■ *I.* ⇒ **revue.** *II.* ⇒ **montre.** *III.* Argument, en-cas, esquive, feinte, garniture, moyen, précaution, prévention, protection, sécurité. *IV. Loc. Faire parade* ⇒ **parer (se).**

PARADER ■ ⇒ **montrer (se).**

PARADIGME ■ ⇒ **exemple.**

PARADIS ■ ***I. Au pr.*** : Brahma-Loke, céleste séjour, champs Élysées, ciel, éden, élysée, Jérusalem céleste, monde meilleur, nirvāna, oasis, olympe, sein de Dieu, Walhalla. ***II. Par ext.*** : balcon, dernières galeries, pigeonnier, poulailler.

PARADISIAQUE ■ Bienheureux, céleste, délectable, divin, heureux, parfait.

PARADOXAL, E ■ ⇒ **invraisemblable.**

PARADOXE ■ Antiphrase, antithèse, bizarrerie, boutade, contradiction, contraire, contrevérité, énormité.

PARAGE ■ ***I.*** ⇒ **lieu.** ***II.*** ⇒ **naissance.**

PARAGRAPHE ■ ⇒ **partie.**

PARAÎTRE ■ ***I. Au pr.*** : apparaître, s'avérer, avoir l'air/l'aspect, se manifester, marquer, se montrer, s'offrir, sembler, sentir, simuler, passer pour, percer, poindre, pointer, se présenter, surgir. ***II. Par ext.*** ⇒ **distinguer (se).** ***III. Loc.*** **Faire paraître : éditer, publier.**

PARALLÈLE ■ ***I. Adj.*** ⇒ **semblable.** ***II. Nom*** ⇒ **rapprochement.**

PARALOGISME ■ ⇒ **sophisme.**

PARALYSÉ, E ■ n. et adj. ***I.*** ⇒ **engourdi.** ***II.*** ⇒ **paralytique.**

PARALYSER ■ ***I.*** ⇒ **engourdir.** ***II.*** ⇒ **arrêter.** ***III.*** ⇒ **empêcher.** ***IV.*** ⇒ **pétrifier.**

PARALYSIE ■ ***I. Au pr.*** : ankylose, catalepsie, hémiplégie, induration, insensibilisation, paraplégie, parésie. ***II. Par ext.*** : arrêt, blocage engourdissement, entrave, immobilisme, neutralisation, obstruction, ralentissement, sclérose, stagnation.

PARALYTIQUE ■ Estropié, grabataire, hémiplégique, impotent, infirme, paralysé, paraplégique, perclus.

PARANGON ■ ***I.*** ⇒ **exemple.** ***II.*** ⇒ **modèle.**

PARAPET ■ Abri, balustrade, garde-corps/fou, mur, muraille, muret, murette.

PARAPHE ■ Apostille, griffe, seing (vx), signature, visa.

PARAPHRASE ■ ***I.*** ⇒ **développement.** ***II.*** ⇒ **explication.**

PARAPHRASER ■ Amplifier, commenter, développer, éclaircir, expliquer, gloser, imiter.

PARAPLUIE ■ ***I.*** Boy, en-cas, en-tout-cas, tom-pouce. ***II. Fam.*** : pébroc, pépin, riflard.

PARASITE ■ ***I. Adj.*** ⇒ **superflu.** ***II. Nom masc.*** : **1.** ⇒ **pou, vermine, ver. 2. Fig.** : écornifleur, pillard, pique-assiette. ***III. Techn.*** : artefact.

PARASOL ■ Abri, en-cas, en-tout-cas, ombrelle.

PARATONNERRE ■ ***I.*** Parafoudre. ***II.*** ⇒ **protection.**

PARAVENT ■ ***Fig.*** : abri, bouclier, prétexte.

PARC ■ ***I.*** ⇒ **jardin.** ***II.*** ⇒ **pâturage.** ***III. Loc.*** **1. Parc zoologique** : jardin d'acclimatation, ménagerie, zoo.

PARCELLAIRE ■ Cadastre, plan.

PARCELLE ■ ***I.*** ⇒ **morceau.** ***II.*** ⇒ **partie.**

PARCE QUE ■ À cause que (fam.), attendu que, car, d'autant que, en effet, puisque, vu que.

PARCHEMIN ■ ***I.*** ⇒ **diplôme.** ***II.*** ⇒ **titre.**

PARCHEMINÉ, E ■ ⇒ **ridé.**

PARCIMONIE ■ ***I.*** ⇒ **économie.** ***II.*** ⇒ **avarice.**

PARCIMONIEUX, EUSE ■ ***I. Favorable*** ⇒ **économe.** ***II. Non favorable*** ⇒ **avare.**

PARCOURIR ■ ***I. Au pr.*** : battre, couvrir, sillonner. ***II. Par ext.*** **1.** ⇒ **lire. 2.** ⇒ **regarder.**

PARCOURS ■ ***I.*** ⇒ **trajet.** ***II.*** ⇒ **pâturage.**

PARDESSUS ■ ⇒ **manteau.**

PARDON ■ ***I.*** Abolition (vx), absolution, acquittement, amnistie, grâce, indulgence, jubilé (relig.), miséricorde, oubli, remise, rémission. ***II.*** 1. ⇒ **fête.** 2. ⇒ **pèlerinage.** ***III. Par ext.*** ⇒ **excuse.**

PARDONNABLE ■ ⇒ **excusable.**

PARDONNER ■ ***I.*** ⇒ **excuser.** ***II.*** ⇒ **souffrir.** ***III.*** ⇒ **ménager.**

PAREIL, EILLE ■ Adéquat, comparable, égal, équipollent, équipotent, équiprobable, équivalent, identique, jumeau, même, parallèle, semblable, synonyme, tel.

PAREMENT ■ ***I.*** ⇒ **ornement.** ***II.*** ⇒ **revers.** ***III.*** ⇒ **surface.**

PARENT ■ Agnat (jurid.), allié, ancêtre, apparenté, cognat (jurid.), collatéral, consanguin, cousin, dabe (fam.), frère, germain, mère, oncle, père, proche, procréateur, siens (les), tante, utérin.

PARENTÉ ■ ***I. Au pr. :*** affinité, alliance, apparentement, consanguinité, famille, lignage, parentage (vx), parentèle (vx et péj.). ***II. Par ext.*** 1. Phratrie. 2. ⇒ **rapport.**

PARENTHÈSE ■ ⇒ **digression.**

PARER ■ ***I. On pare quelqu'un ou quelque chose :*** adoniser, adorner, afistoler, apprêter, arranger, attifer, bichonner, embellir, endimancher, garnir, orner, pomponner, poupiner. ***II. On pare un coup :*** conjurer, détourner, esquiver, éviter, faire face à, obvier à, prévenir. ***III. V. pron. :*** 1. *Les formes pron. possibles des syn. de* PARER. 2. Faire étalage/montre/parade de.

PARÉSIE ■ ⇒ **paralysie.**

PARESSE ■ Fainéantise, indolence, inertie, laisser-aller, lenteur, lourdeur, mollesse, négligence, nonchalance, oisiveté. ***Fam. :*** cagne, cosse, flemme, rame.

PARESSER ■ ***I.*** ⇒ **sommeiller.** ***II.*** ⇒ **traîner.** ***III. Fam. :*** coincer la bulle, couniller (rég.), glander, ne pas s'en faire, se la couler douce.

PARESSEUX, EUSE ■ n. et adj. ***I.*** Aboulique, indolent, mou, négligent, nonchalant. ***II. Fam. :*** branleur, branlotin, bulleur, cagnard, clampin, cancre, cossard, fainéant, feignant, feignasse, flemmard, lézard, momie, musard, ramier, rossard, tire au cul/flanc. ***III. Mammifère :*** aï, unau.

PARFAIRE ■ Arranger, châtier, ciseler, enjoliver, fignoler, finir, lécher, limer, parachever, peaufiner, perler, polir, raboter, raffiner, revoir, soigner.

PARFAIT, E ■ ***I. Adj. :*** absolu, accompli, achevé, bien, complet, consommé, déterminé, excellent, extra, fameux, fieffé, fini, franc, hors ligne, idéal, impeccable, incomparable, inimitable, insurpassable, irréprochable, magistral, merveilleux, modèle, non pareil (vx), pommé, renforcé, réussi, royal, sacré, super (fam.), superfin, supérieur, surfin, très bien. ⇒ **bon.** ***II. Adv.*** ⇒ **oui.**

PARFOIS ■ ⇒ **quelquefois.**

PARFUM ■ ***I. Substance :*** aromate, baume, eau, essence, extrait, huile, nard, onguent. ***II.*** Arôme, bouquet, fumet, fragrance. ⇒ **odeur.**

PARFUMER ■ ***I. On parfume quelqu'un :*** oindre. ⇒ **frictionner.** ***II. Quelqu'un ou quelque chose parfume l'air :*** aromatiser, dégager, embaumer, exhaler, fleurer, imprégner, répandre.

PARI ■ Gageure, mise, risque.

PARIA ■ ***I.*** ⇒ **misérable.** ***II.*** ⇒ **maudit.**

PARIER ■ ⇒ **gager.**

PARIÉTAL, E ■ Rupestre.

PARIEUR ■ Joueur, turfiste.

PARITÉ ■ ***I.*** ⇒ **égalité.** ***II.*** ⇒ **rapprochement.**

PARJURE ■ ⇒ **infidèle.**

PARKING ■ Garage, parc, parcage, stationnement.

PARLANT, E ■ Bavard, éloquent, expressif, exubérant, loquace, vivant.

PARLEMENT ■ Assemblée, chambre, représentation nationale.

PARLEMENTAIRE ■ ***I.*** ⇒ **envoyé.** ***II.*** ⇒ **député.**

PARLEMENTER ■ Agiter, argumenter, débattre, discuter, négocier, traiter.

PARLER ■ ***I. V. tr.*** **On parle une langue.** *1. Neutre :* employer, s'exprimer, pratiquer. *2. Non favorable :* bafouiller, baragouiner, écorcher, jargonner. ***II. V. intr.*** **1. Au pr.** *Avec des nuances fam. ou péj. :* accoucher, articuler, bâiller, baratiner, baver, bêler, bonir, chevroter, débagouler, débiter, déblatérer, dégoiser, dire, giberner, graillonner, gueuler, jacter, jaser, jaspiner, murmurer, nasiller, proférer/prononcer des mots/paroles, rabâcher, radoter, soliloquer. **2. Par ext.** *On parle avec quelqu'un ou en public :* bavarder, causer, confabuler, conférer, consulter, converser, déclamer, deviser, dialoguer, discourir, discuter, s'entretenir, s'expliquer, haranguer, improviser, pérorer (péj.), porter/ prendre la parole. ***III. Loc.*** **1. Parler de :** faire allusion à, toucher à, traiter de. **2. Parler pour ⇒ intervenir.** ***IV. Nom.*** **1. ⇒ langue. 2. ⇒ parole.**

PARLEUR ■ Baratineur (fam.), causeur, discoureur, diseur, harangueur, jaseur, loquace, orateur, péroreur, phraseur (péj.), pie (péj.), prolixe, verbeux.

PARLOTE ■ ⇒ **conversation.**

PARMI ■ Au milieu de, dans, de, entre.

PARODIE ■ À la manière de, caricature, charge, glose, imitation, pastiche, travestissement.

PARODIER ■ Caricaturer, charger, contrefaire, imiter, pasticher, travestir.

PARODISTE ■ ⇒ **imitateur.**

PAROI ■ Bajoyer, claustra, cloison, éponte, face, galandage, galandis, mur, muraille, séparation.

PAROISSE ■ Circonscription, commune, église, feux, hameau, village.

PAROISSIEN, ENNE ■ ***I. Quelqu'un.*** **1. Neutre :** fidèle, ouaille. **2. Non favorable ⇒ type.** ***II.*** Eucologe, livre d'heures/de messe/de prières, missel.

PAROLE ■ ***I.*** Apophtegme, assurance, circonlocution, compliment, discours, élocution, éloquence, engagement, expression, grossièreté, injure, jactance, langage, mot, outrage, parabole, parler, promesse, propos, sentence, verbe, voix. ⇒ **foi.** ***II. Loc.*** **1. Donner sa parole ⇒ promettre. 2. Porter/prendre la parole ⇒ parler.**

PAROLIER ■ Auteur, chansonnier, librettiste, poète.

PARONYME ■ Doublet, homonyme.

PAROXYSME ■ Accès, au plus fort, comble, crise, exacerbation, maximum, recrudescence, redoublement, sommet, summum.

PARPAILLOT, OTE ■ n. et adj. ***I. Au pr.*** (péj.) : calviniste, protestant. ***II. Par ext. :*** agnostique, anticlérical, athée, impie, incrédule, incroyant, indifférent, infidèle, irréligieux, mécréant, non pratiquant.

PARPAING ■ Aggloméré, bloc, brique, hourdis, moellon, pierre.

PARQUER ■ ⇒ **enfermer.**

PARQUET ■ ***I.*** ⇒ **tribunal.** ***II.*** ⇒ **plancher.**

PARRAIN ■ ***I. Au pr. :*** compère, témoin, tuteur. ***II. Par ext. :*** caution, garant, introducteur.

PARRAINAGE ▪ Auspice, caution, garantie, patronage, protection, tutelle.

PARRAINER ▪ ⇒ **appuyer.**

PARSEMÉ, E ▪ ⇒ **semé.**

PARSEMER ▪ ***I.*** ⇒ **semer.** ***II.*** ⇒ **recouvrir.**

PART ▪ ***I. Au pr.*** 1. Contingent, lot, lotissement, partage, prorata, quotité. ***Arg. :*** fade, pied, taf. 2. ⇒ **partie.** 3. ⇒ **portion.** 4. ⇒ **lieu.** ***II. Loc.*** 1. **À part** ⇒ **excepté.** 2. **D'autre part** ⇒ **plus (de).** 3. **Faire part** ⇒ **informer.** 4. **Avoir/prendre part** ⇒ **participer.**

PARTAGE ▪ ***I.*** ⇒ **distribution.** ***II.*** ⇒ **part.**

PARTAGÉ, E ▪ ***I. Par ext. :*** commun, mutuel, réciproque. ***II. Fig. :*** brisé, déchiré, divisé, écartelé.

PARTAGEABLE ▪ Secable, *et les dérivés possibles de* ⇒ **partager.**

PARTAGER ▪ ***I. Au pr. :*** attribuer, couper, débiter, découper, dédoubler, démembrer, départager, départir, dépecer, dispenser, distribuer, diviser, donner, fractionner, fragmenter, lotir, morceler, partir (vx), scinder, sectionner, séparer, subdiviser. ***II. Fig. :*** aider, associer, communiquer, compatir, entrer dans les peines/les soucis, épouser, éprouver, mettre en commun, participer, prendre part.

PARTANCE ▪ Appareillage, départ, embarquement, sous pression.

PARTANT ▪ Ainsi, donc, en conséquence, par conséquent.

PARTENAIRE ▪ Acolyte, adjoint, affidé, aide, allié, alter ego, ami, associé, coéquipier, collègue, compagnon, complice (péj.), copain (fam.), correspondant, équipier, joueur, second.

PARTERRE ▪ ***I.*** Corbeille, massif, pelouse, planche, plate-bande. ***II.*** ⇒ **public.**

PARTI ▪ ***I.*** Brigue, cabale, camp, clan, coalition, faction, faisceau, groupe, ligue, phalange, rassemblement, secte. ***II.*** ⇒ **intrigue.** ***III.*** ⇒ **troupe.** ***IV.*** ⇒ **résolution.** ***V.*** ⇒ **profit.** ***VI.*** ⇒ **profession.** ***VII.*** ⇒ **fiancé.**

PARTIAL, E ▪ Abusif, arbitraire, déloyal, faux, illégal, illégitime, influencé, injuste, irrégulier, partisan, passionné, préconçu, prévenu, scélérat, tendancieux.

PARTIALITÉ ▪ Abus, arbitraire, déloyauté, injustice, irrégularité, parti pris, préférence, préjugé, prévention, scélératesse.

PARTICIPANT, E ▪ ***I.*** ⇒ **adhérent.** ***II.*** ⇒ **concurrent.**

PARTICIPATION ▪ ***I. L'acte :*** adhésion, aide, appui, collaboration, complicité, concours, connivence (péj.), contribution, coopération, engagement, part, partage, soutien. ***II. L'objet :*** apport, commandite, contribution, mise de fonds, part, souscription. ***III. Par ext. :*** actionnariat. ***IV.*** ⇒ **quota.**

PARTICIPER ▪ ***I. On participe à :*** adhérer, aider, apporter, appuyer, assister, s'associer, avoir intérêt/part, collaborer, concourir, contribuer, coopérer, encourager, s'engager, entrer dans la danse (fam.)/le jeu, être de, être complice/de connivence (péj.), être intéressé, figurer, fournir, s'immiscer, se joindre, se mêler, se mettre de la partie, partager, prendre part, soutenir, tremper dans (péj.). ***II. On participe de :*** tenir.

PARTICULARISÉ, E ▪ Circonstancié, défini, détaillé, déterminé, distingué, fixé, individualisé, singularisé, spécialisé, spécifié.

PARTICULARISER ▪ ⇒ **fixer.**

PARTICULARISME ▪ Attitude, coutume, originalité, propriété. ⇒ **particularité.**

PARTICULARITÉ ▪ Anecdote, anomalie, attribut, caractéristique, circonstance, différence, exception, individualité, modalité, particularisme, propre, propriété, singularité, trait.

PARTICULE ■ ***I.*** Atome, corpuscule, molécule, poudre, poussière. ***II. Gram. :*** affixe, mot, préfixe, suffixe.

PARTICULIER, ÈRE ■ ***I. Adj.*** **1.** Caractéristique, distinct, distinctif, extraordinaire, original, propre à, remarquable, singulier, spécial. **2. ⇒ individuel.** ***II. Nom :*** individu, unité. **⇒ homme.** ***III. Loc.*** **1. En particulier ⇒ particulièrement. 2. Cas particulier :** circonstance. **3. Point particulier :** précis.

PARTICULIÈREMENT ■ Éminemment, en particulier, notamment, principalement, singulièrement, spécialement, surtout.

PARTIE ■ ***I. Au pr. :*** bout, branche, bribe, compartiment, composant, côté, division, élément, embranchement, fraction, membre, morceau, pan, parcelle, part, particule, pièce, portion, rameau, ramification, secteur, subdivision, tranche, tronçon. ***II. D'une œuvre :*** acte, alinéa, article, chant, chapitre, division, époque, morceau, mouvement (mus.), paragraphe, passage, point, scène, section, titre. ***III.*** **⇒ divertissement.** ***IV.*** **⇒ rencontre.** ***V.*** **⇒ profession.** ***VI.*** **⇒ qualité.** ***VII.*** **⇒ plaideur.** ***VIII. Au pl.*** **⇒ sexe.**

PARTIEL, ELLE ■ Fragmentaire, incomplet, relatif, sectoriel.

PARTI PRIS ■ **⇒ préjugé.**

PARTIR ■ ***I. Au pr. :*** abandonner, s'en aller, battre en retraite, brûler la politesse (péj.), changer de place, décamper, se défiler, déguerpir, déloger, démarrer, se dérober, détaler, disparaître, s'ébranler, s'échapper, s'éclipser, s'éloigner, émigrer, s'expatrier, ficher/foutre (grossier) le camp, filer, fuir, gagner/prendre le large/la porte/la sortie, prendre congé/ses jambes à son cou/le large/la porte, se réfugier, se retirer, s'en retourner, se sauver, se séparer. ***Fam. :*** se barrer/calter/carapater/ casser/cavaler/débiner, débarrasser le plancher, décaniller, déhaler, déhotter, déménager, démurger, dérober, dévisser, s'esbigner, se faire la levure/la malle/la valise, filer à l'anglaise, filocher, galérer, jouer les filles de l'air/rip, mettre les adjas/les bouts/les loubés/les voiles, natchaver, prendre la poudre d'escampette/ses cliques et ses claques, riper, se tailler/tirer/trisser/trotter, tirer sa révérence. ***II.*** **⇒ sortir.** ***III.*** **⇒ commencer.** ***IV. Vx*** **⇒ partager.**

PARTISAN, E ■ ***I. Adj.*** **⇒ partial.** ***II. Nom.*** **1.** Adepte, adhérent, affidé, affilié, allié, ami, disciple, fanatique (péj.), féal, fidèle, homme lige, militant, propagandiste, prosélyte, recrue, satellite, sectateur, séide, séquelle (vx et péj.), siens (les), supporter, suppot (péj.). **2. ⇒ résistant.**

PARTOUT ■ Urbi et orbi.

PARTURITION ■ **⇒ gésine.**

PARURE ■ ***I.*** **⇒ ajustement.** ***II.*** **⇒ ornement.**

PARVENIR ■ ***I.*** **⇒ arriver.** ***II.*** **⇒ venir.** ***III. Fig.*** **⇒ réussir.**

PARVENU, E ■ n. et adj. Agioteur, arriviste, figaro, homme arrivé/nouveau, nouveau riche, rasta, rastaquouère.

PARVIS ■ Façade. **⇒ place.**

PAS ■ ***I. Nom.*** **1. Par ext. :** enjambée, foulée, marche. **2. Du cheval :** appui. **3. ⇒ trace. 4. ⇒ passage. 5. ⇒ défilé. 6. ⇒ détroit. 7. ⇒ seuil. 8. Fig. :** avance, essai, étape, jalon, progrès. ***II. Loc.*** **1. Avoir/prendre le pas sur :** avantage, droit, préséance. **2. Faux pas :** chute, écart, erreur, faiblesse, faute, glissade. **3. Pas de clerc ⇒ bêtise.** ***III. Adv. :*** aucunement, goutte (vx), mie (vx), mot, point, rien.

PASQUIN ■ **⇒ bouffon.**

PASSABLE ■ Acceptable, admissible, assez bien/bon, correct, médiocre, mettable, moyen, possible, potable, suffisant, supportable.

PASSADE ▪ Amourette, aventure, béguin, caprice, fantaisie, flirt, galanterie, liaison, passionnette.

PASSAGE ▪ ***I. Au pr. :*** **1.** Allée, artère, avenue, chemin, rue, traboule, venelle, voie. **2.** Chenal, détroit, embouquement, goulot, gué, isthme, passe. **3.** Col, gorge, pas, port, seuil, trouée. **4.** Corridor, couloir, dégagement, galerie, lieu, ouverture. **5. Vén. :** passée. **6.** Boyau, communication. ***II. Fig. :*** circonstance, conjoncture, moment, passe. ***III.*** Alinéa, endroit, extrait, fragment, morceau, page, paragraphe, strophe. ***IV.*** ⇒ **transition.**

PASSAGER, ÈRE ▪ ***I. Adj. :*** court, de courte durée, éphémère, fragile, fugitif, fuyard, incertain, intérimaire, momentané, précaire, provisoire, temporaire, transitoire. ***II. Nom*** ⇒ **voyageur.**

PASSANT, E ▪ ***I. Nom :*** flâneur, promeneur. ***II. Adj. :*** fréquenté, passager.

PASSAVANT, PASSE ▪ Acquit-à-caution, passe-debout, laissez-passer, octroi, permis.

PASSE ▪ ***I. N. m. :*** ⇒ **passe-partout.** ***II. N. f.*** ⇒ **passage, défilé.** ***III. Loc.*** **Être en passe de :** état, position, situation, sur le point.

PASSÉ ▪ ***I. Nom :*** histoire, temps anciens/révolus, tradition. ⇒ **autrefois.** ***II. Prép. :*** après, au-delà de. ***III. Adj.*** **1.** Accompli, ancien, antécédent, défunt, mort, révolu. **2.** Abîmé, altéré, amorti, avachi, décoloré, déformé, défraîchi, délabré, délavé, démodé, désuet, esquinté, fané, fatigué, flétri, gâté, pâli, pisseux, ridé, séché, terni, usagé, usé, vieilli, vieux.

PASSE-DROIT ▪ ***I.*** ⇒ **privilège.** ***II.*** ⇒ **injustice.**

PASSÉISTE ▪ ⇒ **réactionnaire.**

PASSEMENT, PASSEMENTERIE ▪ Agrément, aiguillette, brandebourg, broderie, chamarrure, chenille, cordon, cordonnet, crépine, crête, croquet, dentelle, dragonne, embrasse, épaulette, feston, filet, frange, galon, ganse, garniture, gland, gros-grain, guipure, houppe, lézarde, macramé, pampille, passepoil, picot, résille, ruban, rufflette, soutache, torsade, tresse.

PASSE-PARTOUT ▪ ***I.*** **Arg. :** carouble, oiseau, rossignol. ⇒ **clef.** ***II.*** Scie.

PASSE-PASSE ▪ ***I. Au pr. :*** attrape, escamotage, ficelle, fourberie, illusion, magie, tour, tromperie, truc. ***II. Par ext.*** ⇒ **combine.**

PASSEPORT ▪ Autorisation, laissez-passer, sauf-conduit, visa.

PASSER ▪ ***I. V. intr.*** **1. Au pr. :** aller, changer, circuler, courir, défiler, dépasser, disparaître, se dissiper, s'écouler, s'effacer, s'enfuir, s'envoler, s'évanouir, s'évaporer, évoluer, fuir, marcher, se rendre à. **2. Fig. :** accepter, cacher, concéder, couler/glisser sur, écarter, excuser, négliger, omettre, pardonner, permettre, taire, tolérer. **3. Par ext.** ⇒ **mourir,** *et les formes pron. possibles des syn. de* FLÉTRIR. **4. En passer par** ⇒ **soumettre (se).** ***II. V. tr.*** **1. Au pr. :** enjamber, escalader, franchir, sauter, traverser. **2. Fig. :** cribler, filtrer, tamiser. ***III. Loc.*** **1. Passer le temps/la vie :** consumer, couler, employer, gaspiller (péj.), occuper, perdre (péj.), traîner (péj.). **2. Passer un examen :** subir. **3. Passer un mot :** laisser, omettre, oublier, sauter. **4. Passer les limites :** combler, exagérer, excéder, outrepasser, outrer. **5. Passer l'entendement** ⇒ **surprendre. 6. Faire passer :** acheminer, convoyer, donner, faire parvenir, remettre, transiter, transmettre, transporter. **7. Passer un vêtement :** enfiler, mettre. **8. Passer une maladie :** amener, communiquer. **9. Passer par les armes** ⇒ **fusiller.** ***IV. V. pron. :*** **1.** Advenir, arriver, avoir lieu, se dérouler, s'écouler, se produire. **2.**

Les formes pron. possibles des syn. de PASSER. **3. On se passe de quelque chose** : s'abstenir, se dispenser de, éviter, se garder de, s'intedire de, négliger de, se priver de, refuser à, renoncer à, se retenir de.

PASSEREAU ■ Accenteur, alouette, becfigue, bec-fin, bergeronnette, bouvreuil, bruant, calao, chardonneret, colibri, corbeau, corneille, cotinga, engoulevent, étourneau, farlouse, fauvette, fourmilier, fournier, geai, gobemouche, grimpereau, griset, grive, gros-bec, hirondelle, jacamar, jaseur, linot, linotte, loriot, mainate, martinet, ménure, merle, mésange, moineau, momot, moucherolle, ortolan, paradisier, passeriforme, passerine, pie, piegrièche, pinson, pipit, proyer, quiscale, rémiz, roitelet, rossignol, rougegorge, rouge-queue, rousserole, rubiette, salangane, sansonnet, séleucide, sirli, sittelle, tarin, tète-chèvre, tisserin, traîne-buisson, traquet, troglodyte, troupiale, tyran, verdier.

PASSERELLE ■ ⇒ **pont.**

PASSE-TEMPS ■ Agrément, amusement, délassement, distraction, divertissement, jeu, occupation, plaisir, récréation.

PASSEUR ■ ⇒ **batelier.**

PASSIBLE ■ ⇒ **susceptible.**

PASSIF ■ ***I. N. m.*** : perte. ***II. Adj.*** ⇒ **inerte.**

PASSIM ■ Çà et là, en différents endroits, par-ci par-là.

PASSION ■ ***I. Neutre ou favorable*** : admiration, adoration, adulation, affection, amour, appétit, ardeur, béguin, chaleur, culte, élan, emballement, enthousiasme, flamme, goût, inclination, passade, penchant, sentiment, trouble, vénération. ***II. Non favorable*** : ambition, avarice, avidité, caprice, convoitise, délire, désir, éréthisme, exaltation, excitation, emportement, ensorcellement, envoûtement, faible, fanatisme, fièvre, folie, frénésie, fureur, furie, habitude, haine, maladie, manie, rage, tarentule, ver rongeur, vice. ***III. Litt.*** : animation, chaleur, émotion, feu, flamme, lyrisme, pathétique, sensibilité, vie.

PASSIONNANT, E ■ Affolant, attachant, beau, brûlant, captivant, délirant, dramatique, électrisant, émouvant, empoignant, enivrant, enthousiasmant, excitant, intéressant.

PASSIONNÉ, E ■ ⇒ **enthousiaste.**

PASSIONNÉMENT ■ Beaucoup, follement, à la folie / fureur, furieusement.

PASSIONNER ■ Animer, attacher, captiver, électriser, empoigner, enfiévrer, enflammer, enivrer, enthousiasmer, exalter, exciter, intéresser. ***V. pron.*** : aimer, s'emballer, s'embraser, s'enflammer, s'engouer, s'enivrer, s'enticher, s'éprendre, prendre feu, raffoler.

PASSIVITÉ ■ ⇒ **inaction.**

PASSOIRE ■ Couloire, crible, filtre, passe-thé, tamis.

PASTÈQUE ■ Melon d'eau/d'Espagne, pépon, péponide.

PASTEUR ■ ***I.*** ⇒ **berger.** ***II.*** ⇒ **prêtre.**

PASTEURISATION ■ Aseptisation, stérilisation, upérisation.

PASTEURISER ■ Aseptiser, stériliser.

PASTICHE ■ ***I.*** ⇒ **imitation.** ***II.*** ⇒ **parodie.**

PASTICHER ■ ⇒ **imiter.**

PASTILLE ■ Bonbon, boule, cachet, comprimé, gélule, tablette.

PASTORAL, E ■ Bucolique, champêtre, paysan, rural, rustique.

PASTORALE ■ Bergerette, bergerie, bucolique, églogue, idylle, moutonnerie (péj.), pastourelle.

PASTOUREAU ■ ⇒ **berger.**

PATACHE ■ ***I.*** ⇒ **coche.** ***II.*** ⇒ **voiture.**

PATAQUÈS ■ ⇒ **lapsus.**

PATATE ■ ***I.*** Pomme de terre. ***II. Loc.*** (fam.). **En avoir gros sur la patate** : sur le cœur/l'estomac.

PATATRAS ■ Pan, patapouf, vlan.

PATAUD, E ■ ⇒ **gauche.**

PATAUGER ■ ***I. Au pr.*** : barboter, s'enliser, gadouiller, patouiller, patrouiller, piétiner. ***II. Fig.*** S'embarrasser, s'embrouiller, s'empêtrer, nager, se perdre.

PÂTE ■ ***I. Par ext.*** : barbotine, bouillie, colle, mortier. ***II. Au pl.*** : caneloni, cheveux d'ange, coquillettes, langues d'oiseau, lasagne, macaroni, nouilles, ravioli, spaghetti, tagliatelle, tortelloni, vermicelle.

PÂTÉ ■ ***I.*** ⇒ **tache.** ***II.*** Amas, assemblage, ensemble, groupe, îlot. ***III. Cuis.*** : bouchée à la reine, croustade, friand, godiveau, hachis, mousse de foie, rissole, terrine, tourte, vol-au-vent.

PÂTÉE ■ ⇒ **nourriture.**

PATELIN, INE ■ Archipatelin, benoît, bonhomme, chafouin, chattemite, doucereux, faux, flatteur, insinuant, melliflue, mielleux, onctueux, papelard, patelineur, patte-pelu, peloteur, rusé, saint-nitouche, tartufe, trompeur. ⇒ **hypocrite.**

PATELIN ■ ***I.*** ⇒ **village.** ***II.*** ⇒ **pays.**

PATELINAGE ■ ***I.*** ⇒ **fausseté.** ***II.*** ⇒ **hypocrisie.**

PATELINER ■ ⇒ **amadouer.**

PATENÔTRE ■ Chapelet, oraison dominicale, pater, pater noster, prière.

PATENT, E ■ ⇒ **manifeste.**

PATENTE ■ ***I.*** Autorisation, brevet, commission, diplôme, lettres patentes, licence. ***II.*** Contribution, impôt.

PATENTÉ, E ■ ⇒ **attitré.**

PATÈRE ■ Crochet, portemanteau.

PATERNE ■ ⇒ **doucereux.**

PATERNEL, ELLE ■ ⇒ **tutélaire.**

PÂTEUX, EUSE ■ ***I.*** ⇒ **épais.** ***II.*** ⇒ **embarrassé.**

PATHÉTIQUE ■ ***I. Adj.*** ⇒ **émouvant.** ***II. N. m.*** : éloquence, émotion pathos.

PATHOLOGIQUE ■ Maladif, morbide.

PATHOS ■ ***I.*** ⇒ **éloquence.** ***II.*** ⇒ **galimatias.**

PATIBULAIRE ■ ⇒ **inquiétant.**

PATIEMMENT ■ Avec ⇒ **patience,** pas à pas, petit à petit, *et les adv. en -ment dérivés des syn. de* PATIENT.

PATIENCE ■ ***I.*** Calme, constance, courage, douceur, endurance, flegme, indulgence, lenteur, longanimité, longueur de temps, persévérance, persistance, résignation, sang-froid, tranquillité. ***II.*** Réussite, tour de cartes.

PATIENT, E ■ ***I. Adj.*** : bouleux (équit.), calme, constant, débonnaire, doux, endurant, flegmatique, indulgent, inlassable, longanime, persévérant, résigné. ***II. Nom*** : client, malade, sujet.

PATIENTER ■ ⇒ **attendre.**

PATIN ■ Raquette, semelle, socque.

PATINE ■ ***I. Au pr.*** : concrétion, crasse, croûte, dépôt, oxydation, vert-de-gris. ***II. Par ext.*** : ancienneté, antiquité, marque.

PATINETTE ■ Trottinette.

PÂTIR ■ ⇒ **souffrir.**

PÂTIS ■ Friche, herbage, lande, pacage, pâquis, parc, parcours. ⇒ **pâturage.**

PÂTISSERIE ■ ***I.*** Biscuiterie, confiserie, salon de thé. ***II.*** Allumette, baba, barquette bavaroise, beignet, biscuit, bouchée, bretzel, brioche, cake, cassemuseau, chanoinesse, chausson, chou à la crème, coque, cornet, cramique, craquelin, croissant, croquembouche, croquignole, dariole, dartois, dessert, éclair, far, feuilletage, feuilleté, flan, frangipane, galette, gâteau, gaufre, gimblette, gosette, macaron, madeleine, marquise, meringue, merveille, mille-feuille, moka, oublie, pain d'épices, paris-brest, petit four, pièce montée, plaisir, profiterole, raton, religieuse, saint-honoré, savarin, talmouse, tarte, tartelette, vitelot.

PÂTISSIER, ÈRE ■ Confiseur, mitron, patronnet, traiteur.

PÂTISSON ■ Artichaut de Jérusalem, bonnet de prêtre, courge.

PATOIS ■ ⇒ **langue.**

PATOUILLER ■ ⇒ **patauger, manier.**

PÂTOUR ■ ⇒ **berger.**

PATRAQUE ■ ⇒ **malade.**

PÂTRE ■ ⇒ **berger.**

PATRIARCAL, E ■ Ancestral, ancien, antique, familial, paternel, simple, traditionnel, vertueux.

PATRIARCHE ■ ⇒ **vieillard.**

PATRICIEN ENNE ■ n. et adj. ⇒ **noble.**

PATRIE ■ Cité, communauté, État, nation, pays.

PATRIMOINE ■ Apanage, bien, domaine, fortune, héritage, legs, propriété, succession.

PATRIOTE ■ ***I.*** Civique, militariste, nationaliste, patriotique. ***II. Péj. :*** chauvin, cocardier, patriotard.

PATRIOTISME ■ ***I.*** Civisme, militarisme, nationalisme. ***II. Péj. :*** chauvinisme, cocorico, esprit de clocher.

PATRISTIQUE ■ Patrologie.

PATRON, ONNE ■ ***I. Au pr. :*** boss, bourgeois, directeur, employeur, maître, négrier (péj.), singe (péj.). ***II. Par ext.*** **1.** ⇒ **protecteur. 2.** ⇒ **chef.**

PATRON ■ ⇒ **modèle.**

PATRONAGE ■ ***I.*** Appui, auspice, égide, invocation, parrainage, protection, recommandation, secours, support, vocable. ***II.*** Club, garderie, gymnase.

PATRONNER ■ ***I.*** ⇒ **introduire.** ***II.*** ⇒ **protéger.**

PATROUILLER ■ ***I.*** ⇒ **patauger.** ***II.*** Exercer une surveillance, parcourir, surveiller.

PATTE ■ ***I. Au pr. :*** jambe, pied, pince, serre. ***II. Par ext.*** **1.** ⇒ **main. 2.** ⇒ **habileté.** ***III. Loc.*** **Patte-d'oie 1.** ⇒ **carrefour. 2.** ⇒ **ride.**

PÂTURAGE ■ Alpage, champ, champeau, corral, embouche, enclos, friche, gagnage, herbage, kraal, lande, pacage, pâquis, parc, parcours, pasquier, passage, pâtis, pâture, prairie, pré, viandis (vén.).

PÂTURE ■ ***I.*** ⇒ **nourriture.** ***II.*** ⇒ **pâturage.**

PÂTURER ■ v. intr. et tr. ⇒ **paître.**

PAUMÉ, E ■ ⇒ **inadapté.**

PAUMER ■ ⇒ **perdre.**

PAUPÉRISME ■ Appauvrissement, dénuement, manque, misère. ⇒ **pauvreté.**

PAUSE ■ ***I. Au pr. :*** abattement, arrêt, entracte, halte, interclasse, interruption, intervalle, mi-temps, récréation, suspension. ***II. Par ext.*** **1.** ⇒ **repos. 2.** ⇒ **silence.**

PAUVRE ■ adj. et n. ***I. Au pr.*** **Quelqu'un :** appauvri, besogneux, clochard, crève-la-faim, démuni, déshérité, disetteux (vx), économiquement faible, famélique, fauché, gêné, gueux, humble, impécunieux, indigent, loqueteux, malheureux, marmiteux, mendiant, mendigot, meurt-de-faim, misérable, miséreux, nécessiteux, nu, panné, pouilleux, prolétaire, purée, purotin, sans-le-sou, sans-un, traîne-misère/savates/semelles, va-nu-pieds. ***II. Par ext.*** **1. Un**

événement : déplorable, malheureux, pitoyable. **2. Un sol** : aride, chétif, ingrat, maigre, modeste, sec, stérile. **3. Un aspect** : anémié, carencé, congru, décharné, dénué, dépourvu, maigre, mesquin, minable, miteux, nu, privé, râpé, rikiki (fam.), sec, squelettique. *III. Loc.* **1. Pauvre d'esprit ⇒ simple. 2. Pauvre diable/drille/hère/type ⇒ misérable.**

PAUVRETÉ ▪ *I. Au pr.* **De quelqu'un** : besoin, carence, crotte (fam.), débine (fam.), dèche, défaut, dénuement, détresse, disette, embarras, gêne, gueuserie (péj.), impécuniosité, indigence, malheur, manque, mésaise (vx), misère, mistoufle, mouise, mouscaille, nécessité, panade, panne, paupérisme, pénurie, pétrin, pouillerie (péj.), privation, purée (fam.), ruine. *II. Par ext.* **1.** Anémie, aridité, défaut, disette, faiblesse, maigreur, manque, médiocrité, pénurie, stérilité. **2.** Banalité, platitude, sécheresse.

PAVAGE et ***PAVEMENT*** ▪ **⇒ pavé.**

PAVANER (SE) ▪ Faire le beau/de l'épate (fam.)/la roue, se montrer, se panader, paonner, parader, poser, se rengorger.

PAVÉ ▪ *I. Au pr. :* carreau, dalle, galet, pierre. *II. Par ext.* **1.** Assemblage de pierres, carrelage, dallage, pavage, pavement, pichat (rég. et partic.), revêtement, rudération (partic.) **2. ⇒ rue. 3. ⇒ route.**

PAVER ▪ Carreler, couvrir, daller, recouvrir, revêtir.

PAVILLON ▪ *I.* **⇒ drapeau. II. ⇒ tente.** *III.* Abri, aile, belvédère, bungalow, chalet, chartreuse, cottage, fermette, folie, gloriette, habitation, kiosque, maison, muette, rotonde, villa.

PAVOISER ▪ *I.* **⇒ orner.** *II.* **⇒ réjouir (se).**

PAVOT ▪ Coquelicot, œillette, olivette.

PAYANT, E ▪ *I.* Coûteux, onéreux, pécuniaire. *II.* Avantageux, fructueux, juteux (fam.), profitable, valable.

PAYE ou ***PAIE*** ▪ *I.* **⇒ paiement.** *II.* **⇒ rétribution.**

PAYEMENT ▪ **⇒ paiement.**

PAYER ▪ *I. On donne à quelqu'un une valeur en espèces ou en nature.* **1. Favorable ou neutre** : appointer, arroser (fam.), contenter, défrayer, désintéresser, indemniser, récompenser, rembourser, rémunérer, rétribuer, satisfaire. **2. Non favorable** : acheter, arroser, corrompre, soudoyer, stipendier. *II. On paie une somme :* acquitter, avancer, compter, débourser, décaisser, dépenser, donner, financer, se libérer, liquider, mandater, ordonnancer, régler, remettre, solder, souscrire, verser. **Arg. ou fam.** : aligner, allonger, banquer, bourser, carmer, casquer, cigler, cracher, se déboutonner, décher, dépocher, douiller, éclairer, fader, se fendre, les lâcher, passer au refile, raquer. *III. Par ext. :* faire un cadeau, offrir, régaler. *IV. Fig.* **1. ⇒ récompenser. 2. ⇒ punir.** *V. V. pron. :* **1. ⇒ offrir (s').** **2. ⇒ contenter (se).**

PAYEUR ▪ Comptable, trésorier.

PAYS ▪ *I. Au pr. :* bled (fam.), bord, bourg, bourgade, campagne, ciel, cité, climat, clocher (fam.), coin, commune, contrée, cru, empire, endroit, État, foyer, lieu, nation, origine, parage, paroisse, patelin (fam.), patrie, peuple, plage, province, région, république, rivage, royaume, sol, territoire, terroir, trou (fam. et péj.), zone. **⇒ terre.** *II. Par ext. :* compatriote, concitoyen.

PAYSAGE ▪ *I. Au pr. :* campagne, décor, site, vue. *II.* Bergerie, bucolique, peinture/scène champêtre/pastorale/rustique, verdure.

PAYSAGISTE ▪ **⇒ jardiniste.**

PAYSAN, ANNE ▪ *I. Nom.* **1. Neutre** : agriculteur, campagnard, cultivateur, contadin (vx), éleveur, fellah, fermier, homme de la campagne/des champs, jacques (vx), koulak, laboureur, manant (vx), moujik, rural, terrien, vilain (vx), villageois. **2. Non favorable ou argot** : bellure, bouseux, cambrousard, cambrousier, croquant, cul-terreux, glaiseux, pécore, pedzouille, peigne-cul, péquenot, péquenouille, pétrousquin, pignouf, plouc, ploum, rustaud, rustre. ***II. Adj.*** : agreste, campagnard, frugal, fruste, grossier, rural, rustique, simple, terrien.

PÉAN ■ ⇒ **hymne.**

PEAU ■ ***I. Au pr.*** 1. Derme, épiderme, tégument. 2. Couenne, croupon, cuir. 3. Écorce, épicarpe, pellicule, pelure, zeste. ***II. Par ext.*** : agnelin, basane, bisquain, chagrin, chamois, chevreau, chevrotin, cosse, crocodile, fourrure, galuchat, lézard, maroquin, parchemin, pécari, porc, serpent, vélin, velot.

PECCADILLE ■ ⇒ **faute.**

PÊCHE ■ Halieutique. ⇒ **poisson.**

PÉCHÉ ■ ***I. Au pr.*** : avarice, colère, envie, gourmandise, luxure, orgueil, paresse. ***II. Par ext.*** : attentat, chute, coulpe (vx), crime, errement, faute, impénitence, imperfection, impiété, impureté, mal, manquement, offense, peccadille, sacrilège, scandale, souillure, stupre, tache, transgression, vice.

PÊCHER ■ Broncher (fam.), chuter, clocher (fam.), commettre une faute/un péché, faillir, manquer, offenser, tomber.

PÊCHER ■ ***Fig.*** ⇒ **trouver.**

PÉCHEUR, ERESSE ■ ⇒ **coupable.**

PÊCHEUR, EUSE ■ Marin, morutier, sardinier, terre-neuvas.

PÉCORE ■ ***I. Au pr.*** : animal, bête, cheptel vif. ***II. Fig.*** (péj.) : chipie, oie, outarde, pecque, péronnelle, piegrièche, pimbèche, pintade. ⇒ **bête.**

PÉCULAT ■ ⇒ **malversation.**

PÉCULE ■ ⇒ **économie.**

PÉCUNIEUX, EUSE ■ ⇒ **riche.**

PÉDAGOGIE ■ ⇒ **instruction.**

PÉDAGOGIQUE ■ Didactique, éducateur, formateur, scolaire.

PÉDAGOGUE ■ ***I. Au pr.*** ⇒ **maître.** ***II. Péj.*** ⇒ **pédant.**

PÉDALE ■ ***I. Au pr.*** : levier, manivelle, palonnier, pédalier. ***II. Loc.*** ⇒ ***Perdre les pédales*** : esprit, fil, moyens, sang-froid. ***III.*** Cyclisme. ***IV.*** ⇒ **uranien.**

PÉDANT, E ■ ***I. Nom.*** : baderne, bas-bleu, bel esprit, bonze, censeur, cuistre, fat, faux savant, grammatiste, grimaud, magister, pédagogue, pion, pontife, poseur, régent, savantasse. ***II. Adj.*** : affecté, dogmatique, fat, magistral, pédantesque, pontifiant, poseur, solennel, sot, suffisant. ⇒ **ridicule.**

PÉDANTISME ■ Affectation, cuistrerie, dogmatisme, fatuité, pédanterie, pose, sottise, suffisance. ⇒ **prétention.**

PÉDÉRASTE ■ ⇒ **uranien.**

PÉDÉRASTIE ■ ⇒ **homosexualité.**

PÉDICULE ■ Pédoncule, pied, queue, stipe, tige.

PÈGRE ■ ⇒ **populace.**

PEIGNE ■ ***I.*** Crasseux (arg.), démêloir. ***II.*** Drège.

PEIGNER ■ ***I.*** Arranger, brosser, coiffer, démêler, testonner (vx). ***II.*** Carder, houpper. ***III. Fig.*** ⇒ **soigner.** ***IV. V. pron.*** : **1. Au pr.** : *les formes pron. possibles des syn. de* PEIGNER. **2. Fig.** ⇒ **battre (se).**

PEINDRE ■ ***I. Un tableau.*** **1. Neutre** : brosser, camper, croquer, exécuter une peinture *et les syn. de* PEINTURE, figurer, peinturer, pignocher, pocher, portraire, portraiturer, représenter. 2. Armorier, blasonner, enluminer, historier, ornementer, orner. **3. Non favorable** : barbouiller, barioler, peinturlurer, torcher. ***II. Une surface quelconque*** : badigeonner, bronzer, graniter, laquer, repeindre, ripoliner, vernir. ***III. Fig.*** **1. Non favorable :** farder, maquiller, travestir. **2. Neutre :** conter, décrire, dépeindre, dessiner, exprimer, faire apparaître/voir, montrer, raconter, représenter, traduire. ***IV. V. pron.*** ⇒ **montrer (se).**

PEINE ■ ***I.*** Châtiment, condamnation, correction, expiation, pénalité, punition, sanction, supplice. ***II.*** Chagrin, collier de misère, crève-cœur, croix, déplaisir, difficulté, douleur, embarras, épreuve, mal, malheur, souci, souffrance, tourment, tracas. ***III.*** Abattement, affliction, agonie (vx), amertume, angoisse, anxiété, désolation, détresse, douleur, ennui (vx), gêne, inquiétude, malheur, misère, tristesse. ***IV.*** Ahan (vx), effort, labeur, tâche, travail, tribulation. ***V. Relig. :*** dam, damnation, enfer, pénitence, purgatoire. ***VI. Loc.*** **À/sous peine de :** astreinte, contrainte, menace, obligation.

PEINER ■ ***I. V. tr. :*** affecter, affliger, attrister, chagriner, déplaire, désobliger, fâcher, meurtrir. ***II. V. intr. :*** s'appliquer, besogner, s'efforcer, s'évertuer, se fatiguer, gémir, souquer, trimer.

PEINTRE ■ ***I. En bâtiment :*** badigeonneur. ***II.*** Animalier, aquarelliste, artiste, enlumineur, fresquiste, miniaturiste, orientaliste, pastelliste, paysagiste, portraitiste, rapin (fam.). ***III. Péj. :*** barbouilleur, pompier. ***IV.*** Classique, cubiste, expressionniste, fauviste, impressionniste, intimiste, nabi, naïf, naturaliste, non-figuratif, pointilliste, préraphaélite, réaliste, romantique, surréaliste, symboliste, tachiste.

PEINTURE ■ ***I. Au pr. :*** badigeon, barbouille (péj.), ravalement, recouvrement, revêtement. ***II.*** Aquarelle, crayon, décor, détrempe, diptyque, ébauche, enluminure, esquisse, estampe, étude, fresque, fusain, gouache, lavis, maquette, mine de plomb, pastel, plafond, pochade, polyptyque, retable, sanguine, sépia, sgraffite, tableau, toile, triptyque, trumeau. ***Péj. :*** barbouillage, croûte, gribouillage, navet. ***III.*** Académie, allégorie, bataille, bambochade, bergerie, caricature, fresque, genre, intérieur, marine, maternité, nature morte, nu, panorama, paysage, portrait, sous-bois, verdure, vue. ***IV.*** Classicisme, cubisme, dadaïsme, divisionnisme, expressionnisme, fauvisme, futurisme, impressionnisme, modern style, naturalisme, pointillisme, préraphaélisme, romantisme, réalisme, surréalisme, tachisme.

PEINTURLURER ■ Barbouiller, colorer, colorier. ⇒ **peindre.**

PÉJORATIF, IVE ■ ⇒ **défavorable.**

PELADE ■ Alopécie, calvitie (par ext.), dermatose, ophiase, teigne.

PELAGE ■ Fourrure, livrée, manteau, mantelure, peau, poil, robe, toison.

PÉLAGIQUE ■ Pélagien. ⇒ **marin.**

PÉLARGONIUM ■ Géranium.

PÉLASGIQUE ■ ⇒ **gigantesque.**

PELÉ, E ■ Chauve, dégarni, démuni, dépouillé, épilé, épluché, nu, râpé, ras, teigneux (péj.), tondu, usé.

PÊLE-MÊLE ■ n. et adv. ***I.*** ⇒ **désordre.** ***II.*** ⇒ **mélange.** ***III.*** ⇒ **vrac (en).**

PELER ■ v. tr. et intr. Bretauder, dépouiller, écorcer, éplucher, gratter, ôter, râper, raser, tondre.

PÈLERIN, E ■ ***I. Au pr. :*** dévot, fidèle. ***II. Par ext. :*** excursionniste, touriste, visiteur, voyageur. ***III. Fig. et péj.*** ⇒ **type.**

PÈLERINAGE ■ ***I. Au pr. :*** culte, dévotion, jubilé, pardon, sanctuaire. ***II. Par ext.*** ⇒ **voyage.**

PÈLERINE, PELISSE ■ ***I.*** Cape, capuchon, fourrure, houppelande, veste. ***II. Relig. :*** camail, mosette. ***III.*** ⇒ **manteau.**

PELLE ■ ⇒ **bêche.**

PELLET ■ Implant.

PELLETERIE ■ ⇒ **peau.**

PELLICULE ■ ***I.*** Enveloppe, lamelle. ⇒ **peau.** ***II.*** Bande, cliché, film.

PELLUCIDE ■ Translucide, transparent.

PELOTAGE ■ Batifolage, flirt, galanterie. ⇒ **caresse.**

PELOTE ■ ***I.*** Boule, manoque, maton, peloton, sphère. ***II.*** Balle, rebot. ***III. Loc.*** **1. Faire sa pelote ⇒ économiser. 2. Faire la pelote** (arg. milit.) : être brimé/puni, tourner en rond.

PELOTER ■ ***I. Au pr. :*** bobiner, enrouler, rouler. ***II.*** Batifoler, chatouiller, chiffonner, lutiner, patiner (vx), tripoter. ⇒ **caresser.** ***III. Fig.*** ⇒ **flatter.**

PELOTEUR, EUSE ■ adj. et n. ***Fig. :*** enjôleur, flagorneur, flatteur, minaudier. ⇒ **hypocrite.**

PELOTON ■ ***I.*** ⇒ **pelote.** ***II.*** ⇒ **groupe.** ***III.*** ⇒ **troupe.**

PELOTONNER (SE) ■ ⇒ **replier (se).**

PELOUSE ■ ***I.*** Boulingrin, gazon, tapis vert, vertugadin. ***II.*** ⇒ **prairie.**

PELU, E, PELUCHÉ, E, PELUCHEUX, EUSE ■ ⇒ **poilu.**

PELURE ■ ⇒ **peau.**

PÉNALISATION, PÉNALITÉ ■ ⇒ **punition.**

PÉNATES ■ ***I. Au pr. :*** dieux de la cité/domestiques/du foyer/lares/protecteurs/tutélaires. ***II. Par ext. :*** abri, demeure, foyer, habitation, logis, maison, refuge, résidence.

PENAUD, E ■ Confus, contrit, déconcerté, déconfit, embarrassé, gêné, honteux, humilié, interdit, l'oreille basse, pantois, piteux.

PENCHANT ■ ***I. Au pr. :*** colline, côte, coteau, déclin, déclivité, inclinaison, obliquité, pente, thalweg, versant. ***II. Fig.*** **1.** Affection, amour, aptitude, attrait, désir, disposition, faible, faiblesse, génie, goût, habitude, impulsion, inclination, instinct, nature, passion, sympathie, tendre, tendresse, vocation. **2. Non favorable** : défaut, prédisposition, propension, vice.

PENCHER ■ ***I. V. tr.*** ⇒ **abaisser.** ***II. V. intr. :*** avoir du dévers, chanceler, se coucher, décliner, descendre, déverser, être en oblique/surplomb, obliquer, perdre l'équilibre. ***III. V. pron. :*** ⇒ **incliner (s').**

PENDABLE ■ Abominable, condamnable, coupable, damnable, détestable, grave, impardonnable, inexcusable, inqualifiable, laid, mauvais, méchant, répréhensible, sérieux.

PENDANT, E ■ ***I. Adj.*** **1. Jurid.** : en cours, en instance. **2.** Affaissé, affalé, avachi, avalé, ballant, fatigué, flasque, tombant. ***I. Nom.*** **1.** Boucle, dormeuse, girandole, pendentif, pendeloque, sautoir. **2.** Accord, contrepartie, égal, semblable, symétrie, symétrique. ***III. Prép. :*** au cours de, au milieu de, cependant, dans, de, durant, en.

PENDANT QUE ■ Au moment où, cependant que, lorsque, quand, tandis que.

PENDARD, E ■ ⇒ **vaurien.**

PENDELOQUE, PENDENTIF ■ ⇒ **pendant.**

PENDERIE ■ Armoire, cabinet, garde-robe, meuble, placard.

PENDILLER, PENDOUILLER, PENDRE ■ ***I. V. intr. :*** appendre, brandiller, être avachi/suspendu, flotter, retomber, tomber, traîner. ***II. V. tr.*** **1. Au pr. :** brancher, lanterner, mettre à la lanterne, stranguler. **2.** Accrocher, attacher, fixer, suspendre.

PENDULE ■ ***I. N. m. :*** balancier, régulateur. ***II. N. f. :*** cartel, comtoise, dégoulinante (arg.), horloge, pendulette, régulateur.

PÊNE ▪ Ardillon, cheville, gâche, gâchette, serrure, verrou.

PÉNÉTRABLE ▪ Abordable, accessible, clair, compréhensible, devinable, facile, intelligible, passable, perméable, saisissable.

PÉNÉTRANT, E ▪ ***I.*** Acéré, aigu, aiguisé, coupant, tranchant. ***II. Fig. :*** aigu, astucieux (fam.), clairvoyant, délicat, délié, divinateur, éclairé, fin, fort, habile, intelligent, lucide, mordant, ouvert, perçant, perspicace, profond, sagace, spirituel, subtil, vif.

PÉNÉTRATION ▪ ***I.*** Acuité, astuce, clairvoyance, délicatesse, divination, finesse, flair, habileté, intelligence, lucidité, mordant, nez, ouverture d'esprit, perspicacité, profondeur, psychologie, sagacité, subtilité, vivacité. ***II.*** Entrisme, infiltration, noyautage.

PÉNÉTRÉ, E ▪ ***I. Quelqu'un est pénétré de quelque chose :*** confit (péj.), convaincu, imbu, imprégné, marqué, plein, rempli, trempé. ***II. Un secret est pénétré :*** compris, découvert, deviné.

PÉNÉTRER ▪ ***I. V. intr. :*** accéder, aller, s'aventurer, avoir accès, se couler, s'embarquer, s'enfoncer, s'engager, entrer, envahir, se faufiler, fendre, forcer, se glisser, s'infiltrer, s'insinuer, s'introduire, se loger, mordre sur, noyauter, passer, plonger. ***II. V. tr.*** **1. Au pr.** *Pénétrer quelque chose :* atteindre, baigner, filtrer, imbiber, imprégner, infiltrer, inonder, passer, percer, transpercer, traverser, tremper, visiter. **2. Fig.** *Pénétrer quelqu'un :* émouvoir, toucher, transir. **3. Fig.** *On pénètre une idée :* apercevoir, approfondir, comprendre, connaître, découvrir, démêler, deviner, entendre, mettre au jour, percevoir, pressentir, réfléchir, saisir, scruter, sentir, sonder. ***III. V. pron.*** **1.** Absorber, boire. **2.** Se combiner, se comprendre, se mêler. **3.** ⇒ **comprendre.**

PÉNIBLE ▪ ***I. Phys. :*** ardu, assujettissant, astreignant, cassant (fam.), contraignant, difficile, difficultueux, dur, éprouvant, éreintant, fatigant, ingrat, laborieux, tenaillant, tuant. ***II. Par ext.*** **Moral** : affligeant, amer, angoissant, âpre, atroce, attristant, cruel, déplorable, désolant, douloureux, dur, embarrassant, ennuyeux, épineux, funeste, gênant, grave, lamentable, lourd, mauvais, mortel, navrant, pesant, poignant, rude, tendu, torturant, tourmenté, triste.

PÉNICHE ▪ Chaland, embarcation. ⇒ **bateau.**

PÉNINSULE ▪ Avancée, langue, presqu'île.

PÉNIS ▪ ⇒ **sexe.**

PÉNITENCE ▪ ***I.*** Abstinence, austérité, cendres, contrition, discipline, expiation, jeûne, macération, mortification, regret, repentir, résipiscence, satisfaction. ***II.*** Confession. ***III.*** ⇒ **punition.**

PÉNITENCIER ▪ ***I.*** ⇒ **bagne.** ***II.*** ⇒ **prison.**

PÉNITENT, E ▪ ***I. Nom :*** ascète, flagellant, jeûneur, pèlerin. ***II. Adj. :*** contrit, marri, repentant.

PÉNITENTIAIRE ▪ Carcéral.

PENNE ▪ Aile, aileron, empennage, plume, rectrice, rémige.

PÉNOMBRE ▪ Clair-obscur, demi-jour, ombre.

PENSANT, E ▪ ⇒ **pensif.**

PENSÉE ▪ ***I. Au pr.*** **1. Phil.** : âme, cœur, compréhension, entendement, esprit, facultés mentales, imagination, intellect, intelligence, penser, raison, sentiment. **2.** Avis, cogitation, concept, conception, contemplation, dessein, élucubration (péj.), idée, intention, méditation, opinion, point de vue, préoccupation, projet, raisonnement, réflexion, rêverie, souvenir, spéculation. ***II. Par ext.*** **1. Au sing.** : adage, aphorisme, apophtegme, axiome, devise, dicton, dit, ébauche, esquisse, jugement, maxime, mot, parole, plan, propos, proverbe, représentation, sentence, vérité. **2. Au pl.** : considérations, méditations, notations, notes, observations, propos, remarques, souvenirs.

PENSER ■ v. ***I. V. intr.*** **1.** Cogiter, comprendre, se concentrer, contempler, délibérer, envisager, examiner, se faire un jugement/une opinion, gamberger (arg.), juger, méditer, peser, raisonner, se recueillir, réfléchir, se représenter, rêver, rouler dans sa tête (fam.), ruminer (fam.), songer, spéculer, voir. **2.** Évoquer, imaginer, rappeler, se souvenir. **3.** S'aviser de, faire attention à, prendre garde à, se préoccuper de, prévoir. ***II. V. tr.*** : admettre, concevoir, croire, estimer, imaginer, juger, présumer, projeter, supposer, soupçonner. ***III. Loc.*** **Penser suivi de l'inf. 1.** Croire, espérer, se flatter de. **2.** Faillir, manquer. **3.** Avoir l'intention/en projet/en vue, compter, projeter.

PENSER ■ n. ⇒ **pensée.**

PENSEUR ■ Contemplateur, contemplatif, méditatif, moraliste, philosophe.

PENSIF, IVE ■ Absent, absorbé, abstrait, contemplatif, méditatif, occupé, préoccupé, rêveur, songeur, soucieux.

PENSION ■ ***I.*** ⇒ **pensionnat.** ***II.*** Allocation, bourse, dotation, retraite, revenu, subside. ***III. Loc.*** **Pension de famille** ⇒ **hôtel.**

PENSIONNAIRE ■ ***I.*** Acteur, actionnaire, comédien, sociétaire. ***II.*** Élève, hôte, interne, pupille.

PENSIONNAT ■ Collège, cours, école, institution, internat, lycée, maison d'éducation, pension.

PENSIONNER ■ Arrenter (par ext.), entretenir, octroyer, pourvoir, renter, retraiter, subventionner.

PENSUM ■ ⇒ **punition.**

PENTE ■ ***I. Au pr.*** : abrupt, brisis, côte, déclination (vx), déclivité, descente, dévers, escarpement, glacis, grimpette, inclinaison, montée, obliquité, penchant, raidillon, rampe, talus, thalweg, versant. ***II. Fig.*** : entraînement, inclination, propension, tendance. ⇒ **penchant.**

PENTURE ■ Ferrure, paumelle.

PÉNULTIÈME ■ Avant-dernier.

PÉNURIE ■ ***I.*** ⇒ **manque.** ***II.*** ⇒ **pauvreté.**

PÉPIE ■ ⇒ **soif.**

PÉPIEMENT ■ Chant, cri, gazouillement, gazouillis, ramage.

PÉPIER ■ Chanter, crier, gazouiller, jacasser, piauler.

PÉPINIÈRE ■ ***I. Au pr.*** : arboriculture, horticulture, sylviculture. ***II. Loc.*** **Mettre en pépinière** : en jauge. ***III. Fig.*** : couvent, école, mine, origine, séminaire, source.

PÉPINIÉRISTE ■ Arboriculteur, arboriste, horticulteur, jardinier, sylviculteur.

PÉQUENAUD, AUDE et ***PÉQUENOT*** ■ ⇒ **paysan.**

PERÇANT, E ■ ***I. Au pr.*** : aigu, aiguisé, pénétrant, piquant, pointu. ***II. Fig.*** **1.** Taraudant, térébrant. **2. Yeux perçants** : brillants, mobiles, vifs. **3. Son perçant** : aigu, bruyant, clairet, criard, déchirant, éclatant, fort, strident, violent. **4. Froid perçant** : aigre, aigu, mortel, pénétrant, vif. **5. Esprit perçant** : éveillé, intelligent, lucide, pénétrant, perspicace, vif.

PERCÉE ■ ***I. Au pr.*** : brèche, chemin, clairière, déchirure, éclaircie, orne, ouverture, passage, sentier, trouée. ***II. Milit.*** : avance, bousculade, enfoncement, irruption, raid.

PERCEPTEUR ■ ***I.*** Agent du fisc, collecteur, comptable du trésor, comptable public, receveur. **Vx et péj.** :

gabelou, maltôtier, rat de cave, traiteur.

PERCEPTIBLE ▪ Audible, clair, évident. ⇒ **visible.**

PERCEPTION ▪ ***I.*** Collecte, levée, recouvrement, rentrée. ***II.*** Encaissement, recette. ***III.*** Affection, conception, discernement, entendement, idée, impression, intelligence, sens, sensation.

PERCER ▪ ***I. V. tr.*** **1. Au pr.** : blesser, creuser, crever, cribler, darder (vx), déchirer, embrocher, empaler, encorner, enferrer, enfiler, enfoncer, enfourcher, entamer, excaver, éventrer, forer, larder, ouvrir, pénétrer, perforer, piquer, poinçonner, pointer, sonder, tarauder, transpercer, traverser, tremper, trouer, vriller. **2. Fig. Quelqu'un** : comprendre, déceler, découvrir, développer, pénétrer, prévoir, saisir. ***II. V. intr.*** **1. Quelque chose perce** : s'ébruiter, se déceler, s'éventer, filtrer, se manifester, se montrer, se répandre, transpirer. ⇒ **paraître. 2. Quelqu'un perce** ⇒ **réussir.** ***III. Loc.*** **Percer le cœur** ⇒ **affliger.**

PERCEUSE ▪ Chignole, foreuse, fraiseuse, perçoir, perforatrice, perforeuse, taraud, taraudeuse, tarière, vilebrequin. ⇒ **vrille.**

PERCEVABLE ▪ ⇒ **visible.**

PERCEVOIR ▪ ***I.*** ⇒ **voir.** ***II.*** ⇒ **entendre.** ***III.*** Apercevoir, appréhender, concevoir, découvrir, deviner, discerner, distinguer, éprouver, flairer, prendre connaissance, remarquer, saisir, sentir. ***IV.*** Empocher, encaisser, lever, prélever, prendre, ramasser, recouvrir, recueillir, retirer, soutirer/tirer de l'argent, toucher.

PERCHE ▪ ***I. Au pr.*** : balise, bâton, bouille, croc, échalas, écoperche, gaffe, gaule, houssine, latte, perchis, rame, rouable. ***II. Par ext.*** **1.** Girafe, micro. **2.** Juchoir, perchoir. ***III.*** **Fig.** ⇒ **géant.**

PERCHER ▪ ***I. V. intr.*** : brancher, demeurer, jucher, loger, nicher, se poser. ***II. V. tr.*** : accrocher, placer, poser, suspendre.

PERCHIS ▪ ⇒ **perche.**

PERCHOIR ▪ Abri, juchoir, poulailler, volière.

PERCLUS, E ▪ Ankylosé, engourdi, gourd, impotent, inactif, inerte, infirme, lourd, paralysé, paralytique, raide, roide, souffrant, souffreteux.

PERCOLATEUR ▪ Cafetière, filtre.

PERCUSSION ▪ Choc, coup, heurt, impulsion.

PERCUSSIONNISTE ▪ Batteur, cymbalier, cymbaliste, timbalier.

PERCUTANT, E ▪ ⇒ **irrésistible.**

PERCUTER ▪ ⇒ **heurter.**

PERDANT ▪ n. Jusant, reflux.

PERDANT, E ▪ adj. et n. Battu, vaincu.

PERDITION ▪ ⇒ **perte.**

PERDRE ▪ ***I. Sens passif*** : s'affaiblir, aliéner, s'amortir, s'appauvrir, s'atrophier, dégénérer, démériter, se démunir, se dépouiller, déposer, échouer, être en deuil/privé de, maigrir, manquer de, quitter, renoncer. ***II. Sens actif.*** **1. Neutre** : adirer (jurid.), égarer, laisser traîner, oublier, paumer (fam.). **2. Non favorable** : causer un dommage, désorienter, détruire, dissiper, fausser, gâcher, galvauder, gaspiller, gâter, ruiner. ***III. Par ext.*** : être percé, fuir. ***IV. Fig.*** **Perdre quelqu'un** : corrompre, damner, débaucher, déconsidérer, décrier, démolir, déshonorer, désorienter, détourner, dévoyer, disqualifier, égarer, fourvoyer. ***V. Loc.*** **1. Perdre du terrain** : battre en retraite, céder, fuir, reculer. **2. Perdre son temps** : s'amuser, baguenauder, batifoler, lézarder, musarder, paresser, traîner. ***Fam.*** : couniller, glander, glandouiller. **3. Perdre la tête** : s'affoler, perdre les pédales (fam.). **4. Perdre l'esprit ⇒ déraisonner. 5. Perdre l'estime** : démériter, être en disgrâce, s'user. **6. Perdre de vue** : laisser tomber, oublier, rompre. ***VI. V. pron.*** : **1. ⇒ disparaître. 2.** S'altérer, décroître, diminuer, faiblir, se relâcher. **3.** Se cacher, se couler, se dérober. **4. Un bruit** : s'amortir, s'étouffer, mourir. **5. Un bateau** : s'abîmer, couler, s'enfoncer, s'engloutir, sombrer. **6. Un fleuve** : se jeter. **7. Fig. : Quelqu'un. Neutre** : s'abîmer, s'absorber, s'anéantir, se fondre, se sacrifier. **Non favorable** : se corrompre, se débaucher, se dévoyer, s'embarrasser, s'embrouiller, se fourvoyer, se noyer.

PERDREAU, PERDRIX ▪ ***I.*** Bartavelle, coq/poule de bruyère/des bois/des montagnes, ganga, gélinotte, grouse, lagopède, pouillard, tétras. ***II.*** **⇒ policier.**

PERDU, E ▪ ***I. Un lieu*** : désert, détourné, écarté, éloigné, isolé, lointain, ***II. Quelque chose*** : abîmé, disparu, égaré, endommagé, gâché, gâté, inutile. ***III. Un animal*** : égaré, errant, haret (chat). ***IV. Quelqu'un.*** **1. Neutre** : absent, dépaysé, distrait, égaré, plongé dans ses pensées. **2. Non favorable** : condamné, désespéré, fini, frappé à mort irrécupérable, mort. **3. Fam.** : cuit, dans les choux, fichu, flambé, foutu, frit, paumé, rétamé. ***V. Loc.*** **Perdu de débauche, fille perdue** : corrompu, débauché.

PERDURABLE ▪ **⇒ éternel.**

PÈRE ▪ ***I. Au pr.*** : auteur, géniteur, papa, paternel (fam.). ***Arg.*** : dabe, daron, vieux. ***II. Par ext.*** **1.** Aïeul, ancêtre, ascendant, chef, origine, patriarche, souche, tige. **2. ⇒ protecteur. 3.** Créateur, Dieu, fondateur, inventeur. ***III. Loc.*** **1. Père conscrit** : édile, sénateur, **2. Saint-Père ⇒ pape. 3. Père de l'Église ⇒ théologien. 4. Beau-père** : parâtre.

PÉRÉGRIN, E ▪ adj. et n. Étranger, excursionniste, nomade, passager, pèlerin, touriste, voyageur.

PÉRÉGRINATION ▪ **⇒ voyage.**

PÉRÉGRINER ▪ **⇒ voyager.**

PÉREMPTION ▪ **⇒ prescription.**

PÉREMPTOIRE ▪ **⇒ tranchant.**

PÉRENNITÉ ▪ ***I.*** **⇒ éternité.** ***II.*** **⇒ perpétuité.**

PÉRÉQUATION ▪ **⇒ répartition.**

PERFECTIBLE ▪ Améliorable, amendable, corrigible, réparable.

PERFECTION ▪ ***I.*** Achèvement, consommation, couronnement, entéléchie (philos.), épanouissement, excellence, fin, fini, fleur, maturité, parachèvement, précellence. ***II.*** Absolu, beau, bien, bonté, idéal, nec plus ultra, qualité, sainteté, succulence, summum. ***III. Quelqu'un*** **⇒ phénix.**

PERFECTIONNEMENT ▪ Achèvement, affinement, amélioration, avancement, correction, couronnement, polissage, progrès, retouche.

PERFECTIONNER ▪ **⇒ améliorer.**

PERFIDE ▪ ***I.*** **⇒ infidèle.** ***II.*** **⇒ rusé.**

PERFIDIE ▪ ***I.*** **⇒ infidélité.** ***II.*** **⇒ ruse.**

PERFORER ▪ **⇒ percer.**

PERFORMANCE ▪ Exploit, record, succès.

PERFORMANT, E ▪ Compétitif, satisfaisant.

PERFUSION ▪ Goutte à goutte, transfusion.

PÉRICLITER ▪ **⇒ décliner.**

PÉRIL ▪ **⇒ danger.**

PÉRILLEUX, EUSE ▪ ***I. Au pr.*** : alarmant, critique, dangereux, difficile, hasardeux, menaçant, risqué. ***II. Fig.*** : audacieux, aventureux, brûlant, délicat, osé, scabreux.

PÉRIMÉ, E ▪ **⇒ désuet.**

PÉRIMÈTRE ■ Bord, circonférence, contour, distance, enceinte, extérieur, limite, périphérie, pourtour, tour.

PÉRIODE ■ ***I. N. m.*** *:* apogée, comble, degré, maximum, paroxysme, point culminant, summum, zénith. ***II. N. f.*** *:* 1. Âge, consécution, cycle, durée, époque, ère, étape, intervalle, phase. 2. Balancement, couplet, éloquence, morceau, phrase.

PÉRIODICITÉ ■ ⇒ **intervalle.**

PÉRIODIQUE ■ ***I. Nom*** ⇒ **revue.** ***II. Adj.*** ⇒ **réglé.**

PÉRIPATÉTICIEN ■ n. et adj. Aristotélicien, philosophe.

PÉRIPATÉTICIENNE ■ ⇒ **prostituée.**

PÉRIPATÉTISME ■ Aristotélisme, doctrine/philosophie/théories d'Aristote.

PÉRIPÉTIE ■ Avatar, catastrophe, coup de théâtre, crise, dénouement, épisode, événement, incident, nœud, trouble. ⇒ **changement.**

PÉRIPHÉRIE ■ ***I.*** ⇒ **périmètre.** ***II.*** Alentour, banlieue, environs, faubourg, zone.

PÉRIPHRASE ■ Ambages, circonlocution, circuit de paroles, détour, discours, euphémisme, précautions oratoires, tour.

PÉRIPLE ■ Circumnavigation, expédition, exploration, tour, tournée, voyage.

PÉRIR ■ ⇒ **mourir.**

PÉRISSABLE ■ Caduc, corruptible, court, éphémère, fragile, fugace, incertain, instable, mortel, passager, précaire.

PÉRISSOIRE ■ Canoë, canot, embarcation. ⇒ **bateau.**

PÉRISTYLE ■ Colonnade, galerie, façade, portique, vestibule.

PERLE ■ ***I. Par ext.*** *:* boule, goutte, grain. ***II. Fig.*** 1. ⇒ **phénix.** 2. ⇒ **lapsus.**

PERLER ■ ***I. V. tr.*** *:* exécuter/faire à la perfection, parfaire, soigner. ***II. V. intr.*** *:* apparaître, dégouliner (fam.), dégoutter, s'écouler, emperler, goutter, suinter.

PERMANENCE ■ ***I.*** Constance, continuité, durabilité, éternité, fixité, identité, invariabilité, invariance, pérennité, stabilité. ***II.*** Bureau, local, salle, service, siège.

PERMANENT, E ■ ⇒ **durable.**

PERMÉABLE ■ ⇒ **pénétrable.**

PERMETTRE ■ ***I. On permet quelque chose*** *:* accepter, accorder, acquiescer, admettre, agréer, approuver, autoriser, concéder, consentir, dispenser, donner, endurer, habiliter, laisser, passer, souffrir, supporter, tolérer. ***II. Quelque chose permet quelque chose*** *:* aider à, autoriser, comporter, laisser place à, légitimer, rendre possible. ***III. V. pron.*** *:* s'accorder, s'aviser de, dire, s'enhardir à, faire, oser, prendre la liberté de.

PERMIS ■ ⇒ **permission.**

PERMIS, E ■ Accordé, admis, admissible, agréé, autorisé, consenti, dans les formes/les mœurs/les normes/l'ordre/les règles, légal, légitime, libre, licite, loisible, possible, réglementaire, régulier, toléré.

PERMISSIF, IVE ■ ⇒ **indulgent.**

PERMISSION ■ ***I.*** Acceptation, accord, acquiscement, adhésion, agrément, approbation, autorisation, aveu (litt.), concession, consentement, dispense, droit, habilitation, latitude, liberté, licence, loisir, permis, possibilité, tolérance. ⇒ **laissez-passer.** ***II.*** Campos, congé.

PERMUTABLE ■ Commutable, vicariant.

PERMUTATION ■ ⇒ **change.**

PERMUTER ■ v. tr. et intr. ⇒ **changer.**

PERNICIEUX, EUSE ■ ⇒ **mauvais.**

PÉRONNELLE ■ ⇒ **pécore.**

PÉRORAISON ■ ⇒ **conclusion.**

PÉRORER ■ ⇒ **discourir.**

PERPENDICULAIRE ■ ***I. Adj.*** : normal, orthogonal, vertical. ***II. Nom*** : apothème, hauteur, médiatrice.

PERPÉTRER ■ ⇒ **entreprendre.**

PERPÉTUEL, ELLE ■ ***I.*** ⇒ **éternel.** ***II.*** Constant, continuel, fréquent, habituel, incessant, permanent.

PERPÉTUELLEMENT ■ Sans arrêt/cesse/trêve, souvent, toujours, *et les adv. en -ment dérivés des syn. de* PERPÉTUEL.

PERPÉTUER ■ Continuer, éterniser, faire durer, immortaliser, maintenir, reproduire, transmettre. ***V. pron.*** : Durer, se reproduire, rester, survivre, *et les formes pron. possibles des syn. de* PERPÉTUER.

PERPÉTUITÉ ■ ***I.*** Durée indéfinie, éternité, pérennité, perpétuation. ***II. Loc.*** **À perpétuité** : à perpète (arg.), définitivement, irrévocablement, éternellement, pour toujours.

PERPLEXE ■ ⇒ **indéterminé.**

PERPLEXITÉ ■ ⇒ **indétermination.**

PERQUISITION ■ Descente de police, enquête, fouille, investigation, recherche, reconnaissance, visite domiciliaire.

PERQUISITIONNER ■ Descendre, enquêter, fouiller, rechercher, visiter.

PERRON ■ Degré, entrée, escalier, montoir, seuil.

PERROQUET, PERRUCHE ■ ⇒ **grimpeur.**

PERRUQUE ■ Cheveux, coiffure, moumoute (fam.), postiche, tignasse (par ext. et péj.).

PERRUQUIER ■ Coiffeur, figaro, merlan (péj.).

PERS, E ■ Glauque, olivâtre, verdâtre. ⇒ **vert.**

PERSÉCUTER ■ ⇒ **tourmenter.**

PERSÉCUTEUR, TRICE ■ ***I. Adj.*** : cruel, importun, incommode, intolérant. ***II. Nom*** : despote, oppresseur, tyran.

PERSÉCUTION ■ ***I.*** ⇒ **brimade.** ***II.*** ⇒ **tyrannie.**

PERSÉVÉRANCE ■ Acharnement, attachement, constance, continuité, courage, endurance, énergie, entêtement, esprit de suite, fermeté, fidélité, fixité, insistance, maintenance, obstination, opiniâtreté, patience, persistance, pertinacité, suite, ténacité, volonté.

PERSÉVÉRANT, E ■ Acharné, attaché, buté (péj.), constant, courageux, endurant, énergique, entêté, ferme, fidèle, fixe, obstiné, opiniâtre, patient, persistant, tenace, têtu, volontaire.

PERSÉVÉRER ■ ⇒ **continuer.**

PERSIENNE ■ ⇒ **volet.**

PERSIFLAGE ■ ⇒ **raillerie.**

PERSIFLER ■ ⇒ **railler.**

PERSISTANCE ■ Durée. ⇒ **constance.**

PERSISTANT, E ■ ***I. Quelqu'un*** ⇒ **persévérant,** ***II. Une chose*** : constant, continu, durable, fixe, indélébile, permanent, perpétuel, soutenu.

PERSISTER ■ ***I.*** ⇒ **continuer.** ***II.*** ⇒ **subsister.**

PERSONNAGE ■ ***I.*** ⇒ **homme.** ***II.*** ⇒ **personnalité.** ***III. Non favorable*** : citoyen, coco, individu, paroissien, zèbre, zigoto. ***IV. De théâtre*** : arlequin, barbon, bouffon, capitan, comédien, comparse, coquette, héroïne, héros, ingénue, interlocuteur, jeune premier, paillasse, pasquin, protagoniste, rôle.

PERSONNALISER ■ ⇒ **caractériser.**

PERSONNALITÉ ■ ***I. Phil.*** 1. Être,

individualité, moi, nature, soi. **2.** Caractère, constitution, originalité, personnage, personne, tempérament. ***II. Au pr.*** **1.** Figure, grand, monsieur, notabilité, notable, personnage, puissant, quelqu'un, sommité, vedette. **2. Fam.** : baron, bonze, gros bonnet, grosse légume, huile, huile lourde, important, légume, lumière, magnat (péj.), mandarin, manitou, pontife, satrape, V. I. P. ***II. Par ext. :*** égocentrisme, égoïsme, entêtement, narcissisme, volonté.

PERSONNE ■ ***I.*** Corps, créature, être, homme, individu, mortel, particulier, quidam. ***II. Au pl.*** ⇒ **gens.**

PERSONNEL ■ n. Aide, domesticité, domestique, journalier, main-d'œuvre, maison, ouvrier, service, valetaille (péj.).

PERSONNEL, ELLE ■ adj. ***I.*** ⇒ **individuel.** ***II.*** ⇒ **original.** ***III.*** ⇒ **égoïste.**

PERSONNIFICATION ■ ***I.*** ⇒ **allégorie.** ***II.*** ⇒ **ressemblance.**

PERSONNIFIER ■ ⇒ **symboliser.**

PERSPECTIVE ■ ***I. Au pr.*** ⇒ **vue.** ***II. Fig.*** ⇒ **probabilité.**

PERSPICACE ■ Clair, clairvoyant, débrouillard, éveillé, fin, intelligent, lucide, pénétrant, perçant, sagace, subtil.

PERSPICACITÉ ■ Acuité, clairvoyance, discernement, finesse, flair, habileté, intelligence, jugement, lucidité, pénétration, sagacité, subtilité.

PERSPICUITÉ ■ Clarté, netteté.

PERSUADER ■ Amadouer, catéchiser, conduire à, convaincre, décider, déterminer, dire à, entraîner, exciter, exhorter, faire croire/entendre à, gagner, inculquer, insinuer, inspirer, prêcher, savoir prendre, séduire, toucher, vaincre.

PERSUASIF, IVE ■ Convaincant, éloquent, insinuant, percutant.

PERSUASION ■ ***I.*** ⇒ **croyance.** ***II.*** ⇒ **inspiration.** ***III.*** ⇒ **habileté.**

PERTE ■ ***I. On perd quelqu'un :*** deuil, éloignement, mort, privation, séparation. ***II. On perd quelque chose.*** **1.** Amission (jurid.), déchéance, déficit, dégât, dommage, préjudice, privation, sinistre. **2. Au jeu** (fam.) : culotte, frottée, lessivage, lessive, raclée. **3. D'une qualité** : altération, déchéance, discrédit. **4. De connaissance** : évanouissement, syncope. ***III. Le fait de perdre.*** **1.** Coulage, déchet, déperdition, discale, freinte, fuite, gâchage, gaspillage, **2.** Défaite, insuccès. **3.** Passif. ***IV. Par ext. :*** anéantissement, damnation, décadence, dégénérescence, dégradation, dépérissement, extinction, naufrage, perdition, ruine.

PERTINACITÉ ■ Entêtement, obstination, opiniâtreté, ténacité.

PERTINENCE ■ ***I.*** ⇒ **à-propos.** ***II.*** ⇒ **convenance.**

PERTINENT, E ■ Approprié, à propos, bienséant, congru, convaincant, convenable, correct, dans l'ordre, judicieux, juste, séant.

PERTUIS ■ ***I.*** ⇒ **ouverture** ***II.*** ⇒ **détroit.**

PERTUISANE ■ Hallebarde, lance.

PERTURBATEUR, TRICE ■ Agitateur, contestataire, émeutier, révolutionnaire, séditieux, trublion.

PERTURBATION ■ ***I.*** ⇒ **dérangement.** ***II.*** ⇒ **trouble.**

PERTURBER ■ ⇒ **troubler.**

PERVERS, E ■ ***I.*** ⇒ **méchant.** ***II.*** ⇒ **vicieux.**

PERVERSION ■ ***I.*** Abjection, altération, anomalie, avilissement, corruption, débauche, dégradation, dépravation, dérangement, dérèglement, détraquement, égarement, folie, méchanceté, perversité, pervertissement, stupre, vice. ***II.*** Bestialité, coprophilie, exhibitionnisme, fétichisme, masochisme, nécrophilie, pédophilie, sadisme, sado-masochisme, satanisme, taphophilie. ***Arg. :*** éducation anglaise, horreurs, passions, trucs, vicelardise.

PERVERSITÉ ▪ Malice, malignité, perfidie. ⇒ **perversion.**

PERVERTIR ▪ Altérer, changer, corrompre, débaucher, dégénérer, dénaturer, dépraver, déranger, détériorer, détraquer, dévoyer, empoisonner, encanailler, fausser, gâter, séduire, troubler, vicier.

PESANT, E ▪ ***I. Au pr. :*** lourd, massif, mastoc, pondéreux. ***II. Fig.*** **1. Phys. :** alourdi, appesanti, indigeste, lourd. **2. D'esprit** ⇒ **stupide** ***III. Par ext.*** **1.** Encombrant, épais, gros, grossier, important, surchargé. **2.** Désagréable, douloureux, ennuyeux, importun.

PESANTEUR ▪ ***I. Au pr. :*** attraction, gravitation, gravité, poids. ***II. Par ext.*** **1. Phys. :** engourdissement, lourdeur, malaise. **2. D'esprit :** lenteur. ⇒ **stupidité.**

PESÉE ▪ ***I. Au pr. :*** pesage. ***II. Fig. :*** approfondissement, examen.

PESER ▪ ***I. V. tr.*** **1. Au pr. :** soupeser, tarer, trébucher (vx). **2. Par ext. :** apprécier, approfondir, balancer, calculer, comparer, considérer, déterminer, estimer, étudier, évaluer, examiner, juger. ***II. V. intr.*** **1. Peser ou faire peser contre/sur :** accabler, alourdir, aggraver, appesantir, appuyer, assombrir, charger, grever, incomber, opprimer, pousser, retomber. **2. On pèse sur les intentions de quelqu'un :** exercer une influence, influencer, intimider. **3. Quelque chose pèse à quelqu'un :** coûter, dégoûter, ennuyer, étouffer, fatiguer, importuner, peiner.

PESSIMISME ▪ Défaitisme. ⇒ **inquiétude.**

PESSIMISTE ▪ Alarmiste, atrabilaire, bilieux, broyeur de noir, cassandre, chouette (fam.), craintif, défaitiste, désespéré, hypocondre, inquiet, mausade, mélancolique, neurasthénique, paniquard (fam.), sombre.

PESTE ▪ ***I. Au pr. :*** choléra, pétéchie. ***II. Fig.*** ⇒ **méchant.**

PESTER ▪ Fulminer, fumer (fam.), grogner, invectiver, jurer, maudire, maugréer.

PESTICIDE ▪ Débroussaillant, fongicide, herbicide, insecticide, raticide.

PESTIFÉRÉ, E ▪ adj. et n. ***I. Par ext. :*** brebis galeuse, galeux. ***II. Fig.*** ⇒ **maudit.**

PESTILENCE ▪ ⇒ **infection.**

PESTILENTIEL, ELLE ▪ ***I. Au pr. :*** pestifère, pestilent. ***II. Par ext. :*** contagieux, corrupteur, dégoûtant, délétère, épidémique, fétide, infect, malsain, méphitique, pernicieux, puant, putride, vicié.

PET ▪ ⇒ **vent.**

PÉTALE ▪ ⇒ **feuille.**

PÉTARADE ▪ ***I. Au pr.*** ⇒ **vent.** ***II. Par ext. :*** bruit, canonnade, déflagration, détonation, explosion.

PÉTARD ▪ ***I. Fig. :*** bruit, scandale, sensation. ***II. Arg.*** **1.** ⇒ **pistolet. 2.** ⇒ **fessier.**

PÉTER ▪ ***I. Au pr. :*** faire un vent *et les syn.* de VENT, se soulager, venter. **Arg. ou fam. :** avoir une fuite, débourrer, flouser, lâcher un cran, loufer, perlouser, pétarader, vesser. ***II. Par ext.*** **1.** Casser, crever, se détraquer, éclater, exploser, pétiller, se rompre, sauter. **2.** Échouer, faire long feu, louper, rater.

PÉTEUX, EUSE ▪ ***I.*** ⇒ **peureux.** ***II.*** ⇒ **présomptueux.**

PÉTILLANT, E ▪ ***Fig. :*** agile, brillant, chatoyant, enflammé, éveillé, intelligent, léger, leste.

PÉTILLER ▪ ***I. Au pr. :*** crépiter, décrépiter, péter. ***II. Fig. :*** briller, chatoyer, étinceler, flamboyer, jaillir, scintiller.

PETIT, E ■ ***I. Adj.*** **1. Au pr. :** chétif, court, courtaud, délicat, écrasé, exigu, menu, microscopique, minuscule, ténu. **2. Par ext. :** dérisoire, étriqué, étroit, faible, humble, imperceptible, infime, infinitésimal, léger, maigre, malheureux, méchant, mineur, minime, modique, moindre, rikiki (fam.), sommaire, succinct. **3. Non favorable :** bas, borné, étroit, mesquin, piètre, vil. **4. Favorable :** coquet, douillet, gentil, joli. ***II. Nom.*** **1. Favorable ou neutre ⇒ enfant. 2. Non favorable :** avorton, bout d'homme, crapoussin, criquet, demi-portion, extrait, gnome, gringalet, marmouset, microbe, miniature, minus, myrmidon, nabot, nain, puce, pygmée. **3. Au pl. :** couvée, portée, progéniture, ventrée. ***III. Loc.*** **1. Petit à petit ⇒ peu à peu. 2. Petite main ⇒ midinette. 3. Petit nom :** diminutif, nom de baptême, prénom. **4. Petits soins ⇒ égards.**

PETITEMENT ■ Bassement, chichement, mesquinement, odieusement, parcimonieusement, vilement, *et les adv. en -ment dérivés des syn. de* PETIT.

PETITESSE ■ ***I. Au pr. :*** étroitesse, exiguïté, modicité. ***II. Par ext. :*** bassesse, défaut, faiblesse, ladrerie, lésinerie, médiocrité, mesquinerie, saleté, vilenie.

PÉTITION ■ Demande, instance, placet, prière, réclamation, requête, sollicitation, supplique.

PÉTOCHE ■ **⇒ peur.**

PÉTRI, E ■ ***I.*** Broyé, façonné, foulé, malaxé, mélangé, modelé. ***II. Loc.*** **Pétri d'orgueil :** bouffi, gonflé, puant, rempli.

PÉTRIFIÉ, E ■ ***I.*** **⇒ ébahi.** ***II.*** **⇒ interdit.**

PÉTRIFIER ■ ***I. Au pr. :*** changer en pierre, durcir, fossiliser, lapidifier. ***II. Fig. :*** clouer, ébahir, effrayer, épouvanter, étonner, figer, fixer, geler, glacer, méduser, paralyser, river, saisir, stupéfier, terrifier, transir.

PÉTRIR ■ ***I. Au pr. :*** brasser, fraiser, fraser, malaxer. ***II. Par ext. :*** broyer, gâcher, mélanger. ***III. Fig. :*** assouplir, éduquer, façonner, former, manier, manipuler, modeler.

PÉTROLE ■ Bitume liquide, huile, huile de pierre, hydrocarbure, kérosène, naphte, or noir.

PÉTROLEUR, EUSE ■ n. et adj. Brûleur, incendiaire.

PÉTULANCE ■ Ardeur, brio, chaleur, exubérance, fougue, furia, impétuosité, promptitude, turbulence, vitalité, vivacité.

PÉTULANT, E ■ ***I.*** **⇒ impétueux.** ***II.*** **⇒ turbulent.**

PEU ■ ***I.*** Brin, doigt, filet, goutte, grain, guère, larme, lueur, mie, miette, nuage, pointe, soupçon, tantinet. ***II. Loc.*** **1. De peu :** de justesse, de près. **2. Peu à peu :** doucement, graduellement, insensiblement, de jour en jour, lentement, à mesure, pas à pas, petit à petit, progressivement. **3. Peu de chose :** bagatelle, misère, rien. **4. Dans peu :** bientôt, dans un proche avenir, incessamment. **5. À peu près :** environ.

PEUPLADE ■ Ethnie, groupe, horde, race, tribu. **⇒ peuple.**

PEUPLE ■ ***I. Favorable ou neutre :*** foule, masse, monde ouvrier, multitude, paysannat, population, prolétariat. ***II. Non favorable :*** canaille, commun, plèbe, populace, populaire, populo, racaille, roture, tourbe, troupeau, vulgaire. ***III. Par ext.*** **1. ⇒ nation. 2. Relig. :** fidèles, troupeau, ouailles.

PEUPLÉ, E ■ Fourni, fréquenté, habité, populaire, populeux, surpeuplé, vivant.

PEUPLEMENT ■ Biocénose, biote, faune, flore, habitat, occupation.

PEUPLER ■ ***I.*** ⇒ **remplir.** ***II.*** ⇒ **multiplier.**

PEUPLIER ■ Grisard, liard, tremble, ypréau.

PEUR ■ ***I.*** Affolement, affres, alarme, alerte, angoisse, appréhension, aversion, couardise, crainte, effroi, épouvante, frayeur, frisson, frousse, hantise, inquiétude, lâcheté, malepeur (vx), panique, phobie, pusillanimité, répulsion, saisissement, souleur (vx), terreur, trac, trouble. ***II.*** Agora/claustro / éreutho/hydro/photo/zoophobie. ***III. Arg. ou fam. :*** cagade, chiasse, chocottes, flubes, foies, foirade, foire, grelots, grelotte, jetons, moules, pétasse, pétoche, pétrouille, tracsir, traquette, trouille, venette, vesse. ***IV. Loc.*** **1. Avoir peur ⇒ craindre, trembler. 2. Faire peur** : apeurer, effaroucher, effrayer, épeurer, épouvanter, intimider, menacer.

PEUREUX, EUSE ■ adj. et n. Couard, craintif, dégonflé, foireux, froussard, lâche, ombrageux, péteux, poltron, pusillanime, trouillard. ⇒ **capon.**

PEUT-ÊTRE ■ Possible, probablement.

PHALANGE ■ ***I.*** ⇒ **parti.** ***II.*** ⇒ **troupe.**

PHALLUS ■ ⇒ **sexe.**

PHANTASME ■ ***I.*** ⇒ **imagination.** ***II.*** ⇒ **vision.**

PHARAMINEUX, EUSE ■ ⇒ **extraordinaire.**

PHARE ■ Balise, fanal, feu, lanterne, sémaphore.

PHARISAÏQUE ■ ⇒ **hypocrite.**

PHARISAÏSME ■ ⇒ **hypocrisie.**

PHARISIEN, ENNE ■ n. et adj. Faux dévot, faux jeton (fam.). ⇒ **hypocrite.**

PHARMACIE ■ Drugstore, officine.

PHARMACIEN, ENNE ■ ***Fam. :*** apothicaire, pharmacole, potard.

PHASE ■ Apparence, aspect, avatar, changement, degré, échelon, étape, forme, palier, partie, période, stade, succession, transition.

PHÉBUS ■ ***I.*** ⇒ **soleil.** ***II.*** ⇒ **enthousiasme.** ***III.*** ⇒ **galimatias.**

PHÉNIX ■ Aigle, as, fleur, génie, idéal, modèle, nec plus ultra, parangon, perfection, perle, prodige, reine, roi, trésor.

PHÉNOMÉNAL, E ■ ⇒ **extraordinaire.**

PHÉNOMÈNE ■ ***I. Quelque chose.*** **1. Au pr.** : apparence, épiphénomène, fait, manifestation. **2.** Merveille, miracle, prodige. ***II. Quelqu'un.*** **1. Favorable ⇒ phénix. 2. Non favorable** : excentrique, original. **3. Méd.** : monstre. ***III. Loc.*** **Phénomène sismique** : catastrophe, séisme, tremblement de terre.

PHILANTHROPE ■ n. et adj. Bienfaisant, bienfaiteur de l'humanité, bon, charitable, donnant, généreux, humanitaire, humanitariste, large, libéral, ouvert.

PHILANTHROPIE ■ Amour, bienfaisance, charité, générosité, humanité, largesse, libéralité, ouverture.

PHILIPPIQUE ■ ⇒ **satire.**

PHILISTIN, E ■ n. et adj. ⇒ **profane.**

PHILOLOGIE ■ Critique, érudition, grammaire comparée, linguistique.

PHILOSOPHE ■ ***I. Nom.*** **1.** ⇒ **sage. 2.** ⇒ **penseur.** ***II. Adj.*** **1. Au pr.** : philosophique. **2. Par ext.** : calme, ferme, impavide, indulgent, optimiste, réfléchi, résigné, retiré, sage, satisfait, sérieux, stoïque, tranquille.

PHILOSOPHER ■ Discuter, étudier, méditer, raisonner, spéculer.

PHILOSOPHIE ■ ***I. Au pr. :*** dialectique, épistémologie, esthétique, éthique, logique, métaphysique, méthodologie, morale, ontologie, téléologie, théologie. ***II. Les théories.*** **1.** Doctrine, école, idée, pensée, principe, système, théorie. **2.** Académie, agnosticisme, animalisme, aristotélisme, associationnisme, atomisme, boudhisme, brahmanisme, cartésianisme, christianisme, confucianisme, conceptualisme, criticisme, cynisme, déterminisme, dogmatisme, dualisme, dynamisme, éclectisme, éléatisme, empirisme, épicurisme, essentialisme, eudémonisme, évolutionnisme, existentialisme, fatalisme, fidéisme, finalisme, formalisme, gnosticisme, hédonisme, hégélianisme, humanisme, humanitarisme, hylozoïsme, idéalisme, idéologie, immanentisme, immatérialisme, indéterminisme, individualisme, intellectualisme, kantisme, marxisme, matérialisme, mécanisme, monadisme, monisme, mysticisme, naturalisme, néocriticisme, néo-platonisme, néo-thomisme, nihilisme, nominalisme, optimisme, palingénésie, pancalisme, panlogisme, panthéisme, péripatétisme, personnalisme, pessimisme, phénoménisme, phénoménologie, platonisme, pluralisme, positivisme, pragmatisme, probabilisme, pyrrhonisme, pythagorisme, rationalisme, réalisme, relativisme, scepticisme, scolastique, scotisme, sensualisme, socratique, solipsisme, sophisme, spiritualisme, spinozisme, stoïcisme, structuralisme, subjectivisme, substantialisme, symbolisme, syncrétisme, taoïsme, thomisme, transcendantalisme, utilitarisme, vitalisme, volontarisme, yogi, zen. ***III. Par ext. :*** calme, égalité d'humeur, équanimité, force d'âme, indulgence, modération, raison, résignation, sagesse, tolérance.

PHILOSOPHIQUE ▪ ⇒ **philosophe.**

PHILTRE ▪ Aphrodisiaque, boisson magique, charme, breuvage, décoction, infusion, magie, sorcellerie.

PHLEGMON ▪ ⇒ **abcès.**

PHLOGISTIQUE ▪ ***I. Nom :*** calcination, combustion, comburation. ***II. Adj. :*** combustible, comburant.

PHOBIE ▪ ⇒ **peur.**

PHOCÉEN, ENNE ▪ Marseillais, massaliote, phocidien.

PHONIQUE ▪ Acoustique, audible, sonore, vocal.

PHONO et ***PHONOGRAPHE*** ▪ ***Par ext. :*** chaîne acoustique/hi-fi/stéréo, électrophone, machine parlante, pick-up, tourne-disque.

PHOQUE ▪ Chien/lion/loup/veau marin, cystiphore, moine, otarie.

PHOSPHORESCENCE ▪ Brasillement, fluorescence, luminescence, photoluminescence, radiation.

PHOSPHORESCENT, E ▪ Brasillant, brillant, étincelant, fluorescent, luisant, luminescent, lumineux, photogène.

PHOTOCOPIE ▪ Duplication, reprographie.

PHOTOGRAPHIE ▪ Cliché, daguerréotype, diapositive, épreuve, image, instantané, photocopie, photogramme, photomaton, portrait, pose, tirage.

PHRASE ▪ ***I. Au pr. :*** discours, énoncé, formule, lexie, locution, période, proposition, sentence, syntagme, tirade. ***II. Par ext. :*** bavardage, circonlocution, circonvolution, cliché, enflure, phraséologie.

PHRASÉOLOGIE ▪ ***I. Au pr. :*** style, terminologie, vocabulaire. ***II. Par ext.*** (péj.) : bavardage, belles/bonnes paroles, boniment, chimère, creux, emphase, enflure, ithos, logorrhée, pathos, pompe, utopie, vide.

PHRASEUR ▪ n. et adj. Babillard, baratineur (fam.), bavard, bonimenteur, déclamateur, parleur, pie (fam.), rhéteur.

PHTISIE ▪ Consomption (vx), étisie, mal de poitrine (pop.), tuberculose.

PHTISIQUE ■ adj. et n. Consomptif, poitrinaire, tuberculeux.

PHYSIONOMIE ■ Air, apparence, aspect, attitude, caractère, contenance, expression, face, faciès, figure, manière, masque, mimique, mine, physique, traits, visage. ⇒ **tête.**

PHYSIQUE ■ ***I. Adj. :*** charnel, corporel, matériel, naturel, organique, physiologique, réel, sexuel (par ext.), somatique. ***II. Nom masc.*** **1.** ⇒ **physionomie. 2.** ⇒ **mine.** ***III. Nom fém. :*** acoustique, aérodynamique, aérologie, astrophysique, biophysique, calorimétrie, cinématique, cryoscopie, dioptrique, dynamique, électricité, électrodynamique, électromagnétisme, électronique, hydraulique, hydrodynamique, hydrostatique, magnétisme, mécanique, mécanique ondulatoire, optique, optométrie, statique, thermodynamique.

PIAFFER ■ ⇒ **piétiner.**

PIAILLARD, E ■ ⇒ **braillard.**

PIAILLEMENT, PIAULEMENT ■ ⇒ **cri.**

PIAILLER ■ ⇒ **crier.**

PIANOTER ■ ***I.*** ⇒ **jouer.** ***II.*** ⇒ **frapper.**

PIAULER ■ ⇒ **crier.**

PIC ■ ***I.*** ⇒ **mont.** ***II.*** ⇒ **sommet.** ***III. Loc.*** **À pic. 1.** ⇒ **escarpé. 2.** ⇒ **propos (à).**

PICAILLE, PICAILLON(S) ■ ⇒ **argent.**

PICHENETTE ■ ⇒ **chiquenaude.**

PICHET ■ ⇒ **pot.**

PICKPOCKET ■ ⇒ **voleur.**

PICK-UP ■ ⇒ **phonographe.**

PICORER ■ ***I. Au pr.*** **1.** ⇒ **manger. 2.** ⇒ **voler.** ***II. Fig.*** ⇒ **imiter.**

PICOTÉ, E ■ ***I.*** ⇒ **piqué.** ***II.*** ⇒ **marqué.**

PICOTEMENT ■ Chatouillement, démangeaison, formication, fourmillement, fourmis, impatiences, mordication (vx), piqûre, prurigo, prurit, urtication.

PICOTER ■ ***I. Au pr.*** ⇒ **piquer.** ***II. Fig.*** ⇒ **taquiner.**

PIE ■ ***I.*** Agace, agasse, ageasse. ***II. Fig. :*** avocat, avocat sans cause, babillard, bavard, jacasseur, phraseur.

PIÈCE ■ ***I. D'un appartement :*** alcôve, antichambre, billard, boudoir, cabinet, carrée (fam.), chambre, cuisine, débarras, dépense, entrée, êtres, fumoir, galerie, galetas, hall, jardin d'hiver, lingerie, living-room, loge, mansarde, office, réduit, piaule (fam.), réduit, resserre, salle, salle à manger, salle de bains, salle de séjour, salon, souillarde, taule (arg.), toilettes, turne (fam.), vestibule, water-closet, W.-C. ***II. De tissu :*** coupe, coupon. ***III. De monnaie :*** écu, jaunet, louis, napoléon, thune (arg.). ***IV. De vin*** ⇒ **tonneau.** ***V. D'eau :*** bassin, canal, étang, lac, miroir, vivier. ***VI. D'artillerie :*** bombarde, bouche à feu, canon, caronade, couleuvrine, crapouillot, émerillon, faucon, mortier, obusier, pierrier. ***VII. Spectacle :*** ballet, caleçonnade (péj.), comédie, dit, drame, farce, féerie, fête, film, impromptu, intermède, mystère, opéra, opéra-bouffe, opérette, pantomime, pastorale, saynète, show, sotie, tragédie, tragi-comédie. ***VIII. De musique :*** cantate, caprice, composition, concerto, exercice, fugue, lied, morceau, ouverture, sérénade, sonate, suite, symphonie. ***IX. De vers*** ⇒ **poème.** ***X. Par ext.*** **1.** ⇒ **partie. 2.** ⇒ **morceau. 3.** ⇒ **gratification. 4.** Document, note, preuve, titre.

PIED ■ ***I. De l'animal*** **1.** ⇒ **patte. 2.** ⇒ **ongle.** ***II. De l'homme, arg. ou fam. :*** arpion, badigeon, fumeron, griffe, haricot, latte, nougat, panard, patte, paturon, pédibus, peton, pince, pinceau, pinglot, pingouin, reposoir, ribouis, rigadin, ripaton, trottignolle. ***III. Par ext.*** **1.** Assise, bas, chevet, fondement. ⇒ **base. 2.** Anapeste, choriambe, dactyle, ïambe, mètre, spondée, syllabe, tribraque, trochée. **3.** Byssus. ⇒ **pédicule.**

PIED-À-TERRE ▪ Appartement, garçonnière, halte, logement, relais.

PIÉDESTAL ▪ Base, piédouche, plinthe, scabellon, socle, support.

PIED-PLAT ▪ *I.* ⇒ **lâche.** *II.* ⇒ **vaurien.**

PIÈGE ▪ *I. Au pr. :* amorce, appât, appeau, arbalète, attrape, chatière, chausse-trape, collet, dardière, filet, gluau, glu, hameçon, hausse-pied, lacet, lacs, miroir à alouettes, mésangette, moquette, nasse, panneau, pas-de-loup, piège à loup, pipeaux, ratière, reginglette, souricière, taupière, tendelle, trappe, traquenard, traquet, trébuchet, turlutte. *II. Fig. :* artifice, attrape-nigaud, chausse-trape, écueil, embûche, embuscade, feinte, guêpier, guet-apens, leurre, machine, panneau, piperie (vx), ruse, souricière, surprise, traquenard.

PIÉGER ▪ *I.* ⇒ **chasser.** *II.* ⇒ **prendre.**

PIERRE ▪ *I. Au pr. :* boulder, caillasse, cailloux, dalle, galet, gemme, gravier, minéral, moellon, palet, parpaing, pavé, pierraille, roc, roche, rocher. *II.* **1. Arch.** : claveau, clef (de voûte), vousseau, voussoir. **2. À bâtir** : ardoise, cliquart, coquillart, granit, grès, lambourde, liais, marbre, meulière, porphyre, travertin, tuf, tuffeau. **3. Précieuse** : agate, aigue-marine, alabandine, améthyste, béryl, brillant, calcédoine, chrysolithe, chrysoprase, corindon, cornaline, diamant, émeraude, escarboucle, girasol, grenat, hépatite, hyacinthe, jacinthe, jade, jargon, jaspe, lapis-lazuli, lazulite, malachite, onyx, outremer, péridot, quartz, rubis, sanguine, saphir, spinelle, topaze, tourmaline, turquoise, zircon. **4. Reconstituée** : aventurine, doublet, happelourde, strass. **5. Industr.** : bauxite, gypse, minerai, pechblende, périgueux, silex. **6.** Aérolithe, bolide, météorite. **7. Méd.** : bézoard, calcul, concrétion, gravier, hippolithe.

PIERREUX, EUSE ▪ Caillouteux, graveleux, rocailleux, rocheux.

PIERROT ▪ *I. Au pr. :* masque, pantin. *II. Par ext.* **1.** Moineau, oiseau. **2.** Drôle, homme, individu, niais, zig, zigoto.

PIETÀ ▪ Mater dolorosa, Vierge aux douleurs/aux sept douleurs/douloureuse.

PIÉTAILLE ▪ *I.* Biffe (arg.), fantassin, infanterie. *II.* Foule, multitude, peuple, piétons.

PIÉTÉ ▪ *I.* ⇒ **religion.** *II.* ⇒ **respect.**

PIÉTINER ▪ *I. V. intr. :* s'agiter, frapper/taper du pied, patauger, piaffer, piler du poivre (fam.), trépigner. *II. V. tr. :* fouler, marcher sur.

PIÉTON ▪ Biffin (arg.), fantassin, piétaille.

PIÈTRE ▪ Chétif, dérisoire, faible, insignifiant, médiocre, mesquin, minable, misérable, miteux, pauvre, petit, ridicule, sans valeur, singulier, triste.

PIEU ▪ *I. Au pr. :* bâton, échalas, épieu, pal, palis, pilot, pilotis, piquet, poteau, rame. *II. Arg.* ⇒ **lit.**

PIEUX, EUSE ▪ *I. Favorable :* croyant, dévot, édifiant, fervent, mystique, religieux, respectueux, zélé. *II. Non favorable :* bigot, cafard, cagot, hypocrite, tartufe. *III. Loc.* **Vœu pieux** : hypocrite, inutile, utopique, vain.

PIF ▪ *Fam.* ⇒ **nez.**

PIGEON ▪ *I. Au pr. :* ⇒ **colombin.** *II. Fig.* ⇒ **naïf.**

PIGEONNIER ▪ *I. Au pr. :* colombier, fuie, volet, volière. *II. Par ext.* **1.** Grenier, mansarde. **2. Théâtre** : paradis, poulailler.

PIGMENT ▪ Couleur, grain, pigmentation, tache.

PIGMENTÉ, E ▪ Agrémenté, coloré, fleuri, orné, tacheté.

PIGNADE ■ Pinède.

PIGNOCHER ■ ***I.*** Faire le/la difficile, grappiller, manger sans appétit, mordiller, picorer. ***II.*** Bricoler, lécher. ***III.*** ⇒ **peindre.**

PIGNON ■ ⇒ **comble.**

PIGNOUF ■ ***I.*** ⇒ **avare.** ***II.*** Grossier, malapris, mal élevé, rustre. ***III. Péj.*** ⇒ **paysan.**

PILASTRE ■ Antre, colonne, montant, pile, pilier, soutènement, soutien, support.

PILE ■ ***I. Au pr.*** ⇒ **amas.** ***II. Fig.*** **1.** ⇒ **insuccès. 2.** ⇒ **volée. 3.** ⇒ **revers.**

PILER ■ Broyer, concasser, corroyer, pulvériser, triturer. ***II. Loc.*** **Piler du poivre** ⇒ **piétiner.**

PILIER ■ ***I. Au pr.*** ⇒ **colonne.** ***II. Fig. :*** défenseur, soutien.

PILLAGE ■ Brigandage, concussion, curée, déprédation, détournement, exaction, malversation, maraudage, maraude, pillerie, plagiat, prédation, rapine, razzia, sac, saccage, saccagement, volerie.

PILLARD, E ■ Brigand, corsaire, détrousseur, écumeur, maraudeur, pandour, pilleur, pirate, plagiaire, ravageur, ravisseur, routier (vx), saccageur, sangsue, usurpateur, voleur.

PILLER ■ ***I. Au pr. :*** assaillir, butiner (vx), dépouiller, dérober, détrousser, dévaliser, écrémer, écumer, marauder, pirater, prendre, ravager, ravir, saccager, usurper, voler. ***II. Fig.*** ⇒ **imiter.**

PILON ■ ***I.*** Broyeur. ***II.*** Bourrou, dame, demoiselle, hie. ***III.*** Jambe de bois.

PILONNER ■ Bombarder, cogner, écraser, frapper, marteler.

PILORI ■ ***I. Au pr. :*** carcan, poteau. ***II. Par ext. :*** mépris, vindicte. ***III. Loc.*** **Clouer/mettre au pilori :** flétrir, signaler à l'indignation/au mépris/à la vindicte.

PILOSISME ■ Hirsutisme.

PILOTAGE ■ Conduite, direction, guidage, lamanage, navigation, téléguidage.

PILOTE ■ ***I. Au pr. :*** barreur, capitaine au long cours, homme de barre, lamaneur, locman, nautonier, nocher, timonier. ***II. Par ext. :*** conducteur, directeur, guide, mentor, responsable.

PILOTER ■ ***I.*** ⇒ **conduire.** ***II.*** ⇒ **diriger.**

PILOTIS ■ ⇒ **pieu.**

PILULE ■ ***I. Au pr. :*** bol, boule, boulette, dragée, globule, grain, granule, granulé, ovule. ***II.*** Cachet, comprimé, gélule, implant, pellet. ***III.*** Désagrément, échec, mortification.

PIMBÊCHE ■ Bêcheuse, caillette, chichiteuse, chipie, mijaurée, pécore, perruche, pie-grèche.

PIMENT ■ ***I. Au pr. :*** aromate, assaisonnement, paprika, poivron. ***II. Par ext.*** **1.** Intérêt, saveur, sel. **2.** Charme, chien, sex-appeal.

PIMENTÉ, E ■ ⇒ **obscène.**

PIMENTER ■ ***I. Au pr. :*** assaisonner, épicer, relever. ***II. Fig. :*** agrémenter, ajouter, charger.

PIMPANT, E ■ ***I.*** ⇒ **alerte.** ***II.*** ⇒ **juvénile.** ***III.*** ⇒ **élégant.**

PINACLE ■ ***I.*** Apogée, comble, faîte, haut, sommet. ***II. Loc.*** **Porter au pinacle** ⇒ **louer.**

PINACOTHÈQUE ■ Collection, galerie, musée.

PINAILLAGE ■ ⇒ **argutie.**

PINAILLER ■ Chercher la petite bête, ergoter, pignocher, ratiociner.

PINARD ■ ⇒ **vin.**

PINCE ■ ***I.*** **1.** Barre à mine, levier, pied-de-biche, rossignol. **2.** Bec de corbeau/corbin, tenailles. **3. Chir. :** clamp, davier, forceps. **4.** Bercelle, brucelles.

5. **Arg.** : dingue, jacque, plume. *II.* Fronce, pli. *III.* ⇒ **patte.**

PINCÉ, E ▪ ***Par ext. I.*** ⇒ **étudié.** ***II.*** ⇒ **mince.**

PINCEAU ▪ ***I. Au pr.*** : blaireau, brosse, pied-de-biche, queue-de-morue. ***II. Par ext.*** **1.** ⇒ **touffe. 2.** ⇒ **style.**

PINCE-FESSES ▪ ⇒ **bal.**

PINCE-NEZ ▪ Besicle, binocle, lorgnon.

PINCER ▪ ***I. Au pr.*** ⇒ **presser.** ***II. Par ext.*** ⇒ **piquer.** ***III. Fig.*** ⇒ **prendre.**

PINCE-SANS-RIRE ▪ ⇒ **plaisant.**

PINCETTE ▪ ***I. Au sing.*** : pince, tenaille. ***II. Au pl.*** ⇒ **pique-feu.**

PINDARIQUE ▪ Ampoulé, emphatique.

PINÈDE ▪ Bois/forêt/plantation de pins, pignada, pignade, pineraie, pinière.

PINGOUIN ▪ Guillemot, macareux, manchot, mergule.

PING-PONG ▪ Tennis de table.

PINGRE ▪ adj. et n. ⇒ **avare.**

PINTE ▪ Chope, chopine, demi, fillette, roquille, setier.

PINTER ▪ v. tr. et intr. Boire, s'imbiber, ingurgiter, picoler, pomper, téter. ⇒ **boire, enivrer (s').**

PIOCHE ▪ Bigot, houe, pic, piémontaise, piolet.

PIOCHER ▪ ***I. Au pr.*** : creuser, fouiller, fouir. ***II. Fig.*** **1.** Besogner, bûcher, chiader (fam.), étudier, peiner, travailler. **2.** ⇒ **prendre.**

PION, NE ▪ ⇒ **surveillant.**

PIONCER ▪ ⇒ **dormir.**

PIONNIER ▪ Bâtisseur, créateur, défricheur, promoteur, protagoniste, squatter.

PIOT ▪ ⇒ **vin.**

PIPE ▪ Bouffarde, brûle-gueule, cachotte, calumet, chibouque, cigarette (par ext. arg.), houka, jacob, kalioun, narguilé.

PIPEAU ▪ ***I.*** ⇒ **flûte.** ***II.*** ⇒ **piège.**

PIPELET ▪ ⇒ **portier.**

PIPE-LINE ▪ Canal, canalisation, conduite, oléoduc, tube, tuyau.

PIPER ▪ ***I. V. intr.*** **1. Au pr.** : crier, frouer, glousser, pépier, piauler. **2. Loc.** Ne pas piper. ⇒ **taire (se).** ***II. V. tr.*** : attraper, leurrer, prendre, séduire, tromper, truquer.

PIPERIE ▪ Duperie, fourberie, leurre, perfidie, tromperie, truquage. ⇒ **piège.**

PIPETTE ▪ Compte-gouttes, tâte-vin.

PIPEUR, EUSE, ERESSE ▪ n. et adj. Filou, fourbe, tricheur. ⇒ **voleur.**

PIPI ▪ ⇒ **urine.**

PIPIT ▪ Farlouse. ⇒ **passereau.**

PIQUANT ▪ ***I. Au pr.*** : aiguille, aiguillon, ardillon, épine, pointe. ⇒ **pique.** ***II. Par ext.*** **1. De quelqu'un** : agrément, beauté, charme, enjouement, finesse, sex-appeal. **2. De quelque chose** : assaisonnement, condiment, intérêt, mordant, pittoresque, sel.

PIQUANT, E ▪ ***I. Au pr.*** : acéré, perforant, pointu. ***II. Fig.*** **1. Un froid** ⇒ **vif. 2. Un propos** : acerbe, acide, aigre, amer, caustique, malicieux, moqueur, mordant, satirique, vexant. **3. Une douleur** : aigu, cuisant, douloureux, lancinant, poignant, térébrant. **4. Favorable** : agréable, amusant, beau, bon, charmant, curieux, enjoué, excitant, fin, inattendu, intéressant, joli, mutin, plaisant, pittoresque, spirituel, vif.

PIQUE ▪ ***I. Au pr.*** : dard, esponton, hallebarde, lance, pertuisane. ***II. Par ext.*** : aigreur, allusion, blessure, brouille, brouillerie, dépit, épine, invective, méchanceté, mésintelligence, mot, parole, piquant.

PIQUÉ, E ▪ ***I.*** Entamé, mangé aux vers, percé, picoté, piqueté, rongé, troué, vermoulu. ***II.*** Vexé. ***III.*** Acide, aigre, corrompu, gâté, tourné. ***IV.*** Cinglé, dérangé, fou, timbré, toqué.

PIQUE-ASSIETTE ▪ Écornifleur, écumeur de tables, parasite.

PIQUE-FEU ▪ Badines, fourgon, pincettes, ringard, tisonnier.

PIQUE-NIQUE ▪ Déjeuner sur l'herbe, partie de campagne, repas en plein air, surprise-partie.

PIQUE-NIQUER ▪ ***Fam.*** : saucissonner.

PIQUER ▪ ***I. Au pr.*** : aiguillonner, darder, enfoncer, éperonner, larder, percer. ***II. Par ext.*** 1. Attaquer, mordre, ronger, trouer. 2. **Méd.** : immuniser, vacciner. 3. Moucheter, parsemer, piqueter, tacheter. 4. Attacher, fixer, capitonner, contrepointer, coudre, épingler, faufiler. 5. Brûler, cuire, démanger, gratter, picoter, pincer, poindre (vx), saisir. ***III. Fig.*** 1. **Non favorable** : agacer, aigrir, atteindre, blesser, critiquer, égratigner, ennuyer, fâcher, froisser, irriter, offenser, taquiner, vexer. 2. **Favorable** : chatouiller, éveiller, exciter, impressionner, intéresser, intriguer. ***IV. Fam.*** 1. ⇒ **voler.** 2. **Piquer un coupable** : coincer, cueillir, pincer, prendre, saisir. ⇒ **arrêter.** ***V. Loc.*** **Piquer des deux** : aller, s'élancer, foncer. ***VI. V. pron.*** : 1. ⇒ **pourrir.** 2. Se fâcher, se formaliser, se froisser, s'offenser, s'offusquer, prendre la mouche, se vexer. 3. S'opiniâtrer, prendre à cœur/au sérieux. 4. Affecter, se glorifier de, prétendre, se vanter.

PIQUET ▪ ***I.*** ⇒ **pieu.** ***II.*** Garde.

PIQUETÉ, E ▪ Marqueté, piqué, tacheté.

PIQUETER ▪ ***I.*** Borner, jalonner, marquer, tracer. ***II.*** ⇒ **piquer.**

PIQUETTE ▪ ***I. Au pr.*** : boisson, boite, buvande, criquet, halbi, kéfir, poiré. ***II. Non favorable*** : bibine, gnognote, petite bière, vinasse. ***III.*** **Fam.** : déculottée, dérouillée, frottée, leçon, pile, rossée, rouste, volée.

PIQÛRE ▪ ⇒ **picotement.**

PIRATE ▪ ***I. Au pr.*** : boucanier, corsaire, écumeur, flibustier, forban. ***II. Fig.*** : bandit, escroc, filou, requin. ⇒ **voleur.**

PIRATER ▪ ***I. Au pr.*** ⇒ **piller.** ***II.*** ⇒ **imiter.**

PIRATERIE ▪ Flibuste. ⇒ **vol.**

PIRE ▪ adj. et adv. Pis, plus mal/mauvais *et les syn. de* MAUVAIS.

PIROGUE ▪ Canoë, canot, embarcation, pinasse, yole. ⇒ **bateau.**

PIROUETTE ▪ ***I. Au pr.*** : moulinet, toton, toupie. ***II. Par ext.*** : acrobatie, cabriole, galipette, saut, saut périlleux. ***III. Fig.*** : changement, faux-semblant, retournement, revirement, tour de passe-passe, volte-face.

PIROUETTER ▪ ⇒ **tourner.**

PIS ▪ ⇒ **pire.**

PIS ▪ Mamelle, tétine.

PISCINE ▪ Baignoire, bain, bassin, pièce d'eau, réservoir, thermes.

PISSE ▪ Eau, urine, pipi, pissat.

PISSENLIT ▪ Dent-de-lion, fausse chicorée.

PISSER ▪ ***I. V. intr.*** 1. **Au pr.** : ⇒ **uriner.** 2. **Par ext.** : couler, fuir, suinter. ***II. V. tr.*** 1. **Au pr.** : évacuer, faire, perdre. 2. **Fig.** : compiler, produire, rédiger.

PISSOTIÈRE ▪ ⇒ **urinoir.**

PISTE ▪ ***I.*** ⇒ **trace.** ***II.*** ⇒ **sentier.** ***III.*** ⇒ **chemin.** ***IV. Aviat.*** : chemin de roulement, taxiway.

PISTER ▪ Dépister, épier, filer, guetter, prendre en chasse/filature, rechercher, suivre, surveiller.

PISTOLET ▪ ***I.*** Arme, browning, colt,

parabellum, revolver. ***II. Arg.*** : arquebuse, artillerie, bouledogue, calibre, clarinette, feu, flingot, flingue, pétard, pétoire, poinçonneuse, riboustin, rigolo, seringue, soufflant, sulfateuse. ***III.*** ⇒ **type.**

PISTON ▪ ***Fig.*** : appui, coup de brosse/de pinceau/de pouce, intervention, parrainage, patronage, protection, recommandation, soutien.

PISTONNER ▪ Appuyer, intervenir, parrainer, patronner, pousser, protéger, recommander, soutenir.

PITANCE ▪ Casse-croûte, nourriture, pâtée, rata, ration, subsistance.

PITEUX, EUSE ▪ ⇒ **pitoyable.**

PITIÉ ▪ ***I. Favorable ou neutre*** : apitoiement, attendrissement, bonté, charité, cœur, commisération, compassion, compréhension, humanité, indulgence, mansuétude, miséricorde, sensibilité, sympathie. ***II. Par ext.*** : grâce, merci. ***III. Non favorable*** : dédain, mépris.

PITON ▪ ***I. Au pr.*** : aiguille, éminence, pic, sommet. ***II. Fam.*** ⇒ **nez.**

PITOYABLE ▪ ***I. Favorable*** : compatissant, généreux, humain, indulgent, miséricordieux. ⇒ **bon.** ***II. Non favorable*** : catastrophique, décourageant, déplorable, douloureux, funeste, lamentable, mal, malheureux, mauvais, médiocre, méprisable, minable, misérable, moche, navrant, pauvre, pénible, piteux, triste. ***III. Par ext.*** : attendrissant, émouvant, larmoyant.

PITRE ▪ Acrobate, baladin, bateleur, bouffon, clown, comédien, comique, escamoteur, gugus, jocrisse, matassin, paillasse, pasquin, plaisant, rigolo, saltimbanque, singe, turlupin, zig, zigomard, zigoto.

PITRERIE ▪ Acrobatie, bouffonnerie, clownerie, comédie, facétie, grimace, joyeuseté, pasquinade, plaisanterie, singerie, sottise, tour, turlupinade.

PITTORESQUE ▪ ***I. Adj.*** **Par ext. :** accidenté, beau, captivant, charmant, coloré, enchanteur, folklorique, intéressant, original, piquant, typique. ***II. Nom.*** : caractère, coloris, couleur locale, folklore, originalité.

PIVOT ▪ ***I. Au pr.*** : axe, tourillon. ***II. Par ext.*** : appui, base, centre, origine, racine, soutien, support. ***III. Fig.*** : cheville ouvrière, instigateur, organisateur, responsable.

PIVOTER ▪ ⇒ **tourner.**

PLACAGE ▪ ***I.*** **L'action de plaquer :** application, garnissage, revêtement. ***II.*** **Le matériau :** garniture, revêtement. ***III. Fig.*** ⇒ **abandon.**

PLACARD ▪ ***I.*** Armoire, buffet, penderie. ***II.*** Affiche, avis, écriteau, feuille, libellé, pancarte.

PLACARDER ▪ ⇒ **afficher.**

PLACE ▪ ***I.*** Agora, esplanade, forum, parvis, placette, rond-point, square. ***II. Milit.*** : citadelle, forteresse. ***III.*** Emplacement, endroit, espace, lieu, terrain. ***IV.*** Charge, condition, dignité, emploi, fonction, métier, position, poste, rang, situation. ***V.*** Agencement, arrangement, installation. ***VI.*** Étiquette, protocole. ***VII.*** Fauteuil, siège.

PLACEMENT ▪ Investissement, mise de fonds.

PLACENTA ▪ Arrière-faix, cotylédon, délivrance, délivre.

PLACER ▪ ***I. Au pr.*** : abouter, adosser, agencer, ajuster, aposter, appliquer, arranger, asseoir, bouter, camper, caser, charger, classer, cloquer (arg.), coucher, déposer, disposer, dresser, échelonner, élever, ériger, établir, exposer, ficher, fixer, flanquer, fourrer, installer, interposer, localiser, loger, mettre, nicher, ordonner, planter, poser, ranger, remiser, serrer, situer. ***II. Par ext.*** **1. Quelqu'un dans un emploi, à un rang :** attacher à, caser, constituer, instituer, mettre. **2. Quelque chose à une fonction :** assigner, fonder. **3. De l'argent** : investir, mettre, prêter, risquer. **4.** ⇒ **vendre.**

PLACET ▪ ⇒ **requête.**

PLACIDE ▪ Calme, décontracté, doux, flegmatique, froid, imperturbable, indifférent, modéré, pacifique, paisible, quiet, serein, tranquille.

PLACIDITÉ ▪ Calme, douceur, flegme, froideur, indifférence, modération, quiétude, sang-froid, sérénité.

PLACIER, ÈRE ▪ Commis voyageur, courtier, démarcheur, démonstrateur, placeur, représentant, vendeur, voyageur.

PLAFOND ▪ ***I. Au pr.*** : plancher. ***II. Par ext.*** : caisson, lambris, soffite, solive, voûte.

PLAFONNEMENT ▪ ⇒ **réduction.**

PLAFONNER ▪ ***I. V. tr.*** : garnir. ***II. V. intr.*** : atteindre la limite, culminer, marquer le pas. ⇒ **réduire.**

PLAGE ▪ Bain/bord de mer, côte, grève, marine (vx).

PLAGIAIRE ▪ Compilateur, contrefacteur, copiste, écumeur, imitateur, larron, pillard, pilleur, usurpateur.

PLAGIAT ▪ Calque, compilation, contrefaçon, copie, démarquage, emprunt, imitation, larcin, pastiche, pillage, usurpation.

PLAGIER ▪ ⇒ **imiter.**

PLAID ▪ Couverture, poncho, tartan.

PLAIDER ▪ ***I. V. intr.*** : défendre/introduire une cause/une instance/une procédure/un procès, intenter un procès. ***II. V. tr.*** : défendre, soutenir.

PLAIDEUR, EUSE ▪ Accusateur, chicaneur (péj.), colitigant, contestant, défenseur, demandeur, partie, plaignant.

PLAIDOIRIE ▪ Action, défense, plaid (vx), plaidoyer.

PLAIDOYER ▪ Apologie, défense, éloge, justification. ⇒ **plaidoirie.**

PLAIE ▪ ***I.*** Ulcération. ⇒ **blessure.** ***II.*** ⇒ **calamité.**

PLAIGNANT, E ▪ ⇒ **plaideur.**

PLAIN, PLAINE ▪ ⇒ **égal.**

PLAINDRE ▪ ***I. Au pr.*** : s'apitoyer, s'attendrir, compatir, prendre en pitié. ***II. Par ext.*** ⇒ **regretter.** ***III. V. pron.*** : **1.** ⇒ **gémir. 2.** ⇒ **inculper.**

PLAINE ▪ Bassin, campagne, champ, champagne, étendue, nappe, pampa, pénéplaine, rase campagne, steppe, surface, toundra, vallée.

PLAINTE ▪ ***I.*** ⇒ **gémissement.** ***II.*** ⇒ **reproche.** ***III. Loc.*** **Porter plainte** ⇒ **inculper.**

PLAINTIF, IVE ▪ Dolent, geignant, geignard, gémissant, larmoyant, plaignard, pleurard, pleurnichant, pleurnichard, pleurnicheur.

PLAIRE ▪ Aller, agréer, attirer, botter, captiver, chanter, charmer, chatouiller, complaire, contenter, convenir, dire, enchanter, exciter, faire plaisir, fasciner, flatter, gagner, intéresser, parler, ravir, réjouir, revenir, satisfaire, séduire, sourire. ***V. pron.*** : aimer, s'amuser, s'appliquer, s'assortir, se complaire, se délecter, se divertir, se donner, être à l'aise, goûter, s'intéresser, se trouver bien, *et les formes pron. possibles des syn. de* PLAIRE.

PLAISANCE ▪ Agrément, amusement, divertissement, loisir, luxe, plaisir.

PLAISANT, E ▪ ***I. Adj.*** : agréable, aimable, amusant, attirant, attrayant, badin, beau, bon, captivant, charmant, comique, curieux, divertissant, engageant, excitant, facétieux, falot (vx), folâtre, folichon (fam.), enchanteur, gai, gentil, goguenard, gracieux, humoriste, intéressant, joli, joyeux, piquant, récréatif, rigolo (fam.), séduisant, spirituel, sympathique. ⇒ **risible.**

II. Nom : baladin, blagueur, bon vivant, bouffon, boute-en-train, clown, comique, facétieux, farceur, fumiste, gaillard, histrion, impertinent, loustic, moqueur, pasquin, pince-sans-rire, pitre, plaisantin, polichinelle, railleur, ridicule, rigolo, saltimbanque, turlupin, zigoto.

PLAISANTER ▪ *I. V. intr. :* s'amuser, badiner, batifoler, blaguer, bouffonner, charrier (fam.), folâtrer, galéjer (fam.), se gausser, mentir, rigoler (fam.), rire. *II. V. tr. :* asticoter (fam.), blaguer, charrier, chiner, se moquer, railler, taquiner, tourner en ridicule, turlupiner.

PLAISANTERIE ▪ Amusoire, astuce, attrape, badinage, badinerie, bagatelle, bateau, bêtise, bon mot, bourde, boutade, calembour, calembredaine, canular, charge, clownerie, comédie, espièglerie, facétie, farce, gaillardise, galéjade, gaudriole (fam.), gauloiserie, gausse, gentillesse, goguenardise, gouaillerie, hâblerie, humour, joyeuseté, lazzi, malice, moquerie, mot pour rire, mystification, niche, pasquinade, pièce, pirouette, pitrerie, poisson d'avril, quolibet, raillerie, rocambole, saillie, satire, taquinerie, tour, turlupinade, vanne (arg.), zwanze (belgianisme). ⇒ **obscénité.**

PLAISANTIN ▪ ⇒ **plaisant.**

PLAISIR ▪ *I. Au pr.* 1. Agrément, aise, bien-être, bonheur, charme, complaisance, contentement, délectation, délices, distraction, divertissement, ébats, épicurisme, euphorie, félicité, gaieté, hédonisme, jeu, joie, jouissance, passe-temps, plaisance (vx), récréation, régal, réjouissance, satisfaction. ⇒ **volupté.** 2. Assouvissement, concupiscence, lasciveté, libido, luxure, orgasme, sensualité. 3. **Arg. :** fade, panard, pied, pinglot, taf. ⇒ **jouir.** 4. **Par ext.** ⇒ **bienfait.** *II. Loc.* 1. **Faire le plaisir de :** amitié, faveur, grâce, service. 2. **Prendre plaisir à** ⇒ **aimer.**

PLAN ▪ *I.* Hauteur, niveau, perspective. *II.* Canevas, carte, carton, coupe, crayon, croquis, dessin, diagramme, ébauche, élévation, épure, esquisse, ichnographie, levé, maquette, modèle, schéma, schème. *III.* Batterie, calcul, combinaison, dessein, disposition, entreprise, idée, martingale, organisation, planning, stratégie, tactique. ⇒ **projet.** *IV.* Cadre, carcasse, charpente, économie, ordre, squelette. *V. D'un avion :* aile, empennage, voilure.

PLAN, PLANE ▪ Aplani, égal, nivelé, plat, uni.

PLANCHE ▪ *I. Au pr. :* ais, bardeau, chanlatte, dosse, douelle, douve, latte, madrier, palplanche, parquet, planchette, sapine, volige. *II. Par ext.* 1. ⇒ **image.** 2. **Au pl. :** balle, scène, spectacle, théâtre, tréteaux. 3. Corbeille, massif, parterre, plate-bande.

PLANCHER ▪ *I. Au pr. :* parquet, plafond (vx). *II. Par ext. :* échafaud, échafaudage, estrade, plate-forme, platelage.

PLANER ▪ *I. Au pr.* ⇒ **voler.** *II. Fig. :* superviser, survoler, voir.

PLANÈTE ▪ Astre, étoile.

PLANIFICATION ▪ ⇒ **programme.**

PLANIFIER ▪ Calculer, diriger, établir, faire des calculs/projets, orchestrer, organiser, prévoir, projeter, tirer des plans.

PLANISPHÈRE ▪ Géorama, mappemonde, mercator, projection plane. ⇒ **carte.**

PLANNING ▪ ⇒ **programme.**

PLANQUE ▪ *I.* ⇒ **cachette.** *II.* ⇒ **combine.**

PLANQUER ▪ ⇒ **cacher.**

PLANT ▪ *I.* ⇒ **tige.** *II.* ⇒ **plantation.**

PLANTATION ▪ *I. L'action :* boisement, peuplement, plantage (vx), reboisement, repiquage. *II. Le lieu :* amandaie, bananeraie, boulaie, buissaie, caféière, cannaie, câprière, cerisaie, charmille, charmoie, châtaigneraie, chênaie, cotonnerie, coudraie, figuerie, fraisière, frênaie, hêtraie, mûreraie, noiseraie, olivaie, oliveraie, olivette, orangerie, ormaie, oseraie, palmeraie, peupleraie, pignada, pignade, pinède, platanaie, poivrière, pommeraie, potager, prunelaie, roseraie, safranière, sapinière, saulaie, tremblaie, vanillerie, verger, vigne, vignoble.

PLANTE ▪ Arbre, arbuste, céréale, graminée, herbe, légumineuse, liane, simple, végétal.

PLANTER ▪ ***I. Au pr. :*** boiser, cultiver, ensemencer, peupler, reboiser, repeupler, repiquer, semer. ***II. Par ext.*** **1.** Enfoncer, faire entrer, ficher, fixer, implanter, introduire, mettre. **2.** Aposter, arborer, camper, dresser, élever, poser. ***III. Loc.*** **Planter là :** abandonner, laisser, plaquer, quitter. ***IV. V. pron. :*** s'arrêter, se dresser, se poster.

PLANTOIR ▪ Taravelle (rég.).

PLANTON ▪ Ordonnance, sentinelle, soldat.

PLANTUREUX, EUSE ▪ Abondant, copieux, corsé, dodu, gras, fécond, fertile, luxuriant, opulent, prospère, riche.

PLAQUAGE ▪ ⇒ **abandon.**

PLAQUE ▪ ***I.*** Crapaudine, contre-cœur, contre-feu. ***II.*** ⇒ **lame.** ***III.*** ⇒ **inscription.**

PLAQUER ▪ ***I. Au pr. :*** aplatir, appliquer, coller, contre-plaquer. ***II. Fam. :*** abandonner, balancer, lâcher, laisser choir/tomber, planter là, quitter.

PLAQUETTE ▪ Brochure, livraison, livret, revue.

PLASTICITÉ ▪ ***I. De quelque chose :*** malléabilité, mollesse, souplesse. ***II. De quelqu'un*** ⇒ **obéissance.**

PLASTIQUE ▪ ***I. Nom :*** forme, modelage, modelé, sculpture, statuaire. ***II. Adj. :*** flexible, malléable, mou, sculptural.

PLASTRONNER ▪ v. tr. et intr. ⇒ **poser.**

PLASTRONNEUR ▪ ⇒ **orgueilleux.**

PLAT ▪ ***I.*** Mets, morceau, pièce, spécialité, tian (mérid.). ***II.*** Compotier, légumier, ravier, vaisselle.

PLAT, E ▪ ***I. Au pr.*** **1.** Égal, plain, ras, uni. **2.** Aplati, camard, camus, dégonflé, écaché, mince. ***II. Fig.*** **1.** Banal, décoloré, fade, froid, médiocre, mesquin, pauvre. **2.** Bas, servile, vil.

PLATEAU ▪ ***Par ext. :*** planches, scène, théâtre, tréteaux.

PLATE-BANDE ▪ Ados, corbeille, massif, parterre, planche.

PLATE-FORME ▪ ***I. Au pr. :*** balcon, belvédère, échafaud, estrade, étage, galerie, palier, plancher, terrasse. ***II. Milit. :*** banquette, barbette. ***III. Par ext. :*** plateau, wagon plat. ***IV. Fig.*** ⇒ **programme.**

PLATITUDE ▪ ***I. De quelqu'un :*** aplatissement, avilissement, bassesse, courbette, grossièreté, humilité, insipidité, obséquiosité, petitesse, sottise, vilenie. ***II. De quelque chose :*** banalité, fadaise, fadeur, lieu commun, médiocrité, truisme.

PLATONICIEN, ENNE ▪ n. et adj. Essentialiste, idéaliste.

PLATONIQUE ▪ ***I. Au pr. :*** ⇒ **platonicien.** ***II. Par ext. :*** chaste, éthéré, formel, idéal, pur, théorique.

PLATONISME ▪ Essentialisme, idéalisme.

PLÂTRAS ▪ Débris, décharge, décombres, gravats.

PLÂTRÉ, E ▪ Artificiel, couvert, déguisé, dissimulé, fardé, faux, feint, simulé.

PLÂTRER ▪ ***I. Au pr. :*** couvrir,

enduire, garnir, sceller. ***II. Agr. :*** amender. ***III. Fig.*** ⇒ **déguiser.** ***IV. V. pron. :*** ⇒ **farder (se).**

PLAUSIBILITÉ ▪ Acceptabilité, admissibilité, apparence, possibilité, probabilité, recevabilité, vraisemblance.

PLAUSIBLE ▪ Acceptable, admissible, apparent, concevable, crédible, croyable, pensable, possible, probable, recevable, vraisemblable.

PLAY-BACK ▪ Présonorisation.

PLAY-BOY ▪ ⇒ **amant.**

PLÈBE ▪ ***I. Au pr. :*** foule, peuple, population, prolétariat. ***II. Non favorable :*** populace, populo, racaille.

PLÉBÉIEN, ENNE ▪ ***I. Nom :*** prolétaire. ***II. Adj. :*** ordinaire, populaire.

PLÉBISCITE ▪ Appel au peuple/à l'opinion publique, consultation populaire, référendum, vote.

PLÉBISCITER ▪ ***I.*** ⇒ **choisir.** ***II.*** ⇒ **confirmer.**

PLECTRE ▪ Médiator.

PLÉIADE ▪ Foule, grand nombre, groupe, multitude, phalange.

PLEIN, PLEINE ▪ ***I. Au pr. :*** bondé, bourré, chargé, comble, complet, couvert, débordant, farci, ras, rempli, saturé. ***II. Par ext. :*** **1.** Abondant, ample, arrondi, dense, dodu, étoffé, gras, gros, massif, plantureux, potelé, rebondi, replet, rond. **2.** Empreint de, respirant. ***III. Non favorable.*** **1.** ⇒ **ivre. 2. Plein de soi :** bouffi, égoïste, enflé, enivré, infatué, orgueilleux. **3.** Bourré, gavé, regorgeant, repu. ***IV.*** Entier, total, tout.

PLEINEMENT ▪ Absolument, beaucoup, tout à fait, très, *et les adv. en -ment dérivés des syn. de* PLEIN.

PLÉNIER, ÈRE ▪ Complet, entier, total.

PLÉNIPOTENTIAIRE ▪ ⇒ **ambassadeur.**

PLÉNITUDE ▪ ***I.*** Abondance, ampleur, contentement, intégrité, satiété, satisfaction, saturation, totalité. ***II.*** Âge mûr, épanouissement, force de l'âge, maturité.

PLÉONASME ▪ Battologie, cheville, datisme, périssologie, redondance, répétition, tautologie.

PLÉTHORE ▪ Abondance, engorgement, excès, réplétion, saturation, surabondance, surplus.

PLÉTHORIQUE ▪ ⇒ **abondant.**

PLEUR ▪ ***I.*** ⇒ **larme.** ***II.*** ⇒ **pleurs.**

PLEURANT, E, PLEURARD, E ▪ ⇒ **pleureur.**

PLEURER ▪ ***I. V. intr.*** **1.** Gémir, répandre/verser des larmes, sangloter. **2. Fam. :** brailler, braire, chialer, chigner, crier, hurler, larmoyer, miter, pleurnicher, vagir, zerver. **3. Fig. :** s'apitoyer, se lamenter. ***II. V. tr. :*** déplorer, plaindre, regretter.

PLEUREUR, EUSE ▪ n. et adj. Braillard (péj.), chagrin, geignant, geignard, gémissant, larmoyant, pleurant, pleurard, pleurnichant, pleurnichard, pleurnicheur, vagissant.

PLEURS ▪ Cris, gémissements, hurlements, lamentations, plaintes, sanglots, vagissements. ⇒ **larme.**

PLEUTRE ▪ n. et adj. ⇒ **lâche.**

PLEUVOIR ▪ ***I. Au pr. :*** bruiner, couler, dégringoler (fam.), flotter (fam.), pisser (fam.), pleuvasser, pleuviner, pleuvoter, pluviner, tomber. ***II. Fig. :*** abonder, pulluler.

PLI ▪ ***I. Au pr. :*** bouillon, couture, froissure, fronce, froncis, godage, godet, godron, ourlet, pince, rabat, relevé, rempli, repli, retroussis, troussis. ***II. Par ext.*** **1. De terrain :** accident, anticlinal, arête, cuvette, dépression, dôme, éminence, plissement, sinuosité, synclinal, thalweg. 2. **Du corps** : bourrelet, commissure, fanon, froncement, pliure, poche, repli, ride, saignée. *III. Fig.* 1. ⇒ **lettre.** 2. ⇒ **habitude.**

PLIABLE ▪ *I. Au prés.* : flexible, pliant, souple. *II. Fig.* ⇒ **pliant.**

PLIANT, PLIANTE ▪ Accommodant, complaisant, docile, facile, faible (péj.), flexible, malléable, maniable, mou, obéissant, souple.

PLIE ▪ Carrelet.

PLIER ▪ *I. V. tr.* 1. **Au pr. Quelque chose** : abaisser, arquer, corner, couder, courber, doubler, enrouler, fausser, fermer, fléchir, infléchir, plisser, ployer, recourber, rouler, tordre. 2. **Fig. Quelqu'un** : accoutumer, assouplir, assujettir, discipliner, dompter, enchaîner, exercer, façonner, opprimer. *II. V. intr.* : abandonner, s'affaisser, céder, faiblir, fléchir, lâcher, mollir, reculer, renoncer. *III. V. pron.* : s'abaisser, abdiquer, s'accommoder, s'adapter, s'assujettir, céder, se conformer, se courber, se former, s'habituer, s'incliner, se prêter, se rendre, se résigner, se soumettre.

PLISSÉ, E ▪ *I. Quelque chose.* 1. **Neutre** : doublé, fraisé, froncé, ondulé, plié, ruché. 2. **Non favorable** : chiffonné, fripé, froissé, grimaçant, grippé. *II. La peau* : froncé, parcheminé, raviné, ridé.

PLISSEMENT ▪ ⇒ **pli.**

PLISSER ▪ *I. V. tr.* : doubler, fraiser, froncer, plier, rucher. *II. V. intr.* : faire/prendre des plis, godailler, goder, gondoler, grigner, onduler.

PLOMB ▪ *I. Au pr.* : saturne. *II. Par ext.* 1. Balle, charge, chevrotine, cendre, cendrée, dragée, grenaille, menuise, pruneau (fam.). 2. Sceau. 3. Coupe-circuit, fusible.

PLOMBÉ, E ▪ ⇒ **pâle.**

PLONGEON ▪ *I. Au pr.* : chute, immersion, saut. *II. Fig.* 1. Révérence, salut. 2. Chute, disgrâce, disparition, échec, faillite, mort.

PLONGER ▪ *I. V. tr.* : baigner, enfoncer, enfouir, immerger, introduire, jeter, mettre, noyer, précipiter, tremper. *II. V. intr.* : descendre, disparaître, piquer, sauter. *III. V. pron.* : s'abîmer, s'absorber, s'abstraire, apprendre, s'enfouir, entrer, se livrer, se perdre.

PLOUTOCRATE ▪ ⇒ **riche.**

PLOUTOCRATIE ▪ Oligarchie, synarchie, timocratie.

PLOYER ▪ *I. V. tr.* : accoutumer, assujettir, courber, fléchir, plier. *II. V. intr.* : céder, faiblir, fléchir, s'incliner.

PLUIE ▪ *I. Au pr.* : abat, abattée (fam.), avalanche, averse, brouillasse, bruine, cataracte, crachin, déluge, drache, eau, flotte, giboulée, goutte, grain, lavasse (vx), nielle, ondée, orage, poudrin (mar.), rincée (fam.), saucée (fam.). *II. Fig.* : abondance, arrosement, avalanche, débordement, déluge, multitude, nuée, pléiade, quantité.

PLUMAGE ▪ Livrée, manteau, pennage, plumes.

PLUME ▪ *I. Au pr.* : duvet, pennage, penne, plumage, rectrice, rémige, tectrice. *II. Par ext.* 1. Aigrette, casoar, panache, plumet, touffe. 2. ⇒ **écriture.** 3. ⇒ **écrivain.** 4. ⇒ **style.** 5. ⇒ **cheveux.**

PLUMEAU ▪ Balai, balayette, houssoir, plumail, plumard.

PLUMER ▪ Déplumer, dépouiller, enlever, ôter.

PLUMET ▪ Aigrette, casoar, garniture, houppe, houppette, ornement, panache, touffe, toupet.

PLUMITIF ▪ *I.* ⇒ **employé.** *II.* ⇒ **écrivain.**

PLUPART (LA) ▪ ⇒ **majorité.**

PLURALITÉ ■ ***I.*** Diversité, multiplicité. ***II.*** ⇒ **majorité.**

PLURIDISCIPLINAIRE ■ Inter/multidisciplinaire.

PLURIVALENT, E ■ Polyvalent.

PLUS ■ ***I.*** Davantage, encore, mieux, principalement, surtout, sur toute chose. ***II. Loc.*** **1. En plus** : en prime, par-dessus le marché. **2. De plus** : au demeurant, au reste, aussi, au surplus, d'ailleurs, d'autre part, du reste, encore, en route, et puis, outre cela, par-dessus le marché. **3. Au plus** : au maximum.

PLUSIEURS ■ adj. et pron. indéf. Aucuns, d'aucuns, beaucoup, certains, différents, divers, maint, quelques.

PLUS-VALUE ■ Accroissement, amélioration, augmentation, excédent, gain, valorisation.

PLUTÔT ■ De préférence, préférablement.

PLUVIEUX, EUSE ■ Brouillasseux (fam.), bruineux, humide.

PNEU, PNEUMATIQUE ■ ***I.*** Bandage, boudin (arg.), boyau. ***II.*** Bleu, dépêche, exprès, petit bleu, télégramme.

POCHADE ■ ⇒ **tableau.**

POCHARD, E ■ ⇒ **ivrogne.**

POCHARDER ■ ⇒ **enivrer (s').**

POCHE ■ ***I. Au pr.*** : bourse, gousset, pochette. ***Arg.*** : fouille, fouillouse, glaude, profonde, vague, valade. ***II. Par ext.*** **1.** Emballage, sac, sachet, sacoche. **2. Anat.** : bourse, cavité, diverticule, jabot, saillie. **3.** Apostème, apostume, bouffissure, enflure, gonflement, renflement, repli.

POCHER ■ ***I.*** ⇒ **meurtrir.** ***II.*** ⇒ **peindre.** ***III.*** Faire cuire, plonger/saisir dans l'eau/l'huile bouillante.

PODAGRE ■ n. et adj. ***I. Au pr.*** : goutteux, rhumatisant. ***II. Par ext.*** : boiteux, impotent, infirme.

PODOMÈTRE ■ Compte-pas, odomètre.

POÊLE ■ ***I.*** Dais, drap, pallium, voile. ***II.*** Appareil de chauffage, fourneau, godin, mirus, salamandre. ***III. Vx*** : chambre.

POÊLE ■ Creuset, patelle, plaque, poêlon.

POÈME ■ Acrostiche, à-propos, ballade, bergerie, blason, bouquet, bouts-rimés, bucolique, cantate, cantilène, cantique, canzone, centon, chanson, chanson de geste/de toile, chant, comédie, complainte, dialogue, distique, dithyrambe, dizain, douzain, églogue, élégie, épigramme, épithalame, épître, épopée, fable, fabliau, geste, haïkaï, héroïde, huitain, hymne, ïambe, idylle, impromptu, lai, lied, macaronée, madrigal, nome, ode, odelette, œuvre, opéra, ouvrage, palinod, palinodie, pantoum, pastourelle, pièce, poésie, priapée, psaume, quatrain, rhapsodie, romance, rondeau, rotruenge, satire, satyre, septain, sille, silves, sirvente, sizain, sonnet, stance, stichomythie, strophe, tenson, tercet, thrène, tragédie, trilogie, triolet, verset, vilanelle, virelai.

POÉSIE ■ ***I.*** Lyrisme. ***II.*** Inspiration, lyre, muse, parnasse. ***III.*** Art, beauté, charme, envoûtement. ***IV.*** Cadence, mesure, métrique, musique, prosodie, rythme, versification. ***V.*** ⇒ **poème.**

POÈTE ■ ***I. Au pr.*** : aède, auteur, barde, chanteur, chantre, écrivain, félibre, jongleur, ménestrel, minnesinger, rhapsode, scalde, troubadour, trouvère. ***II. Par ext.*** **1. Favorable** : amant/favori/nourrisson des Muses/du Parnasse, fils/enfant/favori d'Apollon, héros/maître/nourrisson du Pinde, prophète, voyant. **2. Fam. ou non favorable** : cigale, mâche-laurier, métromane, poétereau, rêveur, rimailleur, rimeur, versificateur.

POÉTIQUE ■ Beau, idéal, imagé, imaginatif, lyrique, noble, sensible, sentimental, sublime, touchant.

POÉTISER ■ ⇒ **embellir.**

POGROM ■ Carnage, destruction, émeute, extermination, génocide, liquidation, massacre, meurtre, razzia.

POIDS ■ ***I. Au pr.*** **1.** Compacité, densité, épaisseur, force, lourdeur, masse, pesanteur, poussée, pression. **2.** As, carat, centi/déca/déci/hecto/kilo/milligramme, drachme, étalon, grain, gramme, livre, marc, mine, once, quintal, scrupule, sicle, statère, talent, tonne. **3.** Jauge, tare, titre. ***II. Par ext. :*** bloc, charge, chargement, faix, fardeau, masse, surcharge. ***III. Fig.*** **1.** ⇒ **importance. 2.** ⇒ **souci.**

POIGNANT, E ■ Douloureux, dramatique, émouvant, empoignant, impressionnant, navrant, passionnant, piquant, prenant.

POIGNARD ■ Acier (litt.), baïonnette (partic.), couteau, dague, fer (litt.), kandjar, kriss, lame, miséricorde (vx), navaja, stylet. ***Arg. :*** bince, cure-dent, eustache, kniffe, laguiolle, lame, lingue, pointe, rapière, ratiche, saccagne, scion, sorlin, surin, vingt-deux, ya, yatagan.

POIGNARDER ■ Assassiner, blesser, darder (vx), égorger, frapper, larder, meurtrir (vx), saigner, suriner (arg.), tuer.

POIGNE ■ ***I. Au pr. :*** main, pogne (fam.), poing, prise. ***II. Par ext. :*** autorité, brutalité, énergie, fermeté.

POIGNÉE ■ ***I. Au pr. :*** bec-de-canne, béquille, bouton de porte, crémone, espagnolette, manette, pied-de-biche. ***II. Par ext.*** ⇒ **groupe. *III. Loc.* Poignée de main :** salut, shakehand.

POIGNET ■ ⇒ **main.**

POIL ■ ***I.*** Barbe, chevelure, cheveu, cil, moustache, sourcil. ***II.*** Bourre, crin, duvet, fourrure, jarre, laine, pelage, soie, toison, vibrisse. ⇒ **robe. *Loc.* 1. À poil** ⇒ **nu. 2. Au poil** ⇒ **bien.**

POILU ■ ***I. Adj. :*** barbu, chevelu, moustachu, pelu, peluché, pelucheux, pileux, pubescent, velu, villeux. ***II. Nom :*** briscard, combattant, pioupiou, soldat, vétéran.

POINÇON ■ ***I. Au pr. :*** alène, ciseau, coin, épissoir, mandrin, marprime, matrice, pointeau, style, stylet, tamponnoir. ***II. Par ext. :*** estampille, garantie, griffe, marque.

POINÇONNER ■ ⇒ **percer.**

POINDRE ■ ***I. V. intr. :*** paraître, pointer, sortir, surgir. ⇒ **pousser. *II. V. tr.*** ⇒ **piquer.**

POING ■ ⇒ **main.**

POINT ■ ***I. Au pr.*** **1.** Abscisse, centre, convergence, coordonnée, cote, emplacement, endroit, foyer, hauteur, lieu, ordonnée, origine, position, repère, situation, sommet, source. **2. Astron. :** aphélie, apogée, apside, nadir, nœud, périgée, périhélie, zénith. ***II. Fig.*** **1.** Aspect, côté, face, manière, opinion, optique, perspective, sens. **2.** Commencement, début, départ, instant, moment. **3.** État, situation. **4.** Apogée, comble, degré, faîte, intensité, période, sommet, summum. **5.** Broderie, couture, dentelle, tapisserie, tricot. **6.** Marque, note, signe. **7. D'un discours :** article, chef, cœur, disposition, essentiel, matière, nœud, question, sujet. **8.** Brûlure, coup, douleur, piqûre. ***III. Loc.*** **1. De point en point :** entièrement, exactement, textuellement, totalement. **2. Point par point :** méthodiquement, minutieusement. **3. Le point du jour :** aube, crépuscule. **4. À point :** à propos, juste, opportunément.

POINT ■ ⇒ **pas.**

POINTAGE ■ Contrôle, enregistrement, vérification.

POINT DE VUE ■ ***I.*** ⇒ **vue. *II.*** ⇒ **opinion.**

POINTE ▪ ***I. Objet.*** 1. Broquette, clou, poinçon, rivet, semence. 2. Ardillon, barbelé, chardon, cuspide, épine, mucron, picot, piquant. ***II.*** Aiguille, bec, bout, cap, cime, extrémité, flèche, pic, point culminant, sommet, sommité. ***III.*** Cache-cœur, carré, châle, couche, fichu, foulard. ***IV. Fig.*** 1. Avant-garde. 2. Allusion, épigramme, gaillardise, ironie, jeu d'esprit/de mots, moquerie, pique, pointillerie (vx), quolibet, raillerie, trait d'esprit. 3. Soupçon, trace.

POINTEAU ▪ Poinçon, régulateur, soupape.

POINTER ▪ ***I.*** Contrôler, enregistrer, marquer, noter, vérifier. ***II.*** Braquer, contre-pointer, diriger, orienter, régler, viser. ***III.*** Apparaître, arriver, paraître, venir. ***IV.*** ⇒ **percer.** ***V.*** ⇒ **voler.**

POINTILLÉ ▪ (Vx) Argutie, bisbille, chicane, contestation, minutie, picoterie, pointillerie, querelle, sornette.

POINTILLER ▪ v. tr. et intr. ***I.*** Dessiner/graver/marquer/peindre avec des points. ***II. Vx*** ⇒ **chicaner.**

POINTILLEUX, EUSE ▪ Chatouilleux, chinois (fam.), difficile, exigeant, formaliste, irascible, maniaque, minutieux, susceptible, vétilleux.

POINTU, E ▪ ***I. Au pr. :*** acéré, acuminé, affiné, affûté, aigu, appointé, effilé, piquant, subulé. ***II. Fig. :*** 1. Acide, aigre, vif. ⇒ **pointilleux.**

POINTURE ▪ Dimension, forme, grandeur, modèle, taille.

POIRE ▪ ***I. Au pr. :*** bergamote, besi, beurré, blanquette, bon-chrétien, catillac, crassane, cuisse-madame, doyenné, duchesse, hâtiveau, liard, louise-bonne, madeleine, marquise, mignonne, mouille-bouche, muscadelle, passe-crassane, rousselet, saint-germain, toute-bonne, william. ***II. Fig. :*** dupe, imbécile, naïf, pigeon, sot. ⇒ **bête.**

POIREAU ▪ ***I. Fam. :*** 1. Asperge du pauvre. 2. Mérite agricole. ***II. Loc.*** **Faire le poireau** ⇒ **attendre.**

POIREAUTER, POIROTER ▪ ⇒ **attendre.**

POISON ▪ ***I. Au pr. :*** aconitine, appât, apprêt, acqua-toffana, arsenic, bouillon d'onze heures (fam.), ciguë, curare, gobbe, mort-aux-rats, narcotique, poudre de succession, strychnine, toxine, toxique, vénéfice, venin, virus. ***II. Fig. :*** mégère, peste, saleté, saloperie (vulg.), venin. ⇒ **virago.**

POISSARD, ARDE ▪ ***I. Adj. :*** bas, commun, grossier, truand, populacier, vulgaire. ***II. N. f.*** ⇒ **virago.**

POISSE ▪ Déveine, ennui, gêne, guigne, guignon, malchance, misère.

POISSER ▪ ***I.*** Couvrir, encrasser, enduire, engluer, salir. ***II. Arg.*** arrêter, attraper, mettre sous les verrous, prendre.

POISSEUX, EUSE ▪ Agglutinant, collant, gluant, gras, salé, visqueux.

POISSON ▪ ***I.*** 1. Bathoïde, chondrostéen, squaloïde, téléostéen. 2. Alevin, blanchaille, fretin, friture, marée, menuaille, menuise, pêche. ***Fam. :*** poiscaille, poissonnaille. ***II.*** Able, ablette, aigle de mer, aiglefin, aiguillat, alose, amie, ammodyte, anchois, ange-de-mer, anguille, bar, barbarin, barbeau, barbillon, barbue, baudroie, bécard, black-bass, blennie, bonite, bouffi, brème, brochet, brocheton, cabillaud, cabot, calicobat, capelant, capitaine, carassin, carpe, carrelet, chabot, chevesne, chimère, chondrostome, coffre, colin, congre, corégone, cotte, cyprin, diable, dorade, émissole, éperlan, épinoche, épinochette, espadon, esturgeon, exocet, féra, flet, flétan, gade, gardèche, gardon, girelle, gobie, gonnelle, goujon, gourami, grémille, griset, grondin, guai, gymnote, haddock, hareng, harenguet, hippocampe, hotu, humantin, labre, lamie, lamproie, lançon, lavaret, limande, loche, loricaire, lotte, loup, lubin, lune, macroure, maigre, maillet, mante, maquereau, marteau, melanocetus, mendole, merlan, merluche, merlus, mérou, meunier, milan, milandre, miraillet, môle, morue, muge, mulet, mulle, murène, omble, ombre, ombrine, orphie, pagel, pagre, pastenague, pégase, pélamide, pèlerin, perche, picarel, pilote, piranha, plie, poisson-chat, polyptère, prêtre, raie, rascasse, rémora, requin, ronce, rouget, roussette, sandre, sar, sardine, saumon, scalaire, scare, scie, sciène, scorpène, serran, silure, sole, spatule, sphyrème, sprat, squatine, sterlet, surmulet, syngnathe, tacaud, tanche, tarpon, taupe, tétrodon, thon, torpille, touille, tourd, tranchoir, trigle, truite, turbot, turbotin, uranoscope, vairon, vandoise, vive, zancle, zée.

POISSONNAILLE ▪ Fretin, menuaille, menuise, nourrain.

POISSONNIER, ÈRE ▪ Mareyeur.

POITRINAIRE ▪ n. et adj. Cachectique, phtisique, tuberculeux.

POITRINE ▪ Buste, carrure, cœur, corsage, décolleté, gorge, mamelle, pectoraux, poitrail, poumon, thorax, torse. ***Fam. :*** bréchet, caisse, coffre. ⇒ **sein.**

POIVRÉ, E ▪ ***I.*** Assaisonné, épicé, relevé. ***II. Fig.*** **1.** Fort, gaulois, grivois, piquant, salé. ⇒ **obscène. 2.** ⇒ **ivre.**

POIVROT, OTE ▪ ⇒ **ivrogne.**

POIX ▪ Calfat, colle, galipot, goudron, ligneul.

POKER ▪ Dés, zanzi.

POLAIRE ▪ Antarctique, arctique, austral, boréal. ⇒ **froid.**

POLARISER ▪ Attirer. ⇒ **concentrer.**

PÔLE ▪ Axe, bout, sommet.

POLÉMIQUE ▪ Apologétique, controverse, débat, discussion, dispute, guerre.

POLÉMIQUER ▪ ⇒ **discuter.**

POLÉMISTE ▪ ⇒ **journaliste.**

POLI, E ▪ ***I.*** Affable, aimable, amène, beau, bien élevé, bienséant, cérémonieux (péj.), châtié, civil, civilisé, complaisant, convenable, correct, courtois, décent, diplomate, éduqué, galant, gracieux, honnête, obséquieux (péj.), policé, raffiné, respecteux, révérencieux. ***II.*** Astiqué, brillant, briqué, calamistré, clair, étincelant, frotté, lisse, luisant, lustré, uni, verni.

POLICE ▪ Commissariat, P. J., poste. ⇒ **gendarmerie.** ***Arg. :*** arnaque, crist, flicaille, maison bourman/j't'arquepince/parapluie/pébroque/poulaga/poulardin, nardu, poulaille, quart, raille, renifle, rousse, sonne.

POLICÉ, E ▪ ***I. Quelqu'un :*** civilisé, dégrossi, éduqué, évolué, formé, poli, raffiné. ***II. Quelque chose :*** organisé, réglementé.

POLICER ▪ Adoucir, civiliser, corriger, éduquer, former, humaniser, organiser, polir, raffiner, réglementer.

POLICIER ▪ ***I. Neutre :*** ange gardien, agent de police, commissaire, C.R.S., détective, garde, garde du corps, gardien de la paix, gendarme, inspecteur, limier, motard, policeman, sergent de ville, vigile. ***II. Arg. :*** argousin, argue, barbouze, bédi, bertelot, boër, bourman, bourre, bourrique, cabestan, cogne, condé, drauper, enfourgonné, espion, flic, flicard, frimeur, grippe, guignol, guignolet, hareng saur, hirondelle, lardu, laune, mannequin, marchand de lacets, mouche, pèlerine, perdreau, pestaille, piaf, poulaga, poulardin, poulet, poultock, quart, raille, roussin, sbire, schmitt, tige, vache, volaille.

POLICLINIQUE ▪ ⇒ **hôpital.**

POLIR ▪ ***I. Au pr. :*** adoucir, aléser, aplanir, astiquer, brunir, débrutir, doucir, dresser, égaliser, égriser, fourbir, frotter, glacer, gratteler, gréser, limer, lisser, lustrer, planer, poncer, raboter, ragréer, roder. ***II. Par ext. :*** aiguiser, châtier, ciseler, corriger, fignoler, finir, former, lécher, limer, parachever, parfaire, perfectionner, soigner. ***III. Fig. :*** adoucir, affiner, apprivoiser, assouplir, civiliser, cultiver, débarbouiller, dégrossir, dérouiller (fam.), éduquer, épurer, former, orner.

POLISSAGE ■ ⇒ **polissure.**

POLISSON, ONNE ■ ***I. Nom :*** galapiat, galopin, gamin, vaurien. ***II. Adj. :*** **1.** Canaille, coquin, débauché, dissipé, égrillard, espiègle, gaillard, galant, gaulois, libertin, libre, licencieux, paillard. **2.** ⇒ **turbulent.**

POLISSONNER ■ ***I.*** Badiner, gaudrioler (fam.), plaisanter. ***II.*** Marauder, vagabonder.

POLISSONNERIE ■ Badinage, bouffonnerie, dévergondage (péj.), espièglerie, gaillardise, galanterie, galipette, gauloiserie, libertinage, liberté, licence, paillardise, plaisanterie, puérilité, sottise.

POLISSURE ■ Brunissage, éclaircissage, finissage, finition, grésage, polissage, ponçage, rectification.

POLITESSE ■ Affabilité, amabilité, aménité, bonnes manières, bon ton, cérémonial, civilité, complaisance, convenance, correction, courtoisie, décence, déférence, distinction, éducation, égards, galanterie, gracieuseté, honnêteté, savoir-vivre, tact, urbanité, usage.

POLITICIEN, ENNE ■ ***I.*** Gouvernant, homme d'État/public, politicard (péj.), politique. ***II.*** Démagogue, politicard.

POLITIQUE ■ ***I. Nom masc.*** ⇒ **politicien.** ***II. Nom fém.*** **1. Au pr. :** affaires publiques, choses de l'État, État, gouvernement, pouvoir. **2. Par ext. :** adresse, calcul, diplomatie, finesse, habileté, jeu, machiavélisme (péj.), manège (péj.), négociation, patience, prudence, ruse (péj.), sagesse, savoir-faire, souplesse, stratégie, tactique, temporisation, tractation. **3. Formes :** anarchie, aristocratie, autocratie, bi/monocamérisme, bonapartisme, césarisme, cléricalisme, colonialisme, démagogie (péj.), démocratie, dictature, fascisme, fédéralisme, féodalisme, féodalité, gérontocratie, hitlérisme, impérialisme, militarisme, monarchie constitutionnelle/de droit divin, nazisme, ochlocratie, oligarchie, ploutocratie, politicaillerie (péj.), république, système parlementaire, technocratie. **4. Doctrines :** absolutisme, anarchisme, autonomisme, bolchevisme, capitalisme, collectivisme, communisme, dirigisme, égalitarisme, étatisme, individualisme, internationalisme, libéralisme, malthusianisme, marxisme, monarchisme, nationalisme, national-socialisme, pangermanisme, panislamisme, paupérisme, régionalisme, royalisme, séparatisme, socialisme, totalitarisme, unionisme, unitarisme. ***III. Adj.*** **Par ext. :** adroit, avisé, calculateur, diplomate, fin, habile, machiavélique (péj.), manœuvrier, négociateur, patient, prudent, renard (péj.), rusé, sage, souple.

POLLUER ■ Corrompre, dénaturer, gâter, profaner, salir, souiller, tarer, violer.

POLLUTION ■ ***I.*** Corruption, dénaturation, profanation, salissement, souillure. ***II.*** ⇒ **masturbation.**

POLOCHON ■ Oreiller, traversin.

POLTRON, ONNE ■ n. et adj. Couard, foireux, froussard, lâche, péteux, peureux, pleutre, poule mouillée, pusillanime, timide. ⇒ **capon.**

POLYPE ■ ⇒ **tumeur.**

POLYTECHNIQUE ■ ***Arg. :*** carva, pipo, X.

POLYVALENT, E ■ Plurivalent.

POMMADE ■ ***I. Au pr. :*** baume, cold-cream, crème, embrocation, lanoline, liniment, onguent, pâte, populeum, uve (vx), vaseline. ***II. Par ext. :*** brillantine, cosmétique, gomina. ***III. Fig. :*** compliment, flagornerie, flatterie.

POMMADER ▪ Brillantiner, cosmétiquer, enduire, farder, gominer, graisser, lisser.

POMME ▪ ***I. Au pr. :*** api, calville, canada, capendu, châtaigne, fenouille, golden, rambour, reine-des-reinettes, reinette, teint-frais-normand, winter-banana. ***II. Par ext. :*** boule, pommeau, pommette. ***III. Fig. :*** figure, frimousse, tête.

POMME DE TERRE ▪ Hollande, marjolaine, parmentière, princesse, quarantaine, saucisse, topinambour, truffe blanche/rouge, vitelotte. ***Fam. :*** cartoufle, crompire, patate.

POMMELER (SE) ▪ Se marqueter, moutonner, se tacheter.

POMPE ▪ ⇒ **luxe.**

POMPER ▪ ***I.*** ⇒ **tirer.** ***II.*** ⇒ **absorber.** ***III.*** ⇒ **boire.** ***IV. Fig.*** ⇒ **épuiser.**

POMPETTE ▪ ⇒ **ivre.**

POMPEUX, EUSE ▪ ⇒ **emphatique.**

POMPIER ▪ ***I. Nom :*** soldat du feu. ***II.*** ⇒ **fellation.** ***III. Adj.*** (péj.). ⇒ **emphatique.**

POMPONNER ▪ Astiquer, attifer, bichonner, bouchonner, farder, orner, parer, soigner, toiletter.

PONANT ▪ Couchant, occident, ouest.

PONCEAU ▪ ***I.*** Arche, passerelle, pontil (vx). ***II.*** ⇒ **pavot.**

PONCER ▪ Astiquer, décaper, frotter, laquer, polir.

PONCIF ▪ Banalité, bateau (fam.), cliché, idée reçue, lieu commun, topique (philos.), truisme, vieille lune (fam.), vieillerie.

PONCTION ▪ ⇒ **prélèvement.**

PONCTUALITÉ ▪ Assiduité, exactitude, fidélité, minutie, régularité, sérieux.

PONCTUATION ▪ Accent, crochet, deux points, guillemet, parenthèse, point, point virgule, point d'exclamation/d'interrogation/de suspension, tiret, virgule.

PONCTUEL, ELLE ▪ Assidu, exact, fidèle, minutieux, réglé, régulier, religieux, scrupuleux, sérieux.

PONCTUER ▪ Accentuer, diviser, indiquer, insister, marquer, scander, séparer, souligner.

PONDÉRATION ▪ ⇒ **équilibre.**

PONDÉRÉ, E ▪ ⇒ **modéré.**

PONDÉRER ▪ ***I.*** ⇒ **équilibrer.** ***II.*** ⇒ **calmer.**

PONDÉREUX, EUSE ▪ Dense, lourd, pesant.

PONDRE ▪ ***Fig.*** ⇒ **composer.**

PONT ▪ ***I.*** Appontement, aqueduc, passerelle, ponceau, pontil (vx), viaduc, wharf. ***II. D'un bateau :*** bau, bordage, bordé, dunette, embelle, gaillard, passavent, spardeck, superstructure, tillac.

PONTER ▪ Gager, jouer, mettre au jeu, miser, parier, placer, risquer.

PONTIFE ▪ ***I. Relig. :*** bonze, évêque, grand prêtre, hiérophante, pape, pasteur, prélat, vicaire. ***II. Par ext.*** (péj.) : baderne, mandarin, m'as-tu-vu (fam.), pédant, poseur.

PONTIFIANT, E ▪ Doctoral, empesé, emphatique, emprunté, majestueux, pécufiant (arg. scol.), pédant, prétentieux, solennel.

PONTIFIER ▪ Discourir, parader, se pavaner, pécufier (arg. scol.), poser, présider, prôner, se rengorger, trôner.

POOL ▪ Communauté, consortium, entente, groupement, Marché commun.

POPOTE ▪ ***I.*** Cuisine, mangeaille,

menu, repas, soupe. ***II. Par ext. :*** ménage. ***III.*** Bouillon, cantine, carré, foyer, mess, restaurant. ***IV. Adj. :*** casanier, mesquin, pot-au-feu, terre à terre.

POPOTIN ■ ***Arg.*** ⇒ **fessier.**

POPULACE ■ Basse pègre, canaille, écume, foule, lie, masse, multitude, pègre, peuple, plèbe, populaire, populo, prolétariat, racaille, tourbe, vulgaire.

POPULACIER, ÈRE ■ Bas, commun, faubourien, ordinaire, plébéien, populaire, vil, vulgaire.

POPULAIRE ■ ***I. Favorable ou neutre.*** aimé, apprécié, commun, connu, considéré, démocrate, démocratique, estimé, prisé, public, recherché, répandu. ***II. Non favorable*** ⇒ **populacier.** ***III. Litt. :*** populiste.

POPULARISER ■ Faire connaître, propager, répandre, vulgariser.

POPULARITÉ ■ Audience, célébrité, considération, éclat, estime, faveur, gloire, illustration, notoriété, renom, renommée, réputation, sympathie, vogue.

POPULATION ■ ⇒ **peuple.**

POPULEUX, EUSE ■ Dense, fourmillant, grouillant, nombreux, peuplé.

POPULISTE ■ ⇒ **populaire.**

PORC ■ ***I. Au pr. :*** **1.** Coche, cochon, cochonnet, goret, porcelet, porcin, pourceau, suidé, truie, verrat. **2.** Babiroussa, marcassin, pécari, phacochère, sanglier, solitaire. ***II. Par ext.*** ⇒ **charcuterie.** ***III. Fig. :*** débauché, dégoûtant, glouton, gras, gros, grossier, obscène, ordurier, sale.

PORCELAINE ■ ***Par ext. I.*** Bibelot, vaisselle. ***II.*** Biscuit, chine, saxe, sèvres.

PORCELET ■ ⇒ **porc.**

PORC-ÉPIC ■ ***Fig.*** ⇒ **revêche.**

PORCHE ■ Abri, auvent, avant-corps, entrée, hall, portail, portique, vestibule.

PORCHERIE ■ Abri, étable, soue, toit.

PORCIN, E ■ ⇒ **porc.**

PORE ■ Fissure, interstice, intervalle, orifice, ouverture, stomate, trou.

POREUX, EUSE ■ Fissuré, ouvert, percé, perméable, spongieux.

PORION ■ Agent de maîtrise, chef de chantier, contremaître, gueule noire (fam.), mineur, surveillant.

PORNOGRAPHIE ■ Grossièreté, immoralité, impudicité, indécence, licence, littérature obscène/vulgaire, obscénité, pygoculture (fam.).

PORNOGRAPHIQUE ■ ⇒ **obscène.**

POROSITÉ ■ Perméabilité.

PORT ■ ***I. Géogr. :*** cluse, col, pas, passage, passe. ***II.*** Air, allure, aspect, contenance, dégaine (fam.), démarche, ligne, maintien, manière, prestance, représentation, touche, tournure. ***III.*** Abri, anse, bassin, cale sèche/de radoub, darse, dock, débarcadère, embarcadère, escale, havre, hivernage, quai, rade, relâche, wharf. ***IV.*** Affranchissement, taxe, transport.

PORTAIL ■ ⇒ **porte.**

PORTATIF, IVE ■ Commode, léger, mobile, petit, portable, transportable.

PORTE ■ ***I. Au pr. :*** accès, barrière, dégagement, entrée, guichet, herse, huis, introduction, issue, lourde (fam.), ouverture, porche, portail, portière, portillon, poterne, propylée, seuil, sortie, trappe. ***II. Fig. :*** accès, échappatoire, introduction, issue, moyen. ***III. Loc.*** **1. Jeter/mettre à la porte** : chasser, congédier, déboulonner, éconduire, expulser, jeter/mettre dehors, renvoyer. **2. Prendre la porte** ⇒ **partir.**

PORTÉ, E ■ Attiré, conduit, déterminé, disposé, enclin, encouragé, engagé, entraîné, excité, incité, induit, invité, poussé, provoqué, sujet.

PORTE À PORTE ▪ Chine, colportage. ⇒ **vente.**

PORTE-BAGAGES ▪ Filet, galerie, sacoche.

PORTE-BALLE ▪ Camelot, colporteur, coltineur, commis-voyageur, marchand ambulant/forain, portefaix. ⇒ **porteur.**

PORTE-BONHEUR ▪ Fétiche, gri-gri, mascotte, porte-chance/veine.

PORTÉE ▪ ***I.*** Chattée, chiennée, cochonnée, couvée (par ext.), famille, fruit, nichée, petits, produits, progéniture. ***II.*** Aptitude, étendue, force, niveau. ***III.*** Action, conséquence, effet, importance, suite. ***IV.*** Charge, entretoise, largeur, résistance.

PORTEFAIX ▪ Coltineur, crocheteur, faquin (vx), fort des halles, porteur. ⇒ **porte-balle.**

PORTEFEUILLE ▪ ***I. Au pr. :*** cartable, carton, classeur, enveloppe, étui, porte-documents/lettres, serviette. **Arg. ou fam. :** filoche, larfeuil, lazingue, porte-lazagne. ***II. Par ext. :*** charge, département, fonction, maroquin, ministère.

PORTEMANTEAU ▪ Crochet, patère, perroquet.

PORTE-MONNAIE ▪ Aumônière, bourse, gousset, portefeuille, réticule. ***Arg. ou fam. :*** artichaut, artiche, crabe, crapaud, crapautard, morlingue, porte-lazagne.

PORTE-PAROLE ▪ Alter ego, entremetteur, fondé de pouvoir, interprète, organe, représentant, truchement.

PORTER ▪ ***I. V. tr.*** **1. Un fardeau :** coltiner, promener, soutenir, supporter, tenir, transporter, trimbaler, véhiculer. **2. Une décoration :** arborer, avoir, exhiber. **3. D'un lieu à un autre :** apporter, exporter, importer, rapporter. **4. Un fruit :** engendrer, produire. **5. Un sentiment :** attacher à, exprimer, manifester, présenter. **6. Quelque chose à son terme :** achever, finir, parachever, parfaire, pousser. **7. ⇒ soutenir. 8. ⇒ occasionner. 9. ⇒ montrer. 10. ⇒ promouvoir. 11. ⇒ inviter. 12. ⇒ inscrire.** ***II. V. intr.*** **1.** Appuyer, peser, poser, reposer sur. **2. Par ext. :** accrocher, frapper, heurter, toucher. **3.** Atteindre son but, faire de l'effet, toucher. ***III. Loc.*** **1. Porter sur les nerfs ⇒ agacer. 2. Porter à la tête :** enivrer, entêter, étourdir, griser, soûler. **3. Porter à la connaissance ⇒ informer. 4. Porter plainte ⇒ inculper.** ***IV. V. pron. :*** **1.** Aller, courir, se diriger, s'élancer, se lancer, se précipiter, se transporter. **2. À une candidature :** se présenter, répondre. **3. Les regards, les soupçons :** chercher, graviter, s'orienter. **4. À des excès :** se livrer.

PORTEUR ▪ ***I. D'un message :*** commissionnaire, courrier, coursier, estafette, facteur, livreur, messager, télégraphiste. ***II. De colis :*** coltineur, commissionnaire, coolie, crocheteur, débardeur, déchargeur, déménageur, docker, faquin (vx), fort des halles, laptot, manutentionnaire, nervi (vx), portefaix, sherpa. ***Nom fém. :*** canéphore.

PORTIER, ÈRE ▪ ***I. Au pr. :*** chasseur, concierge, gardien, huissier, suisse, tourier, tourière, veilleur. ***II. Péj. :*** bignole, cerbère, chasse-chien, clapignole, cloporte, concepige, dragon, lourdier, pibloque, pipelet, pipelette.

PORTIÈRE ▪ ***I.*** Rideau, tapisserie, tenture, vitrage. ***II.*** ⇒ **porte.**

PORTION ▪ Bout, division, dose, fraction, fragment, lopin, lot, morceau, parcelle, part, partie, pièce, quartier, ration, section, tranche, tronçon.

PORTIQUE ▪ Colonnade, galerie, narthex, parvis, péristyle, pœcile, porche, porte, pronaos.

PORTRAIRE ▪ ⇒ **peindre.**

PORTRAIT ▪ ***I. Au pr. :*** autoportrait,

buste, crayon, croquis, effigie, image, peinture, photo, photographie, silhouette, tableau. *II. Par ext.* **1.** Figure, visage. **2.** Description, représentation, ressemblance.

PORTRAITURER ▪ ⇒ **peindre.**

POSE ▪ *I. Au pr.* **De quelque chose :** application, coffrage, mise en place. *II. Par ext.* **De quelqu'un. 1.** Attitude, position. **2. Non favorable :** affectation, façons, manières, prétentions, recherche, snobisme.

POSÉ, E ▪ Calme, froid, grave, lent, modéré, mûr, muri, pondéré, prudent, rassis, réfléchi, sage, sérieux.

POSER ▪ *I. V. tr.* **1. Au pr. :** apposer, appuyer, asseoir, bâtir, camper, disposer, dresser, établir, étaler, étendre, fixer, fonder, installer, jeter, mettre, placer, planter, poster. **2. Fig. :** affirmer, avancer, énoncer, établir, évoquer, faire admettre, formuler, soulever, soutenir, supposer. *II. V. intr.* **1. Neutre :** être appuyé, reposer. ⇒ **porter. 2. Non favorable :** crâner, se contorsionner, coqueter, se croire, se draper, faire le beau/le malin/le mariole (fam.)/la roue/le zouave, se pavaner, plastronner, se rengorger, snober. *III. V. pron.* **1. Au pr. :** atterrir, se jucher, se nicher, se percher. **2. Fig. :** s'affirmer, se donner pour, s'ériger en, s'imposer comme.

POSEUR, EUSE ▪ n. et adj. Affecté, fat, maniéré, m'as-tu-vu, minaudier, pédant, prétentieux, snob. ⇒ **orgueilleux.**

POSITIF, IVE ▪ *I.* ⇒ **évident.** *II.* ⇒ **réel.** *III.* ⇒ **réaliste.**

POSITION ▪ *I. Au pr. :* assiette, coordonnées, disposition, emplacement, exposition, gisement, inclinaison, lieu, orientation, orientement (mar.), place, point, positionnement, site, situation. *II. De quelqu'un.* **1.** Aplomb, assiette, attitude, équilibre, mouvement, pose, posture, station. **2.** Emploi, établissement, état, fonction, métier, occupation, situation. **3.** Attitude, engagement, idée, opinion, parti, profession de foi, résolution.

POSITIVEMENT ▪ Matériellement, précisément, réellement, véritablement, vraiment.

POSITIVISME ▪ Agnosticisme, relativisme.

POSSÉDANT, E ▪ *I.* ⇒ **riche.** *II.* ⇒ **propriétaire.**

POSSÉDÉ, E ▪ n. et adj. *I.* ⇒ **énergumène.** *II.* ⇒ **furieux.**

POSSÉDER ▪ *I.* ⇒ **avoir.** *II.* ⇒ **jouir.** *III.* ⇒ **connaître.** *IV. V. pron.* ⇒ **vaincre (se).**

POSSESSEUR ▪ ⇒ **propriétaire.**

POSSESSIF, IVE ▪ Captatif, exclusif. ⇒ **intolérant.**

POSSESSION ▪ *I. Le fait de posséder :* acquisition, appartenance, appropriation, détention, disposition, installation, jouissance, maîtrise, occupation, propriété, richesse, usage. *II. L'objet :* avoir, bien, colonie, conquête, domaine, douaire (vx), établissement, fief, immeuble, propriété, tenure (vx), territoire.

POSSIBILITÉ ▪ *I. De quelque chose :* alternative, cas, chance, crédibilité, éventualité, vraisemblance. *II. Pour quelqu'un :* droit, facilité, faculté, liberté, licence, loisir, moyen, occasion, potentialité, pouvoir, virtualité.

POSSIBLE ▪ Acceptable, accessible, admissible, buvable (fam.), commode, concevable, conciliable, contingent, convenable, envisageable, éventuel, facile, faisable, futur, permis, praticable, prévisible, probable, réalisable, sortable, supportable, virtuel, vivable, vraisemblable.

POSTE ▪ *I.* Auberge, étape, relais. *II.* Courrier, P.T.T.

POSTE ▪ *I.* Affût, antenne, avant-poste, observatoire, préside, vigie. *II.*

Charge, emploi, fonction, responsabilité. ***III. Loc.*** **1. Poste de pilotage :** gouvernes, habitacle. **2. Poste d'essence :** distributeur, pompe, station-service. **3. Poste de secours :** ambulance, antenne chirurgicale. **4. Poste de radio, de télévision :** appareil, récepteur, T.S.F. (vx).

POSTER ■ Aposter, embusquer, établir, installer, loger, mettre à l'affût/en place/en poste, placer, planter.

POSTÉRIEUR ■ ***I. Adj. :*** consécutif, futur, posthume, ultérieur. ***II. Nom*** **⇒ fessier.**

POSTÉRITÉ ■ ***I.*** Collatéraux agnats/cognats, descendance, descendants, enfants, famille, fils, génération future, héritiers, lignée, neveux, race, rejetons, souche, successeurs. ***II.*** Avenir, futur, immortalité, mémoire.

POSTHUME ■ Outre-tombe.

POSTICHE ■ ***I. Adj. :*** ajouté, artificiel, factice, faux, rapporté. ***II. Nom masc. :*** chichi, mouche, moumoute (fam.), perruque. ***III. Nom fém. :*** baliverne, boniment, mensonge, plaisanterie.

POSTILLON ■ ***I.*** Cocher, conducteur. ***II.*** Salive.

POSTULANT ■ Aspirant, candidat, demandeur, impétrant, poursuivant, prétendant, quémandeur (péj.), solliciteur, tapeur (péj.).

POSTULAT ■ Convention, hypothèse, principe.

POSTULER ■ **⇒ solliciter.**

POSTURE ■ **⇒ position.**

POT ■ Cruche, jacquelin, jaqueline, jarre, marmite, pichet, potiche, récipient, terrine, ustensile, vase. **⇒ bouille.**

POTABLE ■ ***I. Au pr. :*** bon, buvable, pur, sain. ***II. Fam. :*** acceptable, passable, possible, recevable, valable.

POTAGE ■ ***Au pr. :*** bisque, bouillon, consommé, eau de vaisselle (péj.), julienne, lavasse (péj.), lavure (péj.), minestrone, oille (vx), pot (vx), soupe, velouté.

POT-AU-FEU ■ ***I.*** Bœuf à la ficelle (par ext.)/gros sel/bouilli, bouillon gras, olla-podrida, oille (vx), pot, pot-bouille (vx), soupe. ***II.*** **⇒ popote.**

POT-DE-VIN ■ **⇒ gratification.**

POTEAU ■ **⇒ pieu.**

POTELÉ, E ■ Charnu, dodu, gras, grassouillet, gros, plein, poupard, poupin, rebondi, rembourré, rempli, replet, rond, rondelet.

POTENCE ■ **⇒ gibet.**

POTENTAT ■ **⇒ monarque.**

POTENTIEL ■ **⇒ force.**

POTICHE ■ Cache-pot, poterie, vase.

POTIER ■ Céramiste, faïencier, porcelainier.

POTIN ■ ***I.*** **⇒ médisance.** ***II.*** **⇒ tapage.**

POTINER ■ **⇒ médire.**

POTION ■ **⇒ remède.**

POTIRON ■ **⇒ courge.**

POT-POURRI ■ **⇒ mélange.**

POU ■ Lécanie, mélophage, psoque, tique. ***Arg. :*** go, grenadier, loupaque, morbac, morpion, mousquetaire gris, toto.

POUACRE ■ adj. et n. ***I.*** Dégoûtant, écœurant, malpropre, puant, répugnant, sale, vilain. ***II.*** **⇒ avare.**

POUCE ■ ***I. Au pr. :*** doigt, gros orteil. ***II. Loc.*** **1. Donner un coup de pouce ⇒ aider, exagérer. 2. Mettre les pouces ⇒ céder. 3. Sur le pouce :** à la hâte, en vitesse, rapidement.

POUCETTES ■ **⇒ menottes.**

POUDRE ■ ***I.*** **⇒ poussière.** ***II. Loc.*** **1. Jeter de la poudre aux yeux ⇒ impressionner. 2. Mettre en poudre ⇒ détruire.**

POUDRER ■ Couvrir, enfariner, farder, garnir, recouvrir, saupoudrer.

POUDREUSE ■ ***I.*** Coiffeuse, table à toilette. ***II.*** Pulvérisateur, soufreuse.

POUDREUX, EUSE ■ Cendreux, poussiéreux, sablonneux.

POUFFER ■ ⇒ **rire.**

POUILLES ■ ***I.*** ⇒ **injures.** ***II. Loc.*** **Chanter pouilles** : engueuler (fam.), gronder, injurier, invectiver, quereller, réprimander.

POUILLEUX, EUSE ■ ⇒ **misérable.**

POULAILLER ■ ***I.*** Cabane/cage/toit à poules, volière. ***II.*** ⇒ **paradis.**

POULAIN ■ ⇒ **cheval.**

POULE ■ ***I. Au pr.*** **1.** Cocotte (fam.), gallinacée, géline (vx), poularde, poulet, poulette. **2. Poule sauvage** : faisane, gelinotte, perdrix, pintade. **3. Poule d'eau** : foulque, gallinule, porphyrion, sultane. **4. Poule mouillée** ⇒ **poltron.** ***II. Fig.*** : cocotte, fille. ⇒ **prostituée.** ***III.*** Compétition, enjeu, jeu, mise.

POULET ■ ***I. Au pr.*** : chapon, coq, poulette, poussin ⇒ **poule.** ***II. Fig.*** ⇒ **lettre.**

POULICHE ■ ⇒ **jument.**

POULS ■ ***I. Au pr.*** : battements du cœur. ***II. Loc.*** **Tâter le pouls** ⇒ **sonder.**

POUMON ■ ***I. Par ext.*** : bronches, poitrine. ***II. Arg.*** : éponges. ***III. Boucherie*** : foie blanc, mou.

POUPARD, E ■ ***I. Nom*** ⇒ **bébé.** ***II. Adj.*** : charnu, coloré, dodu, frais, gras, grassouillet, gros, joufflu, plein, potelé, poupin, rebondi, rembourré, rempli, replet, rond, rondelet.

POUPÉE ■ ***I. Au pr.*** : baigneur, bébé, poupard, poupon. ***II. Par ext.*** : figurine, mannequin. ***III. Fig.*** **1.** Pansement. **2.** Étoupe, filasse. **3. Techn.** : mâchoire, mandrin.

POUPIN, INE ■ ⇒ **poupard.**

POUPON ■ ⇒ **bébé.**

POUPONNIÈRE ■ ⇒ **nursery.**

POUR ■ ***I.*** À la place de, au prix de, contre, en échange de, moyennant. ***II.*** Comme, en fait/en guise/en manière/en tant que. ***III.*** En ce qui est de, quant à. ***IV.*** À destination/en direction de, vers. ***V.*** Pendant. ***VI.*** À, à l'égard de, en faveur de, envers. ***VII. Loc.*** **1. Remède pour** : contre. **2. Être pour** : en faveur/du côté/du parti de. ***VIII. Suivi de l'inf.*** : afin de, à l'effet de, de manière à, en vue de.

POURBOIRE ■ ⇒ **gratification.**

POURCEAU ■ ⇒ **porc.**

POURCENTAGE ■ Intérêt, marge, rapport, tantième, taux.

POURCHASSER ■ ⇒ **poursuivre.**

POURFENDEUR ■ ⇒ **bravache.**

POURFENDRE ■ ***I.*** ⇒ **attaquer.** ***II.*** ⇒ **blâmer.**

POURLÉCHER ■ ⇒ **lécher.** ***V. pron.*** : ⇒ **régaler (se).**

POURPARLER ■ Conférence, conversation, échange de vues, négociation, tractation.

POURPOINT ■ Casaque, justaucorps.

POURPRE ■ ***I. Adj.*** ⇒ **rouge.** ***II. Nom.*** **1. Masc.** ⇒ **rougeur. 2. Fém.** Cardinalat, dignité cardinalice/impériale/souveraine/suprême, royauté.

POURQUOI ■ ***I. Adv. interrog.*** : à quel propos/sujet, pour quelle cause/raison, pour quel motif, dans quelle intention. ***II. Loc. conj.*** : aussi, c'est pour cela/ce motif/cette raison, c'est pourquoi, conséquemment, en conséquence, subséquemment (vx).

POURRI, E ■ ***Au pr.*** : abîmé, altéré, avarié, corrompu, croupi, décomposé, détérioré, faisandé, gâté, moisi, naze (arg.), piqué, putréfié, putride, rance. ***II. Fig.*** : compromis, contaminé, corrompu, dégradé, dévalorisé, dévalué, gangrené, malsain, perdu, taré, vil.

POURRIR ▪ ***I. V. intr. :*** s'abîmer, s'altérer, s'avarier, chancir, se corrompre, croupir, se décomposer, se détériorer, se faisander, se gâter, moisir, se piquer, se putréfier, rancir, tomber en pourriture *et les syn. de* POURRITURE, tourner. ***II. V. tr. :*** abîmer, avarier, contaminer, désagréger, gâter, infecter, ronger.

POURRITURE ▪ ***I. Au pr. :*** altération, contamination, corruption, décomposition, désagrégation, destruction, détérioration, malandre, moisissement, moisissure, pourrissement, putréfaction, rancissement, rancissure. ***II. Par ext.*** **1. Au pr. et fig. :** carie, gangrène. **2. Fig. :** concussion, corruption.

POURSUITE ▪ ***I. Au pr. :*** chasse, course, pourchas (vx), quête, recherche. ***II. Jurid. :*** accusation, action, assignation, démarche, intimation, procédure, procès. ***III. Par ext. :*** continuation, reprise.

POURSUIVRE ▪ ***I. Au pr. :*** chasser, courir, donner la chasse, être aux trousses (fam.), foncer sur, forcer, forlancer (vén.), harceler, importuner, pourchasser, presser, relancer, rembucher (vén.), serrer, suivre, talonner, traquer. ***II. Fig.*** **1. Non favorable :** aboyer/s'acharner contre, accuser, actionner contre, hanter, obséder, persécuter, taler, tanner, tourmenter. **2. Favorable ou neutre :** aspirer à, briguer, prétendre à, rechercher, solliciter. ***III. Par ext. :*** aller, conduire/mener à son terme, continuer, passer outre/son chemin, persévérer, pousser, soutenir l'effort. ***IV. V. pron. :*** continuer, durer, *et les formes pron. possibles des syn. de* POURSUIVRE.

POURTANT ▪ Cependant, mais, néanmoins, pour autant, toutefois.

POURTOUR ▪ Bord, ceinture, cercle, circonférence, circuit, contour, extérieur, périmètre, périphérie, tour.

POURVOI ▪ Action, appel, pétition, recours, requête, révision, supplique.

POURVOIR ▪ ***I. V. intr. :*** assurer, aviser à, entretenir, faire face/parer/subvenir/suffire à, pallier (trans.). ***II. V. tr. :*** alimenter, approvisionner, armer, assortir, avitailler, donner, doter, douer, équiper, établir, fournir, garnir, gratifier, investir, lester, mettre en possession, munir, nantir, orner, outiller, procurer, revêtir, subvenir, suppléer. ***III. V. pron. :*** **1.** S'approvisionner, se monter, se munir. **2.** Avoir recours, se porter, recourir.

POURVOYEUR, EUSE ▪ Alimentateur, commanditaire, fournisseur, servant.

POURVU QUE ▪ À condition de/que, à supposer/espérons/il suffit que, si.

POUSSE ▪ Bouture, branche, brin, brout, drageon, germe, jet, marcotte, provin, recru, rejet, rejeton, scion, surgeon, talle, tendron, turion. ⇒ **bourgeon.**

POUSSE-CAFÉ ▪ Alcool, armagnac, cognac, digestif, eau-de-vie, liqueur, marc, rhum, tafia.

POUSSÉE ▪ ***I. Au pr. :*** bourrade, coup, élan, épaulée, impulsion, pression, propulsion. ***II. Par ext.*** **1. De la foule :** bousculade, cohue, presse. **2. Méd. :** accès, aggravation, augmentation, crise, éruption, montée. **3. Archit. :** charge, masse, pesée, poids, résistance.

POUSSER ▪ ***I. V. tr.*** **1. Au pr. :** abaisser, baisser, balayer, bourrer, bousculer, bouter, chasser, culbuter, drosser (mar.), éloigner, enfoncer, esbalancer (mérid.), heurter, jeter hors, lancer, projeter, propulser, refouler, rejeter, renvoyer, repousser, souffler. **2. Fig. :** aider, aiguillonner, animer, attirer, conduire, conseiller, contraindre, décider, déterminer, diriger, disposer, embarquer, emporter, encourager, engager, entraîner, exciter, faire agir, favoriser, inciter, incliner, induire, instiguer, inviter, porter, solliciter, stimuler, tenter. **3. Une action** : accentuer, accroître, approfondir, augmenter, développer, faire durer, forcer, prolonger. **4. Le feu** : attiser, augmenter, forcer. **5. Un cri** : crier, émettre, faire, jeter, proférer. **6. Un soupir** : exhaler, lâcher. ***II. V. intr.*** **1.** Aller, avancer, se porter. **2.** Croître, se développer, grandir, poindre, pointer, pulluler, sortir, venir. ***III. V. pron.*** : avancer, conquérir, se lancer, se mettre en avant/en vedette.

POUSSIÈRE ▪ Balayure, cendre, débris, détritus, escarbille, ordures, pollen (bot.), poudre (vx), restes.

POUSSIÉREUX, EUSE ▪ ***I. Au pr.*** : gris, poudreux, sale. ***II. Par ext.*** : ancien, archaïque, démodé, vétuste, vieilli, viellot, vieux, vieux jeu.

POUSSIF, IVE ▪ Asthmatique, catharreux, dyspnéique, époumoné, essoufflé, haletant, palpitant, pantelant.

POUSSIN ▪ ⇒ **poulet.**

POUTRE ▪ ***I. Vx*** : jument, pouliche. ***II.*** Ais, arbalétrier, bastaing, blinde, boulin, chantignolle, chevêtre, chevron, colombage, contrefiche, corbeau, corniche, coyau, croisillon, décharge, entrait, entretoise, étançon, faîtage, ferme, flèche, jambage, jambe, jambette, lambourde, lierne, linteau, longeron, longrine, madrier, panne, poinçon, poitrail, poteau, potelet, sablière, solive, tasseau, tournisse. **Mar.** : barrot, bau, bauquière, vaigre.

POUVOIR ▪ Être apte/à même de/à portée de/capable/en mesure/ en situation/susceptible de, avoir la capacité / le droit / la latitude / la licence / la permission / la possibilité de, savoir.

POUVOIR ▪ ***I. Qualité de quelqu'un*** : aptitude, art, ascendant, autorité, capacité, charme, crédit, don, empire, faculté, habileté, influence, maîtrise, possession, possibilité, puissance, valeur. ***II. De faire quelque chose*** : droit, latitude, liberté, licence, permission, possibilité. ***III. Jurid.*** : attribution, capacité, commission, délégation, droit, juridiction, mandat, mission, procuration. ***IV. Sous le pouvoir de*** : coupe, dépendance, disposition, férule, influence, main, patte. ***V. Polit.*** : administration, autorité, commandement, État, gouvernement, puissance, régime.

PRAIRIE ▪ Alpage, champ, herbage, lande, noue, pacage, pampa, pâtis, pâture, pré, savane, steppe, toundra. ⇒ **pâturage.**

PRATICABLE ▪ ⇒ **possible.**

PRATICIEN, ENNE ▪ Clinicien, chirurgien, exécutant, médecin traitant.

PRATIQUE ▪ ***I. Adj.*** : adapté, applicable, astucieux (fam.), commode, efficace, exécutable, facile, faisable, fonctionnel, ingénieux, logeable, maniable, positif, possible, pragmatique, praticable, profitable, réalisable, réaliste, utile, utilisable, utilitaire. ***II. Nom fém.*** **1.** Achalandage, acheteur, acquéreur, client, clientèle, fidèle, fréquentation, habitué. **2. Relig.** *Les personnes* : assistance, fidèle, ouaille, paroissien, pratiquant. **3. Relig.** *Le fait de pratiquer* : culte, dévotion, dulie, exercice, latrie, observance. **4.** Accomplissement, acte, action, agissement, application, conduite, connaissance, coutume, exécution, exercice, expérimentation, expérience, façon d'agir, familiarisation, familiarité, habitude, mode, procédé, procédure, routine, savoir, savoir-faire, usage, vogue.

PRATIQUER ▪ ***I. On pratique quelque chose*** : accomplir, adopter, connaître, cultiver, employer, s'entraîner à, éprouver, exécuter, exercer, expérimenter, faire, jouer, se livrer à, procéder à, utiliser. ***II. Par ext.*** **1.** Ménager, ouvrir. **2.** S'appliquer à, garder, mettre en application/en œuvre/en pratique, observer, professer, suivre. **3.** Fréquenter, hanter, visiter, voir.

PRÉ ▪ ⇒ **prairie.**

PRÉALABLE ▪ ***I. Adj.*** : antérieur,

exploratoire, premier, préparatoire, primitif. ***II. Nom masc. :*** antécédent, condition, préalable, préavis, précaution, préliminaire. ⇒ **préambule.** ***III. Loc.*** **Au préalable** : d'abord, auparavant, avant, préalablement.

PRÉAMBULE ▪ Avant-propos, avertissement, avis, commencement, début, entrée en matière, exorde, exposition, introduction, liminaire, préalable, préface, préliminaire, prélude, prolégomène, prologue.

PRÉAU ▪ Abri, cour, couvert, gymnase.

PRÉAVIS ▪ Avertissement, congé, délai, signification.

PRÉBENDE ▪ Bénéfice, part/portion congrue, profit, revenu, royalties.

PRÉBENDIER ▪ ***Par ext.*** ⇒ **profiteur.**

PRÉCAIRE ▪ Aléatoire, chancelant, court, éphémère, fragile, incertain, instable, passager.

PRÉCARITÉ ▪ Fragilité, incertitude, instabilité.

PRÉCAUTION ▪ ***I. Au pr. :*** action préventive, disposition, filtrage, garantie, mesure, prophylaxie, vérification. ***II. La manière d'agir :*** attention, circonspection, détour, diplomatie, discrétion, économie, ménagement, prévoyance, prudence, réserve.

PRÉCAUTIONNER (SE) ▪ S'armer, s'assurer, se garder, se garder à carreau (fam.), se mettre en garde, se prémunir, veiller au grain (fam.).

PRÉCAUTIONNEUX, EUSE ▪ ***I.*** ⇒ **prudent.** ***II.*** Attentif, minutieux, prévenant, soigneux.

PRÉCÉDEMMENT ▪ Antérieurement, auparavant, ci-devant (vx).

PRÉCÉDENT, E ▪ ***I. Adj. :*** antécédent, antérieur, citérieur, devancier, précurseur, prédécesseur. ***II. Nom masc. :*** analogie, exemple, fait analogue/antérieur, référence.

PRÉCÉDER ▪ Annoncer, dépasser, devancer, diriger, distancer, marcher devant, passer, placer devant, prendre les devants/le pas, prévenir.

PRÉCEPTE ▪ Aphorisme, apophtegme, commandement, conseil, dogme, enseignement, formule, instruction, leçon, loi, maxime, morale, opinion, prescription, principe, proposition, recette, recommandation, règle.

PRÉCEPTEUR, TRICE ▪ Éducateur, gouvernante, gouverneur (vx), instituteur, instructeur, maître, pédagogue, préfet des études, professeur, régent (vx), répétiteur.

PRÊCHE ▪ Discours, homélie, instruction, prône. ⇒ **sermon.**

PRÊCHER ▪ Annoncer, catéchiser, conseiller, enseigner, évangéliser, exhorter, instruire, moraliser, préconiser, prôner, prononcer un sermon, recommander, remontrer, sermonner.

PRÊCHEUR ▪ Orateur, prédicant, prédicateur, sermonnaire (péj.).

PRÉCIEUX, EUSE ▪ ***I. Quelque chose :*** avantageux, beau, bon, cher, inappréciable, inestimable, introuvable, irremplaçable, parfait, rare, riche, utile. ***II. Quelqu'un.*** **1. Favorable** : compétent, efficace, important, utile. **2.** Affecté, difficile, efféminé, emprunté, maniéré. ***III. Litt. :*** affecté, affété, choisi, emphatique, galant, gandin, maniéré, mignard, muscadin, musqué, recherché.

PRÉCIOSITÉ ▪ Affectation, afféterie, concetti, cultisme, entortillage, euphuisme, galanterie, gongorisme, manière, maniérisme, marinisme, marivaudage, mignardise, raffinement, recherche, subtilité.

PRÉCIPICE ▪ ***I. Au pr. :*** abîme, anfractuosité, aven, cavité, crevasse, gouffre. ***II. Fig. :*** catastrophe, danger, désastre, malheur, ruine.

PRÉCIPITAMMENT ▪ À boule vue (vx), à la va-vite, à vau-de-route (vx), brusquement, dare-dare, en courant, en vitesse, à fond de train, rapidement, vite.

PRÉCIPITATION ■ ***I.*** Affolement, brusquerie, empressement, fougue, frénésie, impatience, impétuosité, irréflexion, légèreté, pagaïe, panique, presse, promptitude, rapidité, soudaineté, violence, vitesse, vivacité. ***II.*** Brouillard, chute d'eau/de grêle/de neige/de pluie. ***III. Chimie :*** floculation.

PRÉCIPITÉ, E ■ ***I.*** ⇒ **hâtif.** ***II.*** ⇒ **haletant.**

PRÉCIPITER ■ ***I. Au pr. :*** anéantir, faire tomber, jeter, pousser, ruiner. ***II. Par ext. :*** accélérer, avancer, bâcler, bousculer, brusquer, dépêcher, expédier, forcer, hâter, pousser, presser, trousser. ***III. V. pron. :*** s'abattre, accourir, s'agiter, assaillir, courir, se dépêcher, dévaler, s'élancer, embrasser, s'empresser, s'engouffrer, entrer, foncer, fondre, se hâter, se lancer, piquer une tête, piquer/tomber sur.

PRÉCIS, E ■ Abrégé, absolu, bref, catégorique, certain, clair, concis, congru, court, défini, détaillé, déterminé, développé, distinct, exact, explicite, exprès, fixe, formel, fort, franc, géométrique, juste, mathématique, net, particulier, pile, ponctuel, raccourci, ramassé, réduit, résumé, rigoureux, serré, sommaire, sonnant, tapant.

PRÉCIS ■ Abrégé, aide-mémoire, analyse, code, codex, compendium, épitomé, résumé, sommaire, vademecum.

PRÉCISER ■ Abréger, clarifier, définir, détailler, déterminer, distinguer, donner corps, énoncer, établir, expliciter, expliquer, fixer, particulariser, raccourcir, ramasser, réduire, résumer, serrer, souligner, spécifier. ***V. pron. :*** se caractériser, se dessiner, *et les formes pron. possibles des syn. de* PRÉCISER.

PRÉCISION ■ ***I. Au sing. :*** caractérisation, clarté, concision, définition, détermination, exactitude, justesse, mesure, méticulosité, netteté, rigueur, sûreté. ***II. Au pl. :*** constat, compte rendu, détails, développement, explication, faits, information, procès-verbal, rapport.

PRÉCOCE ■ ⇒ **hâtif.**

PRÉCOCITÉ ■ Avance, hâte, rapidité.

PRÉCOMPTE ■ Retenue.

PRÉCOMPTER ■ ⇒ **retenir.**

PRÉCONÇU, E ■ Anticipé, préétabli, préjugé.

PRÉCONISER ■ ***I.*** ⇒ **louer.** ***II.*** ⇒ **recommander.**

PRÉCURSEUR ■ Ancêtre, annonciateur, avant-coureur, devancier, fourrier, initiateur, inventeur, messager, prédécesseur, prophète.

PRÉDATEUR ■ Destructeur, nuisible, pillard.

PRÉDATION ■ ***I.*** ⇒ **pillage.** ***II.*** ⇒ **destruction.**

PRÉDÉCESSEUR ■ ***I. Au sing.*** ⇒ **précurseur.** ***II. Au pl.*** ⇒ **ancêtres.**

PRÉDESTINATION ■ ⇒ **prédisposition.**

PRÉDESTINÉ, E ■ ⇒ **voué.**

PRÉDESTINER ■ Appeler, décider, destiner, distinguer, élire, fixer d'avance, marquer, protéger, réserver, vouer.

PRÉDICANT ■ ***I.*** ⇒ **ministre.** ***II.*** ⇒ **prédicateur.** ***III.*** ⇒ **orateur.**

PRÉDICAT ■ Attribut, proposition, qualité.

PRÉDICATEUR ■ Apôtre, doctrinaire, missionnaire, orateur sacré, prêcheur, prédicant, sermonnaire.

PRÉDICATIF, IVE ■ Apodictique, attributif, catégorique, qualificatif.

PRÉDICATION ■ ⇒ **sermon.**

PRÉDICTION ■ Annonce, augure, avenir, bonne aventure (pop.), conjecture, divination, horoscope, oracle, présage, prévision, promesse, pronostic, prophétie, vaticination.

PRÉDILECTION ■ Affection, faiblesse, faveur, goût, préférence.

PRÉDIRE ■ Annoncer, augurer, conjecturer, deviner, dévoiler, dire l'avenir/la bonne aventure, présager, prévoir, promettre, pronostiquer, prophétiser, vaticiner.

PRÉDISPOSER ■ Amadouer, amener, incliner, mettre en condition/en disposition, préparer.

PRÉDISPOSITION ■ Aptitude, atavisme, condition, disposition, hérédité, inclination, penchant, prédestination, prédétermination, tendance, terrain favorable.

PRÉDOMINANCE ■ Avantage, dessus, précellence, prééminence, préexcellence, préférence, prépondérance, primauté, supériorité, suprématie.

PRÉDOMINANT, E ■ ⇒ **principal.**

PRÉDOMINER ■ Avoir l'avantage/la prédominance *et les syn. de* PRÉDOMINANCE, être le plus important *et les syn. de* IMPORTANT, l'emporter sur, exceller, prévaloir, régner.

PRÉÉMINENCE ■ ⇒ **prédominance.**

PRÉEMPTION ■ Préférence, priorité, privilège.

PRÉEXCELLENCE ■ Précellence. ⇒ **prédominance.**

PRÉEXISTENCE ■ Antériorité.

PRÉFACE ■ Argument, avant-propos, avertissement, avis/discours préliminaire, exorde, introduction, liminaire, notice, préambule, préliminaire, présentation, prodrome (vx), proème (vx), prolégomènes, prologue.

PRÉFECTURE ■ Chef-lieu, département.

PRÉFÉRABLE ■ Meilleur, mieux, supérieur.

PRÉFÉRABLEMENT ■ De/par préférence, plutôt.

PRÉFÉRÉ, E ■ Attitré, choisi, chouchou (fam.), favori, privilégié.

PRÉFÉRENCE ■ ***I. Pour quelqu'un :*** acception (vx), acceptation, affection, attirance, choix, élection, faible, faiblesse, favoritisme, partialité, prédilection. ***II. Pour quelque chose :*** avantage, choix, option, privilège.

PRÉFÉRER ■ Adopter, aimer mieux, avoir une préférence *et les syn. de* PRÉFÉRENCE, chérir, choisir, considérer comme meilleur, distinguer, estimer le plus, incliner/pencher en faveur de/pour.

PRÉFIGURER ■ ⇒ **présager.**

PRÉHISTOIRE ■ ***I.*** Archéologie, paléontologie, protohistoire. ***II.*** Mésolithique, néolithique, paléolithique.

PRÉHISTORIQUE ■ ***I.*** ⇒ **préhistoire.** ***II. Par ext.*** (fam.) : ancien, antédiluvien, démodé, suranné.

PRÉJUDICE ■ Atteinte, dam, désagrément, désavantage, détriment, dommage, injustice, lésion, mal, tort.

PRÉJUDICIABLE ■ Attentatoire, dommageable, funeste, malfaisant, malheureux, nocif, nuisible.

PRÉJUDICIER ■ Blesser, nuire, porter préjudice *et les syn. de* PRÉJUDICE.

PRÉJUGÉ ■ A priori, erreur, idée préconçue/toute faite, jugement préconçu/téméraire, œillère, opinion préconçue/toute faite, parti pris, passion, préconception, préoccupation (vx), prévention, supposition.

PRÉJUGER ■ V. tr. et intr. ⇒ **présager.**

PRÉLART ■ Bâche, toile.

PRÉLASSER (SE) ■ S'abandonner, se camper, se carrer, se détendre, se goberger (fam.), se laisser aller, pontifier, se relaxer, se reposer, trôner, se vautrer (péj.).

PRÉLAT ■ Archevêque, cardinal, dignitaire, évêque, monseigneur, monsignor, nonce, patriarche, pontife, primat, prince de l'Église, protonotaire apostolique, vicaire général.

PRÉLÈVEMENT ■ ***I. Au pr. :*** coupe, ponction, prise. ***II. Fig. :*** contribution, dîme, impôt, réquisition, retenue, saignée, saisie, soustraction.

PRÉLEVER ■ Couper, détacher, enlever, extraire, imposer, lever, ôter, percevoir, rafler, réquisitionner, retenir, retrancher, rogner, saisir, soustraire. ⇒ **prendre.**

PRÉLIMINAIRE ■ Avant-propos, avertissement, avis, commencement, contacts, essai, exorde, introduction, jalon, liminaire, préambule, préface, prélude, présentation, prodrome (vx), prologue.

PRÉLUDE ■ ***I. Au pr. :*** ouverture, prologue. ***II. Par ext.*** ⇒ **préliminaire.** ***III. Fig. :*** annonce, avant-coureur, avant-goût, commencement, lever.

PRÉLUDER ■ Annoncer, commencer, essayer, s'exercer, improviser, se préparer.

PRÉMATURÉ, E ■ ***I.*** Anticipé, avancé, avant terme. ***II.*** Hâtif, précoce, rapide.

PRÉMÉDITATION ■ Arrière-pensée, calcul. ⇒ **projet.**

PRÉMÉDITÉ, E ■ ⇒ **intentionnel.**

PRÉMÉDITER ■ Calculer, étudier, méditer, préparer, projeter, réfléchir.

PRÉMICES ■ Avant-goût, commencement, début, genèse, origine, primeur, principe.

PREMIER, ÈRE ■ ***I. Adj.*** **1. Au pr. :** antérieur, initial, liminaire, originaire, original, originel, préoriginal, prime, primitif, principe, prochain. **2. Par ext. :** capital, dominant, en tête, indispensable, meilleur, nécessaire, prépondérant, primordial, principal, supérieur. ***II. Nom.*** **1.** Aîné, ancêtre, auteur, initiateur, introducteur, inventeur, pionnier, premier-né, promoteur. **2. Arg. scol. :** cacique, major.

PREMIÈREMENT ■ D'abord, avant tout, avant toute chose, en premier, en premier lieu, primo.

PRÉMISSE ■ Affirmation, axiome, commencement, hypothèse, proposition.

PRÉMONITION ■ ⇒ **pressentiment.**

PRÉMUNIR ■ Armer, avertir, garantir, munir, préserver, protéger, vacciner. ***V. Pron. :*** se garder, se garer, se précautionner, *et les formes pron. possibles des syn. de* PRÉMUNIR.

PRENANT, E ■ ***Fig. :*** attachant, captivant, charmant, émouvant, intéressant, passionnant, pathétique.

PRENDRE ■ ***I. Au pr.*** **1. Neutre :** atteindre, attraper, étreindre, gripper (vx), saisir, tenir. **2. Par ext. Non favorable :** accaparer, agripper, s'approprier, arracher, s'attribuer, aveindre (vx), confisquer, écumer, s'emparer de, empoigner, emporter, enlever, intercepter, mettre l'embargo sur, ôter, rafler, ramasser, ravir, récolter, retirer, soutirer. ⇒ **voler. 3. Arg. ou fam. :** choper, goinfrer, griffer, morfler, paumer, rabioter, ratiboiser, ratisser, souffler. ***II. Prendre quelque chose de :*** extraire, ôter, piocher, puiser, sortir, tirer. ***III. Milit. :*** capturer, coloniser, conquérir, enlever, envahir, forcer, occuper, réduire. ***IV. On prend quelqu'un.*** **1. Au pr. :** appréhender, arrêter, s'assurer de, attraper, avoir, capturer, ceinturer, colleter, crocher, cueillir, s'emparer de, piéger, mettre la main au collet/dessus, se saisir de, surprendre. **2. Arg. ou fam. :** accrocher, agrafer, alpaguer, anschlusser, argougner, choper, coincer, cravater, crocheter, cueillir, embarquer, embusquer, faire harponner, piger, pincer, piper, piquer, poisser. **3. Par ext. :** amadouer, apprivoiser, entortiller, persuader, séduire. ***V. On prend une nourriture, un remède :*** absorber, avaler, boire, consommer, *et les syn. de* ABSORBER. *VI.* ⇒ **choisir.** *VII.* ⇒ **vêtir.** *VIII.* ⇒ **contracter.** *IX.* ⇒ **percevoir.** *X.* ⇒ **geler.** *XI.* ⇒ **regarder.** *XII.* ⇒ **occuper.** *XIII. Loc.* **1. Prendre bien** : s'accommoder. **2. Prendre mal** : se fâcher, interpréter de travers. **3. Prendre à tâche** ⇒ **entreprendre. 4. Prendre langue** : s'aboucher. ⇒ **parler. 5. Prendre part** ⇒ **participer. 6. Prendre sur soi** : se dominer. ⇒ **charger (se). 7. Prendre pour un autre** : confondre, croire, se méprendre, regarder comme, se tromper. **8. Prendre pour aide** : s'adjoindre, s'associer, s'attacher, embaucher, employer, engager, retenir. **9. Prendre une direction** : s'embarquer, emprunter, s'engager. **10. Prendre un air** : adopter, affecter, se donner, se mettre à avoir, pratiquer. **11. Prendre un emploi** : embrasser, entrer dans.

PRENDRE À (SE) ▪ Se mettre à. ⇒ **commencer.**

PRENEUR, EUSE ▪ n. et adj. Acheteur, acquéreur, cheptelier, fermier, locataire.

PRÉNOM ▪ Nom de baptême, petit nom.

PRÉNUPTIAL, E ▪ Anténuptial.

PRÉOCCUPATION ▪ Agitation, angoisse, cassement de tête, difficulté, ennui, inquiétude, obsession, occupation, peine, soin, sollicitude, souci, tourment, tracas.

PRÉOCCUPÉ, E ▪ Absorbé, abstrait, anxieux, attentif, distrait, inquiet, méditatif, occupé, pensif, songeur, soucieux.

PRÉOCCUPER ▪ Absorber, agiter, attacher, chiffonner, donner du souci *et les syn. de* SOUCI, ennuyer, hanter, inquiéter, obséder, tourmenter, tracasser, travailler, trotter dans la tête. *V. pron. :* considérer, s'inquiéter de, s'intéresser à, s'occuper de, penser à, se soucier de.

PRÉPARATIF ▪ Appareil (vx), apprêt, arrangement, branle-bas, dispositif, disposition, mesure, précaution, préparation.

PRÉPARATION ▪ *I. De quelque chose :* apprêt, assaisonnement, composition, confection, façon. *II. Par ext. :* acheminement, arrangement, art, calcul, ébauche, esquisse, étude, introduction, organisation, plan, préméditation, projet. *III.* ⇒ **transition.** *IV. De quelqu'un :* apprentissage, éducation, formation, instruction, stage.

PRÉPARATOIRE ▪ ⇒ **préalable.**

PRÉPARER ▪ *I. Préparer quelque chose.* **1. Au pr.** : accommoder, apprêter, arranger, disposer, dresser, mettre, organiser. **2. Cuisine** : assaisonner, barder, brider, cuire, cuisiner, farcir, fricoter, mijoter, mitonner, parer, plumer, truffer, vider. **3. La terre** : amender, ameublir, bêcher, cultiver, déchaumer, défricher, façonner, fumer, herser, labourer, rouler. *II. Fig.* **1. Favorable ou neutre** : aplanir, calculer, combiner, concerter, concevoir, déblayer, ébaucher, échafauder, élaborer, étudier, faciliter, former, frayer, goupiller (fam.), mâcher (fam.), méditer, ménager, munir, nourrir, organiser, prédisposer, projeter. **2. Non favorable** : conspirer, couver, machiner, monter, nouer, ourdir, préméditer, tramer. **3. Un examen** : bachoter (péj.), chiader, piocher, potasser, travailler. **4. Quelque chose prépare quelque chose** : annoncer, faciliter, présager, produire, provoquer, rendre possible. **5. On prépare quelque chose pour quelqu'un** : destiner, réserver. **6. On prépare un effet** : amener, ménager, mettre en scène. **7. Préparer quelqu'un** : aguerrir, débourrer, éduquer, entraîner, former, instruire, rendre capable de/prêt à. *III. V. pron. :* **1. Quelqu'un** : s'apprêter, se cuirasser, se disposer, se mettre en demeure/en état/en mesure de. **2.** Faire sa toilette, s'habiller, se parer.

3. Quelque chose : Être imminent, menacer. **4.** *Les formes pron. possibles des syn. de* PRÉPARER.

PRÉPONDÉRANCE ▪ Autorité, domination, hégémonie, maîtrise, pouvoir, prédominance, prééminence, prépotence, préséance, primauté, supériorité, suprématie.

PRÉPONDÉRANT, E ▪ Dirigeant, dominant, influent, maître, prédominant, prééminent, premier, supérieur.

PRÉPOSÉ, E ▪ n. et adj. ⇒ **employé.**

PRÉPOSER ▪ Charger, commettre, confier, constituer, déléguer, employer, installer, mettre à la tête de/en fonctions.

PRÉPOTENCE ▪ Pouvoir absolu, puissance. ⇒ **prépondérance.**

PRÉROGATIVE ▪ Attribut, attribution, avantage, don, droit, faculté, honneur, juridiction, pouvoir, préséance, privilège.

PRÈS ▪ ***I. Adv.*** : à côté, adjacent, à deux pas, à petite distance, à proximité, attenant, aux abords, avoisinant, contigu, contre, en contact, limitrophe, mitoyen, proche, touchant, voisin. ***II. Loc. adv.*** **De près** : à bout portant, à brûle-pourpoint, à ras, avec soin, bord à bord. ***III. Loc. prép.*** **Près de. 1.** Aux abords de, au bord de, à côté de, à deux doigts/pas de, auprès de, autour de, avec, contre, joignant, jouxte, proche de, voisin de. **2.** Sur le point de. ***IV. Loc.*** **1. À peu près** : approximativement, approchant, assez, bien, comme qui dirait (fam.), dans les, environ, pas tout à fait, presque. **2. À peu de chose(s) près** : à un cheveu, presque. **3. À cela près** : ⇒ **excepté, mis à part, sauf.**

PRÉSAGE ▪ Annonce, augure, auspices, avant-coureur, avant-goût, avertissement, avis, conjecture, marque, menace, porte-bonheur/malheur, prédiction, préfiguration, prélude, prémonition, prodrome, promesse, pronostic, prophétie, signe, symptôme.

PRÉSAGER ▪ ***I. Quelque chose ou quelqu'un présage*** : annoncer, augurer, avertir, marquer, menacer, porter bonheur/malheur, préfigurer, préluder, promettre. ***II. Quelqu'un présage*** : conjecturer, flairer, prédire, préjuger, pressentir, présumer, prévoir, pronostiquer, prophétiser.

PRESBYTÈRE ▪ Cure, maison curiale.

PRESCIENCE ▪ ⇒ **prévision.**

PRESCRIPTION ▪ ***I. Jurid.*** : invalidation, invalidité, nullité, péremption, usucapion. ***II.*** Arrêté, commandement, décision, décret, disposition, édit, indication, indiction, instruction, ordonnance, ordre, précepte, promulgation, recommandation, règle.

PRESCRIRE ▪ Arrêter, commander, décider, décréter, dicter, disposer, donner ordre, édicter, enjoindre, fixer, imposer, indiquer, infliger, ordonner, réclamer, recommander, requérir, vouloir.

PRÉSÉANCE ▪ Pas. ⇒ **prérogative.**

PRÉSENCE ▪ ***I. Au pr.*** **1.** Essence, existence. **2.** Assiduité, régularité. **3.** Assistance. ***II. Loc.*** **En présence de** : à la/en face de, devant, par-devant (vx), vis-à-vis de.

PRÉSENT ▪ n. ***I.*** ⇒ **don.** ***II.*** Actualité, réalité.

PRÉSENT (À) ▪ loc. ⇒ **présentement.**

PRÉSENT, E ▪ adj. Contemporain, courant, existant, immédiat, moderne. ⇒ **actuel.**

PRÉSENTABLE ▪ Acceptable, convenable, digne, sortable (fam.).

PRÉSENTATEUR, TRICE ▪ ⇒ **animateur.**

PRÉSENTATION ▪ ***I.*** ⇒ **exposition.** ***II.*** ⇒ **préface.**

PRÉSENTEMENT ▪ Actuellement, à

présent, aujourd'hui, de nos jours, de notre temps, d'ores et déjà, en ce moment, maintenant.

PRÉSENTER ▪ ***I. V. intr.*** **Loc.** *Présenter bien/mal :* avoir l'air, marquer ***II. V. tr.*** **1. On présente quelqu'un :** faire admettre / agréer/connaître, introduire. **2. On présente quelque chose :** aligner, amener, arranger, avancer, dessiner, diriger, disposer, exhiber, exposer, faire voir, fournir, mettre en avant/en devanture/en évidence/en valeur, montrer, offrir, produire, proposer, servir, soumettre, tendre, tourner vers. ***III. V. pronon. :*** **1. Au pr. :** arriver, comparaître, se faire connaître, paraître. **2. Se présenter à un examen :** passer, subir. **3. À une candidature :** se porter. **4. Une chose se présente :** apparaître, s'offrir, survenir, tomber, traverser, *et les formes pron. possibles des syn. de* PRÉSENTER.

PRÉSERVATIF ▪ ***I.*** Capote (anglaise), condom, contraceptif, diaphragme, gelée, pessaire, pilule, pommade (contraceptive), stérilet. **Fam. :** burnous, chapeau, laine, manteau, précaution, etc. ***II.*** ⇒ **remède.**

PRÉSERVATION ▪ Abri, conservation, défense, épargne, garantie, garde, maintien, protection, sauvegarde.

PRÉSERVER ▪ Abriter, assurer, conserver, défendre, épargner, éviter, exempter, garantir, garder, garer, maintenir, parer, prémunir, protéger, sauvegarder, sauver, soustraire.

PRÉSIDENCE ▪ Autorité, conduite, conseil, direction, gestion, magistrature suprême, tutelle.

PRÉSIDENT, E ▪ Chef, conseiller, directeur, magistrat, tuteur.

PRÉSIDER ▪ v. intr. et tr. Conduire, diriger, gérer, occuper la place d'honneur/le premier rang, régler, siéger, veiller à.

PRÉSOMPTION ▪ ***I.*** ⇒ **orgueil.** ***II.*** Attente, conjecture, hypothèse, jugement, opinion, préjugé, pressentiment, prévision, supposition. ***III.*** Charge, indice.

PRÉSOMPTUEUX, EUSE ▪ Ambitieux, arrogant, audacieux, avantageux, content de soi, fat, fier, hardi, imprudent, impudent, infatué, irréfléchi, optimiste, orgueilleux, outrecuidant, prétentieux, suffisant, superbe, téméraire, vain, vaniteux, vantard. **Fam. :** péteux, ramenard.

PRESQUE ▪ À demi, à peu près, approximativement, comme, environ, peu s'en faut, quasi, quasiment.

PRESQU'ÎLE ▪ Péninsule.

PRESSANT, E ▪ ***I.*** Ardent, chaleureux, chaud, contraignant, excitant, impératif, impérieux, important, insistant, instant, nécessaire, pressé, puissant, rapide, suppliant, tourmentant, urgent.

PRESSE ▪ ***I.*** Affluence, concours, foule, multitude. ***II.*** Calandre, fouloir, laminoir, pressoir, vis. ***III.*** ⇒ **journal.** ***IV.*** Empressement, hâte.

PRESSÉ, E ▪ ***I.*** ⇒ **pressant.** ***II.*** ⇒ **court.** ***III.*** Alerte, diligent, empressé, impatient, prompt, rapide, vif.

PRESSENTIMENT ▪ ***I. Non favorable :*** appréhension, crainte, prémonition, signe avant-coureur/prémonitoire. ***II. Favorable ou neutre :*** avant-goût, avertissement, divination, espérance, espoir, idée, impression, intuition, présage, présomption, sentiment.

PRESSENTIR ▪ ***I. Non favorable :*** appréhender, s'attendre à, craindre, se douter de, flairer, soupçonner, subodorer. ***II. Favorable ou neutre.*** **1. Au pr. :** augurer, deviner, entrevoir, espérer, pénétrer, prévoir, repérer, sentir. **2. Loc.** *Laisser pressentir :* annoncer, présager. **3. Par ext.** *Pressentir quelqu'un :* contacter, interroger, sonder, tâter, toucher.

PRESSER ▪ ***I. Au pr.*** 1. Appliquer,

appuyer, broyer, compresser, comprimer, damer, écraser, embrasser, entasser, épreindre (vx), esquicher, étreindre, exprimer, fouler, froisser, oppresser, peser, plomber, pressurer, resserrer, serrer, taller, tasser. **2. La main, le bras** : caresser, masser, pétrir, pincer, serrer, toucher. ***II. Fig.* 1. Presser quelqu'un** : accabler, aiguillonner, assaillir, assiéger, attaquer, bousculer, brusquer, conseiller, contraindre, engager, exciter, faire pression/violence, harceler, hâter, inciter, insister auprès, inviter, obliger, persécuter, poursuivre, pousser, talonner, tourmenter. **2. Presser une affaire** : accélérer, activer, chauffer, dépêcher, forcer, précipiter. ***III. V. intr.*** : urger (fam.). ***IV. V. pron.*** : **1.** Se blottir, s'embrasser. **2.** Aller vite, courir, se dépêcher. **3.** *Les formes pron. possibles des syn. de* PRESSER.

PRESSING ■ ⇒ **teinturerie.**

PRESSION ■ ***I. Au pr.*** : compression, constriction, effort, force, impression (vx), impulsion, poussée. ***II. Par ext.* 1.** Attouchement, caresse, étreinte, serrement. **2.** Action, chantage, contrainte, empire, influence, intimidation, menace.

PRESSOIR ■ ***I. Au pr.*** : fouloir, maillotin, moulin à huile. ***II. Par ext.*** : cave, cellier, hangar, toit. ***III. Fig.*** : exploitation, oppression, pressurage.

PRESSURER ■ ***I. Au pr.*** ⇒ **presser. *II. Fig.*** : écraser, épuiser, exploiter, faire cracher/suer, imposer, maltraiter, opprimer, saigner.

PRESTANCE ■ Air, allure, aspect, contenance, démarche, maintien, manières, mine, physique, port, taille, tournure.

PRESTATAIRE ■ ⇒ **contribuable.**

PRESTATION ■ ***I.*** Aide, allocation, apport, charge, fourniture, imposition, impôt, indemnité, obligation, prêt, redevance. ***II.*** Cérémonie, formalité.

PRESTE ■ Adroit, agile, aisé, alerte, diligent, dispos, éveillé, habile, léger, leste, prompt, rapide, vif.

PRESTESSE ■ Adresse, agilité, aisance, alacrité, diligence, habileté, légèreté, promptitude, rapidité, vitesse, vivacité.

PRESTIDIGITATEUR, TRICE ■ Acrobate, artiste, escamoteur, illusionniste, jongleur, magicien, manipulateur, truqueur.

PRESTIDIGITATION ■ Escamotage, illusion, jonglerie, magie, passe-passe, tour, truc, truquage.

PRESTIGE ■ ***I.*** ⇒ **magie. *II.*** ⇒ **illusion. *III.*** ⇒ **influence. *IV.*** ⇒ **lustre.**

PRESTIGIEUX, EUSE ■ Admirable, éblouissant, étonnant, extraordinaire, fascinant, formidable, glorieux, honoré, magique, merveilleux, miraculeux, prodigieux, renommé, renversant.

PRESTO ■ À toute allure/biture (fam.)/vitesse, à fond de train (fam.), illico, prestement, rapidement, vite.

PRÉSUMÉ, E ■ Hypothétique, présomptif, supposé.

PRÉSUMER ■ Augurer, attendre, s'attendre à, conjecturer, préjuger, présager, pressentir, présupposer, prétendre, prévoir, soupçonner, supposer.

PRÉSUPPOSER ■ ⇒ **supposer.**

PRÊT ■ ***I. Au pr.*** : aide, avance, bourse, crédit, dépannage, emprunt, facilité, prime, subvention. ***II. Milit.*** : paie, solde, traitement.

PRÊT, E ■ ⇒ **mûr.**

PRÉTENDANT, E ■ n. et adj. ***I.*** Aspirant, candidat, impétrant, postulant, solliciteur. ***II.*** Amant, amateur, amoureux, courtisan, épouseur, fiancé, futur (pop.), poursuivant, prétendu (vx), promis, soupirant.

PRÉTENDRE ■ ***I.*** Affirmer, alléguer, avancer, déclarer, dire, garantir, présumer, soutenir. ***II.*** Demander, entendre, exiger, réclamer, revendiquer, vouloir. ***III.*** Ambitionner, aspirer à, se flatter de, lorgner, tendre à/vers, viser à.

PRÉTENDU, E ▪ ***I.*** Apparent, faux, soi-disant, supposé. ***II. Vx*** ⇒ **fiancé.**

PRÊTE-NOM ▪ Homme de paille (péj.), intermédiaire, mandataire, représentant, taxi (péj.).

PRÉTENTIEUX, EUSE ▪ ***I.*** ⇒ **orgueilleux.** ***II.*** ⇒ **présomptueux.**

PRÉTENTION ▪ ***I. Favorable ou neutre.*** **1.** Condition, exigence, revendication. **2.** Ambition, désir, dessein, espérance, visée. ***II. Non favorable :*** affectation, apprêt, arrogance, bouffissure, crânerie, embarras, emphase, fatuité, forfanterie, orgueil, pédantisme, pose, présomption, vanité, vantardise, vanterie.

PRÊTER ▪ ***I. Au pr. :*** allouer, avancer, fournir, mettre à la disposition, octroyer, procurer. ***II. Par ext. :*** attribuer, donner, imputer, proposer, supposer.

PRÊTER (SE) ▪ ***I. On se prête à*** ⇒ **consentir** ***II. Quelque chose se prête à*** ⇒ **correspondre.**

PRÉTÉRIT ▪ ***I. Au pr. :*** passé. ***II. Par ext. :*** aoriste, imparfait, parfait.

PRÉTÉRITION ▪ ***I.*** Omission, oubli. ***II. Rhétor. :*** paralipse, prétermission.

PRÊTEUR, EUSE ▪ n. et adj. Actionnaire, bailleur, banquier, capitaliste, commanditaire. ⇒ **usurier.**

PRÉTEXTE ▪ Allégation, apparence, argument, cause, couleur, couvert, couverture, échappatoire, excuse, faux-fuyant, faux-semblant, lieu, manteau, matière, mot, ombre, raison, refuite, semblant, subterfuge, supposition, voile.

PRÉTEXTER ▪ Alléguer, arguer de, s'autoriser de, exciper de, avancer, élever une objection, faire croire, invoquer, mettre en avant, objecter, opposer, prendre pour prétexte *et les syn. de* PRÉTEXTE, simuler, supposer.

PRÉTOIRE ▪ Aréopage, cour, parquet, salle d'audience, tribunal.

PRÊTRE ▪ ***I. Au pr. :*** clerc, desservant, ecclésiastique, ministre du culte, pontife. ***II. Christianisme.*** **1.** Abbé, archiprêtre, aumônier, chanoine, chapelain, coadjuteur, confesseur, curé, directeur de conscience, doyen, ecclésiastique, ministre, padre, papas, pasteur, pénitencier, père, pléban, plébain, pope, révérend, vicaire. **2. Péj. :** capelan, curaillon, cureton, corbeau, prédicant, prestolet, ratichon, sermonnaire. ***III. Judaïsme :*** lévite, ministre, rabbin. ***IV. Islam. Par ext. :*** ayatollah, iman, mahdi, mollah, muezzin, mufti. ***V. Religions d'Asie :*** bonze, brahmane, lama, mahatma, pandit, talapoin. ***VI. Religions de l'Antiquité :*** aruspice, augure, barde, corybante, curète, druide, épulon, eubage, fécial, flamine, galle, hiérogrammate, hiérophante, luperque, mage, mystagogue, ovate, pontife, quindecemvir, sacrificateur, salien, saronide, septemvir, victimaire. ***VII.*** ⇒ **chef.**

PRÊTRESSE ▪ Bacchante, druidesse, pythie, pythonisse, vestale.

PRÊTRISE ▪ État/ministère ecclésiastique/religieux, ordre, sacerdoce.

PREUVE ▪ ***I.*** Affirmation, argument, confirmation, constatation, conviction, critère, critérium, démonstration, établissement, gage, illustration (vx), justification, motif, pierre de touche. ***II.*** Charge, corps du délit, document, empreinte, fait, indice, justificatif, marque, signe, témoignage, trace. ***III.*** Épreuve judiciaire, jugement de Dieu, ordalie, probation.

PREUX ▪ adj. et n. Brave, courageux, vaillant, valeureux. ⇒ **chevalier.**

PRÉVALOIR ▪ Avoir l'avantage, dominer, l'emporter, prédominer, primer, supplanter, surpasser, triompher. ***V.***

pron. : 1. Neutre ou favorable : alléguer, faire valoir, tirer avantage/parti. **2. Non favorable** : se draper dans, s'enorgueillir, faire grand bruit/grand cas de, se flatter, se glorifier, se targuer, tirer vanité, triompher.

PRÉVARICATEUR, TRICE ▪ ⇒ **profiteur.**

PRÉVARICATION ▪ ***I.*** ⇒ **trahison.** ***II.*** ⇒ **malversation.**

PRÉVARIQUER ▪ ⇒ **voler.**

PRÉVENANCES ▪ ⇒ **égards.**

PRÉVENANT, E ▪ Affable, agréable, aimable, attentionné, avenant, complaisant, courtois, déférent, empressé, gentil, obligeant, poli, serviable.

PRÉVENIR ▪ ***I. Au pr.*** **1. Neutre** : détourner, devancer, empêcher, éviter, obvier à, parer, précéder, préserver. **2. Non favorable** : indisposer, influencer. ***II. Par ext. :*** alerter, annoncer, avertir, aviser, crier casse-cou (fam.), dire, donner avis, faire savoir, informer, instruire, mettre au courant/au parfum (fam.)/en garde.

PRÉVENTIF, IVE ▪ ***I.*** ⇒ **prophylactique.** ***II.*** ⇒ **préservatif.**

PRÉVENTION ▪ ***I.*** Antipathie, défiance, grippe, parti pris. ⇒ **préjugé.** ***II.*** Arrestation, détention, emprisonnement, garde à vue. ***III.*** ⇒ **prophylaxie.**

PRÉVENU, E ▪ adj. et n. Accusé, cité, inculpé, intimé (vx).

PRÉVISIBLE ▪ ⇒ **probable.**

PRÉVISION ▪ ***I. L'action de prévoir :*** anticipation, clairvoyance, connaissance, divination, prescience, pressentiment, prévoyance. ***II. Ce qu'on prévoit.*** **1. Au pr.** : calcul, conjecture, croyance, hypothèse, probabilité, pronostic, supposition. **2.** Budget, devis, étude, plan, projet. **3. Par ext.** : attente, espérance, prédiction, présage, prophétie, vaticination (péj.).

PRÉVOIR ▪ Anticiper, s'attendre à, augurer, calculer, conjecturer, décider, deviner, entrevoir, étudier, flairer, imaginer, organiser, penser à tout, percer l'avenir, prédire, préparer, présager, pressentir, pronostiquer, prophétiser, vaticiner (péj.).

PRÉVOYANCE ▪ Attention, clairvoyance, diligence, perspicacité, précaution, prévention, prudence, sagesse.

PRÉVOYANT, E ▪ Attentionné, avisé, clairvoyant, diligent, inspiré, perspicace, précautionneux, prudent, sage.

PRIER ▪ ***I. Au pr. :*** adorer, s'adresser à, s'agenouiller, crier vers, invoquer. ***II. Par ext.*** **1.** Adjurer, appeler, conjurer, demander, implorer, insister, presser, réclamer, requérir, solliciter, supplier. **2.** Convier, inviter.

PRIÈRE ▪ ***I. Au pr. :*** acte, cri, demande, déprécation, dévotion, éjaculation, élévation, intercession, invocation, litanie, méditation, mouvement de l'âme, neuvaine, obsécration, oraison, oraison jaculatoire, orémus, patenôtre. ***II. Formes :*** absoute, adoration, angélus, ave, bénédicité, bréviaire, canon, chapelet, complies, confiteor, credo, de profundis, doxologie, grâces, heures, libera, matines, mémento, messe, none, offertoire, oraison dominicale/jaculatoire, pater, préface, salut, salutation angélique, salve Regina, sexte, tierce, vêpres. ***III. Par ext.*** **1.** Adjuration, appel, conjuration, imploration, instance, requête, supplication, supplique. **2.** Invitation, sollicitation.

PRIEUR ▪ Abbé, bénéficier, doyen, supérieur.

PRIEURÉ ▪ Abbaye, bénéfice, cloître, couvent, doyenné, église, monastère, moutier.

PRIMAIRE ▪ Élémentaire, premier, primitif. ⇒ **simple.**

PRIMAUTÉ ▪ ⇒ **supériorité.**

PRIME ▪ adj. ⇒ **premier.**

PRIME ■ n. *I.* ⇒ **gratification.** *II.* ⇒ **récompense.**

PRIMER ■ *I. V. intr. :* dominer, l'emporter, gagner sur, prévaloir. *II. V. tr.* ⇒ **surpasser.**

PRIMESAUTIER, ÈRE ■ ⇒ **spontané.**

PRIMEUR ■ *I. Au sing. :* commencement, étrenne, fraîcheur, nouveauté. *II. Au pl.* ⇒ **prémices.**

PRIMITIF, IVE ■ adj. et n. *I.* Ancien, archaïque, archéen. *II.* Brut, initial, originaire, original, originel, premier, primaire. *III.* Élémentaire, fruste, grossier, inculte, naïf, naturel, rudimentaire, rustique, rustre, simple.

PRIMORDIAL, E ■ *I.* Premier, primitif. *II.* Capital, essentiel, important, indispensable, initial, liminaire, nécessaire, obligatoire, premier. ⇒ **principal.**

PRINCE ■ *I. Au pr.* 1. Chef d'État, empereur, majesté, monarque, roi, souverain. 2. Altesse, archiduc, cardinal, dauphin, diadoque, évêque, grand d'Espagne, grand-duc, hospodar, infant, kronprinz, landgrave, maharadjah, margrave, monseigneur, Monsieur, rajah, rhingrave, sultan. *II. Par ext. :* maître, seigneur.

PRINCEPS ■ Original, premier.

PRINCESSE ■ Altesse, archiduchesse, dauphine, grande-duchesse, infante, Madame, Mademoiselle, rani, sultane.

PRINCIER, ÈRE ■ Fastueux, luxueux, somptueux.

PRINCIPAL, E ■ *I. Adj. :* capital, cardinal, central, décisif, dominant, élémentaire, essentiel, fondamental, grand, important, indispensable, maître, maîtresse, prédominant, prééminent, primordial, sérieux, vital, vrai. *II. Nom.* 1. Base, but, centre, chef, cheville, clé, clou, corps, fait, fonds, gros, point, quintessence, substance, tout, vif. 2. Directeur, proviseur, régent (vx).

PRINCIPALEMENT ■ Avant tout, particulièrement, singulièrement, surtout, tout d'abord.

PRINCIPE ■ *I. Au pr.* 1. Agent, âme, archétype, auteur, axe, cause, centre, commencement, créateur, début, départ, esprit, essence, facteur, ferment, fondement, idée, origine, pierre angulaire, raison, source. 2. Abc, axiome, base, convention, définition, doctrine, donnée, élément, hypothèse, postulat, prémisse, rudiment. *II. Par ext.* 1. Dogme, loi, maxime, norme, opinion, précepte, règle, système, théorie. 2. Catéchisme, morale, philosophie, religion.

PRINTANIER, ÈRE ■ Clair, frais, gai, jeune, neuf, nouveau, vernal, vif.

PRINTANISATION ■ Vernalisation.

PRINTEMPS ■ *I. Au pr. :* renouveau, *II. Fig.* ⇒ **jeunesse.**

PRIORITÉ ■ Antériorité, avantage, précellence, préemption, primauté, primeur, privilège.

PRIS, E ■ ⇒ **occupé.**

PRISABLE ■ Aimable, appréciable, estimable, respectable.

PRISE ■ *I. Au pr. :* butin, capture, conquête, proie. *II.* Coup de filet, enlèvement, occupation, rafle. *III.* Coagulation, durcissement, solidification. *IV. Loc.* 1. **Prise de bec** : dispute, querelle. 2. **Prise de tabac** : pincée. 3. **Avoir prise** : action, barre, emprise, moyen. 4. **Être aux prises** ⇒ **lutter.**

PRISÉE ■ ⇒ **évaluation.**

PRISER ■ *I.* Apprécier, donner du prix, estimer, faire cas. *II. Du tabac :* aspirer, humer, pétuner, prendre.

PRISME ■ *I.* Parallélépipède, polyèdre. *II.* Dispersion, réfraction, spectre.

PRISON ■ *I. Au pr. :* cellule, centrale, centre/établissement pénitentiaire, chambre de sûreté, chartre (vx), dépôt, fers, forteresse, geôle, maison d'arrêt/centrale/de correction/de force/de justice/pénitentiaire/de redressement, salle de police, pénitencier. ⇒ **cachot.** ***II. Arg. :*** bal, ballon, bigne, bing, bloc, boîte, cabane, cage, canton, carluche, centrouze, chtar, chtibe, clou, durs, gnouf, mitard, ombre, ours, placard, planque, ratière, taule, trou, violon. ***III.*** Ergastule, in-pace, latomie, plomb. ***IV.*** Détention, emprisonnement, liens (litt.), prévention, réclusion.

PRISONNIER, ÈRE ▪ ***I. Au pr. :*** captif, détenu, interné. ***II. Par ext. :*** bagnard, déporté, esclave, otage, relégué, séquestré, transporté (vx). ***III. Arg. :*** taulard.

PRIVATION ▪ ***I. Au pr. :*** absence, défaut, manque, perte, restriction, suppression, vide. ***II. Par ext.*** **1. Favorable ou neutre :** abstinence, ascétisme, continence, dépouillement, jeûne, macération, renoncement, sacrifice. **2. Non favorable :** besoin, gêne, indigence, insuffisance, misère, pauvreté.

PRIVAUTÉ ▪ ***I.*** Familiarité, liberté, sans-gêne. ***II.*** ⇒ **Caresse.**

PRIVÉ, E ▪ ***I.*** Individuel, intime, libre, particulier, personnel. ***II. Loc.*** **À titre privé :** incognito, officieux. ***III. Vx :*** apprivoisé, domestique. ***IV.*** Appauvri, déchu, démuni, dénué, dépossédé, dépouillé, dépourvu, déshérité, frustré, sevré.

PRIVER ▪ ***I. Quelqu'un de sa liberté :*** asservir, assujettir, ôter. ***II. Quelqu'un de quelque chose :*** appauvrir, démunir, déposséder, dépouiller, déshériter, enlever, frustrer, ravir, sevrer, spolier, voler. ***III. Par ext. :*** empêcher, interdire. ***IV. V. pron. :*** s'abstenir, se faire faute de, renoncer à, *et les formes pron. possibles des syn. de* PRIVER.

PRIVILÈGE ▪ Apanage, attribution, avantage, bénéfice, concession, droit, exclusivité, exemption, faveur, franchise, honneur, immunité, indult (relig.), monopole, passe-droit, pouvoir, préférence, prérogative.

PRIVILÉGIÉ, E ▪ Avantagé, choisi, élu, favori, favorisé, fortuné, heureux, gâté, nanti, pourvu, préféré, riche.

PRIVILÉGIER ▪ ⇒ **favoriser.**

PRIX ▪ ***I. Au pr.*** **1.** Cherté, cotation, cote, cours, coût, estimation, évaluation, montant, taux, valeur. **2.** Coupe, couronne, diplôme, médaille, oscar, récompense. ***II. Par ext. :*** addition, bordereau, devis, étiquette, facture, mercuriale, tarif.

PROBABILITÉ ▪ Apparence, chance, conjecture, perspective, plausibilité, possibilité, prévisibilité, prospective, vraisemblance.

PROBABLE ▪ Apparent, plausible, possible, prévisible, vraisemblable.

PROBANT, E ▪ Certain, concluant, convaincant, décisif, démonstratif, éloquent, entraînant, évident, indéniable, indiscutable, logique, péremptoire, sans réplique.

PROBATION ▪ ***I.*** ⇒ **délai.** ***II.*** ⇒ **preuve.**

PROBE ▪ Comme il faut, délicat, digne, droit, fidèle, honnête, incorruptible, intact, intègre, juste, loyal, moral, pur, respectable, vertueux.

PROBITÉ ▪ Conscience, délicatesse, droiture, fidélité, honnêteté, incorruptibilité, intégrité, justice, loyauté, morale, prud'homie (vx), rectitude, vertu.

PROBLÉMATIQUE ▪ Aléatoire, ambigu, chanceux (fam.), conjectural, difficile, douteux, équivoque, hypothétique, incertain, suspect.

PROBLÈME ▪ Difficulté, question.

PROCÉDÉ ▪ ***I. Neutre :*** allure, attitude, comportement, conduite, dispositif, façon, formule, manière, marche, martingale, méthode, moyen, pratique, procédure, recette, secret, style, truc. ***II. Non favorable.*** **1. Sing. ou pl. :** artifice, bric-à-brac, cliché, convention, ficelle. **2. Pl. :** agissements, errements.

PROCÉDER ▪ ***I. Au pr.*** **1.** Agir, se conduire. **2.** Avancer, débuter, marcher, opérer. ***II. Procéder de :*** découler, dépendre, dériver, émaner, s'ensuivre, partir, provenir, tirer son origine, venir. ***III. Procéder à :*** célébrer, faire, réaliser.

PROCÉDURE ▪ ***I. Au pr. :*** action, instance, instruction, poursuite, procès. ***II. Par ext.*** **1.** Chicane, complication, querelle. **2.** Paperasserie.

PROCÉDURIER, ÈRE ▪ ⇒ **processif.**

PROCÈS ▪ ***I.*** Affaire, audience, cas, cause, débats, litige, litispendance. ⇒ **procédure.** ***II. Loc.*** **On fait le procès de :** accuser, attaquer, condamner, critiquer, mettre en cause, vitupérer.

PROCESSIF, IVE ▪ Chicaneur, chicanier, mauvais coucheur (fam.), procédurier.

PROCESSION ▪ Cérémonie, cortège, défilé, file, marche, pardon, queue, suite, théorie, va-et-vient.

PROCESSUS ▪ Développement, évolution, fonction, marche, mécanisme, procès, progrès, prolongement, suite.

PROCÈS-VERBAL ▪ ***I. Au pr. :*** acte, compte rendu, constat, rapport, recès, relation. ***II. Par ext. :*** amende, contravention.

PROCHAIN ▪ Autrui, les autres.

PROCHAIN, E ▪ ***I. Dans l'espace :*** adjacent, à touche-touche, attenant, avoisinant, circonvoisin, contigu, environnant, joignant, jouxtant, limitrophe, proche, rapproché, touchant, voisin. ***II. Dans le temps :*** immédiat, imminent, proche, rapproché.

PROCHE ▪ ***I. Adj.*** ⇒ **prochain.** ***II.*** ⇒ **parent.** ***III. Adv. et péj.*** ⇒ **près.**

PROCLAMATION ▪ ***I.*** Avis, ban (vx), déclaration, décret, dénonciation, divulgation, édit, publication, rescrit. ***II.*** Appel, manifeste, profession de foi, programme.

PROCLAMER ▪ Affirmer, annoncer, chanter (péj.), clamer, confesser, crier, déclarer, dénoncer, dévoiler, divulguer, ébruiter, énoncer, professer, prononcer, publier, reconnaître, révéler.

PROCRÉATEUR ▪ ⇒ **parent.**

PROCRÉATION ▪ Accouchement, enfantement, formation, génération, mise au jour/au monde, parturition, production, reproduction.

PROCRÉER ▪ Accoucher, créer, donner le jour, enfanter, engendrer, former, mettre au jour/au monde, produire.

PROCURATEUR ▪ Gouverneur, magistrat, proconsul.

PROCURATION ▪ Mandat, pouvoir.

PROCURER ▪ ***I. Quelqu'un procure :*** assurer, donner, envoyer, faire obtenir, fournir, livrer, ménager, moyenner (vx), munir, nantir, pourvoir, prêter, trouver. ***II. Quelque chose procure :*** attirer, causer, faire arriver, mériter, occasionner, offrir, produire, provoquer, valoir. ***III. V. pron. :*** acquérir, se concilier, conquérir, se ménager, obtenir, quérir, racoler, recruter, *et les formes pron. possibles des syn. de* PROCURER.

PROCUREUR ▪ n. Accusateur public (vx), avocat général, magistrat, ministère public, substitut.

PROCUREUR, EUSE ▪ adj. et n. (vx) Entremetteur, entremetteuse, intermédiaire. ⇒ **proxénète.**

PRODIGALITÉ ▪ ***I. Au pr. :*** bonté, désintéressement, générosité, largesse, libéralité. ***II. Par ext. :*** abondance, dépense, dissipation, exagération, excès, gâchis, gaspillage, luxe, orgie, profusion, somptuosité, surabondance.

PRODIGE ▪ ***I. Quelque chose.*** **1.** Merveille, miracle, phénomène, signe. **2.** Chef-d'œuvre. ***II. Quelqu'un :*** génie, phénomène, virtuose. ⇒ **phénix.**

PRODIGIEUX, EUSE ▪ Admirable,

colossal, confondant, considérable, épatant, époustouflant, étonnant, extraordinaire, fabuleux, faramineux (fam.), génial, gigantesque, magique, merveilleux, miraculeux, mirobolant, monstre, monstrueux, phénoménal, prestigieux, renversant, surnaturel, surprenant.

PRODIGUE ■ ***I. Nom.*** **Non favorable :** bourreau d'argent (fam.), dilapidateur, dissipateur, gaspilleur, mange-tout (vx), panier percé (fam.). ***II. Adj.*** **1. Favorable ou neutre :** bon, charitable, désintéressé, généreux, large, libéral. **2. Non favorable :** dépensier, désordonné. ***III. Loc.*** **Prodigue en :** abondant, fécond, fertile, prolixe.

PRODIGUER ■ ***I. Non favorable :*** consumer, dilapider, dissiper, gâcher, gaspiller, jeter à pleines mains. ***II. Favorable ou neutre.*** **1. Quelqu'un prodigue :** accorder, dépenser, déployer, distribuer, donner, épancher, exposer, montrer, répandre, sacrifier, verser. **2. Quelque chose prodigue :** abonder en, donner à profusion, regorger de. ***III. V. pron. :*** se consacrer, se dépenser, se dévouer, *et les formes pron. possibles des syn. de* PRODIGUER.

PRODROME ■ ***I.*** Avant-coureur, message, messager, signe, symptôme. ⇒ **préliminaire.** ***II.*** ⇒ **préface.**

PRODUCTEUR, TRICE ■ ***I. Au pr. :*** auteur, créateur, initiateur, inventeur. ***II. Par ext. :*** agriculteur, cultivateur, éleveur, fournisseur, industriel.

PRODUCTIF, IVE ■ Créateur, fécond, fertile, fructueux. ⇒ **profitable.**

PRODUCTION ■ ***I. L'action de produire :*** apparition, création, éclosion, enfantement, fabrication, génération, genèse, mise en chantier/en œuvre, venue. ***II. Ce qui est produit.*** **1.** Écrit, film, œuvre, ouvrage, pièce. **2.** Croît, fruit, produit, rendement, résultat. **3.** Activité, besogne, ouvrage, travail. **4.** Exhibition, performance, spectacle. **5.** Dégagement, émission, formation.

PRODUCTIVITÉ ■ ⇒ **rendement.**

PRODUIRE ■ ***I. Au pr.*** **1. Un document :** déposer, exhiber, exhumer, fournir, montrer, présenter. **2. Un argument :** administrer, alléguer, apporter, invoquer, mettre en avant. **3. Un témoin :** citer, faire venir, introduire. ***II. Par ext.*** **1. Quelqu'un ou quelque chose produit :** amener, apporter, causer, composer, concevoir, confectionner, créer, cultiver, déterminer, donner le jour/naissance/la vie, élaborer, enfanter, engendrer, fabriquer, faire, faire fructifier/naître/venir, forger, manufacturer, obtenir, occasionner, préparer, provoquer, sortir, tirer de. **2. Quelque chose produit :** abonder en, donner, fournir, fructifier, porter, rapporter, rendre. **3. Quelque chose produit sur quelqu'un :** agir, exercer, frapper, marquer, provoquer. **4. Techn. :** dégager, émettre, exhaler, former. ***III. V. pron. :*** **1. On se produit :** apparaître, se donner en spectacle, s'exhiber, se mettre en avant/en vedette, se montrer, venir. **2. Quelque chose se produit :** s'accomplir, advenir, arriver, avoir lieu, se dérouler, échoir, intervenir, s'offrir, s'opérer, se passer, se présenter, surgir, survenir, se tenir, tomber.

PRODUIT ■ ***I. Au pr. :*** bénéfice, croît, fruit, gain, production, profit, rapport, recette, récolte, rendement, rente, résultat, revenu, usufruit. ***II. Par ext.*** **1.** Aliment, denrée, marchandise. **2.** Clone, enfant, progéniture, race, rejeton. ***III. Fig. :*** conséquence, effet, résultante, résultat, suite.

PROÉMINENCE ■ Mamelon, saillie.

PROÉMINENT, E ■ Apparent, arrondi, ballonné, bossu, en avant, en relief, gonflé, gros, haut, protubérant, renflé, saillant, turgescent, turgide, vultueux.

PROFANATEUR, TRICE ■ ⇒ **vandale.**

PROFANATION ■ Abus, avilissement, blasphème, dégradation, irrespect, irrévérence, outrage, pollution, sacrilège, vandalisme, viol, violation.

PROFANE ■ adj. et n. ***I. Au pr. :*** laïc, mondain, temporel. ***II. Par ext.*** **1. Neutre** : étranger, ignorant, novice. **2. Non favorable** : béotien, bourgeois, philistin.

PROFANER ■ Avilir, dégrader, dépraver, polluer, salir, souiller, violer.

PROFÉRER ■ ***I.*** Articuler, déclarer, dire, émettre, exprimer, jeter, pousser, prononcer. ***II. Péj. :*** blasphémer, cracher, débagouler, éructer, exhaler, vomir.

PROFESSER ■ ***I.*** ⇒ **déclarer.** ***II.*** ⇒ **pratiquer.** ***III.*** ⇒ **enseigner.**

PROFESSEUR ■ ⇒ **maître.**

PROFESSION ■ ***I.*** Art, carrière, charge, emploi, état, fonction, gagne-pain, métier, occupation, parti (vx), partie, qualité, situation, spécialité. ***II.*** Affirmation, confession, credo, déclaration, manifeste. ⇒ **proclamation.**

PROFESSORAT ■ ⇒ **enseignement.**

PROFIL ■ ***I. Au pr. :*** contour, ligne, linéament, modénature (arch.). ***II. Par ext.*** **1.** Aspect, silhouette. **2.** Figure, portrait, visage.

PROFILER ■ Caréner, découper, dessiner, projeter, représenter, tracer. ***V. pron. :*** apparaître, se découper, se dessiner, paraître, se projeter, se silhouetter.

PROFIT ■ ***I.*** Acquêt, aubaine, avantage, bénéfice, bien, butin, casuel, émolument, enrichissement, faveur, fruit, gain, intérêt, lucre (péj.), parti, prébende, progrès, récolte, revenant-bon, surplus, traitement, utilité. ***II. Fam. :*** gâteau, gratte, pelote, resquille, tour de bâton. ***III. Loc.*** **Au profit de** : au bénéfice/en faveur/à l'intention/dans l'intérêt/dans l'utilité de.

PROFITABLE ■ Assimilable, avantageux, bon, économique, efficace, enrichissant, fructueux, juteux (fam.), lucratif, payant, productif, rémunérateur, rentable, sain, salutaire, utile.

PROFITER ■ ***I. On profite de quelque chose :*** bénéficier de, exploiter, jouir de, se servir de, spéculer sur, tirer parti de, utiliser. ***II. On profite en :*** s'accroître, apprendre, avancer, croître, grandir, grossir, progresser, prospérer. ***III. Par ext.*** ⇒ **rapporter.**

PROFITEUR, EUSE ■ Accapareur, affameur, agioteur, exploiteur, fricoteur, maltôtier (vx), mercantile, prébendier, prévaricateur, sangsue, spéculateur, spoliateur, trafiquant, traitant (vx), usurier.

PROFOND, E ■ ***I. Au pr. :*** bas, creux, encaissé, enfoncé, grand, lointain. ***II. Par ext. :*** caverneux, épais, grave, gros, obscur, sépulcral. ***III. Fig. :*** abstrait, abstrus, aigu, ardent, beau, calé (fam.), complet, difficile, élevé, ésotérique, essentiel, éthéré, extatique, extrême, foncier, fort, grand, haut, immense, impénétrable, intelligent, intense, intérieur, intime, métaphysique, mystérieux, pénétrant, perspicace, puissant, savant, secret.

PROFONDEUR ■ ***I. Au pr. :*** dimension, distance, étendue, importance, mesure. ***II. Par ext. :*** abysse, creux, enfoncement, épaisseur, fond, hauteur, largeur, lointain, longueur, perspective. ***III. Fig. :*** abstraction, acuité, ardeur, beauté, difficulté, élévation, ésotérisme, extase, extrémité, force, grandeur, hauteur, immensité, impénétrabilité, intelligence, intensité, intériorité, intimité, mystère, pénétration, perspicacité, plénitude, puissance, science, secret.

PROFUS, E ■ ⇒ **abondant.**

PROFUSION ■ ***I.*** Abondance, ampleur, débauche, débordement, démesure, encombrement, étalage, excès, festival, flot, foison, foisonnement, foule, largesse, libéralité, luxe, luxuriance, masse, multiplicité, orgie, prodigalité, pullulement, superflu, superfluité, surabondance. ***II. Loc.*** **À profusion** : à foison, à gogo (fam.), en pagaille (fam.), à vomir (péj.).

PROGÉNITURE ▪ Descendance, enfants, famille, fils, génération, géniture, héritier, petit, produit, race, rejeton.

PROGRAMME ▪ ***I. Au pr.*** : affiche, annonce, ordre du jour, prospectus. ***II.*** Donnée, instruction, listage, listing, logiciel, multiprogrammation, processeur, progiciel. ***III. Par ext.*** : calendrier, dessein, emploi du temps, planification, planning, plate-forme, projet.

PROGRAMMER ▪ Établir, lister. ⇒ **adapter.**

PROGRÈS ▪ ***I. Au pr.*** : accroissement, aggravation (péj.), amélioration, amendement (vx), approfondissement, ascension, augmentation, avancement, cheminement, croissance, développement, essor, évolution, gain, marche, maturation, montée, mouvement, perfectionnement, procès, processus, progression, propagation. ***II.*** Civilisation, marche en avant, modernisme, technique.

PROGRESSER ▪ ***I. Au pr.*** : aller, avancer, cheminer. ⇒ **marcher.** ***II. Par ext.*** : s'accroître, s'améliorer, s'amender, croître, se développer, s'étendre, être en/faire des progrès *et les syn. de* PROGRÈS, évoluer, gagner monter, mûrir, se perfectionner. ***III. Péj.*** : s'aggraver, empirer.

PROGRESSIF, IVE ▪ Adapté, ascendant, calculé, croissant, graduel, modéré, modulé, normalisé, régulier, rythmé, tempéré.

PROGRESSION ▪ Accroissement, acheminement, ascendance, ascension, augmentation, avance, courant, cours, croissance, développement, évolution, gradation, marche, mouvement, raison (math.), succession, suite. ⇒ **marche, progrès.**

PROGRESSISTE ▪ À gauche, gauchiste, novateur, réformiste. ⇒ **socialiste.**

PROGRESSIVEMENT ▪ Graduellement. ⇒ **peu à peu.**

PROGRESSIVITÉ ▪ ⇒ **régulation.**

PROHIBÉ, E ▪ Censuré, défendu, en contrebande, illégal, illicite, interdit, tabou.

PROHIBER ▪ Censurer, condamner, défendre, empêcher, exclure, inhiber, interdire, proscrire.

PROHIBITIF, IVE ▪ ***I. Au pr.*** : dirimant. ***II. Par ext.*** : abusif, arbitraire, exagéré, excessif.

PROHIBITION ▪ Censure, condamnation, défense, inhibition, interdiction, interdit, proscription.

PROIE ▪ ***I. Au pr.*** : butin, capture, dépouille, prise. ***II. Par ext.*** : esclave, jouet, pâture, victime.

PROJECTEUR ▪ Phare, réflecteur, scialytique, spot, sunlight.

PROJECTILE ▪ ***Au pr.*** : balle, bombe, boulet, cartouche, dragée (arg.), fusée, mitraille, obus, pruneau (arg.), roquette, torpille.

PROJECTION ▪ ***I.*** ⇒ **jet.** ***II.*** ⇒ **représentation.**

PROJET ▪ ***I. Au pr.*** : canevas, carton, dessin, devis, ébauche, esquisse, étude, maquette, plan, planning, programme, schéma, topo (fam.). ***II. Par ext.*** **1. Neutre** : but, calcul, conseil (vx), dessein, entreprise, idée, intention, pensée, résolution, spéculation, vue. **2. Non favorable** : combinaison, combine, complot, conspiration, machination, préméditation, utopie.

PROJETER ▪ ***I. Au pr.*** : éjecter, envoyer, expulser, jeter, lancer. ***II. Fig.*** : cracher, vomir. ***III.*** Comploter, conspirer, ébaucher, esquisser, étudier, faire/former des projets *et les syn. de* PROJET, gamberger (arg.), méditer, penser, préméditer, préparer, se proposer de, rouler dans sa tête, songer à, tirer des plans, tirer des plans sur la comète (fam.).

PROLAPSUS ■ Abaissement, chute, descente, distension, ptôse, relâchement.

PROLÉGOMÈNES ■ Introduction, préface, prémisses, principes, propositions.

PROLEPSE ■ Anticipation, objection, prénotion, réfutation.

PROLÉTAIRE ■ Indigent, ouvrier, pauvre, paysan, plébéien, salarié, travailleur.

PROLÉTARIAT ■ ⇒ **peuple.**

PROLIFÉRATION ■ ⇒ **reproduction.**

PROLIFÉRER ■ Apparaître, engendrer, envahir, foisonner, se multiplier, procréer, produire, pulluler, se reproduire.

PROLIFIQUE ■ Envahissant, fécond, fertile, foisonnant, générateur, productif, prolifère, reproducteur.

PROLIXE ■ Bavard, diffus, expansif, exubérant, long, loquace, oiseux, rasoir (fam.), verbeux.

PROLIXITÉ ■ Bavardage, diffusion, exubérance, faconde, longueur, loquacité.

PROLOGUE ■ ***I.*** ⇒ **préface.** ***II.*** ⇒ **préliminaire.** ***III.*** ⇒ **prélude.**

PROLONGATION ■ Allongement, augmentation, continuation, délai, prorogation, suite, sursis.

PROLONGEMENT ■ Accroissement, allongement, appendice, conséquence, continuation, développement, extension, rebondissement, suite.

PROLONGER ■ Accroître, allonger, augmenter, continuer, développer, étendre, éterniser, faire durer/traîner, poursuivre, pousser, proroger.

PROMENADE ■ ***I. L'acte.*** **1. Au pr. :** circuit, course, croisière, échappée, errance, excursion, flânerie, randonnée, tour, voyage. **2. Fam. :** baguenaude, balade, déambulation, vadrouille, virée. **3. Méd. :** Dromonanie. ***II. Le lieu :*** allée, avenue, boulevard, cours, galerie, jardin, mail, parc, promenoir.

PROMENER ■ ***I.*** ⇒ **mener.** ***II.*** ⇒ **porter.** ***III.*** ⇒ **retarder.** ***IV.*** ⇒ **tromper.** ***V. v. pron. :*** se balader (fam.), cheminer, circuler, déambuler, errer, flâner, marcher, musarder, prendre l'air, sortir, vadrouiller, voyager.

PROMENEUR, EUSE ■ Dromomane (fam.), flâneur, marcheur, passant.

PROMENOIR ■ Arcades, cloître, clos, déambulatoire, galerie, préau. ⇒ **promenade.**

PROMESSE ■ ***I. Au pr.*** **1. Neutre :** assurance, déclaration, engagement, foi, protestation, serment, vœu. **2. Non favorable :** serment d'ivrogne, surenchère. ***II. Jurid. :*** billet, contrat, convention, engagement, pollicitation, sous-seing privé. ***III. Par ext.*** **1.** Fiançailles. **2.** Annonce, espérance, signe, vent.

PROMETTEUR, EUSE ■ Aguichant, aguicheur, encourageant, engageant.

PROMETTRE ■ ***I. Au pr. :*** assurer, certifier, donner sa parole, s'engager, jurer, s'obliger. ***II. Par ext.*** **1.** Affirmer, assurer, faire briller/espérer/miroiter. **2.** Annoncer, laisser prévoir, prédire, présager, vouer.

PROMIS, E ■ Fiancé.

PROMISCUITÉ ■ Assemblage, confusion, familiarité, mélange, mitoyenneté, pêle-mêle, voisinage.

PROMONTOIRE ■ Avancée, belvédère, cap, éminence, falaise, hauteur, pointe, saillie.

PROMOTEUR, TRICE ■ Animateur, auteur, cause, centre, créateur, excitateur, initiateur, innovateur, inspirateur, instigateur, organisateur, pionnier, point de départ, protagoniste, réalisateur.

PROMOTION ■ ***I. Au pr. :*** accession, avancement, élévation, émancipation, mouvement, nomination. ***II. Par ext. :*** année, classe, cuvée (fam.).

PROMOUVOIR ■ ***I.*** Bombarder (fam.), élever, ériger, faire avancer, mettre en avant, nommer, porter, pousser. ***II.*** Animer, encourager, favoriser, provoquer, soutenir.

PROMPT, E ■ ***I. Favorable ou neutre :*** actif, adroit, agile, allègre, avisé, bref, court, diligent, empressé, fougueux, immédiat, impétueux, leste, pétulant, preste, rapide, soudain, vif. ***II. Non favorable :*** brusque, coléreux, emporté, expéditif, hâtif, impérieux, irascible, ombrageux, soupe au lait (fam.), susceptible, tride (équit.).

PROMPTEMENT ■ À fond de train (fam.), presto (fam.), vite, *et les adv. dérivés des syn. de* PROMPT.

PROMPTITUDE ■ Activité, agilité, célérité, dextérité, diligence, empressement, fougue, hâte, impétuosité, pétulance, prestesse, rapidité, vitesse, vivacité.

PROMULGUER ■ Décréter, divulguer, édicter, émettre, faire connaître/savoir, publier.

PRÔNE ■ Discours, enseignement, homélie, prêche. ⇒ **sermon.**

PRÔNER ■ Affirmer, assurer, célébrer, faire connaître, louer, prêcher, préconiser, proclamer, publier, vanter.

PRONOM ■ Démonstratif, indéfini, interrogatif, personnel, possessif, relatif, substitut.

PRONONCÉ, E ■ ***I.*** Accentué, accusé, marqué, souligné, visible. ***II.*** Arrêté, ferme, formel, irréversible, irrévocable, résolu.

PRONONCER ■ ***I. Au pr. :*** articuler, dire, émettre, énoncer, exprimer, formuler, proférer. ***II.*** Affirmer, arrêter, déclarer, décréter, formuler, infliger, juger, ordonner, rendre. ***III. De façon particulière.*** **1. Favorable ou neutre :** accentuer, appuyer, chuchoter, débiter, déclamer, détacher, détailler, dire recto tono, faire sentir/sonner, marquer, marteler, psalmodier, réciter, scander. **2. Non favorable :** avaler ses mots, bafouiller, balbutier, bégayer, bléser, bredouiller, chuinter, escamoter ses mots, grasseyer, mâchonner, manger ses mots, nasiller, nasonner, zézayer, zozoter. ***IV. V. pron. :*** choisir, conclure à, se décider, se déterminer, se résoudre, *et les formes pron. possibles des syn. de* PRONONCER.

PRONONCIATION ■ ***I. Favorable ou neutre :*** accent, accentuation, articulation, débit, élocution, façon/manière de prononcer *et les syn. de* PRONONCER, iotacisme, lambdacisme, phrasé, prononcé, rhotacisme, sigmatisme. ***II. Non favorable :*** balbutiement, bégaiement, blésement, blésité, bredouillement, chuintement, grasseyement, lallation, nasillement, nasonnement, zézaiement.

PRONOSTIC ■ Annonce, apparence, conjecture, jugement, prédiction, présage, prévision, prophétie, signe.

PRONOSTIQUER ■ Annoncer, conjecturer, juger, prédire, présager, prévoir, prophétiser.

PRONUNCIAMIENTO ■ Coup d'État, manifeste, proclamation, putsch, rébellion, sédition.

PROPAGANDE ■ Battage (péj.), blabla (péj.), bourrage de crâne (péj.), campagne, croisade, endoctrinement, intoxication, matraquage, persuasion, propagation, prosélytisme, publicité, racolage, retape, tam-tam (fam.).

PROPAGANDISTE ■ ⇒ **propagateur.**

PROPAGATEUR, TRICE ■ Apôtre, divulgateur, doctrinaire, évangélisateur, missionnaire, propagandiste, prosélyte, rabatteur, révélateur.

PROPAGATION ▪ ***I. Neutre :*** augmentation, communication, circulation, développement, diffusion, dissémination, effulgence, expansion, extension, marche, mise en mouvement, multiplication, progrès, progression, rayonnement, reproduction, vulgarisation. ***II. Non favorable :*** aggravation, contagion, contamination, épidémie, invasion, irradiation, transmission. ***III.*** Apostolat, propagande, prosélytisme.

PROPAGER ▪ Colporter, communiquer, diffuser, disséminer, divulguer, enseigner, faire accepter/connaître/courir/savoir, multiplier, populariser, prêcher, prôner, publier, répandre, reproduire. ***V. pron. :*** s'accréditer, augmenter, circuler, courir, déferler, s'étendre, gagner, irradier, *et les formes pron. possibles des syn. de* PROPAGER.

PROPENSION ▪ Disposition, inclination, naturel, penchant, pente, tempérament, tendance.

PROPHÈTE ▪ Augure, devin, gourou, nabi, pythonisse, starets, vaticinateur, voyant.

PROPHÉTIE ▪ Annonce, conjecture, divination, inspiration, oracle, prédiction, prévision, vaticination.

PROPHÉTIQUE ▪ Annonciateur, avant-coureur, conjectural, divinateur, inspiré, préliminaire.

PROPHÉTISER ▪ Annoncer, conjecturer, deviner, faire des oracles, prédire, prévoir, vaticiner.

PROPHYLACTIQUE ▪ Antiseptique, assainissant, hygiénique, préservatif, préventif, protecteur.

PROPHYLAXIE ▪ Antisepsie, asepsie, assainissement, hygiène, précaution, préservation, prévention, protection.

PROPICE ▪ Amical, à-propos, beau, bénin, bien, bien disposé, bienfaisant, bienséant, bon, convenable, favorable, opportun, propitiatoire, propre, salutaire, utile.

PROPORTION ▪ ***I.*** Accord, analogie, beauté, comparaison, convenance, correspondance, dimension, dose, équilibre, eurythmie, harmonie, justesse, mesure, modénature (arch.), pourcentage, rapport, régularité, symétrie. ***II. Loc.*** **1. À proportion de :** à l'avenant/mesure/raison, proportionnellement, suivant. **2. En proportion de :** au prorata, en comparaison, en raison, eu égard, relativement, selon, suivant.

PROPORTIONNÉ, E ▪ ***I. Quelqu'un :*** assorti, beau, bien balancé/baraqué (fam.)/bâti/fait/fichu (fam.)/foutu (fam.)/moulé/pris/roulé (fam.)/taillé, convenable, en harmonie, équilibré, harmonieux, mesuré, pondéré, régulier. ***II. Quelque chose :*** au prorata, corrélatif, en rapport, logique, symétrique.

PROPORTIONNEL, ELLE ▪ Au prorata, en rapport, relatif.

PROPORTIONNER ▪ Accommoder, approprier, assortir, calculer, doser, établir, mélanger, mesurer, mettre en état, préparer, rapporter, répartir.

PROPOS ▪ ***I. Au pr. :*** but, dessein, intention, pensée, résolution. ***II. Par ext.*** **1.** Matière, objet, sujet, thème. **2.** Badinage, badinerie, bagatelle, baliverne, balourdise, banalité, baratin (fam.), bavardage, bêtise, bla-bla-bla, blague, boniment, boutade, bruit, cajolerie, calembredaine, calomnie, chanson, cochonnerie, commentaire, commérage, conversation, discours, douceurs, enjôlerie, entretien, fadaise, faribole, gaillardise, galanterie, gaudriole, gauloiserie, grivoiserie, histoire, insanité, insinuation, médisance, obscénité, papotage, parole, phrase, polissonnerie, qu'en-dira-t-on, saleté, sottise, trait, turlutaine, vantardise, vanterie, vilenie. ***III. Loc.*** **1. À propos de :** à l'occasion de, concernant, relatif à. **2. À tout propos** : à chaque instant, à tous les coups, à tout bout de champ. **3. Mal à propos** : à contretemps, de façon/manière inopportune/intempestive, hors de saison, sans raison/sujet. **4. Bien à propos** : à pic, à point, à point nommé, à temps, au poil (fam.), comme marée en carême, opportunément, pile. **5. Être à propos de/que** : bon, convenable, expédient, juste, opportun.

PROPOSER ■ Avancer, conseiller, faire une proposition *et les syn. de* PROPOSITION, mettre en avant, offrir, présenter, soumettre. ***V. pron.*** : **1.** ⇒ **projeter. 2.** *Les formes pron. possibles des syn. de* PROPOSER.

PROPOSITION ■ ***I. Au pr.*** : marché, offre, ouverture, ultimatum (péj.). ***II. Jurid.*** : loi, motion, projet, résolution. ***III. Par ext.*** **1.** Dessein, intention. **2.** Conseil, initiative. ***IV. Logique*** : affirmation, allégation, aphorisme, assertion, axiome, conclusion, conversion, corollaire, démonstration, expression, hypothèse, jugement, lemme, maxime, négation, paradoxe, postulat, précepte, prémisse, principe, théorème, thèse.

PROPRE ■ ***I. Adj.*** **1.** Adéquat, ad hoc, approprié, apte, bon, capable, congru, convenable, de nature à, étudié/fait pour, habile à, idoine, juste, prévu. **2.** Distinctif, exclusif, individuel, intrinsèque, particulier, personnel, spécial, spécifique. **3.** À la lettre, littéral, même, textuel. **4.** Astiqué, blanc, blanchi, briqué (fam.), calamistré (fam.), clair, correct, débarbouillé, décent, décrassé, décrotté, élégant, entretenu, essuyé, frais, frotté, gratté, immaculé, lavé, lessivé, présentable, propret, pur, récuré, rincé, savonné, soigné, tenu. ***II. Nom*** : apanage, distinction, particularité, propriété, qualité, signe, spécificité.

PROPREMENT ■ À propos, bien, convenablement, correctement, en fait, exactement, pratiquement, précisément, soigneusement, stricto sensu, véritablement.

PROPRETÉ ■ ***I. Au pr.*** : clarté, décence, élégance, fraîcheur, netteté, pureté. ***I. Par ext.*** **1.** Hygiène, soin, toilette. **2.** Ménage, nettoyage, récurage.

PROPRIÉTAIRE ■ Actionnaire, bailleur, capitaliste, détenteur, hôte, locateur (vx), logeur, maître, possédant, possesseur, probloque (fam.), propio (fam.), titulaire, vautour (péj.).

PROPRIÉTÉ ■ ***I. L'acte*** : jouissance, possession, usage. ***II. Au pr.*** : avoir, bien, bien-fonds, capital, domaine, exploitation, fazenda, ferme, habitation, hacienda, héritage, immeuble, latifundium, maison, monopole, patrimoine, ranch, terre, titre. ***III.*** Attribut, caractère, essence, faculté, nature, particularité, pouvoir, puissance, qualité, vertu. ***IV.*** Adéquation, congruité, convenance, efficacité, exactitude, justesse, véridicité, vérité.

PROPULSER ■ ***I.*** ⇒ **jeter.** ***II.*** ⇒ **mouvoir.**

PROPULSION ■ Effort, élan, force, poussée.

PRORATA ■ Proportion, quote-part, quotité.

PROROGATION ■ Ajournement, délai, moratoire, prolongation, renouvellement, renvoi, sursis, suspension.

PROROGER ■ Accorder un délai/une prorogation *et les syn. de* PROROGATION, ajourner, atermoyer, faire durer/traîner, prolonger, remettre, renvoyer, repousser, retarder, suspendre.

PROSAÏQUE ■ Banal, bas, commun, grossier, matériel, ordinaire, simple, terre à terre, trivial, vulgaire.

PROSATEUR ■ ⇒ **écrivain.**

PROSCRIPTION ■ Bannissement, élimination, éviction, exil, expulsion, interdiction, interdit, ostracisme, répression.

PROSCRIRE ■ ***I. Au pr. :*** bannir, chasser, éliminer, éloigner, exiler, expulser, faire disparaître, frapper de proscription *et les syn. de* PROSCRIPTION, refouler, rejeter. ***II. Par ext. :*** abolir, censurer, condamner, défendre, frapper d'interdit, interdire, mettre à l'index, prohiber, rejeter.

PROSCRIT, E ■ ⇒ **banni.**

PROSÉLYTE ■ ***I. Au pr. :*** adepte, catéchumène, converti, initié, néophyte, nouveau venu. ***II. Par ext. :*** apôtre, disciple, fidèle, missionnaire, partisan, sectateur, zélateur.

PROSÉLYTISME ■ ⇒ **zèle.**

PROSODIE ■ Déclamation, mélodie, métrique, règles, versification.

PROSOPOPÉE ■ ⇒ **discours.**

PROSPECTER ■ Chercher, enquêter, étudier, examiner, parcourir, rechercher.

PROSPECTEUR, TRICE ■ ⇒ **explorateur.**

PROSPECTION ■ ⇒ **recherche.**

PROSPECTIVE ■ ⇒ **futurologie.**

PROSPECTUS ■ Affiche, annonce, avertissement, avis, brochure, dépliant, feuille, imprimé, papillon, programme, publicité, réclame, tract.

PROSPÈRE ■ Arrivé, beau, heureux, florissant, fortuné, nanti, pourvu, riche.

PROSPÉRER ■ Avancer, croître, se développer, s'enrichir, s'étendre, faire ses affaires/son beurre (fam.), fleurir, marcher, se multiplier, progresser, réussir.

PROSPÉRITÉ ■ ***I.*** Abondance, aisance, béatitude, bénédiction, bien-être, bonheur, chance, félicité, fortune, réussite, richesse, santé, succès, veine (fam.). ***II.*** Accroissement/augmentation des richesses, activité, développement, essor, pléthore, progrès.

PROSTERNATION ■ ⇒ **révérence.**

PROSTERNÉ, E ■ ***I. Au pr. :*** agenouillé, baissé, courbé, incliné. ***II. Fig.*** Contrit, modeste, pieux, repentant, soumis, suppliant. ⇒ **servile.**

PROSTERNER (SE) ■ ***I.*** S'agenouiller, s'allonger, se coucher, se courber, s'étendre, fléchir le genou, s'incliner, se jeter à terre. ***II.*** S'abaisser, adorer, s'aplatir, faire amende honorable, flagorner, s'humilier.

PROSTITUÉE ■ ***I.*** Belle-de-nuit, call-girl, cocotte, courtisane, créature, croqueuse, dégrafée, demi-mondaine, dictériade, femme/fille encartée/de joie/légère/de mauvaise vie/de mauvaises mœurs/publique/de rien/soumise, fleur de macadam/trottoir, geisha (partic.), hétaïre, horizontale, linge, marchande d'amour/d'illusion, moukère (partic.), pallage, péripatéticienne, professionnelle, racoleuse, respectueuse, ribaude, sirène. ***II. Arg. et/ou péj. :*** amazone, bagasse, bifteck, bordille, bourin, cagnasse, cateau, catiche, catin, cavette, chabraque, colis, conasse, coureuse, crevette, daufière, dérobeuse, dessous, doublarde, entôleuse, éponge, fillasse, frangine, gadou, gagneuse, galoupe, garce, gâtée, gaupe, gigolette, gironde, gonzesse, goton (vx), gouge, goyau, grue, langouste, langoustine, lard, leveuse, Louis, Louis XV, lutainpème, maquerelle, marcheuse, marmite, marmotte, ménesse, michetonneuse, morue, moulin, nana, paillasse, pavute, peau, persilleuse, pétasse, pierreuse, ponette, poniffe, poufiasse, poule, pouliche, prostipute, putain, putanette, putasse, pute, radasse, radeuse, régulière, rouchie, roulure, souris, tabouret, tapin, tapineuse, taxi, tocasse, traînée, tréteau, trimardeuse, tripasse, truqueuse, turbineuse, turf, turfeuse, volaille, wagon, etc.

PROSTITUER ■ ***I.*** Abaisser, avilir,

corrompre, débaucher, dégrader, déshonorer, dévoyer, galvauder, livrer, mettre à l'encan, vendre. ***II. Arg. :*** atteler, driver, maquer, maquereauter, mettre à la ⇒ **prostitution.** ***III. V. pron. :*** aller/être/venir à, faire la ⇒ **prostitution,** en démoudre/écraser/faire/mouler, marcher, michetonner, putasser, tapiner, trimarder, truquailler, truquer, turbiner, etc.

PROSTITUTION ▪ ***Arg.*** Abattage, asperges, asphalte, bisness, biss, bitume, commerce/métier/trafic de ses charmes/de son corps, macadam, moulin, pain de fesses/des Jules, proxénétisme, putainerie, putanat, putasserie, puterie, racolage, rade, retape, ruban, tapin, tapinage, traite (des blanches), trottoir, truc, turbin, turf, etc.

PROSTRATION ▪ ***I.*** Abattement, accablement, anéantissement, dépression, effondrement, épuisement, faiblesse, hébétude, inactivité, langueur, léthargie. ***II.*** ⇒ **prosternation.**

PROSTRÉ, E ▪ Abattu, accablé, anéanti, effondré, torpide.

PROTAGONISTE ▪ Acteur, animateur, boute-en-train, initiateur, instigateur, interlocuteur, interprète, meneur, pionnier, promoteur.

PROTECTEUR, TRICE ▪ ***I. Nom :*** **1.** Aide, ange gardien, appui, asile, bienfaiteur, champion, chevalier servant, défenseur, gardien, mécène, patron, père, providence, soutien, support, tuteur. **2.** ⇒ **proxénète.** ***II. Adj.*** **1. Favorable** ⇒ **tutélaire. 2. Non favorable :** condescendant, dédaigneux.

PROTECTION ▪ ***I. L'action.*** **1. Au pr. :** aide, appui, assistance, conservation, couverture, défense, garantie, garde, sauvegarde, secours, soutien, support, tutelle. **2. Relig. :** auspice, baraka, bénédiction, égide, invocation, patronage. **3. Méd. :** immunisation, immunité, prophylaxie. **4.** ⇒ **encouragement.** ***II. Ce qui protège :*** abri, armure, asile, bardage, bastion, blindage, bouclier, boulevard, capuchon, carapace, cloche, clôture, couvercle, couverture, cuirasse, écran, enveloppe, fortifications, fourreau, gaine, garde-corps, garde-fou, glacis, grillage, grille, masque, ombre, paratonnerre, paravent, plastron, rempart, rideau, soutien, tablier.

PROTÉGÉ, E ▪ Client, créature (péj.), favori, pistonné.

PROTÉGER ▪ ***I. Au pr. :*** abriter, accompagner, aider, armer, assister, assurer, barder, blinder, convoyer, couvrir, cuirasser, défendre, escorter, flanquer, fortifier, garantir, munir, ombrager, parer, préserver, sauvegarder, veiller à. ***II. Par ext. :*** appuyer, encourager, favoriser, patronner, pistonner (fam.), recommander, soutenir. ***III. V. pron. :*** être en garde contre, se garer, se mettre à couvert, parer à, prendre garde à, *et les formes pron. possibles des syn. de* PROTÉGER.

PROTÉIFORME ▪ ⇒ **changeant.**

PROTESTANT, E ▪ n. et adj. ***I.*** Anabaptiste, anglican, baptiste, calviniste, conformiste, congrégationaliste, évangélique, évangéliste, fondamentaliste, luthérien, mennonite, méthodiste, mormon, piétiste, presbytérien, puritain, quaker, réformé. ***II.*** Ceux du dedans, cévenol, huguenot, momier, parpaillot, réfugié, religionnaire.

PROTESTANTISME ▪ Église anglicane/baptiste/des saints du dernier jour/ évangélique / presbytérienne / réformée, luthéranisme, Réforme, *et les dérivés possibles en -isme des syn. de* PROTESTANT.

PROTESTATION ▪ ***I. Au pr. :*** assurance, déclaration, démonstration, promesse, témoignage. ***II. Par ext. :*** appel, clameur, contre-pied, cri, criaillerie, critique, dénégation, désapprobation, murmure, objection, plainte, réclamation, refus, réprobation, vitupération. **Fam.** : coup de gueule, gueulement, rouscaille, rouspétance.

PROTESTER ■ ***I. V. tr. :*** affirmer, assurer, promettre. ***II. V. intr. :*** arguer, attaquer, clabauder, contester, criailler, crier après/contre, désapprouver, dire, s'élever contre, s'exclamer, se gendarmer, grogner, s'indigner, manifester, marmonner, marmotter, murmurer, objecter, s'opposer, se plaindre de, se rebeller, se rebiffer, réclamer, se récrier, récriminer, récuser, regimber, résister, ronchonner, tenir tête, vitupérer. **Fam.** : gueuler, râler, renauder, rouscailler, rouspéter, ruer dans les brancards.

PROTOCOLE ■ ***I.*** Accord, acte, concordat, convention, formulaire, procès-verbal, résolution, traité. ***II.*** Bienséance, cérémonial, cérémonies, convenances, décorum, étiquette, formes, ordonnance, préséance, règlement, règles, rite.

PROTOHISTOIRE ■ ⇒ **préhistoire.**

PROTOTYPE ■ Archétype, étalon, modèle, original, premier exemplaire, princeps, type.

PROTUBÉRANCE ■ ***I. Au pr. :*** apophyse, apostume, bosse, excroissance, gibbosité, saillie, tubérosité. ***II. Par ext. :*** élévation, éminence, mamelon, monticule, piton, tertre.

PROTUBÉRANT, E ■ ⇒ **proéminent.**

PROU ■ ***I. Vx :*** amplement, beaucoup, suffisamment. ***II. Loc.*** **Peu ou prou :** plus ou moins.

PROUESSE ■ ***I.*** Bravoure, vaillance. ***II.*** ⇒ **exploit.**

PROUVÉ, E ■ Avéré, confirmé, constaté, évident.

PROUVER ■ ***I. Au pr.*** **On prouve quelque chose :** démontrer, établir, faire apparaître/comprendre/croire/reconnaître/voir comme vrai, illustrer, justifier, montrer. ***II. Par ext.*** **Quelque chose ou quelqu'un prouve quelque chose :** affirmer, annoncer, attester, confirmer, corroborer, déceler, faire foi, faire/laisser voir, indiquer, manifester, marquer, révéler, témoigner.

PROVENANCE ■ Commencement, fondement, origine, principe, racine, source.

PROVENDE ■ ⇒ **provision.**

PROVENIR ■ Découler, dériver, descendre, émaner, être issu, naître, partir, procéder, remonter, résulter, sortir, tenir, tirer, venir.

PROVERBE ■ ***I.*** Adage, aphorisme, dicton, maxime, pensée, sentence. ***II.*** Saynète, scène, pièce.

PROVERBIAL, E ■ Connu, gnomique, sentencieux, traditionnel, typique, universel.

PROVIDENCE ■ ***I.*** Bonté, Ciel, Créateur, destin, Dieu, divinité, protecteur, secours. ***II.*** Aide, appui, protection, secours, support.

PROVIDENTIEL, ELLE ■ Bon, divin, heureux, opportun, protecteur, salutaire.

PROVINCE ■ Circonscription/division administrative/territoriale, État, généralité, gouvernement, marche, pays, région.

PROVISEUR ■ Directeur, principal, supérieur.

PROVISION ■ ***I. Au pr.*** **1.** Amas, approvisionnement, avance, dépôt, encas, fourniture, munition (vx), réserve, réunion, stock. **2. Au pl. :** Aliments, denrée, provende, ravitaillement, viatique, victuailles, vivres. ***II. Par ext.*** **1. Jurid. :** acompte, allocation, avance, caution, dépôt, garantie. **2. Au pl. :** commissions, courses.

PROVISOIRE ■ ⇒ **passager.**

PROVOCANT, E ■ ***Au pr. :*** agressif, batailleur, belliqueux, irritant, querelleur. ***II. Par ext. :*** **1.** Agaçant, aguichant, coquet, effronté, excitant, hardi. **2.** ⇒ **obscène.**

PROVOCATEUR, TRICE ▪ Agitateur, agresseur, excitateur, fauteur, meneur.

PROVOCATION ▪ Agression, appel, attaque, défi, excitation, incitation, menace.

PROVOQUER ▪ ***I. Au pr.*** **On provoque quelqu'un à** : amener, disposer, encourager, entraîner, exciter, inciter, instiguer, porter, pousser, préparer, solliciter. ***II. Par ext.*** **1. Non favorable** : agacer, aiguillonner, appeler, attaquer, braver, défier, harceler, irriter, narguer. **2. Un désir** : aguicher, allumer. ***III.*** **Quelque chose ou quelqu'un provoque quelque chose** : amener, animer, appeler, apporter, attirer, causer, créer, déchaîner, déclencher, donner lieu, enflammer, éveiller, exciter, faire naître/passer, favoriser, inspirer, occasionner, produire, promouvoir, soulever, susciter.

PROXÉNÈTE ▪ ***Arg. :*** **Masc.** : barbe, barbeau, barbichon, barbillon, barbiquet, bizet, broche, daufier, dauphin, demi-sel, dos bleu, entremetteur, fiche, gig, gigolo, gigolpince, hareng, jules, julot, lanternier (vx), laquereau-muche, mac, maquereau, maquet, marle, marlou, marloupin, marloupiot, matz, mec, mecton, poiscaille, poisse, poisson, protecteur, proxo, sauret, souteneur, tôlier (vx). **Fém.** : abbesse, appareilleuse (vx), célestine, dame Claude, maca, macette, madame, maquerelle, marchande à la toilette (vx), matrone, pourvoyeuse, procureuse, sous/mac/maîtresse/maquerelle, tôlière, vieille.

PROXÉNÉTISME ▪ ***I.*** Traite des blanches. ***II. Arg. :*** maquereautage, marloupinage, pain de fesses/des Jules, etc. ⇒ **prostitution.**

PROXIMITÉ ▪ ***I. Dans l'espace :*** alentours, confins, contact, contiguïté, environs, mitoyenneté, voisinage. ***II. Dans le temps :*** approche, imminence, rapprochement. ***III. Par ext. :*** degré, parenté. ***IV. Loc. adv.*** **À proximité** : auprès, aux alentours/environs, près de, proche.

PRUDE ▪ ***I. Neutre :*** chaste, honnête, modeste, pudique. ***II. Non favorable :*** bégueule, chaisière, chameau/dragon de vertu, chipie, collet monté, cul bénit, oie blanche, pudibond, puritain, sainte-nitouche. ⇒ **hypocrite.**

PRUDENCE ▪ ***I. Au pr. :*** attention, circonspection, discernement, doigté, lenteur, ménagement, politique, précaution, prévoyance, prud'homie (vx), réflexion, sagesse, vertu. ***II. Par ext.*** **1.** ⇒ **mystère. 2.** Cautèle, dissimulation, faux-semblant, machiavélisme, mystère.

PRUDENT, E ▪ ***I. Au pr. :*** attentif, averti, avisé, calme, circonspect, défiant, discret, expérimenté, habile, inspiré, mesuré, modéré, précautionneux, prévoyant, prud'homme, réfléchi, réservé, sage, sérieux. ***II. Par ext.*** **Non favorable** : inconsistant, neutre, pusillanime, timoré. ***III. Loc.*** **Il serait prudent** : bon, de circonstance, sage.

PRUD'HOMIE ▪ ⇒ **prudence.**

PRUD'HOMME ▪ ⇒ **prudent.**

PRUNE ▪ Agen, diaprée, rouge, ente, impériale, madeleine, mignonne, mirabelle, perdrigon, précoce de Tours, pruneau, prune de Monsieur, quetsche, reine-claude, sainte-catherine.

PRUNELLE ▪ Œil, pupille, regard.

PRURIGO, PRURIT ▪ ***I. Au pr. :*** chatouillement, démangeaison. ⇒ **picotement.** ***II. Fig.*** ⇒ **désir.**

PSALLETTE ▪ ⇒ **manécanterie.**

PSALMODIE ▪ Chant, plain-chant, psaume.

PSALMODIER ▪ ***I.*** ⇒ **prononcer.** ***II.*** ⇒ **chanter.**

PSALMODIQUE ■ Monocorde, monotone, uniforme.

PSAUME ■ Antienne, cantique, chant sacré, complies, heures, laudes, matines, office, poème, vêpres, verset.

PSEUDO ■ ⇒ **faux.**

PSEUDONYME ■ Cryptonyme, hétéronyme, nom de guerre/de plume/de théâtre, surnom.

PSYCHÉ ■ Glace, miroir.

PSYCHIQUE ■ Intellectuel, mental, moral, psychologique, spirituel.

PSYCHOLOGIE ■ ***I.*** ⇒ **pénétration.** ***II.*** ⇒ **caractère.**

PSYCHOLOGIQUE ■ ⇒ **psychique.**

PSYCHOSE ■ Confusion mentale, délire, démence, folie, hallucination, manie, mélancolie, obsession, paranoïa, ramollissement cérébral, schizophrénie.

PUANT, E ■ ***I. Au pr. :*** dégoûtant, empesté, empuanti, fétide, hircin, infect, malodorant, méphitique, nauséabond, nidoreux, pestilentiel, punais. ***II. Fig.*** 1. Impudent, honteux. 2. ⇒ **orgueilleux.**

PUANTEUR ■ ***I.*** Empyreume, fétidité, infection, mauvaise odeur, odeur fétide/infecte/repoussante, pestilence, relent, remugle.

PUBÈRE ■ Adolescent, formé, nubile, pubescent, réglée.

PUBERTÉ ■ Adolescence, âge bête/ingrat, formation, nubilité, pubescence.

PUBESCENT, E ■ ***I.*** Duveté, duveteux, poilu, velu. ***II.*** ⇒ **pubère.**

PUBLIC ■ n. m. ***I.*** Assemblée, assistance, audience, auditeurs, auditoire, chambrée, foule, galerie, parterre, salle, spectateurs. ***II. Loc.*** **En public** ⇒ **publiquement.**

PUBLIC, IQUE ■ adj. ***I. Un lieu :*** banal, collectif, communal, communautaire, fréquenté, ouvert, populaire, vicinal. ***II. Quelque chose :*** affiché, annoncé, célèbre, colporté, commun, communiqué, dévoilé, divulgué, ébruité, évident, exposé, manifeste, national, notoire, officiel, ostensible, propagé, publié, reconnu, renommé, répandu, révélé, universel, vulgarisé. ***III. Jurid. :*** authentique. ***IV. Loc.*** **Fille publique** ⇒ **prostituée.**

PUBLICATION ■ ***I.*** Annonce, ban, dénonciation, divulgation, proclamation, promulgation. ***II.*** Apparition, édition, lancement, parution, reproduction, sortie. ***III.*** Collection, écrit, livraison, ouvrage.

PUBLICISTE ■ ⇒ **journaliste.**

PUBLICITÉ ■ Affichage, annonce, battage, boom (fam.), bourrage de crâne (péj.), bruit, intoxication, lancement, réclame, renommée, retentissement, slogan, tam-tam (fam.). ⇒ **propagande.**

PUBLIER ■ ***I. Au pr. :*** afficher, annoncer, battre le tambour (fam.), carillonner, célébrer, chanter, claironner (fam.), clamer, communiquer, crier sur les toits (fam.), déclarer, dénoncer, dire, divulguer, ébruiter, édicter, emboucher la trompette (fam.), émettre, étaler, exprimer, faire connaître, lancer, louer, manifester, mettre en pleine lumière, prêcher, préconiser, proclamer, promulguer, prôner, propager, rendre public, répandre, trompeter (fam.), vanter. ⇒ **découvrir, révéler.** ***II. Par ext. :*** écrire, éditer, faire, faire paraître, imprimer, sortir.

PUBLIQUEMENT ■ Au grand jour, devant tout le monde, en public, manifestement, notoirement, officiellement, ostensiblement, tout haut, universellement.

PUCEAU, PUCELLE ■ ⇒ **vierge.**

PUCELAGE ■ ⇒ **virginité.**

PUDEUR ■ ***I. Au pr. :*** bienséance, chasteté, décence, délicatesse, discrétion, honnêteté, modestie, pudicité, réserve, respect, retenue, sagesse. ***II. Par ext.*** : confusion, embarras, honte.

PUDIBOND, E ■ ***I.*** Prude, timide. ⇒ **pudique.** ***II.*** ⇒ **hypocrite.**

PUDIBONDERIE ■ ⇒ **hypocrisie.**

PUDICITÉ ■ ⇒ **décence.**

PUDIQUE ■ ***I. Favorable*** : chaste, décent, délicat, discret, honnête, modeste, réservé, retenu, sage. ***II. Non favorable*** : prude, pudibond, hypocrite.

PUER ■ Empester, empuantir, exhaler/répandre une odeur désagréable/fétide/nauséabonde/répugnante, infecter, sentir mauvais/le fraîchin/le renfermé. ⇒ **sentir.**

PUÉRIL, E ■ Enfantin, infantile, frivole, futile, mièvre, niais, vain.

PUÉRILITÉ ■ Badinerie, baliverne, enfantillage, frivolité, futilité, mièvrerie, niaiserie, vanité.

PUGILAT ■ ***Au pr.*** : boxe, catch, judo, lutte, pancrace. ***II. Par ext.*** : bagarre, peignée, rixe.

PUGILISTE ■ Athlète, boxeur, catcheur, judoka, lutteur.

PUGNACE ■ Accrocheur, agressif, bagarreur, combatif, lutteur, querelleur, vindicatif.

PUGNACITÉ ■ ⇒ **agressivité.**

PUÎNÉ, E ■ Cadet, junior.

PUIS ■ ***I.*** Alors, après, ensuite. ***II. Loc.*** **Et puis** : au/du reste, d'ailleurs, de plus, en outre.

PUISARD ■ Bétoire, égout, fosse, puits perdu.

PUISER ■ ***I. Au pr.*** : baqueter, pomper, pucher, tirer. ***II. Fig.*** : emprunter, glaner. ⇒ **prendre.**

PUISQUE ■ Attendu que, car, comme, dès l'instant où, dès lors que, du moment que, étant donné que, parce que, pour la raison que, vu que.

PUISSANCE ■ ***I. De quelque chose*** : capacité, efficacité, énergie, faculté, force, intensité, possibilité, pouvoir. ***II. De quelqu'un, physique*** : vigueur, virilité. ***III. Par ext.*** 1. Autorité, bras séculier, dépendance, domination, droit, empire, grandeur, influence, loi, omnipotence, prépondérance, prépotence, souveraineté, toute-puissance. 2. Couronne, empire, État, nation, pays. 3. ⇒ **qualité.**

PUISSANT, E ■ ***I. Au pr.*** : capable, considérable, efficace, énergique, fort, grand, haut, influent, intense, omnipotent, prépondérant, prépotent, redoutable, riche, souverain, tout-puissant. ***II. Par ext.*** 1. Éloquent, profond, violent. 2. Vigoureux, viril. 3. ⇒ **gros.** ***III. Nom*** ⇒ **personnalité.**

PUITS ■ ***I. Au pr.*** : aven, bure, buse, cavité, citerne, excavation, fontaine, gouffre, oubliette, source, trou. ***II. Loc.*** **Puits de science** : abîme, mine.

PULL-OVER ■ Chandail, débardeur, maillot, tricot.

PULLULEMENT ■ ⇒ **multitude.**

PULLULER ■ ***I.*** ⇒ **abonder.** ***II.*** ⇒ **multiplier (se).**

PULMONAIRE ■ adj. et n. Phtisique. ⇒ **tuberculeux.**

PULPE ■ Bouillie, chair, tourteau.

PULPEUX, EUSE ■ ⇒ **moelleux.**

PULSATION ■ ⇒ **battement.**

PULSION ■ ⇒ **tendance.**

PULVÉRISATEUR ■ Atomiseur, nébuliseur, poudreuse, spray, vaporisateur.

PULVÉRISATION ■ ***I. Au pr.*** : atomisation, évaporation, sublimation, volatilisation. ***II. Fig.*** : anéantissement, désagrégation, destruction, éclatement, émiettement, éparpillement.

PULVÉRISER ▪ ***I. Au pr.*** *:* broyer, désagréger, écraser, effriter, égruger, émier (vx), émietter, moudre, piler, porphyriser, réduire, triturer. ***II. Par ext.*** *:* atomiser, projeter, volatiliser. ***III. Fig.*** *:* anéantir, battre, bousiller (fam.), briser, détruire, écarbouiller (fam.), écrabouiller (fam.), mettre/réduire en bouillie/cendres/charpie/miettes/morceaux.

PUMA ▪ Cougouar.

PUNAISE ▪ Nèpe, pentatome.

PUNCH ▪ Efficacité, énergie, force, riposte, vigueur, vitalité.

PUNIR ▪ ***I.*** Battre, châtier, condamner, corriger, faire justice/payer, flétrir, frapper, infliger une peine/sanction, patafioler (mérid.), redresser, réprimer, sanctionner, sévir. ***II. Arg.*** **1. Scol.** : coller, consigner, mettre en colle. **2. Milit.** : ficher/foutre/mettre dedans/la paille au cul. **3.** ⇒ **battre.**

PUNITION ▪ ***I. Au pr.*** *:* châtiment, condamnation, correction, dam (vx), damnation, expiation, leçon, peine, pénalisation, pénalité, pénitence, répression, sanction. ⇒ **volée.** ***II. Par ext.*** *:* calamité, fléau. ***III. Genres de punitions.*** **1.** Carcan, coup, échafaud, fouet, fustigation, garcette, gibet, knout, pilori, question (vx), schlague, supplice, torture. **2.** Arrêt, emprisonnement, internement, prison. **3.** Bonnet d'âne, cachot, coin, colle, consigne, devoir supplémentaire, fessée, gifle, lignes, martinet, pain sec, pensum, piquet, privation de dessert/de sortie, retenue. **4.** Coup-franc, gage, penalty.

PUPILLE ▪ ***I.*** Enfant, fils adoptif, orphelin. ***II.*** ⇒ **prunelle.**

PUR, E ▪ ***I. Au pr.*** **Quelque chose** : absolu, affiné, blanc, complet, inaltéré, naturel, net, parfait, propre, purifié, simple. ***II. Par ext.*** **1. Moral** : angélique, archangélique, authentique, beau, candide, chaste, continent, délicat, désintéressé, droit, franc, honnête, immaculé, impeccable, innocent, intact, intègre, lilial, pudique, sage, saint, vertueux, vierge, virginal. **2. Un sentiment** : aérien, ailé, clair, éthéré, idéal, immatériel, limpide, platonique, séraphique. **3. Un son** : argentin, clair, cristallin. **4. Un langage** : châtié, correct, élégant. **5.** Assaini, filtré, raffiné, rectifié, tamisé, transparent.

PURÉE ▪ ***I. Au pr.*** *:* bouillie, coulis, estoufade, garbure. ***II. Fig.*** *:* débine, dèche, misère, mistoufle, mouise, mouscaille, panade, pauvreté.

PUREMENT ▪ Exclusivement, seulement, simplement, uniquement.

PURETÉ ▪ ***I. Au pr.*** *:* authenticité, blancheur, clarté, correction, fraîcheur, intégrité, limpidité, netteté, propreté. ***II. Par ext.*** *:* candeur, chasteté, continence, délicatesse, droiture, honnêteté, impeccabilité, ingénuité, innocence, perfection, pudeur, vertu, virginité. ***III. Fig.*** *:* calme, sérénité. ***IV. Du style*** *:* adéquation, correction, élégance, perpiscuité, propriété, purisme.

PURGATIF ▪ ⇒ **purge.**

PURGATIF, IVE ▪ Apéritif (vx), cathartique, dépuratif, drastique, évacuant, évacuatif, hydragogue, laxatif, minoratif.

PURGATION ▪ ⇒ **purge.**

PURGATOIRE ▪ Expiation, purification.

PURGE ▪ ***I. Au pr.*** *:* aloès, armoise, calomel, casse, catharsis, citrate de magnésie, coloquinte, croton, eau-de-vie allemande, ellébore, épurge, euphorbe, globulaire, gratiole, jalap, laxatif, limonade purgative, médecine, médicinier, nerprun, purgatif, purgation, rhubarbe, ricin, scammonée, séné, sulfate de soude, sureau. ***II. Par ext.*** ⇒ **purification.**

PURGER ▪ ⇒ **purifier.**

PURIFICATION ▪ ***I.*** Ablution, affinage, assainissement, blanchissage, clarification, décantation, défécation, dépuration, désinfection, élimination, épuration, épurement, lessive, lustration, nettoyage, purge, raffinage. *II. Relig. :* baptême, chandeleur, présentation.

PURIFIER ■ Absterger, affiner, assainir, balayer, clarifier, débarrasser, décanter, déféquer, dégager, dégorger, dépurer, désinfecter, déterger, épurer, filtrer, fumiger, laver, lessiver, nettoyer, purger, raffiner, rectifier.

PURIN ■ ⇒ **engrais, fumier.**

PURISME ■ *I.* ⇒ **pureté.** *II.* Affectation, afféterie, pointillisme, préciosité, rigorisme.

PURITAIN, AINE ■ n. et adj. *I.* ⇒ **protestant.** *II.* Austère, chaste, étroit, intransigeant, janséniste, prude, pudibond, pur, rigoriste, sectaire.

PUROTIN ■ ⇒ **pauvre.**

PURPURIN, E ■ Garance, pourpre, pourprin. ⇒ **rouge.**

PUR-SANG ■ ⇒ **cheval.**

PURULENT, E ■ Chassieux, coulant, infecté, sanieux.

PUS ■ Boue, chassie, collection, ichor, sanie.

PUSILLANIME ■ Capon, couard, craintif, faible, froussard, lâche, peureux, pleutre, poltron, prudent, sans-cœur, timide, timoré, trembleur, trouillard (fam.).

PUSILLANIMITÉ ■ ⇒ **peur.**

PUSTULE ■ Abcès, adénite, apostéme, apostume, bouton, bube, bubon, chancre, clou, confluence, dépôt, écrouelle (vx), élevure (vx), éruption, furoncle, grosseur, kyste, phlegmon, scrofule, tourniole, tumeur. ⇒ **boursouflure.**

PUTATIF, IVE ■ Estimé, présumé, supposé.

PUTE, PUTAIN ■ ⇒ **prostituée.**

PUTRÉFACTION ■ ⇒ **pourriture.**

PUTRÉFIABLE ■ ⇒ **putrescible.**

PUTRÉFIER (SE) ■ ⇒ **pourrir.**

PUTRESCIBLE ■ Corruptible, pourrissable, putréfiable.

PUTRIDE ■ Putrescent. ⇒ **pourri.**

PUTSCH ■ Coup d'État, coup de main, pronunciamiento, soulèvement.

PYGMÉE ■ *I. Au pr. :* négrille. *II. Par ext.* ⇒ **nain.**

PYLÔNE ■ ⇒ **colonne.**

PYRAMIDAL, E ■ *I.* ⇒ **gigantesque.** *II.* ⇒ **extraordinaire.**

PYRRHONISME ■ Doute, scepticisme.

PYTHAGORISME ■ Ascétisme, hermétisme, métempsychose, végétalisme.

PYTHON ■ *Par ext. :* anaconda, boa, eunecte. ⇒ **serpent.**

PYTHIE, PYTHONISSE ■ ⇒ **devin.**

q

QUADRAGÉNAIRE ▪ n. et adj. Homme dans la force de l'âge/en pleine force/fait/mûr, quarantaine (fam.).

QUADRAGÉSIME ▪ Carême.

QUADRANGLE, QUADRANGULAIRE ▪ ⇒ **quadrilatère.**

QUADRATURE ▪ *Loc.* **Quadrature du cercle** : contradiction, faux problème, gageure, impossibilité.

QUADRILATÈRE ▪ Carré, losange, parallélogramme, quadrangle, quadrangulaire, rectangle, trapèze.

QUADRILLAGE ▪ Carroyage. ⇒ **investissement.**

QUADRILLE ▪ ***I. Nom fém.*** *:* carrousel, équipe, peloton, reprise, troupe. ***II. Nom masc.*** *:* branle, cancan, contredanse, cotillon, figure.

QUADRILLER ▪ ***I.*** Carreler. ***II.*** ⇒ **investir.**

QUADRUPLER ▪ ***Par ext.*** *:* accroître, augmenter, développer, donner de l'expansion/extension/importance, multiplier, mutiplier par quatre, valoriser.

QUAI ▪ ***I. Au pr.*** *:* appontement, débarcadère, dock, embarcadère, levée, môle, wharf. ***II. Par ext.*** *:* plateforme, trottoir.

QUAKER, ERESSE ▪ n. et adj. ***Par ext.*** *:* fanatique, protestant, puritain, rigoriste, sectataire.

QUALIFICATIF, IVE ▪ n. et adj. Adjectif, attribut, caractéristique, désignation, épithète, qualité.

QUALIFICATION ▪ ***I. Au pr.*** *:* appellation, dénomination, désignation, épithète, nom, qualité, titre. ***II. Par ext.*** *:* aptitude, compétence, confirmation, expérience, garantie, habileté, savoir-faire, tour de main.

QUALIFIÉ, E ▪ Apte, autorisé, capable, certifié, compétent, confirmé, diplômé, expérimenté, garanti, habile.

QUALIFIER ▪ ***I.*** Appeler, dénommer, désigner, déterminer, intituler, nommer, traiter de. ***II.*** Autoriser, confirmer, homologuer, garantir. ***III. V. pron.*** *:* Se classer, se distinguer, et *les formes pron. possibles des syn. de* QUALIFIER.

QUALITÉ ▪ ***I. De quelque chose*** *:* acabit (fam.), aloi, attribut, calibre, caractère, catégorie, choix, contingence, espèce, essence, marque, modalité, mode, propriété, spécificité. ***II. De quelqu'un.*** **1.** Aptitude, autorité, avantage, bourre (fam.), calibre (fam.), capacité, caractère, compétence, disposition, don, faculté, mérite, nature, particularité, représentativité, talent, valeur, vertu. **2.** Condition, fonction, grandeur, noblesse, nom, puissance, qualification, titre, vertu. **3.** Métier, partie, spécialité. ***III.*** ⇒ **perfection.**

QUAND ▪ Alors que, au moment où/que, comme, encore que, lorsque.

QUANT À ▪ À propos de, de son côté, pour ce qui est de, pour sa part, relativement à.

QUANTIÈME ▪ Date, jour.

QUANTIFIER ▪ Appliquer/attribuer/donner une quantité/valeur, chiffrer, mesurer.

QUANTITÉ ▪ ***I. Au pr. :*** capacité, charge, contenance, débit, dépense, dose, durée, effectif, extension, grandeur, longueur, masse, mesure, nombre, poids, quotité, somme, surface, unité, valeur, volume. ***II. Par ext.*** **1. Petite quantité** : bout, bribe, brin, doigt, goutte, grain, nuage, parcelle, pincée, poignée, point, pouce, rien, soupçon. **2. Grande quantité** : abondance, accumulation, affluence, armée, arsenal, avalanche, averse, bénédiction, bloc, cargaison, chiée (grossier), collection, concours, contingent, débauche, déboulée, déluge, encombrement, ensemble, entassement, essaim, fleuve, flopée (fam.), flot, foison, forêt, foule, foultitude (fam.), fourmillement, grêle, immensité, infinité, jonchée, kyrielle, légion, luxe, masse, mer, mille, milliard, milliasse, million, moisson, monceau, monde, montagne, muflée (fam.), multiplicité, multitude, myriade, nombre, nuée, pluie, potée, pullulement, régiment, renfort, ribambelle, série, tapée (fam.), tas, traînée, tripotée.

QUARANTAINE ▪ ***I.*** Confinement, isolation, isolement ***II.*** Boycottage, interdit, mise à l'écart/l'index, ostracisme, proscription.

QUART ▪ ***I.*** Gobelet, récipient, timbale. ***II.*** Garde, service, veille.

QUARTAUT ▪ Barrique, fût, futaille, tonneau, tonnelet.

QUARTIER ▪ ***I. Au pr. :*** fraction, morceau, partie, pièce, portion, tranche. ***II. De lune :*** croissant, phase. ***III.*** Échéance, terme, trimestre. ***IV.*** Camp, campement, cantonnement, caserne, casernement. ***V.*** Arrondissement, district, faubourg, ghetto, médina, mellah, région, secteur. ***VI. Vén. :*** gîte, tanière. ***VII. Loc.*** **Pas de quartier** : grâce, ménagement, merci, miséricorde, pitié, vie sauve.

QUARTZ ▪ Améthyste, aventurine, cristal de roche/hyalin, gneiss, granit, grès, jaspe, micaschiste, œil de chat, quartzite, sable, silice.

QUASI ▪ ***I. Nom :*** cuisse/tranche de veau. ***II. Adv. :*** à peu près, comme, pour ainsi dire, presque.

QUATRAIN ▪ Couplet, épigramme, impromptu, pièce, poème, strophe.

QUATRE (SE METTRE EN) ▪ S'agiter, se décarcasser, se démancher, se démener, se dépenser, se donner du mal/de la peine/du tintouin, s'écarteler, s'employer, se remuer.

QUATUOR ▪ Ensemble, formation, orchestre, quartette.

QUELCONQUE ▪ Banal, commun, courant, insignifiant, médiocre, n'importe lequel, ordinaire, plat, vague.

QUELQUE ▪ ***I. Adj.*** **1. Au sing. Devant un nom** *(quelque aventure) :* certain. **2. Au pl.** : divers, un certain nombre, un groupe, plusieurs, une poignée, une quantité. ***II. Adv.*** **1. Devant un adj.** *(quelque grands que soient) :* pour, si. **2. Devant un nombre** : dans les, environ.

QUELQUEFOIS ▪ Parfois, rarement, de temps à autre, de temps en temps.

QUÉMANDAGE ▪ Demande, mendicité, sollicitation.

QUÉMANDER ▪ v. tr. et intr. Demander, importuner, mendier, quêter, rechercher, solliciter, taper.

QUÉMANDEUR, EUSE ▪ Demandeur, importun, mendiant, mendigot, pilier d'antichambre, quêteur, quêteux, solliciteur, tapeur.

QU'EN-DIRA-T-ON ▪ Anecdote, bavardage, bruit, calomnie, cancan, chronique, clabaudage, commérage, médisance, potin, ragot, rumeur.

QUENELLE ▪ Godiveau.

QUERELLE ▪ Affaire, algarade, altercation, attaque, bagarre, bataille, batterie (vx), bisbille, brouille, chamaillerie, chambard, charivari, combat, chicane, constestation, débat, démêlé, désaccord, différend, discorde, dispute, dissension, division, échauffourée, émeute, empoignade, esclandre, grabuge, guerre, noise, plaid (vx), prise de bec, rixe, tempête, tracasserie.

QUERELLER ▪ Attaquer, attraper, batailler, chamailler, chanter pouilles, chercher chicane/noise/des poux/querelle, chicaner, chipoter, disputer, gourmander, gronder, houspiller, réprimander, tancer. ***V. pron.*** : Se battre, discuter, s'empoigner, se prendre aux cheveux, *et les formes pron. possibles des syn. de* QUERELLER.

QUERELLEUR, EUSE ▪ n. et adj. Agressif, batailleur, boute-feu, casseur, chamailleur, chicaneur, chicanier, criard, difficile, discutailleur, discuteur, disputeur, ferrailleur, hargneux, hutin (vx), mauvais coucheur, mauvaise tête, pie-grièche, tracassier.

QUERIR ▪ Chercher, se procurer, rechercher, solliciter.

QUESTEUR ▪ Administrateur, censeur, économe, intendant, trésorier.

QUESTION ▪ ***I. Vx*** : épreuve, géhenne, gêne, supplice, torture. ***II.*** Charade, colle (fam.), demande, devinette, énigme, épreuve, examen, information, interrogation. ***III.*** Affaire, article, chapitre, controverse, délibération, difficulté, discussion, interpellation, matière, point, problème, sujet.

QUESTIONNAIRE ▪ Consultation, déclaration, enquête, formulaire, sondage, test.

QUESTIONNER ▪ Consulter, cuisiner (fam.), demander, s'enquérir, enquêter, éprouver, interroger, interviewer, mettre sur la sellette (fam.), poser des questions, scruter, sonder, tâter, tester.

QUESTURE ▪ Administration, économat, intendance.

QUÊTE ▪ ***I.*** Collecte, ramassage. ***II.*** Enquête, recherche.

QUÊTER ▪ ***I. Vén.*** : chasser, chercher, suivre. ***II.*** Demander, mendier, quémander, rechercher, réclamer, solliciter.

QUEUE ▪ ***I. Au pr.*** **1. D'un animal** : appendice caudal, balai, couette, fouet. **2. Bot.** : pédicule, pédoncule, pétiole, tige. ***II. Par ext. (d'un vêtement)*** : pan, traîne. ***III. Fig.*** : arrière, bout, coda, conclusion, dénouement, fin, sortie. ***IV. D'une casserole*** : manche. ***V.*** Attente, file, foule. ***VI. Vulg.*** : ⇒ **sexe.**

QUIBUS ▪ Argent, espèces, fortune, moyens.

QUICONQUE ▪ ***I.*** N'importe qui, qui que ce soit. ***II. Loc.*** **Mieux que quiconque** : personne.

QUIDAM ▪ Homme, individu, personne.

QUIET, ÈTE ▪ Apaisé, béat, benoît, calme, coi, paisible, rasséréné, rassuré, reposé, serein, tranquille.

QUIÉTUDE ▪ Accalmie, apaisement, assurance (vx), ataraxie, béatitude, bien-être, bonace, calme, douceur, paix, rassérénement, repos, sérénité, tranquillité.

QUINAUD, E ▪ Confus, décontenancé, dépité, embarrassé, honteux, supris. ⇒ **bête.**

QUINCAILLE** (vx)* et ***QUINCAILLERIE ■ ***I.*** Billon, petite monnaie. ***II.*** Décolletage, ferblanterie, métallerie, taillanderie. ***III. Péj.*** clinquant, pacotille.

QUINCONCE ■ ***I.*** Assemblage, dispositif, échiquier, quatre-coins. ***II.*** Allée, place, square.

QUINQUET ■ ***I.*** Godet, lampe, lumignon, veilleuse. ***II.*** ⇒ **œil.**

QUINTESSENCE ■ ***I. Au pr. :*** alcool, essence, extrait. ***II. Par ext. :*** meilleur, moelle, nec plus ultra, principal, quiddité, raffinement, substantifique moelle, suc.

QUINTESSENCIÉ, E ■ Affecté, alambiqué, baroque, compliqué, contorsionné, précieux, raffiné, recherché, sophistiqué, subtil.

QUINTESSENCIER ■ Distiller, purifier, raffiner, sophistiquer, subtiliser.

QUINTETTE ■ Ensemble, formation, orchestre.

QUINTEUX, EUSE ■ Acariâtre, atrabilaire, bizarre, braque, cacochyme, capricant, capricieux, changeant, difficile, guincheur (équit.), fantasque, inégal, instable, lunatique, ombrageux, rétif, ramingue (équit.).

QUIPROQUO ■ Bêtise, bévue, brouillamini, chassé-croisé, coq-à-l'âne, erreur, gaffe, imbroglio, intrigue, malentendu, méprise.

QUITTANCE ■ Acquit, apurement, décharge, libération, quitus, récépissé, reçu.

QUITTE ■ Débarrassé, dégagé, délivré, dispensé, exempté, libéré, libre.

QUITTER ■ ***I. Vx :*** abandonner, céder, laisser. ***II. On quitte une activité.*** **1. Neutre :** abandonner, abdiquer, changer, délaisser, se démettre de, déposer, dételer, lâcher, laisser, partir, résigner, se séparer de. **2. Non favorable :** abjurer, apostasier, renier, rompre, sacrifier. ***III. On quitte un lieu :*** s'absenter, s'en aller, changer, déguerpir, déloger, démarrer, déménager, déserter, s'éloigner, émigrer, s'enfuir, évacuer, s'évader, s'expatrier, fuir, lever le siège, partir, passer, sortir, vider les lieux. ***IV. On quitte un vêtement :*** se débarrasser/défaire/dépouiller de, se dénuder, se déshabiller, se dévêtir, enlever, se mettre à poil (fam.), ôter, poser, tomber (fam.). ***V. Loc.*** **Quitterla terre/le monde/la vie :** disparaître, partir. ⇒ **mourir.**

QUITUS ■ Acquit, décharge, quittance, récépissé, reçu.

QUI VIVE ■ ***Interj. :*** halte, qui va là.

QUI-VIVE ■ ***Nom :*** affût, aguets, alarme, alerte, éveil, guet, signal, veille.

QUOI ■ ***I.*** Laquelle, lequel, lesquelles, lesquels, quel, quelle, quels. ***II.*** **1. De quoi :** dont. **2. Faute de quoi, sans quoi :** autrement, sinon. **3. Il y a de quoi :** lieu, matière, motif, raison, sujet. **4. Il a de quoi :** avoir, biens, capital, fortune, ressources, revenus. ⇒ **richesse.** ***III. Interj. :*** comment, tiens, vous dites.

QUOIQUE ■ Bien/encore/malgré que, pour, tout.

QUOLIBET ■ Apostrophe, brocard, huée, lardon (vx), pique, plaisanterie, pointe, raillerie.

QUORUM ■ Majorité, nombre.

QUOTA, QUOTE-PART ■ Allocation, attribution, cens, contingent, contribution, cotation, cote, cotisation, écot, fraction, imposition, impôt, lot, montant, part, portion, pourcentage, quantité, quotité, répartition.

QUOTIDIEN, ENNE ■ ***I. Adj.*** **1. Au pr. :** de chaque jour, journalier. **2. Par ext. :** accoutumé, banal, continuel, fréquent, habituel, normal, ordinaire, réitéré. ***II. Nom*** ⇒ **journal.**

QUOTITÉ ■ ⇒ **quota.**

r

RABÂCHAGE ■ ⇒ **radotage.**

RABÂCHER ■ v. tr. et intr. ⇒ **répéter.**

RABAIS ■ Baisse, bonification, diminution, escompte, remise, ristourne, tant pour cent.

RABAISSER ■ ***I.*** ⇒ **abaisser.** ***II.*** ⇒ **baisser.**

RABAT-JOIE ■ Trouble-fête. ⇒ **triste.**

RABATTEUR, EUSE ■ ⇒ **propagandiste.**

RABATTRE ■ ***I.*** ⇒ **abaisser.** ***II.*** ⇒ **baisser.** ***III.*** ⇒ **diminuer.** ***IV.*** ⇒ **repousser.** ***V. Loc.*** **En rabattre ⇒ modérer (se).**

RABIBOCHAGE ■ ***I.*** ⇒ **réparation.** ***II.*** ⇒ **réconciliation.**

RABIOT ■ ⇒ **supplément.**

RABIOTER ■ ⇒ **prendre.**

RÂBLE ■ ⇒ **dos.**

RÂBLÉ, E ■ ⇒ **ramassé.**

RABOT ■ Bouvet, colombe, doucine, feuilleret, gorget, guillaume, guimbarde, jablière, jabloir, mouchette, riflard, tarabiscot, varlope.

RABOTER ■ ***I. Au pr. :*** aplanir, corroyer, dégauchir, polir, varloper. ***II. Fig. :*** châtier, corriger, parachever, polir, revoir.

RABOTEUX, EUSE ■ ⇒ **rude.**

RABOUGRI, E ■ ⇒ **ratatiné.**

RABOUTER ■ ⇒ **joindre.**

RABROUER ■ ⇒ **repousser.**

RACAILLE ■ ⇒ **populace.**

RACCOMMODAGE ■ Rafistolage (fam.), rapiéçage, ravaudage, réparation, reprise, rhabillage, stoppage.

RACCOMMODEMENT ■ Accommodement, accord, fraternisation, réconciliation, rapatriage (vx), rapprochement, replâtrage.

RACCOMMODER ■ ***I. Au pr. :*** raccoutrer, rafistoler (fam.), rapetasser, rapiécer, rapiéceter, ravauder, remmailler, rentraire, réparer, repriser, resarcir, restaurer, retaper, stopper. ***II. Fig.*** ⇒ **réconcilier.**

RACCOMPAGNER ■ ⇒ **reconduire.**

RACCORD, RACCORDEMENT ■ ⇒ **joint, transition.**

RACCORDER ■ ⇒ **joindre, unir.**

RACCOURCI ■ Abrégé, traverse.

RACCOURCIR ■ ⇒ **diminuer.**

RACCROC (PAR) ■ ⇒ **hasard.**

RACCROCHER ■ ⇒ **rattraper.**

RACE ■ Ancêtres, ascendance, branche, classe, couche, couvée (fam.), descendance, dynastie, engeance, espèce, ethnie, extraction, extrance, famille, filiation, fils, génération, graine, hérédité, héritiers, ligne, lignée, maison, origine, postérité, rejetons, sang, sorte, souche, tige. **Vx. :** agnats, cognats, estoc, gent, hoirs, lignage, parage, parentage.

RACHAT ■ *I. Au pr. :* recouvrement, réemption, réméré. *II. Par ext. :* délivrance, expiation, rédemption, salut.

RACHETER ■ v. tr. *I.* ⇒ **libérer.** *II.* ⇒ **réparer.** *III. V. pron. :* se libérer, se rattraper, se rédimer, se réhabiliter. ⇒ **réparer.**

RACHIS ■ ⇒ **épine (dorsale).**

RACHITISME ■ ⇒ **maigreur.**

RACINE ■ *I. Au pr. :* bulbe, caïeu, chevelu, estoc, étoc, griffe, oignon, pivot, radicelle, radicule, rhizome, souche, stolon, tubercule. *II. Fig.* ⇒ **origine.**

RACLÉE ■ ⇒ **torgnole.**

RACLER ■ *I. Au pr. :* curer, enlever, frayer (vétér.), frotter, gratter, nettoyer, râper, râtisser, riper, ruginer, sarcler. *II. Fig.* ⇒ **jouer.**

RACLOIR ■ *I.* Curette, racle, raclette. *II.* Étrille, strigile.

RACOLAGE ■ Embrigadement, enrôlement, retape. ⇒ **prostitution.**

RACOLER ■ Embrigader, engager, enrégimenter, enrôler, incorporer, lever des troupes, mobiliser, recruter.

RACONTAR ■ *I.* ⇒ **médisance.** *II.* ⇒ **roman.**

RACONTER ■ *I.* Bailler (vx), bonnir (arg.), conter, débiter, décrire, détailler, développer, dire, expliquer, exposer, narrer, peindre, rapporter, réciter, relater, rendre compte, retracer, tracer. *II.* ⇒ **médire.**

RACORNI, E ■ ⇒ **ratatiné.**

RADAR ■ Détecteur, mouchard (fam.).

RADE ■ *I.* ⇒ **port.** *II. Loc.* **Laisser en rade** ⇒ **abandonner.**

RADEAU ■ Brelle. ⇒ **bateau.**

RADICAL, E ■ Complet, drastique, foncier, fondamental. ⇒ **absolu.**

RADIESTHÉSISTE ■ Rhabdomancien, sourcier.

RADIER ■ Barrer, biffer, caviarder, démarquer, détruire, effacer, faire disparaître, faire une croix, gommer, gratter, laver, raturer, rayer, sabrer, supprimer.

RADIEUX, EUSE ■ *I.* Beau, brillant, éclatant, ensoleillé, épanoui, étincelant, heureux, joyeux, lumineux, radiant, rayonnant. *II.* Content, ravi, satisfait.

RADIN, E ■ ⇒ **avare.**

RADINER ■ ⇒ **arriver, venir.**

RADIO ■ *I.* Radiodiffusion, radiophonie, téléphonie sans fil, T.S.F. *II. Par ext.* 1. Ondes. 2. Poste, transistor. 3. Diffusion, émission, informations, journal parlé, mass media.

RADOTAGE ■ Gâtisme, rabâchage, rabâcherie (vx), répétition, verbiage.

RADOTER ■ ⇒ **déraisonner.**

RADOUBER ■ Réparer. ⇒ **calfater.**

RADOUCISSEMENT ■ ⇒ **amélioration.**

RAFALE ■ *I. Mar. :* bourrasque, coup de chien/de tabac/de vent, grain, risée, tempête, tornade, tourbillon, trombe. *II.* ⇒ **décharge.**

RAFFERMIR ■ ⇒ **affermir.**

RAFFERMISSEMENT ■ ⇒ **affermissement.**

RAFFINAGE ■ ⇒ **purification.**

RAFFINÉ, E ■ Affecté (péj.), affiné, alambiqué (péj.), aristocratique, connaisseur, délicat, distingué, élégant, fin, gracieux, parfait, précieux, pur, quintessencié, recherché, subtil, subtilisé (vx).

RAFFINEMENT ■ *I.* ⇒ **finesse.** *II.* ⇒ **affectation.**

RAFFINER ■ ***I.*** ⇒ **épurer.** ***II.*** ⇒ **améliorer.**

RAFFOLER ■ ***I.*** ⇒ **aimer.** ***II.*** ⇒ **goûter.**

RAFFUT ■ ⇒ **tapage.**

RAFISTOLAGE ■ ⇒ **réparation.**

RAFISTOLER ■ ⇒ **réparer.**

RAFLE ■ Coup de filet, descente de police. ⇒ **prise.**

RAFLER ■ ***I.*** ⇒ **enlever.** ***II.*** ⇒ **voler.**

RAFRAÎCHIR ■ ***I.*** ⇒ **refroidir.** ***II.*** Ravaler, raviver. ***III.*** ⇒ **réparer.** ***IV.*** ⇒ **tailler.** ***V. V. pron.*** ⇒ **boire.**

RAFRAÎCHISSEMENT ■ ***I.*** ⇒ **boisson.** ***II. Du temps.*** 1. Refroidissement. 2. Adoucissement.

RAGAILLARDIR ■ ⇒ **réconforter.**

RAGE ■ ***I. Au pr. :*** hydrophobie (vx). ***II. Par ext.*** 1. ⇒ **fureur.** 2. ⇒ **manie.** ***III. Loc.*** **Faire rage.** ⇒ **sévir.**

RAGER ■ Bisquer, écumer, endêver, enrager, être en colère/en fureur/en rogne, fumer (fam.), maronner, maugréer, râler, rogner, ronchonner, se ronger les poings, rouspéter.

RAGEUR, EUSE ■ ⇒ **colère.**

RAGOT ■ ***I.*** ⇒ **médisance.** ***II.*** ⇒ **nain.**

RAGOÛT ■ Blanquette, bourguignon, brussoles, capilotade, cassoulet, chipolata, civet, compote, daube, fricassée, fricot, galimafrée, gibelotte, haricot de mouton, hochepot, matelote, miroton, navarin, oille (vx), olla-podrida, ratatouille, salmigondis, salmis, salpicon. ***Péj. :*** ragougnasse, rata, tambouille.

RAGOÛTANT, E ■ Affriolant, agréable, alléchant, appétissant, engageant, friand, savoureux, séduisant, succulent, tentant.

RAID ■ Attaque, commando, coup de main, descente, expédition (punitive), incursion, opération, représailles.

RAIDE ■ ***I. Au pr. :*** droit, empesé, ferme, inflexible, rigide, roide, sec, tendu. ***II. Par ext.*** 1. Affecté, ankylosé, contracté, engourdi, guindé, solennel. 2. ⇒ **escarpé.** 3. ⇒ **rude.** 4. ⇒ **excessif.** 5. ⇒ **libre.**

RAIDEUR ■ ***I. Au pr. :*** ankylose, engourdissement, rigidité, tension. ***II. Fig.*** ⇒ **affectation.**

RAIDILLON ■ ⇒ **montée.**

RAIDIR ■ Abraquer, bander, contracter, durcir, guinder, souquer, tendre, tirer.

RAIDISSEMENT ■ ⇒ **affermissement.**

RAIE ■ Bande, ligne, rayure, strie, striure, trait, vergeture, zébrure.

RAIFORT ■ Radis noir.

RAILLER ■ S'amuser de, bafouer, berner, blaguer, brocarder, charrier, chiner, cribler/larder/fusiller de brocards/d'épigrammes, dauber, s'égayer de, entreprendre, faire des gorges chaudes/la figue/la nique, faire marcher, se ficher/foutre de, fronder, se gausser de, se goberger de, gouailler, ironiser, jouer, larder, mettre en boîte, montrer du doigt, moquer, nasarder, se payer la tête, persifler, plaisanter, ridiculiser, rire, satiriser, vanner, vilipender. ***Vx :*** draper, gaber, se gaudir de, goguenarder.

RAILLERIE ■ ***I. Au pr. :*** dérision, gausserie (vx), gauguenarderie (vx), goguenardise, gouaillerie, humour, ironie, malice, mise en boîte, moquerie, persiflage, ricanement, risée, sarcasme, satire, trait. ***II. Par ext.*** ⇒ **brocard.**

RAILLEUR, EUSE ■ ⇒ **taquin.**

RAINURE ■ Adent, coche, coupure, cran, crevasse, échancrure, encoche, entaille, entaillure, entamure, faille, fente, feuillure, hoche, jable, liouble, mortaise, raie, rayure, sillon.

RAISIN ■ ***I.*** Cépage, grappe. ***II.*** Aligoté, aramon, cabernet, chasselas, clairette, corinthe, gamay, gouet, grenache, gros plant, madeleine, malaga, malvoisie, merlot, morillon, muscadet, muscat, olivette, picpouille, pinot, riesling, sémillon, silvaner, tokay, traminer.

RAISON ■ *I.* ⇒ **entendement.** *II.* Bon goût, bon sens, jugement, jugeote, juste milieu, modération, philosophie, pondération, sagesse. *III.* ⇒ **raisonnement.** *IV.* ⇒ **cause.** *V.* Dédommagement, réparation, satisfaction.

RAISONNABLE ■ *I.* Intelligent, judicieux, pensant, rationnel, sage. *II.* Acceptable, bon, convenable, fondé, honnête, juste, légitime, logique, modéré, naturel, normal, pondéré, sensé.

RAISONNEMENT ■ *I.* ⇒ **raison.** *II.* Analyse, apagogie, argument, déduction, démonstration, dialectique, dilemme, échafaudage, induction, inférence, ratiocination (péj.), sorite, syllogisme, synthèse.

RAISONNER ■ *I. V. intr. :* argumenter, calculer, discuter, disputer, penser, philosopher, ratiociner (péj.), sophistiquer. *II. V. tr.* **1. Quelque chose** : calculer, éprouver, examiner. **2. Quelqu'un** ⇒ **admonester.**

RAJEUNIR ■ ⇒ **renouveler.**

RAJEUNISSEMENT ■ Jouvence. ⇒ **renouvellement.**

RAJOUTER ■ *I.* ⇒ **ajouter.** *II.* ⇒ **exagérer.**

RÂLE ■ Râlement. ⇒ **agonie.**

RALENTIR ■ *I.* ⇒ **freiner.** *II.* ⇒ **modérer.**

RALENTISSEMENT ■ ⇒ **diminution.**

RÂLER ■ *I.* ⇒ **protester.** *II.* ⇒ **rager.**

RÂLEUR, EUSE ■ ⇒ **mécontent.**

RALLIEMENT ■ *I.* ⇒ **conversion.** *II.* ⇒ **rassemblement.**

RALLIER ■ *I.* ⇒ **assembler.** *II.* ⇒ **rejoindre.**

RALLONGE ■ ⇒ **supplément.**

RALLONGER ■ Accroître, allonger, ajouter, augmenter, déployer, détirer, développer, étendre, étirer, prolonger, proroger, tendre, tirer.

RALLUMER ■ ⇒ **ranimer.**

RAMAGE ■ Chant, gazouillement, gazouillis, pépiement.

RAMAS ■ Amas, bric-à-brac, fatras, ramassis, ravaudage, ravauderie, rhapsodie.

RAMASSAGE ■ ⇒ **cueillette.**

RAMASSÉ, E ■ *I.* Blotti, lové, pelotonné, recroquevillé, replié, tapi. *II.* Courtaud, massif, mastoc, râblé, râblu, trapu.

RAMASSER ■ *I.* Amasser, assembler, capter, capturer, collectionner, prendre, rafler, rassembler, récolter, recueillir, relever, réunir. *II.* ⇒ **resserrer.** *III. V. pron.* ⇒ **replier (se).**

RAMASSIS ■ *I.* ⇒ **amas.** *II.* ⇒ **ramas.**

RAMBARDE ■ *I.* ⇒ **rampe.** *II.* ⇒ **balustrade.**

RAME ■ *I.* Aviron, godille, pagaie. *II.* ⇒ **perche.** *III.* Convoi, train.

RAMEAU ■ *I.* ⇒ **branche.** *II.* ⇒ **cor.** *III.* ⇒ **ramification.**

RAMÉE ■ ⇒ **branche.**

RAMENER ■ *I.* ⇒ **mener.** *II.* ⇒ **réduire.** *III.* ⇒ **rétablir.**

RAMER ■ Canoter, godiller, nager, pagayer.

RAMIER ■ *I. Au pr. :* biset, colombe, goura, palombe, palonne, pigeon, pigeonneau, tourtereau, tourterelle. ⇒ **colombin.** *II. Fig.* ⇒ **paresseux.**

RAMIFICATION ■ Bout, branche, bribe, compartiment, côté, division, élément, embranchement, fraction, membre, morceau, pan, parcelle, part, partie, pièce, portion, rameau, secteur, subdivision, tranche, tronçon.

RAMIFIER (SE) ■ ⇒ **séparer (se).**

RAMOLLI, E ■ ***I.*** ⇒ **mou.** ***II.*** ⇒ **gâteux.**

RAMOLLIR ■ ⇒ **amollir.**

RAMOLLISSANT, E ■ Émollient.

RAMOLLISSEMENT ■ ***I.*** Avachissement, flaccidité. ***II.*** ⇒ **radotage.**

RAMPANT, E ■ ⇒ **servile.**

RAMPE ■ Balustrade, garde-fou, rambarde. ⇒ **montée.**

RAMPER ■ ***I.*** Se couler, glisser, s'introduire. ***II.*** ⇒ **flatter.**

RAMURE ■ ***I.*** ⇒ **branche.** ***II.*** ⇒ **cor.**

RANCARD ■ ⇒ **rendez-vous.**

RANCART ■ ⇒ **rebut.**

RANCE ■ ⇒ **aigre.**

RANCŒUR ■ ⇒ **ressentiment.**

RANÇONNER ■ ⇒ **voler.**

RANCUNE ■ ⇒ **ressentiment.**

RANCUNIER, ÈRE ■ Haineux, malveillant, rancuneux, vindicatif.

RANDONNÉE ■ ⇒ **tour, promenade.**

RANG ■ Caste, catégorie, classe, condition, degré, échelon, étage, état, file, haie, lieu, ligne, liste, ordre, place, queue, rangée, situation, volée.

RANGÉ, E ■ ⇒ **réglé.**

RANGÉE ■ ⇒ **rang.**

RANGEMENT ■ ***I.*** ⇒ **classement.** ***II.*** ⇒ **nettoiement.**

RANGER ■ Aligner, arranger, caser, classer, disposer, distribuer, échelonner, entreposer, étiqueter, garer, grouper, mettre en ordre/place/rang, ordonner, placer, séparer, sérier, serrer.

RANIMER ■ Animer, augmenter, encourager, exalter, exciter, raffermir, rallumer, ravigoter, raviver, réchauffer, régénérer, rehausser, relever, remonter, rénover, ressusciter, rétablir, retaper, retremper, réveiller, revigorer, revivifier, vivifier.

RAPACE ■ ***I. N. m.*** : aegypiidé, aquilidé, bubonidé, falconidé, strigidé, vulturidé. **1. Diurne** : aigle, autour, balbuzard, bondrée, busaigle, busard, buse, circaète, condor, crécerelle, écoufle, émerillon, émouchet, épervier, faucon, gerfaut, griffon, gypaète, harpie, hobereau, laneret, lanier, milan, orfraie, pandion, percnoptère, sarcoramphe, secrétaire, serpentaire, spizaète, uraète, urubu, vautour. **2. Nocturne** : bubo, chat-huant, chevêche, chouette, duc, effraie, harfang, hibou, hulotte, scops, strix. ***II. Adj.*** ⇒ **avare.**

RAPACITÉ ■ Ambition, avidité, banditisme, convoitise, cruauté, cupidité, désir insatiable, goinfrerie, vampirisme. ⇒ **avarice.**

RÂPÉ, E ■ ⇒ **usagé.**

RÂPER ■ Egruguer, pulvériser.

RAPETASSER ■ ⇒ **raccommoder.**

RAPETISSER ■ ⇒ **diminuer.**

RÂPEUX, EUSE ■ ⇒ **rude.**

RAPIDE ■ ***I. Nom masc.*** ⇒ **cascade.** ***II. Adj.*** : **1.** Actif, agile, alerte, cursif, diligent, empressé, enlevé, expéditif, fulgurant, immédiat, leste, pressé, preste, prompt, véloce, vif. ⇒ **vite. 2.** Bâclé, hâtif, précipité, sommaire.

RAPIDEMENT ■ ⇒ **vite.**

RAPIDITÉ ■ Agilité, célérité, diligence, hâte, précipitation, presse, prestesse, promptitude, soudaineté, vélocité, vitesse, vivacité.

RAPIÉCER ■ ⇒ **raccommoder.**

RAPIÈRE ■ ⇒ **épée.**

RAPINE ■ Brigandage, déprédation, exaction, gain illicite, pillage. ⇒ **vol.**

RAPPEL ■ ***I. Au pr.*** : appel, évocation, commémoration, mémento, mémoire, mention, souvenance, souvenir. ***II.*** ⇒ **acclamation.** ***III.*** Mobilisation. ***IV. Loc.*** **Battre le rappel. 1. Au pr.** : amasser, appeler, assembler, concentrer, grouper, lever, masser, mobiliser, racoler, rallier, ramasser, rassembler, réunir. **2. Par ext. :** chercher, se rappeler, se souvenir.

RAPPELER ■ ***I.*** Commémorer, évoquer, mentionner, retracer. ***II.*** ⇒ **destituer.** ***III.*** ⇒ **acclamer.** ***IV.*** ⇒ **recouvrer.** ***V.*** ⇒ **ressembler à.** ***VI. V. pron. :*** se recorder (vx), se remembrer (vx), se remémorer, se ramentevoir (vx), remettre, retenir, revivre, revoir, se ressouvenir/souvenir.

RAPPLIQUER ■ ⇒ **arriver.**

RAPPORT ■ ***I.*** Accord, affinité, analogie, concomitance, concordance, connexion, connexité, convenance, corrélation, correspondance, dépendance, harmonie, liaison, lien, parenté, pertinence, proportion, rapprochement, relation, ressemblance, similitude, trait. ***II.*** ⇒ **bénéfice.** ***III.*** Alliance, commerce, communication, contact, fréquentation, intelligence, union. ***IV.*** Analyse, bulletin, compte rendu, description, exposé, procès-verbal, récit, relation, témoignage, topo. ***V. Au pl.*** ⇒ **accouplement.**

RAPPORTER ■ ***I. Au pr. :*** apporter, ramener, remettre à sa place, rendre. ⇒ **porter.** ***II. Par ext.*** **1.** ⇒ **joindre. 2.** ⇒ **raconter. 3.** ⇒ **dénoncer. 4.** ⇒ **répéter. 5.** ⇒ **citer. 6.** ⇒ **diriger. 7.** ⇒ **produire. 8.** ⇒ **abolir.** ***III. V. pron. :*** **1.** En croire, se fier à, se référer, s'en remettre, se reposer sur. **2.** ⇒ **ressembler.**

RAPPORTEUR, EUSE ■ ⇒ **mouchard.**

RAPPROCHEMENT ■ ***I. Au pr. :*** amalgame, assemblage, assimilation, comparaison, parallèle, parangon, parité, proximité, rapport, recoupement, réunion. ***II. Par ext.*** **1.** ⇒ **réconciliation. 2.** ⇒ **similitude.**

RAPPROCHER ■ Accoler, amalgamer, approcher, assimiler, attirer, avancer, comparer, grouper, joindre, lier, presser, rapporter, réunir, serrer, unir.

RAPT ■ ⇒ **enlèvement.**

RARE ■ Accidentel, clair, clairsemé, curieux, difficile, distingué, étrange, exceptionnel, extraordinaire, inaccoutumé, inconnu, inhabituel, introuvable, inusité, précieux, remarquable, unique.

RARÉFACTION ■ Amoindrissement, appauvrissement, déperdition, diminution, disparition, dispersion, dissémination, éclaircissement, épuisement, rarescence, rareté, tarissement.

RARÉFIER ■ ⇒ **réduire.**

RARETÉ ■ ***I.*** Curiosité, phénomène. ***II.*** Défaut, disette, insuffisance, manque, pénurie.

RAS, E ■ ***I.*** ⇒ **égal.** ***II.*** ⇒ **pelé.**

RASER ■ ***I.*** ⇒ **peler.** ***II.*** ⇒ **démolir.** ***III.*** ⇒ **effleurer.** ***IV.*** ⇒ **ennuyer.**

RASEUR, RASOIR ■ Agaçant, ardélion (vx), assommant, bassinant, collant, crampon, de trop, embarrassant, embêtant, encombrant, énervant, ennuyeux, envahissant, étourdissant, excédant, fâcheux, fatigant, gênant, gêneur, gluant, hurluberlu, importun, indiscret, inopportun, insupportable, intrus, lantiponant (fam.), mouche du coche, obsédant, officieux, pesant, plaie, pot de colle, tannant, tuant. ***Grossier :*** casse ⇒ **bourses/pieds,** chiant, chiatique, emmerdant, emmouscaillant.

RASSASIÉ, E ■ Assouvi, bourré, contenté, dégoûté, gavé, gorgé, le ventre plein, repu, satisfait, saturé, soûl, sursaturé.

RASSASIER ■ Apaiser, assouvir, bourrer, calmer, contenter, donner son aise/son content, gaver, gorger, saturer, soûler.

RASSEMBLEMENT ■ Affluence, agglomération, assemblée, association, attroupement, bande, concentration, concours, foule, groupement, manifestation, masse, meeting, multitude, parti, ralliement, regroupement, rencontre, réunion, troupe.

RASSEMBLER ■ ⇒ **assembler.**

RASSÉRÉNER ■ ⇒ **tranquilliser.**

RASSIS, E ■ ⇒ **posé.**

RASSURER ■ ⇒ **tranquilliser.**

RATATINÉ, E ■ Desséché, flétri, noué, pelotonné, rabougri, racorni, ramassé, recroquevillé, replié, ridé, tassé.

RATATOUILLE ■ ⇒ **ragoût.**

RATÉ ■ Bon à rien, fruit sec, traîne-savate.

RÂTEAU ■ Arc, fauchet, fauchon, rouable.

RATER ■ ***I.*** ⇒ **manquer.** ***II.*** ⇒ **échouer.**

RATIFICATION ■ ⇒ **approbation.**

RATIFIER ■ ⇒ **confirmer.**

RATIOCINATION ■ ⇒ **argutie.**

RATIOCINER ■ ⇒ **ergoter.**

RATION ■ Bout, division, dose, fraction, fragment, lot, morceau, part, partie, pièce, portion, quartier, tranche.

RATIONALISATION ■ Automatisation, division du travail, planification, normalisation, spécialisation, stakhanovisme, standardisation, taylorisation, taylorisme.

RATIONALISME ■ ⇒ **réalisme.**

RATIONNEL, ELLE ■ Cartésien, cohérent, conséquent, exact, fonctionnel, géométrique, judicieux, juste, logique, méthodique, naturel, nécessaire, raisonnable, serré, suivi, vrai.

RATIONNEMENT ■ ***I.*** ⇒ **réduction.** ***II.*** ⇒ **régime.**

RATIONNER ■ ⇒ **réduire.**

RATTACHEMENT ■ ⇒ **réunion.**

RATTACHER ■ ⇒ **réunir.**

RATTRAPER ■ ***I.*** ⇒ **rejoindre.** ***II.*** ⇒ **réparer.** ***III. V. pron. :*** **1.** Se racheter, se réhabiliter, réparer, se reprendre, se ressaisir, se retourner. **2.** Se dédommager, gagner, prendre sa revanche, se raccrocher, se racquitter (vx), s'y retrouver, se revancher (vx), se sauver, s'en sortir, s'en tirer.

RATURE ■ Biffure, gommage, grattage, raturage, repentir, retouche.

RATURER ■ ⇒ **effacer.**

RAUQUE ■ Enroué, éraillé, guttural, de mêlé-cass, de rogomme.

RAVAGE ■ Atteinte, avarie, casse, catastrophe, dégât, dégradation, déprédation, détérioration, dommage, grief (vx), mal, perte, préjudice, sinistre, tort.

RAVAGER ■ Anéantir, bouleverser, désoler, détruire, dévaster, dévorer, endommager, fourrager, gâter, infester, piller, ruiner, saccager.

RAVAGEUR, EUSE ■ ***I.*** ⇒ **destructeur.** ***II.*** ⇒ **séducteur.**

RAVALEMENT ■ ***I.*** ⇒ **bassesse.** ***II.*** ⇒ **nettoiement.**

RAVALER ■ ***I.*** ⇒ **abaisser.** ***II.*** ⇒ **nettoyer.**

RAVAUDAGE ■ ⇒ **raccommodage.**

RAVAUDER ■ ⇒ **raccommoder.**

RAVI, E ■ ⇒ **content.**

RAVIGOTER ■ ⇒ **réconforter.**

RAVIN ■ Lit de rivière/torrent, ravine, val, vallée, vallon.

RAVINEMENT ■ Affouillement, érosion.

RAVINER ■ ⇒ **creuser.**

RAVIR ■ ***I.*** ⇒ **enlever.** ***II.*** ⇒ **prendre,** ***III.*** ⇒ **charmer.** ***IV.*** ⇒ **transporter.**

RAVISER (SE) ■ Se dédire, changer d'avis, revenir sur sa décision/parole/promesse.

RAVISSANT, E ■ Agréable, aimable, amène, attirant, beau, captivant, charmant, enchanteur, enivrant, ensorcelant, fascinant, gracieux, grisant, intéressant, joli, merveilleux, piquant, séduisant.

RAVISSEMENT ■ ***I.*** ⇒ **enlèvement.** ***II.*** ⇒ **transport.** ***III.*** ⇒ **bonheur.**

RAVITAILLEMENT ■ ⇒ **provision.**

RAVITAILLER ■ ⇒ **pourvoir.**

RAVIVER ■ ***I.*** ⇒ **rafraîchir.** ***II.*** ⇒ **ranimer.**

RAYÉ, E ■ ***I.*** ⇒ **éraflé.** ***II.*** ⇒ **zébré.**

RAYER ■ ***I.*** ⇒ **effacer.** ***II.*** ⇒ **abîmer.**

RAYÈRE ■ ⇒ **ouverture.**

RAYON ■ ***I.*** Jet, rai, trait. ***II.*** Apparence, lueur, lumière. ***III.*** Degré, étagère, planche, rayonnage, tablette. ***IV.*** Étalage, éventaire, stand.

RAYONNANT, E ■ I. ⇒ **radieux.** ***II.*** En étoile, radié, rayonné.

RAYONNEMENT ■ ***I.*** ⇒ **lustre.** ***II.*** ⇒ **propagation.**

RAYONNER ■ ***I.*** Se développer, éclater, irradier, se propager. ***II.*** ⇒ **luire.**

RAYURE ■ Balafre, entaille, strie, *et les dérivés possibles en -ure de* ⇒ **rayé.**

RAZZIA ■ ***I.*** ⇒ **incursion.** ***II.*** ⇒ **pillage.**

RÉACTEUR ■ Propulseur, pulso / stato / turboréacteur, turbine.

RÉACTION ■ ⇒ **réflexe.**

RÉACTIONNAIRE ■ n. et adj. Conservateur, de droite, fasciste, immobiliste, misonéiste, obscurantiste, rétrograde. ***Fam.*** : facho, réac.

RÉAGIR ■ ***I.*** ⇒ **répondre.** ***II.*** ⇒ **résister.**

RÉALE ■ ⇒ **galère.**

RÉALISABLE ■ Accessible, facile, faisable, permis, possible, praticable, prévisible, probable, virtuel.

RÉALISATION ■ Accomplissement, accouchement, création, effet, exécution, œuvre, production.

RÉALISER ■ ***I. Au pr.*** : accomplir, achever, actualiser, atteindre, combler, commettre, concrétiser, consommer, effectuer, exécuter, faire, opérer, pratiquer, procéder à, remplir. ***II. Par ext.*** 1. Brader, liquider, solder, vendre. 2. ⇒ **entendre.**

RÉALISME ■ ***I.*** Crudité, tranche de vie, vérisme. ***II.*** Matérialisme, naturalisme, positivisme. ***III.*** Opportunisme, pragmatisme, utilitarisme.

RÉALISTE ■ Concret, cru, matérialiste, naturaliste, opportuniste, positif, pragmatique, terre à terre, utilitaire.

RÉALITÉ ■ ***I.*** Certitude, exactitude, réalisme, vérité. ***II.*** Chose, être, évidence, existence, fait, fond, monde, nature, objet, réel. ***III. Loc.*** **En réalité :** au fond, en fait, en effet, réellement.

RÉBARBATIF, IVE ■ ⇒ **revêche.**

REBATTU, E ■ Banal, commun, connu, éculé, fatigué, réchauffé, ressassé, trivial, usé, vulgaire.

REBELLE ■ adj. et n. ***I.*** ⇒ **indocile.** ***II.*** ⇒ **insoumis.** ***III.*** ⇒ **révolté.**

REBELLER (SE) ■ ⇒ **révolter (se).**

RÉBELLION ■ ⇒ **révolte.**

REBIFFER (SE) ■ ⇒ **résister.**

REBIQUER ■ ⇒ **retrousser.**

REBONDI, E ■ ⇒ **gras, gros.**

REBONDIR ■ ***I.*** ⇒ **sauter.** ***II.*** ⇒ **recommencer.**

REBONDISSEMENT ■ ⇒ **retour.**

REBORD ■ ⇒ **bord.**

REBOT ■ Pelote basque.

REBOURS ■ ***I.*** ⇒ **opposé.** ***II. Loc.*** **À/au rebours :** à contre-pied, à contre-poil, à contresens, à l'encontre de, à l'inverse de, à l'opposé de, à rebrousse-poil, au contraire de.

REBOUTEUR ■ ⇒ **guérisseur.**

REBROUSSÉ, E ■ ⇒ **hérissé.**

REBUFFADE ■ ⇒ **refus.**

RÉBUS ■ ***I. Au pr.*** : charade, devinette, énigme, logogriphe, mots croisés. ***II. Fig.*** : mystère, secret.

REBUT ■ ***I. Au pr.*** ⇒ **refus.** ***II. Par ext.*** : balayure, bas-fond, déchet, écume, excrément, fond du panier, lie, menu fretin, ordure, quantité négligeable, racaille, rancart, reste, rogaton, rognure.

REBUTANT E ■ ***I.*** ⇒ **ennuyeux.** ***II.*** ⇒ **repoussant.**

REBUTER ■ ***I.*** ⇒ **repousser.** ***II.*** ⇒ **décourager.**

RÉCALCITRANT, E ■ Désobéissant, entêté, fermé, frondeur, indisciplinable, indiscipliné, indocile, indomptable, insoumis, insubordonné, intraitable, opiniâtre, rebelle, réfractaire, regimbant regimbeur, révolté, rétif, rude, têtu, vicieux, volontaire.

RECALER ■ ***I.*** ⇒ **ajourner.** ***II.*** ⇒ **refuser.**

RÉCAPITULATION ■ ⇒ **sommaire.**

RÉCAPITULER ■ ⇒ **résumer.**

RECELER ■ ***I.*** ⇒ **cacher.** ***II.*** ⇒ **contenir.**

RECENSEMENT ■ ***I.*** ⇒ **compte.** ***II.*** ⇒ **dénombrement.**

RECENSER ■ ⇒ **dénombrer.**

RECENSION ■ ⇒ **comparaison.**

RÉCENT, E ■ ⇒ **nouveau.**

RÉCÉPISSÉ ■ ⇒ **reçu.**

RÉCEPTACLE ■ ⇒ **contenant.**

RÉCEPTION ■ ***I. Au pr.*** : admission, initiation, intronisation, investiture. ***II.*** Accueil, hospitalité. ⇒ **abord.** ***III.*** Bridge, cérémonie, cinq-à-sept, cocktail, déjeuner, diffa, dîner, five o'clock (tea), gala, garden-party, raout *ou* rout, soirée, surprise-partie, thé, veillée.

RECÈS, RECEZ ■ ⇒ **convention.**

RÉCESSION ■ ***I.*** ⇒ **crise.** ***II.*** ⇒ **recul.**

RECETTE ■ ***I.*** Fruit, gain, produit, profit. ⇒ **bénéfice.** ***II.*** ⇒ **méthode.** ***III.*** ⇒ **procédé.**

RECEVABLE ■ ⇒ **acceptable.**

RECEVOIR ■ ***I. Au pr.*** **1. Favorable ou neutre** : acquérir, encaisser, obtenir, percevoir, prendre, tirer. ⇒ **toucher. 2. Non favorable** : attraper, avaler, boire, écoper, embourser, empocher, encaisser, éprouver, essuyer, prendre, récolter, souffrir, subir, trinquer. ***II. Par ext.*** **1.** Accueillir admettre, donner l'hospitalité/une réception *et les syn.* de RÉCEPTION, héberger, traiter. **2.** Donner audience. **3.** Accepter, agréer, initier, reconnaître.

RÉCHAUFFER ■ ⇒ **ranimer.**

RÊCHE ■ ⇒ **rude.**

RECHERCHE ■ ***I. Au pr.*** **1.** Battue, chasse, exploration, fouille, investigation, poursuite, quête. **2. Jurid.** : enquête, information, inquisition (vx), instruction. **3.** Étude, examen, expérience, expérimentation, observation, recension, sondage, spéculation, tâtonnement. **4.** Auscultation, percussion, succussion. ***II. Par ext.*** ⇒ **affectation.** ***III.*** ⇒ **préciosité.**

RECHERCHÉ, E ■ ***I.*** ⇒ **compliqué.** ***II.*** ⇒ **étudié.**

RECHERCHER ■ ⇒ **chercher.**

RECHIGNER ■ ⇒ **renâcler.**

RECHUTE, RÉCIDIVE ■ ⇒ **reprise.**

RÉCIDIVER ■ ⇒ **recommencer.**

RÉCIDIVISTE ■ Cheval de retour (fam.), endurci, relaps.

RÉCIF ■ Écueil, haut-fond.

RÉCIPIENDAIRE ■ Bénéficiaire, impétrant.

RÉCIPIENT ■ Boîte, bouteille, container, contenant, emballage, vase. ⇒ **ustensile.**

RÉCIPROQUE ■ ⇒ **mutuel.**

RÉCIT ■ ***I.*** Anecdote, compte rendu,

dit (vx), exposé, exposition, factum (jurid. ou péj.), histoire, historiette, historique, journal, mémoires, mémorial, narration, nouvelle, périple, rapport, relation, tableau. *II.* Annales, chronique, conte, légende, mythe, odyssée, roman. *III.* ⇒ **fable.**

RÉCITAL ▪ Aubade, audition, sérénade. ⇒ **concert.**

RÉCITATIF ▪ ⇒ **mélodie.**

RÉCITER ▪ *I.* ⇒ **dire.** *II.* ⇒ **prononcer.**

RÉCLAMATION ▪ Appel, clameur, cri, demande, doléance, exigence, pétititon, plainte, prétention, protestation, récrimination, requête, revendication.

RÉCLAME ▪ Affichage, annonce, battage, boom (fam.), bourrage de crâne (péj.), bruit, lancement, propagande, publicité, renommée, retentissement, slogan, tam-tam (fam.).

RÉCLAMER ▪ *I. V. tr.* 1. Appeler, avoir besoin, commander, demander, exiger, mériter, nécessiter, rendre nécessaire, requérir, supposer, vouloir. 2. Contester, prétendre, répéter (jurid.), revendiquer. 3. ⇒ **solliciter.** *II. V. intr. :* aboyer, gémir, se plaindre, protester, râler, se récrier, récriminer. *III. V. pron. :* en appeler, invoquer, se recommander.

RECOIN ▪ *I. Au pr.* ⇒ **coin.** *II. Fig. :* pli, repli, secret.

RÉCOLER ▪ Collationner, comparer, contrôler, éprouver, étalonner, repasser, revoir, s'assurer de, se rendre compte de, tester, voir.

RÉCOLLECTION ▪ ⇒ **recueillement.**

RÉCOLTE ▪ Annone (vx). ⇒ **cueillette, produit.**

RÉCOLTER ▪ ⇒ **recueillir.**

RECOMMANDABLE ▪ ⇒ **estimable.**

RECOMMANDATION ▪ *I.* ⇒ **appui.** *II.* ⇒ **instruction.** *III.* Avis, avertissement, conseil.

RECOMMANDER ▪ *I.* ⇒ **appuyer.** *II.* ⇒ **demander.** *III.* Avertir, conseiller, dire, exhorter, prêcher, préconiser, prôner.

RECOMMENCEMENT ▪ ⇒ **retour.**

RECOMMENCER ▪ *I. V. tr.* ⇒ **refaire.** *II. V. intr. :* se ranimer, se raviver, rebiffer, rebondir, se réchauffer, récidiver, redoubler, refaire, refleurir, réitérer, remettre, renaître, renouveler, rentamer, repartir, répéter, repiquer, reprendre, se reproduire, se réveiller, revenir.

RÉCOMPENSE ▪ *I. Au pr. :* bénéfice, compensation, dédommagement, gratification, loyer, paiement, pourboire, prime, prix, rémunération, rétribution, salaire, tribut. *II. Par ext. :* accessit, citation, couronne, décoration, diplôme, médaille, mention, oscar, prix, satisfecit. ⇒ **insigne.**

RÉCOMPENSER ▪ *I.* ⇒ **dédommager.** *II.* Citer, couronner, décorer, distinguer, payer, reconnaître.

RÉCONCILIATION ▪ Accommodement, accord, fraternisation, raccommodement, rambin (fam.), rapatriage (vx), rapprochement, replâtrage.

RÉCONCILIER ▪ Accorder, concilier, raccommoder, rapatrier (vx), rapprocher, réunir. **Fam.** : rabibocher, rambiner, rapapillonner. *V. pron. :* Se pardonner, se rajuster, se remettre bien ensemble, renouer, reprendre ses relations, revenir, *et les formes pron. possibles des syn. de* RÉCONCILIER.

RECONDUCTIBLE ▪ Renouvelable.

RECONDUCTION ▪ ⇒ **renouvellement.**

RECONDUIRE ▪ *I. Neutre :* accompagner, conduire, escorter, raccompagner, ramener. *II. Non favorable :* chasser, éconduire, expulser, mettre à la porte. *III. Par ext.* ⇒ **renouveler.**

RÉCONFORT ▪ *I.* ⇒ **aide.** *II.* ⇒ **soulagement.**

RÉCONFORTANT, E ■ ***I.*** Adoucissant, apaisant, calmant, consolant, consolateur, consolatif, consolatoire, lénitif. ***II.*** Analeptique, cordial, corroborant, excitant, fortifiant, reconstituant, remontant, roboratif, stimulant, tonique.

RÉCONFORTER ■ Aider, conforter, consoler, ragaillardir, ranimer, ravigoter, raviver, refaire, relever le courage/les forces/le moral, remettre, remonter, réparer, requinquer, restaurer, rétablir, retaper, revigorer, soutenir, stimuler, sustenter.

RECONNAISSABLE ■ Discernable, distinguable, identifiable.

RECONNAISSANCE ■ ***I. Au pr. :*** découverte, examen, exploration, inspection, investigation, observation, recherche, recognition. ***II. Par ext.*** **1. ⇒ gratitude. 2. ⇒ reçu.**

RECONNAÎTRE ■ ***I. Au pr. :*** connaître, constater, discerner, distinguer, identifier, remettre, retrouver, trouver, vérifier. ***II. Par ext.*** **1. ⇒ examiner. 2. ⇒ convenir. 3. ⇒ soumettre (se). 4. ⇒ récompenser.** ***III. V. pron.*** **⇒ retrouver (se).**

RECONQUÉRIR ■ **⇒ recouvrer.**

RECONSIDÉRER ■ **⇒ revoir.**

RECONSTITUANT ■ n. et adj. **⇒ réconfortant.**

RECONSTITUER ■ **⇒ rétablir.**

RECONSTRUIRE ■ **⇒ rétablir.**

RECONVERSION ■ Conversion, mutation, recyclage, transformation.

RECORD ■ **⇒ performance.**

RECOQUILLER (SE) ■ **⇒ replier (se).**

RECORS ■ Assistant. **⇒ témoin.**

RECOUPEMENT ■ Comparaison, liaison, parallèle, parangon, rapport, rapprochement.

RECOUPER (SE) ■ S'accorder, aller, concorder, se conformer, convenir, correspondre, être conforme à/en conformité/en harmonie/en rapport /en symétrie, faire pendant, s'harmoniser, se rapporter, se référer, répondre, représenter, ressembler, rimer (fam.), satisfaire, synchroniser.

RECOUPETTE ■ Farine, son.

RECOURBÉ, E ■ **⇒ courbe.**

RECOURIR ■ **⇒ user.**

RECOURS ■ ***I.*** **⇒ ressource.** ***II.*** Appel, demande, pourvoi, requête. ***III. Loc.*** **Avoir recours ⇒ user.**

RECOUVREMENT ■ **⇒ perception.**

RECOUVRER ■ ***I.*** Rattraper, ravoir, reconquérir, récupérer, regagner, reprendre, ressaisir, retrouver. ***II.*** Encaisser, percevoir, recevoir, toucher.

RECOUVRIR ■ ***I.*** Cacher, coiffer, couvrir, dissimuler, ensevelir, envelopper, masquer, napper, voiler. ***II.*** Appliquer, enduire, enrober, étendre, habiller, joncher, parsemer, paver, revêtir, tapisser. ***III. V. pron. :*** chevaucher, s'imbriquer, se superposer, *et les formes pron. possibles des syn. de* RECOUVRIR.

RÉCRÉATIF, IVE ■ **⇒ amusant.**

RÉCRÉATION ■ ***I.*** **⇒ divertissement.** ***II.*** **⇒ repos.** ***III.*** **⇒ pause.**

RECRÉER ■ **⇒ distraire.**

RÉCRIER (SE) ■ ***I.*** **⇒ crier.** ***II.*** **⇒ protester.** ***III.*** **⇒ enthousiasmer (s').**

RÉCRIMINATION ■ **⇒ reproche.**

RÉCRIMINER ■ **⇒ répondre.**

RECROQUEVILLER (SE) ■ ***I.*** **⇒ resserrer (se).** ***II.*** **⇒ replier (se).**

RECRU, E ■ adj. Accablé, assommé, avachi, brisé, courbatu, courbaturé, épuisé, excédé, exténué, fatigué, fourbu, harassé, las, moulu, rendu, rompu, roué de fatigue, surentraîné, surmené. ***Fam. :*** cané, claqué, crevé, échiné, éreinté, esquinté, flapi, flingué, hachesse, mort, pompé, sur les dents/les genoux/les rotules, vanné, vaseux, vermoulu, vidé.

RECRUDESCENCE ■ Accroissement, augmentation, hausse, progrès, redoublement, regain, renforcement, reprise, revif.

RECRUE ■ n. f. *I.* ⇒ **soldat.** *II.* ⇒ **membre.**

RECRUTEMENT ■ ⇒ **conscription.**

RECRUTER ■ Embrigader, engager, enrégimenter, enrôler, incorporer, lever des troupes, mobiliser, racoler.

RECTIFICATION ■ ⇒ **correction.**

RECTIFIER ■ Amender, changer, corriger, modifier, redresser, réformer, rétablir, revoir.

RECTILIGNE ■ ⇒ **droit.**

RECTITUDE ■ Droiture, exactitude, fermeté, honnêteté, justesse, justice, logique, rigueur.

REÇU ■ Acquit, bulletin, état, décharge, quittance, quitus, récépissé, reconnaissance.

RECUEIL ■ *I.* ⇒ **collection.** *II.* Album, ana, analectes, anthologie, atlas, bouquin, brochure, catalogue, chrestomathie, code, écrit, fascicule, florilège, herbier, livraison, livre, livret, manuel, opuscule, ouvrage, plaquette, portulan (mar. vx), publication, registre, répertoire, tome, volume.

RECUEILLEMENT ■ *I.* Adoration, contemplation, ferveur, méditation, piété, récollection, retraite. *II.* Application, componction, concentration, réflexion.

RECUEILLIR ■ Acquérir, amasser, assembler, avoir, butiner, capter, colliger, cueillir, effruiter, engranger, gagner, glaner, grappiller, hériter, lever, moissonner, obtenir, percevoir, prendre, quêter, ramasser, rassembler, recevoir, récolter, retirer, réunir, tirer, toucher. *V. pron.* 1. ⇒ **penser.** 2. ⇒ **renfermer (se).** 3. ⇒ **absorber (s').**

RECUL, RECULADE ■ *I.* Récession, reculement, repoussement, retrait, rétrogradation, rétrogression. *II.* Décrochage, repli, retraite. *III.* Reflux. *IV.* Éloignement, régression, retard. *V.* ⇒ **distance.**

RECULÉ, E ■ ⇒ **éloigné.**

RECULER ■ *I. V. tr.* 1. Décaler, déplacer, repousser. 2. Accroître, agrandir, étendre. 3. Ajourner, différer, retarder. *II. V. intr. :* abandonner, battre en retraite, caler, caner (fam.), céder, culer, décrocher, faire machine/marche arrière, flancher, fléchir, foirer (fam.), lâcher pied, perdre du terrain, refluer, refouler, régresser, se rejeter, se replier, rétrograder, rompre.

RÉCUPÉRER ■ *I.* ⇒ **recouvrer.** *II.* ⇒ **remettre (se).**

RÉCURER ■ Approprier, assainir, astiquer, balayer, battre, bichonner (fam.), blanchir, bouchonner, briquer (fam.), brosser, cirer, curer, débarbouiller, débarrasser, décaper, décrasser, décrotter, dégraisser, dérocher, dérouiller, déterger, écurer, enlever la crasse/la saleté, étriller, faire le ménage, fourbir, frotter, housser, laver, lessiver, monder, purifier, rapproprier, racler, ravaler, savonner, toiletter, torcher, torchonner, vanner.

RÉCURRENT, E ■ Itératif, récursif, redondant, réduplicatif, réitératif, répétitif.

RÉCUSER ■ *I.* ⇒ **refuser.** *II.* ⇒ **repousser.**

RECYCLAGE ■ Aggiornamento, mise à jour, réinsertion, réorientation.

RÉDACTEUR, TRICE ■ *I.* ⇒ **journaliste.** *II.* ⇒ **secrétaire.**

RÉDACTION ■ *I.* Composition, écriture, établissement, formule, libellé. ⇒ **texte.** *II.* Composition française, dissertation, narration. ⇒ **récit.**

REDDITION ■ ⇒ **capitulation.**

RÉDEMPTEUR, TRICE ■ ⇒ **sauveur.**

RÉDEMPTION ■ Délivrance, expiation, rachat, salut.

REDEVABLE ■ Assujetti, débiteur, imposable, obligé, tributaire.

REDEVANCE ■ ⇒ **charge.**

RÉDHIBITION ■ ⇒ **abrogation.**

RÉDIGER ■ ⇒ **écrire.**

REDINGOTE ■ *I.* Lévite. ⇒ **manteau.** *II.* ⇒ **habit.**

REDIRE ■ *I.* ⇒ **répéter.** *II. Loc.* **Trouver à redire ⇒ critiquer.**

REDITE, REDONDANCE ■ *I.* ⇒ **répétition.** *II.* ⇒ **pléonasme.** *III.* ⇒ **superfluité.**

REDONDANT, E ■ *I.* ⇒ **diffus.** *II.* ⇒ **superflu.** *III.* ⇒ **récurrent.**

REDONNER ■ Dégorger, rembourser, remettre, rendre, rendre gorge, repasser (fam.), restituer, rétrocéder.

REDOUBLEMENT ■ Accroissement, agrandissement, aggravation, augmentation, amplification, crise, croissance, développement, exacerbation, grossissement, intensification. ⇒ **paroxysme.**

REDOUBLER ■ ⇒ **augmenter.**

REDOUTABLE ■ ⇒ **terrible.**

REDOUTER ■ S'alarmer, appréhender, avoir peur, être effrayé, être épouvanté, trembler.

REDRESSEMENT ■ ⇒ **correction.**

REDRESSER ■ *I.* Défausser. ⇒ **rectifier.** *II.* ⇒ **réprimander.** *III.* ⇒ **lever.** *IV. Équit.* **les oreilles (pour le cheval) :** chauvir.

RÉDUCTION ■ *I. Au pr. :* 1. Accourcissement, allégement, amenuisement, amoindrissement, atténuation, compression, diminution, graticulation, limitation, plafonnement, raccourcissement, rationnement, rapetissement, resserrement, restriction, rétrécissement, schématisation, simplification. 2. ⇒ **remise.** 3. Abrégé, diminutif, miniature. *II. Par ext.* 1. Pacification, soumission. 2. ⇒ **abaissement.**

RÉDUIRE ■ *I. Au pr. :* 1. Abaisser, abréger, accourcir, affaiblir, amoindrir, amortir, atténuer, baisser, changer, comprimer, condenser, contingenter, diminuer, écorner, écourter, élégir, fondre, graticuler, inférioriser, limiter, minimer, minimiser, modérer, plafonner, rabaisser, raccourcir, ramener, rapetisser, raréfier, rationner, renfermer, resserrer, restreindre, simplifier. 2. Dédramatiser, dépassionner. ⇒ **calmer.** *II. Par ext.* 1. ⇒ **économiser.** 2. ⇒ **vaincre.**

RÉDUIT ■ Bouge, cabane, cabine, cabinet, cagibi, cahute, cellule, chambrette, galetas, loge, logette, mansarde, niche, retraite, souillarde, soupente.

RÉEL, RÉELLE ■ Actuel, admis, assuré, authentique, certain, concret, démontré, effectif, établi, exact, factuel, fondé, historique, incontestable, incontesté, indiscutable, indubitable, juste, matériel, objectif, palpable, patent, positif, réalisé, reçu, sérieux, sincère, solide, tangible, véridique, véritable, visible, vrai.

RÉELLEMENT ■ Bel et bien, bonnement, certainement, dans le fait, de fait, effectivement, efficacement, en effet, en fait, en réalité, objectivement, véritablement, vraiment.

RÉEXPÉDIER ■ ⇒ **retourner.**

RÉFACTION ■ ⇒ **diminution.**

REFAIRE ■ *I. Au pr. :* 1. Bisser, recommencer, réitérer, répéter, reprendre. 2. Rajuster, reconstruire, recréer, récrire, réédifier, rééditer, refondre, reformer, renouveler, réparer, reproduire, restaurer, rétablir. *II. Fig.* 1. ⇒ **réconforter.** 2. ⇒ **tromper.** 3. ⇒ **voler.**

RÉFECTION ■ ⇒ **réparation.**

RÉFECTOIRE ■ Cambuse, cantine, mess, popote, salle à manger.

RÉFÉRENCE ■ ***I.*** ⇒ **renvoi.** ***II.*** ⇒ **attestation.**

RÉFÉRENDUM ■ Consultation, élection, plébiscite, scrutin, suffrage, votation, vote, voix.

RÉFÉRER ■ ***I.*** ⇒ **attribuer.** ***II. V. pron.*** ⇒ **rapporter (s'en).**

REFILER ■ Bazarder, fourguer. ⇒ **donner.**

RÉFLÉCHI, E ■ ***I.*** ⇒ **posé.** ***II.*** ⇒ **prudent.**

RÉFLÉCHIR ■ ***I.*** ⇒ **renvoyer.** ***II.*** ⇒ **penser.**

RÉFLECTEUR ■ Catadioptre, catophote.

REFLET ■ ***I. Au pr. :*** brillance, chatoiement, coruscation, étincellement, lueur, miroitement, moire, réflexion, ruissellement, rutilance, scintillement. ***II. Par ext.*** ⇒ **représentation.**

REFLÉTER ■ ***I.*** ⇒ **renvoyer.** ***II.*** ⇒ **représenter.**

RÉFLEXE ■ ***I.*** Automatisme, interaction, mouvement, réaction. ***II.*** Coup d'œil, présence d'esprit, sang-froid.

RÉFLEXION ■ ***I.*** Diffusion, rayonnement, reflet, réverbération. ***II.*** ⇒ **attention.** ***III.*** ⇒ **idée.** ***IV.*** ⇒ **pensée.** ***V.*** ⇒ **remarque.**

REFLUER ■ ***I.*** ⇒ **répandre (se).** ***II.*** ⇒ **reculer.**

REFLUX ■ ⇒ **marée.**

REFONDRE ■ ⇒ **refaire.**

REFONTE ■ Réécriture, réédition, remaniement. ⇒ **reprise.**

RÉFORMATEUR, TRICE ■ Rénovateur.

RÉFORME ■ ⇒ **changement.**

RÉFORMER ■ ***I.*** ⇒ **corriger.** ***II.*** ⇒ **retrancher.** ***III.*** ⇒ **refaire.**

REFOULEMENT ■ ***I.*** Autocensure, inhibition, interdit. ***II.*** ⇒ **expulsion.**

REFOULER ■ ***I.*** ⇒ **repousser.** ***II.*** ⇒ **chasser.** ***III.*** ⇒ **renfermer.**

RÉFRACTAIRE ■ ⇒ **indocile.**

REFRAIN ■ Antienne, chanson, chant, lanterne, leitmotiv, rengaine, répétition, ritournelle, scie, turlurette, turlutaine.

REFRÉNER ■ ⇒ **réprimer.**

RÉFRIGÉRATEUR ■ Chambre froide, congélateur, conservateur, Frigidaire (marque), frigorifère, frigorifique, frigorigène, glacière.

RÉFRIGÉRER ■ ⇒ **frigorifier.**

REFROIDIR ■ ***I. Au pr. :*** attiédir, congeler, frapper, frigorifier, glacer, rafraîchir, réfrigérer, tiédir. ***II. Fig.*** ⇒ **calmer.**

REFROIDISSEMENT ■ ***I.*** ⇒ **congélation.** ***II.*** ⇒ **grippe.**

REFUGE ■ ***I.*** ⇒ **abri, cabane.** ***II.*** ⇒ **halte.** ***III.*** ⇒ **ressource.**

RÉFUGIÉ, E ■ ⇒ **émigré.**

RÉFUGIER (SE) ■ ***I.*** ⇒ **blottir (se).** ***II.*** ⇒ **partir.**

REFUS ■ Blackboulage, déni, fin de non-recevoir, négation, rebuffade, rebut, regimbement, rejet, renvoi, veto.

REFUSÉ, E ■ Ajourné, battu, blackboulé, collé, recalé, retapé, retoqué.

REFUSER ■ ***I.*** ⇒ **refusé.** ***II.*** Débouter, décliner, dédaigner, défendre, dénier, écarter, éconduire, éloigner, exclure, évincer, nier, récuser, remercier, renvoyer, repousser. ***III.*** ⇒ **congédier.**

RÉFUTATION ■ ⇒ **objection.**

RÉFUTER ■ Aller à l'encontre, confondre, contester, contredire, démentir, désavouer, s'inscrire en faux, opposer, répondre.

REGAGNER ■ Rattraper, récupérer, recouvrer.

REGAIN ■ ⇒ **recrudescence.**

RÉGAL ■ *I.* ⇒ **divertissement.** *II.* ⇒ **festin.** *III.* ⇒ **plaisir.**

RÉGALER ■ *I.* ⇒ **réjouir.** *II.* ⇒ **festoyer.** *III. Fam.* ⇒ **maltraiter.** *IV. V. pron. :* se délecter, déguster, faire bombance *et les syn. de* BOMBANCE, festiner, festoyer, fricoter, se gargariser, se goberger, goûter, jouir, se pourlécher/repaître, savourer, se taper la cloche.

REGARD ■ *I.* Coup d'œil, œillade, yeux. ⇒ **œil.** *II. Loc.* **1. Attirer le regard** : attention. **2. Au regard de** : en comparaison de. **3. En regard** ⇒ **vis-à-vis.**

REGARDANT, E ■ ⇒ **avare.**

REGARDER ■ *I.* Admirer, attacher son regard, aviser, considérer, contempler, couver des yeux/du regard, dévisager, dévorer des yeux, envisager, examiner, fixer, guigner, inspecter, jeter les yeux, lorgner, mirer, observer, parcourir, promener les yeux/le regard, reluquer, remarquer, scruter, toiser, voir. **Fam.** : bigler, bigner, bignoler, mater. *II.* ⇒ **concerner.** *III. Loc.* **Regarder comme** : compter, considérer, estimer, juger, prendre, présumer, réputer.

RÉGÉNÉRATION ■ ⇒ **renaissance.**

RÉGÉNÉRER ■ ⇒ **corriger.**

RÉGENT ■ *I.* ⇒ **maître.** *II.* ⇒ **pédant.**

RÉGENTER ■ Administrer, commander, conduire, diriger, dominer, gérer, gouverner, manier, manœuvrer, mener, piloter, régir, régner, tyranniser (péj.).

RÉGIE ■ *I.* ⇒ **administration.** *II.* ⇒ **direction.**

REGIMBER ■ *I.* ⇒ **ruer.** *II.* ⇒ **résister.**

REGIMBEUR, EUSE ■ n. et adj. ⇒ **indocile.**

RÉGIME ■ *I.* ⇒ **administration.** *II.* ⇒ **direction.** *III.* ⇒ **gouvernement.** *IV.* Conduite, cure, diète, jeûne, rationnement, règle.

RÉGIMENT ■ *I.* ⇒ **troupe.** *II.* ⇒ **multitude.**

RÉGION ■ Bled (fam.), campagne, coin, contrée, endroit, lieu, nation, origine, parage, patelin (fam.), pays, province, rivage, royaume, sol, terre, territoire, terroir, zone.

RÉGIR ■ Diriger, gérer. ⇒ **gouverner.**

RÉGISSEUR ■ ⇒ **gérant.**

REGISTRE ■ *I.* Brouillard, écritures, grand livre, journal, livre, main-courante, matrice, matricule, minutier, pouillé (relig. vx), répertoire. *II.* Échelle, tessiture. *III.* Caractère, ton, tonalité.

RÈGLE ■ *I.* Canon, commandement, convention, coutume, formule, gouverne, ligne, loi, mesure, norme, ordre, précepte, prescription, théorie. ⇒ **principe.** *II.* ⇒ **protocole.** *III.* ⇒ **règlement.** *IV.* ⇒ **exemple.** *V.* Alidade, carrelet, comparateur, compas, équerre, sauterelle, té, vernier. *VI. Au pl.* ⇒ **menstruation.**

RÉGLÉ, E ■ *I. Quelque chose :* arrêté, calculé, décidé, déterminé, fixé, normal, périodique, systématique, uniforme. *II. Quelqu'un :* exact, mesuré, méthodique, ordonné, organisé, ponctuel, rangé, régulier, sage.

RÈGLEMENT ■ *I.* Arrêté, canon, charte, code, consigne, constitution, décret, discipline, édit, institution, loi, mandement, ordonnance, prescription, règle, réglementation, statut. *II.* Accord, arbitrage, arrangement, convention, protocole. *III.* Arrêté, liquidation, paiement, solde. *IV. Relig. :* observance.

RÉGLEMENTAIRE ■ ⇒ **permis.**

RÉGLEMENTER ■ ⇒ **légiférer.**

RÉGLER ■ *I.* Ajuster, aligner, conformer à, diriger, mesurer, modeler, modérer, tracer, tirer. *II.* ⇒ **décider.** *III.* ⇒ **finir.** *IV.* ⇒ **payer.** *V.* Codifier, normaliser, organiser, réglementer. ⇒ **fixer.** *VI. V. pron. :* se conformer, se soumettre, *et les formes pron. possibles des syn. de* RÉGLER.

RÈGNE ■ *I.* Dynastie, empire, époque, gouvernement, monarchie, pouvoir, souveraineté. ⇒ **autorité.** *II.* Monde, royaume, univers.

RÉGNER ■ *I.* ⇒ **gouverner.** *II.* ⇒ **être.**

REGORGER ■ *I.* ⇒ **abonder.** *II.* ⇒ **déborder.** *III.* ⇒ **répandre (se).**

RÉGRESSER ■ ⇒ **reculer.**

RÉGRESSION ■ ⇒ **recul.**

REGRET ■ *I.* Doléance, lamentation, mal du pays, nostalgie, plainte, soupir. *II.* Attrition, componction, contrition, désespoir, peine, pénitence, remords, repentance, repentir, résipiscence, ver rongeur. *III.* Déception.

REGRETTABLE ■ *I.* ⇒ **affligeant.** *II.* ⇒ **inopportun.**

REGRETTER ■ *I.* Avoir du déplaisir/du regret, geindre, se lamenter, s'en mordre les doigts/les poings/les pouces, pleurer, se repentir. *II.* Déplorer, désapprouver, plaindre.

REGROUPEMENT ■ ⇒ **rassemblement.**

REGROUPER ■ ⇒ **assembler.**

RÉGULARISATION ■ ⇒ **normalisation.**

RÉGULARISER ■ ⇒ **fixer.**

RÉGULARITÉ ■ *I. De quelque chose :* authenticité, concordance, congruence, convenance, correction, fidélité, justesse, légalité, précision, rigueur, véracité, véridicité, vérité. *II.* Aisance, facilité, fluidité. *III. De quelqu'un :* application, assiduité, attention, conscience professionnelle, correction, exactitude, minutie, ponctualité, scrupule, sincérité, soin.

RÉGULATION ■ Contrôle, dispatching, équilibrage, normalisation, progressivité. ⇒ **répartition.**

RÉGULIER ■ n. ⇒ **religieux.**

RÉGULIER, ÈRE ■ adj. *I.* ⇒ **réglé.** *II.* ⇒ **exact.**

RÉGURGITER ■ ⇒ **vomir.**

RÉHABILITATION ■ Justification.

RÉHABILITER ■ ⇒ **rétablir.**

REHAUSSEMENT ■ ⇒ **majoration.**

REHAUSSER ■ *I. Au pr.* ⇒ **hausser.** *II. Fig.* **1.** Augmenter, ranimer, relever. **2.** ⇒ **assaisonner. 3.** Échampir, embellir, ennoblir, faire ressortir/valoir, mettre en valeur, réchampir, relever. **4.** ⇒ **louer.**

RÉIFIER ■ ⇒ **chosifier.**

REIN ■ *I. Au sing. :* lombes, râble, rognon. *II. Au pl. :* bas du dos, croupe, dos. *III. Par ext.* ⇒ **derrière.**

RÉINCARNATION ■ ⇒ **renaissance.**

REINE ■ Dame, souveraine.

RÉINSÉRER ■ ⇒ **rétablir.**

RÉINSERTION, RÉINTÉGRATION ■ ⇒ **rétablissement.**

RÉINTÉGRER ■ *I.* ⇒ **rétablir.** *II.* ⇒ **revenir.**

RÉITÉRER ■ *I.* ⇒ **refaire.** *II.* ⇒ **répéter.**

REÎTRE ■ *I.* ⇒ **mercenaire.** *II.* ⇒ **soudard.**

REJAILLIR ■ *I.* ⇒ **jaillir.** *II.* ⇒ **retomber.**

REJET ■ *I.* ⇒ **pousse.** *II.* ⇒ **refus.** *III.* Contre-rejet, enjambement.

REJETER ■ *I.* ⇒ **jeter.** *II.* ⇒ **repousser.** *III.* ⇒ **reporter.** *IV. V. pron.* ⇒ **reculer.**

REJETON ■ *I.* ⇒ **pousse.** *II.* ⇒ **fils.** *III.* ⇒ **postérité.**

REJOINDRE ■ Atteindre, attraper, gagner, joindre, rallier, rattraper, regagner, retrouver, tomber dans.

RÉJOUI, E ■ Bon vivant, boute-entrain, content, épanoui, gai, guilleret, heureux, hilare, joyeux, riant, rieur, Roger-Bontemps, vive-la-joie, *et les part. passés possibles des syn. de* RÉJOUIR.

RÉJOUIR ■ Amuser, charmer, contenter, dérider, dilater/épanouir le cœur, divertir, ébaudir (vx), égayer, enchanter, ensoleiller, faire plaisir, illuminer, mettre en joie, plaire, ravir, régaler, rendre joyeux. ***V. pron.*** : s'applaudir, avoir la fierté, bicher (fam.), boire du petit-lait (fam.), se délecter, être heureux, exulter, se féliciter, se frotter les mains, se gaudir (vx), jubiler, pavoiser, rire, triompher, *et les formes pron. possibles des syn. de* RÉJOUIR.

RÉJOUISSANCE ■ Agape, amusement, distraction, divertissement, ébaudissement (vx), fête, jubilation, liesse, noce, partie, plaisir.

RÉJOUISSANT, E ■ ⇒ **gai.**

RELÂCHE ■ ***I.*** ⇒ **repos.** ***II. Loc. adv.*** **Sans relâche ⇒ toujours.**

RELÂCHÉ, E ■ ***I. Neutre*** : affaibli, commode, facile, libéré, libre, mitigé. ***II. Non favorable*** : amoral, débauché, dissolu, élastique, immoral, inappliqué, inattentif, libertin, négligent.

RELÂCHEMENT ■ ***I.*** ⇒ **repos.** ***II.*** ⇒ **négligence.**

RELÂCHER ■ ***I. Au pr.*** **1. On relâche une chose** : décontracter, desserrer, détendre, lâcher. ⇒ **diminuer. 2. Quelqu'un** : élargir, libérer, relaxer. ***II. Par ext.*** : adoucir, ramollir, tempérer. ***III. Mar.*** : accoster, faire escale. ⇒ **toucher.** ***IV. V. pron.*** : s'amollir, diminuer, faiblir, se laisser aller, se négliger, se perdre.

RELAIS ■ Halte, mansion (vx), poste. ⇒ **hôtel.**

RELANCE ■ ⇒ **reprise.**

RELANCER ■ ⇒ **poursuivre.**

RELAPS, E ■ ⇒ **hérétique.**

RELATER ■ ⇒ **raconter.**

RELATIF, IVE ■ ⇒ **proportionnel.**

RELATION ■ ***I. Quelque chose.*** **1.** ⇒ **histoire. 2.** Compte rendu, procès-verbal, rapport, témoignage, version. ⇒ **récit. 3.** Analogie, appartenance, connexion, corrélation, dépendance, liaison, lien, rapport. ***II. Entre personnes.*** **1.** ⇒ **ami. 2.** Accointance, attache, bonne/mauvaise intelligence, bons/mauvais termes, commerce, communication, contact, correspondance, engagement, fréquentation, habitude, liaison, lien, rapport, société. **3.** Amour, commerce, flirt, intrigue, liaison, marivaudage, rapport, union.

RELAX, E ■ ***I.*** ⇒ **dégagé.** ***II.*** ⇒ **souple.**

RELAXATION ■ ⇒ **repos.**

RELAXER ■ ⇒ **relâcher.**

RELAYER ■ ⇒ **remplacer.**

RELÉGATION ■ Bannissement, déportation, exil, interdiction de séjour, internement, transportation. ⇒ **bagne.**

RELÉGUER ■ ***I. Quelque chose*** : abandonner, écarter, jeter, mettre au rebut/au rancart. ***II. Quelqu'un*** : assigner à résidence, bannir, confiner, déporter, exiler, interdire de séjour, interner, transporter.

RELENT ■ Empyreume, fétidité, infection, mauvaise odeur, odeur fétide/infecte/repoussante, pestilence, puanteur, remugle. ⇒ **odeur.**

RELÈVE ■ ⇒ **remplacement.**

RELEVÉ ■ Bordereau, compte, dépouillement, extrait, facture, sommaire.

RELEVÉ, E ■ ***I. Au pr.*** : accru, augmenté, élevé, haussé. ***II. Par ext.*** : emphatique (péj.), héroïque, magnifique, noble, pompeux (péj.), soutenu, sublime, transcendant.

RELÈVEMENT ■ *I.* ⇒ **hausse.** *II.* Redressement, rétablissement. *III.* Retroussis.

RELEVER ■ v. tr. et intr. *I.* Écarter, recoquiller, remonter, retrousser, soulever, trousser. ⇒ **lever.** *II.* ⇒ **ramasser.** *III.* ⇒ **hausser.** *IV.* ⇒ **rétablir.** *V.* ⇒ **assaisonner.** *VI.* ⇒ **corriger.** *VII.* ⇒ **rehausser.** *VIII.* ⇒ **noter.** *IX.* ⇒ **louer.** *X.* ⇒ **réprimander.** *XI.* ⇒ **souligner.** *XII.* ⇒ **libérer.** *XIII.* ⇒ **remplacer.** *XIV.* ⇒ **rétablir (se).** *XV.* ⇒ **dépendre.** *XVI.* ⇒ **réparer.**

RELIEF ■ *I. Au sing.* **1.** ⇒ **forme. 2.** ⇒ **bosse. 3.** ⇒ **lustre.** *II. Au pl.* ⇒ **reste.**

RELIER ■ *I.* ⇒ **joindre.** *II.* ⇒ **unir.**

RELIGIEUSE ■ *I.* Abbesse, béguine, bonne sœur, congréganiste, converse, dame/fille/sœur (de la charité/de Saint Vincent de Paul/de la Sagesse, etc.), mère, moniale, nonnain, nonne, nonnette, novice, postulante, prieure, professe, supérieure, tourière. *II.* Bernardine, capucine, carmélite, clarisse, dominicaine, franciscaine, petite sœur des pauvres, trinitaire, visitandine.

RELIGIEUX, EUSE ■ *I. Adj.* **1. Au pr. :** croyant, dévot, dévotieux, juste, mystique, pieux, pratiquant, spirituel. **2. Par ext.** ⇒ **ponctuel. 3.** Claustral, conventuel, monastique, sacré. *II. Nom masc. :* **1.** Anachorète, cénobite, clerc, cloîtrier, congréganiste, convers, ermite, hospitalier, mendiant, oblat, prêcheur, régulier. **2.** Abbé, aumônier, cellerier, chanoine régulier, hebdomadier, portier, postulant, préfet, prieur, procureur, profès, provincial, révérend, supérieur. **3.** Frater (fam.), frère, frocard (péj.), moine, moinillon, monial, novice, penaillon (vx et péj.), père. **4.** Antonin, assomptionniste, augustin, barnabite, basilien, bénédictin, bernardin, caloyer, camaldule, capucin, carme, chartreux, cistercien, dominicain, eudiste, franciscain, jésuite, lazariste, mariste, mekhitariste, minime, olivétain, oratorien, prémontré, récollet, rédemptoriste, servite, silvestrin, sulpicien, théatin, trappiste.

RELIGION ■ *I. Au pr.* **1.** Adoration, attachement, croyance, culte, dévotion, doctrine, dogme, dulie, ferveur, foi, latrie, mysticisme, piété, pratique, zèle. **2. Péj. :** religiosité. **3.** Astrolâtrie, déisme, idolâtrie, panthéisme, théisme. *II. Par ext.* ⇒ **opinion.**

RELIGIONNAIRE ■ ⇒ **protestant.**

RELIGIOSITÉ ■ ⇒ **religion.**

RELIQUAIRE ■ Châsse, coffret, fierte.

RELIQUAT ■ ⇒ **reste.**

RELIQUE ■ *I.* ⇒ **reste.** *II.* ⇒ **fétiche.**

RELUIRE ■ Brasiller, briller, chatoyer, éblouir, éclairer, éclater, étinceler, flamboyer, fulgurer, jeter des feux, miroiter, poudroyer, rayonner, resplendir, rutiler, scintiller.

RELUISANT, E ■ ⇒ **brillant.**

RELUQUER ■ ⇒ **regarder.**

REMÂCHER ■ ⇒ **répéter.**

RÉMANENCE ■ ⇒ **survivance.**

REMANIEMENT ■ ⇒ **Modification.**

REMANIER ■ *I.* ⇒ **changer.** *II.* ⇒ **revoir.**

REMARQUABLE ■ Brillant, considérable, éclatant, émérite, épatant, étonnant, extraordinaire, formidable, frappant, glorieux, important, insigne, marquant, marqué, mémorable, notable, parfait, particulier, rare, saillant, saisissant, signalé, supérieur. ⇒ **distingué.**

REMARQUE ■ Allusion, annotation, aperçu, commentaire, considération, critique, note, objection, observation, pensée, réflexion, remontrance, réprimande, reproche.

REMARQUER ▪ ***I.*** ⇒ **regarder.** ***II.*** ⇒ **voir.**

REMBARRER ▪ ⇒ **repousser.**

REMBLAI ▪ ⇒ **talus.**

REMBLAYER ▪ Boucher, combler, hausser.

REMBOURRER ▪ Bourrer, capitonner, garnir, matelasser.

REMBOURSEMENT ▪ Amortissement, couverture, drawback, paiement, restitution, rétrocession, reversement.

REMBOURSER ▪ Amortir, couvrir, défrayer, dépenser, indemniser, payer, redonner, rendre, restituer, reverser.

REMBRUNI, E ▪ Assombri, contrarié, peiné. ⇒ **triste.**

REMÈDE ▪ ***I. Au pr. :*** acupuncture, antidote, bain, baume, bouillon, calmant, cataplasme, compresse, confection, cure, décoction, diète, douche, drogue, électuaire, élixir, emplâtre, émulsion, enveloppement, épithème, extrait, friction, fumigation, gargarisme, grog, implantation, infusion, inhalation, injection, instillation, insufflation, intrait, lavage, lavement, massage, médecine, médicament, médication, mithridate, onguent, opiat, orviétan, palliatif, panacée, pansement, pansement gastrique, perfusion, piqûre, placebo, pommade, ponction, potion, préparatif, préparation, préservatif, purgation, purge, rayons, rééducation, régime, relaxation, respiration artificielle, révulsif, saignée, scarification, sérum, sinapisme, spécialité, spécifique, suralimentation, thériaque, tisane, topique, transfusion, ventouse, vésicatoire. ***II. Fig. :*** expédient, moyen, ressource, solution, soulagement.

REMÉDIER ▪ Arranger, corriger, guérir, obvier, pallier, parer, pourvoir, préserver, réparer, sauver.

REMEMBREMENT ▪ Regroupement, tènement.

REMEMBRER ▪ ***I.*** ⇒ **assembler.** ***II.*** ⇒ **réunir.**

REMÉMORER ▪ Évoquer, rappeler, redire, repasser, ressasser.

REMENER ▪ Remmener. ⇒ **ramener.**

REMERCIEMENT ▪ Action de grâces, ex-voto, merci, témoignage de reconnaissance.

REMERCIER ▪ ***I. Au pr. :*** bénir, dédommager (par ext.), dire merci, gratifier, louer, rendre grâce, savoir gré, témoigner de la reconnaissance. ***II. Fig. :*** casser aux gages, chasser, congédier, destituer, donner sa bénédiction/campos/congés/ses huit jours/son compte/son congé/son exeat, écarter, éconduire, éloigner, expédier, jeter/mettre à la porte, licencier, liquider, remercier, renvoyer, révoquer, sacquer, se séparer de. **Fam.** : balancer, débarquer, emballer, envoyer faire paître/valser, envoyer dinguer/péter, ficher/flanquer/foutre à la porte, vider.

REMETTRE ▪ ***I. Au pr. :*** ramener, rapporter, réintégrer, replacer. ⇒ **rétablir.** ***II. Par ext.*** **1.** Commettre, confier, consigner, délivrer, déposer, donner, faire tenir, laisser, livrer, passer, poster, recommander. **2.** Rendre, restituer, retourner. ⇒ **redonner. 3.** Abandonner, se dessaisir de. **4.** Se rappeler, reconnaître, se ressouvenir, se souvenir. **5.** Mettre, redresser, relever, rétablir. **6.** Raccommoder, réduire, remboîter, replacer. **7.** Accorder, concilier, rabibocher (fam.), raccommoder, rapapilloter (fam.), rapatrier (vx), rapprocher, réconcilier, réunir. **8.** Absoudre, pardonner. **9.** Ajourner, atermoyer, attendre, différer, donner un délai, renvoyer, reporter, retarder, surseoir, suspendre. **10.** Allonger, exagérer, rajouter. ***III. V. pron. :*** **1.** Aller mieux, entrer/être en convalescence, guérir, se ranimer, recouvrer/retrouver la santé, se relever, se rétablir. **2.** Se calmer, retrouver ses esprits/son calme/son sang-froid, se tranquilliser. **3.** *Les formes pron. possibles des syn. de* REMETTRE. **4. Loc. S'en remettre à quelqu'un** : s'abandonner, se confier, déférer à, donner mandat/procuration, en appeler, faire confiance à, se fier à, s'en rapporter à, se reposer sur.

RÉMINISCENCE ▪ Mémoire, remembrance (vx), ressouvenance, ressouvenir, résurgence, souvenance, souvenir, trace.

REMISE ▪ ***I. Au pr. :*** attribution, délivrance, dépôt, don, livraison. ***II. Par ext.*** **1.** Bonification, cadeau, commission, déduction, diminution, discount, escompte, guelte, prime, rabais, réduction, sou du franc. **2.** Absolution, amnistie, grâce, merci, pardon, rémission. **3.** Ajournement, atermoiement, délai, renvoi, retardement, sursis, suspension. ***III.*** Abri, cabane, chartil, débarras, garage, hangar, local, resserre.

REMISER ▪ ***I. Au pr. :*** caser, garer, ranger, serrer. ***II. Par ext. :*** remettre, repousser.

REMISIER ▪ ⇒ **intermédiaire.**

RÉMISSIBLE ▪ ⇒ **excusable.**

RÉMISSION ▪ ***I.*** Abolition (vx), absolution, acquittement, amnistie, apaisement, indulgence, jubilé (relig.), miséricorde, oubli, pardon. ⇒ **remise.** ***II.*** Accalmie, rémittence. ⇒ **repos.**

REMMENER ▪ Emmener, enlever, ramener, rapporter, remener, retirer, tirer.

REMONTANT ▪ Analeptique, cordial, corroborant, digestif, excitant, fortifiant, réconfortant, reconstituant, roboratif, stimulant, tonique.

REMONTE-PENTE ▪ Tire-fesses.

REMONTER ▪ ***I.*** Aider, conforter, consoler, électriser, galvaniser, raffermir, ragaillardir, ranimer, ravigoter, raviver, réconforter, refaire, relever le courage/les forces/le moral, remettre, réparer, requinquer (fam.), restaurer, rétablir, retaper, revigorer, soutenir, stimuler, sustenter. ***II.*** Élever, exhausser, hausser, relever. ***III.*** Ajuster, mettre en état, monter, réparer.

REMONTRANCE ▪ ***I.*** ⇒ **reproche.** ***II. Loc.*** **Faire une remontrance** ⇒ **réprimander.**

REMONTRER ▪ ⇒ **reprocher.**

REMORDS ▪ Attrition, componction, conscience, contrition, désespoir, peine, pénitence, repentance, repentir, reproche, résipiscence, ver rongeur.

REMORQUAGE ▪ ***I.*** Dépannage. ***II.*** Touage, traction.

REMORQUER ▪ ⇒ **traîner.**

RÉMOULEUR ▪ Affuteur, aiguiseur, repasseur.

REMOUS ▪ ***I.*** Agitation, balancement, ballottement, battement, branle, branlement, cadence, cahotement, fluctuation, frémissement, frisson, houle, impulsion, mouvement, onde, ondoiement, ondulation, oscillation, pulsation, roulis, tangage, tourbillon, tourbillonnement, tournoiement, va-et-vient, vague, valse, vibration, vortex. ***II.*** ⇒ **fermentation.** ***III.*** ⇒ **trouble.** ***IV.*** ⇒ **rythme.** ***V.*** ⇒ **variation.** ***VI.*** ⇒ **évolution.**

REMPAILLER ▪ Canner, empailler, garnir, pailler, réparer.

REMPART ▪ ***I. Au pr. :*** avant-mur, banquette, bastion, berme, boulevard, enceinte, escarpe, escarpement, forteresse, fortification, glacis, mur, muraille, parapet. ***II. Fig. :*** bouclier, cuirasse. ⇒ **protection.**

REMPLAÇANT, E ▪ Adjoint, agent, aide, alter ego, doublure, intérimaire, lieutenant, relève, représentant, substitut, successeur, suppléant, supplétif.

REMPLACEMENT ▪ ***I. De quelqu'un ou quelque chose :*** changement, commutation, échange, intérim, rechange, relève, roulement, subrogation, substitution, succession, suppléance. ***II. Une chose :*** ersatz, succédané.

REMPLACER ■ Changer, commuter, détrôner (fam.), doubler, échanger, enlever, relayer, relever, renouveler, représenter, servir de, subroger, substituer, succéder, supplanter, suppléer, tenir lieu de/place de. ***V. pron. :*** alterner, *et les formes pron. possibles des syn. de* REMPLACER.

REMPLI, E ■ ***I. Au pr. :*** bondé, bourré, comble, complet, débordant, empli, employé, farci, garni, gavé, gorgé, hérissé, muni, occupé, plein, ras, rassasié, repu, saturé. ***II. Fig. :*** bouffi, enflé, enivré, gonflé, imbu, infatué, pénétré, pétri.

REMPLIR ■ ***I. Au pr. :*** bonder, bourrer, charger, combler, couvrir, embarquer, embourrer, emplir, encombrer, envahir, farcir, garnir, gonfler, insérer, meubler, occuper, ouiller, peupler, rembouger, se répandre dans, saturer, truffer. ***II. Par ext.*** **1.** Abreuver, gorger, inonder. **2.** Animer, enflammer, enfler, enivrer, gonfler. **3.** Baigner, envahir, parfumer. **4.** Acquitter, exécuter, exercer, faire, fonctionner, observer, réaliser, répondre à, satisfaire à, tenir.

REMPLISSAGE ■ **Fig.** : boursouflure, creux, cheville, délayage, fioriture, inutilité, pléonasme, redondance, superfluité, vide.

REMPLUMER (SE) ■ ***I.*** Se ragaillardir, se ravigoter, se relever, se remettre, se remonter, réparer ses forces, se requinquer (fam.), se rétablir, se retaper (fam.), se revigorer. ***II.*** Engraisser, forcir, grossir, reprendre du poil de la bête (fam.).

REMPORTER ■ Accrocher (fam.), acquérir, arracher, attraper, avoir, capter, conquérir, décrocher (fam.), emporter, enlever, faire, gagner, obtenir, prendre, recueillir, soutirer (péj.).

REMUANT, E ■ Actif, agile, agité, animé, déchaîné, déluré, éveillé, excité, fougueux, frétillant, fringant, guilleret, ingambe, inquiet, instable, leste, mobile, nerveux, pétulant, prompt, rapide, sautillant, tempétueux, trépignant, turbulent, vif, vivant.

REMUE-MÉNAGE ■ Activité, affairement, affolement, agitation, alarme, animation, billebaude (vx), bouillonnement, branle-bas, bruit, chambardement (fam.), changement, dérangement, désordre, effervescence, excitation, flux et reflux, grouillement, hâte, incohérence, mouvement, orage, précipitation, remous, remuement, secousse, tempête, tohu-bohu, tourbillon, tourmente, trouble, tumulte, turbulence, va-et-vient.

REMUEMENT ■ ⇒ **remue-ménage.**

REMUER ■ ***I. v. tr.*** **1. Au pr.** : agiter, balancer, ballotter, brandiller, brandir, brasser, bercer, déplacer, déranger, ébranler, secouer. **2. Une partie du corps** : battre, branler, ciller, cligner, crouler (la queue, vén.), dodeliner, hocher, rouler, tortiller, tricoter. **3.** Brouiller, fatiguer, malaxer, pétrir, touiller, tourner, travailler. **4.** Bouleverser, effondrer, fouiller, mouvoir, retourner. **5. Fig.** : atteindre, attendrir, bouleverser, ébranler, émouvoir, exciter, pénétrer, toucher, troubler. ***II. V. intr. :*** s'agiter, se balancer, bouger, broncher, chanceler, ciller, se dandiner, se décarcasser, se démancher (fam.), se démener, se dépenser, dindailler (rég.), s'évertuer, fourmiller, frétiller, frissonner, flotter, gambiller, gesticuler, gigoter, grouiller, se manier, ondoyer, onduler, osciller, se répandre, sauter, sursauter, tanguer, se tortiller, trembler, trépider, vaciller.

REMUGLE ■ Relent. ⇒ **odeur.**

RÉMUNÉRATEUR, TRICE ■ Avantageux, bon, fructueux, juteux (fam.), lucratif, payant, productif, profitable, rentable.

RÉMUNÉRATION ■ Appointement, avantage, casuel, commission, dédommagement, émolument, gages, gain, gratification, honoraires, indemnité, intérêt, loyer, paie, pige, prêt, prime, récompense, rétribution, salaire, solde, traitement. ⇒ **bénéfice.**

RÉMUNÉRER ■ Dédommager, récompenser, rétribuer. ⇒ **payer.**

RENÂCLER ■ ***I. Au pr.*** : aspirer, renifler. ***II. Fig.*** : rechigner, renauder, répugner à. ⇒ **résister.**

RENAISSANCE ■ ***I.*** Métempsychose, palingénésie, printemps, progrès, réapparition, régénération, réincarnation, renouveau, renouvellement, résurrection, retour, réveil, réviviscence. ***II.*** Humanisme, quattrocento.

RENAÎTRE ■ ⇒ **revivre.**

RENARD, E ■ ***I. Au pr.*** : fennec, goupil (fam.). ***II. Fig.*** **1.** ⇒ **malin. 2.** ⇒ **hypocrite.**

RENARDER ■ Amorcer, duper, leurrer, ruser, tromper.

RENAUDER ■ ⇒ **renâcler.**

RENCHÉRI, E ■ ***I. Au pr.*** : accru, augmenté, grossi, haussé, intensifié. ***II. Fig.*** : altier, arrogant, condescendant, dédaigneux, distant, fier, haut, hautain, impérieux, insolent, méprisant, moqueur, orgueilleux, protecteur, rogue, superbe, supérieur.

RENCHÉRIR ■ ***I. Au pr.*** : ajouter, aller sur, augmenter, dépasser, enchérir, hausser, majorer, monter, rajouter, rehausser, relever, remonter, revaloriser, surenchérir. ***II. Par ext.*** : amplifier, bluffer, broder, charger, donner le coup de pouce (fam.), dramatiser, enfler, en remettre, exagérer, faire valoir, forcer, galéjer, grandir, grossir, ne pas y aller de main morte (fam.), outrer, pousser, rajouter, surfaire, se vanter. ⇒ **hâbler.**

RENCHÉRISSEMENT ■ ⇒ **hausse.**

RENCOGNER ■ Coincer, pousser/repousser dans un coin, serrer.

RENCONTRE ■ ***I. Au pr.*** **1. De quelque chose** : coïncidence, concours, conjonction, conjoncture, croisement, hasard, occasion, occurrence. **2. De personnes** : confrontation, entrevue, face à face, rendez-vous, retrouvailles, réunion, tête à tête. ***II. Par ext.*** **1.** Attaque, bataille, choc, combat, échauffourée, engagement, heurt. **2.** Affaire d'honneur, duel. **3.** Choc, collision, tamponnement, télescopage. **4.** Compétition, épreuve, match, partie. **5.** Aventure, cas, circonstance, événement, éventualité, fait, hypothèse, matière, possibilité, situation. **6. Loc.** *À la rencontre* : au-devant.

RENCONTRER ■ ***I. Au pr.*** : apercevoir, coudoyer, croiser, être mis en présence de, tomber sur. ***II. Par ext.*** **1.** S'aboucher, contacter, faire la connaissance de, joindre, prendre rendez-vous, toucher, voir. **2.** Atteindre, parvenir à, toucher. **3.** Achopper, buter, chopper, cogner, donner contre, heurter, porter, taper.

RENDEMENT ■ Bénéfice, effet, efficacité, efficience, gain, production, productivité, produit, profit, rapport, rentabilité, revenu.

RENDEZ-VOUS ■ ***I. Au pr.*** : assignation, audience, entrevue, jour. **Fam.** : rambot, rambour, rancard. ***II. Par ext.*** **Péj.** : dépotoir, réceptacle.

RENDRE ■ ***I. Au pr.*** **1.** ⇒ **redonner. 2.** ⇒ **remettre. 3.** ⇒ **livrer.** ***II. Par ext.*** **1.** ⇒ **produire. 2.** ⇒ **exprimer. 3.** ⇒ **renvoyer. 4.** ⇒ **vomir.** ***III. Loc.*** **1. Rendre compte** ⇒ **raconter. 2. Rendre l'âme** ⇒ **mourir. 3. Rendre la pareille** ⇒ **répondre.**

RENDU, E ■ Accablé, assommé, avachi, brisé, courbatu, courbaturé, épuisé, excédé, exténué, fatigué, fourbu, harassé, las, moulu, rompu, roué de fatigue, surentraîné, surmené. ⇒ **recru.**

RÊNE ■ Bride, bridon, guide.

RENÉGAT, E ▪ Apostat, déloyal, félon, hérétique, infidèle, judas, parjure, perfide, schismatique, traître, transfuge. ⇒ **païen.**

RENFERMÉ, E ▪ ⇒ **secret.**

RENFERMER ▪ ***I. Au pr.*** **1. On enferme quelque chose ou quelqu'un :** boucler, calfeutrer, chambrer, claquemurer, claustrer, cloîtrer, coffrer (fam.), confiner, consigner, détenir, emballer, emmurer, emprisonner, encercler, encoffrer, enfermer, enserrer, entourer, faire entrer, interner, murer, parquer, séquestrer, serrer, verrouiller. **2. Quelque chose renferme quelque chose** : comporter, comprendre, contenir, emporter, impliquer, receler. ***II. Par ext.*** **1.** Ravaler, refouler, renfoncer, réprimer. **2.** ⇒ **réduire.** ***III. V. pron. :*** se concentrer, se recueillir, se replier sur soi, *et les formes pron. possibles des syn. de* RENFERMER.

RENFLÉ, E ▪ ***I. Au pr. :*** ballonné, bombé, bouffant, bouffi, boursouflé, bulbeux, cloqué, congestionné, dilaté, distendu, empâté, enflé, épais, gibbeux, gondolé, gonflé, gros, hypertrophié, mafflu, mamelu, météorisé, obèse, rebondi, rond, soufflé, tuméfié, tumescent, turgescent, turgide, urcéolé, ventru, vultueux. ***II. Fig.*** ⇒ **emphatique.**

RENFLEMENT ▪ ⇒ **bosse.**

RENFLOUER ▪ ***Fam.*** ⇒ **aider.**

RENFONCEMENT ▪ Alcôve, anfractuosité, antre, cave, caveau, caverne, cavité, coin, cratère, creux, crevasse, crypte, dépression, doline, embrasure, encoignure, enfonçure, excavation, fosse, gouffre, grotte, loge, niche, poche, trou.

RENFONCER ▪ ***I.*** ⇒ **enfoncer.** ***II.*** ⇒ **renfermer.**

RENFORCÉ, E ▪ ***I.*** ⇒ **solide.** ***II.*** ⇒ **parfait.**

RENFORCEMENT ▪ ⇒ **affermissement.**

RENFORCER ▪ ***I. Au pr. :*** armer, blinder, couvrir, cuirasser, défendre, enforcir, équiper, flanquer, fortifier, garantir, maroufler (partic.), munir, parer, préserver, protéger, sauvegarder. ***II. Par ext.*** **1.** Aider, appuyer, assurer, conforter, réconforter, tremper. **2.** Affermir, ajouter, consolider, étayer, grossir. **3.** Accentuer, accroître, agrandir, enfler, exalter.

RENFORT ▪ ⇒ **aide.**

RENFROGNÉ, E ▪ Acariâtre, boudeur, bourru, chagrin, grincheux, maussade, morose, rabat-joie, rechigné, revêche.

RENGAINE ▪ Antienne, aria, banalité, chanson, dada, leitmotiv, rabâchage, redite, refrain, répétition, scie, tube (fam.).

RENGAINER ▪ ⇒ **rentrer.**

RENGORGER (SE) ▪ Faire le beau/l'important/la roue. ⇒ **poser.**

RENIEMENT ▪ ⇒ **abandon.**

RENIER ▪ Abandonner, abjurer, apostasier, se convertir, désavouer, méconnaître, nier, se parjurer (péj.), renoncer, retourner sa veste, se rétracter.

RENIFLARD ▪ Purgeur, robinet, soupape (fam.).

RENIFLER ▪ ***I. Au pr.*** **1. V. intr. :** aspirer, s'ébrouer, renâcler. **2. V. tr. :** flairer, priser, sentir. ***II. Fig.*** ⇒ **répugner à.**

RENOM ▪ ⇒ **renommée.**

RENOMMÉ, E ▪ adj. Célèbre, connu, estimé, illustre, réputé, vanté.

RENOMMÉE ▪ n. Célébrité, considération, gloire, honneur, mémoire, nom, notoriété, popularité, postérité, publicité, renom, réputation, rumeur/voix publique, vogue.

RENONCEMENT ▪ ***I.*** Abandon, abstinence, concession, désappropriation, désistement, renonciation, résignation (jurid.). *II.* Abnégation, altruisme, délaissement (vx), dépouillement, désintéressement, détachement, sacrifice.

RENONCER ■ *I. V. intr. :* abandonner, abdiquer, abjurer, s'abstenir, céder, cesser, changer, se défaire de, se délier, se démettre, démissionner, en démordre, se départir, déposer, se dépouiller, se désaccoutumer, se dessaisir, se détacher, dételer (fam.), se détourner, dire adieu, divorcer (fig.), s'écarter, jeter le manche après la cognée (fam.), laisser, se passer de, perdre, se priver de, quitter, remettre, renier, répudier, résigner, se retirer, sacrifier. *II. V. tr.* ⇒ **renier.**

RENONCIATION ■ Abandon, abdication, abjuration, abstention, apostasie, démission, sacrifice.

RENONCULE ■ Bassinet, bouton-d'argent/d'or, douve, ficaire, grenouillette.

RENOUER ■ Rattacher, refaire, rejoindre, reprendre. ⇒ **réconcilier (se).**

RENOUVEAU ■ ⇒ **renaissance.**

RENOUVELABLE ■ Reconductible.

RENOUVELER ■ *I.* Bouleverser, chambarder (fam.), chambouler (fam.), changer, convertir, corriger, innover, métamorphoser, modifier, muer, rectifier, refondre, réformer, remanier, rénover, révolutionner, toucher à, transfigurer, transformer, transmuer, transposer. *II.* Donner une impulsion/une vigueur nouvelle, moderniser, rajeunir, ranimer, raviver, recommencer, redoubler, régénérer, réveiller. *III.* Proroger, reconduire. *IV.* Faire de nouveau, refaire, réitérer, répéter. *V.* Renouer, ressusciter (fig.), rétablir. *VI.* ⇒ **remplacer.** *VII. V. pron.* ⇒ **recommencer.**

RENOUVELLEMENT ■ Accroissement, changement, prorogation, rajeunissement, recommencement, reconduction, régénération, remplacement, renouveau, rénovation, rétablissement, transformation. ⇒ **renaissance.**

RÉNOVATEUR, TRICE ■ Réformateur.

RÉNOVATION ■ Amélioration, changement, réforme, régénération, réhabilitation, renouvellement, réparation, restauration, résurrection (fig.), transformation. ⇒ **renouvellement.**

RÉNOVER ■ ⇒ **renouveler.**

RENSEIGNEMENT ■ *I. Au pr. :* **1.** Avis, communication, confidence, donnée, éclaircissement, indication, indice, information, lumière, nouvelle, précision, révélation. **2. Arg. :** condé, duce, rembour, rencard, tube, tuyau. *II. Par ext. :* document, documentation, dossier, fiche, sommier.

RENSEIGNER ■ *I.* Avertir, dire, documenter, édifier, fixer, informer, instruire, moucharder (fam. et péj.). *II. Arg. :* affranchir, brancher, mettre au parfum, parfumer, rembourrer, rencarder, tuyauter.

RENTABILITÉ ■ ⇒ **rendement.**

RENTABLE ■ ⇒ **rémunérateur.**

RENTAMER ■ ⇒ **recommencer.**

RENTE ■ Arrérages, intérêt, produit, revenu, viager.

RENTIER ■ ⇒ **riche.**

RENTRÉE ■ *I.* ⇒ **retour.** *II.* Encaissement, perception, recette, recouvrement.

RENTRER ■ *I.* ⇒ **revenir.** *II.* Cacher, escamoter, rengainer, renquiller (fam.). *III. Loc.* **Rentrer sa colère/sa haine/ses larmes/sa rage :** avaler, dissimuler, refouler.

RENVERSANT, E ■ ⇒ **surprenant.**

RENVERSÉ, E ■ ⇒ **surpris.**

RENVERSEMENT ■ *I. Au pr. :* anastrophe, exstrophie (méd.), interversion, retournement, révolution, transposition. ***II. Par ext. :*** anéantissement, bouleversement, chambardement (fam.), chamboulement (fam.), chute, écroulement, ruine.

RENVERSER ■ ***I. Au pr.*** **1.** Intervertir, inverser, invertir, révolutionner, saccager, subvertir, transposer, troubler. **2. Fam. :** chambarder, chambouler. **3.** Bousculer, démonter, désarçonner, envoyer au tapis (fam.), étendre, mettre sens dessus dessous, terrasser. ***II. Par ext.*** **1.** Abattre, basculer, briser, broyer, culbuter, déboulonner (fam.), défaire, dégommer (fam.), démolir, détrôner, détruire, enfoncer, foudroyer, jeter bas, ruiner, saper, vaincre. **2. ⇒ répandre. 3.** Coucher, incliner, pencher.

RENVIER ■ Enchérir, miser au-dessus.

RENVOI ■ ***I. Jurid. :*** ajournement, annulation, cassation, destitution, dissolution, infirmation, invalidation, péremption d'instance, réhabilitation, relaxe, remise, report, rescision, résiliation, résolution, révocation, sursis. ***II.*** Congé, congédiement, destitution, exclusion, exil, expulsion, licenciement, mise à pied, révocation. ***III.*** Annotation, appel de note, apostille, astérisque, avertissement, gribiche, lettrine, marque, modification, référence. ***IV.*** Éructation, rapport (vx), régurgitation, rot (fam.).

RENVOYER ■ ***I. Au pr. :*** casser aux gages, chasser, congédier, se défaire de, dégoter (vx), destituer, disgracier, donner congé/ses huit jours/son compte / son congé / son exeat, écarter, éconduire, éloigner, envoyer promener, exclure, expédier, ficher/flanquer/foutre (grossier)/jeter/mettre à la porte/dehors, licencier, liquider, mettre à pied, remercier, révoquer. **⇒ repousser. Fam. :** balayer, débarquer, donner sa bénédiction/son paquet, emballer, envoyer dinguer/faire fiche/faire foutre/paître/péter/valser, larguer, raouster, sacquer, valouser, vider. ***II.*** Refuser, rendre, retourner. ***III.*** Faire écho, réfléchir, refléter, rendre, répercuter, reproduire, transmettre. ***IV.*** Relancer. ***V.*** Ajourner, annuler, différer, remettre, retarder.

REPAIRE ■ ***I.*** Aire, antre, bauge, breuil, fort, gîte, nid, refuge, ressui, retraite, soue, tanière, terrier, trou. ***II.*** Abri, asile, cache, cachette, lieu sûr, refuge, retraite.

REPAÎTRE ■ ***I.*** **⇒ manger.** ***II.*** **⇒ nourrir.** ***III. V. pron. :*** **1. ⇒ manger. 2. ⇒ régaler (se). 3. ⇒ jouir de.**

RÉPANDRE ■ ***I. Au pr.*** **1.** Arroser, couvrir, déverser, disperser, disséminer, ensemencer, épandre, éparpiller, épartir (vx), essaimer, étendre, jeter, joncher, parsemer, passer, paver, renverser, semer, verser. **2.** Dégager, développer, diffuser, éclairer, embaumer, émettre, exhaler, fleurer, parfumer. ***II. Par ext.*** **1.** Accorder, dispenser, distribuer, donner, épancher. **2.** Distiller, faire régner, jeter, provoquer. **3.** Colporter, diffuser, dire, divulguer, ébruiter, étendre, éventer, généraliser, lancer, populariser, propager, publier, tambouriner, universaliser, vulgariser. **⇒ médire.** ***III. V. pron. : au pr.*** **1. Un liquide :** couler, courir, déborder, découler, dégorger, dégouliner (fam.), se déverser, s'échapper, s'écouler, émaner, s'épancher, s'épandre, s'extravaser, filer, filtrer, fluer, fuir, gagner, gicler, jaillir, refluer, rouler, ruisseler, sourdre, suinter. **2. Un gaz :** se dégager, emplir. **3. Des personnes, des choses :** abonder, envahir, pulluler, se reproduire. ***Fig.*** **1.** S'accréditer, circuler, courir, s'étendre, faire tache d'huile, gagner, se propager, voler. **2.** Déborder, éclater. **3.** Fréquenter, hanter, se montrer, sortir.

RÉPANDU, E ■ ***I.*** Diffus, épars, étendu, profus. ***II.*** Commun, connu, dominant, public.

RÉPARABLE ▪ Arrangeable. ⇒ **perfectible.**

RÉPARATION ▪ ***I. Au pr. :*** amélioration, bouchement, bricolage, consolidation, entretien, raccommodage, radoub, rafistolage, réfection, remontage, renformis, replâtrage, reprise, ressemelage, restauration, rhabillage, soins. ***II. Par ext.*** **1.** Amende honorable, excuse, expiation, rachat, raison, redressement, rétractation, satisfaction. **2.** Compensation, dédommagement, désintéressement, dommages et intérêts, indemnisation, indemnité, restitution.

RÉPARER ▪ ***I. Au pr. :*** améliorer, arranger, bricoler (fam.), consolider, dépanner, moderniser, obturer, rabibocher (fam.), rabobiner (fam.), raccommoder, raccoutrer, radouber, rafistoler, rafraîchir, ragréer, rajuster, rapetasser, rapiécer, rarranger (fam.), ravauder, recarreler, recoudre, recrépir, redresser, refaire, réfectionner, relever, remanier, remettre à neuf, remodeler, remonter, rempiéter, renformir, rénover, rhabiller, stopper. ***II. Par ext.*** **1.** Compenser, corriger, couvrir, dédommager, effacer, expier, replâtrer, reprendre, repriser, ressemeler, restaurer, rétablir, retaper, réviser, indemniser, payer, racheter, rattraper, remédier à, suppléer à. **2.** Redresser les torts, venger.

REPARTIE ▪ Boutade, drôlerie, mot, pique, réplique, réponse, riposte, saillie, trait.

REPARTIR ▪ ***I.*** ⇒ **répondre.** ***II.*** ⇒ **retourner.** ***III.*** ⇒ **recommencer.**

RÉPARTIR ▪ ***I.*** Allotir, assigner, attribuer, classer, contingenter, départir, dispenser, disposer, distribuer, diviser, donner, impartir, lotir, octroyer, ordonner, partager, prodiguer, proportionner à, ranger, rationner, répandre, semer, ***II.*** Disperser, disséminer, échelonner, étaler.

RÉPARTITEUR ▪ Dispensateur, distributeur, ordonnateur.

RÉPARTITION ▪ ***I.*** Assiette, attribution, coéquation, contingent, contingentement, diffusion, distribution, don, partage, péréquation, quote-part, ration, répartement. ***II.*** Agencement, aménagement, classement, classification, disposition, distribution, échelonnement, fractionnement, ordonnance, ordre, rang, rangement. ⇒ **régulation.**

REPAS ▪ ***I.*** Agape, banquet, bonne chère, bribe, casse-croûte, Cène (relig.), chère lie (vx), collation, déjeuner, dîner, dînette, en-cas, festin, gala, gaudeamus (vx), gogaille (vx), goûter, graillon (péj.), lunch, mangeaille (péj.), médianoche, menu, nourriture, ordinaire, panier, pique-nique, pitance, plat, réfection, régal, réjouissance, repue (vx), réveillon, ripaille, sandwich, soupe, souper. ⇒ **nourriture, fête.** ***II. Arg. ou fam. :*** bamboche, bamboula, bectance, bombance, bombe, bouffe, bouftance, boustifaille, brifeton, bringue, casse-graine, clape, croque, croustance, croustille, croûte, dîne, frichti, gaufre, godaille, graille, gueuleton, jaffe, lippée, mâchon, manger, picotin, rata, tambouille, tortore, ventrée.

REPASSER ▪ ***I.*** Retourner, revenir. ***II.*** Affiler, affûter, aiguiser, donner du fil/du tranchant, émorfiler, émoudre. ***III.*** Défriper, lisser, mettre en forme. ***IV.*** Refiler, remettre. ***V.*** Évoquer, remémorer, se remettre en mémoire, retracer. ***VI.*** Apprendre, étudier, potasser (fam.), relire, répéter, reviser, revoir.

REPÊCHER ▪ ***Fig. :*** aider, dépanner, donner un coup de main/de piston (fam.)/de pouce, donner la main à, sauver, secourir, sortir/tirer d'affaire/d'un mauvais pas, soutenir, tendre la main à, venir à l'aide/à la rescousse/au secours.

REPENSER ▪ Considérer, penser, remâcher, repasser, ressasser, revenir.

REPENTANT, E ▪ Contrit, marri, pénitent.

REPENTIR ▪ Attrition, componction, confession, confiteor, contrition, douleur, mea-culpa, regret, remords, repentance, résipiscence.

REPENTIR (SE) ▪ ⇒ **regretter.**

RÉPERCUSSION ▪ Choc, contrecoup, incidence, réflexion, renvoi, retentissement. ⇒ **suite.**

RÉPERCUTER ▪ Faire écho, réfléchir, refléter, rendre, renvoyer, reproduire, transmettre.

REPÈRE ▪ Amer (mar.), coordonnée, empreinte, indice, jalon, marque, piquet, taquet, trace.

REPÉRER ▪ ***I. Au pr. :*** borner, jalonner, marquer, piqueter. ***II. Par ext. :*** apercevoir, comprendre, déceler, déchiffrer, découvrir, dégoter (fam.), dénicher, dépister, détecter, déterrer, deviner, discerner, éventer, lire, pénétrer, percer, remarquer, saisir, trouver, voir.

RÉPERTOIRE ▪ Bordereau, catalogue, dénombrement, énumération, état, index, inventaire, liste, mémoire, nomenclature, relevé, rôle, série, suite, table, tableau.

RÉPERTORIER ▪ ***I.*** ⇒ **classer.** ***II.*** ⇒ **inscrire.**

RÉPÉTÉ, E ▪ ⇒ **habituel.**

RÉPÉTER ▪ ***I. Au pr. :*** bourdonner (fam.), dire à nouveau, exprimer, faire écho/chorus, inculquer, insister, itérer (vx), prêcher, rabâcher, raconter, radoter, rapporter, rebattre, recorder (vx), redire, réitérer, remâcher, rendre, ressasser, revenir sur, ruminer, seriner. ***II. Par ext.*** **1.** Apprendre, bachoter (péj.), étudier, potasser (fam.), repasser, reviser, revoir. **2.** Copier, emprunter, imiter, rajuster, recommencer, refaire, renouveler, reprendre, reproduire, restaurer, rétablir. **3.** Multiplier, réfléchir, reproduire. ⇒ **répercuter.** ***III. V. pron.*** ⇒ **recommencer.**

RÉPÉTITEUR, TRICE ▪ ⇒ **maître.**

RÉPÉTITIF, IVE ▪ ⇒ **récurrent.**

RÉPÉTITION ▪ ***I. Au pr.*** **1.** Écho, rabâchage, rabâcherie, radotage, récurrence, redite, redondance, refrain, rengaine, reprise, scie. **2.** Fréquence, rechute, récidive, recommencement, réitération, resucée (fam.), retour. **3.** Leçon, cours, révision. **4.** ⇒ **reproduction.** ***II. Litt. :*** accumulation, allitération, anaphore, antanaclase, assonance, battologie, cadence, doublon, homéotéleute, itération, métabole, paronomase, périssologie, pléonasme, redoublement, réduplication, tautologie.

REPEUPLER ▪ ***I.*** Regarnir, réensemencer, replanter. ***II.*** Aleviner, empoissonner. ***III.*** Alimenter, approvisionner, assortir, fournir, garnir, munir, nantir, pourvoir, procurer, réapprovisionner, réassortir, suppléer.

REPIQUAGE ▪ Boisement, plantage (vx), plantation, peuplement, reboisement, transplantation.

REPIQUER ▪ ⇒ **replanter, recommencer.**

RÉPIT ▪ ***I.*** Latence, rémission. ***II.*** ⇒ **délai.** ***III.*** ⇒ **repos.** ***IV.*** ⇒ **tranquillité.**

REPLACER ▪ ⇒ **rétablir.**

REPLANTER ▪ Mettre en terre, planter, repiquer, transplanter.

REPLET, ÈTE ▪ Abondant, adipeux, bien en chair, bouffi, charnu, corpulent, courtaud, dodu, épais, empâté, fort, gras, grasset (vx), grassouillet, gros, obèse, onctueux, pansu, plantureux, plein, potelé, rebondi, rond, rondelet, rondouillard, ventru.

RÉPLÉTION ▪ Abondance, excès, plénitude, pléthore, saturation, satiété, surabondance, surcharge.

REPLI ▪ ***I. De terrain :*** accident, anticlinal, arête, cuvette, dépression, dôme, éminence, plissement, sinuosité, synclinal, thalweg, vallon. ***II. Du corps :*** bourrelet, commissure, fanon, fronce, pliure, poche, ride, saignée. ***III.*** Cachette, coin, recoin, trou. ***IV.*** Décrochage, recul, reculade, reculement, reflux, repliement, retraite.

REPLIEMENT ■ ***I.*** Autisme, introversion, reploiement. ***II.*** ⇒ **repli.**

REPLIER (SE) ■ ***I.*** Se blottir, se courber, s'invaginer, s'inverser, se pelotonner, se ramasser, se recoquiller, se recroqueviller, se tordre, se tortiller. ***II.*** Se recueillir, réfléchir, se renfermer. ***III.*** Battre en retraite, capituler, lâcher, reculer, rétrograder. ⇒ **abandonner.**

RÉPLIQUE ■ ***I.*** Boutade, critique, objection, repartie, riposte. ***II.*** Discussion, observation, protestation. ***III.*** Copie, double, doublure, duplicata, fac-similé, faux, image, imitation, jumeau, modèle, pareil, répétition, représentation, reproduction.

RÉPLIQUER ■ ⇒ **répondre.**

REPLOIEMENT ■ ⇒ **repliement.**

RÉPONDANT ■ Caution, endosseur, garant, otage, parrain, responsable.

RÉPONDRE ■ ***I. V. tr. :*** dire, donner la réplique/son paquet (fam. et péj.), objecter, payer de retour, prendre sa revanche, raisonner, récriminer, réfuter, rembarrer, rendre la monnaie de sa pièce, rendre la pareille, repartir, répliquer, rétorquer, se revancher (vx), riposter, river son clou (fam.). ***II. V. intr.*** **1.** S'accorder, concorder, correspondre, satisfaire. **2.** Affirmer, assurer, attester, certifier, déclarer, garantir, promettre, protester, soutenir. ***III.*** **1. Répondre** à : obéir, produire, réagir. **2. Répondre de** : couvrir, s'engager, garantir. ***IV. V. pron. :*** **1.** Correspondre, être en rapport de symétrie, être à l'unisson. **2.** Échanger, *et les formes pron. possibles des syn. de* RÉPONDRE.

RÉPONSE ■ ***I. Au pr. :*** objection, repartie, réplique, riposte. ***II. Par ext. :*** apologie, explication, justification, oracle, récrimination, rescrit, rétorsion, solution, verdict.

REPORT ■ ⇒ **renvoi.**

REPORTAGE ■ ⇒ **article.**

REPORTER ■ n. ⇒ **journaliste.**

REPORTER ■ v. ***I.*** Attribuer, rapporter, rejeter, retourner, reverser. ***II.*** Décalquer, transposer. ***III.*** Attendre, remettre, renvoyer. ⇒ **ajourner.** ***IV.*** ⇒ **porter.** ***V.*** ⇒ **transporter.** ***VI. V. pron. :*** **1.** Se référer, revenir, se transporter. **2.** *Les formes pron. possibles des syn. de* REPORTER.

REPOS ■ ***I.*** Arrêt, campos, cessation, cesse, congé, délassement, détente, entracte, étape, halte, immobilité, inaction, inactivité, inertie, jour chômé/férié, loisir, méridienne, pause, récréation, relâche, relâchement, relaxation, rémission, répit, retraite, semaine anglaise, sieste, trêve, vacances. ***II.*** ⇒ **sommeil.** ***III.*** Accalmie, bonace, calme, dégel, paix, quiétude, silence, tranquillité. ***IV.*** Coupe, interruption, latence. ⇒ **palier.**

REPOSANT, E ■ Adoucissant, apaisant, calmant, consolant, délassant, distrayant, lénifiant, lénitif, relaxant, sédatif. ⇒ **bon.**

REPOSÉ, E ■ Détendu, en forme, frais, *et les part. passés des syn. de* REPOSER.

REPOSER ■ ***I. Au pr. :*** s'appuyer sur, avoir pour base/fondement, dépendre de, être basé/établi/fondé sur. ⇒ **poser.** ***II. Par ext.*** **1.** ⇒ **dormir. 2.** ⇒ **trouver (se).** ***III. V. pron. :*** **1.** S'abandonner, s'arrêter, se délasser, dételer (fam.), se détendre, se laisser aller, se mettre au vert (fam.), récupérer (fam.), se relaxer, reprendre haleine, souffler. **2. Loc. Se reposer sur** : se fier à, se rapporter à, se référer à, s'en remettre à.

REPOUSSANT, E ■ Abject, affreux,

antipathique, dégoûtant, désagréable, difforme, effrayant, effroyable, exécrable, fétide, hideux, horrible, infect, laid, monstrueux, odieux, puant, rébarbatif, rebutant, répulsif. ⇒ **répugnant.**

REPOUSSER ▪ ***I. Au pr.*** *:* bannir, blackbouler, bouter (vx), chasser, culbuter, écarter, éconduire, évincer, rabattre, rabrouer, rebuter, rechasser, récuser, refouler, refuser, rejeter, renvoyer, répudier. ⇒ **pousser.** ***Fam.*** *:* emballer, envoyer au bain/au diable/ aux chiottes/aux plottes/baller/ bouler/ chier/dinguer/paître/péter/ promener/sur les roses, envoyer se faire dorer/ foutre/mettre, rembarrer. ***II. Par ext.*** **1.** Abandonner, décliner, dire non, éliminer, exclure, mettre son veto, objecter, récuser, réfuter, rejeter. **2.** Dégoûter, déplaire, écœurer, exécrer, mépriser, rebuter, répugner. **3. Fam.** ⇒ **sentir.**

RÉPRÉHENSIBLE ▪ Accusable, blâmable, condamnable, coupable, critiquable, déplorable, punissable, reprochable.

REPRENDRE ▪ ***I. Au pr.*** **1.** ⇒ **retirer. 2.** ⇒ **recouvrer. 3.** Remmancher (fam.), renouer. ⇒ **réparer. 4.** ⇒ **continuer.** ***II. Par ext.*** **1.** ⇒ **résumer. 2.** ⇒ **revoir. 3.** ⇒ **réprimander. 4.** ⇒ **recommencer. 5.** ⇒ **rétablir (se).** ***III. V. pron.*** *:* **1.** Se corriger, se défaire de, se guérir de, réagir, se rétracter. **2.** ⇒ **recommencer.**

REPRÉSAILLES ▪ ***I. Au pr.*** *:* châtiment, œil pour œil dent pour dent, punition, réparation, rétorsion, riposte, talion. ***II. Par ext.*** *:* colère, némésis, ressentiment, revanche, vendetta, vengeance.

REPRÉSENTANT ▪ ***I.*** Agent, correspondant, délégué, envoyé, mandataire, missionnaire (vx), porte-parole, prête-nom, truchement. ***II.*** Avocat, avoué, conseil, défenseur. ***III.*** ⇒ **député. *IV.*** ⇒ **envoyé. *V.*** Ambassadeur, chargé d'affaires, consul, député, diplomate, haut-commissaire, légat, ministre, nonce, persona grata, résident. ***VI.*** Commis voyageur, courtier, démarcheur, intermédiaire, placier, visiteur, voyageur de commerce. ***VII.*** Échantillon, individu, modèle, type.

REPRÉSENTATIF, IVE ▪ ⇒ **typique.**

REPRÉSENTATION ▪ ***I. Au pr.*** **1.** Allégorie, copie, description, dessin, diagramme, effigie, emblème, figure, graphique, image, imitation, plan, portrait, reproduction, schéma, symbole, traduction. **2.** ⇒ **spectacle.** ***II. Fig.*** **1.** Écho, miroir, projection, reflet. **2.** Admonestation, avertissement, blâme, doléance, objection, objurgation, observation, remontrance, reproche, semonce, sermon. **3.** Délégation, mandat.

REPRÉSENTATIVITÉ ▪ ⇒ **qualité.**

REPRÉSENTER ▪ ***I. Au pr.*** **1.** ⇒ **montrer. 2.** Désigner, dessiner, évoquer, exhiber, exprimer, figurer, indiquer, symboliser. **3.** Copier, imiter, refléter, rendre, reproduire, simuler, **4.** Peindre, photographier, portraire, portraiturer. **5.** Décrire, dépeindre, tracer. ***II. Par ext.*** **1.** Donner, incarner, interpréter, jouer, mettre en scène, mimer, personnifier. **2.** ⇒ **reprocher. 3.** ⇒ **remplacer.**

RÉPRESSIF, IVE ▪ Absolu, arbitraire, autoritaire, correctif, dictatorial, directif, ferme, intransigeant, péremptoire, punitif, tyrannique.

RÉPRESSION ▪ ⇒ **punition.**

RÉPRIMANDE ▪ ⇒ **reproche.**

RÉPRIMANDER ▪ ***I. Au pr.*** *:* admonester, avertir, blâmer, catéchiser, censurer, chapitrer, condamner, corriger, critiquer, désapprouver, désavouer, dire son fait, donner un avertissement/ un blâme/un coup de semonce, faire une réprimande/ un reproche *et les syn. de* REPROCHE, flageller, flétrir, fustiger, gourmander, gronder, houspiller, improuver, incriminer, infliger une réprimande/un reproche *et les* *syn. de* REPROCHE, moraliser, morigéner, quereller, redresser, relever, reprendre, réprouver, semoncer, sermonner, stigmatiser, tancer, trouver à redire, vitupérer. ***II. Arg. ou fam. :*** arranger, attraper, chanter pouilles, crier, disputer, donner une avoine/une danse/un galop/un savon, donner sur les doigts/sur les ongles, emballer, engueuler, enguirlander, enlever, faire la fête/la guerre à, laver la tête, mettre au pas, moucher, remettre à sa place, sabouler, savonner, secouer, secouer les poux/les puces, sonner les cloches, tirer les oreilles.

RÉPRIMER ▪ Arrêter, brider, calmer, châtier, commander, comprimer, contenir, contraindre, empêcher, étouffer, mettre le holà, modérer, refouler, refréner, retenir, sévir. ⇒ **punir.**

REPRIS DE JUSTICE ▪ Cheval de retour, condamné, interdit de séjour, récidiviste.

REPRISE ▪ ***I.*** ⇒ **répétition.** ***II.*** Continuation, poursuite, recommencement, relance, revigoration. ***III.*** Raccommodage. ⇒ **réparation.** ***IV.*** Amélioration, amendement, correctif, correction, modification, mouture, rectification, refonte, remaniement, retouche, révision. ***V.*** Round.

REPRISER ▪ Raccommoder, raccoutrer, rafistoler (fam.), rapetasser, rapiécer, rapiéceter, ravauder, remmailler, rentraire, réparer, repriser, resarcir, restaurer, retaper, stopper.

RÉPROBATEUR, TRICE ▪ Désapprobateur, improbateur.

RÉPROBATION ▪ Accusation, anathème, animadversion, attaque, avertissement, blâme, censure, condamnation, critique, désapprobation, grief, improbation, malédiction, mise à l'écart/à l'index/en quarantaine, objurgation, punition, remontrance, réprehension, réprimande, semonce, tollé, vitupération. ⇒ **reproche.**

REPROCHE ▪ Accusation, admonestation, avertissement, blâme, censure, critique, désapprobation, diatribe, grief, mercuriale, objurgation, observation, plainte, récrimination, remarque, remontrance, réprimande, réquisitoire, semonce. ⇒ **réprobation.** ***Fam. :*** avoine, chicorée, engueulade, postiche, savon, suif, tabac.

REPROCHER ▪ Accuser de, blâmer, censurer, condamner, critiquer, désapprouver, désavouer, faire grief, faire honte, faire reproche de *et les syn. de* REPROCHE, improuver, imputer à faute, incriminer, jeter au nez (fam.), jeter la pierre, remontrer, reprendre, représenter, réprouver, stigmatiser, taxer de, trouver à redire. ⇒ **réprimander.**

REPRODUCTEUR, TRICE ▪ Étalon, géniteur, souche.

REPRODUCTION ▪ ***I. Au pr.*** **1.** Fécondation, génération, multiplication, peuplement, prolifération, repeuplement. **2.** Calque, copie, double, doublure, duplicata, duplication, imitation, itération, photocopie, polycopie, répétition, réplique. ***II. Par ext.*** **1.** ⇒ **image. 2.** ⇒ **représentation. 3.** ⇒ **publication.**

REPRODUIRE ▪ ***I. Au pr.*** **1.** Engendrer, féconder, multiplier, produire, renouveler, repeupler. **2.** Calquer, copier, décalquer, démarquer, emprunter, jouer, mimer, pasticher, plagier. ⇒ **imiter. 3.** Photocopier, reprographier. ***II. Par ext.*** **1.** ⇒ **renvoyer. 2.** ⇒ **refaire. 3.** ⇒ **représenter.** ***III. V. pron. :*** **1.** Engendrer, multiplier, se perpétuer, procréer, proliférer, se propager, repeupler, sporuler. ⇒ **recommencer.**

RÉPROUVÉ, E ▪ Bouc émissaire, damné, déchu, excommunié, frappé d'interdit/d'ostracisme, galeux, hors-la-loi, interdit, maudit, mis en quarantaine, outlaw, rejeté, repoussé.

RÉPROUVER ▪ ***I.*** ⇒ **blâmer.** ***II.*** ⇒ **maudire.** ***III.*** ⇒ **reprocher.**

REPTATION ▪ ***Fig.*** ⇒ **servilité.**

REPTILE ▪ ***I.*** Chélonien, crocodilien, ophidien, prosaurien, saurien. ***II.*** ⇒ **alligator, saurien, serpent, tortue.**

REPU, E ▪ Assouvi, bourré (fam.), dégoûté, le ventre plein (fam.), rassasié, saturé, soûl, sursaturé.

RÉPUBLIQUE ▪ Démocratie, État, gouvernement, nation.

RÉPUDIATION ▪ ⇒ **divorce.**

RÉPUDIER ▪ ⇒ **repousser.**

RÉPUGNANCE ▪ Antipathie, aversion, dégoût, détestation, écœurement, éloignement, exécration, haine, haut-le-cœur, horreur, nausée, peur, répulsion.

RÉPUGNANT ▪ Abject, affreux, cochon (fam.), crasseux, décourageant, dégoûtant, dégueulasse (fam.), déplaisant, désagréable, écœurant, exécrable, fétide, gras, grivois, grossier, honteux, horrible, ignoble, immangeable, immonde, immoral, incongru, inconvenant, indécent, infâme, infect, innommable, inqualifiable, insupportable, laid, licencieux, maculé, malhonnête, malpropre, merdique (grossier), nauséabond, nauséeux, obscène, odieux, ordurier, peu ragoûtant, porno (fam.), pornographique, puant, rebutant, repoussant, répulsif, révoltant, sale, sordide.

RÉPUGNER ▪ ***I.*** Dégoûter, déplaire, faire horreur, inspirer de la répugnance *et les syn. de* RÉPUGNANCE, REBUTER. ***II.*** S'élever contre, être en opposition, s'opposer, rechigner, refuser, renâcler, renifler (fam.). ***III.*** ⇒ **repousser.**

RÉPULSION ▪ ⇒ **répugnance.**

RÉPUTATION ▪ Autorité, célébrité, considération, crédit, estime, gloire, honneur, lustre, mémoire, nom, notoriété, popularité, prestige, renom, renommée, résonance, vogue.

RÉPUTÉ, E ▪ ⇒ **célèbre.**

RÉPUTER ▪ Compter, considérer, estimer, juger, prendre, présumer, regarder comme.

REQUÉRANT, E ▪ ⇒ **demandeur.**

REQUÉRIR ▪ ***I.*** Appeler, avoir besoin, commander, demander, exiger, mériter, nécessiter, prescrire, réclamer, rendre nécessaire, supposer, vouloir. ***II.*** Adresser/faire/formuler/présenter une requête *et les syn. de* REQUÊTE, commander, dire, enjoindre, exiger, exprimer un désir/une requête/un souhait/un vœu, implorer, mander, ordonner, postuler, prier, réclamer, solliciter, souhaiter, vouloir.

REQUÊTE ▪ Appel, demande, démarche, imploration, instance, invitation, invocation, pétition, placet (vx), pourvoi, prière, quête (vx), réquisition, réquisitoire, sollicitation, supplication, supplique.

REQUIN ▪ ***I. Au pr.*** ⇒ **squale.** ***II. Fig.*** **1.** ⇒ **bandit. 2.** ⇒ **fripon.**

REQUIS, E ▪ Demandé, nécessaire, obligatoire, prescrit, sollicité.

RÉQUISITION ▪ ***I.*** Blocage, embargo, mainmise. ***II.*** ⇒ **requête.**

RÉQUISITIONNER ▪ ⇒ **prélever.**

RÉQUISITOIRE ▪ ***Par ext. :*** admonestation, blâme, censure, critique, désapprobation, engueulade (fam.), mercuriale, objurgation, observation, plainte, récrimination, remarque, remontrance, réprimande, reproche, semonce.

RESCAPÉ, E ▪ Indemne, miraculé, sain et sauf, sauf, sauvé, survivant, tiré d'affaires.

RESCINDER ▪ Annuler, casser, déclarer de nul effet/nul et non avenu.

RESCOUSSE ▪ Aide, appoint, appui, assistance, collaboration, concours, coup d'épaule, égide, intervention, main-forte, secours, soutien, support.

RESCRIT ▪ Bref, bulle, canon, constitution, décrétale, encyclique, mandement, monitoire, réponse.

RÉSEAU ▪ ***I. Au pr.*** : entrelacement, entrelacs, filet, lacs, résille, réticule, tissu. ***II. Fig.*** : complication, confusion, enchevêtrement, labyrinthe, lacis.

RÉSECTION ▪ Ablation, amputation, décapsulation, excision, exérèse, suppression.

RÉSÉQUER ▪ Amputer, couper, enlever, sectionner, supprimer, trancher.

RÉSERVATION ▪ Location.

RÉSERVE ▪ ***I.*** ⇒ **restriction.** ***II.*** Accumulation, amas, approvisionnement, avance, dépôt, disponibilités, économies, en-cas, épargne, fourniture, matelas (fam.), munition (vx), provision, ravitaillement, stock, viatique, victuailles, vivres, volant. ***III.*** Boutique, dépôt, entrepôt, établissement, magasin, resserre, silo. ***IV.*** ⇒ **réservoir.** ***V.*** Bienséance, calme, chasteté, circonspection, componction, congruité, convenance, correction, décence, délicatesse, dignité, discrétion, froideur, gravité, honnêteté (vx), honte (par ext.), maîtrise de soi, ménagement, mesure, modération, modestie, politesse, prudence, pruderie (péj.), pudeur, pudibonderie (péj.), pudicité, quant-à-soi, respect, retenue, révérence, sagesse, sobriété, tact, tempérance, tenue, vertu. ***VI. Loc.*** **À la réserve de** : abstraction faite de, à l'exception de, à l'exclusion de, à part, à telle chose près, excepté, exclusivement, fors (vx), hormis, hors, non compris, sauf, sinon.

RÉSERVÉ, E ▪ Calme, chaste, circonspect, contenu, convenable, correct, décent, délicat, digne, discret, distant, froid, grave, honnête (vx), maître de soi, mesuré, modéré, modeste, poli, pondéré, prude (péj.), prudent, pudibond (péj.), pudique, retenu, sage, secret, silencieux, simple, sobre, tempérant. ⇒ **hésitant.**

RÉSERVÉ (ÊTRE) ▪ Échoir, être destiné, dévolu/donné en partage, incomber/revenir à, *et les formes pron. possibles des syn. de* RÉSERVER.

RÉSERVER ▪ ***I.*** Destiner, garder, prédestiner, vouer. ***II.*** Conserver, économiser, entretenir, garantir, garder, maintenir, ménager, préserver, protéger, retenir, sauvegarder, sauver, soigner, tenir en état. ***III.*** ⇒ **arrêter.**

RÉSERVOIR ▪ ***I.*** Barrage, étang, lac artificiel, plan d'eau, réserve, retenue. ***II.*** Château d'eau, citerne, cuve, timbre. ***III.*** Gazomètre, silo. ***IV.*** Aquarium, vivier. ***V.*** Ballast, container.

RÉSIDENCE ▪ Adresse, demeure, domicile, logement, maison, séjour, siège. ⇒ **habitation.**

RÉSIDER ▪ ***I. Au pr.*** **1.** ⇒ **demeurer. 2.** ⇒ **habiter.** ***II. Par ext.*** **1.** ⇒ **consister. 2.** Occuper, siéger, tenir.

RÉSIDU ▪ ***I.*** Boue, copeau, fond, lie, limaille, saburre (méd.), sédiment, tartre. ***II.*** ⇒ **débris.** ***III.*** ⇒ **déchet.** ***IV.*** ⇒ **excrément.** ***V.*** ⇒ **ordure.** ***VI.*** Cadmie, calamine, cendre, mâchefer, scorie. ***VII.*** Bagasse, bran, grignons, marc, pulpes, tourteau. ***VIII.*** ⇒ **reste.**

RÉSIGNATION ▪ ***I. Favorable ou neutre*** : abandon, abnégation, altruisme, constance, délaissement (vx), dépouillement, désintéressement, détachement, patience, philosophie, renonciation, sacrifice, soumission. ***II. Non favorable*** : apathie, démission, désespérance, fatalisme.

RÉSIGNÉ, E ▪ ⇒ **soumis.**

RÉSIGNER ▪ Abandonner, abdiquer, se démettre, démissionner, se désister, quitter, renoncer. ***V. pron.*** : s'abandonner, accepter, s'accommoder, céder, consentir, s'incliner, passer par, se plier, se résoudre, se soumettre.

RÉSILIATION ■ ⇒ **abrogation.**

RÉSILIER ■ Abandonner, abolir, abroger, anéantir, annuler, casser, détruire, effacer, éteindre, faire cesser/disparaître, faire table rase, infirmer, invalider, prescrire, rapporter, rescinder, résoudre, révoquer, supprimer.

RÉSILLE ■ ⇒ **réseau.**

RÉSINE ■ Arcanson, baume, cire végétale, colophane, galipot, gemme, gomme, laque, sandaraque, sandragon, térébenthine, vernis.

RÉSINEUX ■ ⇒ **conifère.**

RÉSIPISCENCE ■ Attrition, componction, contrition, désespoir, pénitence, regret, remords, repentance, repentir, ver rongeur.

RÉSISTANCE ■ ***I. Favorable ou neutre.*** **1.** Dureté, endurance, fermeté, force, invulnérabilité, rénitence (méd.), solidité, ténacité. **2.** Accroc, difficulté, obstacle, opposition, réaction, refus. **3.** Défense, insurrection, lutte. ***II. Non favorable :*** désobéissance, entêtement, force d'inertie, inertie, mutinerie, obstruction, opiniâtreté, opposition, rébellion, regimbement, réluctance, sabotage, sédition.

RÉSISTANT, E ■ adj. ***I. Favorable ou neutre.*** **1. Au pr.** : endurant, increvable (fam.), fort, invulnérable, nerveux, robuste, rustique, solide, tenace, vivace. **2. Par ext.** : dur, inusable, rénitent (méd.). ***II. Non favorable :*** **1.** Désobéissant, dur, opiniâtre, rebelle, réluctant, têtu. **2.** Coriace, tendineux.

RÉSISTANT ■ n. Dissident, F.F.I., franc-tireur, F.T.P., insoumis, maquisard, partisan, patriote.

RÉSISTER ■ ***I. Au pr. :*** s'arc-bouter, se cabrer, contester, contrarier, contrecarrer, se débattre, se défendre, se dresser, faire face, s'insurger, lutter, se mutiner, s'obstiner, s'opposer, se piéter (vx), protester, se raidir, réagir, se rebeller, se rebiffer, récalcitrer (fam.), rechigner, refuser, se refuser à, regimber, renâcler, répondre, repousser, se révolter, roupéter, ruer dans les brancards (fam.), tenir, tenir bon/ferme, tenir tête. ***II. Par ext. :*** souffrir, soutenir, supporter, survivre, tenir le coup.

RÉSOLU, E ■ ***I.*** Résous. ***II.*** **1. Quelqu'un** : assuré, audacieux, brave, carré, constant, convaincu, courageux, crâne, décidé, déterminé, énergique, ferme, fixé, franc, hardi, net, opiniâtre, tranchant. **2. Quelque chose** : arrêté, choisi, conclu, convenu, décidé, décisif, décrété, délibéré, entendu, fixé, irrévocable, jugé, ordonné, prononcé, réglé, tranché, vu.

RÉSOLUBLE ■ Décidable, soluble.

RÉSOLUMENT ■ Courageusement, décidément, délibérément, de pied ferme, énergiquement, fermement, franchement, hardiment, *et les adv. en -ment formés à partir des syn. de* RÉSOLU.

RÉSOLUTION ■ ***I. Au pr.*** **1.** Décomposition, division, réduction, séparation, transformation. **2.** Abolition, diminution, disparition, relâchement, résorption. **3.** Annulation, destruction, dissolution, rédhibition, rescision, résiliation, révocation. **4.** Analyse, opération, résultat, solution. **5.** Achèvement, bout, clef, coda, conclusion, épilogue, extrémité, fin, queue, terme. ***II. Par ext.*** **1.** But, choix, conseil (vx), désir, dessein, détermination, disposition, exigence, intention, pacte, parti, projet, propos, proposition, souhait, vœu, volition, volonté. **2.** Audace, caractère, constance, courage, cran, décision, détermination, énergie, entêtement (péj.), fermeté, force d'âme, hardiesse, initiative, obstination, opiniâtreté (péj.), ressort, ténacité, volonté, vouloir.

RÉSONANCE ■ ***I. Au pr. :*** écho, résonnement (vx), retentissement, réverbération, son, sonorité. ***II. Fig.*** ⇒ **réputation.**

RÉSONNANT, E ■ Ample, assourdissant, bruyant, carillonnant, éclatant, fort, gros, haut, plein, retentissant, sonore, vibrant.

RÉSONNER ■ Bruire, faire du bruit, faire écho, rebondir, renvoyer, retentir, tinter, vibrer.

RÉSORBER, RÉSOUDRE ■ ***I. Au pr.*** **1.** ⇒ **dissoudre. 2.** ⇒ **abolir. 3.** Analyser, calculer, dénouer, deviner, en finir, faire disparaître, solutionner, trancher, trouver, vider. ***II. Par ext.*** ⇒ **décider.** ***III. V. pron. :*** **1.** Adopter un parti/une solution, conclure, décider, s'exécuter, faire le pas/le saut, finir par, franchir le Rubicon, se hasarder à, pourvoir à, prendre parti, prendre son parti, en venir à. **2.** *Les formes pron. possibles des syn. de* RÉSOUDRE.

RESPECT ■ ***I. Au sing.*** **1.** Considération, courtoisie, déférence, égard, estime, gloire, honneur, révérence, vénération. **2.** Affection, culte, piété. **3.** Amour-propre, pudeur, réserve. ***II. Au plur. :*** civilités, devoirs, hommages, salutations.

RESPECTABLE ■ Auguste, considéré, correct, digne, estimable, grave, honnête, honorable, majestueux, méritant, noble, parfait, prestigieux, sacré, vénérable, vertueux.

RESPECTER ■ ***I. Au pr. :*** adorer, avoir/célébrer/rendre un culte, avoir des égards envers/pour, estimer, glorifier, honorer, magnifier, révérer, saluer la mémoire, tenir en estime, vénérer. ***II. Par ext. :*** conserver, épargner, garder, obéir à, observer.

RESPECTUEUX, EUSE ■ ***I.*** Affectueux, attaché, attentif, attentionné, déférent, pieux, poli. ***II.*** Craintif, humble, soumis.

RESPIRATION ■ Anhélation, aspiration, expiration, haleine, inhalation, souffle.

RESPIRER ■ ***I. Au pr. :*** anhéler, s'ébrouer, exhaler, expirer, haleter, inhaler, inspirer, panteler, pousser (vét.), souffler, soupirer. ⇒ **aspirer.** ***II. Fig.*** **1.** ⇒ **vivre. 2.** ⇒ **montrer.**

RESPLENDIR ■ Brasiller, briller, chatoyer, éblouir, éclairer, éclater, étinceler, flamboyer, fulgurer, jeter des feux, luire, miroiter, poudroyer, rayonner, reluire, rutiler, scintiller.

RESPLENDISSANT, E ■ ⇒ **beau.**

RESPONSABILITÉ ■ ***I.*** ⇒ **garantie.** ***II.*** Culpabilité, implication, imputabilité.

RESPONSABLE ■ ***I. Adj.*** **1.** Comptable. ⇒ **garant. 2.** Condamnable, coupable, fautif, pendable, punissable, répréhensible. **3.** ⇒ **conscient.** ***II. Nom*** ⇒ **envoyé.**

RESQUILLE ■ ⇒ **tromperie.**

RESQUILLER ■ Écornifler, se faufiler, frauder, tricher. ⇒ **tromper.**

RESSAISIR (SE) ■ ***I.*** ⇒ **retrouver (se).** ***II.*** ⇒ **rattraper (se).**

RESSASSER ■ ⇒ **répéter.**

RESSAUT ■ ⇒ **saillie.**

RESSEMBLANCE ■ ***I.*** Accord, affinité, analogie, association, communauté, comparaison, conformité, connexion, contiguïté, convenance, correspondance, harmonie, homologie, lien, parenté, relation, similitude, voisinage. ***II.*** Apparence, image, imitation, incarnation, personnification, réplique, semblance (vx).

RESSEMBLANT, E ■ ⇒ **semblable.**

RESSEMBLER ■ S'apparenter, approcher de, avoir des traits communs/un rapport à/avec, confiner à, correspondre, être la copie/l'image/le portrait/la réplique de, participer de, procéder de, rappeler, se rapporter à, se rapprocher de, tenir de, tirer sur.

RESSENTIMENT ■ Aigreur, amertume, animosité, colère, dégoût, dent (fam.), haine, hostilité, rancœur, rancune, vindicte.

RESSENTIR ■ ⇒ **sentir.**

RESSERRE ■ ⇒ **réserve.**

RESSERRÉ, E ■ Encaissé, étranglé, étroit.

RESSERREMENT ■ Astriction, constriction, contraction, crispation, étranglement, rétrécissement

RESSERRER ■ ***I. Au pr.*** ⇒ **serrer.** ***II. Par ext.*** **1.** Abréger, amoindrir, comprimer, condenser, contracter, crisper, diminuer, étrangler, étrécir, étriquer, rétrécir. **2.** Presser, rapprocher, refermer, tasser. **3.** ⇒ **résumer.** ***III. V. pron. :*** se ratatiner, se recroqueviller, se retirer, se rétracter, *et les formes pron. possibles des syn. de* RESSERRER.

RESSORT ■ ***I. Par ext.*** **1.** ⇒ **moteur. 2.** ⇒ **moyen. 3.** Ardeur, audace, bravoure, cœur, courage, cran, crânerie, décision, dynamisme, endurance, énergie, fermeté, force, hardiesse, héroïsme, impétuosité, intrépidité, résolution, vaillance, valeur, volonté, zèle. ***II. Loc.*** **Être du ressort de. 1.** Attribution, autorité, compétence, domaine, pouvoir. **2.** ⇒ **sphère.**

RESSORTIR ■ ***I.*** Avancer, déborder, dépasser, mordre sur, passer, saillir. ***II. Par ext.*** **1.** Dépendre de. ⇒ **résulter. 2.** Apparaître, apparoir (vx ou jurid.), s'avérer, être avéré, se révéler.

RESSORTIR À ■ ⇒ **dépendre.**

RESSORTISSANT ■ ***I.*** Assujetti, justiciable. ***II.*** Aborigène, autochtone, citoyen, contadin, habitant, indigène, natif, naturel.

RESSOURCE ■ ***I. Au sing.*** **1.** Arme, atout, connaissance, excuse, expédient, moyen, planche de salut, recours, refuge, remède, ressort, secours. **2.** Façon, méthode, procédé, système, truc. ***II. Au pl.*** **1.** ⇒ **faculté. 2.** Argent, avantage, bourse, casuel, dotation, économies, fabrique (vx et relig.), finances, fonds, fortune, fruit, gain, indemnité, intérêt, pension, portion congrue (vx et relig.), prébende (par ext.), rapport, recette, rente, rentrée, retraite, richesse, salaire, usufruit.

RESSOUVENIR (SE) ■ ⇒ **rappeler (se).**

RESSUSCITER ■ ***I. V. tr.*** ⇒ **rétablir (se).** ***II. V. intr.*** ⇒ **revivre.**

RESSUYER ■ Éponger, étancher, sécher.

RESTANT ■ ⇒ **reste.**

RESTAURANT ■ Auberge, bouillon (vx), buffet, cabaret, cafeteria, cafeterie, cantine, crémerie (fam.), feu de bois, gargote (péj.), grillade, grill-room, hostellerie, hôtellerie, mess, pizzeria, popote, relais, restauration, restoroute, rôtisserie, self-service, taverne, trattoria. ⇒ **brasserie.**

RESTAURATEUR, TRICE ■ ***I.*** Aubergiste, gargotier (péj.), hôte, hôtelier, marchand de soupe (péj.), rôtisseur, traiteur. ***II.*** Réparateur, rhabilleur.

RESTAURATION ■ ***I.*** ⇒ **renaissance.** ***II.*** Amélioration, embellissement, reconstruction, réfection, réparation, rhabillage. ***III.*** Hôtellerie.

RESTAURER ■ ***I.*** Alimenter, donner à manger, entretenir, faire manger, nourrir, rassasier, soutenir, sustenter. ***II.*** ⇒ **réparer.** ***III.*** ⇒ **rétablir.** ***IV.*** ⇒ **réconforter.**

RESTE ■ ***I. Au sing. :*** complément, demeurant, différence, excédent, excès, reliquat, résidu, solde, soulte, surplus. ***II. Au pl.*** **1.** Déblai, débris, décharge, déchet, décombres, démolitions, éboulis, épave, gravats, gravois, miettes, plâtras, restant, vestiges. **2.** Cadavre, cendres, mort, ossements, poussière, reliques. **3.** Arlequin (pop.), desserte, épluchures, pelures, regrat (vx), reliefs, reliquats, rogatons. ***III. Loc.*** **1. Au/du reste :** d'ailleurs, de plus, et puis. **2. Tout le reste :** bataclan, et cetera, toutim, tremblement. ⇒ **bazar.**

RESTER ■ ***I.*** ⇒ **demeurer.** ***II.*** ⇒ **subsister.**

RESTITUER ■ ***I.*** ⇒ **redonner.** ***II.*** ⇒ **rétablir.**

RESTITUTION ■ ⇒ **réparation.**

RESTREINDRE ■ Borner, cantonner, circonscrire, contingenter, délimiter, limiter, localiser, réduire.

RESTREINT, E ■ ⇒ **étroit.**

RESTRICTIF, IVE ■ Diminutif, limitatif, prohibitif, répressif.

RESTRICTION ■ ***I.*** ⇒ **réduction.** ***II.*** Économie, empêchement, épargne, parcimonie, rationnement, réserve, réticence.

RÉSULTANTE ■ ⇒ **produit.**

RÉSULTAT ■ Aboutissement, achèvement, bilan, but, conclusion, conséquence, contrecoup, décision, dénouement, effet, événement, fin, fruit, issue, portée, produit, quotient, résultante, réussite, score, solution, somme, succès, suite, terminaison.

RÉSULTER ■ ***I.*** Découler, dépendre, s'ensuivre, entraîner, être issu, naître, procéder, provenir, ressortir, sortir/venir de. ***II. Loc.*** **Il résulte de :** apparaître, apparoir (vx ou jurid.), se déduire, se dégager, impliquer, ressortir, tenir.

RÉSUMÉ ■ ***I. Adj. :*** abrégé, amoindri, bref, concis, court, cursif, diminué, écourté, laconique, lapidaire, limité, raccourci, rapetissé, réduit, resserré, restreint, simplifié, sommaire, succinct. ***II. Nom masc. :*** abrégé, abréviation, aide-mémoire, analyse, aperçu, argument, bréviaire, compendium, digest, diminutif, éléments, épitomé, esquisse, extrait, manuel, notice, plan, précis, promptuaire, raccourci, récapitulation, réduction, rudiment, schéma, sommaire, somme, synopsis, topo (fam.).

RÉSUMER ■ Abréger, analyser, condenser, diminuer, écourter, préciser, ramasser, récapituler, réduire, reprendre, resserrer, synthétiser.

RÉSURRECTION ■ ⇒ **renaissance.**

RÉTABLIR ■ ***I. Au pr. :*** ramener, reconstituer, reconstruire, refaire, relever, remettre, réparer, replacer, restaurer, restituer. ***II. Par ext.*** **1.** Réadapter, réhabiliter, réinsérer, réinstaller, réintégrer. **2.** Améliorer, arranger, guérir, rambiner (arg.), ranimer, réconforter, rendre la santé, sauver. ***III. V. pron. :*** guérir, recouvrer la santé, se relever, se remettre, reprendre des forces, ressusciter, en revenir, s'en tirer, *et les formes pron. possibles des syn. de* RÉTABLIR.

RÉTABLISSEMENT ■ ***I.*** Amélioration, convalescence, guérison, recouvrement, relèvement, remise. ⇒ **restauration.** ***II.*** Réadaptation, réhabilitation, réinsertion, réintégration.

RETAPE ■ ***I.*** ⇒ **propagande.** ***II.*** ⇒ **prostitution.**

RETAPER ■ ***I.*** ⇒ **réparer.** ***II.*** ⇒ **réconforter.**

RETARD ■ ***I. Au pr. :*** ajournement, atermoiement, manœuvre dilatoire, retardement, temporisation. ***II. Par ext.*** **1.** Lenteur, piétinement, ralentissement. **2.** Décalage, délai, remise. **3.** Immaturité. ***III. Loc.*** **En retard. 1.** Arriéré, sous-développé. **2.** Archaïque, démodé, périmé. **3.** À la bourre (fam.), à la queue, à la traîne, en arrière.

RETARDATAIRE ■ ***I.*** ⇒ **retard.** ***II.*** ⇒ **retardé.**

RETARDÉ, E ■ Ajourné, arriéré, attardé, débile, débile mental, demeuré, diminué, handicapé, idiot, immature, inadapté, inintelligent, reculé, retardataire, retenu, tardif, taré.

RETARDEMENT ■ ⇒ **retard.**

RETARDER ■ Ajourner, arrêter, arriérer (vx), atermoyer, attendre, décaler, différer, éloigner, faire lanterner/traîner, prolonger, promener, proroger, ralentir, reculer, remettre, renvoyer, reporter, repousser, surseoir à, temporiser, traîner.

RETENIR ▪ ***I. Au pr.*** **1.** Conserver, détenir, garder, maintenir, réserver. **2.** Confisquer, déduire, précompter, prélever, rabattre, saisir. ⇒ **retrancher. 3.** Accorer (mar.), accrocher, amarrer, arrêter, attacher, brider, clouer, coincer, comprimer, consigner, contenir, contraindre, emprisonner, enchaîner, endiguer, fixer, freiner, immobiliser, modérer, ralentir, serrer la vis (fam.), tenir, tenir de court/en brassières (fam.)/en lisière/en tutelle. ***II. Par ext.*** ⇒ **rappeler (se).** ***III. Loc.*** **Retenir ses larmes** : dévorer, étouffer, ravaler, réprimer. ***IV. V. pron.*** ⇒ **modérer (se).**

RETENTIR ▪ Faire écho, rebondir, renvoyer, résonner, tinter, vibrer.

RETENTISSANT, E ▪ ***I. Au pr.*** : ample, assourdissant, bruyant, carillonnant, éclatant, fort, gros, haut, plein, résonnant, sonore, vibrant. ***II. Par ext.*** : célèbre, connu, éclatant, éminent, fameux, fracassant, illustre, légendaire, notoire, renommé, réputé, sensationnel, terrible (fam.), tonitruant. ⇒ **extraordinaire.**

RETENTISSEMENT ▪ Bruit, publicité. ⇒ **succès.**

RETENU, E ▪ Adj. ***Au pr.*** : calme, chaste, circonspect, contenu, convenable, correct, décent, délicat, digne, discret, distant, froid, grave, honnête (vx), maître de soi, mesuré, modéré, modeste, poli, pondéré, prude (péj.), prudent, pudibond (péj.), pudique, réservé, sage, secret, silencieux, simple, sobre, tempérant. ***II. Par ext.*** : collé (fam.), consigné, puni.

RETENUE ▪ n. ***I.*** Bienséance, calme, chasteté, circonspection, componction, congruité, convenance, correction, décence, délicatesse, dignité, discrétion, effacement, froideur, gravité, honnêteté (vx), honte (par ext.), maîtrise de soi, ménagement, mesure, modération, modestie, politesse, prudence, pruderie (péj.), pudeur, pudibonderie (péj.), pudicité, quant-à-soi, réserve, respect, révérence, sagesse, sobriété, tact, tempérance, tenue, vertu. ***II.*** Barrage, étang, lac artificiel, plan d'eau, réserve, réservoir. ***III.*** Colle (fam.), consigne, punition. ***IV.*** Précompte. ⇒ **confiscation.**

RÉTICENCE ▪ ***I.*** ⇒ **silence.** ***II.*** ⇒ **sous-entendu.** ***III.*** ⇒ **restriction.**

RÉTICENT, E ▪ ⇒ **hésitant.**

RÉTICULE ▪ ***I.*** Aumônière, porte-monnaie, sac. ***II.*** ⇒ **réseau.**

RÉTIF, IVE ▪ Désobéissant, difficile, entêté, frondeur, hargneux, indisciplinable, indiscipliné, indocile, indomptable, insoumis, insubordonné, passif, quinteux, ramingue (équit.), rebelle, récalcitrant, rêche, réfractaire, regimbant, regimbeur, révolté, rude, têtu, vicieux, volontaire.

RETIRÉ, E ▪ À l'écart, désert, détourné, écarté, éloigné, isolé, perdu, secret, solitaire.

RETIRER ▪ ***I. Au pr.*** ⇒ **tirer.** ***II. Par ext.*** **1.** Percevoir, reprendre, soustraire, soutirer, toucher. ⇒ **prendre. 2.** Enlever, extraire, ôter, quitter. ***III. V. pron.*** : **1.** S'enterrer, faire retraite. ⇒ **partir. 2.** ⇒ **renoncer. 3.** ⇒ **resserrer (se). 4.** *Les formes pron. possibles des syn. de* RETIRER.

RETOMBÉE ▪ ⇒ **suite.**

RETOMBER ▪ ***I. Au pr.*** ⇒ **tomber.** ***II. Par ext.*** **1.** Rechuter, récidiver, recommencer. **2.** Se rabattre, redescendre, rejaillir, ricocher. ⇒ **pendre.**

RÉTORQUER ▪ ⇒ **répondre.**

RETORS, ORSE ▪ Artificieux, astucieux, cauteleux, chafouin, combinard, ficelle, fin, finaud, fine mouche, futé, madré, malin, matois, renard, roublard, roué, sac à malices, trompeur, vieux routier. ⇒ **hypocrite, rusé.**

RÉTORSION ■ ***I.*** ⇒ **réponse.** ***II.*** ⇒ **vengeance.**

RETOUCHE ■ ⇒ **correction.**

RETOUCHER ■ ***I.*** ⇒ **corriger.** ***II.*** ⇒ **revoir.**

RETOUR ■ ***I. Au pr.*** **1.** ⇒ **tour. 2.** Changement, réapparition, rebondissement, recommencement, regain, renaissance, renouveau, renouvellement, rentrée, répétition, réveil, rythme. ***II. Par ext.*** **1.** Alternance, évolution, fluctuation, nutation, oscillation, retournement, variation. **2.** ⇒ **ruse. 3.** Échange, réciprocité, rétroaction, ricochet. ***III. Loc.*** **Payer de retour** ⇒ **répondre.**

RETOURNEMENT ■ ***I. Au pr. :*** conversion. ***II. Par ext.*** **1.** Cabriole, changement, reniement, renversement. **2.** ⇒ **variation.**

RETOURNER ■ ***I. V. intr. :*** aller, s'éloigner, rentrer, repartir, revenir. ⇒ **partir.** ***II. V. tr.*** **1.** Bêcher, fouiller, labourer, remuer, verser (vx). **2.** Bouleverser, émouvoir, troubler. **3.** Faire retour, réexpédier, refuser, renvoyer. **4.** Regagner, réintégrer, rejoindre. **5.** ⇒ **transformer.** ***III. V. pron. :*** **1.** ⇒ **rattraper (se). 2.** *Les formes pron. possibles des syn. de* RETOURNER.

RETRACER ■ ***I.*** Conter, débiter, décrire, détailler, développer, dire, expliquer, exposer, narrer, peindre, raconter, rapporter, réciter, relater, rendre compte, tracer. ***II.*** Commémorer, évoquer, faire revivre, mentionner, rappeler.

RÉTRACTATION ■ Abandon, abjuration, annulation, changement d'opinion, désaveu, palinodie, reniement, réparation d'honneur, retournement, retournement de veste (fam.).

RÉTRACTER (SE) ■ ***I. Au pr. :*** se ratatiner, se recroqueviller, se resserrer, se retirer. ***II. Par ext. :*** annuler, se contredire, déclarer forfait, se dédire, se délier, se démentir, se désavouer, se désister, manquer à sa parole, se raviser, reprendre sa parole, revenir sur, révoquer.

RETRAIT ■ ***I.*** Décrochage, décrochement, éloignement, évacuation, recul, reculade, reculement, reflux, régression, repli, retraite, rétrogradation, rétrogression. ***II.*** ⇒ **abolition.**

RETRAITE ■ ***I.*** ⇒ **recul.** ***II.*** ⇒ **abri.** ***III.*** ⇒ **solitude.** ***IV.*** ⇒ **revenu.** ***V. Loc.*** **Battre en retraite** ⇒ **reculer.**

RETRANCHEMENT ■ ***I. Au pr.*** **1.** Coupe, déduction, défalcation, diminution, réfaction, soustraction, suppression. **2.** Épuration, exclusion, excommunication. **3.** Élagage, taille. **4.** Ablation, amputation, résection, sectionnement. **5.** Abréviation, aphérèse, élimination. ***II. Par ext. :*** abri, barricade, bastion, circonvallation, contrevallation, défense, fortification, ligne, tranchée.

RETRANCHER ■ ***I. Au pr.*** **1.** Couper, décomper, déduire, défalquer, démembrer, distraire, élaguer, émonder, enlever, exclure, expurger, imputer, lever, ôter, prélever, prendre, rabattre, retirer, rogner, séparer, soustraire, supprimer, tirer. **2.** Amputer, mutiler, réséquer. ***II. Par ext.*** **1.** Abréger, accourcir, biffer, châtier, corriger, purger, tronquer. **2.** Balayer, censurer, désaffecter, épurer, exclure, excommunier, ostraciser, réformer. ***III. V. pron. :*** **1.** Se défendre, se fortifier, se mettre à l'abri, se protéger, se rabattre, se retirer. **2.** *Les formes pron. possibles des syn. de* RETRANCHER.

RÉTRÉCI, E ■ ***I. Au pr. :*** contracté, diminué, étranglé, étréci, étroit, exigu, resserré. ***II. Fig.*** ⇒ **borné.**

RÉTRÉCIR ■ ***I. V. tr. :*** contracter, diminuer, étrangler, étrécir, reprendre, resserrer. ***II. V. intr. :*** dessécher, grésiller, raccourcir, racornir, se ratatiner (fam.), se resserrer, se retirer.

RÉTRÉCISSEMENT ■ Contraction,

contracture, diminution, étranglement, raccourcissement, racornissement, resserrement.

RETREMPER ■ Encourager, exalter, exciter, fortifier, raffermir, ranimer, ravigoter, raviver, réchauffer, relever, remonter, ressusciter, rétablir, retaper, réveiller, revigorer, revivifier, vivifier.

RÉTRIBUER ■ ⇒ **payer.**

RÉTRIBUTION ■ ***I. Au pr. :*** appointements, cachet, commission, courtage, dividendes, droits d'auteur, émoluments, fixe, gages, gain, gratification, honoraires, indemnité, jeton de présence, jour, journée, liste civile, marge, mensualité, mois, paie, paye, paiement, pige, pourboire, pourcentage, prêt, salaire, semaine, solde, tantième, traitement, vacation. ⇒ **bénéfice, rémunération.** ***II. Par ext.*** ⇒ **récompense.**

RÉTROACTIF, IVE ■ Antérieur, passé, récapitulatif, rétrospectif.

RÉTROACTION ■ Autorégulation, feed-back, réaction.

RÉTROCÉDER ■ Redonner, rembourser, remettre, rendre, restituer.

RÉTROCESSION ■ ⇒ **remboursement.**

RÉTROGRADATION ■ ⇒ **recul.**

RÉTROGRADE ■ Arriéré, conservateur, immobiliste, intégriste, obscurantiste, réactionnaire.

RÉTROGRADER ■ ***I. Au pr.*** ⇒ **reculer.** ***II. Par ext.*** ⇒ **baisser.**

RÉTROSPECTIVE ■ Flash-back.

RETROUSSER ■ Écarter, rebiquer (fam.), recoquiller, relever, remonter, soulever, trousser. ⇒ **lever.**

RETROUVAILLES ■ ⇒ **rencontre.**

RETROUVER ■ ***I. Au pr.*** **1.** Reconquérir, recouvrer, récupérer, regagner, reprendre, ressaisir. **2.** Atteindre, attraper, gagner, joindre, rallier, rattraper, regagner, rejoindre, tomber sur. ***II. Par ext. :*** distinguer, identifier, reconnaître, remettre, trouver. ***III. V. pron. :*** **1.** S'orienter, se reconnaître. **2.** Se redresser, se remettre, se reprendre, se ressaisir. **3.** *Les formes pron. possibles des syn. de* RETROUVER.

RETS ■ ⇒ **filet.**

RÉUNION ■ ***I. De choses.*** **1.** Accumulation, adjonction, agglomération, agrégation, amalgame, anastomose (méd.), annexion, assemblage, combinaison, concentration, confusion, conjonction, convergence, entassement, groupement, incorporation, jonction, mélange, rapprochement, rassemblement, rattachement, synthèse, union. **2.** Accord, adhérence, alliance, enchaînement, fusion, liaison, mariage, rencontre. **3.** Amas, bloc, bouquet, chapelet, choix, collection, couple, ensemble, faisceau, gerbe, groupe, masse, salade (fam.), tas. ***II. De personnes.*** **1.** Assemblée, assise, assistance, auditoire, briefing, carrefour, cénacle, comice, comité, commission, compagnie, concours, conférence, confrérie, congrégation, congrès, conseil, consistoire, débat, groupe, groupement, meeting, rassemblement, rencontre, rendez-vous, séance de travail, séminaire, symposium, table ronde. **2.** Colonie, communauté, confédération, fédération, population, société, syndicat. **3.** Aréopage, chambre, chapitre, concile, conclave, consistoire, états généraux, sénat, soviet, synode, tenue. **4.** Bal, bridge, cinq-à-sept, coktail, fête, garden-party, raout *ou* rout (angl.), réception, sauterie, soirée, surprise-partie, thé. **5. Non favorable** : chœur, clan, clique, coalition, complot, conciliabule, coterie, junte, quarteron, ramas, ramassis.

RÉUNIR ■ ***I. Des choses.*** **1.** Accumuler, additionner, agencer, amasser, entasser, mélanger, mêler, raccorder, rassembler, recomposer, relier, rejoindre, remembrer, unir. **2.** Agglomérer, agglutiner, agréger, amalgamer, annexer, assembler, bloquer, combiner, concentrer, conglober, conglomérer, conglutiner, épingler, fondre, grouper, intégrer, joindre, rapprocher, rattacher, rejoindre. **3.** Accoupler, adjoindre, appareiller, apparier, faire adhérer, mettre ensemble, synthétiser. **4.** Canaliser, capter, centraliser, classer, codifier, collectionner, colliger, cumuler, recueillir. **5.** Concilier, confondre, englober. ***II. Des personnes :*** aboucher, assembler, associer, convoquer, grouper, inviter, rassembler. ***III. V. pron. :*** **1.** S'associer, concourir, confluer, se fondre, fusionner. **2.** S'attabler, se rencontrer, se retrouver. **3.** *Les formes pron. possibles des syn. de* RÉUNIR.

RÉUSSI, E ■ Accompli, bien venu, heureux. ⇒ **parfait.**

RÉUSSIR ■ ***I. Quelque chose :*** s'acclimater, s'accomplir, avancer, bien tourner, fleurir, fructifier, marcher, plaire, prendre, prospérer. ***II. Quelqu'un :*** aboutir, achever, arriver, avoir la main heureuse/du succès, bien marcher, briller, faire carrière, faire du/son chemin, faire florès/fortune, finir par, gagner, mener à bien, parvenir, percer, rupiner (fam.), s'en tirer, triompher, venir à bout.

RÉUSSITE ■ ***I.*** Bonheur, chance, gain, triomphe, veine, victoire. ⇒ **succès.** ***II.*** Patience (jeu).

REVALORISATION ■ Accroissement, augmentation, bond, élévation, enchérissement, hausse, haussement, majoration, montée des prix, progression, relèvement, valorisation.

REVALORISER ■ Accroître, augmenter, élever, faire monter, enchérir, hausser, majorer, monter, réévaluer, rehausser, relever, remonter, renchérir, surenchérir.

REVANCHE ■ ***I.*** Compensation, consolation, dédommagement, réparation, retour. ***II.*** Châtiment, némésis, œil pour œil, dent pour dent, punition, représaille, ressentiment, rétorsion, riposte, talion, vendetta, vengeance. ***III. Loc.*** **En revanche :** à côté, au contraire, en contrepartie, en outre, en récompense, en retour, inversement, mais, par contre.

REVANCHER (SE) ■ Châtier, corriger, laver, punir, redresser, réparer, riposter, sévir, se venger, vider une querelle.

RÊVASSER ■ ⇒ **rêver.**

RÊVE ■ ***I. Au pr. :*** onirisme, songe, vision. ***II. Par ext.*** **1.** Rêvasserie, rêverie, songerie. **2.** Cauchemar, phantasme. **3.** Ambition, espérance. ⇒ **désir.** **4.** Conception, idée, imagination, spéculation. **5.** Château en Espagne, chimère, fiction, illusion, mirage, utopie.

RÊVÉ, E ■ ⇒ **idéal.**

REVÊCHE ■ ***I. Quelque chose :*** rêche, rude. ***II. Quelqu'un :*** abrupt, acariâtre, âcre, aigre, âpre, bourru, difficile, dur, grincheux, grognon, hargneux, intraitable, massacrant, porc-épic, quinteux, rébarbatif, rebours (vx), rêche, renfrogné, rogue, rude.

RÉVEIL ■ ***I.*** ⇒ **horloge.** ***II.*** ⇒ **renaissance.**

RÉVEILLE-MATIN ■ ⇒ **horloge.**

RÉVEILLER ■ ***I.*** Éveiller, sonner le branle-bas (fig. et fam.), tirer du sommeil. ***II.*** ⇒ **ranimer.**

RÉVEILLON ■ ⇒ **repas.**

RÉVÉLATEUR, TRICE ■ Accusateur, caractéristique, déterminant, distinctif, essentiel, particulier, personnel, propre, saillant, significatif, spécifique, symptomatique, typique.

RÉVÉLATION ■ Aveu, confidence, déclaration, divulgation, indiscrétion, initiation, instruction, mise au courant/au parfum (fam.).

RÉVÉLER ■ ***I. Au pr.*** **1.** Arborer,

déballer, déployer, désigner, développer, étaler, exhiber, exposer, indiquer, présenter, représenter. **2.** Découvrir, dégager, dénuder, dessiner, donner, faire/laisser deviner, manifester. **3.** Apprendre, avouer, confesser, confier, déceler, déclarer, découvrir, dénoncer, dévoiler, dire, divulguer, exposer, laisser percer/voir, lever le voile, mettre au jour, montrer, s'ouvrir, percer à jour, publier, trahir (péj.), vendre la mèche (fam.). **4.** Apercevoir, comprendre, discerner, reconnaître, remarquer, repérer, saisir, voir. ***II. Fig.*** **1.** Décrire, démasquer, dépeindre, dévoiler, évoquer, mettre dans, offrir, peindre, raconter. **2.** Démontrer, dire, écrire, établir, prouver, signaler, souligner. **3.** Annoncer, attester, déceler, dénoncer, dénoter, enseigner, exhaler, instruire, produire, témoigner. **4.** Accuser, affecter, afficher, affirmer, déclarer, faire briller/entendre/montre de/voir, marquer, respirer. ***III. V. pron.*** *:* apparaître, éclater, être, paraître, ressortir, surgir, *et les formes pron. possibles des syn. de* RÉVÉLER.

REVENANT ▪ Apparition, double, ectoplasme, esprit, fantôme, lémure, ombre, spectre, vision.

REVENANT-BON ▪ ⇒ **bénéfice.**

REVENDEUR, EUSE ▪ ⇒ **marchand.**

REVENDICATION ▪ Adjuration, appel, conjuration, demande, démarche, desiderata, désir, doléance, exigence, imploration, instance, interpellation, interrogation, pétition, placet, plainte, prétention, prière, protestation, question, quête (vx), réclamation, recours, récrimination, requête, sollicitation, sommation, souhait, supplique, vœu, volonté.

REVENDIQUER ▪ Adresser/faire /former/formuler/présenter une revendication *et les syn. de* REVENDICATION, briguer, demander, désirer, dire, enjoindre, exiger, exprimer un désir/une revendication/un souhait, implorer, imposer, insister, interpeller, interroger, mander, mendier (péj.), ordonner, pétitionner, se plaindre, postuler, prescrire, présenter un cahier de doléances/un placet/une requête/une revendication/une supplique, prétendre à, prier, protester, quémander, questionner, quêter (vx), rechercher, réclamer, récriminer, requérir, solliciter, sommer, souhaiter, supplier, vouloir.

REVENIR ▪ ***I. Au pr.*** *:* faire demi-tour, se rabattre, rallier, se ramener (fam.), rappliquer (fam.), rebrousser chemin, reculer, refluer, regagner, réintégrer, rejoindre, rentrer, reparaître, repasser, retourner, retourner en arrière/sur ses pas. ***II. Par ext.*** **1.** S'occuper de, se remettre à, reprendre, retourner à. ⇒ **recommencer. 2.** ⇒ **revoir. 3.** Afférer, incomber, retomber sur. ***III. Loc.*** **1. Revenir sur sa parole :** annuler, se contredire, déclarer forfait, se dédire, se délier, se démentir, se désavouer, se désister, manquer à sa parole, se rétracter. **2. Revenir sur quelque chose ⇒ répéter. 3. Revenir de loin ⇒ rétablir (se). 4. Revenir à quelqu'un ⇒ plaire. 5. Revenir à tel prix ⇒ valoir. 6. Revenir à de meilleurs sentiments :** s'amender, se convertir. ⇒ **réconcilier (se).**

REVENU ▪ Allocation, arrérages, avantage, casuel, commende (relig. et vx), dividende, dotation, fermage, fruit, gain, intérêt, loyer, mense (vx), métayage, pension, prébende, produit, profit, rapport, recette, redevance, rente, rentrée, retraite, royalties, salaire, tontine, usufruit, viager. ⇒ **bénéfice.**

RÊVER ▪ ***I.*** Faire des rêves. ***II. Par ext.*** *:* bayer, béer, être distrait, rêvasser, songer. **Fam. :** bayer aux corneilles, être dans les nuages, visionner. ***III. Fig.*** **1.** Ambitionner, aspirer à, convoiter, désirer, rechercher, souhaiter. ⇒ **vouloir. 2.** Fantasmer, forger, imaginer, méditer, projeter, réfléchir, spéculer. ⇒ **penser. 3. Non favorable :** divaguer. ⇒ **déraisonner.**

RÉVERBÉRATION ■ Diffusion, rayonnement, reflet, réflexion.

RÉVERBÈRE ■ ***Vx :*** bec de gaz, lanterne.

RÉVERBÉRER ■ Diffuser, faire écho, réfléchir, refléter, rendre, renvoyer, répercuter, reproduire, transmettre.

RÉVÉRENCE ■ ***I. Au pr.*** **1.** Considération, courtoisie, déférence, égard, estime, honneur, respect, vénération. **2.** Affection, culte, piété. **3.** Amour-propre, pudeur, réserve. ***II. Par ext. :*** courbette, hommage, inclination de tête, plongeon (fam.), prosternation, prosternement, salamalec (péj.), salut.

RÉVÉRENCIEUX, EUSE ■ Cérémonieux, déférent, humble, obséquieux (péj.), poli, respectueux, révérenciel (vx).

RÉVÉRER ■ Adorer, avoir/célébrer/rendre un culte, déifier, encenser, estimer, glorifier, gratifier d'estime/de faveur/d'honneur, honorer, magnifier, respecter, saluer la mémoire, tenir en estime.

RÊVERIE ■ ***I.*** ⇒ **rêve.** ***II.*** ⇒ **illusion.**

REVERS ■ ***I.*** Derrière, dos, doublure, envers, parement, pile, rebras, repli, retroussis, verso. ***II.*** Accident, aventure fâcheuse, déboire, déception, désillusion, échec, épreuve, infortune, insuccès, malchance, malheur, orage, traverse, vicissitude. ⇒ **défaite.**

REVERSER ■ ⇒ **rembourser.**

REVÊTEMENT ■ ***I.*** Asphaltage, boisage, carrelage, chape, chemise, crépi, cuirasse, dallage, enduit, enveloppe, parement, pavage, protection. ***II.*** **1.** Asphalte, enrobé, goudron, macadam. **2.** Quick, tarton, terre-battue. **3.** Téflon.

REVÊTIR ■ ***I.*** ⇒ **vêtir.** ***II.*** ⇒ **recouvrir.** ***III.*** ⇒ **orner.** ***IV.*** ⇒ **pourvoir.**

REVÊTU, E ■ ***I.*** ⇒ **vêtu.** ***II.*** Armé, blindé, couvert, cuirassé, défendu, flanqué, fortifié, garanti, muni, paré, préservé, protégé.

RÊVEUR, EUSE ■ ***I.*** Absent, absorbé, abstrait, contemplatif, dans les nuages, méditatif, occupé, pensif, préoccupé, songeur, soucieux. ***II.*** Imaginatif, utopiste.

REVIGORER ■ Aider, conforter, consoler, ragaillardir, ranimer, ravigoter, raviver, réconforter, refaire, relever le courage/les forces/le moral, remettre, remonter, réparer, requinquer (fam.), restaurer, rétablir, retaper, soutenir, stimuler, sustenter.

REVIREMENT ■ Cabriole, palinodie, pirouette, retournement, volte-face. ⇒ **chargement.**

REVISER ■ ***I.*** ⇒ **revoir.** ***II.*** ⇒ **réparer.** ***III.*** ⇒ **répéter.**

REVISEUR ■ Censeur, correcteur, corrigeur, lecteur.

REVISION ■ ***I.*** ⇒ **vérification.** ***II.*** ⇒ **amélioration.**

RÉVISIONNISTE ■ Déviationniste, réformiste, réviso (fam.).

REVIVIFIER ■ Animer, augmenter, encourager, exalter, exciter, raffermir, ranimer, ravigoter, raviver, réchauffer, rehausser, relever, remonter, ressusciter, rétablir, retaper, retremper, réveiller, revigorer, vivifier.

REVIVRE ■ ***I. Au pr. :*** renaître, se renouveler, respirer, ressusciter. ***II. Fig. :*** évoquer. ⇒ **rappeler (se).**

RÉVOCATION ■ ***I.*** Abolition, abrogation, annulation, contrordre, dédit. ***II. De quelqu'un :*** congédiement, destitution, licenciement, renvoi, suspension.

REVOIR ■ ***I. Au pr. :*** examiner, reconsidérer, revenir sur, reviser. ***II. Par ext.*** **1.** Châtier, corriger, fatiguer, limer, polir, raboter, raccommoder, rapetasser, rapiécer, ravauder, rectifier, réformer, remanier, reprendre, retoucher. **2.** ⇒ **rappeler (se). 3.** ⇒ **répéter.**

RÉVOLTANT, E ■ Bouleversant, choquant, criant, dégoûtant, indigne.

RÉVOLTE ■ Action, agitation, chouannerie, contestation, désobéissance, dissidence, ébullition, effervescence, faction, fermentation, feu, guerre civile, insoumission, insubordination, insurrection, jacquerie, lutte, mouvement, mutinerie, opposition, putsch, rébellion, résistance, révolution, rouspétance (fam.), sécession, sédition, soulèvement, subversion, trouble, violence. ⇒ **émeute.**

RÉVOLTÉ, E ■ ***I.*** Activiste, agitateur, contestataire, dissident, émeutier, factieux, insoumis, insurgé, meneur, mutin, rebelle, réfractaire, révolutionnaire, séditieux. ***II.*** ⇒ **outré.**

RÉVOLTER ■ Choquer, dégoûter, écœurer, fâcher, indigner, rebecquer, soulever. ***V. pron. :*** **1. Au pr. :** entrer en lutte, s'insurger, se mutiner, se rebeller, résister, se soulever. **2. Par ext. :** se cabrer, contester, crier au scandale, désobéir, se dresser/s'élever contre, être rempli d'indignation, se fâcher, s'indigner, refuser, regimber, renâcler.

RÉVOLU, E ■ Accompli, achevé, déroulé, écoulé, fini, passé, sonné (fam.), terminé.

RÉVOLUTION ■ ***I. Au pr. :*** circuit, courbe, cycle, rotation. ***II. Par ext.*** **1.** Bouleversement, cataclysme, chambardement, changement, convulsion, incendie, raz-de-marée, renversement, tourmente. **2.** ⇒ **révolte.**

RÉVOLUTIONNAIRE ■ ***I.*** Agitateur, contestataire, desperado, insurgé, militant, novateur, rebelle, séditieux, subversif, terroriste. ⇒ **révolté.** ***II.*** Activiste, anarchiste, communard, gauchiste, jacobin, libéral (vx), nihiliste, progressiste, républicain (vx), révisionniste. ***III.*** ⇒ **nouveau.**

RÉVOLUTIONNER ■ ***I.*** Agiter, bouleverser, chambarder, changer, remplacer. ⇒ **renverser.** ***II.*** ⇒ **émouvoir.**

REVOLVER ■ ⇒ **pistolet.**

RÉVOQUER ■ ***I.*** Casser, débarquer (fam.), débouter, déchoir, dégommer (fam.), dégoter (fam.), démettre de, démissionner, dénuer de, déplacer, déposer, dépouiller, destituer, détrôner, faire sauter (fam.), limoger, mettre en disponibilité, priver, rappeler, relever de ses fonctions, suspendre. ***II.*** ⇒ **abolir.** ***III. Loc.*** **Révoquer en doute :** contester, douter de, mettre en doute, nier, rejeter, suspecter.

REVUE ■ ***I.*** Catalogue, cens, compte, dénombrement, détail, énumération, état, évaluation, inventaire, liste, litanie, recensement, rôle, statistique. ***II.*** Défilé, parade, prise d'armes. ***III.*** ⇒ **spectacle.** ***IV.*** Annales, bihebdomadaire, bimensuel, bimestriel, bulletin, cahier, digest, gazette, hebdomadaire, illustré, journal, livraison, magazine, mensuel, organe, périodique, publication, trimestriel.

RÉVULSIF, IVE ■ ***I. Adj. :*** vésicant. ***II. N. m. :*** cataplasme, rigollot, rubéfiant, sinapisme, vésicatoire.

RHABILLER ■ ⇒ **réparer.**

RHAPSODE ■ ⇒ **poète.**

RHAPSODIE ■ ***I.*** ⇒ **mélange.** ***II.*** ⇒ **ramas.**

RHÉTEUR ■ ⇒ **orateur.**

RHÉTORIQUE ■ ⇒ **éloquence.**

RHUM ■ Alcool, eau-de-vie, ratafia, tafia.

RHUMATISANT, E ■ ***Vx :*** chiragre, goutteux, impotent, podagre.

RHUMATISME ■ Arthrite, arthrose, douleurs, goutte, lumbago, polyarthrite, sciatique.

RHUME ■ Catarrhe, coryza, coup de froid, enchifrènement (fam.), grippe, refroidissement, rhinite, toux.

RIANT, E ■ ***I.*** ⇒ **réjoui.** ***II.*** ⇒ **gracieux.**

RIBAMBELLE ▪ ⇒ **suite.**

RIBAUD, E ▪ ***I.*** ⇒ **vaurien.** ***II.*** ⇒ **prostituée.**

RIBOTE ▪ Godaille (vx), noce, orgie. ⇒ **débauche.**

RICANEMENT ▪ ⇒ **raillerie.**

RICANER ▪ ⇒ **rire.**

RICANEUR, EUSE ▪ Contempteur, méprisant, moqueur.

RICHE ▪ ***I. Quelqu'un :*** aisé, calé (vx), capitaliste, crésus, florissant, fortuné, heureux, huppé, milliardaire, millionnaire, multimillionnaire, nanti, opulent, parvenu, pécunieux, ploutocrate (péj.), possédant, pourvu, prospère, renté, rentier, richard (péj.), richissisme, satrape (péj.). ***Fam. :*** argenteux, boyard, cossu, cousu d'or, galetteux, gros, milord, nabab, rothschild, rupin. ***II. Quelque chose.*** **1.** ⇒ **fertile. 2.** Abondant, copieux, éclatant, fastueux, luxueux, magnifique, nourri, plantureux, somptueux. ⇒ **beau. 3.** Raffiné, nourrissant, roborant, roboratif, succulent.

RICHESSE ▪ ***I. Au pr.*** **1.** Moyens, or, pactole, ressources, trésor. ⇒ **argent. 2.** Aisance, avoir, biens, ce qu'il faut, de quoi, fortune, opulence, prospérité. ***II. Par ext.*** **1.** Abondance, apparat, beauté, confort, débauche (par ext.), éclat, excès, faste, luxe, majesté, magnificence, opulence, pompe, profusion, somptuosité, splendeur, surabondance. **2.** ⇒ **fertilité.**

RICOCHER ▪ ⇒ **sauter.**

RICOCHET ▪ ***I. Au pr.*** ⇒ **saut.** ***II. Fig. :*** choc en retour, conséquence, éclaboussure, effet, rebondissement, retour. ⇒ **suite.**

RICTUS ▪ ⇒ **grimace.**

RIDE ▪ ***I. Au pr. :*** creux, ligne, patte-d'oie, pli, raie, ridule, sillon. ***II. Par ext. :*** fente, gerçure, inégalité, onde, plissement, rainure, rayure, strie.

RIDÉ, E ▪ ***I. Quelque chose.*** **1. Neutre :** doublé, fraisé, froncé, ondulé, plié, plissé ruché. **2. Non favorable :** chiffonné, fripé, froissé, grimaçant, grippé. ***II. La peau :*** froncé, parcheminé, raviné.

RIDEAU ▪ ***I.*** Banne, brise-bise, cantonnière, ciel de lit, conopée (liturg.), courtine, draperie, étoffe, moustiquaire, portière, store, tenture, toile, voilage, voile. ***II.*** Écran, ligne, obstacle, tablier.

RIDER ▪ ***I. Au pr. :*** froncer, marquer, plisser, raviner, sillonner. ***II. Fig.*** **1.** Convulser, crisper. **2.** Flétrir, ravager. **3.** Rabougrir, ratatiner.

RIDICULE ▪ ***I. Adj. :*** absurde, amusant, bête, bizarre, bouffon, burlesque, caricatural, cocasse, comique, dérisoire, drôle, farfelu, funambulesque, incroyable, insensé, grotesque, loufoque, pédant, prudhommesque, saugrenu, sot, ubuesque. ⇒ **risible.** ***II. Nom masc.*** **1. Quelqu'un :** bouffon, galantin, gandin, jocrisse, m'as-tu-vu, mijaurée, pecque, plaisantin, précieux, rigolo (fam.). ⇒ **plaisant. 2. Un comportement :** défaut, imperfection, travers.

RIDICULISER ▪ Affubler, bafouer, brocarder, caricaturer, chansonner, dégrader, draper, habiller, moquer, railler, rire de, tourner en dérision/en ridicule.

RIEN ▪ ***I. Adv. :*** aucunement, pas, point. ***Vx :*** goutte, grain, mie. ***II. Interj.*** **1.** Néant, négatif, non. **2. Arg. ou fam. :** balle-peau, bernique, ceinture, de la briquette, des clopinettes/clous/dattes/nèfles, du beurre au ⇒ **fessier**/à l'intendance/en branche/en broche, du flan, lap, la peau, macache, mon ⇒ **fessier**/⇒ **sexe,** nada, nib, nibergue, nisco, oualou, peau de zébi/de zob, pollop, pouic, que dalle/tchi, râpé, tintin. ***III. Nom masc.*** **1.** Absence, inanité, misère, néant, peu de chose, vide, zéro. **2.** ⇒ **bagatelle.**

RIEUR, RIEUSE ▪ Bon vivant, boute-en-train, content, enjoué, épanoui, gai, guilleret, heureux, hilare, joyeux, réjoui, riant, rigolard, rigolo, Roger-Bontemps, vive-la-joie.

RIGIDE ■ ***I. Au pr. :*** dur, empesé, engoncé, inflexible, guindé, raide. ***II. Fig. :*** ascétique, austère, étroit, grave, implacable, inhumain, insensible, janséniste, puritain, rigoriste, rigoureux, sec, sévère, spartiate.

RIGIDITÉ ■ ***I. Au pr. :*** consistance, dureté, raideur, résistance, solidité. ***II. Fig. :*** ascétisme, austérité, gravité, implacabilité, inclémence, inflexibilité, insensibilité, jansénisme, puritanisme, rigorisme, rigueur, rudesse, sécheresse, sévérité.

RIGOLADE ■ ⇒ **divertissement.**

RIGOLE ■ Caniveau, cassis, coupure, fossé, goulotte, lapiaz, lapié, ruisseau, ruisselet, ruisson, saignée, sangsue, séguia. ⇒ **canal.**

RIGOLER ■ ***I.*** ⇒ **badiner.** ***II.*** ⇒ **plaisanter.** ***III.*** ⇒ **rire.**

RIGOLO, OTE ■ ***I.*** Amusant, comique, drôle, marrant (fam.), plaisant, poilant (fam.), torboyautant (fam.), tordant. ⇒ **risible.** ***II.*** ⇒ **plaisant.** ***III.*** ⇒ **pistolet.**

RIGORISME ■ ⇒ **rigidité.**

RIGOUREUSEMENT ■ Absolument, âprement, étroitement, exactement, formellement, logiquement, mathématiquement, précisément, scrupuleusement, strictement, totalement, *et les adv. en -ment formés à partir des syn. de* RIGOUREUX.

RIGOUREUX, EUSE ■ ***I. Quelqu'un.*** ⇒ **rigide.** ***II. Quelque chose.*** **1. Neutre :** certain, exact, géométrique, implacable, juste, logique, mathématique, méticuleux, nécessaire, ponctuel, précis, serré, strict. **2. Non favorable :** âpre, cruel, draconien, excessif, froid, glacial, inclément, rude, sévère.

RIGUEUR ■ ***I. Non favorable.*** **1.** Âpreté, cruauté, dureté, inclémence. **2.** Frimas, froid, intempérie. **3.** ⇒ **rigidité.** ***II. Favorable ou neutre :*** fermeté, rectitude. ⇒ **précision.**

RIME ■ ***I.*** ⇒ **consonance.** ***II.*** ⇒ **vers.**

RIMER ■ ***I.*** ⇒ **versifier.** ***II.*** ⇒ **correspondre.**

RIMEUR ■ ⇒ **poète.**

RINCÉE ■ ⇒ **pluie.**

RINCER ■ ***I.*** ⇒ **mouiller.** ***II.*** ⇒ **laver.**

RING ■ Estrade, planches, podium.

RIPAILLE ■ Bâfre, bâfrée, bamboche, bombance, bombe, ribote. ⇒ **repas.**

RIPAILLER ■ ***I.*** ⇒ **festoyer.** ***II.*** ⇒ **manger.**

RIPOPÉE ■ ⇒ **mélange.**

RIPOSTE ■ ***I.*** ⇒ **réponse.** ***II.*** ⇒ **vengeance.**

RIPOSTER ■ ⇒ **répondre.**

RIQUIQUI ■ ***I. Nom masc.*** **1.** Alcool, brandevin, eau-de-vie, esprit-de-vin, mêlé, mêlé-cass (pop.), mêlé-cassis, tord-boyaux (fam.). **2.** Auriculaire, petit doigt. ***II. Adj. :*** étriqué, mesquin, minable, parcimonieux, pauvre. ⇒ **petit.**

RIRE ■ v. intr. ***I. Au pr.*** **1.** Se dérider, se désopiler, éclater de rire, s'esclaffer, glousser, pleurer de rire, pouffer rioter (vx), sourire. **2. Fam. :** se bidonner/boyauter/dilater la rate, se fendre la gueule/la margoulette/la pêche/la pipe/ la poire/la pomme/la terrine/la tronche, se gondoler/marrer/poiler/tirebouchonner/tordre, s'en payer une tranche, rigoler. ***II. Par ext.*** **1.** S'amuser, se divertir, s'égayer, s'en payer (fam.), prendre du bon temps, se réjouir, rigoler. **2.** Badiner, baratiner (fam.), jouer, plaisanter. ***III. Loc.*** **Rire de quelqu'un :** brocarder, dédaigner, mépriser, se moquer, narguer, nasarder (vx), railler, ricaner, ridiculiser, tourner en ridicule.

RIRE ■ n. ***I. Au pr. :*** éclat, enjouement, fou rire, hilarité, rigolade (fam.). ⇒ **gaieté.** ***II. Par ext. :*** raillerie, ricanement, rictus, ris, risée, risette, sourire, souris.

RISÉE ▪ ***I.*** ⇒ **rire.** ***II.*** ⇒ **raillerie.** ***III.*** ⇒ **rafale.**

RISIBLE ▪ ***I.*** Amusant, bouffon, cocasse, comique, désopilant, drolatique, drôle, drôlet, exhilarant, farce, farfelu, fou, hilarant, humoristique, impayable, ineffable, inénarrable, plaisant, ridicule. ***II. Fam. :*** bidonnant, boyautant, canularesque, courtelinesque, crevant, gondolant, gonflant, marrant, poilant, rigolo, roulant, tordant, transpoil, ubuesque.

RISQUE ▪ ***I.*** ⇒ **danger.** ***II.*** ⇒ **hasard.**

RISQUÉ, E ▪ ***I.*** Aléatoire, audacieux, aventureux, chanceux, dangereux, exposé, fou, glandilleux (arg.), gratuit, hardi, hasardé, hasardeux, imprudent, incertain, misé, osé, périlleux, téméraire, tenté. ***II.*** Scabreux. ⇒ **obscène.**

RISQUER ▪ ***I. Au pr. :*** affronter, aventurer, braver, commettre, compromettre (péj.), courir le hasard/le risque *et les syn. de* RISQUE, se décider, défier, émettre, engager, entreprendre, éprouver, essayer, exposer, friser, frôler, hasarder, jouer, jouer gros jeu/son va-tout, se lancer, mettre en danger/en jeu/le prix, risquer le pacsif/pacson/paquet (fam.), tenter. ***II. Par ext.*** ⇒ **expérimenter.**

RISQUE-TOUT ▪ ⇒ **casse-cou.**

RISSOLER ▪ Cuire, dorer, gratiner, mijoter, rôtir.

RISTOURNE ▪ Bonification, déduction, diminution, escompte, guelte, prime, quelque chose (fam.), rabais, réduction, remise, sou du franc, tant pour cent.

RIT, RITE ▪ ***I. Au pr.*** 1. ⇒ **cérémonie.** 2. ⇒ **protocole.** ***II. Par ext.*** ⇒ **habitude.**

RITOURNELLE ▪ Antienne, chanson, chant, leitmotiv, rabâchage (péj.), refrain, rengaine, répétition, scie.

RITUEL ▪ n. ***I. Au pr. :*** pénitentiel, pontifical, processionnal, sacramentaire. ***II. Par ext.*** 1. ⇒ **rite.** 2. Livre, recueil. ⇒ **collection.**

RITUEL, ELLE ▪ adj. ⇒ **traditionnel.**

RIVAGE ▪ ***I.*** ⇒ **bord.** ***II.*** ⇒ **pays.**

RIVAL, E ▪ ***I. Au pr. :*** adversaire, antagoniste, combattant, compétiteur, concurrent, égal, émulateur, émule, ennemi, opposant. ***II. Par ext.*** ⇒ **amant.**

RIVALISER ▪ ***I.*** ⇒ **égaler.** ***II.*** ⇒ **lutter.**

RIVALITÉ ▪ Antagonisme, combat, compétition, concours, concurrence, conflit, émulation, jalousie, joute, lutte, opposition, tournoi.

RIVE ▪ ⇒ **bord.**

RIVER ▪ ***I.*** ⇒ **fixer.** ***II.*** ⇒ **attacher.**

RIVERAIN, E ▪ Adjacent, attenant, avoisinant, circonvoisin, contigu, environnant, immédiat, joignant, limitrophe, prochain, proche, rapproché, voisin.

RIVET ▪ ***I.*** ⇒ **pointe.** ***II.*** ⇒ **attache.**

RIVIÈRE ▪ ***I. Au pr. :*** affluent, canal, collecteur, cours d'eau, émissaire, fleuve, gave, oued, ravine, ru, ruisseau, torrent, tributaire, voie fluviale. ***II. Loc.*** **Rivière de diamants** ⇒ **collier.**

RIXE ▪ Affrontement, altercation, bagarre, bataille, batterie (vx), combat, coups et blessures, crêpage de chignons, crosses (fam.), dispute, échauffourée, lutte, mêlée, noise, pétard (arg.), pugilat, querelle.

ROBE ▪ ***I. Au pr. :*** aube, cafetan, chiton, déshabillé, djellaba, épitoge, fourreau, froc, gandoura, haïk, peignoir, péplum, rochet, sari, simarrre, soutane, surplis, toilette, tunique. ⇒ **vêtement.** ***II. Par ext.*** 1. ⇒ **poil.** 2. ⇒ **enveloppe.** 3. **Du cheval :** alezan, alezan brun/doré, arzel, aubère, bai, bai brun/

clair, baillet, balzan, blanc, blanc argenté, brun, cavecé, châtain, clair, fauve, gris, gris moucheté, isabelle, louvet, marron, miroité, moreau, moucheté, noir, noir jais, pie, pinchard, pommelé, rouan, rubican, saure, souris, tigré, tisonné, tourdille, truité, zain.

ROBINET ■ By-pass, callibistri (vx ou rég.), chantepleure, doisil, dousil, douzil, fausset, prise, purgeur, reniflard, vanne.

ROBINETTERIE ■ ***Par ext. :*** sanitaire, tuyauterie.

ROBORATIF, IVE ■ ⇒ **remontant.**

ROBOT ■ Androïde, automate, engin cybernétique/à commande automatique, machine de Vaucanson.

ROBUSTE ■ Costaud, dru, ferme, fort, fort comme un chêne/comme un Turc (fam.), grand, gros, herculéen, inébranlable, infatigable, malabar, musclé, puissant, râblé, résistant, solide, vigoureux, vivace.

ROBUSTESSE ■ ⇒ **solidité.**

ROC ■ ⇒ **roche.**

ROCADE ■ ⇒ **voie.**

ROCAILLEUX, EUSE ■ ***I. Au pr. :*** caillouteux, graveleux, pierreux, rocheux. ***II. Par ext.*** ⇒ **rude.**

ROCAMBOLE ■ ***I.*** ⇒ **plaisanterie.** ***II.*** ⇒ **bagatelle.**

ROCAMBOLESQUE ■ Abracadabrant, bizarre, drôle, ébouriffant, étonnant, étrange, exceptionnel, exorbitant, extraordinaire, extravagant, fantastique, formidable, impensable, impossible, improbable, inconcevable, incroyable, inimaginable, insoutenable, invraisemblable, paradoxal, renversant.

ROCHE, ROCHER ■ Bloc, boulder, caillasse, caillou, galet, minéral, moellon, parpaing, pavé, roc, sédiment. ⇒ **pierre.**

ROCHET ■ Aube, froc, mantelet, surplis.

ROCHEUX, EUSE ■ ⇒ **rocailleux.**

ROCOCO ■ ***I. Au pr. :*** rocaille. ***II. Par ext. :*** ancien, antique, baroque, caduc, chargé, de mauvais goût, démodé, désuet, lourd, passé, périmé, sans valeur, suranné, surchargé, toc (fam.), vieilli, vieillot, vieux.

RODER ■ ⇒ **polir.**

RÔDER ■ Aller à l'aventure/à l'aveuglette/au hasard/çà et là, se balader (fam.), battre l'estrade/le pavé, courir les champs/les rues, courir, déambuler, dévier de sa route/son chemin, divaguer, s'égarer, errer, flâner, marcher, se perdre, se promener, rouler sa bosse, tournoyer, traînasser, traîner, trimarder, vadrouiller, vagabonder, vaguer.

RÔDEUR, EUSE ■ Chemineau, ribleur (vx), vagabond ⇒ **malfaiteur.**

RODOMONT ■ ⇒ **hâbleur.**

RODOMONTADE ■ Blague, bluff, bravade, braverie, broderie, charlatanerie, conte, crânerie, craque, exagération, fanfaronnade, farce, forfanterie, galéjade, gasconnade, hâblerie, histoire marseillaise, jactance, mensonge, menterie (vx), vantardise, vanterie.

ROGATON ■ ***I.*** ⇒ **reste.** ***II.*** ⇒ **rognure.**

ROGNER ■ ***I. Au pr.*** ⇒ **retrancher.** ***II. Fam.*** ⇒ **murmurer.**

ROGNURE ■ Balayure, bris, chute, copeau, débris, déchet, décombre, détritus, fragment, limaille, miette, morceau, rebut, recoupe, résidu, reste, rogaton, roustissure, sciure, tesson.

ROGUE ■ ***I.*** Abrupt, acariâtre, âcre, aigre, âpre, bourru, difficile, dur, hargneux, intraitable, massacrant, porc-épic, quinteux, rébarbatif, rebours (vx), rêche, renfrogné, revêche, rude. ***II.*** ⇒ **arrogant.**

ROI ■ ***I.*** ⇒ **monarque.** ***II. Fig.*** ⇒ **phénix.**

RÔLE ■ ***I.*** Bordereau, catalogue, énumération, tableau. ⇒ **liste.** ***II.*** Emploi, figuration, figure, fonction, personnage, utilité. ***III.*** Attribution, charge, devoir, métier, mission, vocation.

ROMAINE ■ ***I.*** Balance, fléau, peson. ***II.*** Chicon, laitue, salade, verdure.

ROMAN ■ ***I. Au pr. :*** chronique, conte, fable, feuilleton, histoire, narration, nouvelle, récit. ***II. Par ext. :*** affabulation, bateau, bobard, bourde, cancan, chanson, colle, craque, farce, hâblerie, invention, invraisemblance, mensonge, racontar, ragot.

ROMANCE ■ ⇒ **chant.**

ROMANCER ■ Affabuler, amplifier, arranger, blaguer, broder, composer, conter, dire/faire/raconter des blagues/ contes / craques / galéjades/histoires, échafauder, exagérer, faire le malin, fanfaronner forger, galéjer (fam.), hâbler, inventer, mentir, se vanter.

ROMANCIER, ÈRE ■ Feuilletoniste. ⇒ **écrivain.**

ROMANESQUE ■ ***I. Quelque chose.*** ⇒ **extraordinaire.** ***II. Quelqu'un :*** chevaleresque, émotif, hypersensible, imaginatif, impressionnable, romantique, rêveur, sensible, sensitif, sentimental.

ROMANICHEL, ELLE ■ Baraquin (péj.), bohémien, boumian, fils du vent, gipsy, gitan, nomade, roma, romani, romé, romano, sinte, tzigane, zing, zingaro.

ROMANTIQUE ■ ⇒ **romanesque.**

ROMBIÈRE ■ ⇒ **virago.**

ROMPRE ■ ***I. V. tr.*** **1.** Briser, broyer, casser, couper, déchirer, désunir, détruire, disloquer, disperser, faire éclater, fendre, forcer, fracasser, fractionner, fracturer, interrompre, morceler. **2.** Abolir, annuler, arrêter, barrer, défaire, dissoudre, empêcher, interrompre, suspendre, troubler. **3.** Se dégager de, dénoncer, dénouer, déroger à, manquer à. ⇒ **libérer (se). 4.** ⇒ **habituer. 5.** ⇒ **désobéir.** ***II. V. intr.*** **1.** Abandonner, battre en retraite, caler, caner (fam.), céder, culer, décrocher, faire machine/marche arrière, flancher, fléchir, foirer (fam.), lâcher pied, reculer, refluer, refouler, se rejeter, se replier, rétrograder. **2.** Casser, céder, claquer, craquer, crever, éclater, s'étoiler, se fendre, péter (fam.), se rompre. ***III. Loc.*** **Rompre des lances** ⇒ **lutter.**

ROMPU, E ■ ***I. Quelqu'un.*** **1. Phys. :** accablé, assommé, avachi, brisé, claqué, courbatu, courbaturé, crevé, échiné, écrasé, épuisé, éreinté, esquinté, excédé, exténué, fatigué, flapi, fourbu, harassé, las, mort, moulu, pompé, recru, rendu, roué de fatigue, scié, surentraîné, sur les dents, surmené, vanné, vaseux, vermoulu, vidé. **2. Par ext. :** abattu, abruti, accablé, anéanti, assommé, blasé, brisé, cassé, dégoûté, démoralisé, déprimé, écœuré, ennuyé, excédé, importuné, lassé, saturé. ***II. Quelque chose.*** **1.** Aplati, brisé, broyé, cassé, défoncé, déglingué, démoli, descellé, détruit, disloqué, ébouillé (fam.), écaché, éclaté, écrasé, en miettes, fracassé, morcelé. **2.** Brusque, convulsif, discontinu, haché, heurté, irrégulier, saccadé, sautillant, syncopé, trépidant.

RONCE ■ ***I.*** Barbelé. ***II.*** Épine, mûrier, roncier.

RONCHON, RONCHONNOT ■ Bougon. ⇒ **grognon.**

RONCHONNEMENT ■ Grogne, grognement, mécontentement, murmure, plainte, protestation, rouspétance.

RONCHONNER ■ ***I.*** Bougonner, bourdonner, broncher, gémir, geindre, grognasser, grogner, grognonner, grommeler, gronder, marmonner, marmotter, maronner, maugréer, murmurer, se plaindre, protester, ragonner (fam.). ***II.*** Bisquer, écumer, endêver, enrager, être en colère/en fureur/en rogne (fam.), fumer (fam.), râler, rager, rogner, rognonner (fam.), se ronger les poings, rouspéter.

ROND ■ n. ***I. Au pr. :*** cercle, cerne, circonférence, orbe, orbite. ***II. Par ext. :*** boule, cerceau, courbe, cylindre, disque, globe, rondelle, sphère, sphéroïde.

ROND, RONDE ■ adj. ***I. Au pr. :*** circulaire, cylindrique, orbiculaire, sphérique. ***II. Par ext.*** **1. ⇒ gras. 2. ⇒ gros. 3. ⇒ courbé.** ***III. Fig.*** **1. ⇒ franc. 2. ⇒ ivre.**

ROND-DE-CUIR ■ **⇒ employé.**

RONDE ■ **⇒ visite.**

RONDE (À LA) ■ Alentour, autour, aux alentours, aux quatre coins, dans l'entourage/le voisinage.

RONDEAU ■ **⇒ chant.**

RONDELET, ETTE ■ ***I. Au pr.*** **Quelqu'un :** boulot, charnu, dodu, gras, grosset, rebondi, rondouillard (fam.), rondouillet (fam.). **⇒ gros.** ***II. Fig.*** **Quelque chose :** appréciable, coquet. **⇒ important.**

RONDELLE ■ **⇒ tranche.**

RONDEMENT ■ ***I.*** Franchement, loyalement. ***II.*** Lestement, promptement. **⇒ vite.**

RONDEUR ■ ***I. Au pr. :*** convexité, rotondité. ***II. Fig.*** **1.** Embonpoint. **⇒ grosseur. 2.** Bonhomie, bonne foi, cordialité, franchise, jovialité, loyauté, netteté, simplicité, sincérité.

RONDOUILLARD, E, RONDOUILLET, ETTE ■ **⇒ rondelet.**

ROND-POINT ■ Carrefour, croisée des chemins, étoile, patte-d'oie, place, square.

RONFLANT, E ■ ***I.*** **⇒ sonore.** ***II.*** **⇒ emphatique.**

RONFLEMENT ■ **⇒ bourdonnement.**

RONFLER ■ ***I.*** Bourdonner, bruire, fredonner, froufrouter, murmurer, ronronner, vrombir. ***II.*** **⇒ dormir.**

RONGER ■ ***I. Au pr. :*** dévorer, grignoter, manger, mouliner, piquer. ***II. Par ext. :*** affouiller, altérer, attaquer, brûler, consumer, corroder, dégrader, désagréger, détruire, diminuer, dissoudre, entamer, éroder, gangrener, miner, mordre, pourrir, ruiner. ***III. Fig.*** **⇒ tourmenter.**

RONGEUR, EUSE ■ Corrosif, insidieux, lancinant. **⇒ mordant.**

RONRON ■ **⇒ bourdonnement.**

RONRONNER ■ **⇒ ronfler.**

ROQUENTIN ■ **⇒ vieillard.**

ROQUET ■ **⇒ chien.**

ROSACE ■ **⇒ vitrail.**

ROSE ■ ***I. n. m. :*** **Arch. :** rosace. ***II. Adj.*** **1.** Lilas, saumon. **2. Loc. en/pas rose :** agréable, drôle, facile, gai.

ROSEAU ■ ***I. Au pr. :*** arundo, canne, massette, phragmite. ***II. Par ext. :*** calame, chalumeau, mirliton, pipeau.

ROSÉE ■ Aiguail (rég.).

ROSIÈRE ■ **⇒ vierge.**

ROSSARD, E ■ ***I.*** Balleur, bon à rien, cagnard, cancre, clampin, cossard, feignant, feignasse, lézard, momie, ramier, tire-au-cul, tire-au-flanc. **⇒ paresseux.** ***II.*** **⇒ méchant.**

ROSSE ■ ***I. Nom*** **⇒ cheval.** ***II. Adj.*** **⇒ méchant.**

ROSSÉE ■ **⇒ volée.**

ROSSER ■ **⇒ battre.**

ROSSERIE ■ ***I. Le défaut :*** cruauté, dureté, hargne, jalousie, malice, malignité, malveillance, mauvaiseté, méchanceté, noirceur, perversité, scélératesse, vacherie (fam.). ***II. L'acte :*** calomnie, couleuvre, coup d'épingle, crasse, crosse, espièglerie, farce, gentillesse, médisance, mistoufle, noirceur, perfidie, saleté, saloperie, taquinerie, tour, tourment, vacherie. ***III.*** Épigramme, mot, pique, plaisanterie, pointe, saillie, trait.

ROSSIGNOL ■ ***I.*** Pouillot, rougequeue. ***II.*** Crochet, pince. ⇒ **clef, passepartout.** ***III.*** ⇒ **occasion.**

ROSSINANTE ■ Haridelle, rosse, sardine (arg.), tréteau. ⇒ **cheval.**

ROT ■ ⇒ **renvoi.**

RÔT ■ ⇒ **rôti.**

ROTATIF, IVE, ROTATOIRE ■ Giratoire, tournant.

ROTATION ■ ⇒ **tour.**

ROTER ■ ***I. Au pr. :*** éructer, faire un rot, se soulager. ***II. Loc. fam.*** **En roter :** en baver, en voir de toutes les couleurs. ⇒ **souffrir.**

RÔTI ■ n. Pièce de bœuf/porc/veau, rosbif, rôt.

RÔTI, E ■ adj. Grillé, havi, rissolé, saisi, torréfié.

RÔTIE ■ n. Canapé, frottée (pop.), rissolette, toast.

RÔTIR ■ ***I.*** Cuire, cuisiner, frire, griller, havir, rissoler, roustir, torréfier. ***II. Par ext. :*** bronzer, brûler, chauffer.

RÔTISSERIE ■ ⇒ **restaurant.**

ROTONDITÉ ■ ***I.*** ⇒ **rondeur.** ***II.*** ⇒ **grosseur.**

ROTURE ■ ⇒ **peuple.**

ROTURIER, ÈRE ■ ***I. Nom*** ⇒ **paysan.** ***II. Adj.*** 1. Ordinaire, plébéien, populaire, prolétaire, simple. 2. ⇒ **vulgaire.**

ROUBIGNOLE ■ ⇒ **bourse.**

ROUBLARD, E ■ ***I. Sens affaibli :*** adroit, astucieux, combinard, débrouillard, dégourdi, déluré, farceur, ficelle, fin, finaud, fine mouche, futé, habile, madré, malicieux, malin, matois, narquois, renard, roué, rusé, sac à malices, spirituel, trompeur, vieux routier. ***II. Non favorable*** ⇒ **mauvais.**

ROUBLARDISE ■ ⇒ **cautèle.**

ROUCOULER ■ ***I. Au pr. :*** caracouler. ⇒ **chanter.** ***II. Fig. :*** aimer, baratiner (fam.), batifoler, caqueter, conter fleurette, faire sa cour, flirter, jeter du grain (fam.), marivauder, papillonner.

ROUE ■ Engrenage, moulinet, poulie, volant.

ROUE (FAIRE LA) ■ Faire le beau, se pavaner, se rengorger. ⇒ **poser.**

ROUÉ, E ■ ***I.*** ⇒ **fatigué.** ***II.*** ⇒ **malin.** ***III.*** ⇒ **rusé.** ***IV.*** ⇒ **débauché.**

ROUELLE ■ ⇒ **tranche.**

ROUER ■ ⇒ **battre.**

ROUERIE ■ ⇒ **ruse.**

ROUGE ■ ***I. Au pr. :*** amarante, andrinople, bordeaux, brique, capucine, carmin, carotte, cerise, cinabre, coquelicot, corail, corallin, cramoisi, cuivré, écarlate, écrevisse, érubescent, feu, fraise, garance, géranium, grenat, groseille, gueules (blason), incarnadin, incarnat, lie-de-vin, nacarat, orangé, ponceau, pourpre, purpuracé, purpurin, rosé, roux, rubis, safrané, sang, sanglant, tomate, vermeil, vermillon, vineux, zinzolin. ***II. Par ext. :*** coloré, congestionné, couperosé, empourpré, enfiévré, enflammé, enluminé, érubescent, flamboyant, incandescent, pourpré, rougeaud, rougeoyant, rouget, rubescent, rubicond, rubigineux, rutilant, sanguin, vultueux. ***III. Nom.*** 1. ⇒ **rougeur.** 2. ⇒ **honte.**

ROUGEUR ■ ***I.*** ⇒ **rouge.** ***II.*** Couperose, énanthème, érubescence, érythème, exanthème, feu, inflammation, rubéfaction. ***III. Fam. :*** fard, soleil.

ROUGIR ■ ***I. V. intr. :*** devenir rouge, piquer un fard (fam.)/un soleil (fam.). ***II. V. tr. :*** colorer, dorer, ensanglanter, rendre rouge.

ROUGISSANT, E ■ ***Par ext.*** ⇒ **timide.**

ROUILLER (SE) ■ ***Fig. :*** s'ankyloser, s'étioler. ⇒ **endormir (s').**

ROULADE ■ ⇒ **vocalise.**

ROULAGE ■ ⇒ **trafic.**

ROULANT, E ■ ***I. Adj.*** 1. ⇒ **mouvant.** 2. **Fam.** ⇒ **comique.** ***II. Nom :*** convoyeur, transporteur.

ROULEAU ■ ***I.*** Bande, bobine. ***II.*** Brise-mottes, croskill, cylindre.

ROULÉE ■ ⇒ **torgnole, volée.**

ROULER ■ ***I. V. tr.*** 1. Déplacer, pousser. ⇒ **tourner.** 2. Charrier, emporter, entraîner, transporter. 3. Enrober, enrouler, envelopper, roulotter, torsader. 4. ⇒ **tromper.** 5. ⇒ **vaincre.** 6. **Loc.** 1. *Rouler dans sa tête :* faire des projets, penser. ⇒ **projeter.** ***II. V. intr.*** 1. ⇒ **mouvoir (se).** 2. ⇒ **tomber.** 3. ⇒ **errer.** 4. ⇒ **balancer.** 5. Avoir pour objet/sujet, pivoter/porter/tourner sur, se rapporter à, toucher à, traiter de. ***III. V. pron. :*** 1. Se secouer, se tourner, se vautrer. 2. S'enrouler, se lover.

ROULETTE ■ Galet, molette.

ROULEUR, EUSE ■ ⇒ **vagabond.**

ROULIER ■ ⇒ **voiturier.**

ROULIS ■ Balancement, mouvement transversal, oscillation, secousse.

ROULOTTE ■ Caravane, maison ambulante, remorque.

ROUPETTE ■ ⇒ **bourse.**

ROUPILLER ■ ⇒ **dormir.**

ROUPILLON ■ ⇒ **sommeil.**

ROUQUIN, E ■ ⇒ **roux.**

ROUSCAILLER ■ ⇒ **protester.**

ROUSPÉTANCE ■ ⇒ **protestation.**

ROUSPÉTER ■ ***I.*** ⇒ **protester.** ***II.*** ⇒ **rager.**

ROUSPÉTEUR, EUSE ■ ⇒ **grognon.**

ROUSSÂTRE, ROUSSEAU ■ (vx) ⇒ **roux.**

ROUSSEUR (TACHE DE) ■ Lentigo, lentille, tache de son.

ROUSSIN ■ ***I.*** ⇒ **âne.** ***II.*** ⇒ **policier.**

ROUSSIR ■ Brûler, cramer, devenir roux, griller, havir, rougir.

ROUSTE ■ ⇒ **volée.**

ROUSTON ■ ⇒ **bourse.**

ROUTE ■ ***I. Au pr. :*** autoroute, autostrade, chaussée, chemin, pavé, trimard (arg.). ⇒ **voie.** ***II. Par ext. :*** distance, itinéraire, parcours. ⇒ **trajet.**

ROUTIER ■ ***I.*** Camionneur, chauffeur/conducteur de poids lourds. ⇒ **voiturier.** ***II.*** ⇒ **brigand.** ***III. Loc.*** **Vieux routier** ⇒ **malin.**

ROUTINE ■ ***I.*** Empirisme, pragmatisme, pratique, usage. ⇒ **expérience.** ***II.*** Chemin battu (fam.), misonéisme, ornière, poncif, traditionalisme, train-train, trantran. ⇒ **habitude.**

ROUTINIER, ÈRE ■ Accoutumé, arriéré, coutumier, encroûté, habituel, rebattu.

ROUX, ROUSSE ■ ***I. Quelqu'un :*** auburn, blond vénitien, poil de carotte (fam.), queue-de-vache (péj.), rouge, rouquemoute (arg.), rouquin, roussâtre (péj.), rousseau (vx). ***II. Un cheval :*** alezan, baillet.

ROYAL, E ■ ***I. Au pr. :*** monarchique, régalien. ***II. Par ext.*** 1. ⇒ **parfait.** 2. ⇒ **imposant.**

ROYALEMENT ■ Généreusement, magnifiquement, richement, splendidement, superbement.

ROYALISTE ■ Chouan, légitimiste, monarchiste, orléaniste, traditionaliste, ultra.

ROYAUME ■ ⇒ **nation.**

ROYAUTÉ ■ ***I. Au pr. :*** couronne, dignité royale, monarchie, sceptre, trône. ***II. Par ext. :*** influence, souveraineté. ⇒ **supériorité.**

RUADE ■ ***I. Au pr. :*** coup de pied, dégagement, saut. ***II. Fig. :*** attaque, contestation, protestation, réaction.

RUBAN ■ ***I. Au pr.*** : bande, cordon, cordonnet, faveur, frange, liséré, galon, ganse, padou, rufflette. ⇒ **passement.** ***II. Par ext.*** **1.** Bouffette, cadogan, catogan, chou, coque, suivez-moi-jeune-homme. **2.** Bavolet, bourdaloue, brassard, cocarde, crêpe. **3.** Décoration, insigne, rosette. **4.** Aiguillette (vx), lacet, tirant. **5.** Signet.

RUBICOND, E ■ ⇒ **rouge.**

RUBRIQUE ■ ***I.*** ⇒ **article.** ***II.*** ⇒ **titre.**

RUDE ■ ***I. Au pr.*** **1.** Abrupt, agreste, arriéré, barbare, brut, fruste, grossier, heurté, impoli, inculte, rustaud, rustique, sauvage. **2.** Aigre, âpre, brutal, cruel, froid, lourd, pénible, rigoureux, sec. **3.** Difficile, malheureux, pénible, redoutable, scabreux, triste. **4.** Cru, fort, raide, râpeux, rêche, vert. **5.** Caillouteux, inégal, raboteux, rocailleux. **6.** Grumeleux, rugueux, squameux. ***II. Par ext.*** **1.** Anguleux, austère, bourru, brusque, cahoteux, désagréable, dur, farouche, hérissé, malgracieux, rébarbatif, revêche, rigide, sévère. **2.** Heurté, rauque. **3.** Drôle, fier, grand, lourd, sacré. **4.** ⇒ **rigoureux. 5.** ⇒ **difficile. 6.** ⇒ **terrible.**

RUDESSE ■ Âpreté, aspérité, austérité, barbarie, brusquerie, brutalité, cruauté, dureté, grossièreté, implacabilité, impolitesse, inclémence, raideur, rigidité, rigueur, rugosité, rusticité, sécheresse, sévérité.

RUDIMENT ■ ***I.*** Commencement, embryon, germe, linéament. ⇒ **principe.** ***II.*** Abc, élément, essentiel. ⇒ **abrégé.**

RUDIMENTAIRE ■ ⇒ **simple.**

RUDOYER ■ Abîmer, accommoder, arranger, bafouer, battre, bourrer, brimer, brusquer, brutaliser, critiquer, crosser, éreinter, étriller, faire un mauvais parti, frapper, houspiller, lapider, malmener, maltraiter, mâtiner (fam.), molester, ravauder, secouer, tarabuster, traîner sur la claie, traiter mal/sévèrement, traiter de Turc à More, tyranniser, violenter, vilipender.

RUE ■ ***I. Au pr.*** : allée, artère, avenue, boulevard, chaussée, cours, passage, promenade, quai, ruelle, traboule (Lyon), venelle. ***II. Par ext.*** **1.** Asphalte, pavé, ruisseau, trottoir. **2.** ⇒ **voie.** ***III. Loc.*** **À la rue** : dehors, sans abri/domicile/ressources. ⇒ **ruiné.**

RUÉE ■ Attaque, course, curée, débandade, descente, désordre, invasion, panique.

RUELLE ■ ***I.*** ⇒ **rue.** ***II.*** ⇒ **alcôve.**

RUER ■ ***I. Au pr.*** : décocher/envoyez/lâcher/lancer une ruade, dégager, ginguer, lever le cul/le derrière, récalcitrer, regimber. ***II. Loc.*** **Ruer dans les brancards** ⇒ **protester.** ***III. V. pron.*** : assaillir, bondir, charger, débouler, s'élancer, foncer, fondre, se jeter, piquer, se précipiter, sauter, tomber sur.

RUFIAN ■ ⇒ **vaurien.**

RUGIR ■ ⇒ **crier.**

RUGISSEMENT ■ ⇒ **cri.**

RUGOSITÉ ■ Âpreté, aspérité, cal, callosité, dureté, inégalité, irrégularité. ⇒ **rudesse.**

RUGUEUX, EUSE ■ ⇒ **rude.**

RUINE ■ ***I. Au sing.*** **1. Au pr.** : anéantissement, chute, décadence, dégradation, délabrement, déliquescence, démolition, désagrégation, destruction, détérioration, disparition, écrasement, écroulement, effondrement, renversement. **2. Par ext.** : affaiblissement, banqueroute, culbute, débâcle, déchéance, déconfiture, dégringolade, dépérissement, déroute, ébranlement, étiolement, faillite, fin, liquidation, malheur, mort, naufrage, néant, pauvreté, perte. **3.** Dégât, désastre, ravage. **4. Fig. Quelqu'un** : chef-d'œuvre en péril (fam.), déchet, épave, larve, loque, son et lumière (fam.). ***II. Au pl.*** : cendres, débris, décombres, démolition, éboulement, reste, témoin, trace, vestige.

RUINÉ, E ■ ***Fam. I.*** À la côte/la rue, à sec, au pied de la côte, coulé, dans la dèche, décavé, désargenté, fauché, lessivé, liquidé, nettoyé, noyé, panné, paumé, perdu, râpé, ratatiné, rétamé, sur la paille. ***II.*** Épuisé, fatigué, vidé.

RUINER ■ ***I. Au pr.*** **1. On ruine quelque chose** : abattre, affaiblir, altérer, anéantir, balayer, battre en brèche, amener/causer/provoquer la ruine, consumer, couler, dégrader, délabrer, démanteler, démantibuler (fam.), démolir, désoler, détériorer, détruire, dévaster, dévorer, dissoudre, engloutir, épuiser, esquinter, étioler, exténuer, foudroyer, gâcher, gâter, miner, perdre, ravager, renverser, ronger, saper, user. **2. On ruine quelqu'un** : décaver, dégraisser (fam.), dépouiller, écraser, égorger, étrangler, expédier (vx), faire perdre, gruger, manger, mettre sur la paille, nettoyer, perdre, plumer, presser, pressurer, ronger, sucer, vider. ***II. Par ext.*** ⇒ **infirmer.** ***III. V. pron.*** : S'écrouler, s'effriter, s'enfoncer, *et les formes pron. possibles des syn. de* RUINER.

RUINEUX, EUSE ■ ⇒ **cher.**

RUISSEAU ■ ***I.*** ⇒ **rivière.** ***II.*** ⇒ **rigole.**

RUISSELANT, E ■ Dégoulinant, dégouttant, inondé, mouillé, trempé.

RUISSELER ■ ⇒ **couler.**

RUISSELLEMENT ■ ⇒ **écoulement.**

RUMEUR ■ ***I. Au pr.*** : bourdonnement, brouhaha, murmure, susurrement. ***II. Par ext.*** **1.** Confusion, éclat, tumulte. ⇒ **bruit. 2.** Avis, jugement, ondit, opinion, potin, ragot. ⇒ **médisance.**

RUMINANT ■ Bovidé, camélidé, cervidé, girafidé, ovidé, tragulidé.

RUMINER I. Au pr. : mâcher, régurgiter, remâcher. ***II. Fig.*** : repasser, repenser, ressasser, revenir sur. ⇒ **penser.**

RUPESTRE ■ Pariétal.

RUPIN, E ■ ⇒ **riche.**

RUPINER ■ ⇒ **réussir.**

RUPTURE ■ ***I. Au pr.*** : bris, brisement, cassage, cassure, concassage, décalage, destruction, écart, fracture. ***II. Fig.*** **1.** Annulation, arrêt, cessation, dénonciation, interruption, point mort, suspension. **2.** Brouille, brouillerie, désaccord, désagrégation, désunion, détérioration, discorde, dispute, dissension, dissentiment, dissidence, divergence, division, divorce, froid, mésentente, mésintelligence, nuage, orage, séparation, tension, zizanie.

RURAL ■ Agreste, bucolique, campagnard, champêtre, pastoral, rustique. ⇒ **paysan.**

RUSE ■ Adresse, art, artifice, astuce, attrape-nigaud, carotte (fam.), cautèle, chafouinerie, chausse-trappe, détour, diplomatie, échappatoire, embûche, faux-fuyant, feinte, ficelle, finasserie, finesse, fourberie, fraude, habileté, intrigue, invention, machiavélisme, machination, machine, malice, manœuvre, matoiserie, méandre, perfidie, piège, politique, retour (vén.), rets, roublardise, rouerie, rubrique (vx), stratagème, stratégie, subterfuge, subtilité, tactique, trame, tromperie, truc (fam.).

RUSÉ, E ■ Adroit, artificieux, astucieux, cauteleux, chafouin, diplomate, ficelle, fin, finasseur, finaud, fourbe, futé, habile, inventif, loup, machiavélique, madré, malicieux (vx), malin, matois, narquois, normand, perfide, politique, renard, retors, roublard, roué, subtil, tortueux, trompeur, vicelard

RUSER ■ Finasser. ⇒ **tromper.**

RUSH ■ ⇒ **afflux.**

RUSTAUD, E ▪ Balourd, béotien, grossier, huron, iroquois, lourd, malotru, paysan, peigne-cul, plouc, rustique, rustre, sauvage, zoulou. ⇒ **impoli.**

RUSTICITÉ ▪ ***I. Non favorable :*** balourdise, béotisme, brutalité, goujaterie, grossièreté, impolitesse, lourdeur, rustauderie, rustrerie. ***II. Favorable :*** dépouillement, frugalité, modération, pondération, sobriété, tempérance. ⇒ **simplicité.**

RUSTIQUE ▪ ***I. Au pr.*** **1. Neutre** : agreste, bucolique, campagnard, champêtre, pastoral, rural. ⇒ **simple. 2. Non favorable** : abrupt, arriéré, balourd, barbare, bestial, brut, fruste, grossier, impoli, inculte, lourd, rustaud, rustre, sauvage. ***II. Par ext. :*** endurant, increvable (fam.), fort, nerveux, résistant, robuste, solide, tenace, vivace.

RUSTRE ▪ ***I.*** ⇒ **paysan.** ***II.*** ⇒ **rustique.** ***III.*** ⇒ **impoli.**

RUT ▪ Amour, chaleur, chasse, désir, œstrus, retour à l'espèce.

RUTILANCE ▪ ***I.*** ⇒ **brillant.** ***II.*** ⇒ **éclat.**

RUTILANT, E ▪ Ardent, brasillant, brillant, éclatant, étincelant, flamboyant. ⇒ **rouge.**

RUTILER ▪ ⇒ **briller.**

RYTHME ▪ Accord, assonance, balancement, bercement, cadence, eurythmie, harmonie, mesure, mètre, mouvement, nombre, retour, son, tempo, temps, va-et-vient.

RYTHMÉ, E ▪ Assonancé, balancé, cadencé, équilibré, harmonieux, mesuré, rythmique, scandé.

RYTHMER ▪ ***I.*** Accorder, cadencer, donner du rythme, harmoniser, mesurer. ***II.*** Marquer/souligner le rythme, régler, scander, soumettre à un rythme.

RYTHMIQUE ▪ ***I. Nom fém.*** **1.** Métrique, prosodie, scansion, versification. **2.** Chorégraphie, danse. **3.** Gymnique. ***II. Adj. :*** alternatif. ⇒ **rythmé.**

S

SABBAT ■ ⇒ **tapage.**

SABIR ■ ⇒ **langue.**

SABLE ■ Arène, calcul, castine, gravier, gravillon, jar, lise, pierre, sablon, tangue.

SABLER ■ ⇒ **boire.**

SABLIÈRE ■ Carrière, gravière, sablonnière, tanguière.

SABORDER ■ ⇒ **couler.**

SABOT ■ ***I.*** Chaussure, galoche, patin, socque. ***II.*** ⇒ **toupie.** ***III.*** ⇒ **saleté.**

SABOTAGE ■ ***I.*** ⇒ **désordre.** ***II.*** ⇒ **résistance.**

SABOTER ■ ***I.*** ⇒ **détériorer.** ***II.*** ⇒ **gâcher.**

SABOTEUR ■ Démolisseur, destructeur, fossoyeur, naufrageur, ravageur.

SABOULER ■ ⇒ **secouer, gâcher.**

SABRER ■ ***I.*** ⇒ **effacer.** ***II.*** ⇒ **gâcher.**

SAC ■ ***I.*** ⇒ **pillage.** ***II.*** Bagage, baise-en-ville (fam.), besace, bissac, carnassière, carnier, fourre-tout, gibecière, havre-sac, hotte, musette, panetière, poche, porte-documents, portemanteau, sachet, sacoche. ⇒ **cabas.** ***III.*** Aumônière, bourse, escarcelle, réticule, vanity-case. ***IV. Loc.*** **Gens de sac et de corde** ⇒ **vaurien.**

SACCADE ■ ⇒ **secousse.**

SACCADÉ ■ Brusque, capricant, convulsif, discontinu, haché, heurté, hoquetant, inégal, intermittent, irrégulier, rompu, sautillant, spasmodique, sursautant, trépidant.

SACCAGE ■ ***I.*** Bouleversement, désastre, destruction, dévastation, ravage, ruine. ***II.*** ⇒ **pillage.**

SACCAGER ■ ***I.*** ⇒ **ravager.** ***II.*** ⇒ **renverser.**

SACERDOCE ■ ***I.*** Ministère, ordre, prêtrise. ***II. Par ext. :*** apostolat, charge, dignité, fonction, mission, poste.

SACOCHE ■ ***I.*** ⇒ **gibecière.** ***II.*** ⇒ **sac.**

SACRE ■ Consécration, couronnement, intronisation.

SACRÉ, E ■ ***I.*** Auguste, béni, consacré, divin, hiératique, intangible, inviolable, liturgique, sacro-saint, sanctifié, saint, tabou, vénérable. ***II.*** ⇒ **parfait.** ***III.*** ⇒ **détestable.**

SACREMENT ■ Baptême, confirmation, eucharistie, extrême-onction, mariage, ordre, pénitence.

SACRER ■ ***I. Au pr. :*** bénir, consacrer, oindre, sacraliser. ***II. Par ext.*** ⇒ **couronner.** ***III.*** ⇒ **jurer.**

SACRIFICE ■ ***I. Au pr. :*** hécatombe, holocauste, hostie, immolation, libation, lustration, messe, oblation, offrande, propitiation, taurobole. ***II.***

Par ext. : abandon, abnégation, désintéressement, dessaisissement, dévouement, don de soi, offre, renoncement, résignation.

SACRIFIER ■ Dévouer, donner, égorger, immoler, mettre à mort, offrir. *V. pron. :* Se dévouer, se donner, se faire hacher pour, payer de sa personne, s'oublier, *et les formes pron. possibles des syn. de* SACRIFIER.

SACRILÈGE ■ *I.* ⇒ **profanation.** *II.* ⇒ **vandale.**

SACRIPANT ■ ⇒ **vaurien.**

SADIQUE ■ ⇒ **vicieux.**

SADISME ■ *I.* Aberration mentale/sexuelle, délectation, manie, perversion, sadomasochisme. **Arg. :** éducation anglaise, passions. *II.* Acharnement, bestialité, cruauté, lubricité, méchanceté, perversité, vice.

SAFARI ■ ⇒ **chasse.**

SAFRAN ■ *I.* Crocus. *II.* ⇒ **jaune.** *III. Par ext. :* spigol.

SAGA ■ ⇒ **légende.**

SAGACE ■ *I.* ⇒ **pénétrant.** *II.* ⇒ **intelligent.**

SAGACITÉ ■ *I.* ⇒ **pénétration.** *II.* ⇒ **intelligence.**

SAGAIE ■ ⇒ **trait.**

SAGE ■ *I. Nom :* gourou, juste, mage, philosophe, savant. *II. Adj.* **1.** ⇒ **prudent. 2.** ⇒ **tranquille. 3.** ⇒ **décent.**

SAGE-FEMME ■ Accoucheuse, gynécologue, matrone, mère guette-au-trou (fam.), obstétricienne (vx).

SAGESSE ■ *I. Au pr. :* bon sens, connaissance, discernement, philosophie, raison, sapience, sens commun, vérité. *II. Par ext.* **1.** Circonspection, modération, prudence. **2.** Chasteté, continence, honnêteté, pudeur, retenue, vertu. **3.** Calme. docilité, obéissance, sérénité, tranquillité.

SAIGNANT, E ■ ⇒ **ensanglanté.**

SAIGNÉE ■ *I.* ⇒ **canal.** *II.* ⇒ **prélèvement.**

SAIGNEMENT ■ *I.* ⇒ **hémorragie.** *II.* ⇒ **menstruation**

SAIGNER ■ *I.* ⇒ **tuer.** *II.* ⇒ **dépouiller** *III.* ⇒ **dépenser.**

SAILLANT, E ■ *I.* ⇒ **proéminent.** *II.* ⇒ **remarquable.**

SAILLIE ■ *I. Au pr. :* angle, arête, aspérité, avance, avancée, avancement, balèvre, bec, bosse, bourrelet, console, corne, corniche, côte, coude, crête, dent, éminence, encorbellement, éperon, ergot, gibbosité, moulure, nervure, pointe, proéminence, protubérance, redan, relief, ressaut, surplomb, tubercule. *II. Par ext.* **1.** ⇒ **saut. 2.** ⇒ **saccade. 3.** ⇒ **caprice. 4.** ⇒ **mot. 5.** ⇒ **accouplement.**

SAILLIR ■ *I. V. intr.* **1.** Avancer, déborder, se dessiner/détacher, surplomber. ⇒ **dépasser. 2.** ⇒ **jaillir.** *II. V. tr. :* couvrir, monter, sauter, servir. ⇒ **accoupler (s').**

SAIN, E ■ *I. Au pr. :* hygiénique, naturel, pur, salubre, salutaire, tonique. *II. Par ext.* **1.** ⇒ **valide. 2.** ⇒ **profitable** *III. Loc.* **Sain et sauf** ⇒ **sauf.**

SAINBOIS ■ Daphné, garou.

SAINFOIN ■ Esparcet, esparcette.

SAINT, E ■ *I.* Apôtre, béat, bienheureux, glorieux, élu, martyr, sauvé, vertueux. *II.* Auguste, vénérable ⇒ **sacré.** *III. Loc.* **1. Sainte nitouche** ⇒ **patelin. 2. À la saint-glinglin** : aux calendes grecques, jamais.

SAINTETÉ ■ *I.* Béatitude, gloire, salut, vertu. *II.* ⇒ **perfection.**

SAISI, E ■ *I.* ⇒ **surpris.** *II.* ⇒ **ému.** *III.* ⇒ **rôti.**

SAISIE, SAISINE ■ ⇒ **confiscation.**

SAISIR ■ *I.* ⇒ **prendre.** *II.* ⇒ **percevoir.** *III.* ⇒ **entendre.** *IV.* ⇒ **émouvoir.** *V. pron. :* ⇒ **prendre.**

SAISISSANT, E ■ ⇒ **étonnant.**

SAISISSEMENT ■ ⇒ **émotion.**

SAISON ■ ⇒ **époque.**

SAISONNIER, ÈRE ■ ⇒ **temporaire.**

SALACE ■ ⇒ **lascif.**

SALACITÉ ■ ⇒ **lasciveté.**

SALADE ■ ⇒ **mélange.**

SALAIRE ■ ***I.*** ⇒ **rétribution.** ***II.*** ⇒ **récompense.** ***III.*** ⇒ **punition.**

SALARIÉ, E ■ ⇒ **travailleur.**

SALAUD ■ ⇒ **malpropre, méchant.**

SALE ■ ***I.*** ⇒ **malpropre.** ***II.*** ⇒ **obscène.**

SALÉ, E ■ ***I. Au pr. :*** fort, relevé, saumâtre. ***II. Fig.*** 1. ⇒ **obscène.** 2. Cher, exagéré, sévère.

SALETÉ ■ ***I. Au pr. :*** 1. Boue, crasse, crotte, gâchis, immondices, impureté, macule, malpropreté, merde (grossier), mouton, ordure, poussière, rebut, salissure, saloperie, souillure, tache. 2. Chassie, gringuenaude, morve. ⇒ **pus.** ***II. Par ext. :*** cochonnerie, pacotille, patraque, rossignol, sabot, saloperie (grossier), toc. ***III. Fig.*** 1. ⇒ **méchanceté.** 2. ⇒ **obscénité.**

SALIGAUD ■ ⇒ **malpropre.**

SALINIER, ÈRE ■ Paludier, saunier.

SALINITÉ ■ Salure.

SALIR ■ ***I. Au pr. :*** abîmer, barbouiller, charbonner, contaminer, crotter, culotter, éclabousser, embouer (vx), encrasser, gâter, graisser, jaunir, mâchurer, maculer, noircir, poisser, polluer, souiller, tacher. ***II. Fig. :*** baver sur, calomnier, déparer, déshonorer, diffamer, entacher, flétrir, profaner, prostituer, ternir.

SALIVE ■ Bave, crachat, eau à la bouche, écume, postillon.

SALIVER ■ ***I.*** ⇒ **baver.** ***II.*** ⇒ **vouloir.**

SALLE ■ ***I. Au pr. :*** antichambre, chambre, foyer, enceinte, galerie, hall. ⇒ **pièce.** ***II. Fig.*** ⇒ **public.**

SALMIGONDIS ■ ⇒ **mélange.**

SALON ■ ***I. Au pr.*** 1. **Sing.** ⇒ **pièce.** 2. **Au pl. :** enfilade. ***II. Par ext.*** ⇒ **exposition.**

SALOPER ■ ⇒ **gâcher.**

SALOPERIE ■ ***I.*** ⇒ **saleté.** ***II.*** ⇒ **méchanceté.**

SALOPETTE ■ ***I.*** ⇒ **surtout.** ***II.*** ⇒ **cotte.**

SALTIMBANQUE ■ ***I. Au pr. :*** acrobate, antipodiste, artiste, auguste, baladin, banquiste, baraquin, bateleur, bonimenteur, bouffon, charlatan, clown, danseur de corde, dompteur, dresseur, écuyer, équilibriste, farceur (vx), forain, funambule, hercule, jongleur, lutteur, monstre, nomade, opérateur (vx), paillasse, parodiste, pitre, tabarin, trapéziste. ***II. Par ext.*** 1. ⇒ **plaisant.** 2. ⇒ **pantin.**

SALUBRE ■ ⇒ **sain.**

SALUBRITÉ ■ ⇒ **hygiène.**

SALUER ■ ***I.*** Accueillir, honorer, proclamer, reconnaître. ***II.*** Dire/donner/offrir/présenter le/un/son ⇒ **salut.**

SALUT ■ ***I.*** Adieu, au revoir, bonjour, bonne nuit, bonsoir, coup de chapeau, courbette, hommage, inclination de tête, plongeon, poignée de main, révérence, salamalec, salutation, shakehand. ***II.*** Bonheur, rachat, récompense, rédemption.

SALUTAIRE ■ ***I.*** ⇒ **sain.** ***II.*** ⇒ **profitable.**

SALVE ■ ⇒ **décharge.**

SANCTIFIER ■ ⇒ **fêter.**

SANCTION ■ ***I.*** ⇒ **confirmation.** ***II.*** ⇒ **punition.**

SANCTIONNER ■ ⇒ **punir, confirmer.**

SANCTUAIRE ■ ⇒ **église.**

SANDALE ■ ⇒ **soulier.**

SANG ■ Cruor, hémoglobine, sérum. *Arg. :* raisiné. ***Par ext.*** ⇒ **race.**

SANG-FROID ■ ***I.*** Aplomb, assurance, audace, calme, détermination, fermeté, flegme, froideur, impassibilité, maîtrise, patience, tranquillité. ***II. Loc.*** **De sang-froid** : avec préméditation, délibérément, de sens rassis, en toute connaissance de cause, la tête froide, volontairement.

SANGLANT, E ■ ***I.*** ⇒ **ensanglanté.** ***II.*** ⇒ **offensant.**

SANGLE ■ ***I.*** ⇒ **courroie.** ***II.*** ⇒ **bande.**

SANGLER ■ ***I.*** ⇒ **serrer.** ***II.*** ⇒ **cingler.**

SANGLIER ■ Babiroussa, bête noire (vén.), cochon (vén.), laie, marcassin, pécari, phacochère, porc, quartanier, ragot, solitaire, tiers-an.

SANGLOT ■ Hoquet, larme, pleur, soupir, spasme.

SANGLOTER ■ ⇒ **pleurer.**

SANG-MÊLÉ ■ ⇒ **métis.**

SANGSUE ■ ***Fig. et fam. :*** ⇒ **importun.**

SANGUINAIRE ■ ***I.*** ⇒ **violent.** ***II.*** ⇒ **barbare.**

SANGUINOLENT, E ■ ⇒ **ensanglanté.**

SANITAIRE ■ Plomberie. ⇒ **water-closet.**

SANS-ABRI ■ Sans-logis, réfugié, sinistré.

SANS-CŒUR ■ ⇒ **dur.**

SANS-EMPLOI ■ ⇒ **demandeur.**

SANS-FAÇON ■ ***I. Adj.*** 1. ⇒ **franc.** 2. ⇒ **simple.** ***II. Adv.*** ⇒ **simplement.**

SANS-GÊNE ■ ***I.*** ⇒ **impoli.** ***II.*** ⇒ **impolitesse.**

SANS-LE-SOU ■ ⇒ **pauvre.**

SANS-PATRIE ■ Apatride, heimatlos, métèque (péj.), personne déplacée.

SANS-SOIN ■ Désordonné, insouciant, négligent.

SANS-SOUCI ■ ⇒ **insouciant.**

SANS-TRAVAIL ■ ⇒ **demandeur.**

SANTÉ ■ ***I.*** ⇒ **nature.** ***II.*** ⇒ **discours.**

SAOUL, SAOULE ■ (vx) ⇒ **soûl.**

SAPAJOU ■ ***I.*** ⇒ **magot.** ***II.*** ⇒ **singe.**

SAPE ■ ⇒ **tranchée.**

SAPER ■ ⇒ **miner, habiller.**

SAPEUR ■ Mineur, pionnier.

SAPHISME ■ ⇒ **homosexualité.**

SAPIDITÉ ■ ⇒ **saveur.**

SAPIN ■ Sapinette. ⇒ **conifère.**

SARCASME ■ ⇒ **raillerie.**

SARCASTIQUE ■ ⇒ **sardonique.**

SARCLER ■ ⇒ **racler, cultiver.**

SARCOPHAGE ■ ***I.*** ⇒ **tombe.** ***II.*** ⇒ **cercueil.**

SARDONIQUE ■ Caustique, démoniaque, fouailleur, goguenard, moqueur, persifleur, railleur, ricaneur, sarcastique, sardonien, satanique.

SARRASIN ■ Blé noir.

SARRAU ■ ⇒ **surtout.**

SATANIQUE ■ ⇒ **diabolique.**

SATELLITE ■ ***I.*** ⇒ **partisan.** ***II.*** ⇒ **allié.** ***III. Vx*** ⇒ **tueur.**

SATIÉTÉ ■ Dégoût, nausée, réplétion, satisfaction, saturation.

SATIN ■ ⇒ **soie.**

SATINÉ, E ■ ***I.*** ⇒ **soyeux.** ***II.*** ⇒ **lustré.** ***III.*** ⇒ **lisse.**

SATINER ■ ⇒ **lustrer.**

SATIRE ■ Caricature, catilinaire, charge, critique, dérision, diatribe, épigramme, factum, libelle, moquerie, pamphlet, philippique, plaisanterie, raillerie.

SATIRIQUE ■ ⇒ **mordant.**

SATIRISER ■ ***I.*** ⇒ **railler.** ***II.*** ⇒ **médire.**

SATISFACTION ■ ***I.*** Compensation, pénitence, raison, réparation. ***II.*** ⇒ **plaisir.**

SATISFAIRE ■ ***I. V. tr. :*** apaiser, calmer, combler, complaire, contenter, écouter, entendre, exaucer, observer, rassasier, régaler, soulager. ***II. V. intr. :*** accomplir, s'acquitter de, exécuter, fournir, obéir, observer, pourvoir, remplir, répondre à, suffire à.

SATISFAISANT, E ■ Acceptable, convenable, correct, enviable, honnête, honorable, passable, performant, suffisant.

SATISFAIT, E ■ ***I.*** Apaisé, béat, calme, comblé, content, heureux, rassasié, rasséréné, rassuré, soulagé. ***II. Non favorable :*** avantageux, fat, fier, suffisant, vain, vainqueur.

SATURATION ■ ⇒ **réplétion.**

SATURÉ, E ■ ⇒ **rassasié.**

SATURER ■ ⇒ **combler.**

SATYRE ■ ***I.*** Chèvre-pied, faune, sylvain. ***II.*** ⇒ **lascif.**

SAUCER ■ ⇒ **mouiller.**

SAUCISSON ■ ***Par ext. :*** chorizo, gendarme, jésus, rosette, salami, sauciflard (fam.).

SAUCISSONNER ■ Pique-niquer.

SAUF, SAUVE ■ adj. Indemne, intact, préservé, rescapé, sauvé, survivant, tiré d'affaire.

SAUF ■ prép. ⇒ **excepté.**

SAUF-CONDUIT ■ ⇒ **laissez-passer.**

SAUGRENU, E ■ ***I.*** ⇒ **insensé.** ***II.*** ⇒ **faux.** ***III.*** ⇒ **étrange.**

SAUMÂTRE ■ ***I.*** ⇒ **salé.** ***II.*** ⇒ **désagréable.**

SAUPOUDRER ■ ⇒ **mêler.**

SAURIEN ■ Amblyrhynque, amphisbène, basilic, caméléon, dragon, gecko, iguane, lézard, moloch, orvet, scinque, seps, sphénodon, tupinambis, varan, zonure. ⇒ **reptile.**

SAUT ■ ***I. Au pr. :*** bond, bondissement, cabriole, culbute, gambade, sautillement, voltige. ***II. Par ext.*** **1.** Cahot, ricochet, soubresaut, sursaut, tressaut. **2.** Cascade, chute, rapide. **3.** ⇒ **interruption.** ***III. Loc.*** **Faire le saut** ⇒ **résoudre (se).**

SAUTE ■ ⇒ **changement.**

SAUTER ***I. V. tr.*** **1.** ⇒ **franchir. 2.** ⇒ **passer. 3.** ⇒ **omettre.** ***II. V. intr.*** **1.** Bondir, cabrioler, dindailler (rég.), s'élancer, s'élever, fringuer, gambader, rebondir, ricocher, sautiller, trépigner. **2.** ⇒ **éclater.** ***III. Loc.*** **1. Faire sauter.** ⇒ **cuire, tuer, destituer. 2. Se faire sauter** ⇒ **suicider (se).**

SAUTERIE ■ ⇒ **bal.**

SAUTEUR, EUSE ■ ⇒ **pantin.**

SAUTILLANT, E ■ ⇒ **saccadé.**

SAUVAGE ■ ***I. Nom :*** anthropophage, barbare, cannibale, homme des bois, primitif. ***II. Adj.*** **1. Animaux :** fauve, haret (chat), inapprivoisé, marron. **2. Un lieu :** abandonné, agreste, à l'écart, champêtre, désert, inculte, inhabité, retiré, romantique. **3. Quelqu'un :** *Au pr. :* barbare, bestial, cruel, dur, féroce, inhumain, intraitable, méchant, ombrageux, redoutable, rude, violent. *Par ext. :* abrupt, âpre, brut, farouche, fier, fruste, gothique (vx), grossier, inapprivoisable, incivilisé, inculte, indomptable, indompté, insociable, mal dégrossi/embouché (fam.)/élevé, misanthrope, ostrogoth, ours, solitaire, tudesque, vandale, wisigoth. **4.** Craintif, farouche, hagard, timide.

SAUVAGEON, ONNE ■ ⇒ **sauvage.**

SAUVAGERIE ■ ***I. Au pr. :*** barbarie, brutalité, cruauté, férocité. ***II. Par ext. :*** insociabilité, misanthropie, timidité.

SAUVÉ, E ■ ***I.*** ⇒ **sauf.** ***II.*** ⇒ **saint.**

SAUVEGARDE ■ ***I.*** ⇒ **garantie.** ***II.*** Auspices, égide, patronage, protection, soutien, tutelle, vigilance. ***III.*** Abri, appui, asile, bannière, bouclier, boulevard, défense, refuge, rempart.

SAUVE-QUI-PEUT ■ Débandade, déroute, désarroi, panique. ⇒ **fuite.**

SAUVER ■ ***I. Au pr.*** **1.** ⇒ **garantir. 2.** ⇒ **éviter.** ***II. Par ext.*** ⇒ **excuser.** ***III. V. pron.*** **1.** ⇒ **enfuir (s').** **2.** ⇒ **partir. 3. Fig.** ⇒ **rattraper (se).**

SAUVEUR ■ ***I. Au pr. :*** défenseur, libérateur, protecteur, sauveteur. ***II. Relig. :*** messie, prophète, rédempteur. ***III. Par ext. :*** **1.** Bienfaiteur, rempart. **2.** Deus ex machina, zorro.

SAVANT, E ■ ***I. Adj.*** **1. Au pr. :** averti, avisé, cultivé, docte, éclairé, érudit, informé, instruit, lettré. **2. Par ext. :** calé, compétent, expert, fort, habile, maître dans, omniscient, versé. **3. Péj.** ⇒ **pédant. 4. Fig. Quelque chose :** ardu, compliqué, difficile, recherché. ***II. Nom.*** **1. Favorable :** chercheur, clerc (vx), découvreur, érudit, expert, homme de cabinet (vx)/de science, lettré, philosophe, sage, scientifique, spécialiste. **2. Fam. :** abîme/puits d'érudition/de science, fort en thème, grosse tête, tête d'œuf. **3. Péj. :** diafoirus, scientiste. ⇒ **pédant.**

SAVANTASSE ■ ⇒ **pédant.**

SAVATE ■ ***I.*** ⇒ **soulier.** ***II.*** ⇒ **chausson.**

SAVATER, SAVETER ■ Gâcher, gâter. ⇒ **abîmer.**

SAVETIER ■ ⇒ **cordonnier.**

SAVEUR ■ ***I. Au pr. :*** bouquet, fumet, goût, sapidité. ***II. Par ext. :*** agrément, charme, piment, piquant, sel.

SAVOIR ■ n. Acquis, aptitude, bagage, capacité, compétence, connaissance, culture, culture générale, doctrine, érudition, expérience, gnose (relig.), humanisme, initiation, instruction, intelligence, lecture, lettres, lumières, notions, omniscience, sagesse, science. ⇒ **habileté.**

SAVOIR ■ v. tr. ***I.*** ⇒ **connaître.** ***II.*** ⇒ **pouvoir.** ***III. Loc.*** **Faire savoir** ⇒ **informer.**

SAVOIR-FAIRE ■ ⇒ **habileté.**

SAVOIR-VIVRE ■ Acquis, bienséance, civilité, convenance, courtoisie, délicatesse, doigté, éducation, égards, élégance, entregent, habileté, politesse, sociabilité, tact, urbanité, usage.

SAVONNER ■ ***I. Au pr.*** ⇒ **nettoyer.** ***II. Fig. :*** gourmander, tancer. ⇒ **réprimander.**

SAVOURER ■ ***I. Au pr. :*** boire, déguster, se délecter, goûter, se régaler, tâter. ***II. Par ext. :*** apprécier, se gargariser de. ⇒ **jouir.**

SAVOUREUX, EUSE ■ Sapide. ⇒ **succulent.**

SAYNÈTE ■ Charade, comédie, divertissement, entracte, interlude, intermède, lever de rideau, parade, pièce en un acte, proverbe, sketch.

SBIRE ■ ⇒ **policier.**

SCABREUX, EUSE ■ ***I.*** ⇒ **libre.** ***II.*** ⇒ **grossier.** ***III.*** ⇒ **difficile.**

SCANDALE ■ ***I. Au pr. :*** bruit, désordre, éclat, esclandre, tapage. ***Arg. ou fam. :*** barouf, bastringue, bousin, chabanais, chambard, harmone, foin, papafard, pet, pétard, ramdam, salades, schproum, tapis. ***II.*** Choc, émotion, étonnement, honte, indignation.

SCANDALEUX, EUSE ■ ⇒ **honteux.**

SCANDALISÉ, E ■ ⇒ **outré.**

SCANDALISER ■ Choquer. ***V. pron.*** ⇒ **offenser (s').**

SCANDER ■ Accentuer, battre/marquer la mesure, cadencer, ponctuer, rythmer, souligner, versifier.

SCATOLOGIE ■ Coprolalie.

SCATOLOGIQUE ▪ Grossier, stercoraire, stercoral. ⇒ **obscène.**

SCEAU ▪ ⇒ **marque.**

SCÉLÉRAT, E ▪ ***I. Au pr.*** *:* bandit, coquin, criminel, filou, fripon, homicide, infâme, larron, méchant, misérable, monstre, perfide. ⇒ **vaurien.** ***II. Par ext.*** ⇒ **infidèle.**

SCÉLÉRATESSE ▪ ⇒ **méchanceté.**

SCELLEMENT ▪ ⇒ **fixation.**

SCELLER ▪ ***I.*** ⇒ **fixer.** ***II.*** ⇒ **affermir.**

SCÉNARIO ▪ ⇒ **intrigue.**

SCÈNE ▪ ***I.*** ⇒ **théâtre.** ***II.*** Séquence, tableau. ***III.*** ⇒ **spectacle.** ***IV.*** Algarade, altercation, avanie, carillon (fam. et vx), discussion, dispute, esclandre, réprimande, séance.

SCÉNIQUE ▪ ⇒ **dramatique.**

SCEPTICISME ▪ ***I. Au pr.*** *:* pyrrhonisme. ***II. Par ext.*** **1. Philos.** : criticisme, nihilisme, positivisme, pragmatisme. **2.** Défiance, désintéressement, dilettantisme, doute, méfiance. **3.** Agnosticisme, athéisme, incrédulité, incroyance, irréligion, libre pensée.

SCEPTIQUE ▪ ***I.*** ⇒ **incrédule.** ***II.*** ⇒ **incroyant.**

SCEPTRE ▪ ⇒ **supériorité.**

SCHÉMA, SCHÈME ▪ ⇒ **ébauche.**

SCHÉMATISER ▪ ⇒ **simplifier.**

SCHISMATIQUE ▪ ⇒ **hérétique.**

SCHISME ▪ ⇒ **dissidence.**

SCHLAGUE ▪ Bâton, correction, fouet, goumi, knout, martinet, nerf de bœuf, tricotin, verge.

SCIE ▪ ***I. Au pr.*** *:* égoïne, passe-partout, sciotte. ***II.*** Refrain, rengaine.

SCIEMMENT ▪ À bon escient, délibérément, de propos délibéré, en toute connaissance de cause, exprès, intentionnellement, volontairement.

SCIENCE ▪ ***I.*** ⇒ **savoir.** ***II.*** ⇒ **art.**

SCIENTIFIQUE ▪ ***I. Nom*** ⇒ **savant.** ***II. Adj.*** *:* critique, méthodique, objectif, positif, rationnel, savant.

SCIER ▪ Couper, débiter, découper, fendre, tronçonner.

SCIEUR ▪ Sagard (rég.).

SCINDER ▪ ***Au pr.*** ⇒ **sectionner.**

SCINTILLANT, E ▪ ⇒ **brillant.**

SCINTILLEMENT ▪ ⇒ **reflet.**

SCINTILLER ▪ ***I. Au pr.*** *:* brasiller, briller, chatoyer, étinceler, flamboyer, luire, miroiter, rutiler. ***II. Fig.*** *:* clignoter, frissonner, palpiter.

SCION ▪ ⇒ **pousse.**

SCISSION ▪ Bipartition, dissidence, dissociation, division, fractionnement, morcellement, partage, partition, schisme, sécession, séparation.

SCLÉROSE ▪ ⇒ **paralysie.**

SCLÉROSÉ, E ▪ ⇒ **figé.**

SCOLARITÉ ▪ Cursus. ⇒ **instruction.**

SCOLIASTE ▪ Annotateur, commentateur.

SCOLIE ▪ ⇒ **commentaire.**

SCOOP ▪ Exclusivité.

SCORE ▪ ⇒ **résultat.**

SCORIE ▪ Déchet, laitier, mâchefer, porc. ⇒ **résidu.**

SCOUT ▪ Boy-scout, éclaireur, guide, louveteau, ranger, routier.

SCRAPER ▪ Décapeuse.

SCRIBE ▪ ***I. Au pr.*** *:* copiste, écrivain, greffier, logographe. ***II. Par ext.*** (péj.) : bureaucrate, gratteur, scribouillard, tabellion. ⇒ **employé.**

SCROFULE ▪ Bubon, écrouelles (vx), ganglion, tumeur. ⇒ **abcès.**

SCROFULEUX, EUSE ▪ ⇒ **malade.**

SCRUPULE ▪ ***I.*** ⇒ **hésitation.** ***II.*** ⇒

soin. *III.* ⇒ **exactitude.** *IV.* ⇒ **délicatesse.**

SCRUPULEUX, EUSE ▪ ***I. Au pr. :*** correct, délicat, exact, fidèle, honnête, juste, strict. ⇒ **consciencieux.** ***II. Par ext. :*** attentif, maniaque (péj.), méticuleux, minutieux, pointilleux, ponctuel, précis, soigneux, soucieux.

SCRUTATEUR, TRICE ▪ Examinateur, inquisiteur, inspecteur, vérificateur.

SCRUTER ▪ ⇒ **examiner.**

SCRUTIN ▪ ⇒ **vote.**

SCULPTER ▪ Buriner, ciseler, façonner, figurer, former, fouiller, graver, modeler, tailler.

SCULPTEUR ▪ Bustier, ciseleur, imagier (vx), modeleur, ornemaniste, statuaire.

SCULPTURAL, E ▪ ***I.*** Architectural, plastique. ***II.*** ⇒ **beau.**

SCULPTURE ▪ ***I.*** Bas-relief, décoration, glyptique, gravure, haut-relief, moulure, ornement, ronde-bosse. ***II.*** Buste, figurine, monument, statue, statuette, tête, torse.

SÉANCE ▪ ***I. Au pr. :*** assise, audience, débat, délibération, réunion, session, vacation. ***II. Par ext. :*** projection, représentation, scène. ⇒ **spectacle.** ***III. Fig. :*** algarade, altercation, avanie, carillon (fam. et vx), discussion, dispute, esclandre, réprimande, scène.

SÉANT, ANTE ▪ adj. ⇒ **convenable.**

SÉANT ▪ n. ⇒ **derrière.**

SEAU ▪ Récipient, seille, seillon, seillot, vache.

SEC, SÈCHE ▪ ***I. Au pr.*** ⇒ **aride.** ***II. Par ext.*** ⇒ **maigre.** ***III. Fig.*** **1.** ⇒ **dur. 2.** ⇒ **rude. 3.** ⇒ **pauvre.**

SÉCESSION ▪ Autonomie, dissidence, division, indépendance, partition, révolte, scission, séparation, séparatisme.

SÉCHER ▪ ***I. V. tr.*** **1. Au pr. :** assécher, déshydrater, dessécher, drainer, éponger, essorer, essuyer, étancher, lyophiliser, mettre à sec, tarir, vider. **2. Par ext. :** étuver. ⇒ **stériliser. 3. Fig. :** flaner, flétrir, racornir. ***II. V. intr.*** **1. Au pr. :** dépérir, devenir sec, languir. **2. Arg. scol. :** coller, échouer, être collé, rester court. **3.** Faire l'impasse.

SÉCHERESSE ▪ ***I. Au pr. :*** anhydrie, aridité, siccité. ***II. Fig. :*** austérité, brusquerie, dureté, froideur, insensibilité, pauvreté, stérilité. ⇒ **rudesse.**

SÉCHOIR ▪ ***I.*** Casque, sèche-cheveux. ***II.*** **Par ext. : 1.** Hérisson, if, porte-bouteilles. **2.** ⇒ **égouttoir. 3.** ⇒ **étuve.**

SECOND ▪ n. ***I.*** Cadet. ***II.*** Adjoint, aide, allié, alter ego, appui, assesseur, assistant, auxiliaire, bras droit, collaborateur, fondé de pouvoir, lieutenant.

SECOND, E ▪ adj. ***I. Au pr. :*** autre, deuxième. ***II. Par ext. :*** nouveau.

SECONDAIRE ▪ Accessoire, adventice, épisodique, incident, inférieur, insignifiant, marginal, mineur, négligeable, subalterne, subsidiaire.

SECONDER ▪ ⇒ **aider.**

SECOUER ▪ ***I. Au pr. :*** agiter, ballotter, branler (vx), brimbaler, cahoter, chabler, ébranler, gauler, hocher, locher (rég.), remuer. ***II. Fig.*** **1.** Bousculer, harceler, houspiller, malmener, maltraiter, sabouler (fam. et vx), tourmenter. ⇒ **réprimander. 2.** ⇒ **émouvoir.**

SECOURABLE ▪ Charitable, consolateur, fraternel, généreux, hospitalier, humain, miséricordieux, obligeant. ⇒ **bon.**

SECOURIR ▪ ⇒ **appuyer.**

SECOURS ▪ ***I. Au pr. :*** aide, assistance, confort (vx), concours, coup de main (fam.), entraide, facilité, grâce, moyen, protection, providence. ***II. Fig. :*** réconfort, renfort, rescousse, ressource, service, soutien. ***III. Par ext.*** **1.** Allocation, attribution, aumône, bienfaisance, charité, denier, don, entraide, hospitalité, obole, palliatif, répartition, subside, subvention. **2.** ⇒ **défense.**

SECOUSSE ▪ À-coup, agitation, cahot, choc, commotion, convulsion, coup, ébranlement, heurt, mouvement, saccade, soubresaut, spasme, tremblement, trépidation, tressaut.

SECRET ▪ n. ***I. Au pr. :*** arcane, arrière-pensée, cabale, cachotterie, coulisse, dédale, dessous, dessous des cartes, détour, énigme, fond, mystère, pot-aux-roses (péj.), ténèbres, tréfonds. ***II. Par ext.*** **1.** Martingale, méthode, moyen, recette, truc (fam.). **2.** Black-out, discrétion, retenue. ***III. Loc.*** **1. En secret** ⇒ **secrètement. 2. Dans le secret :** dans la confidence, de connivence.

SECRET, ÈTE ▪ adj. ***I. Quelque chose :*** abscons, anonyme, cabalistique, caché, clandestin, confidentiel, discret, dissimulé, ésotérique, furtif, hermétique, ignoré, illicite, inconnaissable, inconnu, inexplicable, insondable, intérieur, intime, invisible, irrévélé, latent, masqué, mystérieux, mystique, obscur, occulte, profond, retiré, sibylin, sourd, souterrain, subreptice, ténébreux, voilé. ***II. Quelqu'un.*** **1. Neutre :** caché, concentré, discret, énigmatique, impénétrable, incognito, indéchiffrable, insaisissable, mystérieux, réservé. **2. Non favorable :** cachottier (fam.), chafouin, dissimulé, en dessous (fam.), fuyant, insinuant, renfermé, sournois. ⇒ **hypocrite.**

SECRÉTAIRE ▪ ***I. Quelqu'un.*** **1. Au pr. :** copiste, dactylo, dactylographe, employé, rédacteur, rond-de-cuir (péj.), scribe (péj.), scribouillard (péj.). **2. Par ext. :** adjoint, alter ego (fam.), bras droit (fam.), collaborateur. ***II. Un meuble :*** bahut, bonheur-du-jour, bureau, écritoire, scriban.

SECRÉTARIAT ▪ Administration, bureau, chancellerie, secrétairerie, services.

SECRÈTEMENT ▪ À la dérobée, à la sourdine, en cachette, en catimini, en dessous, en secret, en sourdine, en sous-main, en tapinois, furtivement, incognito, in-petto, sans tambour ni trompette (fam.), sourdement, sous la la table, sous le manteau, subreptice-ment.

SÉCRÉTER ▪ Dégoutter, distiller, élaborer, épancher, filtrer.

SÉCRÉTION ▪ Bile, excrétion, humeur, récrément (vx), salive.

SECTAIRE ▪ Autoritaire, doctrinaire, dogmatique, enragé, étroit, exalté, exclusif, fanatique, farouche, frénétique, furieux, intégriste, intolérant, intraitable, intransigeant, irréductible, partial, partisan, rigide, rigoriste, sévère, violent.

SECTATEUR ▪ Adepte, adhérent, affidé, affilié, allié, ami, disciple, doctrinaire, fanatique (péj.), fidèle, militant, partisan, propagandiste, prosélyte, suppôt (péj.), zélateur.

SECTE ▪ Association, bande, brigue, cabale, camp, clan, coalition, église, faction, groupe, parti, phalange, rassemblement, religion, société secrète.

SECTEUR ▪ ⇒ **zone.**

SECTION ▪ ***I.*** Cellule, groupe. ***II.*** Coupure, division, fraction, paragraphe, partie, portion, rupture, scission, segment, séparation, subdivision.

SECTIONNNER ▪ Couper, désassembler, désunir, disjoindre, diviser, fendre, fractionner, morceler, partager, scinder, segmenter, séparer, subdiviser. ⇒ **couper.**

SÉCULAIRE ▪ ⇒ **ancien.**

SÉCULIER, ÈRE ▪ ***I.*** ⇒ **terrestre.** ***II.*** Laïc, profane, temporel.

SÉCURISER ▪ ⇒ **tranquilliser.**

SÉCURITÉ ▪ ***I. Au pr. :*** abandon, abri, assurance, calme, confiance, repos, sérénité, sûreté, tranquillité. ***II. Par***

ext. 1. Ordre, police. 2. Fiabilité, fidélité.

SÉDATIF, IVE ■ Adoucissant, analgésique, anesthésique, anodin, antalgique, antipyrétique, antispasmodique, apaisant, balsamique, calmant, consolant, hypnotique, lénifiant, lénitif, narcotique, parégorique, rafraîchissant, relaxant, reposant, vulnéraire.

SÉDATION ■ ⇒ **apaisement.**

SÉDENTAIRE ■ ***I. Au pr. :*** assis, attaché, établi, fixe, immobile, inactif, permanent, stable, stationnaire. ***II. Par ext.*** (fam.) : casanier, cul-de-plomb, notaire, pantouflard, popote, pot-au-feu.

SÉDIMENT, SÉDIMENTATION ■ Accroissement, accrue, allaise, alluvion, apport, atterrissement, boue, calcaire, concrétion, dépôt, formation, lais, laisse, lie, limon, lœss, précipité, relais, résidu, roche, tartre.

SÉDITIEUX, EUSE ■ ***I. Au pr. :*** activiste, agitateur, anarchiste, comploteur, contestataire, émeutier, factieux, frondeur, insoumis, insubordonné, insurgé, militant, mutin, provocateur, rebelle, révolté, subversif, terroriste. ***II. Par ext.*** ⇒ **tumultueux.**

SÉDITION ■ ***I.*** ⇒ **émeute.** ***II.*** ⇒ **révolte.**

SÉDUCTEUR, TRICE ■ ***I. Nom :*** apprivoiseur, bourreau des cœurs, casanova, casse-cœur, cavaleur (péj.), charmeur, coureur/trousseur de jupons (péj.), don juan, enjôleur, ensorceleur, épouseur (vx), fascinateur, homme à bonnes fortunes/à femmes, larron d'honneur (vx), lovelace, magicien, suborneur, tombeau des cœurs, tombeur de femmes. ⇒ **galant.** ***II. Adj.*** ⇒ **séduisant.**

SÉDUCTION ■ ⇒ **charme.**

SÉDUIRE ■ ***I. Non favorable.*** 1. **Au pr.** : acheter, affriander, allécher, amorcer, appâter, attirer dans ses filets, cajoler, capter, corrompre, débaucher, déshonorer, mettre à mal, perdre, soudoyer, suborner. 2. **Arg. ou fam.** : dégréner, emballer, embarquer, lever, quimper, soulever, tomber. 3. **Par ext.** : abuser, amuser, attraper, berner, bluffer, circonvenir, décevoir, donner le change, éblouir, égarer, en conter, en donner, endormir, en faire accroire/croire, engluer, en imposer, enjôler, faire briller/chatoyer/miroiter, flatter, jobarder, mener en bateau, minauder, monter le coup, prendre au piège. ⇒ **tromper. Fam.** : avoir, blouser, couillonner, dorer la pilule, embabouiner, embobeliner, embobiner, emmitonner, entortiller, posséder. ***II. Favorable ou neutre.*** 1. Affrioler, aguicher, attacher, attirer, attraire, captiver, charmer, coiffer, conquérir, donner/taper dans l'œil (fam.), ensorceler, entraîner, envoûter, fasciner, hypnotiser, magnétiser, plaire, tenter, vamper. 2. Convaincre, entraîner, gagner, persuader.

SÉDUISANT, E ■ Affriolant, agréable, aguichant, alléchant, amène, attachant, attirant, attrayant, beau, brillant, captivant, charmant, chatoyant, désirable, enchanteur, engageant, ensorcelant, enveloppant, envoûtant, fascinant, flatteur, gracieux, insinuant, joli, piquant, prenant, ravageur, ravissant, séducteur, sexy (fam.).

SEGMENT ■ ***I.*** ⇒ **section.** ***II.*** ⇒ **ligne.**

SEGMENTATION ■ Échelonnement, éparpillement, fractionnement, fragmentation, morcellement, partage. ⇒ **division.**

SEGMENTER ■ ⇒ **sectionner.**

SÉGRÉGATION ■ ⇒ **séparation.**

SÉIDE ■ ***I.*** Zélateur. ***II.*** ⇒ **partisan.**

SEIGNEUR ■ ***I. Au pr. :*** châtelain, écuyer, gentilhomme, hobereau, maître, sire, suzerain. ***II. Par ext.*** 1. ⇒ **noble.** 2. ⇒ **monarque.** 3. ⇒ **dieu.** ***III. Loc.*** **Jour du Seigneur** : dimanche, repos dominical, sabbat.

SEIN ■ ***I. Au pr. :*** buste, giron,

mamelle, poitrine. ***II. Arg. ou fam. :*** appas (vx), avantages, avant-scène, balcon, biberon, blague à tabac (péj.), counou, doudoune, frérot, gaillard, laiterie, lolo, mandarine, néné, nibar, nichon, nichonnaille, païen, parechoc, robert, rondeur, rondin, roploplo, rotoplo, tétasse, tété, tétin, tétine, téton. ***III. Par ext.*** **1.** Entrailles, flanc, utérus, ventre. **2.** Centre, cœur, fort, foyer, lieu géométrique, milieu, mitan, nœud, nombril, noyau, point. ***IV. Loc.*** **Au sein de :** au milieu de, dans, parmi.

SEING ■ ⇒ **signature.**

SÉISME ■ ***I. Au pr. :*** phénomène sismique, secousse, tremblement de terre. ***II. Par ext. :*** bouleversement, cataclysme, catastrophe, commotion, ébranlement, tornade, typhon.

SÉJOUR ■ ***I. Au pr. :*** arrêt, pause, stage, villégiature. ***II. Par ext. :*** demeure, domicile, endroit, maison, résidence. ⇒ **habitation.** ***III. Loc.*** **Céleste séjour :** Ciel, Élysée, Enfers (myth.), Olympe, paradis.

SÉJOURNER ■ ***I. Au pr.*** **1. Quelqu'un :** s'arrêter, s'attarder, attendre, demeurer, s'éterniser, prendre racine (fam.), rester, stationner, tarder. **2.** Estiver, villégiaturer. **3. Quelque chose :** croupir, stagner. ***II. Par ext. :*** camper, crécher (fam.), descendre, être domicilié, gîter (fam.), habiter, jucher, loger, nicher (fam.), occuper, résider, se tenir, vivre.

SEL ■ ***I.*** ⇒ **piquant.** ***II.*** ⇒ **esprit.**

SÉLECT, E ■ Agréable, beau, bien, chic, copurchic (fam.), de bon goût, délicat, distingué, élégant, smart (fam.), snob (péj.).

SÉLECTER ■ ⇒ **sélectionner.**

SÉLECTION ■ ***I. De choses :*** **1.** Assortiment, collection, dessus du panier (fam.), éventail, réunion, **2.** Choix, écrémage, tri, triage. ***II. De gens :*** aristocratie, crème, élite, fine fleur, gratin, happy few (angl.). ***III. Littér. :*** anthologie, digest, morceaux choisis, recueil.

SÉLECTIONNER ■ Adopter, aimer mieux, choisir, coopter, se décider pour, désigner, distinguer, écrémer, élire, embrasser, s'engager, faire choix, fixer son choix, jeter son dévolu, nommer, opter, préférer, prendre, sélecter, trancher, trier sur le volet.

SÉLECTIONNEUR, EUSE ■ ***Fam. :*** chasseur de têtes.

SELLE ■ ***I.*** Bât, cacolet, harnachement. ***II.*** ⇒ **excrément.**

SELLIER ■ Bâtier, bourrelier.

SELON ■ Conformément à, dans, d'après, suivant.

SEMAILLES ■ Emblavage, ensemencement, épandage, semis.

SÉMANTIQUE ■ ***Par ext. :*** lexicologie, onomasiologie, sémasiologie, sémiologie, sémiotique, signalétique, symptomatologie.

SEMBLABLE ■ ***I. Adj. :*** analogue, approximatif, assimilé, assorti, commun, comparable, conforme, équivalent, homologue, identique, indiscernable, jumeau, kif-kif (fam.), la/le même, parallèle, pareil, ressemblant, similaire, symétrique, tel, tout comme. ***II. Nom.*** **1. Quelqu'un :** congénère, égal, frère, parent, prochain. **2. Quelque chose :** pendant.

SEMBLANCE ■ Air, allure, apparence, aspect, configuration, dehors, extérieur, face, figure, forme, jour, masque, perspective, physionomie, portrait, profil, ressemblance, semblant, tour, tournure, visage.

SEMBLANT ■ ***I.*** ⇒ **semblance.** ***II. Loc.*** **Faire semblant** ⇒ **simuler.**

SEMBLER ■ Apparaître, s'avérer, avoir l'air/l'aspect, se montrer, s'offrir, paraître, passer pour, se présenter comme.

SEMÉ, E ▪ ***I. Au pr. :*** cultivé, emblavé, ensemencé. ***II. Par ext. :*** agrémenté, constellé, émaillé, orné, parsemé.

SEMENCE ▪ Graine, pollen, sperme, spore.

SEMER ▪ ***I. Au pr. :*** cultiver, emblaver, ensemencer, épandre, jeter, répandre. ***II. Par ext.*** **1.** Couvrir, étendre, joncher, orner, parsemer, revêtir, tapisser. **2.** Disperser, disséminer, propager. ***III. Fig. :*** **1.** Abandonner, délaisser, lâcher, laisser, partir, quitter, se séparer de. **2. Fam.** Décamper, détaler, laisser tomber, planter (là).

SEMI ▪ Demi, hémi, mi, moitié.

SÉMILLANT, E ▪ Actif, agile, alerte, allègre, animé, ardent, brillant, chaleureux, dégagé, délivré, dispos, éveillé, fougueux, frétillant, fringant, gaillard, galant, guilleret, ingambe, léger, leste, pétillant, pétulant, primesautier, prompt, rapide, vif, vivant.

SEMI-MENSUEL ▪ Bimensuel.

SÉMINAIRE ▪ ***I. Au pr. :*** alumnat, communauté, école, institut. ***II. Par ext.*** **1.** Pépinière. **2.** Colloque, congrès, cours, groupe de recherche, réunion, symposium, table ronde.

SEMIS ▪ ***I.*** Emblavure. ***II.*** Ensemencement, semailles.

SEMONCE ▪ Admonestation, blâme, censure, critique, engueulade (fam.), improbation, mercuriale, objurgation, observation, plainte, remarque, remontrance, réprimande, reproche, réquisitoire, vitupération.

SEMONCER ▪ ⇒ **réprimander.**

SEMPITERNEL, ELLE ▪ ***I. Favorable ou neutre :*** constant, continuel, durable, éternel, immémorial, immortel, immuable, impérissable, imprescriptible, inaltérable, incessant, indéfectible, indéfini, indestructible, infini, interminable, perdurable, pérenne, perpétuel. ***II. Non favorable :*** assommant, casse-pieds (fam.), contrariant, cramponnant, désagréable, embêtant (fam.), ennuyeux, fastidieux, fatigant, insupportable, mortel, pénible, pesant, rasant (fam.), rebutant, redondant, triste.

SÉNAT ▪ Assemblée, chambre, conseil, curie.

SÉNATEUR ▪ Pair, père conscrit.

SÉNESCENCE ▪ ***I. Neutre :*** abaissement, affaiblissement, sénilité, troisième âge, vieillesse, vieillissement. ***II. Non favorable :*** caducité, décadence, déchéance, déclin, décrépitude, gâtisme, gérondisme, radotage, retour à l'enfance, ruine, sénilisme.

SÉNILE ▪ Affaibli, âgé, bas, caduc, déchu, décrépit, en enfance, fatigué, gaga (fam.), gâteux, impotent, usé, vieux.

SÉNILITÉ ▪ ⇒ **senescence.**

SENS ▪ ***I. Phys.*** **1. Au pr. :** audition, faculté, goût, odorat, ouïe, tact, toucher, vue. **2. Par ext. :** amour, ardeur, chaleur, chair, concupiscence, instinct, jouissance, lasciveté, lascivité, libido, plaisir, sensualité, sybaritisme, volupté. ***II.*** Acception, caractère, clef, côté, esprit, face, lettre, portée, signification, signifié, valeur. ***III.*** Avis, gré, jugement, manière de penser/de voir, opinion, point de vue, sentiment. ***IV.*** Aptitude, compréhension, discernement, entendement, faculté, jugement, jugeote (fam.), mesure, raison, sagesse. ***V.*** But, chemin, côté, destination, direction, ligne, orientation, route. ***VI. Loc.*** **1. Bon sens :** bon goût, entendement, juste milieu, philosophie, raison, sagesse, sens commun. **2. De sens rassis :** calme, délibéré, de sang-froid, la tête froide, pondéré, posé, sage.

SENSATION ▪ ***I. Au pr. :*** avant-goût, émoi, émotion, excitation, impression, intuition, perception, sens, sentiment. ***II. Par ext. :*** admiration, effet, étonnement, merveille, surprise.

SENSATIONNEL, ELLE ■ ***I. Favorable ou neutre :*** admirable, beau, confondant, curieux, drôle, ébahissant, ébaubissant (vx), éblouissant, écrasant, effarant, énorme, épatant, époustouflant, étourdissant, exceptionnel, excitant, extraordinaire, fantastique, faramineux, formidable, fracassant, frappant, génial, gigantesque, grand, impressionnant, imprévu, inattendu, incomparable, inconcevable, incroyable, inédit, inhabituel, inopiné, inouï, insolite, inusité, magique, magnifique, merveilleux, miraculeux, mirifique, mirobolant, original, parfait, particulier, passionnant, phénoménal, prodigieux, pyramidal, rare, renversant, saisissant, singulier, spécial, splendide, stupéfiant, sublime, superbe, surprenant, troublant. **Fam. :** ébesillant, ébouriffant, foutral, fumant, maxi, sensas, super, transpoil, vachement *et un adj. valorisant.* ***II. Non favorable :*** abracadabrant, ahurissant, anormal, bizarre, déconcertant, épouvantable, explosif, invraisemblable, monstrueux.

SENSÉ, E ■ ***I.*** ⇒ **intelligent.** ***II.*** ⇒ **raisonnable.**

SENSIBILITÉ ■ ***I. Au pr.*** 1. Excitabilité, hyperesthésie (méd.), impression, réceptivité, sensation. 2. Affectivité, amour, attendrissement, cœur, compassion, émotion, émotivité, humanité, pitié, sensiblerie (péj.), sentiment, sentimentalité, sympathie, tendresse. ***II. Par ext. :*** amabilité, attention, bon goût, courtoisie, délicatesse, discrétion, élégance, finesse, gentillesse, obligeance, soin, tact, tendresse.

SENSIBLE ■ ***I. Quelque chose.*** **1. Au pr. :** sensitif, sensoriel. **2. Par ext. :** apparent, appréciable, charnel, clair, contingent, distinct, évident, important, matériel, notable, palpable, perceptible, phénoménal, tangible, visible. ***II. Quelqu'un.*** **1. Au pr. :** émotif, fin, hypersensible, impressionnable, intuitif, romanesque, romantique, sensitif, sensitive, sentimental, tendre. 2. Délicat, douillet, fragile, vulnérable. 3. Accessible, aimable, aimant, altruiste, bon, charitable, compatissant, généreux, humain, réceptif, tendre. 4. Braque, chatouilleux, nerveux, susceptible, vif.

SENSUALITÉ ■ Bien-être, chair, concupiscence, contentement, délectation, délices, désir, ébats, érotisme, épicurisme, félicité, hédonisme, jouissance, lasciveté, lascivité, libertinage, libido, lubricité (péj.), luxure (péj.), plaisir, satisfaction, sybaritisme, tempérament. ⇒ **volupté.**

SENSUEL, ELLE ■ ***I. Favorable ou neutre :*** amoureux, charnel, concupiscent, épicurien, érotique, lascif, léger, leste, libertin, paillard, polisson, sybarite, voluptueux. ***II. Non favorable :*** animal, débauché, immodeste, impudique, impur, indécent, libidineux, licencieux, lubrique, luxurieux, matériel, obscène, salace.

SENTE ■ ⇒ **sentier.**

SENTENCE ■ ***I.*** Adage, aphorisme, apophtegme, axiome, devise, dicton, dit, esquisse, maxime, mot, parole, pensée, propos, proverbe, remarque, vérité. ***II.*** Arrêt, condamnation, décision, décret, jugement, ordalie (vx), ordonnance, verdict.

SENTENCIEUX, EUSE ■ ***I. Au pr. :*** gnomique. ***II. Par ext. :*** affecté, cérémonieux, dogmatique, emphatique, grave, maniéré, pompeux, pompier (fam.), prudhommesque, révérencieux, solennel.

SENTEUR ■ ***I. Favorable ou neutre :*** arôme, bouquet, effluve, émanation, exhalaison, fragrance, fumet, odeur, parfum, trace, vent (vén.). ***II. Non favorable :*** empyreume, fétidité, infection, mauvaise odeur, odeur fétide/infecte/repoussante, pestilence, puanteur, relent, remugle.

SENTI, E ■ ⇒ **sincère.**

SENTIER ■ Cavée, chemin, baie,

draille, layon, lé, passage, piste, raccourci, raidillon, sente, tortille.

SENTIMENT ▪ ***I. Au pr.*** : avant-goût, connaissance, émoi, émotion, impression, intuition, perception, sens, sensation. ***II. Par ext.*** **1.** Avis, gré, idée, jugement, opinion, pensée, point de vue. **2.** Affection, affectivité, amour, attachement, cœur, disposition, inclination, passion, tendance. ⇒ **sensibilité.**

SENTIMENTAL, E ▪ ⇒ **sensible.**

SENTIMENTALISME, SENTIMENTALITÉ ▪ ⇒ **sensibilité.**

SENTINE ▪ ***I. Au pr.*** : bourbier, charnier, cloaque, décharge, égout, fagne (rég.), margouillis, voirie. ⇒ **water-closet.** ***II. Par ext.*** **1.** ⇒ **abjection. 2.** ⇒ **bas-fond.**

SENTINELLE ▪ Épieur, factionnaire, garde, gardien, guetteur, veilleur, vigie.

SENTIR ▪ ***I. Au pr.*** **1. On sent quelque chose** : éventer, flairer, halener (vx ou vén.), humer, odorer (vx), percevoir, renifler, respirer, subodorer. **2. Quelque chose sent** : embaumer, exhaler, fleurer, musser (fam.), odorer. **3. Non favorable** : empester, empoisonner, empuantir, exhaler/répandre une odeur désagréable/fétide/nauséabonde/répugnante, prendre à la gorge, puer. **4. Arg.** : chlinguer, chlipoter chocotter, cocoter, cogner, coincer, écarter du fusil, fouetter, fouilloter, gazouiller, gogoter, plomber, refouler (du goulot), renifler, repousser, rougnoter, schlinguer, schmecter, taper, trouilloter, tuer les mouches. ***II. Par ext.*** **1.** Comprendre, connaître, découvrir, deviner discerner, pénétrer, pressentir, prévoir. **2.** Blairer, éprouver, recevoir, ressentir. ***III. V. pron.*** **1.** Se trouver. **2.** *Les formes pron. possibles des syn. de* SENTIR.

SÉPARATION ▪ ***I. Au pr.*** **1. De quelque chose** : décollement, démarcation, démembrement, départ, désaccouplement, désagrégation, désunion, détachement, dichotomie, différence, disjonction, dislocation, dispersion, distinction, distraction, division, fragmentation, morcellement, perte, rupture, sectionnement. **2. De quelqu'un ou d'un groupe** : abandon, coupure, dissidence, divorce, éloignement, exil, indépendance, ostracisme (péj.), schisme, scission, sécession, séparatisme. ***II. Par ext.*** **1.** Abîme, barrière, borne, cloison, coupure, fossé, limite, mur, palis, palissade. ⇒ **fosse. 2.** Cloisonnement, différenciation, discrimination, isolation, isolement, ségrégation. **3.** Claustra, galandage. ***III. Loc.*** **Séparation de corps** ⇒ **divorce.**

SÉPARATISME ▪ Apartheid, autonomie, dissidence, indépendance, particularisme, sécession.

SÉPARÉ, E ▪ ***I.*** Autre, contraire, différent, dissemblable, distinct, divergent, divers, hérétique, hétérogène, opposé, schismatique. ***II.*** Cloisonné, clôturé, compartimenté, divisé, partagé, sectionné, ségrégé.

SÉPARÉMENT ▪ À part, de côté, l'un après l'autre, un à un, un par un.

SÉPARER ▪ ***I. Au pr.*** : abstraire, analyser, arracher, casser, classer, cloisonner, compartimenter, couper, cribler, débrouiller, décoller, décomposer, dégager, démarier, démêler, démembrer, dénouer, déparier, départager, départir, déprendre, désaccoupler, désagréger, désunir, détacher, différencier, discerner, discriminer, disjoindre, dissocier, dissoudre, distinguer, écarter, éloigner, enlever, espacer, faire le départ, fendre, fragmenter, isoler, monder, morceler, ôter, partager, ramifier, ranger, rompre, scier, scinder, sectionner, trancher, trier. ***II. Par ext.*** : brouiller, creuser un abîme, désunir, diviser, éloigner, faire obstacle. ***III. V. pron.*** : abandonner, casser, se désolidariser, divorcer, partir, quitter, reprendre sa liberté, *et les formes pron. possibles des syn. de* SÉPARER.

SEPTENTRIONAL, E ▪ Arctique, boréal, du nord, hyperboréen, nordique, polaire.

SÉPULCRAL, E ▪ ***I. Par ext. :*** ennuyeux, funèbre, lugubre, mélancolique, maussade, morne, morose, obscur, sinistre, sombre. ⇒ **triste.** ***II. Fig. :*** amorti, assourdi, caverneux, étouffé, mat, sourd, voilé.

SÉPULCRE ▪ ⇒ **tombe.**

SÉPULTURE ▪ ***I.*** ⇒ **enterrement.** ***II.*** ⇒ **tombe.**

SÉQUELLE ▪ ⇒ **suite.**

SÉQUENCE ▪ ***I.*** ⇒ **suite.** ***II.*** ⇒ **scène.**

SÉQUESTRATION ▪ ***I.*** ⇒ **emprisonnement.** ***II.*** ⇒ **saisie.**

SÉQUESTRE ▪ ⇒ **dépôt.**

SÉQUESTRER ▪ ⇒ **enfermer.**

SÉRAIL ▪ ⇒ **gynécée.**

SEREIN, E ▪ adj. ⇒ **tranquille.**

SEREIN ▪ n. m ⇒ **vapeur.**

SÉRÉNADE ▪ ***I.*** ⇒ **concert.** ***II.*** ⇒ **tapage.**

SÉRÉNITÉ ▪ ⇒ **tranquillité.**

SERF ▪ ⇒ **esclave.**

SERGENT DE VILLE ▪ ⇒ **agent.**

SÉRIE ▪ ⇒ **suite.**

SÉRIER ▪ ⇒ **ranger.**

SÉRIEUSEMENT ▪ Beaucoup, dangereusement, dur, gravement, tout de bon, *et les adv. en -ment formés à partir des syn. de* SÉRIEUX.

SÉRIEUX, EUSE ▪ adj. ***I. Quelqu'un :*** appliqué, austère, bon, calme, digne, froid, grave, important, pondéré, posé, raisonnable, rangé, rassis, réfléchi, réservé, respectable, sage, sévère, soigneux, solennel, solide, sûr, valable. ***II. Quelque chose.*** 1. Convenable, positif, réel. 2. Conflictuel, critique, dangereux, désespéré, dramatique, grave, important, inquiétant. 3. ⇒ **vrai.**

SÉRIEUX ▪ n. m. Application, conviction, gravité, pondération.

SERIN ▪ ***I. Au pr. :*** canari, passereau. ***II. Fig. :*** niais, nigaud, sot. ⇒ **bête.**

SERINER ▪ Bourdonner, chanter, itérer (vx), rabâcher, radoter, rebattre les oreilles, redire, réitérer, répéter, ressasser.

SERINGUE ▪ Clystère (vx), shooteuse (arg.).

SERMENT ▪ ***I.*** Caution, engagement, jurement, parole donnée, obligation, promesse, protestation, vœu. ***II. Vx :*** imprécation, juron.

SERMON ▪ ***I. Au pr. :*** capucinade (péj.), homélie, instruction, prêche, prédication, prône. ***II. Par ext.*** 1. Catéchisme, discours, enseignement, exhortation, harangue, leçon, morale, propos. 2. Chapitre, mercuriale, remontrance, réprimande, reproche, semonce.

SERMONNAIRE ▪ Apôtre, doctrinaire, missionnaire, orateur sacré, prêcheur, prédicant, prédicateur, prosélyte.

SERMONNER ▪ ***I. Au pr. :*** admonester, avertir, blâmer, catéchiser, chapitrer, condamner, corriger, critiquer dire son fait, faire/infliger une réprimande *et les syn. de* RÉPRIMANDE, fustiger, gourmander, gronder, haranguer, houspiller moraliser, morigéner, quereller, redresser, relever, reprendre, réprimander, semoncer, tancer. ***II. Arg. ou fam. :*** arranger, attraper, chanter pouilles, crier, disputer, donner/passer une danse/un galop/un savon, donner sur les doigts/sur les ongles, emballer, engueuler, enguirlander, faire la fête/la guerre à, laver la tête, moucher, passer un savon, remettre à sa place/au pas, sabouler, savonner, secouer, secouer les puces, sonner les cloches, tirer les oreilles.

SERMONNEUR, EUSE ▪ Harangueur, gourmandeur, grondeur, moralisateur.

SERPE ▪ Ébranchoir, échardonnette, échardonnoir, fauchard, fauchette, faucille, faucillon, gouet, guignette, hachette, serpette, vouge.

SERPENT ▪ ***I.*** Ophidien, serpenteau. ⇒ **boa, couleuvre, vipère.** ***II.*** Cobra, crotale, élaps, haje, naja, nasique, pélamyde, trigonocéphale. ***III. Par ext. :*** guivre (blas.), tarasque. ⇒ **reptile.**

SERPENTER ▪ Se dérouler, glisser, s'insinuer, onduler, sinuer, tourner, virer, zigzaguer.

SERPENTIN, INE ▪ Anfractueux, courbe, flexueux, ondoyant, ondulé, onduleux, sinueux, tortueux.

SERPILLIÈRE ▪ Chiffon, toile, torchon, wassingue.

SERPOLET ▪ Farigoule, pouliot, thym bâtard/sauvage.

SERRE ▪ ***I.*** Forcerie, jardin d'hiver, orangerie. ***II.*** Ergot, griffe, main (vén.), ongle, patte.

SERRÉ, E ▪ ***I.*** ⇒ **boudiné, court.** ***II.*** ⇒ **logique.** ***III.*** ⇒ **avare.**

SERRER ▪ ***I.*** Accoler, appuyer, comprimer, embrasser, empoigner, enlacer, entrelacer, épreindre (vx), étouffer, étrangler, étreindre, froisser, oppresser. ⇒ **presser.** ***II.*** Ajuster, attacher, bander, bloquer, boucler, boudiner, brider, caler, carguer (mar.), coincer, contracter, contraindre, corseter, crisper, emmailloter, entourer, épouser, gainer, galber, gêner, lacer, mouler, pincer, resserrer, sangler. ⇒ **rapprocher.** ***III.*** Embrasser. ⇒ **caresser.** ***IV.*** ⇒ **enfermer.** ***V.*** ⇒ **économiser.** ***VI.*** ⇒ **ranger.** ***VII. Loc.*** **Serrer de près** ⇒ **poursuivre.** ***VIII. V. pron. :*** se blottir, se coller, s'entasser, se masser, se pelotonner, se tasser, *et les formes pron. possibles des syn. de* SERRER.

SERRURE ▪ Cadenas, fermeture, sûreté, verrou. ⇒ **loquet.**

SERTIR ▪ Assembler, chatonner, emboîter, encadrer, encastrer, enchâsser, enchatonner, fixer, insérer, intercaler, monter.

SÉRUM ▪ Plasma, vaccin. ***De vérité :*** penthotal.

SERVAGE ▪ ⇒ **servitude.**

SERVANTE ▪ Bonne, bonne à tout faire, camérière, caméristе, cendrillon (fam.), chambrière, demoiselle, domestique, employée de maison, femme, femme de chambre/de charge/de ménage/de peine, femme/fille de ferme/de journée/de salle/de service, gouvernante, ménagère (vx), odalisque (iron.), serveuse, soubrette, suivante (vx). ***Péj. :*** boniche, goton, gouge (vx), maritorne, souillon, torchon.

SERVEUR, EUSE ▪ ***I.*** Barmaid, barman, garçon, groom (par ext.), loufiat (arg.), stewart. ***II.*** ⇒ **serviteur.** ***III.*** ⇒ **servante.**

SERVIABLE ▪ Aimable, attentionné, bienveillant, bon, brave, charitable, civil (vx), complaisant, déférent, empressé, galant, obligeant, officieux, poli, prévenant.

SERVICE ▪ ***I.*** Cérémonie, culte, funérailles, liturgie, messe, office. ***II.*** ⇒ **servante.** ***III.*** ⇒ **serviteur.** ***IV.*** Amabilité, aide, amitié, appui, assistance, avance, bénéfice, bien, bienfait, bon office, charité, complaisance, concours, conseil, contribution, coopération, coup de main/d'épaule/de pouce, dépannage, encouragement, entraide, faveur, grâce, intervention, main-forte, obligeance, office, participation, patronage, piston (fam.), plaisir, prêt, prêt d'honneur, protection, renfort, rescousse, secours, soin, soulagement, soutien, subside, subvention, utilité. ***V.*** Pièce, pourboire. ***VI.*** Administration, bureau, département, direction, office, organe, organisation, organisme, permanence, secrétariat. ***VII. Loc.*** **1. Faire son service** : être appelé sous les drapeaux/incorporé, obligation militaire, période, régiment. **2. Être de service** : être de corvée/de faction/en fontions/de garde/de quart/de surveillance.

SERVIETTE ▪ ***I.*** Débarbouillette (rég.), essuie-mains, sortie de bain. ***II.*** Cartable, porte-documents, portefeuille.

SERVILE ▪ Ardélion (vx), bas, caudataire, complaisant, courtisan, flagorneur, flatteur, godillot, humble, larbin, lèche-bottes (fam.), lèche-cul (grossier), lécheur (fam.), obséquieux, patelin, pied-plat, plat, rampant, thuriféraire.

SERVILITÉ ▪ Bassesse, cabriole, complaisance, courbette, courtisanerie, flagornerie, flatterie, génuflexion, humilité, lèche (fam.), obséquiosité, patelinage, patelinerie, platitude, prosternation, reptation, servilisme, valetage.

SERVIR ▪ ***I. On sert quelqu'un ou à quelque chose.*** **1.** Agir, aider, appuyer, assister, avantager, collaborer, concourir à, conforter, contribuer à, dépanner, donner, donner un coup de main/de piston (fam.)/de pouce, donner la main à, s'entraider, épauler, faciliter, faire pour, favoriser, jouer le jeu de, lancer, mettre dans la voie/le pied à l'étrier (fam.), obliger, offrir, partager, participer, patronner, permettre, pousser, prêter la main/mainforte, protéger, réconforter, rendre service, seconder, secourir, soulager, soutenir, subventionner, tendre la main à, venir à l'aide/à la rescousse/au secours. **2.** Se dévouer à, s'inféoder à, obéir, se soumettre à, suivre. ***II. Quelque chose ou quelqu'un sert de :*** équivaloir, relayer, remplacer, remplir la fonction/le rôle, représenter, se substituer à, tenir la place. ***III. Vétér. :*** couvrir, monter, saillir. ***IV. Vén. :*** mettre à mort, tirer, tuer.

SERVITEUR ▪ ***I. Au pr. :*** chasseur, chauffeur, cocher, cuisinier, domesticité, domestique, employé/gens de maison, extra, factoton, factotum, fidèle (fam.), gagiste, galuchet (péj.), gens (vx), grison (vx), homme de peine, jardinier, journalier, laquais, larbin (péj.), loufiat (arg.), maison, maître d'hôtel, majordome, monde, personnel, portier, service, sommelier, valet, valet de chambre/de pied. ***II. Fig.*** **1. Neutre** : avocat, ministre, prêtre, religieux. **2. Non favorable** : satellite, séide, suppôt.

SERVITUDE ▪ ***I.*** Abaissement, allégeance, asservissement, assujettissement, contrainte, dépendance, esclavage, ilotisme, inféodation, infériorité, obédience, obéissance, obligation, servage, soumission, subordination, sujétion, tyrannie. ***II.*** Bagne, cage, carcan, chaîne, collier, entrave, fers, joug, lien.

SESSION ▪ Assise, audience, congrès, débat, délibération, réunion, séance, séminaire, symposium, vacation.

SET ▪ ***I. Tennis :*** manche. ***II.*** Dessous (d'assiettes), napperon.

SEUIL ▪ ***I. Au pr. :*** bord, entrée, pas, passage. ***II. Fig. :*** adolescence, alpha, amorce, apparition, arrivée, aube, aurore, avènement, balbutiement, berceau, commencement, début, déclenchement, départ, ébauche, embryon, enfance, esquisse, exorde, fleur, fondement, liminaire, matin, naissance, orée, origine, point initial, préambule, préface, préliminaires, premier pas, prémices, prémisse, primeur, principe, prologue, racine, rudiment, source, tête.

SEUL, E ▪ ***I. Au pr. :*** distinct, esseulé, indépendant, isolé, seulet (fam.), singulier, solitaire, un, unique. ***II. Par ext.*** **1.** Abandonné, délaissé, dépareillé, dernier. **2.** Sec, simple. **3.** Célibataire, orphelin, veuf, veuve, vieille fille, vieux garçon. **4.** Désert, retiré, sauvage.

SEULEMENT ■ ***I.*** Exclusivement, simplement, uniquement. ***II.*** Cependant, mais, malheureusement, néanmoins, toutefois.

SÈVE ■ ***I. Au pr. :*** pleur (rég.). ***II. Fig. :*** activité, dynamisme, énergie, fermeté, force, puissance, robustesse, sang, verdeur, vie, vigueur.

SÉVÈRE ■ ***I. Au pr.*** **1. Autoritaire**, difficile, draconien, dur, étroit, exigeant, impitoyable, implacable, inexorable, inflexible, insensible, intransigeant, rigide, rigoureux, strict. **2.** Aigre, amer, âpre, austère, bourru, brutal, cinglant, cruel, froid, rabat-joie, raide, sourcilleux, triste, vache (fam.). ***II. Par ext. (quelque chose).*** **1. Neutre** : aride, classique, dépouillé, fruste, simple, sobre. **2. Non favorable** : chaud, grave, salé (fam.).

SÉVÉRITÉ ■ ***I. Au pr. :*** âpreté, austérité, autorité, dureté, étroitesse, exigence, inflexibilité, intransigeance, rigidité, rigueur. ***II. Par ext.*** **1.** Âpreté, austérité, brutalité, cruauté, froideur, gravité, insensibilité, raideur, rudesse, tristesse, vacherie (fam.). **2.** Aridité, classicisme, dépouillement, simplicité, sobriété.

SÉVICES ■ Blessure, brutalité, coup, coups et blessures, dol (vx), dommage, viol, violence.

SÉVIR ■ ***I.*** Battre, châtier, condamner, corriger, faire payer, flétrir, frapper, infliger une peine/une sanction/punir, réprimer, sanctionner. ***II. Arg.*** **1. Scol.** : coller, consigner, mettre en colle. **2. Milit.** : ficher/foutre/mettre dedans/ la paille au cul. ***III.*** Faire rage. ⇒ **agir.**

SEVRER ■ ***I. Au pr. :*** enlever, ôter, séparer. ***II. Par ext. :*** appauvrir, démunir, déposséder, dépouiller, déshériter, empêcher, frustrer, interdire, ravir, spolier, voler.

SEX-APPEAL ■ ⇒ **Charme.**

SEXE ■ ***I.*** Entrecuisse, organes de la reproduction/génitaux/sexuels, parties honteuses (vx)/intimes/nobles/secrètes (vx), pudenda (méd. et vx). ***II. Mâle.*** **1.** Membre viril, pénis, verge, virilité. **2. Partic.** : ithyphalle, lingam, phallus, priape. **3. Enf.** : bébête, petit oiseau, pipi, quéquette, zézette, zizi, ziozio, zoizo. **4. Arg. et grossier** : Affaires personnelles, agace-cul, andouille-à-col-roulé, anguille, arbalète, arc, asperge, baguette, baigneur, balayette, bazar, bigoudi, bijou-de-famille, biniou, biroute, biscuit, bite, borgne, botte, bourre, bout, boute-joie, boutique, braque, braquemart, broquette, burette, callibistri (vx), canari, canette, canne-à-papa, carabine, carotte, Charles-le-Chauve, cheville, chibre, chinois, chipolata, chopine, chopotte, cigare, clarinette, coco, coquette, coquin-ravageur, cornemuse, créateur, dague, dard, dardillon, défonceuse, écouvillon, épinette, fifre, flageolet, flèche, flûte, foutoir (vx), frérot, frétillante, gaillarde, gaule, gland, goujon, goupillon, gourdin, guise, guiseau, histoire, lame, lavette, lézard, lime, macaron, manche, marsouin, moineau, Mont-Chauve, morceau, nœud, organe, os, os-à-moelle, outil, pain-au-lait, paf, panet, panoplie, paquet, petit-frère/jésus, pine, pipe, piquet, pistolet, plantoir, pointe, poireau, poisson rouge, polar, popol, précieuse, queue, quille, rat-sans-pattes, ravissante, rossignol, saint-frusquin, saucisse, service-trois-pièces, tête-chercheuse, thermomètre-à-moustaches / perruque, tige, tringle, trique, tromblon, trombone, trompe, trompette, truite, turlututu, vier, vit, zibar, zigomar, zob, zobi, *et tout être ou objet oblong ou fusiforme pénétrant et/ou contondant ayant valeur suggestive quant au terme de référence.* ***III. Femelle :*** clitoris, grandes/petites lèvres, mont-de-Vénus, nymphes, pubis, vagin. ⇒ **vulve.**

SEXISME ■ Machisme, phallocentrisme, phallocratie.

SEXISTE ▪ Macho, phallo, phallocrate.

SEXUALITÉ ▪ Appétit/instinct sexuel, érotisme, génitalité, libido, reproduction, vie sexuelle. ⇒ **volupté.**

SEXUEL, ELLE ▪ Charnel, érotique, génital, physique, vénérien (méd.).

SEYANT, E ▪ Adapté, ad hoc, approprié, à propos, assorti, avantageux, beau, bien, bienséant, comme il faut, compatible, conforme, congru, convenable, convenant, correct, décent, de saison, digne, expédient, fait exprès, honnête, idoine, juste, opportun, pertinent, présentable, propice, proportionné, propre, raisonnable, satisfaisant, séant, sortable, topique, utile.

SIBÉRIEN, ENNE ▪ Boréal, froid, glacial, rigoureux.

SIBILANT, E ▪ ⇒ **sifflant.**

SIBYLLE ▪ Alcine, armide, circé, devineresse, prophétesse, pythie. ⇒ **magicienne.**

SIBYLLIN, E ▪ ***I. Au pr. :*** abscons, cabalistique, caché, énigmatique, ésotérique, hermétique, impénétrable, inspiré, mystérieux, obscur, prophétique, secret, visionnaire, voilé. ***II. Par ext. :*** abstrus, amphigourique, apocalyptique, brumeux, complexe, compliqué, confus, difficile, diffus, douteux, emberlificoté (fam.), embrouillé, enchevêtré, en jus de boudin (fam.), entortillé, enveloppé, équivoque, filandreux, flou, fumeux, incompréhensible, inexplicable, inextricable, inintelligible, insaisissable, nébuleux, nuageux, touffu, trouble, vague, vaseux (fam.).

SICAIRE ▪ ⇒ **tueur.**

SICCITÉ ▪ Aridité, maigreur, pauvreté, sécheresse, stérilité.

SIDÉRAL, E ▪ Astral, astronomique, cosmographique.

SIDÉRÉ, E ▪ Abasourdi, abruti, accablé, anéanti, baba (fam.), choqué, coi, consterné, ébahi, ébaubi, éberlué, estomaqué (fam.), étonné, étourdi, foudroyé, hébété, immobile, interloqué, médusé, stupéfait, traumatisé.

SIDÉRURGIE ▪ Aciérie, forge, haut fourneau, métallurgie.

SIÈCLE ▪ Âge, ans, cycle, durée, époque, ère, étape, jours, moment, période, saison, temps.

SIÈGE ▪ ***I. Au pr. :*** banc, banquette, berceuse, bergère, boudeuse, causeuse, chaire, chaise, chaise curule, coin-de-feu, divan, escabeau, escabelle, faldistoire (liturg.), fauteuil, miséricorde, pliant, pouf, prie-Dieu, récamier, sedia, sedia gestatoria (liturg.), selle, sellette, sofa, stalle, strapontin, tabouret, trépied, trône, vis-à-vis. ⇒ **canapé.** ***II. Par ext.*** **1.** Blocus, encerclement, investissement. **2.** Administration centrale, direction, quartier général, résidence, secrétariat général. **3.** ⇒ **derrière.**

SIÉGER ▪ ***I.*** Demeurer, gésir (vx), gîter, habiter, résider. ***II.*** Occuper la place d'honneur, présider.

SIENS (LES) ▪ ***I.*** ⇒ **famille.** ***II.*** ⇒ **partisan.**

SIESTE ▪ ***I.*** Assoupissement, méridienne, repos, somme, sommeil. ***II. Fam :*** bulle, dodo, ronflette, roupillette, roupillon.

SIFFLANT ▪ Aigre, aigu, bruissant, chuintant, éclatant, perçant, sibilant, strident, striduleux.

SIFFLEMENT ▪ Bruissement, chuintement, cornement, sibilance, sifflet, stridulation.

SIFFLER ▪ ***Par ext.*** **1.** Chanter, pépier. **2.** Conspuer, honnir, houspiller, huer. **3.** Seriner, siffloter. **4.** Appeler, héler, hucher. **5.** Corner, striduler.

SIFFLET ▪ Appeau, huchet, pipeau, serinette, signal.

SIGISBÉE ▪ ⇒ **cavalier.**

SIGNAL, AUX ■ ⇒ **signe.**

SIGNALÉ, E ■ Brillant, considérable, distingué, éclatant, émérite, épatant (fam.), étonnant, extraordinaire, formidable, frappant, glorieux, important, insigne, marquant, marqué, mémorable, notable, parfait, particulier, rare, remarquable, saillant, saisissant, supérieur.

SIGNALEMENT ■ ***I.*** Fiche anthropométrique/signalétique, portrait-robot. ***II.*** Balisage, éclairage, sémaphore, signal, signalisation.

SIGNALER ■ ***I. Au pr. :*** alerter, annoncer, avertir, citer, déceler, décrire, faire connaître/savoir, fixer, indiquer, marquer, mentionner, montrer, signaliser, tracer le détail/le portrait. ***II. Par ext. :*** affirmer, apprendre, assurer, certifier, communiquer, confier, déclarer, découvrir, dénoncer, déposer, désigner, dévoiler, dire, énoncer, énumérer, enseigner, exposer, exprimer, faire état de, informer, manifester, nommer, notifier, porter à la connaissance, proclamer, publier, révéler, souligner, témoigner. ***III. V. pron. :*** différer, se distinguer, émerger, faire figure, se faire remarquer/voir, s'illustrer, se montrer, paraître, se particulariser, percer, se singulariser, *et les formes pron. possibles des syn. de* SIGNALER.

SIGNALISATION ■ Fléchage, indications.

SIGNALISER ■ ⇒ **signaler.**

SIGNATURE ■ Contreseing, émargement, endos, endossement, griffe, monogramme, paraphe, seing (vx), souscription, visa.

SIGNE ■ ***I.*** Annonce, augure, auspice, avant-coureur, avertissement, miracle, présage, prodige, promesse, pronostic. ***II.*** Alerte, appel, clignement/clin d'œil, geste, message, signal. ***III.*** Expression, manifestation, symptôme. ***IV.*** Attribut, caractère, caractéristique, idiosyncrasie, trait. ***V.*** Chiffre, emblème, figure, image, insigne, notation, représentation, symbole. ***VI.*** Critère, critérium, empreinte, indication, indice, marque, pas, piste, preuve, reste, stigmate, tache, témoignage, vestige. ***VII.*** Abréviation, cryptogramme, sigle.

SIGNER ■ Accepter, apposer sa griffe/sa signature, approuver, certifier, conclure, contresigner, émarger, marquer, parapher, souscrire, viser.

SIGNET ■ Marque, ruban.

SIGNIFICATIF, IVE ■ Caractéristique, clair, éloquent, expressif, formel, incontestable, manifeste, marquant, net, notoire, parlant, révélateur, signifiant, typique.

SIGNIFICATION ■ ***I.*** ⇒ **notification.** ***II.*** ⇒ **sens.**

SIGNIFIER ■ ***I.*** Dénoter, désigner, dire, énoncer, enseigner, expliquer, exposer, exprimer, extérioriser, faire connaître/entendre/savoir, figurer, manifester, marquer, montrer, peindre, préciser, rendre, rendre compte, représenter, signaler, spécifier, témoigner, tracer, traduire, vouloir dire. ***II.*** Annoncer, aviser, citer, communiquer, déclarer, dénoncer, informer, intimer, mander, notifier, ordonner, rendre compte, transmettre.

SILENCE ■ ***I.*** Arrêt, calme, interruption, paix, pause, temps, tranquillité. ***II.*** Black-out, mutisme, mystère, réticence, secret. ***III. Fam. :*** chut, la ferme, motus, paix, ta bouche, ta gueule (grossier), vingt-deux.

SILENCIEUX, EUSE ■ ***I. Quelqu'un.*** **1. Au pr. :** aphone, coi, court, muet. **2. Par ext. :** calme, discret, morne, placide, posé, réservé, réticent, sage, secret, taciturne, taiseux (rég.), tranquille. ***II. Un lieu :*** endormi, feutré, mort, ouaté, reposant.

SILEX ■ ⇒ **pierre.**

SILHOUETTE ■ Allure, aspect,

contour, forme, galbe, ligne, ombre, port, profil, tracé.

SILLAGE ■ Houache (mar.), passage, sillon, vestige. ⇒ **trace.**

SILLON ■ ***I. Au pr. :*** billon, raie, rayon, rigole. ***II. Par ext.*** **1.** Fente, fissure, pli, rainure, ride, scissure, strie. **2.** ⇒ **sillage.**

SILLONNER ■ ***I.*** Battre, circuler, courir, couvrir, naviguer, parcourir, traverser. ***II.*** Labourer, rayer, rider.

SILO ■ Cluseau, dock, élévateur, fosse, grenier, magasin, réservoir.

SIMAGRÉE ■ Affectation, agacerie, caprice, chichi, coquetterie, enfantillage, façon, grâces, grimace, hypocrisie, manière, mignardise, minauderie, mine, momerie, singerie.

SIMILAIRE ■ Analogue, approchant, approximatif, assimilable, comparable, conforme, équivalent, homogène, pareil, ressemblant, semblable, synonyme.

SIMILITUDE ■ Accord, affinité, analogie, association, communauté, concordance, conformité, convenance, contiguïté, corrélation, correspondance, équivalence, harmonie, homologie, homothétie, identité, lien, parenté, parité, relation, ressemblance, synonymie, voisinage. ⇒ **rapprochement.**

SIMOUN ■ Chamsin, chergui, sirocco, tempête, vent chaud, vent de sable.

SIMPLE ■ ***I. Quelqu'un.*** **1. Favorable ou neutre** : aisé, à l'aise, bon, bonhomme, brave, candide, confiant, décontracté, droit, enfantin, facile, familier, franc, humble, ingénu, innocent, modeste, naïf, naturel, pur, relax (fam.), réservé, sans façon. **2. Non favorable** : bonasse, brut, crédule, fada (fam.), faible, gille, grossier, idiot, inculte, jobard, niais, nicaise (vx), nice (vx), nicodème, pauvre d'esprit, primaire, primitif, rudimentaire, rustique, simple d'esprit, simplet, simpliste, sommaire, stupide, superstitieux. ⇒ **bête.** ***II. Quelque chose.*** **1. Neutre** : abrégé, ascétique, austère, court, dépouillé, élémentaire, incomplexe, indécomposable, indivisible, irréductible, ordinaire, seul, sévère, un, uni, unique. **2. Favorable** : agreste, beau, clair, classique, commode, compréhensible, dépouillé, facile, frugal, harmonieux, limpide, patriarcal, sobre, tempéré. **3. Non favorable** : embryonnaire, insuffisant, nu, pauvre, sec, sommaire. ***III. Nom masc. :*** aromate, herbe médicinale, plante.

SIMPLEMENT ■ À la bonne franquette, nûment, sans affectation/cérémonies / complications / façons / manières, tout de go, *et les adv. en -ment formés à partir des syn. de* SIMPLE.

SIMPLICITÉ ■ ***I. Favorable ou neutre :*** abandon, bonhomie, candeur, confiance, droiture, élégance, facilité, familiarité, franchise, ingénuité, innocence, modestie, naïveté, naturel, pureté, simplesse. ***II. Non favorable :*** crédulité, jobarderie, niaiserie, superstition. ⇒ **bêtise.** ***III. Par ext.*** **1. Neutre** : austérité, dépouillement, économie, humilité, rusticité, sévérité, sobriété. **2. Favorable** : beauté, classicisme, harmonie.

SIMPLIFICATION ■ ⇒ **réduction.**

SIMPLIFIER ■ Abréger, axiomatiser, schématiser. ⇒ **réduire.**

SIMPLISTE ■ ⇒ **simple.**

SIMULACRE ■ ***I.*** Air, apparence, aspect, feinte, frime, imitation, mensonge, semblant. ⇒ **hypocrisie.** ***II.*** Fantôme, idole, image, ombre, représentation, spectre, vision. ***III.*** ⇒ **simulation.**

SIMULATEUR, TRICE ■ ⇒ **hypocrite.**

SIMULATION ■ Affectation, artifice, cabotinage, cachotterie, chafouinerie, comédie, déguisement, dissimulation, duplicité, escobarderie, fausseté, faux-semblant, feinte, feintise, fiction, fourberie, grimace, hypocrisie, imposture, invention, leurre, mensonge, momerie, pantalonnade, papelardise, parade, patelinage, pharisaïsme, rouerie, ruse, singerie, sournoiserie, tartuferie, tromperie.

SIMULER ▪ Affecter, afficher, avoir l'air, bluffer, cabotiner, calquer, caricaturer, copier, crâner, démarquer, emprunter, faire semblant, feindre, imiter, jouer, mimer, parodier, pastiicher, poser, prétendre, rechercher, reproduire, singer (péj.).

SIMULTANÉ, E ▪ Coexistant, commun, concomitant, synchrone.

SIMULTANÉITÉ ▪ Coexistence, coïncidence, concomitance, concours de circonstances, contemporanéité, isochronie, isochronisme, rencontre, synchronie, synchronisme.

SIMULTANÉMENT ▪ À la fois, à l'unisson, conjointement, collectivement, coude à coude, d'accord, de concert, de conserve, de front, du même pas, en accord/bloc/chœur / commun / concordance / harmonie / même temps, ensemble.

SINAPISME ▪ Cataplasme, révulsif, rigollot, rubéfiant, topique, vésicatoire.

SINCÈRE ▪ ***I.*** Carré (fam.), catégorique, clair, cordial, entier, franc, loyal, net, ouvert, rond (fam.), sans façon, simple. ***II.*** Assuré, authentique, avéré, certain, conforme, droit, effectif, exact, existant, évident, fidèle, fondé, incontestable, juste, pensé, positif, pur, réel, senti, sérieux, sûr, vécu, véridique, véritable, vrai.

SINCÉRITÉ ▪ Authenticité, bonne foi, conformité, cordialité, droiture, exactitude, fidélité, franchise, justesse, loyauté, naturel, netteté, ouverture, pureté, rondeur, sérieux, simplicité, spontanéité, sûreté, véracité, vérité.

SINÉCURE ▪ Charge/emploi/fonction/situation de tout repos. ***Fam. :*** filon, fromage, pantoufle, planque.

SINGE ▪ ***I. Au pr. :*** **1.** Anthropoïde, guenon, primate, simien. **2.** Aï, aïe, alouate, atèle, aye-aye, babouin, capucin, cercopithèque, chimpanzé, chiromys, cynocéphale, drill, gibbon, gorille, hamadrias, hurleur, indri, jocko, kinkajou, lagotriche, lémur, loris, macaque, magot, maki, mandrill, nasique, orang-outang, ouistiti, pan, papion, paresseux, potto, rhésus, sagouin, saï, saïmari, sajou, saki, sapajou, sicafa, semnopithèque, tamarin, tarsier, unau. ***II. Par ext.*** **1.** Crapoussin, laideron, macaque, magot, monstre. **2.** Bouffon, clown, comédien, comique, fagotin, gugusse, jocrisse, paillasse, rigolo, zig, zigomard, zigoto. ***III. Fig.*** (arg.) : bourgeois, directeur, employeur, maître, négrier (péj.), patron.

SINGER ▪ Affecter, calquer, caricaturer, compiler, contrefaire, copier, décalquer, démarquer, emprunter, imiter, jouer, mimer, parodier, pastiicher, picorer, piller, pirater, plagier, reproduire, simuler.

SINGERIE ▪ Air, affectation, agacerie, apparence, artifice, aspect, baboue (vx), cabotinage, caricature, clownerie, comédie, contorsion, déguisement, feinte, feintise, grimace, manière, mignardise, minauderie, mine, momerie, pantalonnade, papelardise, patelinage, pitrerie, rouerie, ruse, simulacre, simulation, tartuferie, tromperie. ⇒ **hypocrisie.**

SINGULARISER ▪ Caractériser, distinguer, faire remarquer, individualiser, particulariser. ***V. pron. :*** se distinguer, différer, émerger, se faire remarquer/voir, faire figure, s'illustrer, se montrer, ne pas passer inaperçu, paraître, se particulariser, percer, se signaler.

SINGULARITÉ ▪ ⇒ **originalité.**

SINGULIER, ÈRE ■ ***I.*** ⇒ **particulier.** ***II.*** ⇒ **extraordinaire.**

SINISTRE ■ adj. ***I.*** ⇒ **triste.** ***II.*** ⇒ **inquiétant.** ***III.*** ⇒ **mauvais.**

SINISTRE ■ n. m. ***I.*** ⇒ **dommage.** ***II.*** ⇒ **incendie.**

SINON ■ À défaut, autrement, excepté que, faute de quoi, sans quoi, sauf que.

SINUEUX, EUSE ■ Anfractueux, courbe, flexueux, ondoyant, ondulant, ondulatoire, ondulé, onduleux, serpentin, tortueux.

SINUER ■ ⇒ **serpenter.**

SINUOSITÉ ■ Anfractuosité, bayou, cingle, contour, coude, courbe, détour, flectuosité, méandre, onde, ondulation, pli, recoin, repli, retour.

SINUS ■ Cavité, concavité, courbure, pli. ⇒ **sinuosité.**

SIROCCO ■ ⇒ **simoun.**

SISMIQUE ■ (phénomène) ⇒ **séisme.**

SIROP ■ Béthique, capillaire, dépuratif, diacode, fortifiant, julep, looch, mélasse, pectoral.

SIRUPEUX, EUSE ■ Collant, doucereux, doux, fade, gluant, melliflue, pâteux, poisseux, visqueux.

SITE ■ ***I.*** Canton, coin, emplacement, endroit, lieu, localité, parage, place, position, situation, théâtre. ***II.*** Coup d'œil, étendue, panorama, paysage, perspective, point de vue, spectacle, tableau, vue.

SITUATION ■ ***I. Au pr.*** 1. Assiette, coordonnées, disposition, emplacement, endroit, exposition, gisement, inclinaison, lieu, orientation, place, point, position, site. 2. Affaires, circonstances, conjoncture, fortune, rang. ***II. De quelqu'un.*** 1. Condition, emploi, établissement, état, fonction, métier, occupation, poste. 2. Attitude, engagement, idée, opinion, parti, posture, profession de foi, résolution.

SITUÉ, E ■ Campé, établi, exposé, localisé, placé, posté, sis.

SITUER ■ Appliquer, asseoir, camper, caser, classer, coucher, disposer, établir, exposer, ficher, fixer, fourrer (fam.), installer, localiser, loger, mettre, nicher, placer, planter, poser, poster, ranger.

SKETCH ■ Comédie, pantomime, saynète, scène.

SLIP ■ ⇒ **culotte.**

SLOGAN ■ Devise, formule.

SMOKING ■ ⇒ **habit.**

SNOB ■ Affecté, apprêté, distant, emprunté, faiseur, faux mondain, salonard, snobinard, snobinette.

SNOBER ■ ⇒ **dédaigner.**

SNOBISME ■ ***I.*** ⇒ **affectation.** ***II.*** ⇒ **pose.**

SOBRE ■ ***I.*** Abstème, abstinent, continent, frugal, modéré, pondéré, tempérant. ***II.*** Austère, classique, court, dépouillé, élémentaire, frugal, nu, ordinaire, simple, sommaire.

SOBRIÉTÉ ■ ***I.*** Abstinence, continence, économie, frugalité, mesure, modération, pondération, sagesse, tempérance. ***II.*** ⇒ **retenue.**

SOBRIQUET ■ ⇒ **surnom.**

SOCIABILITÉ ■ Affabilité, agrément, amabilité, civilité, douceur de caractère, égalité d'humeur, facilité, politesse, urbanité.

SOCIABLE ■ Accommodant, accort, affable, agréable, aimable, de bon caractère, civil, civilisé, facile, familier, liant, poli, praticable (vx), social, traitable.

SOCIALISME ■ Autogestion, collectivisme, collégialité, communisme, coopératisme, dirigisme, égalitarisme, étatisation, étatisme, fouriérisme, maoïsme, marxisme, mutualisme, progressisme, saint-simonisme, social-démocratie, travaillisme, trotskisme.

SOCIALISTE ▪ Autogestionnaire, collectiviste, collégial, communiste, dirigiste, fouriériste, maoïste, marxiste, mutualiste, progressiste, saint-simonien, social-démocrate, soviet, soviétique, travailliste, trotskiste.

SOCIÉTAIRE ▪ Associé, collègue, compagnon, confrère, membre, pensionnaire.

SOCIÉTÉ ▪ ***I. Au pr.*** **1.** Civilisation, collectivité, communauté, communion humaine, ensemble des hommes, humanité, monde. **2.** Académie, assemblée, association, cartel, cercle, club, compagnie, confrérie, congrégation, corps, Église, franc-maçonnerie, groupe, groupement, institut, mafia (péj.), parti, religion, syndicat. **3.** Affaire, commandite, compagnie, coopération, entreprise, établissement, groupe, hanse (vx), holding, omnium, pool, raison sociale, trust. ***II. Par ext.*** **1.** Constitution, corps social, culture, État, masse, nation, ordre public, peuple, structure sociale. **2.** Commerce, fréquentation, relations humaines, réunion. **3.** Aristocratie, caste, classe, entourage, gentry, gratin. **4.** Clan, tribu.

SOCLE ▪ Acrotère, base, piédestal, piédouche, plinthe, scabellon, support.

SŒUR ▪ Béguine, carmélite, congréganiste, dame, fille, mère, moniale, nonnain, nonne, nonnette, novice. ⇒ **religieuse.**

SOFA, SOPHA ▪ Canapé, causeuse, chaise longue, cosy-corner, divan, fauteuil, lit, méridienne, ottomane, récamier, siège.

SOFTWARE ▪ Analyse, langage-machine, logiciel, machinois, programmation.

SOI-DISANT ▪ Apparent, faux, prétendu, prétendument, supposé.

SOIE ▪ ***I. Au pr.*** *:* organsin, grège. ***II. Par ext.*** **1.** ⇒ **poil. 2.** Bombasin, brocart, crêpe, faille, foulard, gros de Naples/de Tours, gros-grain, lampas, levantine, marceline, pékin, pongé, reps, satin, surah, taffetas, tussor.

SOIF ▪ ***I. Au pr.*** *;* altération, anadipsie, dipsomanie, pépie. ***II. Fig.*** *:* ambition, appel, appétence, appétit, aspiration, attente, attirance, attrait, avidité, besoin, caprice, convoitise, cupidité, curiosité, demande, démangeaison, desiderata, désir, envie, espérance, espoir, exigence, faim, fantaisie, force, goût, impatience, intérêt, penchant, prétention, prurit, quête, recherche, rêve, souhait, tentation, vanité, velléité, visée, vœu, volonté, vouloir.

SOIGNÉ, E ▪ ***I.*** Académique, étudié, léché, littéraire (péj.), poli, recherché. ***II.*** Consciencieux, coquet, délicat, élégant, entretenu, fini, minutieux, net, réussi, tenu.

SOIGNER ▪ ***I. Au pr.*** **1.** Bichonner, câliner, chouchouter (fam.), choyer, couver, dorloter, gâter, panser (vx), pouponner. **2.** Droguer, médicamenter, panser, traiter. **3.** Châtier, ciseler, entretenir, fignoler, fouiller, lécher, limer, mitonner, peigner, perler, polir, raboter, raffiner, travailler. ***II. Par ext.*** **1.** Complaire, cultiver, être aux petits soins, ménager, veiller au grain (fam. et péj.). **2.** Allaiter, cultiver, éduquer, élever, entretenir, former, instruire, nourrir.

SOIGNEUSEMENT ▪ Avec soin *et les syn. de* SOIN, bien, précieusement, *et les adv. en -ment formés à partir des syn. de* SOIGNEUX.

SOIGNEUX, EUSE ▪ Appliqué, attentif, consciencieux, curieux (vx), diligent, exact, ménager, méthodique, méticuleux, minutieux, ordonné, ponctuel, rangé, scrupuleux, sérieux, sévère, tâtillon.

SOIN ▪ ***I. Au sing.*** **1.** Cure (vx), étude (vx), inquiétude, préoccupation, souci, veilles (vx). **2.** Attention, circonspection, diplomatie, économie, ménagement, précaution, prévoyance, prudence, réserve. **3.** Cœur, conscience, diligence, exactitude, honnêteté, minutie, rigueur, scrupule, sérieux, sévérité, sollicitude, superstition (péj.), zèle. ***II. Au pl.*** **1.** Assiduité, bichonnage, cajolerie, douceur, égard, empressement, gâterie, hommage, ménagement, prévenance, service. **2.** Hygiène, toilette. **3.** Charge, devoir, mission, occupation, responsabilité, travail. **4.** Cure, médication, thérapeutique, traitement. **5.** Entretien, réparation. ***III. Loc.*** **Avec soin ⇒ soigneusement.**

SOIR ▪ Après-dîner, après-souper, brune, coucher, crépuscule, déclin, soirée, veillée, vêprée (vx).

SOIRÉE ▪ ***I.*** **⇒ soir.** ***II.*** Bal, fête, raout *ou* rout, réception, réunion. **⇒ spectacle.**

SOIT ▪ ***I.*** À savoir, c'est-à-dire. ***II.*** Admettons, bien, bon, d'ac (fam.), d'accord, entendu, oui, o.k. (fam.), si vous voulez, va pour *et un compl.* ***III.*** Ou, ou bien, tantôt.

SOL ▪ **⇒ terre.**

SOLDAT ▪ ***I. Au pr.*** **1.** Appelé, combattant, conquérant, conscrit, engagé, guerrier, homme, homme de troupe, légionnaire, mercenaire, militaire, recrue, reître (péj.), soudard (péj.), spadassin (péj.), supplétif, territorial, troupier, vétéran. **2.** Artilleur, aviateur, cavalier, fantassin, marin, parachutiste. **3.** Brancardier, démineur, estafette, factionnaire, garde, garde-voie, grenadier, guetteur, guide, jalonneur, ordonnance, patrouilleur, pionnier, planton, pourvoyeur, sapeur, sentinelle, télégraphiste, tireur, voltigeur. **4. Vx :** arbalétrier, archer, arquebusier, carabinier, grognard, mobile, mortepaye, pertuisanier, piquier, réquisitionnaire, troubade. **5. Étranger :** bachibouzouk, cipaye, evzone, harki, heiduque, janissaire, mamelouk *ou* mameluk, palikare, pandour, papalin, tommy. **6. Colonial :** goumier, marsouin, méhariste, spahi, tabor, tirailleur, zouave. **7. Fam. :** bidasse, biffin, bleu, bleu-bite, bleu-saille, briscard, crevure (péj.), drille, fantabosse, griveton, gus, moblot (vx), pierrot, pioupiou, poilu, tringlot, tourlourou, troubade, troufion, truffard, zéphir. ***II. Par ext.*** **1.** Franc-tireur, guérillero, maquisard, partisan, résistant. **2.** Champion, défenseur, serviteur.

SOLDATESQUE ▪ Troupes. **⇒ soldat.**

SOLDE ▪ n. fém. Indemnité, paie, prêt, rétribution, salaire.

SOLDE ▪ n. masc. **⇒ reste.**

SOLDER ▪ ***I.*** Acquitter, apurer, éteindre, liquider, payer, régler. ***II.*** Brader, céder, se défaire de, écouler, laisser, réaliser, sacrifier.

SOLÉCISME ▪ **⇒ faute.**

SOLEIL ▪ ***I.*** Astre du jour, Phébus. ***II.*** Hélianthe, tournesol.

SOLENNEL, ELLE ▪ ***I.*** **⇒ imposant.** ***II.*** **⇒ officiel.**

SOLENNISER ▪ **⇒ fêter.**

SOLENNITÉ ▪ ***I.*** **⇒ gravité.** ***II.*** **⇒ cérémonie.**

SOLIDAIRE ▪ Associé, dépendant, engagé, joint, lié, responsable, uni.

SOLIDARISER ▪ ***I.*** **⇒ associer.** ***II.*** **⇒ unir.**

SOLIDARITÉ ▪ Association, camaraderie, coopération, dépendance, entraide, esprit de corps, franc-maçonnerie, fraternité, interdépendance, mutualité, réciprocité.

SOLIDE ▪ ***I. Nom masc. :*** corps, matière, objet. ***II. Adj.*** **1. Au pr. :** consistant, dense, dur, durable, éternel, ferme, fort, incassable, indestructible, inusable, renforcé, résistant, robuste. **2. Par ext. :** affermi, assuré, certain, enraciné, ferme, fixe, indéfectible, inébranlable, infrangible, invariable, positif, réel, sérieux, stable, substantiel, sûr. **3.** Bon, exact, fidèle, franc, honnête, loyal, probe, régulier, sincère, sûr, vrai. **4.** Irréfragable, irréfutable, logique, mathématique. **5. Quelqu'un** : énergique, fort, increvable, râblé, résistant, robuste, tenace, vigoureux.

SOLIDIFIER ■ Coaguler, concréter, condenser, congeler, consolider, cristalliser, durcir, figer, geler, indurer, raffermir, renforcer.

SOLIDITÉ ■ ***I. Au pr.*** **1.** Aplomb, assiette, équilibre, stabilité. **2.** Compacité, consistance, coriacité, dureté, fermeté, fixité, homogénéité, immuabilité, immutabilité, résistance, robustesse, sûreté. ***II. Fig. :*** assurance, autorité, caractère, cœur, constance, courage, cran, endurance, énergie, estomac (fam.), force, inflexibilité, intransigeance, intrépidité, netteté, obstination, opiniâtreté, poigne (fam.), rectitude, résolution, ressort, rigueur, sang-froid, sévérité, ténacité, vigueur, virilité, volonté.

SOLILOQUE ■ Aparté, discours, monologue, radotage.

SOLILOQUER ■ Monologuer.

SOLITAIRE ■ ***I.*** ⇒ **seul.** ***II.*** Abandonné, désert, désertique, désolé, retiré, sauvage, vacant, vide. ***III.*** Anachorète, ascète, ermite. ***IV.*** Bête noire (vén.), cochon (vén.), mâle, porc, quartanier, ragot, sanglier, tiers-an. ***V.*** Brillant, diamant, joyau, marquise, pierre, rose.

SOLITUDE ■ ***I. Au pr. :*** abandon, claustration, cloître, délaissement, déréliction, éloignement, exil, isolation, isolement, quarantaine, retranchement, séparation. ***II. Par ext.*** **1.** Bled (fam.), désert, oasis, retraite, thébaïde. **2.** Méditation, recueillement, retraite, tour d'ivoire. **3. Fam.** : cachette, cocon, coin, coque, ombre, tanière.

SOLIVE ■ ⇒ **poutre.**

SOLLICITATION ■ ***I.*** Appel, insistance, invitation, tentation. ***II.*** Demande, démarche, instance, invocation, pétition, placet, pourvoi, prière, requête, réquisition, supplication, supplique.

SOLLICITER ■ ***I.*** Appeler, attirer, convier, déterminer, engager, exciter, faire signe, forcer, inviter, porter, pousser, provoquer, tenter. ***II.*** Adresser une requête, *et les syn. de* REQUÊTE, assiéger, briguer, demander, désirer, dire, exprimer un désir/un souhait, gueuser (péj.), implorer, importuner, interpeller, interroger, mendier (péj.), mendigoter (fam. et péj.), pétitionner, postuler, présenter un placet/une requête/une supplique *et les syn. de* SUPPLIQUE, prier, quémander (péj.), quêter, rechercher, réclamer, se recommander de, requérir, revendiquer, sommer, souhaiter, supplier, vouloir.

SOLLICITEUR, EUSE ■ ⇒ **quémandeur.**

SOLLICITUDE ■ ***I.*** ⇒ **soin.** ***II.*** ⇒ **souci.**

SOLUBLE ■ ***I.*** Dissoluble, fondant. ***II.*** Décidable, résoluble.

SOLUTION ■ ***I.*** ⇒ **résultat.** ***II. Loc.*** **Solution de continuité** : arrêt, cessation, coupure, discontinuation, discontinuité, halte, hiatus, intermède, intermission, intermittence, interruption, interstice, intervalle, lacune, pause, rémission, répit, rupture, saut, suspension. ***III. Par ext. :*** aboutissement, achèvement, bout, clef, coda, conclusion, dénouement, épilogue, fin, résolution, terme.

SOMBRE ■ ***I. Au pr. :*** assombri, foncé, noir, obscur, ombreux, opaque, ténébreux. ***II. Par ext.*** **1. Le temps** : bas, brumeux, couvert, maussade, nuageux, orageux, voilé. **2.** ⇒ **triste.** ***III. Fig.*** **1. Quelque chose** : funèbre, funeste, inquiétant, sépulcral, sinistre, tragique. **2. Quelqu'un** : amer, assombri, atrabilaire, bilieux, mélancolique, morne, morose, pessimiste, sinistre, taciturne, ténébreux.

SOMBRER ■ ***I. Au pr.*** : s'abîmer, chavirer, couler, disparaître, s'enfoncer, s'engloutir, faire naufrage, s'immerger, se perdre, périr corps et biens, se saborder, sancir. ***II. Fig.*** : s'abandonner, s'absorber, se laisser aller/glisser, se jeter/se plonger dans, se livrer à, succomber à, se vautrer dans.

SOMMAIRE ■ ***I. Adj.*** **1.** Accourci, amoindri, bref, compendieux (vx), concis, condensé, contracté, court, cursif, diminué, écourté, laconique, lapidaire, limité, raccourci, réduit, restreint, résumé, succinct. **2.** ⇒ **simple. 3.** ⇒ **rapide.** ***II. Nom*** : abrégé, abstract, abréviation, aide-mémoire, analyse, aperçu, argument, compendium, digest, éléments, épitomé, esquisse, extrait, manuel, notice, plan, précis, préface, promptuaire, raccourci, récapitulation, réduction, résumé, rudiment, schéma, somme, topo (fam.).

SOMMAIREMENT ■ Brièvement, de façon expéditive, en bref/résumé, sans formalités, simplement, sobrement.

SOMMATION ■ Assignation, avertissement, commandement, citation, injonction, interpellation, intimation, mise en demeure, ordre, ultimatum.

SOMME ■ n. fém. ***I.*** Addition, chiffre, ensemble, fonds, masse, montant, quantité, total, volume. ***II.*** ⇒ **sommaire.** ***III.*** Bât, charge.

SOMME ■ n. masc. ***I.*** ⇒ **sieste.** ***II.*** ⇒ **sommeil.**

SOMMEIL ■ Assoupissement, demi-sommeil, dodo (fam.), dormition (relig. et méd.), léthargie, repos, roupillon (fam.), somme, somnolence, torpeur. ⇒ **sieste.**

SOMMEILLER ■ S'assoupir, dormir, s'endormir, être dans les bras de Morphée, faire la grasse matinée/sieste/un somme, fermer l'œil, reposer, somnoler. ***Arg. ou fam.*** : coincer la bulle, dormailler, écraser, pioncer, piquer un roupillon, ronfler, roupiller, rouscailler, schloffer.

SOMMELIER, IÈRE ■ Caviste, échanson (vx), maître de chai. ***Par ext.*** : œnologue.

SOMMER ■ Assigner, avertir, citer, commander, contraindre, décréter, demander, enjoindre, exiger, forcer, imposer, interpeller, intimer, menacer, mettre en demeure, obliger, ordonner, prescrire, recommander, requérir, signifier.

SOMMET ■ ***I.*** Aiguille, arête, ballon, calotte, cime, couronnement, crête, croupe, culmen, dent, dôme, extrémité, faîte, front, haut, hauteur, mamelon, pic, piton, point culminant, pointe, table, tête. ***II.*** Apogée, comble, pinacle, summum, zénith. ***III.*** Perfection, sommité (vx), suprématie.

SOMMITÉ ■ ***I.*** ⇒ **sommet.** ***II. Fig.*** **1.** Figure, grand, monsieur, notabilité, notable, personnage, personnalité, puissant, quelqu'un, vedette. **2. Fam.** : baron, bonze, gros bonnet, grosse légume, huile, lumière lourde, important, légume, lumière, magnat, mandarin (péj.), manitou, pontife, satrape (péj.).

SOMNIFÈRE ■ ***I. Au pr.*** : anesthésique, assoupissant, calmant, dormitif, hypnotique, narcotique, soporatif, soporeux, soporifère, soporifique. ***II. Par ext.*** : assommant, casse-pieds (fam.), embêtant, emmerdant (fam.), empoisonnant, endormant, ennuyant, ennuyeux, fastidieux, fatigant, insupportable, mortel, pénible, rasant, rasoir (fam.), rebutant, suant (fam.).

SOMNOLENCE ■ ⇒ **sommeil.**

SOMNOLER ■ S'assoupir, dormailler (fam.), dormir, s'endormir, être dans les bras de Morphée, faire la sieste/un somme, fermer l'œil, pioncer (fam.), reposer, ronfler, roupiller, sommeiller.

SOMPTUEUX, EUSE ■ Beau, éclatant, fastueux, luxueux, majestueux, magnifique, opulent, plantureux, pompeux, princier, riche, solennel, splendide, superbe.

SOMPTUOSITÉ ■ ***I. Au pr. :*** apparat, beauté, éclat, faste, luxe, majesté, magnificence, opulence, pompe, richesse, solennité, splendeur. ***II. Par ext. :*** abondance, confort, débauche, excès, profusion, surabondance.

SON ■ Accent, accord, bruit, écho, inflexion, intonation, modulation, musique, note, timbre, ton, tonalité.

SON ■ Balle, bran, issues.

SONDAGE ■ Forage. ⇒ **recherche.** ***II.*** Enquête.

SONDE ■ ***I.*** Tarière, trépan. ***II.*** Bougie, cathéter, drain, tube.

SONDER ■ ***I. Au pr. :*** creuser, descendre, explorer, mesurer, reconnaître, scruter, tâter. ***II. Par ext.*** **1.** Analyser, apprécier, approfondir, ausculter, compulser, considérer, consulter, s'enquérir, éplucher, estimer, étudier, évaluer, examiner, inspecter, inventorier, palper, pénétrer, peser, prospecter, rechercher, reconnaître, scruter. **2.** Confesser, demander, interroger, pressentir, poser des questions, questionner, tâter, toucher.

SONGE ■ ***I.*** ⇒ **rêve.** ***II.*** ⇒ **illusion.**

SONGE-CREUX ■ Chimérique, déraisonnable, extravagant, halluciné, illuminé, imaginatif, obsédé, rêveur, utopiste, visionnaire.

SONGER ■ ***I.*** ⇒ **rêver.** ***II.*** ⇒ **penser.** ***III.*** ⇒ **projeter.**

SONGERIE ■ ⇒ **rêve.**

SONGEUR, EUSE ■ Absent, absorbé, abstrait, contemplatif, méditatif, occupé, pensif, préoccupé, rêveur, soucieux.

SONNAILLES ■ Bélière, campane, clarine, cloche, clochette, grelot.

SONNANT, E ■ ⇒ **sonore.**

SONNÉ, E ■ ***I.*** Assommé, étourdi, groggy, k.o. ***II.*** Cinglé. ⇒ **fou.**

SONNER ■ ***I. Au pr. :*** bourdonner, carillonner, résonner, tinter, tintinnabuler (fam.). ***II. Loc.*** **1. Sonner aux oreilles :** corner. **2. Sonner du cor :** appeler, corner, donner, forhuer, grailler, jouer. ***III. Fig. :*** proclamer, vanter.

SONNERIE ■ ***I. Milit. :*** appel au drapeau/aux champs, boute-selle, breloque, chamade, charge, couvre-feu, diane, extinction des feux, générale, ralliement, rassemblement, retraite, réveil. ***II. Vén. :*** débucher, hallali, quête, ton. ***III. Du téléphone, etc. :*** appel, timbre.

SONNETTE ■ ***I.*** Campane, clarine, cloche, clochette, sonnaille. ***II.*** Appel, avertisseur, drelin (fam.), grelot, timbre.

SONORE ■ ***I. Au pr.*** **1.** Carillonnant, résonnant, retentissant, sonnant. **2.** Ample, bruyant, éclatant, fort, haut, plein, ronflant, tonitruant, tonnant, vibrant. ***II. Fig.*** ⇒ **ampoulé.**

SONORITÉ ■ Ampleur, creux, harmonie, résonance.

SOPHISME ■ Aberration, confusion, défaut, erreur, paralogisme, vice de raisonnement.

SOPHISTE ■ Casuiste, rhéteur.

SOPHISTIQUÉ ■ ***I.*** Captieux, erroné, faux, frelaté, paralogique, spécieux, trompeur. ***II.*** Affecté, affété, alambiqué, amphigourique, choisi, emphatique, galant, maniéré, mignard, précieux, recherché.

SOPHISTIQUER ■ ⇒ **altérer.**

SOPORATIF, SOPOREUX, SOPORIFÈRE, SOPORIFIQUE ■ ⇒ **somnifère.**

SORBET ▪ Crème/dessert/fruits glacés, glace, rafraîchissement.

SORBIER ▪ Alisier, cormier, pain des oiseaux.

SORCELLERIE ▪ Alchimie, archimagie, cabale, charme, conjuration, diablerie, divination, enchantement, ensorcellement, envoûtement, évocation, fascination, hermétisme, horoscope, incantation, magie, maléfice, nécromancie, occultisme, philtre, pratiques magiques/occultes/secrètes, prestige, rite, sort, sortilège, thaumaturgie, théurgie, vaudou.

SORCIER ▪ Alchimiste, astrologue, devin, enchanteur, ensorceleur, envoûteur, mage, magicien, nécromancien, nécromant, psychopompe, thaumaturge.

SORCIÈRE ▪ ***I.*** Alcine, armide, circé, diseuse de bonne aventure, fée, magicienne, sirène, tireuse de cartes. ***II.*** ⇒ **mégère.**

SORDIDE ▪ ***I.*** Cochon, crasseux, grossier, immonde, immoral, impur, inconvenant, indécent, infâme, maculé, malhonnête, malpropre, obscène, ordurier, répugnant, sale. ⇒ **dégoûtant.** ***II.*** ⇒ **avare.**

SORNETTES ▪ ⇒ **chansons.**

SORT ▪ ***I.*** Avenir, destin, destinée, fatalité, fatum, providence, vie. ***II.*** ⇒ **hasard.** ***III.*** ⇒ **état.** ***IV.*** ⇒ **vie.** ***V.*** ⇒ **magie.**

SORTABLE ▪ ***Par ext. :*** approprié, assorti, beau, bien, bienséant, bon, comme il faut, congru, convenable, convenant, correct, décent, de saison, digne, fait exprès, honnête, honorable, idoiné, juste, opportun, mettable, pertinent, poli, présentable, propre, raisonnable, satisfaisant, séant, seyant.

SORTE ▪ ***I.*** Caste, catégorie, clan, classe, division, embranchement, espèce, état, famille, genre, groupe, ordre, race, rang, série. ***II.*** Condition, qualité, trempe. ***III.*** Façon, griffe, guise (vx), manière, style.

SORTI, E ▪ Frais émoulu de, issu de, natif de, né, originaire, venu de.

SORTIE ▪ ***I. Au pr.*** **1.** Débouché, issue, porte. **2.** Balade, départ, échappée, escapade, évasion, promenade, tour. **3.** Échappement, écoulement, émergence, évacuation. ***II. Par ext.*** **1.** ⇒ **dépense. 2.** ⇒ **publication. 3.** Admonestation, algarade, attaque, catilinaire (vx), dispute, engueulade (fam.), incartade (vx), invective, mercuriale, observation, récrimination, remarque, réprimande, reproche, scène, séance, semonce.

SORTILÈGE ▪ Charme, diablerie, enchantement, ensorcellement, envoûtement, évocation, incantation, jettatura, maléfice, mauvais sort, sort, sorcellerie. ⇒ **magie.**

SORTIR ▪ ***I. Au pr.*** **1.** Abandonner, déboucher, débouquer, débucher, débusquer, s'échapper, s'enfuir, s'évader, partir, quitter. **2.** Apparaître, éclore, émerger, faire irruption, jaillir, mettre le nez dehors, percer, poindre, saillir, sourdre, surgir, venir. **3.** Déborder, se dégager, s'écouler, s'exhaler, se répandre. **4.** S'absenter, débarrasser le plancher (fam.), décamper, déguerpir, déloger, s'éclipser, s'esquiver, évacuer. ***II. Par ext.*** **1.** Arracher, dégainer, ôter, vidanger, vider. **2.** Éditer, lancer, publier, tirer. ⇒ **paraître. 3.** Débiter, proférer. ⇒ **dire. 4.** Émaner, être issu, naître, provenir, résulter.

SOSIE ▪ Jumeau, ménechme, pendant, réplique.

SOT, SOTTE ▪ ***I. Au pr.*** **1. Quelqu'un :** âne, béjaune, benêt, borné, buse, crétin, dadais (fam.), imbécile, idiot, inintelligent, malavisé, niais, poire, stupide. ⇒ **bête. 2. Un comportement :** absurde, déraisonnable, extravagant, fou, illogique, incohérent, incongru, inconséquent, inepte, insane, insensé, irrationnel, loufoque, saugrenu. ⇒

bête. ***II. Par ext.*** **1.** ⇒ **irrévérencieux. 2.** Arrogant, avantageux, content de soi, dédaigneux, fanfaron, fat, fiérot, impertinent, infatué, orgueilleux, pécore, péronnelle, plastron, plat, plein de soi, poseur, prétentieux, rodomont, satisfait, suffisant, vain, vaniteux. **3.** Confondu, confus, déconcerté, déconfit, décontenancé, défait, déferré, démonté, dépaysé, dérouté, désarçonné, désemparé, désorienté, étonné, étourdi, inquiet, interdit, mis en boîte, pantois, penaud, quinaud, surpris, troublé.

SOTTISE ▪ ***I. Au pr. :*** absurdité, ânerie, balourdise, crétinerie, crétinisme, idiotie, imbécillité, insanité, insipidité, nigauderie, stupidité. ⇒ **bêtise.** ***II. Par ext.*** **1.** ⇒ **bagatelle. 2.** Arrogance, autosatisfaction, dédain, fatuité, impertinence, infatuation, orgueil, plastronnade (fam.), pose, prétention, rodomontade, suffisance, vanité. **3.** ⇒ **injure. 4.** ⇒ **maladresse.**

SOTTISIER ▪ ⇒ **bêtisier.**

SOU ▪ ***I. Fam. :*** pet (de lapin), radis. ⇒ **argent.** ***II. Vx :*** liard, maille, sol.

SOUBASSEMENT ▪ Appui, assiette, assise, base, embasement, fondement, piédestal, podium, stylobate.

SOUBRESAUT ▪ ***I. Au pr. :*** convulsion, saccade, secousse, spasme, sursaut, trépidation. ***II. Par ext.*** **1.** Bond, bondissement, cabriole, cahot, culbute, gambade, ricochet, saut, sautillement, sursaut, tressaillement, tressaut. **2.** Contraction, convulsion, frisson, haut-le-corps, spasme, tressaillement. ***III. Fig. :*** agitation, bouleversement, crise, remous, révolution, trouble.

SOUBRETTE ▪ ***I. Au pr.*** ⇒ **servante.** ***II. Par ext. :*** confidente, demoiselle de compagnie, lisette, suivante.

SOUCHE ▪ ***I.*** ⇒ **racine.** ***II.*** ⇒ **tige.** ***III.*** ⇒ **race.** ***IV.*** ⇒ **bête.**

SOUCI ▪ ***I. Attitude ou état :*** agitation, alarme, angoisse, anxiété, bile (fam.), cassement de tête, chagrin, contrariété, crainte, émoi, ennui, incertitude, inquiétude, martel (vx), obsession, peine, perplexité, poids, préoccupation, scrupule, soin (vx), sollicitude, tintouin (fam.), tourment, tracas. ***II. Circonstance :*** affaire, aria (fam.), désagrément, difficulté, embarras, embêtement (fam.), emmerdement (fam.), empoisonnement, tribulation.

SOUCIER (SE) ▪ ⇒ **préoccuper (se).**

SOUCIEUX, EUSE ▪ ***I. Neutre ou favorable :*** affairé, attentif, curieux de, jaloux de, occupé, pensif, préoccupé, scrupuleux, songeur. ***II. Non favorable :*** agité, alarmé, angoissé, anxieux, bileux (fam.), chagrin, contrarié, craintif, embarrassé, embêté (fam.), emmerdé (fam. ou grossier), empoisonné, ennuyé, inquiet, obsédé, peiné, perplexe, préoccupé, tourmenté, tracassé.

SOUDAIN ▪ adv. À l'instant, aussitôt, brusquement, dans l'instant, d'emblée, d'un seul coup/mouvement, illico (fam.), immédiatement, incessamment, incontinent, inopinément, instantanément, par surprise, rapidement, sans retard, sans transition, séance tenante, soudainement, subitement, subito (fam.), sur-le-champ, tout à coup/à trac/de go/de suite/d'un coup.

SOUDAIN, AINE ▪ adj. Bruque, brusqué, foudroyant, fulgurant, immédiat, imprévu, inattendu, instantané, prompt, rapide, saisissant, subit.

SOUDAINETÉ ▪ ⇒ **rapidité.**

SOUDARD ▪ Goujat, plumet (vx), reître, sabreur, spadassin, traîneur de sabre.

SOUDER ▪ ⇒ **joindre.**

SOUDOYER ▪ Acheter, arroser (fam.), corrompre, graisser la patte (fam.), payer, stipendier. ⇒ **séduire.**

SOUDURE ▪ ***I. Au pr. :*** assemblage,

brasure, coalescence, raccord, soudage. *II. Par ext.* ⇒ **joint.**

SOUFFLANT, E ▪ ⇒ **étonnant.**

SOUFFLE ▪ *I. Au pr.* 1. ⇒ **haleine.** 2. ⇒ **vent.** *II. Fig.* ⇒ **inspiration.**

SOUFFLÉ, E ▪ *I. Au pr. :* ballonné, bombé, bouclé (maçonnerie), bouffant, bouffi, boursouflé, cloqué, congestionné, dilaté, distendu, empâté, enflé, gondolé, gonflé, gros, hypertrophié, mafflu, météorisé, renflé, tuméfié, tumescent, turgescent, turgide, ventru, vultueux. *II. Par ext. :* académique, affecté, ampoulé, apprêté, cérémonieux, compliqué, creux, déclamatoire, démesuré, emphatique, grandiloquent, guindé, hyperbolique, pédantesque, pompeux, pompier (fam.), prétentieux, ronflant, sentencieux, solennel, sonore, vide.

SOUFFLER ▪ *I. Au pr. :* exhaler, expirer, haleter, respirer. *II. Par ext.* 1. Aspirer, balayer, escamoter, éteindre. 2. Activer, animer, exciter, inspirer, insuffler. 3. Jouer, sonner. 4. S'approprier, dérober, enlever, ôter, ravir. ⇒ **prendre.** 5. Chuchoter, dire, glisser, insinuer, murmurer, parler à l'oreille, suggérer. 6. Aider, apprendre, remémorer, tricher. 7. Enfler, gonfler, grossir.

SOUFFLET ▪ Baffe, beigne, beignet, calotte, claque, coup, emplâtre, gifle, giroflée, mandale, mornifle, pain, taloche, tape, tarte, torgnole *ou* torniole. ⇒ **talmouse.**

SOUFFLETER ▪ Battre, calotter, claquer, confirmer (fam.), corriger, donner un soufflet *et les syn. de* SOUFFLET, gifler, mornifler (fam.), moucher (fam.), talocher (fam.), taper.

SOUFFRANCE ▪ *I. Au pr. :* douleur, élancement, indisposition, mal, maladie, malaise, rage, supplice, torture, tourment. ⇒ **blessure.** *II. Par ext. :* affliction, amertume, croix, déchirement, désespoir, désolation, épreuve, larme, passion. *III. Loc.* **En souffrance** : en carafe (fam.), en panne, en retard.

SOUFFRANT, E ▪ Abattu, alité, atteint, cacochyme, déprimé, dolent, égrotant, fatigué, fiévreux, incommodé, indisposé, malade, maladif, mal en point, mal fichu, pâle, pâlot, patraque, souffreteux.

SOUFFRE-DOULEUR ▪ ⇒ **victime.**

SOUFFRETEUX, EUSE ▪ ⇒ **souffrant.**

SOUFFRIR ▪ *I. V. intr. :* languir, mourir (fig.), pâtir, peiner. *Fam. :* en baver/chier/roter, écraser, passer un mauvais quart d'heure, sécher. *II. V. tr.* 1. Admettre, endurer, éprouver, essuyer, laisser faire, permettre, ressentir, soutenir, subir, supporter, tolérer. *Fam. :* avaler, boire, digérer, se farcir. 2. ⇒ **pardonner.** *III. Loc.* **Faire souffrir** : affliger, endolorir, lanciner, martyriser, tourmenter, torturer.

SOUHAIT ▪ *I. Favorable :* aspiration, attente, demande, désir, envie, optation, vœu, volonté. *II. Non favorable :* ambition, appétit, caprice, convoitise.

SOUHAITABLE ▪ Appétissant, désirable, enviable.

SOUHAITER ▪ *I. Favorable :* appeler, aspirer à, attendre, avoir dans l'idée/en tête/envie/l'intention de, brûler de, demander, désirer, rechercher, réclamer, rêver, soupirer après, tenir à, viser, vouloir. *II. Non favorable :* ambitionner, appéter (vx), arrêter, convoiter, exiger, guigner, lorgner (fam.), loucher sur (fam.), prétendre à.

SOUILLER ▪ *I. Au pr. :* abîmer, barbouiller, charbonner, cochonner (fam.), contaminer, crotter, éclabousser, embouer (vx), encrasser, gâter, graisser, mâchurer, maculer, noircir, poisser, polluer, salir, tacher. *II. Fig. :* baver sur, calomnier, déparer, déshonorer, diffamer, entacher, flétrir, profaner, prostituer, ternir.

SOUILLON ▪ *I. Adj. :* cochon (fam.),

crasseux, dégoûtant, désordonné, grossier, malpropre, peu soigné/soigneux, sale. ***II. Nom masc. et fém.*** (péj.) salisson. ⇒ **servante.**

SOUILLURE ▪ ***I. Au pr. :*** bavure, crasse, crotte, éclaboussure, encrassement, immondice, macule (vx), malpropreté, ordure, pâté, saleté, salissure, tache, vomi, vomissure. ***II. Fig. :*** crime, déshonneur, faute, flétrissure, impureté, tare. ⇒ **péché.**

SOÛL, SOÛLE ▪ ***I. Au pr. :*** assouvi, bourré, dégoûté, gavé, gorgé, le ventre plein, rassasié, repu, saoul (vx), saturé, sursaturé. ***II. Par ext.*** ⇒ **ivre.**

SOULAGEMENT ▪ ***I.*** Adoucissement, allégement, amélioration, apaisement, assouplissement, atténuation, bien, calme, consolation, détente, euphorie, rémission. ***II.*** Aide, appui, assistance, coup d'épaule/de main/de pouce, encouragement, entraide, main-forte, réconfort, rescousse, secours, soutien. ***III.*** ⇒ **remède.**

SOULAGER ▪ ***I. Au pr. :*** alléger, débarrasser, décharger, dégrever, délester, diminuer, exempter, exonérer, ôter. ***II. Fig. :*** adoucir, aider, amoindrir, apaiser, atténuer, calmer, débonder/dégonfler/déverser son cœur, décharger, délivrer, endormir, étourdir, mitiger, secourir, tempérer. ⇒ **consoler.**

SOÛLARD, SOÛLAUD, SOÛLAS ▪ (vx) ⇒ **ivrogne.**

SOÛLER (SE) ▪ ***I. Au pr.*** **Arg. ou fam. :** s'alcooliser/appuyer/arsouiller/aviner/beurrer/biturer/blinder /bourrer/ cuiter/défoncer/enivrer /griser/noircir/piquer le nez/pocharder/poivrer/poivroter/tututer, avoir/prendre une biture/la bourrique/sa cocarde/son compte/une cuite/une muflée/son plumet/son pompon/une ronflée, chopiner, gobelotter, picoler, picter, pictonner, pinter, sacrifier à Bacchus/la dive bouteille, sculpter une gueule de bois, soiffer, tafioter. ⇒ **boire.** ***II. Par ext. :*** s'exalter, s'exciter.

SOULÈVEMENT ▪ ***I. Au pr. :*** boursouflure, exhaussement, mouvement, surrection. ***II. Par ext.*** 1. Bondissement, saut, sursaut. 2. ⇒ **nausée.** 3. Action, agitation, chouannerie, désobéissance, dissidence, effervescence, émeute, faction, guerre civile, insoumission, insubordination, insurrection, jacquerie, lutte, mouvement, mutinerie, opposition, putsch, rébellion, résistance, révolte, révolution, sécession, sédition, violence.

SOULEVER ▪ ***I. Au pr.*** 1. Dresser, élever, enlever, hausser, hisser, lever, monter, redresser. 2. Écarter, relever, remonter, retrousser, trousser. ***II. Fig.*** 1. Agiter, ameuter, déchaîner, ébranler, entraîner, exalter, exciter, provoquer, remuer, transporter. 2. Amener, appeler, apporter, attirer, causer, créer, déclencher, déterminer, donner/fournir lieu/occasion, engendrer, être la cause de, faire, motiver, occasionner, prêter à, procurer, produire, provoquer, susciter. ***III. V. pron. :*** 1. ⇒ **révolter (se).** 2. *Les formes pron. possibles des syn. de* SOULEVER.

SOULIER ▪ ***I. Au pr. :*** bottillon, bottine, brodequin, chaussure, escarpin, galoche, mocassin, richelieu, snowboot. ***II. Par ext. :*** babouche, botte, chausson, cothurne, espadrille, mule, nu-pieds, pantoufle, patin, sabot, sandale, savate, socque, spartiate. ***III. Arg. ou fam. :*** bateau, bottine, chlape, clape, clapette, croquenot, écrasemerde, godasse, godillot, grolle, latte, péniche, pompe, ribouis, sorlot, targette, tartine, tatane.

SOULIGNER ▪ ***I. Au pr. :*** accentuer, appuyer, border d'un trait, marquer, ponctuer, tirer un trait. ***II. Par ext. :*** désigner, faire ressortir, insister sur, mettre en évidence, montrer, noter, préciser, relever, signaler.

SOULTE ▪ ***I. Au pr. :*** compensation, complément, dédommagement, dessous-de-table (péj.). *II. Par ext.* ⇒ **garantie.**

SOUMETTRE ▪ *I. Non favorable :* accabler, asservir, assujettir, astreindre, brusquer, conquérir, contraindre, courber, dominer, dompter, enchaîner, imposer son autorité/son pouvoir, inféoder, maintenir/mettre sous l'autorité/ la dépendance/le pouvoir/la puissance/la tutelle, maîtriser, mettre en esclavage, mettre la corde au cou (fam.), opprimer, plier, ramener à l'obéissance, ranger sous ses lois, réduire, réglementer, réprimer, subjuguer, subordonner, tenir en respect, tenir sous son autorité/sous sa dépendance/son pouvoir/sa puissance/sa tutelle, tenir en esclavage. *II. Neutre ou favorable.* 1. Apprivoiser, assouplir, attacher, captiver, charmer, conquérir, discipliner, pacifier, subjuguer. 2. Avancer, donner, exposer, faire une offre/ouverture/proposition, offrir, présenter, proposer, soumissionner. 3. ⇒ **montrer.** *III. V. pron. :* **1. Neutre ou favorable** : accepter, acquiescer, consentir, se plier à. **2. Non favorable** : s'abaisser, abandonner le combat, s'accommoder, s'adapter, s'agenouiller, s'assujettir, capituler, céder, se conformer, courber la tête, déférer, en passer par, faire sa soumission, filer doux (fam.), fléchir, s'humilier, s'incliner, s'inféoder, se livrer, mettre les pouces (fam.), obéir, obtempérer, passer sous les fourches caudines, reconnaître l'autorité, se régler, se rendre, se résigner, suivre, venir à quia/à résipiscence.

SOUMIS, E ▪ *I. Neutre ou favorable.* **1. Un peuple** : pacifié. **2. Quelqu'un** : attaché, complaisant, déférent, discipliné, docile, doux, fidèle, flexible, gouvernable, humble, malléable, maniable, obéissant, sage, souple. *II. Non favorable :* asservi, assujetti, conquis, humilié, inféodé, réduit, résigné, subordonné.

SOUMISSION ▪ *I. Neutre ou favorable.* 1. Acquiescement, allégeance, dépendance, discipline, docilité, fidélité, humilité, obédience, obéissance, pacification, résignation. 2. Adjudication, entreprise, marché, offre, proposition. *II. Non favorable :* abaissement, asservissement, assujettissement, conquête, dépendance, esclavage, inféodation, joug, merci, réduction, servilité, servitude, subordination, sujétion, vassalité.

SOUPÇON ▪ *I. Au pr. :* apparence, conjecture, crainte, croyance, défiance, doute, méfiance, ombrage, suspicion. *II. Par ext. :* idée, nuage, pointe, très peu, un peu.

SOUPÇONNER ▪ Avoir idée de, conjecturer, croire, se défier de, deviner, se douter de, entrevoir, flairer, se méfier, penser, pressentir, redouter, supposer, suspecter.

SOUPÇONNEUX, EUSE ▪ Craintif, défiant, inquiet, jaloux, méfiant, ombrageux, suspicieux.

SOUPE ▪ ⇒ **bouillon.**

SOUPENTE ▪ Cagibi, combles, galetas, grenier, mansarde, réduit, souillarde.

SOUPER ▪ *I. V. intr. :* dîner. ⇒ **manger.** *II. Nom :* dîner. ⇒ **repas.**

SOUPESER ▪ ⇒ **peser.**

SOUPIR ▪ ⇒ **gémissement.**

SOUPIRANT, E ▪ *I.* ⇒ **amant.** *II.* ⇒ **prétendant.**

SOUPIRER ▪ *I.* ⇒ **respirer.** *II.* ⇒ **aspirer.**

SOUPLE ▪ *I. Quelque chose :* ductile, élastique, expansible, extensible, flexible, lâche, malléable, maniable, mou, pliable, rénitent (méd.), subéreux. *II. Quelqu'un.* **1. Phys.** : agile, ailé, aisé, décontracté, dégagé, félin, léger, leste. ⇒ **dispos. 2. Par ext.** : adroit, compréhensif, diplomate, docile, fin, liant, machiavélique (péj.), ondoyant, politique, subtil.

SOUPLESSE ■ ***I. De quelque chose :*** compressibilité, ductilité, élasticité, extensibilité, flexibilité, malléabilité, maniabilité, plasticité, rénitence (méd.). ***II. De quelqu'un.*** **1. Phys. :** agilité, aisance, décontraction, légèreté, sveltesse. **2. Par ext. :** adresse, compréhension, diplomatie, docilité, finesse, intrigue, machiavélisme (péj.), subtilité. ⇒ **politique.**

SOUQUENILLE ■ Bleu, caban, cache-poussière, casaque, cotte, sarrau, surtout.

SOUQUER ■ ***I. V. tr. :*** bloquer, serrer, visser. ***II. V. intr.*** **1. Au pr. :** ramer. **2. Fig.** ⇒ **peiner.**

SOURCE ■ ***I. Au pr. :*** fontaine, geyser, griffon, point d'eau, puits. ***II. Fig.*** **1.** ⇒ **origine. 2.** ⇒ **cause.**

SOURCIER, ÈRE ■ Radiesthésiste, rhabdomancien.

SOURCILLER ■ ***I.*** Ciller, froncer les sourcils, tiquer. ***II. Loc.*** **Sans sourciller :** sans barguigner/discuter/être troublé/faire ouf (fam.)/hésiter.

SOURCILLEUX, EUSE ■ ***I.*** Braque, chatouilleux, délicat, hérissé, hypersensible, irritable, ombrageux, pointilleux, pointu, prompt, sensible, sensitif. ***II.*** ⇒ **triste.**

SOURD, E ■ ***I. Au pr. :*** dur d'oreille, sourdingue (fam.). ***II. Par ext. :*** amorti, assourdi, caverneux, cotonneux, creux, doux, enroué, étouffé, indistinct, mat, mou, sépulcral, voilé. ***III. Fig.*** **1. Quelqu'un :** impitoyable, inexorable, insensible. ⇒ **indifférent. 2. Quelque chose :** caché, clandestin, hypocrite, souterrain, ténébreux, vague. ⇒ **secret.**

SOURDEMENT ■ ⇒ **secrètement.**

SOURDINE (EN) ■ Discrètement, doucement, mollo (fam.), sans ⇒ **bruit/éclat** ⇒ **secrètement.**

SOURDRE ■ ⇒ **sortir.**

SOURICIÈRE ■ ⇒ **piège.**

SOURIRE ■ n. m. ⇒ **rire.**

SOURIRE ■ v. intr. ***I.*** ⇒ **rire.** ***II.*** ⇒ **plaire.**

SOURNOIS, E ■ Affecté, artificieux, caché, cachottier, chafouin, déloyal, dissimulateur, dissimulé, double-jeu, doucereux, en dessous, faux, faux jeton, fourbe, insidieux, mensonger, mielleux, perfide, rusé, simulé, tartufe, trompeur. ⇒ **hypocrite.**

SOURNOISERIE ■ ***I.*** Affectation, artifice, cabotinage, cachotterie, comédie, déguisement, dissimulation, duplicité, faux-semblant, feintise, fiction, grimace, invention, leurre, mensonge, momerie, pantalonnade, parade, ruse, simulation, singerie, tromperie. ***II.*** ⇒ **fausseté.** ***III.*** ⇒ **hypocrisie.**

SOUSCRIRE ■ ***I.*** ⇒ **consentir.** ***II.*** ⇒ **payer.**

SOUS-ENTENDU ■ ***I. Adj. :*** à double sens, allant de soi, implicite, tacite. ***II. Nom :*** allégorie, allusion, arrière-pensée, évocation, insinuation, quiproquo, restriction, réserve, réticence.

SOUS-ESTIMER ■ Abaisser, avilir, baisser, critiquer, débiner (péj.), déconsidérer, décréditer, décrier, dénigrer, déprécier, dépriser, détracter (vx), dévaloriser, dévaluer, diminuer, discréditer, méconnaître, méjuger, mépriser, mésestimer, rabaisser, rabattre, ravaler, sous-évaluer.

SOUS-JACENT, E ■ ***I.*** Inférieur, subordonné. ***II.*** Supposé. ⇒ **secret.**

SOUS-MAIN (EN) ■ ⇒ **secrètement.**

SOUS-MARIN ■ Submersible.

SOUS-ŒUVRE ■ Base, fondation, fondement, infrastructure, pied, soubassement, soutènement, soutien, substructure.

SOUS-ORDRE ■ ***I.*** Adjoint, bras droit, collaborateur, subordonné. ***II.*** ⇒ **inférieur.**

SOUS-PRÉFECTURE ■ Arrondissement, circonscription, district.

SOUS-SOL ■ ⇒ **cave.**

SOUSTRACTION ■ ⇒ **diminution.**

SOUSTRAIRE ■ ⇒ **dérober, retrancher.** ***V. pron. :*** esquiver. ⇒ **éviter.**

SOUS-VERGE ■ ⇒ **sous-ordre.**

SOUS-VÊTEMENT ■ Bas, collant, combinaison, dessous, gilet de corps, jupon, maillot, parure, soutien-gorge. ⇒ **culotte.**

SOUTENABLE ■ Acceptable, défendable, plausible, possible, supportable.

SOUTÈNEMENT ■ ⇒ **appui.**

SOUTENEUR ■ ⇒ **proxénète.**

SOUTENIR ■ ***I. Au pr. :*** accoter, appuyer, arc-bouter, armer, chevaler, consolider, contrebouter, étançonner, étayer, maintenir, porter, supporter, tenir. ***II. Par ext.*** **1.** Conforter, fortifier, nourrir, réconforter, remonter, réparer, stimuler, sustenter. **2.** Aider, appuyer, assister, cautionner, défendre, donner/prêter la main/un coup d'épaule, encourager, épauler, épouser la cause, favoriser, financer, garantir, mettre le pied à l'étrier, prendre fait et cause, protéger, remonter le moral, seconder, secourir, subventionner. **3.** Affirmer, argumenter, assurer, attester, certifier, discuter, disputer, écrire, enseigner, faire valoir, maintenir, prétendre, professer, répondre. **4.** Continuer, persévérer, persister, poursuivre. ***III. Loc.*** **1. Soutenir le choc** : endurer, recevoir, résister, souffrir, subir, supporter, tenir. **2. Soutenir la comparaison** : défier, rivaliser. ***IV. V. pron. :*** **1.** Se continuer, durer, se maintenir, subsister, surnager, *et les formes pron. possibles des syn. de* SOUTENIR. **2.** S'entraider.

SOUTENU, E ■ ***I.*** Aidé, appuyé, épaulé, pistonné (fam.). ***II.*** Secondé. ***III.*** Assidu, constant, persévérant, persistant. ***IV.*** Accentué, continu, continuel. ***V. Loc.*** **Style soutenu. 1. Neutre ou favorable** : académique, cérémonieux, élevé, éloquent, héroïque, magnifique, noble, pindarique, relevé, sublime. **2. Non favorable** : affecté, ampoulé, apprêté, bouffi, boursouflé, compliqué, déclamatoire, démesuré, emphatique, enflé, grandiloquent, guindé, hyperbolique, pédantesque, pompeux, pompier (péj. et fam.), prétentieux, ronflant, sentencieux, solennel, sonore, soufflé.

SOUTERRAIN ■ ***I. Nom :*** antre, basse-fosse, catacombe, cave, caveau, caverne, crypte, cul de basse-fosse, excavation, galerie, grotte, oubliette, sous-sol, terrier, tunnel. ***II. Adj. :*** caché, sombre, ténébreux. ⇒ **secret.**

SOUTIEN ■ ***I. Au pr. :*** adossement, arc-boutant, base, charpente, colonne, épaulement, éperon, étai, étançon, levier, pilier, pivot, soutènement, support, tuteur. ***II. Par ext. :*** aide, appoint, appui, assistance, collaboration, concours, coopération, coup d'épaule, égide, encouragement, influence, intervention, main-forte, patronage, piston (fam.), planche de salut, protection, recommandation, réconfort, rescousse, sauvegarde, secours, service, support. ***III. Loc.*** **Être le soutien de** : adepte, aide, appui, auxiliaire, bouclier, bras, champion, défenseur, étai, garant, partisan, patron, pilier, pivot, protecteur, second, souteneur (péj.), supporter, tenant.

SOUTIEN-GORGE ■ Balconnet, bustier.

SOUTIRER ■ ***I. Au pr.*** ⇒ **transvaser.** ***II. Fig.*** **1.** ⇒ **obtenir. 2.** ⇒ **prendre.**

SOUVENANCE ■ ⇒ **souvenir.**

SOUVENIR ■ n. ***I. Au sing.*** **1. Au pr.** : commémoration, mémoire, pensée, réminiscence, ressouvenance, souvenance. **2. Par ext.** : arrière-goût, impression, ombre, trace. **3.** Ex-voto, monument, plaque, statue, tombeau, trophée. **4.** Relique, reste, témoin. **5.** ⇒ **cadeau.** ***II. Au pl. :*** annales, autobiographie, chronique, commentaire, confession, essai, journal, mémoires, mémorial, récit, révélations, voyages.

SOUVENIR (SE) ▪ adj. Évoquer, mémoriser, se rappeler, se recorder (vx), se remembrer (vx), se remémorer, se rementevoir (vx), remettre, retenir, revoir.

SOUVENT ▪ D'ordinaire, fréquemment, généralement, habituellement, journellement, la plupart du temps, maintes fois, plusieurs fois, souventefois (vx).

SOUVERAIN, E ▪ ***I. Adj.*** ⇒ **suprême.** ***II. Nom*** ⇒ **monarque.**

SOUVERAINETÉ ▪ Autorité, domination, empire, pouvoir, puissance, suprématie, suzeraineté.

SOVIET ▪ ***I.*** ⇒ **comité.** ***II.*** ⇒ **communiste.**

SOYEUX, EUSE ▪ Doux, duveteux, fin, lisse, moelleux, satiné, velouté, velouteux.

SPACIEUX, EUSE ▪ Ample, étendu, vaste. ⇒ **grand.**

SPADASSIN ▪ ***I.*** ⇒ **ferrailleur.** ***II.*** ⇒ **tueur.**

SPARTIATE ▪ Laconique, sobre. ⇒ **austère.**

SPASME ▪ ⇒ **convulsion.**

SPATIONAUTE ▪ Astronaute, cosmonaute.

SPEAKER ▪ Annonceur, disc-jockey, présentateur.

SPÉCIAL, E ▪ Caractéristique, distinct, distinctif, extraordinaire, individuel, original, particulier, propre à, remarquable, singulier.

SPÉCIALISTE ▪ Homme de l'art, médecin, savant, technicien, technocrate (péj.).

SPÉCIALITÉ ▪ ***I. Au pr. :*** branche, champ, département, division, domaine, fief, oignons (fam.), partie, sphère. ***II.*** ⇒ **remède.**

SPÉCIEUX, EUSE ▪ ***I.*** ⇒ **incertain.** ***II.*** ⇒ **trompeur.**

SPÉCIFIER ▪ Caractériser, déterminer, préciser. ⇒ **fixer.**

SPÉCIFIQUE ▪ ***I. Nom*** ⇒ **remède.** ***II. Adj. :*** caractéristique, distinct, net, précis, spécial, sui generis, typique.

SPÉCIMEN ▪ Échantillon, exemplaire, exemple, individu, modèle, prototype, unité.

SPECTACLE ▪ ***I. Au pr.*** **1.** Aspect, féerie, panorama, scène, tableau, vue. **2.** Attraction, ballet, cinéma, comédie, danse, divertissement, exhibition, happening, music-hall, numéro, projection, représentation, revue, séance, séance récréative, show, soirée. ***II. Par ext.*** **1.** Caleçonnade (péj.), fantaisie, fantasmagorie, grand-guignol. **2.** ⇒ **montre.**

SPECTACULAIRE ▪ ⇒ **extraordinaire.**

SPECTATEUR, TRICE ▪ Assistant, auditeur, auditoire, galerie, observateur, parterre, public, téléspectateur, témoin.

SPECTRE ▪ ***I. Au pr. :*** apparition, double, ectoplasme, esprit, fantôme, lémure, ombre, revenant, vision. ***II. Fig. :*** cauchemar, crainte, hallucination, hantise, idée fixe, manie, monomanie, obsession, peur, phantasme, phobie, psychose, souci.

SPÉCULATEUR, TRICE ▪ n. et adj. Accapareur, agioteur, baissier, boursicoteur, bricoleur, haussier, joueur, traficoteur, trafiquant, tripoteur.

SPÉCULATIF, IVE ▪ Abstrait, conceptuel, conjectural, contemplatif, discursif, hypothétique, métaphysique, philosophique, théorique.

SPÉCULATION ▪ ***I.*** Calcul, étude, projet, recherche. ⇒ **pensée.** ***II.*** ⇒ **théorie.** ***III. Non favorable.*** **1.** Accaparement, agiotage, jeu, raréfaction, trafic, traficotage (fam.), tripotage (fam.). **2.** Imagination, rêverie. ⇒ **rêve.** ***IV. Neutre :*** affaires, bourse, boursicotage (fam.), commerce, entreprise, transaction.

SPÉCULER ■ ***I.*** ⇒ **hasarder.** ***II.*** ⇒ **trafiquer.**

SPEECH ■ Allocution, baratin (fam.), causerie, compliment, conférence, éloge, laïus (fam.), toast. ⇒ **discours.**

SPERME ■ ***I.*** Graine, semence. ***II. Arg. et grossier :*** **1. Vx.** Foutre. **2.** Fromage, jus, paquet, purée, sauce, semoule, yaourt.

SPHÈRE ■ ***I.*** Armillaire, boule, globe, mappemonde. ***II.*** Champ, cercle, domaine, étendue, limite, milieu, monde (abusiv.), région, zone.

SPHÉRIQUE ■ ⇒ **rond.**

SPIRITUEL, ELLE ■ ***I.*** Abstrait, allégorique, figuré, immatériel, intellectuel, mental, moral, mystique, religieux, symbolique. ***II.*** Amusant, attique, brillant, comique, drôle, facétieux, fin, humoristique, ingénieux, intelligent, léger, malicieux, piquant, plaisant, satirique, vif.

SPIRITUEUX ■ ⇒ **liqueur.**

SPLEEN ■ Cafard (fam.), chagrin, ennui, hypocondrie, idées noires, mal du siècle, mélancolie, neurasthénie, nostalgie. ⇒ **tristesse.**

SPLENDEUR ■ ***I.*** ⇒ **lumière.** ***II.*** ⇒ **lustre.** ***III.*** ⇒ **luxe.**

SPLENDIDE ■ Brillant, éblouissant, étincelant, fastueux, glorieux, magnifique, merveilleux, somptueux, superbe. ⇒ **beau.**

SPOLIATION ■ Captation, dépossession, dol, éviction, expropriation, extorsion, fraude, frustration, soustration. ⇒ **vol.**

SPOLIER ■ Déposséder, dépouiller, désapproprier, déshériter, dessaisir, enlever, évincer, exproprier, extorquer, frustrer, ôter, priver, soustraire. ⇒ **voler.**

SPONGIEUX, EUSE ■ ⇒ **mou.**

SPONTANÉ, E ■ ***I. Quelqu'un :*** cordial, direct, franc, libre, naïf, naturel, ouvert, primesautier, rapide, sincère, volontaire. ***II. Quelque chose :*** automatique, impulsif, inconscient, involontaire.

SPONTANÉITÉ ■ ⇒ **sincérité.**

SPORADIQUE. ■ ***I. Dans l'espace :*** clairsemé, constellé, dispersé, disséminé, dissocié, divisé, écarté, écartelé, éparpillé, épars, séparé. ***II. Dans le temps :*** discontinu, intermittent, irrégulier, larvé, rémittent, saccadé, variable.

SPORT ■ Amusement, culture physique, entraînement, exercice, jeu.

SPRINT ■ Emballage, enlevage, finish, pointe, rush.

SPUMEUX, EUSE ■ Baveux, bouillonnant, écumeux, mousseux, spumescent.

SQUALE ■ Aiguillat, chien de mer, griset, lamie, maillet, marteau, orque, requin, rochier, roussette, touille.

SQUARE ■ ***I.*** ⇒ **jardin.** ***II.*** ⇒ **place.**

SQUELETTE ■ ***I. Au pr. :*** carcasse, charpente, momie, os, ossature, ossement. ***II. Par ext. :*** architecture, canevas. ⇒ **plan.**

SQUELETTIQUE ■ Décharné, défait, désossé, émacié, étique, fluet, grêle, sec. ⇒ **maigre.**

STABILISATION ■ ⇒ **affermissement.**

STABILISER ■ ⇒ **fixer.**

STABILITÉ ■ ***I. Au pr. :*** aplomb, assiette, assise, équilibre. ***II. Par ext.*** **1.** Certitude, consistance, constance, continuité, durabilité, fermeté, permanence, solidité. **2.** ⇒ **calme.**

STABLE ■ ***I. Au pr. :*** affermi, ancré,

assis, ferme, fixe, équilibré, immobile, immuable, inaltérable, inamovible, permanent, persistant, régulier, sédentaire, solide, stationnaire, statique. *II. Par ext. :* arrêté, assuré, certain, constant, continu, défini, déterminé, durable, inamissible, invariable, invariant, irrévocable, sûr.

STADE ▪ *I.* Carrière, piste, terrain, vélodrome. *II.* Degré, échelon, niveau, palier, partie, période, phase, terme.

STAFF ▪ Aggloméré, faux marbre, imitation, stuc.

STAGE ▪ *I.* Arrêt, moment, passage, période, station. ⇒ **séjour.** *II.* Alumnat, apprentissage, formation, juvénat, noviciat, préparation.

STAGNANT, E ▪ *I.* Dormant, marécageux. *II.* Immobile, inactif, lent, mort, stationnaire.

STAGNATION ▪ *I. Au pr. :* arrêt, immobilisation, stase. *II. Par ext.* 1. Ankylose, atrophie, langueur, marasme. 2. Crise, immobilisme, inertie, paralysie, piétinement.

STAGNER ▪ Croupir, macérer. ⇒ **séjourner.**

STALACTITE, STALAGMITE ▪ Concrétion, pétrification.

STALLE ▪ *I.* Banquette, gradin, miséricorde, place, siège. *II.* Box, loge.

STANCE ▪ Strophe. ⇒ **poème.**

STAND ▪ *I.* Pas de tir. *II.* ⇒ **magasin.**

STANDARD ▪ Conforme, courant, normalisé.

STANDARDISATION ▪ ⇒ **rationalisation.**

STANDARDISER ▪ ⇒ **normaliser.**

STANDING ▪ Classe, niveau de vie, prestige, rang.

STAR ▪ ⇒ **artiste.**

STASE ▪ *I.* ⇒ **congestion.** *II.* ⇒ **stagnation.**

STATION ▪ *I.* Arrêt, gare, halte, poste. *II.* Pause, stage. *III.* Attitude, position, posture. *IV. Loc.* **Station thermale** : bains, eaux, thermes, ville d'eaux.

STATIONNAIRE ▪ *I.* Casanier, sédentaire. *II.* Étale, fixe, immobile, invariable, stagnant. ⇒ **stable.**

STATIONNER ▪ S'arrêter, s'attarder, cesser, demeurer, camper, faire halte/relâche, se fixer, rester, séjourner, stopper.

STATIQUE ▪ ⇒ **stable.**

STATISTIQUE ▪ ⇒ **dénombrement.**

STATUAIRE ▪ Bustier, imagier (vx), modeleur, ornemaniste, sculpteur.

STATUE ▪ Bronze, buste, cariatide, figure, figurine, idole, image, marbre, monument, ronde-bosse, sculpture, simulacre.

STATUER ▪ Arrêter, établir, fixer, juger, ordonner. ⇒ **décider.**

STATUETTE ▪ *I.* Bilboquet, figurine, godenot, magot, marionnette, marmot (vx), marmouset, pagode, poupée, poussah, santon. *II.* Biscuit, chine, saxe, sèvres, tanagra.

STATURE ▪ Carrure, charpente, grandeur, hauteur, mesure, port, taille.

STATUT ▪ *I.* Arrêté, canon, charte, code, concordat, consigne, constitution, décret, discipline, édit, institution, loi, mandement, ordonnance, prescription, règle, règlement, réglementation. *II.* Accord, arbitrage, arrangement, convention, protocole. *III. Relig. :* canon, observance, règle.

STEAMBOAT, STEAMER ▪ ⇒ **bateau.**

STÈLE ▪ Cippe. ⇒ **tombe.**

STEPPE ▪ Lande, pampa, plaine, prairie, veld.

STÉRÉOTYPÉ, E ▪ ⇒ **figé.**

STÉRÉOTYPER ▪ Clicher, reproduire.

STÉRILE ■ ***I. Quelque chose.*** 1. Aride, désert, désolé, desséché, improductif, inculte, incultivable, infécond, infertile, ingrat, inutile, maigre, nul, pauvre, pouilleux, sec. 2. Aseptique, infermentescible, pasteurisé, stérilisé. ***II. Vétér. :*** bréhaigne, mule. ***III. Par ext. :*** inefficace, infructueux, oiseux, vain.

STÉRILISATION ■ ***I.*** Assainissement, pasteurisation, upérisation. ***II.*** ⇒ **castration.**

STÉRILISER ■ ***I. Au pr.*** 1. Aseptiser, désinfecter, étuver, javelliser, pasteuriser, purifier. 2. Bistourner, brétauder, castrer, chaponner, châtrer, couper, émasculer, hongrer, mutiler. ***II. Par ext. :*** appauvrir, assécher, dessécher, neutraliser. ⇒ **sécher.**

STÉRILITÉ ■ ***I. Au pr. :*** agénésie, impuissance, infécondité. ***II. Par ext.*** 1. ⇒ **pauvreté.** 2. ⇒ **sécheresse.**

STEWARD ■ ⇒ **serveur.**

STIGMATE ■ ⇒ **cicatrice, trace.**

STIGMATISER ■ ⇒ **flétrir, blâmer.**

STILLICIDE ■ ⇒ **gouttière.**

STIMULANT ■ ***I. Nom*** ⇒ **fortifiant.** ***II. Adj.*** 1. Incitant, mobilisateur, motivant. 2. ⇒ **affriolant.**

STIMULATION, STIMULUS ■ ⇒ **excitation.**

STIMULER ■ ⇒ **exciter.**

STIPE ■ ⇒ **tige.**

STIPENDIER ■ ⇒ **soudoyer.**

STIPULATION ■ Accord, clause, condition, convention, engagement, pacte, traité.

STIPULER ■ ⇒ **énoncer.**

STOCK ■ ⇒ **réserve.**

STOCKER ■ Déposer, entreposer. ⇒ **conserver.**

STOÏCIEN, ENNE ■ ***I.*** Stoïque, zénonique. ***II.*** Constant, dur, ferme, impassible, inébranlable, insensible.

STOÏCISME ■ ***I. Au pr. :*** zénonisme. ***II. Par ext.*** 1. ⇒ **constance.** 2. ⇒ **austérité.**

STOÏQUE ■ ***I.*** ⇒ **stoïcien.** ***II.*** ⇒ **courageux.** ***III.*** ⇒ **austère.**

STOMACAL, E, STOMACHIQUE ■ Gastrique.

STOPPER ■ ***I.*** Arrêter, bloquer, freiner, immobiliser. **Mar. :** mettre en panne, mouiller. ***II.*** Raccommoder, rentraire, réparer.

STORE ■ ⇒ **rideau.**

STRANGULER ■ ⇒ **étrangler.**

STRATAGÈME ■ ⇒ **ruse.**

STRATE ■ ⇒ **couche.**

STRATÈGE ■ Généralissime. ⇒ **chef.**

STRATÉGIE ■ ***Par ext. :*** diplomatie, manœuvre, pomologie, tactique. ⇒ **ruse.**

STRATÉGIQUE ■ ⇒ **militaire.**

STRATIFIER ■ ⇒ **accumuler.**

STRESS ■ Tension. ⇒ **inquiétude.**

STRICT, E ■ ⇒ **sévère.**

STRIDENT, E ■ ⇒ **aigu.**

STRIE ■ ⇒ **sillon.**

STRIER ■ Bretter, rayer, vermiculer.

STRIP-TEASE ■ Déballage, déshabillage, effeuillage.

STRIP-TEASEUSE ■ Effeuilleuse.

STROPHE ■ ⇒ **poème.**

STRUCTURE ■ Architecture, arrangement, charpente, construction, contexture, disposition, forme, groupement, ordonnance, ordre, organisation, ossature, plan, système, texture, tissure. ⇒ **composition.**

STUC ■ Aggloméré, faux marbre, imitation, staff.

STUDIEUX, EUSE ■ Accrocheur, appliqué, chercheur, fouilleur, laborieux, travailleur, zélé.

STUDIO ■ Appartement, chambre, garçonnière, logement, meublé, pied-à-terre, studette.

STUPÉFACTION ■ ***I. Au pr. :*** ankylose, engourdissement, immobilisation, immobilité, insensibilité. ***II. Par ext.*** **1.** Consternation, ébahissement, effarement, étonnement, saisissement, stupeur, surprise. **2.** Effroi, épouvante, horreur. ⇒ **peur.**

STUPÉFAIT, E ■ Abasourdi, ahuri, confondu, consterné, déconcerté, désorienté, ébahi, ébaubi, embarrassé, étonné, étourdi, frappé, frappé de stupeur, interdit, renversé, saisi, stupéfié, stupide, surpris. ***Fam. :*** baba, comme deux ronds de flan, ébouriffé, épaté, soufflé.

STUPÉFIANT, E ■ ⇒ **surprenant.**

STUPÉFIÉ, E ■ ⇒ **surpris.**

STUPÉFIER ■ ⇒ **surprendre.**

STUPEUR ■ ⇒ **stupéfaction.**

STUPIDE ■ ***I. Neutre.*** **1.** Engourdi, mou. **2.** Ébahi, étonné, hébété. ⇒ **stupéfait.** ***II. Non favorable :*** balourd, butor, demeuré, fondu (fam.), idiot, imbécile, insensé, lourd, lourdaud, lourdingue, minus, niais, pesant, sot. ⇒ **bête. Arg. :** tronche, trou-du-cul.

STUPIDITÉ ■ ***I. Quelque chose :*** ânerie, balourdise, crétinerie. ⇒ **sottise.** ***II. De quelqu'un :*** absurdité, béotisme, bornerie, crétinisme, idiotie, ineptie, lourderie (vx), lourdeur, pesanteur. ⇒ **bêtise.**

STUPRE ■ Concupiscence, corruption, immodestie, impudicité, impureté, indécence, lasciveté, lascivité, libertinage, licence, lubricité, luxure, obscénité, salacité. ⇒ **débauche.**

STYLE ■ ***I. Au pr. :*** écriture, élocution, expression, langage, langue. ***II. Par ext.*** **1.** Design, façon, facture, forme, genre, goût, griffe, main, manière, originalité, patte, pinceau, plume, signature, talent, ton, touche, tour. **2.** ⇒ **expression. 3.** ⇒ **procédé.**

STYLER ■ ***I.*** Acclimater, accoutumer, adapter, apprivoiser, endurcir, entraîner, façonner, faire à, familiariser, former, habituer, initier, mettre au courant/au fait de, plier à, rompre. ***II.*** Apprendre, catéchiser, dresser, éduquer, élever, endoctriner, enseigner, exercer, former, gouverner (vx), instituer (vx), instruire, préparer.

STYLET ■ ⇒ **poignard.**

STYLISER ■ Idéaliser, interpréter, schématiser, simplifier, transposer.

STYLISTE ■ Designer, dessinateur, modéliste.

SUAIRE ■ Drap, linceul, voile.

SUAVE ■ ⇒ **doux.**

SUAVITÉ ■ ⇒ **douceur.**

SUBALTERNE ■ ⇒ **subordonné.**

SUBCONSCIENT ■ Inconscient, intériorité, intimité, profondeurs.

SUBDIVISER ■ Désunir, diviser, fractionner, morceler, partager, répartir, sectionner, séparer.

SUBDIVISION ■ ⇒ **partie.**

SUBIR ■ Accepter, écraser (fam.), endurer, éprouver, essuyer, expérimenter, recevoir, ressentir, sentir, souffrir, soutenir, supporter, tolérer.

SUBIT, E ■ Brusque, brutal, foudroyant, fulgurant, immédiat, imprévu, inopiné, instantané, prompt, rapide, soudain.

SUBITEMENT, SUBITO ■ ⇒ **soudain.**

SUBJECTIF, IVE ■ ***I. Au pr. :*** personnel. ***II. Par ext. :*** partial, particulier.

SUBJUGUER ■ ***I.*** ⇒ **soumettre.** ***II.*** ⇒ **gagner.**

SUBLIMATION ■ ***I.*** Distillation, vaporisation, volatilisation. ***II.*** Exaltation, purification.

SUBLIME. ▪ ***I.*** ⇒ **élevé.** ***II.*** ⇒ **beau.**

SUBLIMER ▪ ***I.*** ⇒ **embellir.** ***II.*** ⇒ **transposer.**

SUBLIMITÉ ▪ Élévation, grandeur, noblesse, perfection, supériorité ⇒ **beauté.**

SUBMERGER ▪ ***I. Au pr. :*** arroser, couvrir, engloutir, ensevelir, envahir, inonder, mouiller, noyer, occuper, recouvrir, se répandre. ***II. Par ext.*** ⇒ **déborder.**

SUBMERSIBLE ▪ Bathyscaphe, sous-marin.

SUBODORER ▪ ***I. Au pr.*** ⇒ **sentir.** ***II. Par ext. :*** deviner, se douter de, flairer, soupçonner ⇒ **pressentir.**

SUBORDINATION ▪ ***I. Au pr. :*** asservissement, assujettissement, dépendance, esclavage, infériorité, joug, obédience, obéissance, servitude, sujétion, tutelle, vassalité. ***II. Par ext.*** ⇒ **hiérarchie.**

SUBORDONNÉ, E ▪ Domestique, esclave, humble, inférieur, second, sous-ordre, subalterne. ***Fam. :*** porte-pipe, sous-fifre, sous-verge.

SUBORDONNER ▪ ⇒ **soumettre.**

SUBORNATION ▪ Corruption, détournement, intimidation, séduction, tromperie, vénalité. ⇒ **malversation.**

SUBORNER ▪ ⇒ **séduire.**

SUBORNEUR ▪ Apprivoiseur, bourreau des cœurs, casanova, casse-cœur, charmeur, enjôleur, ensorceleur, fascinateur, galant, homme à bonnes fortunes/à femmes, larron d'honneur (vx), lovelace, séducteur, tombeau des cœurs, tombeur de femmes.

SUBREPTICE ▪ ***I.*** ⇒ **obreptice.** ***II.*** ⇒ **secret.**

SUBREPTICEMENT ▪ ⇒ **secrètement.**

SUBROGER ▪ Relever, remplacer, représenter, substituer.

SUBSÉQUEMMENT ▪ Après, ensuite, plus tard.

SUBSÉQUENT, E ▪ ⇒ **suivant.**

SUBSIDE ▪ ***I.*** ⇒ **impôt.** ***II.*** ⇒ **secours.**

SUBSIDIAIRE ▪ Auxiliaire, suffragant.

SUBSISTANCE ▪ ***I. Au sing. :*** alimentation, approvisionnement, denrée, entretien, intendance, nourriture, pain, pitance, ration, ravitaillement, vie. ***II. Au pl. :*** comestibles, victuailles, vivres.

SUBSISTER ▪ Se conserver, continuer, durer, s'entretenir, être, exister, se maintenir, persister, rester, surnager, survivre, tenir, vivoter, vivre.

SUBSTANCE ▪ ***I. Au pr. :*** essence, être, nature, quintessence, réalité, soi, substrat, substratum. ***II. Par ext. :*** cause, contenu, corps, élément, essentiel, fond, fondement, matière, moelle, objet, origine, principe, suc, sujet. ***III. Loc.*** **En substance** : en gros, en résumé, en somme, finalement, sommairement, substantiellement.

SUBSTANTIEL, ELLE ▪ ***I. Au pr. :*** important, principal. ***II. Par ext. :*** consistant, mangeable, matériel, nourrissant, nutritif, riche, solide.

SUBSTANTIF ▪ ⇒ **nom.**

SUBSTITUER ▪ ⇒ **remplacer.**

SUBSTITUTION ▪ ⇒ **remplacement.**

SUBTERFUGE ▪ Dérobade, échappatoire, escobarderie, faux-fuyant, fuite, pantalonnade, pirouette, volte-face. ⇒ **ruse.**

SUBTIL, E ▪ ***I.*** ⇒ **menu.** ***II.*** ⇒ **délicat.**

SUBTILISATION ▪ ⇒ **malversation.**

SUBTILISÉ, E ▪ ***I. Vx*** ⇒ **raffiné.** ***II.*** *Les part. passés de* VOLER *et ses synonymes.*

SUBTILISER ▪ ⇒ **voler.**

SUBTILITÉ ■ ***I. Favorable ou neutre :*** adresse, délicatesse, finesse, raffinement. ***II. Non favorable :*** abstraction, argutie, artifice, byzantinisme, casuistique, cavillation, chicane, chinoiserie (fam.), entortillage, équivoque, escamotage.

SUBVENIR ■ ⇒ **pourvoir.**

SUBVENTION ■ ***I.*** ⇒ **impôt.** ***II.*** ⇒ **secours.**

SUBVENTIONNER ■ ⇒ **aider.**

SUBVERSIF, IVE ■ ⇒ **révolutionnaire.**

SUBVERSION ■ Bouleversement, contestation, indiscipline, mutinerie, renversement, révolution, sédition.

SUBVERTIR ■ ⇒ **renverser.**

SUC ■ ⇒ **substance.**

SUCCÉDANÉ ■ Ersatz, produit de remplacement/de substitution.

SUCCÉDER ■ Continuer, hériter, relayer, relever, remplacer, se substituer, suivre, supplanter, suppléer. ***V. Pron.*** *:* Alterner, se dérouler, s'enchaîner, *et les formes pron. possibles des syn. de* SUCCÉDER.

SUCCÈS ■ ***I. Au pr.*** *:* réussite, triomphe, victoire. ***II. Par ext.*** **1.** Avantage, bonheur, bonne fortune, événement heureux, exploit, gain, gloire, honneur, issue heureuse, lauriers, performance, prospérité, prouesse, tour de force, trophée. **2.** Mode, retentissement, vogue. **3.** Best-seller, gros tirage. ***Fam.*** *:* malheur (faire un), tabac, ticket, tube.

SUCCESSEUR ■ Continuateur, dauphin, enfant, épigone, fils, héritier, queue (péj.), remplaçant.

SUCCESSIF, IVE ■ Consécutif, constant, continu, ininterrompu, progressif, régulier.

SUCCESSION ■ ***I. Au pr.*** *:* aubaine, douaire (vx), héritage, hoirie (vx ou jurid.), legs, mortaille (vx). ***II. Par ext.*** **1.** Bien, domaine, héritage, patrimoine, propriété. **2.** Circuit, consécution, continuation, courant, cours, course, enchaînement, fil, filiation, ordre, série, suite. **3.** Alternance, alternative, cadence. **4.** Cascade, chapelet, cortège, défilé, déroulement, enchaînement, énumération, kyrielle, procession, théorie.

SUCCESSIVEMENT ■ Alternativement, à tour de rôle, coup sur coup, l'un après l'autre, périodiquement, récursivement, rythmiquement, tour à tour.

SUCCINCT, E ■ ***I. Au pr.*** *:* abrégé, accourci, bref, compendieux (vx), concis, condensé, contracté, coupé, court, dense, diminué, écourté, elliptique, haché, laconique, lapidaire, raccourci, ramassé, réduit, resserré, restreint, résumé, serré, simple, sommaire. ***II. Par ext.*** *:* éphémère, fragile, fugace, fugitif, intérimaire, momentané, passager, périssable, précaire, pressé, prompt, provisoire, rapide, temporaire, transitoire.

SUCCOMBER ■ ***I. Au pr.*** ⇒ **mourir.** ***II. Par ext.*** **1.** Abandonner, battre la chamade, capituler, céder, demander grâce/merci, déposer/jeter bas/ mettre bas/ poser/rendre les armes, flancher, hisser le drapeau blanc, lâcher pied/prise, livrer les clefs, mettre les pouces, ouvrir les portes, parlementer, se rendre. **2.** ⇒ **fléchir.**

SUCCULENCE ■ ⇒ **délicatesse.**

SUCCULENT, E ■ ***I. Au pr.*** *:* appétissant, bon, délectable, délicat, excellent, exquis, fin, parfait, savoureux. ***II. Par ext.*** ⇒ **substantiel.**

SUCCURSALE ■ Agence, annexe, bureau, comptoir, dépendance, dépôt, filiale.

SUCER ■ ***I. Au pr.*** *:* aspirer, boire, lécher, suçoter, super, téter, tirer. ***II. Par ext.*** **1.** Absorber, attirer, exprimer, extraire, pomper. **2.** ⇒ **fellation.** ***III. Fig.*** ⇒ **ruiner.**

SUCRAGE ■ Chaptalisation.

SUCRE ■ ***I. Au pr. :*** cassonade, mélasse, saccharose, vergeoise, vesou. ***II. Par ext. :*** canard (fam.), saccharine, sucrerie. ***III. Loc.*** **Casser du sucre. ⇒ médire.**

SUCRÉ, E ■ ***I. Au pr. :*** adouci, doux, édulcoré, sirupeux. ***II. Fig.*** **1.** Benoît, chafouin, douceâtre, doucereux, doux, emmiellé, fade, melliflue, mielleux, mièvre, papelard, patelin, paterne, patte-pelu, sournois. ⇒ **hypocrite. 2. Fém. :** affectée, bêcheuse, chichiteuse, chipie, coquette, enjôleuse, gnangnan (fam.), grimacière, maniérée, mignarde, mijaurée, minaudière, pécore, perruche, pie-grièche, pimbêche.

SUCRER ■ Adoucir, édulcorer. ***V. pron.*** ⇒ **toucher.**

SUCRERIE ■ Bonbon, chatterie, confiserie, douceur, friandise, gourmandise, nanan (fam.).

SUCRIER ■ Saupoudreuse.

SUD ■ Antarctique, austral, méridional, midi.

SUER ■ ***I. V. intr.*** **1. Au pr. :** être en eau/en nage, moitir, se mouiller, transpirer. **2. Par ext. :** dégouliner, dégoutter, exsuder, ruisseler, suinter. **3. Fig. :** en baver (fam.), en roter (fam.), se claquer, se crever, s'échiner, s'épuiser, s'éreinter, s'esquinter, s'exténuer, se fatiguer, trimer. ⇒ **travailler.** ***II. V. tr. (fig.)*** ⇒ **exhaler.**

SUEUR ■ ***I. Au pr. :*** buée, eau, écume, excrétion, humeur (vx), hydrorrhée (méd.), moiteur, suée (fam.), transpiration, vapeur. ***II. Fig. :*** corvée, fatigue, peine, souci, veille. ⇒ **travail.**

SUFFIRE ■ Apaiser, contenter, être assez/suffisant, fournir, pourvoir, satisfaire.

SUFFISAMMENT ■ Assez, à satiété.

SUFFISANCE ■ ⇒ **orgueil.**

SUFFISANT, E ■ ***I.*** Assez bien, congru, convenable, correct, honnête, honorable, raisonnable, satisfaisant. ***II.*** ⇒ **orgueilleux.**

SUFFOCANT, E ■ ***I. Au pr. :*** accablant, asphyxiant, chaud, étouffant, torride. ***II. Fig.*** **Neutre ⇒ étonnant.** ***III. Non favorable :*** agaçant, crispant, énervant, exaspérant, horripilant, irritant.

SUFFOCATION ■ Asthme, asphyxie, dyspnée, étouffement, étranglement, oppression.

SUFFOQUER ■ ⇒ **étouffer.**

SUFFRAGE ■ ***I. Au pr.*** ⇒ **vote.** ***II. Par ext.*** ⇒ **approbation.**

SUGGÉRER ■ ⇒ **inspirer.**

SUGGESTIF, IVE ■ Allusif, charmeur, ensorcelant, envoûtant, évocateur, prenant, saisissant, séduisant, troublant.

SUGGESTION ■ ***I.*** ⇒ **avertissement.** ***II.*** ⇒ **inspiration.**

SUGGESTIONNER ■ ⇒ **influer.**

SUICIDER (SE) ■ Se détruire, se donner la mort, se défaire, faire harakiri, se faire sauter (la cervelle/le caisson), se flinguer, s'immoler, mettre fin à ses jours, se saborder (fig.), se supprimer.

SUI GENERIS ■ Distinct, original, particulier, personnel, spécial.

SUINTEMENT ■ ⇒ **écoulement.**

SUINTER ■ Couler, dégouliner (fam.), s'échapper, s'écouler, s'égoutter, émaner, exsuder, fuir, goutter, perler, pleurer (fig.), ruisseler, sécréter, sourdre, suer, transsuder.

SUITE ■ ***I. Au pr.*** **1.** Appareil, cortège, cour, entourage, équipage, escorte, garde, gens, maison, train. **2.** Continuation, continuité, cours, déroulement, développement, enchaînement, fil, filiation, liaison, prolongation, prolongement, reprise, tourne (techn.). ***II. Par ext.*** **1.** Alternance, alternative, cascade, chaîne, chapelet, concaténation, découpage, défilé, enfilade, engrenage, énumération, file, gamme, kyrielle, liste, ordre, ribambelle, séquence, série, succession, tissu, trame. **2.** Aboutissement, conséquence, contrecoup, cortège, éclaboussure, effet, imbrication, implication, incidence, lendemain, rançon, reliquat, répercussion, résultat, retombée, ricochet, séquelle, séquence. **3.** Cohérence, cohésion. **4.** ⇒ **persévérance.** ***III. Loc.*** **1. Tout de suite** : à l'instant, aussitôt, illico (fam.), immédiatement, incessamment, sans délai, sans plus attendre, sur-le-champ. **2. Dans/par la suite** : à/dans l'avenir, après cela, demain, depuis, désormais, dorénavant, ensuite, plus tard. **3.** À cause de, par suite de, en raison de, grâce à.

SUIVANT, E ▪ adj. Autre, futur, postérieur, subséquent, successeur, ultérieur.

SUIVANT, E ▪ n. Acolyte, aide, confident, continuateur, disciple, inférieur, remplaçant, suiveur.

SUIVANT ▪ prép. Conformément à, dans, d'après, selon.

SUIVANTE ▪ Confidente, dame/demoiselle de compagnie/d'honneur, fille, fille d'honneur. ⇒ **servante.**

SUIVI, E ▪ ***I.*** Assidu, constant, continu, continuel, d'affilée, durable, éternel, immuable, incessant, indéfectible, infini, ininterrompu, interminable, invariable, opiniâtre, permanent, perpétuel, persistant, prolongé, régulier, sans arrêt/cesse/fin/répit/trêve, sempiternel, soutenu, successif. ***II.*** ⇒ **logique.**

SUIVRE ▪ ***I. Au pr.*** **1.** Accompagner, emboîter le pas, escorter, marcher derrière, poursuivre, serrer, talonner. **2.** Côtoyer, descendre, emprunter, longer, parcourir, prendre, remonter. ***II. Par ext.*** **1.** Espionner, filer, observer, pister, prendre en filature, surveiller. ⇒ **écouter. 2.** Continuer, remplacer. ⇒ **succéder. 3.** Courtiser, fréquenter, hanter, sortir avec. **4.** ⇒ **comprendre. 5.** Assister à, écouter, être présent, s'intéresser à, regarder, voir. **6.** ⇒ **abandonner (s').** **7.** ⇒ **soumettre (se). 8.** ⇒ **résulter. 9.** ⇒ **obéir. 10.** Adhérer, adopter, se décider pour, se déclarer pour, embrasser, épouser, prendre parti, se prononcer, se ranger, tenir pour.

SUJET ▪ n. ***I.*** Cause, lieu, matière, motif, objet, point, problème, propos, question, raison. ***II.*** Affabulation, article, canevas, champ, étoffe, fable, histoire, idée, intrigue, thème. ***III.*** Cobaye (fig.), malade, patient. ⇒ **homme.** ***IV. Loc.*** **1. Bon sujet** : élève, enfant, petit. **2. Mauvais sujet** ⇒ **vaurien.**

SUJET, ETTE ▪ adj. ***I.*** Astreint, dépendant, enclin, exposé, habitué, porté à, susceptible. ***II.*** Gouverné, inférieur, soumis, tributaire.

SUJÉTION ▪ ⇒ **subordination.**

SUMMUM ▪ Apogée, comble, excès, faîte, fort, limite, maximum, période, pinacle, sommet, triomphe, zénith.

SUPER ▪ ⇒ **sucer.**

SUPERBE ▪ n. Amour-propre, arrogance, dédain, estime de soi, fatuité, fierté, gloriole, hauteur, importance, infatuation, jactance, mégalomanie, morgue, orgueil, ostentation, outrecuidance, pose, présomption, prétention, suffisance, supériorité, vanité.

SUPERBE ▪ adj. ***I.*** Altier, arrogant, avantageux, content de soi, crâneur, dédaigneux, faraud, fat, fier, flambard, glorieux, gobeur, hautain, important, infatué, m'as-tu-vu, orgueilleux, outrecuidant, paon, pénétré de soi, plastronneur, poseur, présomptueux, prétentieux, puant, satisfait de soi, sourcilleux, suffisant, supérieur, vain, vaniteux. ***II.*** ⇒ **beau.**

SUPERCHERIE ▪ ⇒ **tromperie.**

SUPERFÉTATION ▪ ⇒ **superfluité.**

SUPERFÉTATOIRE ▪ ⇒ **superflu.**

SUPERFICIE ■ ***I.*** ⇒ **surface.** ***II.*** ⇒ **aspect.**

SUPERFICIEL, ELLE ■ ⇒ **léger.**

SUPERFIN, E ■ ⇒ **parfait.**

SUPERFLU, E ■ De trop, exagéré, excessif, explétif, oiseux, parasite, redondant, superfétatoire, surabondant. ⇒ **inutile.**

SUPERFLUITÉ ■ Bavardage, cheville, délayage, double emploi, excès, longueur, luxe, pléonasme, redite, redondance, rembourrage, remplissage, superfétation, surabondance, surcharge.

SUPÉRIEUR, E ■ n. Chef, directeur, doyen, grand maître, général, maître, patron, prieur.

SUPÉRIEUR, E ■ adj. ***I. Quelqu'un.*** **1. Favorable ou neutre** : beau, bon, distingué, émérite, éminent, excellent, extraordinaire, génial, transcendant. **2. Non favorable** : arrogant, condescendant, dédaigneux, fier. ⇒ **superbe.** ***II. Quelque chose.*** **1. Au pr.** : dominant, élevé, haut. **2. Par ext.** : délectable, du nanan, excellent, extra, fameux, fin, formidable, maxi (fam.), royal, sans pareil, sensas (fam.), sensationnel, super (fam.), superfin, suprême, surfin, unique. ***III. Une classe sociale :*** dirigeant, dominant, possédant, prééminent, prépondérant.

SUPÉRIORITÉ ■ ***I.*** Atout, avantage, dessus, prééminence, préexcellence, prépondérance, prépotence, primauté, privilège, suprématie. ***II.*** Empire, hégémonie, maîtrise, précellence, royauté, sceptre. ***III. De quelqu'un.*** **1. Favorable** : distinction, excellence, génie, mérite, transcendance. **2. Non favorable** : arrogance, condescendance, dédain, fierté. ⇒ **superbe.** ***IV. De quelque chose :*** excellence, finesse, qualité.

SUPERLATIF, IVE ■ Au plus haut degré, extraordinaire, parfait. ⇒ **excessif.**

SUPERPOSER ■ ⇒ **accumuler.**

SUPERPOSITION ■ ⇒ **accumulation.**

SUPERSTITIEUX, EUSE ■ Crédule, fétichiste, naïf, scrupuleux.

SUPERSTITION ■ ***I. Au pr. :*** crédulité, fétichisme, naïveté. ***II. Fig. :*** scrupule. ⇒ **soin.**

SUPPLANTER ■ ⇒ **remplacer.**

SUPPLÉANCE ■ ⇒ **remplacement.**

SUPPLÉANT, E ■ ⇒ **remplaçant.**

SUPPLÉER ■ ***I.*** ⇒ **compléter.** ***II.*** ⇒ **remplacer.** ***III.*** ⇒ **pourvoir.**

SUPPLÉMENT ■ Accessoire, à-côté, addenda (fam.), additif, addition, ajout, ajoutage, ajouture, appendice, appoint, augmentation, complément, excédent, extra, préciput (jurid.), rabiot (fam.), rallonge, surcroît, surplus.

SUPPLÉMENTAIRE ■ Accessoire, additionnel, adventice, ajouté, annexé, complémentaire, de surcroît, en appoint/complément/excédent/rabiot/surplus, en plus, subsidiaire, supplétif, surérogatoire.

SUPPLÉTIF, IVE ■ ⇒ **remplaçant.**

SUPPLIANT, E ■ Demandant, implorant, larmoyant, mendiant, pressant, priant.

SUPPLICATION ■ ***I.*** Appel, demande, démarche, déprécation, imploration, instance, invitation, invocation, obsécration, pétition, placet (vx), pourvoi, quête (vx), requête , réquisition, réquisitoire, sollicitation, supplique. ***II.*** ⇒ **prière.**

SUPPLICE ■ ***I.*** Affliction, autodafé, billot, bûcher, calvaire, châtiment, décapitation, décollation, échafaud, enfer, exécution, géhenne (vx), martyre, mort, peine, persécution, punition, question (vx), torture, tourment. ***II.*** ⇒ **inquiétude.** ***III.*** ⇒ **souffrance.** ***IV. Loc.*** **Mettre au supplice** ⇒ **tourmenter.**

SUPPLICIER ■ Exécuter, mettre à mort. ⇒ **tuer.**

SUPPLIER ■ ***I.*** Adjurer, appeler, conjurer, demander, implorer, insister, presser, prier, réclamer, recommander, requérir, solliciter. ***II.*** Convier, inviter.

SUPPLIQUE ■ ⇒ **supplication.**

SUPPORT ■ ⇒ **appui.**

SUPPORTABLE ■ Buvable (fam.), endurable, excusable, passable, sortable, suffisant, tenable, tolérable.

SUPPORTER ■ ***I.*** ⇒ **soutenir.** ***II.*** ⇒ **souffrir.** ***III.*** ⇒ **comporter.**

SUPPOSÉ, E ■ Admis, apocryphe (péj.), attribué, censé, conjectural, cru, douteux, faux, imaginaire, incertain, présumé, prétendu, putatif.

SUPPOSER ■ Admettre, conjecturer, extrapoler, imaginer, inventer, penser, poser, présumer, présupposer.

SUPPOSITION ■ Cas de figure, condition, conjecture, doute, extrapolation, hypothèse, induction, jeu de l'esprit, préjugé, présomption, supputation.

SUPPÔT ■ Agent, partisan, satellite. ⇒ **complice.**

SUPPRESSION ■ Abandon, abolition, abrogation, amputation, annulation, aphérèse, cessation, coupure, dérogation, destruction, discontinuation, effacement, élimination, empêchement, exclusion, extinction, liquidation, mutilation, privation, retranchement, scotomisation (psych.).

SUPPRIMER ■ ***I.*** ⇒ **détruire.** ***II.*** ⇒ **retrancher.** ***III.*** ⇒ **taire.** ***IV.*** ⇒ **étouffer.** ***V.*** ⇒ **tuer.** ***VI. V. pron.*** ⇒ **suicider (se).**

SUPPUTATION ■ ***I.*** ⇒ **évaluation.** ***II.*** ⇒ **supposition.**

SUPPUTER ■ ***I.*** ⇒ **évaluer.** ***II.*** ⇒ **compter.**

SUPRASENSIBLE ■ Abstrait, immatériel, insensible.

SUPRÉMATIE ■ ⇒ **supériorité.**

SUPRÊME ■ ***I. Au pr. :*** dernier, final, ultime. ***II. Par ext. :*** divin, grand, parfait, puissant, souverain, superlatif. ⇒ **supérieur.**

SUR, E ■ ⇒ **aigre.**

SÛR, E ■ ***I. Au pr. :*** assuré, authentique, avéré, certain, clair, constant, couru (fam.), établi, évident, exact, fatal, garanti, incontestable, indubitable, positif. ***II. Par ext.*** **1.** Abrité, caché, gardé, imprenable, protégé, tranquille. **2.** Confiant, convaincu, ferme. **3.** Crédible, efficace, éprouvé, fiable, fidèle, vrai. **4.** Sain et sauf.

SURABONDANCE ■ ***I.*** ⇒ **affluence.** ***II.*** ⇒ **superfluité.**

SURABONDANT, E ■ ***I.*** ⇒ **abondant.** ***II.*** ⇒ **superflu.**

SURANNÉ, E ■ Ancien, antique, archaïque, arriéré, attardé, caduc, démodé, désuet, fini, fossile, kitsch, gothique, obsolète, passé, périmé, rococo, sans valeur, usé, vieilli, vieillot, vieux.

SURBAISSER ■ ⇒ **baisser.**

SURCHARGE ■ ***I.*** ⇒ **surcroît.** ***II.*** ⇒ **superfluité.**

SURCHARGER ■ Accabler, alourdir, augmenter, charger, combler, écraser, encombrer, excéder, grever, imposer, obérer, oppresser.

SURCLASSER ■ ⇒ **surpasser.**

SURCROÎT ■ Augmentation, excédent, handicap, supplément, surcharge, surplus.

SURÉLÉVATION ■ ⇒ **haussement.**

SURÉLEVER ■ ⇒ **hausser.**

SÛREMENT ■ Absolument, à coup sûr, assurément, certainement, certes, évidemment, fatalement, forcément, inévitablement, nécessairement, obligatoirement.

SURENCHÈRE ■ ⇒ **enchère.**

SURÉROGATOIRE ■ ⇒ **supplémentaire.**

SURESTIMER ■ ⇒ **surfaire.**

SÛRETÉ ■ *I.* Assurance, caution, certitude, gage, garantie. *II.* ⇒ **sécurité.** *III. Loc.* **En sûreté :** à l'abri, à couvert, en sécurité.

SURÉVALUATION ■ ⇒ **exagération.**

SURÉVALUER ■ ⇒ **surfaire.**

SUREXCITATION ■ Bouleversement, énervement, irritation. ⇒ **agitation.**

SUREXCITER ■ ⇒ **exciter.**

SURF ■ Monoski. ***Par ext. :*** planche à voile, véliplanche.

SURFACE ■ *I. Au pr. :* aire, assiette, contenance, étendue, plan, superficie. *II. Par ext.* 1. Apparence, contenance, dehors, extérieur, face, parement, mine. 2. Crédit, solvabilité.

SURFAIRE ■ Amplifier, bluffer, charger, encenser, enfler, exagérer, exalter, faire mousser/valoir, forcer, grandir, grossir, hâbler, ne pas y aller de main morte, outrer, pousser, surestimer, surévaluer, vanter.

SURFAIT, E ■ Abusif, démesuré, exagéré, exorbitant, outré. ⇒ **excessif.**

SURFIL ■ ⇒ **surjet.**

SURFIN, E ■ ⇒ **parfait.**

SURGEON ■ ⇒ **pousse.**

SURGIR ■ *I.* ⇒ **sortir.** *II.* ⇒ **paraître.** *III.* ⇒ **naître.**

SURGISSEMENT ■ ⇒ **apparition.**

SURHAUSSER ■ Augmenter, élever, exhausser, soulever, surélever.

SURHUMAIN, E ■ ⇒ **surnaturel.**

SURJET ■ Assemblage, couture, faufilage (fam.), faufilure, point, surfil.

SUR-LE-CHAMP ■ À l'instant, aussitôt, d'abord, d'emblée, illico (fam.), immédiatement, incessamment, incontinent, instantanément, séance tenante, tout de suite.

SURMENAGE ■ ⇒ **fatigue.**

SURMENÉ, E ■ ⇒ **fatigué.**

SURMENER ■ ⇒ **fatiguer.**

SURMONTER ■ *I.* ⇒ **vaincre.** *II.* ⇒ **surpasser.** *III. V. pron. :* se dominer, être maître de soi, se maîtriser, se mater, se posséder, se vaincre.

SURNAGER ■ ⇒ **flotter, subsister.**

SURNATUREL, ELLE ■ adj. *I.* Religieux, sacré, spirituel. *II.* Extraordinaire, fantasmagorique, fantastique, féerique, immatériel, magique, merveilleux, métaphysique, miraculeux, parapsychique, prodigieux, sorcier, surhumain.

SURNATUREL ■ n. *I.* Au-delà, grâce, religion, sacré. *II.* Fantasmagorie, fantastique, féerie, magie, merveilleux, mystère, prodige, sorcellerie.

SURNOM ■ Nom de guerre/de plume/de théâtre, pseudonyme, qualificatif, sobriquet.

SURNOMBRE ■ ⇒ **excès.**

SURNOMMER ■ Affubler, appeler, baptiser, qualifier.

SURPASSER ■ Battre, damer le pion (fam.), dégoter (vx), dépasser, devancer, distancer, dominer, éclipser, l'emporter sur, enfoncer (fam.), être supérieur à, excéder, outrepasser, passer, prévaloir, primer, surclasser, surmonter. ***V. pron. :*** briller, dégoter, être fort/habile à/le meilleur, s'exalter, surclasser, triompher.

SURPLIS ■ Rochet.

SURPLOMBER ■ ⇒ **saillir.**

SURPLUS ■ *I.* ⇒ **excès.** *II.* ⇒ **supplément.**

SURPLUS (AU) ■ Après tout, au/de plus, au reste, aussi, d'ailleurs, en outre, mais.

SURPRENANT, E ▪ Abracadabrant, anormal, bizarre, brusque, curieux, déconcertant, drôle, épatant, étonnant, étourdissant, étrange, extraordinaire, formidable, grand, imprévu, inattendu, inconcevable, incroyable, inopiné, insoupçonnable, invraisemblable, magique, merveilleux, mirifique, nouveau, phénoménal, prodigieux, rapide, renversant, saisissant, stupéfiant.

SURPRENDRE ▪ ***I.*** Intercepter, obtenir, saisir. ⇒ **prendre.** ***II.*** Apercevoir, déceler, découvrir, pincer (fam.). ⇒ **voir.** ***III.*** ⇒ **attaquer.** ***IV.*** Consterner, ébahir, passer l'entendement, pétrifier, renverser, saisir, stupéfier. ⇒ **étonner.** ***V.*** Abuser, attraper, circonvenir, confondre, décevoir, déconcerter, duper, embarrasser, induire en erreur, tromper.

SURPRIS, E ▪ Baba (fam.), confondu, consterné, déconcerté, désorienté, ébahi, ébaubi, ébouriffé (fam.), embarrassé, épaté (fam.), étonné, étourdi, frappé, frappé de stupeur, honteux, interdit, renversé, saisi, soufflé (fam.), stupéfait, stupéfié, stupide.

SURPRISE ▪ ***I. Favorable ou neutre.*** **1.** Ahurissement, ébahissement, éblouissement, effarement, épatement (fam.), étonnement, saisissement. ⇒ **stupéfaction. 2.** Coup de théâtre. **3.** ⇒ **don.** ***II. Non favorable.*** **1.** Commotion, confusion, consternation, embarras. **2.** Embûche, embuscade, guet-apens ⇒ **piège.**

SURPRISE-PARTIE ▪ ***I.*** ⇒ **bal.** ***II.*** ⇒ **pique-nique.**

SURSAUT ▪ ***I.*** ⇒ **saut.** ***II.*** ⇒ **tressaillement.**

SURSAUTER ▪ ⇒ **tressaillir.**

SURSEOIR ▪ ⇒ **retarder.**

SURSIS ▪ ⇒ **délai.**

SURTOUT ▪ adv. Éminemment, en particulier, notamment, par-dessus tout, particulièrement, plus que tout, principalement, singulièrement, spécialement.

SURTOUT ▪ n. Bleu, caban, cache-poussière, casaque, cotte, sarrau, souquenille, tablier.

SURVEILLANCE ▪ Aguet, attention, conduite, contrôle, épiement, espionnage, filature, filtrage, garde, guet, inspection, patrouille, ronde, veille, vigilance.

SURVEILLANT, E ▪ ***I.*** Argousin (péj.), argus, commissaire, contrôleur, épieur, espion, garde, garde-chiourme (péj.), gardien, guetteur, inspecteur, maton (arg.), patrouilleur, veilleur, vigie. ***II.*** Maître, maître d'étude, maître d'internat, pion (fam.), répétiteur, sous-maître (vx).

SURVEILLER ▪ ***I.*** Gafiller (arg.). ⇒ **observer.** ***II.*** ⇒ **veiller.**

SURVENANCE ▪ ⇒ **arrivée.**

SURVENIR ▪ ***I.*** ⇒ **venir.** ***II.*** ⇒ **arriver.**

SURVIVANCE ▪ Conservation, continuation, permanence, persistance, regénérescence, rémanence, reste, réveil, souvenir, suite, survie, tradition.

SURVIVANT, E ▪ Indemne, miraculé, rescapé, sain et sauf, tiré d'affaires.

SURVIVRE ▪ ⇒ **subsister.**

SUSCEPTIBILITÉ ▪ Excitabilité, hypersensibilité, irritabilité.

SUSCEPTIBLE ▪ ***I. Au pr. :*** apte, bon, capable, idoine, passible, qualifié, sujet à. ***II. Par ext. :*** braque, chatouilleux, délicat, excitable, hérissé, hypersensible, irritable, ombrageux, pointilleux, pointu, prompt, sensible, sensitif.

SUSCITER ▪ Amener, appeler, apporter, attirer, causer, créer, déchaîner, déclencher, déterminer, donner/fournir lieu/occasion, engendrer, entraîner, être la cause de, faire, motiver, nécessiter, occasionner, porter, prêter à, procurer, produire. ⇒ **provoquer.**

SUSCRIPTION ▪ Adresse, libellé.

SUSDIT, E ▪ ***I.*** Susdénommé, susmentionné, susnommé. ***II.*** Dito, idem.

SUSPECT, E ▪ ***1. Au pr. :*** apocryphe, douteux, équivoque, problématique. ***II. Par ext.*** **1.** Borgne (fam.), interlope, louche, malfamé. **2.** Inculpable, marron, sentant fagot (fam.)/le roussi (fam.), soupçonné, sujet à caution, trouble, véreux.

SUSPECTER ▪ ⇒ **soupçonner.**

SUSPENDRE ▪ ***I.*** ⇒ **pendre.** ***II.*** ⇒ **interrompre.** ***III.*** ⇒ **destituer.**

SUSPENDU, E ▪ (Fig.). ***I. Quelque chose :*** arrêté, censuré, en suspens, fermé, interdit, interrompu, saisi, stoppé. ***II. Quelqu'un.*** **1. Neutre** : en suspens, hésitant, incertain, irrésolu. **2. Non favorable** : chassé, crossé (fam.), destitué, révoqué, sanctionné.

SUSPENS (EN) ▪ En carafe (fam.), en panne, en souffrance. ⇒ **suspendu.**

SUSPENSION ▪ ***I.*** Abandon, arrêt, cessation, discontinuation, fermeture, interruption, moratoire, pause, repos, temps d'arrêt, vacances. ⇒ **délai.** ***II.*** Cardan, ressorts. ***III.*** Lampe, lustre. ***VI. Loc.*** **Suspension d'armes** : armistice, cessez-le-feu, trêve.

SUSPICIEUX, EUSE ▪ ⇒ **soupçonneux.**

SUSPICION ▪ ⇒ **soupçon.**

SUSTENTER ▪ ⇒ **nourrir.**

SUSURRER ▪ ⇒ **murmurer.**

SUTURE ▪ ***I.*** ⇒ **joint.** ***II.*** ⇒ **transition.**

SUZERAIN ▪ ⇒ **seigneur.**

SVELTE ▪ ***I.*** Allongé, délicat, délié, effilé, élancé, étroit, filiforme, fin, fluet, fragile, fuselé, gracile, grêle, maigre, menu, mince, petit, souple, ténu. ***II.*** ⇒ **élégant.**

SVELTESSE ▪ ***I.*** ⇒ **élégance.** ***II.*** ⇒ **finesse.** ***III.*** ⇒ **souplesse.**

SYBARITE ▪ ***I. Favorable ou neutre :*** bon vivant, délicat, épicurien, raffiné, sensuel, voluptueux. ***II. Non favorable :*** débauché, efféminé, jouisseur, mou, noceur, viveur.

SYBARITISME. ▪ ⇒ **sensualité.**

SYCOPHANTE ▪ Accusateur, délateur, dénonciateur, espion, fourbe, mouchard, mouton (arg.), trompeur. ⇒ **hypocrite.**

SYLLABE ▪ ***Par ext. :*** mètre, pied.

SYLLOGISME ▪ ⇒ **raisonnement.**

SYLPHE, SYLPHIDE ▪ Elfe. ⇒ **génie.**

SYLVAIN ▪ Dryade, faune. ⇒ **génie.**

SYLVE ▪ ⇒ **bois.**

SYLVESTRE ▪ Forestier.

SYLVICULTEUR ▪ Arboriculteur, forestier, pépiniériste.

SYMBOLE ▪ ***I.*** Apparence, attribut, chiffre, devise, drapeau, emblème, enveloppe, figure, image, insigne, marque, signe, type. ***II.*** Allégorie, allusion, anagogie, apologue, comparaison, métaphore, notation, représentation.

SYMBOLIQUE ▪ Allégorique, anagogique, emblématique, expressif, figuré, métaphorique, mystique, spirituel, typique.

SYMBOLISER ▪ Envelopper, expliquer, exprimer, figurer, incarner, matérialiser, personnifier, représenter.

SYMÉTRIE ▪ ⇒ **équilibre.**

SYMÉTRIQUE ▪ ⇒ **semblable.**

SYMPATHIE ▪ Accord, affection, affinité, amitié, attirance, attraction, bienveillance, compassion, condoléances (partic.), conformité/convenance des goûts, cordialité, écho, empathie (psych.), estime, faible, fraternité, harmonie, inclination, intérêt, penchant, pitié, popularité, sensibilité, tendance, tendresse, unisson.

SYMPATHIQUE ■ ⇒ **aimable.**

SYMPATHISER ■ ⇒ **entendre (s').**

SYMPHONIE ■ ***I. Au pr. :*** concert, musique, symphonie concertante. ***II. Par ext. :*** chœur, entente, harmonie. ⇒ **union.**

SYMPTOMATIQUE ■ ⇒ **caractéristique.**

SYMPTÔME ■ Diagnostique, indice, manifestation, marque, présage, prodrome, signe, signe avant-coureur, signe prognostique, syndrome.

SYNALLAGMATIQUE ■ Bilatéral, mutuel, réciproque.

SYNARCHIE ■ Énarchie, oligarchie, ploutocratie, technocratie.

SYNCHRONE ■ Concordant, correspondant, simultané, synchronique.

SYNCHRONISME ■ Coïncidence, concordance, correspondance, simultanéité, synchronie.

SYNCOPE ■ ***I.*** ⇒ **évanouissement.** ***II.*** ⇒ **ellipse.**

SYNCOPÉ, E ■ ⇒ **haché.**

SYNCRÉTISME ■ ⇒ **union.**

SYNDIC ■ Agent, arbitre, fondé de pouvoir, liquidateur, mandataire, représentant.

SYNDICAT ■ Association, compagnonnage, coopération, corporation, fédération, groupement, mutualité, mutuelle, société, union.

SYNDIQUER ■ ⇒ **associer.**

SYNDROME ■ ⇒ **symptôme.**

SYNODE ■ ⇒ **consistoire.**

SYNONYME ■ ***I. Nom :*** à peu près, approchant, équivalent, para/quasi-synonyme, remplaçant, similitude, substitut. ***II. Adj.*** ⇒ **pareil.**

SYNTAXE ■ Arrangement, combinatoire, construction, grammaire, règle, structure, système.

SYNTHÈSE ■ ***I.*** Association, combinaison, composition, déduction, ensemble, formation, généralisation, jonction, reconstitution, réunion. ***II.*** Abrégé, conclusion, enseignement, morale, raccourci, reprise, résumé.

SYNTHÉTIQUE ■ ⇒ **artificiel.**

SYNTHÉTISER ■ ***I.*** ⇒ **réunir.** ***II.*** ⇒ **résumer.**

SYPHILIS ■ ⇒ **vérole.**

SYSTÉMATIQUE ■ ***I. Au pr.*** **1.** Déductif, logique. **2.** Méthodique, ordonné, organisé, réglé, systématisé. ***II. Par ext. :*** doctrinaire, entêté, intolérant.

SYSTÈME ■ ***I. Au pr. :*** corps de doctrine, doctrine, dogmatisme, dogme, explication, idéologie, opinion, pensée, philosophie, structure, théorie, thèse. ***II. Par ext.*** **1.** Manière, méthode, moyen, plan, procédé, tendance. **2.** Arcane, combinaison, combine, jeu. **3.** Constitution, gouvernement, politique, régime.

t

TABAC ■ ***I.*** Brésil, caporal, gris, havane, herbe à Nicot (vx), herbe sainte (vx), maryland, nicotiane (vx), pétun, scaferlati, sumatra, virginie. **Arg. :** gros-cul, percale, perle, perlot, trèfle. ***II. Loc.*** **1. Passer à tabac ⇒ tabasser. 2. Pot à tabac ⇒ nain.**

TABAGIE ■ **⇒ cabaret.**

TABAGISME ■ Nicotinisme.

TABASSER ■ Passer à tabac, rosser, rouer de coups. **⇒ battre.**

TABATIÈRE ■ Imposte, lucarne, oculus. **⇒ fenêtre, ouverture.**

TABELLION ■ Clerc, garde-notes (vx), greffier, notaire, officier ministériel/public, plumitif (péj.), scribe, scribouillard (péj.), secrétaire.

TABLE ■ ***I.*** Bureau, comptoir, console, établi, étal, guéridon, pupitre, tablette. ***II.*** Menu. **⇒ ordinaire.** ***III.*** **⇒ surface.** ***IV.*** Abaque, index, répertoire. **⇒ tableau.** ***V.*** **⇒ sommet.** ***VI. Loc.*** **Se mettre à table. 1. Au pr. :** s'attabler, s'installer, se placer. **2. Arg. ⇒ dénoncer. 3. Table ronde :** carrefour, commission, conférence, débat, rencontre, réunion, séance de travail, symposium.

TABLEAU ■ ***I.*** Cadre, croûte (péj.), navet (péj.), poster, tableautin, toile. ***II.*** Aquarelle, aquatinte, bois gravé, bosse, buste, chromo (péj.), croquis, décalcomanie, dessin, détrempe, eau-forte, effigie, enseigne, estampe, figure, forme, fresque, gouache, graphique, gravure, héliogravure, illustration, litho, lithographie, médaillon, mine de plomb, miniature, pastel, peinture, plan, planche, photo, pochade, réplique, reproduction, sanguine, schéma, sépia, tête, tracé, trompe-l'œil, vignette, vue. ***III.*** Académie, allégorie, bataille, bambochade, bergerie, caricature, genre, intérieur, marine, maternité, nature morte, nu, panorama, paysage, portrait, sous-bois, verdure. ***IV.*** Aspect, féerie, panorama, scène, spectacle, vue. ***V.*** Bordereau, cadre, canon, catalogue, cédule, dénombrement, énumération, état, index, inventaire, kyrielle, liste, martyrologe, mémoire, ménologe, nomenclature, relevé, répertoire, rôle, série, sommaire, suite, table.

TABLER ■ **⇒ espérer.**

TABLETTE ■ ***I.*** Étagère, planchette, rayon, rayonnage. **⇒ table.** ***II.*** Plaque.

TABLIER ■ ***I.*** **⇒ surtout.** ***II.*** **⇒ blouse.** ***III.*** Écran, ligne, obstacle, protection, rideau. ***IV. Vx*** **⇒ damier.**

TABOU ■ **⇒ sacré.**

TABOURET ■ Escabeau, escabelle, sellette, siège.

TACHE ■ ***I. Au pr. :*** bavochure, bavure, crasse, éclaboussure, immondice, maculage, maculature (vx), macule (vx), malpropreté, ordure, pâté, saleté, salissure, souillure. ***II. Fig. :*** crime, déshonneur, faute, flétrissure, honte, impureté, tare. ⇒ **péché.** ***III. Par ext. :*** balzane, madrure (vx), maillure, marque, moucheture, panachure, tacheture, tiqueture. ***IV.*** Dartre, envie, grain de beauté, nœvus, plaque, taie. ***V. Loc.*** Faire tache d'huile. ⇒ **répandre (se).**

TACHÉ, E ▪ Bariolé, bigarré, grivelé, jaspé, madré, marbré, marqueté, moucheté, ocellé, piqueté, pommelé, rayé, tacheté, tavelé, tigré, tiqueté, truité, veiné, vergeté, zébré.

TÂCHE ▪ ***I.*** ⇒ **travail.** ***II. Loc.*** **Prendre à tâche ⇒ entreprendre.**

TACHER ▪ Abîmer, barbouiller, charbonner, contaminer, crotter, culotter, éclabousser, embouer (vx), encrasser, gâter, graisser, jaunir, mâchurer, maculer, noircir, poisser, polluer, salir, souiller, ternir.

TÂCHER ▪ Chercher à, s'efforcer à/de, s'escrimer, essayer, s'évertuer à, faire l'impossible, s'ingénier à, tâtonner, tenter de.

TÂCHERON ▪ ⇒ **travailleur.**

TACHETÉ, E ▪ ⇒ **taché.**

TACHETER ▪ Marqueter, moucheter, piquer, piqueter. ⇒ **tacher.**

TACITE ▪ ⇒ **implicite.**

TACITURNE ▪ ***I.*** ⇒ **silencieux.** ***II.*** Amer, assombri, atrabilaire, bilieux, mélancolique, morne, morose, pessimiste, renfermé, sinistre, sombre, taiseux (rég.), ténébreux.

TACOT ▪ ⇒ **voiture.**

TACT ▪ ***I. Au pr. :*** attouchement, contact, toucher. ***II. Par ext.*** **1.** Bon goût, bon sens, juste milieu, philosophie, raison, sagesse. **2.** Acquis, bienséance, civilité, convenance, délicatesse, doigté, éducation, égards, élégance, entregent, habileté, politesse, savoir-vivre, usage.

TACTIQUE ▪ ***Par ext. :*** conduite, diplomatie, façon, ligne de conduite, manière, manœuvre, marche à suivre, menée, plan, politique, pomologie, procédé, stratégie. ⇒ **ruse.**

TAFIA ▪ Alcool, eau-de-vie, ratafia, rhum.

TAILLADE ▪ Balafre, cicatrice, coupure, entaille, entame, estafilade, incision, plaie. ⇒ **blessure.**

TAILLADER ▪ ⇒ **couper.**

TAILLANT ▪ ⇒ **tranchant.**

TAILLE ▪ ***I.*** Calibre, carrure, charpente, dimension, envergure, format, grandeur, grosseur, hauteur, importance, longueur, mesure, port, stature, tournure. ***II.*** Coupe, élagage, émondement, étêtage, pincement, ravalement, taillage. ***III.*** Cambrure, ceinture.

TAILLÉ, E (BIEN) ▪ ***I.*** Bâti, charpenté, costaud, découplé, fait, fort, proportionné. ***Arg. ou fam. :*** balancé, balèze, ballotté, baraqué, fortiche, mastard, roulé.

TAILLER ▪ ***I.*** Appointer, chanfreiner, chantourner, charpenter, charpir, ciseler, cliver, découper, dégrossir, échancrer, équarrir, évider, rafraîchir, trancher. ⇒ **couper.** ***II. Un arbre :*** conduire, dégager, dégarnir, dresser, ébarber, ébourgeonner, ébrancher, écimer, éclaircir, élaguer, émonder, ergoter, étêter, étronçonner, ravaler, recéper. ***III.*** ⇒ **affiler.** ***IV. Loc.*** **Tailler en pièces ⇒ vaincre.**

TAILLEUR ▪ Coupeur, couturier, culottier, essayeur, faiseur (bon), giletier, habilleur, pompier (fam.).

TAILLIS ▪ Brout, buisson, cépée, gaulis, maquis, taille. ⇒ **bois.**

TAIRE ▪ ***I.*** Celer, déguiser, dissimuler, faire disparaître, garder le secret, omettre, passer sous silence, receler, supprimer. ⇒ **cacher.** ***II. V. pron. :*** **1.** Être discret, ne dire/ne souffler mot, tenir sa langue. **2. Arg. ou fam. :** avaler sa salive, la boucler/fermer, écraser, ne pas moufter/piper, rengracier, taire sa gueule. ***III. Loc.*** **Faire taire :** calmer, empêcher de crier/parler/pleurer, fermer la bouche, forcer/réduire au silence, imposer silence. ***Fam. :*** clouer le bec, mettre un bouchon, museler, rabattre le caquet.

TALENT ▪ Aisance, aptitude, art, bosse, brio, capacités, chic, disposition, dons, esprit, étoffe, facilités, faculté, fibre, génie, goût, habileté, inclination, industrie, instinct, mérite, moyens, penchant, prédisposition, propension, qualités, sentiment, tendance, vertu, virtuosité, vocation.

TALER ▪ ⇒ **meurtrir, harceler.**

TALISMAN ▪ Abraxas, amulette, brevet (vx), fétiche, gri-gri, mascotte, phylactère (vx), porte-bonheur, porte-chance, totem (par ext.).

TALMOUSE, TALOCHE ▪ Calotte, claque, coup, gifle, soufflet, tape. ***Arg. ou fam. :*** aller-et-retour, baffe, beigne, beignet, bourre-pif, emplâtre, estafe, giroflée, jeton, mandale, mornifle, pain, rouste, talmouse, tarte, tourlousine, va-et-vient, va-te-laver. ⇒ **torgnole.**

TALOCHER ▪ Battre, calotter, claquer, confirmer (fam.), corriger, donner un soufflet *et les syn. de* SOUFFLET, gifler, mornifler (fam.), moucher (fam.), souffleter, talmouser, taper, tarter.

TALONNER ▪ ***I.*** ⇒ **suivre.** ***II.*** ⇒ **poursuivre.** ***III.*** ⇒ **tourmenter.**

TALUS ▪ Ados, berge, berme, cavalier, chaussée, contrescarpe, glacis, levée, parapet, remblai.

TAMBOUILLE ▪ ***I.*** ⇒ **cuisine.** ***II.*** ⇒ **ragoût.**

TAMBOUR ▪ ***I.*** Batterie, caisse, caisse claire, darbouka, tambourin, tam-tam, tarole, timbale. ⇒ **batterie.** ***II.*** Barillet, cylindre, tour, tourniquet.

TAMBOURINER ▪ ***I. Au pr. :*** battre, battre du tambour. ***II. Par ext.*** **1.** ⇒ **battre. 2.** ⇒ **frapper. 3.** ⇒ **répandre.**

TAMIS ▪ Blutoir, chinois, crible, passoire, sas, van.

TAMISÉ, E ▪ ⇒ **voilé.**

TAMISER ▪ ***I. Au pr. :*** bluter, cribler, épurer, filtrer, passer, passer au chinois/crible, purifier, sasser, séparer, trier, vanner. ***II. Par ext. :*** clarifier, contrôler. ⇒ **vérifier.**

TAMPONNEMENT ▪ ⇒ **choc.**

TAMPONNER ▪ ***I.*** Choquer, cogner, emboutir, frapper, friser/froisser la tôle (fam.), heurter, percuter, télescoper. ***II.*** Calfater, étendre, frotter, oindre.

TAM-TAM ▪ ***I.*** ⇒ **tambour.** ***II.*** ⇒ **tapage.** ***III.*** ⇒ **publicité.**

TANCER ▪ ***I. Au pr. :*** admonester, avertir, blâmer, catéchiser, censurer, chapitrer, condamner, corriger, critiquer, désapprouver, désavouer, dire son fait, donner un avertissement/un blâme/un coup de semonce, faire une réprimande/un reproche *et les syn. de* REPROCHE, flageller, flétrir, fustiger, gourmander, gronder, houspiller, improuver, incriminer, infliger une réprimande/un reproche *et les syn. de* REPROCHE, moraliser, morigéner, quereller, redresser, relever, reprendre, réprimander, réprouver, semoncer, sermonner, stigmatiser, trouver à redire, vitupérer. ***II. Arg. ou fam. :*** arranger, attraper, chanter pouilles, crier, disputer, donner une danse/un galop/un savon, donner sur les doigts/sur les ongles, emballer, engueuler, enguirlander, enlever, faire la fête/la guerre à, laver la tête, mettre au pas, moucher, remettre à sa place, sabouler, savonner, secouer, secouer les poux/les puces, sonner les cloches, tirer les oreilles, torcher.

TANDEM ▪ ⇒ **vélo.**

TANDIS QUE ▪ ***I.*** Au moment où,

cependant que, comme, lorsque, pendant que, quand. ***II.*** Alors que, au lieu que.

TANGAGE ▪ ⇒ **balancement.**

TANGENT, ENTE ▪ À peine, à peu près, approchant, approximatif, juste voisin.

TANGIBLE ▪ Actuel, admis, assuré, authentique, certain, concret, démontré, effectif, établi, exact, fondé, historique, incontestable, incontesté, indiscutable, indubitable, juste, objectif, palpable, patent, positif, réalisé, reçu, sérieux, solide, véridique, véritable, visible, vrai. ⇒ **sensible.**

TANGUER ▪ ⇒ **balancer.**

TANIÈRE ▪ ***I.*** Aire, antre, bauge, breuil, caverne, fort, gîte, nid, refuge, repaire, reposée (vén.), ressui, retraite, soue, terrier, trou. ***II.*** Abri, asile, cache, cachette, lieu sûr, refuge, retraite.

TANK ▪ ***I.*** Citerne. ***II.*** Automitrailleuse, blindé, char, char d'assaut.

TANKER ▪ Bateau/navire citerne, butanier, minéralier, méthanier, pétrolier.

TANNANT, E ▪ ⇒ **ennuyeux.**

TANNER ▪ ***I.*** ⇒ **battre.** ***II.*** ⇒ **ennuyer.** ***III.*** Brunir, hâler.

TANNERIE ▪ Mégisserie, peausserie.

TANTIÈME ▪ Dividende, intérêt, jeton de présence, marge, pourcentage, rapport, taux. ⇒ **rétribution.**

TANT POUR CENT ▪ ***I.*** ⇒ **tantième.** ***II.*** ⇒ **rabais.**

TANTINET (UN) ▪ ⇒ **peu.**

TANTÔT ▪ ***I.*** Bientôt (vx). ***II.*** Parfois. ***III.*** Après-midi.

TAPAGE ▪ ***I.*** ⇒ **bruit.** ***II. Fam. :*** bacchanal, barouf, baroufle, bastringue, bordel, boucan, bousin, brouhaha, chahut, chambard, charivari, éclat, esclandre, foin, harmone, hourvari, papafard, pet, pétard, potin, raffut, ramadan, ramdam, sabbat, scandale, schproum, sérénade, tam-tam, tintamarre, tohu-bohu, train, vacarme. ***III.*** ⇒ **désordre.**

TAPAGEUR, EUSE ▪ ***I. Au pr. :*** agité, assourdissant, braillard, bruyant, criard, éclatant, fatigant, gueulard (fam.), hurleur, indiscret, piaillard, ronflant, remuant, rugissant, sonore, tonitruant, tumultueux, turbulent, vif, violent, vociférant. ***II. Fig.*** ⇒ **voyant.**

TAPANT, E ▪ Exact, juste, pétant, pile, sonnant.

TAPE ▪ ***I.*** ⇒ **coup.** ***II.*** ⇒ **talmouse.**

TAPER ▪ ***I. Au pr.*** 1. ⇒ **battre.** 2. ⇒ **frapper.** ***II. Par ext.*** ⇒ **écrire.** ***III. Fig.*** ⇒ **quémander.**

TAPEUR, EUSE ▪ ⇒ **quémandeur.**

TAPIN ▪ ⇒ **prostituée.**

TAPINOIS (EN) ▪ À la dérobée, à la sourdine, en cachette, en catimini, en dessous, en secret, en sourdine, en sous-main, furtivement, incognito, in petto, sans tambour ni trompette (fam.), secrètement, sournoisement, sous cape, sous le mateau, sous la table, subrepticement.

TAPIR (SE) ▪ S'abriter, s'accroupir, se blottir, se cacher, se clapir, se défiler (fam.), se dérober, disparaître, se dissimuler, s'éclipser, s'embusquer, éviter, fuir, se mettre à l'abri, se musser, se nicher, se pelotonner, se plaquer (fam.), se retirer, se soustraire, se tenir à l'écart, se terrer.

TAPIS ▪ Carpette, chemin, descente de lit, moquette, natte, paillasson, revêtement, tapis-brosse, tapisserie, tenture.

TAPISSER ▪ Appliquer, cacher, coiffer, couvrir, enduire, enrober, ensevelir, envelopper, étendre, joncher, masquer, parsemer, paver, recouvrir, revêtir, tendre.

TAPISSERIE ▪ ***I.*** Broderie (par ext.),

tapis, tenture, verdure. *II.* Aubusson, Beauvais, Bruxelles, Gobelins, Savonnerie.

TAPOTER ■ ⇒ **frapper.**

TAQUIN, E ■ Asticoteur, blagueur, boute-en-train, chineur, enjoué, espiègle, facétieux, farceur, goguenard, joueur, loustic, malicieux, moqueur, narquois, pince-sans-rire, plaisantin, railleur, turlupin.

TAQUINER ■ Agacer, asticoter, blaguer, chatouiller, chiner, exciter, faire enrager, inquiéter, jouer, lutiner, mécaniser (vx), picoter, plaisanter, tourmenter.

TAQUINERIE ■ Agacerie, asticotage, chinage, espièglerie, facétie, farce, gaminerie, goguenardise, jeu, lutinerie, malice, moquerie, pique, raillerie, turlupinade. ⇒ **plaisanterie.**

TARABISCOTÉ, E ■ *I.* Affecté, affété, choisi, emphatique, emprunté, galant, maniéré, mignard, précieux, recherché. *II.* Amphigourique, ampoulé, baroque, chargé, de mauvais goût, lourd, rococo, surchargé.

TARABUSTER ■ *I.* ⇒ **tourmenter.** *II.* ⇒ **maltraiter.**

TARAUDER ■ *I.* ⇒ **percer.** *II.* ⇒ **tourmenter.** *III.* ⇒ **battre.**

TARDER ■ ⇒ **traîner.**

TARDIF, IVE ■ ⇒ **lent.**

TARE ■ *I.* ⇒ **imperfection.** *II.* ⇒ **poids.**

TARÉ, E ■ *I.* ⇒ **dégénéré.** *II.* ⇒ **vicieux.**

TARER ■ *I.* ⇒ **gâter.** *II.* ⇒ **équilibrer.**

TARGUER (SE) ■ *I.* Aimer à croire, s'applaudir, s'attribuer, se donner les gants (fam.), s'enorgueillir, se faire fort, se féliciter, se flatter, se glorifier, s'illusionner, se persuader, se prévaloir, tirer vanité, triompher. *II.* Compter, espérer, penser, prétendre. *III.* ⇒ **vanter (se).**

TARIÈRE ■ ***Par ext. :*** ⇒ **vrille.**

TARIF ■ Barême, carte, menu, montant, prix, tableau, taxe.

TARIFER ■ Établir/fixer le montant/le prix/le tarif, taxer.

TARIN ■ (Arg.) ⇒ **nez.**

TARIR ■ *I.* ⇒ **épuiser.** *II.* ⇒ **sécher.**

TARTE ■ *I. Au pr. :* clafoutis, flan, gâteau, pâtisserie, tartelette. *II. Fig.* 1. ⇒ **talmouse.** 2. ⇒ **bête.**

TARTINE ■ *I. Au pr. :* beurrée, biscotte, rôtie, toast. *II. Fig.* 1. ⇒ **discours.** 2. ⇒ **galimatias.** 3. ⇒ **harangue.** 4. ⇒ **tirade.**

TARTUFE ■ *I. N. m. :* bigot, cafard, cagot, calotin, caméléon, comédien, escobar, faux derche/dévot/jeton, félon, flatteur, fourbe, grenouille (de bénitier), grimacier, imposteur, jésuite, judas, menteur, papelard, patelin, patte-pelu (vx), pharisien, rat d'église. *II. Adj. :* affecté, artificieux, baveux, bondieusard, captieux, cauteleux, déloyal, dévot, dissimulé, double-jeu, fallacieux, faux, insidieux, mielleux, pharisaïque, sournois, spécieux, tortueux, trompeur, visqueux. ⇒ **hypocrite.**

TARTUFERIE ■ *I. Le défaut :* affectation, bigoterie, bigotisme, bondieuserie, cafarderie, cagotisme, déloyauté, dissimulation, escobarderie, fausseté, félonie, flatterie, fourberie, jésuitisme, papelardise, patelinage, pharisaïsme. ⇒ **hypocrisie.** *II. L'acte :* cabotinage, comédie, double-jeu, faux-semblant, feinte, fraude, grimace, jonglerie, mascarade, mensonge, momerie, pantalonnade, simagrée, singerie, tromperie.

TAS ■ *I. De choses :* accumulation, agglomération, agrégat, alluvion, amas, amoncellement, assemblage, attirail, bataclan (fam.), bazar (péj.), bloc, camelle (de sel), cargaison, collection, concentration, décombres, dépôt, empilement, encombrement, entassement, fatras, liasse, masse, meule, monceau, montagne, pile, rassemblement. ***II. De personnes :*** affluence, attroupement, concours, floppée, foule, multitude, presse, ramas (péj.), ramassis (péj.), rassemblement, réunion, tripotée (fam.).

TASSEMENT ■ ⇒ **diminution.**

TASSER ■ ⇒ **presser.**

TÂTER ■ ***I. Au pr.*** **1.** ⇒ **toucher. 2.** ⇒ **sonder.** ***II. Fig.*** **1.** ⇒ **savourer. 2.** ⇒ **expérimenter.** ***III. V. pron. :*** atermoyer, attendre, balancer, barguigner, consulter (vx), délibérer, douter (vx), être embarrassé/incertain/indécis/ indéterminé/irrésolu/perplexe/réticent, flotter, hésiter, marchander, osciller, reculer, résister, tatillonner, tâtonner, tergiverser. **Fam. :** chiquer, se gratter, tortiller (du cul).

TATILLON, ONNE ■ Appliqué, attentif, consciencieux, difficile, exact, exigeant, formaliste, maniaque, méticuleux, minutieux, pointilleux, pointu, procédurier, scrupuleux, soigneux, vétilleux. ***Péj. et grossier :*** emmerdeur, enculeur de mouches, pinailleur.

TATILLONNER ■ ⇒ **tâter (se).**

TÂTONNEMENT ■ Atermoiement, balancement, barguinage, désarroi, doute, embarras, flottement, fluctuation, hésitation, incertitude, indécision, indétermination, irrésolution, perplexité, résistance, réticence, scrupule, tergiversation, vacillation.

TÂTONNER ■ ***I.*** ⇒ **toucher.** ***II.*** ⇒ **essayer.** ***III.*** ⇒ **tâter (se).**

TÂTONS (À) ■ Aveuglément, à l'aveuglette.

TATOUILLE ■ ⇒ **volée.**

TAUDIS ■ Bidonville, bauge, bouge, cambuse, galetas, masure, réduit, turne.

TAUTOLOGIE ■ Battologie, cheville, datisme, non-sens, périssologie, pléonasme, redondance, répétition.

TAUX ■ Cours, intérêt, montant, pair, pourcentage, proportion, tant pour cent, taxe.

TAVELÉ, E ■ ⇒ **taché.**

TAVERNE ■ ***I.*** ⇒ **cabaret.** ***II.*** ⇒ **café.** ***III.*** ⇒ **restaurant.**

TAVERNIER ■ ⇒ **cabaretier.**

TAXE ■ ***I.*** Barême, cote, prix, tarif, taxation. ⇒ **taux.** ***II.*** Centimes additionnels, charge, contribution, corvée, cote, dîme, droit, fiscalité, gabelle, imposition, impôt, levée, péage, prestation, surtaxe, taille, tribut.

TAXER ■ ***I.*** ⇒ **tarifer.** ***II.*** ⇒ **estimer.** ***III. Loc.*** **Taxer de :** ⇒ **reprocher.**

TAXI-GIRL ■ Entraîneuse.

TECHNICIEN ■ Homme de l'art, ingénieur, spécialiste, technocrate.

TECHNIQUE ■ ***I.*** ⇒ **méthode.** ***II.*** ⇒ **art.**

TECHNOCRATE ■ Énarque, technicien.

TÉGUMENT ■ ⇒ **peau.**

TEIGNE ■ ***I.*** ⇒ **calvitie.** ***II.*** ⇒ **mégère.**

TEIGNEUX, EUSE ■ ⇒ **acariâtre.**

TEINDRE ■ ***I.*** Barbouiller (péj.), barioler, colorer, colorier, embellir, farder, imprégner, orner, peindre, peinturlurer, rajeunir, rehausser, relever, rénover, teinter. ***II.*** Brésiller, cocheniller, garancer, raciner, rocouer, safraner.

TEINT ■ ***I.*** ⇒ **teinte.** ***II.*** ⇒ **mine.**

TEINTE ■ ***I. Au pr. :*** carnation, coloration, coloris, couleur, demi-teinte, nuance, teint, ton, tonalité. ***II. Fig. :*** apparence, teinture, tour, tournure. ⇒ **aspect.**

TEINTER ■ ⇒ **colorer.**

TEINTURERIE ■ ***Par ext. :*** dégraissage, nettoyage, pressage, pressing.

TEINTURIER, ÈRE ■ Dégraisseur, presseur, repasseur.

TEL, TELLE ■ ⇒ **semblable.**

TÉLÉGRAMME ■ Bleu, câble, câblogramme, dépêche, message, pli, pneu, pneumatique, radio, sans-fil, télex.

TÉLÉGRAPHIER ■ Câbler, envoyer un télégramme, *et les syn. de* TÉLÉGRAMME.

TÉLÉGRAPHIQUE ■ ***Par ext.*** ⇒ **court.**

TÉLÉPHONE ■ ***Arg. ou fam. :*** bigophone, bigorneau, biniou, cornichon, filin, grelot, ronfleur, treuil, tube, turlu.

TÉLÉPHONER ■ Appeler, donner un coup de fil. ***Arg. ou fam. :*** bigophoner, passer un coup de grelot, tuber.

TÉLESCOPE ■ ⇒ **lunette.**

TÉLESCOPER ■ ⇒ **tamponner.**

TÉLÉSCRIPTEUR ■ Imprimante, téléimprimeur, télétype, télex.

TÉMÉRAIRE ■ Audacieux, aventureux, casse-cou, dangereux, écervelé, entreprenant, étourdi, fautif, hasardé, hasardeux, imprévoyant, imprudent, inconsidéré, insensé, irréfléchi, léger, maladroit, malavisé, négligent, osé, présomptueux, risqué, risque-tout.

TÉMÉRITÉ ■ ***I. Favorable ou neutre.*** **1. Quelqu'un** : assurance, audace, bravoure, cœur, courage, décision, détermination, énergie, esprit d'entreprise, fermeté, fougue, hardiesse, impétuosité, intrépidité, résolution, vaillance. **2. Quelque chose** : innovation, nouveauté, originalité. ***II. Non favorable.*** **1. Quelqu'un** : aplomb, arrogance, audace, culot (fam.), effronterie, folie, front, imprudence, impudence, insolence, légèreté, toupet. **2. Relatif aux mœurs** : immodestie, impudicité, inconvenance, indécence, indiscrétion, liberté, licence.

TÉMOIGNAGE ■ ***I. Au pr. :*** affirmation, attestation, certificat, déposition. ⇒ **relation.** ***II. Par ext.*** **1.** Hommage, manifestation, marque. ⇒ **démonstration. 2.** Affirmation, argument, confirmation, constatation, conviction, critère, critérium, démonstration, établissement, gage, illustration (vx), justification, motif, pierre de touche. **3.** Charge, corps du délit, document, empreinte, fait, indice, marque, preuve, signe, témoin, trace. **4.** Épreuve judiciaire, jugement de Dieu, ordalie.

TÉMOIGNER ■ ***I.*** Affirmer, alléguer, assurer, attester, certifier, confirmer, déclarer, démontrer, déposer, dire, exprimer, garantir, indiquer, jurer, maintenir, montrer, proclamer, produire, proférer, prononcer, protester, prouver, rapporter, rendre compte, rendre témoignage, renseigner, répondre de, soutenir, transmettre. ***II.*** ⇒ **révéler.**

TÉMOIN ■ ***I. Au pr.*** **1.** Assistant, auditeur, caution, déposant, garant, observateur, recors (vx). ⇒ **spectateur. 2.** Parrain, second. ***II. Par ext.*** **1.** ⇒ **souvenir. 2.** ⇒ **témoignage.**

TEMPÉRAMENT ■ ***I. Vx :*** équilibre, mesure, milieu, modération, moyenne. ***II.*** Diathèse, disposition, caractère, carcasse (fam.), cœur, complexion, composition, constitution, esprit, état, humeur, inclination, nature, naturel, pâte (fam.), penchant, personnalité, santé, trempe, vitalité. ***III.*** Adoucissement, atténuation, modification. ***IV.*** ⇒ **sensualité.** ***V. Loc.*** **À tempérament** : à crédit, à croume (arg.), à terme, par mensualité.

TEMPÉRANCE ■ Abstinence, chasteté, continence, discrétion, économie, frugalité, sobriété. ⇒ **retenue.**

TEMPÉRANT, E ■ ⇒ **sobre.**

TEMPÉRATURE ■ ***I.*** ⇒ **climat.** ***II.*** ⇒ **temps.**

TEMPÉRÉ, E ■ ***I.*** ⇒ **modéré.** ***II.*** ⇒ **simple.**

TEMPÉRER ■ Adoucir, affaiblir, amortir, apaiser, arrêter, assagir, assouplir, atténuer, attiédir, borner, calmer, contenir, corriger, diminuer, estomper, éteindre, freiner, lénifier, mesurer, mitiger, modérer, normaliser, pallier, ralentir, réchauffer, régler, réprimer, tamiser.

TEMPÊTE ■ Bourrasque, coup de chien/de tabac (fam.)/de vent, cyclone, orage, ouragan, rafale, raz de marée, tornade, tourbillon, tourmente, trombe, typhon, vent.

TEMPÊTER ■ Attaquer, crier, déblatérer, déclamer, fulminer, invectiver, pester, tonner. ⇒ **injurier.**

TEMPLE ■ Fanum, spéos, tholos, ziggourat. ***Par ext. :*** loge maçonnique, mosquée, pagode, synagogue. ⇒ **église.**

TEMPORAIRE ■ Court, de courte durée, éphémère, fragile, fugitif, incertain, intérimaire, momentané, occasionnel, passager, précaire, provisoire, saisonnier, transitoire.

TEMPOREL, ELLE ■ ***I.*** ⇒ **terrestre.** ***II.*** ⇒ **temporaire.**

TEMPORISER ■ Ajourner, arrêter, arriérer (vx), atermoyer, attendre, décaler, différer, éloigner, faire traîner, prolonger, promener, proroger, ralentir, reculer, remettre, renvoyer, reporter, repousser, retarder, surseoir à, traîner.

TEMPS ■ ***I.*** Date, durée, espace, étendue, heure, jour, minute, moment, période, saison, rythme. ***II.*** **1.** Âge, cycle, date, époque, ère, étape, génération, siècle. **2.** Aujourd'hui, demain, futur, hier, jadis, passé, présent. ***III.*** ⇒ **délai.** ***IV.*** Cas, chance, circonstance, conjoncture, événement, facilité, hasard, moment, occasion, opportunité, possibilité. ***V.*** Ambiance, atmosphère, ciel, circonstances/conditions atmosphériques/climatiques/météorologiques, climat, météo, phénomènes atmosphériques, régime. ***VI. Loc.*** **1. Avec le temps :** à la fin, à la longue, finalement, le temps aidant, tôt ou tard. **2. De notre temps :** actuellement, à présent, aujourd'hui, de nos jours, en ce moment, maintenant, présentement. **3. De temps en temps :** parfois, quelquefois, rarement, de temps à autre. **4. De tout temps** ⇒ **toujours. 5. En même temps :** à la fois, à l'unisson, collectivement, conjointement, coude à coude, d'accord, de concert, de conserve, de front, du même pas, en accord, en bloc, en chœur, en commun, en concordance, en harmonie, ensemble, simultanément. **6. La plupart du temps :** d'ordinaire, fréquemment, généralement, habituellement, journellement, maintes fois, plusieurs fois, souvent, souventefois (vx).

TENABLE ■ ⇒ **supportable.**

TENACE ■ ***I.*** ⇒ **résistant.** ***II.*** ⇒ **têtu.**

TÉNACITÉ ■ Acharnement, assiduité, cramponnement (péj.), entêtement, esprit de suite, fermeté, obstination, opiniâtreté, persévérance, pertinacité, suite dans les idées.

TENAILLE, TENAILLES ■ Croches, écrevisse, griffe, happe, moraille, mors, pinces, pinces russes, pincettes, tord-nez (vétér.), tricoises.

TENAILLER ■ Étreindre, faire souffrir, torturer, tourmenter.

TENANCIER ■ ***I.*** ⇒ **fermier.** ***II.*** ⇒ **patron.**

TENANT, E ■ Adepte, appui, champion, chevalier, défenseur, détenteur, partisan.

TENDANCE ■ ***I. Au pr. :*** affinité, appétence, appétit, aptitude, attirance, attraction, complexion, direction, disposition, effort, élan, facilité, force, impulsion, inclination, instinct, mouvement, orientation, penchant, prédisposition, propension, pulsion, sens, tournure. ***II. Par ext. :*** chapelle, école, famille, groupe, mouvement, nuance, opinion, parti, pensée, philosophie, théorie.

TENDANCIEUX, EUSE ■ ⇒ **partial.**

TENDON ▪ Aponévrose, ligament, nerf.

TENDRE ▪ adj. ***I. Quelqu'un*** **1.** ⇒ **sensible. 2.** ⇒ **amoureux. 3.** ⇒ **caressant.** ***II. Quelque chose :*** délicat, doux, fondant, fragile, frais, moelleux, mou, succulent.

TENDRE ▪ v. ***I.*** ⇒ **raidir.** ***II.*** ⇒ **tirer.** ***III.*** ⇒ **présenter.** ***IV.*** ⇒ **aller.** ***V.*** ⇒ **viser.**

TENDREMENT ▪ Affectueusement, amoureusement, avec affection/amour/piété/sollicitude/tendresse, chèrement, pieusement.

TENDRESSE ▪ ***I. Au sing.*** **1.** Adoration, affection, amitié, amour, attachement, bonté, cœur, complaisance (vx), dévotion, dévouement, dilection (relig.), douceur, feu, flamme, idolâtrie, inclination, passion, prédilection, sentiment, zèle. **2.** ⇒ **sensibilité. 3.** Attendrissement, effusion, épanchement, manifestation. ***II. Au pl. :*** amabilité, cajoleries, câlineries, chatteries, égards, gentillesse, souvenir. ⇒ **caresse.**

TENDRON ▪ ***Au pr. I.*** ⇒ **pousse.** ***II.*** Adolescente, bambine, demoiselle, donzelle (péj.), fillette, gazille (mérid.), gosse (fam.), gamine, jeune fille, jeunesse, jouvencelle, mignonne, minette, nymphe, nymphette, poulette, pucelle (vx), rosière, trottin, vierge. ⇒ **fille.**

TENDU, E ▪ ***I. Au pr. :*** dur, inflexible, raide, rigide. ***II. Fig.*** **1. Phys. :** ardu, assujettissant, astreignant, contraignant, difficile, difficultueux, dur, éreintant, fatigant, ingrat, laborieux, tuant. **2. Moral :** affligeant, amer, angoissant, âpre, atroce, attristant, cruel, déplorable, désolant, douloureux, dur, embarrassant, ennuyeux, épineux, gênant, grave, irritant, lamentable, lourd, mauvais, mortel, navrant, pénible, pesant, poignant, rude, torturant, tourmenté, triste.

TÉNÈBRES ▪ ***I. Au pr. :*** noirceur, nuit, obscurité, ombre, opacité. ***II. Fig.*** **1.** Barbarie, obscurantisme. **2.** Énigme, mystère. ⇒ **secret.**

TÉNÉBREUX, EUSE ▪ ***I. Au pr. :*** assombri, bas, brumeux, couvert, embrumé, épais, maussade, nébuleux, noir, nuageux, obscur, ombreux, opaque, sombre, voilé. ***II. Par ext. :*** abscons, abstrus, amphigourique, apocalyptique, cabalistique, caché, complexe, compliqué, confus, difficile, diffus, douteux, emberlificoté (fam.), embrouillé, enchevêtré, énigmatique, en jus de boudin, entortillé, enveloppé, équivoque, ésotérique, filandreux, flou, fumeux, hermétique, impénétrable, incompréhensible, inexplicable, inextricable, inintelligible, insaisissable, louche, mystérieux, secret, sibyllin, touffu, trouble, vague, vaseux, voilé.

TENEUR ▪ ***I.*** Agencement, alliage, arrangement, assemblage, association, charpente, combinaison, composante, composition, constitution, construction, contexture, coupe, dessin, disposition, ensemble, formation, organisation, structure, synthèse, texture. ***II.*** Contenu, contexte, objet, sujet. ⇒ **texte.**

TENIR ▪ ***I. Au pr. :*** avoir, conserver, détenir, embrasser, étreindre, garder, occuper, posséder, retenir. ***II. Par ext.*** **1.** Accrocher, amarrer, arrêter, assujettir, attacher, brider, clouer, coincer, comprimer, consigner, contenir, contraindre, empêcher, emprisonner, enchaîner, endiguer, fixer, freiner, immobiliser, maîtriser, modérer, ralentir, retenir, serrer la vis (fam.). **2.** Comporter, s'étaler, s'étendre, s'étirer, occuper, recouvrir, remplir. **3.** ⇒ **résister. 4.** ⇒ **contenir. 5.** ⇒ **subsister. 6.** Accomplir, s'acquitter de, se conformer à, être fidèle à, exécuter, exercer, faire, garder, observer, pratiquer, remplir, rendre, respecter, satisfaire à, suivre. ***III. Loc.*** **1. Tenir à :** adhérer à, aimer, coller à, découler de, dépendre de, être attaché à, résulter de, venir de, vouloir. **2. Tenir de :** s'apparenter à, approcher de, avoir des traits communs/un rapport à/avec, confiner à, correspondre, être la copie/l'image/le portrait/la réplique de, participer de, procéder de, rappeler, se rapporter à, se rapprocher de, ressembler à, tirer sur. **3. Tenir pour** : compter pour, considérer, croire, estimer, juger, prendre, présumer, professer, regarder comme, réputer. **4. Tenir lieu ⇒ remplacer.**

TENSION ▪ ***I. Au pr.*** : allongement, ballonnement, distension, érection, éréthisme. ***II. Fig.*** : brouille, brouillerie, désaccord, désunion, discord (vx), discordance, discorde, dispute, dissension, dissentiment, dissidence, divergence, division, froid, mésentente, mésintelligence, nuage, orage, pique, rupture, trouble, zizanie. ***III. Loc.*** **Tension d'esprit** : application, attention, concentration, contemplation, contention, diligence, étude, méditation, réflexion, soin. ⇒ **inquiétude.**

TENTACULAIRE ▪ ⇒ **gigantesque.**

TENTANT, E ▪ ⇒ **alléchant.**

TENTATION ▪ Aiguillon, appel, attrait, blandice, envie, sollicitation. ⇒ **désir.**

TENTATIVE ▪ Avance, ballon d'essai, démarche, effort, essai, recherche.

TENTE ▪ ***I.*** Abri, campement, chapiteau, guitoune, pavillon, tabernacle, wigwam. ***II.*** Banne, toile, velarium, velum. ***III. Mar.*** : marsouin, taud, taude, tendelet.

TENTER ▪ ***I.*** ⇒ **tâcher.** ***II.*** Affrioler, aguicher, allécher, attacher, attirer, attraire, captiver, charmer, coiffer, donner/taper dans l'œil (fam.), ensorceler, entraîner, envoûter, fasciner, hypnotiser, magnétiser, plaire, séduire.

TENTURE ▪ Draperie, portière, rideau, tapis, tapisserie.

TÉNU, E ▪ Délicat, délié, filiforme, fin, fluet, fragile, gracile, grêle, impalpable, léger, menu, mièvre, mince, subtil. ⇒ **petit.**

TENUE ▪ ***I.*** Air, allure, attitude, comportement, contenance, démarche, extérieur, façon, figure, maintien, manière, mine, port, posture, présentation, prestance, tour, tournure. ***II.*** ⇒ **vêtement.** ***III.*** Bienséance, chasteté, congruité, convenance, correction, décence, dignité, discrétion, gravité, honnêteté, honneur, modestie, politesse, propreté, pudeur, pudicité, réserve, retenue, sagesse, tact, vertu.

TÉNUITÉ ▪ ⇒ **finesse.**

TENURE ▪ Apanage, fief, mouvance, tènement.

TERGIVERSATION ▪ ⇒ **hésitation.**

TERGIVERSER ▪ Atermoyer, biaiser, composer, feinter, louvoyer, temporiser, user de procédés dilatoires. ⇒ **hésiter, tâter (se).**

TERME ▪ ***I.*** Accomplissement, achèvement, borne, bout, but, conclusion, dénouement, fin, final, limite, mesure. ***II.*** Crédit, délai, échéance. ***III.*** Dénomination, expression, mot, particule, signe, tournure, unité, vocable. ***IV.*** Loyer, mensualité, trimestre. ***V. Au pl.*** : rapport, relation. ***VI. Loc.*** **Vente à terme ⇒ tempérament.**

TERMINAISON ▪ ***I.*** Accomplissement, achèvement, apothéose, compromis, conclusion, consommation, couronnement, règlement, solution. ***II.*** Bout, extrémité, fin, queue, tête. ***III.*** Assonance, clausule, coda, consonance, désinence, flexion, rime, suffixe. ***IV.*** ⇒ **résultat.**

TERMINER ▪ Accomplir, achever, arranger, arrêter, cesser, clore, clôturer, conclure, consommer, couper, couronner, dénouer, épuiser, expédier, fermer, fignoler, finir, interrompre, lécher, lever, liquider, mettre fin à, parachever, parfaire, polir, régler, trancher, user, vider, ***V. pron.*** : **1.** Aboutir, aller, s'arrêter, cesser, finir, mener, tomber dans. **2.** Se dénouer, se résoudre, se solutionner, trouver un terme, *et les syn. de* TERME.

TERNE ■ ***I. Au pr. :*** amorti, assombri, blafard, blême, décoloré, délavé, embu, enfumé, éteint, fade, flétri, gris, incolore, mat, passé, sale, sombre, terni, vitreux. ***II. Fig. :*** anodin, effacé, falot, inexpressif, insignifiant, maussade, morne, morose, plat, quelconque.

TERNIR ■ ***I. Au pr. :*** altérer, amatir, décolorer, défraîchir, éclipser, effacer, emboire, éteindre, faner, flétrir, obscurcir, ôter l'éclat, passer. ***II. Par ext.*** ⇒ **tacher.** ***III. Fig. :*** avilir, déprécier, diffamer, entacher, flétrir. ⇒ **abaisser.**

TERRAGE ■ Champart.

TERRAIN ■ ***I.*** ⇒ **terre.** ***II.*** ⇒ **lieu.** ***III.*** ⇒ **occasion.**

TERRASSE ■ ***I.*** Toiture plate. ***II.*** Belvédère, esplanade, plate-forme, promenade, toit.

TERRASSER ■ ***I.*** ⇒ **abattre.** ***II.*** ⇒ **vaincre.**

TERRE ■ ***I. Au pr.*** **1.** Glèbe, humus, limon, ouche, sol, terrain, terreau, terroir. **2.** Boule, globe, machine ronde, monde, notre planète. **3.** ⇒ **champ.** ***II. Par ext.*** **1.** ⇒ **univers. 2.** Bien, capital, domaine, exploitation, fonds, héritage, propriété. **3.** Lieu, territoire. ⇒ **pays.** ***III. Loc.*** **Terre à terre** : bon vivant, cru, matérialiste, opportuniste, positif, pragmatique, réaliste, utilitaire.

TERRER (SE) ■ ⇒ **tapir (se).**

TERRESTRE ■ ***I. Au pr. :*** tellurien, tellurique, terraqué. ***II. Fig.*** **1.** Mondain, séculier, temporel. **2.** Charnel, corporel, grossier (péj.), humain, matériel, mortel, physique.

TERREUR ■ ***I.*** Affolement, affres, alarme, angoisse, appréhension, consternation, crainte, effroi, épouvante, épouvantement (vx), frayeur, horreur, inquiétude, lâcheté, panique, peur. ***II.*** Apache, assassin, bandit, bon à rien, brigand, chenapan, criminel, escarpe, forban, fripouille, gangster, hors-la-loi, malandrin, malfaiteur, pirate (fam.), sacripant, vaurien, voleur, voyou.

TERREUX, EUSE ■ ***I.*** ⇒ **malpropre.** ***II.*** ⇒ **pâle.** ***III. Loc.*** **Cul-terreux** ⇒ **paysan.**

TERRIBLE ■ ***I. Au pr. :*** abominable, affreux, apocalyptique, dantesque, dur, du tonnerre, effrayant, effroyable, énorme, épouvantable, excessif, formidable, horrible, horrifiant, implacable, mauvais, maxi (fam.), monstrueux, redoutable, rude, sensas (fam.), terrifiant, terrifique, tragique. ***II. Par ext.*** **1.** ⇒ **violent. 2.** ⇒ **turbulent. 3.** ⇒ **extraordinaire.**

TERRIBLEMENT ■ Beaucoup, diablement, étrangement, extrêmement, très, *et les adv. en -ment formés à partir des syn. de* TERRIBLE.

TERRIEN, ENNE ■ ⇒ **paysan.**

TERRIER ■ ***I.*** Cartulaire, chartrier. ***II.*** ⇒ **tanière.**

TERRIFIANT, E ■ ⇒ **terrible.**

TERRIFIER ■ ⇒ **terroriser.**

TERRIL ■ Crassier.

TERRINE ■ ***I.*** ⇒ **pâté.** ***II.*** ⇒ **pot.**

TERRITOIRE ■ ⇒ **pays.**

TERROIR ■ ***I.*** ⇒ **terre.** ***II.*** ⇒ **pays.**

TERRORISER ■ Affoler, alarmer, angoisser, apeurer, atterrer, consterner, effarer, effaroucher, effrayer, épouvanter, faire fuir, faire peur, frapper de stupeur, halluciner, horrifier, inquiéter, pétrifier, remplir de terreur, *et les syn. de* TERREUR, stupéfier, terrifier.

TERRORISME ■ Excès, intimidation, subversion, terreur.

TERRORISTE ■ ⇒ **révolutionnaire.**

TERTRE ■ ⇒ **hauteur.**

TEST ▪ ⇒ **expérimentation.**

TESTAMENT ▪ Dernières dispositions/volontés, legs.

TESTATEUR, TRICE ▪ De cujus.

TESTICULE ▪ ⇒ **bourse.**

TÊTE ▪ ***I. Au pr. :*** chef (vx), crâne, encéphale, face, faciès, figure, front, gueule, hure, mufle, museau, nez. ⇒ **visage.** ***II. Fam. :*** balle, bille, binette, bobèche, bobéchon, bobine, bobinette, bougie, bouille, bouillotte, boule, boussole, burette, cabèche, caberlot, caboche, cabochon, cafetière, caillou, caisson, calebasse, carafe, carafon, cassis, cerise, chou, ciboule, ciboulot, cigare, citron, citrouille, cocagne, coco, coloquinte, fiole, fraise, frite, gadin, gaufre, genou, gueule, hure, margoulette, melon, mufle, museau, nénette, patate, pêche, pensarde, pipe, plafond, poire, pomme, portrait, prune, sinoquet, siphon, sorbonne, tabernacle, terrine, tétère, tirelire, toiture, tranche, trogne, trognon, trombine, tromblon, trompette, tronche. ***III. Par ext.*** **1.** Autorité, cerveau, chef, état-major, leader. ⇒ **direction. 2.** Bon sens, esprit, intelligence, lucidité, mémoire, présence d'esprit, raison, sang-froid. **3.** Individu, unité, pièce. ⇒ **homme. 4.** ⇒ **sommet. 5.** ⇒ **commencement. 6.** ⇒ **extrémité. 7.** Bulbe, gousse, ogive. ***IV. Loc.*** **1. Tête-à-tête** : conciliabule, conversation, dialogue, entretien entre quatre-z-yeux (fam.), seul à seul. ⇒ **rencontre. 2. Dans la tête** ⇒ **idée. 3. Tête de linotte** ⇒ **étourdi. 4. Tête de lit** : chevet, devant, haut. **5. Tête-à-queue** : dérapage, vire-volte, volte-face. **6. Tête-bêche** : bêcheveté, inverse, opposé.

TÉTER ▪ ⇒ **sucer.**

TÉTINE ▪ Mamelle, tétin, tette ⇒ **pis.**

TÉTON ▪ ⇒ **sein.**

TÊTU, E ▪ Absolu, accrocheur, acharné, aheurté (vx), buté, cabochard, entêté, entier, hutin (vx ou région.), insoumis, intraitable, obstiné, opiniâtre, récalcitrant, rétif, tenace, volontaire.

TEXTE ▪ Acte, citation, contenu, contexte, copie, énoncé, formule, fragment, leçon, libellé, livret, manuscrit, morceau, original, paroles, passage, recension, rédaction, rédigé, sujet, teneur, variante.

TEXTILE ▪ ***I.*** Filature, tissage. ***II.*** Étoffe. ⇒ **tissu.**

TEXTUEL, ELLE ▪ Authentique, exact, littéral, mot à mot.

TEXTURE ▪ ⇒ **structure.**

THAUMATURGE ▪ ⇒ **magicien.**

THAUMATURGIQUE ▪ ***I.*** Religieux, sacré, spirituel, surnaturel. ***II.*** Extraordinaire, fantasmagorique, fantastique, féerique, immatériel, magique, merveilleux, métaphysique, miraculeux, parapsychique, prodigieux, sorcier, surhumain.

THÉÂTRAL, E ▪ ***I. Non favorable :*** affecté, ampoulé, apprêté, arrangé, cabot (fam.), cabotin (fam.), compassé, composé, concerté, emphatique, étudié, faux, forcé, maniéré, pompeux, précieux, recherché, sophistiqué. ***II. Favorable ou neutre :*** dramatique, émouvant, fastueux, grandiose, imposant, majestueux, poignant, scénique, spectaculaire, terrible, tragique.

THÉÂTRE ▪ ***I. Au pr.*** **1.** Planches, plateau, scène, tréteaux. **2.** Bouiboui (péj. et vx), comédie (vx), salle. ***II. Par ext. :*** opéra, opéra-comique. ***III. Fig. :*** emplacement, endroit, scène. ⇒ **lieu.**

THÉBAÏDE ▪ ⇒ **solitude.**

THÉISME ▪ ***I. Au pr. :*** déisme. ***II. Par ext. :*** théogonie, théologie, théosophie.

THÈME ▪ ***I.*** Fond, idée, leitmotiv, matière, motif, objet, refrain, sujet, trame. ***II.*** Traduction.

THÉOGONIE ▪ Croyance, culte, foi, mythologie, religion, théologie.

THÉOLOGAL, E ■ ⇒ **théologique.**

THÉOLOGIE ■ Apologétique, doctrine, études religieuses, théogonie.

THÉOLOGIEN, ENNE ■ ***I.*** Casuiste, consulteur, docteur, gnostique, Père de l'Église. ***II.*** Ayatollah, imam, mollah, uléma, soufi. ***III.*** Rabbi, rabbin, scribe.

THÉOLOGIQUE ■ Casuistique, divin, métaphysique, religieux, théologal.

THÉORICIEN, ENNE ■ Chercheur, doctrinaire, généraliste, penseur, philosophe, savant, spéculateur.

THÉORIE ■ ***I.*** Abc, axiome, base, convention, définition, doctrine, dogme, donnée, élément, hypothèse, loi, maxime, morale, norme, opinion, philosophie, position, postulat, précepte, prémisse, principe, règle, religion, rudiment, système, utopie (péj.). ***II.*** Calcul, étude, projet, recherche, spéculation. ***III.*** ⇒ **méthode.** ***IV.*** Cortège, défilé, file, marche, procession, queue, suite, va-et-vient.

THÉORIQUE ■ ***I. Neutre :*** abstrait, conceptuel, doctrinal, hypothétique, idéal, imaginaire, rationnel, scientifique, spéculatif, systématique. ***II. Non favorable :*** chimérique, fumeux, onirique, vaseux. ⇒ **imaginaire.**

THÉOSOPHIE ■ Cabale, gnose, occultisme, religion, spiritisme.

THÉRAPEUTE ■ ⇒ **médecin.**

THÉRAPEUTIQUE ■ Cure, drogage, intervention, médication, régime, soins, traitement.

THERMAL ■ ***Loc.*** **Station thermale :** bains (vx), eaux, station balnéaire, ville d'eaux.

THERMES ■ ⇒ **bain.**

THÉSAURISATION ■ ***I.*** ⇒ **économie.** ***II.*** ⇒ **avarice.**

THÉSAURISER ■ Amasser, boursicoter, capitaliser, économiser, empiler, entasser, épargner, faire sa pelote, se faire un matelas, mettre de côté, placer, planquer (fam.).

THÉSAURISEUR, EUSE ■ ⇒ **avare.**

THESAURUS ■ ⇒ **dictionnaire.**

THÈSE ■ ***I.*** ⇒ **affirmation.** ***II.*** ⇒ **traité.** ***III.*** ⇒ **opinion.**

THORAX ■ ⇒ **poitrine.**

THURIFÉRAIRE ■ ⇒ **louangeur.**

THYM ■ ⇒ **serpolet.**

TIARE ■ ⇒ **couronne.**

TIC ■ ***I.*** Grimace, rictus. ***II. Fig. :*** bizarrerie, caprice, dada, démangeaison, épidémie, fantaisie, fièvre, frénésie, fureur, goût, habitude, hobby, maladie, manie, manière, marotte, monomanie, péché mignon, prurit, rage, toquade, turlutaine.

TICKET ■ ⇒ **billet.**

TIÈDE ■ ***I. Au pr. :*** attiédi, doux, modéré, moite, tépide. ***II. Fig. :*** apathique, calme, indifférent, mou, neutre, nonchalant, veule.

TIÉDEUR ■ ***I. Au pr. :*** attiédissement, douceur, modération, moiteur, tépidité. ***II. Fig. :*** apathie, calme, dégagement (vx), désintéressement, détachement, flegme, froideur, impassibilité, indifférence, indolence, mollesse, neutralité, nonchalance, sérénité.

TIÉDIR ■ ***I. Au pr. :*** attiédir, climatiser, dégourdir, modérer, réchauffer, refroidir. ***II. Fig.*** ⇒ **tempérer.**

TIERS, TIERCE ■ ***I.*** Arbitre, intermédiaire, médiateur, négociateur, témoin. ***II.*** Inconnu, étranger, intrus (péj.), tierce personne. ***III.*** Troisième.

TIGE ■ ***I. Bot. :*** branche, brin, chalumeau, chaume, fût, gemmule, hampe, paille, pédicelle, pédicule, pédoncule, pétiole, plant, queue, rhizome, sarment, stipe, tigelle, tronc, tuyau. ⇒ **fût.** ***II. Par ext.*** **1.** Baguette, bâton, rouette, verge. **2.** Arbre, aiguille, axe, barre, bielle, bras, broche, cheville, cylindre, tringle.

TIGRÉ, E ■ Bigarré, fauve, jaune, moucheté, rayé, zébré. ⇒ **taché.**

TIMBALE ■ ***I.*** ⇒ **tambour.** ***II.*** ⇒ **gobelet.** ***III.*** Bouchée à la reine, vol-au-vent.

TIMBALIER ■ ⇒ **percussionniste.**

TIMBRE ■ ***I.*** ⇒ **cloche.** ***II.*** ⇒ **son.** ***III.*** ⇒ **marque.** ***IV.*** Vignette. ***V.*** ⇒ **réservoir.**

TIMBRÉ, E ■ ***Fam. et par ext. :*** barjo, bizarre, branque, braque, cinglé, défoncé, dingo, dingue, fatigué, fêlé, flingué, folingue, follet, fondu, fou, frapadingue, frappé, gelé, givré, hotu, job, jobard, jobri, jojo, louf, loufoque, louftingue, maboul, maniaque, marteau, piqué, schnock, sinoque, siphonné, sonné, tapé, tocbombe, toc-toc, toqué, zinzin.

TIMIDE ■ ***I. Au pr. :*** complexé, effarouchable, effarouché, embarrassé, farouche, gauche, gêné, hésitant, honteux, humble, indécis, inhibé, intimidé, mal à son aise, peureux, pusillanime, réservé, timoré. ⇒ **craintif.** ***II. Fig. :*** approximatif, confus, douteux, ébauché, imparfait, imprécis, incertain, indécis, indéfini, indéterminé, indistinct, flottant, flou, fumeux, nébuleux, nuageux, obscur, trouble, vague.

TIMIDITÉ ■ Appréhension, confusion, crainte, effacement, effarouchement, embarras, émoi, gaucherie, fausse/mauvaise/sotte honte/pudeur, gêne, hésitation, honte, humilité, indécision, inhibition, modestie, peur, pusillanimité, réserve, sauvagerie, trac.

TIMON ■ ⇒ **gouvernail.**

TIMONIER ■ ⇒ **pilote.**

TIMORÉ, E ■ ⇒ **timide.**

TINETTE ■ ⇒ **water-closet.**

TINTAMARRE ■ Bacchanal, barouf, baroufle, bastringue, bordel, boucan, bousin, brouhaha, bruit, cacophonie, carillon, chahut, charivari, cri, désordre, dissonance, éclat, esclandre, foin, hourvari, pet, pétard, potin, raffut, ramadan, ramdam, sabbat, scandale, schproum, sérénade, tam-tam, tapage, tintouin, tohu-bohu, train, vacarme.

TINTER, TINTINNABULER ■ Bourdonner, carillonner, résonner, sonner.

TINTOUIN ■ Agitation, peine, préoccupation, remue-ménage, souci, surmenage, travail. ⇒ **tintamarre, tracas.**

TIQUER ■ ***I.*** ⇒ **tressaillir.** ***II.*** ⇒ **sourciller.**

TIQUETÉ, E ■ ⇒ **taché.**

TIRADE ■ Couplet, développement, discours, explication, monologie, morceau de bravoure, paraphrase, réplique, suite, tartine (fam.).

TIRAGE ■ ***I.*** Collection, composition, édition, impression, publication, réimpression, reproduction, republication. ***II.*** Accroc, anicroche, aria, bec, cahot, chardon, cheveu, chiendent, contrariété, danger, difficulté, embarras, empêchement, enclouure, ennui, épine, hic, histoire, incident, labeur, objection, obstacle, opposition, os, peine, pépin, problème, résistance, ronce, souci, tiraillement, tracas, traverse.

TIRAILLEMENT ■ ⇒ **tirage.**

TIRAILLER ■ ***I.*** ⇒ **tirer.** ***II.*** ⇒ **tourmenter.**

TIRE-AU-CUL, TIRE-AU-FLANC ■ ⇒ **rossard.**

TIREBOUCHONNER ■ ⇒ **tordre.**

TIRÉ ■ ***I.*** ⇒ **maigre.** ***II.*** ⇒ **fatigué.**

TIRE-FESSES ■ Remonte-pente, téléski.

TIRELIRE ■ ***I.*** Boîte à sous (fam.), cagnotte, caisse, crapaud, grenouille, tontine, tronc. ***II. Fam.*** 1. ⇒ **tête.** 2. Bedaine, bedon, brioche, estomac, gésier, gidouille, œuf d'autruche, panse, tripes, ventre.

TIRER ■ ***I. Au pr.*** **1.** Attirer, faire aller, haler, paumoyer, remorquer, touer, tracter, traîner. **2.** Allonger, bander, détirer, distendre, étendre, étirer, raidir, tendre. **3.** Écarteler, tirailler. **4.** Dégager, délivrer, dépêtrer, enlever, éveiller, extraire, lever, ôter, produire, ramener, sauver, sortir. ⇒ **retirer. 5.** Pomper, puiser, sucer, traire. ***II. Par ext.*** **1.** Conclure, déduire, dégager, devoir à, emprunter, extraire, inférer, interpréter, prendre, puiser. **2.** ⇒ **quitter. 3.** Drainer, extorquer, gagner, hériter, percevoir, recevoir, recueillir, retirer, soutirer. **4.** ⇒ **tracer. 5.** ⇒ **imprimer. 6.** Canarder, décharger, faire feu, faire partir, lâcher, mitrailler, tirailler. ***III. Loc.*** **Tirer sur** ⇒ **ressembler.** ***IV. V. pron. :*** **1.** S'échapper, s'enfuir, s'évader, se sauver, sortir. ⇒ **partir,** *et les formes pron. possibles des syn. de* TIRER. **2. Loc. S'en tirer** : se débarbouiller (fam.), se débourber, se débrouiller, se démêler, se dépêtrer, en réchapper, s'en sortir.⇒ **réussir.**

TIREUR, EUSE ■ ***I.*** Haleur, remorqueur, tracteur. ***II.*** Mitrailleur, servant. ***III. Loc.*** **Tireuse de cartes** : cartomancienne, diseuse de bonne aventure, extralucide. ⇒ **voyant.**

TISANE ■ Apozème, bouillon, décoction, hydrolé, infusion, macération, macéré, remède, solution.

TISON ■ Braise, brandon.

TISONNER ■ Activer, animer, fourgonner, gratter/ranimer/remuer/secouer les tisons, *et les syn. de* TISON.

TISONNIER ■ Badines, fourgon, pincettes, pique-feu, ringard.

TISSÉ, E ■ ***I. Au pr.*** ⇒ **tissu.** ***II. Fig. :*** aménagé, arrangé, combiné, comploté, conspiré, machiné, manigancé, monté, noué, ourdi, préparé, tramé, tressé.

TISSER ■ ***I. Au pr. :*** brocher, broder, fabriquer, tramer, tresser. ***II. Fig. :*** aménager, arranger, brasser, combiner, comploter, conspirer, machiner, manigancer, monter, nouer, ourdir, préparer, tramer, tresser.

TISSEUR ■ Licier, tisserand.

TISSU ■ ***I. Au pr. :*** basin, bougran, bourras, calicot, cotonnade, drap, droguet, étoffe, lainage, soierie, tapisserie, textile, toile, tricot. ***II. Par ext.*** **1.** Byssus, cellule, membrane, réseau. **2.** Contexture, texture, tissure. ***III. Fig. :*** enchaînement, enchevêtrement, mélange. ⇒ **suite.**

TITAN ■ ***I. Au pr. :*** colosse, cyclope, force de la nature, géant, goliath, hercule, malabar (fam.), mastodonte, monstre, surhomme. ***II.*** ⇒ **champion.**

TITANESQUE ■ Babylonien, colossal, considérable, cyclopéen, démesuré, éléphantesque, énorme, étonnant, excessif, fantastique, formidable, géant, gigantesque, grand, immense, incommensurable, insondable, monstre, monstrueux, monumental, pélasgique, prodigieux, pyramidal.

TITILLER ■ ***I.*** ⇒ **caresser.** ***II.*** ⇒ **agacer.**

TITRE ■ ***I.*** Appellation, désignation, en-tête, frontispice, intitulé, manchette, rubrique. ⇒ **partie.** ***II.*** Caractère, fonction, nom, particularité, qualification, spécification. ***III.*** Acte, brevet, celebret (relig.), certificat, charte, commission, diplôme, document, instrument, lettres patentes, papier, parchemin, patente, pièce. ***IV. Au pl. :*** action, billet, bon, effet, obligation, reconnaissance, warrant.

TITUBANT, E ■ Branlant, chancelant, faible, flageolant, hésitant, incertain, oscillant, trébuchant, vacillant.

TITUBER ■ Balancer, basculer, branler, broncher, buter, chanceler, chavirer, chopper, faiblir, flageoler, fléchir, flotter, glisser, hésiter, lâcher pied, osciller, trébucher, trembler, vaciller.

TITULAIRE ■ ⇒ **propriétaire.**

TITULARISATION ■ Affectation, confirmation, homologation, installation, intégration, nomination, officialisation, prise en charge, validation.

TITULARISER ■ Affecter, confirmer, désigner, homologuer, installer, intégrer, nommer, officialiser, prendre en charge, valider.

TOAST ■ ***I.*** ⇒ **tartine.** ***II.*** ⇒ **discours.**

TOCARD, E ■ ⇒ **mauvais.**

TOGE ■ Costume, mante, manteau, robe.

TOHU-BOHU ■ ***I. Par ext. :*** activité, affairement, affolement, agitation, alarme, animation, billebaude (vx), bouillonnement, branle-bas, bruit, chambardement (fam.), changement, désordre, effervescence, excitation, flux et reflux, grouillement, hâte, incohérence, mouvement, orage, précipitation, remous, remue-ménage, secousse, tempête, tourbillon, tourmente, trouble, tumulte, turbulence, va-et-vient. ***II. Fam. :*** bacchanal, barouf, baroufle, bastringue, bordel, boucan, bousin, brouhaha, carillon, chahut, charivari, cri, éclat, esclandre, foin, hourvari, papafard, pet, pétard, potin, raffut, ramadan, ramdam, sabbat, scandale, schproum, sérénade, tam-tam, tintamarre, train, vacarme.

TOILE ■ ***I. Au sing.*** 1. ⇒ **tissu.** 2. ⇒ **tableau.** ***II. Au pl.*** ⇒ **filet.** ***III. D'araignée :*** arantèle.

TOILETTE ■ ***I. Au sing.*** 1. ⇒ **nettoiement.** 2. ⇒ **vêtement.** ***II. Au pl.*** ⇒ **water-closet.**

TOISER ■ ***I.*** ⇒ **regarder.** ***II.*** ⇒ **mesurer.**

TOISON ■ ***I.*** ⇒ **poil.** ***II.*** ⇒ **cheveux.**

TOIT ■ ***I. Au pr. :*** chaume, comble, couverture, faîte, gouttières, terrasse, toiture. ***II. Par ext.*** 1. ⇒ **hangar.** 2. ⇒ **habitation.**

TOLÉRABLE ■ Buvable (fam.), endurable, excusable, passable, sortable, suffisant, supportable.

TOLÉRANCE ■ Acquiescement, bonté, bénignité, compréhension, douceur, indulgence, largeur/ouverture d'esprit, libéralisme, non-violence, patience, respect, tolérantisme.

TOLÉRANT, E ■ Bénin, bon, commode, compréhensif, doux, endurant (vx), humain, indulgent, large/ouvert d'esprit, libéral, non-violent, patient, résigné, respectueux.

TOLÉRÉ, E ■ ***I.*** Accordé, admis, admissible, agréé, autorisé, consenti, dans les formes/les normes/l'ordre/les règles, légal, légitime, libre, licite, loisible, permis, possible, régulier. ***II.*** Enduré, souffert, supporté.

TOLÉRER ■ ***I.*** Accepter, accorder, acquiescer, admettre, agréer, approuver, autoriser, avaler (fam.), boire (fam.), concéder, consentir, digérer (fam.), dispenser, donner, habiliter, laisser, laisser faire, passer, permettre. ***II.*** Endurer, souffrir, supporter.

TOLLÉ ■ Blâme, bruit, chahut, charivari, clameur, cri, haro, huée, sifflet.

TOMATE ■ Marmande, olivette, pomme d'amour.

TOMBANT, E ■ ⇒ **pendant.**

TOMBE, TOMBEAU ■ Caveau, cénotaphe, cinéraire, cippe, columbarium, concession, dernier asile, dernière demeure, fosse, funérailles, hypogée, koubba, mastaba, mausolée, monument, monument funéraire, pierre, pierre tombale, sarcophage, sépulcre, sépulture, stèle, stoûpa, tertre, tholos, tumulus.

TOMBÉ, E ■ Abaissé, affaibli, affaissé, amoindri, avili, bas, coulé, déchu, déclassé, dégénéré, dégradé, dégringolé, démoli, déposé, descendu, destitué, diminué, éboulé, écroulé, effondré, ptôsé (méd.), jeté à bas/à terre/au sol, maudit, mis au ban, oublié, pauvre, précipité, privé de, renversé, ruiné.

TOMBER ■ ***I. Au pr. :*** 1. S'abattre,

s'affaler, s'allonger, basculer, choir, chuter, culbuter, débouler, dégringoler, descendre, dévisser, s'écrouler, s'effondrer, faire une chute, trébucher. **2. Fam.** : s'aplatir, casser son verre de montre, se casser la figure/la gueule, dinguer, s'épater, s'étaler, se ficher/flanquer/foutre, mettre la gueule basse/les quatre fers en l'air/par terre, glisser, mesurer la terre, mordre la poussière, prendre/ramasser un billet de parterre/une bûche/un gadin/une gamelle/une pelle, valdinguer. *II. Par ext.* **1.** Pendre, retomber, traîner. **2.** Arriver, choir, pleuvoir. **3.** S'abaisser, s'abâtardir, s'affaiblir, s'amoindrir, s'avilir, baisser, déchoir, se déclasser, décliner, décroître, dégénérer, se dégrader, dégringoler, déroger, descendre, dévier, diminuer, s'encanailler, s'enfoncer, se laisser aller, rétrograder, rouler dans, vieillir. ⇒ **manquer. 4.** ⇒ **échouer. 5.** ⇒ **mourir. 6.** ⇒ **terminer (se). 7.** S'accomplir, advenir, arriver, avoir lieu, se dérouler, échoir, intervenir, s'offrir, s'opérer, se passer, se présenter, se produire, surgir, survenir, se tenir, se trouver. *III. Loc.* **1. Tomber sur** : attaquer, charger, s'élancer, foncer, se jeter, se précipiter, rencontrer, trouver. **2. Tomber d'accord** : accéder, accepter, accorder, acquiescer, adhérer, admettre, adopter, applaudir, approuver, assentir (vx), autoriser, avoir pour agréable, céder, condescendre, consentir, dire amen, donner les mains (vx), se laisser faire, octroyer, opiner, permettre, se prêter, se soumettre, souscrire, toper (là), vouloir bien. ⇒ **convenir.**

TOMBOLA ▪ Arlequin, hasard, loterie, loto, sweepstake, tirage.

TOME ▪ ⇒ **livre.**

TOM-POUCE ▪ *I.* ⇒ **nain.** *II.* ⇒ **parapluie.**

TON ▪ *I. Au pr.* : accent, accord, bruit, écho, inflexion, intonation, modulation, musique, note, son, timbre, tonalité. *II. Par ext.* **1.** Façon, facture, forme, genre, goût, griffe, main, manière, patte, pinceau, plume, signature, style, touche, tour. **2.** ⇒ **expression. 3.** ⇒ **procédé. 4.**⇒ **couleur.** *III. Loc.* **Bon ton** ⇒ **convenance.**

TONALITÉ ▪ ⇒ **ton.**

TONDRE ▪ *I. Au pr.* : couper, bretauder, dépouiller, écorcer, éplucher, gratter, ôter, peler, râper, raser, tailler. *II. Fig.* **1.** ⇒ **dépouiller. 2.** ⇒ **voler.**

TONICITÉ ▪ ⇒ **force.**

TONIFIER ▪ ⇒ **fortifier.**

TONIQUE ▪ Analeptique, cordial, corroborant, excitant, fortifiant, réconfortant, reconstituant, remontant, roboratif, stimulant, tonifiant.

TONITRUANT, E ▪ *I.* Carillonnant, résonnant, retentissant, sonnant, sonore. *II.* Ample, bruyant, éclatant, énorme, fort, haut, hurlant, plein, ronflant, tonnant, vibrant.

TONITRUER ▪ ⇒ **crier.**

TONNANT, E ▪ ⇒ **tonitruant.**

TONNEAU ▪ Baril, barrique, botte, boucaut, bouge, caque, charge, demi-muid, feuillette, fût, futaille, foudre, muid, pièce, pipe, poinçon, quartaud, queue, tine, tinette, tonne, tonnelet, velte.

TONNELLE ▪ Abri, berceau, brandebourg, charmille, gloriette, kiosque, pavillon/salon de verdure, pergola.

TONNER ▪ *I. Fig.* ⇒ **crier.** *II.* ⇒ **tempêter.**

TONNERRE ▪ *I. Par ext.* : éclair, épart, feu du ciel/de Dieu/de Jupiter/de Zeus, foudre, fulguration, orage, tempête. *II. Loc.* **Du tonnerre. 1.** ⇒ **extraordinaire. 2.** ⇒ **terrible.**

TONTE ▪ Tondaison (vx ou rég.).

TOPER ▪ ⇒ **tomber d'accord.**

TOPIQUE ▪ *I. Nom.* **1.** ⇒ **remède. 2.** Banalité, bateau, cliché, idée reçue, lieu commun, poncif, truisme, vieille lune, vieillerie. ***II. Adj.*** ⇒ **convenable.**

TOPOGRAPHIE ▪ Arpentage, cadastre, cartographie, géodésie, géographie, nivellement, planimétrie, triangulation.

TOPOGRAPHIQUE ▪ Cadastral, géodésique, géographique, planimétrique.

TOQUADE ▪ ***I. Au pr. :*** accès, bizarrerie, bon plaisir, boutade, caprice, changement, chimère, coup de tête, entichement, envie, extravagance, fantaisie, folie, foucade, gré, humeur, impatience, incartade, inconséquence, inconstance, instabilité, légèreté, lubie, lune, marotte, mobilité, mouvement, quinte, saillie, saute d'humeur, singularité, turlurette, turlutaine, variation, versatilité, volonté. ***II. Par ext.*** **1.** Amour, amourette, béguin, escapade, frasque, fredaine, flirt, idylle, passade, pépin. **2.** Aliénation, délire, démence, égarement, folie, frénésie, furie, hantise, idée fixe, manie, monomanie, obsession.

TOQUE ▪ ***I.*** ⇒ **bonnet.** ***II.*** ⇒ **coiffure.**

TOQUÉ, E ▪ ***I. Au pr. :*** aliéné, bizarre, dément, déséquilibré, détraqué, malade, maniaque, névrosé, paranoïaque, schizophrène. ⇒ **fou.** ***II. Fam.*** ⇒ **timbré.**

TOQUER (SE) ▪ S'acoquiner, s'amouracher, avoir le béguin/une toquade pour, se coiffer, s'emballer, s'embéguiner, s'emberlucoquer, s'engouer, s'enjuponner, s'entêter, s'enthousiasmer, s'enticher, s'éprendre, goder pour (arg.), s'infatuer, se passionner, prendre feu et flamme pour, se préoccuper, se rassoter (vx).

TORCHE ▪ ***I.*** Brandon, flambeau, luminaire, oupille, torchère. ***II.*** ⇒ **torsade.**

TORCHER ▪ ***I. Au pr.*** ⇒ **nettoyer.** ***II. Fig.*** **1.** ⇒ **tancer. 2.** Abîmer, bâcler, barbouiller, bousiller, cochonner, déparer, dissiper, enlaidir, gâcher, galvauder, gaspiller, gâter, liquider, manquer, massacrer, perdre, rater, saboter, saloper, saveter, torchonner, tordre, trousser.

TORCHÈRE ▪ Applique, bougeoir, bras, candélabre, chandelier, flambeau, girandole, luminaire, martinet, oupille, torche.

TORCHON ▪ Essuie-mains/verres, touaille. ***Péj. :*** ⇒ **servante.**

TORCHONNER ▪ ⇒ **torcher.**

TORDANT, E ▪ ***I.*** Amusant, bouffon, cocasse, comique, désopilant, drolatique, drôle, exhilarant, farce, fou, hilarant, impayable, inénarrable, plaisant, ridicule, risible. ***II. Arg. ou fam. :*** bidonnant, boyautant, champignol, crevant, gondolant, gonflant, jouasse, marrant, poilant, rigolboche, rigolo, rigouillard, roulant, tirebouchonnant, torsif, transpoil.

TORDRE ▪ ***I. Au pr.*** **1.** Bistourner, boudiner, cordeler, entortiller, filer, guiper, tirebouchonner, torsader, tortiller, tortillonner, tourner, tourniller, tresser. **2.** Cintrer, courber, déformer, distordre, fausser, forcer, gauchir. ***II. Fig.*** **1.** ⇒ **torcher. 2.** ⇒ **manger.** ***III. V. pron.*** **1.** S'amuser, se dérider, se désopiler, se divertir, éclater de rire, s'égayer, s'en payer, s'esbaudir (vx), s'esclaffer, glousser, pleurer de rire, pouffer, prendre du bon temps, se réjouir, rioter (vx), rire, sourire. **2. Arg. ou fam.** : se bider/bidonner, bosser, se boyauter/dilater la rate, se fendre la gueule/la pêche/la pipe, se gondoler / marrer / poiler / tirebouchonner, s'en payer une tranche, rigoler.

TORDU, E ▪ ***I. Au pr. :*** bancal, bancroche, cagneux, circonflexe, contourné, contracté, courbé, déjeté, de travers, difforme, entortillé, gauche, recroquevillé, retors, serré, tors, tortillé, tortu, tortué, tortueux, torve, tourmenté, tourné, volubile, vrillé. ***II. Fig. et fam. :*** bizarre, braque, capricant, capricieux, changeant, difficile, excentrique, extravagant, fantaisiste, fantasque, fou, hypocrite, inconséquent, inconstant, instable, irréfléchi, lunatique, mal tourné, maniaque, mauvais caractère/coucheur, méchant, mobile, ondoyant, original, quinteux, sautillant, variable, versatile, vicieux.

TORGNOLE ▪ ***I. Au pr. :*** aiguillade, bastonnade, botte, bourrade, calotte, charge, châtiment, chiquenaude, claque, correction, décharge, distribution, escourgée, fessée, gifle, gourmade, horion, pichenette, sanglade, soufflet, tape. ***II. Fam.*** **1.** Abattage, avoine, baffe, bâfre, beigne, beignet, bigorne, bourre-pipe, branlée, brossée, brûlée, castagne, châtaigne, chicore, contredanse, coq, coquard, danse, déculottée, dégelée, dérouillée, flanche, fricassée, fricotée, frottée, giboulée, giroflée, gnon, gourmade, jeton, marron, mornifle, pain, pâtée, peignée, pile, plumée, pochade, purge, raclée, ramponneau, ratatouille, rincée, ringuée, rossée, roulée, rouste, secouée, tabac, tabassage, tabassée, tampon, tannée, taquet, tarte, tatouille, tisane, toise, tournée, trempe, tripotée, trollée, valse, volée. ⇒ **talmouse 2.** Blessure, bleu, bosse, contusion, mauvais traitements, meurtrissure, violences, voies de fait.

TORNADE ▪ Bourrasque, coup de chien/de tabac (fam.)/de vent, cyclone, orage, ouragan, rafale, raz de marée, tempête, tourbillon, tourmente, trompe, typhon, vent.

TORPEUR ▪ Abattement, abrutissement, accablement, adynamie, affaiblissement, alanguissement, alourdissement, anéantissement, apathie, appesantissement, assoupissement, atonie, consomption, découragement, dépérissement, écrasement, engourdissement, ennui, épuisement, étisie, faiblesse, hébétude, hypnose, inaction, inactivité, indolence, langueur, lenteur, léthargie, marasme, mollesse, morbidesse, nonchalance, paralysie, paresse, prostration, somnolence, stagnation, stupeur.

TORPILLER ▪ ***I. Au pr.*** ⇒ **couler.** ***II. Fig. :*** arrêter, briser, enterrer, escamoter, étouffer, faire avorter/échouer, mettre en sommeil, neutraliser, saborder, supprimer, tuer dans l'œuf.

TORRÉFIER ▪ ⇒ **rôtir.**

TORRENT ▪ ⇒ **rivière.**

TORRENTIEL, ELLE ▪ ***I. Au pr. :*** déchaîné, démonté, diluvien, torrentueux, violent. ***II. Par ext.*** ⇒ **abondant.**

TORRIDE ▪ Bouillant, brûlant, chaud, cuisant, desséchant, étouffant, excessif, incandescent, saharien, tropical.

TORS, TORSE ▪ ⇒ **tordu.**

TORSADE ▪ ***I.*** Chignon, coiffure, macaron, natte, rouleau, tresse. ***II.*** Hélice, rouleau, torche, torque.

TORSADER ▪ ⇒ **tordre.**

TORSE ▪ Buste, poitrine, taille, thorax, tronc.

TORSION ▪ Bistournage, contorsion, contraction, courbure, distorsion, tortillement.

TORT ▪ ***I.*** Affront, atteinte, avanie, blessure, casse, coup, culpabilité, dam, dégât, dégradation, dépréciation, déprédation, désavantage, détérioration, détriment, dommage, endommagement, faute, grief (vx), injure, injustice, lésion, mal, manquement, offense, outrage, perte, préjudice, ravage, ribordage (mar.), sinistre. ***II. Loc.*** **1. Avoir tort ⇒ tromper (se). 2. Redresseur de torts ⇒ justicier.**

TORTILLAGE ▪ ***I. Au pr. :*** amphigouri, argot, baragouin, bigorne (vx), charabia, dialecte, discours embrouillé, embrouillamini, galimatias, javanais, langage inintelligible, largonji, logogriphe, patagon, pathos, patois, phébus, sabir, verlan. ***II. Par ext. :*** désordre, fatras, fouillis, imbroglio, méli-mélo.

TORTILLÉ, E ■ ⇒ **tordu.**

TORTILLEMENT ■ ⇒ **torsion.**

TORTILLER ■ ***I. Au pr.*** ⇒ **tordre.** ***II. Fig.*** **1.** ⇒ **manger. 2.** ⇒ **hésiter. 3.** ⇒ **tourner.**

TORTIONNAIRE ■ Bourreau, bras séculier (vx), exécuteur, homme de main, meurtrier, sadique, sanguinaire, tueur.

TORTU, E, TORTUÉ, E ■ ⇒ **tordu.**

TORTUE ■ ***I.*** Chélonien. ***II.*** Caret, céraste, cistude, émyde, luth, trionyx.

TORTUEUX, EUSE ■ ***I. Au pr. :*** anfractueux, courbe, flexueux, ondoyant, ondulant, ondulatoire, ondulé, onduleux, serpentin, sinueux. ***II. Par ext.*** **1.** Artificieux, astucieux, cauteleux, diplomate, ficelle, finasseur, finaud, fourbe, futé, habile, loup, machiavélique, madré, malicieux (vx), malin, matois, normand, renard, retors, roublard, roué, rusé, subtil. **2.** ⇒ **hypocrite.**

TORTURANT, E ■ Affligeant, amer, angoissant, attristant, crucifiant, cruel, cuisant, déchirant, difficile, douloureux, dur, éprouvant, funeste, intolérable, lamentable, lancinant, navrant, obsédant, pénible, pitoyable, térébrant, triste.

TORTURE ■ ***I.*** Affliction, calvaire, châtiment, exécution, géhenne (vx), martyre, mort, peine, persécution, pilori, punition, question (vx), souffrance, supplice, tourment. ***II.*** ⇒ **inquiétude.** ***III.*** ⇒ **douleur.** ***IV. Loc.*** **Mettre à la torture.** ⇒ **tourmenter.**

TORTURER ■ ***I. Au pr. :*** gêner (vx), questionner (vx), soumettre à la question (vx)/au supplice/à la torture, supplicier. ***II. Par ext.*** **1.** ⇒ **tourmenter. 2.** Défigurer, dénaturer, détourner, forcer, interpréter, violenter.

TORVE ■ ***I.*** ⇒ **tordu.** ***II.*** ⇒ **mauvais.**

TÔT ■ ***I.*** Au chant du coq, au lever du jour/du soleil, aux aurores (fam.), de bon matin, de bonne heure, dès l'aube, dès l'aurore, dès potron-minet. ***II.*** ⇒ **vite.**

TOTAL ■ n. ***I.*** Addition, chiffre, ensemble, fonds, masse, montant, quantité, somme, volume. ***II.*** ⇒ **totalité.**

TOTAL, E ■ adj. Absolu, complet, entier, exhaustif, franc, global, intact, intégral, parfait, plein, plénier, radical, sans réserve/restriction.

TOTALEMENT ■ Absolument, à fond, au complet, bien, complètement, de fond en comble, de pied en cap, des pieds à la tête, du haut en bas, en bloc, en entier/totalité, entièrement, exactement, fondamentalement, globalement, in extenso, intégralement, jusqu'au bout/aux oreilles, par-dessus les oreilles/la tête, ras le bol (fam.), parfaitement, pleinement, tout à fait, tout au long.

TOTALISER ■ Additionner, assembler, faire un tout, grouper, rassembler, réunir.

TOTALITAIRE ■ Absolu, autocratique, autoritaire, dictatorial, fasciste, nazi, oppressif, raciste.

TOTALITÉ ■ ***I.*** Complétude, ensemble, généralité, intégrité, masse, plénitude, réunion, total, tout, universalité. ***II. Loc.*** **En totalité** ⇒ **totalement.**

TOTEM ■ ***I. Au pr. :*** ancêtre, emblème, figure, protecteur, représentant, représentation, signe, symbole. ***II. Par ext. :*** amulette, fétiche, gri-gri.

TOTON ■ ⇒ **toupie.**

TOUAGE ■ ⇒ **remorquage.**

TOUCHANT, E ■ Apitoyant, attendrissant, bouleversant, captivant, déchirant, dramatique, éloquent, émouvant, empoignant, excitant, frappant, impressionnant, larmoyant (péj.), navrant, pathétique, poétique, poignant, saisissant, tendre, tragique, troublant.

TOUCHE ▪ ***I.*** ⇒ **port.** ***II.*** ⇒ **expression.**

TOUCHE-À-TOUT ▪ ⇒ **amateur.**

TOUCHER ▪ v. tr. ***I. Au pr.*** **1.** Affleurer, attoucher, chatouiller, coudoyer, effleurer, heurter, manier, palper, tâter, tâtonner. **2.** Atteindre, attraper, faire balle/mouche, frapper, porter. **3.** Aborder, accoster, arriver, atterrer, atterrir, faire escale, gagner, prendre terre, relâcher. **4.** Avoisiner, confiner, joindre, jouxter, tenir à, voisiner. ***II. Par ext.*** **1.** Émarger, encaisser, palper (fam.), percevoir, recevoir, recouvrer, recueillir, retirer, se sucrer (péj.). **2.** S'adresser, aller à, concerner, regarder. **3.** Affecter, attendrir, avoir prise, blesser, désarmer, émouvoir, impressionner, intéresser, persuader, porter. **4.** Rouler sur. ⇒ **traiter. 5.** ⇒ **jouer.** ***III. Loc.*** **Toucher à. 1.** ⇒ **entailler. 2.** ⇒ **entreprendre.**

TOUCHER ▪ n. ⇒ **tact.**

TOUER ▪ Charrier, haler, remorquer, traîner. ⇒ **tirer.**

TOUFFE ▪ ***I.*** Aigrette, bouquet, chignon, crêpe, crête, crinière, épi, flocon, houppe, huppe, mèche, pinceau, pompon, taroupe, tas, toupet, toupillon. ***II.*** Bouquet, breuil, broussaille, buisson. ⇒ **bois.**

TOUFFEUR ▪ Chaleur, étouffement, moiteur, tiédeur.

TOUFFU, E ▪ ***I. Au pr.*** *:* abondant, cespiteux, compact, comprimé, condensé, dense, dru, encombré, épais, exubérant, feuillu, fort, fourni, fourré, impénétrable, luxuriant, massif, pilé, plein, pressé, serré, tassé. ***II. Fig.*** ⇒ **ténébreux.**

TOUILLER ▪ Agiter, brasser, fatiguer, mélanger, mêler, remuer, tourner.

TOUJOURS ▪ ***I. Temporel*** *:* à perpétuité, assidûment, à toute heure, constamment, continuellement, continûment, de tout temps, en permanence, éternellement, généralement, habituellement, incessamment, indéfiniment, infiniment, invariablement, ordinairement, perpétuellement, sans arrêt/cesse/fin/interruption/relâche, sans désemparer, sempiternellement, tous les jours. ***II. Non temporel*** *:* au moins, cependant, de toute façon, du moins, en tout cas, néanmoins, quelles que soient les circonstances, reste que.

TOUPET ▪ ***I. Au pr.*** ⇒ **touffe.** ***II. Par ext.*** **1.** ⇒ **confiance. 2.** ⇒ **hardiesse.**

TOUPIE ▪ ***I.*** Moine, pirouette (vx), sabot, toton. ***II.*** ⇒ **mégère.**

TOUR ▪ n. fém. Beffroi, campanile, clocher, donjon, flèche, minaret, tourelle, tournelle (vx).

TOUR ▪ n. masc. ***I. Au pr.*** **1.** Cabriole, course, giration, parcours, pirouette, révolution, rotation, roue, saut, tourbillonnement, tournoiement, virevolte, volte. **2.** Coude, circonvolution, détour, méandre, retour, sinuosité. **3.** Chaintre, bordure, circonférence, circuit, contour, délinéament, périmètre, périphérie, pourtour, tracé. ***II. Par ext.*** **1.** Balade, circuit, course, croisière, déambulation, échappée, errance, excursion, flânerie, marche, promenade, randonnée, sortie, vadrouille (fam.), virée (fam.), voyage. **2.** Circumnavigation, croisière, navigation, périple. **3.** ⇒ **voyage.** ***III. Fig.*** **1.** Acrobatie, attrape, clownerie, escamotage, jonglerie, prestidigitation. **2.** Coup de maître, exploit, succès. **3.** Artifice, combine, coup, crasse, malice, méchanceté, méfait, ruse, stratagème, truc, vacherie. **4.** Aspect, allure, expression, façon, forme, marche, style, tournure. ***IV. Loc.*** **1. Tour à tour** : alternativement, à tour de rôle, coup sur coup, l'un après l'autre, périodiquement, récursivement, rythmiquement, successivement. **2. Tour de main** ⇒ **habileté.**

TOURBE ▪ Basse pègre, canaille, écume, foule, lie, masse, multitude, pègre, peuple, plèbe, populace, populaire, populo, prolétariat, racaille, vulgaire. ⇒ **multitude.**

TOURBEUX, EUSE ▪ ⇒ **boueux.**

TOURBILLON ▪ ***I.*** ⇒ **remous.** ***II.*** ⇒ **rafale.** ***III.*** ⇒ **mouvement.**

TOURBILLONNANT, E ▪ ***I. Au pr. :*** tournant, tournoyant, virevoltant. ***II. Par ext. :*** agité, déchaîné, impétueux, remuant, secoué, torrentueux, troublé.

TOURBILLONNEMENT ▪ ⇒ **remous.**

TOURBILLONNER ▪ ⇒ **tourner.**

TOURISTE ▪ ⇒ **voyageur.**

TOURMENT ▪ ***I.*** Affliction, affres, agitation, alarme, amertume, angoisse, anxiété, bourrèlement, cassement de tête, cauchemar, chagrin, contrariété, crainte, déchirement, désolation, émoi, enfer, ennui, fardeau, incertitude, inquiétude, malaise, martel (vx), martyre, obsession, peine, perplexité, poids, préoccupation, scrupule, soin (vx), sollicitude, souci. **Fam. :** bile, bourdon, mouron, mousse, tintouin, tracassin, tracas, tracasserie. ***II.*** ⇒ **supplice.** ***III.*** ⇒ **douleur.** ***IV.*** ⇒ **agitation.**

TOURMENTE ▪ ***I. Au pr.*** ⇒ **tempête.** ***II.*** ⇒ **trouble.**

TOURMENTÉ, E ▪ ***I. Quelqu'un :*** angoissé, anxieux, bourrelé, inquiet, perplexe, ravagé, soucieux. ***II. Quelque chose.*** **1. Un site :** accidenté, bosselé, chaotique, dantesque, découpé, déformé, dentelé, désordonné, disproportionné, irrégulier, lunaire, montagneux, mouvementé, pittoresque, vallonné. **2. Le style** ⇒ **pénible.**

TOURMENTER ▪ ***I. Au pr. :*** bourreler (vx), crucifier, écarteler, gêner (vx), martyriser, mettre au supplice/à la torture, questionner (vx), soumettre à la question (vx), tenailler, torturer, travailler. ***II. Par ext.*** **1. Quelqu'un tourmente quelqu'un :** agacer, assiéger, asticoter, brimer, chercher, chicaner, faire chanter/damner/danser, harceler, importuner, molester, persécuter, poursuivre, talonner, tanner, taquiner, tarabuster, tirailler, vexer. ⇒ **ennuyer. 2. Quelque chose tourmente quelqu'un :** affliger, agiter, chagriner, chiffonner, dévorer, fâcher, hanter, inquiéter, lanciner, marteler, obséder, préoccuper, presser, ronger, talonner, tarauder, tracasser, travailler, trotter, troubler, turlupiner. ***III. V. pron. :*** se biler, se désespérer, se donner du mal/de la peine/du tintouin, s'en faire, se faire de la bile/des cheveux/des cheveux blancs/du mauvais sang/du mouron/des soucis/du ⇒ **tourment,** éprouver de l'inquiétude, *et les formes pron. possibles des syn. de* TOURMENTER.

TOURNAGE ▪ Prise de vue(s), réalisation.

TOURNAILLER ▪ ***I.*** ⇒ **tourner.** ***II.*** ⇒ **errer.**

TOURNANT ▪ n. ***I.*** Angle, coude, courbe, courbure, méandre, retour, saillie, sinuosité, tour, virage. ***II. Par ext.*** ⇒ **détour.**

TOURNANT, E ▪ adj. Giratoire, rotatif, rotatoire.

TOURNÉ, E ▪ adj. ⇒ **aigre.**

TOURNE-DISQUE ▪ Chaîne, électrophone, hi-fi, mange-disque. ***Vx :*** phono, phonographe.

TOURNÉE ▪ n. ***I.*** ⇒ **tour.** ***II.*** ⇒ **promenade.** ***III.*** ⇒ **voyage.** ***IV.*** ⇒ **torgnole.**

TOURNER ▪ ***I. Au pr.*** **1.** Braquer. **2.** Contourner, détourner, dévier, obliquer. **3.** Bistourner, tordre, tortiller, tournailler. **4.** Retourner. ⇒ **rouler. 5.** Girer, graviter, pirouetter, pivoter, toupiller, toupiner, tourbillonner, tournailler, tournicoter, tourniller, tourniquer, tournoyer, virer, virevolter, virevousser, virevouster. ***II. Par ext.*** **1.** ⇒ **diriger. 2.** Changer, convertir, influencer, influer, modifier, transformer. **3.** Adonner à, appliquer à, penser à. **4.** ⇒ **aigrir. 5.** ⇒ **finir. 6.** ⇒ **cinématographier. 7.** ⇒ **transformer (se).**

TOURNILLER ▪ ***I.*** ⇒ **tordre.** ***II.*** ⇒ **tourner.**

TOURNIS ■ ⇒ **vertige.**

TOURNOI ■ ***I.*** Carrousel, fantasia, joute. ***II.*** ⇒ **lutte.**

TOURNOYANT, E ■ ⇒ **tourbillonnant.**

TOURNOYER ■ ***I.*** ⇒ **tourner.** ***II.*** ⇒ **rôder.** ***III.*** ⇒ **biaiser.**

TOURNURE ■ ***I.*** Air, allure, angle, apparence, aspect, cachet, caractère, configuration, côté, couleur, dehors, endroit, extérieur, face, faciès, figure, forme, jour, masque, perspective, physionomie, point de vue, profil, tour, train, visage, vue. ***II.*** ⇒ **port.** ***III.*** ⇒ **expression.** ***IV.*** ⇒ **marche.**

TOURTEAU ■ ⇒ **résidu.**

TOURTEREAU, TOURTERELLE ■ ***I.*** ⇒ **colombin.** ***II.*** ⇒ **amant.**

TOUSSER ■ ***I. Au pr. :*** toussailler, toussoter. ***II. Par ext. :*** cracher, expectorer, graillonner.

TOUT ■ n. ***I.*** ⇒ **totalité.** ***II. Loc.*** **Le tout** ⇒ **principal.**

TOUT, TOUTE ■ adj. ***I.*** Complet, entier, intégral, plein. ***II.*** Chacun, chaque, quiconque. ***III.*** Ensemble, tous, tutti quanti.

TOUT À FAIT ■ Bien, complètement, entièrement, exactement, extrêmement, pleinement, totalement, très. ⇒ **absolument.**

TOUT À L'HEURE ■ ***I.*** À l'instant, aussitôt, sur-le-champ, sur l'heure, toute de suite. ***II.*** Dans un instant/un moment, plus tard.

TOUT DE BON ■ ⇒ **sérieusement.**

TOUT DE GO ■ ⇒ **simplement.**

TOUT DE SUITE ■ ⇒ **tout à l'heure.**

TOUTEFOIS ■ Cependant, mais, néanmoins, nonobstant (vx), pourtant, seulement.

TOUTE-PUISSANCE ■ ***I.*** ⇒ **autorité.** ***II.*** ⇒ **pouvoir.**

TOUT-PUISSANT ■ Omnipotent.

TOUX ■ Expectoration, rhume, tousserie, toussotement.

TOXICITÉ ■ Malignité, nocivité.

TOXINE, TOXIQUE ■ ⇒ **poison.**

TRAC ■ ***I.*** ⇒ **peur.** ***II.*** ⇒ **timidité.**

TRACAS ■ ***I.*** Brimade, chicane, persécution, tracasserie, vexation. ⇒ **tourment.** ***II.*** Alarme, aria, contrariété, difficulté, embarras, ennui, fatigue, inquiétude, peine, préoccupation, tirage, trouble. ⇒ **tourment.** ***III.*** Agitation ⇒ **remue-ménage.**

TRACASSER ■ ⇒ **tourmenter.**

TRACASSERIE ■ ***I.*** ⇒ **tracas.** ***II.*** ⇒ **chicane.**

TRACASSIER, ÈRE ■ Brouillon, chicaneur, chicanier, mauvais coucheur, mesquin, procédurier, processif, querelleur, tatillon, vétilleux.

TRACASSIN ■ ⇒ **tourment.**

TRACE ■ ***I. Au pr. :*** empreinte, foulées, pas, piste, vestige. ***Vén. :*** connaissance, erre, fumées, fumet, passée, pied, voie. ***II. Par ext.*** **1.** Cicatrice, indice, marque, ornière, ride, sceau, signature, sillage, sillon, stigmate, témoignage, traînée. **2.** Impression. ⇒ **souvenir.**

TRACÉ ■ ⇒ **trajet.**

TRACER ■ ***I.*** Décrire, délinéer, dessiner, ébaucher, esquisser, retracer. ⇒ **représenter.** ***II.*** Baliser, bornoyer, flécher, jalonner, piquer, piqueter, pointiller, tirer. ⇒ **indiquer.**

TRACT ■ Affiche, affichette, feuille, libelle, pamphlet, papier, papillon, prospectus, vignette.

TRACTATION ■ ***I.*** Pourparler. ⇒ **négociation.** ***II.*** Marchandage. ⇒ **manège.**

TRACTION ■ ⇒ **remorquage.**

TRADITION ▪ ***I.*** ⇒ **légende.** ***II.*** ⇒ **habitude.**

TRADITIONALISTE ▪ Conformiste, conservateur, intégriste, nationaliste, réactionnaire, traditionnaire.

TRADITIONNEL, ELLE ▪ Accoutumé, classique, consacré, conventionnel, coutumier, de convention, fondé, habituel, héréditaire, hiératique, institutionnel, invétéré, légal, légendaire, orthodoxe, proverbial, rituel, sacramental, sacro-saint, usuel.

TRADUCTEUR, TRICE ▪ ***I. Au pr. :*** drogman, interprète, translateur, truchement. ***II. Par ext. :*** exégète, paraphraseur, scoliaste.

TRADUCTION ▪ Adaptation, interprétation, thème, translation, transposition, version.

TRADUIRE ▪ ***I. Au pr. :*** déchiffrer, gloser, interpréter, rendre, transcoder, translater (vx), transposer. ***II. Par ext.*** **1.** Appeler, assigner, convoquer, mener, traîner. **2.** Laisser paraître, montrer. ⇒ **exprimer. 3.** ⇒ **expliquer.**

TRAFIC ▪ ***I. Non favorable :*** agiotage, bricolage, carambouillage, carambouille, fricotage, magouillage, magouille, malversation, manigance, maquignonnage, marchandage, micmac, simonie (relig.), traite, tripotage. ***II. Neutre.*** **1.** ⇒ **commerce. 2.** Circulation, débit, écoulement, mouvement, roulage.

TRAFIQUANT, E ▪ Agioteur, boursicoteur, bricoleur, carambouilleur, combinard, commerçant/négociant marron, fricoteur, intermédiaire, maquignon, margoulin, mercanti, proxénète, spéculateur, trafiqueur, traitant (vx), tripoteur.

TRAFIQUER ▪ Agioter, boursicoter, brader, bricoler, brocanter, carambouiller, colporter, combiner, débiter, échanger, fourguer, fricoter, jongler, magouiller, manigancer, maquignonner, négocier, prostituer, spéculer/tripoter sur, vendre.

TRAGÉDIE, TRAGI-COMÉDIE ▪ ⇒ **drame.**

TRAGIQUE ▪ ***I.*** ⇒ **dramatique.** ***II.*** ⇒ **émouvant.**

TRAHIR ▪ ***I.*** ⇒ **tromper.** ***II.*** ⇒ **découvrir.**

TRAHISON ▪ ***I. Au pr. :*** défection, délation, dénonciation, désertion, forfaiture, haute trahison, prévarication, ragusade (vx). ***II. Par ext.*** **1.** Adultère, cocuage, infidélité, inconstance, manquement. **2.** Bassesse, déloyauté, duperie, félonie, fourberie, lâcheté, perfidie, traîtrise, tromperie. ⇒ **hypocrisie.**

TRAIN ▪ ***I.*** ⇒ **marche.** ***II.*** Arroi, équipage. ⇒ **suite.** ***III.*** Chemin de fer, convoi, rail, rame, S.N.C.F., tortillard, voie ferrée. **Arg. :** brutal, dur. ***IV.*** ⇒ **tapage.**

TRAÎNANT, E ▪ ⇒ **monotone.**

TRAÎNARD, E ▪ ***I. Nom :*** feu rouge, lanterne, traîneur, traîne-savate. ***II. Adj.*** ⇒ **lent.**

TRAÎNASSER ▪ ⇒ **traîner.**

TRAÎNE (À LA) ▪ À la queue, attardé. ⇒ **arriéré.**

TRAÎNÉE ▪ ***I.*** ⇒ **prostituée.** ***II.*** ⇒ **trace.**

TRAÎNER ▪ ***I. Au pr. :*** amener, attirer, charrier, conduire, emmener, entraîner, mener, remorquer, tirer, touer, tracter, transporter, trimbaler, trôler. ***II. Fig.*** **1.** Continuer, demeurer, durer, n'en plus finir, s'étendre, s'éterniser, se maintenir, se perpétuer, persévérer, se prolonger, résister, se soutenir, subsister, survivre, tenir, tirer en longueur, vivre. **2.** S'amuser, s'attarder, badauder, bader (mérid.), flâner, folâtrer, galvauder, lambiner, musarder, muser, paresser, se promener, traînasser, vadrouiller. **3. Fam. :** baguenauder, balocher, couniller, fainéanter, flânocher, flemmarder, glander, glandouiller, gober les mouches, godailler, lanterner, lécher les vitrines, lézarder, troller. ***III. Par ext.*** ⇒ **tomber.** ***IV. Loc.*** **1. Faire traîner** : ajourner, allonger, arrêter, arriérer (vx), atermoyer, attendre, décaler, différer, éloigner, éterniser, faire languir, négliger, prolonger, promener, proroger, ralentir, reculer, remettre, renvoyer, reporter, repousser, retarder, surseoir à, tarder, temporiser. **2. Laisser traîner** : négliger. ⇒ **abandonner.** ***V. V. pron.*** : **1.** Aller, avancer, circuler, déambuler, errer, évoluer, marcher, prendre l'air, se promener, sortir. ⇒ **traîner. 2.** Se couler, glisser, introduire, ramper. **3.** *Les formes pron. possibles des syn. de* TRAÎNER.

TRAINTRAIN ▪ ⇒ **routine.**

TRAIRE ▪ ⇒ **tirer.**

TRAIT ▪ ***I.*** Angon, carreau, dard, flèche, framée, hast, javeline, javelot, lance, pilum, sagaie, sagette. ***II.*** Attelle, câble, harnais, lanière, longe. ***III.*** Barre, glyphe, hachure, ligne, rature, rayure, tiret. ***IV.*** ⇒ **marque.** ***V. Au pl.*** : air, apparence, aspect, attitude, caractère, contenance, expression, face, faciès, figure, manière, masque, mimique, mine, physionomie, physique, visage. ***VI.*** Apostrophe, boutade, calembour, caricature, épigramme, insulte, interpellation, invective, lazzi, moquerie, mot d'esprit, pamphlet, persiflage, plaisanterie, saillie. ⇒ **raillerie.** ***VII.*** Acte, action, conduite, entreprise, fait, prouesse, vaillance. ⇒ **exploit.** ***VIII. Loc.*** **Avoir trait** : affinité, analogie, concordance, connexion, connexité, convenance, corrélation, correspondance, dépendance, harmonie, liaison, lien, parenté, pertinence, proportion, rapport, rapprochement, relation, ressemblance, similitude. ⇒ **tenir de.**

TRAITABLE ▪ Abordable, accommodant, aimable, apaisant, arrangeant, bon caractère, civil, conciliable, conciliateur, coulant, diplomate, doux, facile, familier, liant, praticable (vx), sociable.

TRAITE ▪ ***I.*** ⇒ **trajet.** ***II.*** ⇒ **trafic.** ***III.*** Mulsion.

TRAITÉ ▪ ***I.*** Argument, argumentation, cours, développement, discours, disputation (vx), dissertation, essai, étude, manuel, mémoire, monographie, notions, thèse. ***II.*** Accommodement, accord, alliance, arrangement, capitulation, cartel, charte, collaboration, compromis, concordat, connivence, contrat, convention, covenant, engagement, entente, forfait, marché, pacte, promesse, protocole, transaction, union. ***III.*** Acte, article, clause, condition, disposition, règle, résolution, stipulation.

TRAITEMENT ▪ ***I.*** Appointements, cachet, commission, dotation, droits d'auteur, émoluments, gages, gain, honoraires, indemnité, jeton de présence, jour, journée, mensualité, mois, paie, paye, paiement, prêt, rétribution, salaire, semaine, solde, vacation. ⇒ **rémunération.** ***II.*** Cure, hygiène, médication, régime, remède, soins, thérapeutique. ***III.*** ⇒ **accueil.** ***IV.*** Conditionnement, manipulation, opération, procédé, transformation.

TRAITER ▪ ***I. On traite quelqu'un.*** **1.** Appeler, dénommer, désigner, nommer, qualifier, tenir pour. **2.** Accueillir, admettre, convier, donner l'hospitalité, fêter, héberger, honorer, inviter, recevoir, régaler. **3.** Agir/se comporter/se conduire envers, mener, user de. **4.** ⇒ **soigner.** ***II. On traite quelque chose.*** **1.** Aborder, agiter, développer, discuter, disserter de, effleurer, épuiser, étudier, examiner, exposer, glisser sur, manier, raisonner, toucher à. **2.** Arranger, arrêter, conclure, convenir de, s'entendre, fixer, mener à bonne fin, négocier, passer/signer un arrangement/une convention/un marché/un traité, régler, résoudre, terminer. **3.** Brasser. ⇒ **entreprendre.** ***III. Quelque chose traite de*** : avoir pour objet/sujet, pivoter/porter/rouler/tourner sur, se rapporter à, toucher à. *IV. V. intr. :* capituler, composer, négocier, parlementer.

TRAITEUR ■ ⇒ **restaurateur.**

TRAÎTRE ■ *I.* ⇒ **infidèle.** *II.* ⇒ **trompeur.**

TRAÎTRISE ■ *I.* ⇒ **trahison.** *II.* ⇒ **tromperie.**

TRAJET ■ Chemin, cheminement, circuit, course, direction, distance, espace, itinéraire, marche, parcours, route, tour, tracé, traite, traversée, trotte. ⇒ **voyage.**

TRAME ■ *I.* ⇒ **suite.** *II.* ⇒ **intrigue.** *III.* ⇒ **menée.**

TRAMER ■ Aménager, arranger, brasser, combiner, comploter, conspirer, machiner, manigancer, monter, nouer, ourdir, préparer, tisser, tresser.

TRANCHANT ■ n. Coupant, estramaçon, fil, morfil, taillant (vx), taille.

TRANCHANT, E ■ adj. *I. Au pr. :* acéré, affilé, affûté, aigu, aiguisé, coupant, émorfilé, émoulu (vx), repassé, taillant. *II. Fig.* **1.** Absolu, aigre, âpre, autoritaire, bourru, brusque, cassant, coupant, dur, impérieux, incisif, intransigeant, sans réplique. **2.** Affirmatif, inflexible, insolent, péremptoire, prompt, rude, sec, sévère. **3.** Dictatorial, doctoral, dogmatique, pontifiant, sentencieux. **4.** Audacieux, décidé, décisif.

TRANCHE ■ *I.* Coupe, darne, lèche, morceau, quartier, rond, rondelle, rouelle. *II.* Part, partie, portion. *III.* Ados, chant, côté.

TRANCHÉ, E ■ *I.* ⇒ **clair.** *II.* ⇒ **différent.** *III.* ⇒ **franc.**

TRANCHÉE ■ *I. Au pr. :* cavité, excavation, fosse, fossé, fouille, rigole, sillon, trou. *II. Vx* ⇒ **colique.** *III. Milit. :* abri, approche, boyau, cheminement, douve, fortification, parallèle, sape.

TRANCHER ■ *I. Au pr.* **1.** ⇒ **couper. 2. Loc. Trancher la tête/le col (vx)/le cou :** décapiter, décoller, exécuter, guillotiner. *II. Fig.* **1.** Arbitrer, arrêter, choisir, conclure, convenir de, décider, décréter, définir, délibérer de, déterminer, se déterminer à, dire, disposer, finir, fixer, juger, ordonner, prononcer, régler, résoudre, solutionner, statuer, tirer au sort, vider. **2.** Contraster, détonner, hurler, jurer, s'opposer, ressortir. **3.** ⇒ **terminer.**

TRANQUILLE ■ *I. Au pr. :* béat, calme, coi, confiant, dormant, doux, égal, équanime, gentil, immobile, mort, olympien, pacifique, paisible, placide, posé, quiet, rasséréné, rassis, rassuré, remis, sage, serein, silencieux. ⇒ **impassible. Fam. :** à la papa, peinard *ou* pénard, pépère. *II. Par ext. :* assuré, certain, cousu (fam.), de tout repos, établi, évident, exact, gagné d'avance, garanti, indubitable, sûr.

TRANQUILLISANT, E ■ ⇒ **narcotique.**

TRANQUILLISER ■ Adoucir, apaiser, apprivoiser, assurer, calmer, mettre en confiance, rasseoir, rasséréner, rassurer, remettre, sécuriser.

TRANQUILLITÉ ■ *I.* Apaisement, ataraxie, calme, concorde, confiance, égalité, entente, équanimité, harmonie, ordre, paix, patience, placidité, quiétude, repos, sagesse, sang-froid, sécurité, sérénité, trêve, union. ⇒ **impassibilité.** *II.* Accalmie, bonace, calme plat, éclaircie, embellie, rémission, répit, silence.

TRANSACTION ■ *I. Au sing.* **1.** Accommodement, accord, amiable composition, amodiation, arbitrage, arrangement, composition, compromis, concession, conciliation, convention, cote mal taillée, entente, milieu, moyen terme. **2.** ⇒ **traité.** *II. Au pl. :* affaires, bourse, commerce, courtage, demande, échange, négoce, offre, trafic.

TRANSATLANTIQUE ■ Bâtiment, long-courrier, navire, paquebot, steamer. ⇒ **bateau.**

TRANSBORDER ■ ⇒ **transporter.**

TRANSCENDANCE ■ ***I. Au pr. :*** abstraction, métaphysique. ***II. Par ext.*** ⇒ **supériorité.**

TRANSCENDANT, E ■ ***I. Au pr. :*** abstrait, métaphysique. ***II. Par ext.*** **1.** ⇒ **supérieur. 2.** ⇒ **distingué.**

TRANSCENDANTAL, E ■ ***I.*** ⇒ **transcendant.** ***II.*** ⇒ **difficile.**

TRANSCENDER ■ ⇒ **transposer.**

TRANSCRIPTION ■ Copie, double, duplicata, duplicatum, enregistrement, fac-similé, relevé, report, reproduction, translitération.

TRANSCRIRE ■ ***I. Au pr.*** **1. Jurid. :** enregistrer, expédier, grossoyer, inscrire. **2.** Calquer, copier, coucher par écrit, écrire, mentionner, noter, porter, prendre en note, recopier, relever, reporter, reproduire. ***II. Par ext.*** ⇒ **imiter.**

TRANSE ■ ***I. Au sing. :*** crise, délire, émotion, exaltation, excitation, extase, ravissement, surexcitation, transport. ***II. Au pl. :*** affres, alarme, angoisse, anxiété, appréhension, crainte, effroi, émotion, épouvante, frayeur, inquiétude, mauvais sang, peur, souci, tintouin, tourment.

TRANSFÉRABLE ■ ⇒ **cessible.**

TRANSFÈREMENT ■ ⇒ **transport.**

TRANSFÉRER ■ ⇒ **transporter.**

TRANSFERT ■ ***I.*** Cession, transmission, translation. ⇒ **vente.** ***II.*** ⇒ **transport.** ***III.*** Extradition, livraison.

TRANSFIGURATION ■ ⇒ **transformation.**

TRANSFIGURER ■ ⇒ **transformer.**

TRANSFORMABLE ■ ⇒ **transposable.**

TRANSFORMATION ■ Adaptation, altération, amélioration, avatar, conversion, déguisement, développement, différenciation, élaboration, évolution, métamorphisme, métamorphose, métempsycose, modification, renouvellement, rénovation, révolution, transfiguration, transformisme, transition, transmutation, transsubstantiation, variation. ⇒ **changement.**

TRANSFORMER ■ ***I. Neutre ou favorable :*** agrandir, augmenter, bouleverser, chambarder, chambouler, changer, commuer, convertir, corriger, innover, métamorphoser, modifier, muer, rectifier, refondre, réformer, remanier, renouveler, rénover, renverser, retourner, révolutionner, toucher à, tourner, transfigurer, transmuer, transposer. ***II. Non favorable :*** aggraver, altérer, contrefaire, défigurer, déformer, déguiser, dénaturer, diminuer, fausser, réduire, travestir, truquer. ***III. V. pron.*** **1. Phys. :** augmenter, diminuer, empirer, évoluer, grandir, passer, rapetisser, tourner, vieillir. **2. Moral :** s'améliorer, s'amender, se corriger, se modifier, se pervertir. **3.** *Les formes pron. possibles des syn. de* TRANSFORMER.

TRANSFORMISME ■ Darwinisme, évolutionnisme, lamarkisme, mutationnisme.

TRANSFUGE ■ Apostat, déserteur, faux, fourbe, insoumis, judas, perfide, renégat, traître, trompeur.

TRANSFUSER ■ ⇒ **transvaser.**

TRANSFUSION ■ Perfusion, transvasement (vx).

TRANSGRESSER ■ Aller au-delà, contrevenir, désobéir, enfeindre, outrepasser, passer les bornes, passer outre, se rebeller, refuser, rompre, violer.

TRANSGRESSION ■ ⇒ **violation.**

TRANSI, E ■ ***I. Au pr. :*** engourdi, figé, frissonnant, gelé, glacé, grelottant, morfondu, mort, pénétré. ***II. Par ext.*** **1.** Effrayé, épouvanté, halluciné, paralysé, pétrifié, rivé, saisi, stupéfié, terrifié. **2.** Alangui, amoureux, langoureux, languide, languissant, mourant, sentimental.

TRANSIGER ▪ ***I. Favorable ou neutre :*** s'accommoder, s'accorder, s'arranger, composer, couper la poire en deux (fam.), s'entendre, faire des concessions. ***II. Non favorable :*** capituler, céder, faiblir, négocier, pactiser, traiter.

TRANSIR ▪ ***I. Au pr. :*** engourdir, figer, geler, glacer, pénétrer, saisir, transpercer, traverser. ***II. Par ext. :*** clouer, ébahir, effrayer, épouvanter, étonner, méduser, paralyser, river, stupéfier, terrifier.

TRANSITAIRE ▪ ⇒ **intermédiaire.**

TRANSITER ▪ ***I.*** ⇒ **passer.** ***II.*** ⇒ **transporter.**

TRANSITION ▪ ***I. Au pr. :*** acheminement, accoutumance, degré, intermédiaire, liaison, palier, passage, préparation, raccord, raccordement. ***II. Par ext. :*** évolution, intermède. ⇒ **changement.**

TRANSITOIRE ▪ Bref, court, de courte durée, éphémère, fragile, fugitif, fuyard, incertain, intérimaire, momentané, passager, précaire, provisoire, temporaire.

TRANSLATER ▪ Interpréter, reproduire. ⇒ **traduire.**

TRANSLATION ▪ ***I.*** ⇒ **transport.** ***II.*** ⇒ **traduction.**

TRANSLUCIDE ▪ Clair, cristallin, diaphane, hyalin, limpide, lumineux, opalescent, pellucide, transparent.

TRANSMETTRE ▪ ***I. Au pr. :*** céder, concéder, déléguer, donner, faire parvenir/tenir, fournir, laisser, léguer, négocier, renvoyer, rétrocéder, transférer. ***II. Par ext.*** **1.** Apprendre, faire connaître/savoir, imprimer, infuser. **2.** Communiquer, conduire, inoculer, passer, propager, transporter.

TRANSMIGRATION ▪ ⇒ **émigration.**

TRANSMIS, E ▪ ***I.*** Contagieux, épidémique. ***II.*** Acquis, familial, héréditaire, traditionnel. ***III.*** *Les part. passés possibles des syn. de* TRANSMETTRE.

TRANSMISSIBILITÉ ▪ Caractère contagieux/héréditaire/ transmissible, communicabilité, contagion, propagation. ⇒ **hérédité.**

TRANSMISSION ▪ ***I. Neutre :*** augmentation, communication, circulation, développement, diffusion, dissémination, expansion, extension, marche, mise en mouvement, multiplication, progrès, progression, propagation, rayonnement, reproduction. ***II. Non favorable :*** aggravation, contagion, contamination, épidémie, invasion, irradiation. ⇒ **hérédité.**

TRANSMUER ▪ ⇒ **transformer.**

TRANSMUTATION ▪ ***I.*** Altération, conversion, convertissement, métamorphose, modification, mutation, virement. ⇒ **changement.** ***II.*** ⇒ **transformation.**

TRANSPARENCE ▪ ⇒ **clarté.**

TRANSPARENT, E ▪ ***I. Au pr. :*** cristallin, diaphane, hyalin, limpide, lumineux, net, opalescent, pellucide, perméable, translucide, vitreux. ⇒ **clair.** ***II. Par ext.*** **1.** Accessible, compréhensible, concevable, concis, déchiffrable, distinct, évident, facile, intelligible, pénétrable, précis, simple, visible. ⇒ **clair. 2.** ⇒ **pur.**

TRANSPERCER ▪ Blesser, creuser, crever, cribler, darder (vx), déchirer, embrocher, empaler, encorner, enferrer, enfiler, enfoncer, enfourcher, entamer, éventrer, excaver, forer, larder, ouvrir, pénétrer, percer, perforer, piquer, poinçonner, pointer, sonder, tarauder, traverser, tremper, trouer, vriller.

TRANSPIRER ■ ***I. Au pr. :*** être en eau/en nage, exsuder, moitir, se mouiller, ruisseler de sueur, suer. ***II. Par ext. :*** couler, dégouliner, émaner, s'exhaler, goutter, perler, sécréter, sourdre, suinter, transsuder. ***III. Fig. :*** s'ébruiter, s'échapper, se déceler, s'éventer, filtrer, se manifester, se montrer, paraître, se répandre.

TRANSPLANTER ■ ⇒ **transporter.**

TRANSPORT ■ ***I. L'acte.*** 1. Déplacement, locomotion. 2. Camionnage, circulation, commerce, échange, expédition, exportation, factage, importation, livraison, manutention, messagerie, passage, port, trafic, traite, transbordement, transfèrement, transfert, transit, translation. ⇒ **voyage.** ***II. Le mode.*** 1. Air, aviation, avion, jet. 2. ⇒ **bateau.** 3. ⇒ **train.** 4. Route. ⇒ **voiture.** ***III.*** Crise, délire, démonstration, émotion, enthousiasme, exaltation, excitation, extase, fièvre, flamme, fougue, manifestation, ravissement, surexcitation, transe.

TRANSPORTÉ, E ■ ***I.*** Admirateur, admiratif, ardent, brûlant, chaud, délirant, dévot, dithyrambique, emballé, emporté, enflammé, enfiévré, enivré, enthousiaste, éperdu, exalté, excité, fana (fam.), fanatique, fervent, fou, inspiré, ivre, lyrique, passionné, soulevé. ***II.*** ⇒ **amoureux.** ***III.*** *Les part. passés possibles des syn. de* TRANSPORTER.

TRANSPORTER ■ ***I. Au pr. :*** camionner, carrosser (vx), charrier, charroyer, colporter, conduire, déménager, déplacer, déranger, descendre, emporter, enlever, exporter, importer, livrer, manipuler, mener, négocier, passer, promener, remettre, renvoyer, reporter, traîner, transbahuter (fam.), transborder, transférer, transiter, translater, transmettre, transplanter, trimarder, trimballer (fam.), véhiculer, voiturer. ***II. Par ext.*** 1. Déporter, envoyer, expédier. ⇒ **reléguer.** 2. Agiter, animer, bouleverser, chambouler (fam.), chavirer, échauffer, électriser, emballer, émerveiller, enfiévrer, enflammer, engouer, enivrer, enlever, enthousiasmer, entraîner, exalter, exciter, faire s'extasier/ se pâmer/se récrier d'admiration/d'aise, passionner, ravir, saisir, soulever. ***III. V. pron.*** 1. Aller, se déplacer, se rendre. ⇒ **voyager.** 2. *Les formes pron. possibles des syn. de* TRANSPORTER.

TRANSPORTEUR ■ ***I.*** ⇒ **voiturier.** ***II.*** ⇒ **messager.**

TRANSPOSABLE ■ Conversible, convertible, convertissable, modifiable, transformable.

TRANSPOSER ■ ***I.*** Alterner, changer, convertir, déplacer, extrapoler, intervertir, inverser, modifier, permuter, renverser l'ordre, sublimer, transcender, transporter. ***II.*** ⇒ **traduire.**

TRANSPOSITION ■ ***I.*** Alternance, changement, interversion, inversion, permutation, renversement. ***II.*** Anagramme, métathèse. ***III.*** Adaptation. ⇒ **traduction.**

TRANSVASEMENT ■ Décantation, décuvage, décuvaison.

TRANSVASER ■ Décanter, décuver, faire couler, soutirer, transférer, transfuser, transvider, verser.

TRANSVERSAL, E ■ De biais, détourné, fléchi, longitudinal, oblique, penché.

TRANTRAN, TRAINTRAIN ■ ⇒ **routine.**

TRAPPE ■ ⇒ **piège.**

TRAPU, E ■ ***I. Au pr. :*** court, courtaud, massif, mastoc, râblé, râblu, ramassé. ***II. Par ext. :*** costaud, dru, ferme, fort, grand, gros, herculéen, inébranlable, malabar, musclé, puissant, résistant, robuste, solide, vigoureux. ***Fam. :*** armoire à glace/normande, balèze, baraqué, comac, gravos, maous, mastard. ***III. Fig.*** ⇒ **difficile.**

TRAQUENARD ▪ ⇒ **piège.**

TRAQUER ▪ ⇒ **poursuivre.**

TRAUMA ▪ ***I.*** ⇒ **blessure.** ***II.*** ⇒ **émotion.**

TRAUMATISER ▪ ⇒ **choquer.**

TRAUMATISME ▪ ***I.*** ⇒ **blessure.** ***II.*** ⇒ **émotion.**

TRAVAIL ▪ ***I. Au pr.*** **1. L'acte :** action, activité, besogne, corvée (péj.), emploi, entraînement, état, fonction, gagne-pain, labeur, industrie, métier, occupation, peine, profession, service, sueur, tâche, veilles. **Arg. ou fam. :** blot, boulot, bricolage, bricole, business, carbi, chagrin, charbon, coltin, condé, groupin, trime, turbin. **2. Le résultat :** chef-d'œuvre, exécution, œuvre, opération, ouvrage. ***II. Par ext.*** **1.** Cheminement, opération, sape. **2.** Cassement de tête, casse-tête, effort, fatigue. ⇒ **difficulté. 3.** Façon, facture, forme. **4.** Canevas, plan, programme. **5.** Devoir, étude, exercice, pensum. **6.** Accouchement, enfantement, gésine, mal d'enfant.

TRAVAILLÉ, E ▪ ***I.*** Académique, étudié, léché, littéraire (péj.), poli, recherché. ***II.*** Consciencieux, coquet, délicat, élégant, entretenu, fini, minutieux, net, réussi, soigné, tenu. ***III.*** *Les part. passés possibles des syn. de* TRAVAILLER.

TRAVAILLER ▪ ***I. Au pr.*** **1. Travail manuel :** abattre du/aller au ⇒ **travail,** besogner, bricoler (péj.), chiner, en baver (péj.), s'occuper, œuvrer, rendre, suer (péj.), tracer son sillon. **Arg. ou fam. :** bosser, boulonner, buriner, businesser, chiader, se coltiner, se défoncer, écosser, se farcir/taper un ⇒ **travail,** en foutre/mettre une secousse, gratter, marner, masser, pilonner, trimer, turbiner. **2. Travail intellectuel :** apprendre, composer, écrire, étudier, s'instruire, préparer, produire **Fam. :** bachoter, bûcher, chiader, phosphorer, piler, piocher, plancher, potasser. ***II. Par ext.*** **1.** Se déformer, gondoler, onduler, rétrécir. **2.** Aigrir, bouillir, fermenter. **3.** Fabriquer, façonner, ouvrager, ouvrer. **4.** ⇒ **soigner. 5.** ⇒ **tourmenter. 6.** Fatiguer, peiner. ⇒ **user.**

TRAVAILLEUR, EUSE ▪ ***I. Nom.*** **1.** Bras, compagnon, employé, journalier, main-d'œuvre, manœuvre, mercenaire (péj.), nègre (péj.), ouvrier, prolétaire, pue-la-sueur (arg.), salarié, tâcheron, trimardeur (péj.). **2.** Aide, apprenti, arpète, commis, galibot, lipette (arg.). ***II. Adj. :*** acharné, actif, appliqué, assidu, bosseur (fam.), bouleux (équit.), bourreau de travail, bûcheur, consciencieux, courageux, diligent, laborieux, piocheur (fam.), studieux, zélé.

TRAVAUX FORCÉS ▪ ***Arg. ou fam. :*** biribi, chapeau de paille, durs, grotte, traves, traverser (le).

TRAVERS ▪ ***I.*** Biais, côté, flanc. ***II.*** Défaut, défectuosité, démérite, difformité, faible, faiblesse, grossièreté, imperfection, infirmité, lacune, loup, malfaçon, tache, tare, vice. ***III.*** Bizarrerie, caprice, dada, démangeaison, épidémie, fantaisie, fièvre, frénésie, fureur, goût, grimace, habitude, maladie, manie, manière, marotte, monomanie, péché mignon/véniel, petit côté, petitesse, prurit, rage, rictus, ridicule, tic, toquade, turlutaine. ***IV. Loc.*** **De travers :** de guingois. ⇒ **tordu.**

TRAVERSE ▪ ***I.*** Raccourci. ***II.*** Achoppement, accroc, adversité, aléa, anicroche, aria, blocage, contrariété, contretemps, défense, difficulté, écueil, embarras, empêchement, encombre, ennui, entrave, frein, gêne, hic, hourvari (vx), impasse, impedimenta, insuccès, interdiction, obstacle, obstruction, opposition, os, pépin, pierre d'achoppement, rémora (vx), résistance, restriction, tribulation. ***III. Techn. :*** barlotière, épart, entretoise.

TRAVERSÉE ■ ***I.*** Franchissement, navigation, passage. ***II.*** ⇒ **trajet.**

TRAVERSER ■ ***I. Au pr. :*** franchir, parcourir, passer par. ***II. Par ext.*** **1.** Filtrer, pénétrer, percer, transpercer. ⇒ **couler. 2.** Couper, croiser. ***III. Vx :*** contrarier, gêner. ⇒ **empêcher.**

TRAVERSIN ■ Coussin, oreiller, polochon.

TRAVESTI ■ ***I.*** Déguisement, domino, masque. ***II.*** Bal masqué, mascarade, travestissement. ***III.*** ⇒ **uranien.**

TRAVESTIR ■ ***I. Au pr. :*** déguiser, masquer, voiler. ***II. Par ext. :*** altérer, cacher, celer, changer, défigurer, déformer, falsifier, fausser, métamorphoser, modifier, pallier, transformer.

TRAVESTISSEMENT ■ ⇒ **travesti.**

TRÉBUCHER ■ Achopper, broncher, buter, chanceler, chavirer, chopper, faire un faux pas, manquer pied, osciller, perdre l'équilibre, tituber, vaciller.

TRÉBUCHET ■ ***I.*** ⇒ **piège.** ***II.*** ⇒ **balance.**

TREILLAGE, TREILLIS ■ ⇒ **clôture.**

TREILLE ■ ⇒ **vigne.**

TREMBLANT, E ■ ***I.*** Alarmé, apeuré, effrayé, ému, transi. ***II.*** Chancelant, flageolant, frémissant, frissonnant, tremblotant, vacillant. ***III.*** Bredouillant, chevrotant.

TREMBLEMENT ■ ***I.*** Agitation, chevrotement, claquement de dents, convulsion, frémissement, frisson, frissonnement, saccade, soubresaut, spasme, trémulation, trépidation, vibration. ***II.*** ⇒ **crainte.**

TREMBLER ■ ***I. Au pr.*** **1.** S'agiter, claquer des dents, frémir, frissonner, grelotter, palpiter, remuer, trembloter, trépider, vibrer. **2.** Chanceler, flageoler, tituber, trémuler, vaciller. **3.** Chevroter, faire des trémolos. ***II. Par ext.*** **1.** Appréhender, avoir peur, paniquer. ⇒ **craindre. 2. Arg. :** avoir la chiasse/les chocottes/les colombins/les copeaux/les flubes/ les foies/les grelots/les grolles/les jetons/les moules, avoir les miches à zéro/qui font bravo/qui font glagla, avoir la pétasse/la pétoche/le tracsin/les traquettes/la trouille/la venette, avoir le trouillomètre à moins deux/à zéro/bloqué, chocotter, faire de l'huile, fluber, foirer, fouetter, les avoir à zéro, mouetter, mouiller, perdre ses légumes, taffer, trouilloter.

TREMBLEUR, EUSE ■ ⇒ **craintif.**

TREMBLOTER ■ ***I.*** ⇒ **trembler.** ***II.*** ⇒ **vaciller.**

TRÉMOUSSER (SE) ■ ***I. Au pr. :*** s'agiter, se dandiner, frétiller, gambiller, gigoter, remuer, sautiller, se tortiller. ***II. Fig. :*** se dépenser. ⇒ **démener (se).**

TREMPE ■ ***I. Au pr.*** ⇒ **tempérament.** ***II. Fig.*** ⇒ **torgnole.**

TREMPÉ, E ■ ***I.*** Dégouttant, imbibé, inondé, ruisselant. ***II.*** Aguerri, durci, énergique, fort, résistant.

TREMPER ■ ***I. V. tr.*** **1. Au pr.** ⇒ **mouiller. 2. Fig.** ⇒ **fortifier.** ***II. V. intr. :*** baigner, infuser, macérer, mariner. ***III. Loc.*** **Tremper dans :** fricoter, se mouiller. ⇒ **participer à.**

TREMPLIN ■ Batoude.

TRÉPAN ■ Drille, foret, mèche.

TRÉPAS ■ ⇒ **mort.**

TRÉPASSER ■ ⇒ **mourir.**

TRÉPIDANT, E ■ ***I.*** ⇒ **saccadé.** ***II.*** ⇒ **troublé.**

TRÉPIDATION ■ ⇒ **tremblement.**

TRÉPIDER ■ ⇒ **trembler.**

TRÉPIGNER ■ Frapper du pied, s'impatienter, piaffer, piétiner, sauter.

TRÈS ■ Absolument, assez (par ext.), beaucoup, bien, bigrement (fam.), diablement, drôlement, effroyablement, en diable, énormément, excessivement, extra-, extrêmement, follement, fort, fortement, furieusement, hautement, hyper-, infiniment, joliment, merveilleusement, parfaitement, prodigieusement, richement, rien (fam.), rudement, sérieusement, super-, terriblement, tout, tout plein, trop, ultra-, vachement (fam.).

TRÉSOR ■ ***I. Au pr.*** : argent, eldorado, fortune, magot, pactole. ⇒ **richesse.** ***II. Fig.*** **1.** Aigle, as, fleur, génie, idéal, modèle, nec plus ultra, parangon, perfection, perle, phénix, prodige, reine, roi. **2.** Appas, attraits, charmes.

TRÉSORERIE ■ Disponibilités, finances, liquide, liquidités, trésor. ⇒ **argent.**

TRÉSORIER, ÈRE ■ Argentier, caissier, comptable, payeur.

TRESSAILLEMENT ■ Agitation, frémissement, frisson, haut-le-corps, mouvement, secousse, soubresaut, sursaut, tremblement.

TRESSAILLIR ■ S'agiter, avoir un haut-le-corps/un sursaut/un tressaillement, *et les syn. de* TRESSAILLEMENT, bondir, broncher, frémir, frissonner, sauter, soubresauter, sursauter, tiquer, tressauter.

TRESSAUTER ■ ⇒ **tressaillir.**

TRESSE ■ ***I. Au pr.*** : cadenette, cadogan, catogan, couette, macaron, natte. ***II. Par ext.*** **1.** Bourdalou, cordon, passementerie, scoubidou, soutache. **2. Mar.** : baderne, garcette.

TRESSER ■ ***I. Au pr.*** : arranger, assembler, cordonner, entortiller, entrelacer, guiper, natter, nouer, tordre, tortiller. ***II. Fig.*** **1.** Aménager, arranger, brasser, combiner, comploter, conspirer, machiner, manigancer, monter, nouer, ourdir, préparer, tisser, tramer. **2. Loc.** *Tresser des couronnes* ⇒ **louer.**

TRÉTEAUX ■ ⇒ **théâtre.**

TREUIL ■ Cabestan, caliorne, chèvre, guindeau, louve, moufle, palan, pouliot, vindas.

TRÊVE ■ ***I.*** Armistice, cessation des hostilités, cessez-le-feu, interruption, suspension d'armes. ***II.*** Arrêt, discontinuation, moratoire, temps d'arrêt. ⇒ **délai.** ***III.*** Congé, délassement, détente. ⇒ **repos.**

TRI ■ ***I.*** Criblage, triage. ***II.*** ⇒ **choix.**

TRIBADE ■ ⇒ **lesbienne.**

TRIBU ■ ***I. Au pr.*** : clan, ethnie, groupe, horde, peuplade, peuple, phratrie, race. ***II. Par ext.*** ⇒ **famille.**

TRIBULATION ■ Accident, adversité, affliction, avanie, calamité, cataclysme, catastrophe, chagrin, coup/cruauté du sort, désastre, détresse, deuil, disgrâce, douleur, échec, épreuve, fatalité, fléau, inconvénient, infortune, mal, malchance, malédiction, malheur, mauvaise fortune/passe, méchef (vx), mélasse, mésaventure, misère, orage, peine, pépin (fam.), perte, revers, ruine. ⇒ **traverse.**

TRIBUN ■ ***I.*** Cicéron, débateur, entraîneur de foules, foudre d'éloquence, orateur, parleur. ***II. Péj.*** : baratineur, déclamateur, démagogue, discoureur, harangueur, rhéteur. ⇒ **hâbleur.**

TRIBUNAL ■ Aréopage, assises, chambre, comité, commission, conseil, cour d'appel/d'assises/de cassation/martiale, directoire, guignol (arg.), haute cour, instance, juridiction, jury, justice de paix, palais de justice, parquet, prétoire, saint-office, sanhédrin, siège.

TRIBUNE ■ ⇒ **estrade.**

TRIBUT ■ ***I.*** ⇒ **impôt.** ***II.*** ⇒ **récompense.**

TRIBUTAIRE ■ ***I. Adj.*** : assujetti, débiteur, dépendant, imposable, obligé, redevable, soumis, sujet, vassal. ***II. Nom*** : affluent. ⇒ **rivière.**

TRICHER ■ ⇒ **tromper.**

TRICHERIE ■ ⇒ **tromperie.**

TRICHEUR, EUSE ■ Dupeur, filou, fraudeur, fripon, maquignon, maquilleur, mauvais joueur, pipeur, trompeur, truqueur. ⇒ **voleur.**

TRICOT ■ Bonneterie, cardigan, chandail, débardeur, gilet, maillot, pull-over.

TRIER ■ ⇒ **choisir.**

TRIMARDEUR ■ *I.* ⇒ **travailleur.** *II.* ⇒ **vagabond.**

TRIMBALER ■ *I.* ⇒ **porter.** *II.* ⇒ **traîner.**

TRIMER ■ *I.* ⇒ **travailler.** *II.* ⇒ **marcher.**

TRINGLE ■ Barre, broche, tige.

TRINQUER ■ *I.* Lever son verre à, porter une santé/un toast. ⇒ **boire.** *II.* Écoper, recevoir.

TRIOMPHATEUR, TRICE ■ ⇒ **vainqueur.**

TRIOMPHE ■ ⇒ **succès.**

TRIOMPHER ■ *I. Au pr.* **On triomphe de quelque chose ou de quelqu'un :** abattre, accabler, anéantir, avoir, avoir l'avantage, battre, battre à plates coutures, conquérir, culbuter, déconfire, défaire, disperser, dominer, dompter, écharper, éclipser, écraser, l'emporter sur, enfoncer, entamer, gagner, maîtriser, mater, mettre dans sa poche/en déroute/en fuite, prédominer, prévaloir, primer, réduire, rosser, rouler, supplanter, surclasser, surmonter, surpasser, tailler en pièces, terrasser, trôner, vaincre. *II. Par ext.* **1.** ⇒ **targuer (se). 2.** ⇒ **réjouir (se).**

TRIPES ■ *I. Au pr. :* boyaux, entrailles, fressure, gras-double, intestins, tripoux (région.). *II. Par ext.* ⇒ **bedaine.**

TRIPOT ■ Bouge, brelan, maison de jeu. ⇒ **cabaret.**

TRIPOTAGE ■ *I.* Agissements, brigue, combinaison, combine, complot, cuisine, détour, diablerie, intrigue, machination, manège, manigance, manœuvre, menée, micmac, trame. *II.* Canaillerie, concussion, déloyauté, déshonnêteté, escroquerie, forfaiture, friponnerie, gassouillage, grenouillage, immoralité, improbité, indélicatesse, indignité, laideur, magouillage, magouille, malpropreté, malversation, mauvaise foi, méchanceté, tricherie, tripatouillage, vol.

TRIPOTER ■ *I. Au pr.* **1. Neutre :** avoir en main/entre les mains, façonner, malaxer, manier, manipuler, manœuvrer, modeler, palper, pétrir, tâter, toucher, triturer. **2. Fam. ou péj. :** patiner (vx), patouiller, patrouiller, peloter, trifouiller, tripatouiller. *II. Fig.* ⇒ **trafiquer.**

TRIPOTEUR, EUSE ■ ⇒ **trafiquant.**

TRIQUE ■ Gourdin, matraque. ⇒ **bâton.**

TRIQUER ■ ⇒ **battre.**

TRISTE ■ *I. Quelqu'un :* abattu, accablé, affecté, affligé, aigri, altéré, amer, angoissé, assombri, atrabilaire, attristé, austère, bileux, bilieux, chagrin, chagriné, consterné, découragé, défait, désabusé, désenchanté, désespéré, désolé, endolori, éploré, funèbre, lugubre, malheureux, maussade, mélancolique, morne, morose, navré, neurasthénique, noir, nostalgique, peiné, rembruni, saturnien, sépulcral, sévère, sinistre, sombre, soucieux, sourcilleux, taciturne, ténébreux, trouble-fête. **Fam :** bonnet de nuit, cafardeux, éteignoir, rabat-joie. *II. Un lieu :* obscur, sauvage, sinistre. *III. Quelque chose ou quelqu'un.* **1. Péj. :** accablant, affligeant, affreux, attristant, calamiteux, catastrophique, cruel, déchirant, décourageant, déplorable, désolant, douloureux, dur, ennuyeux, funeste, grave, lamentable, mal, malheureux, mauvais, médiocre, méprisable, minable, misérable, moche, monotone, navrant, pauvre, pénible, piètre, piteux, pitoyable, regrettable, rude, terne, tragique, uniforme. **2. Favorable ou neutre :** attendrissant, bouleversant, dramatique, élégiaque, émouvant, larmoyant, romantique. *IV. Loc.* **C'est triste :** dommage, fâcheux, regrettable.

TRISTESSE ▪ *I. De quelqu'un :* abandon, abattement, accablement, affliction, aigreur, amertume, angoisse, atrabile, austérité, chagrin, consternation, découragement, dégoût, dépression, désabusement, désenchantement, désespoir, désolation, deuil, douleur, ennui, épreuve, idées noires/sombres, inquiétude, lassitude, mal, malheur, maussaderie, mélancolie, morosité, neurasthénie, nostalgie, nuage, peine, serrement de cœur, sévérité, souci, souffrance, spleen, vague à l'âme. **Fam. :** bile, bourdon, cafard, papillons noirs. *II. De quelque chose :* abandon, désolation, grisaille, laideur, mocheté (fam.), monotonie, pauvreté, platitude, uniformité.

TRITURER ▪ *I. Au pr. :* aplatir, briser, broyer, concasser, croquer, déchiqueter, déchirer, écacher, écorcher, écrabouiller, écraser, mâcher, mastiquer, mettre/réduire en morceaux, mordre, pulvériser. *II. Par ext.* **1. Non favorable :** maltraiter. ⇒ **détruire. 2. Favorable ou neutre** ⇒ **chercher.**

TRIVIAL, E ▪ Banal, bas, béotien, bourgeois, brut, canaille, choquant, commun, connu, courant, éculé, effronté, épais, faubourien, gouailleur, gros, grossier, insignifiant, matériel, obscène, ordinaire, peuple, philistin, poissard, populacier, prosaïque, rebattu, réchauffé, ressassé, roturier, simple, usé, vil, vulgaire.

TRIVIALITÉ ▪ *I.* ⇒ **banalité.** *II.* ⇒ **obscénité.**

TROC ▪ ⇒ **change.**

TROGNE ▪ ⇒ **tête.**

TRÔLER ▪ ⇒ **traîner.**

TROMBE ▪ Bourrasque, cataracte, coup de chien/de tabac/de vent, déluge, rafale, tempête, tornade, tourbillon, turbulence, typhon.

TROMBINE ▪ ⇒ **tête.**

TROMBLON ▪ ⇒ **fusil.**

TROMPE ▪ ⇒ **cor.**

TROMPER ▪ *I. Au pr.* **1.** Abuser, amuser, attraper, berner, bluffer, circonvenir, décevoir, déguiser, dépiter, désappointer, dissimuler, donner le change, dorer la pilule, duper, éblouir, échauder, écornifler, égarer, en conter, en donner, endormir, engeigner (vx), engluer, en imposer, enjôler, entôler, escroquer, estamper, étriller, exploiter, faire aller/courir/galoper/marcher, faire briller/chatoyer/miroiter, faire prendre le change, faire une farce/une niche, feindre, finasser, flatter, flouer, frauder, frustrer, gourer (vx), illusionner, induire en erreur, jouer, se jouer de, jouer la comédie, leurrer, mener en bateau, mentir, mettre en défaut, monter un bateau/le coup, se moquer, mystifier, piper, prendre au piège, promener, repasser (vx), resquiller, retarder, rouler, ruser, séduire, tendre un piège, tonneler (vx), trahir, tricher, truquer. **2. Arg. ou fam. :** arnaquer, arranger, avoir, baiser, balancer, balloter, berlurer, biter, blouser, bourrer le crâne/le mou/la ⇒ **tête,** carotter, charrier, couillonner, doubler, embabouiner, emberlificoter, embobeliner, embobiner, emmitonner, empapaouter, empaumer, empiler, enfiler, englander, entortiller, entourlouper, entuber, envelopper, enviander, faire marron, feinter, ficher/fourrer/foutre dedans, gourer, l'introduire/la mettre (dans le ⇒ **fessier**), jobarder, lanterner, mener en double, monter le job, pigeonner, posséder, refaire, truander. *II. Par ext.* **1.** Cocufier, coiffer (fam.), donner un coup de canif au contrat, en donner d'une (vx), en faire porter, faire cocu/cornard, faire porter les cornes à, faire des traits à (vx), trahir. **2.** ⇒ **voler.** ***III. V. pron. :*** aberrer, s'abuser, avoir la berlue/tort, broncher, confondre, s'échauder, errer, être échaudé/en défaut, faillir, faire fausse route, se fourvoyer, se gourer, s'illusionner, se laisser prendre, mécompter, méjuger, se méprendre, se mettre le doigt dans l'œil (fam.), perdre le nord, prendre des vessies pour des lanternes (fam.), prendre le change, prendre pour, *et les formes pron. possibles des syn. de* TROMPER.

TROMPERIE ▪ ***I. Au pr.*** **1.** Altération, amusement (vx), artifice, attrape, attrape-couillon (mérid.) /lourdaud/nigaud, bluff, canular, carottage, carotte, chiqué, combine, fable, farce, fausse apparence, faux-semblant, feinte, fumisterie, illusion, invention, semblant, tour de passe-passe. **2. Non favorable** : dol, duperie, escroquerie, falsification, fausseté, faux, fourbe (vx), fourberie, fraude, gabegie (vx), imposture, infidélité, leurre, maquignonnage, maquillage, matoiserie (vx), mauvaise foi, mauvais tour, mensonge, mystification, perfidie, piperie (vx), supercherie, trahison, traîtrise, triche, tricherie, trompe-l'œil, truquage, vol. **3. Arg.** : arnaque, bite, blouse, doublage, embrouille, entourloupe, entourloupette, entubage, estorgue, feinte, frime, pipe (vx), vape. **4.** ⇒ **hypocrisie.** ***II. Par ext.*** ⇒ **adultère.**

TROMPETER ▪ Claironner, colporter, corner, crier sur les toits. ⇒ **publier.**

TROMPETTE ▪ ***I. Par ext. :*** buccin, bugle, clairon, cornet, trompe (vx). ***II. Nom masc. :*** trompettiste.

TROMPEUR, EUSE ▪ ***I. Le comportement ou le discours de quelqu'un :*** artificieux, captieux, décevant, déloyal, délusoire (jurid.), double, dupeur, enjôleur, fallacieux, farceur, faux, faux derche (arg.)/jeton (fam.), fourbe, fraudeur, fumiste (fam.), gobelet (vx), illusoire, imposteur, insidieux, mensonger, menteur, mystificateur, patelin, perfide, simulateur, spécieux, traître, tricheur, truqueur. ⇒ **hypocrite.** ***II. Quelque chose :*** brillant, clinquant, toc.

TRONC ▪ ***I.*** ⇒ **tige.** ***II.*** ⇒ **torse.** ***III.*** ⇒ **lignée.** ***IV.*** ⇒ **tirelire.**

TRONÇON ▪ ⇒ **partie.**

TRONÇONNER ▪ ⇒ **couper.**

TRÔNE ▪ ***I.*** Siège. ***II. Par ext. :*** autorité, dynastie, maison, monarchie, puissance, règne, royauté, souveraineté.

TRÔNER ▪ Se camper, se carrer, se goberger (fam.), pontifier, se prélasser. ⇒ **triompher.**

TRONQUÉ, E ▪ Imparfait, incomplet, *et les part. passés possibles des syn. de* TRONQUER.

TRONQUER ▪ Altérer, amoindrir, amputer, censurer, couper, déformer, dénaturer, écourter, estropier, fausser, massacrer, mutiler, raccourcir, réduire, rogner, supprimer.

TROP ▪ ⇒ **très.**

TROPHÉE ▪ ***I.*** Butin, dépouilles. ***II.*** Coupe, médaille, oscar, prix, récompense. ***III.*** ⇒ **succès.**

TROPICAL, E ▪ ⇒ **torride.**

TROQUER ▪ Échanger. ⇒ **changer.**

TROTTER ▪ ***I. Au pr.*** ⇒ **marcher.** ***II. Fig.*** ⇒ **préoccuper.**

TROTTIN ▪ Apprentie, cousette, couturière, midinette, modiste, ouvrière, petite main.

TROTTINETTE ▪ Patinette.

TROTTOIR ▪ ***Par ext.*** **1.** Pavé, plate-forme, quai. **2.** ⇒ **prostitution.**

TROU ▪ ***I. Au pr.*** **1.** Antre, brèche, caverne, cavité, coupure, creux, entonnoir, excavation, fente, flache, fondrière, fosse, grotte, hypogée, jouette, ornière, pertuis, poquet, puits, souterrain, tranchée, trouée, vide. **2.**

Chas. ⇒ **ouverture.** ***II. Fig.*** **1.** ⇒ **village. 2.** ⇒ **manque. 3.** ⇒ **lacune.**

TROUBADOUR ▪ Barde, félibre, jongleur, ménestrel, minnesinger, musicien, poète, trouvère.

TROUBLANT, E ▪ ***I.*** Bouleversant, déconcertant, inquiétant, intimidant. ⇒ **touchant.** ***II.*** Charmeur, enivrant, enjôleur, ensorceleur, galant, séducteur. ⇒ **séduisant.**

TROUBLE ▪ adj. ***I. Au pr. :*** boueux, bourbeux, fangeux, opaque, sombre, terne, vaseux. ***II. Fig.*** **1.** Louche. ⇒ **suspect. 2.** Complexe, compliqué, confus, embrouillé, fumeux, indébrouillable, inextricable, nébuleux, nuageux, obscur, ténébreux, vague.

TROUBLE ▪ n. ***I. Au pr. :*** anarchie, bouleversement, bruit, chaos, conflit, confusion, crise, désordre, désorganisation, orage, ouragan, méli-mélo (fam.), pêle-mêle, perturbation, remuement, remue-ménage, tempête, tourmente, tumulte. ⇒ **tohu-bohu.** ***II. Par ext.*** **1.** Aberration, aliénation, altération, atteinte, aveuglement, confusion, délire, dérangement, dérèglement, déséquilibre, égarement, folie, incommodité (vx), maladie, névrose, perturbation. **2.** Commotion, étourdissement, évanouissement, malaise, syncope, vapeur (vx), vertige. **3.** Ahurissement, effarement, enivrement, excitation. **4.** Attendrissement, bouleversement, ébranlement, embarras, émoi, émotion, indécision, perplexité. **5.** Affolement, agitation, désarroi, détresse, effervescence, effroi, fièvre, inquiétude, remous. **6.** Brouille, brouillerie, dispute. ⇒ **mésintelligence. 7. Au pl. :** convulsion, déchirement, émeute, guerre civile/intestine, insurrection, mouvement. ⇒ **révolte.**

TROUBLÉ, E ▪ ***I. Quelqu'un.*** **1. Favorable :** attendri, charmé, chaviré, ému, éperdu, intimidé, rougissant, séduit, touché. **2. Neutre ou non favorable :** affolé, agité, ahuri, à l'envers, aveuglé, bouleversé, chamboulé (fam.), confus, détraqué, effarouché, égaré, fiévreux, hagard, hébété, inquiet, perturbé, retourné, sens dessus dessous. ***II. Quelque chose.*** **1. Au pr. :** altéré, brouillé. **2. Par ext. :** brouillon, confus, houleux, incertain, inquiétant, mouvementé, orageux, tourmenté, trépidant, tumultueux, turbide, turbulent.

TROUBLER ▪ ***I. Quelque chose :*** brouiller, corrompre, décomposer, déranger, dérégler, désorganiser, détraquer, détruire, embrouiller, empoisonner, gâter, gêner, interrompre, obscurcir, perturber, rabouiller, renverser, rompre, subvertir, touiller. ⇒ **mélanger.** ***II. Quelqu'un.*** **1. Favorable ou neutre :** éblouir, émouvoir, enivrer, enfiévrer, ensorceler, étonner, exciter, fasciner, impressionner, remuer, saisir, séduire. **2. Non favorable :** abasourdir, affliger, affoler, agiter, ahurir, alarmer, aliéner, aveugler, bousculer, chagriner, confondre, contrarier, déconcerter, démonter, désarçonner, désorienter, disturber, effarer, effaroucher, égarer, embarrasser, embrouiller, étonner (vx), incommoder, inquiéter, interdire, intimider, mettre sens dessus dessous, semer/soulever/susciter l'émotion/l'inquiétude/le trouble. ***III. V. pron. :*** barboter (fam.), s'embarbouiller, perdre contenance/la carte (fam.)/les pédales (fam.)/la tête, *et les formes pron. possibles des syn. de* TROUBLER.

TROUÉE ▪ Brèche, clairière, déchirure, échappée, excavation, faille, percée, ouverture. ⇒ **trou.**

TROUER ▪ ⇒ **transpercer.**

TROUILLARD, E ▪ ⇒ **capon.**

TROUILLE ▪ ⇒ **peur.**

TROUPE ▪ ***I. D'animaux :*** essaim, harde, harpail, meute, troupeau, volée. ***II. D'hommes.*** **1. Milit. :** armée, bataillon, brigade, cohorte, colonne, commando, compagnie, corps, corps franc, détachement, échelon, équipe, escadron, escouade, forces, formation, goum, groupe, guérilla, légion, manipule, milice, parti, patrouille, peloton, phalange, piouet, régiment, section, soldatesque (péj.), tabor, unité. **2.** Attroupement, bande, caravane, cavalcade, cortège, ensemble, foule, gang (péj.), groupe, horde (péj.), multitude, rassemblement, tribu.

TROUPEAU ▪ ***I. Au pr. :*** cheptel, manade. ***II. Par ext.*** **1.** ⇒ **troupe. 2.** ⇒ **multitude.**

TROUPIER ▪ ⇒ **soldat.**

TROUSSE ▪ ***I. Vx :*** assemblage, botte, faisceau, gerbe, trousseau. ***II.*** Aiguiller, étui, nécessaire, plumier, poche, portefeuille, sac, sacoche. ***III. Loc.*** **Aux/sur les trousses de :** aux chausses, au derrière, au train (fam.), dans le dos, sur le paletot (fam.), aux talons. ⇒ **poursuivre.**

TROUSSEAU ▪ Affaires, dot, effets, habits, layette, linge, lingerie, nécessaire, toilette, vêtements.

TROUSSER ▪ ***I.*** Accélérer, brusquer, dépêcher, expédier, hâter, liquider, précipiter. ⇒ **torcher.** ***II.*** Écarter, recoquiller, redresser, relever, remonter, replier, retrousser, soulever. ⇒ **lever.** ***III.*** ⇒ **caresser.**

TROUVAILLE ▪ Astuce (fam.), création, découverte, idée, illumination, invention, nouveauté, rencontre, trait de génie/de lumière.

TROUVER ▪ ***I. Au pr. :*** apercevoir, atteindre, avoir, cueillir (fam.), déceler, découvrir, dégoter, dénicher, détecter, déterrer, joindre, mettre la main sur, obtenir, pêcher (fam.), rejoindre, rencontrer, surprendre, tomber sur, toucher. ***II. Par ext.*** **1.** S'aviser de, déchiffrer, deviner, élucider, percer, résoudre, réussir, surmonter la difficulté. **2.** Concevoir, créer, forger, imaginer, innover, inventer. **3.** Considérer, croire, éprouver, estimer, penser, regarder comme, saisir, sentir, tenir pour. ⇒ **juger.** ***III. Loc.*** **1. Trouver bon** ⇒ **approuver. 2. Trouver à dire :** avoir à. ⇒ **blâmer.**

TROUVER (SE) ▪ ***I. Quelque chose ou quelqu'un :*** s'avérer, demeurer, être, exister, figurer, s'offrir, se rencontrer, reposer, se révéler, tomber, traîner *et les formes pron. possibles des syn. de* TROUVER. ***II. Quelqu'un.*** **1. Au pr. :** assister, être présent, siéger. **2. Fig. (non favorable)** ⇒ **tomber dans/entre. 3. Fig. (favorable) :** baigner, flotter, nager, se prélasser, se vautrer. **4. Fig. (neutre) :** se considérer, se croire, s'estimer, se juger. ***III. Quelque chose :*** advenir, arriver, se produire, survenir.

TROUVÈRE ▪ ⇒ **troubadour.**

TRUAND, E ▪ ***I. Neutre :*** chemineau, clochard, cloche, coureur, galvaudeux, gueux, mendiant, mendigot, rôdeur, trimardeur, vagabond. ***II. Non favorable :*** affranchi, arsouille, aventurier, bandit, brigand, canaille, chenapan, coquin, crapule, débauché, dévoyé, drôle, fainéant, frappe, fripon, fripouille, galapiat, galopin, garnement, gens de sac et de corde, gibier de potence, gouape, gouspin (vx), gredin, libertin, malhonnête, maquereau, nervi, plat personnage, poisse, ribaud (vx), rossard, sacripant, saleté, sale/triste individu/personnage/type/coco (fam.), scélérat, vaurien, voyou. ⇒ **voleur.**

TRUANDER ▪ ***I.*** ⇒ **tromper.** ***II.*** ⇒ **voler.**

TRUBLION ▪ ***I.*** ⇒ **brouillon.** ***II.*** ⇒ **factieux.**

TRUC ▪ ***I. Favorable ou neutre :*** art, combinaison, démarche, dispositif, formule, manière, marche à suivre, martingale, méthode, mode, moyen, pratique, procédé, procédure, recette, rubrique (vx), secret, stratégie, système, tactique, technique, théorie, voie. ***II.*** Affaire, bazar, bidule, bitonio, bordel, bricole, chose, gadget, machin, objet, outil, saint-frusquin, zizi, zinzin. ***III. Non favorable :*** artifice, astuce, attrape-nigaud, carotte (fam.), cautèle, chafouinerie, chausse-trape, détour, diplomatie, échappatoire, embrouille, embûche, faux-fuyant, feinte, ficelle, finasserie, finesse, fourberie, fraude, habileté, intrigue, invention, machiavélisme, machination, machine, malice, manœuvre, matoiserie, méandre, os, perfidie, piège, politique, retour (vén.), rets, roublardise, rouerie, rubrique (vx), ruse, sac de nœuds, stratagème, stratégie, subterfuge, subtilité, tactique, tour, trame, tromperie.

TRUCHEMENT ■ *I.* ⇒ **traducteur.** *II.* ⇒ **intermédiaire.**

TRUCIDER ■ ⇒ **tuer.**

TRUCULENCE ■ ⇒ **bouffonnerie.**

TRUCULENT, E ■ *I. Vx.* 1. ⇒ **barbare.** 2. ⇒ **violent.** *II.* Amusant, bizarre, cocasse, comique, curieux, déconcertant, drolatique, drôle, étonnant, étrange, excentrique, extraordinaire, fantasque, hardi, haut en couleur, hors du commun, impayable, inédit, neuf, non-conformiste, nouveau, original, particulier, personnel, picaresque, pittoresque, singulier, spécial.

TRUELLE ■ Langue de chat, spatule.

TRUFFE ■ ⇒ **nez.**

TRUFFER ■ Bonder, bourrer, charger, combler, emplir, encombrer, entrelarder, envahir, farcir, garnir, gonfler, insérer, larder, occuper, remplir, saturer, se répandre dans.

TRUISME ■ ⇒ **vérité.**

TRUITÉ, E ■ ⇒ **taché.**

TRUQUAGE ■ ⇒ **tromperie.**

TRUQUER ■ *I.* ⇒ **altérer.** *II.* ⇒ **tromper.**

TRUQUEUR, EUSE ■ *I.* ⇒ **tricheur.** *II.* ⇒ **trompeur.**

TRUST ■ Association, cartel (all.), coalition, comptoir, consortium, corner (angl.), entente, holding, monopole, omnium, pool, syndicat.

TRUSTER ■ ⇒ **accumuler.**

TSAR ■ ⇒ **monarque.**

TSIGANE ■ ⇒ **tzigane.**

TUANT, E ■ Abrutissant, accablant, assommant, claquant (fam.), crevant (fam.), déprimant, échinant, écrasant, énervant, ennuyeux, épuisant, éreintant, esquintant, exténuant, fatigant, harassant, importun, lassant, pénible, suant, vannant.

TUBAGE ■ Intubation.

TUBE ■ *I.* Boyau, canal, canalisation, conduit, cylindre, pipe-line, tuyau. *II.* Canule, drain, éprouvette, fêle, pipette, siphon. *III.* Chapeau-claque, claque, gibus, haut-de-forme, huit-reflets.

TUBÉREUX, EUSE ■ Bulbeux, charnu, gonflé, renflé.

TUBERCULEUX, EUSE ■ Bacillaire, malade de la poitrine, phtisique, poitrinaire, pulmonaire. ***Arg. :*** mité, nase, tubard, tutu.

TUBERCULOSE ■ Bacillose, caverne, maladie de poitrine, maladie du poumon, phtisie. ***Arg. :*** éponges mitées, nases (les), tubardise.

TUBULAIRE ■ Cylindrique, tubule, tubuleux.

TUBULURE ■ ⇒ **conduit.**

TUÉ, E ■ ***Au pr. :*** assassiné, décédé, disparu, exécuté, mort, tombé, tombé au champ d'honneur, trépassé, *et les part. passés possibles des syn. de* TUER.

TUER ■ ***I. Au pr. :*** 1. Abattre, achever, anéantir, assassiner, assommer, brûler (au pr. et arg. au fig.), brûler la cervelle, casser la tête, causer la mort, couper la gorge, décapiter, décimer, décoller, se défaire de, démolir, descendre, détruire, donner le coup de grâce/la mort, écarteler, échiner (vx), écraser, égorger, égosiller (vx), électrocuter, empaler, empoisonner, emporter, envoyer ad patres/dans l'autre monde/pour le compte, estorquer (vx), étendre mort/raide/raide mort/sur le carreau, étouffer, étrangler, étriper, éventrer, exécuter, exterminer, faire couler le sang, faire mourir *et les syn. de* MOURIR, faire périr, faire sauter la cervelle, faucher, foudroyer, fusiller, garrotter, guillotiner, immoler, juguler (vx), lapider, liquider, lyncher, massacrer, mettre à mort, moissonner, nettoyer, noyer, occire, ôter la vie, pendre, percer, poignarder, pourfendre, rompre le cou, sacrifier, saigner, servir (vén.), supplicier, supprimer, trancher le cou/la gorge, verser le sang. **2. Arg. ou fam. :** allonger, avoir, bousiller, brûler, buter, canner, casser, chouriner, composter, crever, crever la paillasse/la panse, décoller, dégringoler, dépêcher, déquiller, descendre, dessouder, ébouser, escoffier (mérid.), estourbir, expédier, faire la peau, flingoter, flinguer, outiller, percer, planter, plomber, poinçonner, raccourcir, ratiboiser, rectifier, refroidir, répandre, repasser, rincer, scionner, suriner, tordre le cou, trucider, zigouiller. ***II. Fig.*** **1. ⇒ abattre. 2. ⇒ détruire. 3. ⇒ fatiguer.** ***III. Loc.*** **Tuer le temps :** occuper, passer. ***IV. V. pron.*** **1. Au pr. :** se détruire, se donner la mort, se défaire, faire hara-kiri, mettre fin à ses jours, se saborder, se suicider, se supprimer. **Fam. :** se faire sauter (la caisse/la cervelle/le caisson), se flinguer/macchaber. **2.** Se casser le cou (fam.)/la figure (fam.), être victime d'un accident, se rompre le cou, trouver la mort. **3. Fig. :** se crever (fam.), s'évertuer, se fatiguer, *et les formes pron. possibles des syn. de* TUER.

TUERIE ■ ***I.*** **⇒ abattoir.** ***II.*** **⇒ carnage.**

TUEUR ■ n. Assassin, brave, bravi, bravo, chourineur (arg.), coupe-jarret, estafier, homme de main, massacreur, meurtrier, nervi, satellite, sicaire, spadassin.

TUEUR, TUEUSE ■ adj. Dangereux, fatal, homicide, meurtrier, mortel.

TUF ■ ***I. Au pr. :*** tufeau, tuffeau. ***II. Fig.*** **⇒ intérieur.**

TUILE ■ ***I.*** Tuileau. ***II. Fig.*** **1. ⇒ accident. 2. ⇒ malchance.**

TULLE ■ **⇒ gaze.**

TUMÉFACTION ■ **⇒ tumeur.**

TUMÉFIÉ, E, TUMESCENT, E ■ Ballonné, bombé, bouffant, bouffi, boursouflé, cloqué, congestionné, dilaté, distendu, empâté, en chou-fleur (fam.), enflé, gondolé, gonflé, gros, hypertrophié, mafflu, météorisé, renflé, soufflé, turgescent, turgide, ventru, vultueux.

TUMESCENCE, TUMEUR ■ ***I. Au pr. :*** adénite, adénome, athérome, bubon, cancer, carcinome, crête-de-coq, épithéliome, épulide, exostose, fibrome, fongosité, fongus, gliome, goitre, granulome, grenouillette, hématocèle, hématome, intumescence, kyste, lipome, loupe, molluscum, néoplasie, néoplasme, œdème, papillome, polype, ranule, sarcome, squirrhe, tanne, tubercule, tubérosité, tuméfaction, tumescence. ***II. Par ext. :*** abcès, ampoule, angiome, anthrax, apostème, apostume, bosse, boufigue (mérid.), boufiole (mérid.), bouton, chalaze, chalazion, clou, écrouelles (vx), enflure, escarre, excroissance, fluxion, fraise, furoncle, ganglion, glande, granulation, grosseur, humeurs froides (vx), induration, hypocrâne (vx), naevus, orgelet, panaris, phlegmon, pustule, scrofule (vx), tourniole, verrucosité. ***III. Vétér. :*** buture, capelet, éparvin, éponge, forme, jarde, jardon, javart, osselet, suros, vessigon.

TUMULTE ■ ***I.*** **⇒ tohu-bohu.** ***II.*** **⇒ trouble.**

TUMULTUEUX, EUSE ■ Agité, animé, brouillon, bruyant, confus, désordonné, houleux, incertain, inquiétant, mouvementé, orageux, séditieux, tapageur, tourbillonnaire, tourmenté, trépidant, troublé, turbulent.

TUMULUS ■ ***I. Au pr. :*** cairn, galgal, mound, tertre. ***II.*** ⇒ **tombe.**

TUNIQUE ■ ***I.*** Angusticlave, chiton, dalmatique, éphod, laticlave. ***II.*** Boubou, kimono, robe. ***III.*** Broigne (vx), dolman, redingote, veste.

TUNNEL ■ Corridor, passage, passage souterrain, percée, souterrain, trouée.

TURBULENCE ■ ***I.*** Activité, agitation, animation, bruit, dissipation, espièglerie, excitation, impétuosité, mobilité, mouvement, nervosité, pétulance, remue-ménage, tapage, trouble, tumulte, vivacité. ***II.*** ⇒ **trombe.**

TURBULENT, E ■ ***I. Quelqu'un :*** actif, agile, agité, animé, bruyant, déluré, démoniaque, dissipé, dur, espiègle, éveillé, excité, fougueux, frétillant, fringant, guilleret, impétueux, ingambe, instable, leste, mobile, nerveux, pétulant, polisson, primesautier, prompt, rapide, remuant, sautillant, tapageur, terrible, vif, vivant. ⇒ **polisson.** ***II. Quelque chose.*** **1.** ⇒ **troublé. 2.** ⇒ **tumultueux.**

TURF ■ ***I.*** Champ de courses, courtines (arg.), hippodrome, pelouse. ***II.*** Courses, sport hippique. ***III. Loc.*** **Faire le turf** (arg.) : ⇒ **prostitution.**

TURGESCENT, E, TURGIDE ■ ⇒ **tuméfié.**

TURLUPIN ■ ***I. Nom :*** arlequin, baladin, bateleur, bouffe, bouffon, clown, comique, fagotin, farceur, gugusse, histrion, matassin, nain, paillasse, pantalon, pantin, pasquin, pitre, plaisantin, queue-rouge, saltimbanque, trivelin, zanni. ***II. Adj. :*** bouffon, burlesque, cocasse, comique, drôle, fantaisiste, folâtre, grotesque, ridicule, rigolo (fam.).

TURLUPINADE ■ ***I.*** ⇒ **bouffonnerie.** ***II.*** À-peu-près, calembour, contrepèterie, coq-à-l'âne, équivoque, jeu de mots, mot d'esprit, plaisanterie.

TURLUPINER ■ ***Fam. :*** agacer, asticoter, casser les pieds, chercher des crosses/noise/querelle, contrarier, courroucer, crisper, donner sur les nerfs, échauffer, échauffer la bile/les oreilles, embêter, emmerder (grossier), énerver, ennuyer, enquiquiner, exacerber, exaspérer, excéder, exciter, faire endêver/enrager/sortir de ses gonds, harceler, hérisser, horripiler, impatienter, importuner, indisposer, irriter, lanciner, lasser, marteler, mécontenter, mettre en colère/rogne, obséder, piquer, provoquer, taquiner, tarauder, tourmenter, tracasser, travailler, trotter, troubler.

TURLURETTE ■ Biniou, cornemuse, flageolet, vielle. ⇒ **refrain.**

TURLUTAINE ■ ⇒ **toquade.**

TURLUTTE ■ ⇒ **hameçon.**

TURNE ■ ⇒ **chambre.**

TURPIDE ■ ⇒ **honteux.**

TURPITUDE ■ Abaissement, abjection, bassesse, boue, corruption, crapulerie, crime, débauche, dégradation, démérite, déportement, dépravation, dérèglement, déshonneur, désordre, dévergondage, dissolution, excès, fange, flétrissure, honte, ignominie, immoralité, impudicité, inconduite, indécence, indignité, infamie, iniquité, intempérance, libertinage, licence, luxure, malhonnêteté, méchanceté, opprobre, ordure, relâchement, ribauderie, scandale, stupre, vice, vilenie.

TUTÉLAIRE ■ Auxiliaire, bienfaisant, bienfaiteur, bon, défenseur, gardien, favorable, paternel, protecteur, providentiel, sauveur, secourable, serviable, utile.

TUTELLE ■ ***I. Favorable ou neutre :*** administration, aide, appui, assistance, auspice, autorité, bénédiction, conservation, couverture, défense, égide, garantie, garde, immunité, invocation, patronage, protection, sauvegarde, secours, soutien, support. ***II. Non favorable :*** assujettissement, contrainte, dépendance, direction, gêne, lisière, surveillance, vigilance.

TUTEUR, TUTRICE ▪ ***I.*** Ascendant, caution, comptable, garantie, gérant, parrain, représentant, responsable, soutien, surveillant. ***II.*** Appui, défenseur, gardien, patron, protecteur. ***III.*** Appui, armature, échalas, étai, perche, piquet, rame, soutien, tige.

TUYAU ▪ ***I.*** ⇒ **tube.** ***II.*** ⇒ **canal.** ***III.*** ⇒ **renseignement.**

TUYAUTAGE, TUYAUTERIE ▪ ⇒ **conduit.**

TUYÈRE ▪ Buse.

TYMPAN ▪ Fronton, gable, pignon.

TYMPANISER ▪ ⇒ **vilipender.**

TYPE ▪ ***I. Quelque chose.*** **1. Typogr. :** caractère, fonte, frappe, police. **2.** Archétype, canon, conception, échantillon, étalon, exemple, figure, formule, gabarit, idéal, idée, image, modèle, original, paradigme, parangon, personnification, prototype, représentant, symbole. **3.** Catégorie, classe, embranchement, espèce, famille, genre, ordre, race, sorte, variété. **4.** Acabit, farine, nature, sorte. **5.** Façon, griffe, manière, marque, mode, style. **6.** Apparence, aspect, attitude, caractère, comportement, conduite, dégaine (fam.), extérieur, façon, format, genre, ligne, morphologie, silhouette, tenue, touche (fam.), tournure. ***II. Quelqu'un.*** **1.** Citoyen, habitant, homme, individu, monsieur, personnage, personne, quelqu'un, tête. **2. Péj. ou arg. :** bonhomme, bougre, branquignol, cave, cézigue, chrétien, coco, croquant, diable, drôle, gaillard, gazier, gnasse, gonze, guignol, gus, hère, lascar, luron, mec, moineau, numéro, oiseau, olibrius, ostrogot, pante, paroissien, pèlerin, piaf, pierrot, pistolet, quidam, rigolo, zèbre, zigomard, zigoto, zigue, zouave.

TYPER ▪ Marquer. ⇒ **imprimer.**

TYPHON ▪ Bourrasque, coup de chien/de tabac (fam.)/de vent, cyclone, orage, ouragan, rafale, raz de marée, tempête, tornade, tourbillon, tourmente, trombe, vent.

TYPIQUE ▪ Caractéristique, déterminant, distinctif, dominant, emblématique, essentiel, exemplaire, expressif, original, particulier, personnel, propre, représentatif, saillant, significatif, spécifique, symbolique, symptomatique.

TYPOGRAPHE ▪ Composeur, compositeur, imposeur, imprimeur, metteur en pages, minerviste, ouvrier du livre, prote, typo.

TYRAN ▪ Autocrate, despote, dictateur, dominateur, maître, oppresseur, persécuteur, roi, roitelet, souverain absolu, tyranneau.

TYRANNIE ▪ ***I. Au pr. :*** absolutisme, autocratie, autoritarisme, caporalisme, césarisme, despotisme, dictature, fascisme, nazisme, totalitarisme. ***II. Par ext.*** **1.** Arbitraire, assujettissement, barbarie, cruauté, domination, fanatisme, férocité, inhumanité, intolérance, oppression, persécution, sauvagerie, vandalisme. **2.** Ascendant, autorité, dépendance, dogmatisme, empiétement, empire, emprise, esclavage, influence, mainmise.

TYRANNIQUE ▪ ⇒ **absolu.**

TYRANNISER ▪ ***I. Au pr. :*** abuser, accabler, assujettir, avoir/jeter/mettre le grappin/la main sur, contraindre, courber, dominer, forcer, fouler aux pieds, opprimer, persécuter, réduire en esclavage, violenter. ***II. Par ext.*** **1.** ⇒ **tourmenter. 2.** ⇒ **conduire.**

TZIGANE ▪ Baraquin (péj.), bohémien, boumian, fils du vent, gipsy, gitan, nomade, roma, romanichel, romano, romé, sinte, zing, zingaro.

u

UBIQUISTE ■ Omniprésent.

UBIQUITÉ ■ Dédoublement, omniprésence.

UBUESQUE ■ ⇒ **absurde.**

UKASE ■ ⇒ **injonction.**

ULCÉRATION, ULCÈRE ■ Chancre, exulcération, exutoire, lésion, lupus, plaie. ⇒ **abcès.**

ULCÉRER ■ ***I.*** ⇒ **affliger.** ***II.*** ⇒ **choquer.**

ULÉMA ■ Ayatollah, imam, mollah, soufi.

ULGINAIRE ■ ⇒ **humide.**

ULMAIRE ■ Reine-des-prés, spirée.

ULSTER ■ ⇒ **manteau.**

ULTÉRIEUR, E ■ ⇒ **suivant.**

ULTIMATUM ■ ⇒ **injonction.**

ULTIME ■ ⇒ **dernier.**

ULTRA ■ n. et adj. Extrémiste, fanatique, intolérant, jacobin, jeune Turc, jusquauboutiste, maximaliste.

ULTRA-PETITA ■ Surenchère.

ULULER ■ Boubouler. ⇒ **crier.**

ULVE ■ ⇒ **algue.**

UN, UNE ■ Distinct, exclusif, indivis, isolé, rare, seul, simple, unique.

UN À UN ■ L'un après l'autre. ⇒ **alternativement.**

UNANIME ■ Absolu, collectif, commun, complet, entier, général, sans exception, total, universel.

UNANIMEMENT ■ Absolument, à l'unanimité, collectivement, complètement, entièrement, généralement, sans exception, totalement, tous à la fois/ensemble, universellement.

UNAU ■ Paresseux. ⇒ **singe.**

UNI, E ■ ***I.*** ⇒ **égal.** ***II.*** ⇒ **lisse.** ***III.*** ⇒ **simple.** ***IV.*** ⇒ **uniforme.**

UNIFICATION ■ Intégration, radicalisation.

UNIFIER, UNIFORMISER ■ Standardiser. ⇒ **unir.**

UNIFORME ■ ***I. Adj.*** *:* continu, droit, égal, pareil, plat, semblable, simple. ⇒ **monotone.** ***II. Nom*** ⇒ **vêtement.**

UNIFORMITÉ ■ Égalité, monotonie. ⇒ **tristesse.**

UNILATÉRAL, E ■ Arbitraire.

UNIMENT ■ Également, franchement, régulièrement, simplement.

UNION ■ ***I. Au pr.*** **1.** Fusion, groupement, jumelage, mixité, symbiose, symphonie, syncrétisme. **2.** ⇒ **liaison. 3.** ⇒ **jonction. 4.** ⇒ **alliance. 5.** ⇒ **fédération. 6.** ⇒ **syndicat. 7.** ⇒ **mariage.** ***II. Fig.*** *:* accord, amitié, bons termes, camaraderie, communion, concert, concorde, conformité, ensemble, entente, fraternité, harmonie, intelligence, sympathie, unisson.

UNIQUE ▪ ***I.*** Exclusif, inclassable, isolé, original, seul, spécial. ***II.*** ⇒ **un.** ***III.*** ⇒ **extraordinaire.** ***IV.*** Singleton.

UNIR ▪ ***I. Au pr.*** **1.** Accoupler, agencer, agglutiner, agréger, allier, annexer, amalgamer, apparier, assembler, associer, assortir, attacher, chaîner, compénétrer, confondre, conjoindre, conjuguer, coupler, enchaîner, enter, fondre, fusionner, joindre, lier, marier, mélanger, mêler, raccorder, rapprocher, rassembler, relier, réunir, saisir, souder. **2. Polit. :** allier, coaliser, confédérer, fédérer, liguer, solidariser. ***II. Par ext.*** **1.** Allier, fiancer. **2.** Aplanir, égaliser, polir, rendre uni.

UNISSON ▪ ***I.*** ⇒ **union.** ***II. Loc.*** **À l'unisson :** d'accord, ensemble, d'un même ton, d'une même voix.

UNITÉ ▪ ***I.*** ⇒ **conformité.** ***II.*** ⇒ **harmonie.** ***III.*** ⇒ **troupe.** ***IV.*** ⇒ **modèle.**

UNIVERS ▪ Ciel, cosmos, création, espace, globe, macrocosme, monde, nature, sphère, terre, tout.

UNIVERSALISER ▪ ⇒ **répandre.**

UNIVERSALISTE ▪ Catholique (au pr.), internationaliste, mondialiste, œcuménique.

UNIVERSALITÉ ▪ ⇒ **totalité.**

UNIVERSAUX ▪ Catégories, concepts : *accident, différence, espèce, genre, propre.*

UNIVERSEL, ELLE ▪ ***I.*** ⇒ **commun.** ***II.*** Cosmique. ***III.*** Catholique (au pr.), international, œcuménique, mondial, planétaire. ***IV.*** Bon à tout, factoton, polyvalent, à toutes mains.

UNIVERSITÉ ▪ Académie, alma mater. ⇒ **faculté.**

UNIVITELLIN ▪ ⇒ **jumeau.**

UNIVOQUE ▪ ⇒ **clair.**

UPÉRISATION ▪ Pasteurisation, stérilisation.

URAÈTE ▪ ⇒ **aigle.**

URANIEN, URANISTE ▪ ***I.*** Homosexuel, inverti, pédéraste, pédophile, sodomite actif/passif, travesti (par ext.). ***II. Litt. :*** affiche, corydon, corvette, frégate, frégaton, ganymède, giton, mignon. ***III. Arg. et péj. :*** bilboquet, branleur, castor, chevalier de l'anneau/de la ⇒ **bicyclette,** confrérie/jaquette/manchette/ pédale/sacoche/tasse/du valseur, chochotte, choute, contemplatif, fiotte, folle, girond, homo, jésus, lopaille, lope, lopette, pédale, pédé, pédoc, prout-prout, raspède, schbeb, tante, tantouse, tapette, tata, travailleur du chouette/petit/prose, travelo, travioque, zomo, etc. ***IV. Grossier :*** emmanché, empaffé, empapaouté, emprosé, enculé, enculeur, endauffé, enfifré, enfoiré, entrouducuté, enviandé.

URBAIN, AINE ▪ ***I.*** Citadin. ***II. Par ext. :*** municipal. ***III.*** ⇒ **aimable.**

URBANISME ▪ ⇒ **logement.**

URBANITÉ ▪ ⇒ **amabilité.**

URBI ET ORBI ▪ Partout, universellement.

URGENCE ▪ ***I.*** ⇒ **obligation.** ***II. Loc.*** **D'urgence :** sans ⇒ **délai.**

URGENT, ENTE ▪ ⇒ **pressant.**

URGER ▪ Presser.

URINAL ▪ ***I.*** Bourdalou. ***II. Par ext. :*** pissoir, pot de chambre, vase de nuit. ***Arg. :*** jules, tasse, théière, thomas.

URINE ▪ Eau, pipi (enf.), pissat, pisse. ***Arg. :*** lance, lancequine.

URINER ▪ ***I.*** Faire pipi, lâcher/tomber de l'eau, se mouiller, pisser, pissoter. ***Arg. :*** changer son poisson d'eau, lancequiner, lissebroquer, quimper, tirer un bock/demi. ***II. Uriner contre :*** compisser.

URINOIR ■ Édicule, latrines, pissoir, pissotière, vespasienne. ***Arg. :*** rambuteau, tasse, théière.

URNE ■ Amphore, canope, pot, pot à feu, potiche, vase. ***Au pl.*** ⇒ **vote.**

URTICATION ■ Démangeaison. ⇒ **picotement.**

URUBU ■ ⇒ **vautour.**

URUS ■ Auroch, bison.

USAGE ■ ***I.*** ⇒ **habitude.** ***II.*** Activité, application, consommation, destination, disposition, emploi, exercice, fonction, fonctionnement, jouissance, utilisation, utilité, service.

USAGÉ, E, USÉ, E ■ ***I. Au pr. :*** abîmé, amorti, avachi, culotté, déchiré, décrépit, déformé, défraîchi, délavé, démodé, éculé, élimé, épuisé, éraillé, esquinté, fané, fatigué, fini, fripé, limé, lustré, miteux, mûr, passé, râpé, vieux. ***II. Par ext.*** ⇒ **banal.**

USAGER ■ Client, utilisateur.

USER ■ ***I. V. tr.*** **1. Au pr. et fig. :** amoindrir, corroder, effriter, élimer, émousser, entamer, épointer, gâter, laminer, limer, miner, mordre, râper, roder, rogner, ruiner, travailler. ⇒ **abîmer. 2.** ⇒ **consommer.** ***II. V. intr.*** **User de :** appliquer, avoir recours, disposer de, employer, emprunter, exercer, faire usage de, jouer de, jouir de, manier, ménager, mettre, mettre en jeu/en œuvre, porter, pratiquer, prendre, recourir à, se servir de, utiliser. ***III. Loc.*** **En user :** se comporter, se conduire, traiter.

USINE ■ Aciérie, arsenal, atelier, chaîne, cimenterie, distillerie, établissement, fabrique, filature, fonderie, forge, haut fourneau, industrie, manufacture, minoterie, papeterie, raffinerie, tréfilerie.

USINER ■ ⇒ **fabriquer.**

USITÉ, E ■ Accoutumé, commun, consacré, constant, courant, coutumier, employé, familier, fréquent, ordinaire, traditionnel, usuel, utilisé.

USNÉE ■ Lichen, mousse.

USTENSILE ■ ***I.*** Accessoire, batterie de cuisine, dinanderie, engin, instrument, matériel, mobilier (vx), nécessaire, objet, outil, outillage, panoplie, réceptacle, trousse, vaisselle. ⇒ **bidule.** ***II. Récipients.*** **1.** Alambic, capsule, cornue, matras, têt. **2.** ⇒ **bouteille, casserole, coupe, gobelet, gourde, plat, poêle, pot, vase. 3.** ⇒ **auge, bac, baignoire, baquet, baril, bassin, bidon, réservoir. 4.** ⇒ **boîte, caisse, coffre, contenant, malle, panier, poche, sac, urne.** ***III. De cuisine :*** broche, chinois, couperet, couteau, cuiller, écumoire, égrugeoir, entonnoir, étamine, fourchette, fourneau, hachoir, hâtelet, lèchefrite, louche, mixer, mortier, moulin à légumes, presse-citron/purée, râpe, réchaud, rôtissoire. ***IV. De toilette :*** barbier, bidet, broc, cuvette, douche, glace, lavabo, pot-à-eau, psyché, tub. ***V. De jardinage :*** arrosoir. ⇒ **bêche, binette,** brouette, cisaille, ciseaux, croissant, cueilloir, faux, fourche, motoculteur, plantoir, râteau, sécateur, serfouette, serpe, tondeuse.

USUCAPION ■ ⇒ **prescription.**

USUEL, ELLE ■ ⇒ **usité.**

USUFRUIT ■ Fruit, jouissance, possession, produit, récolte, revenu.

USUFRUITIER, ÈRE ■ Usufructuaire.

USURAIRE ■ ⇒ **excessif.**

USURE ■ ***I.*** Agio, agiotage, gain, intérêt, placement, prêt, profit, trafic. ⇒ **avarice.** ***II.*** Amoindrissement, corrosion, dégradation, diminution, éraillement, érosion.

USURIER, IÈRE ■ ***I.*** Agioteur, prêteur. ***II. Par ext.*** ⇒ **avare.**

USURPATION ■ Appropriation, captation, dol, enlèvement, escroquerie, occupation, prise, rapt, soustraction. ⇒ **vol.**

USURPATOIRE ▪ Abusif, illégal, inique.

USURPER ▪ ***I. V. intr. :*** anticiper sur, empiéter sur, enjamber (fam.), entreprendre sur, envahir. ***II. V. tr. :*** annexer, s'appliquer, s'approprier, s'arroger, s'attribuer, dérober, s'emparer, prendre, ravir, voler.

UTÉRIN, INE ▪ Consanguin, demi-frère/sœur.

UTÉRUS ▪ Flancs, matrice, sein (vx).

UTILE ▪ Bon, efficace, expédient, important, indispensable, fructueux, nécessaire, profitable, salutaire.

UTILISATEUR, TRICE ▪ Client, usager.

UTILISATION ▪ Application, destination, emploi, maniement.

UTILISER ▪ ***I.*** ⇒ **profiter.** ***II.*** ⇒ **user de.**

UTILITAIRE ▪ ***I.*** ⇒ **réaliste.** ***II.*** ⇒ **commun.**

UTILITÉ ▪ ⇒ **profit.**

UTOPIE ▪ ***I.*** Billevesées, chimère, illusion, mirage, mythe, rêve, rêverie, roman. ***II.*** ⇒ **idéal.**

UTOPIQUE ▪ ⇒ **imaginaire.**

UTOPISTE ▪ Imaginatif. ⇒ **rêveur.**

UVULE ▪ Luette.

V

VACANCE ▪ Carence, disponibilité, interruption, suspension, vacuité, vide.

VACANCES ▪ Campos, congé, détente, permission, pont, relâche, repos, semaine anglaise, vacation, week-end.

VACANT, E ▪ Abandonné, disponible, inoccupé, jacent (jurid.), libre, vague (terrain), vide.

VACARME ▪ ***I.*** ⇒ **bruit.** ***II.*** ⇒ **chahut.**

VACATAIRE ▪ Auxiliaire, contractuel, supplétif, surnuméraire.

VACATION ▪ ***I.*** ⇒ **rétribution.** ***II.*** ⇒ **vacances.** ***III.*** ⇒ **séance.**

VACCIN, VACCINATION ▪ Immunisation, inoculation, piqûre, sérum.

VACCINER ▪ Immuniser, inoculer, piquer, prémunir, préserver.

VACHE ▪ ***I. Au pr. :*** génisse, taure. ***II. Fig.*** **1.** ⇒ **bête. 2.** ⇒ **méchant. 3.** ⇒ **policier.**

VACHER, VACHÈRE ▪ Bouvier, cowboy (vx et partic.), gardian, gardien, gaucho, manadier, toucheur de bœufs.

VACHERIE ▪ ***I.*** ⇒ **étable.** ***II.*** ⇒ **méchanceté.**

VACHERIN ▪ ***I.*** Comté, gruyère. ***II.*** Meringue glacée.

VACILLANT, E ▪ ***I.*** ⇒ **chancelant.** ***II.*** ⇒ **tremblant.**

VACILLATION ▪ ⇒ **balancement.**

VACILLER ▪ ***I.*** ⇒ **chanceler.** ***II.*** **Lumière, yeux :** cligner, clignoter, papilloter. ***III.*** Luire, scintiller, trembler, trembloter.

VACIVE ▪ ⇒ **brebis.**

VACUITÉ ▪ ⇒ **vide.**

VADE-MECUM ▪ ⇒ **mémento.**

VADROUILLE ▪ ***I.*** ⇒ **promenade.** ***II.*** ⇒ **balai.** ***III.*** ⇒ **mégère.**

VADROUILLER ▪ ⇒ **traîner.**

VA-ET-VIENT ▪ ***I.*** Bac, navette. ***II.*** Allée et venue, balancement, branle, course, navette, navigation, remous, rythme, voyage.

VAGABOND, E ▪ ***I. Adj.*** ⇒ **errant.** ***II. Nom :*** bohémien, camp-volant, chemineau, clochard, cloche, clodo, coureur, flâneur, galvaudeux, malandrin, mendiant, nomade, pilon (arg.), rôdeur, rouleur, routard, trimard, trimardeur, truand, va-nu-pieds.

VAGABONDER ▪ ⇒ **errer.**

VAGIN ▪ ⇒ **sexe, vulve.**

VAGIR ▪ ⇒ **crier.**

VAGUE ▪ n. fém. Agitation, barre, flot, houle, lame, mascaret, moutons, onde, raz, ressac, rouleau, tsanumi, vaguelette.

VAGUE ▪ adj. ***I.*** ⇒ **vacant.** ***II.*** Abstrait, amphibologique, approximatif, changeant, confus, douteux, flottant, flou, fumeux, hésitant, illimité, imparfait, imprécis, incertain, indécis, indéfini, indéfinissable, indéterminé, indiscernable, indistinct, irrésolu, nébuleux, nuageux, obscur, timide, trouble, vaporeux. *III. Loc.* **Terrain vague ⇒ stérile.** *IV. Nom.* **1. ⇒ vide. 2. Loc. Vague à l'âme ⇒ mélancolie.**

VAGUEMENT ■ À peine, confusément, peu.

VAGUEMESTRE ■ ⇒ **facteur.**

VAGUER ■ Aller au hasard/et venir, divaguer, vagabonder.

VAIGRE ■ ⇒ **poutre.**

VAILLANCE ■ ⇒ **courage.**

VAILLANT, E ■ ⇒ **courageux.**

VAIN, VAINE ■ *I.* Absurde, chimérique, creux, fantaisiste, faux, fugace, hypothétique, illusoire, imaginaire, insaisissable, sans consistance/effet/fondement/ importance/motif/réalité, vide. *II.* ⇒ **inutile.** *III.* ⇒ **stérile.** *IV.* ⇒ **orgueilleux.** *V. Loc.* **En vain ⇒ inutilement.**

VAINCRE ■ *I. Au pr. :* abattre, accabler, anéantir, avoir le dessus, battre, battre à plates coutures, bousculer, bouter (vx), conquérir, culbuter, damer le pion, déconfire, défaire, disperser, dominer, dompter, écharper, éclipser, écraser, l'emporter sur, enfoncer, entamer, estourbir, gagner, maîtriser, mater, mettre dans sa poche/en déroute/en fuite, piler, prévaloir, réduire, rosser, rouler, surclasser, surmonter, surpasser, tailler en pièces, terrasser, torcher (fam.), triompher de. *II. Fig.* **1. Un obstacle :** franchir, négocier (fam.), passer, renverser, surmonter. **2. Des scrupules :** endormir, étouffer. *III. V. pron. :* se dominer, être maître de soi, se maîtriser, se mater, se posséder, se surmonter.

VAINQUEUR ■ n. et adj. *I.* Champion, conquérant, dominateur, dompteur, gagnant, lauréat, triomphateur, victorieux. *II. Loc.* **Un air vainqueur :** avantageux, conquérant, prétentieux, suffisant.

VAISSEAU ■ *I.* ⇒ **récipient.** *II.* ⇒ **bateau.**

VAISSELLE ■ Assiette, déjeuner, légumier, plat, plateau, saladier, saucière, soucoupe, soupière, sucrier, tasse, tête-à-tête, verseuse. ⇒ **ustensile.**

VAL ■ ⇒ **vallée.**

VALABLE ■ *I. Jurid :* légal, réglementaire, valide. *II. Par ext. :* acceptable, admissible, avantageux, bon, convenable, de mise, efficace, négociable, normal, passable, précieux, recevable, régulier, salutaire, sérieux.

VALET ■ *I.* ⇒ **serviteur.** *II.* Porte-habit.

VALÉTUDINAIRE ■ n. et adj. Cacochyme, égrotant, maladif, mal en point.

VALEUR ■ *I.* ⇒ **prix.** *II.* ⇒ **qualité.** *III.* ⇒ **courage.** *IV.* ⇒ **sens.** *V. Loc.* **Mettre en valeur :** faire valoir. ⇒ **rehausser.**

VALEUREUX, EUSE ■ ⇒ **courageux.**

VALIDATION ■ ⇒ **homologation.**

VALIDE ■ *I. Quelqu'un :* bien constitué/portant, dispos, dru, fort, gaillard, ingambe, robuste, sain, vert, vigoureux. *II. Quelque chose :* admis, approuvé, autorisé, bon, efficace, en cours, légal, réglementaire, régulier, valable.

VALIDER ■ ⇒ **homologuer.**

VALIDITÉ ■ ⇒ **bien-fondé.**

VALISE ■ Attaché-case. ⇒ **bagage.** *Arg. ou fam. :* bagot, baise-en-ville, mallouse, valdingue, valoche, valouse, valtouse.

VALLÉE ■ Bassin, cavée, cluse, combe, cuvette, dépression, val, valleuse, vallon.

VALLONNÉ, E ■ ⇒ **accidenté.**

VALOIR ■ ***I. V. intr.*** **Un prix** : coûter, se monter/revenir à, se vendre. ***II. V. tr.*** **1.** ⇒ **égaler. 2.** ⇒ **procurer.** ***III. Loc.*** **Faire valoir. 1.** Mettre en valeur. ⇒ **exploiter. 2.** ⇒ **rehausser. 3.** ⇒ **vanter.**

VALORISATION ■ ⇒ **hausse.**

VALORISER ■ ⇒ **hausser.**

VALSE ■ ***I.*** ⇒ **mouvement.** ***II.*** ⇒ **volée.**

VALSER ■ ⇒ **danser.**

VAMPIRE ■ ⇒ **ogre.**

VAMPIRISME ■ ⇒ **avidité.**

VAN ■ ⇒ **tamis.**

VANDALE ■ n. et adj. Barbare, destructeur, dévastateur, iconoclaste, profanateur, violateur.

VANDALISME ■ Elginisme, luddisme. ⇒ **barbarie.**

VANITÉ ■ ***I. De quelque chose :*** chimère, erreur, fragilité, frivolité, fumée, futilité, hochet, illusion, inanité, inconsistance, inefficacité, insignifiance, inutilité, mensonge, néant, pompe, vapeur, vent, vide. ***II. De quelqu'un :*** bouffissure, boursouflure, complaisance, crânerie, enflure, fatuité, fierté, gloriole, importance, infatuation, jactance, ostentation, présomption, prétention, suffisance. ⇒ **orgueil.**

VANITEUX, EUSE ■ ⇒ **orgueilleux.**

VANNE ■ ***I.*** Barrage, bonde, déversoir. ***II. Arg.*** ⇒ **blague.**

VANNÉ, E ■ ⇒ **fatigué.**

VANNER ■ ***I.*** ⇒ **tamiser.** ***II.*** ⇒ **nettoyer.** ***III.*** ⇒ **fatiguer.**

VANTAIL ■ Battant, panneau, volet.

VANTARD, E ■ ⇒ **hâbleur.**

VANTARDISE ■ ⇒ **hâblerie.**

VANTER ■ Acclamer, applaudir, approuver, célébrer, complimenter, donner de la publicité à, encenser, exalter, faire mousser/valoir, féliciter, glorifier, louer, prôner, publier, recommander, rehausser. ***V. pron. :*** s'applaudir de, s'attribuer, bluffer, se croire, se donner des gants, faire profession de, se faire mousser/valoir, se flatter, se mettre en valeur, pavoiser, se piquer/se targuer de, prétendre.

VANTERIE ■ ***Vx :*** ⇒ **hâblerie.**

VA-NU-PIEDS ■ ***I.*** ⇒ **coquin.** ***II.*** ⇒ **misérable.**

VAPEUR ■ ***I. Nom masc.*** ⇒ **bateau.** ***II Nom fém. :*** brume, buée, émanation, exhalaison, fumée, fumerolle, gaz, mofette, nuage, nuée, serein. ***III.*** ⇒ **vanité.** ***IV. Nom fém. pl.*** ⇒ **vertige.**

VAPOREUX, EUSE ■ ***I.*** ⇒ **flou.** ***II.*** ⇒ **vague.**

VAPORISATION ■ Atomisation, évaporation, pulvérisation, sublimation, volatilisation.

VAPORISER ■ Atomiser, gazéifier, pulvériser. ***V. pron. :*** s'atomiser, s'évaporer, se sublimer, se volatiliser.

VAQUER ■ ⇒ **occuper (s').**

VARECH ■ ⇒ **algue.**

VAREUSE ■ ⇒ **veste.**

VARIABLE ■ Changeant, flottant, incertain, inconsistant, inconstant, indécis, irrésolu.

VARIATION ■ ***I. Au pr. :*** alternance, alternative, bifurcation, changement, déviation, différence, écart, évolution, fluctuation, fourchette, innovation, modification, mouvement, mutation, nutation, oscillation, remous, retour, retournement, rythme, transformation, vicissitude. ***II. Par ext.*** ⇒ **variété.** ***III. Fig.*** ⇒ **caprice.**

VARIÉ, E ■ Bariolé, bigarré, changeant, complexe, différent, disparate, divers, diversifié, hétéroclite, hétérogène, marbré, marqueté, mâtiné, mélangé, mêlé, modifié, moiré, multicolore, multiforme, multiple, nombreux, nuancé, ondoyant, panaché, rayé, taché, tigré, transformé.

VARIER ■ v. tr. et intr. ⇒ **changer.**

VARIÉTÉ ■ ***I.*** ⇒ **différence.** ***II.*** ⇒ **variation.** ***III.*** Bigarrure, classification, collection, diversité, forme, manière, modulation, mosaïque, variante.

VARIOLE ■ ***I. Méd. :*** petite vérole. ***II. Vétér. :*** clavelée, picote, vaccine.

VASE ■ n. fém. ⇒ **limon.**

VASE ■ n. masc. ***I.*** Buire. ⇒ **récipient.** ***II. Relig. :*** calice, ciboire, patelle, patène, patère. ***III. Vase de nuit*** ⇒ **bourdalou.**

VASELINE ■ Graisse, onguent, paraffine, pommade.

VASEUX, EUSE ■ ***I. Au pr. :*** boueux, bourbeux, fangeux, limoneux, marécageux, tourbeux, trouble, vasard. ***II. Fig.*** ⇒ **stupide.**

VASISTAS ■ Imposte. ⇒ **ouverture.**

VASQUE ■ ⇒ **bassin.**

VASSAL ■ n. et adj. ***I. Au pr. :*** antrustion, feudataire, homme lige, leude, sujet, vavasseur. ***II. Par ext. :*** assujetti, inféodé, lié, soumis.

VASTE ■ Abondant, ample, considérable, copieux, développé, élevé, épanoui, étendu, fort, généreux, grand, gras, gros, immense, incommensurable, large, logeable, long, plein, spacieux, volumineux.

VATICINATEUR ■ ⇒ **devin.**

VATICINER ■ ⇒ **prédire.**

VAUDEVILLE ■ ⇒ **comédie.**

VAURIEN ■ Arsouille, artoupian (vx ou rég.), aventurier, bandit, bon à rien, brigand, canaille, chenapan, coquin, crapule, débauché, dévoyé, drôle, escarpe, fainéant, frappe, fripon, fripouille, galapiat, galopin, garnement, gibier de potence, gouape, gouspin (vx), gredin, homme de sac et de corde, jean-foutre, libertin, loubard, loulou, malhonnête, maquereau, mauvais sujet, nervi, pendard (vx), pied-plat (vx), plat personnage, poisse, ribaud (vx), rossard, rufian, sacripant, salaud (grossier), saleté, sale/triste individu/personnage/type/coco (fam.), saligaud (grossier), saloperie (grossier), scélérat, vermine, vicieux, voyou, zonard.

VAUTOUR ■ Charognard, condor, griffon, gypaète, urubu. ⇒ **rapace.**

VAUTRAIT ■ ⇒ **vénerie.**

VAUTRER (SE) ■ ***I.*** ⇒ **coucher (se).** ***II.*** ⇒ **abandonner (s').**

VEDETTE ■ ***I.*** ⇒ **veilleur.** ***II.*** ⇒ **artiste.** ***III.*** ⇒ **bateau.**

VÉGÉTAL ■ ⇒ **plante.**

VÉGÉTALIEN, ENNE ■ Frugivore, herbivore. ***Par ext. :*** macrobiotique, végétarien.

VÉGÉTATIF ■ Pâle, lymphatique, mou.

VÉGÉTATION ■ Flore, pousse, verdure.

VÉGÉTER ■ ⇒ **vivoter.**

VÉHÉMENCE ■ ***I.*** ⇒ **impétuosité.** ***II.*** ⇒ **éloquence.**

VÉHÉMENT, E ■ ***I.*** ⇒ **impétueux.** ***II.*** ⇒ **violent.**

VÉHICULE ■ ⇒ **voiture.**

VÉHICULER ■ ⇒ **transporter.**

VEILLE ■ ***I. Au pr. :*** éveil, insomnie. ***II. Par ext.*** 1. Garde, quart, veillée. 2. Vigile. ***III. Nom fém. pl.*** 1. ⇒ **soin.** 2. ⇒ **travail.**

VEILLÉE ■ ⇒ **soirée.**

VEILLER ■ Appliquer son attention à, chaperonner, donner ses soins, garder, s'occuper de, présider à, protéger, surveiller. ⇒ **pourvoir à.**

VEILLEUR ■ Épieur, factionnaire, garde, gardien, guet, guetteur, sentinelle, surveillant, vedette, vigie, vigile.

VEINARD, E ■ ⇒ **chanceux.**

VEINE ■ ***I.*** ⇒ **filon.** ***II.*** ⇒ **chance.** ***III.*** ⇒ **inspiration.**

VEINÉ, E ■ Veineux. ⇒ **marqueté.**

VELLÉITAIRE ■ n. et adj. ⇒ **mou.**

VELLÉITÉ ■ ⇒ **volonté.**

VÉLO, VÉLOCIPÈDE ■ Bécane, biclo (fam.), biclou (péj.), bicycle, bicyclette, clou (péj.), petite reine, tandem. ⇒ **cycle, cyclomoteur.**

VÉLOCITÉ ■ ⇒ **vitesse.**

VELOURS ■ ***I.*** Panne, peluche, velvet. ***II. Loc.*** **Sur le velours** ⇒ **facile.**

VELOUTÉ, E, VELOUTEUX, EUSE ■ ***I.*** ⇒ **moelleux.** ***II.*** ⇒ **soyeux.**

VELU, E ■ ⇒ **poilu.**

VENAISON ■ ⇒ **gibier.**

VÉNAL, E ■ Corrompu, corruptible, mercenaire, vendable.

VÉNALITÉ ■ ⇒ **subornation.**

VENDABLE ■ ***I.*** ⇒ **cessible.** ***II.*** ⇒ **convenable.**

VENDANGEUR ■ ⇒ **vigneron.**

VENDETTA ■ ⇒ **vengeance.**

VENDEUR, EUSE ■ Agent/attaché commercial, calicot (péj.), camelot, commerçant, commis-voyageur, commis/commise/ demoiselle /fille/ garçon de boutique/magasin/rayon, détaillant, exportateur, grossiste, marchand, placier, représentant, visiteur, voyageur.

VENDRE ■ ***I. Neutre :*** adjuger, aliéner, céder, débiter, se défaire de, détailler, donner, échanger, écouler, exporter, laisser, monnayer, négocier, placer, réaliser, sacrifier, se séparer de, solder. ***II. Non favorable :*** bazarder, brader, brocanter, cameloter, coller, fourguer, laver, lessiver, liquider, mévendre, refiler, trafiquer. ***III. Fig.*** ⇒ **dénoncer.**

VENELLE ■ ⇒ **rue.**

VÉNÉNEUX, EUSE ■ Dangereux, délétère, empoisonné, létifère, nocif, non comestible, mauvais, toxique, vireux.

VÉNÉRABLE ■ Aimé, ancien, apprécié, bon, considéré, digne, doyen, éminent, estimable, honoré, patriarcal, réputé, respectable, respecté, révéré, sacré, saint, vieux.

VÉNÉRATION ■ Admiration, affection, amour, considération, dévotion, estime, respect, révérence.

VÉNÉRER ■ Admirer, aimer, apprécier, considérer, estimer, être à la dévotion de, être dévoué à, honorer, respecter, révérer.

VÉNERIE ■ Chasse à courre, équipage, meute, vautrait.

VENGEANCE ■ Châtiment, colère, némésis, œil pour œil dent pour dent, punition, réparation, représailles, ressentiment, rétorsion, revanche, riposte, talion, vendetta, vindicte.

VENGER ■ Châtier, corriger, frapper, laver, punir, redresser, réparer, réprimer, riposter, sévir, vider une querelle.

VENGEUR, VENGERESSE ■ n. et adj. ⇒ **juge.**

VÉNIEL, ELLE ■ ⇒ **insignifiant.**

VENIMEUX, EUSE ■ ***I. Au pr.*** ⇒ **vénéneux.** ***II. Fig.*** ⇒ **malveillant.**

VENIN ■ ⇒ **poison.**

VENIR ■ ***I. Au pr. :*** aborder, aboutir, aller, approcher, arriver, avancer, se déplacer, s'encadrer, entrer, parvenir à, sortir de, survenir, se transporter, tomber sur. ***Fam. :*** s'abouler, s'amener, débouler, se pointer, se rabouler, radiner, ralléger, ramener sa fraise, rappliquer. ***II.*** ⇒ **sortir.** ***III.*** ⇒ **produire (se).** ***IV.*** ⇒ **pousser.** ***V. Venir de :*** dater, descendre, partir, procéder, provenir de, remonter à, sortir, tenir, tirer son origine de. *VI. Loc.* **1. Venir à bout de ⇒ réussir. 2. Venir au monde ⇒ naître.**

VENT ■ ***I. Au pr. :*** agitation, alizé, aquilon, auster, autan, bise, blizzard, bora, borée, bourrasque, brise, chergui, courant d'air, cyclone, fœhn, galerne, hermattan, mistral, mousson, noroît, notus, ouragan, pampero, rafale, simoun, sirocco, souffle, suroît, tempête, tourbillon, tramontane, typhon, zef (arg.), zéphire, zéphyr. ***II. Par ext.*** **1. ⇒ odeur. 2.** Flatulence, flatuosité, gaz. **3.** Bruit, incongruité, pet. **4. Vulg.** : Débourrée, fuite, louffe, louise, pastille, perlouse, pétarade, prout, soupir, vanne, vesse. ***III.*** **⇒ nouvelle.**

VENTE ■ Adjudication, aliénation, braderie, brocante, chine, criée, débit, démarchage, écoulement, exportation, lavage (arg.), liquidation, placement, porte à porte, regrat (vx), solde, transfert, trôle.

VENTILATION ■ **⇒ répartition.**

VENTILER ■ **⇒ aérer.**

VENTRAL, E ■ **⇒ abdominal.**

VENTRE ■ ***I.*** **⇒ abdomen.** ***II.*** **⇒ bedaine.** ***III.*** **⇒ utérus.**

VENTRÉE ■ **⇒ repas.**

VENTRIPOTENT, E ■ Bedonnant, bouffi, dodu, gidouillant, gidouillard, gros, obèse, pansu, patapouf, replet, rond, ventru.

VENTRU, E ■ ***I.*** **⇒ ventripotent.** ***II.*** **⇒ gros.** ***III.*** **⇒ renflé.**

VENUE ■ Approche, arrivée, avènement, croissance, irruption.

VER ■ ***I. Au pr. :*** **1.** Annélidé, arénicole, asticot, entozoaire, helminthe, lombric. **2.** Vermine, vermisseau. **3.** Ascaride *ou* ascaris, bothriocéphale, cénure, douve, filaire, oxyure, strongle, ténia, trichine, ver-coquin, ver solitaire. ***II. Par ext. :*** bombyx, chenille, larve, ténébrion, ver à soie.

VÉRACITÉ ■ **⇒ vérité.**

VÉRANDA ■ Auvent, balcon, bungalow, varangue, verrière.

VERBAL, E ■ Non écrit, oral, parlé.

VERBALISME ■ **⇒ bavardage.**

VERBE ■ **⇒ parole.**

VERBEUX, EUSE ■ **⇒ diffus.**

VERBIAGE ■ ***I.*** **⇒ bavardage.** ***II.*** **⇒ faconde.**

VERBOSITÉ ■ **⇒ faconde.**

VERDÂTRE, VERDELET, ETTE ■ **⇒ vert.**

VERDEUR ■ **⇒ jeunesse.**

VERDICT ■ **⇒ jugement.**

VERDIR ■ ***I.*** Verdoyer. ***II. V. tr. :*** colorer/peindre en vert.

VERDUNISATION ■ Désinfection, épuration, javellisation, traitement des eaux.

VERDURE ■ ***I. Au pr. :*** boulingrin, feuillage, feuille, frondaison, gazon, herbage, herbe, parterre, pâturage, pâture, plate-bande, prairie, pré, tapis de verdure. ***II. Par ext. :*** tapisserie.

VÉREUX, EUSE ■ **⇒ malhonnête.**

VERGE ■ ***I.*** **⇒ baguette.** ***II.*** **⇒ sexe.**

VERGER ■ Jardin, ouche, plantation.

VERGETÉ, E ■ **⇒ marqueté.**

VERGOGNE ■ **⇒ honte.**

VERGUE ■ **⇒ mât.**

VÉRIDICITÉ ■ **⇒ vérité.**

VÉRIDIQUE ■ **⇒ vrai.**

VÉRIFICATION ■ Analyse, apurement, censure, collation, collationnement, confirmation, confrontation, contre-épreuve, contrôle, épreuve, essai, examen, expérimentation, expertise, filtrage, inspection, pointage, recensement, recension, récolement, reconnaissance, recoupement, révision, revue, surveillance, test.

VÉRIFIER ■ Analyser, apurer, avérer (vx), collationner, comparer, constater, contrôler, éprouver, essayer, étalonner, examiner, expérimenter, expertiser, filtrer, inspecter, juger, justifier, prouver, récoler, référencer, repasser, revoir, s'assurer/se rendre compte de, tamiser, tester, voir. ***V. pron.*** *:* s'avérer, se confirmer, *et les formes pron. possibles des syn. de* VÉRIFIER.

VÉRITABLE ■ ⇒ **vrai.**

VÉRITÉ ■ ***I. De quelque chose ou de quelqu'un*** *:* authenticité, certitude, droiture, évidence, exactitude, fidélité, franchise, justesse, lucidité, lumière, loyauté, nature, naturel, netteté, objectivité, réalité, sincérité, valeur, véracité, véridicité, vraisemblance. ***II. Scient.*** *:* axiome, postulat, principe, science, théorème. ***III. Relig.*** *:* conviction, croyance, dogme, doxologie, Évangile, foi, mystère, oracle, orthodoxie, parole, prophétie, révélation, sagesse. ***IV. Non favorable*** *:* lapalissade, sophisme, truisme, vérité première.

VERMINE ■ ***I. Au pr.*** *:* parasites, pouillerie, poux, puces, pucier, punaises, saleté, sanie. ***II. Par ext.*** **1.** Canaille, gueuserie, populace, racaille, vérole. **2.** ⇒ **vaurien.**

VERNALISATION ■ Printanisation.

VERNIR ■ Cirer, enduire de vernis, faire briller/luire/reluire, glacer, laquer, lisser, lustrer, peindre, protéger, retaper (péj.), vernisser.

VERNIS ■ ***I. Au pr.*** *:* enduit, laque, peinture laquée. ***II. Fig.*** **1. Non favorable** : apparence, brillant, croûte, dehors, écorce, teinture. **2. Favorable** : éclat, éducation, manières, lustre, splendeur.

VERNISSAGE ■ Inauguration, ouverture, présentation.

VERNISSÉ, E ■ ⇒ **lustré.**

VERNISSER ■ ⇒ **vernir.**

VÉROLE ■ ***I.*** Mal napolitain, nase (arg.), syphilis. ***II. Petite vérole*** ⇒ **variole.** ***III. Par ext.*** ⇒ **vermine.**

VERRAT ■ Cochon, goret, porc mâle, pourceau, reproducteur.

VERRE ■ ***I.*** Carreau, cristal. ***II.*** ⇒ **gobelet.** ***III. Fam.*** *:* ballon, canon, drink, glass, gobet, godet, guindal, guinde, pot, tournée.

VERRERIE ■ ***Par ext.*** **1.** Verres. **2.** Verroterie.

VERRIÈRE ■ ⇒ **vitrail.**

VERROU ■ ⇒ **loquet.**

VERROUILLER ■ ***I.*** ⇒ **fermer.** ***II.*** ⇒ **enfermer.**

VERRUE ■ Naevus, papillome, poireau (fam.).

VERS ■ ***I.*** Mètre, poésie, rimes, rythme, verset. ***II.*** Alexandrin, décasyllabe, heptamètre, hexamètre, octosyllabe, pentamètre, tétramètre, trimètre.

VERS ■ Dans la/en direction de, sur.

VERSANT ■ Côte, déclin, déclivité, penchant, pente.

VERSATILE ■ Capricant, capricieux, changeant, divers, fantaisiste, incertain, inconsistant, indécis, inégal, instable, irrégulier, irrésolu, labile, lunatique, vacillant, volage. ⇒ **quinteux.**

VERSÉ DANS ■ ⇒ **capable.**

VERSEMENT ■ ⇒ **paiement.**

VERSER ■ ***I. Au pr.*** *:* déverser, entonner, épancher, épandre, instiller, mettre, transvaser, transvider, vider. ***II. Par ext.*** **1.** Arroser, couler. **2.** Donner, servir. **3.** Infuser, transfuser. **4.** Renverser, répandre. ***III. Fig.*** **1.** ⇒ **payer. 2.** ⇒ **culbuter.**

VERSIFICATEUR ■ ⇒ **poète.**

VERSIFICATION ■ Métrique, prosodie, technique poétique.

VERSIFIER ■ Rimailler (péj.), rimer, ronsardiser.

VERSION ■ ***I.*** ⇒ **traduction.** ***II.*** ⇒ **relation.**

VERSO ■ ⇒ **revers.**

VERT, VERTE ■ ***I. Au pr. :*** bouteille, céladon, émeraude, érugineux, gazon, glauque, jade, olive, pers, pomme, prairie, sinople, tilleul, verdâtre, verdelet, verdoyant. ***II. Par ext.*** **1.** ⇒ **valide. 2.** ⇒ **aigre. 3.** ⇒ **pâle. 4.** ⇒ **rude.**

VERTICAL, E ■ ⇒ **perpendiculaire.**

VERTICALEMENT ■ D'aplomb, debout, droit, *et les adv. en -ment formés avec les syn. de* VERTICAL.

VERTIGE ■ ***I. Au pr. :*** déséquilibre, éblouissement, entêtement (vx), étourdissement, fumées, tournis (vét.), vapeurs, vertigo (vét.). ***II. Fig. :*** caprice, égarement, emballement, enivrement, folie, frisson, fumée, griserie, ivresse, trouble.

VERTIGINEUX, EUSE ■ ⇒ **démesuré.**

VERTIGO ■ ***I.*** ⇒ **vertige.** ***II.*** ⇒ **caprice.**

VERTU ■ ***I.*** ⇒ **sainteté.** ***II.*** ⇒ **probité.** ***III.*** ⇒ **décence.** ***IV.*** ⇒ **prudence.** ***V.*** ⇒ **qualité.** ***VI. Loc.*** **En vertu de** ⇒ **conséquence (en).**

VERTUEUX, EUSE ■ ***I.*** ⇒ **saint.** ***II.*** ⇒ **probe.** ***III.*** ⇒ **prudent.**

VERTUGADIN ■ ***I.*** ⇒ **gazon.** ***II.*** ⇒ **panier.**

VERVE ■ ***I.*** ⇒ **éloquence.** ***II.*** ⇒ **inspiration.**

VÉSANIE ■ ⇒ **folie.**

VÉSICATOIRE ■ ⇒ **révulsif.**

VÉSICULE ■ ***I.*** ⇒ **bouton.** ***II.*** ⇒ **pustule.**

VESPASIENNE ■ ⇒ **urinoir.**

VESTE ■ ***I. Au pr. :*** anorak, blazer, blouson, boléro, caban, cabi, canadienne, cardigan, carmagnole, dolman (milit.), hoqueton (vx et milit.), jaquette, pet-en-l'air, pourpoint (vx), rase-pet, saharienne, soubreveste (vx et milit.), touloupe, tunique, vareuse, veston. ***II. Fig.*** ⇒ **insuccès.**

VESTIBULE ■ Antichambre, entrée, galerie, hall, narthex, porche, prodromos, propylée.

VESTIGE ■ Apparence, débris, décombres, marque, reste, ruine, trace.

VÊTEMENT ■ ***I. Neutre :*** affaires, ajustement, atours, complet, costume, dessous, effets, ensemble, équipage, équipement, garde-robe, habillement, habit, livrée, mise, parure, robe, sous-vêtement, survêtement, tailleur, tenue, toilette, trousseau, uniforme, vêture. ⇒ **blouse, chaussure, coiffure, gant, manteau, robe, sous-vêtement, veste.** ***II. Non favorable :*** accoutrement, affublement, affutiau (vx), cache-misère, décrochez-moi-ça, défroque, déguisement, fringues, friperie, frusques, guenille, haillon, hardes, harnachement, harnais, harnois, nippe, pelure, roupasse, saint-frusquin, sape(s), souquenille. ***III. Par ext.*** ⇒ **enveloppe.**

VÉTÉRAN ■ n. et adj. ***I.*** ⇒ **ancien.** ***II.*** ⇒ **soldat.**

VÉTÉRINAIRE ■ Hippiatre (équit.).

VÉTILLE ■ ⇒ **bagatelle.**

VÉTILLER ■ ⇒ **chicaner.**

VÉTILLLEUX, EUSE ■ Agaçant, chicaneur, discordant, disputeur, formaliste, maniaque, mesquin, méticuleux, minutieux, pointilleux, puéril, regardant, tatillon, vétillard.

VÊTIR ■ ***I. Neutre :*** costumer, couvrir, endosser, enfiler, mettre, prendre, revêtir. ⇒ **habiller.** ***II. Non favorable :*** accoutrer, affubler, caparaçonner, déguiser, fagoter, ficeler, fringuer, frusquer, harnacher, nipper.

VETO ■ ⇒ **opposition.**

VÊTU, E ■ ***I.*** *Les part. passés possibles de* VÊTIR. ***II. Fam.*** *:* engoncé, enharnaché. ⇒ **vêtir.**

VÉTUSTE ■ ⇒ **vieux.**

VÉTUSTÉ ■ ⇒ **vieillesse.**

VEULE ■ ***I.*** ⇒ **lâche.** ***II.*** ⇒ **mou.**

VEULERIE ■ ***I.*** ⇒ **lâcheté.** ***II.*** ⇒ **mollesse.**

VEUVAGE ■ Solitude, viduité.

VEUVE ■ ***I. Au pr.*** *:* douairière (péj.). ***II. Fig.*** 1. ⇒ **guillotine.** 2. ⇒ **masturbation.**

VEXATION ■ ⇒ **avanie.**

VEXATOIRE ■ ***I.*** ⇒ **humiliant.** ***II.*** ⇒ **honteux.**

VEXER ■ ***I.*** ⇒ **tourmenter.** ***II.*** ⇒ **aigrir.** ***III. V. pron.*** ⇒ **offenser (s').**

VIABLE ■ ⇒ **vivant.**

VIADUC ■ ⇒ **pont.**

VIANDE ■ ⇒ **chair.**

VIATIQUE ■ ***I.*** ⇒ **provision.** ***II. Par ext.*** 1. Extrême-onction, sacrement des malades/mourants, derniers sacrements. 2. Secours, soutien.

VIBRANT, E ■ ***I.*** ⇒ **ardent.** ***II.*** ⇒ **sonore.**

VIBRATION ■ ***I.*** ⇒ **oscillation.** ***II.*** ⇒ **tremblement.**

VIBRER ■ ⇒ **trembler.**

VICE ■ ***I.*** ⇒ **imperfection, mal, sadisme.** ***II. Au pl.*** **Arg.** : éducation anglaise, cochonceté, friandise, gâterie, horreurs, passion, trucs, vicelardise.

VICE VERSA ■ Inversement, réciproquement.

VICIER ■ ⇒ **altérer.**

VICIEUX, EUSE ■ ***I. Au pr.*** 1. Corrompu, débauché, dépravé, dissolu, immoral, mauvais, obscène, pervers, perverti, sadique, taré. 2. **Arg. ou fam. :** tordu, vachard, vicelard, viceloque. ***II. Par ext.*** 1. ⇒ **indocile.** 2. ⇒ **imparfait.**

VICISSITUDE ■ ⇒ **variation.**

VICTIME ■ Bouc émissaire, hostie, jouet, martyr, plastron, proie, souffre-douleur, tête de Turc.

VICTOIRE ■ ⇒ **succès.**

VICTORIEUX, EUSE ■ ⇒ **vainqueur.**

VICTUAILLES ■ ***I.*** ⇒ **provision.** ***II.*** ⇒ **subsistances.**

VIDANGE ■ ***I.*** ⇒ **écoulement.** ***II.*** ⇒ **nettoiement.**

VIDANGER ■ ⇒ **vider.**

VIDE ■ ***I. Adj.*** 1. **D'un contenant privé de son contenu** : abandonné, débarrassé, dégarni, démuni, désempli, lège (mar.), à sec. 2. **D'un lieu sans occupants, sans vie** : aride, dénudé, dépeuplé, dépouillé, dépourvu, désert, désertique, improductif, inculte, inhabité, inoccupé, libre, net, nu, sec, stérile, vacant, vague (terrain). 3. Creux. 4. **Fig.** : bête, bouffi, boursouflé, creux, enflé, futile, insignifiant, insipide, inutile, léger, morne, nul, pauvre, plat, prétentieux, vague, vain. ***II. Nom.*** 1. Cosmos, espace. 2. Néant, vacuité. 3. ⇒ **excavation.** 4. ⇒ **trou.** 5. Blanc, espace, interruption, lacune, manque. 6. **Fig.** ⇒ **vanité.**

VIDER ■ ***I. Au pr.*** *:* assécher, désemplir, dessécher, enlever, évacuer, excréter, nettoyer, tarir, transvaser, transvider, vidanger. ***II. Par ext.*** *:* abandonner, débarrasser, décharger, déménager, dépeupler, évacuer, laisser la place, partir. ***III. Fig.*** 1. ⇒ **congédier.** 2. ⇒ **fatiguer.** 3. ⇒ **finir.**

VIDIMER ■ ***Jurid.*** *:* conformer. ⇒ **comparer.**

VIDUITÉ ■ Solitude, veuvage.

VIE ■ ***I. Au pr.*** *:* destin, destinée, être, existence, jours, sort, temps. ***II. Par ext.*** 1. ⇒ **activité.** 2. ⇒ **vivacité.** 3. ⇒ **his-**

toire. ***III. Fig.*** **⇒ discussion.** ***IV. Loc.*** **En vie ⇒ vivant.**

VIEILLARD ■ ***I. Neutre :*** ancien, grand-père, homme âgé, patriarche, vieil homme, vieilles gens, vieux, vieux monsieur. ***II. Non favorable :*** baderne, barbon, bibard, birbe, clignotard, croulant, déchetoque, fossile, géronte, grime, grison, peinard, pépé, roquentin (vx), vieille barbe, vieux birbe/bonze/chose/machin /schnock/ truc, viocard, vioque.

VIEILLE ■ ***I. Neutre :*** ancienne, femme âgée/d'âge canonique, grand-mère, veuve, vieille dame/femme. ***II. Non favorable :*** bonne femme, douairière, rombière. **⇒ vieillard.**

VIEILLERIE ■ ***I. Au pl. :*** bric-à-brac. **⇒ brocante.** ***II.*** **⇒ poncif.** ***III.*** **⇒ vieillesse.**

VIEILLESSE ■ ***I. De quelqu'un.*** **1. Neutre :** abaissement, affaiblissement, troisième âge, vieillissement. **2. Non favorable :** caducité, décadence, décrépitude, gérondisme, sénescence, sénilisme, sénilité, vieillerie, vioquerie (fam.). ***II. De quelque chose :*** abandon, ancienneté, antiquité, décrépitude, désuétude, obsolescence, vétusté.

VIEILLIR ■ ***I. V. intr. :*** dater, être démodé, n'être plus dans la course (fam.), passer de mode. ***Fam. :*** bibarder, clignoter, n'être plus coté à l'argus/dans la course, prendre du carat, sucrer les fraises, vioquir. ***II. V. tr. :*** désavantager.

VIEILLOT, OTTE ■ ***I.*** **⇒ vieux.** ***II.*** **⇒ âgé.**

VIERGE ■ ***I. Nom.*** **1. Au pr. :** jeune fille, pucelle, rosière, vestale. **2.** Bonne Dame/Mère, Madone, Marie, Mère de Dieu, Notre-Dame, Pietà. ***II. Adj.*** **1.** Puceau, pucelle. **2. Par ext. :** brut, innocent, intact, neuf, nouveau, sans tache. **⇒ pur.**

VIEUX ■ ***I. Nom.*** **1. ⇒ vieillard. 2. ⇒ vieille.** ***II. Adj.*** **1. Neutre ⇒ âgé** et **ancien. 2. Par ext. Non favorable :** amorti, antédiluvien, antique, archaïque, arriéré, caduc, décrépit, démodé, dépassé, désuet, fatigué, gothique, hors service, moyenâgeux, obsolescent, obsolète, révolu, rococo, sénile, suranné, usagé, usé, vétuste, vieillot. **3. Arg. ou fam. :** bibard, bibardu, croulant, hachesse, plus coté (à l'argus), viocard, vioque.

VIF, VIVE ■ ***I. Au pr.*** **Quelqu'un. 1. Favorable :** actif, agile, alerte, allègre, animé, ardent, brillant, chaleureux, dégagé, déluré, dispos, éveillé, fougueux, frétillant, fringant, gaillard, guilleret, ingambe, intelligent, léger, leste, mobile, ouvert, pétillant, pétulant, primesautier, prompt, rapide, sémillant, verveux, vivant. **2. Non favorable :** aigre, amer, brusque, emporté, excessif, injurieux, irritant, mordant, nerveux, tride (équit.), violent. ***II. Par ext.*** **1. Quelque chose :** acide, aigre, aigu, âpre, criard, cru, cuisant, douloureux, exaspéré, excessif, expéditif, frais, froid, intense, pénétrant, perçant, piquant, vivace. **2. Le style :** animé, brillant, coloré, délié, éclatant, nerveux, pressé, sensible.

VIF-ARGENT ■ **⇒ mercure.**

VIGIE, VIGILE ■ **⇒ veilleur.**

VIGILANCE ■ **⇒ attention.**

VIGILANT, E ■ **⇒ attentif.**

VIGNE ■ ***I.*** Lambruche, lambrusque, pampre, treille. **⇒ raisin.** ***II.*** Château (bordelais), clos, hautin, terroir, vignoble.

VIGNERON, ONNE ■ Vendangeur, viticulteur.

VIGNETTE ■ **⇒ image.**

VIGNOBLE ■ **⇒ vigne.**

VIGOUREUX, EUSE ■ **⇒ fort.**

VIGUEUR ■ **⇒ force.**

VIL, VILE ■ Abject, affreux, avili, banal, bas, commun, corrompu, dépravé, déprécié, dernier, grossier, ignoble, impur, inculte, indigne, infâme, innommable, insignifiant, lâche, laid, méprisable, méprisé, mesquin, misérable, monstrueux, ordinaire, plat, rampant, ravalé, repoussant, rustre, sale, servile, vilain, vulgaire.

VILAIN, AINE ▪ ***I. Adj.*** **1.** ⇒ **méchant. 2.** ⇒ **laid. 3.** ⇒ **avare.** ***II. Nom*** ⇒ **paysan.**

VILEBREQUIN ▪ ⇒ **perceuse.**

VILENIE ▪ ***I.*** ⇒ **bassesse.** ***II.*** ⇒ **méchanceté.** ***III.*** ⇒ **injure.**

VILIPENDER ▪ Abaisser, attaquer, avilir, bafouer, berner, conspuer, crier haro sur, critiquer, déconsidérer, décrier, dénigrer, déprécier, déshonorer, détracter, diffamer, dire pis que pendre, discréditer, disqualifier, flétrir, honnir, huer, injurier, insulter, mépriser, mettre plus bas que terre, rabaisser, ravaler, salir, siffler, souiller, traîner dans la boue/fange/aux gémonies, tympaniser (vx), vitupérer, vouer aux gémonies.

VILLA ▪ Bungalow, cabanon, chalet, chartreuse, cottage, folie, pavillon.

VILLAGE ▪ Agglomération, bled (péj.), bourg, bourgade, cité, commune, écart, endroit, feux (vx), hameau, localité, ménil (vx), paroisse, pâté de maisons, patelin (fam.), petite ville, trou (péj.).

VILLAGEOIS, VILLAGEOISE ▪ n. et adj. ⇒ **paysan.**

VILLE ▪ ⇒ **village** et **agglomération.**

VILLE D'EAUX ▪ ⇒ **station.**

VILLÉGIATURE ▪ ⇒ **séjour.**

VIN ▪ ***I. Au pr. :*** cru, production, produit. ***II. Fam. et péj. :*** abondance, beaujolpif, bibine, bistrouille, bromure, brouille-ménage, brutal, carburant, ginglard, ginglet, gros-qui-tache, jinjin, mazout, ouvre-cuisses, piccolo, pichteau, pichtegorne, picrate, picton, pinard, piquette, pousse-au-crime, pive, piveton, reginglard, rouquemoute, rouquin, tisane, tutu, tutute, vinasse. ***III. Par ext. :*** chopine, litre, litron, quille.

VINDICATIF, IVE ▪ ⇒ **rancunier.**

VINDICTE ▪ ⇒ **vengeance.**

VINÉE ▪ Récolte, vendange. ⇒ **cave.**

VIOL ▪ ⇒ **violence.**

VIOLATION ▪ Atteinte, contravention, dérogation, désobéissance, entorse, infraction, inexécution, inobservance, inobservation, manquement, outrage, profanation, transgression, violement (vx).

VIOLENCE ▪ ***I. Au pr. :*** agressivité, animosité, ardeur, chaleur, colère, déchaînement, démence, démesure, dureté, effort, énergie, exacerbation, fougue, frénésie, fureur, furie, impétuosité, intensité, irascibilité, puissance, véhémence, virulence, vivacité. ***II. Par ext.*** **Des actes de violence. 1.** Agitation, émeute, pogrom, révolte, révolution. **2.** Agression, attentat, brutalité, contrainte, coups et blessures, excès, mal, sévices. **3.** Défloraison, défloration, profanation, viol.

VIOLENT, ENTE ▪ ***I. Au pr. :*** agressif, ardent, brusque, brutal, cassant, coléreux, concentré, cruel, déchaîné, dément, démesuré, dur, énergique, enragé, exacerbé, excessif, extrême, farouche, fort, fougueux, frénétique, furieux, impétueux, injurieux, irascible, puissant, rude, sanguinaire, tempétueux, terrible, tranchant, truculent (vx), véhément, vif, vigoureux, virulent. ***II. Par ext.*** **1.** Convulsif, délirant, fébrile. **2.** Fulgurant, épouvantable, terrible. **3.** Aigu, carabiné, cruel, cuisant, douloureux, intense, poignant, vivace.

VIOLENTER ▪ ⇒ **obliger.**

VIOLER ▪ ***I. Une règle :*** braver, contrevenir/déroger à, désobéir, enfreindre, fausser, manquer à, passer par-dessus, tourner, trahir, transgresser, vicier. ***II. Quelqu'un, une réputation :*** blesser, déflorer, forcer, outrager, polluer, porter atteinte à, profaner, prostituer, souiller, violenter. ***III. Loc.*** **1. Violer sa foi/parole** : se parjurer. **2. Violer un secret** : trahir, vendre.

VIOLET, ETTE ■ Aubergine, lie-de-vin, lilas, mauve, parme, pourpre, prune, violine, zinzolin. ***Loc.*** **Bois de violette** : palissandre.

VIOLON ■ ***I. Au pr. :*** alto, basse, basse de viole, crincrin (péj.), viole. ***II.*** ⇒ **violoniste.** ***III.*** ⇒ **prison.**

VIOLONISTE ■ Ménétrier (vx), musicien, premier/second violon, soliste, violoneux (vx), virtuose.

VIPÈRE ■ ***I. Au pr. :*** aspic, céraste, guivre, ophidien, péliade, serpent, vipereau, vouivre. ⇒ **reptile.** ***II. Fig.*** ⇒ **méchant.**

VIPÉRIN, E ■ ***I.*** ⇒ **malveillant.** ***II.*** ⇒ **méchant.**

VIRAGE ■ Coude, courbe, épingle à cheveux, lacet, tournant.

VIRAGO ■ Carne, carogne, charogne, dame de la halle, dragon, forte-en-gueule, gendarme, grenadier, grognasse, harangère, harpie, largue, maritorne, mégère, poison, poissarde, pouffiasse, rombière, tricoteuse (vx).

VIREMENT ■ Transfert. ⇒ **paiement.**

VIRER, VIREVOLTER ■ ⇒ **tourner.**

VIREVOLTE ■ ⇒ **changement.**

VIRGINAL, E ■ ⇒ **pur.**

VIRGINITÉ ■ ***I. Au pr. :*** hymen, pucelage. ***Arg. :*** berlingue, cuti. ***II. Fig. :*** fleur, ruban. ***III. Par ext. :*** blancheur, candeur, chasteté, innocence, intégrité, pureté, vertu.

VIRIL, VIRILITÉ ■ ***I.*** ⇒ **mâle.** ***II.*** ⇒ **sexe.**

VIRTUALITÉ ■ ⇒ **possibilité.**

VIRTUEL, ELLE ■ ⇒ **possible.**

VIRTUOSE ■ Aigle, as (fam.), maestro, maître, musicien, soliste.

VIRTUOSITÉ ■ ⇒ **habileté.**

VIRULENCE ■ ⇒ **violence.**

VIRULENT, E ■ ⇒ **violent.**

VIRUS ■ ⇒ **poison.**

VISA ■ Approbation, attestation, autorisation, licence, passeport, sceau, validation.

VISAGE ■ ***I. Au pr.*** **1.** Face, faciès, figure, frimousse, masque, minois, tête, traits. **2. Fam.** : balle, bille, binette, bobine, bouille, fiole, gueule, hure, margoulette, mufle, museau, nez, poire, pomme, portrait, trogne, trombine, trompette, tronche. ⇒ **tête.** **3.** Effigie, mascaron, masque. ***II. Par ext.*** **1.** Air, apparence, aspect, attitude, contenance, expression, maintien, mine, physionomie. **2.** Caractère, personnage, personnalité, type. ***III. Fig. :*** configuration, conformation, couleur, dehors, disposition, extérieur, forme, tournure.

VISAGISTE ■ Esthéticien(ne).

VIS-À-VIS ■ ***I. Adv. et loc. prép. :*** à l'opposite, en face, en regard, face à face, nez à nez. ***II. Nom.*** **1. Quelqu'un** : voisin d'en face. **2.** Face à face, tête-à-tête.

VISCÉRAL, E ■ ⇒ **inné.**

VISCÈRE ■ ***I. De l'homme :*** boyaux, entrailles, intestin, tripes (fam.). ***II. Des animaux :*** fressure, tripes.

VISCOSITÉ ■ ⇒ **épaisseur.**

VISÉE ■ ⇒ **but.**

VISER ■ ***I. Au pr. :*** ajuster, bornoyer, coucher en joue, mirer, pointer, regarder. ***II. Par ext.*** **1.** Aviser, lorgner, regarder. **2.** Concerner. ***III. Fig. :*** ambitionner, chercher, désirer, poursuivre, prétendre à, rechercher, tâcher à, tendre à, vouloir. ***IV.*** ⇒ **examiner.** ***V.*** Apostiller, authentifier, valider.

VISIBILITÉ ■ ⇒ **clarté.**

VISIBLE ■ ***I. Au pr.*** : apercevable, apparent, distinct, manifeste, net, observable, ostensible, perceptible, percevable, voyant. ***II. Fig.*** : clair, évident, facile, flagrant, manifeste, ostensible.

VISION ■ ***I. Au pr.*** ⇒ **vue.** ***II.*** ⇒ **apparition.** ***III.*** Chimère, fantasme *ou* phantasme, hallucination, hantise, idée, illusion, image, intuition, mirage, obsession, pressentiment, représentation, rêve, rêverie. ⇒ **imagination.**

VISIONNAIRE ■ n. et adj. ***I.*** ⇒ **voyant.** ***II. Favorable*** : anticipateur, génie, phare, prophète. ***III. Non favorable*** : chimérique, déraisonnable, extravagant, halluciné, illuminé, imaginatif, obsédé, rêveur, songe-creux, utopiste.

VISITE ■ ***I. Au pr.*** **1. On visite quelqu'un** : audience, démarche, entrevue, réception, rencontre, tête-à-tête, visitation (vx). **2. On visite quelque chose** : contrôle, examen, expertise, fouille, inspection, ronde, tournée. **3. Un pays** : excursion, tour, tournée, voyage. **4. De police** : descente, perquisition, transport. **5. Un bateau** : arraisonnement. ***II. Par ext.*** **1.** ⇒ **consultation. 2.** ⇒ **visiteur.**

VISITER ■ ***I.*** ⇒ **examiner.** ***II.*** ⇒ **fréquenter.** ***III.*** ⇒ **voir.**

VISITEUR ■ ***I.*** Contrôleur, enquêteur, examinateur, explorateur, inspecteur, réceptionnaire ⇒ **vendeur.** ***II.*** Hôte, visite. ***III.*** Amateur, estivant, excursionniste, promeneur, spectateur, touriste, vacancier, villégiaturiste, voyageur.

VISQUEUX, EUSE ■ ***I. Au pr.*** : adhérent, collant, épais, gluant, glutineux, gommeux, graisseux, gras, huileux, poisseux, sirupeux, tenace. ***II. Par ext.*** : chassieux, glaireux. ***III. Fig.*** ⇒ **abject.**

VISSER ■ ***I. Au pr.*** : assujettir, attacher, fixer, immobiliser, joindre, river, sceller, serrer. ***II. Fig.*** : serrer la vis, tenir/traiter sévèrement.

VITAL, E ■ ⇒ **principal.**

VITALITÉ ■ ⇒ **vivacité.**

VITE ■ ***I. Adj.*** **1.** ⇒ **rapide. 2.** ⇒ **dispos.** ***II. Adv.*** : à toute vitesse, au galop/trot, à la volée, en un/clin d'œil/tour de main/tournemain, bientôt, brusquement, comme l'éclair, dare-dare, en hâte, hâtivement, précipitamment, prestement, presto, prestissimo, promptement, raide, rapidement, rondement, subito, tôt, vivement. **Arg. ou fam.** : à fond de train /tombeau ouvert/ tout berzingue/ toute biture/toute blinde/ toute pompe/vibure, comme un dard/un lavement/un pet (sur une toile cirée), en cinq sec, et que ça saute, ficelle, fissa, rapidos, vinaigre. ***III. Loc.*** **1. À la va-vite** : à la va-comme-je-te-pousse, bâclé, expédié, liquidé, gâché, saboté, sabré, torché. **2. Au plus vite** : à l'instant, immédiatement, tout de suite.

VITESSE ■ Agilité, célérité, diligence, hâte, précipitation, presse, prestesse, promptitude, rapidité, vélocité, vivacité.

VITICOLE ■ Vinicole.

VITICULTEUR ■ Vigneron.

VITRAIL ■ Châssis, panneau, rosace, rose, verrière.

VITRE ■ ***I. Au pr.*** : carreau, glace, verre. ***II. Par ext.*** **1.** ⇒ **fenêtre. 2.** Parebrise. **3.** Devanture, étalage, montre, vitrine.

VITREUX, EUSE ■ Blafard, blême, cadavérique, décoloré, éteint, livide, pâle, terne, terreux, voilé.

VITRINE ■ ⇒ **étalage.**

VITUPÉRATION ■ ⇒ **réprobation.**

VITUPÉRER ■ ***I. V. tr.*** ⇒ **blâmer.** ***II. V. intr.*** : déblatérer, s'indigner.

VIVACE ■ ***I.*** ⇒ **rustique.** ***II.*** ⇒ **vivant.**

VIVACITÉ ■ ***I.*** ⇒ **vitesse.** ***II.*** Activité, alacrité, allant, allégresse, animation, ardeur, brio, éclat, entrain, gaieté, légèreté, mordant, pétulance, vie, vigueur, violence, vitalité.

VIVANT, E ■ ***I. Au pr. :*** animé, en vie, viable, vivace. ***II. Par ext. :*** actif, animé, bien allant, debout, énergique, existant, force de la nature, fort, ranimé, remuant, résistant, ressuscité, sain et sauf, sauvé, survivant, tenace, trempé, valide, vif, vigoureux. ***III. Loc.*** **Bon vivant** : boute-en-train, farceur, (bonne) fourchette, gai luron, joyeux compagnon/drille.

VIVAT ■ ⇒ **acclamation.**

VIVEMENT ■ Ardemment, beaucoup, fortement, intensément, profondément. ⇒ **vite.**

VIVEUR ■ ⇒ **débauché.**

VIVIFIANT, E ■ ***I. Au pr. :*** aiguillonnant, cordial, excitant, fortifiant, généreux, nourrissant, ranimant, ravigotant (fam.), réconfortant, reconstituant, remontant, revigorant, roboratif, stimulant, tonique. ***II. Fig. :*** encourageant, exaltant.

VIVIFIER ■ Activer, agir sur, aiguillonner, animer, créer, donner le souffle, donner/insuffler l'âme/la vie, encourager, exciter, faire aller, fortifier, imprégner, inspirer, nourrir, ranimer, réconforter, tonifier.

VIVOTER ■ Aller doucement/son petit bonhomme de chemin/son petit train, subsister, végéter.

VIVRE ■ ***I. V. intr.*** **1. Neutre** : être animé/au monde, exister, durer, respirer. **2. Péj.** : croupir, s'endormir, se laisser aller, pourrir, végéter. **3.** ⇒ **habiter. 4.** Se conduire. ⇒ **agir. 5.** Se consacrer à, se dévouer, se donner à. **6.** Consommer, se nourrir de. ***II. V. tr.*** **1.** Éprouver, expérimenter, faire l'épreuve/l'expérience de. **2. Loc.** *Vivre des jours heureux :* couler, passer du bon temps.

VIVRES ■ ***I.*** ⇒ **provisions.** ***II.*** ⇒ **subsistance.**

VOCABLE ■ ⇒ **mot.**

VOCABULAIRE ■ ***I.*** ⇒ **dictionnaire.** ***II. Par ext. :*** correction, expression, langage, langue.

VOCALISE ■ Entraînement, exercice, roulade, trilles, virtuosité.

VOCALISER ■ ⇒ **chanter.**

VOCATION ■ ⇒ **disposition.**

VOCIFÉRATION ■ ⇒ **cri.**

VOCIFÉRER ■ v. tr. et intr. ⇒ **crier.**

VŒU ■ ***I.*** ⇒ **serment.** ***II.*** ⇒ **souhait.** ***III.*** ⇒ **demande.**

VOGUE ■ ***I.*** ⇒ **cours.** ***II.*** ⇒ **mode.**

VOIE ■ ***I. Au pr. :*** allée, artère, autoroute, autostrade, avenue, axe, boulevard, canal, chaussée, chemin, chenal, cours, draille, impasse, laie, layon, levée, passage, piste, promenade, réseau, rocade, route, rue, ruelle, sente, sentier, traboule (à Lyon). ***II. Fig. :*** brisées, canal, carrière, chemin, conduite, dessein, exemple, ligne, marche, sillage, sillon, trace. ***III.*** ⇒ **moyen.** ***IV.*** **1. Voie ferrée** : ballast, ligne, rails, talus. **2. Par ext.** : chemin de fer. S.N.C.F., train.

VOILE ■ **Fig.** ⇒ **manteau.**

VOILÉ, E ■ ***I.*** ⇒ **sourd.** ***II.*** Affaibli, assourdi, atténué, caché, déguisé, dissimulé, invisible, masqué, mystérieux, obscur, secret, tamisé, travesti, terne. ***III.*** ⇒ **vitreux.**

VOILER ■ ⇒ **cacher.**

VOIR ■ ***I. Au pr. :*** apercevoir, aviser, considérer, contempler, découvrir, discerner, distinguer, dominer, embrasser, entrevoir, examiner, loucher sur (fam.), mater (fam.), observer, percevoir, regarder, remarquer, repérer, saisir du regard, surplomber, viser, visionner, zieuter (fam.). ***II. Fig.*** **1. Se représenter par la pensée** : apercevoir, apprécier, comprendre, concevoir, connaître, considérer, constater, découvrir, discerner, distinguer, envisager, se figurer, imaginer, juger, observer, regarder, se représenter, trouver. **2.** Assister à, visiter. **3.** Avoir la vue sur, donner sur, être exposé à, planer sur. **4.** Contrôler, inspecter, inventorier, noter, remarquer, prendre garde à, surprendre, vérifier. **5.** Imaginer, prévoir, représenter. **6.** Écouter, examiner, jauger, réfléchir. ***III. Loc.*** **1. Faire voir** : apprendre, faire apparaître, découvrir, démonter, démontrer, dévoiler, étaler, exhiber, exposer, faire entrevoir/paraître, montrer, présenter, prouver, révéler. **2. Voir le jour.** ⇒ **naître.**

VOIRE ▪ ***I.*** Vrai, vraiment. ***II.*** Aussi, même.

VOIRIE ▪ ***I.*** Voies publiques. ***II.*** Entretien, ponts et chaussées. ***III.*** Bourrier, champ d'épandage, décharge, dépotoir, immondices, ordures.

VOISIN ▪ n. et adj. ⇒ **prochain.**

VOISINAGE ▪ ⇒ **proximité.**

VOISINER ▪ ⇒ **fréquenter.**

VOITURE ▪ ***I. Génér.*** : attelage, équipage, moyen de transport, véhicule. ***II. À cheval.*** **1. De promenade ou de voyage** : berline, berlingot, boghei, break, briska, buggy, cab, cabriolet, calèche, carrosse, chaise, char, coche, coucou, coupé, derby, diligence, dogcart, dormeuse, drag, fiacre, landau, landaulet, litière, locatis, mail-coach, malle, maringote, milord, omnibus, patache, phaéton, sapin (fam.), sulky, tandem, tapecul, tapissière, téléga, tilbury, tonneau, traîneau, troïka, victoria, vinaigrette, vis-à-vis, wiski. **2. De travail** : bétaillère, binard, camion, carriole, char, chariot, charrette, chasse-marée, corbillard, éfourceau, fardier, guimbarde, haquet, limonière, tombereau, trinqueballe, truck. **3. Milit.** : ambulance, caisson, fourgon, fourragère, prolonge. ***III. À moteur.*** **1. Au pr.** : auto, automobile, berline, conduite intérieure, coupé, familiale, limousine, roadster, torpédo. **2. Utilitaire** : ambulance, camionnette, commerciale, fourgon, fourgonnette, taxi. **3. De gros tonnage** : autobus, autocar, benne, bétaillère, camion, car, tracteur. **4. Fam.** : bagnole, bahut, bousine, caisse, charrette, chignole, chiotte, clou, ferraille, guimbarde, guinde, hotte, tacot, tire, veau. ***IV. À bras.*** **1. De travail** : baladeuse, brouette, charrette à bras, jardinière, pousse-pousse. **2. D'enfant** : landau, poussette. ***V. Chemin de fer*** : benne, citerne, fourgon, plateau, wagon. ***VI. De police*** : car, panier à salade, voiture cellulaire.

VOITURER ▪ ⇒ **transporter.**

VOITURIER ▪ ***I.*** Camionneur, routier, transporteur. ***II.*** Charretier, cocher, roulier, voiturin (vx). ***III. Fam.*** : automédon.

VOIX ▪ ***I.*** Articulation, parole, phonation, son. ***II.*** ⇒ **bruit.** ***III. Par ext.*** **1.** Accord, approbation, assentiment, suffrage, vote. **2. D'animaux** : aboiement, chant, cri, grondement, hurlement, plainte. **3. Chant humain** : baryton, basse, basse-taille, castrat, contralto, dessus, haute-contre, mezzo-soprano, sopraniste, soprano, taille (vx), ténor, ténorino. ***IV. Fig.*** **1.** Appel, avertissement, impulsion, inspiration, manifestation divine/surnaturelle. **2.** Avis, jugement, opinion.

VOL ▪ Décollage, envol, essor, lévitation, trajet aérien, volée.

VOL ▪ Abus de confiance, appropriation, brigandage, cambriolage, carambouille, détournement, effraction, enlèvement, entôlage, escroquerie, filouterie, flibuste, fric-frac, friponnerie, grappillage, grivèlerie, hold-up, indélicatesse, larcin, malversation, maraudage, maraude, pillage, piraterie, racket, rapine, resquille, soustraction, spoliation, stellionat, subtilisation, vol à l'étalage/à la gare/à la rendez-moi/à la roulotte/à la tire, volerie. ***Arg. :*** arnaque, baluchonnage, barbotage, braquage, cambriole, carotte, casse, cassement, chourave, coup, dégringolage, dépouille, entôlage, fauche, tire, turbin.

VOLAGE ■ ⇒ **changeant.**

VOLAILLE ■ ***I.*** Canard, cane, canette, caneton, chapon, coq, dinde, dindon, dindonneau, jars, oie, oison, pintade, pintadeau, poule, poulet, poussin, volatile. ***II.*** Basse-cour.

VOLANT ■ ***I.*** Navigant. ***II.*** Marge, stock. ***III.*** ⇒ **changeant.**

VOLATILE ■ ⇒ **oiseau.**

VOLATILISATION ■ ⇒ **vaporisation.**

VOLATILISER (SE) ■ ***I. Au pr.*** ⇒ **vaporiser (se).** ***II. Fig.*** ⇒ **disparaître.**

VOL-AU-VENT ■ Bouchée à la reine, timbale.

VOLCANIQUE ■ ⇒ **impétueux.**

VOLÉE ■ ***I.*** Envol, essor. ***II.*** ⇒ **troupe.** ***III.*** ⇒ **rang.** ***IV.*** ⇒ **décharge.** ***V.*** Avoine, bastonnade, branlée, brossée, correction, danse, déculottée, dégelée, dérouillée, fessée, fricassée, frottée, peignée, pile, plumée, rossée, roulée, rouste, secouée, tannée, tatouille, tournée, trempe, tripotée, valse. ⇒ **torgnole.** ***VI. Loc.*** **À la volée** ⇒ **vite.**

VOLER ■ ***I. Aller en l'air.*** **1. Au pr. :** s'élever, s'envoler, flotter, monter, planer, pointer, prendre son envol/essor, tournoyer, voleter, voltiger. **2. Par ext.** ⇒ **courir. 3. Fig. :** s'émanciper. ***II. Prendre à autrui.*** **1. Voc. courant :** s'approprier, attraper, brigander, cambrioler, démunir, déposséder, dépouiller, dérober, détourner, détrousser, dévaliser, dilapider, distraire, s'emparer de, enlever, escamoter, escroquer, estamper, exploiter, extorquer, faire disparaître, filouter, flouer, friponner, frustrer, grappiller, gripper (vx), griveler, gruger, marauder, piller, piper, prendre, prévariquer, rançonner, rapiner, ravir, rouler, soustraire, soutirer, spolier, subtiliser, tromper. **2. Fam. ou arg. :** acheter à la foire d'empoigne, alléger, arranger, balluchonner, barboter, braquer, buquer, butiner, cabasser, carotter, casser, chaparder, charrier, chauffer, chiper, choper, chouraver, chourer, cogner, cravater, dégringoler, délester, écorcher, effacer, effaroucher, embusquer, empaumer, empiler, emplâtrer, engourdir, entôler, entuber, étouffer, étriller, fabriquer, faire un casse/main basse/sa main/aux pattes, faucher, fricoter, grappiller, gratter, griffer, grinchir, grouper, harper, kidnapper, peler, piquer, pirater, rafler, ratiboiser, rectifier, refaire, repasser, retrousser, rifler, rincer, saigner, secouer, serrer, soulager, straffer, tirer, tondre, truander, voler à la gare/à la poisse/à la rendez-moi/à la roulotte/à la tire.

VOLERIE ■ ⇒ **vol.**

VOLET ■ ***I.*** Contrevent, jalousie, persienne. ***II.*** Déflecteur, extrados, intrados.

VOLETER ■ ⇒ **voltiger.**

VOLEUR, VOLEUSE ■ Aigrefin, bandit, bonneteur (vx), brigand, briseur, cambrioleur, canaille, carambouilleur, casseur, chenapan, chevalier d'industrie, cleptomane, concussionnaire, coquin, corsaire, coupe-jarret, coupeur de bourses (vx), crapule, déprédataire, détrousseur, escamoteur, escogriffe (vx), escroc, falsificateur, filou, flibustier, forban, fraudeur, fripon, fripouille, grappilleur, kleptomane, larron, laveur de chèques, leveur, maître chanteur, malandrin, malfaiteur, maraudeur, monte-en-l'air, pègre, pick-pocket, pillard, pipeur (vx), piqueur, pirate, racketteur, rat d'hôtel, spoliateur, tire-laine (vx), tricheur, tripoteur, truand, vaurien, vide-gousset, voleur à l'étalage/à la gare/à la poisse/à la rendez-moi/à la roulotte/à la tire. ⇒ **malhonnête.** ***Arg. :*** arcan, arcandier, baluchonneur, braqueur, careur, caroubleur, chouraveur, fourche, fric-fraqueur, grinche, marcheur, pégreleux, pégriot, poisse, roulottier, tireur.

VOLIÈRE ■ ⇒ **cage.**

VOLONTAIRE ■ ***I. Favorable*** ⇒ **bénévole.** ***II. Non favorable.*** **1.** ⇒ **têtu. 2.** ⇒ **indocile.**

VOLONTAIREMENT ■ À bon escient, à dessein, de propos délibéré, délibérément, exprès, intentionnellement, volontiers.

VOLONTÉ ■ ***I. Au pr.*** **1.** Caractère, courage, cran, décision, détermination, énergie, fermeté, force d'âme, initiative, obstination, opiniâtreté, résolution, ressort, ténacité, vouloir. **2. Ce qu'on veut** : désir, dessein, détermination, exigence, intention, résolution, souhait, vœu, volition. **3. Philos.** : libre-arbitre, liberté. **4. Non favorable** : parti pris, velléité. ***II. Loc.*** **1. À volonté** : ad libitum, à discrétion, à gogo (fam.), à loisir, à satiété, en-veux-tu-en-voilà. **2. Bonne volonté** ⇒ **bienveillance. 3. Mauvaise volonté** ⇒ **malveillance. 4. Selon votre volonté** : caprice, choix, décret, désir, gré, guise, mode, plaisir, tête.

VOLONTIERS ■ Aisément, bénévolement, de bon cœur/gré, de bonne grâce, facilement, gracieusement, habituellement, naturellement, ordinairement, par nature/habitude/tendance.

VOLTAIRIEN, ENNE ■ Anticlérical, athée, caustique, esprit fort, jacobin, libéral, libre penseur, non-conformiste, républicain, sceptique.

VOLTE ■ ⇒ **tour.**

VOLTE-FACE ■ ⇒ **changement.**

VOLTIGE ■ Saut. ⇒ **acrobatie.**

VOLTIGER ■ Aller et venir, flotter, papillonner, voler, voleter.

VOLUBILE ■ ***I.*** ⇒ **tordu.** ***II.*** ⇒ **bavard.**

VOLUBILITÉ ■ ⇒ **faconde.**

VOLUME ■ ***I.*** In-folio/quarto/octavo/douze/seize/dix-huit/vingt-quatre/trente-deux. ⇒ **livre.** ***II.*** Ampleur, calibre, capacité, contenance, cubage, densité, grosseur, mesure.

VOLUMINEUX, EUSE ■ ⇒ **gros.**

VOLUPTÉ ■ ***I. Au pr.*** : délectation, délices, épectase (fam.), jouissance, lasciveté, lascivité, pied (fam.), sybaritisme. ⇒ **orgasme, plaisir, sensualité.** ***II. Par ext.*** : caresse, débauche, érotisme, mollesse.

VOLUPTUEUX, EUSE ■ ***I.*** ⇒ **sensuel.** ***II.*** ⇒ **libertin.**

VOLUTE ■ Arabesque, enroulement, serpentin.

VOMI ■ Vomissure. ⇒ **souillure.** ***Arg.*** : dégueulis, fusée, gerbe, queue de renard.

VOMIR ■ ***I. Au pr.*** **1. Voc. courant** : chasser, cracher, dégorger, évacuer, expulser, regorger (vx), régurgiter, rejeter, rendre, restituer. **2. Arg.** : aller au renard/refile, compter ses chemises, débagouler, déballer, débecter, dégobiller, dégueuler, gerber, lâcher une fusée, mettre le cœur sur le carreau (vx), renarder, rendre gorge (vx). ***II. Par ext.*** : dire, exécrer, honnir, jeter, lancer, proférer, souffler.

VOMITIF, IVE ■ Émétique, vomique, vomitoire.

VORACE ■ Affamé, avide, dévorant, glouton, goinfre, goulu, gourmand, inassouvi, insatiable.

VORACITÉ ■ Appétit, avidité, gloutonnerie, goinfrerie, gourmandise, insatiabilité.

VOTE ■ Consultation, élection, plébiscite, référendum, scrutin, suffrage, urnes, votation, voix.

VOTER ■ v. intr. et tr. ⇒ **opiner.**

VOUÉ, E ■ Consacré, prédestiné, promis.

VOUER ■ ***I. Au pr.*** **Favorable** : appliquer, attacher, consacrer, dédier, destiner, dévouer, donner, offrir, prédestiner, promettre, sacrifier. ***II. Fig.*** **Non favorable** : appeler sur, condamner, flétrir, honnir. ***III. V. pron.*** ⇒ **adonner (s').**

VOULOIR ■ n. ⇒ **volonté.**

VOULOIR ■ Ambitionner, appéter, arrêter, aspirer à, avoir dans l'idée/en tête/envie/l'intention de, brûler de, commander, convoiter, décider, désirer, entendre, s'entêter, envier, exiger, guigner, prétendre à, s'obstiner, s'opiniâtrer, réclamer, rêver, souhaiter, soupirer après, tenir à, viser. ***Fam.*** : goder, lorgner/loucher sur, saliver.

VOÛTE ■ Arc, arcade, arceau, arche, berceau, cintre, coupole, dais, dôme, voussure.

VOÛTÉ, E ■ Bossu, cintré, convexe, courbe, rond.

VOÛTER (SE) ■ ⇒ **courber (se).**

VOYAGE ■ ***I.*** Balade, circuit, croisière, déplacement, excursion, itinéraire, navigation, odyssée, passage, pérégrination, périple, promenade, randonnée, raid, rallye, route, tour, tourisme, tournée, trajet, transhumance, transport, traversée, va-et-vient. ***II.*** Campagne, exode, expédition, exploration, incursion, pèlerinage.

VOYAGER ■ Aller et venir, se balader, bourlinguer, se déplacer, excursionner, faire un voyage *et les syn. de* VOYAGE, naviguer, pérégriner, se promener, se transporter.

VOYAGEUR, EUSE ■ n. et adj. ***I. Au pr.*** : excursionniste, explorateur, globe-trotter, nomade, passager, promeneur, touriste. ***II. Par ext.*** ⇒ **étranger.** ***III. Loc.*** **Voyageur de commerce** : ambulant, commis-voyageur, courtier, démarcheur, démonstrateur, itinérant, placier, représentant, visiteur, V.R.P.

VOYANT, E ■ ***I. Nom*** : cartomancienne, devin, diseur de bonne aventure, divinateur, extralucide, fakir, halluciné, illuminé, inspiré, magicien, prophète, pythonisse, sibylle, visionnaire. ***II. Adj.*** : bariolé, coloré, criant, criard, éclatant, évident, indiscret, manifeste, tapageur, tape-à-l'œil.

VOYEUR ■ Mateur (arg.), regardeur (vx).

VOYOU ■ ***I.*** ⇒ **gamin.** ***II.*** ⇒ **vaurien.**

VRAC (EN) ■ Pêle-mêle, tout-venant.

VRAI, E ■ ***I. Au pr.*** **Quelqu'un ou quelque chose** : assuré, authentique, avéré, certain, confirmé, conforme, crédible, démontré, droit, effectif, exact, existant, évident, fiable, fondé, franc, historique, incontestable, juste, logique, loyal, mathématique, net, objectif, orthodoxe, positif, pur, réel, sérieux, sincère, strict, sûr, véridique, véritable, vraisemblable. ***II. Par ext.*** **1. Quelque chose** ⇒ **principal. 2. Quelqu'un** ⇒ **fidèle.**

VRAIMENT ■ Certainement, effectivement, en effet, réellement, sérieusement, véritablement, en vérité, à vrai dire, vrai, voire (vx).

VRAISEMBLABLE ■ Apparent, crédible, croyable, plausible. ⇒ **vrai.**

VRAISEMBLANCE ■ Apparence, crédibilité, présomption, probabilité.

VRILLE ■ ***I.*** Attache, cirre, filament. ***II. Par ext.*** : drille, foret, mèche, percerette, queue de cochon, taraud, tarière. ⇒ **perceuse.** ***III.*** ⇒ **lesbienne.**

VRILLÉ, E ■ ⇒ **tordu.**

VROMBIR ■ Bourdonner, brondir, bruire, ronfler, rugir.

VROMBISSEMENT ■ Brondissement.

VUE ■ ***I. Au pr.*** **1. Action de voir** : œil, optique, regard, vision. **2. Façon de voir** : aspect, optique, ouverture, perspective, présentation, vision. **3. Ce qu'on voit** : apparence, apparition, coup d'œil, dessin, étendue, image, ouverture, panorama, paysage, perspective, point de vue, site, spectacle, tableau, vision. ***II. Fig.*** **1. ⇒ opinion. 2. ⇒ but.**

VULGAIRE ■ ***I. Adj. :*** banal, bas, béotien, bourgeois, brut, canaille, commun, courant, effronté, épais, faubourien, gouailleur, gros, grossier, insignifiant, matériel, ordinaire, peuple, philistin, poissard, populacier, prosaïque, rebattu, roturier, simple, trivial, vil. ***II. Nom*** **⇒ peuple.**

VULGARISATION ■ Diffusion, émission, propagation.

VULGARISER ■ **⇒ répandre.**

VULGARITÉ ■ ***I.*** **⇒ impolitesse.** ***II.*** **⇒ obscénité.**

VULNÉRABLE ■ **⇒ faible.**

VULTUEUX, EUSE ■ **⇒ bouffi.**

VULVE ■ ***I.*** **1.** Féminité, intimité, nature, organes de la reproduction/génitaux/sexuels, sexe. **2. Méd. et vx :** parties honteuses/intimes/secrètes, pudenda. **3. Partic. :** yoni. ***II. Enf. :*** languette, pipi, pissette, zézette, zizi. ***III. Vx et/ou litt. :*** abricot, affaire, amande, angora, anneau, as de carreau/cœur/pique/trèfle, atelier, aumônière, bague, balafre, bengali, bénitier, berlingot, bijou, biniou, bis, blason, boîte à ouvrage, bonbonnière, bonde, bouquet, bouton (de rose), boutonnière, brèche, cadogan, callibistri, canard, cas, charnière, chat, chatière, chatouille, chatte, chaussure (à son pied), cheminée, chose, chou, choune, chounette, chouse, cicatrice, cœur, coin, comment-a-nom, connin, conque, coquillage, corbeille, counette, counin, crapaud, crapaudine, craque, craquette, craquoise, crèche, cruche, cyprine, devant, divertissoire, écu, étable, étau, étui, fabliau, fente, figue, fissure, fleur, fontaine, forge à cocus/à cornards/à cornes, four, fourreau, fourre-tout, foutoir, fraise, framboise, grotte, guenilles, guenuche, herbier, hérisson, histoire, houppe, jardin, jardinet, je-ne-sais-quoi, lac, landilles, landrons, lapin, lézarde, losange, manchon, mandoline, marguerite, médaillon, mimi, minet, minette, minon, minou, minouche, mirely, moniche, mortier, motte, moule (masc.), moulin, mounine, niche, nid, oiseau, ouverture, panier, pantoufle, pâquerette, pénil, piège, pomme, porcelaine, raie, raminagrobis, rose, rosette, rosier, rossignol, rouge-gorge, sadinet, savate, soulier, tabatière, tirelire, tiroir, touffe, trésor, trousse, veau, vénusté. ***IV. Arg. et grossier :*** baba, babines, badigoinces, bagouse, bahut, baisoir, baquet, barbu, baveux, bazar, belouse, bonnet à poils, bouche-qui-rapporte, boutique, caisse, capital, casserole, cave, café des deux colonnes, chagatte, cirque, clapier, con, connasse, connaud, cramouille, cressonnière, crevasse, devanture, didine, écoutille, entre-cuisses, entre-deux-jambes, escalopes, fendasse, fendu, fri-fri, gagne-pain, garage, Gaston, greffier, gripette, Gustave, machin, magasin, mandrin, marmite, maternelle, matou, Mickey, milieu, mitan, mouflard, moule (fém.), muet, noc, pacholle (mérid.), paquet de scaferlati, patate, pays-bas, petite sœur, pissotière, poilu, portefeuille/portemonnaie à moustaches/perruque, potte, régulier, sac, sacoche, saint-frusquin, salle des fêtes, sapeur, sifflet, sœurette, tablier de forgeron/sapeur, trou, truc, tube, tutu, tuyau, vase, velu, zigouigoui, zipcouicoui, zinzin, *et tout être ou objet ayant valeur suggestive quant au terme de référence.*

VU QUE ■ **⇒ parce que.**

w - x - y - z

WAGAGE ▪ ⇒ **engrais.**

WAGON ▪ Benne, citerne, fourgon, plateau, plate-forme, tender, tombereau, truck, voiture, wagon-bar, wagon-citerne, wagon frigorifique, wagon-poste, wagon-restaurant, wagon-salon. ⇒ **wagon-lit.**

WAGON-LIT ▪ Pullmann, sleeping-car, wagon-couchette.

WAGONNET ▪ Decauville, lorry.

WALHALLA ▪ ⇒ **ciel.**

WARRANT ▪ Avance, caution, ducroire, gage, garantie, prêt. ⇒ **dépôt.**

WASSINGUE ▪ Serpillière, toile à laver.

WATER-CLOSET ▪ ***I.*** Bouteilles (mar.), cabinet, chaise (vx), chaise/fauteuil percé (e) [vx], châlet de nécessité, commodités, édicule, feuillées (partic.), garde-robe (vx), latrines, lavabo, lavatory, lieux d'aisances, petit coin/endroit, où le roi va tout seul, quelque part, retiro, salle de repos (Canada français), sanisettes, sanitaires, sentine (péj.), toilettes, trône (fam.), vespasiennes, W.-C. ***II. Arg. :*** cagoinces, chiottes, fil à plomb, goguenots, gogues, gras, tartisses, tartissoires ⇒ **urinoir.**

WATTMAN ▪ Conducteur, machiniste, mécanicien.

WEEK-END ▪ Fin de semaine, semaine anglaise. ⇒ **vacances.**

WELLINGTONIA ▪ Séquoia.

WERGELD ▪ ⇒ **indemnité.**

WHARF ▪ Appontement, avant-port, débarcadère, embarcadère, jetée, ponton, quai.

WHIG ▪ Libéral.

WHISKY ▪ Baby, bourbon, drink, scotch.

WIGWAM ▪ ⇒ **cabane** et **case.**

WISIGOTH ▪ ⇒ **sauvage.**

XÉNOPHILE ▪ adj. et n. ***I. Au pr. :*** ami des/généreux pour les/ouvert aux étrangers/aux idées/modes étrangères. ***II. par ext. :*** anglomane, snob.

XÉNOPHILIE ▪ ***I. Au pr. :*** générosité, ouverture. ***II. Par ext. :*** affectation, anglomanie, cosmopolitisme, maniérisme, recherche, snobisme.

XÉNOPHOBE ▪ adj. et n. Chauvin, nationaliste, raciste.

XÉNOPHOBIE ▪ Chauvinisme, nationalisme, racisme.

XÉRÈS ▪ Amontillado, jerez, manzanilla, sherry.

XÉRUS ▪ ⇒ **écureuil.**

XYSTE ▪ Galerie/piste couverte, gymnase.

YACHT ■ ⇒ **bateau.**

YACHTING ■ Navigation de plaisance.

YANKEE ■ n. et adj. Américain, Oncle Sam. ***Arg. :*** amerlo, amerloc, cow-boy, gringo, ricain.

YATAGAN ■ ⇒ **épée.**

YEUSE ■ Chêne vert.

YEUX ■ ***I.*** ⇒ **regard.** ***II. Loc.*** **1. Les yeux fermés** : en confiance, de tout repos, tranquille, tranquillement. **2. Entre quatre-z-yeux** (fam.). ⇒ **tête-à-tête (en).**

YOGI ■ Ascète, contemplatif, fakir, sage.

YOLE ■ ⇒ **bateau.**

YOURTE ■ ⇒ **cabane** et **case.**

YOUYOU ■ ⇒ **bateau.**

ZÈBRE ■ ***I. Au pr. :*** âne sauvage, hémione, onagre. ***II. Fig. :*** bougre, coco, type. ⇒ **homme.**

ZÉBRÉ, E ■ Bigarré, léopardé, marbré, rayé, taché, tigré, veiné, vergé, vergeté.

ZÉBRURE ■ ⇒ **raie.**

ZÉLATEUR, TRICE ■ ***I. Nom :*** adepte, apôtre, disciple, émule, glorificateur, godillot (fam.), laudateur, panégyriste, propagandiste, partisan, propagateur, prosélyte, séide. ***II. Adj. :*** élogieux, enthousiaste, fervent.

ZÈLE ■ Abnégation, activité, apostolat, application, ardeur, assiduité, attachement, attention, bonne volonté, chaleur, civisme, cœur, courage, dévotion, dévouement, diligence, empressement, émulation, enthousiasme, fanatisme, fayotage (fam.), ferveur, feu sacré, fidélité, flamme, foi, intrépidité, passion, persévérance, promptitude, prosélytisme, soin, travail, vigilance, vivacité.

ZÉLÉ, E ■ Actif, appliqué, ardent, assidu, attaché, attentif, chaleureux, civique, courageux, dévoué, diligent, empressé, enflammé, enthousiaste, fanatique, fayot (fam.), fervent, fidèle, godillot (fam.), intrépide, passionné, persévérant, prompt, prosélytique, soigneux, travailleur, vigilant, vif.

ZELLIGE ■ Azulejo, carreau, céramique, faïence.

ZÉNANA ■ ⇒ **gynécée.**

ZÉNITH ■ ***Fig.*** ⇒ **comble.**

ZÉPHYR ou ***ZÉPHIRE*** ■ ⇒ **vent.**

ZÉRO ■ Aucun, couille (arg. scol.), néant, nul, nullité, rien, vide.

ZESTE ■ Écorce. ⇒ **peau.**

ZEUGME ■ Jonction, réunion, union.

ZÉZAYER ■ Bléser, zozoter.

ZIEUTER ■ ⇒ **bigler.**

ZIGOUILLER ■ Liquider, faire son affaire à, trucider. ⇒ **tuer.**

ZIGZAG ■ Crochet, dents de scie, détour, entrechat, lacet.

ZIGZAGUER ■ Chanceler, faire des zigzags *et les syn. de* ZIGZAG, louvoyer, tituber, tourner, vaciller.

ZINZIN ■ ⇒ **truc.**

ZIZANIE ■ ***I. Au pr.*** ⇒ **ivraie.** ***II. Fig.*** ⇒ **mésintelligence.**

ZIZI ■ ***Enf.*** ⇒ **sexe.**

ZOÏLE ■ Baveux, contempteur, critique, détracteur, envieux, injuste, jaloux, pouacre.

ZOMBI ■ ⇒ **fantôme.**

ZONE ■ Aire, arrondissement, bande, ceinture, coin, district, division, endroit, espace, faubourg, lieu, pays, quartier, région, secteur, sphère, subdivision, territoire.

ZOUAVE ■ ***I. Au pr. :*** chacal, fantassin/soldat colonial/de ligne. ***II. Fig.*** ⇒ **homme.** ***III. Loc.*** **Faire le zouave** : faire le bête *et les syn. de* BÊTE.

ZOZOTER ■ Bléser, zézayer.

DICTIONNAIRES LE ROBERT

DISPONIBLES EN LIBRAIRIE

DICTIONNAIRES DE LA LANGUE FRANÇAISE
DICTIONNAIRES DE NOMS PROPRES

DICTIONNAIRE HISTORIQUE DE LA LANGUE FRANÇAISE
sous la direction d'Alain Rey
(2 vol., 2 400 pages, 40 000 entrées).

LE NOUVEAU PETIT ROBERT
Dictionnaire alphabétique et analogique de la langue française
(1 vol., 2 592 pages, 60 000 articles).
Le classique pour la langue française : 8 dictionnaires en 1.

LE PETIT ROBERT DES NOMS PROPRES
Dictionnaire illustré des noms propres
(1 vol., 2 300 pages, 40 000 articles, 2 000 illustrations couleur et noir dont 230 cartes).
Le complément, pour les noms propres, du *Nouveau Petit Robert*.

LE ROBERT D'AUJOURD'HUI
Langue française, noms propres, chronologie, cartes.
(1 vol., 1 700 pages, 46 000 articles, 108 pages de chronologie, 70 cartes en couleurs).

LE ROBERT QUÉBÉCOIS D'AUJOURD'HUI
Dictionnaire québécois de la langue française et de culture générale (noms propres, cartes, chronologie, etc.).
(1 vol., 1 900 pages, 52 000 articles, 108 pages de chronologie, 51 cartes en couleurs).

LE ROBERT POUR TOUS
Dictionnaire de la langue française
(1 vol., 1 312 pages, 40 000 mots.)

LE ROBERT MICRO
Dictionnaire d'apprentissage de la langue française
Nouvelle édition entièrement revue et augmentée (1 vol., 1 470 pages, 35 000 articles).

LE ROBERT DES JEUNES
Dictionnaire de la langue française
(1 vol., 1 290 pages, 16 500 mots, 80 planches encyclopédiques en couleurs).

LE ROBERT JUNIOR
Dictionnaire pour les enfants de 8-12 ans, en petit format
(1 100 pages, 20 000 entrées, 1 000 illustrations, 18 pages d'atlas).

LE ROBERT MÉTHODIQUE
Dictionnaire méthodique du français actuel
(1 vol., 1 650 pages, 34 300 mots et 1 730 éléments).
Le seul dictionnaire alphabétique de la langue française qui analyse les mots et les regroupe par familles en décrivant leurs éléments.

LE ROBERT ORAL-ÉCRIT
L'orthographe par la phonétique
(1 vol., 1 400 pages, 17 000 mots et formes).
Le premier dictionnaire d'orthographe et d'homonymes, fondé sur l'oral.

DISPONIBLES EN LIBRAIRIE

DICTIONNAIRES BILINGUES

LE ROBERT ET COLLINS SENIOR
Dictionnaire français-anglais/anglais-français
(1 vol., 2 000 pages, 300 000 « unités de traduction »).

LE ROBERT ET COLLINS COMPACT
Dictionnaire français-anglais/anglais-français
(1 vol., 1 250 pages, 115 000 « unités de traduction »).

LE ROBERT ET COLLINS CADET
Dictionnaire français-anglais/anglais-français
(1 vol., 832 pages, 65 000 « unités de traduction »).

LE ROBERT ET COLLINS MINI
60 000 mots et expressions.

LE ROBERT ET COLLINS DU MANAGEMENT
Commercial - Financier - Économique - Juridique
(L'anglais des affaires, 75 000 mots, 100 000 traductions).

LE ROBERT ET COLLINS
VOCABULAIRE ANGLAIS ET AMÉRICAIN
par Peter Atkins, Martin Bird, Alain Duval, Dominique Le Fur et Hélène Lewis

« LE ROBERT ET COLLINS PRATIQUE »
ANGLAIS, ALLEMAND, ESPAGNOL, ITALIEN
(70 000 mots et expressions, plus de 100 000 traductions.)

« LE ROBERT ET COLLINS GEM »
ANGLAIS, ALLEMAND, ESPAGNOL, ITALIEN.

LE ROBERT ET SIGNORELLI
Dictionnaire français-italien/italien-français
(1 vol., 3 040 pages, 339 000 « unités de traduction »).

LE ROBERT ET VAN DALE
Dictionnaire français-néerlandais/néerlandais-français
(1 vol., 1 400 pages, 200 000 « unités de traduction »).

GRAND DICTIONNAIRE FRANÇAIS-JAPONAIS
SHOGAKUKAN-LE ROBERT
(1 vol., 1 600 pages, 100 000 entrées).

N° de Projet : 10037082 (5) 246 (EURO 60)
Novembre 1996
Imprimé en France
par Maury-Eurolivres 45300 Manchecourt